Bericht der Untersuchungskommission
der Vereinten Nationen über den Gaza-Konflikt

Alphabetische Liste der Übersetzer

Abbelhadi, Firas	Unternehmensberater
Abo-Namous, Omar	Wissenschaftlicher Mitarbeiter
Almansreh, Maisa	Praktikant bei der GTZ
Barakat, Helgard	Gymnasiallehrerin
Egey, Yvonne	DV-Sachbearbeiterin
Ganzfried, Ron	Ingenieur
Gelsdorf, Inga	Exportkauffrau
Grabowski, Annamaria	Psychotherapeutin
Hehr, Ute	Lektorin
Hendrik, Elise	Fachübersetzerin
Langhaeuser, Sigrid	Gymnasiallehrerin
Lutz, Edith	Gymnasiallehrerin
Merz, Gerhilde	Referentin bei der Ev. Kirche in Österreich
Sauer, Rudolf	unbekannt
Schenk, Günter	Verlagsvertreter
Stierstorfer, Karl.	unbekannt
Stiner, Barbara	Übersetzerin
Stoll, Jutta	Rechtsanwältin
Rheinz, Hanna	Psychologin und Publizistin
Rohlfs, Ellen	Lehrerin
Voss, Peter	unbekannt

Lektorat

Elise Hendrick	1–526
Ute Hehr	527–816

Korrektur

Dorothea Hartung, Ellen Rohlfs, Karin Aylor

HUMAN RIGHTS COUNCIL

Bericht der Untersuchungskommission der Vereinten Nationen über den Gaza-Konflikt

Menschenrechte in Palästina
und anderen besetzten arabischen Gebieten

Herausgegeben von
Abraham Melzer

Vorwort von Stéphane Hessel
Einführung von Ilan Pappe

SEMIT*edition*

Grundlage für die Übersetzung war die von den Vereinten Nationen veröffentlichte Version A/HRC/12/48 vom 25. September 2009.
Dieser Bericht ist in kürzester Zeit von 18 freiwilligen Mitarbeitern, die aus den verschiedensten Berufen kamen, ins Deutsche übersetzt worden. Das benötigte eine sehr sorgfältige redaktionelle Überarbeitung, die unter zwei Prämissen stand: Qualität und Zeit. Wir haben unser Bestes gegeben und bitten jetzt die Leser um Nachsicht und Mitarbeit.
Falls Sie schwerwiegende Fehler entdecken, bitten wir Sie uns diese mitzuteilen. Am besten schriftlich an: info@dersemit.net
Wir danken hier nochmals allen, die uns unterstützt haben.

Für die Richtigkeit aller Links können wir keine Garantie übernehmen. Die interessierten Leser können aber jeder Zeit in der englischen Originalfassung, die permanent aktualisiert wird, nachschauen.

Satz & Layout: Bernhard Heun, Rüssingen
Umschlaggestaltung: Johannes Wolfesberger, Straßwalchen
Gesamtherstellung: GGP Media GmbH, Pößneck
ISBN: 978-3-9813189-4-4
Printed in Germany
www.dersemit.net

Inhaltsübersicht

TEIL 1

TEIL 2

Die besetzten palästinensichen Gebiete: Der Gazastreifen

TEIL 3

Israel

TEIL 4

Verantwortlichkeitsmechanismen und gerichtlicher Rechtsschutz

TEIL 5

Schlussfolgerungen und Empfehlungen

ANHANG

Vorwort

Für einen Halbjuden, der das Entstehen eines Landes für die schrecklich ausgerotteten Juden Europas im Jahre 1948 als eine Notwendigkeit empfand, ist es besonders schmerzhaft, erkennen zu müssen, wie sich Israel einundsechzig Jahre nach seiner Gründung seinen palästinensischen Nachbarn gegenüber in der unwürdigsten, menschenrechtswidrigsten Weise verhält.

Jede Zeile des Berichtes, der die von Richard Goldstone geleiteten Kommission im Auftrag des Menschenrechtsrates der Vereinten Nationen uns heute zu lesen gibt, ist vor allem ein hervorragendes Beispiel für die Sachlichkeit, die Objektivität, die Gründlichkeit und daher die absolute Verlässlichkeit des Verfassers.

Das deutlich erreichte Ziel, das was in Gaza geschehen ist, genau mit den Bestimmungen des international akzeptierten Rechts zu bewerten, wer auch immer die Verantwortung für seine Verletzung trägt, – ob die israelischen Streitkräfte oder auch Hamas oder Fatah – gibt dem Bericht den höchsten Wert.

So ausführlich die Kommission jede Einzelheit der mörderischen, unmenschlichen Verfahren innerhalb, aber auch vor und nach der „Operation gegossenes Blei“ erforscht hat, so hält sie sich daran, nur das festzustellen und zu bewerten, was den Artikeln der Verträge entspricht, die seit der Charta der UNO und der Genfer Verträge uns alle bindet und das einen Staat wie Israel umso gewaltiger verpflichten sollte, als er selbst den Vereinten Nationen seine Existenz verdankt.

Da ich im Juni 2009 drei Tage in Gaza war, kann ich auch das persönliche Zeugnis von mir und meiner Frau, die mich begleitete, als volle Bestätigung dafür bringen, dass es sich um schwere Verletzungen seitens der israelischen Streitkräfte gehandelt hat, die man nicht anders bezeichnen kann als Kriegsverbrechen und in mehreren Fällen als ganz willkürlich vollstreckten Verbrechen gegen die Menschlichkeit.

Natürlich gibt es solch eine Bezeichnung auch für das Raketenbeschießen der israelischen Dörfer in der Nähe von Gaza durch die Hamas. Die geringe Anzahl der Opfer dieser Beschießungen ist hier selbstverständlich keine Entschuldigung.

Warum lässt die Regierung Israels einen so sorgfältig beschaffenen Bericht ohne Antwort und ohne Anerkennung? Da ist es, was mich besonders besorgt macht.

Wie lange kann dieser Staat – einst ein Objekt internationaler Bewunderung für seine Kreativität und Modernität – den auf ihm lastenden Ruf des Kriegsverbrechens aushalten? Wann schreitet an die Stelle der heutigen schändlichen Regierung ein weiser politischer und moralischer Führer, der es versteht aus seinen palästinensischen Nachbarn Partner und Freunde zu machen und damit – nur damit ! – seine eigene Sicherheit und Langlebigkeit begründen?

Auf alle Fälle kann den Goldstone-Bericht kein anständiger Jude, Christ, Moslem lesen ohne sich so eine Wandlung von Herzen zu wünschen.

Stéphane Hessel, Paris
Ambassadeur de France

ILAN PAPPE

Einführung

Das Schlachtfeld Gaza 2004-2009

Der Gaza-Streifen nimmt kaum mehr als zwei Prozent des historischen Palästina ein. Dieses kleine Detail findet weder sonst in den Nachrichten Erwähnung, noch war dies der Fall während des israelischen Überfalls auf Gaza im Januar 2009. Er ist in der Tat ein so kleiner Teil des Landes, dass er nie als separate Region existierte. Gazas Geschichte vor der Zionisierung Palästinas war keine besondere, und sie war administrativ und politisch immer verbunden mit dem großen Rest Palästinas. Bis 1948 war der Streifen in jeder Hinsicht ein integraler und natürlicher Teil des Landes. Als eines der wichtigsten Tore Palästinas zur Welt – zum Land und zum Meer hin – entwickelte er eine eher flexible und weltoffene Lebensart, nicht unähnlich anderen kosmopolitischen Gesellschaften des östlichen Mittelmeerraums in der Neuzeit. Die Lage am Meer und an der antiken *Via Maris* nach Ägypten und Libanon brachte Wohlstand und Stabilität, bis dieses Leben 1948 durch die ethnische Säuberung Palastinas durch Israel jäh unterbrochen und fast zerstört wurde.

Zwischen 1948 und 1967 wurde Gaza ein riesiges Flüchtlingslager, dessen Bewohner durch die Politik Israels und Ägyptens starken Beschränkungen unterworfen war: beide Staaten unterbanden jede Ausreise aus dem Streifen. Die Lebensbedingungen waren schon damals sehr hart, als die Opfer der israelischen Politik der Vertreibung die Zahl der Einwohner, die seit Jahrhunderten dort gelebt hatten, verdoppelten. Am Vorabend der israelischen Besetzung von 1967 war die erzwungene demografische Transformation überall in Gaza unübersehbar. Der einst idyllische Küstenstreifen wurde innerhalb von zwei Jahrzehnten eine der dichtest besiedelten Gegenden der Welt, ohne eine entsprechende, sie tragende Wirtschaftsstruktur.

Zwischen 1948 und 1967 war der Streifen eine abgeriegelte Kriegszone. In den ersten zwanzig Jahren israelischer Besatzung nach 1967 war zumindest eine eingeschränkte Bewegungsfreiheit aus dem Streifen hinaus möglich. Zehntausende Palästinenser bekamen als ungelernte und billige Arbeitskräfte Zugang zum israelischen Arbeitsmarkt. Der Preis, den Israel für diesen Sklavenmarkt verlangte, war der vollständige Verzicht auf nationale Bestrebungen oder Ambitionen. Als man sich nicht fügte, wurde das „Geschenk" der Arbeitskraftwanderung widerrufen und abgeschafft. All die Jahre bis zum Oslo-Abkommen von 1993 waren gekennzeichnet durch das israelische Bemühen, den Gaza-Streifen zu einer Enklave zu machen, von der das Friedenslager hoffte, dass sie autonom oder Teil Ägyptens sein würde, während das nationalistische Lager sie zum Teil des größeren Eretz Israel machen wollte, das es anstelle Palästinas zu errichten träumte.

Das Oslo-Abkommen ermöglichte es Israel, den Status des Gaza-Streifens als einer separaten geo-politischen Entität festzuschreiben – die sich nicht nur außerhalb Palästinas als Ganzem sondern auch abgeschnitten vom Westjordanland wiederfand. Gaza-Streifen wie Westjordanland befanden sich scheinbar unter der Hoheit der Palästinensischen Autonomiebehörde, aber jede Bewegungsmöglichkeit zwischen ihnen hing von Israels gutem Willen ab – den Israel selten an den Tag legte, der beinahe völlig verschwand, nachdem Benjamin Netanyahu 1996 an die Macht gekommen war. Darüber hinaus kontrollierte Israel, und tut dies bis zum heutigen Tage, die Wasser- und Elektrizitätsinfrastruktur. Seit 1993 nutzte Israel seine Machtposition – oder vielmehr missbrauchte sie -, um auf der einen Seite das Wohlergehen der jüdischen Siedlergemeinschaft in Gaza sicherzustellen, und auf der anderen Seite, die palästinensische Bevölkerung zur Unterwerfung und zur Aufgabe zu erpressen. Die Menschen in Gaza waren so in den letzten sechzig Jahren mal Internierte, mal Geiseln, mal Gefangene in einem unerträglichen Lebensraum.

Es ist genau dieser historische Kontext, in den wir das Massaker vom Januar 2009 und die Gewalt, die in Gaza in den letzten fünf Jahren gewütet hat, stellen müssen. Die Gewalt ging nicht nur von den Israelis aus. Ein gehöriger Teil der Kämpfe fand kurzzeitig zwischen den Palästinensern selbst statt, obwohl man sagen muss, dass es – angesichts der israelischen Besatzung und Politik – weit weniger interne Gewalt gibt, als unter solchen Umständen zu erwarten wäre. Diese interne Entwicklung ist ein Nebenaspekt des sehr viel wichtigeren Problems der israelischen Gewaltanwendung gegenüber dem Gaza-Streifen.

Wenn wir vom Jahr 2009 aus zurückschauen, sehen wir klarer als je zuvor das Irreführende der Definition der israelischen Aktionen als „Krieg gegen den Terror", der sich gegen einen lokalen Zweig von al- Quaida richte und der das gefährliche Vorrücken des Iran in diesem Teil der Welt oder in der Arena des gefürchteten Kampfs der Kulturen abwehren solle.

Die Ursprünge der vor allem durch Gewalt bestimmten Geschichte Gazas liegen woanders. Die jüngste Geschichte des Streifens – 60 Jahre Vertreibung, Besatzung und Einkerkerung – produzierte unvermeidlich interne Gewalt, wie wir sie in den vergangenen vier Jahren erlebt haben, so wie sie unter solch entsetzlichen Bedingungen andere unerträgliche Lebensumstände produziert.

In der Tat, wenn wir einen näheren Blick auf die der Operation „Gegossenes Blei" vorangegangenen fünf Jahre werfen, lässt sich eine zuverlässige Analyse der Motivation erstellen, die 2009 zur Gewaltanwendung gegenüber den Palästinensern führte. Es gibt zwei historische Zusammenhänge für das, was im Januar dieses Jahres in Gaza geschah. Einer würde uns zurück zur Gründung des Staates Israel führen, dann über die Besetzung des Streifens durch Israel 1967 bis hin zum Oslo-Abkommen von 1993. Diese Langzeitperspektive wird hier nicht präsentiert. Ich möchte die Leser, was diesen Aspekt betrifft, auf mein Buch „Die ethnische Säuberung Palästinas" verweisen. Die zweite Perspektive ist diejenige, die hier vorgestellt wird: die Eskalation der israelischen Politik, die mit den Ereignissen von 2009 zu ihrem Höhepunkt kam.

Die Ideologie der ethnischen Säuberung, die 1948 als das entscheidende Mittel zur Realisierung des Traums von einem sicheren und demokratischen, jüdischen Staat umgesetzt wurde, führte 1967 zur Besetzung des Gaza-Streifens, die bis 2005 andauerte, als Israel sich angeblich zurückzog. Gaza wurde schon 1994 mit einem elektrischen Zaun umgeben, als Teil der Vorbereitung auf einen Friedensschluss mit den Palästinensern und wurde im Jahr 2000 zum Ghetto, als der Friedensprozess für tot erklärt wurde. Die Entscheidung der Bevölkerung Gazas, dieser Einsperrung mit gewaltsamen und gewaltlosen Mitteln zu widerstehen, konfrontierte die militärische und politische Elite Israels mit einem neuen Dilemma. Sie ging davon aus, dass die Einkerkerung der Gaza-Bewohner in einem riesigen Gefängnis das Problem langfristig lösen würde. Diese Annahme erwies sich jedoch als falsch. Also hielt man Ausschau nach einer neuen Strategie.

Der Goldstone-Bericht macht deutlich, was die Israelis in Gaza anrichteten. Allerdings enthüllt selbst er nicht das ganze Ausmaß des schrecklichen Gemetzels, das dort geschah. In der folgenden Erörterung versuche ich zu erklären, warum die Israelis so handelten, wie sie es taten.

2004: Die Attrappenstadt

Im Jahr 2004 begann die israelische Armee, in der Negev-Wüste die Attrappe einer arabischen Stadt zu errichten. Sie hatte die Größe einer realen Stadt, mit Straßen (alle mit Namen versehen), Moscheen, öffentlichen Gebäuden und Autos. Errichtet für 45 Millionen Dollar, wurde diese Phantomstadt, nachdem die Hisbollah Israel zum Rückzug im Norden gezwungen hatte, im Winter 2006 zu einem Ersatz-Gaza, damit sich die IDF (Israeli Defense Forces), die israelischen „Verteidigungskräfte“, auf einen „erfolgreicheren Krieg“ gegen die Hamas im Süden vorbereiten konnte.[1]

Als der israelische Generalstabchef, Dan Halutz, den Ort nach dem Libanon-Krieg aufsuchte, sagte er der Presse, dass sich die Soldaten „auf das Szenario vorbereiten, das sie in der dicht besiedelten Bevölkerungsstruktur von Gaza-Stadt vorfinden werden.“[2] Eine Woche nach Beginn des Bombardements wohnte Verteidigungsminister Ehud Barak einer Übung für die Bodenoffensive bei. Ausländische Fernsehteams filmten ihn, während er die Bodentruppen beobachtete, wie sie die Kulissenstadt eroberten, die leeren Häuser stürmten und zweifelsohne die „Terroristen liquidierten“, die sich dort versteckten.[3]

Die israelische Menschenrechtsorganisation „Breaking the Silence“ („Das Schweigen brechen“) veröffentlichte 2009 einen Bericht über die Erlebnisse ihrer Mitglieder, Reservisten und anderer Soldaten während der Operation „Gegossenes Blei“ – so wurde der Angriff von der Armee genannt. Der Kern der Zeugenaussagen war, dass die Soldaten den Befehl bekommen hatten, Gaza anzugreifen, als ob sie massive feindliche Linien angreifen würden: dies ergab sich aus der eingesetzten Feuerkraft, dem Fehlen jeglicher Befehle oder Vorkehrungen für das Verhalten innerhalb einer zivilen Umgebung und dem synchronisierten Vorgehen zu Lande, von der See und aus der Luft. Zum Schlimmsten gehörten die sinnlose Zerstörung von Häusern, das Beschießen von Zivilisten mit Phosphorgranaten, die Tötung von unschuldigen Zivilisten mit leichten Waffen und vor

---

1 Zu den Plänen, die Attrappenstadt zu errichten siehe die hebräische Tageszeitung Globes, 20. 5. 2002; es gibt auch einen interessanten Bericht eines Soldaten, der an dem Training teilnahm auf dem Blog www.dacho.co.il/showtheread.php vom 7. 11. 2009. Siehe auch auf der Website der IDF den Hinweis auf einen Artikel von Ido Elazar: www. 1.idf.il/elram

2 Siehe Ilan Pappe, „Response to Gaza“, London Review of Books, Volume 21, Number 2, 29 January 2009, pp. 5-6

3 ibid.

allem die Befehle von Kommandeuren, ohne moralische Skrupel vorzugehen. „Man kommt sich vor wie ein kleines Kind mit einem Brennglas, das Ameisen quält und sie verbrennt," bezeugte ein Soldat.[4] Kurzum: Sie vollzogen die totale Zerstörung der wirklichen Stadt, so wie sie es bei der Kulissenstadt geübt hatten.

2005: Die Militäroperation „Erster Regen"

Die Militarisierung der israelischen Politik gegenüber dem Gaza-Streifen begann 2005. In jenem Jahr wurde Gaza in der offiziellen israelischen Sichtweise zum militärischen Zielobjekt, als wenn es eine riesige feindliche Basis wäre und nicht etwa ein ziviles Bevölkerungszentrum. Gaza ist eine Stadt wie andere Städte in der Welt auch, und dennoch wurde sie für die Israelis eine Attrappenstadt, an der Soldaten mit den neuesten und höchstentwickelten Waffen herumexperimentierten. Diese Politik wurde ermöglicht durch die Entscheidung der israelischen Regierung, die jüdischen Siedler, die den Gaza-Streifen seit 1967 kolonisierten, abzuziehen. Sie Siedler wurden angeblich entfernt als Teil, so verlautbarte die Regierung, einer Politik des einseitigen Rückzugs. Das Argument lautete: da es keinen Fortschritt bei den Friedensgesprächen mit den Palästinensern gab, war es jetzt an Israel zu entscheiden, wie seine endgültigen Grenzen zu den palästinensischen Gebieten aussehen sollten.

Aber die Dinge entwickelten sich nicht so wie erwartet. Dem Abzug der Siedler folgte die Machtübernahme durch die Hamas, zunächst in demokratischen Wahlen (2006), dann durch einen Präventivenschlag, um die von Amerikanern und Israelis unterstützte Machtübernahme durch die Fatah zu verhindern (2007). Die unmittelbare israelische Antwort war die ökonomische Blockade des Streifens, die von der Hamas durch den Raketenbeschuss der nächstgelegenen israelischen Stadt, Sderot, vergolten wurde. Dies gab Israel den Vorwand, seine Luftwaffe, Artillerie und Kanonenboote einzusetzen. Israel behauptete, die Raketenabschußorte zu beschießen, aber in der Praxis schloss dies keinen Ort im Gazastreifen aus.

Die Menschen in ein Gefängnis sperren und die Schlüssel ins Meer werfen – so bezeichnete der UN-Sonderberichterstatter John Dugard dies[5] –

---

4 Breaking the Silence, Report on Gaza, veröffentl. Am 15. Juli 2009

5 Question of the violation of Human rights in the Occupied Arab Territories,

war eine Option, auf die die Palästinenser in Gaza schon im September 2005 mit Gewalt reagierten. Sie waren entschlossen, zumindest darauf hinzuweisen, dass sie immer noch Teil des Westjordanlandes und Palästinas sind. In diesem Monat schossen sie zum ersten Mal eine – von der Quantität, nicht der Qualität her – signifikante Zahl von Raketen in die Negev-Wüste, was zumeist Gebäudeschäden, aber sehr selten Todesfälle verursacht. Die Ereignisse in diesem Monat verdienen eine genauere Darstellung, denn die Reaktion der Hamas hatte zuvor in einem sehr sporadischen Raketenbeschuss bestanden. Der Beschuss im September 2005 war die Antwort auf eine israelische Verhaftungswelle, die Aktivisten der Hamas und des Islamischen Dschihads betraf. Man konnte sich des Eindrucks nicht erwehren, dass die Armee eine Hamas-Reaktion provozieren wollte, die es Israel wiederum erlauben würde, seine Angriffe zu eskalieren. Und in der Tat, das was folgte, war eine Politik der massiven Tötungen, die erste dieser Art, genannt „Erster Regen". Es lohnt sich, einen Moment bei der Art dieser Operation zu verbleiben. Der Diskurs, der mit ihr einherging, war der einer Bestrafung, und diese ähnelte Strafmaßnahmen, die in einer entfernteren Vergangenheit von den Kolonialmächten und in einer jüngeren von Diktaturen gegen eingeschlossene, rebellische oder unter Bann gelegte Bevölkerungsgruppen durchgeführt wurden. Eine erschreckende Demonstration repressiver Gewalt endete mit einer hohen Zahl von Toten und Verwundeten unter den Opfern. Während der Operation „Erster Regen" wurde die gesamte Bevölkerung durch Überschallflüge terrorisiert, gefolgt von schwerem Bombardement weiter Gebiete von Land, See und aus der Luft. Die dahinter stehende Logik, so erklärte die Armee, war es, Druck zu erzeugen, um die Unterstützung der Bevölkerung für diejenigen zu schwächen, die Raketen abfeuerten.[6] Wie zu erwarten war, auch von den Israelis, erhöhte die Operation nur die Unterstützung für den Raketenbeschuss und befeuerte diejenigen, die sie abschossen.

Rückblickend und angesichts der Erklärung der Kommandeure, dass die Armee sich lange auf die Operation „Gegossenes Blei" vorbereitet habe,[7] scheint es durchaus möglich, dass es die eigentliche Absicht dieser besonderen Aktion („Erster Regen") war, ein Experiment durchzuführen. Falls die

---

including Palestine; Bericht an die Commission of Human Rights, von John Dugard, veröffentl. am 3. März 2005.

6 Siehe Yediot Achronot, Eine Analyse des israelischen Journalisten Roni Sofer vom 27. 9. 2005

7 Siehe die Analyse von Avi Issascharoff und Amos Harel in Ha'aretz vom 23. Januar 2009

israelischen Generäle dabei herausfinden wollten, wie solche Operationen im eigenen Land, in der Region und in der Welt ankommen, scheint die unmittelbare Antwort „sehr gut" zu sein. Niemand nämlich interessierte sich für die Dutzenden von Toten und Hunderten von Verwundeten, die zurückblieben, nachdem der „Erste Regen" vorbeigezogen war.[8]

Und vom „Ersten Regen" bis zum Juli 2006 liefen alle folgenden Operationen nach demselben Strickmuster ab. Der Unterschied war allein einer der Intensität: mehr Feuerkraft, mehr Opfer, größere „Kollateralschäden" und – erwartungsgemäß – mehr Qassam-Raketen als Antwort. All dies Begleitmaßnahmen zur Absicherung der totalen Einkerkerung der Bevölkerung im Jahr 2006 durch Boykott und Blockade, während die Welt schwieg.

2006 Libanon-Demütigung und Gaza-Kompensation

Panzergranaten, Bombardierung aus der Luft und von der See und brutale Einfälle waren 2006 an der Tagesordnung. Aber als Israel an einer anderen Front eine Niederlage erlitt, im Süden Libanons im Sommer 2006, intensivierte die Armee ihre Strafmaßnahmen gegen anderthalb Millionen Menschen, die auf den dichtest bevölkerten 40 Quadratkilometern der Welt leben, noch einmal. Die Politik Israels unmittelbar nach der Niederlage in Süd-Libanon wurde noch gewalttätiger und erbarmungsloser. Die Art der Waffen, die Israel einsetzte – 1000-Kilo-Bomben, Panzerfahrzeuge, Raketen aus der Luft, Granaten vom Meer her gegen zivile Gebiete –, war nicht gedacht um abzuschrecken, zu verwunden oder zu warnen. Sie sollte töten.

Es konnte nicht überraschen, dass die Reaktion der Hamas immer verzweifelter wurde. Einige Beobachter, innerhalb wie außerhalb Israels, schrieben die Eskalation dem Wunsch zu, deutlich zu machen, dass die israelische Armee sich nach der Demütigung, die ihr durch die Hisbollah im Libanon zugefügt wurde, sofort wieder erholt hatte.[9] Die Armee musste ihre Überlegenheit und ihre Abschreckungskraft beweisen, die allein – so glaubt sie – die Garantie für das Überleben des jüdischen Staats in einer feindlichen Welt

---

8 Siehe den Bericht von Amir Buhbut und Uri Gickman in Maariv vom 25. 9. 2005

9 Mehrere Generäle und ehem. Generäle äußerten diese Ansicht in einer Sammlung von Artikeln in einer Strategie-Zeitschrift, veröffentl. vom Israeli Institute for National Security Studies, Adkan Estrategi (A Strategic Update), Volume 11, Issue 4, Februar 2009

bietet. Die islamische Natur von Hamas wie Hisbollah und eine angebliche, frei erfundene Verbindung beider mit al-Qaida, ermöglichte es der Armee, Israel als Speerspitze eines globalen Kriegs gegen den islamischen Dschihad in Gaza zu porträtieren. Während der Amtszeit von George W. Bush akzeptierte sogar die amerikanische Regierung das Töten von Frauen und Kindern als Teil dieses heiligen Krieges gegen den Islam.

Der schlimmste Monat jenes Jahres war der September, als dieses neue Muster in der israelischen Politik offensichtlich wurde. Fast täglich wurden Zivilisten von der Armee getötet. Der 2. September war dafür typisch. Drei Zivilisten wurden getötet und eine ganze Familie verwundet. Das war die morgendliche Ausbeute. Am Ende des Tages waren sehr viele mehr getötet. Im Schnitt starben in jenem Monat acht Palästinenser pro Tag durch israelische Angriffe auf den Gaza-Streifen. Viele von ihnen waren Kinder. Hunderte wurden verstümmelt, verwundet, gelähmt.[10]

Das systematische Töten hatte mehr als alles andere den Anschein des Gewohnheitsmäßigen und zwar aufgrund des Fehlens einer klaren Politik. Die israelische Führung schien im September 2006 nicht zu wissen, was sie mit Gaza anfangen sollte. Wenn man ihre Verlautbarungen zu der Zeit liest, drängt sich einem die Vermutung auf, dass die Regierung jenes Jahres sich ihrer Politik gegenüber dem Westjordanland ziemlich sicher war; aber dies galt nicht für den Gazastreifen. Die Regierung nahm das Westjordanland, anders als Gaza, als einen offenen Raum wahr, zumindest auf seiner östlichen Seite. Von daher glaubte sich Israel berechtigt – im Namen einer Strategie, die der damalige Premierminister Ehud Olmert als „Ernteeinbringung" bezeichnete -, einseitige Aktionen zu unternehmen, da es im Friedensprozess keinen Fortschritt gab.[11] (11) In der Praxis bedeutete dies, dass die israelische Regierung sich offensichtlich vorstellte, die Teile des Westjordanlandes, die sie begehrte – mehr oder weniger die Hälfte -, zu annektieren und den Versuch zu unternehmen, die indigene Bevölkerung zu vertreiben oder sie zumindest in Enklaven einzusperren, während sie der anderen Hälfte des Westjordanlandes zu erlauben gedachte, sich in einer Weise zu entwickeln, die israelische Interessen nicht gefährden würde (entweder durch die Herrschaft einer gefügigen palästinensischen Regierung oder durch eine direkte Vereinigung mit Jordanien). Dies erwies sich als Trugschluss, der aber dennoch die begeisterte Zustimmung der meisten

---

10 Siehe OCHA's Special Report vom August 2007

11 Ilan Pappe, „Ingathering", London Review of Books, Vol. 28, No. 8, 20. 4. 2006, Seite 15

Juden im Lande gewann, als Olmert ihn zum entscheidenden Teil seines Wahlkampfs machte.

Diese Strategie war jedoch nicht auf den Gaza-Streifen übertragbar – Ägypten gelang es – im Gegensatz zu Jordanien -, die Israelis schon 1967 davon zu überzeugen, dass der Gaza-Streifen für das Land eine Belastung wäre und niemals Teil Ägyptens sein würde. Also blieben die anderthalb Millionen Palästinenser ein Problem unter israelischer Verantwortung. Obwohl der Streifen geographisch am Rande Israels liegt, befand er sich noch 2006 – psychologisch gesehen – genau in dessen Zentrum.

Die unmenschlichen Lebensbedingungen in Gaza machten es der Bevölkerung unmöglich, sich mit der Einsperrung, die Israel ihr seit 1967 zugemutet hatte, abzufinden. Es gab durchaus bessere Perioden, als der Zugang zum Westjordanland und nach Israel zwecks Arbeit erlaubt war, aber diese besseren Zeiten waren 2006 vorbei. Der Zugang zur Außenwelt war erlaubt, solange jüdische Siedler im Gaza-Streifen lebten, aber kaum waren sie abgezogen, wurde Gaza hermetisch abgeriegelt. Ironischerweise hielten die meisten Israelis, so Meinungsumfragen, Gaza für einen unabhängigen palästinensischen Staat, dessen Entstehung Israel großzügigerweise gestattet hatte.[12] Die Führung und insbesondere die Armee sahen Gaza als ein Gefängnis mit höchst gefährlichen Insassen an, mit denen man auf die ein oder andere Weise fertig werden musste.

Die herkömmliche israelische Politik der ethnischen Säuberung, der 1948 die Hälfte der Bevölkerung Palästinas und 1967 Hunderttausende Palästinenser des Westjordanlandes erfolgreich unterworfen wurden, war in Bezug auf Gaza nicht durchsetzbar.

Man kann Palästinenser langsam aus dem Westjordanland und besonders aus dem Großraum Jerusalem verdrängen, aber das gelingt nicht im Gaza-Streifen, nachdem man ihn wie ein Hochsicherheits-Gefangenlager abgeriegelt hat. So wie die ethnische Säuberung wurde auch die destruktive, manch einer würde sagen, die völkermörderische Politik, die 2006 begann, nicht im luftleeren Raum konzipiert. Von 1948 an brauchten israelische Armee und Regierung einen Vorwand zur Durchsetzung dieser Politik. Die Übernahme Palästinas, die 1947 einsetzte, als die britische Regierung entschied, das Land zu verlassen, rief den unvermeidlichen lokalen Widerstand hervor, der wiederum die Durchführung der ethnischen Säuberung gestat-

12 Yehuda Ben Meir und Daphna Shaked, „Public Opinion and National Security" in der INSS-Publikation, Adkan Estrategi, Vol. 10, Issue 1, 1. 6. 2007, pp. 25-28

tete, die schon in den 1930er Jahren entworfen worden war.[13] Zwanzig Jahre Besatzung des Westjordanlandes riefen schließlich so etwas wie einen palästinensischen Widerstand hervor. Der erste signifikante israelische Versuch, diesen Widerstand zu brechen, war 1982 der Angriff auf den Libanon. Damals bezeichnete eine internationale Kommission unter der Führung von Sean MacBride diesen Angriff – so wie es Richter Richard Goldstone ein Viertel Jahrhundert später in Bezug auf Gaza machen würde – als eine Serie von Kriegsverbrechen. Die MacBride-Kommission äußerte sich allerdings viel unverblümter: sie beschuldigte Israel des Völkermords am palästinensischen Volk (obwohl zwei Mitglieder der Kommission ein abweichendes Votum zu dieser Schlussfolgerung , nicht aber zu den Tatsachen abgaben). Sie beschuldigte Israel des Einsatzes verbotener Waffen gegen Zivilisten und der unterschiedslosen und rücksichtslosen Bombardierung ziviler Ziele: Schulen, Krankenhäuser, Städte, Dörfer und Flüchtlingslager. Der Höhepunkt war das Massaker von Sabra und Shatila, das die öffentliche Meinung der Welt hinsichtlich der israelischen Politik für eine Weile aufrüttelte.

Die Palästinenser brauchten eine Weile, um sich zu erholen. Der erste Aufstand von 1987 ließ sich leicht unterdrücken. Der von 2000 erforderte mehr Zeit, bis er unter Krontrolle war. Er lieferte aber auch den Vorwand für die Wiederaufnahme der unbarmherzigen Politik. Der Libanon-Krieg (2006) sorgte eine Zeit lang für den Nebel, hinter dem sich die enorme Zerstörung, die im Gaza-Streifen angerichtet war, verbergen ließ. Aber diese Politik wütete sogar nach dem Waffenstillstand im Norden weiter. Es scheint, dass die frustrierte und geschlagene israelische Armee nun noch entschlossener war, das Schlachtfeld im Gaza-Streifen auszuweiten. Die politische Elite schien unfähig oder nicht willens, den Generälen Einhalt zu gebieten.

Am 28. Dezember 2006 veröffentlichte die israelische Menschenrechtsorganisation B'Tselem ihren jährlichen Bericht zu den israelischen Gräueltaten in den besetzten Gebieten. Die israelischen Truppen töteten in diesem Jahr 660 Menschen.[14] Das war eine Verdreifachung gegenüber dem Jahr zuvor (etwa 200). Nach B'Tselem waren darunter 140 Kinder. Die meisten Toten waren in Gaza zu beklagen, wo die israelischen Streitkräfte annähernd 200 Häuser zerstörten und ganze Familien auslöschten. Das heißt: seit dem Jahr 2000 töteten die Israelis fast 4000 Palästinenser, darunter ein

---

13 Siehe Ilan Pappe, The Ethnic Cleansing of Palestine, Oneworld Publication: Oxford 2006.

14 B'Tselem Bericht vom Dezember 2006

große Zahl Kinder. Es gab mehr als 20 000 Verletzte. B'Tselem ist eine konservative Organisation, und die Zahlen dürften tatsächlich noch höher liegen. B'Tselem bezeichnete die Tötungen nicht als Völkermord. Natürlich gibt es hier einen Unterschied zu völkermörderischen Aktionen, in deren Gefolge eine Million Tote zu verzeichnen sind, was von der internationalen Gemeinschaft normalerweise als Völkermord bezeichnet wird. Und tatsächlich konnte man bis zum Gaza-Massaker von 2009 den Eindruck haben, dass die Erinnerung an den Holocaust für das offizielle Israel das einzige Hemmnis für einen solchen Völkermord darstellte.

Ich glaube, dass dieses Hemmnis 2007 entfiel. Zu Beginn des Jahres sahen sich die israelischen Politiker zwei sehr verschiedenen Realitäten im Westjordanland und im Gazastreifen gegenüber. In ersterem waren sie der Festlegung der östlichen Grenze so nah wie nie zuvor. Ihre interne ideologische Debatte über das Schicksal des Westjordanlandes fand ihr Ende und ihr Masterplan zur Annexion der Hälfte der Westbank wurde schon in den letzten Monaten des Jahres 2006 immer schneller umgesetzt. Die letzte Phase verzögerte sich aufgrund der Versprechen, die Israel im Rahmen der „Road Map" gab, keine weiteren Siedlungen zu bauen. Aber Israel fand zwei Wege, dieses angebliche Siedlungsverbot zu umgehen: erstens erklärte es ein Drittel des Westjordanlandes zu „Groß-Jerusalem", was ihm erlaubte, innerhalb dieses neu annektierten Gebiets Ortschaften und Gemeindezentren zu bauen; zweitens expandierte es bestehende Siedlungen in einem Ausmaß, dass der Bau neuer nicht nötig war. Diese Entwicklung wurde 2006 dadurch weiter angetrieben, dass Hunderte von Wohnwagen aufgestellt wurden, um die Grenzlinien der jüdischen „Sphäre" innerhalb des palästinensischen Territoriums abzustecken. Die Planungen für die neuen Städte und Gemeinden wurden fertig gestellt und das Apartheidsystem der Umgehungs- und Schnellstraßen wurde vollendet. All dies, die Siedlungen, die Armeestützpunkte, die Straßen und die Mauer würde es Israel ermöglichen, die Annexion in den kommenden Jahren durchzuführen. Innerhalb dieses Gebiets lebt immer noch eine beträchtliche Zahl Palästinenser, denen gegenüber die israelischen Behörden eine Politik des langsamen und schleichenden Transfers praktizieren – ein zu langweiliges Thema für die westlichen Medien, als dass sie sich dafür interessieren würden und zu schwer fassbar für die Menschenrechtsorganisationen, um besonders darauf hinzuweisen. Die Israelis hatten keine Eile. Anfang 2007 glaubten sie, alles unter Kontrolle zu haben: die tagtäglich von Armee und Verwaltung praktizierten Mechanismen von Übergriffen und Entwürdigungen, um den Prozess der Enteignung der Palästinenser voranzutreiben, waren so effektiv wie je.

Diese Strategie – 2001 zunächst von Ariel Sharon entworfen – wurde politischer Konsens. Sie wurde 2006 als bevorzugte Handlungsoption für die Zukunft angesehen und gegenüber der von den offenen „Transferisten", den Anhängern der ethnischen Säuberung wie Avigdor Liberman angebotenen eindeutig bevorzugt. Sie wurde als Weg voran von allen in der Regierung befürwortet, von der Arbeitspartei bis zu Kadima. Die vergleichsweise wenig Aufsehen erregenden Verbrechen des Staatsterrorismus waren insofern effektiv, als sie weltweit eine kritische, aber loyale Unterstützung Israels, und eine eher milde Verurteilung ermöglichten, und andererseits jede entschiedene Kritik der kriminellen Politik Israels als Antisemitismus einzustufen erlaubten.

Diese klar konturierte Politik gegenüber dem Westjordanland warf ein Schlaglicht auf die Konfusion in Bezug auf Gaza. Es gab Anfang 2007 keine eindeutige Strategie, aber der Unterschied zwischen 2006 und 2007 war der, dass die täglichen Aktivitäten der Armee allmählich als die neue Politik verstanden oder doch zumindest ausprobiert wurden. Gaza war in den Augen der Israelis eine ganz andere geopolitische Entität als das Westjordanland. Hamas kontrollierte Gaza schon seit fast einem Jahr, während der Führer der Fatah, Abu Mazen, das fragmentierte Westjordanland mit dem Segen Israels und der Vereinigten Staaten führte. Anders als auf der Westbank gab es in Gaza kein Stück Land, das Israel begehrte, und es gab kein Hinterland, wie Jordanien, wohin man die Palästinenser vertreiben konnte. Ethnische Säuberung war hier nicht durchführbar.

Bis 2007 war die hervorstechende Strategie in Gaza die der Ghettoisierung der Palästinenser dort, aber das funktionierte nicht mehr. Die ghettoisierte Gemeinschaft fuhr fort, ihren Lebenswillen durch das Abschießen primitiver Raketen nach Israel auszudrücken.

Eine unerwünschten Bevölkerungsgruppe zu ghettoisieren, sie unter Quarantäne zu stellen, hat noch niemals in der Geschichte – selbst wenn die Betroffenen als Untermenschen oder als gefährlich angesehen wurden – zu einer Lösung geführt. Die Juden verstehen dies nach ihrer eigenen Geschichte am besten.

Die Gegenstrategie der Hamas kulminierte im Juni 2006 in der, aus israelischen Augen, Entführung oder, aus palästinensischen Augen, der Gefangennahme auf Gazas Boden des mittlerweile berühmten israelischen Soldaten Gilad Shalit. Dieser Zwischenfall war irrelevant für den Ablauf der Ereignisse, er verschaffte aber den Israelis nichtsdestoweniger die Möglichkeit, ihre taktischen, sogenannten Strafaktionen noch einmal zu eskalieren. Schließlich gab es immer noch keine Strategie, die der taktischen Entscheidung Ariel Sharons gefolgt wäre, die 8000 Siedler zu evakuieren, deren Präsenz „Straf"-Aktionen erschwert hatte und deren Entfernung ihn beinahe zu einem Kandidaten für den Friedens-Nobelpreis gemacht hätte. Seit der Zeit dauerten die „Straf"-Aktionen an und wurden selbst zur Strategie.

Die israelische Armee liebt das Drama und eskalierte daher auch ihren Diskurs. „Erster Regen" wurde ersetzt durch „Sommer-Regen", ein Name, der den „Straf"-Aktionen seit Juni 2006 generell gegeben wurde in einem Land, in dem es während des Sommers überhaupt keinen Regen gibt. Der einzige Niederschlag, der zu erwarten ist, sind Schauer von F-16-Bomben und Artilleriegranaten, die auf die Menschen in Gaza „herabregnen".

„Sommerregen" brachte eine neue Komponente: die Landinvasion in Teile des Gazastreifens. Auf diese Weise konnte die Armee noch effektiver Zivilisten töten und dies gleichzeitig als Resultat heftiger Kämpfe in dicht besiedelten Gegenden darstellen, als unvermeidliches Resultat der Umstände und nicht etwa israelischer Politik. Mit dem Ende des Sommers kam die Operation „Herbstwolken", die noch einmal effektiver war: am 1. November 2006 töteten die Israelis in weniger als 48 Stunden 70 Zivilisten. Am Ende des Monats waren unter Begleitung zusätzlicher Mini-Operationen annähernd 200 Menschen tot, die Hälfte von ihnen Kinder und Frauen.[15]

Von den „Ersten Regen" bis zu den „Herbstwolken" lässt sich Eskalation in jeder Hinsicht feststellen. Zunächst verschwand die Unterscheidung zwischen zivilen und nicht-zivilen Zielobjekten: das sinnlose Töten machte die Bevölkerung insgesamt zur Zielscheibe für die Armeeoperationen. Das zweite war die Eskalation der Mittel: die Anwendung jeder möglichen Tötungsmaschine, über die die Armee verfügt. Drittens wurde die Eskalation deutlich an der Zahl der Opfer: mit jeder Operation, und jeder zukünftigen Operation, wurde eine größere Zahl von Menschen getötet und verwundet. Schließlich, und das war das Wichtigste, wurden die Operationen regelrecht zur Strategie: so gedenkt Israel das Problem des Gazastreifens zu lösen.[16]

Ein schleichender Transfer im Westjordanland und eine Politik dosierter, systematischer Tötungen im Gazastreifen waren die zwei Strategien, die Israel 2007 zur Anwendung brachte. Unter Wahlkampf- Gesichtspunkten war jene in Gaza problematischer, weil sie keine greifbaren Ergebnisse zeitigte, während das Westjordanland unter Abu Mazen sich israelischem Druck beugte. Hier schien es keine Macht zu geben, die der israelischen Strategie von Annexion und Vertreibung Einhalt zu gebieten in der Lage war. Aber

15 B'Tselem Bericht für 2006
16 Siehe Maariv's Zusammenfassung des Berichts vom 7. November 2006

Gaza wollte nicht aufhören zurückzuschießen. Einerseits ermöglichte dies der israelischen Armee, massivere Operationen durchzuführen, aber andererseits bestand das Risiko, dass – so wie 1948 geschehen – die Armee eine drastischere und systematischere „Straf"-Aktion gegen die belagerte Bevölkerung des Gazastreifens verlangen würde.

2007 – 2008: Die Politik wird zur Strategie

Die Opferzahlen stiegen 2007. Dreihundert Menschen wurden in Gaza getötet, Dutzende von ihnen Kinder. Aber schon unter Bush, und dann vollends in der Ära nach Bush, verlor der Mythos des Kampfes gegen den weltweiten „heiligen Krieg" (Dschihad) seine Glaubwürdigkeit. Also wurde 2007 ein neuer Mythos präsentiert: Gaza ist eine Terroristenbasis, entschlossen, Israel zu vernichten. Die einzige Möglichkeit, die Palästinenser vom Bazillus des Terrors zu heilen, war ihre Zustimmung zu einem Leben hinter Stacheldraht und Mauern auf dem kleinen Streifen Land durch entsprechende Gewaltanwendung Ihre Zustimmung zu erreichen. Ihre Versorgung sowie ihre Bewegungsfreiheit sollten von der Entscheidung abhängen, die sie treffen würden: sollten sie weiterhin darauf bestehen, die Hamas zu unterstützen, würden sie so lange stranguliert und ausgehungert, bis sie diese politische Neigung aufgegeben hätten. Falls sie sich der israelischen Politik beugten, würde sie das gleiche Schicksal erwarten wie im Westjordanland: ein Leben ohne grundlegende Bürger- und Menschenrechte. Sie konnten entweder Insassen im offenen Gefängnis der Westbank oder eingekerkert im Hochsicherheitstrakt des Gazastreifens sein. Wenn sie Widerstand leisteten, würden sie ohne Verfahren eingesperrt oder getötet. Dies war Israels Botschaft von 2007, und die Menschen in Gaza bekamen ein Jahr, 2008, um sich zu entscheiden.

Im Sommer 2008 kam ein durch Ägypten vermittelter Waffenstillstand zustande, das heißt, die israelische Regierung erreichte ihre Ziele zunächst nicht. Sie musste sich gewissenhafter auf den nächsten Schritt vorbereiten, und dieses Jahr (2008) wurde dafür genutzt. Ihre Strategie war nicht nur, die Hamas in Gaza zum Schweigen zu bringen, sondern sie bestand auch aus dem verzweifelten Versuch, dem Quartett[17] und der Palästinensischen Autonomiebehörde zu beweisen, dass die Situation in Gaza unter Kontrolle

17 Die UNO, die EU, die USA und Rußland

war, und zwar so weit, dass diese „Lösung" Teil einer zukünftigen israelischen Friedensvision werden konnte.

Im Sommer 2008 lag die Demütigung im Libanon zwei Jahre zurück. Die israelische Regierung, die einer öffentlichen Untersuchung unterworfen war und einen vernichtenden Bericht durch eine offizielle Kommission zu erwarten hatte, spürte kein Verlangen, der israelischen Öffentlichkeit zu gestatten, sich mit dieser offenen Wunde allzu lang zu beschäftigen. Es wehte auch ein Wind des Wandels von Washington her, wo – so war die Befürchtung – eine neue Regierung der israelischen Strategie nicht mehr so verständnisvoll begegnen würde, und die öffentliche Meinung der Welt schien alles in allem schon seit dem Jahr 2000 Israel gegenüber weniger wohlwollend, ja feindlich gesinnt.

Die alte Methode, auf den richtigen Vorwand zu warten, um den Kampf gegen den einzigen noch ungebrochenen Widerstand zu eskalieren, kam wieder zum Zug. Das was zunächst – vor der Öffentlichkeit verheimlicht – auf den Trainingsplätzen, in den Übungslagern wie besessen geprobt wurde, entpuppte sich als neue Doktrin, um mit Bevölkerungszentren, die unterworfen werden mussten, ob in Gaza oder im Libanon, fertig zu werden. Sie bekam den Namen „Dahiyya"-Doktrin. Im Oktober 2008 wurde sie das erste Mal in *Ha'aretz* erwähnt. Im Kern verlangte sie die umfassende Zerstörung ganzer Wohnviertel und den Einsatz unverhältnismäßiger Gewalt als Antwort auf Raketenbeschuss. Als *Ha'aretz* darüber berichtete, wurde sie als zukünftige Strategie gegenüber dem Libanon vorgestellt – von daher der Bezug auf *Dahiyya,* das Schiitenviertel, das 2006 während des Luftangriffs auf Beirut in Schutt und Asche gelegt wurde. Gadi Eizenkot, damals Chef des nördlichen Befehlsbereichs: „Dörfer sind für uns Militärbasen." Er sprach von der völligen Zerstörung von Dörfern als „Strafaktion". Sein Kollege, Oberst Gabi Sibon, berichtete auf einer akademischen Konferenz des Instituts für Nationale Sicherheit in Tel Aviv, dass diese Vorstellung auch auf den Gazastreifen zu beziehen sei. Er fügte hinzu, dass „dies bedeutet, Schäden zu verursachen, von denen sich zu erholen, eine Ewigkeit dauern wird."[18]

Die Zeugnisse der Nicht-Regierungsorganisation „Breaking the Silence" bestätigen diese Erläuterung der Doktrin. Auf einer Pressekonferenz, die sie nach den Ereignissen im Januar 2009 einberief, erklärten die Zeugen, dass Gaza wie ein militärischer Stützpunkt angegriffen wurde, der

---

18 Gabi Siboni, ‚The Third Threat', Haaretz, vom 30. September 2009

mit all der Gewalt, über die die israelische Armee verfügt, zerschlagen und ausgelöscht werden sollte.[19]

Es scheint, dass die Doktrin sich nicht nur auf militärische Gewalt bezieht, sondern auch darauf, wie man das gewünschte Ergebnis auch durch andere Mittel erreichen kann. Im Jahr 2008 verschärfte die Armee die Blockade Gazas. Wenn man dieses taktische Vorgehen im Detail analysiert, dann erweist es sich als weit mehr als eine Strafaktion. Es handelt sich um eine Politik, die angesichts der demographischen Verhältnisse im Gazastreifen, eine völkermörderische Realität hervorruft: Mangel an Grundnahrungsmitteln, Fehlen elementarer medizinischer Versorgung und keine Möglichkeit, sich seinen Lebensunterhalt zu erarbeiten. Hinzuzufügen wäre noch die massive klaustrophobische Traumatisierung von anderthalb Millionen Menschen, denen man nicht erlaubte, aus dem Streifen zu fliehen, denen es an wesentlichen Artikeln des täglichen Bedarfs und Baumaterial mangelt, was sie sommers wie winters ohne Obdach hinterlässt. Und als ob dies nicht genug wäre, haben die Israelis die Wasser- und Strominfrastruktur zerstört.[20]

Aber die Hamas war immer noch da und weigerte sich, im Austausch für die Aufhebung der Blockade zu verschwinden. Also musste ein anderer Vorwand her: Israel verletzte im Juni 2008 den Waffenstillstand täglich durch wiederkehrende Angriffe aus der Luft und Einfälle am Boden. Gruppen, die nicht mit der Hamas verbunden waren, vergalten dies mit Raketen – und die öffentliche Meinung in Israel war prompt bereit für eine größere Aktion. Dennoch reichte dies noch nicht. Also griff die Armee im November 2008 einen Tunnel in Gaza an – einen von vielen, die gegraben wurden, um die Blockade zu überleben – und behauptete, dies sei ein präventiver Schlag gegen eine zu erwartende Operation der Hamas gewesen. Diesmal kamen Raketen von der Hamas. Sie verlor fünf ihrer Leute und schoss einen Schwarm von mehr als dreißig Raketen ab. Am Ende des Monats erklärte sie, dass derartige israelische Aktionen, die zum täglichen Ereignis wurden, zum Ende des Waffenstillstands führen würden. Am 18. November erklärte die Hamas den Waffenstillstand für beendet und intensivierte am 24. kurzzeitig den Raketenbeschuss als Antwort auf die vorangegangene israelische Aktion und beendete ihn dann aber nach kurzer Zeit. Wie zuvor gab es kaum Opfer auf israelischer Seite, obwohl Häuser und Wohnungen beschädigt und die betroffenen Bürger traumatisiert wurden.

---

19 Breaking the Silence, Bericht über die Operation "Cast Lead" vom 15. Jul 2009

20 B'Tselem Bericht für 2008.

Auf den Angriff vom 24. November hatte die Armee nur gewartet. Vom darauf folgenden Morgen bis zum 21. Januar 2009 bombardierte sie die anderthalb Millionen Menschen in Gaza aus der Luft vom Boden und vom Meer. Die Hamas antwortete mit Raketen, die 3 Opfer forderten. Weitere 10 israelische Soldaten wurden getötet, einige durch „freundliches Feuer"(der eigenen Truppen).

Die Beweise, die israelische und internationale Menschenrechtsorganisationen und Institutionen und die Medien (obwohl letzteren durch die Israelis der Zugang zum Gazastreifen verwehrt wurde) sammelten, wurden von vielen als Hinweis auf mehr als nur Kriegsverbrechen aufgefasst.

Es geschieht nicht oft, dass der Präsident der UNO-Vollversammlung einen Mitgliedstaat des Völkermords bezichtigt. Aber als die israelische Armee die Zivilbevölkerung in Gaza unter Berufung auf das Recht zur Selbstverteidigung gegen Terroristen, die Raketen auf zivile Ziele abschössen, aus der Luft, vom Boden und von See her bombardierte, zögerte Miguel D'Escoto Brockmann nicht, solche Aktionen als Genozid zu brandmarken. Als früherer römisch-katholischer Priester und Nicaraguas Außenminister haben seine Äußerungen beträchtliches Gewicht. Unnötig zu betonen, dass Israel diese Bemerkungen als antisemitisch abtat – die stereotype Reaktion auf derartige Anschuldigungen. Wenn er ein einsamer Rufer in der Wüste gewesen wäre, hätte er kaum Resonanz gefunden, aber ihm wurde mit ähnlichen Ausdrücken der Empörung von anderen hohen Politikern beigepflichtet, besonders außerhalb der westlichen Korridore der Macht, und sie wählten den Begriff Völkermord als den einzigen Ausdruck, der die Tragödie, die dem Volk von Gaza auferlegt wurde, zu beschreiben in der Lage sei.

Brockmann D'Escotos Reaktion erfolgte vor der großflächigen Zerstörung von Häusern, Schulen und Krankenhäusern in vielen Gegenden Gazas. Eine Woche später beschrieb der türkische Leitartikler und Autor Oktay Akbal die israelischen Aktionen als den „realen Völkermord". Die israelische Tageszeitung *Ha'aretz* berichtete am 29. Dezember 2008, dass Regierungs- und Oppositionspolitiker überall auf der Welt, vor allem in Südostasien, Afrika und Südamerika, die Scheußlichkeiten (noch einmal: bevor ihr ganzes Ausmaß überhaupt bekannt wurde) als Völkermord bezeichneten.

Es gab scharfe Kritik auch aus dem Westen, aber diese war zurückhaltender bei der Verwendung des Ausdrucks „Genozid". Dennoch: das G-Wort tauchte häufig in den Kommentaren alternativer Medien, bei Bloggern und auf Webseiten auf. Sogar vor der Gaza-Operation im Januar 2009 gab es gelegentlich Anspielungen auf die israelische Armee, die Akte des Völkermords begehe. Zum Beispiel notierte die Website „*Global Research*" schon 2007 die äußerst scharfe Verurteilung der israelischen Übergriffe auf den Gazastreifen durch den Koordinator für Nothilfe der Vereinten Nationen, Jan Egeland, und den schwedischen Außenminister, Jan Eliasson. Sie bezeichneten diese Übergriffe als „einen Genozid, der das Volk von Gaza verschlingt." Im selben Monat riefen israelische Aktionen gegen Kinder in Gaza ähnliche Besorgnis aus unerwarteter Richtung hervor: der international renommierte Jurist und Rechtsgelehrte an der Universität von Princeton, Richard Falk, schrieb in diesem Jahr, dass „ es besonders schmerzlich für mich als einen amerikanischen Juden ist, gezwungen zu sein, die fortgesetzte und sich verstärkende Misshandlung des palästinensischen Volks durch Israel durch die belastete Metapher des „Holocaust" zu beschreiben." Die Ereignisse vom Januar 2009 wurden mit vergleichbaren Worten von den pro-westlichen arabischen Medien dargestellt. Eine dieser Quellen war der in Dubai angesiedelte Fernsehsender *„al-Arabia"*. Am 28. Dezember 2008 berichtete er, nachdem das massive israelische Töten gerade begonnen hatte, aber schon eine nie da gewesene Zahl an toten Kindern und Frauen mit sich gebracht hatte, von den Protesten in der ganzen Welt gegen die israelischen Aktionen unter der Überschrift: „Die Welt vereint gegen den Genozid in Gaza." Es wurde berichtet, dass „Demonstranten aus Dänemark, der Türkei, Pakistan, Zypern, Bahrain, Kuwait, Iran, Sudan und sogar aus Israel zu einem Ende des – wie die meisten Demonstranten meinten – Völkermordes in Gaza aufriefen."

Dies war nicht die Ansicht der Mainstream-Medien im Westen, noch wurde dies in solcher Weise von irgendeinem Mitglied der politischen Elite in Nord-Amerika oder Europa ausgesprochen. Aber in der Auseinandersetzung der hegemonialen mit den gegen-hegemonialen Stimmen schlossen die letzteren hochrangige Politiker aus dem Rest der Welt ein, die breitesten Koalitionen der politischen Linken mit Menschenrechtsorganisationen im Westen, denen sich einige einflussreiche Stimmen in den westlichen Medien anschlossen. Der Journalist John Pilger bezeichnete die Ereignisse in Gaza im *New Statesman* vom 21. Januar 2009 als Genozid.

In der Folge dieser Ereignisse schlossen sich mehr und mehr Menschen an. Teilnehmer der zentralen Demonstration in London am 19. Januar 2009 trugen Plakate mit dem Hinweis auf den Genozid mit sich. Ähnliche Banner wurden bei einer großen Demonstration in Kopenhagen hochgehalten. An anderem Ort beschrieb der malaysische Außenminister im April 2009 den Angriff auf Gaza ebenfalls als Genozid.

Es ist verständlich, dass Richter Goldstone sich solch einer Sprache enthält. Sein Bericht bestätigt – wie erwähnt – die Beweise, die von jenen zusammengetragen wurden, die diese Politik als völkermörderisch bezeichnen, aber fasst sie zusammen als Kriegsverbrechen und fordert weitere Untersuchungen. Er benutzt auch die gleiche Terminologie für die Raketenangriffe der Hamas auf Israel. Dies scheint mehr ein Lippenbekenntnis zu sein als ein ernsthaftes Anliegen. Das Ungleichgewicht zwischen der Macht und den Zerstörungen des Aggressors einerseits und der kläglichen militärischen Antwort des Opfers andererseits verdient eine andere Sprache.

Darüber hinaus: wenn man den gründlichen und mutigen Bericht Richter Goldstones liest, sollte man sich daran erinnern, dass die 1500 Toten und Tausenden Verwundeten und die Zehntausenden, die ihre Häuser verloren haben, nicht die ganze Geschichte erzählen. Es ist die Entscheidung, solch eine gewaltige militärische Macht in einem zivilen Raum einzusetzen, die diskutiert werden sollte. Diese Art Feuerkraft kann nur diese Art von „Kollateralschäden" hervorrufen, die wir in Gaza gesehen haben. Sie wurde genau zu diesem Zweck eingesetzt. Die Natur der militärischen Operationen hat auch einen Wunsch des israelischen Militärs zum Ausdruck gebracht, mit neuen Waffen zu experimentieren, die alle darauf abzielen, Zivilisten zu töten als Teil dessen, was der frühere Generalstabschef, Moshe Ya'alon als die Notwendigkeit bezeichnete, in das palästinensische Bewusstsein die furchterregende Macht der israelischen Armee einzubrennen.[21]

Aber die Tat selbst, als ein isoliertes Kriegsverbrechen, ist nicht das Thema. Es ist die Einordnung des Massakers in das, was zuvor geschah und vermutlich in Zukunft geschehen wird, was alarmierend ist und die Möglichkeit eröffnet, dass wir eine genozidale Politik zu gewärtigen haben. Man kann nur hoffen, dass es in Zukunft nicht mehr nötig sein wird, Beweise für die Stichhaltigkeit einer solchen Annahme zu überprüfen.

Übersetzung: Jürgen Jung

---

21 Zitiert an verschiedenen Stellen, siehe z B. Reuven Pedhazur in Haaretz vom 26. November 2008.

TEIL 1

A. Einleitung

1 Am 3. April 2009 gründete der Vorsitzende des Menschenrechtsrates die Untersuchungskommission der Vereinten Nationen zum Gaza-Konflikt mit dem Auftrag, „alle möglichen Verletzungen des humanitären Völkerrechts bzw. internationaler Menschenrechtsvorschriften zu untersuchen, die zu irgendeinem Zeitpunkt im Zusammenhang mit den zwischen dem 27. Dezember 2008 und dem 18. Januar 2009 durchgeführten Kriegshandlungen, d.h. sowohl während der Kriegshandlungen als auch davor und danach begangen wurden".

2. Der Vorsitzende ernannte den Juristen Richard Goldstone, ehemals Richter am südafrikanischen Verfassungsgerichtshof und danach Ankläger am Internationalen Strafgerichtshof für das ehemalige Jugoslawien und Ruanda, zum Leiter der Kommission. Als weitere Mitglieder wurden ernannt: Christine Chinkin, Professorin für Völkerrecht an der London School of Economics and Political Science, ehemaliges Mitglied der hochrangig besetzten Untersuchungskommission, für Beit Hanoun 2008; Frau Hina Jilani, Verteidigerin am Obersten Gericht Pakistans und ehemalige Sonderbevollmächtigte des Generalsekretärs zur Situation von Menschenrechtsverteidigern, außerdem war sie 2004 Mitglied der internationalen Untersuchungskommission zu Darfur; sowie Oberst Desmond Travers, ein ehemaliger Offizier der irischen Streitkräfte und Vorstandsmitglied des Institute for Criminal Investigations.

3. Entsprechend der üblichen Praxis richtete das Büro des Hohen Kommissars für Menschenrechte (OHCHR) ein Sekretariat zur Unterstützung der Kommission ein.

4. Die Kommission legte ihren Auftrag dahingehend aus, dass die Zivilbevölkerung im Mittelpunkt ihrer Ermittlungen über Völkerrechtsverletzungen zu stehen hat.

5. Die Kommission tagte zum ersten Mal vom 4. bis zum 8. Mai 2009 in Genf. Ebenso tagte sie in Genf am 20. Mai, am 4. und 5. Juli und

vom 1. bis 4. August 2009. Die Kommission führte drei Besuche vor Ort durch: zwei im Gaza-Streifen, vom 30. Mai bis 6. Juni sowie zwischen dem 25. Juni und dem 1. Juli 2009; sowie einen Besuch in Amman am 2. und 3. Juli 2009. Mehrere Mitarbeiter des Sekretariats waren vom 22. Mai bis 4. Juli vor Ort in Gaza zwecks Nachforschungen stationiert.

6. Am 7. Mai 2009 wurden Schreiben an alle Mitgliedsstaaten und die Organe und Körperschaften der Vereinten Nationen gesandt. Am 8. Juni 2009 rief die Kommission alle interessierten Personen auf, der Kommission durch die Vorlage von Informationen und Dokumenten bei der Erfüllung ihres Auftrags zu helfen.

7. Am 28. und 29. Juni wurden in Gaza und am 6. und 7. Juli 2009 in Genf öffentliche Anhörungen durchgeführt.

8. Die Kommission hat sich wiederholt um Kooperation seitens der Regierung Israels bemüht. Nachdem unzählige Versuche gescheitert waren, ersuchte die Kommission mit Erfolg um die Unterstützung der Regierung Ägyptens zur Einreise in den Gaza-Streifen über den Grenzübergang Rafah.

9. Die Kommission erfreute sich der Unterstützung und Zusammenarbeit der Palästinensischen Autonomiebehörde und der Ständigen Beobachtermission Palästinas bei den Vereinten Nationen. Mangels Unterstützung durch die israelische Regierung war es der Kommission nicht möglich, Angehörige der Palästinensischen Autonomiebehörde im Westjordanland zu treffen. Die Kommission traf jedoch offizielle Vertreter der Palästinensischen Autonomiebehörde, darunter einen Minister, in Amman. Während ihres Aufenthaltes im Gaza-Streifen traf sich die Kommission mit führenden Vertretern der Gazaer Behörden, die der Kommission ihre volle Kooperation und Zusammenarbeit zusagten.

10. Nach den öffentlichen Anhörungen in Genf wurde die Kommission über die Inhaftierung eines palästinensischen Teilnehmers, Muhammad Srour, durch israelische Sicherheitskräfte bei seiner Rückkehr in das Westjordanland informiert und war besorgt, dass seine Inhaftierung auf sein Erscheinen vor der Kommission zurückzufüh-

ren sein könnte. Seitdem hält die Kommission Kontakt zu ihm und beobachtet die weitere Entwicklung.

11. Die Kommission gelangte zu der Auffassung, dass zur Erfüllung ihres Auftrags eine Untersuchung sämtlicher Handlungen aller Beteiligten in Betracht zu ziehen ist, die Verletzungen des humanitären Völkerrechts oder der internationalen Menschenrechtsvorschriften darstellen könnten. Auftragsgemäß waren relevante Handlungen im gesamten besetzten palästinensischen Gebiet sowie in Israel zu prüfen.

12. Zeitlich beschloss die Kommission, sich vornehmlich auf Ereignisse, Handlungen oder Umstände ab dem 19. Juni 2008 zu konzentrieren, da zu diesem Zeitpunkt der Waffenstillstand zwischen der israelischen Regierung und Hamas vereinbart wurde. Darüber hinaus hat die Kommission Vorgänge nach dem Ende der Kriegshandlungen (bis zum 31. Juli 2009) berücksichtigt, die fortlaufende Verletzungen der internationalen Menschenrechtsvorschriften und des humanitären Völkerrechts darstellen und Folge der Kriegshandlungen sind oder mit ihnen in Verbindung stehen.

13. Die Kommission analysierte ebenfalls den geschichtlichen Kontext der Ereignisse, die zu den Kriegshandlungen im Zeitraum vom 27. Dezember 2008 bis 18. Januar 2009 führten, und die Verbindungen zwischen ihnen und der allgemeinen israelischen Politik in den besetzten palästinensischen Gebieten.

14. Die Kommission war der Auffassung, dass aufgrund des Auftrags, mit den Kriegshandlungen im Dezember/Januar „zusammenhängende" Rechtsverletzungen auch Einschränkungen der Menschenrechte und Grundfreiheiten in Verbindung mit Israels Strategien und Handlungen im Zusammenhang mit seinen Militäraktionen in die Betrachtung mit einzubeziehen sind.

15. Den rechtlichen Rahmen für die Kommission bildeten das allgemeine Völkerrecht, die Charta der Vereinten Nationen, die internationalen Menschenrechtsvorschriften, das humanitäre Völkerrecht und das Völkerstrafrecht.

16. Dieser Bericht ist nicht als Dokumentation aller zahlreichen relevanten Vorkommnisse anzusehen, die sich im auftragsgemäßen Untersuchungszeitraum der Kommission ereigneten. Dennoch glaubt die Kommission, dass der Bericht die wichtigsten Rechtsverletzungsarten zu veranschaulichen vermag. In Gaza untersuchte die Kommission 36 Vorkommnisse.

17. Die Arbeit der Kommission basiert auf einer unabhängigen und unparteiischen Analyse der Beachtung des humanitären Völkerrechts sowie der internationalen Menschenrechtsvorschriften durch die Beteiligten im Zusammenhang mit dem kürzlich stattgefundenen Gaza-Konflikt sowie auf von den Vereinten Nationen erarbeiteten internationalen Ermittlungsnormen.

18. Der Untersuchungsansatz der Kommission bei der Sammlung von Informationen und Ansichten war umfassend. Zu den Ermittlungsmethoden gehörten: a) Überprüfung von Berichten aus unterschiedlichen Quellen; b) Befragungen von Opfern, Zeugen und anderen Personen, die über relevante Informationen verfügten; c) Ortsbesichtigungen an bestimmten Orten in Gaza, an denen Zwischenfälle stattgefunden hatten; d) Analyse von Fotografien und Videoaufnahmen einschließlich von Satellitenbildern; e) Überprüfung medizinischer Berichte über Verletzungen von Opfern; f) kriminaltechnische Analysen der an den Ereignisorten gefundenen Waffen und Munitionsreste; g) Treffen mit verschiedenen Gesprächspartnern; h) Aufrufe zur Überlassung von Informationen, die mit dem Untersuchungsauftrag der Kommission zusammenhängen; i) weite Verbreitung eines Aufrufs zur Vorlage schriftlicher Aussagen; j) öffentliche Anhörungen in Gaza und in Genf.

19. Die Kommission führte 188 Einzelbefragungen durch. Sie überprüfte mehr als 300 Berichte, Aussagen und andere Dokumente. Diese waren entweder Ergebnisse eigener Nachforschungen oder zugegangen aufgrund der Verbalnoten, des öffentlichen Aufrufs zur Abgabe von Erklärungen oder mündliche Aussagen, anlässlich von Zusammenkünften oder anderweitig zustande gekommen, wodurch insgesamt mehr als 10.000 schriftliche Seiten, über 30 Videoaufzeichnungen und 1.200 Fotografien gesammelt werden konnten.

20. Indem die israelische Regierung der Kommission die Zusammenarbeit verweigerte, hinderte sie diese daran, sich mit Vertretern der israelischen Regierung zu treffen, sowie daran, zu Gesprächen mit israelischen Opfern nach Israel und zu Gesprächen mit palästinensischen Opfern und Vertretern der palästinensischen Autonomiebehörde ins Westjordanland zu reisen.

21. Die Kommission führte im Gaza-Streifen Ortsbesichtigungen durch und untersuchte dabei auch Orte, wo Vorfälle stattgefunden hatten. Dadurch konnte die Kommission unmittelbare Einsichten in die Situation vor Ort gewinnen und Gespräche mit zahlreichen Zeugen und anderen relevanten Personen führen.

22. Zweck der öffentlichen Anhörungen, die alle live übertragen wurden, war, den Opfern, Zeugen und Experten aller Seiten zu ermöglichen, sich direkt an möglichst viele Menschen in der Region sowie auch der internationalen Gemeinschaft zu wenden. Dabei gab die Kommission der Teilnahme von Opfern und Menschen der betroffenen Gemeinden Vorrang. Die 38 öffentlichen Zeugenaussagen betrafen sowohl tatsächliche als auch militärische und rechtliche Fragen. Ursprünglich hatte die Kommission geplant, öffentliche Anhörungen in Gaza, Israel und im Westjordanland abzuhalten. Auf Grund der Einreiseverweigerung nach Israel und ins Westjordanland beschloss die Kommission, Anhörungen von Teilnehmern aus Israel und dem Westjordanland in Genf durchzuführen.

23. Die Kommission bemühte sich, ihre Ergebnisse primär und soweit wie möglich auf Informationen aus erster Hand zu stützen. Informationen aus anderen Quellen, insbesondere Berichte, eidesstattliche Erklärungen und Meldungen aus den Medien, wurden vornehmlich zur Bestätigung verwendet.

24. Die endgültigen Schlussfolgerungen der Kommission über die Verlässlichkeit der erhaltenen Auskünfte basieren auf den von der Kommission getroffenen Feststellungen über die Glaubwürdigkeit und Verlässlichkeit der vernommenen Zeugen. Zur Überprüfung der Aussagen wurden von anderen verfasste Berichte und Dokumente herangezogen und die relevanten Stellen mit den Aussagen abgeglichen, um zu prüfen, ob unter Berücksichtigung aller gegebenen

Umstände ausreichende Informationen glaubwürdigen und verlässlichen Charakters vorlagen, um eine entsprechende Bewertung zu treffen.

25. Auf dieser Grundlage hat die Kommission im Rahmen ihrer Möglichkeiten nach bestem Wissen entschieden, welche Sachverhalte bewiesen wurden. In zahlreichen Fällen stellte sich heraus, dass Taten begangen wurden, die persönliche strafrechtliche Verantwortung nach sich ziehen. In all diesen Fällen stellte die Kommission fest, dass die vorliegenden Erkenntnisse ausreichen, um den objektiven Tatbestand der jeweiligen Straftatbestände nachzuweisen. In fast allen dieser Fälle konnte die Kommission feststellen, in wieweit aus den vorliegenden Sachverhalten hervorgeht, ob die Taten vorsätzlich, fahrlässig oder im Wissen um die nach dem gewöhnlichen Verlauf der Dinge zu erwartenden Ergebnisse begangen wurden. Die Kommission hat folglich in zahlreichen Fällen auf den festgestellten Verschuldensgrad (subjektiven Tatbestand) hingewiesen. Der Kommission ist die Bedeutung der Unschuldsvermutung durchaus bekannt. Durch die hierin getroffenen Tatsachenfeststellungen wird die Wirkung dieses Prinzips nicht beeinträchtigt. Es geht hier nämlich weder darum, die für die Begehung von Rechtsverletzungen Verantwortlichen namentlich zu identifizieren noch den im Strafverfahren geltenden beweisrechtlichen Anforderungen zu genügen.

26. Um den Betroffenen die Möglichkeit zu geben, weitere sachdienliche Informationen einzureichen, Stellungnahmen abzugeben und sich zu evtl. Vorwürfen zu äußern, ließ die Kommission der Regierung Israels und der Palästinensischen Autonomiebehörde sowie den Behörden in Gaza vor der Fertigstellung der endgültigen Analyse und Tatsachenfeststellungen umfangreiche Fragebögen zukommen. Die Kommission erhielt Antworten von der Palästinensischen Autonomiebehörde und von den Behörden in Gaza, nicht aber von Israel.

C. Von der Kommission untersuchte Fakten und rechtsrelevante Erkenntnisse.

Die besetzten palästinensischen Gebiete: der Gaza-Streifen

1. Die Blockade

27. Die Kommission richtete ihr Augenmerk (siehe 5. Kapitel) auf den von Israel auf den Gaza-Streifen verhängten Zustand politischer und ökonomischer Isolierung, üblicherweise als „Blockade“ bezeichnet. Die Blockade umfasst Maßnahmen wie z.B. Einfuhrbeschränkungen für Warenlieferungen nach Gaza und die manchmal tagelange Schließung der Grenzübergänge für den Personen-, Waren- und Dienstleistungsverkehr; diese Maßnahmen betreffen insbesondere Kraftstofflieferungen und Stromversorgung. Die Wirtschaft Gazas ist des Weiteren durch die Einengung der Fischereizone für palästinensische Fischer und die Einrichtung einer „Pufferzone“ entlang der Grenze des Gaza-Streifens zu Israel, wodurch sich die Fläche für landwirtschaftliche und gewerbliche Nutzung reduziert, schwer beeinträchtigt. Zusätzlich zur dadurch geschaffenen Notsituation hat die Blockade die Fähigkeit der Bevölkerung und des Gesundheitswesens, der Wasserversorgungsbetriebe sowie anderer Betriebe des staatlichen Sektors, auf die durch die Kriegshandlungen herbeigeführte Notsituation zu reagieren, erheblich geschwächt.

28. Die Kommission ist der Auffassung, dass Israel nach den Bestimmungen des 4. Genfer Abkommens weiterhin verpflichtet ist, unter Ausschöpfung aller gegebenen Möglichkeiten die Lebensmittel- und Gesundheitsversorgung, die Versorgung mit Krankenhausbedarf sowie die sonstige zur Deckung des humanitären Bedarfs der Bevölkerung des Gaza-Streifens erforderliche Versorgung bedingungslos zu gewährleisten.

2. Überblick über die israelischen Kriegshandlungen im Gaza-Streifen, Todesopfer und Verletzte

29. Israel brachte unter dem Decknamen „Operation gegossenes Blei" („Operation Cast Lead") seine Marine, seine Luftwaffe und sein Heer zum Einsatz. Die Kriegshandlungen im Gaza-Streifen teilen sich in zwei Phasen: In einer ersten Phase wurden Luftangriffe durchgeführt, in der zweiten erfolgte dann eine Bodeninvasion mit Luftangriffen. Die Operation fand zwischen dem 27. Dezember 2008 und dem 18. Januar 2009 statt. Die israelische Offensive begann mit einem einwöchigen Luftangriff vom 27. Dezember bis zum 3. Januar 2009. Die Luftwaffe spielte weiterhin eine wichtige Rolle, indem sie vom 3. bis 18. Januar die Bodentruppen unterstützte und ihnen Deckung gab. Für die Bodeninvasion, die am 3. Januar mit dem Einmarsch nach Gaza aus nördlicher und östlicher Richtung begann, war das Heer zuständig. Die zugängliche Information lässt darauf schließen, dass die Golani- , Givati- und Fallschirmjägerbrigaden sowie fünf Brigaden des Panzerkorps daran beteiligt waren. Die Marine wurde während der Operation zur Bombardierung des Küstenstreifens eingesetzt. Auch das 6. Kapitel behandelt die von der Kommission untersuchten und in den 7. bis 25. Kapiteln beschriebenen Vorfälle im Zusammenhang mit den Kriegshandlungen.

30. Über Palästinenser, die während der Kriegshandlungen ums Leben kamen, liegen unterschiedliche Statistiken vor. Nichtregierungsorganisationen beziffern sie auf der Grundlage umfangreicher Feldforschungen auf insgesamt 1.387 bis 1.417. Die Behörden in Gaza melden 1.444 Todesopfer. Die israelische Regierung nennt eine Zahl von 1.166. Die von nichtstaatlicher Stelle zur Verfügung gestellten Daten über den Zivilanteil an den Todesopfern sind im Allgemeinen stimmig und geben Anlass zu ernsthaften Befürchtungen hinsichtlich der Art und Weise, wie Israel die Kriegshandlungen in Gaza durchführte.

31. Der israelischen Regierung zufolge wurden während der Kriegshandlungen vier Israelis in Süd-Israel getötet, darunter drei Zivilpersonen und ein Soldat, die durch Raketen und Mörserangriffe durch bewaffnete palästinensische Gruppierungen getötet wurden. Zusätzlich wurden neun israelische Soldaten während der Gefechte innerhalb des Gaza-Streifens getötet, darunter vier durch eigenes Feuer.

3. Angriffe durch die israelischen Streitkräfte auf Regierungsgebäude und Angehörige der Gazaer Behörden, insbesondere der Polizei

32. Die israelischen Streitkräfte führten zahlreiche Angriffe auf Gebäude und Angehörige der Gazaer Behörden aus. Soweit diese Gebäude betreffen, untersuchte die Kommission Angriffe auf den Palästinensischen Legislativrat und das Hauptgefängnis in Gaza (siehe 7. Kapitel). Beide Gebäude wurden bis zur Unbrauchbarkeit zerstört. Erklärungen der israelischen Regierung und von Vertretern der Streitkräfte rechtfertigten diese Angriffe damit, dass die politischen Institutionen und Behörden in Gaza Teil der „terroristischen Infrastruktur von Hamas" seien. Die Kommission weist diese Behauptung zurück. Sie stellt fest, dass jeder Beweis dafür fehlt, dass das Gebäude des Palästinensischen Legislativrates und das Hauptgefängnis von Gaza zu Kriegshandlungen wirksam beitrugen. Nach den ihr zugänglichen Informationen stellt die Kommission fest, dass die Angriffe auf diese Gebäude vorsätzliche Angriffe gegen Zivilobjekte und somit Verletzungen des Prinzips des humanitären Gewohnheitsvölkerrechts darstellen, wonach sich Angriffe einzig und allein gegen militärische Ziele richten müssen. Diese Tatsachen deuten darüber hinaus auf eine schwere Rechtsverletzung hin in Gestalt der weitreichenden, militärisch nicht gerechtfertigten, rechtswidrigen und mutwilligen Zerstörung von Eigentum.

33. Die Kommission untersuchte die Angriffe auf sechs Polizeieinrichtungen, von denen vier in den ersten Minuten der Kriegshandlungen am 27. Dezember ausgeführt wurden und den Tod von 99 Polizisten und neun Angehörigen der anwesenden Unbeteiligten zur Folge hatten. Die von den israelischen Streitkräften getöteten insgesamt ca. 240 Polizisten stellen mehr als ein Sechstel der palästinensischen Todesopfer dar. Die Umstände dieser Angriffe und der Bericht der israelischen Regierung vom Juli 2009 über die Kriegshandlungen stellen klar, dass somit vorsätzlich auf die Polizisten gezielt wurde und sie getötet wurden, weil die Polizei als Institution bzw. ein großer Teil der einzelnen Polizisten in den Augen der israelischen Regierung Teil der palästinensischen „Streitkräfte" in Gaza seien.

34. Zur Untersuchung der Frage, ob die Angriffe auf die Polizei mit dem Prinzip der Unterscheidung militärischer und ziviler Objekte und Personen vereinbar sind, analysierte die Kommission die organisatorische Entwicklung der Gazaer Polizei seit der vollständigen Machtübernahme durch Hamas in Gaza im Juli 2007 und der durch Hamas erfolgten Verschmelzung der Polizei mit den nach dem Wahlsieg gegründeten „Exekutivkräften" („Executive Force"). Die Kommission stellt fest, dass, obwohl eine große Anzahl von Polizisten aus Unterstützern von Hamas oder Mitgliedern bewaffneter Gruppierungen rekrutiert wurde, es sich bei der Polizei Gazas um eine zivile Strafverfolgungsbehörde handelte. Die Kommission stellt darüber hinaus fest, dass von den am 27. Dezember getöteten Polizisten nicht gesagt werden kann, bei ihnen habe es sich um direkte Teilnehmer an den Feindseligkeiten gehandelt, die ihren Schutz als Zivilpersonen vor direkten Angriffen verwirkt hätten. Die Kommission bestreitet nicht, dass es einige Angehörige der Gazaer Polizei geben könnte, die gleichzeitig bewaffneten palästinensischen Gruppierungen angehörten und folglich Kombattanten waren. Die Kommission zieht jedoch die Schlussfolgerung, dass die Angriffe auf Polizeieinrichtungen am ersten Tag der bewaffneten Operationen nicht als Ergebnis einer vertretbaren Abwägung zwischen dem erwarteten unmittelbaren militärischen Vorteil (d.h. die Tötung derjenigen Polizisten, die möglicherweise bewaffneten palästinensischen Gruppierungen angehörten) und dem Verlust zivilen Lebens (d.h. die anderen getöteten Polizisten und Unbeteiligte, die unweigerlich anwesend oder in der Nähe gewesen wären), bezeichnet werden kann. Somit stellen die Angriffe eine Verletzung des humanitären Völkerrechts dar.

4. Verpflichtung bewaffneter palästinensischer Gruppierungen, im Rahmen des Möglichen Vorsichtsmaßnahmen zum Schutz der Zivilbevölkerung und ziviler Objekte zu treffen

35. Die Kommission prüfte, ob und in welchem Umfang durch bewaffnete palästinensische Gruppierungen eine Verletzung der Pflicht vorliegt, Sorgfalt auszuüben und im Rahmen des Möglichen Vorsichtsmaßnahmen zum Schutze der Gazaer Zivilbevölkerung vor den Kriegshandlungen innewohnenden Gefahren zu treffen (8. Kapitel).

Der Kommission begegneten die in Gaza befragten Personen mit Ablehnung, die Aktivitäten der bewaffneten Gruppierungen anzusprechen. Auf der Grundlage der gesammelten Informationen stellte die Kommission fest, dass bewaffnete palästinensische Gruppierungen während der Kriegshandlungen in bewohnten Gebieten anwesend waren und von bewohnten Gebieten aus Raketen abfeuerten. Es ist möglich, dass sich palästinensische Kombattanten nicht jederzeit von der Zivilbevölkerung hinreichend unterschieden. Jedoch fand die Kommission keine Anhaltspunkte für die Vermutung, bewaffnete palästinensische Gruppierungen hätten Zivilpersonen entweder in Gebiete gedrängt, von denen aus Angriffe geführt wurden, oder gezwungen, in der Nähe von Angriffen zu verbleiben.

36. Obwohl sich in den von der Kommission untersuchten Situationen keine Anhaltspunkte für den Einsatz von Moscheen für militärische Zwecke oder als Schutzraum fanden, kann nicht ausgeschlossen werden, dass dies in anderen Fällen geschehen sein mag. Die Kommission fand keinerlei Beweis für die Behauptung, dass Krankenhäuser seitens der Gazaer Behörden oder von bewaffneten palästinensischen Gruppierungen zur Abschirmung militärischer Aktionen verwendet worden seien oder dass Krankenwagen zum Transport von Kombattanten oder für andere militärische Zwecke eingesetzt worden seien. Auf der Grundlage eigener Ermittlungen und der Aussagen von UNO-Beamten schließt die Kommission aus, dass bewaffnete palästinensische Gruppierungen von UNO-Einrichtungen aus Kampfhandlungen ausführten, die während der Kriegshandlungen als Schutzräume verwendet wurden. Die Möglichkeit, dass palästinensische bewaffnete Einheiten in der Nähe von UNO-Einrichtungen und Krankenhäusern tätig wurden, vermag die Kommission jedoch nicht von der Hand zu weisen. Obwohl die Durchführung von Kriegshandlungen in Wohngebieten nicht an sich eine Völkerrechtsverletzung darstellt, setzten bewaffnete palästinensische Gruppierungen, soweit sie Angriffe in der Nähe von Zivilpersonen oder geschützten Gebäuden lancierten, die Zivilbevölkerung Gazas unnötiger Gefahr aus.

5. Israels Verpflichtung, im Rahmen des Möglichen Vorsichtsmaßnahmen zum Schutz der Zivilbevölkerung und ziviler Objekte in Gaza zu treffen

37. Die Kommission untersuchte, inwieweit die israelischen Streitkräfte ihrer Pflicht, im Rahmen des Möglichen die Zivilbevölkerung Gazas zu schützen, insbesondere der Pflicht zur wirksamen Warnung vor Angriffen (9. Kapitel), nachkamen. Die Kommission erkennt die erheblichen Bemühungen Israels an, Warnungen, sei es durch Telefonanrufe, Flugblätter oder Radiosendungen, zu geben, und akzeptiert, dass in einigen Fällen, vor allem dann, wenn die Warnungen ausreichend präzise waren, Bewohner veranlasst wurden, ein Gebiet zu verlassen und sich außer Gefahr zu begeben. Jedoch merkt die Kommission auch Faktoren an, die die Wirksamkeit ausgegebener Warnungen erheblich beeinträchtigten. Zu diesen Faktoren gehört der Mangel an Genauigkeit, und somit an Glaubwürdigkeit zahlreicher Flugblätter und im Voraus aufgezeichneter Telefonmitteilungen. Die Glaubwürdigkeit von Anweisungen, sich zur Sicherheit in die Stadtzentren zu begeben, werden dadurch beeinträchtigt, dass während der Luftphase der Kriegshandlungen die Stadtzentren selbst Gegenstand schwerer Angriffe durch die Luftwaffe waren. Die Kommission prüfte zudem die Praxis, leichtere Sprengsätze auf Dächer abzuwerfen (sog. „Dachklopfen", „roof knocking"). Sie kommt zum Schluss, dass diese Technik keine wirksame Warnung darstellt und dass sie eine Art Angriff auf die im Wohngebäude befindlichen Zivilpersonen ist. Abschließend betont die Kommission, dass die Tatsache einer erfolgten Warnung einen Befehlshaber und dessen Untergebene nicht von der Pflicht befreit, jede andere praktisch mögliche Maßnahme zur Unterscheidung zwischen Zivilpersonen und Kombattanten zu treffen.

38. Die Kommission untersuchte ebenfalls die Vorsichtsmaßnahmen der israelischen Streitkräfte im Zusammenhang dreier bestimmter Angriffe. Am 15. Januar 2009 wurde der Gebäudekomplex der Außendienststelle der UNRWA mit hochexplosiven und phosphorhaltiger Geschossen unter Beschuss genommen. Die Kommission merkt an, dass der Angriff höchst gefährlich war, da der Gebäudekomplex, der über ein großes Kraftstoffdepot verfügte, Schutz für 600 bis 700 Zivilpersonen bot. Die israelischen Streitkräfte setzten ihren Angriff

mehrere Stunden lang fort, obwohl man sie über das von ihnen geschaffene Risiko vollständig unterrichtet hatte. Die Kommission folgert, dass die israelischen Streitkräfte die gewohnheitsvölkerrechtliche Pflicht verletzten, bei der Wahl der Mittel und Methoden eines Angriffs zur Verhütung und jedenfalls zur Minimierung zufälliger ziviler Todesopfer und Verletzter sowie der zufälligen Beschädigung ziviler Objekte alle praktisch möglichen Vorsichtsmaßnahmen zu treffen.

39. Die Kommission stellt darüber hinaus fest, dass die israelischen Streitkräfte am gleichen Tag unmittelbar und vorsätzlich das Al-Quds-Krankenhaus in Gaza-Stadt und das benachbarte Krankenwagendepot mit phosphorhaltigen Geschossen angriffen. Der Angriff verursachte einen Brand, dessen Löschung einen ganzen Tag in Anspruch nahm, und löste unter den Kranken und Verwundeten, die evakuiert werden mussten, eine Panik aus. Die Kommission stellt fest, dass keinerlei Warnung vor einem drohenden Angriff erfolgte. Auf der Grundlage ihrer Untersuchung weist die Kommission die Behauptung, vom Krankenhaus aus sei auf die israelischen Truppen geschossen worden, zurück.

40. Die Kommission untersuchte ebenfalls die schweren Artillerieangriffe auf das Al-Wafa-Krankenhaus im Osten von Gaza-Stadt, bei denen phosphorhaltige Munitionen erneut zum Einsatz kamen. Bei diesem Krankenhaus handelt es sich um eine Einrichtung für besonders schwer verletzte Patienten und solche, die Langzeitpflege benötigen. Auf der Grundlage der vorliegenden Erkenntnisse stellte die Kommission in Bezug auf beide Krankenhäuser Verstöße gegen das Verbot von Angriffen auf Zivilkrankenhäuser fest. Die Kommission betont, dass die per Flugblätter und vorher aufgezeichnete Telefonnachrichten erfolgten Warnungen im Fall des Al-Wafa-Krankenhauses die völlige Unwirksamkeit gewisser routinemäßiger und allgemein formulierter Warnungen unter Beweis stellen.

6. Wahllose Angriffe durch israelische Streitkräfte, die zivile Todesopfer und Verletzte zur Folge hatten

41. Die Kommission untersuchte den Mörserbeschuss der Al-Fakhoura-Straßenkreuzung in Jabalya neben der UNRWA-Schule, die zum fraglichen Zeitpunkt als Wohn- und Schutzraum für 13.000 Menschen diente (10. Kapitel). Die israelischen Streitkräfte feuerten mindestens vier Mörsergranaten ab. Eine davon landete im Innenhof des Wohnhauses einer Familie und tötete elf dort versammelte Personen. Drei weitere Granaten landeten in der Al-Fakhoura-Straße, wodurch mindestens 24 weitere Menschen ums Leben kamen und ca. 40 verwundet wurden. Die Kommission untersuchte im Detail Erklärungen von Vertretern der israelischen Regierung, die behaupteten, mit diesem Angriff habe man auf einen Mörserbeschuß durch eine bewaffnete palästinensische Gruppierung reagiert. Obwohl die Kommission dies nicht ausschließen kann, hält sie die Glaubwürdigkeit der Stellungnahme Israels aufgrund der Folge von Ungereimtheiten, Widersprüchen und falschen Tatsachenbehauptungen in den Erklärungen, die diesen Angriff rechtfertigen sollten, für fraglich.

42. Bei ihrer rechtlichen Würdigung des Angriffs auf die Al-Fakhoura-Straßenkreuzung erkennt die Kommission an, dass sich aus Verhältnismäßigkeitserwägungen, bei denen der erhoffte militärische Vorteil gegen die Gefahr ziviler Todesopfer abgewogen wird, für jede Armee in manchen Fällen echte Dilemmata ergeben. Die Kommission ist der Auffassung, dass im vorliegenden Fall nicht zutrafen. Der Abschuss von mindestens vier Mörsergranaten zur Tötung einer kleinen Anzahl bestimmter Personen an einem Ort, an dem eine sehr große Anzahl von Zivilpersonen ihren Tagesgeschäften nachgehen und in dessen Nähe 1.368 Menschen Schutz suchen, kann der Prüfung durch einen vernünftigen Befehlshaber, ob die zivilen Todesopfer im Hinblick auf den erhofften militärischen Vorteil hinnehmbar wären, nicht standhalten. Darum ist der Angriff nach Auffassung der Kommission als völkerrechtlich verbotener wahlloser Angriff und Verletzung des Rechts auf Leben der dabei getöteten palästinensischen Zivilpersonen anzusehen.

7. Vorsätzliche Angriffe auf die Zivilbevölkerung

43. Die Kommission untersuchte sieben Vorfälle, in denen israelische Streitkräfte direkte Angriffe auf Zivilpersonen mit tödlichem Ausgang vornahmen (9. Kapitel). Mit einer Ausnahme handelt es sich in diesem Teil des Berichts um Fälle, bei denen die Sachlage keine vertretbare militärische Zielsetzung für die Angriffe erkennen lässt. Die ersten beiden Vorfälle sind Angriffe auf Häuser in der Wohngegend von Samouni, südlich von Gaza-Stadt, darunter die Bombardierung eines Hauses, in dem palästinensische Zivilpersonen von israelischen Truppen gewaltsam zusammengetrieben worden waren. Die folgende Aufstellung von sieben Vorfällen betrifft die Erschießung von Zivilpersonen, während diese – in einigen Fällen auf Anweisung der israelischen Streitkräfte – versuchten, ihr Haus zu Fuß in Richtung eines sichereren Ortes zu verlassen, und dabei weiße Fahnen schwenkten. Aus den von der Kommission zusammengetragenen Tatsachen geht hervor, dass die israelischen Streitkräfte in all diesen Fällen vollkommene Kontrolle über das Angriffsgebiet ausübten, dass sie sich mit den angegriffenen Personen vorher in Kontakt gesetzt oder diese zumindest beobachtet hatten, so dass ihnen deren ziviler Status bekannt gewesen sein musste. In den meisten dieser Vorfälle wurden die Folgen der Angriffe auf Zivilpersonen durch den Umstand erschwert, dass sich die israelischen Streitkräfte weigerten, die Evakuierung der Verwundeten zuzulassen oder Krankenwagen den Zugang zu den Ereignisorten versagten.

44. Diese Vorfälle lassen darauf schließen, dass die den nach Gaza einziehenden israelischen Truppen gegebenen Anweisungen niedrige Anforderungen an den Einsatz tödlicher Waffen gegen Zivilpersonen stellen. Von den Ergebnissen der Ermittlungen der Kommission und den in zwei von der Kommission geprüften Veröffentlichungen enthaltenen Aussagen israelischer Soldaten wird diese Tendenz eindeutig bestätigt.

45. Des Weiteren untersuchte die Kommission einen Vorfall, bei dem eine Moschee während der frühabendlichen Gebetsstunde mit einer Rakete beschossen wurde, wodurch 15 Personen ums Leben kamen, sowie einen Angriff mit Flechette-Munition auf eine Ansammlung von Familienangehörigen und Nachbarn in einem Trauerzelt,

der fünf Todesopfer forderte. Die Kommission stellt fest, dass beide Angriffe den Tatbestand vorsätzlicher Angriffe auf die Zivilbevölkerung und Zivilobjekte erfüllen.

46. Aufgrund der gesamten oben geschilderten festgestellten Tatsachen hält die Kommission fest, dass das Verhalten der israelischen Streitkräfte schwerwiegende Verletzungen des 4. Genfer Abkommens in Form vorsätzlicher Tötung und der vorsätzlichen Herbeiführung schwerer Leiden bei geschützten Personen darstellt und somit persönliche strafrechtliche Verantwortung nach sich zieht. Die Kommission stellt darüber hinaus fest, dass gezielte Angriffe auf palästinensische Zivilpersonen und willkürliche Tötungen palästinensischer Zivilpersonen Verletzungen des Rechts auf Leben darstellen.

47. Der letzte Vorfall betrifft das Abwerfen einer Bombe auf ein Haus, wodurch 22 Familienangehörige getötet wurden. Israel besteht in diesem Fall darauf, es habe sich um einen „operativen Irrtum" gehandelt und das eigentliche Ziel sei ein benachbartes Haus, in dem Waffen gelagert worden seien. Auf der Grundlage ihrer Ermittlungen hat die Kommission erhebliche Zweifel an der Darstellung der israelischen Behörden zu diesem Vorfall. Die Kommission folgert, dass, falls tatsächlich ein Irrtum vorliegen sollte, keine vorsätzliche Tötung vorläge. Dennoch müsste sich Israel für eine vorsätzliche Rechtsverletzung verantworten.

8. Der Einsatz bestimmter Waffen

48. Aufgrund ihrer Untersuchung gewisser Vorfälle, bei denen bestimmte Waffen, wie z.B. weißer Phosphor und Flechette-Munitionen, zum Einsatz kamen, stellt die Kommission folgendes fest. Zwar bestreitet die Kommission nicht, dass weißer Phosphor derzeit keinem völkerrechtlichen Verbot unterliegt, doch die israelischen Streitkräfte haben sich bei der Entscheidung über den Einsatz weißen Phosphors in bewohnten Gebieten systematisch grobe Fahrlässigkeit zuschulden kommen lassen. Außerdem sprachen Ärzte, die durch weißen Phosphor verletzte Patienten versorgten, davon, dass diese Substanz schwere, manchmal nicht behandelbare Verbrennungen hervorruft.

Die Kommission meint, dass ein Verbot des Einsatzes dieser Waffe in bewohnten Gebieten ernsthaft in Erwägung gezogen werden sollte. In Bezug auf Flechetten stellt die Kommission fest, dass es sich hierbei um eine Flächenwaffe handelt, die nicht geeignet ist, nach der Detonation zwischen Zielen zu unterscheiden. Darum sind sie für den Einsatz in bewohnten Gebieten, wo Grund zur Annahme besteht, dass Zivilpersonen vorhanden sein könnten, besonders ungeeignet.

49. Während die Kommission sich nicht in der Lage sah, den Einsatz sog. DIME-Munition (d.h. Munition mit dichtem, reaktionsträgem Metall) durch die israelischen Streitkräfte mit Sicherheit festzustellen, erhielt sie Berichte palästinensischer und ausländischer Ärzte, die während der Kriegshandlungen tätig waren, über einen hohen Anteil von Patienten mit Verletzungen, die für diese Waffen typisch waren. DIME- und Hartmetallmunitionen unterliegen derzeit keinem völkerrechtlichen Verbot, sie werfen jedoch spezifische gesundheitliche Fragen auf. Schließlich wurde gegenüber der Kommission behauptet, Munition aus entreichertem („DU-Munitionen") und nicht entreichertem Uran seien durch die israelischen Streitkräfte in Gaza eingesetzt worden. Diesen Behauptungen ging die Kommission nicht weiter nach.

9. Angriffe auf die zivilen Lebensgrundlagen in Gaza: Zerstörung der industriellen Infrastruktur, der Nahrungsmittelproduktion, der Wasserversorgung, Abwasseranlagen und Wohngebäude

50. Die Kommission untersuchte mehrere Fälle der Zerstörung industrieller Infrastrukur, der Nahrungsmittelproduktion, der Wasserversorgung, Abwasseranlagen und Wohngebäude (8. Kaptitel). Schon zu Beginn der Kriegshandlungen war die Al-Bader-Mühle die einzige noch betriebsfähige Getreidemühle im Gaza-Streifen. Die Mühle wurde während der Luftangriffe am 9. Januar 2009 durch eine Serie von Geschossen getroffen, nachdem an den vorangegangenen Tagen mehrere falsche Warnungen ausgegeben worden waren. Die Kommission stellt fest, dass es für deren Zerstörung keinerlei militärische Rechtfertigung gab. Die Art der Angriffe, insbesondere das

genaue Zielen auf unentbehrliche Maschinen, lässt vermuten, dass man die Vernichtung der Produktionskapazität der Anlage beabsichtigte. Aufgrund der vorliegenden Erkenntnisse konstatiert die Kommission eine schwerwiegende Verletzung der Bestimmungen des 4. Genfer Abkommens. Rechtswidrige und mutwillige Zerstörung, die nicht durch militärische Notwendigkeiten gerechtfertigt ist, stellt ein Kriegsverbrechen dar. Die Kommission stellt zudem fest, dass die Getreidemühle in der Absicht zerstört wurde, der Zivilbevölkerung die Nahrung zu entziehen, was eine Verletzung des Gewohnheitsvölkerrechts und womöglich ein Kriegsverbrechen darstellt. Der Angriff auf die Getreidemühle stellte weiterhin eine Verletzung der Menschenrechtsbestimmungen über das Recht auf angemessene Nahrung und notwendige Mittel für die Existenz dar.

51. Die Hühnerfarmen des Herrn Smieh Sawafeary in der Wohngegend Zeitoun, südlich von Gaza-Stadt, deckten Berichten zufolge zehn Prozent des Eierbedarfs in Gaza. Gepanzerte Planierraupen der israelischen Streitkräfte machten systematisch die Hühnerställe dem Erdboden gleich und töteten dabei alle 31.000 darin befindlichen Hühner, zerstörten die Anlage und das für den Betrieb notwendige Material. Die Kommission kommt zu dem Schluss, dass es sich hierbei um einen vorsätzlichen Akt mutwilliger Zerstörung ohne militärische Rechtfertigung handelt, und zieht daraus die gleichen rechtlichen Schlüsse wie bei der Zerstörung der Getreidemühle.

52. Israelische Streitkräfte führten auch einen Angriff auf einen der Umschließungswälle eines Rohabwasserbeckens der Gazaer Abwasserreinigungsanlage aus, worauf mehr als 200.000 Kubikmeter Rohabwasser in benachbartes Ackerland strömten. Die Umstände des Angriffes auf das Abwasserbecken lassen darauf schließen, dass es sich hierbei um einen vorgeplanten, vorsätzlichen Angriff handelt. Der Quellwasserkomplex Namar in Jabalya bestand aus zwei Trinkwasserquellen, Pumpen, einem elektrischen Generator, Kraftstoffvorräten, einem Chlorierungsgerät für die Behälter, Gebäuden und dazugehörendem Gerät. All dies wurde am ersten Tag der israelischen Luftangriffe durch zahlreiche Luftangriffe zerstört. Die Kommission hält es für unwahrscheinlich, dass ein so großes Zielobjekt wie die Namar-Quellen irrtümlich durch zahlreiche Luftangriffe zerstört werden könnte. Sie fand keinerlei Anhaltspunkte für

die Annahme, dass sich aus den Angriffen auf die Quellen irgendein militärischer Vorteil ergeben haben könne, und merkt an, dass niemand behauptet, die Quellanlage sei von bewaffneten palästinensischen Gruppierungen zu irgendeinem Zweck benutzt worden. In Anbetracht der Tatsache, dass das Recht auf Trinkwasser zum Recht auf Nahrungsmittel gehört, kommt die Kommission zur gleichen rechtlichen Würdigung wie im Fall der Al-Bader-Getreidemühle.

53. Während ihres Aufenthaltes im Gaza-Streifen konnte die Kommission das Ausmaß der Zerstörung von Wohngebäuden durch Luftangriffe, Artilleriebeschuss, Raketenangriffe, Planierraupen und Sprengsätze selbst konstatieren. In einigen Fällen wurden Wohnsiedlungen offenbar im Zusammenhang mit dem Vordringen der israelischen Bodentruppen Gegenstand von schwerem Artilleriebeschuss und schweren Luftbombardements. In anderen Fällen deuten die von der Kommission zusammengetragenen Informationen mit hoher Wahrscheinlichkeit darauf hin, dass Wohngebäude ohne irgendeinen Zusammenhang mit irgendwelchen Konfrontationen mit bewaffneten palästinensischen Gruppierungen oder irgendeinem anderen wirksamen Beitrag zu Kampfhandlungen zerstört wurden. Die Kommission verknüpfte die Ergebnisse ihrer eigenen Ermittlungen vor Ort mit UNOSAT-Bildern und den veröffentlichten Aussagen israelischer Soldaten und folgert daraus, dass, zusätzlich zu den umfassenden Zerstörungen von Wohngebäuden aus sog. Kampfzwängen während des Vorrückens, israelische Streitkräfte – in Kenntnis ihres bevorstehenden Abzugs – eine zusätzliche Welle systematischer Zerstörung ziviler Gebäude während der letzten drei Tage ihrer Anwesenheit in Gaza entfachten. In dieser Hinsicht stellt das Verhalten der israelischen Streitkräfte eine Verletzung des Prinzips der Unterscheidung ziviler und militärischer Objekte dar, und somit einen besonders schweren Fall der „umfangreichen, durch militärische Notwendigkeit nicht gerechtfertigten, rechtswidrig und mutwillig begangenen Zerstörung … von Eigentum“ . Des Weiteren verletzten die israelischen Streitkräfte das Recht der betroffenen Familien auf angemessene Unterkunft.

54. Die von der Kommission untersuchten Angriffe auf Industrie- und Nahrungsmittelproduktionsbetriebe und die Wasserversorgungsinfrastruktur sind Teil eines größeren Zerstörungsschemas, das die

Zerstörung des einzigen Zementverpackungswerks in Gazas (das Atta-Abu-ubbah-Werk), des Abu-Eida-Transportbetonwerks, weiterer Hühnerfarmen sowie der Nahrungsmittel- und Getränkewerke der Al-Wadia-Gruppe umfasst. Aus den von der Kommission bestätigten Tatsachen geht hervor, dass es die im Voraus geplante, beabsichtigte Politik der israelischen Streitkräfte war, Industrie- und Wasserversorgungsbetriebe gezielt anzugreifen.

10. Der Einsatz palästinensischer Zivilpersonen als menschliche Schutzschilde

55. Die Kommission untersuchte vier Vorfälle, in denen israelische Streitkräfte während der Kriegshandlungen männliche palästinensische Zivilpersonen mit Waffengewalt zur Teilnahme an Hausdurchsuchungen nötigten (14. Kapitel). Den Palästinensern verband man die Augen, legte ihnen Handschellen an und zwang sie, vor den israelischen Soldaten Häuser zu betreten. In einem dieser Vorfälle zwangen die Soldaten einen Mann, mehrfach ein Haus zu betreten, in dem sich palästinensische Kombattanten verbargen. Veröffentlichte Aussagen israelischer Soldaten, die an den Kriegshandlungen teilnahmen, bestätigen diese wiederholte Praxis, die trotz Anweisungen von Israels höchstem Gericht an die Streitkräfte, diese Vorgehensweise zu beenden, und wiederholter öffentlicher Versicherungen seitens der Streitkräfte, die Praxis werde nicht mehr angewendet, weiterhin angewendet wird. Die Kommission folgert, dass diese Vorgehensweise dem Einsatz palästinensischer Zivilpersonen als menschliche Schutzschilde entspricht und somit nach dem humanitären Völkerrecht verboten ist. Dies gefährdet auf eine willkürliche und gesetzeswidrige Art das Recht von Zivilpersonen auf Leben und ist als grausame und unmenschliche Behandlung zu werten. Die Verwendung menschlicher Schutzschilde ist auch ein Kriegsverbrechen. Die als menschliche Schutzschilde eingesetzten Palästinenser wurden mit dem Tode oder mit Gewalt bedroht, um Informationen über Hamas, palästinensische Kombattanten und Tunnel aus ihnen herauszupressen. Dies stellt eine weitere Verletzung des humanitären Völkerrechts dar.

11. Freiheitsentzug: Während der israelischen Operation vom 27. Dezember 2008 bis 18. Januar 2009 inhaftierte Gazaer

56. Im Laufe der Kriegshandlungen trieben die Streitkräfte Israels zahlreiche Zivilpersonen zusammen und internierte sie in Gebäuden oder auf offenem Gelände und – im Falle zahlreicher palästinensischer Männer – verbrachte sie in Haftanstalten nach Israel. In den von der Kommission untersuchten Fällen geht aus den festgestellten Tatsachen hervor, dass keine dieser Zivilpersonen bewaffnet war oder irgendeine wahrnehmbare Gefahr für die Sicherheit der israelischen Soldaten darstellte. Das 25. Kapitel dieses Berichts basiert sowohl auf Befragungen palästinensischer Männer, die festgehalten worden waren, als auch auf der Überprüfung anderer relevanter Unterlagen, insbesondere Befragungen von Verwandten und Aussagen anderer Opfer, die der Kommission vorgelegt wurden.

57. Aus den von der Kommission zusammengetragenen Fakten stellt die Kommission in Verbindung mit diesen Verhaftungen zahlreiche Verletzungen des humanitären Völkerrechts und internationaler Menschenrechtsvorschriften fest. Zivilpersonen, darunter Frauen und Kinder, wurden unter entwürdigenden Bedingungen, unter Entzug von Nahrung, Trinkwasser und ohne Zugang zu Sanitäranlagen festgehalten und im Januar allen Wetterbedingungen schutzlos ausgesetzt. Den Männern wurden während unterschiedlicher Phasen ihrer Internierung Handfesseln angelegt, die Augen verbunden und wiederholt wurden sie gezwungen, sich zu entkleiden, manchmal bis zur Nacktheit.

58. In der Gegend von Al Atatra, im Nordwesten Gazas, hatten israelische Truppen Sandgruben ausgehoben, in denen palästinensische Männer, Frauen und Kinder festgehalten wurden. In und um die Sandgruben befanden sich Panzer- und Artilleriestellungen, die aus nächster Nachbarschaft der Festgehaltenen das Feuer eröffneten.

59. Die in israelische Haftanstalten verbrachten palästinensischen Männer wurden entwürdigenden Haftbedingungen, brutaler Befragung, Prügel und anderen körperlichen und seelischen Misshandlungen unterworfen. Einige von ihnen wurden angeklagt, gesetzwidrige Kombattanten zu sein. Die von der Kommission befragten Perso-

nen wurden freigelassen, nachdem die gegen sie eingeleiteten Verfahren offenbar eingestellt worden waren.

60. Zusätzlich zum willkürlichen Freiheitsentzug und der Verletzung des Anspruchs auf rechtliches Gehör geht aus den Fällen der inhaftierten palästinensischen Zivilpersonen eine zwischen israelischen Soldaten und palästinensischen Zivilpersonen entstandene Wechselwirkung hervor, die auch in zahlreichen an anderen Stellen des Berichts geschilderten Fällen deutlich hervortrat: dauerhafte und systematische Misshandlung, Untaten gegen die persönliche Würde, erniedrigende und entwürdigende Behandlung entgegen den Grundprinzipien des humanitären Völkerrechts und der internationalen Menschenrechtsvorschriften. Die Kommission folgert, dass die Behandlung dieser Zivilpersonen eine Kollektivbestrafung darstellt und auf Terror- und Einschüchterungsmaßnahmen hinausläuft. Derartige Akte stellen schwerwiegende Verletzungen der Genfer Abkommen und somit Kriegsverbrechen dar.

12. Zielstellungen und Strategie der israelischen Operationen in Gaza

61. Die Kommission prüfte zugängliche Informationen über die Planung der israelischen Operationen in Gaza, über die den israelischen Streitkräften verfügbare moderne Militärtechnologie und der Ausbildung ihrer Streitkräfte im humanitären Völkerrecht (26. Kapitel). Offiziellen Regierungsinformationen zufolge haben israelische Streitkräfte ein gut ausgearbeitetes Beratungs- und Ausbildungssystem für Rechtsfragen eingerichtet, mit der Zielsetzung, den örtlichen Befehlshabern Kenntnisse ihrer einschlägigen rechtlichen Verpflichtungen zu vermitteln und ihnen Unterstützung bei der Einhaltung der einschlägigen Bestimmungen im Feld zu geben. Die israelischen Streitkräfte besitzen eine sehr fortschrittliche Geräteausrüstung und sind zudem Marktführer bei der Herstellung einiger am höchsten entwickelten Teile verfügbarer Militärtechnologie. Dazu gehören unbemannte Fluggeräte, die mittels verschiedener Methoden, insbesondere der Möglichkeit des Startens von der Luft wie vom Boden aus, eine außerordentliche Fähigkeit zu Präzisions-

angriffen aufweisen. Unter Berücksichtigung der Fähigkeit zur Planung, der Möglichkeit, Pläne unter Einsatz von Militärtechnologie auf dem neuesten verfügbaren Stand der Technik auszuführen, sowie der Behauptungen der israelischen Streitkräfte, es seien nahezu keine Fehler gemacht worden, stellt die Kommission fest, dass die Vorfälle und die im Bericht berücksichtigten Ereignismuster Ergebnis bewusster Planung und strategischer Entscheidungen waren.

62. Die Taktik der israelischen Streitkräfte während der Gaza-Offensive stimmt mit früheren Praktiken, in allerjüngster Zeit während des Libanon-Krieges 2006, überein. Ein als Dahia-Doktrin bekanntes Konzept kam zum Vorschein, dazu gehört die Anwendung unverhältnismäßiger Gewalt sowie die Verursachung erheblicher Schäden und Zerstörung zivilen Eigentums und ziviler Infrastruktur sowie die Zufügung großen Leidens bei der Zivilbevölkerung. Die Kommission kommt aufgrund der Untersuchung der von ihr selbst vor Ort festgestellten Tatsachen zu dem Schluss, dass das, was als die beste Strategie beschrieben wurde, auch genau so in die Tat umgesetzt wurde.

63. Besonderen Anlass zur Sorge bereitet das bei der Gestaltung der militärischen Zielstellungen der Operationen in Gaza verwendete Konzept der „Unterstützungsinfrastruktur" der Hamas, da dieses Zivilpersonen und -objekte zu legitimen militärischen Zielen erklärte. Äußerungen politischer und militärischer Führer Israels vor und während der Kriegshandlungen in Gaza deuten darauf hin, dass nach der israelischen Vorstellung von dem, was in einem Krieg gegen Hamas erforderlich war, unverhältnismäßige Zerstörung und die Herbeiführung der größtmöglichen Störung des Alltags zahlreicher Menschen als legitime Mittel zur Erreichung nicht nur militärischer, sondern auch politscher Ziele erachtet wurde.

64. Erklärungen israelischer Verantwortungsträger, die Zerstörung ziviler Objekte sei eine legitime Reaktion auf Raketenangriffe, („Zerstört 100 Wohnhäuser für jede abgefeuerte Rakete"), lassen einen möglichen Rückgriff auf Vergeltungsmaßnahmen vermuten. Die Kommission ist der Auffassung, dass Vergeltungsmaßnahmen gegen Zivilpersonen mit dem humanitären Völkerrecht unvereinbar sind.

13. Die Auswirkungen der Kriegshandlungen und der Blockade auf die Bevölkerung Gazas und ihre Menschenrechte

65. Die Kommission untersuchte die Auswirkungen der Kriegshandlungen in Verbindung mit der Blockade auf die Bevölkerung Gazas und deren Menschenrechte. Die Wirtschaft, Arbeitsmöglichkeiten und der Lebensunterhalt von Familien waren bereits bei Beginn der israelischen Offensive infolge der Blockade schwer beeinträchtigt. Die ungenügende Kraftstoffversorgung für die Stromerzeugung wirkte sich negativ auf industrielle Tätigkeiten, auf den Krankenhausbetrieb, auf die Trinkwasserversorgung der Haushalte und auf die Abwasserreinigung aus. Einfuhrbeschränkungen sowie das Verbot sämtlicher Exporte aus Gaza wirkten sich auf den produzierenden Sektor und die landwirtschaftliche Produktion aus. Die Arbeitslosigkeit und der Armutsanteil wiesen eine steigende Tendenz auf.

66. In dieser prekären Situation zerstörten die militärischen Operationen einen beträchtlichen Teil der wirtschaftlichen Infrastruktur. Da ein großer Teil der Fabriken angegriffen und zerstört oder beschädigt wurde, stiegen Arbeitslosigkeit und Nahrungsmittelknappheit weiter dramatisch an. Entsprechend litt der landwirtschaftliche und Fischerei Sektor an der Zerstörung von Ackerland, von Brunnen und von Fischerbooten während der Kriegshandlungen. Die fortgesetzte Blockade behindert den Wiederaufbau der zerstörten wirtschaftlichen Infrastruktur.

67. Als Folge des Schleifens von Ackerland und des Niederwalzens von Gewächshäusern ist trotz der erhöhten erlaubten Einfuhrmengen von Nahrungsmitteln nach Gaza seit dem Beginn der Kriegshandlungen eine weitere Verschlechterung der Lebensmittelsituation zu erwarten. Die Abhängigkeit von Lebensmittelhilfe steigt an. Die Häufigkeit von Zwergwuchs, Magerkeit und Anämie bei Kindern und schwangeren Frauen waren bereits vor Beginn der Kriegshandlungen besorgniserregend. Die durch die umfangreiche Zerstörung von Unterkünften (laut UNDP wurden 3.354 Häuser vollständig und 11.112 teilweise zerstört) herbeigeführte Not und die daraus resultierende Umsiedlung betrifft vor allem Kinder und Frauen. In der Wasser- und Abfallwirtschaft wurde der Grad der Infrastrukturzerstörung (wie z.B. die Zerstörung der Namar-Brunnen und den im 8.

Kapitel geschilderte Angriff auf die Wasseraufbereitungsanlage) noch höher. Bereits vor den Kriegshandlungen genügten 80 Prozent des Gazaer Wassers nicht den WHO-Normen für Trinkwasser. Das Auslassen ungeklärten oder nur teilweise geklärten Abwassers ins Meer stellt eine weitere Gesundheitsgefahr dar, die durch die Kriegshandlungen noch verschärft wurde.

68. Durch die Kriegshandlungen und die daraus resultierenden Schäden wurde das ohnehin schon angeschlagene Gazaer Gesundheitswesen noch weiter strapaziert. Krankenhäuser und -wagen waren Ziel israelischer Angriffe. Chronisch kranken Patienten konnte angesichts des Zustroms lebensgefährlich verletzter Patienten in Krankenhäusern kein Vorrang eingeräumt werden. Häufig mussten Patienten, die in Folge der Kriegshandlungen verletzt waren, so früh wie möglich entlassen werden, um Betten frei zu machen. Die langfristigen Gesundheitsfolgen dieser frühen Entlassungen sowie durch Verletzungen von Waffen, die Stoffe wie Wolfram oder weißen Phosphor enthalten, geben weiterhin Anlass zu Befürchtungen. Obwohl die genaue Zahl der dauerhaft Erwerbsunfähigen noch unbekannt ist, ist der Kommission klar, dass zahlreiche Menschen, die während des Konfliktes Traumata erlitten, durch die Komplikationen und infolge unzulänglicher Nachbehandlung und Physiotherapie weiterhin der Gefahr einer dauerhaften Erwerbsunfähigkeit ausgesetzt sind.

69. Ebenso muss mit einem Anstieg der Anzahl von Menschen mit psychischen Problemen gerechnet werden. Die Kommission untersuchte eine Reihe von Vorfällen, bei denen Erwachsene und Kinder der Tötung ihnen nahestehender Personen beiwohnen mussten. Ärzte des Gaza Community Mental Health Programme (Gemeindeprogramm für geistige Gesundheit in Gaza) lieferten der Kommission Informationen über psychosomatische Störungen, über die in der Bevölkerung weit verbreiteten Entfremdungserscheinungen, über „Dumpfheit“ infolge schmerzhafter Verluste. Sie sagten der Kommission, dass infolge dieser Bedingungen ein Anwachsen von Gewaltbereitschaft und Extremismus wahrscheinlich sei. Sie sagten der Kommission, dass 20 Prozent der Kinder im Gaza-Streifen unter posttraumatischer Belastungsstörung leiden.

70. Psychogene Lernschwierigkeiten bei Kindern werden durch die Blockade und die Kriegshandlungen gegen die Bildungsinfrastruktur verschärft. 280 Schulen und Kindergärten wurden in einer Situation zerstört, in der Baustoffe bereits Einfuhrbeschränkungen unterlagen und zahlreiche Schulgebäude deshalb erheblicher Reparaturarbeiten bedurften.

71. Die Kommission wurde auch auf eine besondere Art der Auswirkung von Kriegshandlungen auf Frauen aufmerksam gemacht. Die von der Kommission befragten Frauen in Gaza stellen die hervorgerufenen Qualen durch das Gefühl der Unfähigkeit, hinreichend für Kinder zu sorgen und ihre Sicherheit zu gewährleisten, auf dramatische Weise unter Beweis. Die Verantwortung der Frauen für Haushalt und Kinder bedeutet oft, dass sie ihre eigenen Schmerzen verbergen müssen und ihre eigenen Probleme deshalb ungelöst bleiben. Die Anzahl der für das Familieneinkommen allein verantwortlichen Frauen stieg an, aber ihre Beschäftigungsmöglichkeiten blieben erheblich geringer als die von Männern. Die Kriegshandlungen und die anwachsende Armut erhöhen das Konfliktpotential in der Familie und zwischen verwitweten Frauen und ihren angeheirateten Verwandten.

72. Die Kommission erkennt an, dass während der Kriegshandlungen Israel zeitweilig eine erweiterte Versorgung Gazas mit humanitären Hilfslieferungen, besonders Nahrungsmitteln, genehmigte. Vor dem Beginn der Kriegshandlungen hingegen wurden die erlaubten Einfuhrmengen von Lebensmitteln selbst vor dem Beginn der Feindseligkeiten den Bedürfnissen der Bevölkerung nicht gerecht und wurden nach dem Ende der Kriegshandlungen erneut verringert. Aufgrund der von ihr ermittelten Tatsachen ist die Kommission der Auffassung, dass Israel seine Verpflichtung, Lieferungen medizinischer Produkte und des Krankenhausbedarfs sowie von Nahrungsmitteln und Kleidung freien Durchgang zu gewähren, verletzt hat (Art. 23 des 4. Genfer Abkommens). Die Kommission stellt ebenfalls fest, dass Israel die ihm als Besatzungsmacht obliegenden besonderen Verpflichtungen nach dem 4. Genfer Abkommen, wie z.B. die Verpflichtung, die Einrichtungen und Dienste der Krankenhauspflege und ärztlichen Behandlung weiterzuführen und bei ungenügender Versorgung des besetzten Gebietes Hilfsaktionen zu gestatten, verletzt hat.

73. Die Kommission kommt ebenfalls zu dem Schluss, dass die israelischen Streitkräfte mit der Zerstörung von privaten Wohnhäusern, Brunnen, Wasservorratstanks, Ackerland und Gewächshäusern den besonderen Zweck verfolgten, der Bevölkerung des Gaza-Streifens diese Nahrungsquellen zu entziehen. Die Kommission stellt fest, dass Israel seine Verpflichtung, das Recht der Bevölkerung Gazas auf einen angemessenen Lebensstandard, insbesondere den Zugang zu angemessener Nahrung, Trinkwasser und Unterkunft zu gewähren verletzte. Die Kommission stellt darüber hinaus eine Verletzung der besonderen Menschenrechtsbestimmungen zum Schutze der Rechte der Kinder, v.a. derjenigen, die Opfer eines bewaffneten Konfliktes sind, der Frauen und Behinderten, fest.

74. Aus einer Gesamtwürdigung der infolge der vorsätzlichen Handlungen der israelischen Streitkräfte und der erklärten Politik der israelischen Regierung – dargelegt von ihren legitimierten und bevollmächtigten Vertretern – vor, nach und im Laufe der Kriegshandlungen in Gaza gegebenen Lebensbedingungen geht die Absicht hervor, die Bevölkerung des Gaza-Streifens entgegen den Vorschriften des humanitären Völkerrechts kollektiv zu bestrafen.

75. Schließlich prüfte die Kommission, ob durch die Handlungen der Israelis, den Palästinensern im Gaza-Streifen ihre Existenzmittel, Arbeit, Unterkunft, und ihr Wasser geraubt, ihnen die Freizügigkeit und das Recht genommen wurde, ihr Land zu verlassen und zurückzukehren, ihnen der Zugang zu den Gerichten und zu wirksamem Rechtsschutz beschränkt wurde, der Tatbestand der Verfolgung, eines Verbrechens gegen die Menschlichkeit, verwirklicht wurde. Auf Grund der ihr vorliegenden Erkenntnisse ist die Kommission der Auffassung, dass einige der Handlungen der israelischen Regierung die Feststellung durch ein zuständiges Gericht rechtfertigen könnte, dass Verbrechen gegen die Menschlichkeit begangen wurden.

14. Die andauernde Inhaftierung des israelischen Soldaten Gilad Shalit

76. Die Kommission nimmt zur Kenntnis, dass der 2006 von einer bewaffneten palästinensischen Gruppierung gefangengenommene Angehörige der israelischen Streitkräfte Gilad Shalit weiterhin gefangen gehalten wird. Als Reaktion auf diese Gefangennahme ordnete die israelische Regierung eine Anzahl von Angriffen gegen Infrastruktureinrichtungen im Gaza-Streifen und gegen Büros der Palästinensischen Autonomiebehörde sowie die Verhaftung von acht Ministern der palästinensischen Regierung und 26 Mitgliedern des Palästinensischen Legislativrates an. Die Kommission hörte Aussagen, aus denen hervorgeht, dass während der Kriegshandlungen von Dezember 2008 bis Januar 2009 israelische Soldaten gefangene Palästinenser über den Aufenthaltsort von Gilad Shalit befragten. Gilad Shalits Vater, Noam Shalit, erschien vor der am 6. Juli 2009 von der Kommission in Genf durchgeführten öffentlichen Anhörung.

77. Die Kommission ist der Auffassung, dass Gilad Shalit als Soldat der israelischen Streitkräfte, der während eines feindlichen Einfalls nach Israel gefangengenommen wurde, die Voraussetzungen für den Kriegsgefangenenstatus nach dem 3. Genfer Abkommen erfüllt. Als solcher ist er zu schützen und menschlich zu behandeln; ihm ist auch nach Maßgabe des Abkommens eine angemessene Kommunikation nach Außen zu gestatten. Ein Besuch durch das IKRK ist unverzüglich zu gestatten. Außerdem ist seine Familie unverzüglich über sein Befinden zu unterrichten.

78. Die Kommission nimmt die Erklärungen verschiedener israelischer Beamter zur Kenntnis, die die Absicht bekundet haben, die Blockade des Gaza-Streifens bis zur Freilassung von Gilad Shalit aufrechtzuerhalten. Die Kommission ist der Ansicht, dass dies den Tatbestand einer Kollektivbestrafung der Zivilbevölkerung des Gaza-Streifens erfüllen würde.

15. Interne Gewalt und gezielte Maßnahmen gegen Fatah-Anhänger durch Sicherheitsdienste, die den Gazaer Behörden unterstehen

79. Die Kommission erhielt Information über Gewaltanwendung gegen politische Gegner durch Sicherheitsdienste, die den Gazaer Behörden unterstehen, darunter die Tötung mehrerer Gazaer Einwohner zwischen dem Beginn der israelischen Kriegshandlungen und dem 27. Februar. Unter ihnen waren einige Häftlinge, die am 28. Dezember nach dem israelischen Luftangriff aus der Haftanstalt Al-Saraya geflohen waren. Nicht alle, die nach der Flucht aus der Haft getötet wurden, waren aus politischen Gründen inhaftierte Fatah-Anhänger oder wegen Kollaboration mit dem Gegner angeklagt. Einige der Geflohenen waren wegen schwerer Verbrechen, wie Drogenhandel oder Mord, zum Tode verurteilt worden. Die Kommission wurde darüber informiert, dass die Bewegungsfreiheit von Fatah-Mitgliedern während der Kriegshandlungen Israels eingeschränkt wurde und dass viele von ihnen unter Hausarrest gestellt wurden. Nach Angaben der Gazaer Behörden sollen Verhaftungen erst nach dem Abschluss der israelischen Kriegshandlungen im Zusammenhang mit Straftaten und zur Wiederherstellung der öffentlichen Ordnung vorgenommen worden sein.

80. Die Kommission sammelte Informationen aus erster Hand über fünf Fälle von durch verhafteten Angehörige der Sicherheitskräfte bzw. bewaffneter Gruppierungen in Gaza, getöteter oder körperlicher Misshandlung ausgesetzten Fatah-Anhängern. In den meisten Fällen sollen denjenigen, die aus ihren Wohnungen entführt oder auf sonstige Weise inhaftiert wurden, keine Straftaten zur Last gelegt worden sein, die sich aus konkreten Vorfällen ergaben, vielmehr sollen sie aufgrund ihrer politischen Überzeugungen ins Visier der Behörden geraten sein. Kam es zur Anklage, so bestand stets ein Zusammenhang mit vermuteten politischen Aktivitäten. Sowohl die Zeugenaussagen als auch die von internationalen und nationalen Menschenrechtsorganisationen vorgelegten Berichte weisen auffallende Ähnlichkeiten auf und lassen darauf schließen, dass diese Übergriffe nicht willkürlich, sondern als Teil eines Musters organisierter, hauptsächlich gegen Fatah-Mitglieder und -Unterstützer gerichteter Gewalt ausgeführt wurden. Die Kommission stellt fest, dass derartige Handlungen

schwerwiegende Menschenrechtsverletzungen und weder mit der Allgemeinen Erklärung der Menschenrechte noch mit dem palästinensischen Grundgesetz vereinbar sind.

Die besetzten palästinensischen Gebiete:
das Westjordanland einschließlich Ost-Jerusalem

81. Die Kommission sieht eine enge Verbindung zwischen den Entwicklungen in Gaza und denen im Westjordanland und analysierte beide, um sich ein fundiertes Bild der in Auftrags gestellten Fragen zu machen und darüber berichten zu können.

82. Dass Israel der Kommission die Zusammenarbeit verweigerte, hatte u.a. zur Folge, dass die Kommission nicht in das Westjordanland reisen konnte, um dort mutmaßliche Völkerrechtsverletzungen zu untersuchen. Die Kommission hat jedoch von palästinensischen, israelischen und internationalen Menschenrechtsorganisationen und Institutionen zahlreiche mündliche und schriftliche Berichte und andere relevante Materialien erhalten. Außerdem hat sich die Kommission mit Vertretern von Menschenrechtsorganisationen, mit Mitgliedern der palästinensischen Legislative und führenden Persönlichkeiten der örtlichen Bevölkerung getroffen. In den öffentlichen Anhörungen vernahm sie Sachverständige, Zeugen und Opfer, befragte Betroffene und Zeugen und begutachtete Videoaufzeichnungen und fotografisches Material.

16. Behandlung von Palästinensern durch israelische Sicherheitskräfte im Westjordanland, insbesondere die Anwendung übermäßiger oder tödlicher Gewalt während Demonstrationen

83. Mehrere Zeugen und Sachverständige informierten die Kommission über einen starken Anstieg der Gewaltanwendung gegen Palästinenser im Westjordanland durch israelische Sicherheitskräfte seit dem Beginn der israelischen Kriegshandlungen in Gaza (19. Kapitel). Mehrere Demonstranten wurden während palästinensischer Demonstrationen, insbesondere zur Unterstützung der unter Angriffen

stehenden Bevölkerung Gazas nach dem Beginn der Kriegshandlungen, von den israelischen Streitkräften getötet, und viele wurden verwundet. Das Ausmaß der Gewalt im Westjordanland während der Kriegshandlungen in Gaza wurde nach dem Abschluss der Kriegshandlungen nicht gemindert.

84. Besonders besorgniserregend für die Kommission waren Behauptungen über die übermäßige Anwendung tödlicher Gewalt durch israelische Streitkräfte, der Einsatz scharfer Munition sowie die in den Feuereröffnungsvorschriften („open fire regulations") unterschiedlichen Bestimmungen über die Bekämpfung von Unruhen, bei denen nur Palästinenser anwesend sind, im Gegensatz zu Unruhen, bei denen Israelis anwesend sind. Dies gibt Anlass zu ernsthaften Befürchtungen über Vorschriften, die Palästinenser benachteiligen. Augenzeugen berichteten der Kommission über den Einsatz von Scharfschützen zur Eindämmung von Ansammlungen. Zeugen sprachen von einer bemerkbar unterschiedlichen Atmosphäre bei Konfrontationen mit Soldaten und Grenzpolizisten auf Demonstrationen, bei denen sämtliche Verhaltensnormen weggefallen waren. Mehrere Zeugen erzählten der Kommission, dass während der Kriegshandlungen in Gaza im Westjordanland das Gefühl einer Massenschlägerei geherrscht habe, bei der alles erlaubt gewesen sei.

85. Zur Untersuchung, Verfolgung und Bestrafung von Gewalttaten von Siedlern und Angehörigen der Sicherheitskräfte, insbesondere Tötungen, an Palästinensern werden – wenn überhaupt – kaum Anstrengungen unternommen, wodurch ein Klima der Straflosigkeit entstanden ist. Die Kommission kommt zum Schluss, dass Israel die Pflicht nach dem humanitären Völkerrecht wie nach den internationalen Menschenrechtsvorschriften, die Palästinenser vor Gewalt durch Privatpersonen zu schützen verletzt hat.

17. Inhaftierung von Palästinensern in israelischen Gefängnissen

86. Schätzungsweise 700.000 palästinensische Männer, Frauen und Kinder sind seit Beginn der Besatzung in israelischen Gefängnissen festgehalten worden. Schätzungen zufolge waren zum 1. Juni 2009 etwa

8.100 „politische Gefangene“ in Israel inhaftiert, darunter 60 Frauen und 390 Kinder. Die meisten dieser Häftlinge wurden vor den israelischen Militärgerichten für Palästinenser im Westjordanland angeklagt bzw. verurteilt, die Palästinensern nur stark eingeschränkte prozessuale Rechte gewähren. Viele werden in Administrativhaft gehalten und einige nach dem israelischen „Gesetz über ungesetzliche Kombattanten“ inhaftiert.

87. Die Kommission konzentrierte sich in Bezug auf inhaftierte Palästinenser auf verschiedene Fragen, die ihrer Ansicht nach mit den israelischen Kriegshandlungen Dezember – Januar oder deren Hintergründen in Verbindung stehen.

88. Aus den seit dem israelischen Rückzug aus Gaza im Jahre 2005 erlassenen Rechtsvorschriften hat sich eine Ungleichbehandlung von Häftlingen aus Gaza ergeben. Durch ein ausschließlich auf palästinensische Beschuldigte anwendbares Gesetz aus dem Jahr 2006 wurden die prozessualen Rechte Beschuldigter und Angeklagter verändert. Israelischen Regierungsquellen zufolge handelt es sich bei diesen Beschuldigten überwiegend um Personen aus Gaza. Das vom IKRK durchgeführte Familienbesuchsprogramm im Gaza-Streifen wurde 2007 ausgesetzt, wodurch Häftlingen aus Gaza der Kontakt zur Außenwelt vollkommen unmöglich geworden ist.

89. Während der israelischen Kriegshandlungen in Gaza erhöhte sich die Zahl der von Israel inhaftierten Kinder gegenüber dem Vergleichszeitraum im Jahre 2008. Viele Kinder sollen auf der Straße bzw. während Demonstrationen im Westjordanland verhaftet worden sein. Die Zahl der inhaftierten Kinder blieb auch in den Monaten nach Abschluss der Kriegshandlungen hoch, was mit Berichten über Misshandlungen durch israelische Sicherheitskräfte einherging.

90. Eine Besonderheit der israelischen Verhaftungspraxis seit 2005 hinsichtlich der Palästinenser war die Verhaftung von Personen, die Hamas nahestehen. Einige Monate vor den Wahlen zum Palästinensischen Legislativrat, im Jahr 2005, verhaftete Israel zahlreiche Personen, die an Kommunalwahlen oder an Legislativratswahlen beteiligt waren. Nach der Gefangennahme des israelischen Soldaten Gilad Shalit durch bewaffnete palästinensische Gruppierungen im

Juni 2006 verhaftete die israelische Armee etwa 65 Mitglieder des Legislativrates, Bürgermeister und Minister, die meisten von ihnen Hamas-Mitglieder. Alle wurden mindestens zwei Jahre lang festgehalten, in der Regel unter unzulänglichen Bedingungen. Weitere Verhaftungen von Hamas-Führungskräften wurden während der Kriegshandlungen in Gaza durchgeführt. Wegen der Inhaftierung von Legislativratsmitgliedern sieht sich der Legislativrat außerstande, seine gesetzgeberischen Aufgaben und parlamentarische Kontrolle über die palästinensische Verwaltung auszuüben.

91. Die Kommission stellt fest, dass diese Methoden zu Verletzungen des humanitären Völkerrechts und der internationalen Menschenrechtsvorschriften führten, insbesondere des Verbotes willkürlicher Festnahme, des Rechts auf Gleichheit vor dem Gesetz und des Verbotes der Diskriminierung auf Grund der politischen Überzeugung sowie der besonderen Schutzrechte der Kinder. Die Kommission stellt ebenso fest, dass die Inhaftierung der Legislativratsmitglieder auf eine Kollektivbestrafung hinauslaufen könnte, die eine Kollektivbestrafung – eine Verletzung des humanitären Völkerrechts – darstellen könnte.

18. Einschränkungen der Freizügigkeit im Westjordanland

92. Dem Westjordanland wird von Israel seit langem ein System der Bewegungseinschränkungen auferlegt. Die Freizügigkeit wird nicht nur durch das Zusammenwirken von physischen Barrieren, wie Straßensperrungen, Kontrollposten und die Mauer, sondern auch durch Verwaltungsmaßnahmen wie Ausweise, Passierscheine, Wohnungszuweisungen, Familienzusammenführungsgesetze sowie Vorschriften über das Recht auf Einreise aus dem Ausland und das Rückkehrrecht von Flüchtlingen eingeschränkt. Palästinensern ist der Zugang zu Gebieten verwehrt, die zum Bau der Mauer und seiner Infrastruktur, zum Siedlungsbau, für Pufferzonen, Militärbasen und Truppenübungsgebieten sowie zum Straßenbau enteignet wurden, sowie zu den Straßen, die diese Orte miteinander verbinden. Zahlreiche dieser Straßen sind „Israeli only" – nur für Israelis – und dürfen nicht von Palästinensern genutzt werden. Zehntausende Palästinenser un-

terliegen heutzutage einem von Israel auferlegtem „Reiseverbot", wodurch sie daran gehindert werden, ins Ausland zu reisen. Mehrere von der Kommission zum Treffen in Amman und zur Teilnahme an den Anhörungen in Genf eingeladene Zeugen und Sachverständige konnten wegen dieser Reisesperre nicht mit der Kommission zusammentreffen.

93. Die Kommission hat Berichte erhalten, dass die Beschränkungen der Freizügigkeit im Westjordanland während der israelischen Offensive verschärft wurden. Israel ordnete für das Westjordanland eine mehrere Tage andauernde „Sperrung" an. Außerdem wurde die Zahl der Kontrollposten, auch in Ost-Jerusalem, für die Dauer der Kriegshandlungen erhöht. Bei den meisten davon handelte es sich um „fliegende" Kontrollposten. Im Januar 2009 wurden mehrere Teile des Westjordanlandes zwischen der Mauer und der Grünen Linie zu „militärischen Sperrgebieten" erklärt.

94. Während und nach den Kriegshandlungen in Gaza verstärkte Israel seine Kontrolle über das Westjordanland durch vermehrte Grundstücksenteignungen, Hauszerstörungen und Abrissbefehle sowie vermehrte Baugenehmigungen für Häuser in Siedlungen, eine gesteigerte Nutzung der natürlichen Ressourcen im Westjordanland. Im Anschluss an die Kriegshandlungen in Gaza hat Israel die Verordnungen über die Möglichkeit von Personen mit „Gaza-Ausweis", ins Westjordanland zu ziehen und umgekehrt, abgeändert und damit die Trennung der Menschen aus dem Westjordanland und Gaza fester verankert.

95. Das israelische Ministerium für Wohnungsbau und Raumplanung plant den Bau von weiteren 73.000 Siedlerhäusern im Westjordanland. Der Bau von 15.000 dieser Häuser wurde bereits genehmigt und die Zahl der Siedler in den besetzten Gebieten wird sich verdoppelt haben, wenn alle Pläne verwirklicht werden.

96. Die Kommission ist der Meinung, dass die Beschränkung der Bewegungs- und Zugangsfreiheit, denen die Palästinenser des Westjordanlandes unterliegen, zu jedweder militärischen Zielsetzung grundsätzlich außer Verhältnis stehen, umso mehr in Bezug auf die vermehrten Beschränkungen während und, in gewissem Maß, nach den Kriegs-

handlungen in Gaza. Außerdem ist die Kommission besorgt über die kürzlich getroffenen Maßnahmen zur Formalisierung der Trennung von Gaza und dem Westjordanland, d.h. der Trennung zweier Teile der besetzten palästinensischen Gebiete.

19. Interne Gewalt und gezielte Angriffe auf Hamas-Unterstützer durch die palästinensische Autonomiebehörde, Einschränkungen der Meinungs- und Versammlungsfreiheit

97. Die Kommission erhielt Informationen über Rechtsverletzungen durch die palästinensische Autonomiebehörde während des Untersuchungszeitraumes, die ihren Auftrag betreffen, insbesondere über Rechtsverletzungen, die die Behandlung (mutmaßlicher) Hamas-Unterstützer durch die Sicherheitsdienste, darunter solche, die gesetzeswidrige Verhaftungen und Inhaftierungen beinhalten. Mehrere palästinensische Menschenrechtsorganisationen haben berichtet, dass Praktiken der Sicherheitskräfte der palästinensischen Autonomiebehörde die Tatbestände von Folter und grausamer, unmenschlicher und erniedrigender Behandlung und Bestrafung erfüllten. Es gab eine Anzahl von Todesfällen in der Haft, bei denen der Verdacht besteht, dass Folterungen oder sonstige Misshandlungen den Tod des Häftlings (mit)verursacht haben. Beschwerden über derartige Praktiken wurden nicht untersucht.

98. Bei der Kommission gingen ebenfalls Behauptungen über übermäßige Gewaltanwendung und Unterdrückung von Demonstrationen – v.a. jener zur Unterstützung der Bevölkerung von Gaza während der israelischen Kriegshandlungen – durch die palästinensischen Sicherheitskräfte ein. Bei diesen Gelegenheiten sollen Sicherheitsbehörden der palästinensischen Autonomiebehörde zahlreiche Personen verhaftet und die Medien daran gehindert haben, darüber zu berichten. Die Kommission erreichten ebenfalls Behauptungen über Belästigungen von Journalisten, die kritische Meinungen äußerten, durch palästinensische Sicherheitsbehörden.

99. Die Ausschaltung des Palästinensischen Legislativrates durch die Festnahme und Inhaftierung etlicher seiner Mitglieder durch Israel

hat die parlamentarische Kontrolle über die PA-Exekutive beschnitten. Die Exekutive hat eine Reihe von Erlässen und Verordnungen erlassen, um ihre alltägliche Funktionsfähigkeit zu gewährleisten.

100. Andere Vorwürfe betreffen die willkürliche Schließung von Wohltätigkeitseinrichtungen und Vereine, die Hamas oder anderen islamischen Gruppierungen nahestanden, sowie den Widerruf und die Nichtverlängerung ihrer Betriebsgenehmigungen, den zwangsweisen Austausch der Vorstandsmitglieder islamischer Schulen und anderer Einrichtungen und die Entlassung Hamas-naher Lehrer.

101. Die palästinensische Autonomiebehörde entlässt bzw. unterbricht Gehaltsauszahlungen für zahlreiche Angehörige der zivilen und militärischen Behörden mit dem Vorwand „mangelnder Treue zur rechtmäßigen Gewalt“ oder der „Nichteinholung einer Unbedenklichkeitsbescheinigung“ bei der Einstellung, was zu einer Grundvoraussetzung für eine Anstellung im öffentlichen Dienst geworden ist. In Wirklichkeit bedeutet diese Maßnahme den Ausschluss aller Hamas-Unterstützer oder -Anhänger aus dem öffentlichen Dienst.

102. Die Kommission ist der Auffassung, dass die gemeldeten Maßnahmen mit den sich aus der Allgemeinen Erklärung der Menschenrechte (AEMR) und dem palästinensischem Grundgesetz, ergebenden Verpflichtungen der palästinensischen Autonomiebehörde unvereinbar sind.

Israel

20. Auswirkung von Raketen- und Mörserangriffen durch bewaffnete palästinensische Gruppierungen auf Zivilpersonen in Süd-Israel

103. Bewaffnete palästinensische Gruppierungen haben seit 2001 ungefähr 8.000 Raketen und Mörsergranaten nach Süd-Israel abgefeuert (8. Kapitel). Zwar lagen Gemeinden wie Sderot und der Kibbutz

Nir-Am seit Beginn der Angriffe innerhalb der Reichweite von Raketen- und Mörserbeschuss, jedoch wurde die Reichweite des Raketenfeuers während der israelischen Kriegshandlungen auf nahezu 40 km von der Grenze zu Gaza erweitert und erreicht damit so weit nördlich liegende Städte wie Ashdod.

104. Seit dem 18. Juni 2008 haben von bewaffneten palästinensischen Gruppierungen in Gaza abgeschossene Raketen innerhalb Israels drei Zivilpersonen getötet und zwei Zivilpersonen in Gaza, als am 26. Dezember 2008 eine Rakete noch vor der Grenze zu Israel landete. Berichten zufolge wurden innerhalb Israels als Folge von Raketen- und Mörserbeschuss 1.000 Zivilpersonen körperlich verletzt, wovon 918 zur Zeit der israelischen Kriegshandlungen in Gaza verletzt wurden.

105. Das besondere Interesse der Kommission galt dem sehr häufigen Vorkommen psychischer Traumata unter der Zivilbevölkerung in Israel. Aus den von einer israelischen Organisation im Oktober 2007 gesammelten Daten geht hervor, dass 28,4 Prozent der Erwachsenen und 72-94 Prozent der Kinder in Sderot unter posttraumatischer Belastungsstörung litten. Berichten zufolge wurden 1.596 Personen während der Kriegshandlungen in Gaza wegen stressbedingter Verletzungen, die sie während der Kriegshandlungen erlitten, behandelt; dabei wurden nach Abschluss der Kriegshandlungen in Gaza 500 behandelt.

106. Raketen und Mörser schädigten in Süd-Israel Häuser, Schulen und Autos. Am 5. März 2009 traf eine Rakete eine Synagoge in Netivot. Der Raketen- und Mörser-Beschuss wirkte sich auf das Recht auf Bildung in Süd-Israel lebender Kinder und Erwachsener negativ aus. Dies ist das Ergebnis von alarmbedingten Schulschließungen und Unterrichtsunterbrechungen, das alarmbedingte Aufsuchen von Schutzräumen und ebenso die verringerte Lernfähigkeit, die bei Personen mit Symptomen psychischer Traumata zu sehen ist.

107. Der Raketen- und Mörserbeschuss hat sich in den betroffenen Gemeinden ebenso auf das soziale und wirtschaftliche Leben nachteilig ausgewirkt. Für Gemeinden wie Ashdod, Yavne, Beer Sheba, die während der israelischen Kriegshandlungen in Gaza erstmalig Ra-

ketenbeschuss erfuhren, gab es eine durch die zeitweilige Umsiedlung einiger ihrer Bewohner bedingte kurze Unterbrechung des wirtschaftlichen und kulturellen Lebens. Für Städte, die der Grenze zu Gaza näher liegen, und seit 2001 unter Raketen- und Mörserbeschuss waren, kam durch die neue Eskalation der Exodus von Bewohnern aus ihren Gegenden noch verschärft hinzu.

108. Die Kommission hat ermittelt, dass mit den von den bewaffneten palästinensischen Gruppierungen abgefeuerten Raketen und, in geringerem Maße, Mörser nicht auf konkrete militärische Ziele gezielt werden kann und dass sie auf zivile Wohngebiete abgeschossen wurden. Die Kommission hat darüber hinaus ermittelt, dass diese Angriffe wahllose Angriffe auf die Zivilbevölkerung im südlichen Israel darstellen und dass ein vorsätzlicher Angriff auf eine Zivilbevölkerung vorliegt, wenn kein bestimmungsgemäßes militärisches Ziel vorhanden ist und die Raketen und Mörser auf eine Zivilbevölkerung abgeschossen werden. Diese Taten würden Kriegsverbrechen darstellen und könnten den Tatbestand von Verbrechen gegen die Menschlichkeit erfüllen. Da die bewaffneten palästinensischen Gruppierungen allem Anschein nach nicht in der Lage sind, mit den Raketen und Mörsern auf ausgewählte Objekte zu zielen und, da dem militärischen Personal und Material Israels durch die Angriffe nur geringe Schäden entstanden sind, kommt die Kommission zum Schluss, dass starke Indizien für die Vermutung vorliegen, dass die Verbreitung von Terror unter der israelischen Zivilbevölkerung – eine Verletzung des Völkerrechts – zu den Hauptzielen der Raketen- und Mörserangriffe gehörte.

109. Die Kommission merkt an, dass einige der bewaffneten palästinensischen Gruppierungen, unter ihnen Hamas, öffentlich ihre Absicht erklärt haben, als Vergeltungsmaßnahme für die durch die israelischen Kriegshandlungen verursachten zivilen Todesopfer in Gaza auf Zivilpersonen zu zielen. Die Kommission ist der Ansicht,, dass Vergeltungsmaßnahmen gegen Zivilpersonen in bewaffneten Auseinandersetzungen mit dem humanitären Völkerrecht unvereinbar sind.

110. Die Kommission stellt fest, dass die verhältnismäßig geringen zivilen Verluste in Israel zu einem großen Teil den von Israel vorgenommenen Vorsichtsmaßnahmen zu verdanken ist. Zu diesen gehört ein

Frühwarnsystem, die Bereitstellung öffentlicher Schutzräume und die Befestigung von Schulgebäuden und anderen öffentlichen Gebäuden mit großen finanziellen Kosten – vorgesehene USD 460 Millionen zwischen 2005 und 2011 – für die israelische Regierung. Die Kommission ist jedoch in hohem Maß besorgt über das Fehlen eines Frühwarnsystems und das Nichtvorhandensein öffentlicher Schutzräume und Befestigungen für die palästinensisch-israelischen Gemeinden, in den nicht anerkannten und in einigen der anerkannten Dörfern, die innerhalb der Reichweite der von bewaffneten palästinensischen Gruppierungen in Gaza abgefeuerten Raketen und Mörser liegen.

21. Unterdrückung von Dissidenten in Israel, das Recht auf Zugang zu Information und die Behandlung von Verteidigern der Menschenrechte

111. Die Kommission erhielt Berichte, denen zufolge Personen und Gruppen, die als Kritiker der Kriegshandlungen Israels angesehen wurden, Repression oder versuchter Repression seitens der israelischen Regierung ausgesetzt wurden. Inmitten breiter Zustimmung der jüdischen Bevölkerung Israels zu den israelischen Kriegshandlungen gab es in Israel auch weitverbreitete Proteste gegen die Kriegshandlungen. Hunderttausende – größtenteils, aber nicht ausschließlich palästinensische Bürger Israels – protestierten. Zwar wurden die Protestveranstaltungen größtenteils genehmigt, hatten Demonstranten Berichten zufolge mitunter auch Schwierigkeiten, Genehmigungen zu erhalten – besonders in größtenteils von palästinensischen Bürgern Israels bevölkerten Gegenden. 715 Menschen in Israel und im besetzten Ost-Jerusalem wurden während der Proteste verhaftet. Scheinbar wurden keine Gegendemonstranten verhaftet, und 34 Prozent der Verhafteten hatten das 18. Lebensjahr noch nicht vollendet. Die Kommission merkt an, dass eine verhältnismäßig geringe Anzahl von Demonstranten verhaftet wurde. Die Kommission ermahnt die israelische Regierung, dafür zu sorgen, dass die Polizei die Rechte aller seiner Bürger, insbesondere das im IPBPR verankerte Recht auf freie Meinungsäußerung und das Recht, sich friedlich zu versammeln, ohne Diskriminierung achtet.

112. Die gemeldeten Fälle körperlicher Gewalt gegen Demonstranten durch Polizeibeamte, insbesondere das Verprügeln von Demonstranten, und sonstiges unangemessenes Polizeiverhalten, z.B. rassistische Beleidigungen der verhafteten palästinensischen Bürger Israels und das Ablassen sexueller Bemerkungen über ihre weiblichen Familienangehörigen, nimmt die Kommission besorgt zur Kenntnis. Gemäß Art. 10 IPBPR sind Menschen im Freiheitsentzug menschlich und unter Achtung ihrer angeborenen Menschenwürde zu behandeln.

113. Unter den Demonstranten, die vor israelische Gerichte kamen, war der Anteil der palästinensischen Bürger Israels, die in Untersuchungshaft verbracht wurden, unverhältnismäßig groß. Das aus den Berichten hervorgehende Element von Diskriminierung und Ungleichbehandlung palästinensischer und jüdischer Bürger Israels durch die Justizbehörden gibt erheblichen Anlass zur Sorge.

114. Als die Handlungen, die den größten Beitrag zur Schaffung eines Klimas der Repression innerhalb Israels geleistet hatten, wurden die Befragungen politischer Aktivisten durch den israelischen Allgemeinen Sicherheitsdienst (Schabak) erwähnt. Anlass zur Sorge geben der Kommission indes der Umstand, dass Aktivisten gezwungen werden, zur Befragung beim Schabak zu erscheinen, ohne dass jedwede rechtliche Verpflichtung dazu bestünde, sowie die mutmaßlichen Verhöre politischer Aktivisten zu ihren politischen Tätigkeiten.

115. Die Kommission erhielt Informationen über Ermittlungen durch die israelische Regierung über die Organisation New Profile, der vorgeworfen wird, zur Wehrdienstverweigerung aufzurufen, was ein Straftatbestand ist, sowie Berichte, wonach die Regierung versuche, Spenden für Breaking the Silence durch ausländische Regierungen zu unterbinden, nachdem die Gruppe Zeugnisse israelischer Soldaten über das Verhalten der israelischen Streitkräfte in Gaza im Dezember 2008 und Januar 2009 veröffentlicht hatte. Die Kommission ist darüber besorgt, dass die Behandlung dieser Organisationen durch die israelische Regierung zur Einschüchterung anderer israelischer Menschenrechtsorganisationen führen könnte. Die Erklärung der Vereinten Nationen über Menschenrechtsverteidiger gewährleistet das Recht „Mittel zu erbitten, entgegenzunehmen und einzusetzen,

die dem ausdrücklichen Zweck der Förderung und des Schutzes der Menschenrechte und Grundfreiheiten mit friedlichen Mitteln dienen." Sofern es sich dabei um eine Reaktion auf die Ausübung des Rechts auf Meinungsfreiheit durch die Organisation handelt, wären die Versuche, ausländische Regierungen zur Einstellung der Förderung zu bewegen, mit der Erklärung unvereinbar.

116. Die israelische Regierung verhängte nach dem 5. November 2008 ein Verbot des Medienzugangs nach Gaza. Darüber hinaus wurde Menschenrechtsorganisationen der Zugang verweigert, und das Verbot dauert für einige internationale und israelische Organisationen weiter an. Die Kommission kann keinen legitimen Grund für dieses Zugangsverbot erkennen. Die Anwesenheit von Journalisten und internationalen Menschenrechtsbeobachtern hilft bei der Untersuchung des Verhaltens der Konfliktparteien, und die öffentliche Berichterstattung und ihre Anwesenheit kann Fehlverhalten verhindern. Die Kommission stellt fest, dass Israel mit seinen Handlungen gegen politische Aktivisten, Nichtregierungsorganisationen und die Medien versucht hat, die öffentliche Kontrolle über sein Verhalten einzuschränken, sowohl während seiner Kriegshandlungen in Gaza als auch über die Folgen dieser Handlungen für die Bevölkerung Gazas, möglicherweise im Bemühen, Untersuchungen und die öffentliche Berichterstattung darüber zu unterbinden.

D. Verantwortlichkeitsmechanismen

1. Bereits abgeschlossene bzw. noch laufende Verfahren sowie Reaktionen Israels auf Vorwürfe über Rechtsverletzungen der Sicherheitskräfte gegenüber Palästinensern

117. Ermittlungen und ggf. Strafverfahren gegen Personen, die schwerer Rechtsverletzungen verdächtig sind, stellen notwendige Schritte dar, um die Achtung der Menschenrechte und des humanitären Völkerrechts zu gewährleisten und um die Entwicklung eines Klimas der Straffreiheit zu verhindern. Staaten sind völkerrechtlich verpflichtet, Behauptungen über Rechtsverletzungen zu untersuchen.

118. Die Kommission untersuchte öffentlich zugängliche Informationen und Berichte der israelischen Regierung über die zur Erfüllung der Untersuchungspflicht getroffenen Maßnahmen. Sie richtete diesbezüglich zahlreiche Anfragen an Israel, erhielt aber keine Antwort.

119. Als Reaktion auf mutmaßliche schwere Verstöße gegen Menschenrechtsvorschriften und das humanitäre Völkerrecht ordnete die Militärstaatsanwaltschaft strafrechtliche Ermittlungen an, die aber nach zwei Wochen eingestellt wurden mit der Feststellung, die Behauptungen „basieren nur auf Hörensagen". Die israelischen Streitkräfte veröffentlichten auch die Ergebnisse von fünf Sonderuntersuchungen, die von hochrangigen Offizieren durchgeführt worden waren und zu folgendem Schluss kamen: „... Während der ganzen Zeit der Kämpfe in Gaza operierte die IDF (Israel Defense Forces – israelische Streitkräfte) in Übereinstimmung mit dem Völkerrecht", es sei jedoch zu einer sehr kleinen Zahl von Fehlern gekommen. Am 30. Juli 2009 berichteten die Medien, die Militärstaatsanwaltschaft habe die Militärpolizei beauftragt, in 14 von beinahe 100 vorliegenden Anzeigen über strafbare Handlungen von Soldaten strafrechtliche Ermittlungen einzuleiten. Weitere Details wurden nicht angegeben.

120. Die Kommission untersuchte das interne israelische Untersuchungs- und Strafverfolgungssystem sowohl auf der Grundlage der nationalen Gesetzgebung als auch in seiner tatsächlichen Praxis. Das System besteht aus folgenden Elementen: a) Disziplinarverfahren, b) operative Einsatznachbesprechungen (auch „operative Untersuchungen" genannt), c) Sonderuntersuchungen, die von einem ranghöheren Offizier auf Aufforderung des Generalstabschefs durchgeführt werden, und d) militärkriminalpolizeiliche Ermittlungen. Den Kern des Systems bildet die sog. „Einsatznachbesprechung". Dabei werden Vorfälle und Operationen von Soldaten derselben Einheit oder derselben Befehlskette zusammen mit einem vorgesetzten Offizier durchgesprochen. Sie sollen operativen Zwecken dienen.

121. Staaten sind nach den internationalen Menschenrechtsvorschriften und dem humanitären Völkerrecht verpflichtet, Vorwürfe schwerer Rechtsverletzungen durch Angehörige der Streitkräfte zu untersuchen und ggf. die Strafverfolgung durchzuführen. An derartige Un-

tersuchungen stellen die Normen des Völkerrechts auch bestimmte Mindestanforderungen in Bezug auf Unparteilichkeit, Unabhängigkeit, Schnelligkeit und Wirksamkeit. Die Kommission ist der Ansicht, dass das israelische Untersuchungssystem nicht allen dieser Prinzipien Genüge tut. Bezüglich der „Einsatznachbesprechungen", die die israelischen Streitkräfte als Untersuchungsinstrument einsetzen, vertritt die Kommission die Auffassung, dass ein zu einer Leistungsbeurteilung und zu einer Manöverkritik gedachtes Instrument keinesfalls als Nachforschungsinstrument für jeden einzelnen Einsatz benutzt werden sollte, bei dem Vorwürfe bzgl. schwerer Menschenrechtsverletzungen bestehen. Auch genügt es nicht den international anerkannten Prinzipien der Unparteilichkeit und Rechtzeitigkeit von Ermittlungen. Dass offizielle strafrechtliche Ermittlungen erst nach dem Abschluss der „Einsatznachbesprechung" eingeleitet werden können, stellt ein gravierendes Manko des israelischen Untersuchungssystems dar.

122. Die Kommission kommt zu dem Schluss, dass schwerwiegende Zweifel an Israels Bereitschaft bestehen, seriöse Untersuchungen unparteiisch, unabhängig und wirksam durchzuführen, wie es das Völkerrecht vorschreibt. Die Kommission ist auch der Ansicht, dass dem israelischen System insgesamt diskriminierende Aspekte innewohnen, die es palästinensischen Geschädigten sehr schwer machen, zu ihrem Recht zu kommen.

23. Bereits abgeschlossene bzw. noch laufende Verfahren der palästinensischen Autonomiebehörde

a) Verfahren bezüglich Handlungen im Gaza-Streifen

123. Die Kommission fand keinerlei Anhaltspunkte dafür, dass bei den Gazaer Behörden irgendein System öffentlicher Aufsicht oder Verantwortlichkeit für schwer wiegende Verletzungen des humanitären Völkerrechts oder der internationalen Menschenrechtsvorschriften vorhanden ist. Die Kommission ist beunruhigt über die konsequente Missachtung des humanitären Völkerrechts, die bewaffnete Gruppierungen im Gaza-Streifen bei ihren bewaffneten Aktionen durch Ra-

keten- und Mörserangriffe auf Israel zeigen. Trotz einiger Medienberichte vermag sich die Kommission nicht davon zu überzeugen, dass die Behörden irgendwelche seriösen, wirksamen Schritte gegen das gravierende Problem von Verletzungen humanitären Völkerrechts (HVöR) seitens militanter Gruppierungen bei ihren bewaffneten Aktionen im Gaza-Streifen unternommen haben.

124. Trotz Verlautbarungen der Behörden in Gaza oder irgendwelcher Schritte, die sie unternommen haben mögen, von denen die Kommission aber keine Kenntnis hat, stellt sie auch fest, dass Vorwürfen über Tötungen, Folter und Misshandlungen im Gaza-Streifen bisher so gut wie nie nachgegangen wurde.

b) Verfahren bezüglich Handlungen im Westjordanland

125. Was relevante Rechtsverletzungen angeht, die im Westjordanland bekannt wurden, scheint es, von wenigen Ausnahmen abgesehen, dass Menschenrechtsverletzungen gegenüber politischen Oppositionellen in hohem Maße geduldet werden, was dazu geführt hat, dass die Verantwortlichen nicht zur Rechenschaft gezogen werden. Das Innenministerium hat auch Beschlüsse des Obersten Gerichts zur Entlassung bestimmter Häftlinge und zur Neuzulassung einiger von den Behörden verbotener Vereinigungen ignoriert.

126. Unter den gegebenen Umständen kann die Kommission die von der PA getroffenen Maßnahmen nicht als hinreichende Maßnahmen zur Gewährleistung der Verantwortlichkeit von Personen, die gravierende Völkerrechtsverletzungen begangen haben, erachten. Sie glaubt, dass die Verantwortung der palästinensischen Regierung zum Schutze der Rechte der Bevölkerung mit größerem Nachdruck wahrgenommen werden muss.

24. Universelle Gerichtsbarkeit

127. Da Israel immer weniger bereit ist, strafrechtliche Ermittlungen einzuleiten, die internationalen Standards genügen, unterstützt die Kommission den Rückgriff auf die universelle Gerichtsbarkeit als

Möglichkeit für Staaten zur Untersuchung von Verletzungen der Bestimmungen der 1949 abgeschlossenen Genfer Abkommen über schwere Verletzungen des HVöR, zur Vermeidung der Straflosigkeit und zur Förderung internationaler Verantwortlichkeit (28. Kapitel).

25. Reparationen

128. Nach dem Völkerrecht besteht die Verpflichtung, bei Verletzungen internationaler Verpflichtungen Reparationen zu leisten. Die Kommission ist der Ansicht, dass die derzeitige israelische Staatsverfassung und Gesetzgebung Palästinensern, wenn überhaupt, sehr wenig Raum zur Durchsetzung von Schadensersatzforderungen bieten. Es ist daher unerlässlich, dass die internationale Gemeinschaft zusätzliche oder alternative Schadensersatzmechanismen für die während der Kriegshandlungen von Palästinensern erlittenen Verluste und Schäden zur Verfügung stellt (29. Kapitel).

E. Schlussfolgerungen und Empfehlungen

129. Die Kommission zieht hinsichtlich der im 29. Kapitel untersuchten Fragen allgemeine Schlussfolgerungen; das Kapitel enthält auch eine Zusammenfassung ihrer rechtlichen Würdigung des Sachverhalts.

130. Die Kommission gibt verschiedenen Organen der Vereinten Nationen, Israel, den zuständigen palästinensischen Behörden und der internationalen Gemeinschaft Empfehlungen bezüglich folgender Bereiche: a) Verantwortlichkeit bei schweren Verletzungen des humanitären Völkerrechts, b) Reparationen, c) schwere Menschenrechtsverletzungen, d) Blockade und Wiederaufbau, e) Waffengebrauch und militärische Vorgehensweisen, f) Schutz von Menschenrechtsorganisationen und -verteidigern, g) Nachkontrolle der Umsetzung der Empfehlungen der Kommission. Die detaillierten Empfehlungen finden sich im 30. Kapitel.

Methode, Kontext und anwendbares Recht

Einleitung

131. Am 3. April 2009 gründete der Vorsitzende des Menschenrechtsrates die Untersuchungskommission der Vereinten Nationen zum Gaza-Konflikt mit dem Auftrag, „… alle Verletzungen des humanitären Völkerrechts bzw. internationaler Menschenrechtsvorschriften, die zu irgendeinem Zeitpunkt im Zusammenhang mit den zwischen dem 27. Dezember 2008 und dem 18. Januar 2009 durchgeführten Kriegshandlungen, d.h. sowohl während der Kriegshandlungen als auch davor und danach, zu untersuchen". Die Ernennung der Kommission durch den Menschenrechtsrat der Vereinten Nationen am Ende seiner 9. Sondersitzung am 12. Januar 2009 folgte der Annahme der Resolution S-9/1 über schwere Menschenrechtsverletzungen in den besetzten palästinensischen Gebieten, die v.a. infolge der jüngsten Angriffe der israelischen Streitkräfte auf den besetzten Gaza-Streifen möglicherweise begangen wurden.

132. Der Vorsitzende ernannte den Richter Richard Goldstone, ehemals Richter am südafrikanischen Verfassungsgerichtshof und ehemaliger Ankläger am Internationalen Strafgerichtshof für das ehemalige Jugoslawien und Ruanda zum Leiter der Kommission. Die drei weiteren Mitglieder waren Prof. Christine Chinkin, Professorin für Völkerrecht an der London School for Economics and Political Science, die schon 2008 Mitglied der hochrangigen Untersuchungskommission für die Vorkommnisse in Beit Hanoun war; Frau Hina Jilani, Verteidigerin am Obersten Gericht Pakistans und ehemalige Sonderbevollmächtigte des UN-Generalsekretärs zur Situation von Menschenrechtsverteidigern, die 2004 auch Mitglied der internationalen Untersuchungskommission zu Darfur war, und Oberst Desmond Travers, ehemaliger Offizier der irischen Armee und Vorstandsmitglied des Institutes für internationale strafrechtliche Untersuchungen.

133. Entsprechend der üblichen Praxis richtete das Büro des Hohen Kommissars für Menschenrechte (Office of the United Nations High Commissioner for Human Rights OHCHR) ein Sekretariat zur Unterstützung der Kommission ein.

134. Zwischen der Annahme der Resolution S-9/1 im Januar und der Einrichtung der Kommission Anfang April hatte ein breitgefächertes Spektrum von Beteiligten, darunter lokale und internationale Nichtregierungsorganisationen (Nongovernmental Organizations – NGOs), und Behörden und Organe der Vereinten Nationen bereits zahlreiche Untersuchungen durchgeführt und über die Kriegshandlungen in Gaza Bericht erstattet. Sie wurden alle von der Kommission im Verlauf ihrer Untersuchungs- und Auswertungsarbeit berücksichtigt.

135. In Anbetracht der Tatsache, dass die Resolution des Rates die Entsendung der Kommission als dringlich eingestuft hatte und der elfwöchigen Verzögerung ihrer Einrichtung beschloss die Kommission, sich einen engen Zeitrahmen (ca. drei Monate) vorzugeben, um ihre Arbeit abzuschließen und dem Rat zum frühestmöglichen Termin Bericht zu erstatten.

136. Die Kommission legte ihren Auftrag dahingehend aus, dass die Zivilbevölkerung im Mittelpunkt ihrer Ermittlungen über Völkerrechtsverletzungen zu stehen hatte. Folglich hat die Kommission Opfern oberste Priorität gegeben, und deshalb gilt die Hauptaufmerksamkeit ihrem Los im Zusammenhang mit den zu untersuchenden Ereignissen. Die Mitglieder der Kommission hoffen, dass deren Situation durch keinerlei politische Agenda für die Region hintenangesetzt wird.

137. Zur Erfüllung ihres Auftrags erachtete es die Kommission für äußerst wichtig, mit einer möglichst weit gefächerten Bandbreite von Menschen zusammenzutreffen, die von den untersuchungsgegenständlichen Ereignissen betroffen sind. Während ihrer dreimonatigen Arbeit in Genf, Gaza, Amman und andernorts traf die Kommission Vertreter der Zivilgesellschaft, darunter lokale und internationale NGOs, von Frauenorganisationen, Anwaltskammern, Militäranalysten, Ärzte, Fachleute für geistige Gesundheit, Vertreter der Privatwirtschaft, ins-

besondere Landwirtschaft und Fischerei, Vertreter von Behindertenverbänden, Journalisten und andere Vertreter lokaler und internationaler Medien, Vertreter von Organen und Unterorganisationen der Vereinten Nationen sowie anderer internationaler Organisationen, den Generalsekretär der Vereinten Nationen, den Hohen Kommissar der Vereinten Nationen für Menschenrechte, den Generalkommissar des UNO-Hilfswerks für palästinensische Flüchtlinge im Nahen Osten (United Nations Relief and Works Agency for Palestine Refugees in the Near East – UNRWA), den Sonderkoordinator für den Friedensprozess im Nahen Osten, den Vorsitzenden des UN-Untersuchungsausschusses für Vorfälle im Gaza-Streifen, Diplomaten von Mitgliedsstaaten der Vereinten Nationen in Genf und in den besetzten palästinensischen Gebieten, Mitglieder des palästinensischen Legislativrats sowohl von Gaza wie vom Westjordanland, Minister und Beamte der PA, hochrangige Angehörige der Gazaer Behörden[1], ehemalige Angehörige der israelischen Regierung und Streitkräfte (vgl. Anhang I).

138. Die Kommission tagte zum ersten Mal vom 4. bis zum 8. Mai 2009 in Genf, wobei sie ihre Methodik sowie ein dreimonatiges Programm für ihre Tätigkeit festlegte. Es gab auch einführende Informationsgespräche und Beratungen mit verschiedenen Betroffenen. Die Kommission traf die in Genf tätigen Diplomaten, darunter den Vorsitzenden des Rates für Menschenrechte, Mitglieder des Rates und Unterstützer der Resolution S-9/1.

139. Darüber hinaus tagte die Kommission in Genf am 20. Mai, am 4. und 5. Juli und vom 1. bis zum 3. August 2009. Die Kommission unternahm drei Besuche vor Ort: zwei im Gaza-Streifen, vom 30. Mai bis zum 6. Juni und vom 25. Juni bis zum 1. Juli 2009, und einen in Amman, am 2. und 3. Juli 2009. Einige Mitglieder des Sekretariats der Kommission waren vom 22. Mai bis zum 4. Juli 2009 vor Ort in Gaza.

140. Am 7. Mai wurden an alle Einrichtungen, Organe und Mitgliedsstaaten der Vereinten Nationen Verbalnoten gerichtet. Beantwortet wurden die Verbalnoten von Ägypten, Libanon, Rumänien, der

---

1 Die Bezeichnung „Gazaer Behörden" bezieht sich auf die seit Juni 2007 de facto von der Hamas übernommenen Behörden. Weitere Details in Kap. II

UNICEF im Namen der Arbeitsgruppe 1612 für schwere Rechtsverletzungen gegenüber Kindern, die für Israel und die besetzten palästinensischen Gebiete eingerichtet worden war[2], der Weltgesundheitsorganisation (World Health Organization – WHO) und dem Bevölkerungsfonds der Vereinten Nationen (United Nations Population Fund – UNFPA). Andere Fachbehörden und andere Organe der Vereinten Nationen, insbesondere die Organisation für Ernährung und Landwirtschaft (Food and Agriculture Organization – FAO), die Welthandelskonferenz (UNCTAD), das Entwicklungsprogramm der Vereinten Nationen (UNDP), die UNWRA und das Programm für operative Satellitenanwendungen (UNOSAT) des Instituts für Ausbildung und Forschung der Vereinten Nationen (UNITAR). Am 8. Juni 2009 lud die Kommission alle interessierten Personen und Organisationen ein, relevante Informationen und Dokumentationen vorzulegen, um die Kommission bei der Erfüllung ihres Auftrags zu unterstützen. Daraufhin erhielt die Kommission 31 Beiträge von Einzelpersonen und Organisationen. Während ihrer gesamten Arbeit erhielt die Kommission eine Vielfalt von Dokumenten aus verschiedenen Quellen oder hatte zumindest Zugang zu ihnen (s. 1. Kapitel).

141. Öffentliche Anhörungen fanden am 28. und 29. Juni in Gaza und am 6. und 7. Juli in Genf statt.

142. Nach seiner Ernennung hielt der Leiter der Kommission am 3. April 2009 zusammen mit dem Vorsitzenden des Rates für Menschenrechte eine Pressekonferenz in Genf ab. Die Kommission gab am 8. Mai 2009 nach Abschluss der ersten offiziellen Sitzung und am 29. Mai vor ihrer Abreise nach Gaza Presseerklärungen heraus. Außerdem fanden am Ende der ersten Gazareise am 4. Juni in Gaza und am 7. Juli 2009 nach Abschluss der öffentlichen Anhörungen in Genf Pressekonferenzen statt. Der Leiter der Kommission wurde von internationalen Medien mehrmals befragt.[3]

---

2 Diese Arbeitsgruppe wurde im Anschluss an die Verabschiedung der Resolution 1612 des UNO-Sicherheitsrates 2005 als Überwachungs- und Berichterstattungsinstrument eingerichtet, um den Schutz von Kindern, die durch bewaffnete Konflikte betroffen sind, zu gewährleisten.

3 Die Webadresse der Kommission lautet: http://www2.ohchr.org/english/bodies/hrcouncil/specialsession/9/FactFindingKommission.htm

143. Von Anfang an hat die Kommission alle relevanten Behörden um Zusammenarbeit gebeten, um ungehindert nach Gaza, ins Westjordanland und nach Israel reisen zu können, um Opfer zu treffen.

144. Unmittelbar nach seiner Ernennung suchte der Leiter der Kommission beim Ständigen Vertreter Israels bei den Vereinten Nationen in Genf um ein Gespräch nach, aber leider schlug dieser ein Treffen aus. Im Anschluss an einen Briefwechsel zwischen dem 3. und 7. April informierte der Ständige Vertreter Israels den Leiter der Kommission, seine Regierung sei nicht zur Zusammenarbeit mit der Kommission bereit. Auch am 29. April blieb eine weitere Einladung an den Ständigen Vertreter Israels, sich mit dem Leiter der Kommission zu treffen, ohne Erfolg. Am 4. Mai wiederholte die Kommission in einem Schreiben an den israelischen Premierminister ihr Zusammenarbeitsgesuch und bat insbesondere um die Ermöglichung von Reisen nach Gaza, ins Westjordanland, einschließlich Ostjerusalem, und nach Israel. Während eines Treffens mit dem israelischen Premierminister am 6. Mai 2009 erwähnte und unterstützte der UN-Generalsekretär das Gesuch der Kommission um die Zusammenarbeit der israelischen Regierung. In einem Schreiben vom 20. Mai 2009 unternahm die Kommission einen weiteren Versuch, die Kooperation der israelischen Regierung zu erhalten, v. a. wegen der geplanten Reise in den Gaza-Streifen. Da die israelische Regierung jegliche Kooperation verweigerte, wandte sich die Kommission an die ägyptische Regierung, um den ihr vom Rat für Menschenrechte übertragenen Auftrag im oben genannten Zeitrahmen erfüllen zu können, und erhielt auch deren Zusage, über den Grenzübergang Rafah in den Gaza-Streifen einreisen zu dürfen. Zwischen dem 2. und 17. Juli gab es einen weiteren Schriftwechsel mit dem Ständigen Vertreter Israels bei den Vereinten Nationen in Genf (s. Anhang II).

145. Nach seiner Ernennung wandte sich der Leiter der Kommission an den Ständigen Beobachter Palästinas bei den Vereinten Nationen in Genf, der ihm unverzüglich die Zusammenarbeit der PA mit der Kommission zusagte. Die Kommission ist weiterhin mit der Ständigen Beobachtermission Palästinas in Genf in Kontakt und hat von Seiten der PA Unterstützung und Kooperation erhalten. Auf-

grund der fehlenden Kooperation seitens der israelischen Regierung konnte die Kommission keine Mitglieder der PA im Westjordanland treffen. Die Kommission traf jedoch in Amman Angehörige der PA, darunter einen Minister. Einem weiteren palästinensischen Minister wurde die Reise nach Amman für ein Treffen mit der Kommission nicht gestattet (s. 1. Kapitel). Während der Reisen nach Gaza traf die Kommission höherrangige Vertreter der Behörden in Gaza, die der Kommission umfassende Kooperation und Unterstützung gewährten.

Schutz von Personen, die mit der Kommission zusammenarbeiteten

146. Zur Erfüllung ihres Auftrags hat die Kommission den Schutz für alle Personen eingefordert, die Aussagen bei öffentlichen Anhörungen machten, entsprechend dem Gebot der Erklärung über das Recht und die Verpflichtung von Einzelpersonen, Gruppen und Organen der Gesellschaft, die allgemein anerkannten Menschenrechte und Grundfreiheiten zu fördern und zu schützen – auch bekannt als Erklärung zu den Menschenrechtsverteidigern. Die Kommission richtete sich auch nach der Resolution 2005/9 der Menschenrechtskommission, die „jegliche Regierungen anhält", jegliche Einschüchterungs- und Vergeltungsmaßnahmen gegen Menschen zu unterlassen, (a) die es unternehmen, mit Vertretern von Menschenrechtsorganisationen der Vereinten Nationen zusammenzuarbeiten bzw. mit diesen zusammengearbeitet, oder diesen gegenüber Aussagen gemacht oder diesen Informationen übermittelt haben."

147. Nach den öffentlichen Anhörungen in Genf erfuhr die Kommission, dass ein palästinensischer Teilnehmer, Herr Muhammad Srour, bei seiner Rückkehr ins Westjordanland von israelischen Sicherheitskräften festgenommen worden war, und fürchtete, seine Festnahme könnte auf sein Erscheinen vor der Kommission zurückzuführen sein. Die Kommission teilte dem Ständigen Vertreter Israels in Genf ihre Besorgnis schriftlich mit. Daraufhin teilte der Ständige Vertreter Israels der Kommission mit, die Festnahme der betroffenen Person stünde in keinem Zusammenhang mit seinem Erscheinen bei der öffentlichen Anhörung. Herr Srour wurde danach gegen Kau-

tion freigelassen. Die Kommission steht weiter in Kontakt zu ihm und überwacht die weitere Entwicklung.

148. Besorgt nimmt die Kommission zur Kenntnis, dass einige Personen, die ihr Informationen übermittelten oder sie bei ihrer Arbeit in Gaza unterstützten, anonyme Anrufe oder Nachrichten auf private Telefonnummern oder E-Mailadressen erhielten. Dem Inhalt nach besteht Grund zu der Annahme, dass die anonymen Anrufer und Schreiber implizieren, die Personen, die mit der Kommission kooperierten, könnten womöglich mit bewaffneten Gruppierungen in Verbindung stehen. Ein Empfänger solcher Nachrichten ließ die Kommission wissen, er fühle sich eingeschüchtert und sorge sich um seine persönliche Sicherheit. Anzumerken ist außerdem, dass sich andere Personen aus Angst vor Repressalien weigerten, vor ihr auszusagen oder ihr Informationen zu übermitteln, und dass Personen, die bereits mit der Kommission kooperiert hatten, aus Angst vor Repressalien baten, ihre Namen nicht zu veröffentlichen.

Danksagungen

149. Die Kommission ist zahlreichen Palästinensern und Israelis zu großem Dank verpflichtet, besonders den Opfern und Zeugen von Rechtsverletzungen, die der Kommission Bericht erstatteten und ihre Sicht darlegten. Auch den zahlreichen palästinensischen und israelischen Organisationen der Zivilgesellschaft und NGOs sowie der palästinensischen Independent Commission for Human Rights (unabhängige Menschenrechtskommission) ist die Kommission gleichfalls zu Dank verpflichtet. Sie stehen bei dem Schutz und der Förderung von Menschenrechten in der Region an vorderster Front und üben ihre Arbeit unter denkbar schwierigen Umständen mit Mut, Professionalität und Unabhängigkeit aus. Der Dank der Kommission gilt auch allen lokalen und internationalen NGOs, die die Kommission bei der Erfüllung ihres Auftrags unterstützt und ihr eine Unmenge an relevanten und gut dokumentierten Informationen übermittelt haben. Ohne die Unterstützung und Mithilfe der Unterorganisationen, Programme und anderer Organe der Vereinten Nationen und v. a. der Mitarbeiter der Vereinten Nationen vor Ort in Gaza hätte die Kommission ihre Aufgabe nicht erfüllen können.

Ihnen allen gilt unser aller herzlichster Dank. Insbesondere möchte die Kommission die unschätzbare Unterstützung des äußerst engagierten Teams der UNRWA würdigen. Weiter muss die Kommission dem Sicherheitspersonal und den Dolmetschern der Vereinten Nationen danken, die ihre schwierige Aufgabe professionell und feinfühlig erfüllt haben. Nicht nur dem von dem OHCHR eingerichteten Sekretariat, einem multinationalen Team mit einer großen Bandbreite an Fachwissen und Erfahrung, sondern auch den Mitarbeitern des OCHCR in Genf, in den besetzten palästinensischen Gebieten und in New York dankt die Kommission ausdrücklich. Besonders zu erwähnen sind alle Mitarbeiter, die bei der großen Aufgabe, äußerst kurzfristig die öffentlichen Anhörungen in Gaza und Genf zu organisieren, mitgearbeitet haben. Die Kommission dankt offiziell der ägyptischen Regierung, insbesondere deren Ständiger Vertretung in Genf. Sie dankt ebenfalls offiziell der Regierung Jordaniens und der Schweiz dafür, dass sie für die kurzfristige Erteilung von Einreisevisa gesorgt haben. Der UN-Generalsekretär hat die Kommission kontinuierlich unterstützt, das möchte die Kommission ebenfalls dankend würdigen.

150. Zum Schluss möchte die Kommission der Bevölkerung von Gaza ihren Dank aussprechen für den herzlichen Empfang, die Gastfreundschaft und die Menschlichkeit, die sie trotz der schwierigen und schmerzlichen Umstände an den Tag gelegt hat.

I. METHODIK

A. Mandat und Aufgabenstellung

151. In dem Ernennungsschreiben der Mitglieder der Kommission beauftragte der Präsident des Rates für Menschenrechte die Kommission mit folgendem Mandat: „... alle Verletzungen des humanitären Völkerrechts bzw. internationaler Menschenrechtsvorschriften, die zu irgendeinem Zeitpunkt im Zusammenhang mit den zwischen dem 27. Dezember 2008 und dem 18. Januar 2009 durchgeführten Kriegshandlungen, d.h. sowohl während der Kriegshandlungen als auch davor und danach, zu untersuchen".

152. Die Kommission gelangte zu der Auffassung, dass zur Erfüllung ihres Auftrags sämtliche Handlungen aller Beteiligten zu betrachten sind, die Verletzungen des humanitären Völkerrechts oder der internationalen Menschenrechtsvorschriften darstellen könnten. Auftragsgemäß waren relevante Handlungen im gesamten besetzten palästinensischen Gebiet sowie in Israel zu prüfen.

153. Zeitlich umfasst der weit auszulegende Auftrag der Kommission Rechtsverletzungen vor, während und nach den Kriegshandlungen in Gaza zwischen dem 27. Dezember 2008 und dem 17. Januar 2009. Obwohl die Ereignisse in Gaza nach Auffassung der Kommission im Zusammenhang des Gesamtkonflikts und der allgemeinen Situation in den besetzten palästinensischen Gebieten zu betrachten sind, stellte sie fest, dass es angesichts der begrenzten Zeit und Ressourcen ihre Möglichkeiten überfordert hätte, das Hauptaugenmerk auf Aktionen und Verhalten lange vor den genannten Kriegshandlungen zu richten. Deshalb entschied die Kommission, sich hauptsächlich auf Vorkommnisse, Handlungen und Umstände seit dem 19. Juni 2008 zu konzentrieren, als der zwischen der israelischen Regierung und Hamas ausgehandelte Waffenstillstand in Kraft trat. Die Kommission hat auch die Verhältnisse und Umstände nach der Beendigung der Kriegshandlungen bis zum 31. Juli 2009 berücksichtigt, die fortlaufende Verstöße gegen Menschenrechte und das humanitäre Völkerrecht darstellen, die im Zusammenhang mit oder als Folge der Militäraktion begangen wurden.

154. Da sich ihr Auftrag auf Rechtsverletzungen bezog, die im Zusammenhang mit den Kriegshandlungen Dezember-Januar begangen wurden, hielt es die Kommission für erforderlich, sich nicht auf Rechtsverletzungen zu beschränken, die unmittelbar im Rahmen der Kriegshandlungen vorkamen. Daher werden auch Rechtsverletzungen von ihrem Auftrag erfasst, die hinsichtlich Zeit, Operationszweck und Zielen mit den Kriegshandlungen Dezember-Januar in Verbindung stehen, insbesondere Beschränkungen von Menschenrechten und Grundfreiheiten, die zu Israels Strategien und Handlungen im Kontext der Kriegshandlungen gehören.

155. Den normativen Rahmen für die Kommission stellen das allgemeine Völkerrecht, die Charta der Vereinten Nationen, das humanitäre Völkerrecht, die internationalen Menschenrechtsvorschriften und das Völkerstrafrecht dar.

B. Arbeitsweise

156. Die Kommission überprüfte alle Anschuldigungen, die mit auftragsgegenständlichen Fragen zusammenhingen. Dazu gehörten die Analyse öffentlich zugänglicher Materialien, insbesondere der zahlreichen nach Abschluss der Kriegshandlungen erstellten Berichte, Informationen, die der Kommission durch zusätzliche Dokumentationen vorgelegt wurden, sowie eine Reihe von Treffen mit Sachverständigen, die in der Region gewesen waren oder Themen untersucht hatten, die für die Kommission von Interesse waren.

157. Im Hinblick auf den zur Erfüllung ihrer Aufgabe gesetzten Zeitrahmen musste die Kommission hinsichtlich der zu untersuchenden Punkte und Vorfälle notwendigerweise eine Auswahl treffen. Der Bericht erhebt keinen Anspruch auf Vollständigkeit bei der Dokumentation der außerordentlich großen Zahl relevanter Vorfälle, die sich im auftragsgegenständlichen Zeitraum und insbesondere während der Kriegshandlungen in Gaza ereignet hatten. Dennoch ist die Kommission der Ansicht, dass der Bericht die wichtigsten Rechtsverletzungsmuster gut veranschaulicht. Die Kommission betont auch, dass der Nichterwähnung von Problemen oder Vorfällen im

Bericht keine Beurteilung der Schwere der einschlägigen Vorwürfe zugrunde liegt.

158. Für die Kommission war die Grundlage ihrer Arbeit eine unabhängige und unparteiische Analyse der Einhaltung der Verpflichtungen nach den internationalen Menschenrechtsvorschriften sowie dem humanitären Völkerrecht durch die Beteiligten im Zusammenhang mit dem Konflikt sowie die von den Vereinten Nationen entwickelten Standards für internationale Untersuchungen.

159. Die Kommission behandelte die ihr übermittelten Informationen und Ansichten zu den in ihrem Mandat aufgeworfenen Fragen auf umfassende Weise. Zu den Methoden der Informationsgewinnung gehörten:

a) Die Überprüfung von Berichten internationaler Organisationen, insbesondere der Vereinten Nationen, Berichte und anderer Dokumentationen, insbesondere eidesstattliche Erklärungen von NGOs und zivilgesellschaftlichen Organisationen (palästinensischen, israelischen und internationalen), Medienberichte und Artikel von Wissenschaftlern und Analysten zu dem Konflikt;
b) Befragungen von Geschädigten, Zeugen und anderen Personen, die über relevante Informationen verfügten. In Übereinstimmung mit der erprobten Methodologie der Menschenrechte und um die Sicherheit und die Privatsphäre der Befragten zu schützen und die Echtheit der vorgelegten Informationen zu gewährleisten, wurden die Befragungen unter Ausschluss der Öffentlichkeit durchgeführt. Die Kommission beschloss, keine Kinder zu befragen. Insgesamt führte die Kommission 188 Befragungen durch. Meistens wurden die Befragungen persönlich durchgeführt. Nur dann, wenn es der Kommission nicht möglich war, die relevanten Personen zu treffen, fanden die Befragungen telefonisch statt. Wie bei dieser Art von Bericht üblich und zum Schutz ihrer Sicherheit und Privatsphäre wurden die Zeugen und andere Quellen generell nicht namentlich, sondern nur codiert erwähnt. Die Namen derjenigen, die öffentlich oder bei den von der Kommission durchgeführten öffentlichen Anhörungen aussagten, und die Namen derjenigen, die einer namentlichen Erwähnung ausdrücklich zustimmten (siehe weiter unten), werden jedoch dementsprechend kenntlich gemacht.

c) Besuch von Orten in Gaza, an denen sich Vorfälle ereignet hatten. Die Kommission hat 36 Vorfälle in Gaza untersucht.

d) Die Auswertung von Videoaufnahmen und Fotografien, insbesondere die von der UNOSAT gelieferten Satellitenbilder, und Auswertung dieses Materials durch Sachverständige.

e) Die Überprüfung medizinischer Befunde über die Verletzungen von Geschädigten.

f) Die kriminaltechnische Untersuchung der an den Ereignisorten gefundene Waffen und Munitionsreste.

g) Treffen mit einer Reihe von Gesprächspartnern, darunter Angehörige der diplomatischen Gemeinschaft, Vertreter der Betroffenen, von NGOs und Berufsverbänden, Militäranalysten, Ärzte, Juristen, Wissenschaftler und Mitarbeiter der Vereinten Nationen.

h) Einladungen mittels Verbalnoten an Mitgliedsstaaten der Vereinten Nationen und an Unterorganisationen, Abteilungen und Organe der Vereinten Nationen, Informationen vorzulegen, die im Zusammenhang mit den Untersuchungsbedürfnissen der Kommission stehen.

i) Ein breit angelegter Aufruf zur Vorlage schriftlicher Beiträge an NGOs und andere Organisationen sowie an Einzelpersonen, die daran interessiert waren, der Kommission Informationen vorzulegen. In der Folge erhielt die Kommission eine Vielzahl von Beiträgen von Organisationen und Einzelpersonen aus Israel, den besetzten palästinensischen Gebieten und aus anderen Teilen der Welt.

j) Öffentliche Anhörungen von (I) Geschädigten und Zeugen von Rechtsverletzungen und (II) Einzelpersonen mit Fachkenntnissen über die Zusammenhänge und Auswirkungen der Feindseligkeiten in Gaza und Genf[4].

160. Die Kommission überprüfte mehr als 300 Berichte, schriftliche Beiträge und andere Dokumentationen, die entweder aus eigenen Recherchen gewonnen wurden oder als Reaktion auf ihren Aufruf zur Vorlage schriftlicher Beiträge und auf die Verbalnoten oder die während der Treffen oder auf andere Weise in ihren Besitz gelangten. Das Ergebnis waren mehr als 10.000 Seiten, über 30 Videos und 1.200 Fotos.

---

4 Die öffentlichen Anhörungen sind im Webcast-Archiv der Vereinten Nationen zu erreichen: http://www.un.org/webcast/unhrc/archive.asp?go=090628

161. Bei der Gewinnung und Überprüfung der Informationen und beim Ziehen von Schlussfolgerungen ließ sich die Kommission größtenteils von den im Rahmen von UNO-Untersuchungen entwickelten best-practic-Methoden leiten. Im Falle von Israel und dem Westjordanland waren angesichts der durch die mangelnde Zusammenarbeit seitens Israels bedingte Unzugänglichkeit dieser Gebiete allerdings Änderungen erforderlich.

162. Die Kommission hätte es vorgezogen, alle auftragsgegenständlichen Gebiete persönlich zu bereisen und Ermittlungen vor Ort durchzuführen. Die israelische Regierung verweigerte jedoch der Kommission ihre Kooperation auf drei Ebenen: a) sie lehnte ein Treffen mit der Kommission ab und verweigerte ihr den Zugang zu Regierungsbeamten, insbesondere Angehörigen der Streitkräfte, und zu Dokumentationen, b) sie verweigerte der Kommission die Einreise nach Israel, um israelische Geschädigte, Zeugen, Angehörige von NGOs und der Zivilgesellschaft zu treffen, und c) sie verweigerte der Kommission die Einreise ins Westjordanland, einschließlich Ostjerusalems, um Angehörige der PA und palästinensische Geschädigte, Zeugen sowie Vertreter von NGOs und zivilgesellschaftlichen Organisationen im Westjordanland zu treffen.

163. Folglich führte die Kommission ihre Ermittlungen vor Ort, insbesondere Untersuchungen von Ereignisorten, im Gaza-Streifen durch. Diese ermöglichten der Kommission eine Erfassung der Situation und der Verhältnisse vor Ort aus erster Hand und boten Gelegenheit, viele Zeugen und andere relevante Personen zu treffen. Dies war nach Ansicht der Kommission besonders wichtig, um sich ein Bild der Situation, der Gesamtzusammenhänge, der Auswirkungen und der Folgen des Konfliktes auf die Bevölkerung machen zu können sowie zur Untersuchung von Völkerrechtsverletzungen.

164. Über die Situation in Israel und im Westjordanland informierte sich die Kommission aus erster Hand mittels telefonischer Befragung von Geschädigten, Gemeindevertretern, örtlichen Beamten, Mitgliedern von NGOs und Sachverständigen sowie durch Aussagen von Geschädigten, Zeugen und Sachverständigen aus Israel und dem Westjordanland bei den öffentlichen Anhörungen in Genf und durch Treffen und nicht öffentliche Befragungen in Amman und Genf.

165. Zum Teil wurden die Bemühungen der Kommission in dieser Hinsicht beeinträchtigt durch die Reisebeschränkungen einiger Personen, die sie gerne befragt hätte. So konnte die Kommission nicht wie gplant mit dem palästinensischen Justizminister Dr. Ali Al-Khashan in Amman zusammentreffen, da ihm Israel die Ausreise aus dem Westjordanland nicht gestattete. Auch das Treffen mit Frau Khalida Jarrar, Mitglied des palästinensischen Parlaments, war nicht möglich, weil Israel sie mit einem Reiseverbot belegte (vgl. Kap. XXII). Stattdessen wurde sie telefonisch befragt. Auch der palästinensische Zeuge, der zur öffentlichen Anhörung nach Genf kommen sollte, Mr. Shawan Jabarin, konnte nur über Videokonferenz angehört werden, da Israel auch über ihn ein Reiseverbot verhängte.

Bemerkungen zu den öffentlichen Anhörungen

166. Die öffentlichen Anhörungen, die live über Rundfunk übertragen wurden, verfolgten den Zweck, Opfern, Zeugen und Experten von allen Seiten des Konfliktes die Möglichkeit zu geben, so viele Menschen wie möglich in der Region wie in der ganzen Welt direkt anzusprechen. Nach Ansicht der Kommission kann kein geschriebenes Wort die Stimme der Opfer ersetzen. Nicht alle Punkte und Vorfälle, die die Kommission zu untersuchen hatte, kamen bei den öffentlichen Anhörungen zur Sprache, doch deckten die 38 öffentlichen Zeugenaussagen einen breiten Bereich der relevanten Fakten sowie juristische und militärische Fragen ab. Ursprünglich hatte die Kommission den Plan, die öffentlichen Anhörungen in Gaza, Israel und im Westjordanland abzuhalten. Wegen des Einreiseverbots nach Israel und in das Westjordanland kam es zu dem Beschluss, Teilnehmer aus Israel und dem Westjordanland in Genf anzuhören.

167. Die Teilnehmer an den Anhörungen wurden im Verlauf der Ermittlungen der Kommission ausfindig gemacht, sie hatten entweder persönliche Erfahrungen oder Informationen aus erster Hand oder Spezialkenntnisse zu Fragen und Problemen, die die Untersuchung und Analyse betrafen. In Übereinstimmung mit den Zielen der Anhörung wollte die Kommission in erster Linie Opfer und Bewohner der betroffenen Ortschaften zu Wort kommen lassen. Die Teilnahme erfolgte auf freiwilliger Basis. Einige Personen lehnten aus Furcht vor

Repressalien ihre Teilnahme ab. Die Teilnehmer und Bewohner der betroffenen Ortschaften bedankten sich bei der Kommission für die ihnen gebotene Gelegenheit, öffentlich über ihre Erfahrungen zu sprechen.

C. Evaluierung der Informationen

168. Bei ihren Ermittlungen strebte die Kommission in erster Linie so weit wie möglich an, Informationen aus erster Hand zu erhalten, durch Beobachtungen vor Ort, Befragungen und Zusammentreffen mit betroffenen Personen. Informationen von anderer Seite, einschließlich Berichten, eidesstattlichen Erklärungen und Medienberichten, fanden hauptsächlich Einsatz als Bestätigung.

169. Der Teil des Berichtes über den Gaza-Streifen basiert auf Informationen aus erster Hand, die die Kommission selbst zusammengetragen und verifiziert hat. Um die Situation in Israel und im Westjordanland zu erfassen, musste sich die Kommission aus den zuvor genannten Gründen in verhältnismäßig größerem Ausmaß auf Informationen von anderer Seite verlassen. Aber auch diese Bereiche enthalten Informationen aus erster Hand, die die Kommission selbst zusammentrug und verifizierte.

170. Die Kommission traf Zeugen und sprach mit ihnen, hörte sie an und stellte falls nötig Nachfragen. Unter Berücksichtigung des Verhaltens der Zeugen, der Plausibilität ihrer Aussagen und der Übereinstimmung ihrer Aussagen mit den von der Kommission gemachten Beobachtungen und mit anderen Zeugenaussagen war die Kommission in der Lage, die Glaubwürdigkeit und Zuverlässigkeit der angehörten Personen zu bestimmen. Was die große Menge an dokumentarischen Informationen, die der Kommission vorlagen oder die sie in öffentlich zugänglichen Dokumenten vorfand, betrifft, so versuchte sie, so weit es möglich war, die Autoren der Dokumentationen zu sprechen, um sich über die angewandten Methoden zu vergewissern und etwaige Unklarheiten oder Probleme zu klären.

171. Bei der abschließenden Beurteilung über die Zuverlässigkeit der erhaltenen Informationen zog sie all diese Fragen in Betracht, relevantes Material und Informationen wurden miteinander verglichen; es wurde abgeschätzt, ob der Kommission in allen Fällen genügend Informationsmaterial glaubwürdiger und zuverlässiger Qualität zur Verfügung stand, um eine Tatsachenbestimmung zu tätigen.

172. Auf der oben beschriebenen Basis hat die Kommission nach bestem Wissen und bester Befähigung entschieden, welche Tatsachen als erwiesen gelten können. In vielen Fällen kam sie zu dem Schluss, dass es strafrechtlich relevante Vorfälle gab, für die Einzelpersonen verantwortlich waren. In allen Fällen hat die Kommission festgestellt, dass die vorliegenden Informationen ausreichen, die fraglichen Vorfälle aufgrund ihrer objektiven Elemente als Straftaten zu bewerten. In fast allen der betreffenden Fälle konnte die Kommission auch bestimmen, ob die fraglichen Taten absichtlich oder leichtfertig oder in dem Wissen, dass die voraussichtlich eintretenden Folgen der Tat sich aus dem Ablauf der Ereignisse ergeben würden, begangen wurden. Das bedeutet, die Kommission hat in vielen Fällen auf das relevante Element des Verschuldens (mens rea) verwiesen. Die Kommission erkennt das Prinzip der Unschuldsvermutung voll an: Die Erkenntnisse des Berichts untergraben die Anwendung dieses Prinzips keineswegs. Die Erkenntnisse versuchen nicht, die für die Verübung von Straftaten Verantwortlichen zu identifizieren, noch erheben sie den Anspruch der Beweiskraft, wie sie in Strafverfahren Anwendung findet.

D. Gespräche mit den Parteien

173. Von der PA erhielt die Kommission Dokumentationen, die ihr Mandat betrafen. Während ihrer Besuche in Gaza erhielt die Kommission signifikantes Material und Dokumentationen von der Regierung in Gaza. Am 29. Juli erreichte sie durch UN Watch ein Papier[5]

5 „The operation in Gaza: Factual and legal aspects", Juli 2009, veröffentlicht auf der Webseite des israelischen Außenministeriums: http://www.mfa.gov.il/MFA/Terrorism-+Obstacle+to+Peace/Terrorism+and+Islamic+Fundamentalism-/Operation_in_Gaza-Factual_and_Legal_Aspects.htm

über die Militäraktion in Gaza, das die Position der israelischen Regierung zu vielen Fragen, die die Kommission untersuchte, detailliert darlegt.

174. Während ihrer Treffen in Gaza, Amman und Genf diskutierte die Kommission mit ihren palästinensischen Partnern Sachverhalte, die ihr Mandat betrafen. Während die israelische Regierung selbst keinerlei Kooperation zeigte, traf die Kommission eine Reihe Israelis, die ehemals gehobene Positionen in der Regierung innehatten.

175. Um den betroffenen Parteien Gelegenheit zu geben, weitere relevante Informationen zu übermitteln, ihre Positionen darzulegen und auf Anschuldigungen zu reagieren, übergab die Kommission eine ausführliche Frageliste an die israelische Regierung, die PA und die Behörden in Gaza, bevor sie ihre Analyse und Ermittlungen abschloss. Sowohl von der PA wie den Behörden in Gaza erhielt die Kommission Antwort, jedoch nicht von der israelischen Regierung.

II. KONTEXT

Einleitung

176. Nach Ansicht der Kommission dürfen die Ereignisse, die sie laut ihrem Mandat untersuchen sollte, nicht isoliert betrachtet werden. Sie müssen in einem breiteren Zusammenhang gesehen werden und haben ihre tiefen Wurzeln in den langen Jahren der israelischen Besatzung der palästinensischen Gebiete und in der politischen und gewalttätigen Konfrontation, die die Geschichte dieser Region seit langem charakterisiert. Ohne einen Überblick über die historischen, politischen und militärischen Entwicklungen zwischen dem Sechstagekrieg von 1967 und der Ausrufung der „Periode der Ruhe" (arab. Tahdiyah) im Juni 2008[6] und über die israelische Politik in den besetzten palästinensischen Gebieten sind die Ereignisse, die unmittelbar in den Zuständigkeitsbereich des Mandats der Kommission fallen, nicht zu verstehen.

A. Historischer Kontext

177. Die Westbank, einschließlich Ostjerusalems, und der Gaza-Streifen wurden von Israel im Lauf des Sechstagekrieges im Juni 1967 erobert. Die zwei Gebiete, die nicht zusammenhängen, waren von Jordanien bzw. Ägypten verwaltet worden, nachdem die Waffenstillstandslinie von 1949 als „Grüne Linie" anerkannt wurde, die den neu gegründeten Staat Israel von seinen Nachbarn trennt. Nach 1967 unterstanden beide Gebiete bis 1981 einer Militärverwaltung und danach einer „zivilen Verwaltung", die die israelische Armee eingerichtet hatte. „Militärverordnungen" bestimmten die zivilen Angelegenheiten der palästinensischen Bevölkerung, wobei die bisher geltenden jordanischen Gesetze im Westjordanland bzw. die ägyptischen Gesetze im Gaza-Streifen überlagert, oftmals auch auf-

---

6 Aus Zeit- und Raummangel klammert der historische Kontext viele wichtige Ereignisse dieser Periode aus (so den Krieg von 1973, das Camp-David-Abkommen, den Friedensvertrag mit Jordanien, den Libanon-Krieg von 2006 und andere mehr).

gehoben wurden. Ostjerusalem wurde annektiert und der israelischen Gemeinde Jerusalem zugeschlagen, und 1980 verabschiedete die Knesset ein Gesetz, das Jerusalem zur „ungeteilten vereinigten Hauptstadt Israels" erklärte. Mit der Resolution 478 des Weltsicherheitsrates von 1980 erklärten die Vereinten Nationen dieses Gesetz für „null und nichtig" und verurteilten jeden Versuch, „den Charakter und Status Jerusalems zu ändern".[7] Kein Mitglied der Vereinten Nationen, Israel ausgenommen, erkennt die Annexion Ostjerusalems an.

178. Nach dem Wahlsieg des Likud 1977 wurde die Errichtung von Siedlungen in den besetzten palästinensischen Gebieten, dem Westjordanland und in Gaza, dramatisch vorangetrieben, und die Enteignung palästinensischer Grundstücke und der Ausbau von Siedlungen haben seither bis heute unvermindert angehalten. Während vieler Jahre wuchsen Spannung und Gewalt wegen des ungelösten Status der von Israel besetzten palästinensischen Gebiete. 1987 kam es zu einem flächendeckenden Aufstand der palästinensischen Bevölkerung, der Intifada, den die israelischen Streitkräfte gewaltsam zu unterdrücken suchten, der aber bis 1993 andauerte, als die Führung der palästinensischen Befreiungsbewegung PLO und die israelische Regierung übereinkamen, sich gegenseitig anzuerkennen und die „Prinzipienerklärung über ein Interimsabkommen der Selbst-Regierung", auch als „Oslo-Abkommen I" bekannt, zu unterzeichnen.[8]

179. 1994 wurde dem Oslo-Abkommen I gemäß die Palästinensische Autonomiebehörde (PA/ Palestinian Authority) eingerichtet, und 1995 führte „die israelisch-palästinensische Interimsvereinbarung über das Westjordanland und den Gaza-Streifen", auch als „Oslo-Abkommen II" bekannt,[9] detaillierte Schritte auf, die von den Parteien mit Blick

---

7 Angenommen mit 14 Ja-Stimmen, keiner Gegenstimme, einer Enthaltung (USA)

8 Das Abkommen beinhaltet auch einen speziellen Punkt für die Einrichtung einer „starken Polizeitruppe", um die öffentliche Ordnung und innere Sicherheit der Palästinenser des Westjordanlands und des Gaza-Streifens zu gewährleisten; http://www.reliefweb.int/rw/rwb.nsf/db900SID/MHII- 62DANP?Open Document

9 Das Abkommen definierte drei Gebiete mit unterschiedlicher Gerichtsbarkeit im Gaza-Streifen und der Westbank: Gebiet „A", in dem die Palästinenser die volle Administrationsgewalt und Verantwortung für die Sicherheit haben soll-

auf die Verhandlungen über den Endstatus der Gebiete umzusetzen waren. Die Ermordung des israelischen Premierministers Yitzhak Rabin durch einen israelischen Extremisten 1995 erteilte dem Friedensprozess einen tödlichen Schlag. Die folgenden israelischen Regierungen und die palästinensische Führung kamen zu keinem Ergebnis über die Endverhandlungen, auch nicht auf dem von den USA vermittelten Gipfeltreffen in Camp David 2000, noch bei den bilateralen Gesprächen in Taba (Ägypten) 2001.

180. Zu einer zweiten Erhebung der Bevölkerung kam es im September 2000, nachdem der damalige Oppositionsführer Ariel Sharon dem Tempelberg/Al-Haram al-Sharif in Jerusalem einen umstrittenen Besuch abstattete.[10] Diese zweite Intifada setzte einen nie da gewesenen Kreislauf der Gewalt in Gang.

181. Nach unabhängigen Quellen kamen im israelisch-palästinensischen Konflikt zwischen 1987 und 2000 insgesamt 1.549 Palästinenser und 421 Israelis ums Leben, zwischen September 2000[11] und Dezember 2008 wurden 5.500 Palästinenser getötet (593 aufgrund innerpalästinensischer Gewalt) sowie 1.062 Israelis und 64 Ausländer.[12]

182. Nach Angaben des israelischen Innenministeriums wurden zwischen 1993 und 2007 154 Selbstmordattentate auf israelische Zivilisten und Militärs verübt. Dabei starben 542 Personen; der Höhepunkt war

---

ten; Gebiet „B“, in dem die Palästinenser Administrationsgewalt erhalten und die Israelis die Sicherheitskontrolle behalten; Gebiet „C“, in dem die Israelis sowohl administrative Gewalt wie Sicherheitskontrolle behalten sollten: http://www.reliefweb.int/rw/rwb.nsf/db900SID/MHII-62DAP5?OpenDocument

10 Im Herzen der Altstadt von Ostjerusalem gelegen, hat die Stätte sowohl für Muslime wie für Juden religiöse Bedeutung. Der Tempelberg/Al-Haram al-Sharif (Das Edle Heiligtum) beherbergt den Felsendom und die Al-Aksa-Moschee, die drittheiligste Stätte des Islam. Hier befanden sich mutmaßlich auch die zwei alten jüdischen Tempel. Der südliche Teil der westlichen Ummauerung ist auch als Klagemauer bekannt. Der Haram-Al-Sharif wird von der islamischen Stiftung *Waqf* verwaltet und religiöse Rituale von Nicht-Muslimen sind hier verboten.

11 vgl. B'Tselem Statistiken („Fatalities in the first Intifada“): http://www.btselem.org/English/Statistics/First_Intifada_Tables.asp.

12 vgl. B'Tselem Statistiken („Fatalities“): http://www.btselem.org/English/Statistics/Casualities.asp

2002 mit 220 Opfern bei 55 Attentaten.[13] Das letzte Selbstmordattentat wurde im Februar 2008 in der israelischen Stadt Dimona verübt.[14]

183. Der Abschuss von Raketen und Granaten auf Israel vom Gaza Streifen aus begann 2001.[15] Nach israelischen Quellen wurden bis Mitte Juni 2008 3.455 Raketen und 3.742 Granaten vom Gaza-Streifen auf israelisches Gebiet abgeschossen.[16]

184. Nach seiner Wahl zum Premierminister 2001 brach der Likud-Führer Ariel Sharon jeden direkten Kontakt zu der palästinensischen Führung ab und beendete damit faktisch Verhandlungen über den Endstatus.

185. Im Juni 2002 begann die Errichtung der Trennmauer. Sie verläuft auf palästinensischem Gebiet, um die meisten Siedlungen im Westjordanland sowie Ostjerusalem zu umschließen, und brachte fast eine halbe Million Palästinenser auf die westliche Seite der Trennmauer. Damit sind ihre historischen, sozialen, kulturellen und ökonomischen Verbindungen mit den Palästinensern im Westjordanland östlich der Mauer unterbrochen.[17] Auf Ersuchen der UN-Generalversammlung verabschiedete der Internationale Gerichtshof 2004 eine

---

13 Webseite des israelischen Außenministeriums („Suicide and other bombing attacks in Israel since the Declaration of Principles (Sept. 1993)"): http://www.mfa.gov.il/MFA/Terrorism-%20Obstacle%20to%20Peace/Palestinian%20terror%20since%202000/Suicide%20and%20Other%20 Bombing%20Attacks%20in%20Israel%20Since

14 BBC News, „Israeli killed in suicide bombing", 4.2.2008: http://news.bbc.co.uk/s/hi/middle_east/7225775.stm

15 „The operation in Gaza …" (Fußnote 5) behauptet, der Beschuss mit Raketen und Granaten aus Gaza habe 2000 begonnen. Dieselben im Bericht genannten Quellen legen den Anfang des Beschusses jedoch auf das Jahr 2001. Laut Bericht wurde „Israel zwischen 2000 und 2008 mit ca. 12.000 Raketen und Granaten beschossen, 2000 alleine mit fast 3.000 Raketen und Granaten."

16 Intelligence and Terrorism Information Center at the Israel Intelligence Heritage & Commemoration Center, „Rocket threat from the Gaza Strip, 2000 – 2007", December 2007: http://www.terrorism-info.org.il/malam_multimedia/English/eng_n/html/rocket_threat_e.htm; „Summary of rocket fire and mortar shelling in 2008", January 2009: http://www.terrorism-info.org.il/malam_multimedia/English/eng_n/pdf/ipc_e007.pdf

17 vgl. B'Tselem Statistiken (Separation barrier statistics): http://www.btselem.org/English/Separation_Barrier/Statistics.asp

empfehlende Entscheidung über die Gesetzmäßigkeit der von Israel errichteten Mauer. Das Gericht beschloss, Israel müsse den Bau der Trennanlage beenden, die Teile der Anlage, die auf palästinensischem Gebiet, dem Westjordanland, stehen, abreißen und alle Verordnungen, die mit der Errichtung in Zusammenhang stehen, aufheben und die Palästinenser, die aufgrund der Anlage Schaden erlitten haben, entschädigen.[18] Israel ignorierte die Entscheidung des Gerichts und fuhr mit dem Bau der Mauer fort. 2004 und 2005 entschied das Oberste Gericht Israels, als High Court of Justice zusammengetreten (vgl. Teil D weiter unten), dass bestimmte Teile des Verlaufs der Mauer das Prinzip „der Verhältnismäßigkeit" sowohl nach israelischem wie nach internationalem Recht verletze, der „besetzten Bevölkerung" Schaden zufüge und dass die Anlage auf eine Weise errichtet werden solle, die die Rechte der ansässigen Palästinenser weniger benachteilige. Das israelische Gericht ordnete eine Änderung des Verlaufs für einige Abschnitte der Mauer an[19], erachtete die Anlage aber prinzipiell als legal.[20]

186. 2002 schlug das sog. Quartett (USA, EU, Russische Föderation, UNO) einen Plan zur Lösung des israelisch-palästinensischen Konflikts vor, der unter dem Namen „Road Map to Peace" bekannt ist.[21] Die „Road Map" sah vor, die Palästinenser sollten demokratische Reformen durchführen und der Gewalt abschwören, und Israel sollte die palästinensische Regierung anerkennen und die Siedlungstätigkeit einstellen. Die Erfüllung der Verpflichtungen der „Road Map" würde zu Verhandlungen über den Endstatus führen. Bisher ist die „Road Map" nicht umgesetzt worden. Im selben Jahr nahm die Arabische Liga einen Vorschlag Saudi-Arabiens an, der auf dem

---

18 Legal Consequences of the Construction of a Wall in the Occupied Palestinian Territory, Advisory Opinion of 9 July 2004, I.C.J. Reports 2004

19 Viele dieser Urteile hatten (im Effekt) wenig Auswirkungen auf die Palästinenser.

20 Die Beratung des Gerichts wurde mit der Bemerkung eröffnet, „seit 1967 halte Israel die Gebiete von Judea und Samaria auf kriegerische Weise besetzt", vgl. Rechtsstreit Beit Sourik Village gegen die israelische Regierung und den Kommandeur der IDF im Westjordanland, Fall Nr. 2056/04, Urteil vom 30.06.04 und Mara'abe und andere gegen den israelischen Premierminister und andere, Fall Nr. 7957/04, Urteil vom 15.09.2005

21 „A performance-based road map to a permanent two-state-solution to the Israeli-Palestinian conflict": http://www.un.org/news/dh/mideast/roadmap122002.pdf

Gipfeltreffen in Beirut vorgestellt wurde. Die Mitglieder der Liga verpflichteten sich, im Rahmen eines umfassenden Friedensabkommens mit Israel, demgemäß innerhalb der Grenzen von 1967 ein palästinensischer Staat entstehen sollte, normale Beziehungen mit Israel aufzunehmen.[22]

187. Am 6. Juni 2004 beschloss das israelische Kabinett einen „Disengagement Plan“ (Entflechtungsplan), der einen einseitigen Abzug sowohl der israelischen Zivilpersonen in den Siedlungen als auch der israelischen Streitkräfte aus dem Gaza-Streifen vorsah. Der Plan wurde am 26. Oktober desselben Jahres von der Knesset verabschiedet. Mit der Evakuierung aller israelischen Bewohner aus Gaza und der ihretwegen stationierten Sicherheitskräfte, die am 12. September 2005 abgeschlossen wurde, erklärte Israel, „damit entfalle jede Berechtigung, den Gaza-Streifen als besetztes Gebiet zu bezeichnen“ (über die Fortdauer der Besatzung vgl. Kap. IV). Nach dem Disengagement Plan übten die israelischen Streitkräfte aber weiterhin die Kontrolle über die Grenzen des Gaza-Streifens, die Küste und den Luftraum aus, und Israel beanspruchte sein „ unveräußerliches Recht auf Selbstverteidigung, sowohl präventiv wie reaktiv, einschließlich der Anwendung von Gewalt, falls nötig, als Antwort auf eine vom Gaza-Streifen ausgehende Bedrohung“. Israel löste sowohl die Siedlungen wie die Militärbasen auf, die die Siedler im Gaza-Streifen geschützt hatten, verlegte sie an die Südgrenze zu Gaza und stationierte seine Streitkräfte in die an den Gaza-Streifen angrenzenden Gebiete. Nach der Umsetzung des Abzugs kontrollierte Israel nicht nur weiterhin die Grenzen, die Küste und den Luftraum, sondern auch die Telekommunikation, die Wasser- und Elektrizitätsversorgung und das Abwassernetz, außerdem die Registrierung der Einwohner, den Warenstrom nach und aus Gaza und die Ein- und Ausreise der Bewohner, während die Einwohner Gazas weiterhin auf die israelische Währung angewiesen waren.[23]

---

22 vgl. http://www.reliefweb.int/rw/rwb.nsf/AllDocsByUNID/5a7229b652beb9c5c1256b8a0054b62e

23 vgl. „Disengagement Plan – General Outline“, 15. April 2004: http://www.pmo.gov.il/PMOEng/Archive/Press+Releases/2004/Disengagement+Plan/Disengagement+Plan.htm

188. Nachdem sie sich viele Jahre vom Oslo-Prozeß distanziert hatte, änderte Hamas ihre Haltung über die Legitimierung der PA und beschloss, an den Parlamentswahlen im Januar 2006 teilzunehmen. Die Liste Wandel und Reform, an der Hamas maßgeblich beteiligt war, gewann die Wahl und bildete die Regierung. Kurz darauf lenkte die internationale Gemeinschaft ihre Hilfsgelder von der PA auf internationale Organisationen und humanitäre Verbände um und isolierte so die neu gewählte palästinensische Regierung mit dem unverhohlenen Bemühen, Druck auf sie auszuüben, die Prinzipien des sog. Quartetts anzunehmen. Das Quartett hatte schon verkündet, jede palästinensische Regierung müsse, um von der internationalen Gemeinschaft anerkannt zu werden, drei „Prinzipien" akzeptieren: i) die Anerkennung des Staates Israel, ii) die Anerkennung bisheriger Abkommen und iii) die Abschwörung von Gewalt.[24]
Auch Israel belegte die von Hamas geführte Regierung der PA mit wirtschaftlichen Sanktionen, darunter Einbehaltung der Steuereinnahmen, die es bei Wareneinfuhr einbehielt, und eine weitere zusätzliche Beschränkung des Warenverkehrs nach und aus Gaza. Israel erklärte, die Sanktionen würden erst aufgehoben, wenn die neue palästinensische Regierung die Prinzipien des Quartetts erfüllt.[25]

189. Im Juni 2006 grub ein Kommando aus drei Gruppierungen (Allgemeines Widerstandskomitee, Al Qassam-Brigaden und einer bisher unbekannten Armee des Islam) einen Tunnel unterhalb der Grenze zwischen Israel und dem Gaza-Streifen und griff die Militärbasis Kerem Shalom auf israelischem Gebiet an, sprengte einen Panzer, tötete zwei Soldaten und nahm einen dritten gefangen, Unteroffizier Gilad Shalit. Als Reaktion auf die Gefangennahme befahl die israelische Regierung mehrere gezielte Tötungen von mutmaßlichen Militanten der Hamas und anderer Gruppen, verhaftete Minister der

---

24 vgl. „Briefing to the Security Council on the situation in the Middle East", Ms Angela Kane, Assistant Secretary-General for Political Affairs, 31.01.2006: http://www.unsco.org/Documents/Statements/MSCB/January%2031.pdf

25 Im Juni 2006 billigte Hamas das sog. Dokument der Gefangenen, ein allgemeines politisches Programm, gemeinsam verfasst von *Fatah, Islamic Jihad, Popular Front for the Liberation of Palestine (PFLP)* und *Democratic Front for the Liberation of Palestine (DFLP)*. Die Aussage „das Recht auf ihren unabhängigen Staat mit Al-Quds-al-Sharif als Hauptstadt in allen 1967 eroberten Gebieten" stellt implizit eine Anerkennung des Staates Israel dar.

PA, Abgeordnete der Hamas und andere Führungspersönlichkeiten im Westjordanland, griff zivile Infrastrukturen im Gaza-Streifen an, so das Elektrizitätswerk, die Hauptbrücke in Zentralgaza und Büros der PA, verstärkte die wirtschaftliche Isolierung und verübte zum ersten Mal seit August 2005 mehrere militärische Attacken und Vorstöße in den Gaza-Streifen.[26]

190. Nachdem sich die politisch besiegte Fatah-Bewegung weigerte, der neuen Regierung die Kontrolle über Institutionen der PA, insbesondere der Sicherheitseinrichtungen, zu überlassen, kam es zwischen den beiden politischen Gruppen im Westjordanland und im Gaza-Streifen zu bewaffneten Auseinandersetzungen. Im Februar 2007 trafen sich die palästinensischen Führer in Mekka und unterzeichneten ein Abkommen, das von Saudi-Arabien initiiert worden war und zur Bildung einer Koalitionsregierung führte, die vom palästinensischen Parlament im März anerkannt wurde.[27] Die Koalitionsregierung wurde von Hamas geführt und schloss Mitglieder anderer politischer Bewegungen ein, darunter die Fatah, aber auch Unabhängige. Nach nur vier Monaten brachen wieder Kämpfe aus zwischen Bewaffneten und Sicherheitskräften, deren Loyalität entweder Fatah oder Hamas galt. Bis zum 14. Juni 2007 hatten Kräfte der Hamas und anderer bewaffneter Gruppen alle Sicherheitseinrichtungen der PA und die Regierungsgebäude im Gaza-Streifen besetzt.[28] Der Präsident der PA entließ die von Hamas geführte Regierung (von da an „Gaza-Regierung“ genannt), erklärte den Notstand und berief eine Notstandsregierung im Westjordanland ein, die von der internationalen Gemeinschaft weitgehend anerkannt wurde.[29]

---

26 vgl. International Crisis Group „Israel/Palestine/Libanon: Climbing out of the abyss“, Middle East Report No 57, 25 July 2006

27 vgl. „Briefing to the Security Council on the situation in the Middle East“, Mr B. Lynn Pascoe, 25 April 2007: http://www.unsco.org/Documents/Statements/MSCB/2007/April%202007.pdf

28 vgl. International Crisis Group, „After Gaza“, Middle East Report No 68, 2 August 2007 und Vanity Fair, „The Gaza bombshell“, April 2008: http://www.vanityfair.com/politics/features/2008/04/gaza200804

29 Bezüglich Unterstützung der Notstandsregierung durch die USA, die EU und die arabischen Staaten vgl. „After Gaza …“

191. Im November 2007 initiierten die USA die Organisation einer neuen umfassenden Friedenskonferenz. Auf der Konferenz in Annapolis (Maryland, USA) beschlossen der palästinensische Präsident und der israelische Premierminister, Ende 2007 wieder Gespräche aufzunehmen. Außerdem kamen sie überein, kontinuierlich zusammenzuarbeiten, um bis Ende 2008 eine Zwei-Staaten-Lösung zu erreichen.

192. Am 19. September 2007 erklärte die israelische Regierung Gaza zum „feindlichen Gebiet".[30] Das hatte weitere Einschränkungen des Warenverkehrs, der Elektrizitäts- und Treibstoffversorgung des Gaza-Streifens zur Folge. Seit dieser Zeit hat Israel alle Grenzübergänge in den Gaza-Streifen nur sporadisch geöffnet, manchmal sind alle komplett geschlossen.[31] (vgl. auch Kap.V)

193. Israelische Militäraktionen in Gaza und dem Westjordanland begannen weit vor dem sog. Rückzug von 2005. Operation „Defensive Shield" im Jahre 2002 war die massivste Militäraktion im Westjordanland seit dem Sechstagekrieg von 1967. Sie begann mit einem Vorstoß nach Ramallah und setzte den damaligen Präsidenten der PA, Yassir Arafat, in seinem Amtssitz unter Belagerung, darauf folgten Einmärsche in die sechs größten Städte dem Westjordanlands und in die umliegenden Ortschaften. Während der dreiwöchigen militärischen Vorstöße in Gebiete, die unter ausschließlicher Kontrolle der PA standen, wurden 497 Palästinenser getötet.[32] Die Belagerung der halb zerstörten Muqataa in Ramallah, des Amtsitzes von Präsident Arafat, wurde erst 2004 beendet, als er zu medizinischer Behandlung nach Paris geflogen wurde, wo er kurz darauf starb.

194. Die Operation „Rainbow" von 2004 richtete sich gegen das Gebiet von Rafah im Gaza-Streifen und hatte ungefähr 50 palästinensische Tote zur Folge. Operation „Days of Penitence" wurde zwischen September und Oktober durchgeführt. Nach Verlautbarungen der israelischen Regierung war sie eine Vergeltung des Raketenbe-

---

30 „Security cabinet declares Gaza hostile territory", 19 September 2007 „Behind the headlines: Israel designates Gaza ‚hostile territory'", 24 September 2007: http://mfa.gov.il Webseite des israelischen Außenministeriums

31 A/HRC/7/76.

32 A/ES-10/186.

schusses der israelischen Stadt Sderot und israelischer Siedlungen im Gaza-Streifen. Sie richtete sich gegen die Städte Beit Hanoun und Beit Lahia und das Flüchtlingslager Jabaliyah und hatte mehr als 100 palästinensische und fünf israelische Tote zur Folge.

195. Nach dem Rückzug aus Gaza bis November 2006 feuerte die israelische Armee fast 15.000 Artilleriegeschosse ab und verübte mehr als 50 Luftangriffe auf den Gaza-Streifen. Durch die israelischen Angriffe starben 525 Menschen in Gaza. Im selben Zeitraum schossen militante Palästinenser mindesten 1.700 Raketen und Granaten nach Israel und verletzten dabei 41 Israelis. Der Konflikt spitzte sich 2006 zu, die israelische Armee rückte zweimal in den Gaza-Streifen ein, die Codenamen waren „Summer Rains" und „Autumn Clouds"; letzterer konzentrierte sich auf den Norden des Streifens um die Stadt Beit Hanoun, wo kurz nach Beendigung der Militäraktion im November bei einem einzelnen Artilleriebeschuss 19 Menschen starben, davon 18 Mitglieder derselben Familie.[33]

196. Im Februar 2008 erreichte ein Raketenangriff aus Gaza die israelische Stadt Ashkalon und verursachte leichte Verletzungen. Die israelische Armee schlug mit der Operation „Hot Winter" zurück, während der mindestens 75 Luftangriffe auf verschiedene Ziele im Gaza-Streifen geflogen wurden. Die Militäraktion hatte 202 palästinensische und zwei israelische Tote zur Folge.[34]

197. Im Juni 2008 wurde durch ägyptische Vermittlung eine informelle „Ruheperiode" (arab. Tahdiyah) von 6 Monaten vereinbart. (weitere Details in Kap. III)

---

33 A/HRC/9/26.

34 A/HRC/8/17.

B. Überblick über erkennbare Muster in der Politik Israels und seinem Verhalten die besetzten palästinensischen Gebiete betreffend und Verbindungen zwischen der Situation in Gaza und im Westjordanland

198. Seit 1967 hat Israel Hunderte von Siedlungen im Westjordanland, Ostjerusalem eingeschlossen, errichtet. Solche Siedlungen wurden vom Innenministerium als israelische „Gemeinden" anerkannt, die israelischem Recht unterstehen. Die zuvor erwähnte Empfehlung des Internationalen Gerichtshofes und „eine Reihe von UNO-Resolutionen haben alle bekräftigt, Israels Praxis, Siedlungen zu errichten – in der Tat die Umsiedlung einer Besatzungsmacht von Teilen ihrer eigenen Bevölkerung in das von ihr besetzte Gebiet – stellt einen Bruch der Vierten Genfer Konvention dar"[35] (zu der Haltung des Obersten Israelischen Gerichtshof hinsichtlich der Anwendbarkeit der Vierten Genfer Konvention auf die besetzten palästinensischen Gebiete vgl. Kap. IV). 2005 wurden 16 israelische Siedlungen im Gaza-Streifen und drei im Norden des Westjordanlands aufgelöst, im Rahmen des sog. Disengagement-Plans, aber der Bau neuer Siedlungen [im Westjordanland] ging weiter. 2007 lebten mehr als 450.000 israelische Bürger in 149 Siedlungen im Westjordanland, Ostjerusalem eingeschlossen. Laut Quellen der Vereinten Nationen werden im Zusammenhang mit Siedlungen inzwischen fast 40% des Westjordanlands von israelischer Infrastruktur eingenommen, dazu gehören Straßen, Barrieren, Pufferzonen und Militärbasen. Daten des israelischen zentralen Statistikamtes zeigen, dass 2008 die Bautätigkeit in diesen Siedlungen um den Faktor 1,8 im Vergleich zum gleichen Zeitraum des Vorjahres zugenommen hat. Die Zahl der Ausschreibungen in Ostjerusalem hat um 3.728% zugenommen (1.761 Wohneinheiten im Vergleich zu 46 im Jahr 2007). Bis Ende der 70ger Jahre hatte die israelische Regierung die Siedlungen mit Sicherheitsbelangen und militärischer Notwendigkeit begründet, aber inzwischen wurde diese Position aufgegeben.[36]

199. Schätzungsweise 33% der Siedlungen sind auf privatem Grund und Boden im Besitz von Palästinensern errichtet, der zum Großteil aus

---

35 A/63/519.

36 a.a.O.

vorgeblichen Gründen militärischer Notwendigkeit vom israelischen Staat enteignet wurde. Im Anschluss an ein Urteil des Obersten Israelischen Gerichtshofs aus dem Jahr 1979 änderte die israelische Regierung die Begründung für die Politik der Landenteignung; militärische Notwendigkeit entfiel, dafür begann sie, auf Zivilgesetze bezüglich Landenteignung aus der Zeit der osmanischen Herrschaft zurückzugreifen. Dennoch kann Land enteignet werden, wenn niemand seinen Besitzanspruch gemäß der erforderlichen Beweisführung nachweisen kann oder weil das Gebiet, auf dem das Land liegt, zur geschlossenen militärischen Zone erklärt wird, die Bauern nicht betreten dürfen.[37]

200. „Seit 1967 haben die israelischen Behörden Tausende von Gebäuden in Besitz von Palästinensern [in den besetzten palästinensischen Gebieten] zerstört, darunter schätzungsweise 2.000 Häuser in Ostjerusalem."[38] Im ersten Quartal 2008 zerstörten die israelischen Behörden 124 Gebäude im Westjordanland, Ostjerusalem eingeschlossen, wegen fehlender Baugenehmigungen. Von diesen waren 61 Wohnhäuser, deren Zerstörung viele Palästinenser, darunter Kinder, obdachlos machte. Die Zerstörung von Gebäuden und Wohnhäusern ist seit langem ein Element der israelischen Politik, das vor allem im Jordantal und in Ostjerusalem viele Palästinenser obdachlos gemacht hat, aber auch in anderen Teilen des Westjordanlands. Die Mehrzahl der Häuserzerstörungen rechtfertigten die israelischen Behörden mit fehlenden Baugenehmigungen. Baugenehmigungen für Palästinenser werden von den zuständigen Behörden fast nie erteilt; oft lautet die abschlägige Begründung, der Bau verstoße gegen die geltenden regionalen Flächenpläne der Britischen Mandatsverwaltung in Palästina aus den Jahren nach 1940.[39] Gebiete von Ostjerusalem sind von Massenzerstörungen bedroht. Die Umsetzung schwebender Abrissverordnungen würden insgesamt mehr als 3.600 Personen betreffen.[40] Die kombinierten Auswirkungen der israelischen Politik der Ausweitung bestehender

37 a.a.O.

38 Office for the Coordination of Humanitarian Affairs (OCHA), „The planning crisis in East Jerusalem: Understanding the phenomenon of ‚illegal' construction", Special Focus, April 2009: http://www.ochaopt.org/documents/ocha_opt_planning_crisis_east_jerusalem_april_2009_english.pdf

39 A/63/518.

40 OCHA, Special Focus, April 2009-09-28.

Siedlungen und der Errichtung neuer, der Zerstörung von palästinensischem Besitz, darunter Wohnhäuser, der restriktiven und diskriminierenden Genehmigungspolitik sowie der Mauer sind als Methoden beschrieben worden, „die illegale Annexion" von Ostjerusalem „voranzutreiben".[41]

201. Die Mauer schlängelt sich in ihrem Verlauf zwischen palästinensischen Dörfern und israelischen Siedlungen und hat dazu geführt, dass das Westjordanland in eine Vielzahl von nicht miteinander verbundenen Enklaven aufgesplittert wurde (vgl. Landkarte[42]). Die Mauer führt um die Siedlungen bei Jerusalem und die weiter innen im Westjordanland gelegenen herum und verbindet sie mit Israel. 80% der israelischen Bewohner dieser Siedlungen leben westlich der Mauer. Der Verlauf der Mauer, die zur Demarkationslinie geworden ist, wird zum größten Teil durch das Ziel bestimmt, Siedlungen auf die israelische Seite zu bringen und Palästinenser aus diesem Gebiet auszuschließen.[43] Nach der Fertigstellung werden 85% der Mauer auf palästinensischem Boden dem Westjordanland liegen, und 9,5% der Fläche des Westjordanlands, Ostjerusalem eingeschlossen, werden von der restlichen Westbank abgeschnitten sein. Schätzungsweise 385.000 israelische Bürger in 80 Siedlungen von insgesamt 450.000 israelischen Bürgern in 149 Siedlungen und 260.000 Palästinenser, Ostjerusalem eingeschlossen, werden sich dann zwischen der Mauer und der Grünen Linie befinden. Darüber hinaus werden ungefähr 125.000 Palästinenser in 28 Ortschaften auf drei Seiten von der Mauer eingeschlossen sein und 26.000 Palästinenser in acht Ortschaften sogar auf vier Seiten.[44] Aus einer Reihe von Untersuchungen, die von UNO-Unterorganisationen zusammengestellt wurden[45], ergab sich, dass viele palästinensische Ortschaften, die

41 The Guardian, „Israel annexing East Jerusalem, says EU", 7 March 2009: http://www.guardian.co.uk/world/2009/mar/07/israel-palestine-eu-report-jerusalem

42 OCHA, „West Bank barrier route projections", July 2008: http://www.ochaopt.org/documents/BarrieRouteProjections_July_2008.pdf

43 A/63/519.

44 OCHA, „Five years after the International Court of Justice Advisory Opinion: A summary of the humanitarian impact of the barrier", July 2009 (Updated August 2009): http://www.ochaopt.org/documents/ocha_opt_barrier_report_july_2009_english_low_res.pdf

45 OCHA and UNWRA surveys quoted in OCHA Special Focus, „Three years later: The humanitarian impact of the barrier since the International Court of

durch die Mauer abgeschnitten werden, keinen ungehinderten Zugang zu ärztlicher Versorgung genießen, was für medizinische Notfälle und werdende Mütter gravierende Schwierigkeiten bedeutet. Außerdem sind die Bewohner der eingeschlossenen Gebiete von Schulen und Universitäten abgeschnitten, ihre sozialen Beziehungen werden in Mitleidenschaft gezogen, was sich insbesondere auf traditionelle Muster der Eheschließungen auswirkt. Die Mauer schneidet sehr viele Palästinenser von ihrem Landbesitz und ihren Wasservorkommen ab, was sich auf die landwirtschaftliche Nutzung und die Sicherung des Lebensunterhaltes in den ländlichen Gebieten negativ auswirkt.

202. Obwohl Israel die Einschränkungen der Bewegungsfreiheit für Palästinenser innerhalb des Westjordanlands mit Sicherheitsbelangen begründet, erwecken die meisten dieser nur für Palästinenser geltenden Beschränkungen den Eindruck, sie dienten in erster Linie der ungehinderten Bewegungsfreiheit der israelischen Bewohner der Siedlungen. Keine dieser Beschränkungen gilt für israelische Bürger, die durch das Westjordanland reisen.[46]

203. In der ganzen Westbank existiert ein Zwei-Klassen-Straßennetz, wobei die Hauptstraßen ausschließlich israelischen Bürgern vorbehalten sind, während Palästinenser auf ein anderes (und minderwertiges) Straßennetz beschränkt sind. Die von Israel neu gebauten Straßen im Westjordanland bilden ein Netzwerk, das die israelischen Siedlungen miteinander und mit dem Kernland Israel verbindet.[47] Ca. 1.500 Straßenkilometer sind für Palästinenser nicht frei zugänglich. Auf teilweise verbotenen Straßen benötigen sie eine Sondergenehmigung, eingeschränkte Straßen sind für Einheimische frei zugänglich, Auswärtige benötigen hierfür eine Genehmigung.[48]

Justice opinion“, 9 July 2007: http://www.ochaopt.org/documents/ICJ4_Special_Focus_July2007.pdf

46 A/63/519.

47 Die meisten verbotenen Straßen verlaufen in Nord-Süd- oder West-Ost-Richtung und bilden die Hauptverbindungen. Sie sind Siedlern, israelischen Sicherheitskräften und Personen mit ausländischen Pässen, die nicht palästinensischer Abstammung sind, vorbehalten, einschließlich UNO-Personal.

48 A/63/519.

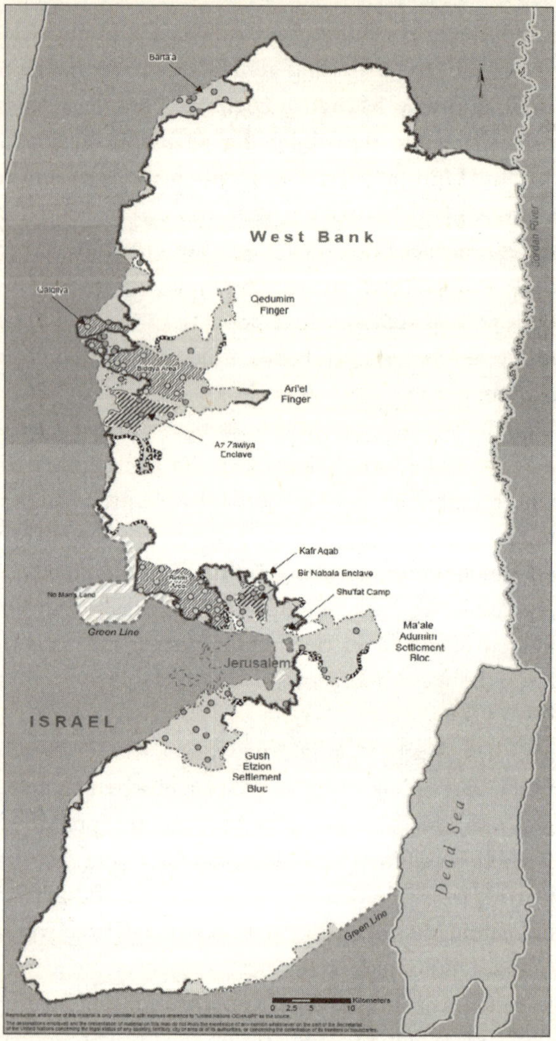

204. Die Politik der „Absperrungen“, d. h. ganze Gebiete werden abgesperrt und es gelten aufgrund angeblicher Sicherheitsbelange der israelischen Bürger Beschränkungen des Waren- und Personenverkehrs, ist seit 1996 charakteristisch für die israelische Kontrolle über den Gaza-Streifen und das Westjordanland und hatte dramatische Auswirkungen auf das Leben der Palästinenser. „Der folgenreichste Effekt der Zunahme der Absperrungen ist der dramatische Anstieg der Arbeitslosenrate im Westjordanland und im Gaza-Streifen. Da die Absperrungen den gesamten Personen- (und Waren-)verkehr nach

und aus Gaza, in das Westjordanland und hinaus betreffen und selbst innerhalb vom Westjordanland gelten, können Arbeiter aus diesen Gebieten nicht mehr ihre Arbeitsstellen erreichen. Laut Angaben des palästinensischen Arbeitsministeriums ist die Arbeitslosenrate in Gaza von 50% auf 74% (und im Westjordanland von 30% auf 50%) gestiegen. Vor der Verstärkung der Absperrungen hatten 22.000 Palästinenser aus Gaza (1987 betrug die Zahl noch 80.000) und 26.000 aus dem Westjordanland eine Arbeitsgenehmigung für Israel." „Verluste aufgrund der Absperrungen belaufen sich allein im Gaza-Streifen auf 1.04 Millionen US Dollar täglich – 750.000 US Dollar wegen wegfallender Löhne in Israel und 290.000 US Dollar wegen wegfallender Löhne im lokalen Sektor. Das palästinensische Statistische Amt (PBS) schätzt, dass der Gaza-Streifen und das Westjordanland zwischen dem 25. Februar und dem 4. April 2009 78,3 Millionen US Dollar an Lohn und Einkommen verloren haben."[49] Im Juni 2009 haben mehr als 40 humanitäre Organisationen der Vereinten Nationen und andere humanitäre Organisationen Israel gedrängt, seine Blockade des Gaza-Streifens aufzuheben, wo fast jeder auf internationale humanitäre Unterstützung angewiesen ist und Sanktionen sich unterschiedslos auf die Gesamtbevölkerung von 1,5 Millionen Menschen auswirken[50] (vgl. Kap. V).

205. Besonders seit 1996 haben eine Reihe von israelischen politischen Entscheidungen und Maßnahmen dazu beigetragen, dass das Westjordanland und der Gaza-Streifen faktisch voneinander getrennt sind, obwohl das Oslo-Abkommen I die Verpflichtung enthält, „beide Seiten, das Westjordanland und den Gaza-Streifen, als eine territoriale Einheit zu betrachten, deren Integrität während der Interimsphase gewahrt wird." Die Ursache für diese Trennung sind in erster Linie die Verhängung von strikten Absperrungen und die Beschränkung der Bewegungsfreiheit.[51] Nach der Umsetzung des „Disengagement

---

49 Sara Roy, „Economic deterioration in the Gaza Strip", Middle East Report, No. 200 (Summer 2006): http://merip.org/mer/mer200/roy.html

50 „UN, aid agencies call for end to Israel's two-year blockade of Gaza" (17 June 2009): http://www.un.org/apps/news/story.asp?NewsID=31174&Cr=gaza&Cr1

51 „Die totale Trennung des Gaza-Streifens vom Westjordanland ist eine der größten Errungenschaften der israelischen Politik." Vgl. Amira Hass, „An Israeli achievement" (20 April 2009):http://www.bitterlemons.org/previous/b1200409ed15.html#isr2

Plans“ und nach der Übernahme der Kontrolle über den Gaza-Streifen durch die Hamas hat die Verhängung einer fast vollständigen Absperrung dazu geführt, dass direkter Kontakt mit den Palästinensern im Westjordanland so gut wie unmöglich geworden ist. Die Verhaftung von Mitgliedern des palästinensischen Parlaments und anderer Angehöriger der PA hat auch dazu geführt, dass viele Institutionen nicht mehr richtig funktionieren und dass Palästinenser aus den beiden Gebieten nicht mehr zusammenarbeiten können. In den letzten Jahren ist für Gazabewohner, die im Westjordanland leben, ein neues Genehmigungssystem eingeführt worden. Ohne eine derartige Genehmigung können sie zu „illegalen Fremden“ erklärt werden. Außerdem haben die israelischen Behörden – die immer noch die Melderegister für Einwohner kontrollieren – aufgehört, die Adressen der Palästinenser, die aus Gaza in das Westjordanland gezogen sind, auf den neuesten Stand zu bringen. Die neuen Bestimmungen für eine Genehmigung basieren auf der amtlich registrierten Adresse einer Person, so dass Israel die Palästinenser, deren registrierte Adresse in Gaza liegt, vom Umzug in das Westjordanland ausschließen kann. Diese Maßnahme hat rückwirkend viele Palästinenser, die bereits im Westjordanland leben, zu illegalen Bewohnern gemacht. Auf viele Familien hat sich diese Politik äußerst negativ ausgewirkt; sie werden dadurch effektiv gezwungen, entweder getrennt zu leben oder, um zusammenleben zu können, nach Gaza umzuziehen, ohne Aussicht, in das Westjordanland zurückkehren zu können.[52] Israel hat in bürokratischer und logistischer Hinsicht nicht nur die Palästinenser der besetzten Gebiete und ihre Familienangehörigen in Israel gespalten und getrennt, sondern auch die palästinensischen Einwohner Jerusalems von den Palästinensern der übrigen besetzten Gebiete und die Einwohner Gazas von den Einwohnern des Westjordanlands und Jerusalems.[53]

206. Obwohl das internationale humanitäre Völkerrecht es verbietet, hat Israel seit 1967 seine Gesetze auf die gesamten besetzten palästinensischen Gebiete ausgedehnt.[54] Vor allem werden existierende Pla-

---

52 B'Tselem and Hamoked, „Separated entities – Israel divides Palestinian population of West Bank and Gaza Strip“: http://www.btselem.org/Download/200809_Separated%20Entities_Eng.pdf

53 Amira Hass, a.a.O.

54 Haager Landkriegsordnung, Art. 43.

nungs- und Bauvorschriften annulliert und durch Militärverordnungen ersetzt und betreffende zivile Befugnisse den lokalen Behörden entzogen und israelischen Institutionen übertragen, die letztendlich, wenn auch nicht offensichtlich, bei militärischen Befehlshabern liegen.[55] Die Anwendung israelischer Gesetze hat zu einer institutionalisierten Diskriminierung der Palästinenser in den besetzten Gebieten geführt, wobei jüdische Siedler, ob mit israelischem Pass oder ohne, bevorzugt werden. Begünstigungen, die ausschließlich für Juden gelten, gehen auf das israelische Gesetzwerk zurück, das beim Zivilstand aufgrund der Einstufung „jüdische Nationalität" zwischen zwei Klassen unterscheidet: „Personen jüdischer Rasse oder Abstammung"[56] genießen nach den Grundgesetzen Vorrechte und Privilegien, insbesondere was Landnutzung, Versorgung mit Unterkunft, Entwicklung, Einwanderung und Zugang zu natürlichen Ressourcen angeht.[57] Administrative Verfahren klassifizieren einheimische Bewohner der besetzten palästinensischen Gebiete zu „fremden Personen"; sie dürfen deshalb auf den Flächen, die die israelische Regierung zu „Staatsland"[58] erklärt hat und die einen Großteil des Landes ausmachen, weder bauen noch Land pachten.

207. Dieser Zwei-Klassen-Zivilstatus der israelischen Gesetze, der Personen „jüdischer Nationalität" (le'om yehudi) Vorrechte gibt gegenüber Personen, die (nur) die israelische Staatsangehörigkeit (ezrachut) haben, ist nach dem Internationalen Pakt über wirtschaftliche, soziale und kulturelle Rechte bedenklich, insbesondere die Formen der

---

55 Order regarding the Towns, Villages and Building Planning Law (Judea and Samaria) (No. 418), 5731-1971 (QMZM 5732 1000;5736 1422,1494; 5741 246; 5742 718,872; 5743, No. 57, qt 50; 5744, No.66, at 30), para 8.

56 Jewish National Fund, Memorandum of Association, art. 3 (c)

57 Für die Personen, die „jüdischer Nationalität" sind (was nicht identisch mit israelischer Staatsangehörigkeit ist), hält das Grundgesetz besondere Einwanderungsrechte und Privilegien bereit: Law of Return/Rückkehrgesetz (1950), sowie Unterstützung zur Entwicklung und Zugang zu natürlichen Ressourcen: „Israel Lands" (1960).

58 Ein Fremder ist definitionsgemäß eine Person, die nicht den folgenden Gruppen angehört:
a) israelische Staatsbürger, b) Personen, die aufgrund des Grundgesetzes (Law of Return) nach Israel eingewandert sind, c) Personen, die aufgrund des Rückkehrgesetzes nach Israel einwandern könnten, d.h. gebürtige oder konvertierte Juden, d) eine Firma, die von einer Person der Gruppen a), b) oder c) geleitet wird.

Diskriminierung quasistaatlicher Organisationen Israels (World Zionist Organization/Jewish Agency, Jewish National Fund und ihre Tochterorganisationen), die in Sachen Landnutzung, Wohnraumbeschaffung und Entwicklung Entscheidungsgewalt haben.[59] Das Komitee für ökonomische, soziale und kulturelle Rechte hat auch erkannt, dass Israels Anwendung einer „jüdischen Nationalität", die sich von israelischer Staatsangehörigkeit unterscheidet, eine institutionalisierte Diskriminierung darstellt, die alle Palästinenser, insbesondere aber die Flüchtlinge, benachteiligt.[60]

208. Im Jahr 2007 machte das „Komitee für die Beendigung der rassischen Diskriminierung" auf eine andere diskriminierende Politik aufmerksam, die von den israelischen Behörden den palästinensischen Bewohnern der besetzten palästinensischen Gebiete sowie denen, die israelische Bürger sind, (denen aber der legale „Nationalitätsstatus" verweigert wird) auferlegt wurde.[61] . Das „Gesetz über die Staatsbürgerschaft und die Einreise nach Israel (Vorübergehende Verordnung)" vom 31. März 2003 schließt für Bewohner der besetzten palästinensischen Gebiete die Möglichkeit aus, insbesondere zur Familienzusammenführung die israelische Staatsbürgerschaft und den

59 1998 beobachtete das Committee on Economic, Social and Cultural Rights (CESCR) der UNO „mit großer Besorgnis, dass das Statusgesetz von 1952 die World Zionist Organization/Jewish Fund und ihre Tochterorganisationen, darunter den Jewish National Fund, ermächtigt, den Großteil des Grund und Bodens in Israel zu kontrollieren, da diese Institutionen laut ihren Statuten ausschließlich Juden begünstigen. [...] systematische Enteignungen von palästinensischem Grundbesitz in großem Stil durch den Staat und Übereignung dieses Besitzes an die Organisationen stellen eine institutionalisierte Form der Diskriminierung dar, denn diese sind per Definition daran gehalten, Nicht-Juden die Nutznießung dieses Besitzes zu verweigern." (E/C.12/1/Add.27, para.11).

60 In seinem Bericht von 2003 beobachtete CESCR auch mit besonderer Besorgnis den Status „jüdische Nationalität", der die Grundlage für eine bevorzugte Behandlung ausschließlich für Personen, die nach dem israelischen Rückkehrgesetz jüdischer Nationalität sind, bildet; die automatische Gewährung von Staatsbürgerschaft und finanzieller staatlicher Unterstützung für diese Personen führt in der Praxis zu einer Diskriminierung von Nicht-Juden, insbesondere von palästinensischen Flüchtlingen.

61 Die „Or"-Kommission, ein 2000 von der israelischen Regierung einberufenes Gremium, stellte fest, dass arabische Bürger in Israel unter Diskriminierung leiden und übte Kritik an der Regierung, weil diese es versäume, sich auf faire und gleiche Art den Bedürfnissen der arabischen Bürger Israels zuzuwenden. Siehe den vollständigen Bericht: http://elyon1.court.gov.il/heb/veadot/or/inside_index.html (auf Hebr.)

Aufenthaltstitel für Israel zu erhalten. Das Komitee merkt dazu an, dass solche Maßnahmen eine unverhältnismäßige Auswirkung auf arabische Bürger Israels haben, die Palästinenser aus den besetzten Gebieten heiraten und die mit ihren Familien in Israel zusammenleben wollen. Das Ziel des Staates, die Sicherheit seiner Bürger zu gewährleisten, so das Komitee, sei legitim, jedoch sei es angesichts der Tatsache besorgt, dass diese „vorübergehenden" Maßnahmen systematisch verlängert und auf Bürger „feindlicher Staaten" erweitert worden seien.[62]

209. Nach Angaben palästinensischer Menschenrechtsorganisationen sind seit 1967 über 750 000 Palästinenser zu irgendeinem Zeitpunkt von der Regierung Israels verhaftet worden. Im Augenblick befinden sich etwa 8100 palästinensische Gefangene in israelischen Gefängnissen und Haftanstalten, darunter ungefähr 550 Administrativhäftlinge[63]. Bei der Administrativhaft handelt es sich um eine Haft ohne Anklage und Gerichtsverhandlung, die nicht per Gerichtsentscheidung, sondern kraft eines Verwaltungsaktes genehmigt wird. Die Haftbedingungen in israelischen Gefängnissen inhaftierter Palästinenser sind Gegenstand beträchtlicher internationaler Kritik, und es werden bisweilen Sorgen über Folterungen und sonstige Misshandlungen geäußert. Inhaftierte Palästinenser dürfen normalerweise nur von Verwandten ersten Grades besucht werden (s. 21. Kapitel). Nachdem Hamas jedoch 2007 die volle Kontrolle über den Gaza-Streifen übernommen hat, suspendierten die israelischen Behörden die Besuche von Familienmitgliedern, die aus dem Gaza-Streifen zu palästinensischen Häftlingen in Israel anreisten. So werden mehr als 900 Häftlinge vom direkten Kontakt mit ihren Verwandten ausgeschlossen.[64]

---

62 CERD/C/ISR/CO/13

63 Öffentliche Anhörung der Kommission, Genf (7. Juli 2009) Zeugnis der Frau H. Sahar Francis, Direktorin von Addameer, abrufbar unter: http://webcast.un.org/ramgen/ondemand/conferences/unhre/gaza//gaza090707am 1-eng.rm?start=00:00:00&end=0047:46

64 /63/518

C. Relevante politische und administrative Strukturen im Gaza-Streifen und im Westjordanland

210. Der palästinensische Legislativrat ist die Legislative der Palästinensischen Autonomiebehörde; eine Einkammerlegislatur mit 312 Mitgliedern aus 16 Wahlbezirken im Westjordanland und dem Gaza-Streifen. In seiner ursprünglichen Zusammensetzung, deren normale Periode vier Jahre beträgt, bestand er aus 88 Mitgliedern. Nach dem Osloabkommen fanden die ersten palästinensischen Wahlen 1996 unter der Aufsicht internationaler Wahlbeobachter statt. Im Jahr 2000 fand eine geplante zweite Wahlrunde wegen des Ausbruchs der zweiten Intifada nicht statt. Im Januar 2006 fanden die zweiten allgemeinen Wahlen statt. Das Ergebnis der Wahlen war eine Mehrheit für die Liste „Change and Reform".[65]Am 29. Juni 2006, wenige Tage nach der Gefangennahme von Gilad Shalit, verhafteten die israelischen Streitkräfte im Westjordanland acht palästinensische Minister und 26 Mitglieder des palästinensischen Legislativrates.[66] Seitdem ist der Rat nicht mehr funktionsfähig, da er wegen der andauernden Inhaftierung seiner Mitglieder nicht beschlussfähig ist.

211. Das palästinensische Grundgesetz wurde entwickelt, um als vorläufige Verfassung der palästinensischen Autonomiebehörde zu dienen, bis ein unabhängiger Staat errichtet wird und eine dauerhafte Verfassung für Palästina entworfen werden kann. Das Grundgesetz wurde vom palästinensischen Legislativrat 1997 verabschiedet und vom Präsidenten der palästinensischen Autonomiebehörde 2002 ratifiziert. Es wurde zweimal verändert: 2003 wurde das politische System verändert, indem das Amt des Ministerpräsidenten geschaffen wurde, und 2005, um es dem neuen Wahlgesetz anzupassen.[67] Die Rechtsordnung besteht aus einer Reihe von Gesetzen und Verordnungen, darunter auch jene aus früheren Jahrhunderten – osmanische, britische, jordanische (im Westjordanland), ägyptische (im Gaza-Streifen) und israelische – und etliche Gesetze, die durch Erlasse des Präsidenten eingeführt wurden, sowie Gesetze, die vom palästinensischen Legislativrat verabschiedet wurden[68].

---

65 Listennamen unter denen Hamas-Repräsentanten zur Wahl antraten

66 Siehe 21. Kapitel

67 Das Palästinensische Grundgesetz: http://www.palestinianbasiclaw.org

68 Amnesty International, „Occupied Palestinian Territories torn apart by factional

212. Im Zuständigkeitsbereich der palästinensischen Autonomiebehörde umfasst die Judikative die Magistralgerichte, die sich mit Vergehen und Ordnungswidrigkeiten befassen; die Bezirksgerichte, die sich mit schwereren Delikten und Berufungsanträgen gegen Urteile der Magistralgerichte befassen, Berufungsgerichte, die sich mit Berufungsanträgen gegen Urteile der Bezirksgerichte befassen, und das Hohe Gericht, die oberste Berufungsinstanz. Ein Oberstes Strafgericht wurde 2006 eingerichtet, um Delikte wie Mord, Entführung, Vergewaltigung, sog. Ehrendelikte und Angriffe auf die nationale Sicherheit abzuurteilen. Militärgerichte sind für Fälle zuständig, die Angehörige der Sicherheitskräfte betreffen, und wenden den 1979 verabschiedeten Revolutionskodex der PLO an. Der Generalstaatsanwalt und die Staatsanwälte untersuchen und ahnden Straftaten, beaufsichtigen die Rechtmäßigkeit von Inhaftierungen und gehen den Beschwerden der Häftlinge nach. Der Generalstaatsanwalt und die Richter werden vom Hohen Justizrat vorgeschlagen, dem der Vorsitzende des Hohen Gerichts vorsteht, aber vom Präsidenten der palästinensischen Autonomiebehörde ernannt[69]. Seit Juni 2007 haben die Gazaer Behörden die Judikative entgegen palästinensischem Recht umstrukturiert. Um Beamte zu ersetzen, die ihren Arbeitsplatz auf Anweisung der palästinensischen Autonomiebehörde verlassen haben, ernannten die Gazaer Behörden Richter und Staatsanwälte, denen es generell an Erfahrung und an Unabhängigkeit mangelte[70].

Vor Juni 2007 gab es etwa 12.600 palästinensische Polizeibeamte in Gaza und 6.500 im Westjordanland unter gemeinsamer Führung. Die palästinensische Zivilpolizei operierte von zehn Bezirkspräsidien aus (darunter eins in Ramallah, das auch als Hauptleitstelle diente). Nach der Übernahme der vollen Kontrolle über den Gaza-Streifen durch Hamas sind offizielle Daten über die Polizei nur für das Westjordanland erhältlich, wo es 78 Polizeieinrichtungen gibt, einschließlich des Hauptquartiers, allgemeine Leitstellen und Präsidien, Dienststellen der Ordnungskräfte, Gefängnisse und Haftanstal-

---

strife", abrufbar unter: http://amnesty.org/en.library/asset/MDE21/020/2007/en/dom-MDE21020007en.html

69 a.a.O.

70 Human Rights Watch, Internal Fight: Palestinian Abuses in Gaza and the West Bank (Juli 2008) abrufbar unter: http://www.hrw.org/en/reports/2008/07/29/internal-fight-0

ten, Ausbildungseinrichtungen und Dienststellen der Grenz-, Fremdenverkehrs- und Straßenverkehrspolizei[71].

214. 2005 wurden verschiedene Sicherheitskräfte in drei Zweige zusammengelegt:
Nationale Sicherheit, Innere Sicherheit und Allgemeiner Nachrichtendienst, von denen jeder aus verschiedenen Organisationen besteht. Zum allgemeinen Nachrichtendienst, der wie die Präsidialgarde/ Force 17 dem Präsidenten der palästinensischen Autonomiebehörde direkt untersteht, gehören der militärische Nachrichtendienst und die Militärpolizei. Für die nationale und innere Sicherheit sind die Minister für nationale Sicherheit bzw. des Inneren zuständig. Ihre Leiter werden aber vom Präsidenten der palästinensischen Autonomiebehörde ernannt. 2006 hat der Hamas-Innenminister die Exekutivkräfte („Executive Force"), die größtenteils aus Mitgliedern der Al Qassam-Brigaden und Unterstützern der Hamas bestehen, ins Leben gerufen[72]. Seit der Übernahme der Kontrolle über den Gaza-Streifen durch die Hamas 2007 werden Sicherheitsorganisationen der Hamas mit Ordnungs- und Sicherheitsaufgaben betraut[73]. Die Gazaer Behörden kündigten eine Reihe neuer Organisationen oder Mechanismen an, um die Sicherheitskräfte und Justizeinrichtungen der palästinensischen Autonomiebehörde zu ersetzen, die sich weigerten, unter oder neben der Hamas-Regierung zu arbeiten[74]. Im September 2007 waren die Inneren Sicherheitskräfte zum größten Teil mit Personal aus den Al Qassam-Brigaden errichtet. Im Oktober 2007 löste die Hamas die Exekutivkräfte auf und schloss ihr Personal der Polizei an. Sowohl die Inneren Sicherheitskräfte als auch die Polizei unterstehen dem Innenminister[75] (s. 10. Kapitel)

215. Die meisten palästinensischen politischen Parteien verfügen über einen bewaffneten Arm oder bewaffnete Gruppierungen, die ihnen

---

71 Die Polizeimission der Europäischen Union für die palästinensischen Gebiete (2008) abrufbar unter: http://www.consilium.europa.eu/uedocs/cmsUpload/EUPOL%20COPPS%20booklet.pdf

72 s. Kapitel VII

73 Central Intelligence Agency, The World Fact Book 2009 (Gaza Strip): https://www.cia.gov/library/publications/the-world-factbook/geos/gz.html

74 „Occupid Palästinian Territories toren apart ..."

75 Internal Fight ...

nahestehen[76]. Die zwei größten bewaffneten Gruppierungen sind die Al-Aqsa-Brigaden, der bewaffnete Arm der Fatah, und die Al Qassam Brigaden, der bewaffnete Arm der Hamas. Die Al-Aqsa-Brigaden wurden von Fatah-Aktivisten, darunter Angehörigen der Sicherheitskräfte der palästinensischen Autonomiebehörde, kurz nach dem Ausbruch der zweiten Intifada gegründet. Die Al Qassam-Brigaden wurden in den frühen 90er Jahren gegründet mit dem erklärten Ziel, der israelischen Besatzung bewaffneten Widerstand zu leisten[77].

D. Relevante politische und administrative Strukturen in Israel

216. In Israel wird von den 120 Knessetmitgliedern ein Präsident für sieben Jahre gewählt, der vorwiegend repräsentative Aufgaben hat. Eine Wiederwahl ist ausgeschlossen. Der Ministerpräsident ist in der Regel der Führer der stärksten Partei oder Koalition in der Knesset, deren Mitglieder nach Verhältniswahl über eine Parteienliste gewählt werden. Die drei Hauptparteien sind die linkszentristische Arbeitspartei, die zentristische Kadima und der rechte Likud[78].

217. Nach den Legislaturwahlen betraut der Präsident ein Knessetmitglied – traditionell den Führer der größten Partei – mit der Bildung einer Regierungskoalition.

218. Israel hat keine schriftliche Verfassung; einige der Funktionen einer Verfassung werden von der Unabhängigkeitserklärung (1948), den Grundgesetzen des Parlaments (Knesset) und dem israelischen Staatsbürgerschaftsgesetz erfüllt.

219. Die Judikative umfasst die Magistratsgerichte, d.h. die Gerichte erster Instanz für Straf- und Zivilsachen; die Bezirksgerichte, die in er-

76 Der bewaffnete Arm des Islamischen Jihad, der Volksfront für die Befreiung Palästinas und der demokratischen Front für die Befreiung Palästinas. Es gibt noch andere kleinere Splittergruppen.

77 „Occupied Palestinian Territories torn apart …“

78 Freedom House. Country report: Israel (2009) abrufbar unter: http://www.freedomhouse.org/template.cfm?page=22&country=7630&year=2009

ster Instanz für schwere Verbrechen, auf die die Todesstrafe oder eine sieben Jahre übersteigende Freiheitsstrafe steht, sowie für Berufungsanträge gegen Urteile der Magistratsgerichte zuständig sind; und das Oberste Gericht, das Gericht letzter Instanz[79]. Das Oberste Gericht nimmt die Anträge israelischer Bürger direkt zur Entscheidung an. Es befasst sich in seiner Eigenschaft als Oberster Gerichtshof (High Court of Justice[80]) auch mit Fällen, die palästinensische Bewohner des Westjordanlands und des Gaza-Streifens betreffen[81]. Palästinensische Zivilisten, die wegen einer sicherheitsrelevanten oder sonstigen Straftat angeklagt sind, werden jedoch häufig der israelischen Militärgerichtsbarkeit überstellt. Seit 1967 sind mehr als 200 000 Sachen bei Militärgerichten anhängig gemacht worden, in denen palästinensische Zivilisten von den Militärbehörden angeklagt und verurteilt wurden. Etwa die Hälfte der derzeit in Israel inhaftierten Gefangenen ist von den Militärgerichten zu Freiheitsstrafen verurteilt worden[82].

220. Die israelische Polizei ist eine zivile Behörde, die für die Bekämpfung der Kriminalität, die Beaufsichtigung des Straßenverkehrs und die Wahrung der öffentlichen Sicherheit zuständig ist. Die Grenzpolizei (Magav) ist der militärische Arm der israelischen Polizei, und verfügt über Gefechts-, Antiterror- und Aufstandsbekämpfungseinheiten.

---

79 The State of Israel – The Judicial Authority, under: http://elyon1.court.gov.il/eng/home/indes.html

80 „In seiner Eigenschaft als Oberster Gerichtshof entscheidet das Oberste Gericht vornehmlich in Rechtsstreitigkeiten über die Rechtmäßigkeit von Entscheidungen staatlicher Behörden und von Personen, die gesetzlich mit öffentlichen Aufgaben betraut werden, sowie von Entscheidungen der örtlichen Behörden und anderer Organe und Personen, die gesetzlich mit öffentlichen Aufgaben betraut werden in erster Instanz. Es entscheidet in Sachen, in denen ihm Gewährung von Rechtsschutz im Interesse der Gerechtigkeit geboten erscheint und für die kein anderes Gericht und kein anderes Tribunal zuständig sind." s. The State of Israel – The Judicial Authority (The Supreme Court), http://elyon1.court.gov.il/eng/rashut/maarechet.html

81 Country Report …

82 S. Yesh Din – Volunteers for Human Rights, Backyard Proceedings: the Implementation of Due Process Rights in the Military Courts in the Occupied Territories (Dezember 2007), abrufbar unter: http://www.yesh-din.org/site/images/BackyardProceedingsEng.pdf

221. Zweige der Streitkräfte sind die Israelischen Verteidigungskräfte (Israeli Defense Forces – IDF), die israelische Marine (Israeli Naval Forces – INF) und die israelische Luftwaffe (Israeli Air Force – IAF). Die Befehlsgewalt über die israelischen Streitkräfte übt der Generalstabschef unter der Aufsicht des Verteidigungsministers aus. Die Struktur des israelischen Heeres umfasst vier regionale Kommandos: a) das Kommando Nord; b) das Kommando Mitte; c) das Kommando Süd; und d) das Kommando Heimatfront. Der Koordinator der Regierungstätigkeiten in den Gebieten (Coordinator of Government Activities in the Territories – COGAT) – ehemals als „Zivilverwaltung" bekannt – ist eine Einheit im israelischen Verteidigungsministerium, die Teile des Westjordanlands verwaltet und mit internationalen Organisationen zusammenarbeitet, die im Westjordanland und im Gaza-Streifen tätig sind.

222. Die israelischen Nachrichtendienste sind: a) das Institut für den Nachrichtendienst und Sonderaktionen (Mossad); b) das Israelische Sicherheitsamt (ehemals die Allgemeinen Sicherheitsdienste) oder der israelische Innensicherheitsdienst (Shin Bet oder Shabak) und c) der Militärnachrichtendienst (Aman).

III. EREIGNISSE ZWISCHEN DEM „WAFFENSTILLSTAND" DES 18. JUNI 2008 ZWISCHEN ISRAEL UND DEN GAZAER BEHÖRDEN UND DEM BEGINN DER ISRAELISCHEN KRIEGSHANDLUNGEN IN GAZA AM 27. DEZEMBER 2008

223. Wie schon im 1. Kapitel erwähnt wurde, entschied die Kommission, sich zur Erfüllung ihres Auftrags zunächst auf Ereignisse, Handlungen oder Umstände zu konzentrieren, die sich seit dem 19. Juni 2008 ereigneten, als ein Waffenstillstand zwischen der Regierung Israels und der Hamas ausgehandelt wurde. Sowohl im Rahmen ihres Auftrags als auch, um sich Informationen über das Umfeld zu verschaffen, in dem die israelischen Kriegshandlungen im Gaza-Streifen stattfanden, untersuchte die Kommission auch Vorfälle, die mit dem Waffenstillstand zusammenhängen, die zwischen dem 19. Juni 2008 und dem Beginn der israelischen Kriegshandlungen im Gaza-Streifen stattgefunden haben sollen. Informationen über diese Vorfälle, die in chronologischer Reihenfolge angeführt werden, wurden in erster Linie aus öffentlich zugänglichen Dokumenten gesammelt. Womöglich werden hier nicht alle Vorfälle dieses Zeitraums berücksichtigt.[83]

224. Am 18. Juni 2008 verkündigten die Gazaer Behörden und Israel die Vereinbarung eines von Ägypten vermittelten sechsmonatigen Waffenstillstandes[84]. Der Waffenstillstand trat am 19. Juni 2008 um 6 Uhr morgens in Kraft.[85]

---

83 Zu den Quellen gehören Verlautbarungen der Gazaer Behörden, bewaffneter palästinensischer Gruppierungen und Israels, Berichte der UNO sowie nationale und internationale NGOs und die Medien.

84 Offiziell wurde der Waffenstillstand als „Ruhezeit" (Arabisch: Tahdiyah) bezeichnet. Er ist ebenfalls als „Sicherheitsruhe" und „Ruhepause" bezeichnet worden.

85 Prime Minister Olmert's comments on the calm in the south, Press Release, 18. Juni 2008, Prime Minister's Office, abrufbar unter: http://pmo.gov.il/PMOEng/archive/Press+Releases/2008/06/spokecalm180608.htm; Al-Ahram Weekly, „Calm for now" 19. Juni 2008, abrufbar unter: http://www.felesteen.

225. Die Bedingungen des Waffenstillstandes wurden nicht in einem formellen schriftlichen Dokument festgelegt und es bestanden jüngeren Analysen zufolge zwischen dem Verständnis der Gazaer Behörden und dem von Israel, was die Waffenstillstandsbedingungen betrifft, erhebliche Unterschiede[86]. Nach Angaben von OCHA beinhaltete die Vereinbarung eine Verpflichtung der Gazaer Behörden, alle Angriffe durch bewaffnete palästinensische Gruppierungen gegen Israel sofort einzustellen, und eine Verpflichtung Israels, seine Kriegshandlungen im Gaza-Streifen zu beenden. Israel soll sich auch verpflichtet haben, seine Blockade zu lockern und nach und nach sein Einfuhrverbot der verschiedensten Waren aufzuheben[87]. Ägyptischen Quellen zufolge, die die International Crisis Group[88] zitiert, sollten beide Seiten nach Ablauf von drei Wochen Verhandlungen über einen Gefangenenaustausch und die Öffnung des Grenzüberganges Rafah aufnehmen.

226 Die Vereinbarung betraf nur das Gebiet des Gaza-Streifens; Ägypten bemühte sich jedoch Berichten zufolge um eine Erweiterung des Waffenstillstands nach Ablauf von sechs Monaten auf das Westjordanland[89].

---

ps/file/pdf/2008/06/18/1.pdf; 19. Juni 2009; Felesteen Newspaper, Gaza, Tahdiya starts today accompanied with international and popular welcoming, http://www.felesteen.ps/file/pdf/2008/06/19/1.pdf. s. 2. Kapitel.

86 Siehe International Crisis Group, „Ending the war in Gaza“, Middle East Briefing No 26, 5. Januar 2009, S. http://www.crisisgroup.org/library/documents/middle_east__north_africa/arab_israeli_conflict/b26_ending_the_war_in_gaza.pdf

87 OCHA, Protection of Civilians Weekly Report (18.-24. Juni 2008): http://www.ochaopt.org/documents/Weekly_Briefing_Notes_265_English.pdf; s. a. „Ending the War ...“, in dem angemerkt wird, dass die Grenzübergänge nach Ablauf von 72 Stunden geöffnet warden sollten (6.00 Uhr am 22. Juni 2008), um die Einfuhr von Gütern in einer um 30% größeren Menge zu ermöglichen (1. Fußnote). Die Kommission legt dies dahingehend aus, dass die Vereinbarung über die Warenein- und -ausfuhr keine Materialien betraf, die zu Sprengstoffen oder Projektilen verarbeitet werden konnten.

88 Siehe „Ending the war...“.

89 „Ending the war ...“ Fn 1. Siehe auch The Jerusalem post, „End the truce? 3 Kassams hit w.Negev“, 24. Juni 2008, abrufbar unter: http://www.jpost.com/servlet/Satellite?cid=1214132667653&pagename=Jpost%2FJPArticle%2FShowFull

227 Der erste Vorfall im Zusammenhang mit dem Waffenstillstand soll sich am 23. Juni 2008 ereignet haben, bei dem ein 67-jähriger palästinensischer Zivilist verletzt wurde, als an der Grenze stationierte israelische Militäreinheiten (nordwestlich von Beit Lahia) auf eine Gruppe Palästinenser, die versuchte, in Grenznähe Feuerholz zu sammeln, das Feuer eröffnete. Auch am 23. Juni sollen zwei Mörsergranaten aus der Mitte von Gaza abgefeuert worden sein. Eine landete in der Nähe des Grenzübergangs Nahal Oz und die andere in der Negevwüste; es wurden keine Verletzungen gemeldet[90].

228 Zwischen dem 18. und 24. Juni 2008 wurde das Förderband am Grenzübergang Karmi (Al-Mintar) vier Tage lang für Weizen und Tierfutter geöffnet, für alle anderen Importe und Exporte blieb es aber geschlossen. Der Grenzübergang Erez wurde sechs Tage geöffnet, um Diplomaten, internationale humanitäre Mitarbeiter und Patienten in kritischem Zustand aus- bzw. einreisen zu lassen. OCHA deutete darauf hin, dass auch leitenden palästinensischen Beamten und Geschäftsleuten der Grenzübertritt erlaubt gewesen sei. Der Grenzübergang Sufa war fünf Tage lang über die am 24. Juni 2008 endende Woche geöffnet, während die Grenzübergänge Kerem Shalom und Rafah geschlossen blieben. Die Nahal-Oz-Kraftstoffleitung war an den sechs planmäßigen Betriebstagen offen[91].

229 Kurz nach Mitternacht am 24. Juni 2008 landete eine aus dem Gaza-Streifen abgefeuerte Mörsergranate in der Nähe des Karni-Überganges im Negev, verursachte aber keine Verletzungen oder Schäden[92]. Zu dem Angriff bekannte sich keine Gruppe.[93]

230. In der Morgendämmerung am 24. Juni 2008 führte die IDF einen Überfall auf die Stadt Nablus im Westjordanland durch, bei dem ein Aktivist vom Islamic Jihad und ein weiterer Palästinenser getötet wurden[94]. Nach Angaben, die angeblich von der bewaffneten palästinensischen Gruppierung Islamic Jihad gemacht wurden, reagierte sie

90 OCHA, Protection of Civilians Weekly Report (18.- 24. Juni 2008).

91 a.a.O.

92 Rianovosti, „Mortar attack from Gaza hit Israel", 24. Juni 2008, abrufbar unter: http://en.rian.ru/world/20080624/111867958.html, „End of truce?...".

93 „Mortar attack...".

94 „End of truce?...";The New York Times, „Rockets hit Israel, breaking Hamas

mit dem Abschuss von drei Qassam-Raketen nach Israel, die in der westlichen Negevwüste landeten[95]. Sie fügte hinzu: „Wenn unseren Brüdern im Westjordanland so etwas passiert, können wir nicht mit gebundenen Händen zusehen", während die Erklärung eines Sprechers der Gazaer Behörden zitiert wird, in der es hieß, dass der Raketenangriff eine Folge „israelischer Provokation" wäre, dass aber Hamas in ihrer Eigenschaft als die Gazaer Behörden „sich zur Einhaltung des Waffenstillstands verpflichtet fühlt"[96]. In Israel bezeichnete der Sprecher des Außenministeriums den Raketenangriff als „schwere Verletzung des Waffenstillstandes"[97] und sagte, man werde eine Wiedereinführung der wirtschaftlichen Sanktionen in Erwägung ziehen[98].

231. Am 26. Juni 2008 ordnete das israelische Verteidigungsministerium als Antwort auf die vor zwei Tagen verübten Raketenangriffe die erneute Schließung der Grenzübergänge nach Gaza an, abgesehen von besonderen humanitären Fällen[99]. Die Gazaer Behörden warfen Israel eine Verletzung des Waffenstillstands vor und erklärten, „wenn die Übergänge geschlossen bleiben, wird der Waffenstillstand zusammenbrechen"[100].

232 Später am 26. Juni 2008 wurde von Gaza aus eine Rakete nach Israel abgefeuert, zu der sich die bewaffnete palästinensische Gruppierung Al-Aqsa Brigaden bekannte[101]. Die Nachrichtenagentur Xinhua berichtet, die bewaffnete Gruppierung erklärte, dass der Waffenstillstand auch das Westjordanland einschließen müsse und Aggressio-

---

truce", 25. Juni 2008, abrufbar unter: http://www.nytimes.com/2008/06/25/world/middleeast/25mideast.html

95 „End the truce?..."

96 a.a.O.

97 a.a.O.

98 BBC News, „Rockets 'violated Gaza ceasefire'", 24. Juni 2008: http://news.bbc.co.uk/2/middle_east/7470530.stm

99 Xinhua News, „Israeli FM calls for immediate military response to Qassam attacks", 26. Juni 2008.

100 Gazaer Behörden, „The Government: Closing the crossing is an infringement of truce and we call Egypt to interpose", Presseerklärung (25. Juni 2008) abrufbar unter: http://www.moi.gov.ps/en/?page=633167343250594025&Nid=4702; s. a. „Israelis FM calls for immediate military response..."

101 OCHA, Protection of Civilian Weekly Report (25. Juni -1. Juli 2008) abrufbar unter: http://www.ochaopt.org/ducuments/Weekly_Briefing_Notes_266-pdf

nen jedweder Art müssten eingestellt werden[102]. Dazu bemerkte der israelische Außenminister: „Mir ist es egal, von welcher Organisation die Rakete abgefeuert wurde, Israel muss darauf militärisch reagieren, und zwar sofort"[103].

233 Am 27. Juni 2008 bekannten sich die Al-Aqsa Brigaden zum Abschuss von Raketen nach Israel, von denen eine in der Nähe von Sderot landete. Der Leiter der Gazaer Behörden, Ismail Haniyah, rief alle palästinensischen Gruppierungen auf, sich an den Waffenstillstand zu halten, und erklärte: „Die Fraktionen und das Volk haben den Waffenstillstand akzeptiert, um zwei Interessen abzusichern – ein Ende der Aggression und die Aufhebung der Belagerung". Ein Sprecher der Gazaer Behörden wurde wie folgt zitiert: Sie hielten die Raketenangriffe für „unpatriotisch" und Hamas erwäge, gegen diejenigen vorzugehen, die die Angriffe auf Israel verübten[104].

234 Am 28. Juni 2008 sollen Mörsergranaten auf den Grenzübergang Karni abgefeuert worden sein, hierzu bekannte sich jedoch keine Gruppierung. Am 29. Juni 2008 wurden die Grenzübergänge zum Gaza-Streifen außer für Kraftstofflieferungen geschlossen.[105]

235 Am 30. Juni 2008 berichtete Israel, dass eine aus Gaza abgefeuerte Rakete in der Nähe des Kibbuz Miflasim gelandet sei. Hierzu bekannte sich keine Gruppierung, und Israel bestätigte, dass per 1. Juli keine Raketenreste gefunden worden seien. Israel schloss die Übergänge, die am Tag zuvor wieder geöffnet worden waren. Die Behauptung, eine Rakete sei tatsächlich abgefeuert worden, wiesen die Gazaer Behörden zurück, und bezeichneten die Schließung der Grenzübergänge als „ungerechtfertigt"[106].

---

102 Ximhua News, „Israeli FM calls for immediate military response …"

103 Israeli Ministry of Foreign Affairs: „FM Livni: Israel will not tolerate violations of the calm", Presseerklärung (26. Juni 2008): http://www.mfa.gov.il/MFA/About+the+Ministry/MFA+Spokesman/2008/Israel%20will%20not%20tolerate%20violatons%20of%20the%20calm%2026-june-2008

104 Ynet News, „Haniyeh: All Palestinian factions should honor truce", 27. Juni 2008: http://www.ynetnews.com/articles/0,7340,L-3561133,00.html

105 Intelligence and Terrorism Information Center at the Israel Intelligence Heritage & Commemoration Center, „The six months of the lull arrangement", Dezember 2008

106 The Guardian, „Israel closes Gaza crossing after reported rocket attack", 1. Juli

236 Bei verschiedenen Gelegenheiten während der letzten beiden Juniwochen feuerte die israelische Marine auf palästinensische Fischer vor der Gazaküste und zwang sie, zum Strand zurückzukehren[107].

237 Im Juni stellte die Anzahl der in den Gaza-Streifen hineingelassenen Lkw-Ladungen nur 17% der vor der Übernahme der Kontrolle über den Gaza-Streifen durch Hamas 2007 hineingelassenen Menge dar. Es wurden seit Dezember 2007 keine Exporte aus dem Gaza-Streifen zugelassen.[108]

238 Am 1. Juli 2008 warf ein Sprecher der Gazaer Behörden den israelischen Streitkräften vor, eine 65-jährige Palästinenserin, die in der Nähe der Grenze wohnt, angeschossen zu haben. Israel gab an, dass die Behauptung untersucht werde[109].

239 Am 2. Juli 2008 öffnete Israel die Grenzübergänge Sufa und Karni, um die Wareneinfuhr in den Gaza-Streifen zu ermöglichen, während 45 Patienten über den Erez-Übergang evakuiert werden durften[110].

240 Auch am 2. Juli 2008 versuchten mehrere Tausend Palästinenser, den Rafah-Grenzübergang zu durchbrechen, um nach Ägypten zu gelangen. Die ägyptischen Sicherheitskräfte reagierten mit Wasserwerfern und Tränengas, um sie nach Gaza zurückzudrängen[111].

2008, abrufbar unter: http://www.guardian.co.uk/world/2008/jul/01/israelandthepalestinians.middleeast

107 OCHA, Protection of Civilians Weekly Report (18. – 24. Juni 2008) and Protection of Civilians Weekly Report (25. Juni -1. Juli 2008).

108 OCHA, The Humanitarian Monitor, Nr. 26 (Juni 2008) abrufbar unter: http://www.ochaopt.org/documents/HM_June_2008.pdf

109 „Israel closes Gaza crossings after reported rocket …"

110 Government of Israel Ministry of Foreign Affairs, „Humanitarian Assistance to Gaza during the period of calm" (19. Juni – 18. Dezember 2009 [So im Original. Gemeint ist vmtl. 2008, Anm.d.Ü.] 26. Dezember 2008, abrufbar unter: http://www.mfa.gov.il/MFA/Government/Communiques/2008/Humanitarian_assi stance%20_to_Gaza_since_june_19_calm_understanding_18_Nov_2008

111 OCHA, Protection of Civilians Weekly report (2.- 8. Juli 2008), abrufbar unter: http://www.ochaopt.org/documents/Weekly_Briefing_Notes_267.pdf

241 Am 3. Juli 2008 schlug eine Rakete aus Gaza nördlich von Sderot ein, worauf Israel mit der Schließung der Übergänge nach Gaza für den ganzen Tag des 4. Juli 2008 reagierte.[112]

242 Am 7. Juli 2008 landete eine aus Gaza abgefeuerte Mörsergranate in der Nähe des Karni-Überganges auf der Gaza-Seite[113]. Am selben Tag begannen israelische Einheiten mit Überfällen auf Einrichtungen in Nablus, von denen Israel glaubte, dass sie mit Hamas verbunden seien. Während der nächsten vier Tage wurden eine Moschee, eine Zeitungsredaktion und andere Büros überfallen, auch eine Klinik sowie die Nafha Prisoners' Association (Gefangenenverband Nafha) wurden geschlossen[114].

243 Am 8. Juli 2008 wurden zwei Mörsergranaten vom Gaza-Streifen[115] aus abgefeuert, eine landete am Sufa-Übergang und die andere innerhalb des Gaza-Streifens. Israel schloss die Übergänge kurz. Nachdem noch eine Granate nach Israel abgefeuert wurde, wurden die Übergänge wieder geschlossen.

244 Am 9.Juli 2008 erschossen die israelischen Streitkräfte ein Hamas-Mitglied in der Nähe der Stadt Jenin im Westjordanland. Daraufhin warnte der Ministerpräsident der palästinensischen Autonomiebehörde, Salam Fayyad, dass die militärischen Aktionen Israels im Westjordanland die Macht der palästinensischen Autonomiebehörde und ihre Bemühungen um eine Verbesserung der Sicherheitslage beeinträchtigen[116].

245 Am 10. Juli 2008 erschossen die israelischen Streitkräfte (IDF) ein Mitglied der Al-Aqsa Brigaden in der Nähe des Grenzübergangs Kissufim. Die IDF erklärte, dass Warnschüsse abgegeben worden seien. Als Reaktion schossen die Al-Aqsa Brigaden zwei Raketen

---

112 „The six months ..."

113 OCHA, Protection of Civilians Weekly Report (2.- 8. Juli 2008)

114 PCHR, „PCHR condemns IOF measures against Nablus charities", Presseerklärung (8. Juli 2008) abrufbar unter: http://www.pchrgaza.org/files/PressR/English/2008/62-2008.html; BBC News, „Gaza militants fire two rockets", 10. Juli 2008, abrufbar unter: http://news.bbc.co.uk/2/hi/middle_east/7500322.stm

115 „The six months ..."

116 „Gaza militants fire ..."

nach Israel ab, die in einem offenen Bereich landeten. Quellen von innerhalb Gazas sagten, die Gazaer Behörden hätten die für den Abschuss der Raketen Verantwortlichen verhaftet, und die Al-Aqsa Brigaden bestätigten, dass ihre Mitglieder von der Hamas „entführt" worden seien[117].

246 Israelischen Quellen zufolge landete am 12. Juli 2008 eine vom Gaza-Streifen aus abgeschossene Rakete in einem offenen Bereich in Sh'ar Hanegev, und am 13. Juli 2008 verfehlten zwei weitere Mörsergranaten ihr Ziel und landeten innerhalb des Gaza-Streifens. Daraufhin schloss Israel dazu noch die Grenzübergänge Nahal Oz und Sufa. Am 15. Juli 2008 traf eine Mörsergranate israelisches Gebiet, während am 25., 29. und 31. Juli 2008 drei Granaten fehlschlugen und innerhalb des Gaza-Streifens landeten[118].

247 Am 29. Juli wurde ein Zehnjähriger von der israelischen Grenzpolizei auf einer Demonstration gegen die Mauer in Nil'in im Westjordanland in den Kopf geschossen dadurch getötet. Bei einem Zusammenstoß mit der israelischen Grenzpolizei am folgenden Tag – nach der Beerdigung in Nil'in – wurde ein Siebzehnjähriger in den Kopf geschossen und starb am 4. August[119].

248 Im Juli 2008 blieb die Menge der von Israel nach Gaza gelassenen Waren nach der Einschätzung der OCHA „weit unter dem tatsächlichen Bedarf" und „wurde auf bestimmte ausgewählte unentbehrliche humanitäre Waren beschränkt". Die Einfuhrmenge betrug 46% der im Mai 2007 vor der Übernahme der Kontrolle über den Gaza-Streifen durch Hamas zugelassenen Menge. Infolge der Einfuhrbeschränkungen und der totalen Ausfuhrsperre blieben 95% der Industriebetriebe Gazas geschlossen[120].

---

117 a.a.O; Reuters, Hamas arrests first rocket squads since truce, 10. Juli 2008, abrufbar unter: http://www.reuters.com/articles/latestCrisis/idUSL10355564

118 „The six months ..."

119 Al-Haq, „Right to life of Palestinian children disregarded in Nil'in as Israel's policy of wilful killing of civilians continues", Presseerklärung (7. August 2008), abrufbar unter: http://www.alhaq.org/etemplate.php?id=387

120 OCHA, The Humanitarian Monitor, No. 27 (Juli 2008), abrufbar unter: http://www.ochaopt.org/documents/Humanitarian_Monitor_July_2008.pdf

249 Im August 2008 wurden israelischen Quellen zufolge vom Gaza-Streifen aus drei Mörsergranaten und acht Raketen nach Israel abgefeuert.[121] Zu diesen gehörte eine Rakete, die am 11. August 2008 in Sderot einschlug, woraufhin Israel die Grenzübergänge schloss, sowie eine am 20. August abgefeuerte Rakete, die wieder zur Schließung aller Übergänge führte[122].

250 Im August sank die Anzahl der Lkw-Ladungen von Waren für den Gaza-Streifen. Im August betrug die Importmenge 70% derjenigen vom Juli 2008 und 23% derjenigen vom Mai 2007[123].

251 Im September 2008 wurden israelischen Quellen zufolge drei Mörsergranaten und eine Rakete aus dem Gaza-Streifen nach Israel abgefeuert[124].

252 Im September nahm der Waren- und Personenverkehr aus und nach Gaza über die Grenzübergänge zu. Dabei lag die Importmenge bei 37% der Importmenge vom Mai 2007. Der Grenzübergang Sufa wurde am 13. September geschlossen, und der Warenverkehr wurde auf den Grenzübergang Kerem Shalom umgeleitet, da Israel erklärte, es beabsichtige, zu jedem Zeitpunkt nur einen Grenzübergang für den Warenverkehr zu öffnen[125].

253. Im Oktober 2008 wurden nach israelischen Angaben nur eine Rakete und eine Mörsergranate vom Gaza-Streifen aus nach Israel abgefeuert[126]. Die erlaubte Einfuhrmenge nach Gaza ging gegenüber

---

121 „The six months …"

122 Büro des Hohen Kommissars der Vereinten Nationen für Flüchtlinge (UNHCR), „Israel-Occupied Palestine Territories: Rocket attack throws Gaza crossing plan into jeopardy", 20. August 2008, abrufbar unter: http://www.unhcr.org/refworld/topic,45a5199f2,4874797e3b,48ae79b81e,0.html

123 OCHA, The Humanitarian Monitor, No 28 (August 2008). abrufbar unter: http://www.ochaopt.org/documents/ocha_opt_humanitarian_monitor_08_2008_english.pdf

124 „The six months …"

125 OCHA, The Humanitarian Monitor, No. 29 (September 2008), abrufbar unter: http://www.ochaopt.org/documents/ocha_opt_humanitarian_monitor_2008_10_1_english.pdf

126 Intelligence and Terrorism Information Center at the Israel Intelligence Heritage & Commemoration Center, „Summary of rocket fire and mortar shelling in 2008", Januar 2009.

September 2008 um 30% zurück, nicht zuletzt wegen der Schließung der Grenzübergänge während der jüdischen Feiertage. Die Einfuhr lag bei 26% der im Mai 2007 erlaubten Einfuhrmenge. Berichten zufolge soll die Anzahl der Tunnel unter der Grenze zu Rafah, die die Einfuhr sonst unerhältlicher Waren ermöglichten, um einiges gestiegen sein. Weiterhin kam es in Folge von Tunneleinstürzen zu Todesopfern[127].

254. Nach zwei Monaten, in denen wenige Vorfälle gemeldet wurden, begann nach einem Vorstoß durch israelische Soldaten in den Gaza-Streifen am 4. November 2008 der Zusammenbruch des Waffenstillstands. Ziel des Vorstoßes war nach israelischen Angaben die Schließung eines Grenztunnels, der aus israelischer Sicht zur Entführung israelischer Soldaten durch palästinensische Kämpfer bestimmt war. Die Soldaten griffen ein Haus im Dorf Wadi al-Salqa, östlich von Deir al-Balah, an, von dem der Tunnel angeblich ausging, und töteten ein Mitglied der Al Qassam Brigaden. Mehrere israelische Soldaten wurden verwundet. Als Reaktion darauf feuerten die Al Qassam Brigaden mehr als 30 Qassamraketen nach Israel. Darauf reagierte Israel mit einem Luftangriff, bei dem weitere fünf Mitglieder der Al Qassam Brigaden ums Leben kamen. Die Schuld an der Gewalteskalation gaben sich beide Seiten gegenseitig. Hamas warf Israel vor, die für die folgende Woche in Kairo geplanten Gespräche zwischen Hamas und Fatah stören zu wollen[128]. Israel sperrte die Übergänge in den Gaza-Streifen am 5. November 2008 ab; sie blieben bis 24. November 2008 geschlossen, als sie zur Einfuhr humanitären Bedarfs kurze Zeit geöffnet wurden[129].

---

127 OCHA, The Humanitarian Monitor, Nr. 30 (Oktober 2008), abrufbar unter: http://www.ochaopt.org/documents/ocha_opt_humanitarian_monitor_oct_2008_10_eng.pdf

128 The Guardian, „Gaza truce broken as Israeli raid kills six Hamas gunmen", 5. November 2008, abrufbar unter: http://www.gurdian.co.uk/world/2008/nov/05/israelandthepalestinians; The Times, „Six die in Israeli attack over Hamas ‚tunnel under border to kidnap soldier'", 6. November 2008, abrufbar unter: http://www.timesonline,co.uk/tol/news/world/middle_east/article5089940.ece Ein Hamas-Sprecher wurde wie folgt zitiert: „Diese Spannungen haben die Israelis angefangen, und sie werden teuer büßen müssen"; dabei erklärte ein israelischer Sprecher: „Bei dieser Aktion handelte es sich um eine Reaktion auf eine Störung der Ruhepause durch die Hamas."

129 JTA, „Israel closes Gaza crossings after attack", 25. November 2008, abrufbar

255. Nach Angaben des israelischen internen Nachrichtendienstes (bekannt unter Shin Bet oder Shabak) wurden 22 Raketen und neun Mörsergranaten zwischen dem 5. und 12. November 2008 nach Israel abgefeuert[130]. Die Grenzübergänge in den Gaza-Streifen blieben während dieser Zeit geschlossen. Am 14. November 2008 veröffentlichte Amnesty International eine Presseerklärung, in der Israel aufgerufen wurde, humanitäre Hilfe und medizinischen Bedarf in den Gaza-Streifen zu lassen[131].

256. Am 17. November 2008 veröffentlichte Amnesty International eine weitere Presseerklärung, in der angemerkt wurde, dass an jenem Tag Israel eine begrenzte Anzahl von Lkws mit humanitären Hilfslieferungen in den Gaza-Streifen gelassen habe. Amnesty International erklärte auch, dass seit der Tötung von sechs Mitgliedern bewaffneter palästinensischer Gruppierungen am 4. November 2008 weitere zehn Mitglieder bewaffneter palästinensischer Gruppierungen durch israelische Luftangriffe getötet worden seien[132].

257. Im November 2008 feuerten bewaffnete palästinensische Gruppierungen Raketen und Mörsergranaten nach Israel. Nach israelischen Angaben wurden im November 2008 125 Raketen (gegenüber nur einer im Oktober) und 68 Granaten (gegenüber nur einer im Oktober) abgeschossen[133]. Am 14.November 2008 wurde ein Einwohner von Sderot durch Splitter leicht verletzt.

258 Israel schloss die Übergänge in den Gaza-Streifen für den größten Teil des November 2008, obwohl am 24. November 2008 42 Lkws mit humanitären Hilfslieferungen und am 26. November 2008 etwa

---

unter: http://jta.org/news/article-print/2008/11/25/1001205/israel-closes-gaza-crossings-after-attack?TB_iframe=true&width==750&height=500.

130 Israel Security Agency, „Weekly update, November 5-12, 2008“ abrufbar unter: http://www.shabak.gov.il/SiteCollectionImages/english/terrorInfo/weekly-update-12-11-08-en.pdf

131 Amnesty International, „Israel blocks deliveries to Gaza“, 14. November 2008, abrufbar unter: http://www.amnesty.org/en/news-and-updates/news/israeli-army-blocks-deliveries-gaza-20081114

132 Amnesty International, „Israeli Army relaxes restrictions on humanitarian aid to Gaza“, 17. November 2008, abrufbar unter: http://www.amnesty.org/en/news/news-and-updates/israel-army-relaxes-restrictions-humanitarian-aid-gaza-20081117

133 „Summary of rocket fire...“

60 Lkws mit humanitären Hilfslieferungen in den Gaza-Streifen passieren konnten[134]. Der OCHA zufolge war die Anzahl der Lkws, die im November 2008 passieren konnten, um 81% niedriger als im Oktober 2008. Wegen Lebensmittelknappheit mussten die meisten Bäckereien Gazas schließen und die UNRWA suspendierte die Nahrungsverteilung an 750 000 Gazaer für fünf Tage aus Mangel an Lebensmittelvorräten[135].

259. Im Dezember 2008 ging der Raketen- und Mörserbeschuss durch bewaffnete palästinensische Gruppierungen unvermindert weiter[136]. Nach israelischen Angaben wurden zwischen 1. und 18. Dezember 71 Raketen und 59 Mörsergranaten nach Israel abgeschossen[137]. Die Zahl der aus dem Gaza-Streifen abgefeuerten Raketen und Mörsergranaten erreichte ihren Höhepunkt[138] nach der Tötung eines Befehlshabers des islamischen Jihad im Westjordanland am 15. Dezember 2008[139]. Eine der am 17. Dezember 2008 aus dem Gaza-Streifen abgeschossenen Raketen schlug auf dem Parkplatz eines Einkaufszentrums in Sderot ein, verletzte drei Personen und verursachte erhebliche Sachschäden[140].

---

134 „JTA. Israel closes Gaza crossings after attack…" und „Kassams continue to strike Negev", 27. November 2008 abrufbar unter: http://jta.org/news/article-print/2008/11/27/1001233/kassams-continue-to-strike-negev?TB_iframe=true&width=750&height=500

135 OCHA The Humanitarian Monitor, Nr.31 (November 2008) abrufbar unter: http://www.ochaopt.org/documents/ocha_opt_humanitarian_monitor_2008_11_1_english.pdf

136 Siehe z.B. JTA, „Kassams fired again from Gaza", 3. Dezember 2008, abrufbar unter: http://jta.org/news/article-print/2008/12/03/1001316/attacs-from-gaza-increase?TB_iframe=true&width=750&height=500; JTA, „Rockets barrage Israel over weekend", 7. Dezember 2008, abrufbar unter: http://jta,org.news/article-print/2008/12/7/1001377/rockets-barrage-israel-over-weekend?TB_iframe=true&width=&height=500; JTA, „Three injured in Kassam attack", 17. Dezember 2008, abrufbar unter: http.//jta.org/news/article/2008/12/17/1001621/more-kassams-rain-on-israel#comment_72450; und JTA, „Kassam rocket hits Sderot home", 21. Dezember 2008, abrufbar unter: http://jta.org/news/article/2008/12/21/1001713/kassam-rocket-hits-sderot-home

137 „Summary of rocket fire …"

138 a.a.O.

139 JTA, „Kassams hit Israel after terrorist killed", 16. Dezember 2008, abrufbar unter: http://jta.org/news/article-print/2008/12/16/1001575/kassams-hit-israel-after-terrorist-killed?TB-iframe=true&width=7506heigt=500

140 „Three injured …"

260. Am 2. Dezember 2008 tötete die israelische Luftwaffe zwei palästinensische Kinder und verletzte zwei andere schwer, als eines der Flugzeuge eine Rakete auf eine Gruppe palästinensischer Kinder abschoss, die auf einer Straße nahe Rafah saßen. Ein israelischer Militärsprecher gab zu, dass die israelischen Streitkräfte für den Angriff verantwortlich waren, und behauptete, man habe auf Mitglieder einer bewaffneten palästinensischen Gruppierung gezielt. Augenzeugen teilten dem Palestinian Centre for Human Rights (PCHR) mit, dass die Opfer Zivilisten seien[141].

261. Am 5. Dezember 2008 feuerte ein israelisches Flugzeug eine Rakete auf Personen, die PCHR als „Aktivisten des palästinensischen Widerstandes" bezeichnete, im Flüchtlingslager Jabaliya im Norden des Gaza-Streifens ab. Dabei wurde eine Person schwer verletzt[142]. Am 18. Dezember wurde bei einem israelischen Luftangriff ein Mann in Beit Lahia getötet[143]. Am selben Tag griff ein israelisches Flugzeug eine Kfz-Reparaturwerkstatt in der Stadt Khan Yunis im südlichen Gaza-Streifen an. Dabei wurden die Werkstatt zerstört und eine Anzahl benachbarter Häuser beschädigt[144].

262 Am 18. Dezember 2008 erklärten die Gazaer Behörden, dass der Waffenstillstand zu Ende sei und nicht verlängert werde, weil Israel seiner Verpflichtung, die Blockade des Gaza-Streifens zu beenden, nicht nachgekommen sei[145].

---

141 PCHR, „Weekly report on Israeli human rights violations in the Occupied Palestinian Territory", Nr. 48/2008 (24. November – 3. Dezember 2008), abrufbarunter:http://www.pchrgaza,org/files/W_report/english/2008/04-12-2008.htm

142 PCHR, „Weekly report on Israeli human rights violations in the Occupied Palestinian Territory", Nr. 49/2008 (4.- 17. Dezember), abrufbar unter: http://www.pchrgaza.org/files/W_report/english/2008/18-12-2008.htm
Die Kommission merkt an, dass unklar ist, ob es sich hierbei um bewaffnete Angehörige bewaffneter palästinensischer Gruppierungen oder um Zivilpersonen handelte.

143 Al-Jazeera, „Israeli missile kills Gaza man", 18. Dezember 2008, abrufbar unter: http://english.aljazeera.net/news/middleeast/2008/12/200812172142834046 0.html

144 PCHR, „Weekly report on Israeli human rights violations in the occupied Palestinian territories", Nr. 50/2008, abrufbar unter: http://www.pchrgaza.org/files/W-report/english/2008/24-12-2008.htm

145 Reuters, „Hamas declares end to ceasefire with Israel in Gaza", 28. Dezember

263 Am 21. Dezember 2008 traf eine Rakete in Sderot ein Haus, und ein ausländischer Arbeiter wurde in Folge eines Raketenangriffs auf Ashkelon verletzt[146]. Israel reagierte mit Luftangriffen auf Gaza-Stadt, wobei ein in seiner Wohnung befindlicher palästinensischer Säugling[147] verwundet wurde. Israels Ministerpräsident und Verteidigungsminister erklärten, dass Israel nicht mehr zurückhaltend auf die Raketenangriffe reagieren werde[148].

264 Am 22. Dezember 2008 wurde auf Ägyptens Forderung hin ein 24-stündiger Waffenstillstand erklärt. Drei Raketen und eine Mörsergranate wurden an diesem Tag von Gaza aus abgefeuert. Israel öffnete die Grenze, um die Einfuhr humanitärer Hilfslieferungen in begrenzter Menge nach Gaza zu ermöglichen[149].

265 Am 23. Dezember 2008 kam es wieder vermehrt zu Raketen- und Mörserbeschuss. 30 Raketen und 30 Mörsergranaten wurden am 24. Dezember nach Israel abgefeuert.[150] Die israelischen Streitkräfte führten weiterhin Luftangriffe auf Positionen im Gaza-Streifen durch. Derweil blieben die Grenzübergänge nach Israel geschlossen. Am 26. Dezember 2008 verfehlte eine von Gaza abgeschossene Rakete ihr Ziel und traf ein Haus im nördlichen Gaza-Streifen; dabei wurden zwei Mädchen im Alter von 5 und 12 Jahren getötet[151].

266 Unter dem im November eingeleiteten und im Dezember fortgesetzten verschärften Sperrungsregime durften nur die nötigsten Grundnahrungsmittel sowie begrenzte Mengen Kraftstoff, Tierfutter und medizinischen Bedarfs eingeführt werden. OCHA zufolge wa-

---

2008, abrufbar unter: http://www.reuters.com/article/topNews/idUSLI756 23220081218

146 „Kassam rocket…"

147 „Weekly report…" Nr.50/2008.

148 „Kassam rocket…"

149 JTA, „Hamas curtails launching rockets for 24 hours", 22. Dezember 2008, abrufbar unter: http://jta.org/news/article-print/2008/12/22/1001726/hamas-stops-launching-rockets-for-24-hours?TB_iframe=true&width=750&height=500; „Summary of rocket fire …".

150 „Summary of rocket fire…"

151 Fox News, „Palestinian rockets kill 2 schoolgirls in Gaza", 26. Dezember 2008, abrufbar unter: http://www.foxnews.com/story/0,2933,473066,00.html

ren viele Grundnahrungsmittel nicht mehr zu bekommen und nur unbedeutende Mengen Kraftstoff wurden nach Gaza gelassen. Dies hatte zur Folge, dass sich der Gesundheitssektor in Gaza weiter verschlechterte, bis hin zu einem kritischen Zustand. Stromsperren, geringe Kraftstoffvorräte zum Betrieb von Hilfsgeneratoren, mangelnde Ersatzteile für medizinische Geräte und Konsumgüter- und Medizinknappheit schufen Probleme für die Krankenhäuser[152]. Am 18. Dezember 2008 musste die UNRWA auf Grund der Knappheit noch einmal sein Lebensmittelverteilungsprogramm für den Rest des Monats einstellen[153].

267 Am 27. Dezember 2008 begannen die israelischen Kriegshandlungen in Gaza[154].

---

152 OCHA, The Humanitarian Monitor, Nr. 32 (Dezember 2008), abrufbar unter: http://www.ochaopt.org/documents/ocha_opt_humanitarian_monitor_2008_12_1_15_english.pdf

153 UNRWA, „UNRWA suspends food distribution in Gaza", Presseerklärung (18. Dezember 2008), abrufbar unter: http://www.un.org/unrwa/news/releases/pr-2008/gaz_18dec08.html

154 The New York Times, „Israelis say strikes against Hamas will continue", 28. Dezember 2008, abrufbar unter: http://www.nytimes.com/2008/12/28/world/middleeast/28mideast.html?_r=2&hp

IV. ANZUWENDENDES RECHT

268 Der Auftrag der Untersuchungskommission bezieht sich auf alle Verletzungen der internationalen Menschenrechtsvorschriften (MRV) sowie des humanitären Völkerrechts (HVöR), die zu irgendeinem Zeitpunkt im Zusammenhang mit den in Gaza zwischen dem 27. Dezember 2008 und dem 18. Januar 2009 durchgeführten Kriegshandlungen, sowohl davor als auch währenddessen und danach, stattgefunden haben. Bei der Erfüllung ihrer Aufgaben hat sich die Untersuchungskommission folglich am allgemeinen Völkerrecht, insbesondere an den internationalen MRV und dem HVöR, orientiert.

A. Selbstbestimmung

269. Ein Grundzug des juristischen Rahmens ist das Prinzip der Selbstbestimmung von Völkern aus Art. 1 der Charta der Vereinten Nationen, das als Bestandteil des Gewohnheitsvölkerrechts anerkannt und in den beiden internationalen Menschenrechtspakten – gemeinsamer Art. 1 des Internationalen Paktes über bürgerliche und politische Rechte (IPbpR) und des Internationalen Paktes über wirtschaftliche, soziale und kulturelle Rechte (IPwskR) – als ein Völkern zustehendes Recht bezeichnet wird. Das Selbstbestimmungsrecht des palästinensischen Volkes ist von der Vollversammlung wie vom Internationalen Gerichtshof in seinem Gutachten zu den Rechtsfolgen der Errichtung einer Mauer in den besetzten palästinensischen Gebieten (*Legal Consequences of the Construction of a Wall in the Occupied Palestinian Territory)*[155] bestätigt worden. Dem Selbstbestimmungsrecht kommt vor dem Hintergrund der jüngeren Ereignisse und bewaffneten Feindseligkeiten in der Region besondere Bedeutung zu, da es sich dabei lediglich um eine Episode der langjährigen Besatzung palästinensischen Gebietes handelt. Das Selbstbestimmungsrecht ist für

155 Legal Consequences of the Construction of a Wall in the Occupied Palestinian Territory, Advisory Opinion of 9 July 2004, I.C.J. Reports 2004, S. 135, Abs. 149, 155 und 159.

alle bindend (*erga omnes*). Deshalb sind alle Staaten verpflichtet, seine Verwirklichung zu fördern. Dies wird auch von der UNO-Vollversammlung anerkannt, die erklärt hat, dass Völker, die gewaltsamen Handlungen, die sie ihres Selbstbestimmungsrechts berauben, Widerstand leisten, berechtigt sind, dabei die Unterstützung Dritter zu fordern und zu erhalten[156]. Wer Handlungen unternimmt, die militärische Gewalt darstellen, hat die Normen des HVöR einzuhalten.

B. Humanitäres Völkerrecht

270. Alle an einem bewaffneten Konflikt Beteiligten sind verpflichtet, die einschlägigen Normen des HVöR einzuhalten. Hierbei ist es gleichgültig, ob diese vertrags- oder gewohnheitsrechtlichen Charakters sind. Das Humanitäre Völkerrecht umfasst Grundsätze und Normen, die auf die Durchführung bewaffneter Feindseligkeiten Anwendung finden, und unterwirft die Durchführung von Kriegshandlungen Beschränkungen, um Zivilpersonen und Personen, die außer Gefecht (*hors de combat*) sind, zu schützen. Es ist ebenfalls auf militärische Besatzungssituationen anwendbar.

271. Israel ist eine Partei der vier Genfer Abkommen vom 12. August 1949, hat jedoch deren 1. oder 2. Zusatzprotokolle über den Schutz der Opfer bewaffneter Konflikte nicht ratifiziert. Außerdem ist Israel eine Partei des „Übereinkommens über das Verbot oder die Beschränkung des Einsatzes bestimmter konventioneller Waffen, die übermäßige Leiden verursachen oder unterschiedslos wirken können", sowie des 1. Protokolls über nicht entdeckbare Splitter, beide vom 10. Oktober 1980.

272. Viele der im Vierten Haager Abkommen betreffend die Gesetze und Gebräuche des Landkriegs und den diesem beigefügten Regeln, sowie die in den vier Genfer Abkommen und deren Zusatzprotokollen enthaltenen Normen sind inzwischen Bestandteil des Gewohnheits-

---

156 a.a.O, Abs. 156; Erklärung über Grundsätze des Völkerrechts betreffend freundschaftliche Beziehungen und Zusammenarbeit zwischen den Staaten im Einklang mit der Charta der Vereinten Nationen, Resolution 2625 (XXV) der Generalversammlung der Vereinten Nationen vom 24. Oktober 1970.

völkerrechts geworden. Der Oberste Gerichtshof Israels hat bestätigt, dass Israel verpflichtet ist, sich an die im 4. Genfer Abkommen, in dem Vierten Haager Abkommen und die in gewissen Bestimmungen des 1. Zusatzprotokolls zu den 1949 geschlossenen Genfer Abkommen enthaltenen Vorschriften und Grundsätze zu halten. Die israelische Regierung akzeptiert, dass sie zwar keine Partei des 1. Zusatzprotokolls ist, einige von dessen Bestimmungen jedoch das Gewohnheitsvölkerrecht zutreffend wiedergeben[157]. Nach den Vorschriften über die Verantwortung von Staaten hat sich Israel für jede ihm zurechenbare Völkerrechtsverletzung zu verantworten. Im Besonderen ist nach Art. 29 des 4. Genfer Abkommens „die am Konflikt beteiligte Partei, in deren Machtbereich sich geschützte Personen befinden, verantwortlich für die Behandlungen, die diese durch ihre Beauftragten erfahren, unbeschadet der individuellen Verantwortlichkeiten, die gegebenenfalls bestehen".

273. Der auf Besatzungssituationen anwendbare rechtliche Rahmen umfasst die in den Haager Vorschriften (v.a. Art. 42 – 56), im 4. Genfer Abkommen (v.a. Art. 47 – 78) und in dessen 1. Zusatzprotokoll sowie im Gewohnheitsvölkerrecht enthaltenen Bestimmungen. Bei den sukzessiven Entwicklungsstadien dieses rechtlichen Rahmens handelt es sich um Versuche der internationalen Gemeinschaft, die Menschen unter Berücksichtigung militärischer Notwendigkeiten vor den Auswirkungen eines Krieges besser zu schützen.

274. Art. 42 der Haager Vorschriften, der als Bestandteil des Gewohnheitsvölkerrechts gilt[158], schreibt vor, dass ein Gebiet als besetzt gilt, „wenn es der Herrschaft des feindlichen Heeres tatsächlich unterworfen wird." Die so errichtete Besatzungsherrschaft ist verpflichtet, alles in ihrer Macht Stehende zu unternehmen, „um im Rahmen des Möglichen die öffentliche Ordnung und Sicherheit" im besetzten Gebiet „wiederherzustellen und zu gewährleisten" (Art. 43). Aufgrund dieser Bestimmungen ist zu prüfen, ob eine Ausübung von Herrschaftsgewalt durch Israel im Gaza-Streifen im Untersuchungszeitraum vorliegt.

---

157 „The operation in Gaza …", Abs. 31.

158 Case concerning Armed Activities on the Territory of the Congo (Democratic Republic of the Congo v. Uganda), Judgment of 19 December 2005, I.C.J. Reports 2005, Abs. 172; Legal Consequences …, Abs. 78.

275. Zwar lag den Verfassern der Haager Vorschriften genauso viel am Schutz der Rechte des Staates, dessen Gebiet besetzt wird, wie am Schutz der Rechte der Bewohner dieses Gebiets, jedoch bemühten sich die Verfasser des 4. Genfer Abkommens, in Kriegszeiten den Schutz von Zivilpersonen („geschützte Personen“ [159]) ohne Rücksicht auf den Status der besetzten Gebiete zu gewährleisten.[160] Dass das 4. Genfer Abkommen Bestimmungen enthält, die in vielen Hinsichten flexibler sind als die Haager Vorschriften und deshalb einen umfangreicheren Schutz bieten, hat der Internationale Strafgerichtshof für das ehemalige Jugoslawien in seiner *Naletelić*-Entscheidung erkannt. In dieser Entscheidung hat die erstinstanzliche Kammer den im Art. 6 des 4. Genfer Abkommens enthaltene Prüfungsmaßstab angewendet: Die Schutzvorschriften des 4. Genfer Abkommens werden schon dann wirksam, wenn die geschützten Personen „in den Machtbereich“ einer feindlichen Armee bzw. einer Besatzungsmacht geraten. Hierbei wird „Machtbereich“ nicht im räumlichen Sinne, sondern im weiteren Sinne ausgelegt, d.h., dass sich die geschützten Personen in der Gewalt einer feindlichen Armee befinden. Die erstinstanzliche Kammer kam zu folgendem Schluss: Soweit das Recht der militärischen Besatzungen den Einzelnen in seiner Eigenschaft als nach dem IV. Genfer Abkommen geschützte Zivilperson betrifft, ist zu seiner Anwendbarkeit nicht erforderlich, dass die Besatzungsmacht über eine tatsächliche Ermächtigung verfügt.

276. Zu allen Zeitpunkten, die für den Auftrag der Kommission von Belang sind, hat Israel die tatsächliche Kontrolle über den Gaza-Streifen ausgeübt. Die Kommission ist der Ansicht, dass der Gaza-Streifen unter den durch diese Kontrolle gegebenen Umständen nach wie vor von Israel besetzt wird. Folglich finden die Bestimmungen des 4. Genfer Abkommens zu allen relevanten Zeitpunkten auf die Verpflichtungen Israels der Bevölkerung des Gaza-Streifens gegenüber Anwendung.

---

159 Nach dem 4. Genfer Abkommen gelten als geschützte Personen diejenigen, die sich zu irgendeinem Zeitpunkt und auf irgendeine Art und Weise im Machtbereich einer Konfliktpartei oder Besatzungsmacht befinden, deren Staatsangehörigkeit sie nicht besitzen.

160 Legal Consequences…, Abs. 95.

277. Zwar hat Israel behauptet, seine Stellung als Besatzungsmacht durch die Evakuierung von Truppen und Siedlern aus dem Gaza-Streifen im Rahmen der 2005 erfolgten „Loslösung“ [161] aufgeben zu wollen, dennoch wird Israel nach wie vor von der internationalen Gemeinschaft als Besatzungsmacht angesehen[162].

278. Auf Grund der konkreten geopolitischen Konfiguration des Gaza-Streifens ist Israel durch die von ihm an den Grenzen ausgeübte Macht in der Lage, über die Lebensbedingungen innerhalb des Gaza-Streifens zu bestimmen. Die Grenzübergänge (nach den Bestimmungen des Abkommens über die Freizügigkeit und den Zugang (*Agreement on Movement and Access*) in erheblichem Maße auch der Grenzübergang Rafah an der Grenze zu Ägypten) unterliegen der Kontrolle durch Israel; Israel bestimmt, was und wer in den Gaza-Streifen einreisen und aus ihm ausreisen darf. Auch das neben dem Gaza-Streifen liegende Territorialmeer unterliegt seiner Kontrolle; Israel hat eine faktische Blockade erklärt und die Fischereizone beschränkt und dadurch die wirschaftlichen Tätigkeiten in dieser Zone geregelt. Auch den Luftraum des Gaza-Streifens hält es unter seiner vollständigen Kontrolle, u.a. durch ständige Überwachung durch Flugzeuge und unbemannte Fluggeräte (*unmanned aviation vehicles* – UAVs), auch Drohnen genannt. Es unternimmt bewaffnete Vorstöße und greift gelegentlich Ziele innerhalb des Gaza-Streifens an. Grenznahe Zonen innerhalb des Gaza-Streifens, wo früher israelische Siedlungen lagen, werden zu Sperrgebieten (sog. „No-Go Areas“) erklärt; für die Durchsetzung der verhängten Sperren sorgen die israelischen Streitkräfte. Des Weiteren reguliert Israel den lokalen Geldmarkt auf Grund der israelischen Währung (der neue Schekel – NIS) und kontrolliert Steuern und Zölle.

279. Die endgültige Herrschaft über die besetzen palästinensischen Gebiete liegt nach wie vor bei Israel. Nach den Gesetzen und Gebräuchen der Besetzung ist die Errichtung einer vorübergehenden Verwaltung auf besetztem Gebiet durch die Besatzungsmacht

---

161 Disengagement Plan – General Outline, Prime Minister‘s Office, 15. April 2004, Abs. 2 (i)(3), abrufbar unter: www.pmo.gov.il/PMOEng/Archive/Press+Releases/2004/Disengagement+Plan

162 Resolution 1860 des Sicherheitsrates (2009) und Resolution S-9/1 des Menschenrechtsrates.

keine wesentliche Voraussetzung einer Besatzung, dies könnte jedoch bei einer Gesamtwürdigung als Indiz für das Bestehen einer Besetzung gewertet werden[163]. Wie aus dem Fall von Dänemark zur Zeit des 2. Weltkriegs ersichtlich ist, kann die Besatzungsmacht tatsächlich eine bestehende lokale Verwaltung fortbestehen lassen oder die Errichtung einer neuen Verwaltung erlauben, solange sie sich die endgültige Herrschaft vorbehält. Zwar hat Israel innerhalb bestimmter Zonen eine Reihe von Funktionen auf die palästinensische Autonomiebehörde übertragen, dies hat es jedoch aufgrund von Vereinbarungen, insbesondere der Osloer Abkommen und damit verbundenen Vereinbarungen, getan und sich indes „hiermit nicht übertragene Ermächtigungen und Zuständigkeiten“ [164] vorbehalten. Als Israel Truppen und Siedlungen unilateral aus dem Gaza-Streifen evakuierte, ließ es eine lokale palästinensische Verwaltung fortbestehen. Es besteht keine örtliche Verwaltungsbehörde, auf die die volle Herrschaftsgewalt übertragen worden wäre. In dieser Hinsicht erinnert die Kommission daran, dass der Internationale Gerichtshof in seinem Gutachten zu den Rechtsfolgen der Errichtung einer Mauer in den besetzten palästinensischen Gebieten die Ansicht vertrat, dass die Übertragung von Ermächtigungen und Zuständigkeiten durch Israel gemäß verschiedenen mit der Palestine Liberation Organization (PLO) geschlossenen Vereinbarungen Israels Rechtsstellung als Besatzungsmacht „mitnichten“ [165] verändert hat.

280. Obwohl die wesentlichen Tatbestandsmerkmale einer Besatzung im Gaza-Streifen vorhanden sind, muss dem Umstand, dass innerhalb Gazas eine örtliche De-Facto-Verwaltung besteht, die die Aufgaben und Zuständigkeiten in verschiedenen gemäß den Osloer Abkommen auf die palästinensische Autonomiebehörde übertragenen Bereichen im Rahmen der durch die von Israel verhängten Sperrungen und Blockade gegebenen Möglichkeiten wahrnimmt, Rechnung getragen werden.

281. Die Entwicklungen der letzten beiden Jahrzehnte, insbesondere in der Rechtsprechung internationaler Gerichte, haben zu dem Schluss

163 Prosecutor v. Naletilić, Abs. 217.

164 Vorläufige israelisch-palästinensische Vereinbarung über das Westjordanland und den Gaza-Streifen, 1995, Art. I (1).

165 Legal Consequences …, Abs. 76-78.

geführt, dass eine Angleichung der auf internationale bzw. nicht internationale bewaffnete Konflikte anwendbaren materiellen Bestimmungen stattfindet. Dennoch erkennt die Kommission an, dass hinsichtlich des vertragsrechtlich festgelegten Durchsetzungsregimes, insbesondere des Regimes der in den Genfer Abkommen verankerten „schweren Verletzungen", gewisse Unterschiede bestehen.

282. Es ist zwischen den israelischen Streitkräften und den militärischen Armen der Hamas (Al Qassam Brigades) und anderer palästinensischer Fraktionen, insbesondere die mit der Fatah-Bewegung, die die Herrschaftsgewalt über die palästinensische Behörde ausübt, lose verbundenen Al-Aqsa Martyrs' Brigades zu bewaffneten Feindseligkeiten gekommen. Nach Auffassung des Obersten Gerichts Israels ist die Konfrontation zwischen den israelischen Streitkräften und den in den besetzten palästinensischen Gebieten aktiven Organisationen, die es als „terroristische Vereinigungen" bezeichnet, aus zweierlei Gründen – namentlich dem bestehenden Besatzungszusammenhang und dem grenzübergreifenden Charakter der Konfrontation – als internationaler bewaffneter Konflikt anzusehen.[166] Dennoch kann es sein, dass es – wie die israelische Regierung andeutet – nicht unbedingt auf die Einstufung des bewaffneten Konfliktes als international bzw. als nicht international ankommt, da „beide Konfliktarten von vielen ähnlichen Normen und Prinzipien geregelt werden" [167].

283. Es kommt häufig vor, dass bewaffnete Konflikte Merkmale sowohl eines internationalen als auch eines nicht internationalen Konfliktes aufweisen. Die im gemeinsamen Art. 3 der vier Genfer Abkommen enthaltenen Bestimmungen stellen die auf alle Konflikte anwendbaren Grundsatzbestimmungen dar[168]. Die Sorge um den Schutz der Zivilpersonen und derjenigen, die außer Gefecht sind, in Konflikten jeder Art hat zu einer zunehmenden Annäherung der auf internationale und nicht internationale bewaffnete Konflikte anwendbaren Prinzipien und Normen geführt, so z.B. die Berufungskammer

166 The Public Committee against Torture in Israel v. The Government of Israel (Targeted Killings case).

167 „The operation in Gaza…", Abs. 30.

168 Military and Paramilitary Activities in and against Nicaragua (Nicaragua v. United States of America), Merits, Judgment, I.C.J. Reports 1986, S. 14.

des Internationalen Strafgerichtshofs für das ehemalige Jugoslawien in ihrer maßgeblichen *Tadić-Entscheidung*. Sehr zu Recht führt die Kammer aus: „Das, was in internationalen Kriegen unmenschlich und folglich verboten ist, kann in Bürgerkriegen auch nur als unmenschlich und unzulässig gelten.“ [169] Dies bezieht sich nicht nur auf den Schutz von Zivilpersonen, sondern auch auf die Methoden und Mittel der Kriegsführung.

284. Auch zwischen den Menschenrechtsvorschriften und den Vorschriften des humanitären Völkerrechts vollzieht sich eine Annäherung. In den im Art. 75 des 1. Zusatzprotokolls enthaltenen Regelungen, die Bestandteil des Gewohnheitsvölkerrechts sind, wird eine Reihe grundsätzlicher Garantien und Schutzarten, z.B. das Verbot von Folterungen, vorsätzlichen Tötungen und unmenschlichen Haftbedingungen, festgelegt, die ebenfalls in den internationalen Menschenrechtsvorschriften enthalten sind. Anwendbar ist dieser Schutz auf alle Personen im Machtbereich einer Konfliktpartei, die „keine günstigere Behandlung“ nach den Genfer Abkommen und deren Protokollen genießen.

285. Die oben beschriebenen gewohnheitsrechtlichen und vertraglichen Bestimmungen sind für die Untersuchung der Ereignisse von Bedeutung, die mit den im Dezember 2008 und im Januar 2009 durchgeführten Kriegshandlungen verbundenen sind.

C. Das Völkerstrafrecht

286. Das Völkerstrafrecht ist zum notwendigen Umsetzungsmechanismus für die Bestimmungen des HVöR und der internationalen MRV geworden. Strafverfahren und strafrechtlichen Sanktionen kommt eine abschreckende Funktion zu; diese bieten den Opfern von Rechtsverletzungen einen gewissen Rechtsschutz. Zunehmend betrachtet die internationale Gemeinschaft die Strafjustiz als wirksamen Verant-

169 Prosecutor v. Tadić, case No. IT-94-1-AR72, Decision on the defence motion for interlocutory appeal on jurisdiction of 2 October 1995, Abs. 119. Siehe auch Abs. 96 ff.

wortlichkeits- und Rechtsschutzmechanismus gegen Misshandlungen und Straffreiheit.
Nach Ansicht der Kommission sind die Bestimmungen und Definitionen des Völkerstrafrechts für die Erfüllung ihres Auftrags, alle von den Konfliktparteien begangenen Verletzungen des HVöR und der internationalen MRV zu untersuchen, von zentraler Bedeutung.

287. Völkerrechtliche Straftatbestände werden in Verträgen sowie im Gewohnheitsvölkerrecht definiert. Gewohnheitsvölkerrechtlich ziehen Verletzungen grundlegender Bestimmungen des HVöR, die auf alle Konfliktarten anwendbar sind, individuelle strafrechtliche Verantwortung nach sich[170]. Hierzu gehören Verbrechen gegen die Menschlichkeit, Kriegsverbrechen und Völkermord. Zu anderen Straftaten, die nicht unbedingt als Kriegsverbrechen oder Verbrechen gegen die Menschlichkeit begangen werden, gehören Folter und das zwangsweise Verschwindenlassen von Personen.

288. Indem sie schwere Verletzungen einiger ihrer Bestimmungen in Bezug auf geschützte Personen definieren, legen die vier 1949 geschlossenen Genfer Abkommen eine Regelung fest. Schwere Verletzungen basieren auf der Relevanz des angegriffenen Rechtsgutes und der Schwere der Tat oder des Unterlassenes, aus dem sich die Verletzung ergibt. Art. 147 des vierten Genfer Abkommens definiert schwere Verletzungen wie folgt:

> ... jede der folgenden Handlungen, sofern sie gegen durch das Abkommen geschützte Personen oder Güter begangen wird, vorsätzliche Tötung, Folterung oder unmenschliche Behandlung einschließlich biologischer Versuche, vorsätzliche Verursachung großer Leiden oder schwere Beeinträchtigung der körperlichen Unversehrtheit oder der Gesundheit, rechtswidrige Verschleppung oder rechtswidrige Verschickung, rechtswidrige Gefangen-

---

170 a.a.O., Abs. 128 ff. Im Abs. 134 führte die Berufungskammer aus: „All diese Faktoren bestätigen, dass schwere Verletzungen des gemeinsamen Art. 3, ergänzt durch die anderen allgemeinen Grundsätze und Vorschriften über den Schutz der Opfer interner bewaffneter Konflikte, sowie Verstöße gegen bestimmte fundamentale Grundsätze und Vorschriften über die Mittel und Methoden der Kriegführung im Bürgerkrieg nach dem Gewohnheitsvölkerrecht strafrechtliche Verantwortung nach sich ziehen."

haltung, Nötigung einer geschützten Person zur Dienstleistung in den Streitkräften der feindlichen Macht oder Entzug ihres Anrechts auf ein ordentliches und unparteiisches, den Vorschriften des vorliegenden Abkommens entsprechendes Gerichtsverfahren, das Festnehmen von Geiseln sowie Zerstörung und Aneignung von Eigentum, die durch militärische Erfordernisse nicht gerechtfertigt sind und in großem Ausmaß rechtswidrig und willkürlich vorgenommen werden.

289. Gemäß Art. 146 sind Vertragsparteien verpflichtet, alle notwendigen gesetzgeberischen Maßnahmen zur Festsetzung von angemessenen Strafbestimmungen für solche Personen zu treffen, die irgendeine der aufgeführten schweren Verletzungen begehen oder zu einer solchen Verletzung den Befehl erteilen. Sie sind „zur Ermittlung der Personen verpflichtet, die der Begehung oder der Erteilung eines Befehls zur Begehung einer dieser schweren Verletzungen beschuldigt sind; sie stellt sie ungeachtet ihrer Nationalität vor ihre eigenen Gerichte."

290. Diese und andere Verbrechen finden ebenfalls Eingang in Art. 8(2)(a) „Römisches Statut des Internationalen Strafgerichtshofes („schwere Verletzungen") und 8(2)(b) („andere schwere Verstöße gegen die innerhalb des feststehenden Rahmens des Völkerrechts im internationalen bewaffneten Konflikt anwendbaren Gesetze und Gebräuche")[171].

291. Kriegsverbrechen sind schwere Verletzungen der auf bewaffnete Konflikte anwendbaren Bestimmungen des humanitären Völkerrechts und ziehen vertraglich bzw. gewohnheitsrechtlich individuelle strafrechtliche Verantwortung nach sich. Kriegsverbrechen können im Zusammenhang mit internationalen wie mit nicht internationalen bewaffneten Konflikten begangen werden. Diese Verbrechenskategorie schließt die in den vier Genfer Abkommen festgelegten schweren Verletzungen ein bzw. deckt sich teilweise mit ihnen.

---

171 Über die mögliche Anwendung der Römischen Statuten auf den Konflikt in Gaza wird noch diskutiert. Die Wirksamkeit der palästinensischen Erklärung über die Annahme der Gerichtsbarkeit des Internationalen Strafgerichtshofes nach dessen Art. 12(3) wird vom Büro des Anklägers am IStGH noch geprüft.

292. Der Begriff „Kriegsverbrechen“ umfasst Verbrechen, die an geschützen Personen begangen werden (insbesondere vorsätzliche Tötung, Folter und andere unmenschliche Handlungen, die Festnahme von Geiseln sowie Kollektivbestrafungen), Verbrechen gegen das Eigentum (Zerstörung von Eigentum in großem Ausmaß, die durch militärische Erfordernisse nicht gerechtfertigt ist und die rechtswidrig und willkürlich vorgenommen wird, die Zerstörung oder Beschlagnahme feindlichen Eigentums, Plünderung sowie die Erklärung, dass Rechte und Forderungen von Angehörigen der Gegenpartei aufgehoben, zeitweilig ausgesetzt oder vor Gericht nicht mehr einklagbar sind); Verbrechen, die den Einsatz verbotener Methoden und Mittel der Kriegführung beinhalten (insbesondere Angriffe auf Zivilpersonen oder -objekte, Angriffe auf legitime Ziele, sofern dadurch unverhältnismäßige zivile Opfer oder Umweltzerstörung verursacht werden, Missbrauch schutzverleihender Kennzeichen, Aushungern von Zivilpersonen als Mittel der Kriegführung, Einsatz menschlicher Schutzschilde, terroristische Handlungen). Als Kriegsverbrechen gelten nach Art. 8(2)(b)(iii) des Römischen Statuts ebenfalls vorsätzliche Angriffe auf geschütztes Personal, geschützte Einrichtungen, geschütztes Material oder geschützte Einheiten oder Fahrzeuge, die an einer humanitären Hilfsmission oder friedenserhaltenden Kommission beteiligt sind.

293. Verbrechen gegen die Menschlichkeit sind Verbrechen, die das Gewissen der Menschheit erschüttern. In den Statuten des Internationalen Strafgerichtshofes für das ehemalige Jugoslawien und des Internationalen Strafgerichtshofes für Ruanda ist die Ahndung von Verbrechen gegen die Menschlichkeit vorgesehen. Zu diesen Verbrechen gehören vorsätzliche Tötung, Ausrottung, Versklavung, Deportierung, Freiheitsentziehung, Folter, Vergewaltigung, Verfolgung sowie andere unmenschliche Handlungen, wenn diese im Rahmen eines breitangelegten oder systematischen Angriffs gegen eine Zivilbevölkerung begangen werden[172]. Zwar erfordert das Statut des Internationalen Strafgerichtshofes für das ehemalige Jugoslawien, dass Verbrechen gegen die Menschlichkeit im Rahmen eines bewaffneten Konfliktes began-

172 s. International Criminal Tribunal for the former Yugoslavia, Prosecutor v. Kunarac, case No. IT-96-23, Judgement of 12 June 2002, Abs. 85.

gen werden, in der gewohnheitsrechtlichen Definition des Straftatbestandes ist jedoch keine solche Voraussetzung enthalten.

D. Die internationalen Menschenrechtsvorschriften

294. Israel hat mehrere der wichtigsten internationalen Menschenrechtsabkommen ratifiziert, insbesondere den „Internationalen Pakt über die Abschaffung aller Arten der rassischen Diskriminierung“, den IPbpR, den IPwskR, das „Übereinkommen gegen Folter und andere grausame, unmenschliche oder erniedrigende Behandlung oder Bestrafung“ (Antifolterkonvention), das „Übereinkommen über die Rechte des Kindes“ sowie das „Übereinkommen über die Abschaffung aller Arten der Diskriminierung gegen Frauen“.

295. Nach inzwischen weitverbreiteter Auffassung gelten Menschenrechtsverträge auch in bewaffneten Konflikten fort. In seinem Gutachten zu den Rechtsfolgen der Errichtung einer Mauer in den besetzten palästinensischen Gebieten merkte der Internationale Gerichtshof an, „der von den Menschenrechtskonventionen gebotene Schutz tritt im Falle eines bewaffneten Konfliktes nicht außer Kraft, es sei denn durch die Wirkung der Abweichungsbestimmungen …“[173]

296. In seinem Gutachten zur Rechtmäßigkeit (der Androhung) des Einsatzes von Kernwaffen (*Legality of the Threat or Use of Nuclear Weapons)* entschied der Internationale Gerichtshof, dass die internationalen MRV im Zusammenhang mit einem bewaffneten Konflikt *lex specialis* (eine Spezialvorschrift) in Bezug auf die Menschenrechte darstellen. Dass die Menschenrechtsvorschriften in diesem Fall fortgelten, wenn diese nicht von den internationalen MRV selbst geändert bzw. aufgehoben werden, entspricht inzwischen der allgemeinen Auffassung. Jedenfalls treten die allgemeinen Menschenrechtsvorschriften in solchen Fällen nicht außer Kraft, sondern bilden vielmehr den Hintergrund für die Anwendung und Auslegung der einschlägigen Vorschriften des humanitären Völkerrechts. Die Präambel des II. Zusatzprotokolls zu den Genfer Abkommen erinnert z.B. ausdrücklich an den Schutz der internationalen Menschenrechtsvorschriften, was

---

173 Legal Consequences…, Abs. 106; s. auch Legality of the Threat or Use of Nuclear Weapons, Advisory Opinion of 8 July 1996, I.C.J. Reports 1996, S. 226, Abs. 25.

die Ansicht, dass die internationalen MRV und das HVöR auch in Konfliktsituationen gelten, weiter untermauert.

297. Die von Israel ratifizierten Menschenrechtsverträge stellen auch für dessen Verhalten in den besetzen palästinensischen Gebieten verbindliche Normen dar. Nach Art. 2 IPbpR ist jede Vertragspartei verpflichtet, „allen in seinem Gebiet befindlichen und seiner Herrschaftsgewalt unterstehenden Personen" die darin verankerten Rechte zu gewährleisten. Das Menschenrechtskommittee hat es wie folgt formuliert: „Eine Vertragspartei ist verpflichtet, selbst dann die im Pakt festgelegten Rechte zu achten und diese jeder in ihrem Machtbereich befindlichen bzw. ihrer tatsächlichen Herrschaftsgewalt unterstehenden Person zu gewährleisten, wenn sich diese nicht im Hoheitsgebiet der Vertragspartei befinden." [174]

298. Nach Auffassung des Internationalen Gerichtshofes findet der IPbpR „auf hoheitliche Handlungen eines Staates außerhalb dessen eigenen Hoheitsgebietes" Anwendung[175]. Folglich hat das Menschenrechtskommittee die Ansicht vertreten, dass der IPbpR auch zugunsten von Personen in den besetzten palästinensischen Gebieten gelte[176]. Die von den Vertragsparteien zur Überwachung der Einhaltung des Internationalen Paktes über wirtschaftliche, soziale und kulturelle Rechte, des Übereinkommens über die Rechte des Kindes, des Übereinkommens über die Abschaffung aller Arten der Diskriminierung gegen Frauen gegründeten Gremien haben ebenfalls entschieden, dass die menschenrechtlichen Verpflichtungen Israels auch auf die Bevölkerung der besetzten palästinensischen Gebiete Anwendung finden[177].

299. Die Kommission merkt ebenfalls an, dass Israel keine Abweichung von seinen Verpflichtungen nach Art. 4 IPbpR geltend gemacht hat. Die von Israel anlässlich der Ratifizierung des Paktes gemachte Erklärung betrifft nur Abweichungen vom Art. 9 IPbpR über die Freiheitsenziehung. In Israel ist seit seiner Gründung ein Ausnah-

---

174 General comment No. 31 (2004), Abs. 10.

175 Legal Consequences..., Abs. 111; s. auch Case concerning Armed Activities..., Abs. 216.

176 „Concluding observations of the Human Rights Committee" (CCPR/CO/78/ISR).

177 Siehe z.B., „Concluding observations of the Committee on Economic, Social and Cultural Rights" (E/C.12/1/Add.90).

mezustand in Kraft. Der IPwskR enthält keine Bestimmung, die Abweichungen in Kriegs- oder Notstandszeiten ausdrücklich zuläßt.

300. Nach der aktuell herrschenden Auffassung zu den Haager Vorschriften wird deren Anwendungsbereich progressiv gesehen. Als der Internationale Gerichtshof zu dem Schluss kam, dass Uganda in der Ituri-Region der Demokratischen Republik Kongo die Besatzungsmacht ist, entschied er ebenfalls, dass Ugandas Verpflichtung, „die öffentliche Ordnung und Sicherheit im Rahmen des Möglichen wiederherzustellen und zu gewährleisten", auch „die Verpflichtung umfasst, die Achtung der anwendbaren internationalen Menschenrechtsvorschriften und der anwendbaren Normen des humanitären Völkerrechts zu gewährleisten".[178]

301. Was die Anwendung der internationalen Menschenrechtsvorschriften während der Kriegshandlungen sowie die damit verbundenen Ereignisse betrifft, möchte die Kommission vier für die rechtliche Würdigung erhebliche Fragen aufgreifen.

302. Als erste seien die Auswirkungen der Einführung beschränkter Selbstverwaltung für die Palästinenser im Jahre 1995 und der Räumung des Gaza-Streifens durch Israel im Jahre 2005 auf Israels völkerrechtliche Verpflichtungen genannt. Die UNO-Gremien zur Durchsetzung der Menschenrechtsverträge machen Israel auch nach der Einführung palästinensischer Selbstverwaltungsbehörden weiterhin für die Erfüllung seiner menschenrechtsvertraglichen Verpflichtungen in den besetzten palästinensischen Gebieten verantwortlich[179]. Diese Gremien unterscheiden in dieser Hinsicht überhaupt nicht zwischen Gaza und dem Westjordanland und betrachten die besetzten palästinensischen Gebiete als unteilbare Einheit. In seinem Gutachten zu den Rechtsfolgen der Errichtung einer Mauer in den besetzten palästinensischen Gebieten merkte der Internationale Gerichtshof zu dieser Frage an, dass Israel nach dem Internationalen Pakt über wirtschaftliche, soziale und kulturelle Rechte verpflichtet ist, „die Ausübung dieser Rechte in den Bereichen, in denen die

178 Case concerning Armed Activities..., Abs. 178.

179 In seinen Schlussbemerkungen 2003 wiederholte z.B. das Kommittee zu wirtschaftlichen, sozialen und kulturellen Rechten „sein Bedauern angesichts der Weigerung der Vertragspartei, über die besetzten Gebiete Bericht zu erstatten" (E/C.12/1/Add.90, Abs. 15).

Zuständigkeit auf palästinensische Behörden übertragen worden ist, auf keinerlei Weise zu vereiteln."[180] In einem jüngeren Bericht über Gaza vertraten neun Sonderverfahren des Menschenrechtsrates die Auffassung, der einseitige Abzug aus dem Gaza-Streifen befreie Israel nicht „von der Pflicht, die gegenüber der Bevölkerung dieses Gebiets bestehenden Verpflichtungen zu erfüllen; Israel bleibt weiterhin daran gebunden, soweit sich die von ihm getroffenen Maßnahmen auf den Genuss der Menschenrechte durch die Einwohner des Gaza-Streifens auswirken".[181]

303. Jüngstens argumentierte Israel vor dem Antifolterkomitee, es habe in Bezug auf Gaza aufgrund der „Loslösung" im Jahre 2005 nach dem Übereinkommen keine Menschenrechtsverpflichtungen mehr. Zur Zurückweisung dieser Argumentation führte das Komitee an: „Die Vertragspartei übt weiterhin in vielen Hinsichten die Kontrolle und Herrschaftsgewalt über die besetzten palästinensischen Gebiete aus."[182] Es ist der Auffassung, dass Israel durch die Übertragung von Zuständigkeiten und Funktionen auf Selbstverwaltungsbehörden keine Befreiung von seinen Verpflichtungen bewirken kann, den in seinem Machtbereich befindlichen oder seiner faktischen Herrschaftsgewalt unterstehenden Personen die Menschenrechte zu gewährleisten. Israel war ebenfalls verpflichtet, Handlungen zu unterlassen, die die Bemühungen palästinensischer Selbstverwaltungsbehörden zur Gewährleistung des Genusses der Menschenrechte in den besetzten palästinensischen Gebieten vereiteln. Vielmehr hat Israel diese Bemühungen zu unterstützen.

304. Eine zweite Frage betrifft die menschenrechtlichen Verpflichtungen der palästinensischen Autonomiebehörde, der De-Facto-Behörden des Gaza-Streifens und sonstiger politisch und militärisch Tätiger. Die menschenrechtlichen Verpflichtungen dieser nichtstaatlichen Beteiligten sind zu prüfen. Anzumerken ist, dass dieselbe Frage in Bezug auf Verpflichtungen nach dem HVöR nicht aufkommt, da sich diese schon längst erledigt hat. Das Sondergericht für Sierra Leone führte aus: „... alle an einem bewaffneten Konflikt Beteiligten, egal

180 Legal Consequences..., para. 112.
181 A/HRC/10/22, para. 20.
182 „Concluding observations of the Committee against Torture" (CAT/C/ISR/CO/4, para. 11).

ob es sich hierbei um Staaten oder Beteiligte nichtstaatlichen Charakters handelt, sind an das humanitäre Völkerrecht gebunden, auch wenn völkerrechtliche Verträge nur von Staaten geschlossen werden können.“ [183]

305. Das Verhältnis zwischen dem HVöR und den internationalen MRV entwickelt sich rasch weiter, insbesondere in Bezug auf die Verpflichtungen nichtstaatlicher Beteiligter, mit dem Ziel, den Schutz der Menschen zu verbessern und diesen unter allen Umständen den Genuss ihrer Menschenrechte zu gewährleisten. Im Zusammenhang mit dem auftragsgegenständlichen Sachverhalt steht fest, dass nichtstaatliche Beteiligte, die in einem Gebiet regierungsähnliche Aufgaben wahrnehmen, zur Achtung der Menschenrechte verpflichtet sind.

306. Die Kommission merkt an, dass die palästinensische Autonomiebehörde durch ihre öffentlichen Erklärungen sowie die der PLO und des palästinensischen Legislativrates mehrmals, insbesondere im Zusammenhang mit internationalen Übereinkommen, zugesagt hat, die internationalen Menschenrechtsvorschriften zu achten. Diese Zusage ist auch im palästinensischen Grundgesetz[184] enthalten.

307. Die Prüfung der Verpflichtung der Gazaer Behörden muss zwar aus einem anderen Blickwinkel erfolgen, führt jedoch zum gleichen Ergebnis. Die Gazaer Behörden wiederholten vor der Kommission ihre Zusagen, die Menschenrechte zu achten. Hamas hat ebenfalls wiederholt unilateral zugesagt, die Menschenrechte zu achten. Des Weiteren findet das palästinensische Grundgesetz mit seiner Fülle an Menschenrechtsbestimmungen auch auf den Gaza-Streifen Anwendung[185].

---

183 Siehe z.B., Prosecutor v. Sam Hinga Norman, case SCSL-2004-14-AR72(E), Decision on preliminary motion based on lack of jurisdiction (child recruitment) (31 May 2004), Abs. 22.

184 Legal Consequences …, Abs. 91; A/HRC/10/22, Abs. 21; Barcelona Declaration, 27–28 November 1995, abrufbar unter: http://www.euromedrights.net/281. Das palästinensische Grundgesetz ist unter http://www.palestinianbasiclaw.org/2002-basic-law abrufbar. s. auch “Report of the High Commissioner for Human Rights on the implementation on Human Rights Council resolution 7/1“ (A/HRC/8/17, Abs. 8).

185 Besprechung und Schriftwechsel mit der Kommission. In dieser Hinsicht haben

308. Die dritte hier zu prüfende Frage bezieht sich auf das Selbstbestimmungsrecht und dessen Anwendung auf die Definition des Kombattantenstatus sowie seine Auswirkungen auf das Unterscheidungsprinzip. Nach Art. 1(4) des Zusatzprotokolls I gelten bewaffnete Konflikte gegen nationale Befreiungsbewegungen bzw. Widerstandbewegungen gegen den Kolonialismus und Besatzungen als internationale bewaffnete Konflikte. Nach dem Völkerrecht, insbesondere nach dem Zusatzprotokoll I zu den Genfer Abkommen, ist jede auf dem Selbstbestimmungsrecht beruhende Widerstandshandlung unter Achtung anderer Menschenrechte sowie des HVöR vorzunehmen.

309. Schließlich ist es sinnvoll, daran zu erinnern, dass an bewaffneten Konflikten unbeteiligte Staaten hinsichtlich des Schutzes von Zivilpersonen und derjenigen, die ausser Gefecht sind, und deren Rechte Verantwortung tragen und eine entscheidende Rolle spielen. Gemäss dem gemeinsamen Art. 1 der 1949 abgeschlossenen Genfer Abkommen verpflichten sich „die hohen Vertragsparteien [...], das vorliegende Abkommen unter allen Umständen einzuhalten und seine Einhaltung durchzusetzen“. Diese Regelung enthält Verpflichtungen nicht nur für Akteure und Handlungen, die unter die Zuständigkeit der jeweiligen Staaten fallen, sondern auch in Bezug zur internationalen Durchsetzung der Abkommen. Vertragsparteien der Genfer Abkommen unterliegen ebenfalls der Verpflichtung, das Durchkommen humanitärer Hilfe zu ermöglichen, und eine Rolle bei der Be-

---

neun Beauftragte für Sonderverfahren gesagt: „Nichtstaatliche Körperschaften, die regierungsähnliche Aufgaben wahrnehmen und über ein Gebiet regierungsähnliche Herrschaftsgewalt ausüben, sind verpflichtet, die Menschenrechtsvorschriften einzuhalten, wenn sich ihr Verhalten auf die Menschenrechte der ihrer Herrschaftsgewalt unterstehenden Menschen auswirkt.“ (A/HRC/10/22, Abs. 21). Diese Ansicht folgt der ähnlich lautende Erklärung vier anderer Beauftragter für Sonderverfahren, die den Libanon 2006 nach dem Krieg besuchten: Obwohl Hezbollah als nichtstaatliche Organisation nicht in der Lage ist, diese Menschenrechtsverträge zu unterzeichnen, bleibt sie gebunden an die Forderung der internationalen Gemeinschaft, die zuerst in der Allgemeinen Erklärung der Menschenrechte Ausdruck fand, jedes Organ der Gesellschaft soll die Menschenrechte achten und fördern...Es ist dann erst recht angemessen und realistisch, eine bewaffnete Gruppe zur Achtung der Menschenrechtsvorschriften aufzufordern, wenn diese in erheblichem Maße die Herrschaftsgewalt über ein Gebiet und eine Bevölkerung ausübt und eine erkennbare politische Struktur aufweist.“ (A/HRC/2/7, Abs. 19). s. auch A/HRC/10/22, Abs. 9.

reitstellung derartiger Hilfe für die geschützte Bevölkerung im Bedarfsfalle zu spielen (Art. 23 und 59 des 4. Genfer Abkommens).

310. Zum Abschluß, möchte die Kommission betonen, dass alle Konfliktbeteiligte verpflichtet sind, die Menschenrechte aller zu achten.

TEIL 2

Die besetzten palästinensischen Gebiete

Der Gaza-Streifen

Abschnitt A
Militärische Operationen

V. Die Blockade: Einleitung und Übersicht

311. Die vom 27. Dezember bis zum 19. Januar 2009 durchgeführten Kriegshandlungen und ihre Auswirkungen können nicht in vollem Umfang beurteilt werden, ohne die Gesamtzusammenhänge und die zu ihrem Beginn herrschenden Lebensbedingungen zu berücksichtigen. Im Wesentlichen stellten die bewaffneten Feindseligkeiten den Höhepunkt des langen Prozesses wirtschaftlicher und politischer Isolierung dar, die Israel dem Gaza-Streifen auferlegt hat, der generell als Blockade bezeichnet wird. Dieses Kapitel liefert einen Überblick über die Blockade, während im 27. Kapitel die Gesamtauswirkung der Blockade und der Kriegshandlungen auf die Gazaer Bevölkerung und ihre Menschenrechte untersucht wird.

312. Die Reihe wirtschaftlicher und politischer Maßnahmen, die dem Gaza-Streifen auferlegt wurden, begann etwa im Februar 2006 mit dem Wahlerfolg der Hamas bei den Legislativratswahlen. Dies ging mit der Vorenthaltung finanzieller Hilfen für den Gaza-Streifen durch einige Geberstaaten sowie mit Handlungen anderer Staaten, die einer offenen oder stillschweigenden Unterstützung der israelischen Blockade gleichkamen, einher. Am 15. Juni 2007 übernahm Hamas die faktische Herrschaft über den Gaza-Streifen. Kurz darauf erklärte Israel den Gaza-Streifen zu „feindlichem Gebiet“[186] und veraschiedete eine Reihe wirtschaftlicher, sozialer und militärischer Maßnahmen, die das erklärte Ziel der Isolierung und Zerstörung der Hamas verfolgten. Diese hatten tief greifende Auswirkungen auf den Lebensstandart der Bevölkerung.

---

186 http://www.mfa.gov.il/MFA/Government/Communiques/2007/Security+Cabinet+declares+Gaza+hostile+territory+19-Sep-2007.htm

313. Die Blockade umfasst Maßnahmen wie die Schließung von Grenzübergängen, wodurch die Grenzübergänge bisweilen über mehrere Tage hinweg vollständig abgesperrt wurden für den Personen-, Waren- und Dienstleistungsverkehr sowie für die Kraftstoff- und Stromversorgung. Die Schließungen wirken sich auf den Handel und die allgemeinen gewerblichen Tätigkeiten sowie auf die Landwirtschaft und die Industrie im Gaza-Streifen erheblich aus. Stromversorgung und Kraftstofflieferungen aus Israel sind für ein breites Spektrum an Tätigkeiten von Bedeutung, das reicht von gewerblichen Tätigkeiten über die Bildung, das Gesundheitswesen bis hin zur Industrie und der Landwirtschaft. Die Fischereizone in dem an den Gaza-Streifen angrenzenden Meer wurde weiter eingeschränkt, was den Fischereibetrieb und die Lebensgrundlage der Fischer negativ beeinflußte. Israel etablierte außerdem eine Pufferzone variabler und unbestimmter Größe entlang der Grenze in Verbindung mit einer beträchtlichen „No-Go Area" im Norden des Gaza-Streifens, wo einige israelische Siedlungen gelegen hatten. Praktisch gesehen ist diese No-Go Area eine erweiterte Pufferzone im nördlichen Teil des Gaza-Streifens, die Menschen nicht betreten dürfen. In Folge der Errichtung der Pufferzone mussten verschiedene Fabriken aus dieser Zone näher an Gaza-Stadt verlegt werden, was mit erheblichen Umweltschutzbedenken und potenziellen Gesundheitsrisiken für die Bevölkerung verbunden ist. Auch die Bewegungsfreiheit von Menschen wurde drastisch eingeschränkt, sodass es nur einigen wenigen Geschäftsleuten in äusserst unregelmässigen und unvorhersehbaren Abständen gestattet ist, die Grenze zu überqueren.

314. In Folge der Besatzung, die in vielerlei Hinsichten zu Abhängigkeitsverhältnissen geführt hatte, und aus anderen geographischen, politischen und historischen Gründen sind die Verfügbarkeit von Waren und Dienstleistungen ebenso wie der Alltag im Gaza-Streifen in hohem Maße von Israel und seiner Politik in Bezug auf das Gebiet abhängig. Der Handel mit Lebensmitteln und anderen Konsumgütern, sowie Kraftstoff, Elektrizität, Baustoffen und anderen Waren wird durch bzw. über Israel getrieben. Israel dient auch als der Kommunikationskanal der Bevölkerung Gazas mit den übrigen besetzten palästinensischen Gebieten und der Welt, insbesondere für Bildung und Austauschprogramme. Es existieren fünf Grenzübergänge zwischen Israel und dem Gaza-Streifen: Erez (hauptsächlich für den

Personenverkehr bestimmt), Nahal Oz (für Kraftstoff), Karni (für Getreide), Kerem Shalom (für den Warenverkehr) und Sufa (für den Warenverkehr). Die israelische Kontrolle über diese Übergänge gestaltete sich für die Gazaer Bevölkerung schon immer restriktiv. Seit dem Beginn der Blockade und besonders während und nach den Kriegshandlungen ist es nicht nur zu einer Zunahme der Beschränkungen, sondern auch noch zu einer willkürlichen Ausübung der Kontrolle gekommen, wodurch selbst bei Waren, deren Einfuhr von Israel angeblich gestattet wird, unklar ist, ob sie die Grenze passieren dürfen.

315. An den Grenzübergängen Erez (nach Israel) und Rafah (nach Ägypten) ist es zu einer beinahe kompletten Blockierung des Personenverkehrs gekommen. Zu den Ausnahmen gehören die in unregelmässigen Abständen und auf unvorhersehbarer Basis erteilten Durchgangs- und Durchfahrerlaubnisse zur Evakuierung von Notfallpatienten, zur Gewährung des Zugangs für Diplomaten und internationales humanitärisches Personal sowie in sehr beschränktem Umfang für einige Geschäftsleute.

316. Der Warenverkehr ist auf die Einfuhr humanitären Grundbedarfs durch den Grenzübergang Kerem Shalom sowie auf Kraftstoff in beschränkter Menge begrenzt. Die zur Einfuhr in den Gaza-Streifen zugelassenen Warenmengen sind unzureichend zur Deckung des örtlichen Bedarfs, davon werden ausserdem viele zur Herstellung von Waren und zur Verarbeitung von Lebensmitteln erforderliche Waren sowie andere benötigte Waren ausgeschlossen. Erschwert wird dies durch die unvorhersehbare Weise, mit der die Grenzübergänge verwaltet werden. Weder die Liste der zur Einfuhr in den Gaza-Streifen zugelassenen Waren noch die Auswahlkriterien werden der Öffentlichkeit bekannt gemacht.

317. Vor den Kriegshandlungen hatte die Blockade zu einer erheblichen Abnahme der Zahl der Lkws geführt, die die Grenzübergänge passieren durften. Die Zahl der Lkws gilt als angemessene Grundlage zur Bezifferung der nach Gaza ein- und aus Gaza ausgeführten Warenmengen. Während der zwischen Juni und November 2008 herrschenden Ruhe kam es zu einem geringfügigen Anstieg dieser Menge, die im November in Folge der Wiederaufnahme der Feind-

seligkeiten nach dem israelischen Vorstoß wieder abnahm. Im Tagesdurchschnitt betrug die Zahl der durch die Grenze gelassenen Wagenladungen in der Zeit zwischen November und Dezember 2008 23 bis 30, nach dem Beginn der Feindseligkeiten im Januar 2009 stieg sie jedoch auf das Fünffache[187]. Allerdings kamen die Einfuhrmengen zu keinem Zeitpunkt den vor Juni 2007 zugelassenen oder zur Deckung der Bedürfnisse der Bevölkerung tatsächlich benötigten Einfuhrmengen auch nur nahe.

318. Nach dem Freizügigkeits- und Zugangsabkommen 2005 sollten bis Ende 2006 400 Lkws täglich nach und aus Gaza fahren, was bereits weniger war als vor der zweiten Intifada, aber selbst dieses Niveau wurde nie erreicht[188]. Aus Informationen, die der Kommission vorgelegt wurden, geht hervor, dass sich vor der Sperrung im Jahre 2007 die Ein- und Ausfuhrmengen in den und aus dem Gaza-Streifen auf 10.400 bzw. 1.380 Wagenladungen im Monatsdurchschnitt beliefen. Sofort nach den kürzlichen Kriegshandlungen gingen die Einfuhrmenge auf 2.834 Wagenladungen und die Ausfuhrmenge auf Null zurück. Unmittelbar nach den Kriegshandlungen wurde in einem Einzelfall im März 2009 die Ausfuhr von Blumen aus dem Gaza-Streifen erlaubt. Insgesamt wurden zwischen Juni 2007 und Mai 2009 etwa 134 Wagenladungen landwirtschaftlicher Produkte exportiert[189].

319. Tatsächlich wurde die Wirtschaftstätigkeit im Gaza-Streifen von der Blockade massiv beeinträchtigt. Seit den Kriegshandlungen ist ein beinahe kompletter Stillstand der Wirtschaft eingetreten. Die Privatwirtschaft, besonders das produzierende Gewerbe, erlitt irreparable Schäden.

320. Die Blockade und der Stopp der Warenbewegung, die durch Israel auferlegt wurden, haben im Gaza-Streifen einen Schwarzmarkt an-

187 OCHA, The Humanitarian Monitor, Nr. 33 (Januar 2009).

188 International Labour Office, „The situation of workers in the occupied Arab territories", Report of the Director General to the International Labour Conference, 98th session, 2009, Anhang, Abs. 24.

189 Informationen von PalTrade, „Gaza private sector status", 18. Juni 2009. Die Kommission nimmt auch die von der palästinensischen Autonomiebehörde in ihrer Antwort auf die Fragen der Kommission am 5. August 2009 vorgelegten Informationen zur Kenntnis.

gekurbelt, der Grundkonsumgüter liefert, der allerdings unzuverlässig und für die Mehrheit der Menschen unerschwinglich ist. Die Tunnel, die unter der Gaza-Ägypten-Grenze gebaut wurden, sind zu einer Lebensader für die Wirtschaft und die Bevölkerung Gazas geworden. Zunehmende Mengen an Kraftstoff (Benzin und Diesel) kommen ebenso wie Konsumgüter durch diese Tunnel. Zwar ist die Gazaer Bevölkerung unter diesen Umständgen für ihr bloßes Überleben auf den Schwarzmarkt angewiesen, jedoch wird er wahrscheinlich selbst nach einer evtl. Aufhebung der Blockade die wirschaftliche Erholung verlangsamen und deren Nachhaltigkeit beeinträchtigen.

321. Die Blockade umfasst auch Maßnahmen, die den Zugang zum Meer und Luftraum betreffen. Nach den Osloer Abkommen wurde die Grenze der Fischereizone auf 20 Seemeilen festgelegt. Jedoch hat Israel die Grenze einseitig auf 6 Seemeilen beschränkt, und beließ es bis Januar 2009 dabei, als die Fischereizone auf 3 Seemeilen beschränkt wurde. Der einzige Flugplatz in Gaza wurde geschlossen und ein Projekt zum Wiederaufbau des kleinen Flughafens wurde nach der Machtübernahme der Hamas suspendiert. Gazas Luftraum bleibt weiterhin unter vollständiger israelischer Kontrolle.

322. Mitte Dezember 2008 wurden nach einem israelischen Vorstoß in den Gaza-Streifen und Raketenbeschuss nach Israel durch Hamas Grenzübergänge acht Tage lang komplett geschlossen.[190] Auch andere militärische oder militante Aktionen in grenzübergangsnahen Bereichen haben ebenfalls zu Totalschließungen über bestimmte Zeiträume geführt. Totale und teilweise Schließungen haben wesentlich zu einer Notlage beigetragen, die nach den Kriegshandlungen vom Dezember 2008 bis Januar 2009 zu einer wahrhaften humanitären Krise geworden ist. Im Dezember 2008 musste UNRWA ihre Lebensmittellieferungen aufgrund der totalen Erschöpfung ihrer Lebensmittelvorräte suspendieren. Andere humanitäre Organisationen mussten ihre Lebensmittel- und anderen Hilfslieferungen reduzieren oder verschieben. Die Nichtverfügbarkeit von Banknoten in Folge eines durch Israel verhängten Verbots hinderte humanitäre Organisationen über längere Zeiträume auch an der Umset-

190 The Humanitarian Monitor, No 32

zung sog. „cash for work“ („Bargeld gegen Arbeit“) und ähnlicher Programme.[191]

323. Die Umsetzung restriktiver Maßnahmen im Rahmen der über den Gaza-Streifen verhängten Blockade hat nicht nur einen Notfall geschaffen, sondern auch die Fähigkeit der Gesundheits-, Wasser- und Notfallsektoren in Gaza, auf angemessene Art auf die sich verschlechternde Lage zu reagieren, erheblich geschwächt[192]. Dies hat sich auf die lokale Wirtschaft ausgewirkt und zu einer Abnahme der Belastbarkeit und Bewältigungsfähigkeit der örtlichen Bevölkerung geführt und zu einer Verschärfung der Auswirkungen des Krieges auf Existenzen und Lebensstandards (s.u. 27. Kapitel).

324. Die Kommission hat die Regierung Israels zur Vorlage von Informationen betreffend die über den Gaza-Streifen verhängte Blockade aufgefordert. Sie erbat Informationen zu den Kriterien, anhand derer bestimmt wird, welche Güter zur Einfuhr in den Gaza-Streifen zugelassen werden oder nicht, den Gründen für die Einschränkung oder Verhinderung von Bargeldtransfers oder Banküberweisungen, den Gründen für die Verhängung von Ausreisebeschränkungen, die Gazaern die Ausreise, insbesondere aus dringenden medizinischen Gründen, verbieten, den Gründen für die höchst restriktive Handhabung von Genehmigungen für internationale Spender, humanitäre und Menschenrechtsorganisationen, die Zugang zum Gaza-Streifen erbitten, und den Gründen und der Rechtsgrundlage für die Festsetzung einer eingeschränkten Fischereizone. Zu keiner dieser Fragen erhielt die Kommission eine Antwort.

325. Die Rechtmäßigkeit einiger der durch Israel verhängten Maßnahmen (die Herabsetzung der zugelassenen Einfuhrmengen an Strom und Kraftstoff) waren Gegenstand eines Antrags vor dem Obersten Gericht Israels[193]. Antragsteller war eine Gruppe innerhalb Israels tä-

191 The Humanitarian Monitor, Nr. 32, S. 5

192 Diese Auswirkungen wurden im „Report of the high-level fact-finding mission to Beit Hanoun established under Council resolution S-3/1“ angemerkt und analysiert (A/HRC/9/26, Abs 55 ff).

193 Jaber Al-Bassiuni Ahmed et al. v. Prime Minister and Minister of Defense, case no. 9132/07, Judgement of 30 January, 2008, abrufbar unter: http://elyon1.court.gov.il/Files_ENG/07/320/091/n25/07091320.n25.pdf

tiger NGOs, die mit palästinensischen Bürgern und Organisationen zusammenarbeiteten und argumentierten, die geplanten Kürzungen der Kraftstoff- und Stromlieferungen seien mit Israels Verpflichtungen zum Schutze von Zivilpersonen nach dem 4. Genfer Abkommen unvereinbar[194]. Die Entscheidung des Gerichts erkennt an, dass Israel nach dem humanitären Völkerrecht dem Gaza-Streifen gegenüber verpflichtet ist; die vorgesehenen Liefermengen an Kraftstoff und Elektrizität seien „in der Lage, den derzeit bestehenden humanitären Grundbedürfnissen des Gaza-Streifens zu genügen". Zu der Frage, was als „humanitäres Grundbedürfnis" gilt, äusserte sich das Gericht nicht; vielmehr scheint das Gericht die Festlegung dieser Details den Behörden überlassen zu haben.

326. Nach Auffassung der Kommission ist Israel weiterhin nach dem 4. Genfer Abkommen ohne Einschränkung verpflichtet, unter Ausschöpfung aller ihm zur Verfügung stehenden Möglichkeiten dafür zu sorgen, dass u.a. Lebensmittel und Sanitäts- und Krankenhausbedarf zur Deckung der humanitären Bedürfnisse der Bevölkerung des Gaza-Streifens geliefert werden. Außerdem nimmt die Kommission die ihr vorgelegten Informationen über die Nichteinhaltung selbst der vom Gericht festgesetzten Minima seitens der israelischen Regierung zur Kenntnis und merkt in dieser Hinsicht an, dass sich die Regierung einen weiten Ermessenspielraum hinsichtlich des Rhythmus und der Art und Weise der Kraftstoff- und Stromlieferungen an den Gaza-Streifen einräumt und dieses Ermessen anscheinend auf willkürliche und unberechenbare Art ausübt.

194 Petition to stop electricity and fuel cuts to the Gaza Strip, 28. November 2007. Der Antrag, sowie die dazugehörigen eidesstattlichen Erklärungen, Auszügen aus den Repliken des Staates und dem Urteil des Gerichts sind abrufbar unter: http://www.gisha.org/index.php?intLanguage=2&intSiteSN=110&intItemId=742

VI. Übersicht der von Israel zwischen dem 27. Dezember 2008 und dem 18. Januar 2009 durchgeführten Kriegshandlungen und Daten zu Verletzten und Todesopfern

327. Dieses Kapitel liefert einen Überblick zur Identifizierung der wichtigsten an der Durchführung der Kriegshandlungen und ihrer Dynamik beteiligten Personen und um darauf hinzuweisen, welche Vorfälle sich während der in diesem Bericht ausführlich erläuterten Phasen ereigneten. Hierbei gilt das Hauptaugenmerkt den israelischen Kriegshandlungen in Gaza.

A. Die für die Durchführung der militärischen Aktivitäten in Gaza zwischen dem 27. Dezember 2008 und dem 18. Januar 2009 relevanten Personen

1. Die israelischen Streitkräfte

328. Aus den vorliegenden Informationen geht hervor, dass Israel in der mit dem Codenamen „Operation gegossenes Blei“ gekennzeichneten Aktion seine Marine, Luftwaffe und sein Heer eingesetzt hat.

329. Die Marine wurde zum Teil zum Beschuss der Gazaer Küste während der Kriegshandlungen eingesetzt.

330. Die Luftwaffe wurde ebenfalls während der gesamten Dauer der Kriegshandlung auf eine aus ihrer eigenen Sicht innovative Art eingesetzt. Sie war in der ersten Woche für die überwiegende Mehrheit der operativen Tätigkeiten verantwortlich, und spielte vom 3. Januar

bis zum 18. Januar 2009 weiterhin bei der Unterstützung und Abdeckung der Bodentruppen eine bedeutende Rolle[195].

331. Das Heer war für die am 3. Januar 2009 beginnende Bodeninvasion zuständig. Aus den verfügbaren Informationen geht hervor, dass die Golani-, Givati-, und Fallschirmjägerbrigaden sowie fünf Panzerkorps daran beteiligt waren. Kombinierte Panzer- und Infanterieangriffe an drei Fronten wurden durch spezialisierte Sprachmittler für Arabisch sowie Truppen des Nachrichtendienstes und besonders durch Pioniere verstärkt. Die mit gepanzerten D-9-Planierraupen ausgerüsteten Pioniere wurden auch in der Entschärfung improvisierter Sprengkörper geschult. Frontnahe Elemente dieser Angriffsformationen rechneten mit der direkten Unterstützung der Luftwaffe, bei der sie Luftangriffe anfordern bzw. leiten, Raketenangriffe durch Hubschrauber anfordern und die eigenen mit Raketen ausgerüsteten Drohnen leiten konnten[196].

2. Bewaffnete palästinensische Gruppierungen

332. Die im Gaza-Streifen tätigen bewaffneten palästinensischen Gruppierungen, die sich zur Mehrheit der Raketen- und Granatenabschüsse bekennen, sind die Hamas Izz ad-Din Al Qassam Brigades[197], die Izeldin Al Qassam Brigaden der Hams, der Islamic Jihad, die Abu Ali Mustafa Brigades[198], die als militärischer Arm der Volksfront zur Befreiung Palästinas (Popular Front for the Liberation of Palestine – PFLP) fungieren, und die Al-Naser Salah ad-Din Brigades, der militärische Arm der Volkswiderstandskommitees (Popular Resistance

---

195 Siehe Anthony H. Cordesman, „The ‚Gaza war‘: A strategic analysis“, Centre for Strategic and International Studies (2009), S. 41.

196 Alon Ben-David, „Israeli offensive seeks ‚new security reality‘ in Gaza“, Jane‘s Defence Weekly, 8. Januar 2009; Jane‘s ‘Sentinel‘ Services, „Country Risk Assessments – Israel“, 4. Februar 2009.

197 Nach einem Syrer benannt, der mit palästinensischen Flüchtlingen im jetzigen Norden Israels zuasammenarbeitete und 1935 bei einem Zusammenstoss mit britischen Truppen verstarb, was den palästinensischen Aufstand 1936 – 1939 entfachte.

198 Die Abu Ali Mustafa Brigades bekannten sich zum Abschuss von 177 Raketen und 115 Mörsergranaten auf diverse Städte und Dörfer innerhalb Israels während der Dauer der Kriegshandlungen in Gaza. Siehe http://www.kataebabuali.ps/inf2/articles-action-show-id-223.htm

Committees – PRC)[199]. Bei den PRC handelt es sich um eine Koalition aus unterschiedlichen bewaffneten Gruppierungen, die die von ihnen so wahrgenommene versöhnliche Politik der palästinensischen Autonomiebehörde und der Fatah gegenüber Israel ablehnen.

B. Die Phasen der Feindseligkeiten

1. Luftphase[200]

333. Die israelischen Streitkräfte begannen die militärische Aktion mit einem wochenlangen Luftangriff vom 27. Dezember 2008 bis zum 3. Januar 2009. Eine Studie legt nahe, dass man eine Liste von 603 Zielen angefertigt hatte, die wegen der Zugehörigkeit zu Hamas-Verdächtigen bzw. zu dem, was Israel als Hamas-Infrastruktur ansah, angegriffen werden sollten. Der Studie zufolge soll ein ranghoher israelischer Offizier berichtet haben, dass alle 603 Ziele vor Ablauf des vierten Tages der Luftangriffe der ersten Woche getroffen worden seien. Offiziell hat der Sprecher der israelischen Streitkräfte behauptet, dass bis zum 31. Dezember 2008 526 Ziele getroffen worden seien[201].

334. Eine Analyse der Angriffe in einem Bericht des Palestinian Centre for Human Rights (Palästinensisches Zentrum für Menschenrechte) liefert die nachfolgende Aufschlüsselung:

335. Die IOF (Israeli Occupation Forces – israelische Besatzungsarmee) verübten mindestens 300 Luft- und Seeangriffe auf den Gaza-Streifen. Ziele dieser Angriffe waren 37 Häuser, 67 Sicherheitseinrichtungen und Ausbildungszentren, 20 Werkstätten, 25 öffentliche und

199 Während der Dauer der Kriegshandlungen in Gaza bekannten sich die Al-Naser Salah ad-Din Brigades zum Abschuss von 132 Raketen und 88 Mörsergranaten. Siehe http://www.moqawmh.com/moqa/view.php?view=1&id=300

200 Obwohl dies zwar generell als Luftphase bezeichnet wird, hat auch die israelische Marine einen erheblichen Beitrag geleistet, und zwar nicht nur in der ersten Woche.

201 Cordesman, a.a.O., S. 30.

private Einrichtungen, sieben Moscheen und drei Bildungseinrichtungen. Bombardiert wurden folgende öffentliche Einrichtungen: der Ministerienkomplex, das Gebäude des palästinensischen Legislativrats, das Kabinettsgebäude in Gaza-Stadt, die Gebäude der Landwirtschaftsaufsichtsbehörde und der Stadtverwaltung von Bani Suhaila in Khan Yunis, die Gebäude der Stadtverwaltung und des Regierungsbezirks von Rafah. Getroffen wurden ebenfalls vier Wechselstuben, eine Klinik, drei Fischereihäfen, die Islamische Universität und zwei Schulen.[202]

336. Bei den in diesem Bericht ausführlich dargestellten Vorfällen hat sich während dieser Phase folgendes ereignet:

- Der Angriff auf die Polizeidienststelle Arafat-Stadt;
- Angriffe auf vier andere Polizeidienststellen, eine in Deir al-Balah und drei in Gaza-Stadt;
- Der Angriff auf das Gebäude des palästinensischen Legislativrats und auf das Justizministerium;
- Der Angriff auf das Hauptgefängnis in Gaza im Al-Sarayah-Komplex, Gaza-Stadt.

337. Während der gesamten Dauer der Kriegshandlungen fuhr die israelische Luftwaffe mit ihren Aktivitäten fort. Insgesamt wurden schätzungsweise 2300 bis 3000 Einsätze geflogen[203].

2. Die Luft-Land-Phase

338. Um den 3. Januar 2009 herum rückten israelische Bodentruppen aus dem Norden und Osten in Gaza ein. Eine Studie legt nahe, dass „der Krieg hauptsächlich vom Kommando Süd geführt wurde, unter

202 PCHR, „Weekly report on Israeli human rights violations in the Occupied Palestinian Territory", Nr. 51/2008 (24.-31.Dezember 2008), abrufbar unter: http://www.pchrgaza.org/files/W_report/English/2008/pdf/weekly%20report%2051.pdf

203 Cordesman, a.a.O., S. 41. Er zitiert eine Aussage des GenLt. Ashkenazi, wonach die Luftwaffe 2300 erfolgreiche Angriffe geflogen hat, merkt allerdings an, dass ihm andere ranghohe Beamte gesagt hätten, die tatsächliche Anzahl liege bei ca. 3000.

Einsatz von hochgradig selbstständigen Brigaden, denen große Anpassungs- und Innovationsspielräume eingeräumt wurden"[204].

339. Zu den Kernzielen der Anfangsphase gehörte es, so einer der beteiligten Soldaten, den Gaza-Streifen in zwei Teile aufzuspalten, d.h. den Gaza-Streifen mit Nitzarim als Mittelpunkt abzuspalten und zu verkleinern[205]. Die Teilungslinie verlief daher südwestlich vom Grenzübergang Karni zur Küste. Nach erfolgter Aufspaltung konzentrierten sich die israelischen Bodentruppen im Norden. Im Süden liegende Ziele, z.B. in Rafah, wurden von der Luft aus angegriffen.

340. Zumindest in der Anfangsphase rückten allem Anschein nach Angehörige der Givati-Brigade vom Osten ein und näherten sich Gaza-Stadt aus südlicher Richtung.

341. Dem Vernehmen nach haben Angehörige des Panzerkorps ebenfalls – wahrscheinlich jedoch zu einem späteren Zeitpunkt – in diesem Gebiet operiert.[206] Zeytoun am südlichen Stadtrand von Gaza bekam die volle Wucht dieser Brigadeoperationen ab, zu denen auch Angriffe auf die zivile Bevölkerung gehörten.

342. Anscheinend zählten Angehörige der Golani-Brigade zu den Hauptverantwortlichen im Norden Gazas, besonders in der Umgebung von Beit Lahia und Al-Atatra.

343. Bei den Truppen, die sich auf den Bereich zwischen Gaza-Stadt und dem nördlichen Bereich konzentrierten, handelt es sich scheinbar zu einem großen Teil um Angehörige der Fallschirmjägerbrigade.

344. Die Bewegung in den Süden der Stadt Gaza reichte am 3. Januar 2009 mindestens bis an Zeytoun. Einige der an diesem Tag dort einrückenden Truppen wurden anscheinend per Hubschrauber eingeflogen, statt über den Landweg einmarschiert zu sein. Die israeli-

---

204 a.a.O., S. 39

205 Breaking the Silence, Soldiers' Testimony from Operation Cast Lead, Gaza 2009, Aussage Nr. 20, S. 48, abrufbar unter: http://www.breakingthesilence.org.il/oferet/ENGLISH_oferet.pdf.

206 Soldiers' Testimony ..., Aussage Nr. 2, S. 9.

schen Streitkräfte blieben bis zum endgültigen Abzug in Zeytoun präsent[207]. Dem Vernehmen nach wurden die Truppen, die zuerst in Zeytoun einrückten, zu irgendeinem Zeitpunkt mindestens teilweise durch andere Truppen ersetzt; unbekannt ist jedoch, ob irgendwelche der anfänglichen Truppen während des gesamten Zeitraums in der Gegend blieben.[208]

345. In den anderen Brigadebezirken wurden reguläre Soldaten durch Reservisten verstärkt bzw. ersetzt, die nach den ersten Bodenangriffen einberufen wurden.

346. In Zeytoun kam es zu besonders heftigen Aktivitäten seitens der israelischen Truppen, obwohl es zum fraglichen Zeitpunkt keinerlei Hinweise auf bewaffneten Widerstand gab[209].

347. Von besonderem Interesse für die Kommission waren in Zeytoun die Tötung der Familie Samouni, die Massenzerstörung in der Gegend, insbesondere die sytematische Zerstörung der Sawafeary-Hühnerfarmen und der Luftangriff, durch den 22 Angehörige der Familie al-Daya ums Leben kamen.

---

207 Siehe die Schilderungen des Angriffs auf die Hühnerfarm Al-Sawafeary im 13. Kapitel sowie der Einnahme des Hauses Juha in Zaytoun im 9. Kapitel.

208 Soldiers' Testimony …, Aussage Nr. 2, S. 9.

209 Siehe Jerusalem Center for Public Affairs, „The hidden dimension of Palestinian war casualties in operation ‚cast lead': Hamas fire on Palestinian areas", von Oberstlt d.R. Jonathan Dahoah Halevi.

VI. Übersicht der von Israel zwischen dem 27. Dezember 2008 und dem 18. Januar 2009 durchgeführten Kriegshandlungen und Daten zu Verletzten und Todesopfern

348. Die Kräfte in Zeytoun waren anscheinend ebenfalls für den Vorstoß in den Bereich um Tal el-Hawa und Rimal im Südwesten von Gaza-Stadt, ca. drei Kilometer von Zeytoun entfernt, verantwortlich. Aus den der Kommission vorliegenden Erkenntnissen geht hervor, dass Panzer am 4. und 5. Januar in und um Tal el-Hawa Stellungen bezogen haben. Quellen zufolge gab es dort während der gesamten Dauer der Kriegshandlungen eine Truppenpräsenz, was auch aus dem von diesem Bezirk ausgehenden Artilleriefeuer auf den Gebäudekomplex des UNO-Hilfswerks für palästinensische Flüchtlinge im Nahen Osten (United Nations Relief and Works Agency for Palestine Refugees in the Near East – UNRWA) und auf das Al-Quds-Krankenhaus am 14. und 15. Januar ersichtlich ist; beide Vorfälle werden von der Kommission ausführlich besprochen.[210]

349. Zu den Einheiten für die Ausführung des israelischen Plans im Nordosten des Gaza-Streifens zählte auch die Golani-Brigade. Von besonderem Interesse in dieser Hinsicht sind die Bezirke Al-Atatra und Beit Lahia. Verschiedenen Zeugen zufolge soll es in der Vergangenheit gelegentlich eine bewaffnete Präsenz gegeben haben. Aus Informationen auf Webseiten, die scheinbar bewaffneten palästinensischen Gruppierungen gehören, geht hervor, dass in diesen Bezirken Widerstand geleistet wurde. Mehrere Zeugen erzählten der Kommission vom Ausmaß der Zerstörung dort in Folge Artilleriebeschusses nach Beginn der Bodenphase am 3. Januar. Informationen weisen auf einen nachhaltigen Luft- und Artillerieangriff vom 3. bis 8. Januar hin. Verschiedene Vorfälle, die sich in diesem Zusammen-

210 Siehe z.B. Haaretz, "IDF investigation shows errant mortar hit UN building in Gaza", 11. Januar 2009, abrufbar unter: http://www.haaretz.com/hasen/spages/1054284.html

hang ereigneten, insbesondere der angebliche Einsatz menschlicher Schutzschilde, die angebliche weit verbreitete Misshandlung von Zivilpersonen, darunter Verhaftungen und die rechtswidrige Verbringung zahlreicher Menschen in israelische Gefängnisse, werden von der Kommission eingehend untersucht.

350. In Bezirk Jabaliya, der zwischen Beit Lahia und Gaza-Stadt liegt, hat die Kommission erfahren, dass während des fraglichen Zeitraums die Fallschirmjägerbrigade zumindest teilweise in erheblicher Stärke präsent war. Es wird angemerkt, dass zu Beginn der Bodenphase die Al-Maqadmah-Moschee von einem israelischen Projektil getroffen wurde, wodurch mindestens 15 Zivilpersonen ums Leben kamen. Wenige Tage später ereignete sich in derselben Gegend der Vorfall in der Al-Fakhura-Straße, bei dem durch eine Reihe von den israelischen Streitkräften abgeschossener Mörsergranaten mindestens 35 Personen getötet wurden.

351. Um den 15. Januar herum begannen die israelischen Streitkräfte mit dem Abzug aus den bezogenen Stellungen in den wichtigsten oben beschriebenen Gegenden. Dabei zerstörten sie systematisch zahlreiche Strukturen, insbesondere Häuser, Wasserversorgungsvorrichtungen wie Tanks auf den Dächern von Häusern, und Ackerland, was offenbar zur Praxis gehörte. In den letzten Tagen der Kriegshandlungen kam es in Rafah zu einer neuen Luftphase. Obwohl man bei den Angriffen in der ersten Woche offenbar relativ wählerisch vor ging, nahmen die Angriffe in den letzten Tagen zu, wobei mehrere Hundert Ziele getroffen wurden. Hierdurch wurden nicht nur Gebäude erheblich beschädigt, sondern einigen Zeugen zufolge auch noch unterirdische Strukturschäden angerichtet.[211]

211 UNOSAT Report

C. Daten zu Verletzten und Todesopfern während der israelischen Kriegshandlungen in Gaza vom 28. Dezember 2008 bis 17. Januar 2009

1. Palästinensische Opfer

352. Von der palästinensischen Autonomiebehörde, und zwar von der Central Commission for Documentation and Pursuit of Israeli War Criminals (Zentralkommission zur Dokumentation und Verfolgung israelischer Kriegsverbrecher – TAWTHEQ)[212], sowie vom PCHR[213], Al Mezan[214] und B'Tselem[215] gingen bei der Kommission Statistiken über die in Folge der Kriegshandlungen eingetreten Todesfälle ein. Die ersten drei legten auch Auflistungen aller während der Kriegshandlungen getöteten Personen mit Geschlecht, Alter, Adresse, Beruf und Ort und Zeit des tödlichen Angriffs vor. Eine Auflistung aller getöteten Kinder legte eine weitere NGO, Defence for Children International (DCI) – Palestine Section[216] vor.

353. Die Zahlen in den drei Listen sind unterschiedlich. TAWTHEQ zufolge wurden 1.444 Personen getötet. Eine niedrigere Zahl wird von den beiden palästinensischen NGOs geliefert, und zwar 1.417 nach Angaben vom PCHR und 1.409 nach Angaben von Al Meza. B'Tselem kommt indes auf 1.387 Opfer. Einen Abgleich der Listen hat die Kommission nicht vorgenommen. TAWTHEQ, PCHR, Al Mezan und B'Tselem liefern auch nach Personengruppen aufgeschlüsselte Daten.

---

212 Diese Listen wurden vom Justizministerium der Gazaer Behörden, TAWTHEQ, der Zentralkommission zur Dokumentation und Verfolgung israelischer Kriegsverbrechung der Kommission vorgelegt.

213 Abrufbar ist die Liste unter: http://www.pchrgaza.org/files/PressR/English/2008/list.pdf

214 Al Mezan Center for Human Rights, "Cast lead offensive in numbers", abrufbar unter: http://www.mezan.org/upload/8941.pdf. Im September 2009 veröffentlichte Al Mezan eine aktualisierte Opferliste mit 1.412 Namen.

215 B'Tselem, „B'Tselem publishes complete fatality figures from operation cast lead", Presseerklärung, 9. September 2009, abrufbar unter: http://www.btselem.org/English/Press_Releases/20090909.asp

216 Abrufbar ist die Liste unter http://www.dci-pal.org/english/display.cfm?DocId=917&CategoryId=1

354. TAWTHEQ berichtet, dass es sich bei 341 der Getöteten um Kinder (unter 18), bei 248 um Angehörige der Polizei, bei 11 um Angehörige des Inneren Sicherheitsdienstes und bei 5 um Angehörige des Nationalen Sicherheitsdienstes handelt. Statistiken über die Anzahl der getöteten Kombattanten hat sie nicht vorgelegt.

355. Die insgesamt 1.417 Opfer teilt das PCHR in 926 Zivilpersonen, 255 Polizeibeamte[217] und 236 Kombattanten[218] ein. Es berichtet, dass 313 der Toten Kinder und 116 Frauen gewesen seien.

356. Al Mezan berichtet, dass insgesamt 1.409 Personen während der Kriegshandlungen getötet worden seien, darunter 237 Kombattanten (einschließlich 13 minderjähriger Kombattanten) und 1.172 Nichtkombattanten, einschließlich 342 Kinder, 111 Frauen und 136 Polizeibeamte[219]. Folglich waren nach Angaben von PCHR und Al Mezan weniger als 17% der während der Kriegshandlungen getöteten Palästinenser Kombattanten.

357. Nach Angaben von B'Tselem sollen von den 1.387 getöteten Palästinensern 773 nicht an den Feindseligkeiten teilgenommen haben, darunter 320 Minderjährige und 109 Frauen, die das 18. Lebensjahr vollendet hatten. Von den Getöteten wären 330 an den Feindseligkeiten beteiligt und 248 palästinensische Polizeibeamte, von denen die meisten von Luftbombardements auf Polizeidienststellen am ersten Tag der Aktionen getötet worden seien. Bei 36 Personen konnte B'Tselem nicht ermitteln, ob sie an den Feindseligkeiten teilgenommen hatten oder nicht.

358. Nach Anfaben von Defence for Children International wurden während der Kriegshandlungen 348 Kinder getötet.[220]

---

217 In der Opferliste des PCHR werden die Polizeibeamten als Zivilpersonen bezeichnet.

218 PCHR, „Confirmed figures reveal the true extent of the destruction inflicted upon the Gaza Strip; Israel's offensive resulted in 1,417 dead, including 926 civilians, 255 police officers, and 236 fighters", Presseerklärung, 12. März 2009, abrufbar unter: http://www.pchrgaza.org/files/PressR/English/2008/36-2009.html

219 „Cast lead offensive in numbers...", S. 7.

220 Von Defence for Children International wurde bestätigt, dass weitere fünf Kinder als mittelbare Folge der Kriegshandlungen ums Leben kamen.

359. Die israelischen Streitkräfte behaupten, dass „nach den von der Rechercheabteilung des israelischen Militärnachrichtendienstes gesammelten Daten“ 1.166 Palästinenser während der Kriegshandlungen getötet worden seien. Sie behaupten, „709 der Getöteten wurden als Hamas-Terroristen identifiziert“, 295 seien „unbeteiligte Palästinenser“. Bei den übrigen 162 handele es sich um „Männer, die keiner Organisation zugeordnet worden sind“.[221] Von den 295 „unbeteiligten Palästinensern“ wären 89 Kinder unter 16 und 49 Frauen. Diesen Daten zufolge handelt es sich bei mindestens 60% – vielleicht sogar drei Vierteln – der Getöteten um Kombattanten. Die Kommission merkt jedoch an, dass die israelische Regierung keine Opferliste oder Daten zur Untermauerung ihrer Behauptungen veröffentlicht hat. Auch ist – abgesehen von der Einstufung der Polizeibeamten als Kombattanten – der Kommission keine Erklärung der Abweichung ihrer Statistiken von den von drei palästinensischen Quellen veröffentlichten Statistiken seitens der Regierung bekannt.[222]

360. Da die Kommission nicht alle Todesfälle im Gaza-Streifen untersucht hat, sieht sie von einer Feststellung der Gesamtzahl der Getöteten und des Zivilistenanteils unter den Getöteten ab. Die von ihr untersuchten Vorfälle – zu denen sie auf der Grundlage der gesammelten Informationen auch Tatsachenfeststellungen treffen wird – betreffen den Tod von mehr als 220 Personen, von denen mindestens 47 Kinder und 19 erwachsene Frauen waren.

361. Die Kommission merkt an, dass die Statistiken der nichtstaatlichen Quellen generell miteinander übereinstimmen. Statistiken, wonach weniger als ein Fünftel der bei einem bewaffneten Konflikt Getöteten Kombattanten sein sollen, wie die von PCHR und Al Mezan im Ergebnis monatelanger Recherchen vor Ort gelieferten Daten,[223]

---

221 IDF-Sprecher, “Majority of Palestinians killed in operation cast lead: Terror operatives“, 26. März 2009, abrufbar unter: http://dover.idf.il/IDF/English/News/today/09/03/2602.htm; siehe ebenfalls The Jerusalem Post, “IDF releases cast lead casualty number“, 26. März 2009.

222 Zur Frage, ob es sich bei den Gazaer Polizeibeamten um Zivilpersonen oder Kombattanten handelte, siehe 7. Kapitel.

223 Die Kommission merkt an, dass die B'Tselem-Statistiken, die nicht zwischen an den Feindseligkeiten beteiligten und unbeteiligten Todesopfern unterscheiden, zu einem ähnlichen Ergebnis kommen. Wurden die Polizeibeamten zu den an den Feindseligkeiten Unbeteiligten gezählt (wie es Al Mezan und PCHR tun,

geben Anlass zu ernsthaften Sorgen über die Art und Weise, wie Israel die Kriegshandlungen in Gaza durchgeführt hat. Die Erwiderungen der israelischen Regierung werden den Normen des Völkerrechts bei Weitem nicht gerecht.

362. Die Kommission merkt ebenfalls an, dass[224] – wie die israelische Regierung ausführlich argumentiert – Militäraktionen, die zu zivilen Todesopfern führen, unter gewissen Umständen keinen Verstoß gegen das humanitäre Völkerrecht darstellen. Zu diesen gehören gegen militärische Ziele gerichtete Angriffe, die den Unterscheidungs- und Verhältnismäßigkeitsgrundsätzen genügen, und dennoch zum Tode von Zivilpersonen führen. Hierzu zählt auch das Töten von Personen, die zwar keiner bewaffneten Gruppierung angehören, an den Feindseligkeiten jedoch unmittelbar teilnehmen. Der Berichten zufolge äußerst hohe Zivilistenanteil unter den Getöteten wirft Fragen über die von Israel bei der Durchführung von Angriffen getroffenen Vorsichtsmaßnahmen auf sowie über die Rechtmäßigkeit vieler der Angriffe, wie in Bezug auf die von der Kommission untersuchten konkreten Vorfälle näher erörtert wird.

363. Zum Schluss merkt die Kommission an, dass die Möglichkeit, dass Palästinenser in Folge von Beschuss durch bewaffnete palästinensische Gruppierungen bei Konfrontationen mit den israelischen Streitkräften getötet worden sein könnten, wie in einem der Kommission vorgelegten Schriftsatz argumentiert wird,[225] nicht ganz auszuschließen ist. Jedoch liegen ihr keine Erkenntnisse vor, die darauf hinweisen, dass dies der Fall war.[226]

---

indem sie die Polizeibeamten als getötete Zivilpersonen zählen), so ginge aus den B'Tselem-Statistiken hervor, dass ca. ein Viertel der getöteten Palästinenser an den Feindseligkeiten beteiligt war.

224 „The operation in Gaza …", Abs. 89–141.

225 „The hidden dimension of Palestinian war casualties …" Dieser Schriftsatz wird im 8. Kapitel unten untersucht.

226 Die Kommission hat jedoch Fälle mutmaßlicher außergerichtlicher Hinrichtungen von Palästinensern durch bewaffnete palästinensische Gruppierungen während der Kriegshandlungen untersucht (siehe 19. Kapitel).

2. Israelische Todesopfer

364. Das israelische Außenministerium berichtete, dass es während der Kriegshandlungen vom 27. Dezember 2008 bis zum 18. Januar 2009 vier israelische Todesopfer[227] im Süden Israels (alles Erwachsene) gegeben habe, von denen drei Zivilpersonen und einer Soldat gewesen seien.[228] Außerdem wurden bei den Kampfhandlungen im Gaza-Streifen neun israelische Soldaten, darunter vier durch eigenes Feuer, getötet.[229] B'Tselem[230] bestätigte diese Zahlen, und gab an, dass Palästinenser während der Kriegshandlungen neun Israelis, darunter drei Zivilpersonen, Berichten zufolge durch Qassam- und Grad-Raketenbeschuss, getötet hätten. Dabei seien vier Soldaten durch eigenen Beschuß ums Leben gekommen[231].

---

227 http://www.mfa.gov.il/MFA/Terrorism-+Obstacle+to+Peace/Hamas+war+against+Israel/Israel_strikes_back_against_Hamas_terror_infrastructure_Gaza_27-Dec-2008.htm

228 http://www.mfa.gov.il/MFA/Terrorism-+Obstacle+to+Peace/Hamas+war+against+Israel/Victims_Hamas_rocket_fire_Hamas_ends_calm_Dec-2008.htm

229 http://www.mfa.gov.il/MFA/Terrorism-+Obstacle+to+Peace/Hamas+war+against+Israel/IDF_soldiers_killed_Operation_Cast_Lead.htm

230 B'Tselem, "B'Tselem's investigation of fatalities in Operation Cast Lead", S. 2, abrufbar unter: http://www.btselem.org/Download/20090909_Cast_Lead_Fatalities_Eng.pdf

231 Auf der Webseite der Al Qassam Brigades wird berichtet, dass sie während des Konfliktes 102 israelische Soldaten getötet hätten ("Ergebnisse der Aktionen der Al Qassam während des Gefechtes um al-Furqan" (auf Arabisch), abrufbar unter: http://www.alqassam.ps/arabic/special_files/al-furqan/30.pdf). Am 19. Januar 2009 gab Abu Obeida, ein Sprecher der Gruppe „Israel hat während der Kämpfe ‚mindestens 80 Soldaten' verloren". Siehe al-Arabiya News Channel, "Hamas says only 48 fighters slain in Israel war", 19. January 2009, abrufbar unter: http://www.alarabiya.net/articles/2009/01/19/64513.html. Aufgrund der erheblichen Differenz, die die Daten aufweisen, bestätigen sich die von der Kommission unten im Bericht getroffenen Feststellungen über die Zuverlässigkeit der Informationen über die Kriegshandlungen in Gaza, die auf den Webseiten von Al Qassam und anderen bewaffneten palästinensischen Gruppierungen zu finden sind.

VII. Angriffe auf Regierungsgebäude und Polizei

A. Vorsätzliche Angriffe auf die Regierungsinfrastruktur Gazas

1. Übersicht über die Gazaer Regierungsgebäuden zugefügten Schäden

365. In ihrem anfänglichen Erholungs- und Wiederaufbauplan für Gaza gibt die palästinensische Autonomiebehörde an, „sieben staatliche Einrichtungen wurden vollständig oder teilweise dem Erdboden gleich gemacht (darunter der Regierungspalast, das Archivgebäude, der Allgemeine Personalrat und der Präsidialkomplex), und das Innen-, Justiz- und Kulturministerium wurden – mit ihren jeweiligen Gebäudekomplexen – teilweise bzw. gänzlich zerstört. Außerdem wurden 19 städtische Einrichtungen beschädigt und 11 gänzlich zerstört, darunter Handelszentren wie Marktplätze, Schlachthöfe und Geschäfte.“

2. Die israelischen Luftangriffe auf das Gazaer Hauptgefängnis und auf das Gebäude des palästinensischen Legislativrates

366. Die Kommission besuchte zwei Orte, an denen Regierungsgebäude durch israelische Luftangriffe zerstört worden waren: Das Gebäude des palästinensischen Legislativrates und das Hauptgefängnis im Al-Saraya-Komplex in Gaza-Stadt. Außerdem besuchte die Kommission sechs Polizeidienststellen, die im Folgenden gesondert besprochen werden.

367. Die Kommission besuchte die Überbleibsel des Hauptgefängnisses in Gaza-Stadt und befragte zwei ranghohe Polizeibeamte, die nach ihren Angaben Augenzeugen des Angriffs waren. Auch Berichte an-

derer Quellen über den Angriff, die auf den Aussagen von Gefangenen basieren, wurden von der Kommission überprüft. Ferner richtete sie Fragen betreffend den mit dem Angriff auf das Gebäude des palästinensischen Legislativrates und das Hauptgefängnis in Gaza-Stadt verfolgten militärischen Vorteil an die israelische Regierung, erhielt jedoch keine Antwort.

368. Das Hauptgefängnis befand sich in einem dicht bebauten Bezirk von Gaza-Stadt im Al-Saraya-Gebäudekomplex, der von Regierungsbehörden, insbesondere von dem Bildungs-, Verkehrs- und Innenministerium, genutzt wurde. Das Gefängnis selbst war ein altes, mehrstökkiges Gebäude, das Berichten zufolge von den aufeinanderfolgenden Inhabern der Herrschaftsgewalt über Gaza in diesem wie im letzten Jahrhundert als Gefängnis verwendet wurde. Dort wurden sowohl normale Straftäter als auch politische Gefangene festgehalten.[232]

369. Zwar weisen die verschiedenen Berichte zu diesem Vorfall Unstimmigkeiten auf, die Kommission konnte jedoch feststellen, dass der Gebäudekomplex um 11.00 Uhr am 28. Dezember 2008, dem zweiten Tag der israelischen Luftangriffe, angegriffen wurde. Zum Zeitpunkt des Angriffs wurden dort 200 bis 300 Gefangene festgehalten, da die Mehrheit der fast 700 Gefangenen in den Tagen vor dem Angriff aus der Haft entlassen worden waren[233]. Den Angaben von Beamten über die Zahl der Todesopfer und Verletzten unter den Gefangenen widersprechen Berichte von NGOs, und der Kommission gegenüber wurde behauptet, flüchtende Gefangene würden von den bzw. im Auftrag der Gazaer Behörden außergerichtlich hingerichtet.

---

232 Palestinian National Authority, Palestinian National Early Recovery and Reconstruction Plan for Gaza 2009–2010, März 2009, S. 41.

233 Nach Angaben von Polizeibeamten gegenüber der Kommission wurden etwa 400 Bagatelltäter von den Behörden entlassen, um die Überbelegung zu reduzieren, sodas sich zu Beginn der Feindseligkeiten noch ca. 300 Gefangene dort befanden.
Nach einem NGO-Bericht, der sich auf die Aussagen Gefangener stützt, wurden „ca. 580 der Gefangenen nach Beginn der Bombardements [d.h. am 27. Dezember 2008] von den Behörden aus der Haft entlassen, in Gewahrsam blieben jedoch etwa 115 mutmaßliche Kollaborateure mit Israel, etwa 70 Fatah-Anhänger, die auf Grund verschiedener Anklagen festgehalten wurden, und einige Personen, die wegen Straftaten zum Tode verurteilt worden waren." Siehe Human Rights Watch, Under Cover of War: Hamas Political Violence in Gaza (April 2009), S. 11.

Diese Behauptungen werden im 19. Kapitel besprochen. Polizeibeamte erzählten der Kommission, vom israelischen Angriff seien ein Wächter getötet und mehrere verletzt worden, da die erste Rakete das Wächterquartier getroffen habe. Kein Gefangener sei schwer verletzt worden. Sofort nach dem ersten Angriff hätten die Wächter die Gefängnistore geöffnet. Andere berichteten, „beim Bombardement wurden einige Gefangene getötet, andere jedoch konnten dem zerstörten Gebäude entfliehen“[234]. Einige der beim Angriff verletzten Gefangenen begaben sich zur Behandlung ins al-Shifa-Krankenhaus in Gaza-Stadt, nachdem sie aus dem Gefängnis geflüchtet waren.

370. Obwohl es zu einer begrenzten Anzahl von Verletzten und Todesopfern gekommen sein mag, konnten die israelischen Streitkräfte die hohe Wahrscheinlichkeit einer viel größeren Anzahl von Toten und Verletzten bei einem Angriff auf eine bewohnte Haftanstalt nicht ausschließen. Die Einschätzung der israelischen Luftwaffe, wonach 99% der von ihr durchgeführten Angriffe präzise gewesen sein sollen, hat die Kommission zur Kenntnis genommen.[235] Angesichts dieser Behauptung und in Ermangelung anderslautender Erklärungen seitens der israelischen Regierung, kann nur gefolgert werden, dass das Gefängnis das beabsichtigte Angriffsziel war. Die gesammelten Informationen zu diesem Vorfall und eine Untersuchung des Ereignisorts ergaben keine Anhaltspunkte dafür, dass das Gefängnisgebäude als „militärisches Ziel“ gelten könnte.

371. Das Gebäude des palästinensischen Legislativrates in der Mitte von Gaza-Stadt wurde nach den Angaben der israelischen Streitkräfte auf ihrer offiziellen Webseite am 31. Dezember 2008 angegriffen. Herr Ahmad Bahr, damals stellvertretender Sprecher des palästinensischen Legislativrates in Gaza, gab gegenüber der Kommission an, das Gebäude sei von drei Raketen getroffen worden, die von Jagdflugzeugen aus abgeschossen worden seien. Den beschädigten Versammlungssaal hat die Kommission besucht. Auch die Trümmer des schwer beschädigten dreistöckigen Parlamentsgebäudes, das vor zwei Jahren vollendet worden war, hat die Kommission gesehen. Der Kommission gegenüber wurde erklärt, dass das neue Gebäude einen

---

234 „Ending the war…“, Fußnote 62.
235 Siehe ebenfalls 16. Kapitel.

Videokonferenzraum enthielt, der den Gazaer Parlamentariern gemeinsame Sitzungen mit den in Ramallah wohnenden Parlamentsmitgliedern ermöglichte. Der Kommission gegenüber wurde nicht berichtet, dass es in Folge des Angriffs auf das Legislativratsgebäude zu Verletzten oder Todesopfern gekommen wäre.

372. Die Kommission nimmt zur Kenntnis, dass die israelischen Streitkräfte in ihrer „Summary of overnight events" (Zusammenfassung der in der Nacht aufgetretenen Vorkommnisse) vom 1. Januar 2009 folgendes zugeben:

> Die IAF (israelische Luftwaffe) und die israelische Marine griffen in den späten Nacht- und frühen Morgenstunden etwa 20 Ziele im Gaza-Streifen an, die der Hamas gehören (31. Dez.). Angegriffen wurden u.a. folgende Ziele: Die Gebäude, in denen sich das Justizministerium und der Legislativrat der Hamas befinden, beide im Regierungskomplex Tel El-Hawwa. Bei den Regierungsgebäuden der Hamas handelt es sich um eine kritische Infrastrukturkomponente der Terrorgruppen in Gaza.[236]

373. Der israelische Armeesprecher führte des Weiteren aus: „Der Angriff auf strategische Regierungsziele, die Bestandteil des Herrschaftsmechanismus der Hamas sind, ist eine direkte Antwort auf den andauernden Beschuss auf Gemeinden im Süden Israels durch die Terrororganisation Hamas."[237]

3. Die Stellungnahme der israelischen Regierung

374. Die Kommission stellt fest, dass die Regierung Israels nicht behauptet, irgendwelche militärischen Tätigkeiten der Hamas, wie etwa Raketenabschuss, Waffenlagerung oder operative Planung, hätten im Legislativratsgebäude, Justizministerium oder im Hauptgefängnis stattgefunden. Gerechtfertigt wird der Angriff auf den palästinen-

236 http://dover.idf.il/IDF/English/opcast/op/press/0101.htm

237 Offizielle Stellungnahme eines israelischen Militärsprechers, 1. Januar 2009, abrufbar unter: http://dover.idf.il/IDF/News_Channels/art_mivzaim/09/01/0101.htm (auf Hebräisch).

sischen Legislativrat von der israelischen Regierung damit, dass es sich dabei um ein „Regierungsgebäude der Hamas“ handele, und dass derartige Gebäude „eine kritische Infrastrukturkomponente der Terrorgruppen in Gaza“ und „Bestandteil des Herrschaftsmechanismus der Hamas“ seien.

375. Diese Erklärung auf der offiziellen Webseite der israelischen Streitkräfte wird in zahlreichen Äußerungen jetziger und ehemaliger hoher Regierungsbeamten vor den Medien ergänzt und ausführlicher dargelegt. Major Avital Leibovich, Sprecher der israelischen Streitkräfte, soll wie folgt argumentiert haben: „Alles, was mit der Hamas in Verbindung steht, ist ein legitimes Ziel.“[238] Der stellvertretende Generalstabschef Generalmajor Dan Harel soll in einer Besprechung mit den Chefs örtlicher Behörden in Süd-Israel gesagt haben:

> Diese Aktion ist anders als frühere Aktionen. Wir haben uns ein hohes Ziel gesetzt. Wir greifen nicht nur Terroristen und Abschussgeräte an, sondern auch die gesamte Hamas-Regierung und all seine Arme. [...] Wir greifen Regierungsgebäude, Fabriken, Sicherheitsdienste und noch mehr an. Wir ziehen die Hamas als Regierung zur Verantwortung und unterscheiden nicht zwischen den verschiedenen Armen. Nach dieser Aktion wird kein einziges Hamas-Gebäude in Gaza mehr stehen, und wir planen, die Spielregeln zu ändern[239].

376. Der israelische Militärsprecher Hauptmann Benjamin Rutland soll gesagt haben: „Ein legitimes Ziel ist nach unserer Definition jeder, der innerhalb der Hamas am Terrorismus beteiligt ist. Das reicht von den ausschließlich militärischen Einrichtung bis hin zu den politischen Organen, die die logistische Finanzierung und das Personal für den terroristischen Arm bereitstellen.“[240]

377. Herr Matti Steinberg, ehemals hoher Berater des israelischen Allgemeinen Sicherheitsdienstes, argumentierte, „die Zivilinsfrastruktur der Hamas“ sei „ein sehr, sehr empfindliches Ziel. So geht es, wenn

---

238 The Washington Post, „All-out war declared on Hamas“, 30. Dezember 2008.
239 Ynet, „Deputy chief of staff: worst still ahead“, 29. Dezember 2008.
240 BBC News, “Gaza conflict: who is a civilian?”, 5. Januar 2009, abrufbar unter: http://news.bbc.co.uk/2/hi/middle_east/7811386.stm

man sie unter Druck setzen will."[241] Weniger als drei Monate vor dem Beginn der Feindseligkeiten in Gaza trug Oberst Gabriel Siboni eine ähnliche Argumentation vor:

> … Die IDF wird gegen die Hamas hart zuschlagen und die Katz-und-Maus-Sucherei nach den Qassam-Abschussgeräten lassen müssen. Man sollte nicht erwarten, dass die IDF den Raketenbeschuss auf die israelische Heimatfront durch Angriffe auf die Abschussgeräte selbst stoppt, sondern dadurch, dass sie dem Feind einen Waffenstillstand aufzwingt."[242]

378. Nach Auffassung der Kommission deuten diese Äußerungen darauf hin, dass sich Militäraktionen nach Ansicht der Autoren nicht nur gegen militärische Ziele, sondern auch gegen die nichtmilitärische Infrastruktur richten müssen, um wirksam zu sein.

379. Die israelische Regierung behauptet in ihren Ausführungen zu den „gezielten Angriffen auf die Terrorinfrastruktur der Hamas", die israelischen Streitkräfte hätten „getreu dem Unterscheidungsprinzip militärische Ziele angegriffen, die in direkter Verbindung zu den Militäraktionen der Hamas und anderer Terrororganisationen gegen Israel stehen". Dieser Behauptung folgt eine beispielhafte Aufzählung von Zielen, wie z.B. Befehlsstellen der Al Qassam Brigades, mutmaßliche Waffenlager und Ausbildungslager, Abschussstellen für Raketen und Mörsergranaten und Tunnel. Zweimal erwähnt die Liste einen als Büro von Ismail Haniyah, „Chef der Hamasbehörden", identifizierten Ort. Dieser Liste folgt jedoch eine Äußerung, in der die Argumentation, es könne, was die Regierung und öffentliche Verwaltung in Gaza anbelangt, eigentlich nicht zwischen militärischen und zivilen Zielen unterschieden werden, wiederholt und ausführlicher vorgetragen wird:

> Obwohl die Hamas Ministerien betreibt und verschiedene administrative und traditionelle Regierungsaufgaben im Gaza-Strei-

241 „All-out war …".

242 Gabriel Siboni, "Disproportionate force: Israel's concept of response in light of the second Lebanon war", Institute for National Security Studies Insight, Nr. 74 (2. Oktober 2008), abrufbar unter: http://www.inss.org.il/publications.php?cat=21&incat=&read=2222

fen federführend wahrnimmt, ist sie dennoch nach wie vor eine Terrororganisation. Viele der scheinbar zivilen Elemente des Hamas-Regimes sind in Wirklichkeit aktive Bestandteile seiner terroristischen und militärischen Bemühungen. Tatsächlich unterscheidet die Hamas nicht so zwischen zivilen und militärischen Aktivitäten, wie es eine legitime Regierung täte. Stattdessen setzt die Hamas die ihrer Herrschaft unterstehenden Apparate, darunter auch regierungsähnliche Einrichtungen, zur Förderung ihrer terroristischen Aktivitäten ein.[243]

4. Sachverhalt

380. Auf Grund der von ihr gesammelten Erkenntnisse stellt die Kommission fest, dass Israel direkte Angriffe am 28. Dezember 2008 auf das Hauptgefängnis in Gaza-Stadt, und am 31. Dezember 2008 auf das Gebäude des palästinensischen Legislativrates verübte. Durch die Angriffe wurden die Gebäude erheblich beschädigt und unbrauchbar gemacht. Beim Angriff auf das Gefängnis kam mindestens eine Person ums Leben. Allem Anschein nach gab es beim Angriff auf das Legislativratsgebäude keine Verletzten oder Todesopfer.

381. Die Tatbestandsfrage, ob diese beiden Einrichtungen und ihre Gebäude militärischen Zwecken dienten, ist unter Heranziehung der Legaldefinition des militärischen Ziels zu klären. Hierzu wird im folgenden Abschnitt Stellung genommen.

5. Rechtliche Würdigung

382. Bei der Beurteilung der israelischen Angriffe auf das Legislativratsgebäude und das Hauptgefängnis merkt die Kommission erst einmal an, dass es sich bei der Hamas um eine Organisation mit verschiedenen politischen, militärischen und sozialen Komponenten handelt.[244]

---

243 „The operation in Gaza…", Abs. 233–235.

244 Diese Situation wird auch von Regierungen anerkannt, die die militärische

383. Seit Juli 2007 hat Hamas die faktische Regierungsgewalt in Gaza inne. Die von der Hamas geführten Behörden in Gaza sind – wie auch von der israelischen Regierung anerkannt wird[245] – für die zivile Verwaltung von Gaza zuständig. Beispielsweise beschäftigen sie Beamte und Arbeiter, betreiben Schulen und Krankenhäuser, und leiten die Polizeibehörden und die Justizverwaltung. Dass diese Einrichtungen und die dazugehörigen Gebäude seit Juli 2007 nicht mehr von einer aus Hamas- und Fatah-Mitgliedern zusammengesetzten Regierung, sondern von Behörden verwaltet werden, die von Hamas geführt werden, ist für den weiterhin zivilen Charakter dieser Einrichtungen unbeachtlich. Was das Gefängnis anbelangt, stellt die Kommission fest, dass die Folgen des Angriffs in einer von den Gazaer Behörden erhaltenen Antwort auf deren Fragen betreffend beschrieben worden sind: In Folge dieses gezielten Angriffs sind zahlreiche Personen entkommen, die sich in U-Haft in Strafverfahren befanden bzw. wegen Schwerverbrechen wie Mord verurteilt worden waren. Dies hat zu Unordnung und Chaos geführt, und sog. „Familienrache“ und Selbstjustiz gefördert.“[246] Was das Gebäude des palästinensischen Legislativrates betrifft, wurde es von Abgeordneten aller palästinensischen Parteien genutzt, die bei den Wahlen 2006 (die von internationalen Beobachtern als frei und fair anerkannt wurden) Mandate gewonnen hatten.

384. Die Kommission traf sich mit in Gaza wohnenden Mitgliedern des palästinensischen Legislativrates, zu dem die Hamas, Fatah und der PFLP angehören.[247] Zwar hat Hamas die faktische Regierungsgewalt in Gaza inne. Die angegriffenen und zerstörten Gebäude dien-

---

Komponente der Hamas als „terroristisch“ einstufen. Bei der Einstufung der Al Qassam Brigades als terroristische Organisation (Stand: 14. September 2007) führt die australische Regierung z.B. aus: „Zu den Funktionen der Hamas-Organisation, die getrennte zivile und militärische Arme hat, gehören legitime politische und soziale Tätigkeiten. Ihre Wohlfahrts- und Moscheenetze dienen als Grundlage ihrer Anwerbungs- und Propagandatätigkeiten. Ihre terroristischen Aktionen werden vom militärischen Arm, den Izz ad-Din Al Qassam Brigades, durchgeführt.“

245 „The operation in Gaza…“, Abs. 235.

246 Antwort der Gazaer Behörden auf den Fragebogen der Kommission (Juli 2009).

247 Die Kommission sprach ebenfalls mit im Westjordanland wohnenden Legislativratsmitgliedern.

ten jedoch einem öffentlichen Zweck, der nicht als „Förderung der terroristischen Aktivitäten der Hamas" angesehen werden kann.

385. Die auf Angriffe auf Gebäude und Infrastruktur anwendbare Grundnorm des humanitären Völkerrechts ist im Art. 52 des 1. Zusatzprotokolls („Allgemeiner Schutz ziviler Objekte") verankert. Diese Vorschrift wird allgemein als Kodifizierung des auf internationale wie nicht internationale bewaffnete Konflikte anwendbaren Gewohnheitsrechts anerkannt.[248]

(1) Zivile Objekte dürfen weder angegriffen noch zum Gegenstand von Repressalien gemacht werden. Zivile Objekte sind alle Objekte, die nicht militärische Ziele im Sinne des Absatz 2 sind.

(2) Angriffe sind streng auf militärische Ziele zu beschränken. Soweit es sich um Objekte handelt, gelten als militärische Ziele nur solche Objekte, die auf Grund ihrer Beschaffenheit, ihres Standorts, ihrer Zweckbestimmung oder ihrer Verwendung wirksam zu militärischen Handlungen beitragen und deren gänzliche oder teilweise Zerstörung, deren Inbesitznahme oder Neutralisierung unter den in dem betreffenden Zeitpunkt gegebenen Umständen einen eindeutigen militärischen Vorteil darstellt.

(3) Im Zweifelsfall wird vermutet, dass ein in der Regel für zivile Zwecke bestimmtes Objekt, wie beispielsweise eine Kultstätte, ein Haus, eine sonstige Wohnstätte oder eine Schule, nicht dazu verwendet wird, wirksam zu militärischen Handlungen beizutragen.

386. Aus der Erklärung der israelischen Regierung zum Angriff auf das Legislativratsgebäude und das Justizministerium geht kein Anhaltspunkt für einen etwaigen von diesen Gebäuden geleisteten „wirksamen Beitrag zu militärischen Handlungen" hervor. Ein durch deren Zerstörung zu erzielender „eindeutiger militärischer Vorteil" wird

248 International Committee of the Red Cross (ICRC), Customary International Humanitarian Law, Bd. I, Jean-Marie Henckaerts und Louise Doswald-Beck (Hrsg.) (Cambridge University Press, 2005), rules of customary law 7–9. Dieses Prinzip erkennt die israelische Regierung an. Siehe "The operation in Gaza…", Abs. 95.

mit keinem Wort erwähnt. Vielmehr werden die Angriffe damit begründet, dass Regierungsgebäude „ein Bestandteil des Herrschaftsmechanismus der Hamas“ und „eine kritische Infrastrukturkomponente der Terrorgruppen in Gaza“ seien, und dass „scheinbar zivile Elemente des [Hamas-]Regimes in Wirklichkeit aktive Bestandteile seiner terroristischen und militärischen Bemühungen“ seien.

387. Die Kommission stellt fest, dass es nicht einzigartig ist, dass in Gaza Ministerien und Gefängnisse Bestandteile des „Herrschaftsmechanismus“ der Regierung, und dass der Versammlungssaal und die Verwaltungsgebäude der Legislative eine kritische Infrastrukturkomponente der Regierung darstellen. Darauf wird bei der vom humanitären Völkerrecht angewandten Prüfung und der anerkannten staatlichen Praxis vorzunehmenden Prüfung zur Unterscheidung ziviler von militärischen Objekten jedoch nicht abgestellt. Die Kommission überprüfte u.a. die von Generalmajor A.P.V. Rogers, ehemals Direktor der Rechtsberatungsabteilung der britischen Armee (British Army Legal Services) entworfene vorläufige Liste militärischer Ziele, sowie die vom Internationalen Kommittee des Roten Kreuzes (IKRK) vorgeschlagene Liste militärischer Ziele. In dieser umfassenden Liste militärischer Ziele ist nichts enthalten, was mit einem parlamentarischen Versammlungssaal oder einem Gefängnis auch nur annähernd vergleichbar ist. Was Ministerien anbelangt, beschränken beide Listen die Definition des militärischen Ziels auf „Kriegsministerien.“[249]

388. Ferner merkt die Kommission an, dass das humanitäre Völkerrecht außerdem eine Kategorie ziviler Objekte erwähnt, die dennoch im Rahmen eines bewaffneten Konflikts gezielt angegriffen werden dürfen, sofern sie sowohl zu zivilen als auch zu militärischen Zwecken verwendet werden können (sog. „Dual use“-Objekte). Häufig zitierte Beispiele solcher Dual-use-Objekte, die sowohl zivilen als auch militärischen Zwecken dienen, sind Bestandteile der zivilen Infrastruktur wie Telekommunikationseinrichtungen, Kraftwerke oder Brücken, insofern sie neben ihrer zivilen Nutzung auch vom Mili-

249 „Final report to the Prosecutor by the Committee established to review the NATO bombing campaign against the Federal Republic of Yugoslavia“, Abs. 38–39, abrufbar unter: http://www.un.org/icty/pressreal/nato061300.htm#IVA64d

tär gebraucht werden. Dafür, dass das Legislativratsgebäude oder das Gazaer Hauptgefängnis einer derartigen Dual-use zugeführt worden sein könnten, fehlt jeder Anhaltspunkt. Eine entsprechende Nutzung wird auch nicht behauptet.

389. Es gibt keinen Hinweis darauf, und die israelische Regierung sowie die Streitkräfte behaupten dies in der Tat auch nicht, dass das Gebäude des Legislativrats, das Justizministerium oder das Hauptgefängnis in Gaza „tatsächlich einen Beitrag zu militärischen Aktionen" geleistet hätten. Auf Grund der ihr vorliegenden Erkenntnisse stellt die Kommission fest, dass die Angriffe auf diese Gebäude den Tatbestand vorsätzlicher Angriffe auf zivile Objekte erfüllen, und somit eine Verletzung der Norm des humanitären Gewohnheitsvölkerrechts darstellen, wonach Angriffe sich einzig und allein gegen militärische Ziele zu richten haben.

390. Die Kommission ist der Ansicht, dass diese Tatsachen weitere Indizien bieten für eine durch militärische Erfordernisse nicht gerechtfertigte, rechtswidrig und willkürlich vorgenommene Zerstörung von Eigentum in großem Ausmaß, die im Art. 147 des 4. Genfer Abkommens als schwere Verletzung definiert wird.

391. Die durch jetzige und ehemalige obere Regierungsbeamte Israels vertretene Auffassung, wonach der Unterschied zwischen zivilen und militärischen Teilen der Regierungsinfrastruktur im Rahmen des israelischen Konflikts mit der Hamas auf Grund des angeblichen Charakters der Hamas-Regierung in Gaza nicht mehr relevant sei, lehnt die Kommission ab. Neben dieser Auffassung wird in den Äußerungen von Oberst Gabriel Siboni und Herrn Matti Steinberg ausdrücklich argumentiert, Israel solle Hamas mittels gezielter Angriffe auf zivile Infastruktur „unter Druck setzen", um seine Kriegsziele zu erreichen.

392. Die Kommission ist der Ansicht, dass dies eine gefährliche Argumentation ist, die mit dem grundlegenden Prinzip der Unterscheidung unvereinbar und somit nachdrücklich abzulehnen ist. Angriffe auf Ziele, die keinen wirksamen Beitrag zu militärischen Handlungen leisten, sind nach dem humanitären Völkerrecht verboten. Angriffe, die sich nicht gegen militärische (bzw. Dual-use-) Ziele richten,

stellen Verletzungen des Kriegsrechts dar. Für wie vielversprechend der Angreifende sie aus strategischer oder politischer Sicht hält, ist hierbei völlig gleichgültig. Wie von einem jüngeren akademischen Beitrag zur Diskussion um die Frage, ob in „neuartigen Kriegen" auch „neuartige Gesetze" gefordert sind, angemerkt wird: „Wenn diese Argumentation [dass Angriffe auf politische, finanzielle oder psychologische Ziele wirksamer sein könnten als Angriffe auf militärische oder Dual-use-Ziele] den Ausschlag gäbe, könnte es sein, dass es in einigen Gesellschaften – in erster Linie in Demokratien – Entbindungsstationen, Kindergärten, geheiligte Stätten oder Altersheime sein könnten, deren Zerstörung den Willen der Streitkräfte bzw. der Regierung, den Krieg fortzuführen, am meisten beeinflussen könnte."[250]

B. Vorsätzliche Angriffe auf die Gazaer Polizei

393. Aus der Kommission vorgelegten Informationen geht hervor, dass 248 Angehörige der Gazaer Polizei im Laufe der israelischen Kriegshandlungen getötet wurden[251]. Mit anderen Worten handelte es sich bei jedem sechsten Todesopfer um einen Angehörigen der Gazaer Polizei.

394. Die Kommission besuchte das Polizeihauptquartier „Arafat-Stadt" in Gaza-Stadt sowie fünf Polizeidienststellen: die Polizeidienststelle Abbas (Mitte Gaza-Stadt), drei Polizeidienststellen in Gegenden östlich und südlich von Gaza-Stadt (Zeytoun, Al-Shujaeiyah und Al-Tuffah) und die Kriminalpolizeidientstelle Deir al-Balah. Die Kommission

---

250 Marco Sassoli, „Targeting: the scope and utility of the concept of ‚military objectives' for the protection of civilians in contemporary armed conflicts", New Wars, New Laws? Applying the Laws of War in 21st Century Conflicts, D. Wippman and M. Evangelista, Hrsg. (Ardsley, New York; Transnational Publishers; 2005), S. 196.

251 Die vom Justizministerium der Gazaer Behörden eingerichtete Zentralkommission zur Dokumentation und Verfolgung israelischer Kriegsverbrecher (TAWTHEQ).

befragte den Polizeipräsidenten, den Polizeisprecher, die Chefs der besuchten Dienststellen sowie andere Personen, die über Kenntnisse der Gazaer Polizei verfügen. Die Kommission überprüfte ebenfalls Behauptungen der israelischen Regierung über die Gazaer Innensicherheitsdienste, die auch in einem (hebräischsprachigen) Bericht der Orient Research Group Ltd., einer vom damaligen israelischen Ministerpräsidenten Ehud Olmert mit der Erstellung dieses Berichts beauftragten Organisation, erwähnt werden.[252]

395. Die von der Kommission untersuchten Angriffe richteten sich alle gegen Einrichtungen, die von der in amtlichen Dokumenten der Gazaer Behörden so genannten shurta (Polizei), in vielen englischsprachigen Berichten „civil police“ (Zivilpolizei) genannt, benutzt werden.

396. Das Polizeihauptquartier Arafat-Stadt sowie drei der fünf besuchten Dienststellen wurden während der ersten Minuten der israelischen Kriegshandlungen in Gaza, zwischen 11.20 und 11.35 Uhr am 27. Dezember 2008, angegriffen. Zeugenaussagen zufolge wurden die Angriffe in erster Linie mit Bomben und Raketen durchgeführt, die von Jagdflugzeugen aus abgeschossen wurden. Womöglich sind auch Raketen der Marine zum Einsatz gekommen.

397. Nach Informationen, die der Kommission von TAWTHEQ vorgelegt wurden, wurden neben den fünf von der Kommission besuchten Dienststellen weitere 29 Polizeidienststellen von den israelischen

---

252 Siehe Oberstlt d.R. Jonathan Dahoah-Halevi, "Fatal casualties of the Palestinian security forces – Myth vs. Reality" (Orient Research Group Ltd., 2009). Autor des Berichts ist ein ehemaliger Berater der Abteilung für politische Plaung des israelischen Außenministeriums und jetziger Forscher am Jerusalem Center for Public Affairs und Mitgründer der Orient Research Group Ltd. In einem Brief an die Kommission gab der Autor an, der Bericht sei zur Identifizierung der getöteten Polizeibeamten und zur Bestimmung ihres Verbindungsgrades zur Hamas, Palestinian Islamic Jihad und anderen Terrororganisationen“ in Auftrag gegeben worden. Was die verwendeten Quellen und Methoden anbelangt, erklärte er, dass er öffentlich zugängliche Materialien, darunter von der palästinensischen Polizei und den Gazaer Behörden herausgegebene amtliche Listen der getöteten Polizisten, NGO-Berichte, sowie Veröffentlichungen bewaffneter palästinensischer Gruppierungen, untersucht habe. Auf diesen Bericht, der darin als „eine jüngere Studie“ bezeichnet wird, stützt sich „The operation in Gaza…“ (Abs. 247).

Streitkräften gezielt angegriffen. Am 27. Dezember 2008 (v.a. während der ersten Minuten des Angriffs), dem ersten Tag der Kriegshandlungen, wurden 24, am darauf folgenden Tag neun Dienststellen, und am 14. Januar 2009 wurde eine Dienststelle angegriffen.

1. Informationen über die Angriffe auf das Polizeihauptquartier und Polizeidienststellen, die von der Kommission besucht wurden.

398. Das Polizeihauptquartier Arafat-Stadt belegt einen großen Gebäudekomplex in der Mitte Gazas. Verwendet wird es von der Zivilpolizei (shurta), einer der in Gaza tätigen Polizeibehörden, als Büro- und Ausbildungsräume. Die Kommission besuchte drei Stellen im Komplex, die von Raketen oder Bomben getroffen worden waren. In einem großen Hof trafen drei Raketen die Teilnehmer an einem polizeilichen Lehrgang. 48 Polizisten wurden auf der Stelle getötet, fünf weitere wurden verwundet, von denen zwei später ihren Verletzungen erlagen.

399. Zwar haben alle dort getöteten Polizisten an einem Ausbildungskurs teilgenommen, jedoch werden die Einzelheiten z.T. widersprüchlich dargestellt. In den meisten NGO-Berichten heißt es, es handele sich um Polizei„kadetten", die gerade an einer Abschlusszeremonie teilnahmen. Der Gazaer Polizeisprecher erzählte der Kommission jedoch, dass es sich um aktive Polizeibeamte handelte, die an einem dreiwöchigen Lehrgang teilgenommen hätten und zum Zeitpunkt des Angriffs gerade „Frühsport" trieben[253]. Gegenstand des Lehrgangs waren angeblich "Protokoll", d.h. wie man mit Vertretern auswärtiger Regierungen und internationaler Delegationen umgeht, sowie Rettungseinsätze. In der Todesanzeige eines der getöteten Polizeibeamten, die auf der Webseite der Al Qassam Brigades veröffentlicht wurde, wird behauptet, er habe an einem „militärischen Auffrischungskurs" teilgenommen.[254]

---

253 Telefonische Befragung des Herrn Shahwan, Gazaer Polizeisprecher, durch die Kommission, 12. Juli 2009.

254 Siehe http://www.alqassam.ps/arabic/sohdaa5.php?id=1342

400. Die Polizei überreichte der Kommission kleine würfelförmige (4x4x4 m^3 und 2x4x4 m^3) Metallsplitter, die von den auf diese Stelle abgefeuerten Raketen herrühren sollen. Informationen von NGOs, die den Ereignisort kurz nach dem Angriff besucht und Proben der Munitionssplitter gesammelt hatten, bestätigen, dass sie dort gefunden wurden. Nach Untersuchungen der Würfel im Labor steht fest, dass sie aus Wolfram sind.[255]

401. An einem zweiten Ort im Polizeihauptquartier Arafat-Stadt wurden von zwei von israelischen Jagdflugzeugen abgefeuerten Projektilen zwei Krater hinterlassen. Zum Zeitpunkt des Angriffs befand sich niemand in der Nähe. Die dritte von der Kommission besuchte Stelle lag in der Nähe des nördlichen Tors des Polizeihauptquartiers, wo ein Projektil, höchst wahrscheinlich eine Rakete, den Polizeipräsidenten Tawfiq Jabr getötet hatte. Berichten zufolge wurden auch andere Orte im Polizeihauptquartier angegriffen, die die Kommission nicht besucht hat.

402. An einem zweiten Polizeilehrgang sollen ca. 50 Polizisten teilgenommen haben. Von diesen kamen 28 beim Angriff ums Leben. Zweck des Lehrgangs war es nach Angaben des Polizeisprechers, Polizeibeamte darüber aufzuklären, wie mit Polizeibeamten, die ihre Macht missbrauchen, umzugehen ist, sowie kulturelle und wirtschaftliche Fragen im Zusammenhang mit der Polizeiarbeit zu vermitteln.[256] Als die Überlebenden versuchten, durch das westliche Tor der Polizeistadt zu flüchten, soll man sie mit zwei Antipersonenraketen gezielt angegriffen haben, wordurch es zu Verletzungen und Todesopfern kam. Zwar wurden der Kommission von den Gazaer Behörden

---

255 Die Laboruntersuchung wurde unter der Aufsicht von Oberstlt. Lane der irischen Streitkräfte, einem der von der Kommission vernommenen Sachverständigen, durchgeführt. In seinem Bericht an die Kommission merkt er an, „neu entwickelte Präzisionsraketensysteme mit niedrigem Kollateralschaden sind von der IDF eingesetzt worden… Mitte 2004 merkte Rafael an, ein neuer Sprengkopf für die Spike sei für den Einsatz in Stadtgebieten entwickelt worden.“ Siehe auch Human Rights Watch, Precisely Wrong: Gaza Civilians Killed by Israeli Drone-Launched Missiles (Juni 2009), in dem es heißt, die Splitter rühren wahrscheinlich von „Spike“-Raketen der israelischen Firma Rafael Advanced Defense Systems her, die von Drohnen aus abgeschossen worden seien (S. 6–7, 11–12).

256 Telefonische Befragung des Herrn Shahwan, Gazaer Polizeisprecher, durch die Kommission, 12. Juli 2009.

keine amtlichen Informationen über die Anzahl der am 27. Dezember 2008 im Polizehauptquartier getöteten Polizisten vorgelegt, jedoch heißt es in einem von einer NGO vorgelegten Bericht, 89 Polizeibeamte seien in Folge dieses Angriffs ums Leben gekommen.[257]

403. Nach Angaben des Dienststellenchefs wurde die Dienststelle Abbas in der Stadtmitte von Gaza-Stadt um 11.35 Uhr am 27. Dezember 2008 von drei Raketen getroffen. Beamte in der Dienststelle waren gerade ein paar Minuten vorher über den Angriff auf das Polizeihauptquartier Arafat-Stadt unterrichtet worden, und eine sofortige Evakuierung der Dienststelle war eingeleitet worden. Getötet wurden neun Polizisten; weitere 20 sollen verletzt worden sein. Nach Angaben des Dienststellenchefs befanden sich fünf Häftlinge (normale Straftatverdächtige) in den Haftzellen, die vor dem Angriff entlassen wurden. Zum Zeitpunkt des Anschlags waren Bürger, darunter Frauen und Kinder, dabei, in der Dienststelle alltägliche Geschäfte zu erledigen. Nach Schätzungen der TAWTHEQ belaufen sich die vom Angriff verursachten Sachschäden auf 80.000 USD.

404. Die Polizeidienststelle im Bezirk Al-Tuffah in Gaza-Stadt, ein jüngst fertig gestelltes dreistöckiges Gebäude, wurde am 27. Dezember 2009 gegen 11.30 Uhr von drei Raketen getroffen[258]. Ebenfalls nach Angaben des Dienststellenchefs wurden dabei keine Polizisten getötet, da es möglich gewesen war, die Dienststelle schleunigst zu evakuieren, nachdem ein weiteres Ziel im Bezirk getroffen worden war.
Es sollen jedoch viele unbeteiligte Zivilpersonen verletzt worden sein. Im weiteren Verlauf der Feindseligkeiten wurde die Dienststelle erneut getroffen. Nach Schätzungen der TAWTHEQ belaufen sich die vom Angriff verursachten Sachschäden auf 150.000 USD.

405. Die Kriminalpolizeidienststelle Deir al-Balah wurde am 27. Dezember 2008 zwischen 11.30 und 11.45 Uhr angegriffen. Nach Angaben eines von der Kommission befragten Polizeibeamten[259] wurde die Dienststelle von einer Rakete getroffen, die von einer F-16 aus abgefeuert worden sei. Andere von der Kommission befragte Zeu-

257 Befragung des Dienststellenchefs Maj Iyad Jabr el Horani, 9. Juni 2009.
258 Befragung des Chefs der Dienststelle Tuffah, Maj Aymal el-Batniji, 9. Juni 2009.
259 Befragung von Oberleutnant Samih Sabbah, 30. Juni 2009.

gen erinnerten sich an mehrere Explosionen, von denen die erste sich höchst wahrscheinlich auf einem neben der Dienststelle gelegenen Grundstück ereignete. Polizeibeamte, die sich zum Zeitpunkt des Angriffs in der Dienststelle befanden[260], gaben an, dass man zum fraglichen Zeitpunkt polizeilichen Routineaktivitäten nachging. Es wurden Verdächtige verhört (in den Haftzellen der Dienststelle wurden vier oder fünf Personen festgehalten) und von Einwohnern des Bezirks Anzeigen erstattet. Ein Polizeibeamter, Ashraf Hamadah Abu Kuwaik, wurde beim Anschlag getötet, und vier weitere Beamte und eine Zivilperson wurden ebenfalls verletzt.

406. Der Angriff auf die Kriminalpolizeidienststelle Deir al-Balah kostete sechs Bürgern, die sich in der Nähe aufhielten, das Leben. In Folge der Explosionen an der Polizeidienststelle und der Trümmer stürzten die Wände des nebenan stehenden Hauses der Familie al-Burdini ein, wodurch die zehnjährige Kamelia al-Burdini[261] getötet und mehrere andere Angehörige der Familie verletzt wurden. An einem Großhandelsmarktplatz für Obst und Gemüse neben der Polizeidienststelle in der Salah ad-Din-Straße, wo 50 bis 100 Personen zum fraglichen Zeitpunkt Handel trieben, wurden von den Trümmern der Polizeidienststelle fünf Personen, darunter Abd al-Hakim Rajab Muhammad Mansi (32) und sein Sohn, Uday Hakim Mansi, getötet und zahlreiche andere verletzt.[262]

407. Bei den Anschläge auf die Polizeidienststellen Al-Shujaeiyah und Zeytoun am 28. Dezember 2008 wurden keine Polizisten getötet, da die Polizeidienststellen nach den Anschlägen des 27. Dezember evakuiert worden waren.[263] Beim Angriff auf die Dienststelle Al-Shujaeiyah sollen jedoch zwei Frauen, ein Mann und ein Kind, die auf der gegenüberliegenden Straßenseite standen, von Trümmern getötet worden sein. Nach Schätzungen der TAWTHEQ belaufen sich

260 Befragungen von Oberleutnant Samih Sabbah und dem Kriminalbeamten Ahmad Abu Slimya, 30. Juni 2009.

261 Befragung von Refaet al-Burdini, 30. Juni 2009.

262 Befragung von Muhammad Ibrahim Khalid. Die Namen zweier der Getöteten stehen auf der vom PCHR herausgegebenen Liste der bei den Feindseligkeiten getöteten Kinder.

263 Befragungen vom Chef der Dienststelle Zeytoun, Maj. Mahmoud Kehael, und Lt. Mahmoud Idallo der Dienststelle Al-Shujaeiyah.

die von den Angriffen auf die Polizeidienststellen Al-Shujaeiyah und Zeytoun verursachten Sachschäden jeweils auf 210.000 USD und 900.000 USD.

2. Widersprüchliche Beschreibungen der Gazaer Sicherheitskräfte

(a) Die Stellungnahme der israelischen Regierung

408. Die israelische Regierung ist der Ansicht, „diese Innensicherheitskräfte genießen auf Grund ihrer militärischen Aufgaben nicht die Zivilpersonen generell zustehende Immunität gegen Angriffe.“ Sie behauptet, im Mai 2006 habe Hamas die Exekutivkräfte als loyale Miliz gegründet. Die „Angehörigen dieser paramilitärischen Organisation [stammen] größtenteils von ihrem militärischen Arm, den Izeldin Al Qassam Brigaden, und wurden mit Panzerabwehrraketen, Mörsern, Maschinengewehren und Granaten ausgerüstet.“ Die neu angeworbenen Befehlshaber und Untergebenen waren nicht verpflichtet, aus dem militärischen Arm auszutreten, und widmeten sich weiterhin gleichzeitig beiden Aufgabenbereichen.“ Des Weiteren behauptet sie, nachdem Hamas im Juni 2007 die vollständige Herrschaftsgewalt über Gaza ergriffen hatte, strukturierte sie die Exekutivkräfte um und teilte sie in mehrere Einheiten, darunter die Polizei, ein, die „viele traditionelle Gesetzesvollziehungsaufgaben übernahm“. Ferner behauptet die israelische Regierung, die Angehörigen der Exekutivkräfte gehörten weiterhin dem militärischen Arm der Hamas an. Zu deren Waffen sollen weiterhin Maschinengewehre und Panzerabwehrwaffen gehört haben. „[…] Die ehemaligen Exekutivkräfte blieben weiterhin mit den Al Qassam Brigaden eng verflochten, ohne förmlich zu ihnen zu gehören. […] Viele Angehörige der Innensicherheitsdienste dienten auch unmittelbar in den Al Qassam Brigades.“ Hinsichtlich der Kriegshandlungen behauptet die israelische Regierung, „Hamas beabsichtigte, ihre Innensicherheitskräfte während der Gaza-Aktion für militärische Handlungen einzusetzen, und hat dies auch getan.“ Ferner behauptet sie, „ein weiteres Indiz für die kollektive Rolle der sog. Gazaer ‚Polizei‘ als wesentlicher Bestandteil der Streitkräfte der Hamas ist darin

zu sehen, dass viele Gazaer ‚Polizisten' zugleich den Al Qassam Brigaden angehörten." Zur Untermauerung dieser Behauptung zeigt ein Bericht der israelischen Regierung Fotografien von vier Männern, die während der Kriegshandlungen getötet wurden. Jeder der Männer wird in zwei angeblich von palästinensischen Webseiten heruntergeladenen Fotografien gezeigt. In der einen wird der jeweilige Mann als Polizist, in der anderen als Angehöriger der Al Qassam Brigaden ausgewiesen. Zum Schluss verweist der Bericht auf die oben erwähnte Studie der Orient Research Group Ltd., und behauptet, diese hätte festgestellt, „mehr als neun Zehntel der angeblichen ‚Zivilpolizisten' wurden als bewaffnete terroristische Aktivisten und Kombattanten identifiziert, die an Feindseligkeiten gegen Israel unmittelbar beteiligt waren."[264]

(b) Die Stellungnahme der Gazaer Behörden

409. Die von der israelischen Regierung vertretene Beschreibung der Gazaer Innensicherheitskräfte steht im eklatanten Widerspruch zu den Aufgaben der Polizei, wie sie auf der amtlichen Webseite des Gazaer Innenministeriums, in Anweisungen des Innenministers an die Polizei, die von der Kommission überprüft wurden, sowie bei den Befragungen des Polizeipräsidenten und des Polizeisprechers durch die Kommission beschrieben werden.

410. Der Polizeipräsident, Gen. Jamal al-Jarrah, auch Abu Obeidah genannt, gab an: „Die Rolle der Polizei besteht darin, die Probleme der Bevölkerung zu lösen, den Drogenhandel zu bekämpfen und Straftäter zu verhaften." Er berichtete, dass Polizeibeamte mit Kalaschnikow-Feuerwaffen und Knüppeln ausgerüstet seien, da es den Behörden noch nicht gelungen sei, sonstige Ausrüstungsgegenstände wie beispielsweise Tränengas und kleinere Schusswaffen zu besorgen. Gen. Abu Obeidah gab zu, dass es Beschwerden über die „harten" Methoden der Gazaer Polizei gegeben hat, zeigte sich jedoch stolz auf ihren Erfolg bei der Reduzierung der Rechtlosigkeit im Gaza-Streifen[265]. Dieser Beurteilung schlossen sich viele von der Kom-

---

264 „The operation in Gaza …", Abs. 237, 239, 241–242 und 245–247.
265 Gespräch der Kommission mit dem Polizeipräsidenten der Gazaer Behörden

mission im Verlauf ihrer Ermittlungen befragte Menschen an. Die polizeilichen Anweisungen und die Webseite des Ministeriums bezeichnen die Polizei ebenfalls als Ordnungsbehörde. Auf die Behauptungen, die Polizei sei mit den Al Qassam Brigaden „austauschbar", erwiderte der Polizeipräsident, sie seien „völlig unwahr".

411. Nach Angaben des Polizeisprechers bestand die Aufgabe der Polizei in erster Linie darin, „die Innenfront zu schützen", d.h. dafür zu sorgen, dass die Beziehung der Zivilbevölkerung zu den Behörden „intakt" bleibt. Zweitens sollte die Polizei die Verteilung humanitären Bedarfs an die Zivilbevölkerung überwachen. Drittens sollten sie weiterhin ihre Gesetzesvollstreckungsaufgaben wahrnehmen und sich dabei besonders auf die Bekämpfung von Plünderungen und Preiswucher konzentrieren.[266]

3. Die Beurteilung der Rolle und Zusammensetzung der Polizei durch die Kommission

412. Um festzustellen, wo zwischen diesen beiden widersprüchlichen Beschreibungen der Polizei die Wahrheit liegen mag, hält es die Kommission für geboten, die Entwicklung der hamasnahen Sicherheitskräfte nach dem Wahlsieg der Hamas im Januar 2006 zu untersuchen.

---

am 4. Juni 2009. Zu den Erfolgen bei der Wiederherstellung der Ordnung und zu Menschenrechtsverletzungen durch die Gazaer Polizei nach Juni 2007 siehe auch International Crisis Group, „Ruling Palestine I: Gaza under Hamas", Middle East Report Nr. 73, 19. März 2008, S. 10.

266 Gespräch der Kommission mit dem Polizeisprecher der Gazaer Behörden am 9. Juni 2009. Nach Angaben der International Crisis Group gingen „die Qassam Brigades und einige Angehörige der Zivilpolizei (die von der örtlichen Bevölkerung noch „Exekutivkräfte" genannt werden) in Zivil auf Streife; einige trugen Dienstmarken, um ihre amtliche Eigenschaft zu verdeutlichen. Sie verhafteten weiterhin Straftäter und hielten sie in normalen Wohnungen fest, da Gefängnisse zerstört worden sind; dies erklärt zum Teil, warum bisher keine Berichte über Plünderungen oder einen Anstieg der Kriminalität vorliegen. Ebenfalls sorgten Angehörige der Sicherheitskräfte für Ordnung in den Schlangen vor den Brotausgabestellen, die bisweilen mehrere Hundert Menschen umfassten, und wirkten in den überbelegten Krankenhäusern, wo die Stimmung leicht überkochen kann, der Entstehung von Unruhe entgegen." „Ending the war ...", S. 8).

Als Herr Said Seyam, ein hoher Vertreter der Hamas,[267] im April 2006 das Amt des Innenministers der palästinensischen Autonomiebehörde antrat, stellte er fest, dass er so gut wie gar keine Kontrolle über die Sicherheitskräfte der palästinensischen Behörde hatte, da diese dem Präsidenten der palästinensischen Autonomiebehörde und ihm treuen Beamten unterstanden.[268] Am 20. April 2006 kündigte er die Gründung einer neuen, ihm unmittelbar unterstehenden Sicherheitsbehörde an. Gemeint war die Security Forces Support Unit (Unterstützungseinheit der Sicherheitskräfte), auch als Exekutivkräfte (al-Quwwa al-Tanfiziyya) bekannt. Diese neue Sicherheitsbehörde scheint eine Doppelfunktion gehabt zu haben, und zwar sowohl als Ordnungsbehörde als auch als – zumindest potenzielle – Streitkraft. Offiziell wurden sie mit der Bewahrung der öffentlichen Sicherheit und dem Schutz des Eigentums beauftragt. Gleichzeitig ernannte er Herrn Jamal Abu Samhadana, Befehlshaber der Popular Resistance Committees, zum Chef der neuen Exekutivkräfte[269] und kündigte an, diese sollen sich aus 3.000 neuen Rekruten aus verschiedenen bewaffneten palästinensischen Gruppierungen, darunter die Al Qassam Brigaden, zusammensetzen.[270] Der neu ernannte Befehlshaber soll erklärt haben: „[Die Exekutivkräfte] werden Kern der zukünftigen palästinensischen Armee sein. Der Widerstand muss weitergehen. Wir haben nur einen Feind. ... Ich werde weiterhin das Gewehr tragen und schießen, wann auch immer es zum Schutz meines Volkes geboten ist. Zu unseren Aufgaben gehört auch die Korruptionsbekämpfung. Wir sind gegen Diebe, korrupte Beamte und Rechtsbrecher."[271]

---

267 Said Seyam wurde am 15. Januar 2009 zusammen mit mehreren Angehörigen seiner Familie bei einem israelischen Luftangriff getötet (von TAWTHEQ vorgelegte Dokumente; siehe auch International Crisis Group, "Gaza's unfinished business", Middle East Report Nr. 85, 23. April 2009, S. 5.)

268 Siehe z.B., International Crisis Group, "Palestinians, Israel, and the Quartet: Pulling back from the brink", Middle East Report Nr. 54, 13. Juni 2006, S. 12.

269 a.a.O., S. 13 und 20; "Fatal casualties ...". Abu Samhadana und weitere Angehörige der Popular Resistance Committees kamen am 8. oder 9. Juni 2006 bei einem israelischen Luftangriff ums Leben.

270 „Palestinians, Israel, and the Quartet ...", S. 13. „Im Sommer 2007 bestanden die Exekutivkräfte aus schätzungsweise 6.800 Angehörigen der bewaffneten Arme der Hamas und der Popular Resistance Committees", R. Friedrich und A. Luethold, Hrsg., Entry-Points to Palestinian Security Sector Reform (Geneva Centre for the Democratic Control of Armed Forces, 2007), S. 162.

271 „Palestinians, Israel, and the Quartet ...", Fußnote. 105.

413. Im August 2007, nachdem Hamas im Juni 2007 die vollständige Herrschaftsgewalt über Gaza ergriffen hatte, beschrieb der derzeitige Direktor der Zivilpolizei der Gazaer Behörden, damals Chef der Exekutivkräfte, Gen. Abu Obeida, die geplante Umstrukturierung der Sicherheitsdienste in Gaza. Angehörige der Exekutivkräfte sollten in die Zivilpolizei eingegliedert werden. Er soll gesagt haben, die Hamas „arbeitet hart bei der Umschulung der Angehörigen der Exekutivkräfte zur Erfüllung polizeilicher Aufgaben", und „die Exekutivkräfte werden für die Verfolgung von Drogenhändlern und kriminellen Einwohnern zuständig sein". Zugleich sagte er, „die Angehörigen der Exekutivkräfte sind gläubig und sind Widerstandskämpfer."[272]

414. Im Oktober 2007 wurden die in Gaza tätigen Sicherheitsdienste umstrukturiert. Die ehemaligen Polizeibehörden der palästinensischen Autonomiebehörde in Gaza wurden mit den Exekutivkräften vereinigt[273]. Die aus der Umstrukturierung hervorgegangenen Sicherheitskräfte, die dem Innenministerium unterstehen, umfassen die Zivilpolizei, die Zivilverteidigungskräfte, den Innensicherheitsdienst (ein Nachrichtendienst) und den Nationalen Sicherheitsdienst. Der Webseite[274] des Innenministeriums der Gazaer Behörden zufolge haben sie unterschiedliche Zuständigkeiten.

415. Dem Nationalen Sicherheitsdienst werden konkrete militärische Aufgaben gestellt, wie z.B. „der Schutz des Staates vor jeder Aggression von außen" und „Verantwortung für die Verteidigung der palästinensischen Heimat vor äußeren und inneren Drohungen." Somit handelt es sich dabei eindeutig um eine militärische Organisation, deren Angehörige nach dem humanitären Völkerrecht als Kombat-

---

272 International Middle East Media Center, „Interview with the leader of the Hamas-formed Executive Force", 17. August 2007, abrufbar unter: http://www.imemc.org/article/49939

273 Siehe z.B., Xinhua, „Hamas Executive Force merged into police force in Gaza: official", 2. Oktober: „Ihab al-Gusein, Sprecher des Innenministeriums, machte die Bemerkungen auf einer Pressekonferenz in Gaza. Al-Ghusein sagte, der Auftrag der Exekutivkräfte sei ‚jetzt beendet, und es ist an der Zeit, sie in die offizielle Polizeibehörde einzugliedern, die dem Innenministerium angehört."

274 Siehe die arabischsprachige Webseite des Gazaer Innenministeriums: http://www.moi.gov.ps/?page=633734043174687500

tanten gelten[275]. Die Aufgaben der Polizei sind oben bereits skizziert worden.

416. Am 1. Januar 2009, während der israelischen Kriegshandlungen in Gaza, teilte der Polizeisprecher Herr Islam Shahwan den Medien mit, dass es der Polizei seit dem Beginn der bewaffneten Aktionen gelungen sei, drei Besprechungen an geheimen Orten abzuhalten. Er fügte hinzu: "Es ist ein Maßnahmenplan erstellt worden, und wir haben die Lage eingeschätzt. Von der Polizei und unter den Sicherheitskräften ist für den Notfall und den Fall einer Bodeninvasion allgemeine Alarmbereitschaft erklärt worden. Polizeibeamten wurden von der Führung klare Befehle erteilt, im Falle einer Invasion des Gaza-Streifens dem Feind entgegenzutreten."[276]
Herr Shahwan bestätigte der Kommission gegenüber, dass das Zitat zutreffend sei, und gab an, dass die bei der Besprechung erteilten Anweisungen darauf hinausliefen, dass die Polizei im Falle einer Bodeninvasion, und besonders dann, wenn die israelischen Streitkräfte in städtische Wohngebiete in Gaza einrücken sollte weiterhin ihre Aufgaben, die Verteilung von Grundnahrungsmitteln an die Bevölkerung zu gewährleisten, die Bevölkerung an sichere Orte zu lenken und trotz der Invasion die öffentliche Ordnung aufrecht zu erhalten, wahrnehmen. Ferner sagte Herr Shahwan, kein einziger Polizist sei während der bewaffneten Aktionen im Gefecht gestorben, was beweise, dass die Anweisungen von den Polizisten präzise eingehalten worden seien.

417. Die Kommission merkt an, dass nicht behauptet wird, die Polizei habe sich während der bewaffneten Aktionen als Organisation am Gefecht beteiligt. »Auf Grund der von den Gazaer Behörden vorgelegten und in der oben erwähnten Studie der Orient Research

---

275 Siehe die arabischsprachige Webseite der Nationalen Sicherheitskräfte: http://www.nsf.gov.ps

276 His statements are reported in the Arabic original on a website of the Egyptian Muslim Brotherhood, at http://www.ikhwanonline.com/Article.asp?ArtID=43756&SecID=450. The journalist states that in spite of the Israeli air attacks against police stations, the police continued to do law enforcement work and to direct the traffic: "members of the Criminal Investigation and the Internal Security caught a quantity of drugs in some of the targeted areas, and at the entrances of some of the crossroads and cities within the Strip, where one can observes members of the police in civilian clothes monitoring the traffic"

Group Ltd. enthaltenen Informationen scheint es, dass 75 % der im Verlauf der Kriegshandlungen getöteten Angehörigen der Polizeibehörde in Folge der während der ersten Minuten des israelischen Angriffs verübten Luftangriffe gestorben sind. Diese Männer hatten nicht an Kampfhandlungen mit den israelischen Streitkräften teilgenommen.[277]

418. Die Kommission stellt ebenfalls fest, dass der damalige Befehlshaber der Streitkräfte und jetzige Polizeichef im August 2007 zwar wiederholt von Mitgliedern der Streitkräfte als Widerstandskämpfern gesprochen haben soll, er betonte im gleichen Gespräch, dass es die Absicht der Behörden sei, sie zu einer Ordnungsbehörde zu entwickeln. Die Kommission stellt fest, dass es keine nur in Gaza anzutreffende Einmaligkeit ist, dass auch frühere Angehörige bewaffneter Gruppierungen in eine neu gegründete Zivilpolizei eingegliedert werden. Die frühere Mitgliedschaft reicht nicht ohne weiteres aus, um zu beweisen, dass die Gazaer Polizei Teil der Al Qassam Brigades oder anderer bewaffneter Gruppierungen sei.

419. Mit Ausnahme der Erklärungen des Polizeisprechers hat die israelische Regierung keine weitere Grundlage für die Vermutung geliefert, dass die Polizei in Gaza im Allgemeinen keinen zivilen Charakter hat. Zwar mögen die von der Hamas in Gaza gegründete Polizei und die Sicherheitskräfte von den Exekutivkräften herrühren. Obwohl die Kommission indes nicht ausschließt, dass einzelne Polizisten weiterhin Verbindungen zu den bewaffneten Gruppierungen unterhalten, scheint ihr die Behauptung der israelischen Regierung, „bei der großen Mehrheit der Polizeibeamten handelt es sich zugleich um Angehörige des bewaffneten Arms der Hamas bzw. um Aktivis-

---

277 In "Fatal casualties…", the Orient Research Group Ltd, however, identifies 31 policemen who it alleges were killed in combat in Gaza during the period from 3 to 18 January. In a few cases the information is rather specific, such as "killed on 4 January in Jabalya after launching rockets" or "killed on 6 January while fighting the IDF in Deir al-Balah". In other cases it is more generic, such as "killed while fighting the IDF". The Kommission accepts that this might indicate that some individual members of the Gaza police were at the same time members of armed groups. The Kommission is also mindful, as explained below, that the claims of armed groups that a person killed during the armed operations was one of their members have to be treated with care.

ten der Hamas oder anderer Terrororganisationen",[278] eine Übertreibung zu sein, die zu womöglich nicht gerechtfertigten nachteiligen Vermutungen über den Charakter der Polizei geführt hat.

420. In seinem Gespräch mit der Kommission gab der Polizeipräsident offen zu, dass viele seiner Polizisten Unterstützer der Hamas sind. Aber gleichzeitig bestand er auch darauf, dass es andere Polizisten gebe, die andere palästinensische Fraktionen unterstützen.[279] Von der Kommission befragte Dienststellenchefs erklärten, dass die meisten ihrer Polizisten (70% nach Angaben eines Dienststellenchefs, 95% nach den Angaben eines anderen) erst nach dem Juni 2007 in die Polizei eingetreten seien.[280] Die Kommission stellt fest, dass die meisten, wenn nicht alle nach dem Juni 2007 eingestellten Polizisten aus den sehr hamasnahen bewaffneten Gruppierungen angeworben wurden.

421. Die Kommission stellt jedoch auch fest, dass in den ranghöheren Positionen Nichtangehörige der Hamas stärker vertreten zu sein scheinen. Es war allgemein bekannt, dass der am 27. Dezember 2008 getötete Polizeipräsident, Herr Tawfiq Jabr, kein Hamas-Anhänger war. Mehrere der von der Kommission befragten Dienststellenchefs waren auch keine Hamas-Anhänger, sondern Männer, die in die Polizei der palästinensischen Autonomiebehörde eingetreten sind, nachdem das Osloer Abkommen es den Palästinensern erlaubte, eigene Ordnungsbehörden zu gründen. Vor der Ergreifung der Herrschaftsgewalt durch die Hamas im Juni 2007 waren sie also bereits seit mehr als zehn Jahren im Dienst.

422. Die Kommission stellt ferner fest, dass die Studie der Orient Research Group Ltd. beim Angriff ums Leben gekommene Polizisten namentlich identifiziert und als Mitglieder der Hamas, der Al Qassam Brigaden oder anderer bewaffneter palästinensischer Gruppierungen, oder als „Terroragenten" unbekannter Organisationszugehörigkeit einordnet. In 78 von 178 Fällen sollen die Polizisten Mitglieder der Al Qassam Brigaden sein. Als Grundlage dieser Be-

---

278 „The operation in Gazs ..." paru. 247

279 Kommission meeting with Direktor of Police, 4 June 2009

280 Kommission interviews with Gaza City police station Commanders, 9 June 2009

hauptung wird lediglich ihre angebliche Mitgliedschaft in der Hamas genannt.

423. Aus der Antwort der Orient Research Group Ltd. an die Kommission, in der sie ihre Methode beschreibt, geht hervor, dass ihre Informationen über die angebliche Zugehörigkeit der Polizeibeamten zu bewaffneten Gruppierungen zum großen Teil auf dem Inhalt der Webseiten der bewaffneten Gruppierungen basiert. Unter diesem Gesichtspunkt erinnert die Kommission an einen kürzlich erschienenen Bericht einer palästinensischen Menschenrechts-NGO, die hinweist auf die „‚Adoption' Getöteter durch Widerstandsgruppen, d.h., dass politische bzw. bewaffnete Gruppierungen Getötete zu ihren Mitgliedern erklären. Oft werden Personen, Kinder eingeschlossen, die durch Handlungen der israelischen Streitkräfte getötet werden, von bewaffneten Gruppierungen als ‚Märtyrer' ‚adoptiert', indem sie ihre Fotos auf die eigenen Webseiten stellen und ihren Beitrag zum Widerstand gegen die Besatzung loben. Dies bedeutet nicht, dass diese Personen in irgendeiner Weise an Widerstandsaktivitäten beteiligt waren. Die Familien nehmen die ‚Adoption' eines verstorbenen Familienmitgliedes aus verschiedenen Gründen hin: hierzu zählen u.a. die Bereitschaft der Widerstandsgruppen, die Familien finanziell zu unterstützen und die Bestattungskosten des Getöteten zu übernehmen." Hieraus folgert die NGO: "Diese Fälle bedürfen einer gründlichen Einzelfalluntersuchung, um den Status jeder Person nach der tatsächlichen Organisationszugehörigkeit zu ermitteln.[281]"

4. Sachverhalt

424. Aufgrund der von ihr ermittelten Tatsachen, schätzt die Kommission, dass bei den Angriffen auf das Polizeihauptquartier und die fünf von der Kommission besichtigten Polizeidienststellen 99 Polizisten und neun Bürger getötet wurden. Die Gazaer Behörden geben an, dass während der Kriegshandlungen insgesamt 248 Polizisten durch die israelischen Streitkräfte getötet worden seien. Die Studie der Orient Research Group Ltd. identifiziert 345 angebliche Angehörige

281 Al Merzan Center for Human Rights

der Gazaer Innensicherheitskräfte, die während der Kriegshandlungen durch israelische Angriffe getötet wurden. 240 der 345 angeblichen Angehörigen der Innensicherheitskräfte bezeichnet die Studie als Polizeibeamte. Diese Zahl kommt der von den Gazaer Behörden genannten Zahl sehr nahe[282].

425. Aus den von der Kommission gesammelten Tatsachen geht hervor, dass die Polizisten die beabsichtigten Angriffsziele waren. Die israelische Regierung[283] hat sich zum Thema unmissverständlich geäußert und hat nicht angedeutet, dass die Angriffe auf die Polizei nicht beabsichtigt wären. Die beim Angriff auf das Polizeihauptquartier Arafat-Stadt eingesetzte Munition wurde dazu konzipiert, die im Einschlagbereich befindlichen Menschen zu töten oder kampfunfähig zu machen; auf Gebäude oder sonstige Infrastruktur wirkt sie so gut wie gar nicht. In anderen Teilen des Polizeihauptquartiers in Gaza-Stadt hatte die eingesetzte Munition im Vergleich zu den von ihr geforderten Todesopfern weniger Wirkung auf die Infrastruktur. Was andere von der Kommission besuchte Polizeidienststellen betrifft, waren hingegen die Gebäudeschäden umfangreich, die Zahl der getöteten Polizisten dafür geringer, mit der Ausnahme der Polizeidienststelle Abbas im Zentrum von Gaza-Stadt, wo neun Polizisten getötet wurden. Unstrittig ist, dass die rund 100 Polizisten, die bei den Angriffen auf die von der Kommission besuchten Dienststellen ums Leben kamen, von den israelischen Streitkräften gezielt angegriffen und getötet wurden.

426. Die Angriffe auf das Polizeihauptquartier und die fünf von der Kommission besuchten Polizeidienststellen wurden während der ersten Minuten des überraschenden Bombenangriffs der israelischen Streitkräfte auf Gaza, kurz vor 11.30 Uhr am 27. Dezember, ausgeführt.

427. Auf Grund der von ihr ermittelten Tatsachen stellt die Kommission fest, dass die vorhandenen Informationen nicht ausreichen, um den Schluss zu rechtfertigen, die Gazaer Polizei sei als Ganzes in die

282 „Fatal casualties …“ assigns the remaining victims to national security (5), civil defence (11) and internal security (2), with the remaining 85 identified as belonging to security forces without being able to state which one.

283 „The operation in Gaza …“, S. 89–95.

Streitkräfte der Gazaer Behörde eingegliedert worden. Allein auf die Äußerung des Polizeisprechers vom 1. Januar 2009 (nachdem die Angriffe des 27. Dezember 2008 gerade erst ausgeführt worden waren) kann sich die Behauptung, die Polizei sei ein Bestandteil der Streitkräfte, nicht stützen.

428. Die Kommission war nicht in der Lage, die Behauptungen über die Zugehörigkeit der Polizisten zu bewaffneten Gruppierungen zu überprüfen. Ferner beruhen die Behauptungen in der Hälfte der Fälle anscheinend lediglich auf einer Gleichsetzung der Mitgliedschaft in der Hamas (die mangels überprüfbarer Informationen selbst nur behauptet wird) mit der Zugehörigkeit zu den Al Qassam Brigaden, die nach Ansicht der Kommission nicht haltbar ist. Letztens, selbst nach der Studie, auf die die israelische Regierung verweist, wurden 34 Polizisten ohne Bindung zu Hamas oder einer bewaffneten palästinensischen Gruppierung, von denen die große Mehrheit bei dem Bombardement der Polizeidienststellen am ersten Tag der Kriegshandlungen ums Leben kam, bei den bewaffneten Aktionen getötet.

429. In einer auf der Webseite der Al Qassam Brigades veröffentlichten „Todesanzeige" wird behauptet, dass es sich bei einem der Lehrgänge im Gazaer Polizeihauptquartier am 27. Dezember 2008 um einen „militärischen Auffrischungskurs" gehandelt habe. Dieser Behauptung widersprechen jedoch der Polizeisprecher sowie einige der NGO-Berichte, die der Kommission vorgelegt worden sind. Darauf, dass der Angriff damit begründet sei, deutet auch die israelische Regierung nicht hin. Die Kommission hält es für sehr wahrscheinlich, dass die dort getöteten Polizisten zum Zeitpunkt der Angriffe weder militärischen Tätigkeiten nachgingen noch Gefechtsvorbereitungen trafen. An den anderen Polizeidienststellen waren die Beamten dabei, verschiedene Routineaufgaben zu erledigen, insbesondere Häftlinge zu vernehmen und die Probleme von Bürgern zu regeln, die sich im Laufe eines ganz normalen Tages in polizeilichen Einrichtungen befanden.

5. Rechtliche Würdigung

(a) Die anzuwendenden Vorschriften des humanitären Völkerrechts

430. Nach dem humanitären Völkerrecht gelten Angehörige von Ordnungsbehörden generell als Teil der Zivilbevölkerung, wenn sie nicht in die Streitkräfte einer Konfliktpartei eingegliedert worden sind.[284] Dieses Prinzip erkennt die israelische Regierung an.[285] Auf Grund der Verpflichtung, jederzeit zwischen der Zivilbevölkerung und Kombattanten zu unterscheiden und Angriffe nur gegen militärische Ziele[286] zu richten (das Unterscheidungsprinzip), sind Angriffe auf Angehörige von Ordnungsbehörden somit in der Regel verboten. In seinem Gutachten vom 8. Juli 1996 zur Rechtmäßigkeit der Drohung mit bzw. des Einsatzes von Kernwaffen (Legality of the Threat or Use of Nuclear Weapons) erkannte der Internationale Gerichtshof das Unterscheidungsprinzip als „unübertretbares" Prinzip des Gewohnheitsvölkerrechts an.

431. Es gibt drei Fälle, in denen direkte Angriffe auf Polizeibeamte keine Verletzung des Unterscheidungsprinzips darstellen. Erstens: wenn die Ordnungsbehörde bzw. die Einheit, der der Polizeibeamte angehört, in die Streitkräfte „eingegliedert" worden ist, wodurch deren Angehörige den Kombattantenstatus erlangen. Zweitens: Wenn einzelne Angehörige der Ordnungsbehörde zugleich einer bewaffneten Gruppierung angehören, gälten sie als Kombattanten[287]. Drittens

---

284 Art. 43 (3) des 1. Zusatzprotokolls lautet wie folgt: „Nimmt eine am Konflikt beteiligte Partei paramilitärische oder bewaffnete Vollzugsorgane in ihre Streitkräfte auf, so teilt sie dies den anderen am Konflikt beteiligten Parteien mit."

285 In „The operation in Gaza ..." (Abs. 238) heißt es „obwohl Angehörige einer zivilen Polizeibehörde, die nur eine zivile Polizeibehörde ist, die keine militärische Rolle spielen, nach dem Recht der bewaffneten Konflikte nicht als Kombattanten gelten, gilt dieses Prinzip nach dem Völkerrecht dann nicht, wenn Polizeibeamte Teil der Streitkräfte einer Konfliktpartei sind."

286 Das Prinzip wird im Art. 48 des 1. Zusatzprotokolls wie folgt formuliert:
Um Schonung und Schutz der Zivilbevölkerung und ziviler Objekte zu gewährleisten, unterscheiden die am Konflikt beteiligten Parteien jederzeit zwischen der Zivilbevölkerung und Kombattanten sowie zwischen zivilen Objekten und militärischen Zielen; sie dürfen daher ihre Kriegshandlungen nur gegen militärische Ziele richten.

287 Im Kommentar des IKRK zum 1. Zusatzprotokoll wird argumentiert,: „Jede Auslegung, wonach sich Kombattanten im Sinne des Art. 43 nach ihrem Gut-

dürfen einzelne Angehörige der Ordnungsbehörde – wie alle anderen Zivilpersonen auch – nicht gezielt angegriffen werden „sofern und solange sie nicht unmittelbar an Feindseligkeiten teilnehmen".[288] Letztens kann es wie auch allgemein bei Zivilpersonen passieren, dass Polizisten bei einem gegen ein militärisches Ziel gerichteten Angriff mittelbar verletzt oder getötet werden, solange der Angriff nicht das Verhältnismäßigkeitsprinzip verletzt.

---

dünken „demobilisieren" könnten, um ihren Status als Zivilpersonen wieder zu erlangen und dann bei geänderter Lage bzw. je nach militärischen Erfordernissen ihren Kombattantenstatus wieder beanspruchen zu können, käme der Rückgängigmachung der durch diesen Artikel erreichten Fortschritte gleich … [Art. 44] ermöglicht es solchen Kombattanten nicht, im Gefecht den Kombattantenstatus, und sonst den Zivilistenstatus zu genießen." (S. 515-516)

288 Gemäß Art. 51(3) des 1. Zusatzprotokolls genießen Zivilpersonen Schutz vor Angriffen „sofern und solange sie nicht unmittelbar an Feindseligkeiten teilnehmen." Dem IKRK zufolge gibt diese Vorschrift auch das Gewohnheitsvölkerrecht wieder.
„Zivilpersonen genießen Schutz vor Angriffen, sofern und solange sie nicht unmittelbar an Feindseligkeiten teilnehmen." (Regel 6). Customary International Humanitarian Law….
Der Kommission ist bekannt, dass Israel keine Vertragspartei des 1. Zusatzprotokolls ist und die einschränkende Formulierung „und solange" nicht als Wiedergabe des Gewohnheitsrechts anerkennt (siehe Y. Dinstein, „The ICRC customary international humanitarian law study", Israel Yearbook on Human Rights, Bd. 36 (2006), S. 11).
In ihrem Bericht zu den Kriegshandlungen verweist die israelische Regierung auf eine vom israelischen Obersten Gerichtshof verfasste Definition der direkten Teilnahme an Feindseligkeiten, die „alle Personen betrifft, die Kombattantenfunktionen erfüllen," insbesondere „eine Zivilperson, die (offen oder versteckt) Waffen trägt, die auf dem Weg zu dem Ort ist, wo sie diese gegen die Armee einsetzen wird, sich an diesem Ort befindet, oder von diesem Ort zurückkehrt", sowie „eine Person, die über die Armee nachrichtendienstliche Informationen gesammelt hat, gleichgültig, ob diese die Feindseligkeiten betreffen … oder darüber hinausgehen …; eine Person, die ungesetzliche Kombattanten an den bzw. von dem Standort der Feindseligkeiten transportiert; eine Person, die – gleich, in welcher Entfernung zum Schlachtfeld – von den ungesetzlichen Kombattanten eingesetzte Waffen bedient oder deren Bedienung beaufsichtigt, oder ihnen Dienste erweist." („The operation in Gaza …",Abs. 120).
Die Kommission ist der Ansicht, dass es im Rahmen der rechtlichen Würdigung der hier untersuchten Angriffe auf die Polizeidienststellen nicht ausschlaggebend ist, ob die für Israel verbindliche Vorschrift lautet, „Zivilpersonen genießen Schutz vor Angriffen, sofern und solange sie nicht unmittelbar an Feindseligkeiten teilnehmen" oder nur „sofern sie nicht unmittelbar an Feindseligkeiten teilnehmen."

(b) Schlussfolgerung

432. Im Folgenden werden die sich aus diesen potenziellen Rechtfertigungsgründen für Angriffe auf die Polizei ergebenen Schlüsse gezogen.

433. Erstens: Wie bereits oben angemerkt worden ist, stellt die Kommission fest, dass die vorliegenden Informationen nicht ausreichen, um darauf schließen zu können, dass die Gazaer Polizei ganzheitlich in die Streitkräfte der Gazaer Behörden „eingegliedert" worden sei. Folglich können die getöteten Polizisten nicht auf Grund ihrer Zugehörigkeit zur Polizei als Kombattanten gelten.

434. Zweitens stellt die Kommission fest, dass von den am 27. Dezember 2008 getöteten Polizisten nicht behauptet werden kann, sie hätten unmittelbar an Feindseligkeiten teilgenommen. Folglich haben sie den ihnen zustehenden Schutz vor direkten Angriffen als Zivilpersonen nicht dadurch verwirkt. [289]

435. Drittens: Die Kommission untersuchte, ob die Angriffe auf die Polizeidienststellen dadurch gerechtfertigt werden könnten, dass es unter den Polizisten angeblich Angehörige bewaffneter palästinensischer Gruppierungen gegeben haben soll. In diesem Falle käme es also auf die Verhältnismäßigkeit an. Das Verhältnismäßigkeitsprinzip wird im 1. Zusatzprotokoll wiedergegeben, wonach ein Angriff verboten ist, „bei dem damit zu rechnen ist, dass er auch Verluste an Menschenleben unter der Zivilbevölkerung, die Verwundung von Zivilpersonen, die Beschädigung ziviler Objekte oder mehrere derartige Folgen zusammen verursacht, die in keinem Verhältnis zum erwarteten konkreten und unmittelbaren militärischen Vorteil stehen."[290]

---

289 Die Polizisten, die den Al Qassam Brigaden angehörten, und somit keine Zivilpersonen, sondern Kombattanten waren, sind von dieser Feststellung nicht betroffen.

290 Israel erkennt an, dass „das Gewohnheitsvölkerrecht militärische Angriffe" verbietet, „bei denen damit gerechnet wird, dass es im Verhältnis zum erwarteten militärischen Vorteil zu übermäßigen Schäden für Zivilpersonen kommt." „The operation in Gaza ...", Abs. 120.

436. Die Kommission hat oben bereits anerkannt, dass es womöglich einzelne Angehörige der Gazaer Polizei gegeben haben könnte, die zugleich den °201 Brigades oder anderen bewaffneten palästinensischen Gruppierungen angehörten. Selbst wenn die israelischen Streitkräfte über zuverlässige Informationen verfügten, wonach einige einzelne Angehörige der Polizei zugleich bewaffneten Gruppierungen angehörten, hat die Polizeibehörde als Ganzes ihren Status als ziviles Vollzugsorgan dadurch nicht verloren.[291]

437. Auf Grund der ihr vorliegenden Tatsachen stellt die Kommission fest, dass die vorsätzliche Tötung von 99 Angehörigen der Polizei im Polizeihauptquartier und an drei Polizeidienststellen[292] während der ersten Minuten der Kriegshandlungen, während diese in zivilen Polizeieinrichtungen zivile Aufgaben wahrnahmen, einen Angriff darstellt, bei dem der erwartete unmittelbare militärische Vorteil (d.h. die Tötung derjenigen Polizisten, die womöglich bewaffneten palästinensischen Gruppierungen angehörten) außer Verhältnis zum Verlust zivilen Lebens (d.h. die anderen getöteten Polizisten und Bürger, die sich zwangsläufig dort oder in der Nähe befunden hätten) steht. Die Angriffe auf das Polizeihauptquartier Arafat-Stadt und die Polizeidienststellen Abbas-Straße, Al-Tuffah sowie auf die Kriminalpolizeidienststelle Deir al-Balah stellten unverhältnismäßige Angriffe und somit Verstöße gegen das humanitäre Gewohnheitsvölkerrecht dar.

438. Auf Grund der ihr vorliegenden Erkenntnisse ist die Kommission ferner der Überzeugung, dass das angeborene Recht auf Leben der bei den Angriffen des 27. Dezember 2007 getöteten Polizeibeamten, die keiner bewaffneten Gruppierung angehörten, verletzt worden ist, indem sie entgegen Art. 6 des Internationalen Paktes über bürgerliche und politische Rechte (IPbpR) ihrer Leben beraupt wurden.

---

291 „Die Zivilbevölkerung bleibt auch dann Zivilbevölkerung, wenn sich unter ihr einzelne Personen befinden, die nicht Zivilpersonen im Sinne dieser Begriffsbestimmung sind.“ (Art. 50(3) 1. Zusatzprotokoll).

292 Gemeint sind die Polizisten, die im Polizeihauptquartier und an den von der Kommission besuchten Polizeidienststellen getötet wurden. Insgesamt liegt die Zahl der am 27. Dezember 2008 getöteten Polizisten laut Orient Research Group Ltd. bei ca. 180. Siehe „Fatal casualties…“.

VIII. Verpflichtung bewaffneter palästinensischer Gruppierungen in Gaza, im Rahmen des praktisch Möglichen Vorsichtsmassnahmen zum Schutz der Zivilbevölkerung zu treffen

439. Um die Ereignisse während der Kriegshandlungen in Gaza vom Dezember 2008 bis Januar 2009 beurteilen zu können, bedarf es einer Untersuchung der Taktiken sowohl der israelischen Streitkräfte als auch der bewaffneten palästinensischen Gruppierungen hinsichtlich ihrer Verpflichtung nach dem humanitären Völkerrecht, stets darauf zu achten, dass die Gefahr eines Schadens für die Zivilbevölkerung und zivile Objekte minimiert wird. Im 9. Kapitel untersucht die Kommission, inwieweit die israelischen Streitkräfte alle praktisch möglichen Vorsichtsmaßnahmen trafen, und bespricht auch einzelne Vorfälle. In diesem Kapitel untersucht die Kommission die Behauptungen, dass die bewaffneten palästinensischen Gruppierungen durch ihr Verhalten die Zivilbevölkerung und zivile Objekte gefährdet hätten.

440. Bei ihren Bemühungen, weitere Erkenntnisse zum Thema zu sammeln, während ihrer Ermittlungen in Gaza und in Gesprächen mit den Opfern und Zeugen der Vorfälle und anderen Personen, die über sachdienliche Informationen verfügten, stellte die Kommission Fragen betreffend das Verhalten bewaffneter palästinensischer Gruppierungen während der Feindseligkeiten in Gaza. Die Kommission merkt an, dass diejenigen, die in Gaza befragt wurden, das Vorhandensein bzw. die Durchführung der Feindseligkeiten durch bewaffnete palästinensische Gruppierungen nur zurückhaltend ansprachen. Welche Gründe ihre Zurückhaltung auch gehabt haben mag, schließt die Kommission die Möglichkeit nicht aus, dass ihre Zurückhaltung auf Angst vor Repressalien zurückgehen könnte.[293]

293 Siehe 20. Kapitel.

441. Die Kommission richtete Fragen betreffend die von den bewaffneten palästinensischen Gruppierungen eingesetzten Taktiken an die Gazaer Behörden. Sie erwiderten, sie hätten weder mittelbar noch unmittelbar mit den Al Qassam Brigaden zu tun, und deren Taktiken seien ihnen unbekannt.[294] Um Erkenntnisse aus erster Hand zu gewinnen, bat die Kommission um ein Gespräch mit Vertretern bewaffneter Gruppierungen. Mit einem derartigen Gespräch waren die Gruppierungen jedoch nicht einverstanden. Der Kommission blieb damit fast nichts anderes übrig, als sich in größerem Umfang als in anderen Teilen der Untersuchung auf mittelbare Quellen zu stützen.

442. Bei ihrer Überzeugungsbildung zu diesem Thema machte die Kommission von Informationen Gebrauch, die im Laufe der Ermittlungen über bestimmte Vorfälle, die sich während der Kriegshandlungen Dezember-Januar ereignet hatten, gesammelt wurden. Größtenteils jedoch überprüfte die Kommission die in den Berichten der israelischen Regierung, von Privatpersonen und Organisationen[295] sowie von NGOs enthaltenen Behauptungen.[296]

443. Hierbei konzentrierte sich die Kommission auf die Behauptungen, palästinensische Kämpfer hätten Angriffe von zivilen Gebieten und geschützten Orten aus (wie z.B. Schulen, Moscheen und Sanitätseinheiten) ausgeführt; zivile Objekte und geschützte Orte als Basis militärischer Tätigkeiten verwendet; Sanitätseinrichtungen und Krankenwagen missbraucht; Waffen in Moscheen gelagert; sich nicht von der Zivilbevölkerung unterschieden und somit die Zivilbevölkerung Gazas als Schutzschild gegen israelische Angriffe eingesetzt.
Ferner suchte die Kommission Informationen über Behauptungen,

---

294 Antwort der Gazaer Behörden an die Kommission.

295 An die Kommission gerichtete Schriftsätze von dem Jerusalem Center for Public Affairs, B'nai Brith International, Take A Pen, der National Lawyers Guild, Herrn Maurice Ostroff, Frau Yvonne Green und Herrn Peter Wertheim im Auftrag einer Gruppe australischer Rechtsanwälte.

296 Vgl., Amnesty International, *Israel/Gaza: Operation „Cast Lead": 22 days of death and destruction*, (London, 2009); International Crisis Group, „Gaza's unfinished business", Middle East Report, Nr. 85, 23. April 2009; Human Rights Watch, *Rockets from Gaza: Harm to Civilians from Palestinian Armed Groups' Rocket Attacks*, (August 2009).

bewaffnete palästinensische Gruppierungen hätten in zivilen Objekten Sprengsätze versteckt.[297]

444. Diese Behauptungen sind in zweierlei Hinsichten bedeutend. Zunächst einmal könnte das behauptete Verhalten eine Verletzung der Pflicht durch die bewaffneten palästinensischen Gruppierungen sein, darauf zu achten, dass Schaden von der Zivilbevölkerung abgewendet wird, oder es könnte ein Verstoß gegen das Verbot sein, Zivilpersonen vorsätzlich als Schutzschild vor militärischen Aktionen einzusetzen. Zweitens argumentiert u.a. die israelische Regierung, gewisse Angriffe der israelischen Streitkräfte auf zivile Objekte oder geschützte Orte seien durch deren unrechtmäßigen Gebrauch durch die bewaffneten palästinensischen Gruppierungen gerechtfertig. So, wie es in einem Bericht der israelischen Streitkräfte über deren Granatenangriff auf einen Gebäudekomplex der Vereinten Nationen, in dem mindestens 600 palästinensische Zivilpersonen Zuflucht suchten, formuliert wird, waren solche Angriffe „das bedauernswerte Ergebnis der Art von Kriegsführung, die die Hamas der IDF aufgezwungen hat, zu der Gefechte in städtischen Gebieten des Gaza-Streifens und in unmittelbarer Nähe der mit internationalen Organisationen verbundenen Einrichtungen gehören."[298]

445. Die von der israelischen Regierung vorgetragenen Rechtfertigungen für Angriffe auf geschützte Objekte, die angeblich von bewaffneten palästinensischen Gruppierungen gebraucht wurden und in diesem Bericht untersucht werden, wird die Kommission ansprechen.

297 „The operation in Gaza…", S. 55–76. So, wie die Kommission die Kritik der israelischen Regierung an den Taktiken der Hamas auffasst, betrifft sie auch andere bewaffnete palästinensische Gruppierungen.

298 http://dover.idf.il/IDF/English/opcast/postop/press/2202.htm. Nach Auffassung der israelischen Regierung: „Wenn eine Partei eines bewaffneten Konfliktes zivile und geschützte Objekte zu militärischen Zwecken einsetzt, werden diese Objekte zu legitimen Angriffszielen für die andere Partei, was zu einer erheblichen Gefährdung zivilen Lebens und ziviler Infrastruktur führt". („The operation in Gaza…", Abs. 153).

A. Ausführen von Angriffen von zivilen Gebieten aus sowie von innerhalb bzw. von der Nähe geschützter Objekte

446. Die Kommission untersuchte zwei Vorfälle, in denen die israelische Regierung behauptete, palästinensische Kombattanten hätten die israelischen Streitkräften von innerhalb eines geschützten Objektes der Vereinten Nationen aus bzw. aus dessen unmittelbarer Nähe in städtischen Ballungsgebieten unter Beschuss genommen. Im Falle des Beschusses in der Al-Fakhura-Straße durch die israelischen Streitkräfte am 6. Januar 2009 (10. Kap.) erkannte die Kommission auf der Grundlage der in den von ihr untersuchten Berichten enthaltenen Informationen die Möglichkeit an, dass Mörserangriffe palästinensischer Kombattanten von der Nähe der Schule ausgegangen sein könnten.

447. Bei dem Vorfall beim UNRWA-Komplex im Bezirk Rimal in der Mitte von Gaza-Stadt weisen ranghohe internationale Angestellte der UNRWA darauf hin, dass ihnen zum fraglichen Zeitpunkt kein von irgendeinem der nahe gelegten Gebiete ausgehender nachhaltiger Beschuss bekannt sei (9. Kap.). In diesem Fall war die Kommission nicht in der Lage, eine Feststellung darüber zu treffen, ob zum fraglichen Zeitpunkt irgendwelche militärischen Aktionen bewaffneter palästinensischer Gruppierungen gegen die israelischen Streitkräfte an diesem Ort stattfanden.

448. Die Kommission sprach mit zwei Zeugen, die über den Abschuss von Raketen in Stadtgebieten aussagten. Ein Zeuge gab an, er habe gesehen, wie Raketen von einer schmalen Gasse und von einem Platz in Gaza-Stadt aus abgeschossen würden, ohne zu sagen, wann dies geschehen sei.[299] Ein zweiter Zeuge erzählte der Kommission, dass während der Kriegshandlungen in Gaza Raketen womöglich von innerhalb des Bezirks Sheikh Radwan nördlich von Gaza-Stadt aus abgeschossen worden seien.[300]

---

299 Befragung von RA/01 durch die Kommission, Juni 2009.
300 Befragung von RA/02 durch die Kommission, Juni 2009.

449. Bestätigung für diese Zeugenaussagen fand die Kommission in einer Reihe von Berichten internationaler NGOs. In Berichten, die nach den israelischen Kriegshandlungen in Gaza herausgegeben wurden, kamen Amnesty International, die International Crisis Group und Human Rights Watch alle zu dem Schluss, dass die Raketeneinheiten der bewaffneten palästinensischen Gruppierungen innerhalb bevölkerter Gebiete tätig gewesen seien.[301] Human Rights Watch und die International Crisis Group sammelten Berichte von Zivilpersonen über Fälle, in denen bewaffnete Gruppierungen Raketen in der Nähe von Wohngebieten abschossen bzw. abzuschießen versuchten. Human Rights Watch zitierte die Aussage eines Einwohners vom Norden Gazas, der gesagt haben soll, dass am 1. Januar 2009 Einwohner der Gegend palästinensische Kämpfer, von denen sie glaubten, sie bereiten den Abschuss von Raketen vor, daran hinderten, den Garten neben dem Gebäude, in dem sie wohnten, zu betreten.[302] Die International Crisis Group befragte einen Einwohner von Beit Lahia, der gab an, dass Kämpfer sein Grundstück zum Abschuss von Raketen nutzten. Er habe sich nicht getraut, Widerstand zu leisten, da man seinem Vater ins Bein geschossen habe, als er versuchte, sie davon abzuhalten, sein Grundstück zum Abschuss von Raketen zu nutzen.[303] Amnesty International befragte Gazaer Einwohner, die angaben, palästinensische Kämpfer gesehen zu haben, die im Hof einer behördlichen Schule in Gaza-Stadt eine Rakete abgeschossen hätten, und zwar zu einem Zeitpunkt, als die Schulen geschlossen waren. In einem anderen Teil von Gaza-Stadt soll ein anderer Einwohner einem Amnesty-International-Rechercheur einen von einem Wohngebäude 50 Meter entfernten Ort gezeigt haben, von dem aus eine Rakete abgeschossen worden sein soll.[304] Amnesty International berichtet jedoch auch, keinen Beweis dafür gesehen zu haben, dass Raketen von Wohnhäusern oder Gebäuden aus abgeschossen wurden, während sich Zivilpersonen noch darin befanden.

450. Die International Crisis Group und Human Rights Watch kamen zu dem Schluss, dass von bewohnten Gebieten bzw. deren Nähe aus

---

301 *Israel/Gaza: Operation "Cast Lead": 22 days...*, S.74–75; "Gaza's unfinished business...", S. 3; *Rockets from Gaza...*, S. 21.

302 *Rockets from Gaza...*, S. 22.

303 „Gaza's unfinished business...", S. 3, Fußnote 29.

304 *Israel/Gaza: Operation "Cast Lead": 22 days...*, S. 74.

umso häufiger geschossen wurde, je mehr offene und abgelegene Gebiete die israelischen Streitkräfte in Besitz nahmen.[305]

451. Die Kommission überprüfte die Bilder im Bericht der israelischen Regierung[306] sowie in mehreren ihr vorgelegten Schriftsätzen, die angeblich den Abschuss von Raketen „von Wohngebäuden, insbesondere Schulen, Moscheen und Krankenhäusern bzw. deren Nähe aus".[307] Die Kommission merkt an, dass es praktisch unmöglich ist, festzustellen, ob in den Fotografien das abgebildet wird, was behauptet wird. Wie die israelische Regierung einräumt,[308] betreffen viele von ihnen nicht den Zeitraum Dezember 2008 – Januar 2009, sondern andere Fälle des angeblichen Abschusses von Raketen von Gaza aus.[309]

452. Angesichts der ihr mitgeteilten Informationen und der Materialien, die sie überprüfen konnte, ist die Kommission der Überzeugung, dass Anhaltspunkte dafür bestehen, dass bewaffnete palästinensische Gruppierungen von städtischen Gebieten aus Raketen abschossen. In den Fällen, in denen bewaffnete palästinensische Gruppierungen tatsächlich Raketen oder Mörsergranaten von städtischen Gebieten aus abschossen, bleibt immer noch offen, ob dabei der spezifische Vorsatz vorlag, die Kombattanten vor Gegenangriffen abzuschirmen. Beweise, die diese Frage direkt betreffen, hat die Kommission nicht nicht erheben können; auch aus den Berichten anderer Beobachter geht keine klare Antwort hervor.

453. Laut International Crisis Group hat z.B. ein Kämpfer des Islamic Jihad in einem Gespräch angegeben, „Das Wichtigste ist, unsere militärischen Ziele zu erreichen. Den Häusern bleiben wir möglichst fern, aber oft ist das nicht möglich." Diese Aussage deutet darauf hin, dass kein Vorsatz vorliegt. Dieselbe NGO berichtet ebenfalls über ein

305 *Rockets from Gaza...*, S. 21; "Gaza's unfinished business...", S. 3.
306 „The operation in Gaza...", Abs. 155.
307 vgl. den der Kommission vorgelegten Schriftsatz von Herrn Maurice Ostroff.
308 „The operation in Gaza...", Abs. 155.
309 Das nachfolgende Video, auf das in einem der Kommission vorgelegten Schriftsatz der B'nai B'rith International verwiesen wird, zeigt anscheinend den Abschuss von Raketen innerhalb eines Stadtgebietes. Angeblich wurden die Raketen am 8. Januar 2009 von innerhalb einer Schule aus abgeschossen: http://www.youtube.com/watch?v=UN9WzUc7iB0

Gespräch mit drei palästinensischen Kombattanten im Januar 2009, in dem die Kämpfer erzählt haben sollen, dass Raketen und Mörsergranaten in unmittelbarer Nähe von Häusern und Gassen abgeschossen würden, „in der Hoffnung, die Zivilisten in der Nähe würden Israel von einem Gegenangriff abhalten".[310]

454. Die Kommission wendet sich sodann der relevanten aber gesondert zu prüfenden Frage zu, ob und inwieweit bewaffnete palästinensische Gruppierungen im Gefecht mit israelischen Bodentruppen von Wohnhäusern und geschützten Objekten wie z.B. Schulen, Krankenhäusern, Moscheen und Einrichtungen der Vereinten Nationen, Gebrauch machten.

455. Die Frage nach dem Vorhandensein und den Aktivitäten Angehöriger bewaffneter palästinensischer Gruppierungen untersucht die Kommision auch im 11. Kapitel. Wie bereits erwähnt wurde, waren palästinensische Zeugen der Kommission gegenüber generell zurückhaltend, wenn es in Gesprächen mit der Kommission um die Aktivitäten bewaffneter palästinensischer Gruppierungen in ihren Wohngegenden ging. Zu den vorliegenden Zwecken reicht die Feststellung aus, dass in einigen Fällen Anhaltspunkte für die Anwesenheit bewaffneter palästinensischer Gruppierungen in Wohngebieten bestehen.[311]

456. Die Kommission erhielt einen Schriftsatz eines Obersts d. R. der israelischen Streitkräfte, der die „Kampfprinzipien" bewaffneter palästinensischer Gruppierungen veranschaulichen soll. Sein Bericht basiert auf Materialien, die von bewaffneten palästinensischen Gruppierungen auf ihren Webseiten veröffentlicht wurden. Der Bericht beschreibt mutmaßliche Taktiken wie z.B. „die Inbesitznahme von Häusern als militärische Positionen, um IDF-Truppen zu überfallen" und „der Einsatz und die Detonation von Sprengsätzen verschiedener Arten (improvisierte Sprengsätze, penetrierende, begrenzende, Antipersonensprengsätze, usw.) in der Nähe von Wohnungen", „Häuser mit Sprengfallen zu versehen … und die Sprengsätze zu

310 „Gaza's unfinished business…", S. 3.
311 Siehe den im 14. Kapitel geschilderten Fall von Majdi Abd Rabbo.

detonieren“ und „die IDF in bebauten Gebieten anzugreifen und Scharfschützenfeuer gegen sie zu richten“.[312]

457. Der Schriftsatz enthält nützliche Informationen. Daraus geht z.B. hervor, dass die Bodenkämpfe zwischen israelischen Truppen und bewaffneten palästinensischen Gruppierungen in gemischten städtisch-ländlichen Gebieten am Rande von Gaza-Stadt, Jabaliyah und Beit Lahia am intensivsten waren.

458. Die Kommission merkt jedoch an, dass der eine im Schriftsatz geschilderte Vorfall, den sie untersucht hat, die Unzuverlässigkeit einiger der Quellen des Berichts unter Beweis stellt. Bei diesem Vorfall sollen der Quelle zufolge drei palästinensische Kämpfer einen Überfall in einem Haus in Izbat Abd Rabbo vorbereitet, Sprengsätze auf die israelischen Streitkräfte geworfen und einen verletzten israelischen Soldaten ins Haus gezerrt haben. Auf Grund der von der Kommission selbst ermittelten Tatsache kann die Kommission ausschließen, dass es palästinensischen Kombattanten bei diesem Vorfall gelang, einen israelischen Soldaten gefangen zu nehmen. Dieses Beispiel legt nahe, dass einige Webseiten bewaffneter palästinensischer Gruppierungen die Kampferfolge der Palästinenser gegen israelische Truppen in Stadtgebieten möglicherweise übertreiben.

459. Die Skepsis über die Intensität der Angriffe bewaffneter palästinensischer Gruppierungen auf die israelischen Streitkräfte wird auch von anderen von der Kommission überprüften Quellen bestätigt. Die Kommission merkt an, dass viele der von der israelischen NGO Breaking the Silence gesammelten Soldatenaussagen gemeinsam ist, dass sie palästinensischen Kombattanten nicht begegnet sind.[313] Einem anderen NGO-Bericht zufolge waren „Hamas-Kämpfer offensichtlich frustriert angesichts ihrer Unfähigkeit, sich Straßengefechte zu liefern.“[314] Im Allgemeinen erhielt die Kommission relativ

---

312 „The hidden dimension of Palestinian war casualties …“ S. 1–2 und 20.

313 *Soldiers' Testimonies…* , Zeugenaussage Nr. 34, S. 76 die Rabin Academy-Zeugenaussagen.

314 Der International Crisis Group zufolge, versuchte Hamas, „israelische Truppen in dichtbevölkerte Stadtgebiete zu locken, vor allem in Hamas-Hochburgen, die auf den Gegenangriff vorbereitet worden waren. Ein Kämpfer beschrieb Gefechte als tödliches „Versteckenspiel“, bei dem Israel versuchte, die Kämpfer

wenige Berichte über tatsächliches Kreuzfeuer zwischen den israelischen Streitkräften und bewaffneten palästinensischen Gruppierungen. Dies spiegelt scheinbar auch die niedrige Zahl der Verletzten und Todesopfer unter den israelischen Streitkräften während der Bodenoffensive wider.[315] Die Kommission merkt ebenfalls an, dass in keinem der von ihr untersuchten Vorfälle Anhaltspunkte dafür vorliegen, dass Zivilpersonen im Kreuzfeuer zwischen bewaffneten palästinensischen Gruppierungen und den israelischen Streitkräften ums Leben kamen.

460. Zwar ist die Kommission nicht in der Lage, eine Meinung über den genauen Charakter oder die Intensität der von den bewaffneten Gruppen in städtischen Wohngebieten durchgeführten Kampfaktivitäten abzugeben, die die Zivilbevölkerung und zivile Objekte der Gefahr eines Angriffs ausgesetzt hätten, an Hand der der Kommission vorliegenden Erkentnisse ist erwiesen, dass sie dort als Kombattanten anwesend waren.

B. Verstecken von Sprengsätzen in zivilen Wohnhäusern

461. Im 11. Kapitel berichtet die Kommission über verschiedene Vorfälle, bei denen Zeugen die Umstände beschreiben, unter denen sie während Hausdurchsuchungen von den israelischen Streitkräften benutzt wurden und mit vorgehaltener Waffe gezwungen wurden, vor israelischen Soldaten Häuser zu betreten. Die Zeugen sagten aus, dass man sie zum Betreten mehrerer Häuser auf diese Art benutzt habe. Bei den Hausdurchsuchungen fand keiner von ihnen Sprengfallen

---

in offene Räume zu locken, während Hamas versuchte, die israelischen Truppen auf ihr bevorzugtes Gebiet zu bringen. Die Soldaten bissen nicht an. Hamas-Kämpfer waren offensichtlich frustriert angesichts ihrer Unfähigkeit, sich Straßengefechte zu liefern." („Gaza's unfinished business …", S. 3)

315 Die israelischen Streitkräfte sollen zwischen dem 27. Dezember und dem 18. Januar 2009 10 Soldaten im Gefecht verloren haben; verwundet wurden Dutzende. Vier der getöteten Israelis scheinen durch eigenes Feuer ums Leben gekommen zu sein (Cordesman, a.a.O., S. 57).

oder sonstige improvisierte Sprengsätze vor. Die Kommission achtet hierbei auch auf andere von ihr untersuchte Vorfälle, bei denen israelische Soldaten in verschiedenen Gazaer Bezirken zivile Wohnhäuser betraten. Keiner dieser Vorfälle ergab Hinweise auf den Einsatz von Sprengfallen.

462. Die Kommission erinnert jedoch an die Beschuldigungen in den von ihr überprüften Berichten. Die israelische Regierung behauptet, Hamas hätte Sprengfallen in „Häusern, Straßen, Schulen und sogar ganzen Wohngegenden" versteckt. „Im Grunde genommen", heißt es weiter, „bestand die Strategie der Hamas darin, die städtischen Gebiete des Gaza-Streifens unter grober Missachtung der Sicherheit der Zivilbevölkerung in eine massive Todesfalle für die IDF-Truppen zu verwandeln."[316] Die Kommission merkt an, dass in den von Breaking the Silence gesammelten Aussagen israelischer Soldaten die Existenz von Sprengfallen in Häusern erwähnt wird. Ein Soldat erzählt davon, gesehen zu haben, wie sich eine massive Explosion in einem Haus auslöste, als sich ihm eine Planierraupe näherte. Ein zweiter Soldat sagte: „Viele Sprengsätze wurden gefunden. Sie sind auch explodiert. Verletzt wurde niemand. Gesprengt wurden sie von Einheiten des Panzer- oder Pionierkorps. Normalerweise explodierten sie nicht, denn die meisten, die wir gefunden haben, waren verkabelt und mußten erst detoniert werden, aber derjenige, der sie detonieren sollte, war davongelaufen. Das Ding war aber scharf, sprengbereit …".[317] Auch die von bewaffneten palästinensischen Gruppierungen veröffentlichten Berichte, auf denen der Schriftsatz des Jerusalem Centre for Public Affairs über die Taktiken palästinensischer Kombattanten basiert, legen nahe, dass das Verstecken von Sprengfallen in zivilen Wohnhäusern eine häufig angewendete Taktik ist.[318] Der israelischen Regierung zufolge: „Da Straßen und Gebäude häufig vermint waren, mußten die IDF-Truppen sie gezielt angreifen, um sich selbst zu schützen."[319]

---

316 „The operation in Gaza …", Abs. 181

317 *Soldiers' testimonies* …, Zeugenaussage Nr. 20, S. 48, und Zeugenaussage Nr. 23, S. 54.

318 Siehe „The hidden dimension of Palestinian war casualties …"

319 „The operation in Gaza…", Abs. 184 Zur Zerstörung ziviler Wohnhäuser durch die israelischen Streitkräfte siehe 13. Kapitel.

463. Obwohl die Kommission angesichts der oben zitierten Berichte den Einsatz von Sprengfallen durch die bewaffneten palästinensischen Gruppierungen nicht ausschließt, hat sie keine Anhaltspunkte dafür gefunden, dass Zivilpersonen Lebensgefahr ausgesetzt wurden, da das Vorhandensein von Zivilpersonen in bzw. in der Nähe der Häuser, in denen Sprengfallen gelegt worden sein sollen, in keinem der Berichte erwähnt wird.

C. Verwendung von Moscheen als Basis für Angriffe auf die israelischen Streitkräfte bzw. als Waffenlager

464. Die israelische Regierung behauptet: „Den Kultstätten zustehenden Schutz hat die Hamas durch ihre Praxis, Waffen in Moscheen zu lagern, mißbraucht." Untermauert wird diese Behauptung durch Bilder von Waffen, darunter Panzerabwehrwaffen, umgebener israelischer Soldaten in einem Zimmer, die man angeblich bei der Entdeckung eines Waffenlagers in einer Moschee in Jabaliyah während der Kriegshandlungen aufgenommen hat.[320] Die Kommission merkt an, dass israelische Soldaten, die beim „Kämpfergespräch" an der Rabin Academy zu Wort kamen, davon erzählten, unter Beschuss von palästinensischen Kombattanten geraten zu sein, die in einer Moschee Stellung bezogen hätten.[321]

465. Obwohl die Kommission der Behauptung, dass Moscheen generell von palästinensischen Gruppierungen zur Lagerung von Waffen verwendet werden, nicht nachgehen konnte, hat sie den Raketenangriff der israelischen Streitkräfte auf die al-Maqadmah-Moschee am Rande des Flüchtlingslagers Jabaliyah untersucht, bei dem am 3. Januar 2009 mindestens 15 Menschen getötet und 40 verletzt wurden (siehe 11. Kapitel). Die Kommission fand keine Anhaltspunkte

---

320 „The operation in Gaza ...", Abs. 164. Die Kommission merkt an, dass im Bericht nicht erwähnt wird, in welcher Moschee in Jabaliyah die Bilder aufgenommen worden sein sollen oder das Datum, an dem das Waffenlager gefunden und die Bilder aufgenommen worden sein sollen.

321 „Fighters' Talk" Aussagen, S. 4–5.

dafür, dass diese Moschee von bewaffneten palästinensischen Gruppierungen zur Lagerung von Waffen oder zu sonstigen militärischen Zwecken verwendet wurde. Was diese Moschee betrifft, konnte die Kommission somit keine Grundlage für eine derartige Behauptung finden. Die Kommission kann jedoch keine Feststellungen zur allgemeinen Behauptung oder in Bezug auf irgendeine andere während der Kriegshandlungen von den israelischen Streitkräften angegriffene Moschee treffen.

D. Missbrauch von Sanitätseinrichtungen und Krankenwagen

1. Verwendung von Krankenhäusern zu militärischen Zwecken

466. Die israelische Regierung behauptet:

Hamas hat unter eindeutiger Verletzung des Kriegsrechts Sanitätseinrichtungen, -fahrzeuge und -uniformen systematisch zur Deckung terroristischer Aktionen verwendet. Hierzu gehörten der häufige Einsatz von Krankenwagen, die mit den Schutzzeichen des Roten Kreuzes und Halbmondes versehen waren…sowie die Verwendung von Krankenhäusern und Sanitärinfrastruktur als Hauptquartiere, Kontrollräume, Kommandozentren und Verstecke.[322]

467. Wie im 9. Kapitel eingehend beschrieben wird, hat die Kommission die Angriffe auf das Al-Quds-Krankenhaus in Tal el-Hawa, eines der Krankenhäuser, die angeblich von bewaffneten palästinensischen Gruppierungen zu militärischen Zwecken verwendet wurden, untersucht. Das Krankenhaus wurde am 15. Januar 2009 von phosphorhaltigen Geschossen und mindestens einer hochexplosiven Granate direkt getroffen. Die Kommission führte umfangreiche Befragungen des Personals des Al-Quds-Krankenhauses sowie anderer Personen durch, die sich zum Zeitpunkt des Angriffs in der Nähe befanden, und kam zum Schluss, das es unwahrscheinlich war, dass

322 „The operation in Gaza…", Abs. 171.

sich bewaffnete Gruppierungen zu dem Zeitpunkt in irgendeinem der Krankenhausgebäude aufhielten. Die Kommission untersuchte ebenfalls die Angriffe auf das Al-Wafa-Krankenhaus im Osten von Gaza-Stadt. Wie im Falle des Al-Quds-Krankenhauses schloss die Kommission auf Grund der glaubwürdigen Aussagen der Ärzte dieses Krankenhauses die Möglichkeit aus, dass sich zum Zeitpunkt des Angriffs Kombattanten im Krankenhaus aufhielten. Bezüglich des möglichen Vorhandenseins palästinensischer Kombattanten in der Umgebung des Krankenhauses traf die Kommission jedoch keine Feststellungen.

468. In ihrem Bericht gibt die israelische Regierung an, Hamas hätte zwei Stationen und einen Flügel im Erdgeschoss des al-Shifa-Krankenhauses, des größten Krankenhauses im Gaza-Streifen, als Militärbasis verwendet.[323] Als Quellen zitiert sie ein Gespräch mit einem von Israel gefangen genommenen „Hamas-Aktivisten" sowie einen italienischen Zeitungsartikel[324], der sich für diese Behauptung wiederum auf eine einzige anonyme Quelle stützt. Den Fall des al-Shifa-Krankenhauses hat die Kommission nicht untersucht; deshalb ist sie auch nicht in der Lage, zu diesen Behauptungen Feststellungen zu treffen.

469. Auf der Grundlage der durchgeführten Ermittlungen fand die Kommission keinerlei Beweise für die Behauptungen der israelischen Regierung.

2. Krankenwagen

323 a.a.O., Abs. 172. „Ismail Haniyeh, Hamas-Führer im Gaza-Streifen, richtete sein Kommandozentrum Süd auf einer der Stationen des Shifa-Krankenhauses ein; die ranghohen Hamas-Füher richteten sich auf einer anderen Station ein."

324 *Corriere della Serra*, „Così i ragazzini di Hamas ci hanno utilizzato come bersagli", [„So haben uns die Hamas-Jungs als Zielscheiben verwendet"] 21. Januar 2009.

470. Die israelische Regierung behauptet: „Besonders von Krankenwagen hat die Hamas Gebrauch gemacht. Diese dienten häufig zur Flucht aus heißen Gefechten mit IDF-Truppen.“[325]

471. Die Kommission untersuchte Fälle, in denen Krankenwagen die Zufahrt zu verwundeten Palästinensern verweigert wurde. Drei Fälle werden im 11. Kapitel einzeln geschildert: Die Versuche des Palestinian Red Crescent Society (PRCS), die Verwundeten nach dem Angriff auf das Haus von Ateya al-Samouni und nach dem Granatenangriff auf das Haus von Wa'el al-Samouni aus dem Bezirk Al-Samouni südlich von Gaza-Stadt zu evakuieren; der Versuch eines Krankenwagenfahrers, die Töchter von Khalid und Kawthar Abd Rabbo in Izbad Abd Rabbo zu retten; und der Versuch eines Krankenwagenfahrers, Rouhiya al-Najjar zu evakuieren, nachdem sie von einem israelischen Scharfschützen getroffen wurde. In allen drei Fällen kam die Kommission auf der Grundlage der ermittelten Tatsachen zu dem Schluss, das den israelischen Streitkräften bekannt sein musste, dass sich weder unter den zu Rettenden noch in unmittelbarer Nähe Kombattanten befanden.

472. Der Kommission ist ein Interview bekannt, das ein Krankenhausfahrer einer australischen Zeitung gegeben haben soll, in dem er schildert, wie palästinensische Kombattanten vergeblich versuchten, ihn dazu zu zwingen, sie aus einem Haus zu evakuieren, in dem sie anscheinend festsaßen. Derselbe Fahrer soll dem Journalisten gesagt haben: „Hamas hat mehrmals versucht, die Krankenwagen des Al-Quds-Krankenhauses zu entführen.“ Er schildert ebenfalls, wie es Krankenwagenmannschaften gelang, diesen Missbrauch von Krankenwagen zu verhindern. Aus diesem Bericht, den die israelische Regierung zitiert, waren die Versuche palästinensischer Kombattanten, Krankenwagen als Schutzschild für militärische Aktionen zu missbrauchen, vergeblich angesichts des mutigen Widerstandes des PRCS-Personals[326].

473. Dies stimmt auch mit den Aussagen von Vertretern des PRCS in Gaza überein, die in Gesprächen mit der Kommission leugneten, dass ihre Krankenwagen zu irgendeinem Zeitpunkt von palästinensischen Kombattanten benutzt wurden. Letztens gab Magen David Adom

---

325 „The operation in Gaza...“, Abs. 176.

326 a.a.O., Abs. 177–179.

(Roter Davidstern) an, "Krankenwagen des PRCS wurden niemals zum Transport von Waffen oder Munitionen verwendet, (und) das Schutzzeichen wurde vom PRCS auch nie missbraucht."[327]

474. Zwar kann man nicht sagen, dass keine bewaffnete Gruppierung je versucht habe, bei militärischen Aktionen Krankenwagen zu benutzen; es liegt der Kommission umfangreiches Material aus ihren Ermittlungen und Anfragen vor. Auf dieser Grundlage ist sie der Überzeugung, dass es nicht die Regel, sondern die Ausnahme gewesen wäre, wenn irgendwelche Krankenwagen von bewaffneten palästinensischen Gruppierungen benutzt worden wären. Keiner der von der Kommission persönlich befragten Krankenwagenfahrer erwähnte irgendeinen Versuch der bewaffneten Gruppierungen, die Krankenwagen zu irgendeinem anderen Zweck zu verwenden. Ferner gehörte, soweit der Kommission bekannt ist, keiner der Angehörigen der Krankenwagenmannschaften, die bei der Erfüllung ihrer Berufspflichten getötet bzw. verletzt wurden, irgendeiner bewaffneten Gruppierung an.

E. Nötigen von Zivilpersonen zum Verbleiben in einem bestimmten Gebiet zum spezifischen Zwecke der Abschirmung des Gebiets bzw. darin befindlicher Kräfte vor Angriffen

475. Wie in anderen Abschnitten des Berichts ausführlicher dargelegt wird, fragte die Kommission zahlreiche Zeugen in Gaza, warum sie trotz des Beschusses, der Bombardements und der israelischen Bodeninvasion in ihren Häusern verblieben waren.

---

327 Mitteilung vom Magen David Adom an die Kommission, 9. August 2009. Der Magen David Adom ist der nationale notärztliche Katastrophenschutz-, Krankenwagen- und Blutbankdienst Israels. Er gehört der International Federation of Red Cross and Red Crescent Societies (Internationale Vereinigung der Rotkreuz- und Rothalbmondverbände) an und arbeitet schon lange mit dem PRCS zusammen. Dass kein PRCS-Krankenwagen zum Transport von Waffen oder Kämpfern benutzt wurde, bekräftigte mit großem Nachdruck ein Vertreter des Magen David Adom im Gespräch mit Vertretern der Kommission in Genf am 22. Juli 2009.

Sie gaben an, sie hätten sich zum Verbleiben entschlossen, weil sie bereits Erfahrungen mit früheren Vorstößen gemacht hätten und auf der Grundlage dieser Erfahrungen glaubten, ihnen drohe keine Gefahr, solange sie drinnen blieben,[328] oder weil sie keinen sicheren Zufluchtort hätten[329]. Ausserdem gaben einige Zeugen an, sie hätten sich zum Verbleiben entschlossen, weil sie ihre Häuser und ihr Eigentum bewachen wollten.[330] Die Kommission fand keinerlei Beweise dafür, dass Zivilpersonen von bewaffneten palästinensischen Gruppierungen zum Verbleiben in ihren Häusern gezwungen wurden.

476. Die Aufmerksamkeit der Kommission ist auf einen sehr bekannten Vorfall gelenkt worden, bei dem Frauen und Kinder einem Aufruf folgten, sich auf dem Dach des Hauses eines palästinensischen Mannes zu versammeln, dem von den israelischen Behörden mitgeteilt worden war, dass sein Haus angegriffen werde. Dieser Vorfall ist in öffentlich zugänglichen Videoaufnahmen[331] dokumentiert worden. In Schriftsätzen, die der Kommission vorgelegt worden sind, wird er als Beweis für den Einsatz menschlicher Schutzschilde zitiert. Die Kommission merkt jedoch an, dass sich der Vorfall im Jahre 2007 ereignete. Seitens der israelischen Regierung wird nicht behauptet, dass derartige Vorfälle während der am 27. Dezember 2008 begonnenen Kriegshandlungen geschehen seien. Auch von anderen Quellen erhielt die Kommission keinerlei Berichte über derartige Vorfälle. Ganz im Gegenteil: In einem von der Kommission untersuchten Fall[332] erhielt ein Hamas-Funktionär einen Anruf von den israelischen Streitkräften, wonach sein Haus bald angegriffen werde. Er evakuierte mit seiner Familie das Haus und machte die Nachbarn auf die gegenwärtige Gefahr aufmerksam, so dass sie ebenfalls in der Lage waren, ihre Häuser vor dem Einschlag der Rakete verlassen konnten.

477. Der Kommission ist die öffentliche Äußerung des Herrn Fathi Hammad, eines Hamas-Mitglieds im palästinensischen Legislativrat,

---

328 Gespräch der Kommission mit Khaled Abd Rabbo.

329 Siehe 9. Kapitel.

330 Befragung von Abbas Ahmad Ibrahim Halawa, 3. Juni 2009 (zum Fall von Abbas Ahmad Ibrahim Halawa siehe 14. Kapitel).

331 Siehe http://switch3.castup.net/cunet/gm.asp?ai=58&ar=StandingOnRoofV&ak=null

332 Siehe den im 10. Kapitel geschilderten Fall des Herrn Abu Askar.

vom 29. Febuar 2009 bekannt, die als Beweis des Einsatzes menschlicher Schutzschilde durch Hamas angeführt wird. Herr Hammad soll folgendes gesagt haben:

> … das palästinensische Volk hat seine eigenen [Methoden] der Todessuche entwickelt. Für das palästinensische Volk ist der Tod zur Industrie geworden, in der sich Frauen – wie alle Menschen auf diesem Erdboden – auszeichnen: Die Alten zeichnen sich aus, die Mudschahidin zeichnen sich aus, und die Kinder zeichnen sich aus. Folglich hat [Hamas] ein menschliches Schutzschild aus Frauen, Kindern, den Alten und den Mudschahidin gegen die zionistische Bombenmaschinerie geschaffen.[333]

478. Zwar findet die Kommission diese Äußerung moralisch abscheulich, sie ist aber der Ansicht, dass sie keinen Beweis dafür darstellt, dass Hamas palästinensische Zivilpersonen zur Abschirmung militärischer Ziele vor Angriffen gezwungen hat. Die israelische Regierung hat keinen derartigen Fall identifiziert.

F. Mischen mit der Zivilbevölkerung zur Abschirmung von Kombattanten vor Angriffen

479. Finden militärische Aktionen in Bereichen statt, in denen sich auch Zivilpersonen aufhalten, ist die Wichtigkeit militärischer Bekleidung und erkennbarer Abzeichen zur Unterscheidung der Kombattanten von den Zivilpersonen noch größer. Die Kommission merkt an, dass bei nur einem der von ihr untersuchten Vorfälle palästinensische Kombattanten eindeutig vorhanden waren. Der Zeuge erzählte der Kommission, dass bei dem Vorfall drei Kämpfer, die im Haus seines Nachbarn festsaßen, „militärische Tarnanzüge und Stirnbänder der Al Qassam Brigaden" trugen.[334]

333 „The operation in Gaza…", Abs. 186. Eine Videoaufnahme dieser Rede ist abrufbar unter: http://www.youtube.com/watch?v=ArJbn-lUCh4

334 Siehe den im 14. Kapitel geschilderten Fall von Herrn Majdi Abd Rabbo.

480. NGO-Berichte über die Kriegshandlungen legen nahe, dass Angehörige bewaffneter palästinensischer Gruppierungen generell keine militärischen Uniformen trugen. In einem Bericht heißt es, dass nach der von den israelischen Luftangriffen verursachten Zerstörung Angehörige der Al Qassam Brigaden aufhörten, militärische Uniformen zu tragen, und durch die Straßen „in Zivil" patrouillierten[335]. In einem zweiten Bericht heißt es, Angehörige der bewaffneten palästinensischen Gruppierungen hätten sich „auch unter die Zivilbevölkerung gemischt, obwohl dies sich im kleinen, überfüllten Gaza-Streifen schwer vermeiden ließe, und keine Anhaltspunkte dafür bestehen, dass sie dies in der Absicht getan hätten, sich selbst abzuschirmen."[336]

481. Von Bedeutung für diese Frage ist letztlich der Umstand, dass die israelische Regierung keinerlei visuelle oder sonstige Beweise zur Untermauerung ihrer Behauptung, palästinensische Kombattanten „mischen sich üblicherweise unter Zivilpersonen, um ihre Bewegungen zu decken", vorgelegt hat.[337]

G. Sachverhalt

482. Auf der Grundlage der von ihr ermittelten Informationen stellt die Kommission fest, dass es Anhaltspunkte für die Annahme gibt, dass bewaffnete palästinensische Gruppierungen Raketen von städtischen Gebieten aus abschossen. Die Kommission war nicht in der Lage, direkte Beweise dafür zu ermitteln, dass man dies mit dem spezifischen Vorsatz getan hat, die Raketeneinheiten vor Gegenschlägen der israelischen Streitkräften abzuschirmen. Die Kommission merkt jedoch ebenfalls an, dass bewaffnete palästinensische Gruppierungen

---

335 „Gaza's unfinished business...", S. 8. Anscheinend legt dieser Bericht ebenfalls nahe, dass Angehörige der Al Qassam Brigades mindestens zum Teil polizeiliche und Sicherheitsaufgaben wahrnahmen, statt mit den israelischen Streitkräften zu kämpfen.

336 *Israel/Gaza: Operation „Cast Lead": 22 days ...*

337 „The operation in Gaza ...", Abs. 186.

Gazaer Einwohnern keine hinreichende Warnung über ihre Absicht gaben, Raketen von ihren Wohngegenden aus abzuschießen, damit sie die Gegend verlassen und sich vor israelischen Angriffen auf die Abschußstellen bewahren konnten. Die Kommission merkt an, dass auf Grund des dicht bevölkerten Charakters der nördlichen Hälfte des Gaza-Streifens die meisten – wenn nicht gar alle – den bewaffneten palästinensischen Gruppierungen noch zugänglichen Orte sich in städtischen Gebieten befanden, sobald die israelischen Streitkräfte in den ersten Tagen der Bodeninvasionen die Kontrolle über die offeneren und abgelegeneren Gebiete ergriffen hatten.

483. Die Kommission hält es für erwiesen, dass palästinensische Kämpfer sich während der Kriegshandlungen in städtischen Wohnvierteln aufgehalten haben. Auf der Grundlage der ermittelten Informationen ist die Kommission nicht in der Lage, eine Meinung hinsichtlich des genauen Charakters und der Intensität ihrer Kampfhandlungen in städtischen Wohnvierteln zu bilden, die die Zivilbevölkerung und zivile Objekte einer Angriffsgefahr ausgesetzt hätten. Obwohl die von der Kommission überprüften Berichte glaubhaft machen, dass Angehörige bewaffneter palästinensischer Gruppierungen nicht immer so bekleidet waren, dass sie von Zivilpersonen zu unterscheiden waren, fand die Kommission keine Anhaltspunkte für die Annahme, palästinensische Kombattanten hätten sich in der Absicht unter die Zivilbevölkerung gemischt, sich vor Angriffen abzuschirmen.[338]

484. Aus den von ihr ermittelten Erkenntnissen schließt die Kommission den Einsatz von Sprengfallen durch die bewaffneten palästinensischen Gruppierungen nicht aus. Die Kommission hat jedoch keinen Grund zur Annahme, dass zivile Menschenleben gefährdet wurden, da in keinem der Berichte das Vorhandensein von Zivilpersonen in bzw. in der Nähe der angeblich mit Sprengfallen versehenen Häuser vermerkt wird.

485. Auf der Grundlage ihrer eigenen Ermittlungen und Äußerungen von Beamten der Vereinten Nationen schließt die Kommission aus,

---

338 Es ist auch berichtet worden, dass spezialisierte israelische Truppen während der Kriegshandlungen in Gaza in Zivil tätig waren, um Verbindung zu Informanten aufzunehmen und als *francas-tireurs* tätig zu werden; Jane's Sentinel Services, Country Risk Assessments – Israel, 30. Januar 2009.

dass bewaffnete palästinensische Gruppierungen Kampfhandlungen von Einrichtungen der Vereinten Nationen aus durchführten, die während der Kriegshandlungen als Schutzräume verwendet wurden. Die Kommission kann nicht ausschließen, dass bewaffnete palästinensische Gruppierungen in der Nähe solcher Einrichtungen tätig wurden.

486. Die Kommission ist nicht in der Lage, irgendeine Feststellung zur allgemeinen Behauptung zu treffen, dass bewaffnete palästinensische Gruppierungen Moscheen zu militärischen Zwecken gebraucht haben sollen. Sie merkt an, dass sie bei dem einen von ihr untersuchten Fall eines israelischen Angriffs auf eine Moschee keine Anhaltspunkte für eine derartige Nutzung der Moschee fand.

487. Auf der Grundlage der von ihr durchgeführten Ermittlungen fand die Kommission keine Beweise für die Behauptungen, dass Krankenhausgebäude von den Gazaer Behörden oder von bewaffneten palästinensischen Gruppierungen zur Abschirmung militärischer Aktivitäten verwendet oder dass Krankenwagen zum Transport von Kombattanten oder zu anderen militärischen Zwecken eingesetzt würden.

488. Auf der Grundlage der gesammelten Erkenntnisse fand die Kommission keine Anhaltspunkte für die Annahme, dass Hamas oder bewaffnete palästinensische Gruppierungen Zivilpersonen dazu zwängen, in Gebieten zu verbleiben, die von den israelischen Streitkräften angegriffen würden.

H. Rechtliche Würdigung

489. Das humanitäre Gewohnheitsvölkerrecht legt fest, dass „alle Konfliktparteien alle praktisch möglichen Vorsichtsmaßnahmen zum Schutze der in ihrer Gewalt befindlichen Zivilbevölkerung und

ziviler Objekte vor den Auswirkungen von Angriffen" treffen müssen.[339]

490. Jede Konfliktpartei muss im Rahmen des praktisch Möglichen davon absehen, militärische Ziele innerhalb dicht bevölkerter Gebiete bzw. deren Nähe zu positionieren.[340] Jede Konfliktpartei muss im Rahmen des praktisch Möglichen ihrer Gewalt unterstehende Zivilpersonen und zivile Objekte aus der Nähe militärischer Ziele entfernen.[341]

491. Diese Regeln des Gewohnheitsvölkerrechts spiegelt der Art. 57(1) des 1. Zusatzprotokolls wider: „Bei Kriegshandlungen ist stets darauf zu achten, dass die Zivilbevölkerung, zivile Personen und zivile Objekte verschont bleiben." In den darauf folgenden Absätzen des Art. 57 werden die konkreten Vorsichtsmaßnahmen festgelegt, die eine angreifende Partei zu treffen hat.[342]

492. Neben der generellen Pflicht, stets darauf zu achten, dass die Zivilbevölkerung bei Kriegshandlungen verschont bleibt, statuiert das humanitäre Völkerrecht ein konkretes Verbot des Einsatzes von Zivilpersonen als menschliche Schutzschilde. Art. 28 des 4. Genfer Abkommens spricht dieses Thema direkt an: „Die Anwesenheit einer geschützten Person darf nicht dazu benutzt werden, Kampfhandlungen von gewissen Punkten oder Gebieten fernzuhalten." Dieses Verbot wird vom Art. 51(7) des 1. Zusatzprotokolls weiter verstärkt:

> Die Anwesenheit oder Bewegungen der Zivilbevölkerung oder einzelner Zivilpersonen dürfen nicht dazu benutzt werden, Kriegshandlungen von bestimmten Punkten oder Gebieten fernzuhalten, insbesondere durch Versuche, militärische Ziele vor Angriffen abzuschirmen oder Kriegshandlungen zu decken, zu begünstigen oder zu behindern. Die am Konflikt beteiligten Parteien dürfen Bewegungen der Zivilbevölkerung oder einzelner Zivilpersonen nicht zu dem Zweck lenken, militärische Ziele vor Angriffen abzuschirmen oder Kriegshandlungen zu decken.

339 *Customary International Humanitarian Law...*, Regel 22.
340 a.a.O., Regel 23.
341 a.a.O., Regel 24.
342 Siehe 9. Kapitel.

In diesen Bestimmungen werden gewohnheitsrechtliche Regeln widergespiegelt.[343]

493. Die Kommission hält es für sinnvoll, die rechtliche Bedeutung der Benutzung von Zivilpersonen bzw. einer Zivilbevölkerung als menschliches Schutzschild zu verdeutlichen. Konfliktparteien wird nicht gestattet, eine Zivilbevölkerung bzw. einzelne Zivilpersonen dazu zu benutzen, um Kampfhandlungen von bestimmten Punkten oder Gebieten fernzuhalten. Unstrittig ist, dass sowohl bewaffnete palästinensische Gruppierungen als auch israelische Truppen in einem von Zivilpersonen bevölkerten Gebiet kämpften. Kampfhandlungen innerhalb ziviler Gebiete reichen allein nicht aus, um festzustellen, dass eine Konfliktpartei die im Kampfgebiet lebende Zivilbevölkerung als menschliches Schutzschild benutzt. Aus dem Wortlaut des Art. 57(1) („dürfen nicht dazu benutzt werden", „durch Versuche, militärische Ziele vor Angriffen abzuschirmen") geht hervor, dass der Vorsatz, die Zivilbevölkerung zur Abschirmung eines Gebiets vor militärischen Angriffen zu benutzen, erforderlich ist.

494. Auf der Grundlage der ihr vorliegenden Erkenntnisse fand die Kommission keine Anhaltspunkte für die Annahme, dass bewaffnete palästinensische Gruppierungen entweder Zivilpersonen in Gebiete lenkten, wo Angriffe stattfanden oder Zivilpersonen zum Verbleiben in der Nähe der Angriffe zwangen.

495. Die bei der Kommission eingegangenen Berichte legen die Wahrscheinlichkeit nahe, dass sich die bewaffneten palästinensischen Gruppierungen nicht jederzeit hinreichend von der Zivilbevölkerung unterschieden, unter der die Feindseligkeiten durchgeführt wurden. Ihre Unterlassung, sich durch die Verwendung eines Unterscheidungszeichens von der Zivilbevölkerung zu unterscheiden, stellt an und für sich keine Völkerrechtsverletzung dar, hätte jedoch zum Verlust einiger den Kombattanten zustehenden rechtlichen Privilegien geführt. Das Völkerrecht verlangt jedoch, dass die an einem Konflikt beteiligten Parteien bei der Durchführung der Feindseligkeiten alle praktisch möglichen Vorsichtsmaßnahmen zum Schutze von Zivilpersonen treffen. Die Kommission fand keinerlei Beweise

---

343 *Customary International Humanitarian Law*..., Regel 97.

dafür, dass Angehörige bewaffneter palästinensischer Gruppierungen in Zivilkleidung kämpften. Somit kann sie unter diesem Gesichtspunkt keine Verletzung der Pflicht finden, die Zivilbevölkerung nicht zu gefährden.

496. Die Durchführung von Feindseligkeiten in bebauten Gebieten stellt ohne weiteres keine Völkerrechtsverletzung dar. Die Ausführung von Angriffen – gleichgültig, ob es sich dabei um Raketenangriffe auf die südisraelische Zivilbevölkerung oder auf die israelischen Streitkräfte innerhalb von Gaza handelt – in der Nähe von zivilen oder geschützten Objekten stellt jedoch das Nichttreffen aller praktisch möglichen Vorsichtsmaßnahmen dar. In solchen Fällen hätten die bewaffneten palästinensischen Gruppierungen die Gazaer Zivilbevölkerung, ohne dass es erforderlich wäre, den in ihrer Umgebung stattfindenden Kriegshandlungen innewohnenden Gefahren ausgesetzt. Dies hätte eine Verletzung der oben zitierten Normen des humanitären Gewohnheitsvölkerrechts dargestellt. Es hätte auch eine Verletzung des Rechts auf Leben und körperliche Unversehrtheit der dadurch gefährdeten Zivilpersonen dargestellt.

497. Obwohl die Verwendung von Moscheen zu militärischen Zwecken bzw. zur Abschirmung militärischer Aktionen an Hand der von der Kommission untersuchten Fälle nicht nachzuweisen ist, kann die Kommission nicht ausschließen, dass dies in anderen Fällen geschehen sein könnte. Was die Krankenhäuser und UNO-Einrichtungen betrifft, stellte die Kommission fest, dass nicht auszuschließen ist, dass bewaffnete palästinensische Gruppierungen in der Nähe dieser geschützten Objekte Kampfhandlungen durchführten. Die Kommission möchte an dieser Stelle betonen, dass die Ausführung von Angriffen von zivilen Objekten und geschützten Gebieten aus bzw. in deren Nähe eine gravierende Verletzung der Verpflichtung bewaffneter Gruppierungen, stets darauf zu achten, dass Zivilpersonen von den Kriegshandlungen innewohnenden Gefahren verschont bleiben.

498. Die Kommission bat die Gazaer Behörden, Informationen über die Orte, von denen aus bewaffnete palästinensische Gruppierungen Angriffe auf Israel und auf die israelischen Streitkräfte in Gaza ausgeführt haben. Die Kommission fragte ebenfalls, ob ihres Wissens zivile Objekte und Moscheen zur Lagerung von Waffen benutzt wurden.

In ihrer Antwort gaben die Gazaer Behörden an, dass ihnen keine Erkenntnisse zu den Aktivitäten der bewaffneten palästinensischen Gruppierungen bzw. zur Lagerung von Waffen in Moscheen und zivilen Objekten vorliegen. Diese Antwort erscheint der Kommission nicht ganz plausibel. Wichtiger noch: Die Kommission merkt an, dass – gleichgültig, ob die Antwort der Wirklichkeit entspricht oder nicht – die Gazaer Behörden völkerrechtlich verpflichtet sind, die Aktivitäten in dem ihrer Herrschaftsgewalt unterliegenden Gebiet tätiger bewaffneter Gruppierungen zu kontrollieren.[344] Wenn sie es unterlassen haben, die Maßnahmen zu treffen, die erforderlich sind, um die bewaffneten palästinensischen Gruppierungen davon abzuhalten, dem humanitären Völkerrecht zuwiderzuhandeln, hätten sie die den in Gaza lebenden Zivilpersonen entstandenen Schäden zu verantworten.

344 Siehe 4. Kapitel.

IX. ISRAELS VERPFLICHTUNG, IM RAHMEN DES PRAKTISCH MÖGLICHEN VORSICHTSMASSNAHMEN ZUM SCHUTZ DER ZIVILBEVÖLKERUNG UND ZIVILER OBJEKTE IN GAZA ZU TREFFEN

499. Dieses Kapitel konzentriert sich auf Vorfälle, bei denen die Kommission untersuchte, ob Israel seinen Verpflichtungen nach dem 4. Genfer Abkommen und den Normen des Gewohnheitsvölkerrechts hinsichtlich des Treffens praktisch möglicher Vorsichtsmaßnahmen nachgekommen ist. Insbesondere untersucht sie, ob alles praktisch Mögliche getan wurde, um zu überprüfen, ob es sich bei den Angriffszielen um Zivilpersonen oder zivile Objekte handelte und diese besonderen Schutz genossen, ob alle praktisch möglichen Vorsichtsmaßnahmen hinsichtlich der Wahl der einzusetzenden Waffen getroffen wurden, und ob der erhoffte militärische Vorteil im Hinblick auf den zu erwartenden Verlust zivilen Menschenlebens bzw. die zu erwartende Beschädigung ziviler Objekte verhältnismäßig war. Vor der Untersuchung einzelner Vorfälle wendet sie sich der Verpflichtung,vor Angriffen zu warnen.

A. Warnungen

500. Die isrealische Regierung hat angegeben, dass sie folgende Schritte unternommen habe, um die Gazaer Zivilbevölkerung zu warnen[345]:

345 http://www.mfa.gov.il/MFA/Government/Communiques/2009/IDF_warns_Gaza_population_7-Jan-2009.htm

- Die israelischen Streitkräfte tätigten 20,000 Anrufe am 27. Dezember und 10,000 am 29. Dezember 2008;
- 300.000 Warnzettel wurden am 28. Dezember über dem ganzen Gaza-Streifen abgeworfen;
- 80.000 Flugblätter wurden am 29. Dezember über Rafah abgeworfen;
- Zu Beginn der Bodenoffensive am 3. Januar wurden 30.000 Flugblätter über dem ganzen Gaza-Streifen, vor allem über den nördlichen und östlichen Teilen, abgeworfen;
- Am 5. Januar wurden 300.000 Flugblätter über Gaza-Stadt, Khan Yunis und Rafah abgeworfen;
- Insgesamt wurden während der gesamten Dauer der Kriegshandlungen 165.000 Telefonanrufe getätigt;[346]
- Insgesamt wurden etwa 2.500.000 Flugblätter abgeworfen.[347]

501. Das israelische Außenministerium erklärt zusätzlich, dass die Telefonanrufe sowohl persönliche Kontaktaufnahmen als auch die Wiedergabe im Voraus aufgezeichneter Nachrichten umfassten, dass Rundfunkmeldungen erfolgten, und dass eine Methode entwickelt worden sei, bei der offenbar schwache Sprengstoffe auf Dächer abgeworfen wurden (auch als „Dachklopfen" [„roof-knocking"] bezeichnet).[348]

502. Die Kommission hat den Inhalt mehrerer durch die israelischen Streitkräfte abgeworfener Flugblätter begutachtet, und hörte sich alle auf der Webseite des israelischen Außernministeriums befindlichen aufgezeichneten Nachrichten an.[349] Sie erkennt an, dass Israel Flugblätter abgeworfen, Telefonanrufe getätigt, aufgezeichnete Nachrichten hinterlassen und kleinere Sprengsätze auf Dächer abgeworfen hat, wie von der israelischen Regierung angegeben wurde.

---

346 „The operation in Gaza…", Abs. 264.

347 a.a.O.

348 http://www.mfa.gov.il/MFA/Government/Communiques/2009/IDF_warns_Gaza_population_7-Jan-2009.htm. Zum „Dachklopfen" vgl. Cordesman, a.a.O., S. 13 (Die israelischen Streitkräfte „entwickelten kleine 10-20 Kilogramm schwere Bomben, die als Warnschüsse – manchmal als ‚Dachklopfen' bezeichnet" – [eingesetzt werden konnten] …").

349 http://www.mfa.gov.il/MFA/Government/Communiques/2009/IDF_warns_Gaza_population_7-Jan-2009.htm

1. Telefonate

503. Bei der Befragung von Zeugen in Gaza erhielt die Kommission Informationen aus erster Hand über einige dieser Methoden. Im Bericht über den Angriff auf die Al-Fakhura Straßenkreuzung (siehe 10. Kapitel) erwähnt die Kommission die glaubwürdige Schilderung des Herrn Abu Askar über die bei ihm eingegangene telefonische Warnung. Daraufhin konnte er bis zu 40 Personen aus seinem und aus anderen Häusern evakuieren. Er bekam den Anruf gegen 1.45 Uhr. Sieben Minuten später zerstörten die israelischen Streitkräfte sein Haus mit einem Raketenangriff.

504. Der Kommission sind auch Umstände bekannt, unter denen die Telefonanrufe Angst und Verwirrung gestiftet haben könnten. Die al-Bader Flour Mills Co. (siehe 13. Kapitel) erhielt zwei Anrufe mit aufgezeichneten Nachrichten, die darauf hinwiesen, dass die Mühle zerstört werde, keiner der beiden Warnungen sind jedoch Taten gefolgt. Fünf Tage später wurde die Mühle in den frühen Morgenstunden ohne jegliche Warnung getroffen. Dass sie auf Grund derartiger Nachrichten das Gelände zweimal evakuieren mussten, ohne dass ein Angriff erfolgte, löste bei den Besitzern wie bei den Mitarbeitern Angstzustände aus.

505. Das israelische Außenministerium gibt an, dass mehr als 165.000 telefonische Warnungen erfolgt seien. Die Kommission hat Informationen erhalten, wonach es mindestens zwei Arten von Anrufen gab. Bei der einen Art handelt es sich um direkte, konkrete Warnungen, wie z.B. der bei Herrn Abu Askar eingegangene Anruf. Bei der anderen handelt es sich um im Voraus aufgezeichnete Nachrichten allgemeinen Inhalts, wie z.B. diejenigen, die bei al-Bader Flour Mills eingingen. Der Anteil der im Voraus aufgezeichneten Anrufe allgemeinen Inhalts an den insgesamt 30.000 [so im Original: Gemeint ist vermutlich 165.000 – Anm. d. Ü.] Anrufen ist der Kommission nicht bekannt. Soweit die Kommission ermitteln kann, hat auch die israelische Regierung hierzu keine Angaben gemacht.

2. Dachklopfen

506. Die israelische Regierung schildert, dass ihre Streitkräfte in gewissen Situationen „Warnschüsse mit leichten Waffen abgefeuert haben, die auf die Dächer der anvisierten Ziele trafen" – eine Methode, die als Dachklopfen bezeichnet wird. Die israelische Regierung gibt an, dass diese Methode immer dann angewendet worden sei, wenn trotz vorausgegangener Warnung anscheinend noch Menschen in ihren Häusern blieben.[350] Ob dies die einzige Situation ist, bei der diese Methode angewendet wurde, ist unklar. Die Kommission erfuhr, dass die israelische Regierung behauptet, im Fall der Familie al-Daya (siehe 11. Kap.) einen solchen Warnschuss abgegeben zu haben, wobei man jedoch das falsche Haus getroffen haben soll.[351] Im Haus der Familie al-Sawafeary (siehe 13. Kap.) sah die Kommission, dass eine Rakete in die Rückseite des Hauses durch eine Wand nahe der Decke eingedrungen ist, eine Innenwand durchdrungen hat und durch die Vorderseite des Hauses in der Nähe der Fenster wieder herausgeflogen ist. Zu diesem Zeitpunkt (gegen 22:00 Uhr am 3. Januar 2009) befanden sich einige Familienmitglieder im Haus, die sich zufällig hingelegt hatten. Die Kommission kann nicht sagen, welche Waffengröße bei diesem Vorfall zum Einsatz kam (obwohl die Waffe kräftig genug war, um drei Wände zu durchdringen), oder ob dies als Warnung gedacht war.

3. Rundfunkmeldungen und der Abwurf von Flugblättern

507. Die Radioübertragungen, die sich die Kommission angehört hat, schienen allgemeinen Inhalts zu sein. Zum Beispiel enthielt eine Rundfunkmeldung vom 3. Januar 2009 folgende Aussagen:

---

350 „The operation in Gaza…", Abs. 264.

351 Zu beachten ist, dass aus der Aussage eines Zeugen hervorgeht, dass ein älterer Mann etwa 10 Minuten vor dem Angriff auf das Haus der Familie al-Daya von einer Rakete getroffen wurde und dadurch ums Leben kam. Die Kommission merkt an, dass erhebliche Zweifel an der von der israelischen Regierung vorgetragenen Schilderung dieser Ereignisse – insbesondere zur Frage des Warnschusses – bestehen.

- Die Bewohner von Gaza werden eingeladen, an den UNRWA-Dienststellen im ganzen Gaza-Streifen, Lebensmittel und Sanitätsbedarf zu erhalten, die durch die Grenzübergänge Rafah, Karni und Kerem Shalom geliefert worden sind;
- Israel ruft die Bevölkerung auf, sich zu ihrer eigenen Sicherheit in die Innenstädte zu begeben.[352]

Diese Warnung ging der Bodenphase der Kriegshandlungen voraus. Ihr Wortlaut deutet eindeutig darauf hin, dass UNRWA-Dienststellen als Zufluchtsorte zu betrachten seien, und dass dort auch Lebensmittel für Zivilpersonen erhältlich seien.

508. Die abgeworfenen Flugblätter scheinen in unterschiedliche Kategorien zu fallen. Eines der Flugblätter handelte nicht von Angriffen auf einen bestimmten Ort, sondern von der Lagerung von Waffen und Munition:

> An die Bewohner des Gaza-Streifens
> Die IDF wird gegen alle Bewegungen und Elemente vorgehen, die terroristische Aktivitäten gegen die Bewohner des Staates Israel durchführen.
> Die IDF wird jedes Gebäude und jeden Ort angreifen und zerstören, in dem Waffen und Munitionen gelagert werden.
> Nach der Herausgabe dieser Ankündigung riskiert jeder sein Leben, der Munitionen und/oder Waffen in seinem Haus hat. Zu seiner eigenen Sicherheit und der seiner Familie muss er den Ort verlassen.
> Man hat euch gewarnt.[353]

509. In manchen Gebieten wurden bisweilen auch konkrete Warnungen herausgegeben. Ein Beispiel einer hinreichend konkreten Warnung ist diejenige, die an die Einwohner von Rafah herausgegeben wurde:

> Da die Hamas eure Häuser zum Schmuggeln und Lagern militärischer Ausrüstung benutzt, werden die israelischen Verteidi-

---

352 http://www.mfa.gov.il/MFA/Government/Communiques/2009/IDF_warns_Gaza_population_7-Jan-2009.htm

353 Ibid.

gungskräfte (Israeli Defense Forces – IDF) die Bereiche zwischen der Seestraße und der ägyptischen Grenze angreifen …
Alle Einwohner der folgenden Wohngegenden: Block O – Bezirke Al-Barazil– und Al-Shu'ara'- Keshta- Al-Salam sollen ihre Häuser bis über die Seestraße hinaus verlassen.
Der Evakuierungsbefehl tritt sofort in Kraft und bleibt bis morgen um 8 Uhr gültig.

Befolgt diese Anweisung zu eurer Sicherheit und der eurer Kinder.[354]

4. Sachverhalt

510. Ob eine Warnung als wirksam zu bezeichnen ist, ist eine komplizierte Frage, bei der es auf die zum fraglichen Zeitpunkt gegebenen Tatsachen und Umstände, auf die Verfügbarkeit der Mittel zur Abgabe der Warnung sowie auf eine Abwägung der Kosten gegen den behaupteten militärischen Vorteil ankommt.

511. Israel war bestens in der Lage, wirksame Warnungen vorzubereiten und herauszugeben. Ihre Militäraktionen wurden „umfassend und gründlich"[355] vorbereitet. In Israels Planung flossen detaillierte Kenntnisse und hochaktuelle Geheimdienstinformationen ein. Israel hatte die Möglichkeit sowohl Festnetzanschlüsse als auch Mobilfunknetze zu benutzen. Es hatte die vollständige Lufthoheit über Gaza. Günstigere praktische Möglichkeiten zur Erteilung von Warnungen sind schwer vorstellbar.

512. Die Kommission erkennt an, dass das bei den ersten Angriffen angestrebte Überraschungselement die unterlassene vorherige Bekannt-

---

354 „No safe place", Bericht der unabhängigen Untersuchungskommission über Gaza an die Arabische Liga (30. April 2009), S. 241. Zu beachten ist hier die ähnlich konkret formulierte Warnung, die an die Einwohner von Al-Shujaeiyah gegeben wurde („The operation in Gaza…", Fußnote 225).

355 Ministerpräsident Olmert, Pressekonferenz vom 27. Dezember 2008, abrufbar unter: http://www.mfa.gov.il/MFA/Government/Speeches+by+Israeli+leaders/2008/PM_Olmert_press_briefing_IDF_operation_Gaza_Strip_27-Dec-2008.htm

gabe des Zeitpunkts der Angriffe bzw. der Gebäude, die angegriffen werden sollten, teilweise rechtfertigen könnte.[356]

a) Zu der Frage, ob zu erwarten war, dass die Zivilpersonen den Warnungen, ihre Wohnungen zu verlassen, Folge leisten

513. Die Kommission erkennt an, dass von der Luft abgeworfene Flugblätter einen gewissen Nutzen aufweisen können, indem sie der Zivilbevölkerung helfen, sich außer Gefahr zu begeben. Deren Wirksamkeit hängt von drei Faktoren ab: der Klarheit der Mitteilung, der Glaubwürdigkeit der Drohung, und der Fähigkeit der Gewarnten, sich der Gefahr zu entziehen.

514. Die Kommission hat bereits eine Art von Flugblatt erwähnt, in dem auf die Wahrscheinlichkeit von Angriffen auf Orte, in denen Waffen und Munitionen gelagert werden hingewiesen wird. Am Anfang der Boden-Luft-Phase warfen die israelischen Streitkräfte ebenfalls Flugblätter ab und sendeten zusätzlich Rundfunkmeldungen, in denen sie den Menschen rieten, sich in Richtung der Innenstädte zu bewegen.

515. Vom 27. Dezember 2008 bis zum 3. Januar 2009 hatte eine intensive Luftoffensive stattgefunden, bei der Hunderte von Gebäuden in den bebauten Teilen der Innenstädte zerstört worden waren. Zivilpersonen, die nicht in den Innenstädten wohnten, wurden dazu aufgefordert, ihre Häuser zu verlassen und sich an andere Orte zu begeben, an denen sie, soweit sie es beurteilen konnten, einer viel größeren Gefahr ausgesetzt wären, als sie es in ihren Häusern waren. Um wirksam zu sein, musste die Warnung eine objektive Grundlage dafür liefern, dass sie an anderen Orten sicher wären. Die Kommission ist nicht der Ansicht, dass den Zivilpersonen in Gaza eine solche fundierte, objektive Einschätzung möglich gewesen wäre.

516. Bei ihren Gesprächen mit Menschen in Gaza sagten diese der Kommission mehrmals, es habe keinen Ort gegeben, „wo man hätte hin-

356 Die Anerkennung eines legitimen Überraschungselements durch die Kommission bedeutet nicht zwangsläufig, dass die Kommission die ausgewählten Ziele unter den Umständen völkerrechtlich zu rechtfertigen seien. Diese Frage wird in anderen Teilen dieses Berichts behandelt.

gehen können". Durch den Charakter der Angriffe in der ersten Woche wurde ein tiefer Schock ausgelöst. Auf Grund der großflächigen Angriffe wurden die Menschen mit einem Dilemma konfrontiert, und zwar nicht nur darüber, wo man hingehen sollte, sondern auch darüber, ob das Weggehen überhaupt sicher sei.

517. Auch wenn die israelischen Streitkräfte der Meinung waren, dass es sicherer für Zivilpersonen sei, ab dem 3. Januar in die Innenstädte zu gehen, lieferten die Ereignisse der Woche davor der Zivilbevölkerung keinen Grund zu dieser Annahme, da es zu großflächiger Zerstörung von Bezirken und Gebäuden gekommen war. Die Ereignisse an diesen Orten seit dem 3. Januar scheinen eher die Ansicht zu bekräftigen, dass man sich von der Flucht in die Innenstädte kaum Sicherheit versprechen könnte.

(b) Ereignisse in den Innenstädten nach Erteilung der Warnung, sich dorthin zu begeben

518. Am 3. Januar 2009 fand der Angriff auf die al-Maqadmah-Moschee in einem bebauten Gebiet im Zentrum von Jabaliyah statt. Drei Tage, nachdem am 3. Januar die Warnung herausgegeben wurde, sich an zentrale Orte und Dienststellen der Vereinten Nationen zu begeben, fand ein israelischer Mörserangriff unmittelbar außerhalb der großen Unterkunft der Vereinten Nationen statt, durch den mindestens 35 Menschen in Jabaliyah und in der Al-Fakhura-Straße ums Leben kamen.[357]

519. Nach den Anschlägen in der Al-Fakhura-Straße erklärte der UNRWA-Direktor in Gaza, John Ging auf einer Pressekonferenz am 7. Januar 2009: „Es gibt keinen sicheren Ort in Gaza. Jeder hier ist terrorisiert und traumatisiert."[358]

520. Am 15. Januar wurde der UNRWA-Komplex in Tal el-Hawa (Gaza Stadt) schwer beschädigt, als er mit weißem Phosphor angegriffen

357 Die Kommission zieht an anderer Stelle die Schlussfolgerung, dass dieser Angriff willkürlich war (siehe 10. Kap.).

358 The Daily Mail, „Gaza's darkest day: 40 die as Israel bombs ‚safe haven' UN school", 7. Januar 2009.

wurde. Etwa 600 bis 700 Zivilpersonen hielten sich zu diesem Zeitpunkt dort auf und wurden dadurch einer ernsten Gefahr ausgesetzt. Am selben Tag wurde das nahe gelegene Al-Quds-Krankenhaus von mehreren Projektilen, darunter auch Phosphorkanister, direkt getroffen, wodurch die Mitarbeiter und Patienten ebenfalls einer erheblichen Gefahr ausgesetzt wurden (siehe Abschnitt C weiter unten).

521. Am Tag nachdem der UNRWA-Komplex getroffen wurde, wiederholte John Ging, dass das, was dort geschehen war, überall in Gaza geschehen sei. Er sagte, dass die Vereinten Nationen und die Zivilbevölkerung „alle im selben Boot" sitzen, und von keinem in Gaza behauptet werden könne, er sei in Sicherheit.[359]

(c) Der Rückschluss, wer sich nicht in die Innenstadt begeben habe, sei als Kombattant anzusehen

522. Die Warnung, in die Innenstädte zu gehen, wurde zu Beginn der Bodeninvasion erteilt. Nach Ansicht der Kommission war es unter diesen Umständen unangemessen, davon auszugehen, dass die Zivilpersonen ihre Wohnungen tatsächlich verlassen werden. Folglich entbehrt die Schlussfolgerung, auf die sich die Denkweise der Bodentruppen zum Teil gestützt haben soll, dass die Gebliebenen bestimmt Kombattanten seien, jeder Grundlage.[360] Es gibt mehrere

---

359 Pressekonferenz zur humanitären Lage in Gaza (10. Januar 2009), abrufbar unter: http://www.un.org/News/briefings/docs/2009/090116_Gaza.doc.htm.

360 Vgl. die Aussagen von Soldaten auf einem Seminar in Tel Aviv: „Zunächst hat man uns gesagt, dass wir in ein Haus einbrechen sollen...in das obere Stockwerk gehen und jeden erschießen, den wir sehen...Die höheren Offiziere sagten, das wäre erlaubt, da jeder, der an diesem Ort, in Gaza-Stadt, geblieben ist, schuldig sei, ein Terrorist, der nicht geflohen ist." Nachschrift des Seminars von Channel 10 News, in den Akten der Kommission. Siehe auch Breaking the Silence, Soldiers' Testimony from Operation Cast Lead, Gaza 2009, abrufbar unter: http://www.breakingthesilence.org.il/oferet/ENGLISH_oferet.pdf. Im gesamten Bericht geben die Soldaten zu verstehen, dass die angewendeten Einsatzregeln bedeuteten, dass das mögliche Vorhandensein „Unschuldiger" überhaupt nicht berücksichtigt worden sei, und dass die Soldaten beim geringsten Zweifel schießen sollten. („Das hat man auch erwähnt – wenn wir etwas Verdächtiges sehen und schießen, sei es besser, einen Unschuldigen zu treffen als beim Zielen auf einen Feind zu zögern.", S. 50; "Falls irgendetwas unseren Verdacht erweckt, sollten wir nicht zögern, da der Feind sich unter Zivilpersonen versteckt", S. 51.) Zu beachten ist auch die Diskussion über sog. „nasses"

mögliche Erklärungen dafür, dass die Menschen nicht reagierten. In mehreren Fällen erfuhr die Kommission von Zeugen, dass es Menschen gegeben habe, die auf Grund einer körperlichen Behinderung, Gebrechlichkeit oder Gehörlosigkeit nur schwer bzw. überhaupt nicht in der Lage gewesen seien, der Warnung Folge zu leisten. Wie oben bereits geschildert wurde, hatten Zivilpersonen, die zur Befolgung der Warnung in der Lage gewesen wären, legitime Gründe, dies nicht zu tun. Zwar sind Warnungen nach Möglichkeit stets zu erteilen. Durch die Erteilung einer Warnung werden Befehlshaber und Untergebene jedoch nicht von der Pflicht befreit, alle sonstigen praktisch möglichen Maßnahmen zur Unterscheidung zwischen Zivilpersonen und Kombattanten zu treffen.[361]

523. Die Umstände, unter denen Zivilpersonen keinen Grund zur Annahme hatten, dass die Innenstädte sicher seien, wurden von den israelischen Streitkräften geschaffen. Eine wirksame Warnung hätte verdeutlichen müssen, warum es selbst unter diesen Umständen für die Zivilpersonen besser wäre, ihre Wohnungen zu verlassen, anstatt in ihnen zu bleiben.

5. Nachprüfung durch Israel

524. Laut Pressemeldungen[362] sind sich militärische Quellen, darunter auch Vertreter der Völkerrechtsabteilung der Militärstaatsanwaltschaft, darüber einig, dass Warnungen genauere Informationen, wie z.B. genauere Zeitpläne für geplante Angriffe und Angaben zu Fluchtwegen, enthalten sollten. In der Pressemeldung heißt es wei-

---

und „trockenes Betreten" ("wet entry" und "dry entry") (S. 14-15). Diese Diskussion läßt darauf schließen, dass Raketen, Panzer, Granaten und Maschinengewehre zum Einsatz kommen sollten, wenn man auf ein Haus zugeht. Die Anwendung dieser Methode wurde im Falle der Juha Familie nachgewiesen. Familienmitglieder wurden beschossen, als sie in einem Raum im unteren Stockwerk ihres Hauses in Zeytoun versammelt waren. Siehe 11. Kapitel.

361 Zu beachten ist insbesondere die Zeugenaussage von Prof. Michael Newton vor der Kommission bei der öffentlichen Anhörung in Genf am 7. Juli 2009. Siehe http://www.un.org/webcast/unhrc/archive.asp?go=090707

362 Siehe Ynetnews, „IDF to give better warnings before attacks", 29. September 2007.

ter: „Die von der IDF verteilten Flugblätter werden fortan detaillierter sein werden, um den Zivilpersonen deutlich zu machen, dass sie sich in Lebensgefahr befinden, und ihnen Gelegenheit zur Flucht zu geben. In der Anhörung wurde ebenfalls festgestellt, dass das Militär sich während der Januaroffensive mehrfach bemüht hat, zivile Opfer zu vermeiden."

525. Die Kommission kann die Richtigkeit solcher Pressemeldungen nicht bestätigen, weist jedoch auf zwei Punkte hin: Erstens ist jedwede konkrete Verbesserung in dieser Hinsicht begrüßenswert. Zweitens scheinen die Änderungen, sofern in der Presseerklärung zutreffend darüber berichtet wird, die in diesem Abschnitt angesprochenen Fragen zu betreffen. Hierbei handelt es sich um Probleme, die zum Zeitpunkt der tatsächlichen Erteilung der Warnungen durchaus vorherzusehen waren. Zwar sind Verbesserungen in dieser Hinsicht zu begrüßen; dadurch entsteht jedoch auch der Eindruck, dass unter den gegebenen Umständen bessere Warnungen als die tatsächlich erteilten mit ziemlicher Sicherheit möglich gewesen wären.

6. Rechtliche Würdigung

526. Kap. IV des 1. Zusatzprotokolls zu den Genfer Abkommen behandelt die zu treffenden Vorsichtsmaßnahmen. Art. 57 (1) besagt: „Bei Kriegshandlungen ist stets darauf zu achten, dass die Zivilbevölkerung, Zivilpersonen und zivile Objekte verschont bleiben."

527. Art. 57 (2) (c) erfordert folgendes: „Angriffen, durch welche die Zivilbevölkerung in Mitleidenschaft gezogen werden kann, muss eine wirksame Warnung vorausgehen, es sei denn, die gegebenen Umstände erlaubten dies nicht."

528. Die Kommission betrachtet diese Vorschriften als Normen des Gewohnheitsvölkerrechts.[363] Außerdem ist Israel anscheinend der Auf-

363 Laut IKRK kodifiziert Art. 57 (1) das Prinzip der Vorsichtsmaßnahmen, und Art. 5 (2) stellt eine gewohnheitsvölkerrechtliche Norm dar, die in internationalen und nichtinternationalen Konflikten gilt. Customary International Humanitarian Law…, S. 51 und 62

fassung, zur Erteilung wirksamer Warnungen gewohnheitsrechtlich verpflichtet zu sein.

529. Die Feststellung, ob die Umstände Warnungen erlauben, muss im Rahmen eines redlichen Versuchs erfolgen, der grundsätzlichen Pflicht nachzukommen, mögliche zivile Todesopfer und Verletzte oder Schäden an zivilen Objekten auf ein Mindestmaß zu beschränken. Wichtigste Schranke der Anwendbarkeit dieser Vorschrift ist der Fall, dass der militärische Überraschungsvorteil bei der Überraschung durch Warnungen beeinträchtigt würde. Es ist hier dieselbe Verhältnismäßigkeitsabwägung vorzunehmen wie unter anderen Umständen. Maßgeblich ist, ob die bei der fraglichen Aktion in Folge unterlassener Warnung verletzten Zivilpersonen bzw. beschädigten zivilen Objekte zu dem zu erzielenden Überraschungsvorteil außer Verhältnis stehen. Es kann andere Umstände geben, unter denen eine Warnung einfach nicht durchführbar ist.

530. Art. (2) (c) schreibt vor, dass die Warnung wirksam sein muss. Darunter versteht die Kommission, dass sie diejenigen Personen erreichen muss, die aller Wahrscheinlichkeit nach durch den geplanten Angriff gefährdet sind; sie muss so erfolgen, dass den Betroffenen ausreichend Zeit bleibt, auf die Warnung zu reagieren; sie muss unmissverständlich erklären, wie sie sich verhalten sollen, um Schäden zu vermeiden, und die Warnung muss glaubhaft sein. Die Warnung muss auch so eindeutig gefasst sein, dass die Zivilpersonen nicht daran zweifeln, dass es an sie gerichtet ist. So weit wie möglich sollte die Warnung die betroffenen Örtlichkeiten genau angeben sowie die Gebiete, in denen die Zivilpersonen Schutz suchen sollen. Glaubhaft ist eine Warnung, wenn für die Zivilpersonen zweifelsfrei erkennbar ist, dass der Warnung Taten folgen werden, denn ein Fehl- oder Scheinalarm kann zu einer Beeinträchtigung der Wirksamkeit zukünftiger Warnungen führen, wodurch Zivilpersonen gefährdet würden.

(a) im Voraus aufgezeichnete, allgemein formulierte telefonische Nachrichten

531. Hinsichtlich des allgemeinen Charakters einiger telefonischer Bandansagen stellt die Kommission fest, dass sie Klarheit und Glaub-

würdigkeit vermissen ließen und Furcht und Verunsicherung verursachten. Im Grunde besteht zwischen Anrufen und Flugblättern nichtspezifischen Inhalts kein großer Unterschied. Die Kommission ist der Ansicht, dass im Voraus aufgezeichnete Nachrichten allgemeinen Inhalts generell nicht als wirksam zu betrachten sind.

(b) Warnschüsse auf Dächer

532. Die Kommission bezweifelt, das das so genannte „Dachklopfen" als Warnung im eigentlichen Sinne zu bezeichnen ist.[364] Im Rahmen einer groß angelegten militärischen Aktion, die Luftangriffe umfaßt, kann man von Zivilpersonen nicht erwarten, dass sie erkennen, ob eine kleine Explosion die Warnung vor einem bevorstehenden Angriff ist oder Teil des eigentlichen Angriffs. Hinsichtlich des oben geschilderten Vorfalls am Haus der Sawafearys kann die Kommission nicht mit Sicherheit sagen, ob das Geschoss als Warnung gemeint war oder in Tötungsabsicht abgefeuert wurde. Sie merkt an, dass dies als gröbst fahrlässig zu bezeichnen wäre, wenn es als Warnschuss gemeint gewesen sein sollte.

533. Das geltende Recht erfordert eine wirksame Warnung. Das heißt, die Zivilpersonen dürfen nicht raten müssen, was die Warnung zu bedeuten habe. Die Technik, Zivilpersonen mit kleinen Explosionen zu erschrecken, um sie zum Verlassen eines Hauses zu bewegen, kann die Betroffenen selbst dann in Schrecken und Verwirrung versetzen, wenn sie dadurch gewarnt werden sollten.

534. Die Kommission verfügt nicht über ausreichende Informationen, um bewerten zu können, ob die Behauptung der israelischen Regierung zutrifft, die Methode der Warnschüsse sei nur zum Einsatz gekommen, wenn zuvor andere Warnungen (Flugblätter, Rundfunkdurchsagen, Telefonate) nicht befolgt worden wären. In vielen Fällen ist es jedoch nicht klar, warum nicht ein weiterer Telefonanruf erfolgen konnte, wenn eine telefonische Verbindungsaufnahme zu-

---

364 Die Kommission verweist zustimmend auf eine ähnliche Auffassung seitens *Diakonia* in dem Bericht vom 30. Juni 2009 über die militärische Aktion „Gegossenes Blei" *Cast Lead*

vor möglich war. Die Kommission hält fest, dass all diese Warnungen in Situationen erfolgten, in denen man offensichtlich zu der Ansicht gelangt war, bei den Personen in dem Haus handele es sich ausschließlich oder mehrheitlich um Zivilpersonen. Wenn die Wahl besteht, ein weiteres Mal anzurufen oder eine kleine Rakete abzufeuern, die die erhebliche Gefahr der Tötung der betreffenden Zivilpersonen in sich birgt, ist die Kommission nicht überzeugt, dass ein weiterer Anruf zur Bestätigung des bevorstehenden Angriffs nicht praktisch möglich gewesen wäre.

535. Von der Frage der Furcht und Uneindeutigkeit abgesehen, bleibt zum Schluss das Problem der Gefährdung. Die Vorstellung, ein Angriff, so begrenzt er auch sein mag, könne als wirksame Warnung im Sinne des Art. 57 (2) (c) gelten, wird von der Kommission zurückgewiesen.

(c) Flugblätter

536. Den Flugblättern und Rundfunkmeldungen, in denen man die Menschen aufforderte, ihre Wohnungen zu verlassen und sich in die Innenstädte zu begeben, mangelte es in den meisten Fällen an Konkretisierung und Eindeutigkeit: Die Menschen konnten sich nicht sicher sein, dass die Warnungen an sie persönlich gerichtet waren, denn soweit sie das erkennen konnten, waren sie an fast alle gerichtet, und sie konnten nicht erkennen, wann sie ihre Wohnungen verlassen sollten, denn die Warnungen enthielten selten Hinweise auf den Zeitpunkt der bevorstehenden Angriffe. Unter den von den israelischen Streitkräften geschaffenen Umständen konnte man von den Menschen außerdem wohl kaum verlangen, auf Grund derart unspezifischer Warnungen an andere Orte zu fliehen, die allem Anschein nach sogar weniger sicher waren. Folglich sind derartige Warnungen nach Auffassung der Kommission nicht als die wirksamsten Warnungen, die unter den gegebenen Umständen möglich gewesen wären, anzusehen, und bezweifelt eigentlich, dass viele überhaupt wirksam waren.

7. Schlussfolgerungen

537. Die Kommission nimmt die Behauptungen über die erheblichen Warnungsbemühungen der israelischen Streitkräfte zur Kenntnis, zu klären an dieser Stelle ist jedoch allein die Frage, ob die verschiedenen Arten von Warnungen, die die israelischen Streitkräfte erteilten, unter den gegebenen Umständen als ausreichend wirksam zu bewerten sind, um den Anforderungen des Art. 57 (2) (c) zu genügen.

538. Die Kommission erkennt an, dass in einigen Fällen die von den israelischen Streitkräften erteilten Warnungen viele Menschen zur Flucht veranlassten, um besonders der Bodenoffensive aus dem Weg zu gehen; aber dies reicht nicht aus, um die Warnungen generell als wirksam zu bezeichnen.

539. Die Kommission ist der Meinung, dass einige Flugblätter mit konkreten Warnungen, z.B. die nach israelischen Angaben in Rafah und Al-Shujaeiyah verteilten, als wirksam bezeichnet werden können. Die Kommission ist jedoch nicht der Meinung, dass allgemein gehaltene Aufforderungen an die Bewohner, den jeweiligen Aufenthaltsort zu verlassen und sich in die Innenstadt zu begeben, im Hinblick auf die besonderen Umstände dieser Militärkampagne den Grundanforderungen an die Wirksamkeit von Warnungen genügen.

540. Die Kommission erachtet, dass einige einzelne Anrufe wirksame Warnungen darstellten, aber hinsichtlich der angegebenen Zahl von 165.000 getätigten Anrufen ist ihrer Ansicht nach Vorsicht geboten. Ohne ausreichende Informationen über den Anteil der konkret formulierten Anrufe kann sie nicht feststellen, in welchem Umfang derartige Bemühungen als wirksam zu betrachten sind.

541. Die Kommission ist der Meinung, dass die Taktik, Raketen in Gebäude oder auf Dächer abzufeuern, überhaupt nicht als Warnung beschrieben werden kann, geschweige denn als wirksame Warnmethode. Es handelt sich hierbei um eine gefährliche Praxis und stellt im Grunde keine Warnung, sondern einen Angriff dar.

542. Die Kommission ist auch etlicher Vorfälle eingedenk, die sie untersucht hat, wobei Zivilpersonen bei der Flucht aus Orten, über

die eine Warnung irgendeiner Art erteilt worden war, zu Tode oder auf andere Weise zu Schaden kamen und durch Soldaten gedemütigt und entwürdigend behandelt wurden. Um die Wirksamkeit der Warnungen zu beurteilen, bedarf es eine Gesamtwürdigung aller zum fraglichen Zeitpunkt gegebenen Umstände unter Berücksichtung der subjektiven Einschätzung der Bedingungen, nach der sich die betroffenen Zivilpersonen bei der Entscheidung, wie sie auf die Warnung reagieren sollten, vermutlich richten würden.

B. UNRWA-Komplex, Gaza-Stadt

543. Der Gebäudekomplex der UNRWA-Zweigstelle liegt im Süden des Stadtteils Rimal von Gaza-Stadt. Am Morgen des 15. Januar 2009 kam er unter Dauerbeschuss durch die israelischen Streitkräfte. Mindestens drei hochexplosive Geschosse und sieben Phosphorkanister trafen den Werkstatt- und Lagerbereich, und in Folge des dadurch ausgebrochenen Brandes entstand überaus großer Sachschaden. Fünf dieser Geschosse, darunter alle drei Hochexplosivgeschosse, explodierten auf dem Gelände. Zwei intakte Phosphorkanister konnten sichergestellt werden. Fünf weitere Phosphorkanister wurden sichergestellt, die aber nicht intakt waren. Diese fünf Geschosse verteilten eine große Menge der darin enthaltenen Phosphorkeile, wenn nicht gar alle, auf dem Gelände. Mindestens drei Geschosse trafen das Gaza Training Center (Ausbildungszentrum Gaza), dabei erlitt ein Mitarbeiter leichte Verletzungen. Zur Zeit des Angriffs suchten zwischen 600 und 700 Zivilpersonen Zuflucht auf dem Gelände. Die übrigen Geschosse schlugen im Bereich des Treibstofflagers und der Werkstatt ein.

544. Die Kommission hat den Ereignisort untersucht und einige der Personen befragt, die sich zur Zeit des Angriffs dort aufgehalten hatten. Sie konnte auch ausführliches schriftliches Material einsehen, das das Büro der UNRWA im Zusammenhang mit seinen Ermittlungen zu diesem Vorfall erstellte hatte. Darüber hinaus richtete sie Anfragen an die israelische Regierung bezüglich des Einsatzes phosphorhalti-

ger Munitionen bei dem Angriff auf den UNRWA-Komplex, und des unmittelbaren militärischen Vorteils, der durch deren Einsatz erzielt werden sollte; erhielt jedoch keine Antwort.

545. Die Kommission will an dieser Stelle nicht alle Einzelheiten des Angriffs erneut anführen, die in einer Reihe anderer Berichte zutreffend beschrieben werden.[365] Sie schließt sich jedoch den anderen an, die auf den Mut zweier Angestellten hinwiesen, den sie insbesondere beim Umgang mit dem weißen Phosphor in unmittelbarer Nähe zu Tausenden Litern von Treibstoff in Tankern an den Tag legten. Wenn das Treibstofflager explodiert wäre, hätte es unzählige Todesopfer und immensen Sachschaden zur Folge gehabt. Diese beiden Menschen haben einer enormen Gefahr für sich selbst getrotzt, und schnell und mutig gehandelt, wodurch wahrscheinlich ein Unglück von gigantischen Ausmaßen verhindert werden konnte. Ihre Bemühungen sollen auch entsprechend gewürdigt werden.

546. In diesem besonderen Fall konzentrierte sich die Kommission darauf, was die israelischen Streitkräfte zum fraglichen Zeitpunkt wussten, welche Schritte man hätte unternehmen können, um das enorme Risiko für das Leben von Zivilpersonen zu verringern, und warum man sie nicht unternahm.

1. Der unmittelbare Zusammenhang

547. Seit der Nacht des 14. Januar hatte es fortlaufend Beschuss gegeben. Die Bezirke Tal el-Hawa und der südliche Teil Rimals waren angegriffen worden. zu verschiedenen Zeitpunkten während der Nacht war es in unmittelbarer Nähe des UNRWA-Komplexes zu Beschuss gekommen. Am Morgen des 15. Januar wurde das Personal im Kom-

---

365 z.B. die Zusammenfassung des Berichtes des UN-Generalsekretärs *„Report of the United Nations Headquarters Board of Inquiry into certain incidents in the Gaza Strip between 27 December 2008 and 19 January 2009“* und Berichte von *Human Rights Watch (Rain of Fire: Israel's Unlawful Use of White Phosphorous in Gaza (March 2009), S. 41 ff.* und *Amnesty International (Israel/Gaza: Operation „Cast Lead“: 22 days of death and destruction (London, 2009) S.31).*

plex angewiesen, sich möglichst nicht außerhalb von Gebäuden aufzuhalten.

2. Die Risiken

548. Auf dem UNRWA-Gelände befand sich u.a. ein beträchtliches Treibstofflager. Das Depot verfügt über ein unterirdisches Vorratslager, das seinerzeit etwa 120.000 Liter Treibstoff enthielt. Die auf dem Gelände geparkten Tankwagen enthielten etwa 49.000 Liter Treibstoff. Neben dem offensichtlichen unmittelbaren Risiko eines Brandes unter diesen Umständen wurden im Gebäudekomplex große Mengen an Sanitätsbedarf, Nahrungsmitteln, Bekleidung und Decken in den Lagerräumen aufbewahrt.

549. Nach konservativen Schätzungen hatten zu der Zeit zwischen 600 und 700 Menschen im Komplex Zuflucht gesucht.

550. Das unmittelbare Hauptrisiko bestand demnach in der Möglichkeit eines kastrophalen Brandes, der durch die Entzündung der Kraftstoffvorräte in unmittelbarer Nähe des Ortes, an dem Hunderte von Zivilpersonen auf Grund der israelischen Warnungen vom 3. Januar 2009 Zuflucht gesucht hatten.

3. Die Angriffe

551. Die Kommission hält die Zeugen, die sie zu diesem Vorfall befragte, für zuverlässig und glaubwürdig. Nach sorgfältiger Analyse der erhaltenen Informationen kommt die Kommission zu dem Schluss, dass Folgendes mit einem hohen Grad an Sicherheit festgestellt werden kann:

552. Der Komplex wurde von drei Hochexplosivgeschossen getroffen. Zwei landeten auf dem Gaza Training Center, eines auf dem Parkplatz. Sieben Phosphorkanister landeten entweder ganz oder zumindest zu großen Teilen dem Gelände des Gebäudekomplexes. Die in diesen Phosphorkanistern enthaltenen Keile wurden entweder voll-

ständig oder zu einem großen Teil auf dem Gelände freigesetzt. Ein hochrangiger ausländischer Mitarbeiter, der auf langjährige aktive Militärerfahrung zurückblickt, beobachtete mit eigenen Augen, wie ein Geschoss entweder nach Bodenkontakt oder unmittelbar über dem Boden detonierte.

553. Mindestens zwei Wachleute beobachteten, wie ein Hochexplosivgeschoss den Hof des Gaza Training Centers traf und einen Krater hinterließ..

554. Zwei Hochexplosivgeschosse landeten auf dem Dach des Bildungsgebäudes. Das Dach weist zwei große Löcher auf, die an allen Seiten von Splittern umgeben sind.

555. Ein Phosphorkanister traf das Gebäude der Abteilung Projekte und Logistik (*Project and Logistics Division*).

556. Ein Phosphorkanister traf das Heck eines Fahrzeugs im Ersatzteillager, nachdem es eine Wand auf der südlichen Seite ziemlich weit oben durchschlagen hatte. Hierbei handelt es sich vermutlich um die Ursache für den Brand im Werkstattbereich.

557. Ein Phosphorkanister bzw. ein großer Teil eines Phosphorkanisters durchdrang einen Drahtzaun am oberen Ende der südlichen Grundstücksgrenze des Komplexes in der Nähe des Ersatzteillagers und der Werkstatt und beschädigte dort ein Fahrzeug.

558. Ein Phosphorkanister landete in der Werkstatt und bohrte sich in den Betonboden.

559. Ein Phosphorkanister oder ein großer Teil davon durchschlug das Dach der Lackierungswerkstatt.

560. Ein Phosphorkanister oder ein großer Teil davon traf einen Schachtdeckel in der Nähe einiger kleiner Lebensmittellager.

561. Ein Phosphorkanister schlug auf dem Betonboden neben einem Generator ein.

562. Sieben der zehn Angriffe erfolgten in einem Gebiet, das kleiner ist als ein Standardfußballfeld. Das gesamte Einschlagsgebiet, einschließlich der drei weiteren Angriffe auf das Gaza Training Center oder in dessen Nähe, war nicht größer als zwei Fußballfelder.

563. Der genaue Zeitpunkt der einzelnen Angriffe kann nicht mit Sicherheit angegeben werden, aber alle ereigneten sich zwischen 8.00 und 12.00 Uhr.

4. Erfolgte Kommunikation und Antworten

564. Ansprechpartner der Sicherheitsabteilung der Vereinten Nationen (Department of Safety and Security – DSS*)* ist der Koordinator der Regierungstätigkeit in den Territorien *(Coordinator of Government Activities in the Territories – COGAT),* der die Verbindung zu den israelischen Behörden darstellt. Diese Einheit ist Teil des israelischen Verteidigungsministeriums. In Gaza ist für die tägliche Kommunikation und Abstimmung der Zusammenarbeit mit der COGAT die Koordinations- und Verbindungsstelle (Coordination and Liaison Administration – CLA) zuständig, die auf der israelischen Seite am Grenzübergang Erez stationiert ist. CLA ist die militärische Einheit, die verantwortlich ist für die Koordination bei der Einreise nach und Ausreise aus Gaza in Verbindung mit der Versorgung der allgemeinen und humanitären Bedürfnisse der Zivilbevölkerung. Im auftragsgegenständlichen Zeitraum stand DSS regelmäßig über CLA in Kontakt mit COGAT .

565. Zwischen dem 27. Dezember und dem 2. Januar kommunizierte DSS mit COGAT/CLA per Telefon und E-Mail. Die Kommission verfügt über die Namensliste der israelischen Offiziere, durch die und mit denen dieser Kontakt erfolgte und aufrechterhalten wurde. In der zweiten Phase des Konfliktes nahmen die COGAT-Interventionen zu, und deshalb wurde ihre Kapazität durch zusätzliches Personal aufgestockt. Zu den bereits vorhandenen Kontaktpersonen kamen zwei weitere hinzu.

566. Am 3. April 2008 wurde der COGAT/CLA die umfangreichste Liste relevanter Informationen übermittelt, einschließlich der Daten aller UNO-Einrichtungen. Am 29. Dezember 2008 wurden COGAT/CLA die allerneuesten Listen aller Koordinaten aller UNO-Büros, Wohnungen ausländischer Mitarbeiter und im Vorfeld festgelegten potentiellen Schutzräume übermittelt. Während der ganzen Dauer der Kriegshandlungen stand DSS fast täglich in Kontakt mit dem Ansprechpartner und lieferte detaillierte Informationen über Koordinaten relevanter Notunterkünfte und Verteilungszentren. Die Kommission konnte das Protokoll all dieser Kommunikationen einsehen.

567. Am fraglichen Tag telefonierte DSS zwischen 8.14 Uhr und 13.45 Uhr wenigstens siebenmal mit den COGAT/CLA-Ansprechpartnern. Bei diesen Gesprächen ging es z.B. um die Nähe des israelischen Feuers, die an den UNRWA-Einrichtungen angerichteten Schäden, Bitten, das Feuer einzustellen oder in eine andere Richtung zu lenken, und darum, die Entfernung der Tankwagen zu koordinieren.

568. Obwohl die ersten Anrufe bereits um 8.14 Uhr erfolgten, konnte COGAT/CLA allem Anschein nach erst um 11.06 Uhr die Kontaktaufnahme zur relevanten Brigade bestätigen.

569. Aus anderen Informationen, die der Kommission zugingen, geht hervor, dass der stellvertretende Direktor (Deputy Director of Operations) der UNRWA, der sich zu der fraglichen Zeit in Jerusalem aufhielt, mehrmals mit ranghohen israelischen Beamten telefonierte. Um 9 Uhr hatte ihn UNRWA-Direktor John Ging, angerufen und ihn über den Beschuss in der Nähe des Gebäudekomplexes informiert und ihn gebeten, die Koordinationsstelle für humanitäre Fragen (Humanitarian Coordination Centre – *HCC)* der israelischen Streitkräfte in Tel Aviv anzurufen und die Einstellung des Feuers zu verlangen. Er rief insgesamt 26 Mal beim Chef der HCC oder dessen Assistenten sowie bei Angehörigen der COGAT/CLA an. Mehrfach wurde ihm vom Chef der HCC versichert, das Feuer sei eingestellt worden, aber als er diese Nachricht nach Gaza übermitteln wollte, stellte sich eindeutig heraus, dass der Beschuss fortdauerte.

Der stellvertretende Direktor hatte vor dem unmittelbaren Risiko für das Kraftstofflager und die Schutzsuchenden gewarnt.

5. Eingesetzte Waffen

570. Eine Analyse der bei den Angriffen auf den UNRWA-Komplex eingesetzen Geschosse hat eindeutig ergeben, dass zumindest sieben Geschosse weißen Phophor enthielten. Bei drei von ihnen handelt es sich um intakte Projektile, bei weiteren vier zumindest um große Teile davon. Militärischen Sachverständigen zufolge sind diese Geschosse mit großer Wahrscheinlichkeit von 155 mm-Haubitzen abgefeuert worden.

571. Drei weitere Geschosse wurden von militärischen Sachverständigen der UNRWA eindeutig als Hochexplosivgeschosse identifiziert.

6. Die israelische Reaktion

572. Nach Angaben des Generalsekretärs der Vereinten Nationen, der auf einem Treffen in Tel Aviv zuvor mit Ehud Barak gesprochen hatte, sagte der israelische Verteidigungsminister am 15. Januar, der Angriff sei „ein schwerer Fehler" gewesen, und entschuldigte sich. Am selben Tag äußerte sich der israelische Ministerpräsident, es sei „absolut wahr, dass wir von dort aus angegriffen wurden, aber die Folgen sind sehr traurig, und wir entschuldigen uns dafür". Auch der israelische Minister für Wohlfahrt und Soziales äußerte später, israelische Truppen seien von benachbartem Gelände aus beschossen worden. Er behauptete, es seien Splitter vom israelischen Gegenangriff, die auf das UNRWA-Gelände gelangt seien und den Brand ausgelöst hätten.[366]

---

366 http://222.jpost.com/servlet/Satellite?cid=1232292898771&pagename=JPArticle%2FShowFull

573. Am 22. April wurde in der Zusammenfassung der Untersuchungen und der Schlussfolgerungen der israelischen Streitkräfte wie folgt berichtet:

> … Die IDF baute eine Nebelwand auf, um eine in der Gegend operierende Panzereinheit vor Panzerabwehreinheiten der Hamas zu schützen, die in unmittelbarer Nähe zum UNRWA-Hauptquartier Stellung bezogen hatten. Durch die Nebelwand sollte das Blickfeld der Terroristen eingeschränkt werden. Aus Informationen, die der IDF zukamen, geht hervor, dass die Nebelwand in der Tat half, die Einheit zu schützen, indem sie zielgenaues Panzerabwehrfeuer auf die IDF-Truppen verhinderte. Die Nebelgeschosse wurden auf einen Bereich in beträchtlichem Abstand zum UNRWA-Hauptquartier abgeschossen und sollten weder Personen verletzen noch Eigentum beschädigen. Anscheinend jedoch trafen Fragmente der Nebelgeschosse tatsächlich ein Lagergebäude auf dem Gelände des Hauptquartiers und lösten dadurch einen Brand aus.
>
> Während des Vorfalls wurde behauptet, ein Hochexplosivgeschoss oder Splitter davon hätten das UNRWA-Hauptquartier getroffen. Die Ermittlungen ergaben, dass es sich hierbei um Geschosse oder Geschossfragmente handelt, die auf militärische Ziele innerhalb der Kampfzone abgefeuert worden waren. Der während des Gefechts im Bezirk Tel el-Hawwa am UNRWA-Hauptquartier entstandene Schaden ist die bedauerliche Folge der Art der Kriegsführung, die die Hamas der IDF aufzwingt, wobei Gefechte in städtischen Gebieten des Gaza-Streifens und in unmittelbarer Nähe von Einrichtungen geführt werden, die mit internationalen Organisationen in Verbindung stehen. Diese Folgen waren nicht vorhersehbar.
>
> Nichtsdestotrotz ist es klar, dass die Truppen zu keinem Zeitpunkt beabsichtigten, eine Einrichtung der Vereinten Nationen zu treffen. Nachdem sich die Vereinten Nationen darüber beschwerten, dass ihr Hauptquartier von einem Explosivgeschoss getroffen worden sei, wurde den Truppen befohlen, keine Explosivgeschosse mehr in der fraglichen Zone abzuschießen. Nachdem Berichte über den Brand im Lagerhaus eintrafen, wurde das

Feuer in der Zone gänzlich eingestellt. Die Zufahrt von Löschfahrzeugen in das Gebiet wurde mit der IDF koordiniert, um die Löscharbeiten zu unterstützen.[367]

574. In ihrem Bericht vom Juli 2009 zu den militärischen Operationen erklärt die israelische Regierung, der „Hauptgrund" für den Einsatz von weißem Phosphor sei die „Bildung einer Nebelwand" gewesen, „um die israelischen Streitkräfte vor den neben dem UNRWA-Hauptquartier operierenden Panzerabwehreinheiten der Hamas zu schützen". Anschließend wird im Bericht behauptet:

> Die IDF war bemüht, einen Sicherheitsabstand von mehreren Hundert Metern zu sensiblen Bereichen, einschließlich des UNRWA-Komplexes, zu wahren. Trotz der Wahrung eines Sicherheitsabstandes landeten einige Filzkeile und andere Geschosskomponenten offenbar im Komplex, nachdem die Filzkeile in der Luft freigesetzt worden waren. Dieses Ergebnis hat die IDF weder vorhergesehen noch beabsichtigt.[368]

575. Bezüglich der Schlussfolgerungen der israelischen Regierung ist folgendes anzumerken. Erstens vermag sich die Kommission der umsichtigen, wenn nicht gar untertriebenen Darstellung der Art und des Umfangs der Angriffe auf den Komplex nicht anzuschließen. Es gab zehn Angriffe: Drei Hochexplosivgeschosse landeten und explodierten im Komplex; sieben Phosphorkanister entluden ihren Inhalt vollständig oder zu einem beträchtlichen Teil in einem eng begrenzten Gebiet um die besonders sensiblen Bereiche des UNRWA-Komplexes. Es geht hier nicht um eine begrenzte Anzahl von Keilen, die in den Komplex fielen, noch darum, dass Splitter und Geschossfragmente im Komplex landeten, nachdem sie anderswo explodiert waren. Hier muß betont werden, dass es vielmehr darum geht, dass Geschosse innerhalb des Komplexes explodierten bzw. sich entluden, und zwar in Bereichen, in denen Gefahrgut gelagert wurde.

576. Zweitens bedarf die Behauptung, dieses Ergebnis sei weder beabsichtigt noch vorhersehbar gewesen, einer sorgfältigen Überprüfung. Vor

---

367 http://dover.idf.il/IDF/English/opcast/postop/press/2202.htm

368 „The operation in Gaza...", Abs. 344 und 346

allen Dingen bekräftigt die Kommission nochmals, dass es sich bei dem zu untersuchenden Ergebnis nicht um Fragmente und Keile handelt, die im Komplex landeten, sondern um zehn Geschosse, die im Komplex landeten und dort explodierten. Dass die israelischen Streitkräfte dies weder vorhergesehen noch beabsichtigt haben sollen, kann die Kommission schwer glauben.

577. Die Angehörigen der israelischen Armee, die mit phosphorhaltigen Geschossen oder überhaupt mit irgendeiner Art von Artilleriegeschossen zu tun haben, werden fachkundig geschult, um die bei der Zielung maßgeblichen, komplexen Faktoren, insbesondere Windstärke und Erdkrümmung, einkalkulieren zu können. Um die Wirksamkeit eines Angriffs zu gewährleisten, müssen sie das Zielgebiet, mögliche Hindernisse in der Schusslinie und andere Faktoren der Umgebung genau kennen. Daran, dass die israelischen Streitkräfte die Wahrung eines Sicherheitsabstands für erforderlich hielten, ist eindeutig erkennbar, dass das Vorhandensein der UNRWA-Einrichtungen ein den für den Beschuss zuständigen Soldaten bekannter Faktor war.

578. Somit stellt sich die Frage, wie es möglich ist, dass Spezialisten, die im komplizierten Bereich der Artillerie fachkundig geschult worden sind, in Kenntnis des Vorhandenseins eines höchst sensiblen Objektes, sich offenbar bemühen, dieses Objekt nicht zu treffen, und es dabei zehnmal treffen können.

579. In ihrer Skepsis angesichts der Behauptung, dass das Ergebnis nicht vorhersehbar gewesen sei, wird die Kommission durch die Tatsache bestärkt, dass am 15. Januar ab etwa 8.00 Uhr UNRWA-Mitarbeiter zahlreiche Telefongespräche mit verschiedenen Beamten führten und genau erklärten, was gerade vor sich ging. Geführt wurden diese Gespräche nach vorheriger Vereinbarung mit den zuständigen Personen bei COGAT/CLA; sie wurden im weiteren Verlauf durch eine Reihe von Telefonaten des stellvertretenden UNRWA-Direktors mit ranghöheren Offizieren in Tel Aviv unterstützt.

580. Insbesondere wurde den israelischen Offizieren bei den zahlreichen Telefonaten der UNRWA-Mitarbeiter mitgeteilt, dass Geschosse tatsächlich innerhalb des Komplexes eingeschlagen hatten.

581. Der Kommission liegen Informationen vor, die belegen, dass ein hochrangiger UNRWA-Mitarbeiter den Chef der HCC in Tel Aviv und eine Reihe seiner unmittelbar Untergebenen mehrmals anrief. Insbesondere rief dieser Mitarbeiter um 10.31 Uhr die israelischen Streitkräfte an, um ihnen zu erklären, dass weißer Phosphor auf dem UNRWA-Gelände gelandet sei und das Lagerhaus in Brand gesetzt habe. Ihm wurde durch „Tel Aviv" mitgeteilt, das Feuer sei eingestellt worden. Der Klarheit halber sei nochmals angemerkt, dass die Kommunikationskanäle zwischen Tel Aviv und den für den Beschuss verantwortlichen Truppen vor Ort in Gaza-Stadt spätestens um 10.31 Uhr geöffnet waren. Zwar muss dieser Kontakt nicht unbedingt direkt gewesen sein, er hat jedoch ausgereicht, um von den israelischen Truppen vor Ort zu erfahren, was vor sich ging.

582. Um 10.30 Uhr stellten UNRWA-Mitarbeiter fest, dass fünf Phosphorkanister sich auf dem Gelände entladen hatten. Um 10.40 Uhr sprach der UNRWA-Beamte wieder direkt mit Tel Aviv und erklärte ausdrücklich, dass „auf den Nahbereich der Werkstatt gezielt" werde, und forderte die israelischen Streitkräfte zu sofortiger Einstellung des Feuers auf. Insbesondere wies er darauf hin, dass das Feuer einzustellen sei, damit das UNRWA-Personal den Brand unter Kontrolle bringen könne.

583. Um 11.47 Uhr wurde demselben UNRWA-Beamten von Mitarbeitern im Komplex telefonisch mitgeteilt, dass zwei weitere Geschosse „innerhalb der letzten 10 Minuten" eingeschlagen seien.

584. Um 11.53 Uhr telefonierte der UNRWA-Beamte ein weiteres Mal mit dem Ansprechpartner bei COGAT/CLA und wies ihn darauf hin, dass der Beschuss inakzeptabel und unverzeihlich sei. Er stellte fest, dass man sich seit 9.30 Uhr um die Einstellung des Feuers bemühe, und man der UNRWA in mehreren Anrufen zugesagt habe, von hoher Ebene sei der Befehl ergangen, das Feuer einzustellen. Der UNRWA-Beamte bemerkte, dass es unverständlich sei, wie man angesichts der Menge an Überwachungs- und GPS-Daten den sensibelsten Bereich des Komplexes mehrfach treffen könnte.

585. Angesichts all dieser Umstände wies die Kommission die Behauptung der israelischen Streitkräfte zurück, es sei nicht vorhersehbar

gewesen, dass die Geschosse im Komplex landen könnten. Die israelischen Streitkräfte wurden über die Geschehnisse informiert. Damit ging es nicht mehr darum, etwas vorherzusehen. Aus Antworten der israelischen Streitkräfte aus Tel Aviv und von COGAT/CLA geht ziemlich eindeutig hervor, dass man die Art und das Ausmaß der Geschehnisse verstanden hatte. Aus ihren Antworten geht insbesondere hervor, dass Befehle zum Einstellen des Feuers erteilt worden waren.

7. Sachverhalt und rechtliche Würdigung

586. Die Kommission ist der Ansicht, dass die israelischen Streitkräfte über alle notwendigen Informationen verfügten, um die Gefahr abschätzen zu können, die sie durch ihren Beschuss der UNRWA-Einrichtungen, insbesondere des Kraftstoffdepots, auch für die dort untergekommenen Zivilpersonen schufen. Angeblich wurde Befehl erteilt, das Feuer in der Nähe des UNRWA-Geländes einzustellen.

587. Der Bericht der israelischen Regierung zitiert zustimmend einen Abschnitt aus dem Bericht an den Ankläger am Internationalen Strafgerichtshof für das ehemalige Jugoslawien bezüglich der Bombardierung der Bundesrepublik Jugoslawien durch die NATO im Jahre 1998. Auch die Kommission hat diesen Bericht berücksichtigt. Im Hinblick auf die Frage des erforderlichen Tatvorsatzes heißt es dort:

> Angriffe, die sich nicht gegen militärische Ziele richten (v.a. Angriffe auf die Zivilbevölkerung) und Angriffe, die unverhältnismäßige zivile Opfer oder Schäden an zivilem Eigentum zur Folge haben, können den objektiven Tatbestand eines rechtswidrigen Angriffs im Sinne des Art. 3 des Statuts des IStGHJ erfüllen. Subjektiver Tatbestand des Delikts ist Vorsatz oder grobe Fahlässigkeit; einfache Fahrlässigkeit reicht nicht aus. Bei der Prüfung des subjektiven Tatbestands ist zu berücksichtigen, dass Befehlshaber bei der Entscheidung über einen Angriff folgende Pflichten haben:

a) alle praktisch möglichen Schritte zu unternehmen, um zu überprüfen, ob es sich beim Angriffsziel um ein militärisches Ziel handelt,

b) bei der Auswahl der Methoden und Mittel der Kriegsführung alle praktisch möglichen Vorsichtsmaßnahmen zu treffen, um zufällige zivile Opfer oder Schäden an zivilen Objekten zu vermeiden oder auf jeden Fall auf ein Mindestmaß zu beschränken, und

c) keine Angriffe durchzuführen, die aller Wahrscheinlichkeit nach unverhältnismäßige zivile Opfer oder Schäden an zivilen Objekten zur Folge haben werden.[369]

588. Die Kommission stimmt der Auffassung zu, dass dieser Passus sowohl den subjektiven Tatbestand als auch die Pflichten eines Befehlshabers zutreffend wiedergibt.

589. Selbst wenn die israelischen Streitkräfte zur fraglichen Zeit von bewaffneten palästinensischen Gruppierungen mit Panzerabwehrraketen beschossen worden wäre, deuten alle zuvor erwähnten Informationen darauf hin, dass die zuständigen Befehlshaber bei der Auswahl der Methoden und Mittel der Kriegsführung nicht alle praktisch möglichen Vorsichtsmaßnahmen getroffen haben, um zufällige zivile Opfer oder Schäden an zivilen Objekten zu vermeiden oder auf jeden Fall auf ein Mindestmaß zu beschränken.

590. Der Kommission geht es vorliegend keineswegs darum, die Entscheidungen von Befehlshabern im Nachhinein mit dem Wissen um die Folgen zu kritisieren. Fest steht jedoch, dass die fraglichen Vorkommnisse sich über einen Zeitraum von mehr als drei Stunden erstreckten. Unter diesen Umständen gerieten die israelischen Streitkräfte nicht überraschend unter Beschuss, auf den sie mit allem zu dem Zeitpunkt verfügbaren Material reagieren mussten. Wenn sie mit Panzerabwehrraketen beschossen wurden, kann das ihnen wohl kaum über einen beträchtlichen Zeitraum hinweg unbekannt geblieben sein.

369 „Final report to the Prosecutor …" Abs. 28

591. Hochrangige ausländische UNRWA-Mitarbeiter gaben gegenüber der Kommission an, dass ihnen zur fraglichen Zeit kein anhaltender Beschuss aus irgendeinem angrenzenden Gebiet bekannt gewesen sei. Die Kommission hält fest, dass der israelische Ministerpräsident in seiner Verlautbarung vom 15. Januar behauptete, es sei absolut sicher, dass bewaffnete palästinensische Gruppierungen vom UNRWA-Gelände aus selbst das Feuer eröffnet hätten.[370] Dieser Behauptung wurde nachher widersprochen. Sie wurde dahingehend korrigiert, die Stellungen der bewaffneten Gruppierungen hätten sich in der Nähe, aber außerhalb des Komplexes befunden.[371] Die Kommission erachtet es für wichtig, festzuhalten, dass die anfängliche Behauptung unzutreffend war und dass das inzwischen auch von israelischer Seite so gesehen wird.

592. Die Kommission kommt zu dem Schluss, dass dem Befehlshaber der Standort nicht nur des UNRWA-Geländes, sondern auch der einzelnen Teilbereiche – und somit der sensibelsten Bereiche, insbesondere des Kraftstofflagers – bekannt war, bevor der Beschuss um etwa 8.00 Uhr begann.

593. Selbst wenn man der Behauptung der israelischen Regierung hinsichtlich der Stellungen bewaffneter palästinensischer Gruppierungen Glauben schenkt, kommt die Kommission zu dem Schluss, dass die offensichtliche Lebensgefahr für mehrere Hundert Zivilpersonen und das Risiko beträchtlichen Schadens an zivilen Objekten durch den Einsatz von weißem Phosphor in dieser speziellen Schusslinie außer Verhältnis zu dem durch den Einsatz von weißem Phosphor zu erzielenden militärischen Vorteil (Bildung einer Nebelwand zum Schutz der Panzer der israelischen Streitkräfte vor dem Panzerabwehrbeschuss bewaffneter gegnerischer Gruppierungen) steht.

---

370 Der israelische Ministerpräsident Ehud Olmert äußerte gegenüber dem UN-Generalsekretär, Truppen hätten das Gebäude in Erwiderung von Feuer der Hamas aus dessen Innerem beschossen, aber das hätte eigentlich nicht geschehen dürfen. Israelische Truppen „wurden von dort aus angegriffen, und die Reaktion war hart", so Olmert wörtlich. „Es ist absolut zutreffend, dass wir von dieser Stelle aus angegriffen wurden, aber die Folgen sind sehr traurig, und wir entschuldigen uns dafür", fuhr er fort. Dieses Zitat taucht auch in mehreren anderen Quellen auf. Vgl. http://www.guardian.co.uk/world/2009/jan/15/israel-gaza-offensive-truce-talks.

371 „The operation in Gaza ...", Abs. 347

594. Auch nachdem sie nicht über die möglichen Gefahren, sondern über die tatsächlichen Folgen ihres Verhaltens in vollem Umfang informiert und gewarnt worden waren, fuhren die israelischen Streitkräfte mit eben diesem Verhalten fort, in Folge dessen weitere Geschosse im Komplex einschlugen. Ein solches Verhalten legt nach Ansicht der Kommission eine rücksichtslose Gleichgültigkeit gegenüber den Folgen der von ihnen gewählten Mittel zur Bekämpfung des Panzerabwehrfeuers an den Tag, dem sie nach Angaben der israelischen Behörden ausgesetzt waren. Durch die Entscheidung, im Wissen um die Folgen dieselben Mittel weiterhin einzusetzen, wird die ohnehin schon grobe Fahrlässigkeit noch größer. Sie machte es den Mitarbeitern der UNRWA unmöglich, die entstandenen Brände unter Kontrolle zu bringen, und hatte vermeidbare Sachschäden in Höhe mehrerer Millionen US-Dollar zur Folge. Sie gefährdete außerdem das Leben von etwa 700 Menschen, darunter Mitarbeiter und schutzsuchende Zivilpersonen.

595. Aufgrund der vorgelegten Informationen und in Ermangelung glaubwürdiger Gegenbeweise kommt die Kommission zu dem Schluss, dass die israelischen Streitkräfte die im Art. 57(2)(a)(iii) des 1. Zusatzprotokolls zu den Genfer Abkommen wiedergegebene gewohnheitsvölkerrechtliche Pflicht verletzt haben, bei der Wahl der Mittel und Methoden eines Angriffes alle praktisch möglichen Vorsichtsmaßnahmen zu treffen, um zufällige zivile Opfer bzw. die zufällige Beschädigung ziviler Objekte zu vermeiden oder diese Verluste und Schäden auf ein Mindestmaß zu beschränken.

C. Al-Quds-Krankenhaus, Tal el-Hawa, Gaza-Stadt

596. Das Al-Quds-Krankenhaus gehört dem palästinensischen Roten Halbmond (Palestinian Red Crescent Society – PRCS). Es besteht aus drei Gebäuden, und befindet sich im Bezirk Tal el-Hawa an der Kreuzung der Jami'at ad-Duwal Al-Arabiyah- und Al-Abraj-Straßen in westlicher Ausrichtung (Richtung Mittelmeer). Das Gebäude, das der Kreuzung am nächsten liegt, hat sieben Stockwerke. Es diente

eher administrativen und kulturellen als medizinischen Zwecken. Im Gebäude wurde eine enorme Menge an Akten des PRCS gelagert. Im mittleren Gebäude befinden sich die Notaufnahme sowie andere Büros. Das von der Kreuzung am weitesten entfernte Gebäude ist das Hauptgebäude des Krankenhauses, in dessen Untergeschoss sich die Operationssäle befinden. Etwa 200 Meter weiter östlich auf der Al-Abraj-Straße liegt das Krankenwagendepot des palästinensischen Roten Halbmondes. Alle diese Gebäude wurden am 15. Januar von den israelischen Streitkräften bombardiert und erheblich beschädigt. Bei dem Angriff kam weißer Phosphor zum Einsatz. Durch die Angriffe gerieten das Personal und mehr als 50 Patienten im Krankenhaus in Lebensgefahr. Keinem dieser Angriffe ging eine Warnung voraus.

597. Es gab sechs verschiedene Treffen zwischen der Kommission und dem Krankenhauspersonal, drei erfolgten bei den Besuchen vor Ort. Bei zwei längeren Besuchen vor Ort wurde nicht nur das Krankenhausgelände, sondern auch das Krankenwagendepot besichtigt sowie die bei Gefechten in der Gegend entstandenen Schäden an Wohnhäusern dieser Straße sowie die Gegend auf der dem Krankenhaus gegenüberliegenden Seite, um so zu einer Einschätzung der durch Gefechte in dieser Gegend entstandenen Schäden zu gelangen. Ein Arzt wurde dreimal ausgiebig einzeln befragt, zwei weitere Ärzte wurden gemeinsam befragt, außerdem gab es ein Gruppentreffen mit vier bzw. fünf Ärzten. Die Kommission erhielt auch eine beträchtliche Menge an Fotografien und Videoaufnahmen der Ereignisse des fraglichen Tages. Außerdem richtete sie Anfragen an die israelische Regierung bezüglich des Einsatzes phosphorhaltiger Munitionen gegen das Al-Quds-Krankenhaus und des unmittelbaren militärischen Vorteils, der durch deren Einsatz unter diesen Gegebenheiten erzielt werden sollte, erhielt jedoch keine Antwort.

598. Die von der Kommission befragten Ärzte hatten alle höhere Positionen inne; die Ereignisse, die sich im Verlauf des fraglichen Tages abgespielt hatten, hatten sie persönlich erlebt. Die Kommission war beeindruckt von ihrer Objektivität und dem echten Schmerz, den einige empfanden, weil sie nicht hatten helfen können noch den Kranken und Verwundeten, die ins Klinikum gekommen waren, hatten Schutz bieten können. Im Verlauf jenes Tages hatten sich

viele Mitarbeiter, darunter Ärzte, außergewöhnlicher Gefahr ausgesetzt beim Versuch, die Ausweitung der ausgebrochenen Brände zu verhindern, u.a. entfernten sie Keile aus weißem Phosphor aus der Nähe der Dieseltanks. Insbesondere ein Arzt legte bemerkenswerten Mut an den Tag. Er verließ das Krankenhaus und lenkte einen Krankenwagen durch Artilleriefeuer beim Versuch, eine achtjährige Patientin zur Behandlung ins al-Shifa-Krankenhaus zu bringen, da er sie im Al-Quds-Krankenhaus nicht weiterversorgen konnte. Er lieferte das Mädchen dort ein, und fuhr unter denselben Bedingungen in sein Krankenhaus zurück, um bei den Löscharbeiten mitzuhelfen.

a) Der Sachverhalt

599. Zu Beginn der israelischen Luftoffensive am 27. Dezember wurde ein Regierungsgebäude gegenüber dem al-Quds-Verwaltungsgebäude an der Al-Abraj-Straße fast vollständig zerstört. Früher hatte das Gebäude als Haftanstalt gedient und wird im Volksmund immer noch so genannt, obwohl es in jüngster Vergangenheit anderen Zwecken gedient hatte, u.a. der Zollverwaltung. Nach dem 27. Dezember wurde dasselbe Gebäude Berichten zufolge noch mehrfach beschossen. Als die Kommission es im Juni 2009 besichtigte, war es vollständig zerstört.

600. Dem Al-Quds-Krankenhaus schräg gegenüber an der Jami'at ad-Duwal al Arabiyah-Straße befindet sich ein anderes an die Regierung vermietetes Gebäude, das hauptsächlich als öffentliche Registratur genutzt wird. Heute steht nur noch das Erdgeschoss. Zeugenaussagen zufolge wurden die oberen Stockwerke um den 6. und 7. Januar herum zerstört, höchst wahrscheinlich durch Artilleriebeschuss.

601. Drei Oberärzte des Krankenhauses und zwei Anwohner der Al-Abraj-Straße sagten aus, dass in der Zeit zwischen dem 3. und 6. Januar mehrere Panzer einige Hundert Meter östlich des Al-Quds-Krankenhauses Stellung bezogen hätten, was vom Krankenwagendepot aus zu sehen gewesen sei. Im Zeitraum 5., 6., 7. und 8. Januar kamen zahlreiche zivile Wohnhäuser an der Al-Abraj-Straße immer wieder unter beträchtliches Artilleriefeuer. Am 8. Januar wurde die Wohnung von Dr. Jaber Abu al-Naja im 7. Stock getroffen. Seine

Frau und sein Schwiegersohn wurden dabei auf der Stelle getötet, als sie auf dem Balkon saßen und Gebäck aßen. Der Körper seiner Frau wurde durch die Explosion in zwei Stücke gerissen, sein Schwiegersohn vom Balkon hinunter auf die Straße geschleudert. Seine Tochter Ihsan wurde schwer verletzt und zur Behandlung ins Al-Quds-Krankenhaus gebracht. Dr. Jaber Abu al-Naja war ehemals Botschafter der PLO in Senegal und ist ein bekannter Politiker der Fatah.[372]

602. Am 15. Januar war das Gebiet südlich des Al-Quds-Krankenhauses (das Zollgebäude und das Registraturgebäude) bereits vollständig oder in erheblichem Ausmaß zerstört. Das Gebiet in östlicher Richtung an der Al-Abraj-Straße hatte beträchtliche Artillerieangriffe erlitten.

603. Bis zu diesem Zeitpunkt hatten sehr viele Zivilpersonen (mehrere Hundert) in den Gebäuden des Krankenhauses Zuflucht gesucht.

604. Im Verlauf der Nacht vom 14. auf den 15. Januar begann anhaltendes Artillerietrommelfeuer der israelischen Streitkräfte auf das ganze Gebiet, das bis in die frühen Morgenstunden andauerte. Zwischen 8 Uhr und 9 Uhr morgens hatten sich Ärzte im Hauptgebäude im großen Sitzungssaal versammelt, als zu beiden Seiten des Gebäudes Geschosse einschlugen. Sie beobachteten, wie Phosphorkeile in der Nähe der Dieseltanks brannten, und es gelang ihnen, sie aus dem Bereich zu entfernen. Die ersten Explosionen hatten die Fenster der Büros bersten lassen. Zur gleichen Zeit wurde klar, dass auch das Verwaltungsgebäude an der Ecke getroffen worden war. Das benachbarte Krankenhausgebäude hat einen großen Anbau aus Holz. Die Gefahr eine Ausbreitung des Brandes war sehr groß, und ein Zeuge beschrieb, wie die Mitarbeiter des Krankenhauses, darunter Oberärzte, gemeinsam versuchten, den hölzernen Brückenübergang, der das Verwaltungsgebäude mit dem Krankenhausgebäude verbindet, mit bloßen Händen abzureißen, um eine Ausbreitung des Brandes zu verhindern.

372 Befragung von Dr. Jaber Abu al-Naja, 4. Juli 2009

605. Kurz nach den ersten Explosionen und der Entdeckung des ausgebrochenen Brandes durchdrang eine Panzergranate direkt die Rückwand des mittleren Krankenhausgebäudes. Das Gebäude besteht in diesem Abschnitt aus Wellblech, und die Eintrittsöffnung des Geschosses ist gut zu erkennen. Die Granate durchschlug dann die innere Betonwand des Krankenhaus, wo sich die Apotheke befand, die dadurch vollständig zerstört wurde. Ein Augenzeuge berichtete, dass er durch die entstandenen Löcher im Wellblech in einer Entfernung von etwa 400 Metern in östlicher Richtung einen Panzer auf einer Straße zwischen zwei Gebäuden sehen konnte. Obwohl er nicht sagen konnte, ob das Krankenhaus von diesem Panzer aus direkt beschossen worden sei, habe der Panzer jedenfalls, von der Eintrittsöffnung der Granate aus berechnet, direkt auf der Schusslinie gestanden.

606. Während des gesamten Tages konnte sich das Krankenhaus weder die Unterstützung von Zivilverteidigungskräften noch von anderen Feuerwehreinheiten sichern. Daher war die Belegschaft fast ausschließlich damit beschäftigt, die Gebäude zu retten und die Sicherheit der Patienten zu gewährleisten.

607. Erst gegen 16.00 Uhr gelang es mit Unterstützung des IKRK, die Evakuierung der Krankenhauspatienten zu koordinieren; Mitarbeiter des IKRK erklärten bei ihrer Ankunft, sie könnten diese Prozedur nur ein einziges Mal bewerkstelligen. Die Patienten, die zu diesem Zeitpunkt nicht evakuiert werden konnten, wurden in die Operationssäle verlegt.

608. Gegen 20.00 Uhr brach ein zweiter Brand aus, der das Hauptgebäude des Krankenhauses schwer beschädigte. Wegen dieses Brandes wurde die totale Evakuierung der verbliebenen Patienten und eines Teils der Zuflucht suchenden Anwohner beschlossen. Zu diesem Zeitpunkt brachte einer der Oberärzte ein achtjähriges Mädchen, das durch eine Schusswunde am Kiefer lebensgefährlich verletzt war, ins al-Shifa-Krankenhaus, wo es später verstarb. Zu der Zeit, so seine Aussage, bemerkte er sehr heftigen Beschuss in dem Gebiet, und offensichtlich wurde mehr als einmal versucht, auf den Krankenwagen direkt oder in dessen Richtung zu zielen.

609. Zwischenzeitlich war 200 Meter östlich in der Al-Abraj-Straße das Krankenwagendepot auch äußerst schwer beschädigt worden. Eines der Hauptgebäude war vollständig zerstört. Die Kommission hat auch die Überreste von drei Krankenwagen des Roten Halbmondes in Augenschein genommen, die am Eingang des Depots geparkt waren. Zwei waren von Panzern platt gewalzt worden, aber nicht ausgebrannt. Der dritte sah so aus, als ob er unterhalb der Windschutzscheibe von einem nicht näher zu identifizierenden Geschoss getroffen worden und in Folge ausgebrannt war.

610. Die Verwüstung der Krankenhausgebäude, wodurch auch sämtliche Akten im Verwaltungsgebäude verloren gingen, sowie des Krankenwagendepots war enorm, ebenso wie die Gefährdung der Patienten.

611. Die Kommission untersuchte mehrere Geschosse, die vom Krankenhauspersonal sichergestellt worden waren, und überprüfte Videoaufnahmen und Fotografien aus der fraglichen Zeit.

2. Die israelische Stellungnahme

612. In den Schlussfolgerungen der israelischen Behörden zu ihren Untersuchungen am 22. April 2009 fand der Vorfall beim Al-Quds-Krankenhaus keine gesonderte Erwähnung.[373]

613. In ihrem Bericht vom Juli 2009 (Abs. 173) zitiert die israelische Regierung folgenden Passus aus einem Artikel der Nachrichtenmagazin *Newsweek*:

> Einer der berüchtigsten Vorfälle während des Krieges war der Beschuss der Gebäude des palästinensischen Roten Halbmondes im Bezirk Tal el-Hawa in der Mitte von Gaza-Stadt, wobei das dazugehörige benachbarte Al-Quds-Krankenhaus anschließend

373 Anhang B behandelt Behauptungen über die Verwendung von Krankenwagen, aber nicht den Angriff auf das Krankenhaus; http://dover.idf.il/IDF/English/Press+Releases/09/4/2202.htm

> von einem Geschoss getroffen wurde; wegen des dadurch ausgebrochenen Brandes mussten alle 500 Patienten evakuiert werden. Zu der Frage, ob Kämpfer vom Krankenhaus oder den Gebäuden des Roten Halbmondes aus geschossen hätten, äußerte sich der Generaldirektor des Krankenhauses, Dr. Khalid Judah, vorsichtigt. ‚Ich kann nicht sagen, ob von den Gebäuden des PRCS [die beiden Gebäude des palästinensischen Roten Halbmondes neben dem Krankenhaus) irgendjemand geschossen hat, aber ich kann mit Sicherheit sagen, dass niemand vom Krankenhaus aus geschossen hat.' Im nahe gelegenen Bezirk Tal el-Hawa behauptete jedoch Talal Safadi, ein Funktionär der linken PPP (Palestinian People's Party – Palästinensische Volkspartei), Widerstandskämpfer hätten rings um das Krankenhaus Stellung bezogen und geschossen. Dies tat er mit einem Achselzucken ab. An der Hamas fand er wichtigere Gründe zum Meckern: :‚Sie haben es nicht geschafft, die Schlacht zu gewinnen.' Oder, wie sich sein PPP-Kollege Walid al Awad ausdrückte: Es war ein Fehler, Israel einen Vorwand zum Einmarsch zu geben.'[374]

Obwohl die israelische Regierung diesen konkreten Angriff nicht näher erörtert, sollen diese Bemerkungen offenbar den Angriff auf das Krankenhaus und das umliegende Gebiet rechtfertigen.

614. Die Kommission versteht durchaus, dass die israelische Regierung möglicherweise annimmt, die Verwendung journalistischer Berichte wirke unparteiischer als die Verwendung eigener nachrichtendienstlicher Informationen. Dennoch ist sie erstaunt, dass im Bericht der israelischen Regierung vom Juli 2009 nicht der kleinste Hinweis auf die Anwesenheit von Angehörigen bewaffneter Gruppierungen im Krankenhaus zu der fraglichen Zeit zu finden ist.

3. Sachverhalt

615. Die Kommission kommt zu dem Schluss, dass am Morgen des 15. Januar das Krankenhausgebäude und das Verwaltungsgebäude von

---

374 „Hamas and its dicontents", 20. Januar 2009

mehreren phosphorhaltigen Geschossen Munition und wenigstens einem Hochexplosivgeschoss getroffen wurden. Die dadurch verursachten Brände lösten unter den Kranken und Verwundeten Panik und Chaos aus, so dass unter äußerst gefährlichen Umständen eine Evakuierung in zwei Etappen erfolgte; die Brände verursachten in Folge riesige finanzielle Sachschäden und gefährdeten das Leben mehrerer Hundert Zivilpersonen, darunter das des ärztlichen Personals, aufs äußerste.

616. Die Kommission merkt ebenfalls an, dass auf Grund der durch den Angriff entstandenen Umstände das Krankenhaus einem achtjährigen Mädchen nicht die notwendige Behandlung zukommen lassen konnte. Trotz heldenhafter Bemühungen, sie zu retten, verstarb sie später in einem anderen Krankenhaus. Das Mädchen war von einem israelischen Scharfschützen angeschossen worden. Die Kommission stellt fest, dass die israelischen Streitkräfte für ihren Tod verantwortlich sind.

617. Hinsichtlich der Frage, ob sich bewaffnete Gruppierungen in den Krankenhausgebäuden aufgehalten haben, teilt die Kommission nicht die Auffassung, dass irgendeine Stelle im oben zitierten *Newsweek*-Artikel den Schluss rechtfertigt, bewaffnete Gruppierungen hätten die Krankenhausgebäude benutzt. Die Tatsache, dass sich Dr. Judah über Dinge, die in seinem direkten Erfahrungsbereich lagen, mit Sicherheit äußerte, kann nicht dahingehend ausgelegt werden, dass er glaubt, andere Teile des Krankenhausgeländes seien von bewaffneten Gruppierungen benutzt worden. Hierbei kann es sich auch um eine journalistische Retusche handeln, und läuft darauf hinaus, Dr. Judah Worte in den Mund zu legen. Die Herrn Safadi zugeschriebenen Bemerkungen, „Widerstandskämpfer hätten von Stellungen rund ums Krankenhaus geschossen", können entweder bedeuten, Leute hätten vom Krankenhausinneren aus geschossen oder von Stellungen außerhalb, aber in der Nähe des Krankenhauses. Was genau gemeint war, hat der Journalist nicht klargestellt.

618. Die Kommission hat sowohl vorgesetzte als auch untergebene Angehörige des Krankenhauspersonals über acht Stunden lang befragt und anschließend versucht, deren Angaben in Gesprächen mit anderen zu bestätigen, u.a. mit Journalisten, die sich zur fraglichen Zeit

in der Gegend aufgehalten hatten, und ist zu dem Schluss gekommen, dass die Anwesenheit irgendwelcher Bewaffneter in irgendeinem Krankenhausgebäude zur fraglichen Zeit unwahrscheinlich ist.

619. Die Kommission stellt fest, dass zu keinem Zeitpunkt Warnungen vor einem bevorstehenden Angriff ergingen, und die israelische Regierung hat kein einziges Mal angedeutet, es seien Warnungen erfolgt.[375]

620. Bei einer Überprüfung der zur Zeit der Angriffe auf das Al-Quds-Krankenhaus gegebenen Umstände ist zu beachten, dass ein Großteil der Zerstörung bereits erfolgt war und dass Gebäude, die anscheinend in Verbindung zur örtlichen Regierung standen, angegriffen und größtenteils zerstört worden waren. Deshalb hatten die israelischen Panzer eine ziemlich klare Sicht auf das unmittelbar angrenzende Gebiet südlich des Krankenhauses. Die Kommission merkt auch an, dass in Folge der tagelangen Panzerangriffe auf die Al-Abraj-Straße jedem eventuell vorhandenen Widerstand enge Grenzen gesetzt waren.

621. Der Kommission sind Berichte bekannt, denen zufolge es im Bezirk Tal el-Hawa in der Nacht auf den 15. Januar zu erheblichem Widerstand duch bewaffnete palästinensische Gruppierungen gekommen sein soll.[376] Den verfügbaren Informationen zufolge waren in der Nacht des 14. Januar israelische Truppen in Gebäude in der Al-Abraj-Straße eingedrungen und hatten mit Hilfe menschlicher Schutzschilde überprüft, ob sich irgendwo feindliche Kombattanten oder Sprengfallen befanden, hatten aber nichts gefunden. Art, Umfang und genauer Standort des Widerstandes in Tal el-Hawa

---

375 In den Schlussfolgerungen ihrer Untersuchungen, veröffentlicht am 22. April 2009, weisen die israelischen Streitkräfte im Zusammenhang ihrer Untersuchungen zu mutmaßlichen Angriffen auf Sanitätseinrichtungen nachdrücklich darauf hin, es seien Warnungen erteilt worden. Ein Punkt bezog sich auf einen Krankenwagen, ein anderer auf eine Klinik. Das Al-Quds-Krankenhaus wird nicht erwähnt. Siehe http://dover.idf.il/IDF/English/Press+Releases/09/4/2202.htm

376 Die Kommission hat Kenntnis von einem Zeugenbericht über den Einsatz menschlicher Schutzschilde seitens der israelischen Streitkräfte in der Nacht des 14. Januar in der Al-Abraj-Straße, was auf eine sehr rege israelische Aktivität am Boden schließen lässt. Vgl. Al Mezan Center for Human Rights, „Hiding behind civilians: April 2009 update report", S. 8

werden nicht näher dargelegt. Die Kommission merkt an, dass die Gebäude an der Jami'at ad-Duwal al-Arabiyah-Straße auf der Straßenseite direkt gegenüber dem Al-Quds-Krankenhaus sehr wenig Schäden erkennen lassen, sicherlich nichts, was mit den Schäden an den Gebäuden an der Al-Abraj-Straße vergleichbar wäre.

622. Die Kommission berücksichtigt den Schaden, der zwischen dem 27. Dezember und dem 8. Januar an der Al-Abraj -Straße und der Jami'at ad-Duwal al-Arabiyah-Straße entstanden war, und den offensichtlich geringen Schaden an den Gebäuden direkt gegenüber dem Krankenhaus an der Jami'at ad-Duwal al-Arbiyah-Straße. Sie berücksichtigt ebenfalls die Tatsache, dass zumindest ein Panzer gesichtet wurde, in dessen direkter Schusslinie das Krankenhaus selbst lag, wobei zu beachten ist, dass beiderseits des Krankenhauses hohe Gebäude standen. Sie merkt auch an, dass glaubwürdig berichtet wird, dass israelische Flugzeuge gesichtet worden seien, die den ganzen Tag hindurch das Gebiet an verschiedenen Stellen überflogen. Sie merkt auch die erheblichen Schäden am Krankenwagendepot an, die gleichzeitig mit den Angriffen auf das Krankenhaus entstanden, und die offenbar unerklärliche Niederwalzung der Krankenwagen, die vor dem Depot abgestellt waren.

623. Angesichts all dieser Überlegungen stellt die Kommission fest, dass Grund zu der Annahme besteht, dass das Krankenhaus, das Krankenwagendepot sowie die Krankenwagen selbst Gegenstand eines direkten Angriffs der zur fraglichen Zeit dort anwesenden israelischen Einheiten waren, und dass das Krankenhaus zu diesem Zeitpunkt in keinster Weise als militärisches Ziel einzuordnen war.

4. Rechtliche Würdigung

624. Art. 18 des 4. Genfer Abkommens schreibt vor, dass Zivilkrankenhäuser unter keinen Umständen zum Ziel eines Angriffs gemacht werden dürfen, sondern zu jeder Zeit von den Konfliktparteien zu respektieren und zu schützen sind.

625. Art. 19 schreibt vor, dass der den Zivilkrankenhäusern gebührende Schutz erst dann endet, „nachdem eine Warnung, die in allen Fällen, soweit angängig, eine angemessene Frist setzen muss, unbeachtet geblieben ist."

626. Selbst in dem unwahrscheinlichen Fall, das sich irgendeine bewaffnete Gruppierung auf dem Krankenhausgelände aufhielt, haben nicht einmal die israelischen Behörden behauptet, das Krankenhaus sei vor dem beabsichtigten Angriff gewarnt worden. Folglich stellt die Kommission aufgrund der vorliegenden Informationen fest, dass die israelischen Streitkräfte gegen Art. 18 und 19 des 4. Genfer Abkommens verstoßen haben.

627. Nach Überprüfung der ihr vorliegenden Informationen vertritt die Kommission die Ansicht, dass das Krankenhaus vorsätzlich beschossen wurde, was insbesondere am hochexplosiven Artilleriegeschoss, das die Rückwand der Klinik durchdrang und die Apotheke zerstörte, zu erkennen ist.

628. Selbst wenn behauptet wird, es habe keine Absicht bestanden, das Krankenhaus direkt zu beschießen, bewaffnete palästinensische Gruppen hätten aber in der Nähe des Al-Quds-Krankenhauses Stellung bezogen, wären die israelischen Streitkräfte dennoch verpflichtet gewesen, dafür zu sorgen, dass die Gefahr für Leib und Leben der Menschen im Krankenhaus und die potentiellen Schäden am Krankenhaus selbst nicht außer Verhältnis stehen zu dem durch den Beschuss des Krankenhauses zu erzielenden voraussichtlichen militärischen Vorteil.

629. Auf Grund der eingesetzten Waffen, insbesondere des Einsatzes von weißem Phosphor in und um das Krankenhaus, von dem die israelischen Streitkräfte wussten, dass es nicht nur eine große Anzahl von Verletzten und Verwundeten zu versorgen hatte, sondern auch mehreren Hundert Zivilpersonen Zuflucht bot, stellt die Kommission auf der Grundlage aller ihr vorliegenden Informationen fest, dass die israelischen Streitkräfte gegen Art. 18 des 4. Genfer Abkommens und das gewohnheitsvölkerrechtliche Verhältnismäßigkeitsprinzip verstießen, indem sie das Krankenhaus und das Krankenwagendepot unter den gegebenen Umständen direkt beschossen.

D. Angriffe auf das Al-Wafa-Krankenhaus, 5. und 6. Januar 2009

630. Die Kommission befragte drei Oberärzte des Al-Wafa-Krankenhauses. Einer war dessen Direktor, Dr. Khamis el-Essi, die beiden anderen Ärzte wollen anonym bleiben. Die Kommission hat auch öffentlich zugängliche Informationen über die verschiedenen mutmaßlichen Angriffe auf das Krankenhaus untersucht.

631. Das Al-Wafa-Krankenhaus liegt im Osten von Gaza-Stadt im östlichen Teil des Bezirks Al-Shujaeiyah, ganz in der Nähe der östlichen Grenze des Gaza-Streifens zu Israel. Es wurde 1996 gegründet und bietet Patienten mit Kopf- und Wirbelsäulenverletzungen Langzeittherapie. Viele der Patienten sind betagt. Es kann über 50 Patienten aufnehmen.

632. Das Krankenhaus besteht aus drei Gebäuden. Von Süden nach Norden gehend sind dies das Verwaltungsgebäude (drei Stockwerke), das Krankenhausgebäude (sieben Stockwerke, mit Krankenzimmern und Praxen) und das Gebäude für die betagten Patienten (Rezeption und Rehabilitationsbereich, drei Stockwerke).

1. Sachverhalt

633. Am 16. April 2008 war das Krankenhaus Gegenstand eines heftigen Angriffs. Panzer schossen auf den Krankenhauskomplex und dessen Umgebung, beschädigten eine große Zahl der Krankenzimmer und zerstörten das Gebäude mit den Rehabilitationseinrichtungen für Betagte in erheblichem Umfang. Das Krankenhauspersonal gibt an, zu der fraglichen Zeit habe es im Innern des Krankenhauses keine Bewaffneten gegeben, konnte jedoch nicht sagen, ob sich möglicherweise außerhalb des Krankenhauses Bewaffnete aufgehalten haben könnten.

634. Während der Kriegshandlungen wurde das Krankenhaus erneut beschossen. Entgegen Medienberichten über ergangene Warnungen bestreitet das Krankenhauspersonal, dass sie Warnungen erhalten hätten. In der Gegend waren Flugblätter abgeworfen worden mit allgemeinen Hinweisen, dass die Unterstützung der Hamas bestraft werde. Das Krankenhaus hatte auch mehrere telefonische Warnungen mit Ansagen vom Band erhalten, die aber nicht speziell davor warnten, dass das Krankenhaus selbst angegriffen werden sollte, geschweige denn darauf hinwiesen, wann damit zu rechnen sei. Ein Arzt gab an, seit dem 27. Dezember 2008 habe das Krankenhaus jeden Tag etwa vier derartige Anrufe erhalten.

635. Am 5. Januar kam das Krankenhaus unter schweren Artilleriebeschuss, u.a. mit Phosphorkanistern. Oberärzte sagen aus, dass sogar während des Beschusses telefonische Warnungen per Bandansage eingetroffen seien. Die letzte Warnung am 5. Januar erhielt das Krankenhaus um 16.30 Uhr. In der Folge, am 6. Januar gegen 12.30 Uhr bis 13.00 Uhr, landeten Phosphorkanister in der Umgebung des Verwaltungsgebäudes und auf dessen Dach.

636. Der weiße Phosphor beschädigte nur das Verwaltungsgebäude, dessen Dach zerstört wurde.

637. Alle drei Oberärzte bezeugen nachdrücklichst, innerhalb des Krankenhauses habe sich kein einziger bewaffneter Widerstandskämpfer aufgehalten. Sie konnten weder bestätigen noch ausschließen, dass sich außerhalb des Krankenhauses derartige Elemente aufhielten.

638. Auch am 16. Januar kam das Krankenhaus um 2.00 Uhr wieder unter Artilleriebeschuss. Es erfolgte keine vorherige Warnung. Wieder war nur eine allgemein gehaltene Ansage vom Band empfangen worden, die die Menschen im Grenzgebiet aufforderte, die Gegend zu verlassen, andernfalls sei mit Strafmaßnahmen zu rechnen. Wieder bestätigten die Ärzte, innerhalb des Krankenhauses habe es keine Bewaffneten gegeben, über die Vorgänge außerhalb könnten sie keine Angaben machen.

639. Durch den Beschuss wurde das Gebäude für die Betagten im Erdgeschoss und im dritten Stock und am Dach beschädigt. Auch das

Hauptgebäude des Krankenhauses wurde beschädigt, und zwar im dritten und vierten Stock.

640. Nach Schätzung der Ärzte hatten sich Panzer dem Krankenhaus bis auf eine Entfernung von 70 Metern genähert.

641. Die Schäden am Krankenhaus (in Folge der zwei Angriffe) werden auf 550.000 US-Dollar geschätzt.

642. Über die Gründe, warum das Krankenhaus Ziel dieser Angriffe wurde, spekulieren die Ärzte, dass ein möglicher Grund in seiner Grenznähe liege. Als weiteren möglichen Grund wurde das Gerücht genannt, wonach Israel glaubte, Muhammad al-Deif, ein bekannter Kämpfer der Hamas, werde in dem Krankenhaus behandelt.

643. Nach Angaben eines Zeugen im Krankenhaus hatten die israelischen Streitkräfte am 12. Juli 20067 versucht, ein Attentat auf Herrn al-Deif zu verüben. Er überlebte zwar das Attentat, wurde aber schwer verletzt, und Gerüchten zufolge erblindete er und ihm wurden beide Beine amputiert. Anscheinend glaubt Israel, dass er im al-Wafa -Krankenhaus behandelt wird und Rehabilitationsmaßnahmen erhält.

644. Am 5. Februar 2003 erschossen israelische Scharfschützen zwei Krankenpfleger, die im Krankenhaus Dienst hatten (Abd al-Karim Lubad und Omar Hassan, beide 21 Jahre alt).[377]

2. Sachverhalt

645. Die Kommission merkt an, dass die drei befragten Zeugen Oberärzte des Krankenhauses sind. Die Kommission hielt sie für glaubwürdig und zuverlässig. Sie trugen zur Klärung einer Reihe anscheinend unwahrer Behauptungen bei, die in Presseberichten erschienen, insbesondere hinsichtlich des Charakters der erfolgten Warnungen.

377 http://www.hrea.org/lists/hr-health-professionals/markup/msg00099.htm

646. Die Kommission ist der Ansicht, dass die erfolgten Warnungen nicht als Warnungen im Sinne von Art. 19. des 4. Genfer Abkommens bezeichnet werden können. Sie waren nicht konkret gefasst, und es wurde weder auf den Zeitpunkt des Angriffs noch auf die zur Evakuierung des Krankenhauses zur Verfügung stehende Zeit hingewiesen.

647. Zu den Gründen für die verschiedenen Angriffe in den Jahren 2003, 2008 und 2009 kann sich die Kommission nicht äußern.

3. Rechtliche Würdigung

648. Die Kommission stellt fest, dass die Entscheidung, Phosphorkanister auf und um ein derartiges Gebäude einzusetzen, in dem sich besonders verletzliche Langzeitpatienten und besonders Schwerverletzte befanden, unter den gegebenen Umständen nicht akzeptabel war. Der Angriff auf das Krankenhaus am 16. Januar aus derartiger Nähe beunruhigt die Kommission besonders. Selbst wenn es in diesem Gebiet irgendeinen bewaffneten Widerstand gegeben hätte (was die Kommission nicht bestätigen kann), müssen Befehlshaber, die derartige Munitionen einsetzen, alle Fakten und Umstände berücksichtigen.

649. Die Kommission hält den Einsatz von weißem Phosphor in einer derartigen Umgebung für grob fahrlässig und unter diesen Umständen nicht durch irgendeinen militärischen Vorteil, gleich welcher Art, zu rechtfertigen.

650. Die Kommission ist der Meinung, dass auf Grund des allgemeinen Schutzes, der Krankenhäusern zusteht, der Einsatz derart gefährlicher Stoffe einer besonders sorgfältigen Abwägung bedarf. Auf Grund der nur unzulänglichen Warnungen, die erteilt wurden, kommt die Kommission zu der Ansicht, dass von einer Überlegung der Folgen des Einsatzes derartiger Munitionen vorsätzlich abgesehen wurde.

651. Die Kommission merkt an, dass der Fall des Al-Wafa-Krankenhauses die völlige Unwirksamkeit bestimmter Warnmethoden beweist.

Die der Kommission übermittelten Informationen weisen auf ein Warnsystem hin, das auf Routineansagen und Wiederholung angelegt ist, die keine Rücksicht auf die Lebensumstände im Krankenhaus nehmen.

652. Daher kommt die Kommission aufgrund aller ihr verfügbaren Informationen zu dem Schluss, dass die israelischen Streitkräfte sowohl gegen Art. 18 und 19 der 4. Genfer Konvention als auch gegen die im Art. 57(2)(b) und (c) verankerten gewohnheitsvölkerrechtlichen Normen verstoßen hat.

X. Wahllose Angriffe durch israelische Streitkräfte, die zivile Todesopfer und Verletzte zur Folge hatten

A. Der Beschuss in der Al-Fakhura-Straße durch die israelischen Streitkräfte

653. Am Nachmittag des 6. Januar explodierten wenigstens vier von den israelischen Streitkräften abgefeuerte Mörsergranaten nahe der Al-Fakhura-Kreuzung im Viertel Al-Fakhura des Lagers Jabaliyah im nördlichen Gaza-Streifen.[378]

654. Die Kommission befragte Herrn Muhammed Fouad Abu Askar dreimal. Bei dem Angriff waren sein Bruder und zwei seiner Söhne ums Leben gekommen.[379] Sie traf sich auch zweimal mit Überlebenden der Familie al-Deeb.[380] Die Kommission befragte vier Männer, die bei dem Angriff Angehörige verloren hatten; den Direktor

378 Die Aussagen der Befragten sind uneinheitlich, manche sprechen von vier, andere von sechs eingeschlagenen Granaten. Der Krater im Obstgarten neben dem Haus der el-Deebs, aber aufgrund der Bodenbeschaffenheit der Umgebung ist das am Splittermuster nicht eindeutig zu erkennen. Die Kommission kann den Einschlag zusätzlicher Granaten nicht ausschließen, aber sie konnte weder die Einschlagsorte untersuchen noch zu einer festen Auffassung über weitere Granateneinschläge gelangen.

379 Herr Abu Askar ist Mitglied der Hamas. Er sagte auch bei der öffentlichen Anhörung in Gaza aus. 1992 war er wegen seiner Hamas-Mitgliedschaft in Haft. Er ist der Generaldirektor für Religiöse Angelegenheiten (ein Ehrenamt) und Mitglied des Dialogkomitees, das die Pilgerfahrt nach Mekka (Saudi-Arabien) organisiert. Er ist für das Hamas Follow-Up Committee in Nord-Gaza verantwortlich, das sich der Beilegung von Streitigkeiten zwischen Hamas und anderen Gruppen in den besetzten palästinensischen Gebieten widmet. Er hat einen Magister in Erziehungswissenschaften und arbeitet derzeit an seiner Promotion an einer Universität in Syrien. Er bestreitet jegliche Beteiligung an bewaffneten Aktivitäten.

380 Auch zwei weitere Mitglieder der Familie sagten bei dieser öffentlichen Anhörung in Gaza aus.

der UNRWA-Einrichtung, die als Zufluchtsort für Zivilpersonen diente, und eine Reihe Journalisten, die über den Vorfall berichtet hatten. Außerdem hat die Kommission eine Reihe von Aussagen eingesehen, die gegenüber in Gaza tätigen Organisationen in der Form eidesstattlicher Erklärungen abgegeben worden waren. Die Kommission hat auch, soweit es möglich war, Informationen aus israelischen Quellen über die Umstände des Angriffs berücksichtigt.

B. Die Fakten im Zusammenhang mit dem Mörserbeschuss durch die israelischen Streitkräfte

655. Am 5. Januar hatte die UNRWA die Grundschule in der Al-Fakhura-Straße geöffnet, um Zivilpersonen auf der Flucht aus Gebieten, in die israelische Soldaten vorgedrungen waren, Zuflucht zu bieten.

656. Die Kommission sprach zweimal mit dem Direktor dieser Notunterkunft über deren Verwaltung. Er sagte, etwa 90% der Zufluchtsuchenden stammten nicht aus dem Viertel, sondern hauptsächlich aus der Gegend. Er erklärte, die Notunterkunft werde an den Eingangstellen von Sicherheitspersonal überwacht, die Namen aller Ankömmlinge würden registriert und sie würden nach Waffen durchsucht, um sicherzustellen, dass keine Waffen auf das Gelände gelangen.

657. Die UNRWA hat bestätigt, dass die israelischen Streitkräfte in vollem Umfang darüber informiert waren, dass die Schule ab dem 5. Januar 2009 als Schutzraum diente. Nach Unterlagen der UNRWA waren seinerzeit 1.368 Schutzsuchende untergekommen.

658. Etwa 16 Stunden vor dem Angriff am Nachmittag des 6. Januar 2009 hatten die israelischen Streitkräfte mindestens einen Angriff durchgeführt und das Haus von Herrn Abu Askar zerstört. Um etwa

1.45 Uhr erhielt Herr Abu Askar einen persönlichen Telefonanruf von den israelischen Streitkräften, der ihn aufforderte, mit allen anderen Bewohnern das Haus zu verlassen, da es durch einen Luftangriff zerstört werden würde. In dem Haus lebten nicht nur seine eigene Familie, sondern insgesamt 40 Angehörige seiner Großfamilie. Herr Abu Askar reagierte schnell, evakuierte nicht nur alle nahen und entfernten Verwandten, sondern informierte auch die Nachbarn von dem bevorstehenden Angriff. Die Überlebenden der Familie al-Deeb bestätigen, dass Herr Abu Askar sie zu diesem Zeitpunkt über den eingegangenen Anruf informierte.

659. Laut Herrn Abu Askar wurde das Haus etwa sieben Minuten nach dem Anruf von einer Rakete aus einer F-16 getroffen. Einige Stunden später, etwa um 6.00 Uhr, kam er mit anderen Familienangehörigen an die Stelle des Hauses zurück, in der Hoffnung, einiges an Mobiliar zu retten. Dabei bemerkte er, dass in den vergangenen vier Stunden offensichtlich auch etliche andere Häuser in der Nachbarschaft getroffen worden waren. Im Laufe des Tages unternahmen Herr Abu Askar und andere Mitglieder seiner Familie etliche Schritte, um in der Nachbarschaft Unterkünfte zu mieten und den Umzug vorzubereiten.

660. Herr Abu Askar befand sich etwa gegen 16.00 Uhr auf der Straße, als mehrere Granaten einschlugen. Er glaubt, dass zu der Zeit etwa 150 Menschen auf der Straße waren. Der Direktor der Notunterkunft bestätigt, dass die Straße vor der Schule allgemein sehr belebt ist. Dadurch, dass eine große Menschenmenge zu der Schule kam, um Zuflucht zu suchen, war noch mehr Betrieb. Schutzsuchende, die erst kürzlich eingetroffen waren, erhielten Besuch von Verwandten, und Neuankömmlinge rückten an, manche brachten ihren Besitz auf Eselskarren mit.

661. Zeugen berichten, dass alle Explosionen innerhalb von etwa zwei Minuten erfolgt seien. Eine Granate schlug direkt im Hof vor dem Haus der al-Deebs ein, wo ein Großteil der Familie versammelt war. Überlebende Angehörige, die von der Kommission befragt wurden, erklärten, dass neun Familienmitglieder auf der Stelle gestorben seien. Ziyad Samir al-Deeb verlor durch die Explosion beide

Beine.[381] Die Überlebenden brachten gemeinsam mit Nachbarn die Toten und Verletzten ins Krankenhaus. Es kamen auch Krankenwagen, aber die meisten Verletzten wurden in Privatwagen transportiert. Alaa Deeb, eine Tochter von Mo'in Deeb, kam ins al-Shifa-Krankenhaus und später nach Ägypten, wo sie ihren Verletzungen erlag. Insgesamt starben elf Mitglieder der Familie, davon vier Frauen und vier Mädchen.

662. Außer der Granate, die im Hof der al-Deebs einschlug, landeten drei weitere Granaten außen auf der Straße. Der Gesamtabstand zwischen den vier Granaten betrug etwas über 100 Meter. Die Kommission kann nicht ausmachen, in welcher Reihenfolge die Granaten einschlugen, aber beim Gang vom Haus der al-Deebs die Al-Fakhura-Straße entlang in südlicher Richtung sah die Kommission den Einschlag einer zweiten Granate in 45 Metern Entfernung, einer dritten nach weiteren 50 Metern und nach nochmals 45 Metern weiter südlich einer vierten.

663. Die drei weiteren Granaten, von denen die Kommission verifizieren konnte, dass sie an verschiedenen Stellen entlang der Al-Fakhura-Straße gelandet waren, töteten wenigstens 24 Menschen. Die Zeugen schätzen, dass bis zu 40 weitere Menschen durch die Explosionen verletzt worden seien.[382] Die Kommission konnte die Zahlen nicht verifizieren, aber nach Besichtigung der Einschlagsstellen und der Videoaufnahmen hält sie die Zahlenangaben nicht für übertrieben.

664. Unter den sofort Getöteten waren zwei Söhne von Herrn Abu Askar, Imad, 13 Jahre alt, und Khaled Abu Askar, 19 Jahre alt. Auch Herrn Abu Askars Bruder Arafat wurde getötet.

665. Der Direktor der Notunterkunft in der UNRWA-Schule bestätigte der Kommission, dass die Explosion die Teile der Schule, die auf die Al-Fakhura-Straße zeigen, beschädigt hat; dabei wurden bis zu

381 Ziyad al-Deeb sagte zusammen mit seinem Onkel bei der öffentlichen Anhörung in Gaza aus.

382 In einigen Berichten ist von 42 oder 43 Toten die Rede, die Toten der Familie al-Deeb eingeschlossen. Die Kommission konnte nicht mit allen Angehörigen der laut Berichten Getöteten Verbindung aufnehmen.

neun Menschen verletzt. Ein 16-jähriger Junge, der in der Schule Zuflucht gesucht hatte und sich zu dem Zeitpunkt auf der Straße aufhielt, wurde getötet. Im Innern der Schule gab es keine Todesopfer. Er bestätigte, dass das Grundstück der UNRWA-Einrichtung von keiner Granate getroffen worden war, weder innerhalb der Gebäude noch außerhalb.

666. Zeugen haben das Blutbad und das Chaos beschrieben, die die Bomben verursachten. Sie berichten, dass die Menschen in Privatautos in die Krankenhäuser gebracht wurden, weil es zur fraglichen Zeit schwierig war, Krankenwagen zu erreichen, aber einige Krankenwagen kamen dennoch.

C. Die israelische Stellungnahme

667. Die Verlautbarungen der israelischen Regierung sind widersprüchlich. In ihrer anfänglichen Stellungnahme erkannte sie an, dass die israelischen Streitkräfte das Innere der UNRWA-Schule getroffen hätten, angeblich in Erwiderung auf Feuer der Hamas. In einer späteren Aussage wurde zugegeben, dass sich auf dem Schulgelände selbst keine Hamas-Kämpfer befunden haben, wohl aber Kämpfer angeblich aus der näheren Umgebung in 80 Metern Entfernung geschossen hätten. Schließlich behauptete die israelische Regierung, Hamas-Kämpfer hätten eine Stunde lang im Abstand von wenigen Minuten die israelischen Streitkräfte mit Mörsergranaten beschossen, bis die israelischen Streitkräfte ihre Stellungen ausmachten und das Feuer erwiderten, wobei zahlreiche Kämpfer getötet wurden.

668. Am 6. Januar stellten die israelischen Streitkräfte folgende Verlautbarung auf ihre Webseite:

> Eine erste Untersuchung durch Truppen, die in der fraglichen Gegend operierten, ergibt, dass vom Inneren der Jabaliyah-Schule mehrere Mörsergranaten auf die IDF-Truppen abgefeuert wurden. In Erwiderung des feindlichen Feuers belegten diese

die Feuerquelle mit Mörserbeschuss. Dies ist nicht das erste Mal, dass Hamas Granaten und Raketen von Schulen aus abschoss und so absichtlich bei ihren terroristischen Schlägen gegen Israel Zivilpersonen als menschliche Schutzschilde missbrauchte. Dies wurde schon vor einigen Monaten durch Aufnahmen eines unbemannten Flugkörpers bewiesen, die zeigen, dass vom Hof einer UNRWA-Schule aus Raketen und Mörsergranaten abgefeuert wurden.

Wir betonen erneut, dass es sich hierbei um die Ergebnisse einer ersten Untersuchung handelt.

Die in der vergangenen Stunde durchgeführte Untersuchung hat ergeben, dass unter den Toten in der Jabaliyah-Schule Hamas-Terroristen waren und ein Mörserkommando, das die israelischen Streitkräfte in dieser Gegend beschossen hatte. Unter den getöteten Terroristen, die identifiziert wurden, waren die Hamas-Kämpfer Immad Abu Askar und Hassan Abu Askar.[383]

669. Weitere Verlautbarungen seitens der Sprecher des Ministerpräsidenten[384], des Außenministeriums und der israelischen Streitkräfte ver-

---

383 http://www.mfa.gov.il/MFA/Government/Communiques/2009/Initial_inquiry_school_incident_6-Jan-2009.htm

384 In einem Fernsehinterview der BBC bei dem Programm Newsnight sagte Herr Regev, er glaube, die israelischen Streitkräfte hätten die Schule angegriffen, weil sie angegriffen worden waren, die Schule sei von Hamas-Kräften besetzt, und diese Hamas-Kräfte hätten sich eines Kriegsverbrechens schuldig gemacht, indem sie das Schulgelände als Mörserabschussbasis missbrauchten. Vgl.: http://www.youtube.com/watch?gl=GB&hl=en-GB&v=9wv0giW1elo&featur=PlayList&p=9277810AA376DF8D&playnext=1&index=5
In einem anderen Interview sagte er, eine Patrouille der israelischen Streitkräfte sei mit Mörsergranaten beschossen worden und habe das Feuer erwidert, er nehme an, Hamas habe die Schule „mit Waffengewalt“ eingenommen und halte die Menschen in der Schule als „Geiseln“.
Vgl.: http://www.csidonline.org/resources/news/9/462-strike-o-gaza-school-kills-40?tmpl=component&print=1&page
Am selben Tag sagte Armeesprecherin Major Avital Leibovich in einem Interview mit Channel 4 Nachrichten, Hamas habe aus der „ Nähe der Schule“ geschossen, aber später behauptete sie, zwei Hamas-Kämpfer seien in der Schule selbst gewesen und hätten auf die israelischen Streitkräfte geschossen.
Vgl. http://link.brightcove.com/services/player/bcpid1184614595?bctid=6539745001
Am selben Tag stellte der IDF- Sprecher Hauptmann Benjamin Rutland eine

traten alle weiterhin die Position der oben zitierten Verlautbarung. In zwei Interviews betonte der Sprecher des Ministerpräsidenten, Herr Regev, er sei der Ansicht, die Hamas veranstalte ein Vertuschungsmanöver bezüglich der Tatsache, dass die israelischen Streitkräfte bei diesem Schlag ranghohe Hamas-Kämpfer getötet hätten, dass insbesondere zwei Männer, Imad und Hassan Abu Askar, „wohlbekannte Mitglieder der Hamas-Militärmaschinerie seien, Teil ihres Raketennetzwerkes".[385]

670. Diese am 6. Januar vertretene Position wurde am 12. Januar in Presseerklärungen eines Sprechers der israelischen Streitkräfte wiederholt.[386]

671. In Berichten der *Jerusalem Post* vom 15. und 19. Februar 2009 wurde Oberst Moshe Levi von der CLA zitiert. Er gab an, Berichte über 40 oder mehr Todesopfer infolge des Angriffs seien das Ergebnis von Entstellungen, die israelischen Streitkräfte hätten tatsächlich 12 Menschen getötet, darunter neun Hamas-Kämpfer und drei Nicht-Kombattanten. Der Bericht vom 19. Februar enthält eine Namensliste über sieben der nach seinen Angaben zwölf Opfer. Er wies auch darauf hin, israelisches Überwachungsmaterial zeige, nur „wenige Tragbahren seien herbeigeschafft worden, um Menschen zu evakuieren".

672. Am 22. April veröffentlichten die israelischen Streitkräfte die Ergebnisse ihrer vorläufigen Untersuchung, deren Position von der zuvor geäußerten völlig abweicht:

> Hinsichtlich der UNRWA-Schule in Jabaliyah, der Fakhura-Schule, kommt die Untersuchung zu dem Schluss, dass das Ver-

---

Veröffentlichung auf YouTube. Er sagte, es habe sich später herausgestellt, dass aus dem Bereich einer UN-Schule mit Mörsern geschossen wurde, dass dies ein Kriegsverbrechen seitens der Hamas darstelle und dass dabei Zivilpersonen getötet worden seien. Er teilte jedoch mit, es seien auch Hamas-Terroristen getötet worden, darunter die bekannten Abu Askar Brüder. Ein anderer IDF-Sprecher bestätigte am 12. Januar, er stehe weiterhin zu den am 6. und 7. gemachten Äußerungen.
Vgl. http://dover.idf.il/IDF/English/News/today/09/4/2202.htm

385 Vgl. http://www.csidonline.org/resources/news/9/462-strike-on-gaza-school-kills-40?tmpl=component&print=1&page

386 Aussage von Hauptmann Ishai David in der Jerusalem Post vom 12. Januar 2009

geltungsfeuer der israelischen Streitkräfte minimal und angemessen war, wobei die präzisesten Waffen eingesetzt wurden, die verfügbar waren. Hamas machte dies erforderlich, da sie aus einer Entfernung von 80 Metern von der Schule die israelischen Truppen mit Granaten beschoss. Zudem wurde festgestellt, dass alle von den IDF-Truppen abgefeuerten Geschosse außerhalb des Schulgeländes landeten.[387]

673. Im Juli 2009 verlautbarte die israelische Regierung:

> Sobald die Feuerquelle ausgemacht worden war, wurde eine Aufklärungseinheit entsandt, um den Ort zu überprüfen. Etwa 50 Minuten nach Beginn des Mörserangriffs wurde der genaue Standort der Mörser durch zwei unabhängige Quellen genau bestätigt. Erst danach, nachdem eine Sicherheitszone von wenigstens 50 Metern zwischen dem Zielobjekt (d.h. dem als Feuerquelle ausgemachten Standort der Mörser) und der UNRWA-Schule festgelegt wurde, erwiderte die Truppe das andauernde Sperrfeuer, wobei sie die genauesten verfügbaren Geschütze einsetzte – 120 mm-Mörser.[388]

D. Sonstige Berichte

674. Die Kommission führte neun Befragungen mit Personen durch, die sich entweder in der Al-Fakhura-Straße, im Hof der al-Deebs oder in der UNRWA-Schule aufgehalten hatten. Kein Zeuge sagte aus, dass vor dem Mörserangriff der israelischen Streitkräfte Schüsse zu hören gewesen seien. Andererseits hat die Kommission Kenntnis von wenigstens zwei Berichten, in denen Bewohner des Viertels aussagten, sie hätten derartige Schüsse in der Gegend gehört.[389]

---

387 http://dover.idf.il/IDF/English/News/today/09/4/2201.htm

388 „The operation in Gaza …", Abs. 338

389 Ein Bericht stammt von der Associated Press, deren Quelle anonym bleiben will. Die andere von einem Korrespondenten der britischen Sendung Channel 4 News, der sagt, Einheimische hätten ihm berichtet, „Kämpfer hätten Raketen"

675. Die Kommission merkt an, die Verlautbarung der israelischen Streitkräfte vom 22. April macht keine Angabe darüber, woher die Hamas-Schüsse kamen, sondern nur über die Entfernung von 80 Metern. Die Kommission hält es für schwer verständlich, wie die israelischen Streitkräfte zu dieser Ansicht kommen konnten, ohne damals über die Information zu verfügen, dass die Hamas-Kämpfer fast eine Stunde lang Mörsergranaten abgeschossen hatten. Sie hält diese neuen Behauptungen für unglaubwürdig. Die Kommission akzeptiert jedoch für die Zwecke dieses Berichtes, dass es möglicherweise Schüsse gegeben hat, die die israelischen Streitkräfte zu einer Reaktion bewogen.

676. Für die Kommission erscheint es eindeutig, dass die israelische Regierung eine Stellungnahme entwickelte, die den Angriff auf die UNRWA-Schule rechtfertigte, um auf die anfänglichen Nachrichten zu reagieren, die irrtümlicherweise berichteten, die Schule selbst sei getroffen worden, was einen sofortigen Aufschrei zur Folge hatte. In diesem Bemühen kam es zu einer Reihe von Behauptungen, insbesondere seitens Herrn Regev und Major Leibovich, die sich später als irrtümlich herausstellten.

677. Die Kommission merkt an, dass Oberst Moshe Levi in der *Jerusalem Post* vom 15. Februar mit seinen Bemerkungen die Zahl der Todesopfer anzweifelt, indem er darauf hinweist, die israelische Aufklärung habe nur wenige Tragbahren zum Abtransport der Toten und Verwundeten beobachtet. Falls Israel in der Lage war, unmittelbar nach dem Beschuss diese Aufklärung zu betreiben, hätte eigentlich festgestellt werden können, dass die Geschosse außerhalb des Schulgeländes auf der Straße gelandet waren. Außerdem, falls Aufnahmen dieser Aufklärung existieren, hätte die israelische Regierung angesichts der nach den Kriegshandlungen in Gaza von mehreren Seiten erhobenen schweren Beschuldigungen gegen die israelischen Streitkräfte diese Aufnahmen veröffentlichen können, als Wahrheitsbeweis für ihre Behauptungen bezüglich dieses Vorfalls.

---

auf die israelischen Streitkräfte abgeschossen und seien auf der Flucht die Straße hinunter gerannt. Vgl. Jonathan Miller, „Why UN ‚reversal' over Gaza school should be treated with caution". Channel 4, 5 February 2009, erreichbar bei: http://www.channel4.com/news/articles/world/middle_east/why+un+reversal+over+gaza+school+should+be+treated+with+caution/2924657

678. Zum Schluss kommt die Kommission zu den wiederholt geäußerten Behauptungen der israelischen Behörden über die Identität der bei dem Angriff Getöteten. Der detaillierteste Versuch ihrer namentlichen Identifizierung ist in Oberst Levis Verlautbarung über 12 Tote zu finden, wobei es sich um neun Kämpfer und drei Nicht Kom battanten handeln soll. Am 19. Februar veröffentlichte die *Jerusalem Post* sieben Namen, die ihr die CLA genannt hatte. Die Kommission merkt an, dass die CLA keinerlei Information lieferte, die erklärt, woher sie die Namen der Toten erfahren hat. Keiner der sieben Namen stimmt mit den Namen derer überein, die nach bisherigen Ermittlungen der Kommission bei den Angriffen ums Leben kamen.

679. Oberst Levis (CLA) Haltung wirft im Hinblick auf den ziemlich überschaubaren Fall der Familie al-Deeb Probleme auf; neun Mitglieder der Familie starben auf der Stelle, und zwei weitere später. Von ihnen sind vier Frauen und vier Kinder. Wenn sie nur diese Zahlen allein sowie die ziemlich einfache Identifizierung der Opfer berücksichtigt, erachtet die Kommission die Behauptungen der CLA hinsichtlich der Gesamtzahl und der Identität der bei dem Mörserangriff der israelischen Streitkräfte Getöteten für unglaubwürdig. Selbst wenn die Behauptung der israelischen Behörden zuträfe, dass neun Kämpfer getötet worden seien, trifft ihre Behauptung, nur drei Nicht-Kombattanten seien getötet worden, nach Ansicht der Kommission nicht zu.

680. Eine weitere am 6. und 7. Januar mehrfach geäußerte Behauptung israelischer Sprecher, die am 12. Januar wiederholt und bekräftigt wurde, lautet, durch die Gegenschläge seien nicht nur die Raketenabschussgeräte der Kämpfer getroffen worden, sondern auch zwei hochrangige Hamas-Kämpfer, nämlich Imad Abu Askar und Hassan Abu Askar, getötet worden.[390] Um es zu wiederholen, bei den ersten frühen Behauptungen hieß es überwiegend, beide seien in der UNRWA-Schule getötet worden. Auffallend ist, dass die israelischen Streitkräfte in der Zusammenfassung ihrer eigenen vorläufigen Untersuchungen diese Behauptung nicht wiederholen.

---

390 In ihrem Interview mit Channel 4 News hat es den Anschein, als spreche Major Leibovich nach einigem Zögern den Namen „Amr Abu Askar" aus, aber in Anbetracht aller anderen Aussagen hält die Kommission das für einen Fehler ihrerseits. Vermutlich wollte sie „Imad" sagen.

681. Es steht inzwischen eindeutig fest, dass, falls bei dem israelischen Angriff überhaupt Hamas-Kämpfer getötet wurden, geschah das nicht auf dem Schulgelände. Für die Kommission ist es schwer nachvollziehbar, dass die israelischen Behörden nur wenige Stunden brauchten, um mit Sicherheit die Identität der zwei von ihr getöteten Hamas-Kämpfer festzustellen, aber mehr als eine Woche für die Feststellung benötigten, dass das mutmaßliche Feuer nicht von der Schule aus kam und dass die israelischen Streitkräfte die Schule nicht getroffen hatten.

682. Nach Überzeugung der Kommission wurden drei Mitglieder der Familie Abu Askar getötet: Imad, 13 Jahre alt, sein Bruder Khaled, 19 Jahre alt, und ihr Onkel Arafat, 33 Jahre alt. Nach Mark Regevs Angaben war Imad Abu Askar ein bekanntes Mitglied des militärischen Arms der Hamas und spielte bei den Raketenabschüssen eine maßgebliche Rolle. Auch Major Leibovich und Hauptmann Rutland nannten Imad als einen der zwei getöteten Kämpfer.

683. Die Kommission schließt nicht aus, dass bewaffnete palästinensische Gruppierungen möglicherweise auch Kinder rekrutieren. Im Falle Imad Abu Askar ist die Kommission jedoch überzeugt, dass er kein Hamas-Kämpfer war. Abgesehen von der vehementen und nach Ansicht der Kommission glaubhaften Zurückweisung derartiger Behauptungen durch Imads Vater, scheinen hier zwei andere Faktoren von Belang zu sein. Erstens, seit bekannt wurde, dass es sich bei Imad um einen 13-jährigen Jungen handelt, macht Israel auffälligerweise keine weiteren Angaben zu seiner angeblichen Betätigung für Hamas im Allgemeinen, noch ist es auf die spezifische Behauptung zurückgekommen, er habe am fraglichen Tag Mörsergranaten auf israelisches Gebiet geschossen.

684. Zweitens wurde Herr Abu Askar in den frühen Morgenstunden des 6. Januar persönlich von den israelischen Streitkräften angerufen und darüber informiert, dass sein Haus in allernächster Zeit angegriffen werde. Falls Imad Abu Askar trotz seiner Jugend so bedeutend und berüchtigt war wie behauptet, hätten die israelischen Behörden nach Ansicht der Kommission vermutlich gewusst, wo er lebt, und insbesondere, dass er in eben dem Haus lebt, das sie gleich zerstören wollten. Es ist äußerst zweifelhaft, dass die israelischen Streitkräfte,

nachdem sie das Haus mutmaßlicher bedeutender Hamas-Kämpfer identifiziert haben, diese warnen, damit sie fliehen können, und das Haus erst dann bombardieren.

685. Soweit die Kommission feststellen kann, gibt es keinerlei Anhaltspunkte dafür, dass jemand namens Hassan Abu Askar bei den Angriffen getötet wurde. Die Kommission merkt an, dass wenigstens die beiden in den israelischen Berichten erwähnten Hamas-Kämpfer mindestens einmal als Brüder bezeichnet werden. Herr Abu Askar bestätigt, dass es in seiner Familie niemanden dieses Namens gibt.

686. Anscheinend wurden die israelischen Streitkräfte kurz nach den Angriffen irgendwie darüber informiert, dass zwei Abu Askar Brüder getötet worden seien. Das trifft so weit zu. Die Kommission hat jedoch den Eindruck, als sei die Information bei der Weitergabe bewusst verfälscht worden. Die Brüder hießen Imad und Khaled, nicht Imad und Hassan, wie behauptet. Der eine war ein 13-jähriger Junge, der andere ein frisch verheirateter 19-Jähriger. Auf Grund der Gewissheit und Bestimmtheit, mit der die israelischen Behörden seinerzeit sprachen, können sie jetzt schwer behaupten, sie hätten die Namen einfach verwechselt.

E. Der Sachverhalt

687. Die von der Kommission ermittelten Tatsachen ergeben, dass am 6. Januar 2009 gegen 1.45 Uhr Herr Abu Askar einen Anruf seitens der israelischen Streitkräfte erhielt, der ihn vor dem bevorstehenden Angriff auf sein Haus warnte, und dass es anschließend sieben Minuten später durch einen Luftangriff zerstört wurde. Die Warnung ermöglichte es Herrn Abu Askar, sich und seine Familie zu retten. Die Kommission stellt fest, dass die israelischen Streitkräfte nicht beabsichtigten, mit diesem Angriff Herrn Abu Askar oder Mitglieder seiner Familie zu töten.

688. Die Kommission stellt ebenfalls fest, dass gegen 16.00 Uhr die israelischen Streitkräfte wenigstens vier Mörsergranaten abfeuerten. Eine landete im Hof der al-Deebs, dabei starben neun Menschen auf der Stelle, zwei erst später.

689. Drei weitere Granaten landeten auf der Al-Fakhura-Straße, die zur fraglichen Zeit sehr belebt war, und töteten mindestens 24 weitere Menschen und verletzten bis zu 40 Menschen.

690. Die Kommission merkt an, dass der Schlag möglicherweise ein Gegenschlag auf einen Mörserangriff durch eine bewaffnete palästinensische Gruppierung war, hält die israelische Darstellung wegen einer Reihe von Widersprüchen und falschen Tatsachenbehauptungen für wenig glaubwürdig.

F. Rechtliche Würdigung

691. Teile des Art. 50 des 1. Zusatzprotokolls spiegeln gewohnheitsvölkerrechtliche Normen wider und lauten wie folgt:

1. Die Zivilbevölkerung umfasst alle Zivilpersonen.
2. Die Zivilbevölkerung bleibt auch dann Zivilbevölkerung, wenn sich unter ihr einzelne Personen befinden, die nicht Zivilpersonen im Sinne dieser Begriffsbestimmung sind.

692. Art. 57 ist in Verbindung mit folgenden Vorschriften von Belang:

1. Bei Kriegshandlungen ist stets darauf zu achten, dass die Zivilbevölkerung, Zivilpersonen und zivile Objekte verschont bleiben.

2. Im Zusammenhang mit Angriffen sind folgende Vorsichtsmaßnahmen zu treffen:

   (a) Wer einen Angriff plant oder beschließt,

(i) hat alles praktisch Mögliche zu tun, um sicherzugehen, dass die Angriffsziele weder Zivilpersonen noch zivile Objekte sind und nicht unter besonderem Schutz stehen, sondern militärische Ziele im Sinne des Artikel 52 Absatz 2 sind und dass der Angriff nach diesem Protokoll nicht verboten ist;

(ii) hat bei der Wahl der Angriffsmittel und –methoden alle praktisch möglichen Vorsichtsmaßnahmen zu treffen, um Verluste unter der Zivilbevölkerung, die Verwundung von Zivilpersonen und die Beschädigung ziviler Objekte, die dadurch mit verursacht werden könnten, zu vermeiden und in jedem Fall auf ein Mindestmaß zu beschränken;

(iii) hat von jedem Angriff Abstand zu nehmen, bei dem damit zu rechnen ist, dass er auch Verluste unter der Zivilbevölkerung, die Verwundung von Zivilpersonen, die Beschädigung ziviler Objekte oder mehrere derartiger Folgen zusammen verursacht, die in keinem Verhältnis zum erwarteten konkreten und unmittelbaren militärischen Vorteil stehen;

(b) ein Angriff ist endgültig oder vorläufig einzustellen, wenn sich erweist, dass sein Ziel nicht militärischer Art ist, dass es unter besonderem Schutz steht oder damit zu rechnen ist, dass der Angriff auch Verluste unter der Zivilbevölkerung, die Verwundung von Zivilpersonen, die Beschädigung ziviler Objekte oder mehrere derartige Folgen zusammen verursacht, die in keinem Verhältnis zum erwarteten konkreten und unmittelbaren militärischen Vorteil stehen;

(c) Angriffen, durch welche die Zivilbevölkerung in Mitleidenschaft gezogen werden kann, muss eine wirksame Warnung vorausgehen, es sei denn, die gegebenen Umstände erlauben dies nicht.

693. Nach Auffassung der Kommission sind im vorliegenden Fall zwei Punkte zu berücksichtigen: die Frage der Verhältnismäßigkeit im Hinblick auf den zu erzielenden militärischen Vorteil und die Wahl der Angriffsmittel.

1. Die Frage des militärischen Vorteils

694. Die Analyse des Komitees zur Untersuchung der Bombardierung der Bundesrepublik Jugoslawien durch die NATO im Jahre 1998 setzt sich ausführlich mit den Schwierigkeiten auseinander, wie ein militärischer Vorteil zu bewerten ist.[391] Nach Ansicht des Komitees stellen sich dabei u.a. folgende relevante Fragen:

(a) Wie ist der zu erzielende militärische Vorteil im Verhältnis zu Verletzungen von Nicht-Kombattanten und Schäden an zivilen Objekten zu bewerten?

(b) Welche Faktoren müssen in das Endergebnis einfließen, welche können ausgeklammert werden?

(c) Welche räumlichen und zeitlichen Maßeinheiten sollen gelten?

(d) Bis zu welchem Maß der Gefährdung ist der militärische Befehlshaber verpflichtet, seine eigenen Truppen zu gefährden, um zivile Opfer und Schäden an zivilen Objekten auf ein Mindestmaß zu beschränken?

695. Das Komitee stellte weitere Überlegungen an:

> Diese Fragen sind nicht leicht zu beantworten. Vielleicht kann dies nur im Rahmen einer Einzelfallprüfung geschehen, und die Antworten können je nach Hintergrund und Wertevorstellungen des Entscheidenden unterschiedlich ausfallen. Es ist unwahrscheinlich, dass ein Anwalt für Menschenrechte und ein erfahrener Befehlshaber einem militärischen Vorteil und den

391 „Final report to the Prosecutor ...", Abs. 47 – 50

Verletzungen von Nicht-Kombattanten denselben Stellenwert beimessen. Auch ist es unwahrscheinlich, dass militärische Befehlshaber mit unterschiedlichen Doktrinen und unterschiedlicher Kampferfahrung oder unterschiedlicher militärischer Tradition ihrer Nation in strittigen Fällen einer Meinung sind. Es wird deshalb vorgeschlagen, dass sich der Begriff des Stellenwerts am „vernünftigen Befehlshaber“ orientieren muss. Auch wenn es in strittigen Fällen Raum für unterschiedliche Meinungen gibt, werden in vielen Fällen vernünftige Befehlshaber dieselbe Meinung zu der Frage vertreten, ob die Verletzungen von Nicht-Kombattanten oder die Schäden an zivilen Objekten zu dem zu erzielenden militärischen Vorteil in einem eindeutigem Missverhältnis stehen.

696. Die Kommission erkennt an, dass diese Ansichten eine sachdienliche Diskussionsgrundlage darstellen, und stellt folgendes fest:

(a) Der zu erzielende militärische Vorteil bestand darin, das mutmaßliche Mörserfeuer, das das Leben der israelischen Streitkräfte gefährdete, zu beenden.

(b) Selbst wenn es im Bereich der Al-Fakhura-Straße Mörserfeuer gab, waren bei der Bewertung des militärischen Vorteils die Erfolgsaussichten, die Ziele auszuschalten, gegen das Risiko abzuwägen, eine Straße zu beschießen, auf der sich viele Zivilpersonen befanden, zudem in nächster Nähe zu einem Schutzraum, in dem nach Kenntnisstand der israelischen Behörden 1.368 Zivilpersonen Zuflucht gesucht hatten.

697. Die Kommission erkennt an, dass Entscheidungen über Verhältnismäßigkeit für jede Armee in bestimmten Fällen ein echtes Dilemma darstellen. Nach Ansicht der Kommission ist das hier jedoch nicht der Fall.

698. Die Kommission meint damit nicht, die israelischen Streitkräfte hätten auf jeden Fall die Pflicht gehabt, sich selbst zu gefährden, aber hinsichtlich dieser Gefährdung hatten sie nach Auffassung der Kommission ausreichend Gelegenheit, die Auswahl der Angriffsmittel so zu treffen, dass die Zivilpersonen in der Umgebung einer erheblich

geringeren Gefahr ausgesetzt gewesen wären. Nach der von der israelischen Regierung selbst geäußerten Auffassung hatten die israelischen Truppen ganze 50 Minuten Zeit, um auf diese Bedrohung zu reagieren bzw. sie brauchten alles in allem ganze 50 Minuten, um darauf zu reagieren. Wenn man sich die Mobilisierungsgeschwindigkeiten von Hubschraubern und Jagdflugzeugen bei den Kriegshandlungen in Gaza vergegenwärtigt, fällt es der Kommission schwer zu glauben, dass Mörser zur fraglichen Zeit die präzisesten verfügbaren Angriffsmittel waren. Das fragliche Zeitfenster betrug beinahe eine Stunde. Die Entscheidung ist schwer zu rechtfertigen.

699. Die Wahl der Angriffsmittel – Mörsergranaten – erscheint grob fahrlässig. Mörser sind Flächenwaffen. Sie töten oder verstümmeln jeden, der sich nach der Detonation in der Aufschlagszone befindet, und sie können nicht zwischen Kämpfern und Zivilpersonen unterscheiden. Die Entscheidung, sie in einer Umgebung einzusetzen, in der sich viele Zivilpersonen aufhalten, ist eine Entscheidung, die für einige dieser Zivilpersonen Tod oder Verletzung bedeutet, das weiß jeder Befehlshaber.

700. Selbst für den Fall, dass der gegenwärtig von Israel vertretenen Schilderung des Ablaufs der Ereignisse Glauben geschenkt wird, ist die Entscheidung, in einer belebten Straße mit etwa 150 Menschen (von den Menschen in der Schule ganz abgesehen) Mörser einzusetzen, nach Ansicht der Kommission nicht zu rechtfertigen. Nach Auffassung der Kommission hätte kein vernünftiger Befehlshaber unter diesen Umständen diese Wahl getroffen.

701. Aufgrund der ihr zur Kenntnis gebrachten Tatsachen glaubt die Kommission, dass es zu folgenden Verstößen gekommen ist:

- Art. 57 (2) (a) (ii) und (iii), 1. Zusatzpotokoll, wie oben erläutert;
- das angeborene Recht auf Leben der bei dem Vorfall getöteten palästinensischen Zivilpersonen, die in Verletzung von Art. 6 IPbpR willkürlich ihres Lebens beraubt wurden.

702. Nach Auffassung der Kommission entbehren die von den israelischen Behörden gelieferten Darstellungen der Glaubwürdigkeit. Die Verwirrung über die tatsächlich getroffenen Objekte, die irrtümli-

chen Behauptungen darüber, wer und was genau getroffen wurde, woher das Feuer der bewaffneten Gruppen kam, der Hinweis auf die Überwachung des Ereignisorts durch israelische Aufklärer, die aber nichtsdestotrotz nicht feststellen konnten, wo genau die Einschläge erfolgten, all das zusammengenommen ergibt entweder den Eindruck tiefer Verwirrung oder Verdunkelung.

703. Ungeachtet dessen, was der Wahrheit entspricht, ist die Kommission der Ansicht, dass der Einsatz von wenigstens vier Mörsergranaten, um eine kleine Gruppe bestimmter Individuen zu töten, in einer Umgebung, in der viele Zivilpersonen ihren täglichen Verrichtungen nachgingen und in der Nähe des Schutzraumes/Zufluchtsortes von 1.368 Menschen nicht den Bewährungstest besteht, welche Entscheidung ein vernünftiger Befehlshaber getroffen hätte hinsichtlich annehmbarer ziviler Todesopfer im Vergleich zu dem angestrebten militärischen Vorteil.

XI. VORSÄTZLICHE ANGRIFFE AUF DIE ZIVILBEVÖLKERUNG

Einleitung

704. Nach Angaben der israelischen Regierung legen die Einsatzregeln der israelischen Streitkräfte für die militärischen Operationen in Gaza besonderen Nachdruck auf das Prinzip der Unterscheidung als einem der vier „Leitprinzipien, die in integrierter und kumulativer Weise Anwendung finden: militärische Erfordernisse, Unterscheidung, Verhältnismäßigkeit und Menschlichkeit". Das Prinzip der Unterscheidung wird wie folgt definiert: „Angegriffen werden nur militärische Ziele und Kombattanten. Es ist strengstens untersagt, vorsätzlich Zivilpersonen oder zivile Objekte anzugreifen (abgesehen von zufällig zugefügtem verhältnismäßigem Schaden)."[392]

705. Die Kommission untersuchte elf Vorfälle, bei denen ernst zu nehmende Behauptungen über direkte Angriffe auf Zivilpersonen mit Todesfolge gemacht wurden. Anscheinend war bei keinem dieser Angriffe ein gerechtfertigtes militärisches Ziel zu erkennen. Die beiden ersten Vorfälle betreffen mutmaßliche Angriffe der israelischen Streitkräfte auf Häuser im Viertel Al-Samouni in Gaza während der ersten Phase der Bodeninvasion. Die folgende Reihe von sieben Vorfällen betrifft die mutmaßliche Erschießung von Zivilpersonen beim Versuch, ihr Haus zu verlassen, um sich an einen sichereren Ort zu begeben, wobei sie weiße Fahnen schwenkten, und die in einigen Fällen auf Anweisungen der israelischen Streitkräfte hin ihre Häuser verließen. Im letzten der sieben Fälle wurde ein Haus mutmaßlich mit weißem Phosphor beschossen, wobei fünf Menschen starben und andere verletzt wurden. Zwei weitere Mitglieder der Familie wurden mutmaßlich von israelischen Truppen erschossen, als sie versuchten, Verwundete zu evakuieren und ins Krankenhaus zu bringen.

---

392 „The operation in Gaza …", Abs. 222

Beim folgenden Vorfall wurde eine Moschee zur Zeit des Abendgebets angegriffen, wobei 15 Menschen starben. In vielen dieser Fälle behinderten die israelischen Streitkräfte mutmaßlich die medizinische Notversorgung der Verwundeten. Ein weiterer Vorfall betrifft die Bombardierung eines Familienhauses, bei der 22 Mitglieder der Familie getötet wurden. Beim letzten beschriebenen Vorfall wurde eine Trauerversammlung von Angehörigen und Nachbarn in einem Trauerzelt mit Flechetten angegriffen.

A. Angriffe auf die Häuser von Ateya al-Samouni und Wa'el al-Samouni in Zeytoun, wobei 23 Mitglieder der Familie al-Samouni getötet wurden

706. Um die Angriffe auf die Häuser von Ateya und Wa'el al-Samouni, bei denen 23 Mitglieder der Großfamilie al-Samouni ums Leben kamen, zu untersuchen, besuchte die Kommission den Ereignisort.[393] Sie befragte fünf Mitglieder der Familie al-Samouni und fünf Nachbarn vor Ort.[394] Zwei Mitglieder der Großfamilie al-Samouni, die die Ereignisse persönlich miterlebt hatten, Herr Wa'el al-Samouni und Saleh al-Samouni, sagten bei der öffentlichen Anhörung in Gaza aus. Die Kommission befragte auch Krankenwagenfahrer vom PRCS, die am 4., 7. und 8. Januar in das Gebiet gefahren waren, und erhielt Kopien von Unterlagen des PRCS. Schließlich untersuchte sie Ma-

---

393 Graffiti left by Israeli soldiers in the house of Talal al-Samouni, which were photographed by the Kommission, included (a) in Hebrew, under the Star of David: "The Jewish people are alive" and, above a capital "T" [referring to the army (Tsahal)], "This [the letter T] was written with blood"; (b) on a drawing of a grave, in English and Arabic, "Arabs 1948-2008 "; and (c) in English: "You can run but you can not hide", "Die you all", " 1 is down, 999,999 to go", "Arabs need to die" and "Make war not peace".

394 Testimony to the Kommission by Saleh al-Samouni, Talal al-Samouni, Wa'el Faris al-Samouni, Muhammad Asaad al-Samouni, Ms. Massouda Sobhia al-Samouni, Mr. Faraj Ata al-Samouni, Mrs. Abir Muhammad Hajji and Mr. Fawzi Arafat, 3 June 2009.

terial über diesen Vorfall, das ihr TAWTHEQ und NGOs vorgelegt hatten.

707. Das so genannte Al-Samouni-Viertel gehört zu Zeytoun, südlich von Gaza-Stadt und grenzt im Osten an die Al-Sikka-Straße, die in diesem Teil des Gaza-Streifens in sehr geringem Abstand parallel zur Salah ad-Din-Straße verläuft. Es wird von der Großfamilie al-Samouni bewohnt, nach der es auch benannt ist, aber auch von anderen Familien, so den Arafats und Hajjis. Das Viertel al-Samouni hat eher ländlichen als städtischen Charakter; üblicherweise grenzten an die Häuser kleine Oliven- und Feigenhaine, Hühnergehege und kleine Felder. Im Zentrum des Viertels stand die Moschee. Als die Kommission das Viertel im Juni 2009 besuchte, existierte das alte Al-Samouni-Viertel nicht mehr. Die Kommission traf nur noch vereinzelte Häuser und wenige Zelte an, inmitten vom Schutt von Häuserruinen und von Planierraupen platt gemachtem Ackerland.[395]

708. Die israelische Bodenoffensive erreichte das Al-Samouni-Viertel am 4. Januar gegen 4.00 Uhr aus östlicher Richtung. Zusätzlich zu den aus dem Osten vorrückenden Bodentruppen landeten höchstwahrscheinlich Hubschrauber[396] auf den Dächern einiger Häuser in dem Gebiet und setzten Soldaten ab. Anwohner berichteten der Kommission, in der Nacht auf den 4. Januar und in der folgenden Nacht seien Schüsse zu hören gewesen, aber sie bestreiten, palästinensische Kämpfer gesehen zu haben.

395 Der UNOSAT-Bericht zählt „114 … zerstörte oder schwer beschädigte Gebäude, 27 beschädigte Gewächshauskomplexe und 17 Einschlagskrater entlang Straßen oder in bewirtschaftetem Ackerland" in der Gegend der Al-Samouni-Straße. Ein während der Kriegshandlungen in Zeytoun stationierter Soldat erinnerte sich daran, durch sein Fernglas „zunehmende Verwüstung, Häuser, die mit der Zeit verschwinden" gesehen zu haben. (Soldiers' Testimonies: Aussage Nr. 37)

396 Ein Zeuge erzählte der Kommission, dass er am 5. Januar 2009 auf der Straßenseite die Fallschirme gesehen habe, mit denen die israelischen Truppen in der Gegend gelandet seien, als er durch die Saleh ad-Din-Straße lief.

1. Die Tötung von Ateya al-Samouni und seinem Sohn Ahmad

709. Am Morgen des 4. Januar 2009 betraten israelische Soldaten viele der Häuser des Bezirks Al-Samouni. Unter den ersten war gegen 5.00 Uhr das Haus des 45-jährigen Ateya al-Samouni. Faraj, dessen 22-jähriger Sohn, hatte bereits vor wenigen Minuten israelische Soldaten getroffen, als er heraustrat, um seine Nachbarn zu alamieren, dass ihr Dach brennt. Die Soldaten drangen mit Gewalt in das Haus von Ateya al-Samouni ein und warfen dabei eine Art Sprengsatz, möglicherweise eine Granate.[397] Inmitten des Rauches, des Feuers und des Lärms trat Ateya al-Samouni mit erhobenen Armen vor und erklärte, dass er Eigentümer des Hauses sei. Die Soldaten erschossen ihn noch als er seinen Ausweis und einen israelischen Führerschein in den Händen hielt. Dann eröffneten die Soldaten das Feuer im Zimmer, in dem sich alle etwa 20 Familienmitglieder versammelt hatten. Mehrere wurden verletzt; besonders schwere Verletzungen erlitt Ahmad, ein 4-jähriger Junge. Soldaten mit Nachtsichtgeräten betraten das Zimmer und inspizierten alle Anwesenden gründlich. Die Soldaten zogen dann ins nächste Zimmer und steckten es in Brand. Der Rauch aus diesem Zimmer begann bald die Familie zu ersticken. Ein Zeuge, der mit der Kommission sprach, erinnerte sich daran, dass er bei seinem 17-Monate alten Neffen ein „weißes Zeugs" aus dem Mund kommen sah und er ihm beim Atmen half.

710. Gegen 6.30 befahlen die Soldaten der Familie, das Haus zu verlassen. Sie mussten Ateyas Leiche zurücklassen, trugen aber Ahmad, der noch atmete, mit. Die Familie versuchte, in das Haus eines Onkels nebenan hineinzugehen. Dies erlaubten die Soldaten ihnen jedoch nicht. Die Soldaten befahlen ihnen, auf die Straßen zu gehen und die Gegend zu verlassen. Ein paar Meter weiter wurden sie jedoch von einer anderen Truppe Soldaten angehalten, die ihnen befahl, sich ganz auszuziehen. Faraj al-Samouni, der den schwer verletzten Ahmad trug, flehte sie an, die Verletzten nach Gaza bringen zu dürfen. Die Soldaten sollen mit Beschimpfungen geantwortet haben. Sie sagten auch: „Ihr seid schlechte Araber." „Ihr geht nach Nitzarim".

397 Einem Brief von B`Tselem an die Militärstaatsanwaltschaft zufolge wurde das Haus beschossen.

711. Faraj al-Samouni, dessen Mutter und die anderen betraten das Haus eines Onkels in der Gegend. Von dort aus riefen sie das PRCS. Wie weiter unten geschildert wird, gelang es gegen 16.00 Uhr einem PRCS-Krankenwagen, in die Nähe des Hauses, in dem Ahmad verwundet lag, zu gelangen. Es wurde jedoch von den israelischen Streitkräften verhindert, ihn zu retten. Ahmad verstarb gegen 2.00 Uhr in der Nacht des 4. auf den 5. Januar 2009.[398] Am folgenden Morgen entschlossen sich die im Haus anwesenden etwa 45 Personen, wegzugehen. Sie machten sich weiße Flaggen und gingen in Richtung Salah ad-Din-Straße. Eine Gruppe Soldaten auf der Straße befahl ihnen ins Haus zurückzukehren. Der Zeuge sagte jedoch, sie wären in Richtung Gaza weitergelaufen. Die Soldaten schossen auf ihre Füße, ohne jedoch irgendjemanden zu verletzen. Zwei Kilometer weiter, im Norden, in der Salah ad-Din-Straße fanden sie Krankenwagen, die die Verletzten nach Gaza ins al-Shifa-Krankenhaus verbrachten.

2. Der Angriff auf das Haus von Wa'el al-Samouni

712. In anderen Fällen verschafften sich die Soldaten auf weniger gewaltsame Weise Zutritt, wie im Fall von Ateya al-Samounis Haus. Die Soldaten landeten auf dem Dach und stiegen die Treppen hinab bis zum Erdgeschoß, trennten die Männer von den Frauen, durchsuchten das Haus und legten den Männern Handschellen an.[399] In anderen Fällen brachen sie in ein Haus ein, indem sie mit einem Vorschlaghammer ein Loch in die Wand schlugen.[400] Bei Saleh al-Samouni klopften die Israelischen Soldaten an die Haustür und befahlen den Leuten im Haus, sie zu öffnen. Die Personen traten einer nach dem anderen heraus und Salehs Vater stellte den Soldaten auf Hebräisch alle Familienmitglieder vor. Nach Angaben von

398 Faraj al-Samouni also told the Kommission that, at the time of Ahmad's death, another relative gave birth to a baby in the same house. The following day the mother, who had to be transported in a wheelchair because she had broken her leg doing household chores, and the baby were among the group that managed to evacuate to Gaza City. Mother and child are in good health.

399 Aussage von Muhammad Asaad al-Samouni vom 3. Juni 2009.

400 Aussage von Saleh al-Samouni vom 3. Juni 2009.

Saleh al-Samouni baten sie darum, nach Gaza-Stadt gehen zu dürfen, aber die Soldaten lehnten dies ab und befahlen ihnen stattdessen, zu Wa'el al-Samounis Haus auf der anderen Seite der Straße zu gehen.

713. Die israelischen Soldaten befahlen auch den Bewohnern anderer Häuser, sich zu Wa'el al-Samounis Haus zu begeben. Folglich versammelten sich am 4. Januar mittags ungefähr hundert Mitglieder der Großfamilie al-Samouni, in ihrer Mehrheit Frauen und Kinder, in diesem Haus. Es gab kaum Wasser und keine Milch für die Säuglinge. Ungefähr um 17.00 Uhr am 4. Januar, ging eine der Frauen hinaus, um Brennholz zu holen. Es gab etwas Mehl im Haus und sie bereitete Brot zu, ein Stück für jeden Anwesenden.

714. Am Morgen des 5. Januar 2009, zwischen 6.30 und 7.00 Uhr, verließen Wa'el al-Samouni, Saleh al-Samouni, Hamdi Maher al-Samouni, Muhammad Ibrahim al-Samouni und Iyad al-Samouni das Haus, um Brennholz zu sammeln. Rashad Helmi al-Samouni blieb in der Nähe der Haustür stehen. Saleh al-Samouni machte die Kommission darauf aufmerksam, dass die israelischen Soldaten von den Dächern der Häuser, wo sie Stellung bezogen hatten, eine klare Sicht auf die Männer hatten. Plötzlich schlug ein Geschoß neben den fünf Männern in der Nähe des Tors zu Wa'els Haus ein und tötete Muhammad Ibrahim al-Samouni und Hamdi Maher al-Samouni.[401] Den anderen Männern gelang es, wieder in das Innere des Hauses zu flüchten. Innerhalb von ca. fünf Minuten hatten zwei oder drei weitere Projektile das Haus direkt getroffen. Bei den öffentlichen Anhörungen berichteten Saleh und Wa'el al-Samouni, dass diese Raketen von Apache–Hubschraubern aus abgeschossen worden seien. Die eingesetzte Munitionsart konnte die Kommission nicht bestimmen.

715. Saleh al-Samouni sagte aus, dass beim Angriff auf Wa'el al-Samounis Haus insgesamt 21 Familienmitglieder getötet und 19 verletzt worden seien. Unter den Toten waren Saleh al-Samounis Vater, Talal Helmi al-Samouni, seine Mutter Rahma Muhammad al-Samouni

401 Die Kommission merkt an, dass alle Zeugenaussagen in dem Punkt übereinstimmten, dass Muhammad Ibrahim al-Samouni auf der Stelle starb, es aber Unstimmigkeiten gab, was die Frage betrifft, ob Hamdi Maher al-Samouni durch den ersten Einschlag oder nachher innerhalb des Hauses starb.

und seine zweijährige Tochter Azza. Drei seiner Söhne im Alter von fünf, drei und knapp einem Jahr (Mahmoud, Omar und Ahmad) wurden verletzt, überlebten jedoch. Von Wa'els nächsten Angehörigen wurden eine Tochter und ein Sohn (Rezqa, 14 und Fares, 12) getötet, während zwei kleinere Kinder (Abdullah und Muhammad) verletzt wurden.[402] Die Fotografien aller Toten wurden der Kommission im Haus der Familie al-Samouni vorgelegt und während der öffentlichen Anhörung in Gaza ausgestellt.

716. Nach dem Beschuß des Hauses von Wa'el al-Samouni entschlossen sich die meisten derjenigen, die noch im Haus waren, sofort aufzubrechen und nach Gaza-Stadt zu laufen, wobei sie die Toten und einige der Verwundeten zurücklassen mußten. Die Frauen machten Zeichen mit ihren Tüchern. Die Soldaten hingegen erteilten den al-Samounis den Befehl, ins Haus zurückzukehren. Als Familienmitglieder erwiderten, dass unter ihnen viele Verletzte seien, antworteten die Soldaten nach Angaben von Saleh al-Samouni: „Geht zurück in den Tod". Sie widersetzten sich dem Befehl der Soldaten und liefen stattdessen Richtung Gaza-Stadt. Sobald sie in Gaza waren, gingen sie zum PRCS und informierten ihn über die Verwundeten, die zurück geblieben waren.

3. Die Versuche des PRCS und IKRK, die Zivilpersonen im al-Samouni Gebiet zu retten

717. Das PRCS unternahm am 4. Januar 2009 gegen 16.00 Uhr, nachdem sie den Notruf der Familie von Ateya al-Samouni erhalten hatten, den ersten Versuch, die Verwundeten aus dem Bezirk Al-Samouni zu

---

402 Die Namen der anderen 15 Angehörigen der Großfamilie al-Samouni, die während des Angriffs auf Wá'el al-Samounis Haus getötet wurden, lauten: Rabab Isaat (weiblich, 37 Jahre); Tawfiq Rashad (männlich, 22 Jahre); Layla Nabeeh (weiblich, 44 Jahre); Ismaeil Ibrahim (männlich, 16 Jahre); Ishaq Ibrahim (männlich, 14 Jahre); Maha Muhammad (weiblich, 20 Jahre); Muhammad Hilmi Talal (der sechsjährige Sohn von Maha); Hanan Khamis Sa'adi (weiblich, 36 Jahre); Huda Naiel (weiblich, 17 Jahre); Rezqa Muhammad Mahmoud (weiblich, 56 Jahre); Safaa Sobhi (weiblich, 24 Jahre); al Moa`tisim Bilah Muhammad (männlich, 6 Monate); Hamdi Maher (männlich, 24 Jahre); Rashad Helmi (männlich, 42 Jahre); Nassar Ibrahim Hilmi (männlich, 6 Jahre).

evakuieren. Das PRCS hatte das IKRK angerufen mit der Bitte, die Begehung des Gebietes mit den israelischen Streitkräften zu koordinieren. Einem PRCS–Krankenwagen aus dem Al-Quds-Krankenhaus gelang es, den Bezirk Al-Samouni zu erreichen. Der Krankenwagen war von der Salah ad-Din-Straße nach Westen gefahren, als bei einem der ersten Häuser des Bezirks israelische Soldaten, die am Boden und auf dem Dach eines der Häuser Stellung bezogen hatten, ihre Gewehre auf ihn richteten und ihn zum Anhalten aufforderten. Der Fahrer und die Krankenschwester erhielten den Befehl, das Auto zu verlassen, ihre Hände zu heben, ihre Kleider auszuziehen und sich auf den Boden zu legen. Anschließend durchsuchten israelische Soldaten sie und den Wagen ungefähr 5 bis 10 Minuten lang. Nachdem sie nichts gefunden hatten, erteilten die Soldaten dem Personal des Krankenwagens den Befehl, nach Gaza-Stadt zurückzukehren, trotz seiner Bitten, einige Verwundete bergen zu dürfen. Bei seiner Befragung durch dic Kommission erinnerte sich der Fahrer des Krankenwagens daran, Frauen und Kinder gesehen zu haben, die unter den Treppen eines Hauses kauerten, die er jedoch nicht mitnehmen durfte.[403]

718. Als die ersten Evakuierten der Familie al-Samouni am 5. Januar 2009 in Gaza-Stadt ankamen, stellten PRCS und IKRK bei den israelischen Streitkräften den Antrag, in den Bezirk Al-Samouni fahren und die Verwundeten evakuieren zu dürfen. Diese Anträge wurden abgelehnt. Trotz mangelnder Koordination mit den israelischen Streitkräften fuhren am 6. Januar gegen 18.45 Uhr ein IKRK-Wagen und vier PRCS-Krankenwagen in den Bezirk Al-Samouni; es wurde ihnen aber nicht erlaubt, in das Gebiet zu fahren und die Verwundeten zu evakuieren.

719. Erst am 7. Januar 2009 erlaubten die israelischen Streitkräfte dem IKRK und dem PRCS während einer „vorübergehenden Feuerpause", die am gleichen Tag von 13.00 bis 16.00 Uhr ausgerufen worden war, in den Bezirk Al-Samouni zu fahren.[404] Drei PRCS-Krankenwagen, ein IKRK-Wagen und ein weiteres Auto, das zum Transport von Leichen eingesetzt wurde, fuhren die Salah ad-Din-

403 Befragung des PRCS-Fahrers W2 durch die Kommission am 10. Juni 2009.
404 Befragung des PRCS-Fahrers W1 durch die Kommission am 10. Juni 2009.

Straße von Gaza-Stadt hinunter bis 1,5 km nördlich des Bezirks al-Samouni, wo sie die Straße von Sandhügeln versperrt vorfanden. Das IKRK versuchte, sich mit den israelischen Streitkräften dahingehend zu verständigen, dass die Straße geöffnet würde, aber die Armee lehnte dies ab und forderte das Krankenwagenpersonal auf, die restlichen 1,5 km zu Fuß zu gehen.

720. Sobald sie im Bezirk Al-Samouni angekommen waren, suchten sie in den Häusern nach Überlebenden. Ein Krankenwagenfahrer, der Mitglied des Teams war, berichtete der Kommission, in Wa'el al-Samounis Haus 15 Leichen und 2 schwerverletzte Kinder gefunden zu haben.[405] Eines der Kinder hatte eine tiefe Wunde in der Schulter, die infiziert war und einen fauligen Geruch verströmte. Die Kinder waren dehydriert und hatten Angst vor dem PRCS-Mitarbeiter. In einem Haus in der Nähe fanden sie in einem Raum 11 Menschen, darunter eine tote Frau.

721. Das Rettungsteams hatte lediglich drei Stunden Zeit, um die gesamte Operation durchzuführen; die Evakuierten waren körperlich schwach und emotional sehr instabil. Die Straße war durch den Einschlag von Granaten und die Bewegungen der israelischen Streitkräfte mit ihren Panzern und Planierraupen beschädigt worden. Die Retter legten alle Alten auf eine Karre und zogen diese selbst 1,5 Kilometer bis zu dem Ort, an dem man sie zum Verlassen der Krankenwagen gezwungen hatte. Die Leichen auf der Straße und unter den Trümmern, darunter Frauen und Kinder, ebenso wie die Toten, die in den Häusern gefunden worden waren, mußten zurückgelassen werden. Auf dem Weg zurück zu den Wagen betraten PRCS-Mitarbeiter ein Haus, in dem sie einen Mann fanden, dessen beide Beine gebrochen waren. Während sie den Mann aus dem Haus trugen, begannen die israelischen Streitkräfte damit, das Haus unter Beschuß zu nehmen, vermutlich als Warnung, dass die dreistündige „vorübergehende Feuerpause“ sich ihrem Ende näherte. Das PRCS konnte erst wieder am 18. Januar in das Gebiet zurückkehren.

722. Am 18. Januar 2009 konnten Mitglieder der Familie al-Samouni endlich wieder in ihr Wohngebiet zurückkehren. Wa'el al-Samou-

---

405 a.a.O.

nis Haus fanden sie, wie die meisten Häuser der Nachbarschaft und die kleine Moschee, demoliert vor. Die israelischen Streitkräfte hatten das Gebäude über den Leichen der während des Angriffs Gestorbenen zerstört. Fotografien, die am 18. Januar gemacht wurden, zeigen aus den Trümmern und dem Sand herausragende Füße und Beine, sowie die Rettuer, die die Leichen von Frauen, Männern und Kindern herauszogen. Ein Zeuge schilderte den Mitgliedern der Kommission, wie Familienmitglieder die Leichen auf Pferdekarren wegschafften, wie ein junger Mann im Schockzustand neben den Ruinen seines Hauses saß, und vor allem den alles durchdringenden Geruch des Todes.[406]

4. Sachverhalt

723. Die Kommission erachtet die oben erwähnten Zeugen als glaubwürdig und zuverlässig. Sie hat keinen Anlass, an deren Aussagen zu zweifeln.

724. Hinsichtlich der Begleitumstände der Angriffe auf die Häuser von Ateya al-Samouni und Wa'el al-Samouni weist die Kommission darauf hin, dass es Anhaltspunkte dafür gibt, dass palästinensische Kombattanten im Bezirk Al-Samouni während der ersten Stunden des israelischen Bodenangriffs anwesend waren. Ein Zeuge berichtete der Kommission, dass er, als er in der Nacht vom 3. auf den 4. Januar die ersten Schüsse in der Umgebung seines Hauses gehört habe, zuerst gedacht habe, es seien palästinensische Kämpfer. Ein NGO-Bericht, der der Kommission vorgelegt wurde, gibt an, dass ein palästinensischer Kombattant, der dem Islamic Jihad angehören soll, im Bezirk Al-Samouni um Mitternacht zwischen dem 3. und 4. Januar getötet worden sei.[407]

725. Die Kommission ist jedoch der Ansicht, dass die Aussagen der Zeugen eindeutig nahelegen, dass bereits vor dem Tagesanbruch des

406 Befragung des Zeugen W2 durch die Kommission am 7. Juni 2009.
407 Die von Al Mezan erstellte tabellarische Aufstellung der während der Kriegshandlungen in Gaza getöteten Kinder.

4. Januar 2009 die israelischen Streitkräfte die volle Kontrolle über den Bezirk Al-Samouni erlangt hatten. Die israelischen Soldaten hatten nämlich Stellungen auf den Dächern der Häuser des Gebiets bezogen. Nach Aussagen von mehreren Zeugen hatten die Soldaten auf der Straße mehrere Einwohner angesprochen, die es gewagt hatten, ihre Häuser zu verlassen.[408]
In einigen Fällen (z.B. im Haus von Saleh al-Samouni und im Haus, in dem sich Iyad al-Samouni aufhielt, siehe unten), betraten sie die Häuser ohne Gewalt, nachdem sie an der Tür klopften. Saleh al-Samouni zufolge fanden die langwierigen Personalienfeststellungen aller im Haus Anwesenden (sein Vater nannte den israelischen Soldaten auf Hebräisch den Namen jedes Familienmitglieds) außerhalb statt. Die Soldaten schienen zuversichtlich, dass keine unmittelbare Angriffsgefahr bestand.

726. Die Kommission überprüfte ebenfalls den Schriftsatz, den sie von einem israelischen Forscher erhalten hatte, in dem argumentiert wurde, dass Aussagen palästinensischer Anwohner, wonach es in ihrem Wohngebiet keine Kämpfe gäbe durch Berichte bewaffneter palästinensischer Gruppierungen über bewaffnete Aktionen werden. Die Kommission hält fest, dass der Bericht im Fall der al-Samouni-Siedlung die Zeugenaussagen eher zu untermauern scheint, wonach keine Kämpfe stattgefunden haben sollen.[409]

727. Was den Angriff auf das Haus von Ateya al-Samouni anbelangt, stellt die Kommission fest, dass die Schilderung Faraj al-Samounis durch die von der israelischen NGO Breaking the Silence veröffentlichten Zeugenaussagen von Soldaten bestätigt wird. Der Angriff auf Ateya al-Samounis Haus scheint der von den israelischen Streitkräften als „nassen Zutritt“ („wet entry“) bezeichneten Vorgehensweise zu entsprechen. Ein “wet entry“ ist, so erklärt es der Soldat, „Rake-

408 Aussagen von Saleh al-Samouni und Faraj al-Samouni.
409 „The hidden dimension of Palestinian war casualties …“. Nur vier der mehr als hundert Einträge des Dokuments beziehen sich auf Kampfhandlungen in Zeytoun, jenen größeren Teil von Gaza-Stadt, zu dem der Bezirk Al-Samouni gehört. Die Vorfälle in Zeytoun, die erwähnt werden, sollen sich am 6., 7., 11., und 13. Januar 2009 ereignet haben und bestehen darin, dass palästinensische Kombattanten gegen israelische Truppen mit Panzerfäusten, einem Mörser (in einem Fall) und einem Sprengsatz das Feuer eröffneten.

ten, Panzergeschosse, Maschinengewehre und Granaten in das Haus zu schießen. Beim Betreten eines Raums zu schießen. Ziel ist, dass niemand auf uns schießen kann, wenn wir ein Haus betreten.“ Diese Verfahrensweise habe man, so der Soldat, während der jüngsten Manöver der israelischen Streitkräfte gründlich geübt.[410]

728. Die Kommission merkt an, dass angesichts der im Allgemeinen ruhigen Begleitumstände, die zu dieser Zeit im Bezirk Al-Samouni offenbar herrschten (was dadurch belegt wird, dass die Soldaten andere Häuser nach Anklopfen betraten), und der Tatsache, dass die Soldaten bereits mit Faraj al-Samouni, einer der Personen des Ateya al-Samounis Haus, gesprochen hatten, keine Umstände ersichtlich sind, die den gewaltsamen Zutritt in das Haus rechtfertigen könnten.

729. Hinsichtlich des Angriffs auf die fünf Männer, die das Haus von Wa'el al-Samouni verlassen hatten, um am frühen Morgen des 5. Januar 2009 Brennholz zu holen, sowie des nachfolgenden Beschusses des Hauses, stellt die Kommission fest, dass die Mitglieder der anderen Familien, die von den israelischen Streitkräften in Wa'el al-Samounis Haus verbracht worden waren, nach Angaben von Saleh al-Samouni von den israelischen Soldaten durchsucht wurden. Alles deutet darauf hin, dass die israelischen Streitkräfte Kenntnis davon hatten, dass sich ungefähr hundert Zivilpersonen im Haus aufhielten. Die Familien hatten zuvor darum ersucht, das Gebiet verlassen zu dürfen, um sich an einen sichereren Ort zu begeben, aber man hat ihnen befohlen, im Haus von Wa'el al-Samouni zu bleiben. Dieses Haus befand sich unter ständiger Beobachtung durch israelische Soldaten, die zu diesem Zeitpunkt die volle Kontrolle über das Gebiet hatten.

730. Die Kommission konnte nicht feststellen, ob der Angriff durch Raketen erfolgte, die von Apache-Hubschraubern aus abgefeuert wurden, so wie es Saleh und Wa'el al-Samouni während der öffentlichen Anhörung in Gaza der Kommission mitteilten, oder durch andere Waffen.
Nichtsdestotrotz weist die Tatsache, dass die ersten Projektile in der Nähe der fünf Männer einschlugen, kurz nachdem sie das Haus

410 Soldiers' Testimonies ..., Aussage Nr. 4, S. 14; siehe auch Aussage Nr. 37, S. 82.

verlassen hatten (zu dieser Zeit gab es in diesem Gebiet keine Kampfhandlungen),und zwei oder drei Projektile das Haus trafen, nachdem die Überlebenden sich in das Haus zurückgezogen hatten, darauf hin, dass die eingesetzten Waffen ein hohes Maß an Präzision bei kurzer Reaktionszeit erlaubten und dass es sich bei den fünf Männern und danach dem Haus um das beabsichtigte Angriffsziel handelte.

731. Die Kommission merkt an, dass die israelischen Streitkräfte vier Tage später abstritten, dass ein Angriff auf das Haus von Wa'el al-Samouni stattgefunden hatte. Am 9. Januar 2009 soll der israelische Armeesprecher Jacob Dallal der Nachrichtenagentur Reuters mitgeteilt haben, „die IDF hat Menschen nicht in irgendein bestimmtes Gebäude gedrängt ... Darüberhinaus haben wir den Waffengebrauch der IDF am 5. Januar überprüft. Die IDF hat am 5. Januar kein Gebäude in oder in der Nähe von Zeytoun unter Beschuß genommen."[411] Der Kommission ist keine spätere Verlautbarung der israelischen Regierung bekannt, die dieser kategorischen Leugnung widersprochen hätte, oder die darauf hingewiesen hätte, dass die Behauptungen weiter untersucht worden wären.

732. Was die Verhinderung des Zutritts des Sanitätspersonals zu den Verwundeten im Bezirk Al-Samouni anbelangt, weist die Kommission darauf hin, dass der vier Jahre alte Ahmad al-Samouni am 4. Januar 2009 um 16.00 Uhr noch lebte, als es dem von seinen Verwandten gerufenen PRCS-Krankenwagen gelang, sich auf 100 bis 200 Meter dem Haus, in dem er sich befand, zu nähern. Tatsächlich starb er etwa 10 Stunden später, was darauf hinweist, dass er eine gute Überlebenschance gehabt hätte. Die israelischen Soldaten hielten den Krankenwagen auf und durchsuchten den Fahrer, die Krankenschwester und den Wagen gründlich.[412] Obwohl sie nichts fanden, was darauf schließen ließe, dass das Sanitätspersonal nicht zur Notevakuierung einer verwundeten Zivilperson gekommen wäre, wurde das Rettungsteam

411 http://www.javno.com/en-world/gaza-boy-recounts-house-of-death_222451

412 Zusätzlich zur Durchsuchung des Krankenwagenfahrers und der Krankenschwester scheinen die israelischen Soldaten ebenfalls die Absicht gehabt zu haben, sie zu demütigen, indem sie sie zwangen, sich in ihrer Unterwäsche 5 bis 10 Minuten lang in der für späte Nachmittage der ersten Januarwochen typischen Kälte auf die Straße zu legen.

gezwungen, nach Gaza-Stadt zurückzukehren – ohne den verwundeten Ahmad.

733. Am 5. und 6. Januar 2009, nach der Ankunft von Überlebenden des Angriffs auf das Haus von Wa'el al-Samouni in Gaza-Stadt, ersuchten das PRCS und das IKRK die israelischen Streitkräfte um Erlaubnis, in den Bezirk Al-Samouni zu fahren, um die Verwundeten zu evakuieren. Diese Ersuchen wurden abgelehnt. Nach Informationen, die dem PRCS vorliegen, teilten die israelischen Streitkräfte dem IKRK mit, dass Kampfhandlungen in diesem Gebiet stattfinden. Ein PRCS-Krankenwagenfahrer, der Mitglied des PRCS-Konvois war, der sich trotz der Weigerung der israelischen Streitkräfte, den Rettern Zugang zu gewähren, in das Gebiet aufmachte, berichtete, dass es zu dieser Zeit keine Kampfhandlungen gegeben habe[413]. PRCS und IKRK gelang es erst am Nachmittag des 7. Januar, die Verwundeten aus dem Gebiet zu evakuieren.

734. Auf Grund der ihr vorliegenden Erkenntnisse kommt die Kommission zu dem Schluss, dass die israelischen Streitkräfte vorsätzlich die Evakuierung der Verwundeten aus dem Bezirk Al-Samouni verhinderten, wobei sie mindestens ein zusätzliches Todesopfer, die Verschlimmerung der Verletzungen anderer Opfer, sowie schwerwiegende psychische Traumata einiger der Opfer, vor allem der Kinder, verursachten.

735. Diese Feststellungen werden von der Presseerklärung des IKRK vom 8. Januar 2009 bestätigt.

> Seit dem 3. Januar 2009 bat das IKRK um sichere Durchfahrt in diese Gegend [den Bezirk Al-Samouni in Zeytoun] für seine Krankenwagen, aber erst am Nachmittag des 7. Januar erhielt es eine Durchfahrtserlaubnis von den israelischen Streitkräften.
>
> Das IKRK/PRCS-Team fand in einem der Häuser vier kleine Kinder neben ihren toten Müttern. Sie waren zu schwach, um ohne Hilfe aufzustehen. Es wurde ebenfalls ein Mann gefunden,

413 PRCS-Akten im Al-Quds-Krankenhaus.

der zu schwach war, sich zu erheben. Insgesamt lagen zwölf Leichen auf Matratzen.

In einem anderen Haus fand das IKRK/PRCS Rettungsteam 15 weitere Überlebende dieses Angriffs, darunter einige Verwundete. In einem weiteren Haus fanden die Retter weitere drei Leichen. Israelische Soldaten von einem Militärposten in ungefähr 80 Meter Entfernung befahlen dem Rettungsteam, das Gebiet zu verlassen, was das Team ablehnte. In der Nähe befanden sich mehrere weitere Stellungen der israelischen Streitkräfte sowie zwei Panzer.[414]

B. Tötungen von Zivilpersonen beim Versuch, ihre Häuser zu verlassen, um an sicherere Orte zu laufen.

1. Die Erschießung von Iyad al-Samouni

736. Vor der Kommission sagten Muhammad Asaad al-Samouni und Fawzi Arafat sowie Mitglieder des PRCS-Teams über den Tod von Iyad al-Samouni aus. In der Nacht vom 3. auf den 4. Januar 2009 waren Iyad al-Samouni, seine Frau und seine fünf Kinder mit ungefähr 40 anderen Mitgliedern seiner Familie in Asaad al-Samounis Haus, in der Nähe der Häuser von Wa'el al-Samouni und Ateya al-Samouni (Standort der oben geschilderten Vorfälle). Am 4. Januar 2009 um 1.00 Uhr hörten sie ein Geräusch auf ihrem Dach. Gegen 5.00 Uhr stiegen israelische Soldaten die Treppen vom Dach hinab, klopften an der Tür und betraten das Haus. Sie fragten nach Kämpfern der Hamas. Die Bewohner erwiderten, dass es keine gebe. Die Soldaten trennten die Frauen, Kinder und die Älteren von den Männern. Man zwang die Männer in einen getrennten Raum zu gehen, legte ihnen Augenbinden und Plastikhandschellen an. Sie durften erst dann auf die Toilette gehen, nachdem einer der Männer uri-

414 http://www.icrc.org/web/eng/siteeng0.nsf/html/palestine-news-080109

nierte und sich selbst beschmutzte. Die Soldaten bezogen Stellung im Haus.

737. Am Morgen des 5. Januar 2009, nach dem Beschuß von Wa'el al-Samounis Haus, flüchteten zwei Überlebende ins Haus von Asaad al-Samouni. Auf Grund der vorliegenden Aussagen kann die Kommission nicht feststellen, ob die israelischen Soldaten den Mitgliedern der Familie al-Samouni den Befehl erteilten, das Haus zu verlassen und nach Gaza-Stadt zu laufen, oder ob es die Familien selbst waren, die um die Erlaubnis baten, wegzugehen, nachdem sie die erschreckenden Neuigkeiten darüber, was ihren Verwandten in Wa'el al-Samounis Haus widerfahren war, erfahren hatten. Auf jeden Fall machten sich die Personen, die sich im Haus von Asaad al-Samouni versammelt hatten, auf den Weg, verließen das Haus und gingen die al-Samouni-Straße entlang, um auf der Salah ad-Din-Straße in Richtung Gaza-Stadt zu laufen. Die Soldaten hatten sie angewiesen, direkt nach Gaza zu laufen, ohne anzuhalten oder Umwege zu machen. Die Männer trugen noch immer Handschellen und die Soldaten erzählten ihnen, dass man sie erschießen würde, wenn sie versuchten, die Handschellen zu entfernen.

738. Auf der Salah ad-Din-Straße, einige Meter nördlich von der al-Samouni-Straße und vor dem Haus der Familie Juha, eröffneten ein einzelner oder mehrere der israelischen Soldaten, die auf den Dächern der Häuser Stellung bezogen hatten, das Feuer. Iyad wurde in das Bein getroffen und fiel zu Boden.[415]
Muhammad Asaad al-Samouni, der unmittelbar hinter ihm lief, machte Anstalten, ihm zu helfen, aber ein israelischer Soldat auf einem Dach befahl ihm weiter zu laufen. Als er den roten Punkt des Laserrichtstrahls auf seinem Körper sah und begriffen hatte, dass der israelische Soldat ihn ins Visier genommen hatte, gab er seinen Hilfeversuch auf. Der israelische Soldat feuerte Warnschüsse auf Mu-

415 Nach Angaben der Rechercheure der palästinensischen NGO, die diesen Fall untersuchten, klingelte das Mobiltelefon in der Tasche des Cousins, der vor Iyad al-Samouni lief, und Iyad al-Samouni versuchte, das Telefon aus der Tasche zu nehmen (die Hände des Cousins waren ebenfalls gefesselt, so dass er sich selbst nicht in die Tasche greifen konnte), in diesem Augenblick eröffnete der israelische Soldat das Feuer. Dieses Detail wurde in den von der Kommission durchgeführten Befragungen nicht erwähnt.

hammad Asaad al-Samounis Vater, um ihn daran zu hindern, Iyad zu helfen, wieder auf die Beine zu kommen. Iyad al-Samounis Frau und Kinder wurden durch weitere Warnschüsse daran gehindert, ihm zu Hilfe zu kommen. Fawzi Arafat, der in einer anderen Gruppe lief auf dem Weg vom Bezirk Al-Samouni nach Gaza-Stadt, berichtete der Kommission, dass er Iyad al-Samouni am Boden liegen gesehen habe, die Hände mit weißen Plastikhandschellen gefesselt, während Blut aus der Wunde an seinem Bein geschossen war und er um Hilfe gebettelt habe. Fawzi al-Samouni sagte aus, dass er zu einem israelischen Soldaten geschrien habe: „Wir wollen den verletzten Mann bergen." Der Soldat jedoch richtete sein Gewehr auf Iyads Frau und seine Kinder und befahl ihnen, ohne ihn weiterzugehen.

739. Iyad al-Samounis Familie und seine Verwandten wurden gezwungen, ihn zu verlassen und ihren Weg nach Gaza-Stadt fortzusetzen. Am al-Shifa-Krankenhaus berichteten sie über diesen Fall und auch über die anderen Toten und Verwundeten, die zurückgelassen worden waren. Vertreter des PRCS berichteten ihnen, dass die israelischen Streitkräfte ihnen den Zutritt in das Gebiet verweigern.

740. Ein PRCS–Mitarbeiter[416] berichtete der Kommission, dass drei Tage später, am 8. Januar 2009, dem PCRS von den isrealischen Streitkräften über das IKRK erlaubt worden sei, Iyad al-Samouni zu evakuieren. Der PRCS–Mitarbeiter fand ihn auf dem Boden liegend in der Salah ad-Din-Straße an dem von seinen Verwandten beschriebenen Ort. Er trug noch immer Handschellen. Ihm war in beide Beine geschossen worden und er verblutete.

2. Sachverhalt

741. Die Kommission erachtet die zur Erschießung von Iyad al-Samouni gehörten Zeugen als glaubwürdig und zuverlässig. Es besteht kein Grund, die Richtigkeit der wichtigsten Bestandteile ihrer Aussagen zu bezweifeln, wie dies auch vom Fahrer des PRCS–Krankenwagens bestätigt wird.

416 Befragung des PRCS-Fahrers W4 durch die Kommission am 10. Juni 2009.

742. Die Kommission betrachtet Iyad al-Samouni als Teil einer Gruppe von Zivilpersonen, die ihre Häuser verließen und nach Gaza-Stadt liefen, einer Gegend, die unter der vollen Kontrolle der israelischen Armee stand. Seine Hände waren mit weißen Plastik-Handschellen gefesselt. Die Soldaten, die das Feuer auf ihn eröffnet hatten, hätten wegen der Plastikhandschellen, aber auch durch Rücksprache mit ihren Kameraden, die in Asaad al-Samounis Haus einige Hundert Meter entfernt stationiert waren, wissen müssen, dass er durchsucht und von den israelischen Streitkräften festgenommen worden war. Indem sie das Feuer auf Iyad al-Samouni eröffneten, haben die israelischen Streitkräfte vorsätzlich auf eine Zivilperson geschossen, die für sie keine Gefahr darstellte.

743. Obwohl die Möglichkeit besteht, dass die Schüsse auf Iyad al-Samouni ihn nicht töten, sondern lediglich kampfunfähig machen sollten, haben die israelischen Streitkräfte dafür gesorgt, dass er keine lebensrettende ärztliche Versorgung erhalten konnte, indem sie seinen Angehörigen und Freunde mit der Erschießung drohten. Sie ließen ihn vorsätzlich verbluten.

744. Die Kommission stellt fest, dass die Zeugen, die über den Tod von Iyad al-Samouni berichteten, offenbar zutiefst traumatisiert waren durch die Erinnerung daran, wie er seine Frau, seine Kinder, seine Verwandten um Hilfe anflehte.
Sie erinnerten sich auch an die Hilflosigkeit der Familie, denen selbst die Gefahr einer Erschießung drohte, sollten sie ihm zu Hilfe eilen, und die sich gezwungen sahen, ihn zum Verbluten auf der Straße zurückzulassen.

3. Der Tod des Muhammad Hajji beim Angriff auf das Haus seiner Familie und die Erschießung von Shahd Hajji und Ola Masood Arafat

745. Die Kommission befragte Frau Abir Hajji einzeln, und erhielt ihre Zeugenaussage bei einer öffentlichen Anhörung in Gaza.

746. In der Nacht vom 4. zum 5. Januar 2009 war die Familie von Muhammad Hajji und seiner Frau Abir[417] zu Hause im Bezirk Al-Samouni.
In der Hoffnung, sicherer vor dem Beschuss zu sein, hatten sie ihre Matratzen auf den Fußboden gelegt. Gegen 1.30 Uhr hörte Abir Hajji eine sehr laute Explosion, die das Haus erschütterte und die Fenster zerbrach. Einige Minuten später war Abir Hajji in einem anderen Zimmer als die restliche Familie auf der Suche nach einem Mobiltelefon, das sie als Taschenlampe verwenden konnte. Dann hörte sie eine zweite Explosion, dieses Mal offenbar aus dem Inneren des Hauses. Die Kinder schrien und riefen „Papa!", aber ihr Ehemann antwortete nicht. In der Dunkelheit fand sie ihren Ehemann und entdeckte, dass er an einer Seite des Kopfes – im Augen- und Ohrbereich – verwundet war. Ihre Töchter Noor, 6 Jahre, und Nagham, 13 Jahre, waren verletzt.

747. Sie rief ihre Nachbarn und ihren Schwager, Nasser Hajji, der seinen Bruder untersuchte und ihr mitteilte, dass er tot sei. Als sie aufbrachen, um zu Nasser Hajjis Haus zu flüchten, stürmten israelische Soldaten schießend in das Haus. Die Soldaten fragten Nasser Hajji, ob er „Hamas" sei. Dies verneinte er und versicherte ihnen, dass niemand in dieser Gegend ein Mitglied von der Hamas oder der Fatah war. Frau Hajji erinnert sich, wie die Soldaten lachten und darauf bestanden, dass Nasser Hajji „Hamas ist". Das Gelächter machte ihren Schmerz umso größer, zumal die Soldaten ihren toten Ehemann und die Kinder gesehen hatten. Sie befahlen Nasser Hajji, sich auszuziehen und sodann die Leiche seines Bruders in ein anderes Zimmer zu ziehen. Dort warfen die Soldaten Matrat-

417 Muhammad und Abir Hajji hatten fünf Kinder, vier Töchter, Ghada (16 Jahre), Nagham (13 Jahre), Noor al-Huda (6 Jahre) und Shahd (3 Jahre) und einen Sohn, Amin (11 Jahre).

zen und Decken auf die Leiche (als Abir Hajji zwei Wochen später in das Haus zurückkehrte, lag die Leiche immer noch in der gleichen Stellung). Die Kinder der Frau Hajji fragten sie, ob sie nun auch getötet werden würden. Sie sagte ihnen, sie sollen die *Shehada* aufsagen, das Gebet, das im Angesicht des Todes gesprochen wird. Frau Hajji erinnerte sich ebenfalls daran, dass die Soldaten die Fußbodenplatten des Hauses zerbrachen und in der darunter liegenden Erde gruben. Als sie während der öffentlichen Anhörung hierzu befragt wurde, äußerte sie die Vermutung, dass man dies tat, um Sand für die Sandsäcke zu gewinnen, die man anschließend auf das Dach stellte.[418]

748. Nach einiger Zeit, während der sie auf dem Boden saßen wie es ihnen die israelischen Soldaten befohlen hatten, wurden Frau Hajji, ihre Kinder und Nasser Hajji in das Haus von Nasser gebracht. Dort befanden sich vier Haushalte der Großfamilie Hajji. Die jungen Männer waren in Handschellen und vier von ihnen trugen Augenbinden. Es befanden sich ungefähr 60 israelische Soldaten im Haus. Frau Hajji erinnerte sich daran, dass sie Essen und Getränke herumtrugen und sich auf der Couch entspannten. Eine ihrer Töchter bat um, Erlaubnis etwas zu essen. Die Soldaten lehnten dies zunächst ab, aber dann erlaubten sie ihr, in die Küche zu gehen, um ein kleines Stück Brot zu holen.

749. Nach dem Mittagsgebet am 5. Januar 2009 trennten die israelischen Soldaten die Männer von den Frauen und Kindern. Letzteren wurde befohlen, nach Rafah zu laufen. Die Hajjis protestierten und baten um Erlaubnis, nach Gaza-Stadt zu gehen, wo sie Verwandte hatten, aber die Soldaten sagten ihnen, im Falle eines Versuchs, nach Gaza-Stadt zu laufen, würde man sie erschießen. Nasser Hajji und sein 18-jähriger Sohn erhielten die Erlaubnis, mit den Frauen und Kin-

418 In Soldiers' Testimonies … wird angedeutet, das Zerschlagen von Fußbodenplatten sei ein Standardverfahren, das zwei Ziele verfolgte: Sandsäcke zu füllen („Das Haus, in dem wir waren, war z.B. verlassen, und da geht man damit um, als ob es einem gehörte. Man zerbricht Fußbodenplatten, um Sandsäcke zu machen, man zerbricht Sachen, um den Außenposten vorzubereiten." Aussage Nr. 46, S. 100) und die Suche nach Tunneln („Man sagt uns auch, wir sollen die Fußbodenplatten zerschlagen, um nachzusehen, ob dort Tunnel sind." Aussage Nr. 23, S.54)

dern zu gehen, während die anderen Männer zurückbleiben mussten.[419]

750. Die Gruppe, bestehend aus Mitgliedern der Familie Hajji, lief die Gasse zur al-Sekka-Straße entlang. Dort schlossen sich ihnen Mitglieder der Familie Arafat an, die auch im Bezirk Al-Samouni wohnten und weiße Fahnen trugen. Auf der al-Sekka-Straße befahl einer der israelischen Soldaten, der auf einem Dach stand, den Familien, sich nach Süden zu wenden und nach Rafah zu laufen. Die Familien baten um Erlaubnis, stattdessen nach Gaza-Stadt zu laufen. Ohne Warnung eröffneten die israelischen Soldaten das Feuer und schossen, so Abir Hajji, „wahllos". Ola Masood Arafat, eine 28-jährige Frau, wurde von einer Kugel getroffen und starb an Ort und Stelle. Frau Hajji wurde am rechten Arm verletzt. Ihre dreijährige Tochter Shahd wurde in die Brust geschossen. Abir Hajji, die Shahd immer noch trug, ihren anderen Kindern, ihrer Schwiermutter und anderen gelang es, sich in ein Haus zu flüchten. Dort stellten sie fest, dass Shahd noch lebte.

751. Später verließen sie das Haus und liefen zusammen mit anderen Familien in die Salah ad-Din-Straße und dann nach Süden auf dieser Straße. Als sie das Gazaer Trockental erreichten, nahm ein Autofahrer Abir Hajji und ihre Tochter Shahd mit zu einem Krankenhaus in Deir al-Balah. Kurz nachdem Shahd im Krankenhaus angekommen war, erlag sie ihrer Verletzung. Abir Hajii, die im zweiten Monat schwanger war, erlitt eine Fehlgeburt.

4. Sachverhalt

752. Die Kommission betrachtet Frau Hajji als glaubwürdige und zuverlässige Zeugin. Sie sieht keinen Anlass, die Richtigkeit ihrer Aussage zu bezweifeln. Die Kommission hält fest, dass nach Angaben vier weiterer Zeugen (jene, die sie zum weiter unten geschilderten Fall Ibrahim Juha anhörte) ein ähnlicher Vorfall am gleichen Tag in der unmittelbaren Umgebung zugetragen hatte.

---

419 Abir Hajji erfuhr nach den Kriegshandlungen, dass sie in diesem Haus noch drei weitere Tage festgehalten und dann frei gelassen worden waren.

753. Im Hinblick auf den Tod des Muhammad Hajji stellt die Kommission fest, dass auf Grund von Frau Hajjis Aussage nicht zweifelsfrei festgestellt werden kann, was genau geschehen war. Auf der Grundlage der vorliegenden Erkenntnisse kann die Kommission eine Aussage weder über die Art der Waffe machen, mit der er erschossen wurde, noch darüber, ob er das beabsichtigte Angriffsziel war. Die Umstände seines Todes legen jedoch nahe, dass er durch das Feuer der israelischen Streitkräfte getötet worden war, während er sich zu Hause mit seinen Kindern in einem Zimmer aufhielt.

754. Was die tödlichen Schüsse auf Shahd Hajji und Ola Masood Arafat anbelangt, geht aus der Zeugenaussage von Frau Hajji ebenso wie jener von Herrn Mu'een Juha und Frau Juha, den Eltern von Ibrahim Juha, von Herrn Sameh Sawafeary und von Herrn Rajab Darwish Mughrabi (siehe auch den Fall Ibrahim Juha weiter unten) hervor, dass es zum Zeitpunkt des Vorfalls in diesem Gebiet keine Kampfhandlungen gab. Wenn es zu dieser Zeit irgendwelche Kampfhandlungen in der Umgebung gegeben hätte, dann hätten die israelischen Streitkräfte die Mitglieder der Großfamilien Hajji, Arafat, Juha und Sawafeary nicht aufgefordert, nach Rafah zu laufen, und somit hunderte von Zivilpersonen aufgefordert, aus ihren Häusern herauszugehen und die Straßen zu füllen. Die israelischen Streitkräfte eröffneten das Feuer auf eine Gruppe von Personen, mit denen sie vorher 12 Stunden lang zu tun hatten und von denen sie wußten, dass es Zivilpersonen waren. Auf diese Weise töteten sie Ola Masood Arafat und die drei Jahre alte Shahd Hajji und verletzten ihre Mutter, die sie in ihren Armen gehalten hatte.

5. Die Erschießung von Ibrahim Juha

755. Die Kommission befragte drei Augenzeugen der Erschießung von Ibrahim Juha und einen weiteren Zeugen der damit zusammenhängenden Ereignisse.[420] Die Ereignisse vor und nach der Erschießung des Ibrahim Juha werden weiter unten im 13. Kapitel ausführlicher

420 Herr Mu'een Juha und Frau Juha, die Eltern von Ibrahim, Herr Sameh Sawafeary und Herr Mughrabi.

geschildert in Zusammenhang mit der Zerstörung der Sawafeary-Hühnerfarmen.

756. Die Familie Juha lebt in einem Haus an der al-Sekka-Straße einige Meter nördlich von dem Ort, wo die al-Samouni-Straße in die westlich laufende Salah ad-Din-Straße mündet. Das Haus wurde in der Nacht vom 3. auf den 4. Januar 2009 von mehreren Raketen getroffen, wodurch erheblicher Schaden entstand. Am frühen Morgen des 4. Januar drangen israelische Soldaten in das Haus ein und feuerten in den Raum, in dem sich die Familie Juha aufhielt, die aus Herrn Juha, seinen beiden Frauen, seiner Mutter und 13 Kindern bestand. Fotografien des Ereignisortes, die Herr Juha machte, zeigen, dass mehrere Schüsse abgegeben worden waren. Die Familie wurde gezwungen, sich in dem oberen Bereich des Hauses zu versammeln. Daraufhin befahl man ihnen, das Haus zu verlassen und nach Rafah zu gehen.

757. Die Familie Juha und ihre Nachbarn, die Familie Sawafeary, liefen auf der al-Sekka-Straße hundert Meter in Richtung Rafah. Als sie das Haus eines anderen Nachbarn, Herrn Abu Zur, erreichten, wurden sie in das Haus eingeladen und entschieden sich dort zu bleiben. Die drei Familien blieben den 4. Januar über in dem Haus. Am Morgen des 5. Januar wurde das Haus zum Ziel eines intensiven Beschusses durch israelische Truppen in der Gegend. Nach einiger Zeit näherten sich israelische Soldaten dem Haus und befahlen allen herauszukommen. Die Männer wurden von den Frauen getrennt. Aus der Gruppe der Männer wurden vier herausgegriffen und aufgefordert, sich bis auf die Unterwäsche auszuziehen. Sie wurden in einem Haus gegenüber dem Abu Zur-Haus festgehalten, das Herrn Subhi al-Samouni gehörte. Die restliche Gruppe wurde erneut aufgefordert, das Gebiet zu verlassen und nach Rafah zu gehen. Herr Juha erzählt, dass die Gruppe, während sie die al-Sekka-Straße entlang lief, zu einem Ort kam, wo ein großer Krater den Weg nach vorne blockierte und die umherliegenden Trümmer für einige Mitglieder seiner Familie wie seine betagte Mutter, die kurz zuvor vor dem Abu Zur Haus ohnmächtig geworden war, ein schwieriges Hindernis darstellten.

758. Angesichts dieser Hindernisse lief die Gruppe der drei Familien östlich zur Salah ad-Din-Straße. Dort betraten sie das Haus einer ande-

ren Familie, der Mughrabis. Mit dem Eintreffen der Familien Juha, Sawafeary und Abu Zur waren nun mehr als 70 Personen im Haus versammelt.

759. Herr Juha berichtete der Kommission, dass er nachdem sie eine kleine Pause im Haus Mughrabi eingelegt hatte, zu der Ansicht gelangte, dass auf Grund ihrer großen Anzahl und in Anbetracht des bereits erlebten intensiven Beschusses auf das Abu Zur Haus nicht alle bleiben könnten. Er entschied, dass sie versuchen sollten, zurück zur Straße zu gehen und einen anderen Ort aufzusuchen. Herr Mughrabi riet vehement davon ab.

760. Die Familien Juha, Abu Zur und Sawafeary gingen am Nachmittag des 5. Januar zur Straße zurück. Herr Juha hatte seine Mutter auf einen zweirädrigen Handwagen vor sich gesetzt, da sie nicht gehen konnte. Herr Sawafeary hielt sich in seiner Nähe im vorderen Teil der Gruppe auf. Hinter ihm, in der Mitte der Gruppe, lief sein 15 Jahre alter Sohn, Ibrahim, der eine weiße Flagge trug. Herr Juha meint, zwei Schüsse gehört zu haben. Einer der Schüsse traf in die Brust seines Sohnes. Die Gruppe suchte sofort wieder Deckung im Haus Mughrabi. Sie versuchten, Ibrahim in der Werkstatt im vorderen Bereich des Hauses zu versorgen. Seine Mutter versuchte, die Wunde mit Nadel und Faden zu nähen und das Material mit Kölnisch Wasser zu sterilisieren. Ibrahim starb etwa sechs Stunden, nachdem er angeschossen worden war.

761. Die Gruppe von über 70 Personen blieb im Haus bis zum Nachmittag des 8. Januar. Zu diesem Zeitpunkt kamen Vertreter des IKRK und PRCS in die Siedlung, und es gelang ihnen, das Gebiet zu verlassen und nach Gaza-Stadt zu laufen.

6. Sachverhalt

762. Die Kommission betrachtet die Zeugen der Erschießung von Ibrahim Juha als glaubwürdig und zuverlässig. Sie hat keinen Grund, die Richtigkeit der Aussagen anzuzweifeln.

763. Die Aussagen von Herrn Mu'een Juha und Frau Juha, Herrn Sameh Sawafeary und Herrn Rajab Darwisch Mughrabi, ebenso wie Frau Abir Hajji, bestätigen, dass es zur Zeit des Vorfalls in diesem Gebiet keine Kampfhandlungen gab. Die israelischen Streitkräfte griffen das Haus von Herrn Juha und das von Herrn Abu Zur an, in das sich die Familie Juha und andere Familien geflüchtet hatten, und zwangen sie dadurch, das Gebiet zu verlassen. Es waren die israelischen Streitkräfte, die diesen Familien den Befehl erteilten, die Straße nach Rafah zu nehmen. Am Ende haben die israelischen Streitkräfte vorsätzlich das Feuer auf eine Gruppe von Menschen eröffnet, mit denen sie zuvor 24 Stunden lang zu tun hatten und von denen sie wußten, dass sie Zivilpersonen waren, und töteten das Kind Ibrahim Juha.

7. Die Erschießung von Majda und Rayya Hajaj

764. Die Kommission besuchte zweimal das Dorf Juhr ad-Dik und befragte drei Augenzeugen der Erschießung von Majda und Rayya Hajaj[421] und zwei andere Mitglieder der Familie, Söhne von Rayya Hajaj (und Brüder von Majda). Die Kommission vermaß die Entfernungen zwischen dem angegebenen Standort der Opfer und den Panzern zur Zeit der Erschießung. Die Kommission erhielt Kopien von Akten des PRCS über dessen Versuche, die Genehmigung der israelischen Streitkräfte zu erhalten, Krankenwagen nach Juhr ad-Dik zu entsenden. Letztlich nahm die Kommission das von Panzern und Planierraupen zerstörte Ackerland, die Trümmer des Hauses von Saleh Hajaj und die von israelischen Soldaten im Haus von Youssef Hajaj hinterlassenen Verwüstungen und Schmierereien[422] in Augenschein.

---

421 Befragungen von Frau Farhaneh Hajaj, Frau Siham Hajaj, Herrn Muhammad al-Safdi, Herrn Youssef Hajaj und Herrn Saleh Hajaj durch die Kommission.

422 Die von der Kommission im Haus der Familie Hajaj fotografierten Schmierereien enthielten insbesondere Namen und Daten (auf Hebräisch) so wie „Yahir Ben Eliezer, Hauptmann, mon. (für Monat) März 2006" und „Yohanan Boutboul Hauptmann mon. (für Monat) November 2005" und auf Englisch, den Satz „Death will find you soon." (Der Tod wird euch bald finden).

765. Juhr ad-Dik ist ein Dorf in einem landwirtschaftlichen Gebiet südöstlich von Gaza-Stadt, ungefähr 1,5 Kilometer von der Grenze zu Israel (der sogenannten Grünen Linie) entfernt. Am 3. Januar 2009 zog eine israelische Panzereinheit in Juhr ad-Dik ein. Teile der Panzereinheit rückten in Richtung Salah ad-Din-Straße und Zeytoun vor; die verbleibenden Panzer besetzten Juhr ad-Dik.[423]

766. Am 4. Januar 2009, gegen 6.00 Uhr, trafen Geschosse das Haus der Familie von Youssef Hajaj, in dem er, seine Frau und seine Kinder, die Frau und die Kinder seines Bruders Majd (der nicht bei seiner Familie war), ihre Schwester Majda, 37 Jahre, und Mutter Rayya, 65 Jahre, Zuflucht gefunden hatten. Eine Tochter von Youssef, die 13-jährige Manar, wurde verletzt. Zwischen 9.00 und 10.00 Uhr entschied sich die Familie Hajaj, zum Haus ihres Nachbarn Muhammad al-Safdi umzuziehen. Gegen 11.00 Uhr erhielt Youssef Hajaj einen Telefonanruf von seinem Bruder Majd, der ihn darüber in Kenntnis setzte, dass die israelischen Streitkräfte über örtliche Radiosender angekündigt haben (al-Aqsa und al-Hurriya), dass Personen, die an der Grenze zwischen Israel und Gaza lebten, ihre Häuser evakuieren sollten, um in Sicherheit zu bleiben. Nachdem er zwei notdürftige weiße Flaggen gebastelt hatte, die von Majda Hajaj und Ahmad Muhammad al-Safdi, 27 Jahre alt, getragen wurden, der in seinen Armen auch seinen zwei Jahre alten Sohn trug, verließen 26 Mitglieder der beiden Familien (mehr als die Hälfte davon Kinder)[424] das al-Safdi-Haus. Sie begannen, die Straße in westlicher Richtung zu gehen, dort stand in 320 Metern Entfernung eine Gruppe israelischer Panzer.[425] Sie liefen sehr langsam, und schafften 200 Meter in 10 Minuten. Die Gruppe war ca. 120 Meter von den israelischen Panzern entfernt, als ohne Warnung aus der Richtung der Panzer auf sie geschossen wurde. Majda Hajaj und ihre Mutter Rayya wurden getroffen, Majda starb sofort an ihren Verletzungen. Rayya versuchte zu fliehen, aber nach einigen Metern fiel sie zu Boden.

---

423 Aussagen von Youssef und Saleh Hajaj vor der Kommission am 3. Juni 2009.

424 Die Gesamtzahl der Personen, die das Haus der Familie al-Safdi verließen, wurde mit 28 angegeben. Der Kommission wurde mitgeteilt, dass 17 Kinder den Zug anführten.

425 Diese und andere Entfernungsmaße, die in der Zusammenfassung erwähnt werden, wurden durch GPS-Instrumente bestimmt.

767. Die anderen rannten verzweifelt zurück zum Haus der Familie al-Safdi und es gelang ihnen, in einer dahinter stehenden Hütte, und anschließend im Haus Schutz zu finden. Mitglieder der Familie Hajaj forderten beim PRCS Hilfe an, um die Leichen von Majda und Rayya Hajaj zu bergen. Das PRCS setzte sich daraufhin mit dem IKRK in Verbindung. Die israelischen Streitkräften verweigerten dem IKRK den Zutritt zu Juhr ad-Dik mit der Begründung, dass das Gebiet zur militärischen Zone erklärt worden sei.[426] Die beiden Familien verbrachten den Rest des Tages und der Nacht unter einer Treppe im al-Safdi-Haus, während die israelischen Streitkräfte ihren Beschuß des Hauses mit Granaten und Maschinengewehrfeuer fortsetzten. Am folgenden Tag liefen sie auf einer anderen Straße über einen Umweg nach Gaza-Stadt. Als sie am Abend des 18. Januar nach Juhr ad-Dik zurückkehren konnten, fand die Familie Hajaj die Leichen von Majda und Rayya Hajaj unter den Trümmern.

8. Sachverhalt

768. Die Kommission betrachtet die befragten Zeugen als glaubwürdig und zuverlässig. Es besteht kein Anlass, an der Richtigkeit der Zeugenaussagen zu zweifeln.

769. Die Kommission stellt fest, dass Majda und Rayya Hajaj Mitglieder einer Gruppe von Zivilpersonen waren, die sich, mit weißen Flaggen ausgestattet, durch ein Gebiet bewegten, in dem zu diesem Zeitpunkt keine Kampfhandlungen stattfanden. Überdies hatten nach Angaben der von der Komission befragten Zeugen die israelischen Streitkräfte über örtliche Radiosender die Bevölkerung von Juhr ad-Dik dazu aufgefordert, ihre Häuser zu evakuieren und nach Gaza-Stadt zu gehen. Vor dem Hintergrund dieser Umstände, und weil sich die Zivilpersonen zu ihnen in einer Entfernung von 100 Metern befanden, hatten die israelischen Soldaten keinen Anlass, die Bewegungen der Menschen in diesem Gebiet als unmittelbare Gefahr zu betrachten, zumal zu erwarten war, dass die Zivilpersonen dem Aufruf zur Evakuierung Folge leisten. Die Kommission

426 PRCS-Akten bestätigen das Ersuchen des IKRK um Zutritt nach Juhr ad-Dik.

erachtet die Erschießung von Majda und Rayya Hajaj als vorsätzliche Handlung seitens der israelischen Soldaten.

9. Die Erschießung von Amal, Souad, Samar und Hajja Souad Abd Rabbo

770. Die Kommission besuchte den Ort der Erschießung von Amal, Souad, Samar und Hajja Souad Abd Rabbo und befragte einen Augenzeugen, Herrn Khalid Abd Rabbo, vor Ort. Khalid und Kawtar Abd Rabbo sagten bei der öffentlichen Anhörung in Gaza am 28. Juni 2009 aus. Die Kommission berücksichtigte auch die eidesstattlichen Erklärungen von zwei weiteren Zeugen, die nicht persönlich befragt werden konnten.[427]

771. Die Familie von Khalid Abd Rabbo und seiner Frau Kawthar lebte im Erdgeschoß eines vierstöckigen Gebäudes im östlichen Teil von Izbat Abd Rabbo, einer Siedlung östlich von Jabaliyah, die mehrheitlich von Mitgliedern ihrer Großfamilie bewohnt wurde. Khalid Abd Rabbos Eltern und Brüder lebten mit ihren Familien in den oberen Stockwerken des Hauses. Die Bewohner von Izbat Abd Rabbo hörten erstmals Schüsse und die Geräusche der israelischen Bodeninvasion am Abend des 3. Januar 2009. Khalid Abd Rabbos Familie entschied, im Inneren des Hauses zu bleiben, gemeinsam im Erdgeschoß zu sitzen, so wie sie es auch während früherer israelischer Invasionen in die Siedlung zu ihrer eigenen Sicherheit getan hatten.

772. Am späten Morgen des 7. Januar 2009 fuhren die israelischen Panzer auf eine kleine landwirtschaftliche Fläche vor dem Haus. Kurz nach 12.30 Uhr hörten die Einwohner dieses Teiles von Izbat Abd Rabbo Durchsagen über Megaphon, in denen alle Bewohner zum Weggehen aufgefordert wurden. Ein Zeuge erinnert sich, dass gegen 12.30 Uhr von den israelischen Streitkräften auch im Radio eine Durchsage gesendet wurde, in der angekündigt wurde, dass es eine zeitweise Einstellung des Feuers zwischen 13.00 und 16.00 Uhr an

427 Eidesstattliche Erklärungen von W5 und W6.

diesem Tag gäbe und die Bewohner des Gebiets aufgefordert würden, in das Zentrum von Jabaliyah zu gehen.

773. Gegen 12.50 Uhr traten Khalid Abd Rabbo, seine Frau Kawthar, ihre drei Töchter, Souad (9 Jahre), Samar (5 Jahre) und Amal (3 Jahre), und seine Mutter, Hajja Souad Abd Rabbo, aus dem Haus. Jeder von ihnen trug eine weiße Flagge. Weniger als 10 Meter von der Tür entfernt stand ein Panzer in Richtung ihres Hauses. Zwei Soldaten saßen auf dem Panzer und nahmen einen kleine Mahlzeit ein (nach Angaben eines der Zeugen aß einer Pommes, der andere Schokolade). Die Familie blieb stehen, und wartete Befehle von den Soldaten ab, um zu erfahren, was zu tun war. Aber es erging kein Befehl. Ohne Warnung begann ein dritter Soldat, der aus dem hinteren Bereich des Panzers auftauchte, damit, auf die drei Mädchen zu schießen und anschließend auch auf ihre Großmutter. Mehrere Kugeln trafen Souad in die Brust, Amal in den Bauch und Samar in den Rücken. Hajja Souad wurde in ihrem unteren Rückenbereich und in ihren linken Arm getroffen.

774. Khalid und Kawthar Abd Rabbo trugen ihre drei Töchter und ihre Mutter in das Haus hinein. Sie und die Familienmitglieder, die im Haus geblieben waren, versuchten, per Mobiltelefon Hilfe anzufordern. Überdies schrien sie um Hilfe und ein Nachbar, Sameeh Atwa Rasheed al-Sheikh, der Krankenwagenfahrer war und seinen Krankenwagen neben seinem Haus geparkt hatte, entschied sich, ihnen zu Hilfe zu kommen. Er zog seine Krankenwagenfahrer-Uniform an und bat seinen Sohn, eine fluoreszierende Jacke anzuziehen. Sie fuhren einige Meter von ihrem Haus zur unmittelbaren Nähe des Abd Rabbo Hauses, als israelische Soldaten in der Nähe des Abd Rabbo Hauses sie aufforderten, zu halten und den Wagen zu verlassen. Sameeh al-Sheikh protestierte, dass er Hilferufe von der Familie Abd Rabbo gehört habe und die Verletzten ins Krankenhaus bringen wolle. Die Soldaten befahlen ihm und seinem Sohn, sich auszuziehen und sich dann wieder anzuziehen. Dann erteilten sie ihm den Befehl, den Krankenwagen zurückzulassen und nach Jabaliyah zu laufen, was sie auch taten. Als die Familien am 18. Januar nach Izbat Abd Rabbo zurückkehrten, fanden sie den Krankenwagen wieder, der jedoch – vermutlich von einem Panzer – zermalmt worden war.

775. Im Inneren des Abd Rabbo Hauses erlagen Amal und Souad ihren Verletzungen. Die Familie entschied, dass sie versuchen müssen, nach Jabaliyah zu laufen, um Samar, die Leichen von Amal und Souad, und ihre Großmutter in ein Krankenhaus zu bringen. Khaled und Kawthar Abd Rabbo und andere Familienmitglieder und Nachbarn tru gen die Mädchen auf ihren Schultern. Hajja Souad wurde von ihrer Familie und Nachbarn auf einem Bett getragen. Samar wurde zum al-Shifa-Krankenhaus überwiesen und dann, über Ägypten nach Belgien, wo sie immer noch im Krankenhaus liegt. Nach Angaben ihrer Eltern leidet Samar an einer Rückenmarksverletzung und wird für den Rest ihres Lebens querschnittsgelähmt bleiben.

776. Als Khalid Abd Rabbo am 18. Januar in sein Haus zurückkehrte, war sein Haus, wie die meisten Häuser in diesem Teil von Izbat Abd Rabbo, zerstört. Er machte die Kommission aufmerksam auf eine Panzerabwehrmine unter den Trümmern eines Nachbarhauses.[428]

10. Sachverhalt

777. Die Kommission hält Khalid und Kawthar Abd Rabbo für glaubwürdige und zuverlässige Zeugen. Sie hat keinen Anlass, an der Richtigkeit des Kerns ihrer Aussagen zu zweifeln. Die Kommission prüfte mehrere eidesstattliche Aussagen über diesen Vorfall, die von ihnen und anderen Zeugen NGOs gegenüber gegeben wurden, und kam zu dem Ergebnis, dass sie mit den ihr gegenüber geäußerten Schilderungen übereinstimmten.

778. Allgemein merkt die Kommission an, dass Izbat Abd Rabbo sowie die umliegenden Gebiete Jabal al-Kashef und Jabal al-Rayes offenbar zu den Ortschaften in Gaza gehörten, in denen die intensivsten Kampfhandlungen der Kriegshandlungen stattfanden.[429] Aus den Aussagen von Khalid und Kawthar Abd Rabbo geht jedoch her-

---

428 Der UNOSAT-Bericht (S. 14) zählt 341 Gebäude in Izbat Abd Rabbo auf, die in Folge der Kriegshandlungen zerstört oder schwer beschädigt wurden.

429 „The hidden dimension of Palestinian war casualties …:" legt nahe, dass diese Gebiete zu denjenigen zählten, in denen palästinensische Kämpfer am häufigsten die israelischen Truppen in Kämpfe verwickelten.

vor, dass die israelischen Streitkräfte zur fraglichen Zeit weder in Kampfhandlungen verwickelt waren noch einen Anschlag befürchteten. Zwei Soldaten saßen auf einem Panzer vor dem Haus der Familie Abd Rabbo und nahmen einen Snack ein. Es ist offenkundig, dass sie keine Gefahr wahrnahmen, die von dem Haus, dessen Einwohnern und der Umgebung ausgegangen wäre. Außerdem, als die Familie, die aus einem Mann, einer jungen und einer älteren Frau und drei kleinen Mädchen bestand, von denen einige weiße Fahnen schwenkten, aus dem Haus trat, wartete die Familie einige Minuten lang auf Anweisungen der israelischen Soldaten. Die israelischen Soldaten hatten also keinen Grund, diese Gruppe als Bedrohung zu betrachten. Die Tatsache, dass das Feuer auf die kleinen Mädchen gerichtet war und danach auf die ältere Frau und nicht auf das junge Paar, ist eine weitere Bestätigung dafür, dass es für den schießenden Soldaten keinen triftigen Grund zur Annahme gab, dass irgendein Mitglied der Gruppe sich unmittelbar an Feindseligkeiten beteilige. Die Kommission kommt zu dem Schluss, dass die Soldaten vorsätzlich das tödliche Feuer auf Souad, Samar und Amal Abd Rabbo und ihre Großmutter, Hajja Souad Abd Rabbo, richteten.

779. Die Kommission stellt des weiteren fest, dass die israelischen Streitkräfte die Folgen der Erschießungen vorsätzlich weiter verschärften, indem sie Sameeh al-Sheikh daran hinderten, die Verwundeten mit seinem Krankenwagen zum nächst gelegenen Krankenhaus zu fahren. Die Kommission erinnert daran, dass die Soldaten Sameeh al-Sheikh und seinen Sohn dazu zwangen, aus dem Krankenwagen auszusteigen, sich auszuziehen und wieder anzuziehen. Sie waren sich also darüber im klaren, dass sie keine Bedrohung darstellten. Anstatt ihnen zu erlauben, die schwer verwundete Samar Abd Rabbo zum Krankenhaus zu fahren, zwangen die Soldaten Sameeh al-Sheikh und seinen Sohn, den Krankenwagen zurückzulassen und zu Fuß nach Jabaliyah zu gehen.

11. Die Erschießung von Rouhiyah al-Najjar

780. Die Kommission besuchte den Ort der Erschießung von Rouhiyah al-Najjar in Khuza'a. Sie befragte zwei Augenzeugen der Erschie-

ßung und sechs weitere Zeugen der Ereignisse, darunter Yasmine al-Najjar, Nasser al-Najjar, Rouhiyah al-Najjars Ehemann, und ihre Tochter Hiba.

781. Die israelischen Streitkräfte starteten den Angriff auf Khuza'a, eine kleine Stadt einen halben Kilometer von der Grenze (Grüne Linie) zu Israel östlich von Khan Yunis entfernt, gegen 22.00 Uhr am 12. Januar 2009. Während der Nacht kamen phosphorhaltige Munitionen zum Einsatz, wodurch in der al-Najjar Siedlung im östlichen Randbezirk von Khuza'a Brände ausbrachen. Familien der Gegend, darunter die Familie von Nasser al-Najjar, seine erste Frau Rouhiyah und ihre Tochter Hiba, verbrachten die Nacht weitgehend damit, die Feuer in ihren Häusern zu löschen. Die israelischen Streitkräfte, vermutlich eine Hubschraubereinheit, hatten auf den Dächern einiger Häuser der Umgebung Stellung bezogen und beobachtet, wie die Bewohner versuchten, die Feuer zu löschen. Gegen 3.00 Uhr fingen die Bewohner an, das Geräusch herannahender Panzer und Planierraupen zu hören, mit dem sie gut vertraut waren, da im Jahr 2008 verschiedene israelische Vorstöße in das Ackerland nördlich und östlich von Khuza'a stattfanden, in deren Verlauf Felder, Haine, Hühnerställe und Treibhäuser von Plannierraupen plattgewalzt wurden.

782. In den frühen Morgenstunden kletterten einige der Einwohner, darunter Rouhiyah al-Najjar, auf die Dächer ihrer Häuser und hissten improvisierte weiße Flaggen. Mit Megaphonen forderten die israelischen Streitkräfte die Männer der Siedlung auf, aus ihren Häusern zu kommen und zu den Panzern zu gehen. Dort wurden die Männer in zwei Gruppen unterteilt, die in verschiedenen Gebäuden unter der Kontrolle der Soldaten festgehalten wurden.

783. Irgendwann zwischen 7.00 und 7.45 Uhr entschlossen sich Rouhiyah al-Najjar und die Frauen in ihrer unmittelbaren Nachbarschaft dazu, ihre Häuser zu verlassen und mit ihren Kindern in die Innenstadt zu laufen. Die Gruppe der Frauen wurde von Rouhiyah al-Najjar und ihrer 23-jährigen Nachbarin und Verwandten Yasmine al-Najjar, beide mit weißen Flaggen, angeführt. Rouhiyahs Tochter Hiba war direkt hinter ihnen. Andere Frauen hielten ihre Säuglinge in ihren Armen und riefen „Gott ist groß!" und „Wir haben Kinder!" Die Gruppe der Frauen und Kinder begann, eine gerade

Gasse entlang zu laufen, die sechs oder sieben Meter breit war und auf beiden Seiten von Häusern flankiert wurde. An dem anderen Ende der Allee, wenig mehr als 200 Meter entfernt,[430] war das von zahlreichen israelischen Soldaten (ein Zeuge beziffert sie auf ca. 60) besetzte Haus von Faris al-Najjar. Die Soldaten hatten Löcher in die Wand des ersten Stockwerks des Hauses gemacht, was ihnen eine gute Sicht auf die Gasse ermöglichte, in die die Gruppe der Frauen und Kinder vorrückte. Als Rouhiyah al-Najjar ungefähr 200 Meter von Faris al-Najjars Haus entfernt war, wurde sie von einem aus dem Haus abgefeuerten Schuß an der Schläfe getroffen (sie hatte ihren Kopf gerade zu einer Nachbarin gebeugt, um sie zu ermutigen). Rouhiyah al-Najjar stürzte zu Boden. Yasmines Bein war getroffen worden. Auf diese Einzelschüsse folgten dichte Feuersalven, die die Gruppe der Frauen und Kinder dazu zwangen, sich zurück in die Häuser von Osama al-Najjar und Shawki al-Najjar zu flüchten, hatten jedoch keine weiteren Verletzungen zur Folge. Wegen des Feuers durch die israelischen Soldaten wagten sie es nicht mehr, das Haus zu verlassen, um nach Rouhiyah al-Najjar zu sehen. Sie blieben im Haus bis zum Nachmittag desselben Tages, dann machten sie einen zweiten, erfolgreichen Versuch, die Siedlung zu verlassen und sich in einen sichereren Teil von Khuza'a zu begeben.

784. Marwan Abu Reda, ein Krankenwagenfahrer vom Krankenhaus Khan Yunis, erhielt gegen 7.45 Uhr einen telefonischen Notruf aus Khuza'a, mit dem er zur Hilfe für Rouhiyah al-Najjar aufgefordert wurde. Umgehend fuhr er nach Khuza'a und kam kurz nach 8.00 Uhr in der Siedlung an, d.h. nicht mehr als eine Stunde nach dem Schuß. Er war bereits in der Gasse, wo Rouhiyah al-Najjar auf dem Boden lag,[431] als Soldaten von den Häusern oder den Dächern der Häuser aus das Feuer auf ihn eröffneten und ihn zwangen, zu wenden und mit dem Krankenwagen in eine Gasse in der Nähe zu fahren. Er bat das PRCS telefonisch, ihm über das IKRK und im Einvernehmen mit den israelischen Streitkräften Zugang zu der verwundeten Frau zu verschaffen, jedoch ohne Erfolg. Erst am

430 Die Kommission hat die Entfernung nicht gemessen; es handelt sich hierbei um eine Schätzung.

431 Der Kommission liegen keine Erkenntnisse vor, die eine Feststellung darüber ermöglichen würden, ob Rouhiyah al-Najjar bei der Ankunft des Krankenwagens noch lebte.

Abend des Tages gelang es Marwan Abu Reda, die (inzwischen leblose) Rouhiyah al-Najjar zu bergen. Er bestätigte der Kommission, dass sie einen Schläfenschuß erlitten hatte.

12. Sachverhalt

785. Die Kommission hat keinen Grund, an der Richtigkeit der wichtigsten Elemente der Zeugenaussagen in Bezug auf die Erschießung von Rouhiyah al-Najjar zu zweifeln.

786. Auf Grund der Untersuchung des Ereignisortes durch die Kommission sowie der Aussagen mehrerer Zeugen scheint festzustehen, dass die von Rouhiyah al-Najjar angeführte Gruppe der Frauen und Kinder mindestens 20 Meter sehr langsam gelaufen war, bevor der Schuß abgefeuert wurde, wodurch Rouhiyah ums Leben kam. Während dieser Zeit hatten die auf den Dächern der Häuser der Siedlung stehenden israelischen Soldaten reichlich Zeit, die Gruppe zu beobachten. Dass nach den Schüssen auf Rouhiyah und Yasmine al-Najjar die Soldaten Warnschüsse auf die Gruppe richteten, wodurch zwar niemand verletzt, dafür aber die Gruppe gezwungen wurde, sich in ein Haus zurückzuziehen, ist ein weiteres Indiz dafür, dass die Soldaten keine von der Gruppe ausgehende Gefahr wahrnahmen.[432] Vielmehr ließ man die gleiche Gruppe einige Stunden später an den Soldaten vorbei marschieren, damit sie einen sichereren Teil von Khuza'a aufsuchen konnten. Die Kommission schließt daraus, dass Rouhiyah al-Najjar von einem israelischen Soldaten vorsätzlich er-

---

432 Der Kommission liegen keine Aussagen über das Vorhandensein palästinensischer Kämpfer in Khuza'a zur fraglichen Zeit vor. Im Gegenteil, Vertreter der Stadtverwaltung betonten ausdrücklich, dass es während der israelischen Bodeninvasion keine Kampfhandlungen in Khuza'a gab. Hierbei argumentierten sie, dass die umgebenden Felder eine derart offene Fläche seien, dass Kämpfer dort keine Deckung gefunden hätten. Diesen Angaben widersprechen Aussagen, wonach „ungefähr ein Dutzend Kämpfer griffen die IDF in Khuza'a an. Diese Gefechte schienen jedoch geringfügig gewesen zu sein, denn Kämpfer haben offenbar den Rückzug angetreten, sobald die israelischen Streitkräfte vorrückten." (Human Rights Watch, Rain of Fire: Israel`s Unlawful Use of White Phosphorous in Gaza (March 2009), S. 53-54).

schossen wurde, obwohl dieser keinen Grund hatte anzunehmen, dass sie eine Kämpferin sei und sich an Feindseligkeiten beteiligte.

787. Die Kommission stellt außerdem fest, dass, obwohl nicht sicher ist, dass der Transport mit dem Krankenwagen vom Krankenhaus Khan Yunis Rouhiyah al-Najjars Leben hätte retten können, die israelischen Streitkräfte ihn ohne jegliche Berechtigung an der Bergung einer verwundeten Frau gehindert hatten.

13. Der Fall der Familie Abu Halima

788. Die Kommission befragte drei Mitglieder der Familie Abu Halima, die Augenzeugen waren bei den weiter unten beschriebenen Ereignissen.[433] Die Kommission sprach ebenfalls mit dem Arzt, der einige Mitglieder der Familie behandelt hatte.[434] Die Kommission überprüfte einen Bericht der *Physicians for Human Rights – Israel and Palestinian Medical Relief Society*, der Analysen von Ärzten enthält, die Anfang März 2009 die Wunden der überlebenden Opfer untersuchten, sowie ärztliche Befunde, die die Verletzungen bestätigen.[435] Schließlich überprüfte die Kommission Informationen, die sie von TAWTHEQ erhalten hatte.

789. Am 3. und 4. Januar 2009, den ersten Tagen der Bodeninvasion, kam es zu schweren Luftangriffen und Panzerbeschuß in den offenen Gebieten in der Umgebung des Dorfes Siyafa, im Bezirk der Al-Atatra Siedlung westlich von Beit Lahia. Die meisten Bewohner sind Landwirte und, obwohl die israelischen Streitkräfte Broschüren abgeworfen hatten, in denen die Zivilbevölkerung gewarnt und zum

---

433 Befragungen von Sabah Abu Halima (45 Jahre), Muhammad Sa'ad Abu Halima (24 Jahre), Omar Sa'ad Abu Halima (18 Jahre) durch die Kommission am 15. Juni 2009.

434 Befragung von Dr. Nafeez, Verbrennungsexperte des al-Shifa-Krankenhauses durch die Kommission am 12. Juni 2009.

435 Physicians for Human Rights – Israel and Palestinian Medical Relief Society, „Final Report: Independent fact-finding mission into violations of human rights in the Gaza strip during the period 27.12.08-18.01.09", S. 51-55, abrufbar unter: http://www.phr.org.il/phr/files/articlefile_1241949935203.pdf 438 Aussage von Sabah Abu Halima vor der Kommission am 15. Juni 2009.

Verlassen des Gebiets aufgefordert worden war, hatten sich die meisten entschlossen, zu bleiben. Nach ihren früheren Erfahrungen mit Bodeninvasionen sollen sie sich nicht in Gefahr gewähnt haben.

790. Am 4. Januar 2009 nahmen die Bombardements zu während die israelischen Truppen in Al-Atatra einrückten und die Kontrolle übernahmen. Die Familie Abu Halima suchte Schutz im Haus von Muhammad Sa'ad Abu Halima und Sabah Abu Halima im Dorf Sifaya. Das Haus hat zwei Stockwerke: das Erdgeschoß dient als Lager, die Wohneinheiten befinden sich im oberen Stockwerk. Nach Angaben von Sabah Abu Halima[436] suchten 16 Mitglieder der Kernfamilie Schutz in den oberen Stockwerken.

791. Nachmittags, nachdem sie gehört hatten, wie eine Granate das benachbarte Haus des Schwagers von Sabah Abu Halima traf, zog die Familie vom Schlafzimmer in die Eingangshalle im mittleren Stockwerk um, in der sie sich sicherer wähnte. Gegen 16.30 Uhr durchschlug ein Phosphorkanister die Decke des Zimmers, in dem sie Schutz suchten.

792. Den überlebenden Familienmitgliedern[437] zufolge brannte es lichterloh, und es gab dichte weiße Rauchschwaden im Raum, die Wände sollen rot geglüht haben. Fünf Familienmitglieder starben unmittelbar nach dem Angriff: Muhammad Sa'ad Abu Halima (45 Jahre) und vier seiner Kinder, die Söhne Abd al-Rahim Sa'ad (14 Jahre), Zaid (12 Jahre) und Hamza (8 Jahre) und die Tochter Shahid (18 Monate). Muhammad Sa'ad und Abd al-Rahim Sa'ad wurden enthauptet, die anderen verbrannten zu Tode. Fünf Miglieder der Familie flohen und erlitten Verbrennungen verschiedener Grade: Sabah Abu Halima, ihre Söhne Youssel (16 Jahre), und Ali (4 Jahre), die Schwägerin Ghada (21 Jahre), und Ghadas Tochter Farah (2 Jahre).[438]

436 Aussage von Sabah Abu Halima vor der Kommission am 15. Juni 2009.

437 Aussagen von Sabah Abu Halima, Muhammad Sa'ad Abu Halima und Omar Sa'ad Abu Halima vor der Kommission am 15. Juni 2009.

438 Wegen der Schwere ihrer Verletzungen wurden Sabah, Farah und Ghada Abu Halima zur Behandlung nach Ägypten transportiert. Dort starb Ghada Ende März 2009.

793. Familienmitglieder versuchten, einen Krankenwagen zu rufen, aber die israelischen Streitkräfte hatten das Gebiet zum militärischen Sperrgebiet erklärt und Krankenwagen war die Zufahrt nicht erlaubt. Zwei Cousins legten Sabah Abu Halima in den hinteren Teil eines Sattelschleppers und fuhren sie in das Kamal Idwan-Krankenhaus in Beit Lahia. Der Fahrer berichtete, dass er das Krankenhaus erreicht habe, obwohl er unter Beschuss von israelischen Soldaten geraten sei, die in der Omar Bin Khattab-Mädchenschule an der Straße nach Al-Atatra Stellung bezogen hätten.[439] Ein Cousin blieb bei Sabah Abu Halima, während die anderen zurückkehrten, um dem Rest der Familie zu Hilfe zu kommen.

794. Die übrigen Überlebenden und die Verwundeten wurden auf einen zweiten Sattelschlepper gelegt, um sie zum Kamal Idwan-Krankenhaus zu bringen. Die Überreste von Shahid Abu Halima wurden ebenfalls transportiert. Der Sattelschlepper wurde von einem Cousin, Muhammad Hekmat Abu Halima (16 Jahre) gefahren. Ein anderer Cousin, Matar Abu Halima (17 Jahre), sein Bruder (11 Jahre) und seine Mutter, Nabila, begleiteten sie.

795. Als sie die Kreuzung in der Nähe der Omar Bin Khattab-Schule in al-Atrata erreichten, wurden sie von israelischen Soldaten, die etwa zehn Meter entfernt auf den Dächern der naheliegenden Häuser Stellung bezogen hatten, zum Anhalten aufgefordert. Muhammad Hekmat, Matar, Ali, Nabila und Matar stiegen ab und stellten sich neben den Sattelschlepper. Einer oder mehrere Soldaten eröffneten das Feuer, und trafen Muhammad Hekmat Abu Halima in der Brust und Matar Abu Halima in den Bauch.[440]
Beide erlagen ihren Verletzungen. Ali, Omar und Nabila Abu Halima flohen. Omar wurde in den Arm geschossen, aber letzten Endes erreichten sie das Kamal Idwan-Krankenhaus.

---

439 www.dci-pal.org/English/Doc/Press/Case-Study_Cast-Lead_Abu-Halima_Family_FINAL.pdf

440 Nach Angaben, die Omar und Nabila Abu Halima gegenüber der NGO Defence for Children International (a.a.O.) machten. Die Information wurde der Kommission von Omar Abu Halima am 15. Juni 2009 gegeben und war weniger ausführlich, stimmte jedoch mit dieser Information überein.

796. Die verbleibenden Familienmitglieder erhielten den Befehl, den Sattelschlepper zu verlassen und zu Fuß zu gehen. Die Leichen der beiden toten Jungen oder die Überreste von Shahid Abu Halima, die erst vier Tage später, am 8. Januar geborgen wurden, durften sie nicht mitnehmen. Ghada Abu Halima, die an 45 Prozent ihrer Körperoberfläche Verbrennungen erlitt, hatte große Schwierigkeiten zu laufen. Nach ungefähr 500 Metern nahm ein Autoahrer einige Mitglieder der Familie auf, darunter Ghada und Farah, und brachte sie zum al-Shifa-Krankenhaus in Gaza-Stadt.

797. Dr. Nafiz Abu Shaban, Chef der Abteilung für Plastische Chirurgie am al-Shifa-Krankenhaus, bestätigte, dass Sabah, Ghada und Farah Abu Halima mit schweren Verbrennungen dort aufgenommen, zur Behandlung nach Ägypten transportiert wurden. Der Arzt vermutete, dass die Verbrennungen durch den Kontakt mit weißem Phosphor verursacht worden waren.[441]

14. Sachverhalt

798. Die Kommission betrachtet Sabah Abu Halima, Muhammad Sa'ad Abu Halima und Omar Sa'ad Abu Halima als glaubwürdige und zuverlässige Zeugen. Sie sieht keinen Anlass, die Richtigkeit des Kerns ihrer Aussagen zu bezweifeln, zumal sie durch die Aussagen von Dr. Nafiz Abu Shaban vom al-Shifa-Krankenhaus bestätigt wurden.

799. Hinsichtlich des Beschusses des Hauses der Familie Abu Halima mit phosphorhaltigen Geschossen merkt die Kommission an, dass das Haus in einem Dorf in einer landwirtschaftlichen Gegend steht. Der Beschuss fand am 4. Januar 2009 statt, zu einer Zeit, als die israelischen Bodentruppen offenbar in Richtung Al-Atatra vorrückten. Außerdem hatten die israelischen Streitkräfte Flugblätter abgeworfen, um die Zivilpersonen zu warnen und zum Verlassen der Gegend aufzufordern. Unter diesen Umständen kann die Kommission keine Feststellung zu der Frage treffen, ob der Beschuss auf das Abu Halima Haus einen direkten Angriff auf ein ziviles Ziel , einen wahllo-

441 Befragung durch die Kommission am 12. Juni 2009.

sen Angriff oder einen berechtigten Bestandteil einer umfassenderen Militäraktion darstellt.

800. Im Hinblick auf die Erschießung von Muhammad Hekmat Abu Halima und Matar Abu Halima stellt die Kommission fest, dass die israelischen Soldaten befohlen hatten, dass der Sattelschlepper, auf dem Verwundete transportiert wurden, anhalten sollte und die beiden Cousins (16 und 17 Jahre alt) zum Absteigen aufgefordert hatten. Die beiden befolgten die Anweisung und stellten sich neben den Sattelschlepper, als israelische Soldaten, die auf dem Dach eines naheliegenden Hauses standen, das Feuer auf sie eröffneten. Die Soldaten können unmöglich verkannt haben, dass diese beiden Zivilpersonen Schwerverwundete in das Krankenhaus transportieren wollten. Bei der Erschießung von Muhammad Hekmat Abu Halima und Matar Abu Halima handelt es sich um einen unmittelbaren tödlicher Angriff auf zwei minderjährige Zivilpersonen. Der Umstand, dass sie in die Brust bzw. den Bauch getroffen wurden, läßt vermuten, dass die Schüsse in Tötungsabsicht abgegeben wurden.

801. Die Kommission stellt fest, dass die israelischen Streitkräfte in diesem Fall einem Krankenwagen den Zugang zu einem Haus verweigert hatten, aus dem Verwundete evakuiert werden mußten, und anschließend auf die Verwandten der Verwundeten das Feuer eröffneten, die sie zum nächst gelegenen Krankenhaus transportieren wollten.

C. Informationen betreffend die den israelischen Streitkräften erteilten Anweisungen über Feuereröffnung auf Zivilpersonen

802. Die Kommission stellte in den oben geschilderten Fällen fest, dass die israelischen Streitkräfte wiederholt Feuer auf Zivilpersonen eröffneten, die nicht an den Feindseligkeiten teilnahmen und die keine Bedrohung für sie darstellten.
Diese Vorfälle sind ein Indiz dafür, dass in den den israelischen Streitkräften beim Vorstoß nach Gaza erteilten Anweisungen eine niedrige

Hemmschwelle für den Einsatz tödlicher Gewalt gegen Zivilpersonen vorgesehen war. Die Kommission fand bei ihren Ermittlungen überzeugende Bestätigungen für diesen Trend in den von der israelischen NGO Breaking the Silence gesammelten Aussagen israelischer Soldaten,[442] im Protokoll des „Kämpfergesprächs" für Absolventen des Vorbereitungslehrgangs des Heeres, das nach Abschluß der Aktion „Gegossenes Blei" stattfand. Diese Zeugenaussagen legen nahe, dass mit den Anweisungen, die den Soldaten gegeben wurden, eine doppelte „Politik" verfolgt werden sollte: Beide sind Ausdruck des Zieles, jede Lebensgefahr für israelische Soldaten auszuschließen.

803. Der erste Teil der Politik ließe sich mit den Worten eines der Soldaten zusammenfassen: „Wenn wir etwas Verdächtiges sehen und schießen, ist es besser, einen Unschuldigen zu treffen als beim Zielen auf einen Feind zu zögern." Ein anderer Soldat schrieb seinem Bataillonskommandanten folgende Anweisung zu: „Wenn Sie sich nicht sicher sind, – schießen Sie. Ist etwas zweifelhaft, dann gibt es keinen Zweifel." Der erste Soldat faßte die Einsatzbesprechung seines Batailonkommandanten wie folgt zusammen: „Der Feind versteckt sich hinter der Zivilbevölkerung. (...) Wenn wir jemanden verdächtigen, gilt keine Unschuldsvermutung. Denn dies könnte am Ende doch ein Feind sein, selbst wenn es eine alte Frau ist, die sich dem Haus nähert. Die könnte nämlich eine Sprengladung mit sich führen." Ein dritter Soldat erklärte: „Man schießt nicht nur, wenn man bedroht wird. Ausgangspunkt ist aber, dass man sich ständig bedroht fühlt, also stellt alles eine Drohung dar, und man schießt drauf. Niemand hat wörtlich gesagt, ‚schießt einfach drauflos' oder ‚knallt alles ab, was sich bewegt.' Man hat uns aber auch nicht befohlen, nur dann das Feuer zu eröffnen, wenn eine echte Bedrohung vorliegt."[443]

804. Die Kommission merkt an, dass einige Soldaten angaben, mit der Anweisung „Im Zweifelsfall wird geschossen" einverstanden zu sein. Einer erklärte: „Darin liegt der Unterschied zwischen Stadtkrieg und einer begrenzten Konfrontation. Im Stadtkrieg ist jeder dein Feind. Es gibt keine Unschuldigen." Ein anderer erwähnte seine tiefe Unzufriedenheit mit der Politik und wie er und seine Kame-

---

442 Soldiers' Testimonies ...

443 a.a.O., Aussage Nr. 21, S. 50-51, Aussage Nr. 7, S. 20, und Aussage Nr. 9., S. 24.

raden versucht hatten, die Entscheidung ihres Kommandanten in Frage zu stellen, nachdem ein eindeutig harmloser Mann erschossen worden war.[444] Obwohl über die Legitimität und die moralische Rechtfertigung dieser Politik keine Einigkeit bestand, gab es doch keine Zweifel an deren Inhalt: Zwar mußte jeder Soldat und Befehshaber vor Ort Ermessen ausüben, aber sie wurden angewiesen, im Zweifelsfall zu schießen.[445]

805. Der zweite Teil der sich aus den Aussagen der Soldaten ergebenden Politik wird von einem Soldaten wie folgt erklärt: "Teil dieser Verfahrensweise (der Außenposten-Prozedur [„outpost procedure], die nach der Bodeninvasion Gazas in Gebieten angwendet wird, die der Herrschaftsgewalt der israelischen Streitkräfte unterliegen) ist es, rote Linien festzulegen. Das heißt: Wer immer die Linie übertritt, wird ohne weiteres erschossen. (...) Schießen um zu töten."[446]
Von einem Vorfall, der auf Grund sachverhaltlicher Ähnlichkeiten von besonderer Relevanz für die die von der Kommission untersuchten Fälle ist, erzählt ein Soldat, dem er beigewohnt hatte.[447] Eine Familie erhält den Befehl, ihr Haus zu verlassen. Aus unbekannten Gründen, aber vermutlich wegen eines Missverständnisses, biegen die Mutter und zwei Kinder nach links anstatt nach rechts, nachdem sie zwischen 100 und 200 Metern von ihrem Haus weggegangen sind. Dadurch überschreiten sie die "rote Linie", die von der israelischen Einheit festgelegt worden ist (von deren Existenz die Mutter und die Kinder keine Kenntnis haben konnten). Ein israelischer Präzisionsschütze auf dem Dach des Hauses, das sie gerade verlassen haben, eröffnet das Feuer auf die Frau und die Kinder und tötet sie. Der Soldat, der während des „Kämpfergesprächs" einen Monat später hierüber berichtet, bemerkt „Aus unserer Sicht hat er [der Präzisionsschütze] seinen Job getan, wie ihm befohlen worden war".

444 a.a.O., Aussage Nr. 7, S. 20, und Aussage Nr. 14, S. 38-39.

445 A.a.O., Aussage Nr. 13, S. 37.

446 A.a.O., Aussage Nr. 12, S. 32, ebenso Aussage Nr. 21, S. 52; und die Aussage von „Ram" beim „Kämpfergespräch" des Rabin Program, S. 6-7.

447 Aussage von „Ram" im „Kämpfergespräch" des Rabin Program, S. 6-7. Die Kommission hält fest, dass „Ram" eindeutig aussagt, dass er ein Augenzeuge des Vorfalls gewesen sei.

806. Wegen der „ständigen“ Warnungen vor Selbstmordattentate,[448] wurden selbst Zivilpersonen, von denen die Soldaten eindeutig wissen, dass sie unbewaffnet sind, als Bedrohung wahrgenommen, sobald sie sich in einer bestimmten Entfernung zu den Soldaten aufhalten, eine Bedrohung, die es zu eliminieren gilt, und zwar ohne einen Warnschuß, denn eine Sekunde könnte ausreichen, dass ein „Selbstmordattentäter“ sich den Soldaten hinreichend nähert, um sie zu verletzen.

807. Die Kommission merkt an, dass viele der befragten Personen in Gaza Ereignisse schilderten, bei denen sie einzeln oder als Teil einer Gruppe oder in einem Fahrzeug heftigem Beschuß durch israelische Soldaten ausgesetzt waren, ohne jedoch getroffen oder verwundet worden zu sein. So z.B. im Fall von Personen, die versuchten, ihr Haus ohne die „Erlaubnis“ der israelischen Streitkräfte, die das Gebiet kontrollierten, zu verlassen, oder von Krankenwagenfahrern, die versuchten, in ein Gebiet zu fahren, in das sie nach Entscheidung der israelischen Armee nicht hineinfahren durften.[449] Im Fall Khuza'a wurden nach dem tödlichen Schuß auf Rouhiyah al-Najjar und der Verwundung von Yasmine al-Najjar auch die anderen Frauen und Kinder von den israelischen Soldaten unter Beschuß genommen, und damit gezwungen, sich in die Häuser zurückzuziehen, die sie zuvor hatten verlassen wollen.[450] Diese Ereignisse lassen vermuten, dass die israelischen Streitkräfte sehr häufig das Feuer eröffneten, um mit der Zivilbevölkerung zu „kommunizieren“, um Zivilpersonen das Weitergehen bzw. -fahren in eine bestimmte Richtung zu verbieten oder sie zum Rückzug in ein Gebäude aufzufordern, das sie gerade verlassen wollten. Der Schrecken, den diese Art von non-verbaler Kommunikation bei den Empfängern hervorgerufen hat, ist so offensichtlich wie die Wahrscheinlichkeit eines tödlichen Ausgangs.

808. Die Kommission hat auch Aussagen von Soldaten gelesen, die von Fällen berichten, in denen sie auf Grund der ihnen erteilten Anwei-

---

448 Vgl., Soldiers' Testimonies … Aussage Nr. 13, S. 37, und Aussage Nr. 22, S. 53.

449 Befragung von Marwan Abu Reda am 11. Juni 2009. Für eine Beschreibung der Warnschüsse vor sich bewegenden Fahrzeugen siehe Soldiers' Testimonies …, Aussage Nr. 12, S. 33.

450 Dies war offenbar auch der Fall bei der Erschießung von Majda und Rayya Hajaj in Juhr ad-Dik.

sungen auf eine Zivilperson hätten schießen müssen, weil diese eine gewisse Mindestentfernung unterschritten hatte, sie sich jedoch dagegen entschieden, weil sie die Zivilperson nicht für eine Bedrohung für die eigene Sicherheit hielten.

D. Rechtliche Würdigung der von der Kommission untersuchten Vorfälle

809. Nach den auf diese Vorfälle anwendbaren Grundprinzipien, die zu den tragenden Säulen sowohl des vertraglichen Völkerrechts als auch des Gewohnheitsvölkerrechts zählen, „unterscheiden die am Konflikt beteiligten Parteien jederzeit zwischen der Zivilbevölkerung und Kombattanten“[451], und „weder die Zivilbevölkerung als solche noch einzelne Zivilpersonen dürfen das Ziel von Angriffen sein“.[452] Das Unterscheidungsprinzip bezeichnet die israelische Regierung als „erstes Kernprinzip des Kriegsrechts“. Ferner, so die Regierung, fand „der Wert, den die IDF auf die Einhaltung des Kriegsrechts legt, auch direkten Eingang in die Einsatzregeln für den Gaza-Einsatz“. Darin soll das Unterscheidungsprinzip wie folgt formuliert worden sein: „Angriffe haben sich ausschließlich gegen militärische Ziele und Kombattanten zu richten. Vorsätzliche Angriffe (anders als zufällige, verhältnismäßige Schäden und Verletzungen) auf Zivilpersonen und zivile Objekte sind strengstens verboten.“[453]

810. Eine Überprüfung der oben geschilderten Vorfälle durch die Kommission hat ergeben, dass die israelischen Streitkräfte Zivilpersonen in jedem Fall vorsätzlich und direkt angriffen. Einzige Ausnahme ist der Beschuss des Hauses der Familie Abu Halima, denn in diesem Fall reichen die der Kommission vorliegenden Erkenntnisse über die

451 Art. 48 1. Zusatzprotokoll
452 Art. 51(2) 1. Zusatzprotokoll
453 „The operation in Gaza...“, Abs. 94 und 222.

seinerzeit herrschende militärische Lage nicht aus, um hierzu eine Feststellung zu treffen.

811. Auf der Grundlage des Sachverhalts, den sie feststellen konnte, hatten die israelischen Streitkräfte in keinem der überprüften Fälle hinreichenden Grund zu der Annahme, die angegriffenen Zivilpersonen wären unmittelbar an den Feindseligkeiten beteiligt und könnten folglich keinen Schutz vor direkten Angriffen mehr beanspruchen.[454]

812. Somit stellt die Kommission fest, dass die israelischen Streitkräfte das auch im Art. 51(2) des 1. Zusatzprotokolls verankerte gewohnheitsvölkerrechtliche Verbot, die Zivilbevölkerung als solche zum Ziel von Angriffen zu machen, verletzt haben. Diese Feststellung trifft auf die Angriffe auf die Häuser von Ateya und Wa'el al-Samouni, die Erschießung von Iyad al-Samouni, von Shahd Hajji und Ola Masood Arafat, von Ibrahim Juha, von Rayya und Majda Hajaj, von Amal, Souad, Samar und Hajja Souad Abd Rabbo, von Rouhiyah al-Najjar und von Muhammad Hekmat Abu Halima und Matar Abu Halima zu. Bei diesen Vorfällen kamen 34 palästinensische Zivilpersonen durch vorsätzlich auf sie gerichtetes israelisches Feuer ums Leben. Zahlreiche andere wurden verletzt; manche wurden sehr schwer und mit bleibenden Folgen verletzt.

813. Es ist nicht nur verboten, Zivilpersonen zum Ziel von Angriffen zu machen; sie haben außerdem „unter allen Umständen Anspruch auf Achtung ihrer Person … und insbesondere vor Gewalttätigkeit oder Einschüchterung" geschützt (Art. 27 4. Genfer Abkommen). Zu den im Art. 75 des 1. Zusatzprotokolls festgelegten grundlegenden Garantien gehört das „jederzeit und überall" geltende absolute Verbot von „Angriffen auf das Leben, die Gesundheit oder das körperliche oder geistige Wohlbefinden von Personen". Aus den vorgebrachten Tatsachen geht hervor, dass diese Bestimmungen verletzt worden sind.

814. Diese von seinen Beauftragten begangenen völkerrechtlich verbotenen Handlungen hätte der Staat Israel völkerrechtlich zu vertreten.

---

454 Gemäß Art. 51(3) des 1. Zusatzprotokolls genießen Zivilpersonen Schutz vor Angriffen „sofern und solange sie nicht unmittelbar an Feindseligkeiten teilnehmen." Zum gewohnheitsrechtlichen Status dieser Norm siehe 7. Kapitel.

815. Auf Grund der festgestellten Tatsachen stellt die Kommission fest, dass das Verhalten der israelischen Streitkräfte in diesen Fällen schwere Verletzungen des 4. Genfer Abkommens, namentlich vorsätzliche Tötungen geschützter Personen und vorsätzliche Verursachung großer Leiden bei geschützten Personen,[455] darstellt und folglich individuelle strafrechtliche Verantwortung nach sich zieht.

816. Die Kommission stellt ebenfalls fest, dass die gezielten Angriffe auf sowie die vorsätzliche Tötung von palästinensischen Zivilpersonen eine durch die israelischen Streitkräfte begangene Verletzung des im Art. 6 des Internationalen Paktes über bürgerliche und politische Rechte gewährleisteten Rechts auf Leben darstellt.

817. Die Kommission stellt fest, dass die israelischen Streitkräfte in den meisten der oben geschilderten Fälle den Rettungsdiensten den Zugang zu den verwundeten Zivilpersonen verweigerten. Dies war bei allen Vorfällen im Bezirk Al-Samouni der Fall, besonders nach der Erschießung von Ahmad al-Samouni, bei der man den PRCS-Krankenwagen zwang, nach Gaza-Stadt zurückzukehren, obwohl er sich schon in 100 Metern Entfernung zum schwer verwundeten Jungen befand. Auch nach dem Angriff auf das Haus von Wa'el al-Samouni hinderte man Krankenwagen willkürlich daran, die Verwundeten zu erreichen. Die dramatischsten Ausmaße erreichte dies nach den Erschießungen von Amal, Souad, Samar und Hajja Souad Abd Rabbo und von Rouhiyah al-Najjar. Im Falle der Erschießung von Muhammad Hekmat Abu Halima und Matar Abu Halima waren es die Retter, die hingerichtet wurden, wodurch sie daran gehindert wurden, ihre schwer verbrannten Verwandten ins Krankenhaus zu bringen. Im Fall von Iyad al-Samouni wurden die Verwandten, die ihm helfen wollten, mit der Erschießung bedroht.

818. Die Kommission erinnert daran, dass Art. 10(2) des 1. Zusatzprotokolls wie folgt lautet: „[Die Verwundeten] werden unter allen Umständen mit Menschlichkeit behandelt und erhalten so umfassend und so schnell wie möglich die für ihren Zustand erforderliche me-

455 Article 147 of the Fourth Geneva Convention defines the „wilful killing" of protected persons as a grave breach of the Convention. The same qualification is applied to acts which „wilfully caus[e] great suffering or serious injury to body or health".

dizinische Pflege und Betreuung …" Bei dieser Bestimmung handelt es sich um eine Norm des Gewohnheitsvölkerrechts. Die Kommission ist eingedenk, dass „die Pflicht, die Verwundeten zu pflegen und zu betreuen … mittelabhängig" ist. Sie findet immer dann Anwendung, wenn dies die gegebenen Umstände erlauben. Dennoch, „jede an dem Konflikt beteiligte Partei hat die Verwundeten nach Kräften zu schützen und zu versorgen…, insbesondere humanitären Organisationen zu erlauben, sie zu schützen und zu pflegen."[456]

> Art. 147 des 4. Genfer Abkommens definiert die „vorsätzliche Tötung" geschützter Personen als schwere Verletzung des Abkommens. Gleiches gilt für Handlungen, die eine „vorsätzliche Verursachung großer Leiden oder schwerer Beeinträchtigung der körperlichen Unversehrtheit oder Gesundheit" darstellen.

819. Auf Grund der von der Kommission ermittelten Tatsachen steht fest, dass in den untersuchten Vorfällen die israelischen Streitkräfte nicht alle Anstrengungen unternahmen, um humanitären Organisationen Zugang zu den Verwundeten zu gewähren. Im Gegenteil: Aus der Sachlage geht hervor, dass eine Zugangsgewährung zwar unter den gegebenen Umständen möglich gewesen wäre, die israelischen Streitkräfte den Zugang jedoch willkürlich verweigerten.

820. Auf dieser Grundlage stellt die Kommission fest, dass die gewohnheitsvölkerrechtliche Pflicht, die Verwundeten menschlich zu behandeln, verletzt worden ist.

821. Durch das Verhalten der israelischen Streitkräfte wurde das Recht auf Leben verletzt, wodurch der Tod verursacht wurde, ebenso wie das Recht auf körperliche Unversehrtheit. Außerdem stellte es in anderen Fällen eine grausame oder unmenschliche Behandlung dar. Hierdurch wurde gegen Art. 6 und 7 IPbpR verstoßen.

456 *Customary International Humanitarian Law* … Norm 110 und S. 402.

E. Der Angriff auf die al-Maqadmah-Moschee am 3. Januar 2009

1. Ereignisse

822. Die al-Maqadmah-Moschee befindet sich am nordwestlichen Rand des Lagers Jabaliyah, in der Nähe von Beit Lahia. Sie ist weniger als 100 Meter vom Kamal Idwan-Krankenhaus in der Sozialwohnsiedlung al-Alami entfernt. Mindestens 15 Personen kamen uns Leben und ca. 40 wurden verletzt – viele schwer verletzt –, als die israelischen Streitkräfte den Moscheeeingang mit einer Rakete trafen.

823. Die Kommission befragte fünf Augenzeugen, die sich zur Zeit des Angriffs in der Moschee befunden hatten. Zwei von ihnen hatten zum Zeitpunkt der Explosion auf die Tür geblickt. Drei von ihnen hatten sich in die entgegengesetzte Richtung niedergekniet und waren schwer verletzt worden. Die Kommission befragte ebenfalls mehrere Verwandte der beim Angriff Gestorbenen und las verschiedene von ihnen unterzeichnete eidesstattliche Erklärungen, in denen, sie die von ihnen wahrgenommenen Ereignisse schilderten[457]. Die Kommission befragte auch die vorher befragten drei Zeugen bei den öffentlichen Anhörungen in Gaza wieder. Schließlich überprüfte die Kommission Informationen, die von TAWTHEQ vorgelegt wurden.

824. Am Abend des 3. Januar 2009 hatten sich zwischen 17.00 und 18.00 Uhr zahlreiche Menschen zum Abendgebet in der Moschee versammelt. Zeugen zufolge sollen sich 200 bis 300 Männer im 1. Stockwerk versammelt haben.[458] Zahlreiche Frauen hatten sich zu diesem

457 vgl. die eidesstattliche Erklärung von Ismail al-Salawi, Bruder des Scheichs in der Moschee. Er erzählt, wie er auf dem Weg zur Moschee war, als seine 13-jährige Tochter auf ihn zulief und schrie, dass die Moschee bombardiert worden sei. Er eilte hinein und fand dort blutiges Chaos vor. Unmittelbar in Folge des Angriffs starben sein Enkel Muhammad (13) und seine Neffen Hani (8) und Omar (27). Siehe ebenfalls eine ähnliche Schilderung der Ereignisse von Ayisha Ibrahim, deren Ehemann, Abdul Rahman (46) und Sohn Ra'id beim Angriff ums Leben kamen.

458 Scheich al-Salawi, befragt am 3. Juni 2009 und 4. Juli 2009.

Zeitpunkt auch im Keller versammelt. Zeugen erklärten, dass es zur Tradition gehöre, in Zeiten von Angst und in Notfällen das Sonnenuntergangs- und Abendgebet zu kombinieren.[459] Außerdem hörte die Kommission, dass es zwar einen gewissen zeitlichen Abstand zwischen dem Gebetaufruf des Muezzins und dem Anfang des Gebets gibt, nach seinerzeitiger Praxis jedoch das Gebet fast sofort anfing.

825. Die Zeugen sagten aus, das Gebet habe gerade geendet und die Predigt gerade begonnen. Zu diesem Zeitpunkt gab es eine Explosion im Eingangsbereich der Moschee. Eine der beiden Holztüren schlug es von den Scharnieren und quer über den Gebetsbereich. Sie prallte auf die gegenüberliegende Wand auf.

826. In Folge der Explosion kamen mindestens 15 Personen ums Leben. Fast alle befanden sich zum fraglichen Zeitpunkt in der Moschee. Bei einem der Opfer handelt es sich um einen Jungen, der im Eingangsbereich gesessen hatte. Vom Einschlag der Rakete wurde ihm das Bein abgerissen; es wurde später auf dem Dach der Moschee wieder gefunden. Zahlreiche Menschen – ca. 40 – wurden verletzt. Viele wurden zur Behandlung ins Kamal Idwan-Krankenhaus gebracht.

827. Bei ihrem Besuch der Moschee konnte die Kommission die entstandenen Schäden in Augenschein nehmen. Deren unmittelbarer Eingang liegt höher als der äußere Fußgängerweg und ist über eine Rampe zu erreichen. Unter dem Eingang gibt es Treppen, die jetzt vom gehobenen Eingang auf dem Ende der Rampe bedeckt werden. Die Treppen unter der Rampe wurden beschädigt und der Beton durchbrochen. Auf dem Boden und den Treppen gab es eine Brandspur.

828. Die Kommission hat ebenfalls eine Reihe von Fotografien überprüft, die kurz nach dem Angriff aufgenommen wurden, und hält diese für zuverlässig. In ihnen ist etwas zu sehen, was unmittelbar außerhalb des Moscheeeingangs den Beton durchbrochen und den am unteren Ende der Treppen liegenden Fußgängerweg unter der Be-

459 Siehe z.B. Aussage von Scheich al-Salawi bei der öffentlichen Anhörung in Gaza am 27. Juli 2009, abrufbar unter: http://www.realnetworks.com

tonschicht getroffen hat (ca. 7,5 cm dick). Auf der Außenseite der Rampe und der Struktur der Eingangsebene stand eine etwa 1 Meter hohe Mauer. Der der Moscheetür gegenüberliegende Teil der Mauer ist weggerissen worden.

829. Die Kommission stellte fest, dass die Innenwände der Moschee und ein Teil der Außenwand in der Nähe des Eingangsbereichs offenbar in Folge des Ausprühens kleiner würfelförmiger Metallstücke erheblich beschädigt worden waren. Ziemlich viele dieser Metallstücke blieben selbst dann noch in der Wand stecken, als die Kommission den Ereignisort im Juni 2009 besuchte. Mehrere von ihnen wurden sichergestellt; so konnte die Kommission sehen, wie tief sie in den Betonwänden eingebettet waren.

830. Abgesehen vom oben geschilderten Moscheebesuch hat die Kommission deren Scheich dreimal, deren Imam zweimal, mehrere Familienmitglieder des Scheichs, mehrere der bei der Explosion Verletzten sowie mehrere Personen, die beim Angriff Verwandte verloren ,und die direkt nach dem Angriff Hilfe geleistet hatten, befragt Sie hat ärztliche Atteste gesehen, die die Art der von den befragten jungen Männern beschriebenen Verletzungen bestätigen. Die Kommission befragte alle Zeugen und versuchte, evtl. auftretende Zweifel zu klären.

2. Stellungnahme der israelischen Regierung und der israelischen Streitkräfte

831. In der Stellungnahme der israelischen Streitkräfte zu den Behauptungen heißt es:

> … hinsichtlich eines Angriffs auf die „Maqadme"-Moschee in Beit-Lahiya am 3. Januar 2009 wurde entdeckt, dass entgegen den Behauptungen die Moschee gar nicht angegriffen worden ist. Ferner wurde festgestellt, dass es sich bei den angeblich unbeteiligten Zivilpersonen, die Opfer des Angriffs gewesen sein sol-

len, eigentlich um Hamas-Agenten handelt, die im Gefecht gegen die IDF getötet worden waren.[460]

832. Abgesehen von darin enthaltenen, offenbar widersprüchlichen Behauptungen merkt die Kommission an, dass an Hand der Stellungnahme die Art der Untersuchung, die verwendeten Informationsquellen und die Zuverlässigkeit und Glaubwürdigkeit der verwendeten Quellen überhaupt nicht erkennbar ist.

833. Im Juli 2009 wiederholte die israelische Regierung dieselbe Stellungnahme.[461]

3. Sachverhalt

834. Die Kommission hat festgestellt, dass die israelischen Streitkräfte eine Rakete abfeuerten, die in der Nähe des Moscheeeingangs einschlug. Das an der Betonrampe und den darunter liegenden Treppen festgestellte Durchschlagsmuster stimmt mit dem erwarteten Durchschlagsmuster der Splitterhülse einer Luft-Boden-Rakete überein. Splitterwürfel, die die Kommission aus der hinteren Innenwand der Moschee sichergestellt hat, stimmen mit der Art von Projektilen überein, die erwartungsgemäß von einer derartigen Rakete freigesetzt werden.[462]

835. Beim Angriff wurden mindestens 15 Personen getötet, die die Moschee zum Beten aufgesucht hatten; mehrere andere wurden sehr schwer verletzt.

---

460 „Conclusions of investigations into central claims and issues in Operation Cast Lead", 22. April 2009, Anhang C. Genehmigt und freigegeben wurde das Dokument vom Generalstabschef GenLt. Gabi Ashkenasi. Es ist abrufbar unter: http://dover.idf.il/IDF/English/opcast/postop/press/2201.htm

461 „The operation in Gaza ..."

462 Auf Grund einer Analyse der verfügbaren Informationen ist es nach Ansicht der Kommission möglich, dass es sich bei der fraglichen Rakete um eine modifizierte hochexplosive Panzerabwehrrakete handelt, die auch als AHEAT (augmented high-explosive antitank – erweiterte, hochexplosive Panzerabwehrrakete) oder als HEDP (high-explosive dual-purpose – hochexplosive, zweifach verwendbare Rakete) bezeichnet wird.

836. Die Kommission kann nicht feststellen, von welchem Flugzeug- bzw. Luftabschussplattformtyp aus die Rakete abgeschossen wurde. Sie glaubt den Zeugenaussagen zu den Umständen des Angriffs und hält diese für plausibel und vereinbar nicht nur mit den anderen Zeugenaussagen, sondern auch mit den am Ereignisort vorhandenen objektiven Beweisen. Die Kommission merkt ebenfalls an, dass verschiedene örtliche Organisationen Repräsentanten sehr bald nach dem Angriff an den Angriffsort schickten, die den Ereignisort selber in Augenschein nahmen. Die Kommission hat auch mit ihnen gesprochen und merkt an, dass ihre Schilderungen mit den Aussagen der vernommenen Zeugen übereinstimmen.

837. Es ist nicht behauptet worden, die al-Maqadmah-Moschee sei zur fraglichen Zeit zum Abschuss von Raketen, zur Lagerung von Waffen oder zur Beherbergung von Kombattanten verwendet worden.[463] Da weder aus den Aussagen zum Vorfall noch aus der Untersuchung des Ereignisorts hervorgeht, dass in der Gegend zur fraglichen Zeit andere Schäden entstanden sind, kommt die Kommission zum Schluss, dass es sich um einen Einzelangriff handelt, der mit keinem andauernden Gefecht oder Feuerwechsel zusammenhängt.

4. Rechtliche Würdigung

838. Mangels irgendeiner Erklärung der Umstände, die zum Raketenangriff auf die al-Maqadmah-Moschee führten, und unter Berücksichtigung der glaubwürdigen und zuverlässigen Schilderungen mehrerer Zeugen vor der Kommission, sowie der Umstände, die sie mit einem Ereignisortsbesuch selbst überprüfen konnte, kommt die Kommission zum Schluss, dass die israelischen Streitkräfte die Moschee vorsätzlich und gezielt angegriffen haben. Auch die Präzision und Ausgereiftheit der Munitionen der israelischen Streitkräfte werden bei dieser Feststellung berücksichtigt.

---

463 See, for example, statements made by Israel in "The operation in Gaza…", para. 234.

839. Bekräftigt wird diese Feststellung angesichts der unzufriedenstellenden und nachweislich falschen Stellungnahme der israelischen Regierung.

840. Daraus folgt, dass es sich hierbei um einen Angriff auf die Zivilbevölkerung als solche und nicht auf ein militärisches Ziel gehandelt hat.

841. Auf Grund des festgestellten Sachverhalts stellt die Kommission fest, dass die israelischen Streitkräfte das auch im Art. 51(2) des 1. Zusatzprotokolls verankerte gewohnheitsvölkerrechtliche Verbot, die Zivilbevölkerung als solche zum Ziel von Angriffen zu machen, verletzt haben.

842. Auf der Grundlage dieser Tatsachen stellen diese Verstöße als vorsätzliche Tötung und vorsätzliche Verursachung großer Leiden auch eine schwere Verletzung des 4. Genfer Abkommens dar.

843. Die Kommission stellt ebenfalls fest, dass sich der Staat Israel wegen willkürlicher Verletzung des Rechts der Getöteten auf Leben entgegen Art. 6 IPbpR zu verantworten hätte.

F. Der Angriff auf das Haus der Familie al-Daya am 6. Januar 2009

1. Ereignisse

844. Am 6. Januar 2009 wurde das Haus der Familie al-Daya in der al-Rai'i-Straße in Zeytoun, südöstlich von Gaza-Stadt, von einem von einem F-16-Flugzeug abgefeuerten Projektil getroffen, wodurch 22 Familienmitglieder ums Leben kamen. Zwölf der Getöteten waren Kinder, die das 10. Lebensjahr noch nicht vollendet hatten.

845. Im Juni 2009 besuchte die Kommission den Ereignisort, wo sie zwei der vier überlebenden Mitglieder der Familie al-Daya und mehrere örtliche Einwohner befragte.[464] Weitere Ermittlungen und Befragungen wurden Ende Juli mit den Nachbarn der Familie al-Daya durchgeführt.

846. Das Haus der Familie al-Daya war ein vierstöckiges Gebäude mit sieben Wohneinheiten, das Fayez Musbah al-Daya gehörte. Jede Wohneinheit bewohnte einer seiner sieben Söhne, von denen einige verheiratet waren und mit ihren eigenen Familien wohnten, sowie zwei unverheiratete Töchter.

847. Die israelischen Streitkräfte kamen am 3. Januar in Zeytoun an. Zeugen, die die Kommission befragte, sagen aus, die israelischen Streitkräfte hätten Flugblätter in der Gegend abgeworfen, in denen die Einwohner aufgefordert wurden, die Hamas nicht zu unterstützen und die israelischen Streitkräfte unter einer bestimmten Telefonnummer über militärische Aktivitäten, insbesondere über Waffeneinrichtungen in der Siedlung zu informieren.

848. Zeugen erwähnten, dass ein Gerücht in den Verkehr gebracht worden sei, wonach die israelischen Streitkräfte ein Haus in der Siedlung bombardieren würden; daraufhin verließen mehrere Familien ihre Wohnungen.[465] Einige Familien, darunter die verbleibenden Mitglieder der Familie al-Daya und fünf andere Familien, entschieden, dort zu bleiben.[466]

849. Am Morgen des 6. Januar gegen 5.35 Uhr soll eine Rakete in der Nähe des Hauses der Familie al-Daya, in der Nähe der Hassan al-Banna-Moschee, abgeschossen worden sein, wodurch ein älterer Mann getötet wurde. Zeugen gaben an, der Angriff habe kurz nach

---

464 Muhammad Fayez al-Daya, Rida Fayez al-Daya, Aimer al-Daya und Hafez al-Daya (mitsamt seiner Ehefrau und sieben Kindern).

465 Zu denjenigen, die ihre Wohnungen verließen, gehörten einer der Überlebenden und der älteste Sohn der Familie al-Daya, Nafez al-Daya, dessen Ehefrau und sieben Kinder.

466 Die Familien von Zuher al-Rai'i (schätzungsweise 16 Personen), Faraj al-Rai'i (schätzungsweise 15 Personen), Jumaa al-Rai'i (schätzungsweise 7 Personen), Mahmoud al-Hindi (schätzungsweise 4 Personen) und Shawqi Sa'd.

dem Morgengebet angefangen und geendet, als der Mann auf dem Nachhauseweg war. Dieselben Zeugen bestätigten, dass der Tod des fraglichen Mannes nicht von einer Kugel, sondern von einer kleinen Rakete verursacht wurde. Etwa 10 Minuten später, gegen 5.45 Uhr, wurde das Haus der Familie al-Daya von einem Projektil getroffen, das von einem F-16-Flugzeug abgefeuert wurde.

850. 22 Mitglieder der Familie al-Daya, die sich im Haus befanden, wurden getötet.[467]

851. Die Kommission befragte mehrere Nachbarn. Jeder von ihnen sagte, sie hätten vor dem Angriff auf das Haus der Familie al-Daya keinen Warnanruf der israelischen Streitkräfte erhalten und bestätigten, dass kein anderes Haus nach dem Haus der Familie al-Daya getroffen worden sei.

852. Auf Grund des Standortes des Hauses und des schmalen Zugangswegs dauerte es mehrere Stunden, bis Nachbarn durch die Trümmer graben konnten. Ein Bruder, Radwan al-Daya, wurde lebend aus den Trümmern gezogen und mit Hilfe eines PRCS-Mitarbeiters, der in der Nähe des Hauses der Familie al-Daya wohnte, ins Krankenhaus gebracht. Drei Tage später starb er an schwerer Erstickung. Mehrere Leichen wurden erst nach dem Abzug der israelischen Streitkräfte geborgen.

2. Die israelische Stellungnahme

853. Am 22. April 2009 äußerten sich die israelischen Streitkräfte wie folgt:

467 Zu diesen zählten die Ehefrau von Muhammad al-Daya (eines der überlebenden Familienmitglieder), deren drei Töchter und ein Sohn, alle unter sieben Jahre alt, die von den Trümmern des Hauses zerdrückt wurden. Die meisten von ihnen schliefen zum Zeitpunkt des Angriffs. Zu den anderen Getöteten gehören Fayez al-Daya und dessen Ehefrau; Iyad al-Daya und dessen Ehefrau Rawda, deren drei Töchter und drei Söhne, alle unter 10; Ramez al-Daya, dessen Ehefrau Safa, sowie deren sechs Monate alte Tochter und zweijähriger Sohn; zwei Schwestern, Raghdah und Sabrine und Radwan al-Daya.

[…] Das Haus der Familie al-Daia im Bezirk Zeitoun der Stadt Gaza (6. Januar 2009) – bei dem fraglichen Vorfall handelt es sich um einen operativen Fehler mit bedauerlichen Folgen. Die Untersuchung kam zu dem Schluss, dass die IDF beabsichtigte, ein Waffenlager im Gebäude neben dem Haus der Familie Al-Daia zu treffen. Offenbar wurde auf Grund eines Irrtums geplant, nicht das Gebäude, in dem die Waffen gelagert wurden, sondern das Haus der Familie Al-Daia anzugreifen.[468]

854. Im Juli 2009 verlautbarte die israelische Regierung wie folgt:

Die IDF ist zu dem Schluss gekommen, dass es in Folge eines operativen Fehlers zu diesem tragischen Vorfall kam. Auf Grund einer Untersuchung wurde festgestellt, dass die IDF beabsichtigte, ein Waffenlager anzugreifen, das sich in einem Gebäude neben diesem Wohnhaus befand. Die IDF zielte jedoch irrtümlich auf das Haus der Familie Al-Daia anstatt auf das Waffenlager. Zwar hat die IDF Warnschüsse auf das Dach des Hauses der Familie Al-Daia abgeschossen, andere Warnungen (wie z.B. der Warnanruf) wurden jedoch an das Gebäude gerichtet, in dem die Waffen *tatsächlich* gelagert wurden, und nicht an das Haus der Familie Al-Daia.

Wie es zu diesem bedauerlichen operativen Fehler kommen konnte, ist Gegenstand einer Untersuchung, um Schutzmaßnahmen zu verbessern und eine Wiederholung des Fehlers zu vermeiden. Diesen tragischen Ausgang bedauert Israel zutiefst. Während intensiven Gefechts in einer dicht bevölkerten Umgebung gegen einen Feind, der zivile Wohngebiete als Deckung für seine Aktionen verwendet, können derartige Irrtümer eben vorkommen. IDF-Truppen haben nicht vorsätzlich auf Zivilpersonen gezielt. Auch bei operativen Fehlen anderer Streitkräfte (wie z.B. bei der irrtümlichen Bombardierung der chinesischen Botschaft im ehemaligen Jugoslawien durch die NATO) war für die Feststellung, dass keine Kriegsrechtsverletzung vorliegt, der mangelnde Tatvorsatz von entscheidender Bedeutung. Ähnlich verhält es sich in diesem Fall: Obwohl der Angriff auf das Haus der

468 „Conclusions of investigations …“, Anhang C.

Familie Al-Daia ein tragischer Irrtum war, stellt er keine Kriegsrechtsverletzung dar.[469]

3. Sachverhalt

855. Israel zufolge soll das Haus der Familie al-Daya in Folge eines zu irgendeinem Zeitpunkt bei der Einsatzplanung aufgetretenen „operativen Fehlers“ zerstört worden sein. Es behauptet, das eigentliche Ziel sei ein benachbartes Haus, in dem Waffen gelagert worden seien. Die Kommission hat die Bewohner des benachbarten Hauses befragt und den Ereignisort besucht. Kein benachbartes Haus wurde zu irgendeinem Zeitpunkt nach der Zerstörung des Hauses der Familie al-Daya angegriffen. Der Kommission erscheint schwer verständlich, dass ein Ziel, das wegen seines Inhalts offenbar so wichtig war, dass es zu einer derart endgültigen Zerstörung bestimmt wurde, während der verbleibenden 12 Tage des Bodeneinsatzes überhaupt nicht angegriffen werden konnte.

856. Behauptungen, eine Warnung sei mittels des Abschusses einer kleinen Rakete auf das Dach erteilt worden, kann die Kommission nicht überprüfen, da das Haus zerstört und alle Bewohner getötet worden sind. Zeugen aus der Gegend haben ausgesagt, dass etwa 10 Minuten vor der Zerstörung des Hauses der Familie al-Daya eine kleine Rakete anscheinend einen älteren Mann in der Gegend getroffen habe. Ob und mit welcher Wahrscheinlichkeit es sich hierbei um einen Warnschuß gehandelt haben könnte, der sein Ziel verfehlte, kann die Kommission jedoch nicht feststellen.

857. Die israelischen Behörden haben nicht darauf hingewiesen, welches Haus sie genau angerufen haben wollen, aber die Behauptung, ein Warnanruf sei an das Haus getätigt worden, das angeblich Waffen enthielt, haben alle örtlichen Einwohner dementiert. Kein derartiger Anruf wurde von irgendjemandem in den Nachbarhäusern des Hauses der Familie al-Daya entgegengenommen.

---

469 „The operation in Gaza...“, Abs. 386 –387.

858. Unter diesen Umständen bestehen erhebliche Zweifel an der Schilderung der israelischen Behörden, und die bisherigen Verlautbarungen können nach Ansicht der Kommission nicht als Erklärung bezeichnet werden.

859. Außer den oben beschriebenen Hauptschwierigkeiten gibt es verschiedene Fragen, die sich leicht klären ließen, jedoch nicht geklärt wurden. Unklarheit besteht weiterhin hinsichtlich des genauen Charakters und Zeitpunkts des operativen Fehlers, sowie der dafür verantwortlichen Person. Außerdem scheint das Warnsystem zu verschiedenen Zeitpunkten versagt zu haben: Die israelische Regierung berichtet, dass eine Warnung erteilt wurde, weil man glaubte, in einem Haus würden Waffen gelagert. In Anbetracht der Sprengkraft des Projektils, das das vierstöckige al-Daya-Gebäude zerstörte, fragt sich die Kommission, was die Folgen gewesen wären, wenn das Projektil tatsächlich ein Waffenlager getroffen hätte; von den israelischen Streitkräften wird jedoch nicht angedeutet, dass die Bewohner der benachbarten Häuser vor möglichen Folgeexplosionen gewarnt wurden. Es wurde offenbar nicht nur die falsche Warnung an die falschen Personen erteilt, sondern auch noch der allem Anschein nach praktisch mögliche Schritt einer Warnung an die Einwohner vor einer durchaus vorhersehbaren Gefahr unterlassen, wenn der Behauptung überhaupt Glauben geschenkt werden soll, dass ein derartiges Waffenlager existierte.

860. Die bisherige israelische Schilderung der Ereignisse ist nach Ansicht der Kommission unzufriedenstellend. Die vorgetragenen Einzelheiten reichen nicht aus, um den Charakter dieses sehr schweren Irrtums klarzustellen, wenn es sich überhaupt um einen Irrtum gehandelt hat. Soweit eine Erklärung überhaupt gegeben worden ist, scheint es ihr an Stimmigkeit zu mangeln. Sie wirft mehr Fragen auf, als sie beantwortet.

4. Rechtliche Würdigung

861. Über mögliche Verletzungen des humanitären Völkerrechts oder des Völkerstrafrechts kann die Kommission keine Feststellung treffen, da

die zur Bestimmung der genauen Umstände des Vorfalls erforderlichen Erkenntnisse nicht vorliegen. Wenn es sich tatsächlich um einen Irrtum gehandelt hat, und die Absicht bestand, ein Haus in der Nähe zu zerstören, anstatt die Familie al-Daya zu töten, kann von einer vorsätzlichen Tötung keine Rede sein, da der subjektive Tatbestand von den Verantwortlichen nicht erfüllt wurde.[470]

862. Dennoch bleibt die Frage der staatlichen Verantwortung. Die Artikel der Völkerrechtskommission (International Law Commission) zur staatlichen Verantwortung für Völkerrechtsverletzungen[471] enthalten keinerlei Angaben zur Frage, ob ein derartiger Irrtum einen Staat von seiner völkerrechtlichen Verantwortung für eine Völkerrechtsverletzung befreit. Außerdem sind die im Völkerrecht geltenden Anforderungen an den subjektiven Tatbestand umstritten. In einem Kommentar zu dem Artikel vertreten Crawford und Olleson folgende Auffassung: „Wenn ein Staat irgendeine konkrete Handlung vorsätzlich begeht, hat er weniger Spielraum für die Behauptung, die schädlichen Folgen seien nicht beabsichtigt worden und deshalb zu vernachlässigen. Maßgeblich sind der genaue Zusammenhang und der Inhalt und Auslegung der Verpflichtung, die verletzt worden sein soll."[472]

863. Vorliegend wurde die in Art. 51(1) des 1. Zusatzprotokolls verankerte Pflicht verletzt, den allgemeinen Schutz der Zivilbevölkerung vor den Gefahren von Kriegshandlungen zu gewährleisten.

864. Der Abschuß des Projektils war eine vorsätzliche Handlung, da, wie auch Israel zugibt, geplant wurde, das Haus der Familie al-Daya zu treffen. Dadurch, dass in der Planungsphase das falsche Ziel gewählt wurde, verliert die Handlung nicht ihren vorsätzlichen Charakter. Die Folgen mögen durchaus unbeabsichtigt sein; die Handlung hingegen war vorsätzlich. In Verbindung mit weiteren Tatsachen (wie die unterlassene Erteilung einer wirksamen Warnung) und dem Charakter der "unübertretbaren Pflicht", das Leben von Zivilperso-

---

470 Vgl. Art. 32 des Römer Statuts.

471 Anhang zu Resolution 56/83 der Generalversammlung.

472 J. Crawford and S. Olleson, „The nature and forms of international responsibility", in *International Law*, M. Evans, (Hrsg.) (Oxford, Oxford University Press, 2003).

nen zu schützen, ist die Kommission der Ansicht, dass eine erhebliche Verletzung der Sorgfaltspflicht auf israelischer Seite selbst dann nachgewiesen ist, wenn auch Vorsatz oder Fahrlässigkeit nachgewiesen werden muss. Somit ist die Kommission der Auffassung, dass sich Israel für die Folgen dieser Rechtsverletzung zu verantworten hat.

865. Die Kommission stellt fest, dass die Verletzung der Sorgfaltspflicht seitens Israels außerdem eine Verletzung des im Art. 6 IPbpR, dessen Vertragspartei Israel ist, festgelegten Rechts auf Leben darstellt. Das Recht auf Leben umfasst die Pflicht, das Leben zu achten, und die positive Pflicht, das Leben zu schützen. Das Menschenrechtskomitee hat ausgeführt, dass Vertragsparteien Maßnahmen nicht nur zur Vorbeugung und zur Bestrafung von Verletzungen dieses Rechts durch strafbare Handlungen, sondern auch zur Vorbeugung willkürlicher Tötungen durch die eigenen Sicherheitskräfte treffen sollen.[473] Hiervon sind auch Handlungen in Kriegszeiten nicht ausgenommen.

866. Das Recht auf Leben umfasst auch eine Verfahrenskomponente, die erfordert, dass jede mutmaßliche Verletzung „unverzüglich, gründlich und wirksam von unabhängigen, unparteiischen Organen zu untersuchen" ist, da „die unterlassene Untersuchung mutmaßlicher Verletzungen an und für sich eine gesonderte Verletzung des Paktes darstellen könnte".[474] An oben beschriebenen, der von den israelischen Streitkräften durchgeführten Untersuchung mangelt es an Transparenz und Glaubwürdigkeit. Dadurch, dass Israel den verfahrensrechtlichen Pflichten nicht nachgekommen ist, wird der Frust und der Zorn der Überlebenden, denen keine glaubwürdige Erklärung der Geschehnisse geliefert worden ist, noch weiter verschärft.

473 General comment No. 6 (1982), Abs. 3.

474 Human Rights Committee, general comment No. 31 (2004), Abs. 15. Siehe ebenfalls Basic Principles and Guidelines on the Right to a Remedy and Reparation for Victims of Gross Violations of International Human Rights Law and Serious Violations of International Humanitarian Law, Abs. 3 (b).

G. Angriff auf die Trauerzelte der Familie Abd al-Dayem

1. Ereignisse

867. Am 4. Januar 2009 griffen die israelischen Streitkräfte einen Krankenwagen in Beit Lahia mit einer Flechettenrakete an, als die Besatzung mehreren Verwundeten half, die bei einem früheren Angriff getroffen worden waren. Die beim ersten Angriff Verwundeten waren auch von einer Flechettenrakete getroffen worden. In Folge des Angriffs auf den Krankenwagen wurde einer der freiwilligen Rettungsassistenten, Arafa Abd al-Dayem, schwer verletzt. Er verstarb später am selben Nachmittag.

868. Tags darauf errichtete die Familie nach den gängigen Gebräuchen Trauerzelte, wo Freunde und Verwandte dem Verstorbenen die letzte Ehre ehrweisen und die trauernden Verwandten trösten konnten. Das Haus der Familie befindet sich in Izbat Beit Hanoun, einem bebauten Gebiet in der nordöstlichen Ecke des Gaza-Streifens. Es liegt zwischen Jabaliyah und Beit Hanoun, etwa 3 Kilometer sowohl von der nördlichen als auch von der östlichen Grenze zu Israel entfernt. Obwohl die israelischen Streitkräfte zum Zeitpunkt des Vorfalls bereits in Gaza eingerückt waren, blieben sie in diesem Gebiet auf der israelischen Seite der sog. „Grünen Linie". Es wurden zwei Zelte errichtet – eines für die männlichen und eines für die weiblichen Trauergäste. Sie wurden in etwa 10 Metern Entfernung voneinander aufgestellt. Das Männerzelt befand sich außerhalb des Hauses von IK/11.

869. Die Zeilte wurden innerhalb von zwei Stunden dreimal angegriffen, und zwar wieder mit Flechettenraketen.

870. Die Kommission sprach mit mehreren der Zeugen, die zu dem Zeitpunkt anwesend gewesen waren und die Angriffe auf die Trauerzelte überlebt hatten. Die Kommission nahm zur Kenntnis, wie stolz der Vater von Arafa Abd al-Dayem auf ihn war, und welch tiefer Verlust dessen Tod für ihn darstellte.

871. Hinsichtlich der Angriffe auf die Trauerzelte gaben Zeugen an, dass gegen 7.30 Uhr am 5. Januar das Haus von IK/11 von einer Granate getroffen wurde. Die Granate traf das vierte Stockwerk des fünfstöckigen Gebäudes, was das Dach zum Einsturz brachte.[475] Drei Männer, die dort anwesend waren, darunter auch der Vater des Verstorbenen, wurden leicht verletzt und zur Behandlung ins Kamal Idwan-Krankenhaus in Beit Lahia gebracht. Gegen 8.15 Uhr kehrten sie zum Haus zurück. Dort beschlossen die Trauernden, die Trauerfeier aus Angst vor weiteren Angriffen zu beenden.

872. Der Zeuge sagte aus, dass gegen 8.30 Uhr, als man das Haus von IK/11 verließ und sich in Richtung des Trauerzelts der Frauen begab, zwei Flechettenraketen in einer Entfernung von wenigen Metern zum Zelt in einem zeitlichen Abstand von weniger als einer halben Minute einschlugen. Etwa 20 bis 30 dort versammelte Personen wurden verletzt. Zu den Verletzten gehörten ein 13-jähriger Junge, der an der rechten Kopfseite von einer Flechette verletzt wurde und ein 33-jähriger Mann, der an der Brust und am Kopf verletzt wurde. Nach Angaben eines Zeugen, der dessen Leiche sah, als sie für die Beerdigung präpariert wurde, hatte er kleine Löcher am ganzen Körper.

> Ein 22-jähriger Mann wurde am Bauch, an der Brust und am Kopf verletzt. Ein 16-jähriger Junge wurde am Kopf und am Hals verletzt. Ein 26-jähriger Mann wurde an der Brust, am Kopf und am linken Bein verletzt. Diese fünf Personen erlagen ihren Verletzungen. 17 weitere Personen, die am Ereignisort anwesend waren, darunter 14 Männer, zwei Kinder (17 und 11 Jahre alt) und eine Frau wurden verletzt.

873. Im Körper von RA/14, der den Angriff überlebte, sind immer noch mehrere Flechetten eingebetet, insbesondere in der Brust. Ohne Schmerzen kann er sich nicht frei bewegen.

874. Zeugen beschrieben, wie ihr Verlustgefühl durch den Umstand verschärft wurde, dass sie keinen Zugang zu den Verletzten bzw. Toten in Krankenhäusern hatten, da die Bewegungsfreiheit wegen andau-

475 Aussage von IK/12 und IK/13 gegenüber der Kommission am 30. Juni 2009.

ernden Beschusses in und um die Gegend eingeschränkt war. Nur zwei von den fünf Familien der Toten konnten die Beerdigung nach ihren traditionellen Gebräuchen und Praktiken durchführen.

2. Die israelische Stellungnahme

875. Allem Anschein nach hat sich die israelische Regierung nicht zu den mit dem Fall Abd al-Dayem verbundenen Behauptungen öffentlich geäußert, obwohl die diesbezüglichen Informationen schon lange öffentlich zugänglich sind. Sie hat jedoch daran erinnert, dass der Oberste Gerichtshof Israels die Argumentation zurückgewiesen hat, dass Flechettenmunitionen ihrer Natur nach wahllos seien und vertritt die Auffassung, dass ihr Einsatz rechtmäßig sei, solange die allgemeinen Bestimmungen der Normen des Kriegsrechts eingehalten werden.[476]

3. Sachverhalt

876. Die Kommission hat die Gegend und das Haus der Familie Abd al-Dayem besucht. Sie sprach mit dem Vater von Arafa Abd al-Dayem, der an den bei seiner Arbeit als freiwilliger Rettungsassistent erlittenen Verletzungen verstarb, sowie mit mehreren der Zeugen, die bei den Trauerfeiern zugegen waren.

877. Ihre Schilderungen der Vorfälle waren stimmig und plausibel. Dass vor allem Männer in der Nähe des Frauenzelts getötet wurden, lässt sich dadurch erklären, dass die Angriffe genau zu dem Zeitpunkt stattfanden, als die Männer die Straße überquerten.

878. Die Kommission sieht überhaupt keinen Anhaltspunkt dafür, dass das Haus von IK/11 oder die Trauerzelte als militärisches Ziel gelten könnten. An den wiederholten Angriffen ist zu erkennen, dass man vorsätzlich versuchte, Angehörige der Gruppe bzw. die ganze

---

476 s. Die Operationen in Gaza ... paragr. 431-435

Gruppe zu töten. Zum Zweck der Angriffe haben die israelischen Behörden jedoch keine Angaben gemacht.

879. Die Kommission hat den Angriffsort inspiziert und konnte zweifelsfrei feststellen, dass die Angriffe ganz und gar vorsätzlich waren. Auf beiden Seiten der breiten Straße befand sich ein Zelt. Das betreffende Gelände ist verhältnismäßig offen.

4. Rechtliche Würdigung

880. Der Einsatz von Flechetten ist nach dem humanitären Völkerrecht nicht unter allen Umständen verboten, aber auf Grund des Verhältnismäßigkeitsprinzips sowie der bei Angriffen erforderlichen Vorsichtsmaßnahmen ist ihr Einsatz rechtswidrig. Flechetten sind 4 cm lange Metallpfeile. Sie gehören zur Kategorie der Antipersonenwaffen, die menschliche Knochen durchdringen und schwere, oft tödliche Verletzungen verursachen.[477] Sie werden von Panzergranaten, oder von Raketen, die von Flugzeugen oder Drohnen abgeschossen werden, freigesetzt und in Salven abgeschossen und gehören somit zu den Antipersonen-Flächenwaffen. Deshalb sind sie schon ihrer Natur nach unterschiedslos..

881. Die Kommission stellt fest, dass während der Trauerfreier Flechettgeschosse in die Nähe einer großen Gruppe von Zivilpersonen gefeuert wurden, wodurch fünf Zivilpersonen ums Leben kamen und mehr als 20 verletzt wurden. Damit der Angriff als willkürlich bezeichnet werden könnte, müsste es überhaupt ein militärisches Ziel geben, gegen das sich ein Angriff richten könnte. Der Kommission liegen keine Erkenntnisse vor, die eine derartige Annahme rechtfertigen könnten, und sie stellt fest, dass die israelischen Behörden zu diesen Vorfällen schweigen.

---

477 Amnesty International, Israel/Gaza: Operation „Gegossenes Blei“: 22 Tage Tod und Zerstörung (London 2009),; B‘Ttselem, „Flechette shells: an illegal weapon“ in: http://www. Btselem.org/english/firearms/flechette,asp

882. Die Kommission ist folglich der Ansicht, dass die an der Trauerfeier beteiligten Familien Zivilpersonen waren und sich nicht aktiv an Feindseligkeiten beteiligten. Die Angriffe auf das Trauerzelt am Morgen des 4. Januar war gänzlich ungerechtfertigt und überflüssig. Diese Angriffe waren scheinbar dazu bestimmt, die Opfer direkt zu töten und zu verstümmeln und die Menschen in der Umgebung in Angst und Schrecken zu versetzen, statt irgendein legitimes militärisches Ziel zu verfolgen.

883. Die Kommission kommt zu dem Schluss, dass der Angriff auf die Trauerzelte der Familie Abd al-Dayem einen vorsätzlichen Angriff auf die Zivilbevölkerung und zivile Objekte, eine vorsätzliche Tötung und eine vorsätzliche Verursachung großer Leiden darstellt. Insbesondere ist die Kommission davon überzeugt, dass es für eine Konfliktpartei, die in gänzlich oder vorwiegend zivilen Gebieten Flechetteraketen einsetzt, durchaus vorhersehbar ist, welche schweren und unnötigen Leiden den betroffenen Zivilpersonen dadurch zugefügt werden.

884. Auf der Grundlage der ermittelten Tatsachen stellt die Kommission folglich fest, dass hier ein vorsätzlicher Angriff auf Zivilpersonen entgegen den Normen des Gewohnheitsvölkerrechts vorliegt. In Anbetracht des Charakters der eingesetzten Waffen ist sie der Ansicht, dass man mit den Angriffen nicht nur beabsichtigte, Zivilpersonen zu töten, sondern auch Schrecken unter der Zivilbevölkerung zu säen. (s. Art. 51(2) des 1. Zusatzprotokolls)

885. Die Kommission stellt ebenfalls fest, dass es sich bei dem Angriff um eine schwere Verletzung von Art. 147 des 4. Genfer Abkommens, nämlich eine vorsätzliche Tötung und vorsätzliche Verursachung großer Leiden, handelt.

XII. Der Einsatz bestimmter Waffen

886. Im Laufe ihrer Untersuchungen wurde der Kommission der Einsatz bestimmter Waffen durch die israelischen Streitkräfte zur Kenntnis gebracht. In diesem Kapitel soll keine umfassende Analyse aller mit den während der Kriegshandlungen eingesetzten Waffen verbundenen Fragen dargestellt werden. Es handelt sich vielmehr um eine Zusammenfassung der Ansichten der Kommission zu einigen ausgewählten Fragen, die sich aus den vorigen Kapiteln ergeben, und zwar im Hinblick auf die Verpflichtung, alle praktisch möglichen Vorsichtsmaßnahmen bei der Wahl der Mittel und Methoden der Kriegführung zu treffen. Einige der Fragen, auf die die Kommission aufmerksam gemacht wurde, waren bereits Gegenstand kritischer Überprüfung durch die Presse bzw. wurden von verschiedenen Organisationen analysiert.[478] Zu diesen Fragen gehört der Einsatz von weißem Phosphor, der Einsatz von Flechetteraketen, der Einsatz sog. DIME-Munitionen (dense inert metal explosive munitions – explosive Munitionen aus dichtem, reaktionsträgem Metall) und der Einsatz abgereicherten Urans.

A. Weißer Phosphor

887. Weißer Phosphor war während der gesamten Bodenphase der Kriegshandlungen im Einsatz. Die israelische Regierung hat ihre Begründungen dafür dargelegt und betont, dass es sich hier bei nicht

---

478 s. z.B. See, Physicians for Human Rights-Israel, Report of the Independent Fact Finding Kommission into violations in the Gaza Strip during the period 27.12.08-18.01.09, http://www.phr.org.il/phr/files/articlefile_1241949935203.pdf., Human Rights Watch, Rain of Fire: Israel's Unlawful Use of White Phosphorous in Gaza (March 2009), Amnesty International, Fuelling conflict: Foreighn arms supplies to Israel/Gaza (February 2009), Report of the Independent Fact Finding Committee on Gaza, „No safe place …", paras. 206-207; Summary of the Report of the United Nations Headquarters Board of Inquiry, paras. 46-56,, documentation provided by UNRWA

nur nicht um eine völkerrechtlich verbotene Waffe handele, sondern dass er auch mit einem hohen Grad an Erfolg eingesetzt worden sei.[479]

888. Sie hat erklärt, dass weißer Phosphor in zwei verschiedenen Formen eingesetzt worden sei. Als Sprengmunition in Mösergranaten wurde er von Bodentruppen und der Marine eingesetzt. Sie behauptet, ihn in dieser Form nur in unbewohnten Gebieten eingesetzt zu haben, um Markierungen und Signale zu setzen, und nicht als Antipersonenwaffe. Sie behauptet, dass sie auf Grund internationaler Bedenken am 7. Januar 2009 beschlossen habe, den Einsatz dieser Munition einzustellen, obwohl dies nach dem Völkerrecht nicht geboten sei. Sie räumt den Einsatz von Rauchprojektilen mit in weißes Phosphor getauchten Filzkeilen ein.

889. So, wie es die Kommission versteht, wurden diese Rauchprojektile als Kanistergranaten von 155-mm-Haubitzen abgefeuert. Das Projektil wurde so programmiert bzw. der Zeitpunkt der Deonation wurde so eingestellt, dass es in der Luft über seinem vorgesehenen Ziel explodierte Der Phosphorkanister entlud dann eine Menge mit weißem Phosphor imprägnierter Filzkeile, meistens ungefähr 160 Keile, die sich fächerförmig in Richtung Boden zerstreuten.
Diese Pfeile mit weißem Phosphor, eine pyrophore (d.h. bei Luftkontakt selbstentzündliche) Chemikalie, stoßen so lange Rauch aus, bis die Chemikalie aufgebraucht ist oder ihr die Luft entzogen wird. Deshalb bleiben Phosphorkeile aktiv. In Gaza sind sie z.B. 21 bis 24 Tage nach dem Abschuss aktiv geblieben. Technisch gesehen ist es möglich, dass es in Gaza immer noch aktive Keile mit weißem Phosphor gibt, z. B. in Wassertanks oder Abwasseranlagen.
Kinder sind später durch den Kontakt mit diesen Keilen verletzt worden.

890. Die Kommission hat von verschiedenen Vorfällen berichtet, bei denen sie besondere Bedenken über die Entscheidung, weißen Phosphor einzusetzen, erhoben hat. Diese Vorfälle wurden schon an an-

479 „The operation in Gaza …“, paras. 406–430. Die Kommission richtete schriftlich formulierte Fragen an die israelische Regierung bezüglich des Einsatzes von weißem Phosphors während der Militäroperation in Gaza. Eine Antwort blieb aus.

derer Stelle ausführlich geschildert; zu diesen gehören die Vorfälle im UNRWA-Komplex in Gaza-Stadt, die Angriffe auf die Al-Quds- und Al-Wafa-Krankenhäuser, ebenfalls in Gaza-Stadt, sowie den Einsatz von weißem Phosphor bei dem Angriff auf die Familie Abu Halima nördlich von Al-Atatra und in Khuz'a.

891. Die Kommission stellt fest, dass zumindest im Falle von Abu Halima[480] weißer Phosphor offenbar nicht als Rauchprojektil, sondern als Explosivgeschoss eingesetzt wurde. Das geschah mehrer Tage nach der scheinbaren Entscheidung am 7. Januar, den Einsatz dieser Munitionen einzustellen.

892. Die Kommission hat auch einige längere Gespräche mit einigen örtlichen und internationalen medizinischen Sachverständigen geführt, die in Gaza Patienten behandelten, die Verbrennungen in Folge von Kontakt mit weißem Phosphor erlitten hatten.

893. Die Kommission sieht keinen Anlass, ihre Schlussfolgerungen zur Entscheidung über den Einsatz von weißem Phosphor unter konkreten Umständen zu wiederholen. Sie hat bereits klargestellt, dass die Risiken für die im Angriffsbereich befindliche Zivilbevölkerung und zivilen Objekte in keinem Verhältnis zu den erhofften konkreten militärischen Vorteilen standen.

894. Die israelische Regierung hat mehrfach auf die Schwierigkeiten hingewiesen, die mit Kampfeinsätzen in bebauten Gebieten verbunden sind. Eine dieser Schwierigkeiten ist die Nähe ziviler Objekte zu möglichen militärischen Zielen. Den Befehlshabern bleibt nichts anderes übrig, als bei der Entscheidung darüber, welche Waffen sie einsetzen sollen, die Gefahr für solche Objekte und die darin befindlichen Personen als Faktor zu berücksichtigen. Die Kommission stellt fest, dass die von den israelischen Streitkräften bei ihren Entscheidungen für den Einsatz von weißem Phosphor in bebauten Gebieten, insbesondere in und um Gebiete, die für die Sicherheit und Gesundheit von Zivilpersonen von besonderer Bedeutung waren, an den Tag gelegte grobe Fahrlässigkeit systematisch war.

---

480 s. Kap. XI

895. Neben dem grob fahrlässigen Einsatz weißen Phosphors muss die Kommission betonen, dass es ihr nicht nur um die außerordentlichen Risiken geht, die die israelischen Streitkräfte bei dessen Einsatz in Kauf nahmen, sondern auch um die dadurch verursachten tatsächlichen Schäden. Bei ihren Gesprächen mit medizinischen Sachverständigen und Ärzten war sie von der Schwere und dem mitunter unbehandelbaren Charakter der dadurch verursachten Verbrennungen beeindruckt.

896. Mehrere Ärzte berichteten, dass sie geglaubt hätten, eine Wunde erfolgreich behandelt zu haben, um dann unerwartete Komplikationen zu finden, die dadurch verursacht wurden, dass der Phosphor tiefer greifende Schäden an Gewebe und Organen hervorrief, als zum fraglichen Zeitpunkt festgestellt werden konnte. Ärzten zufolge sind mehrere Patienten an Organinsuffizienz gestorben, die durch diese Verbrennungen hervorgerufen wurde .

897. Ein Oberarzt des al-Shifa-Krankenhauses in Gaza-Stadt bestätigte, dass Sabah, Ghara, und Farah Abu Halima mit schweren Verbrennungen aufgenommen wurden und zur Behandlung nach Ägypten überführt wurden. Der Arzt vermutete, dass die Verbrennungen durch den Kontakt mit weißem Phosphor verursacht worden seien.[481]

898. Der Arzt bemerkte, dass das Krankenhaus vor den Kriegshandlungen mit Phosphorverbrennungen nicht vertraut gewesen sei. Beunruhigt wurde das Personal, als Patienten, die mit scheinbar leichten Verbrennungen nach Hause entlassen wurden, in den darauf folgenden Tagen mit noch schwereren Wunden zurückkamen. Sie stellten bei der Abnahme der Verbände, die auf Wunden, die noch Phosphorfragmente enthielten, aufgelegt worden waren, fest, dass Rauch aus den Wunden kam.

899. Internationale Ärzte, die mit dem Personal des al-Shifa-Krankenhauses zusammenarbeiteten, von denen einige während des Kriegs 2006 im Libanon tätig gewesen waren, identifizierten weißen Phosphor als Ursache dieser Verletzungen. Dementsprechend wurde die Behandlung angepasst. Jede Verbrennung, bei der Verdacht auf Phos-

481 Befragung durch die Kommission am 12. Juni 2009

phor bestand, wurde umgehend mit einem nassen Schwamm bedeckt und die Partikel wurden entfernt. Weißer Phosphor klebt an Gewebe fest, sodass sämtliches Fleisch und manchmal Muskeln im Bereich der Verbrennungen exzidiert werden müssen.

900. Des Weiteren stellt der so häufig in zivilen Gebieten eingesetzte hochtoxische Stoff eine reale Gefahr für die Gesundheit der behandelnden Ärzte dar. Selbst das Arbeiten in Bereichen, in denen Phosphor eingesetzt worden war, führte bei den betroffenen Angehörigen des Sanitätspersonals zu Unwohlsein, ihre Lippen schwollen an, sie verspürten extremen Durst und Brechreiz, wie sie der Kommission berichteten.

901. Zwar unterliegt weißer Phosphor derzeit keinem völkerrechtlichen Verbot , die Kommission ist jedoch der Auffassung, dass der wiederholte Missbrauch dieser Substanz während dieses Einsatzes durch die israelischen Streitkräfte die Frage aufwirft, ob es sinnvol ist, deren Einsatz ohne zusätzliche Kontrollmechanismen weiterhin zu erlauben. Die Kommission kann nachvollziehen, dass es während eines Militäreinsatzes aus verschiedenen Gründen erforderlich ist, Verdunkelungs- und Leuchtmittel einzusetzen, besonders um die Truppen vor Observation oder feindlichem Feuer abzuschirmen. Allerdings gibt es andere Leucht- und Abschirmungsmittel, bei denen die weißem Phosphor innewohnenden Toxizität, Volatilität und Gefahr nicht gegeben sind. Der Einsatz von weißem Phosphor irgendeiner Form in und um Gebiete, die der Gesundheit und Sicherheit von Zivilpersonen dienen, ist nachweislich mit sehr erheblichen Gefahren verbunden. Die Kommission ist deshalb der Überzeugung, dass ein Verbot des Einsatzes von weißem Phosphor in bebauten Gebieten ernsthaft in Erwägung gezogen werden sollte.

B. Flechetten[482]

902. Flechetten sind kleine, pfeilförmige Verbundmetallstücke, die meistens aus Kanistergeschossen oder Granaten in Salven abgefeuert werden. Die in Gaza abgefeuerten und sichergestellten Flechetten waren 4 cm lang und etwa 2-4 mm breit, mit einem zugespitzten und einem fächerförmigen Ende.

903. Flechetten werden als Antipersonenwaffe eingesetzt, und werden in so großen Mengen freigesetzt, dass sie einen Bereich vor dem Geschoss bedecken. Als Flächenwaffe treffen die Pfeile nach dem Einschlag alles, was sich in einer bestimmten Zone befindet. Nach der Detonation können sie deshalb nicht zwischen zivilen und militärischen Zielen unterscheiden. Sie sind somit besonders ungeeignet für den Einsatz in städtischen Bereichen, wo mit der Anwesenheit von Zivilpersonen zu rechnen ist.

904. Während der Kriegshandlungen wurden Flechetten mehrmals von Panzern, und mindestens einmal von einer Luft-Boden-Rakete des Typs „Hellfire“ abgefeuert.[483] In allen Fällen waren diejenigen, die von diesen Vorrichtungen getroffen wurden, Zivilpersonen und in einem Fall befanden sie sich nach dem Verlust eines Familienmitglieds, das ebenfalls durch Flechetten getötet wurde, in einem Trauerzelt .

905. Flechetten brechen, biegen sich oder „drehen“ sich bekanntlich bei Kontakt mit menschlichem Gewebe. Solche Eigenschaften gehören häufig zur Konstruktion der Flechetten und werden auch so vermarktet. Gerade beim „Taumeln“ handelt es sich nach allgemeiner Ansicht um eine weitere Ausführung der „außer Gefecht

---

482 „The operation in Gaza …“, paras. 431–434. Der Bereicht stellt lediglich fest dass die Waffen nicht verboten sind und dies 2002 vom Obersten Israelischen Berichtshof bestätigt wurde. Obwohl keine spezifischen Beschuldigungen angesprochen waren, war allgemein angegeben, dass den Beschuldigungen weiter nachgegangen wird (Paragr. 435). Die Kommission richtete schriftlich formulierte Fragen an die israelische Regierung bezüglich des Einsatzes von Felchette-Munition während der Militäroperation in Gaza. Ein Antwort blieb aus.

483 s. den Fall Abduldayem in Kap. XI

setzenden“[484] Wirkung der Projektile. Die Kommission stellt jedoch fest, dass es möglich ist, Flechetten auf Wunsch auch ohne dieses nach dem Einschlag auftretende Verhalten zu konstruieren.

C. Mutmaßlicher Einsatz von Munitionen, die Verletzungen einer bestimmten Art verursachen

906. Die Kommission erhielt Berichte von palästinensischen und ausländischen Ärzten, die während der Kriegshandlungen in Gaza tätig waren, über einen auffallend hohen Prozentsatz von Patienten mit abgetrennten Beinen in Folge des Aufpralls von Projektilen, die die israelischen Streitkräfte abgeschossen hatten. Der norwegische Narkosefacharzt Dr. Mads Gilbert und der norwegische Chirurg Dr. Eric Fosse, die beide vom 31. Dezember 2008 bis zum 10. Januar 2009 im al-Shifa-Krankenhaus operierten[485], gaben der Kommission eine Beschreibung der charakteristischen Eigenschaften der Wunden. Bei Kindern waren Glieder bis zur Hüfthöhe abgetrennt, bei den Erwachsenen normalerweise tiefer; dazu kamen Verbrennungen dritten Grades, von denen alle Hautschichten betroffen waren, 4 bis sechs Fingerbreiten oberhalb der Amputation. An der Abtrennungsstelle war das Fleisch in Folge der Hitze kauterisiert. Patienten mit diesen Amputationen hatten keine Splitterwunden, dafür aber rote Verfärbungen am Abdomen und an der Brust. Nicht selten mussten diesen Patienten große Fleischstücke exzidiert werden. Dr. Gilbert fügte noch hinzu, dass die Patienten auch innere Verbrennungen erlitten hätten. Diese Darstellung wurde der Kommission von palästinensischen Chirurgen bestätigt.

---

484 William Kokinakis and Joseph Sperrazza, „Criteria for incapacitating soldiers with fragments and flechettes (U)“, Ballistic Research Laboratories Report Number 1269, Aberdeen Proving Ground, Maryland (January 1965)

485 Mads Gilbert and Eric Fosse, „Inside Gaza's al-Shifa hospital", The Lancet, vol. 373, No. 9659 (17 January 2009), S. 200.

907. So wie es die Kommisssion versteht, stimmen Verletzungen dieser Art mit den beim Aufprall von DIME-Waffen entstehenden Verletzungen überein. Diese Waffen bestehen aus einer Kohlefaserhülse und einem darin eingeschlossenen Gemisch aus Sprengstoff mit kleinen Partikeln, im Grunde genommen Pulver, aus Schwermetall, z. B. einer Wolframlegierung. Während der Detonation des Sprengstoffs zerfällt das Gehäuse in extrem kleine, nicht tödliche Fasern. Das Wolframpulver reißt alles auseinander, was es trifft. Der Aufprall solcher Waffen verursacht im Allgemeinen sehr schwere Wunden innerhalb eines vom Detonationsort aus bemessen relativ begrenzten Durchmessers (im Vergleich zu anderen Projektilen). Da die kleinen Metallteilchen leicht Gewebe und Knochen durchschneiden können, kommt es vor, dass Überlebenden, die sich im tödlichen Bereich aufhalten, die Gliedmaßen abgetrennt werden und Wolframlegierungsteilchen sich in ihrem Körper einbetten. Die Verletzunswahrscheinlichkeit von Personen, die sich in einem größeren Abstand zur Detonation aufhalten, sind gegenüber konventionellen Projektilen vergleichsweise gering. Deshalb werden diese Waffen als *focused lethality munitions* (Munitionen mit konzentrierter Tödlichkeit) bezeichnet.[486]

908. Das der Kommission vorgelegte Material, insbesondere das des Sachverständigen OberstLt. Lane, wirft konkrete medizinische Bedenken im Hinblick auf Überlebende der durch DIME-Waffen verursachten Verletzungen auf.[487] Es wird vermutet, dass die Wolframlegierungsteilchen hochkarzinogen und so klein sind, dass sie nicht aus dem Körper des betroffenen Patienten entfernt werden können. Dr. Gilbert erwähnte, dass es bisher keine Folgestudien über Überlebende von Amputationen dieser Art, gibt die seit 2006 nach den israelischen Kriegshandlungen in Gaza und im Libanon beobachtet wird. Einige Studien lassen vermuten, dass diese Patienten einem erhöhten Krebsrisiko ausgesetzt sind.

---

486 Die hier in Rede stehen Dime Munition weicht von der in der im Falle der al-Maqadmah-Moschee verwendeten Munition ab. In diesem Fall war die Rakete mit einer Splittergranate mit Mikroschrapnell bestückt. Das Mikroschrapnell enthielt Wolfram oder Wolfram-legiertes Gehäuse, das ähnliche Karzinogene Risiken birgt wie das Puder oder die Fasen in DIME.

487 Schriftliche Eingaben des Gutachters Lt. Col. Lane. an die Kommission

D. Feststellungen über den Einsatz von Munition, die Verletzungen einer bestimmten Art verursachen

909. Auf der Grundlage der ermittelten Tatsachen stellt die Kommission fest, dass die Behauptungen, dass DIME-Waffen von den israelischen Streitkräften während der Kriegshandlungen in Gaza eingesetzt worden seien, weiterer Klärung bedürfen, im Hinblick auf ihren Einsatz und besonders im Hinblick auf die gesundheitlichen Bedürfnisse der Überlebenden der den DIME-Waffen zugeschriebenen Amputationen.

910. Die Kommission stellt fest, dass DIME-Waffen und mit Schwermetall bestückte Waffen nach den geltenden völkerrechtlichen Normen nicht verboten sind. In der „konzentrierten Tödlichkeit“, die bei der Entwicklung von DIME-Waffen anvisiert worden sein soll, könnte eine Förderung der Einhaltung des Unterscheidungsprinzips gesehen werden. Jedoch merkt die Kommission an, dass weiterhin ein erhebliches Risiko besteht, dass beim Einsatz dieser Waffen in bebauten Gebieten Zivilpersonen zu Schaden kommen. Außerdem weist die Kommission darauf hin, dass Bedenken darüber geäußert worden sind, dass DIME-Waffen das Recht der Überlebenden auf Gesundheit in einem Maße beeinträchtigen könnten, das über die üblichen Auswirkungen einer Verwundung durch Antipersonenwaffen in einem bewaffneten Konflikt hinausgeht.

E. Behauptungen bezüglich des Einsatzes von abgereichertem und nicht-abgereichertem Uran

911. Die Kommission erhielt Schriftsätze und überprüfte Berichte, in denen behauptet wurde, die israelischen Streitkräfte hätten während der Kriegshandlungen in Gaza Waffen mit abgereichertem Uran ein-

gesetzt.[488]. Der Einsatz solcher Waffen kann zwar nicht ausgeschlossen werden. Auf der Basis der vorgelegten Informationen beschloss sie jedoch, von weiteren Ermittlungen zu dieser Frage abzusehen.

912 Der Kommission wurde auch ein Schriftsatz vorgelegt, in dem behauptet wurde, dass die Analyse des Luftfilters eines Krankenwagens, der wahrend der Kriegshandlungen in Beit Lahia im Einsatz war, einen ungewöhnlich hohen Anteil an nicht-abgereichertem Uran und Niob aufgezeigt habe.[489] Angesichts des engen zeitlichen Rahmens konnte die Kommission dieser Angelegenheit nicht weiter nachgehen.

---

488 Arab Commission for Human Rights, Action des citoyens pour le désarmement nucléaire and International Coalition Against War Criminals, Preliminary report, Kommission for Gaza, April 2009 by Jean-François Fechino, S. 55-60; Action des citoyens pour le désarmement nucléaire, On the use of radioactive weapons in the Gaza Strip during Operation Cast Lead (27 December 2008 – 18 January 2009), http://www.acdn.net/.

489 Eingabe von Chris Busby und Dai Williams. Battlefield Fallout: Evidence of Uranium and Niobium in WeaponsEmployed by the Israeli Military in Gaza. Analysis of Ambulance Air Filter and Bomb Crater..

XIII. Angriffe auf die zivilen Lebensgrundlagen in Gaza: Zerstörung der industriellen Infrastruktur, der Nahrungsmittelproduktion, der Wasserversorgung, Abwasseranlagen und Wohngebäude

A. Die Zerstörung der el-Bader-Getreidemühle

913. Die Kommission besuchte den Standort der Luftangriffe und inspizierte die Umgebung in Sudaniyah, westlich von Jabaliyah. Sie traf sich mit den Brüdern Hamada, den gemeinsamen Eigentümern der el-Bader-Getreidemühle, und befragte sie viermal. Sie sprach mit Vertretern der Privatwirtschaft über den Zusammenhang und die Folgen des Angriffs auf die Getreidemühle. Herr Hamada sagte auch bei der öffentlichen Anhörung in Gaza aus.[490] Fragen über den beim Angriff auf die el-Bader-Getreidemühle verfolgten militärischen Vorteil richtete sie auch an die israelische Regierung, erhielt jedoch keine Antwort.

914. Die Brüder Hamada sind etablierte Geschäftsleute und Inhaber sog. Businessman Cards (Geschäftsreisendenausweise), die von den israelischen Behörden zur Erleichterung des Geschäftsreiseverkehrs von und nach Israel ausgestellt werden. Bei der Getreidemühle handelt es sich um einen von mehreren Betrieben der beiden Brüder an diesem Standort. Zu den anderen zählen eine Konservenfabrik für Tomaten und eine Windelfabrik. Die letzteren beiden Betriebe wurden zu irgendeinem Zeitpunkt vor Beginn der israelischen Kriegshandlungen geschlossen, da in Folge der Blockade die nötigen Betriebs-

490 Die Kommission traf sich mit Rashad Hamada und anderen Angehörigen der palästinensischen Privatwirtschaft am 3. Juni 2009 und befragte ihn am Standort der el-Bader-Getreidemühle am 4. Juni 2009. Hamada sagte bei der öffentlichen Anhörung in Gaza am 29. Juni 2009 aus.

stoffe fehlten. Hauptgrund des Scheiterns der Konservenfabrik, so Herr Rashad Hamada, war die Weigerung der israelischen Behörden, die Einfuhr von Konservendosen nach Gaza zuzulassen. Die Eigentümer hatten viele Mitarbeiter von den geschlossenen Betrieben in die Getreidemühle versetzt, damit diese weiterhin ein Gehalt beziehen konnten. Zum Zeitpunkt ihrer Zerstörung waren mehr als 50 Personen in der Getreidemühle beschäftigt.

915. Die el-Bader-Getreidemühle nahm den operativen Betrieb 1994 auf.[491] Per 27. Dezember 2008 war sie eine von nur drei Gazaer Getreidemühlen, die noch in Betrieb waren. Die anderen mussten aus Betriebsstoffknappheit den Betrieb einstellen. Die el-Bader-Mühle konnte nicht zuletzt auf Grund ihrer größeren Lagerkapazitäten weiterhin in Betrieb bleiben.

916. Am 30. Dezember 2008 wurde eine aufgezeichnete Warnung auf dem Anrufbeantworter der Getreidemühle hinterlassen. In der Warnung hieß es, sie sei von den israelischen Streitkräften erteilt worden und das Gebäude sei sofort zu räumen. Gegen 9.30 Uhr wurden die zu dem Zeitpunkt in der Mühle anwesenden 45 Mitarbeiter evakuiert.

917. Nach der Evakuierung rief Herr Hamada einen Geschäftspartner in Israel an, erklärte ihm, was passiert war, und bat ihn um Rat. Der Geschäftspartner rief ihn zurück und gab an, für Herrn Hamada mit Kontakten in den israelischen Streitkräften gesprochen zu haben, die ihm gesagt haben sollen, die Mühle habe zwar auf einer Liste vorgeschlagener Ziele gestanden, man habe sich jedoch gegen den An-

491 Ziel des Betriebs, so Rashad Hamada, war es, nicht nur einen Gewinn zu erwirtschaften, sondern Gaza zu größerer wirtschaftlicher Selbständigkeit zu verhelfen und dadurch die Abhängig vom externen Nachschub zu reduzieren. Er merkte an, dass der von der Blockade verursachte Anstieg der Betriebskosten einen beträchtlichen Vorteil für die israelische Konkurrenz darstelle. Die Stromkosten waren z.B. um ca. 50% höher als die seiner israelischen Konkurrenten. Da die israelische Regierung den Grenzübergang Erez geschlossen hatte und alle In- und Exporte den Grenzübergang Karni passieren mußten, stiegen die Transportkosten außerdem um das Zehnfache. Dies hatte auch eine erhebliche Preiserhöhung für die Verbraucher zur Folge. Der Einzelhandelsverkaufspreis gemahlenen Mehls ist seinen Schätzungen zufolge um bis zu 10% gestiegen.

griff entschieden. Informationen darüber, warum man seine Mühle anvisiert haben könnte, erhielt Herr Hamada nicht.

918. Aufgrund dieser Unterredungen, und da kein Angriff stattgefunden hatte, kehrten die Mitarbeiter am nächsten Tag in den Betrieb zurück. Es wurde mehrere Tage lang weitergearbeitet, bis eine zweite aufgezeichnete Warnung ungefähr am 4. Januar 2009 einging. Die Getreidemühle wurde erneut evakuiert, und Herr Hamada setzte sich wieder mit seinem Geschäftspartner in Israel in Verbindung. Wie beim letzten Mal erhielt Herr Hamada etwas später einen Anruf, in dem es hieß, dass die israelischen Streitkräfte seinem Geschäftspartner mitgeteilt hätten, die Mühle werde nicht angegriffen. In Anbetracht dieser Informationen und der Tatsache, dass den Warnungen keine Taten gefolgt waren, kehrten die Mitarbeiter in den Betrieb zurück.

919. Zwischen 3.00 Uhr und 4.00 Uhr am 9. Januar wurde die Getreidemühle von einem Luftangriff getroffen, vermutlich von einem F-16. Die Rakete traf das Stockwerk, in dem sich die für den Betrieb der Mühle unentbehrlichen Maschinen befanden, wodurch dieses vollständig zerstört wurde. Der Wächter, der zu dieser Zeit Dienst hatte, rief Herrn Hamada an, um ihm mitzuteilen, dass das Gebäude getroffen wurde und in Brand steckte. Er war unverletzt. In den nächsten 60 bis 90 Minuten wurde die Mühle mehrmals von Raketen getroffen, die von einem Apache-Hubschrauber abgefeuert wurden. Diese Raketen trafen die oberen Stockwerke der Fabrik und zerstörten kritische Maschinen. Angrenzende Gebäude, insbesondere der Getreidespeicher, wurden nicht getroffen. Durch die Angriffe wurde die Fabrik völlig außer Betrieb gesetzt; seitdem hat sie den Betrieb nicht mehr wieder aufgenommen. Es befindet sich dort weiterhin eine Große Menge an Getreide, die jedoch nicht verarbeitet werden kann.

920. Das außer Betrieb gesetzte Gebäude besetzten die israelischen Streitkräfte ungefähr bis 13. Januar. Nach dem Abrücken der Soldaten wurden Hunderte Geschosse auf dem Dach gefunden. Es handelte sich hierbei allem Anschein nach um verbrauchte 40-mm-Granatenpatronen für Maschinengewehre.

921. Die Brüder Hamada wiesen jede Andeutung, das Gebäude sei zu irgendeinem Zeitpunkt von bewaffneten palästinensischen Gruppierungen zu irgendeinem Zweck benutzt worden, zurück. Sie wiesen darauf hin, dass sämtliche Gebäude und Fabrik von einer hohen Mauer umgeben waren und nachts von mindestens einem Wächter bewacht wurden. Außerdem waren sie den israelischen Behörden als Geschäftsleute bekannt. Hätte die israelische Regierung Grund zu dem Verdacht gehabt, dass sie bewaffnete Gruppierungen unterstützen oder sonst mit ihnen zu tun haben, hätte man ihnen keine Businessman Cards ausgestellt. Beide bestanden darauf, dass ihr Interesse schon immer industrieller und kommerzieller Art gewesen sei, und dass sie auf gar keinen Fall bereit gewesen wären, ihren Betrieb zu riskieren.

1. Sachverhalt

922. Die Kommission kam zu dem Schluss, dass die Brüder Hamada glaubwürdige und zuverlässige Zeugen sind. Sie sieht keinen Anlass, an der Richtigkeit ihrer Aussagen zu zweifeln. Die von ihnen gelieferten Informationen wurden von anderen Vertretern der Gazaer Privatwirtschaft bestätigt, mit denen die Kommission den Zusammenhang und die Folgen des Angriffs auf die Getreidemühle besprach.

923. Die Eigentümer und Mitarbeiter der Getreidemühle sahen sich wegen aufgezeichneter Warnungen auf dem Anrufbeantworter, denen kein Angriff folgte, zweimal gezwungen, das Gebäude zu räumen. Durch diese Fehlalarme waren sie verängstigt. Als die Mühle am 9. Januar getroffen wurde, ging dem Angriff keine Warnung voraus, was Fragen über die Wirksamkeit und Seriosität des von den israelischen Streitkräften eingesetzten Warnsystems aufwirft.

924. Die Folgen des Angriffs auf die Getreidemühle waren erheblich. Dadurch sind nicht nur alle Mitarbeiter arbeitslos geworden, auch die Fähigkeit Gazas, gemahlenes Mehl – Kernernährung der örtlichen Bevölkerung – herzustellen, ist deutlich reduziert worden. In Folge dessen ist die Abhängigkeit der Gazaer Bevölkerung von den Ein-

fuhrerlaubnissen der israelischen Behörden für Mehl und Brot nach Gaza noch größer.

925. Die vorliegenden Erkenntnisse deuten nicht auf eine etwaige Untersuchung der Zerstörung der Getreidemühle durch die israelischen Behörden hin. Die Kommission hält die Schilderung der Brüder Hamada für glaubwürdig und ist der Ansicht, dass sie mit der israelischen Praxis des Hinterlassens telefonischer Warnungen vor bevorstehenden Angriffen übereinstimmt.

2. Rechtliche Würdigung

926. Bei der Beurteilung der Frage, inwiefern Verletzungen des humanitären Völkerrechts vorliegen, hält die Kommission folgende Bestimmungen für entscheidungserheblich:

Art. 52 I. Zusatzprotokoll

(1) Zivile Objekte dürfen weder angegriffen noch zum Gegenstand von Repressalien gemacht werden. Zivile Objekte sind alle Objekte, die nicht militärische Ziele im Sinne des Absatz 2 sind.

(2) Angriffe sind streng auf militärische Ziele zu beschränken. Soweit es sich um Objekte handelt, gelten als militärische Ziele nur solche Objekte, die auf Grund ihrer Beschaffenheit, ihres Standorts, ihrer Zweckbestimmung oder ihrer Verwendung wirksam zu militärischen Handlungen beitragen und deren gänzliche oder teilweise Zerstörung, deren Inbesitznahme oder Neutralisierung unter den in dem betreffenden Zeitpunkt gegebenen Umständen einen eindeutigen militärischen Vorteil darstellt.

(3) Im Zweifelsfall wird vermutet, dass ein in der Regel für zivile Zwecke bestimmtes Objekt, wie beispielsweise eine Kultstätte, ein Haus, eine sonstige Wohnstätte oder eine Schule, nicht dazu verwendet wird, wirksam zu militärischen Handlungen beizutragen.

Art. 54(1), (2) I. Zusatzprotokoll

(1) Das Aushungern von Zivilpersonen als Mittel der Kriegführung ist verboten.

(2) Es ist verboten, für die Zivilbevölkerung lebensnotwendige Objekte wie Nahrungsmittel, zur Erzeugung von Nahrungsmitteln genutzte landwirtschaftliche Gebiete, Ernte- und Viehbestände, Trinkwasserversorgungsanlagen und -vorräte so wie Bewässerungsanlagen anzugreifen, zu zerstören, zu entfernen oder unbrauchbar zu machen, um sie wegen ihrer Bedeutung für den Lebensunterhalt der Zivilbevölkerung oder der gegnerischen Partei vorzuenthalten, gleichviel ob Zivilpersonen ausgehungert oder zum Fortziehen veranlasst werden sollen oder ob andere Gründe maßgebend sind.

Art. 147 des 4. Genfer Abkommens lautet wie folgt:

> Als schwere Verletzung im Sinne des vorstehenden Artikels gilt jede der folgenden Handlungen, sofern sie gegen durch das Abkommen geschützte Personen oder Güter begangen wird, vorsätzliche Tötung, Folterung oder unmenschliche Behandlung einschließlich biologischer Versuche, vorsätzliche Verursachung großer Leiden oder schwere Beeinträchtigung der körperlichen Unversehrtheit oder der Gesundheit, rechtswidrige Verschleppung oder rechtswidrige Verschickung, rechtswidrige Gefangenhaltung, Nötigung einer geschützten Person zur Dienstleistung in den Streitkräften der feindlichen Macht oder Entzug ihres Anrechts auf ein ordentliches und unparteiisches, den Vorschriften des vorliegenden Abkommens entsprechendes Gerichtsverfahren, das Festnehmen von Geiseln sowie Zerstörung und Aneignung von Eigentum, die durch militärische Erfordernisse nicht gerechtfertigt sind und in großem Ausmaß rechtswidrig und willkürlich vorgenommen werden.

927. Kein anderes Gebäude des Komplexes der Brüder Hamada wurde bei den Angriffen beschädigt. Offenbar handelt es sich bei den Angriffen auf die Getreidemühle um vorsätzliche Präzisionsangriffe.

928. Die Brüder Hamada sind bekannte Geschäftsleute. Die israelischen Behörden hielten sie allem Anschein nach weder vor noch nach den Kriegshandlungen für eine Bedrohung, da ihnen uneingeschränkt Businessman Cards ausgestellt wurden und sie nachher nach Israel reisen durften. Die Ausstellung einer Businessman Card ist keine Kleinigkeit, zumal vor dem Hintergrund der andauernden Handelsbeschränkungen. Dass die israelischen Behörden irgendeiner verdächtigten Person ein derartiges Dokument ausstellen würden, ist nicht plausibel.

929. Die einzige noch verbleibende Frage ist, ob am 9. Januar irgendein Grund bestand, die Getreidemühle als militärisches Ziel zu betrachten. Das Gebäude gehörte zu den höchsten in der Gegend, und hätte den israelischen Streitkräften eine weite Sicht geboten. Die Kommission stellt fest, dass unter diesen Umständen die Inbesitznahme des Gebäudes als legitimes Ziel bezeichnet werden könnte. Bis 9. Januar war den israelischen Streitkräften hinlänglich bekannt, dass die Getreidemühle durch Warnnachrichten kurzfristig geräumt werden konnte. Wenn die Mühle angegriffen wurde, um eine Inbesitznahme zu Beobachtungs- und Kontrollzwecken zu ermöglichen, ergab es keinen Sinn, die wichtigsten Maschinen zu bombardieren und die oberen Stockwerke zu zerstören. Es deutet auch nichts darauf hin, dass die israelischen Streitkräfte das Gebäude für eine Quelle gegnerischen Feuers hielten.

930. Der Charakter der Angriffe auf die Mühle und besonders die präzise Zielung auf kritische Maschinen in einem der mittleren Stockwerke lassen vermuten, dass die Außerbetriebsetzung ihrer Produktionskapazitäten das Ziel war. Wenn das Gebäude nur in Besitz genommen werden sollte, ist jedoch keine plausible Rechtfertigung für die umfangreichen Schäden an der Getreidemühle ersichtlich. Somit liegt nahe, dass der einzige Zweck des Angriffs darin lag, die Mehlproduktion im Gaza-Streifen zum Erliegen zu bringen.

931. Auf Grund der ermittelten Tatsachen stellt die Kommission fest, dass eine Verletzung der Bestimmungen des 4. Genfer Abkommens über schwere Verletzungen vorliegt. Eine rechtswidrig und willkürlich vorgenommene Zerstörung, die durch militärische Erfordernisse nicht gerechtfertigt ist, würde ein Kriegsverbrechen darstellen.

932. Da sie zu dem Schluss gekommen ist, dass den Angriffen jegliche militärische Rechtfertigung fehlte und sie somit willkürlich und rechtswidrig waren, erachtet es die Kommission als sinnvoll, sich der Frage zuzuwenden, ob die Angriffe einen nichtmilitärischen Zweck gehabt haben könnten.

933. Als möglicher nichtmilitärischer Zweck des Angriffs kommt nur die Vernichtung der örtlichen Mehlproduktionskapazität in Betracht. An dieser Stelle stellt sich die Frage, ob einer derartigen vorsätzlichen Zerstörung der letzten Produktionskapazität für Mehl im Gaza-Streifen der Zweck zugeschrieben werden kann, der Zivilbevölkerung die Nahrung vorzuenthalten.

934. Art. 54(1), (2) des I. Zusatzprotokolls stellen Normen des Gewohnheitsvölkerrechts dar.[492] Nach Art. 54(2) sind Handlungen verboten, mit denen der spezifische Zweck verfolgt wird, die Nahrung – gleich aus welchem Grund – vorzuenthalten, gleichviel ob dadurch die Zivilbevölkerung ausgehungert oder zum Fortziehen veranlasst werden soll, oder sonst irgendein Zweck verfolgt wird. Mit wenigen Worten, das Motiv der Vorenthaltung der Nahrung muss nicht im Aushungern der Zivilbevölkerung liegen. Das Motiv ist sogar völlig nebensächlich.

935. Die Zivilbevölkerung ist zunehmend von humanitären Hilfsleistungen von außen abhängig, deren Ankunft von der Erlaubnis der israelischen Behörden abhängt. Obwohl nicht angedeutet werden soll, dass das Verhungern der Bevölkerung unmittelbar bevorstünde, haben sich die Blockade und die Kriegshandlungen auf die Gesundheit und das Wohlbefinden der allgemeinen Bevölkerung beträchtlich ausgewirkt. Dass das Verhungern nicht unmittelbar bevorsteht, liegt jedoch einzig und allein an der Bereitstellung humanitärer Hilfe. Ohne derartige Hilfslieferungen wäre die Zivilbevölkerung Gazas nicht in der Lage, sich zu ernähren.[493]

---

492 In dieser Hinsicht schließt sich die Kommission den Ausführungen des IKRK in *Customary Rules of International Law ..., S. 189-193, an.*

493 Nach Angaben von John Ging ist 80% der Gazaer Bevölkerung für Nahrungsmittel von der UNRWA abhängig. Interview mit IRIN am 20. Januar 2009.

936. Staaten können sich von ihren Verpflichtungen, der Zivilbevölkerung die Nahrung nicht vorzuenthalten, nicht dadurch befreien, dass sie davon ausgehen, dass die internationale Gemeinschaft die Lücke füllen werde, die sie durch die Zerstörung bestehender Kapazitäten erst geschaffen haben.

937. Auf Grund der ermittelten Tatsachen stellt die Kommission fest, dass die Mühle zerstört wurde, um der Zivilbevölkerung die Nahrung vorzuenthalten, was eine Verletzung der im Art. 54(2) des 1. Zusatzprotokolls wiedergegebenen gewohnheitsvölkerrechtlichen Norm und womöglich auch ein Kriegsverbrechen darstellt.

3. Das Recht auf Nahrung[494]

938. Das Recht auf hinreichende Nahrung setzt also das Recht auf Ernährungssicherung (entweder durch Eigenproduktion oder hinreichende Einkünfte) und das „fundamentale" Recht, frei vom Hunger zu sein, voraus.[495] Dass Israel keine Hungersnöte verursacht hat, liegt größtenteils an den Hilfslieferungen von außen, die der Gazaer Bevölkerung zur Verfügung gestellt wurden. Die Fähigkeit der Gazaer, sowohl Nahrungsmittel herzustellen als käuflich zu erwerben, hat es jedoch erheblich beeinträchtigt.

939. Art. 1 des Internationalen Paktes über bürgerliche und politische Rechte lautet: „In keinem Falle darf ein Volk seiner eigenen Existenzmittel beraubt werden."

940. Das Recht auf hinreichende Nahrung findet auch Eingang im Übereinkommen zur Beseitigung jeder Form von Diskriminierung der Frau (CEDAW – Convention on the Elimination of all Forms of Discrimination against Women), nach dem Vertragsstaaten verpflich-

494 Siehe 17. Kapitel.

495 See Randle C. DeFalco, „The right to food in Gaza: Israel's obligations under international law", Rutgers Law Record, vol. 35 (Spring 2009), available at: http://www.lawrecord.com/rutgers_law_record/2009/05/the-right-tofood-in-gaza-israels-obligations-under-international-law.html#sdfootnote24sym

tet sind, Frauen „während der Schwangerschaft und der Stillzeit hinreichende Ernährung“ zu gewährleisten.

941. Die Kommission stellt fest, dass Israel den Art. 1 IPbpR, Art. 11 IPwskR und Art. 12(2) CEDAW verletzt hat, indem es die Nahrungsmittel- und Wasserversorgung und die dazugehörige Infrastruktur zerstört hat.

B. Die Zerstörung der Sawafeary-Hühnerfarmen

942. Am oder um den Abend des 3. Januar 2009 kamen israelische Truppen in der Nähe mehrerer Häuser im al-Sekka-Weg in Zeytoun an. Die Kommission befragte vier Personen, die unmittelbare Zeugen und Opfer der Geschehnisse nach deren Ankunft waren. Ein Zeuge wurde dreimal, insgesamt fünf Stunden lang, befragt, und sagte bei der öffentlichen Anhörung in Gaza aus.[496] Weitere drei wurden jeweils eine Stunde lang befragt. Die Kommission besuchte ebenfalls den Standort der Sawafeary-Hühnerfarmen. Fragen über den beim Angriff auf die Hühnerfarmen des Herrn Sawafeary verfolgten militärischen Vorteil richtete die Kommission schließlich auch an die israelische Regierung, erhielt jedoch keine Antwort. Die folgende Schilderung basiert auf den Aussagen der Augenzeugen.

943. Sameh Sawafeary ist Hühnerzüchter. Seine Familie ist seit Jahren in der Eierproduktion tätig. Er sagte aus, dass ihm, seinen Brüdern und seinen Kindern in Zeytoun per Dezember 2008 11 Hühnerfarmen gehörten. In diesen Farmen waren mehr als 100.000 Hühner untergebracht.

944. Am 3. Januar wurde Herr Sawafeary, der mit seiner Familie zu Hause im al-Sekka-Weg im Bezirk Al-Samouni von Zeytoun war, gegen 20.00 Uhr von einer Nachrichtensendung der al-Jazeera darauf auf-

---

496 Befragt durch die Kommission in Gaza am 3. Juni und 14. Juni und bei der öffentlichen Anhörung in Gaza am 29. Juni.

merksam gemacht, dass eine israelische Bodeninvasion unmittelbar bevorstünde[497]. Deshalb traf er verschiedene Vorkehrungen, versteckte z.B. sein Geld und andere Wertgegenstände. Dann versammelte er etwa 11 Angehörige seiner Familie im oberen Stockwerk des zweistöckigen Betonhauses. Gegen 22.00 traf eine Rakete das Haus, drang durch den hinteren Teil des oberen Stockwerks ein, und flog dann in der Nähe des Wohnzimmerfensters gegenüber wieder heraus. Die Rakete flog an mehreren der Kinder und Enkelkinder des Herrn Sawafeary vorbei, die auf dem Fußboden lagen. Hierbei wurde niemand verletzt.

945. Gegen 23.00 Uhr hörte Herr Sawafeary das Geräusch über seinem Haus fligender Hubschrauber und gleich danach das von Soldaten, die auf seinem Dach landeten. Dort blieben die Solaten bis 7.00 Uhr am nächsten Morgen, und feuerten, so Herr Sawafeary „einen Kugelregen“ ab. Die erschrockene Familie blieb auf dem Fußboden eines Zimmers im 1. Stock.

946. Gegen 7.15 Uhr am 4. Januar kamen Soldaten in das Zimmer im 1. Stock, wo die Familie Schutz suchte. Sie trennten die Männer von den Frauen und verbrachten die Frauen in ein anderes Zimmer. Männern und Jungen wurden die Hände hinter dem Rücken gefesselt, abgesehen von einem der Söhne dese Herrn Sawafeary, der nur einen Arm hat. Nach einiger Zeit sagte der Befehlshaber Herrn Sawafeary, sie sollten nach Süden laufen und „nach Rafah gehen“. Die Soldaten durchsuchten dann das Haus. Die 11 Haushaltsangehörigen, die zum fraglichen Zeitpunkt dort waren, verließen das Haus wie geheißen.

947. Die Familie Sawafeary verbrachte die folgenden fünf Tage in Angst und Schrecken. Zusammen mit Nachbarfamilien verbrachten sie eine Nacht im Haus der Familie Abu Zur und die darauf folgenden drei Nächte im nahegelegenen Haus von Herrn Rajab Mughrabi. Während dieser Zeit erlitten sie eine Reihe von Rechtsverletzungen seitens der israelischen Streitkräfte, insbesondere die Tötung des Kindes Ibrahim Juha (siehe 11. Kap.).

497 In der vorigen Nacht war nebenan eine Garage durch einen Luftangriff zerstört worden.

948. Im Sinne dieses Abschnitts verweist die Kommission auf die Informationen, die sie über die über mehrere Tage hinweg andauernde systematische Zerstörung erhalten hat, die die Zeugen sehen konnten, während sie sich unter den Umständen gezwungen sahen, im Hause von Herrn Mughrabi zu verbleiben.

949. Herr Sawafeary und Herr Mughrabi teilten der Kommission mit, dass sie gesehen hätten, wie gepanzerte israelische Planierraupen systematisch Ackerland, Pflanzen, Hühner und landwirtschaftliche Infrastruktur zerstörten. Herr Mughrabi gab an, den Planierraupen dabei zugesehen zu haben, als sie Felder mit Plfanzen und Bäumen durchpflügten und alles zerstörten, was ihnen im Wege stand. Herr Sawafeary gab an, weniger gesehen zu haben, da er aus Angst davor, gesehen und erschossen zu werden, durch eine kleine Öffnung zugesehen habe. Er will nur zwei oder drei „Panzer" gesehen haben, konnte aber nicht sagen, ob es mehr davon gab. Er sah zu, wie die gepanzerten Planierraupen die Hühnerfarmen zerstörten und die Hühnerställe aus Maschendraht, in denen sich die Hühner noch befanden, zerdrückten. Seine eigenen Höfe konnte er nicht sehen, und die Hühner, deren Vernichtung er sah, gehörten nicht ihm. Er merkte an, dass die Panzerfahrer Stunden damit zubrachten, die Hühnerställe plattzumachen, bisweilen Kaffeepausen einlegten, und sich dann wieder an die Arbeit machten.

950. Als er am 8. Januar das Haus von Herrn Mughrabi verließ, konnte Herr Sawafeary sehen, dass seine eigenen Höfe offenbar nicht der Zerstörung ausgesetzt worden waren, die er vom Hausinnern aus gesehen hatte. Als er jedoch nach dem Abzug der israelischen Truppen nach Hause zurückkehren konnte, waren alle seine 31.000 Hühner getötet und die Ställe systematisch plattgemacht worden.

951. Die Kommission besuchte den Ort des Geschehens und sah die noch platten Maschendrahtställe, die mit Wellenblech und den Überbleibseln von Wassertanks und Maschinen zugedeckt worden waren. Der Kommission wurden auch die Reste einer kleinen Moschee in der Nähe einer der Reihen zerstörter Ställe gezeigt. Die Überreste einiger toten Hühner waren noch sichtbar, und Herr Sawafeary sagte, dass es eine Mammutaufgabe gewesen sei, nach seiner Rückkehr das Gelände aufzuräumen. Er merkte an, zu dem Verlust des Viehs hin-

zukomme, dass er beträchtliche Mittel in Maschinen investiert habe, um die Farm vollständig zu automatisieren; alle Maschinen waren – wie auch die Eierverpackungsfabrik – zerstört worden. Kurz gesagt, der Betrieb war dem Erdboden gleichgemacht worden. Ein Schutzgitter, vermutlich Teil einer gepanzerten Planierraupe vom Typ D-9, wurde am Ort des Geschehens gefunden.

952. Die Kommission verweist auf Bemerkungen, die ein Soldat Breaking the Silence gegenüber machte, die die Zerstörung in Zeytoun, vermutlich durch die Givati-Brigade[498], im Wesentlichen bestätigen.

953. Die Kommission inspizierte das Innere des Hauses von Herrn Sawafeary und bemerkte Schäden im oberen Stockwerk, wo eine Rakete eingedrungen war. Sie sah ebenfalls verschiedene Schmierereien, die offenbar von israelischen Truppen stammen. In einer hieß es „424 Givati". Es gab auch andere, die allem Anschein nach in russischer Sprache geschrieben wurden.

954. Herr Sawafeary gab gegenüber der Kommission an, dass er und seine Familie zusammen ca. 35% des Gazaer Eiermarktes beliefert hatten. Seine eigenen Farmen hatten einen Marktanteil von über 10%. Er merkte an, dass nicht nur seine Farmen, sondern auch die meisten Farmen seiner Familie auf die gleiche Weise wie die seinen zerstört worden seien. Die Anzahl der dabei getöteten Hühner schätzte er auf annähernd 100.000.

955. Die Kommission hat den einschlägigen UNOSAT-Bericht und Satellitenbilder überprüft. Auf einem Satellitenbild sind die Sawafeary-Hühnerfarmen im Juni 2007, auf einem anderen ist die Gegend im Januar 2009 zu sehen. Die Größe der Farmen und der Umgebung ist auf den Bildern eindeutig zu erkennen. Auf dem zweiten Bild ist die Zerstörung zweifelsfrei erkennbar.[499]

498 Soldiers' Testimonies …, Aussage Nr. 37, S. 82.
499 UNOSAT Satellitenbildanalyse, 27. April 2009, S. 29.

1. Sachverhalt

956. Die systematische Zerstörung und die vielen Tötungen von Zivilpersonen lassen Vorbedacht und detaillierte Planung vermuten. Selbst im Rahmen eines Einsatzes, bei dem viele schwere Verletzungen des humanitären Völkerrechts begangen wurden, sind die Ereignisse zu diesem Zeitpunkt in Zeytoun auffällig.

957. Die Kommission stellt fest, dass die Zerstörung des Ackerlandes und der Höfe in der Gegend durch kein militärisches Ziel gerechtfertigt war. Die dort angekommenen israelischen Streitkräfte ergriffen binnen weniger Stunden die Kontrolle über die Gegend. Dort verblieben sie bis 18. Januar. Die Zerstörung des Ackerlandes war zur Fortbewegung der Panzer oder des Materials oder zur Gewinnung irgeneines Sichtvorteils nicht erforderlich.

958. Eine Untersuchung des Ortes des Geschehens ergibt, dass die Gegend relativ dünn besiedelt ist. Die Vermutung, dass man bei der Zerstörung der Sawafeary-Farm irgendein militärisches Ziel verfolgt haben könnte, weist die Kommission zurück.

959. Offenbar wurde die Zerstörung der Farmen willkürlich vorgenommen und war nicht durch militärische Erfordernisse geboten. Nicht nur die Ställe mit den Hühnern, sondern auch die ganze Fabrik und sämtliche Maschinen der Farmen wurden zerstört.

960. Aus den ermittelten Tatsachen stellt die Kommission fest, dass die Sawafeary-Hühnerfarmen, die 31.000 Hühner und die für den Betrieb erforderlichen Einrichtungen und Materialien systematisch und vorsätzlich zerstört wurden, und dass dies eine durch keinerlei militärisches Erfordernis gerechtfertigte, willkürlich vorgenommene Zerstörung darstellt.

2. Rechtliche Würdigung

961. Hinsichtlich Art. 147 des 4. Genfer Abkommens, Art. 54(2) des 1. Zusatzprotokolls, Art. 1 IPbpR, Art. 11 IPwskR und Art. 12(2) CE-

DAW bewertet die Kommission diesen Vorfall genau so wie im Fall der el-Bader-Getreidemühle.

C. Die Zerstörung von Wasserversorgungs- und Abwasseranlagen

1. Das Gazaer Klärwerk, Straße Nr. 10, al-Sheikh Ejlin, Gaza-Stadt

962. Die Kommission besuchte den Standort der al-Sheikh Ejlin-Kläranlage am 3. und 17. Juni 2009. Dort befragte sie den Direktor der Coastal Municipalities Water Utility (Wasserversorgungsanlage für die Küstengemeinden – CMWU), Herrn Munther Shublaq, inspizierte die Anlage und den Standort des Abwasserteichs Nr. 3 sowie den Ort, an dem ein großes Roh mit ungeklärtem Abwasser aufgerissen worden war. Am 3. Juni besuchte die Kommission ebenfalls einen nahe gelegenen Bauernhof, der mit ungeklärtem Abwasser überflutet worden war, und sprach mit dem Bauern. Die Kommission befragte Herrn Munther Shublaq ein zweites Mal ausführlich am 14. Juni 2009. Die Kommission fotografierte die Gegend und verschaffte sich Pläne und Diagramme der Anlage. Fragen über den beim Angriff auf die al-Shekih Ejlin-Kläranlage verfolgten militärischen Vorteil richtete die Kommission schließlich auch an die israelische Regierung, erhielt jedoch keine Antwort.

963. Das Gazaer Klärwerk befindet sich im Küstengebiet südwestlich von Gaza-Stadt im Bezirk al-Sheikh Ejlin. Es wurde 1977 errichtet und mit Hilfe der Entwicklungszusammenarbeit erweitert. Es besteht aus verschiedenen Einrichtungen, darunter Büros, Tanks, und Abwasserteichen zur Lagerung von Rohabwasser.

964. Zu einem Zeitpunkt zwischen dem 3. und 10. Januar traf eine große Rakete die nördlichste Mauer des Abwasserteichs Nr. 3, wodurch eine massive Menge ungeklärtes Abwasser austrat, die nach UNOSAT-Satellitenbildern eine Entfernung von 1,2 Kilometern erreichte und 5,5 Hektare Land beschädigte.

965. Der Leiter der Anlage, Herr Jaoudat al-Dalou, erklärte der Kommission, dass zu Beginn der israelischen Bodenoffensive ca. am 3. Januar die gesamte Belegschaft, wie auch die Einwohner des dünn besiedelten Gebiets, aus Sicherheitsgründen weggegangen seien. Etwa am 14. Januar erhielt er einen Anruf von jemandem in der Nähe der Anlage, der den Angriff auf den Abwasserteich Nr. 3 und die Überflutung des benachbarten Ackerlandes durch Abwasser meldete. Er setzte sich daraufhin mit dem IKRK und dem PRCS in Verbindung, um die Erlaubnis der israelischen Streitkräfte einzuholen, zur Anlage zu fahren und dringend notwendige Reparaturen auszuführen. Die Erlaubnis wurde mit der Begründung verweigert, dass die Gegend „militärisches Gebiet" sei.

966. Nach dem Abzug der israelischen Streitkräfte kehrten Herr al-Dalon und seine Kollegen nach al-Sheikh Ejlin zurück, um die Schäden zu inspizieren. In der Nähe sahen sie ebenfalls das, was sie für Blindgänger hielten, und riefen die Polizei an, damit sich diese mit der UNRWA Zwecks Räumung des Gebiets in Verbindung setzen sollte. Herr al-Dalou fand einen fünf Meter tiefen Krater auf der nordöstlichen Seite des Abwasserteichs Nr. 3. Es dauerte mehr als vier Tage und kostete etwa 150.000 USD, die beschädigte Wand zu reparieren. Mehr als 200.000 Kubikmeter Rohabwasser waren auf das benachbarte Ackerland geflossen.

967. Außerdem waren verschiedene Gegenstände, darunter ein Inkubator, aus der Anlage entfernt und von israelischen Soldaten als Barrikade oder Schutzwall verwendet worden. Die durch den Einschlag von Kugeln entstandenen Schäden waren an den Innenwänden noch sichtbar. Zerbrochene Fensterscheiben waren immer noch nicht ausgetauscht worden, da kein Glas verfügbar war. Ebenfalls beschädigt waren Destillationsgeräte (die nicht mehr zu reparieren waren) und ein Ammonium-Stickstoff-Gerät.

968. In Gesprächen mit der Kommission bestätidgte Herr Munther Shublaq, der im Januar 2009 einen CMWU-Bericht über die Schäden herausgegeben hatte,[500] dass die Belegschaft bei der Ankunft der israelischen Bodentruppen weggegangen war und erst nach deren

500 CMWU, „Damage assessment report: water and waste water infrastructure and

Abzug zurückkehrte. Er wies ebenfalls darauf hin, dass er mehrmals vergeblich versuchte, eine Zugangserlaubnis für das Gelände einzuholen, um die durch den Austritt entstandenen Schäden einzudämmen, nachdem er vom Durchbruch des Abwasserteichs Nr. 3 erfuhr.

969. Die Kommission bemerkte Risse an einem großen Abwasserrohr, die zur nördlichen Seite des Abwasserteichs Nr. 3 verliefen. Leitende Angestellte der Anlage deuteten an, dass eindeutig sichtbare Markierungen an der Leitung von Panzern stammen. Der Verlauf derartiger Rohrleitungen wird von 1,5 Meter hohen, roten und weißen Stangen gekennzeichnet, damit die Leitungen nicht beschädigt werden. Die Schäden liegen dicht an einer solchen Stange.

970. Das genaue Datum des Angriffs auf den Abwasserteich Nr. 3 ist unbekannt, da sich seinerzeit keine Zeugen in der Gegend befanden. Anhand von Satellitenbildern läßt sich jedoch nachweisen, dass der Angriff vor dem 10. Januar 2009 stattgefunden haben muss, da auf den Bildern der massive Ausfluss des Abwassers aus dem Abwasserteich eindeutig erkennbar ist.

971. Anhand der Satellitenbilder läßt sich ebenfalls nachweisen, dass durch den Angriff auf die östliche Seite des Umschließungswalls des Abwasserteichs ein etwa 22 Meter großes Leck entstand, durch das das Abwasser geflossen ist. Dieselben Bilder zeigen den Verlauf des Ausflusses und den Ort, an dem er zum Stehen kan. Das Umweltprogramm der Vereinten Nationen führte am 30. Januar 2009 eine Bodenvermessung am Ort des Geschehens durch. Die daraus gewonnenen Daten wurden in die Auslegung der UNOSAT-Bilder einbezogen.

972. Die Anlage befindet sich auf einer Bergspitze und bietet einen Blick auf eine beträchtliche offen liegende Fläche, die größtenteils aus Ackerland besteht. Somit könnte ein strategisches Interesse mit Fug zu Recht angenommen werden.

---

facilities", Januar 2009, abrufbar unter: http://www.cmwu.ps/upload/Damages_Assessment_for_W_WW_after_War2009.pdf

Sachverhalt

973. Als die Bodeninvasion begann, war die Anlage von der Belegschaft faktisch verlassen worden. Der Angriff auf den Abwasserteich Nr. 3 fand wohl erst nach der Inbesitznahme der Anlage durch die israelischen Streitkräfte statt, da die befragten Mitarbeiter bestätigten, dass er noch intakt war, als sie die Gegend verließen. Die Schäden an der Rohabwasserleitung mögen zwar dadurch entstanden sein, dass ein Panzer auf ihr anhielt oder sie überfuhr, die Kommission kann jedoch nicht bestätigen, ob dies tatsächlich der Fall war.

974. Trotz des möglichen militärischen Vorteils, den der Standort der Anlage den israelischen Streitkräften bot, ist für die Kommission keine Rechtfertigung für den Angriff – mit einer bestimmt sehr kräftigen Rakete, die einen 5 Meter tiefen, 22 Meter breiten Bruch verursachen konnte – auf den Abwasserteich ersichtlich. Es ist höchst unwahrscheinlich, dass bewaffnete palästinensische Gruppierungen nach der anfänglichen Besetzung der Gegend durch die israelischen Streitkräfte in bzw. um den Teich Stellung bezogen haben könnten: Auf dem offenen Gelände wären derartige Gruppierungen uneingeschränkt sichtbar gewesen. Dass der Umschließungswall des Teichs genau dort getroffen wurde, wo der Einschlag zum Austritt von Rohabwasser führen konnte, läßt vermuten, dass der Angriff vorsätzlich vorbedacht war.

2. Brunnengruppe Namar, Salah ad-Din-Straße, Flüchtlingslager Jabaliyah

975. Die Kommission besuchte den Standort der Brunnengruppe Namar am 17. Juni 2009[501]. Dort befragte sie den Ingenieur Ramadan Na'im, Wassergewinnungs- und –lagerungsleiter der CMWU, und Ibrahim al-Ejjla, CMWU-Medienkoordinator. Der Standort wurde von der Kommission fotografiert. Fragen über den beim Angriff auf die Brunnengruppe Namar verfolgten militärischen Vor-

501 Die Brunnengruppe Namar besteht aus zwei in Jabaliyah liegenden Anlagen. Siehe „Damage assessment report …".

teil richtete sie auch an die israelische Regierung, erhielt jedoch keine Antwort.

976. Die Brunnengruppe stand etwa 50 Meter vom ebenfalls zerstörten Verwaltungsgebäude des Flüchtlingslagers Jabaliyah entfernt. Ein Krater (etwa fünf Meter breit) war auf dem Gelände, das der Zivilverwaltung gehört, noch sichtbar. Auf dem Boden des Kraters lag eine Raketenhülse[502].

977. Hierbei handelte es sich um einen Komplex aus zwei Wasserbrunnenpumpen, von denen eine in Betrieb war und die andere als Reserve neben ihr stand. Herr Ramadan Na'im erzählte der Kommission, wie stolz die CMWU auf diesen Wasserbrunnen gewesen sei, der mehr als 200 Kubikmeter pro Stunde des qualtitativ höchstwertigen Wassers des Bezirks gewann. Der Brunnen belieferte etwa 25.000 Menschen im Osten und der Mitte von Jabaliyah mit Wasser. Die Reservepumpe konnte etwa 100 Kubikmeter Wasser pumpen. Am 27. Dezember wurden beide bei einem Luftangriff vollständig zerstört.

978. Im Wasserbrunnenkomplex Namar gab es nicht nur Pumpen, sondern auch einen 180 Kg schweren Generator, ein Kraftstofflager, eine Sammelbecken-Chlorierungsanlage, Gebäude und dazugehörige Geräte. Diese wurden ebenfalls zerstört.

979. Der Leiter, Herr Abdullah Ismail al-Zein, kam bei einem Luftangriff ums Leben, während dem er in der Anlage arbeitete. Er wurde nicht von der CMWU, sondern von der Kommune beschäftigt, und arbeitete seit vier Jahren in der Anlage. Er wurde in Stücke zerrissen. Drei Tage später, als seine Schuhe gefunden wurden, wurde seine Identität festgestellt.

980. Durch den Angriff explodierten auch die Rohrleitungen, die die Brunnen mit anderen Wasserbrunnen verbanden; auslaufendes Wasser ergoss sich etwa 10 Tage lang in die Umgebung, bevor die Leitungen zugedreht werden konnten.

---

502 Fotografien der Schäden können im „Damage assessment report …“ eingesehen werden.

981. Herr Na'im teilte der Kommission mit, dass er versucht habe, durch die Vermittlung des IKRK die Erlaubnis der israelischen Streitkräfte zur Reparatur der Zufuhrleitungen einzuholen; die Erlaubnis wurde jedoch nicht erteilt, und er sah sich gezwungen, erst den Abzug der israelischen Streitkräfte abzuwarten.

982. Die Reparaturkosten für diese Wasserbrunnengruppe werden auf rund 200.000 USD geschätzt. Ausgenommen hiervon sind die zwar ergänzenden, aber dennoch erforderlichen Tiefbauarbeiten.

983. Herr Na'im gab an, dass wenigstens 10 Bomben zur Zerstörung des Komplexes eingesetzt worden seien. Keine einzige Mauer blieb intakt.

Sachverhalt

984. Auf Grund der ermittelten Tatsachen stellt die Kommission fest, dass die Namar-Brunnen durch mehrere Luftangriffe am ersten Tag der israelischen Luftoffensive zerstört wurden, und dass auch etwa 50 Meter entfernte Zivilverwaltungsgebäude zerstört wurden.

985. Offen bleibt, ob die israelischen Angriffe auf die Brunnengruppe Namar vorsätzlich oder irrtümlich vorgenommen wurden. Die Kommission merkt an, dass die bei den Angriffen am 27. Dezember eingesetzten Einsatzsysteme und Flugzeuge (hauptsächlich F-16-Düsenjäger und Drohnen) einen hohen Grad an Präzision aufweisen. Zu beachten ist ebenfalls, dass allseits übereinstimmend geschildert wird, das der Bestimmung und Kennzeichnung der Ziele der Luftangriffe eine gründliche Vorbereitung vorausging. Auf Grund des Charakters der Einsatzsysteme und der Entfernung zwischen den Brunnen und benachbarten Gebäuden erscheint es der Kommission als unwahrscheinlich, dass ein so großes Ziel wie die Namar-Brunnen von mehreren Luftangriffen irrtümlich getroffen worden sein können. Somit läßt der Sachverhalt darauf schließen, dass die Brunnengruppe Namar vorsätzlich angegriffen wurde.

986. Die Kommission fand keinen Grund zu der Annahme, dass mit dem Angriff auf die Brunnen irgendein militärischer Vorteil zu gewin-

nen gewesen wäre. Es wird auch nicht angedeutet, dass die Brunnen zu irgendeinem Zweck von bewaffneten palästinensischen Gruppierungen benutzt worden seien.

Rechtliche Würdigung

987. Auf Grund der ermittelten Tatsachen entspricht die rechtliche Würdigung der Kommission den Ausführungen zu Verletzungen des Art. 147 des 4. Genfer Abkommens und Art. 54(2) des 1. Zusatzprotokolls im Hinblick auf die Zerstörung der al-Bader-Getreidemühle.

988. Das Recht auf Nahrung umfasst zweifelsohne das Recht auf Zugang zu einer hinreichenden Wasserversorgung. Die Kommission stellt fest, dass dies den von den Namar-Brunnen belieferten Personen vorenthalten wurde. Die Reparaturarbeiten an den Brunnen dauerten 75 Tage.

989. Die Kommission stellt ebenfalls fest, dass die Tötung von Herrn Abdullah Ismail al-Zein rechtswidrig vorgenommen wurde und eine Verletzung des Rechts auf Leben darstellt. Da die gezielten Angriffe auf die Brunnen den Tatbestand einer willkürlich vorgenommenen Zerstörung verwirklichen, ist die zufällige Tötung durch keinerlei militärischen Vorteil zu rechtfertigen.

D. Die Zerstörung von Wohnraum

990. Bei der Kommission gingen Informationen über die Zerstörung von Häusern und Privateigentum in großem Ausmaß während der Kriegshandlungen ein.[503] Bei ihren eigenen Besuchen im Gaza-

503 Zu den eingegangenen Informationen gehören folgende Berichte: Al Mezan, Statistical Report on Persons Killed and Property Destroyed by Israeli Occupation Forces during Operation Cast Lead, Juni 2009, Al-Dameer Gaza, IOF Targets Civilian Premises and Cultural Properties during its Offensive on the Gaza Strip, Mai 2009, Schriftsatz an die Kommission vom Housing and Land Rights

Streifen konnte die Kommission das Ausmaß der durch Luftangriffe, Mörser- und Artilleriebeschuss, Raketenangriffe, Planierraupen und Sprengladungen verursachten Zerstörung unmittelbar in Augenschein nehmen. Einige Teilbereiche des Gaza-Streifens wurden stärker in Mitleidenschaft gezogen als andere, aber die Kommission sah viele Trümmerhaufen dort, wo vor den Kriegshandlungen mehrstöckige Häuser gestanden hatten.

991. In vielen, wenn nicht den meisten, der von der Kommission untersuchten Fälle, die in den Kapiteln 10, 11, 14 und 15 geschildert werden, litten die befragten Opfer nicht nur unter dem Verlust ihnen nahestehender Personen (bzw. wurden als menschliche Schutzschilde verwendet oder verhaftet), sondern auch un ter der schweren Beschädigung oder vollständigen Zerstörung ihrer Häuser. Im Dienste ihrer Untersuchung wird die Kommission an einige der Vorfälle, die die Zerstörung von Wohnraum betreffen, erinnert.

992. In einigen Fällen läßt sich argumentieren, dass die Zerstörung von Wohnraum im Rahmen von Kampfhandlungen gegen palästinensische Kombattanten erfolgte. Die Häuser von Majdi Abd Rabbo und dessen Nachbarn HS/08 wurden z.B. im Kampf gegen die drei palästinensischen Kämpfer zerstört, die sich im Haus von HS/08 versteckt hatten (siehe 14. Kapitel)[504].

993. In vielen anderen Fällen, wie beim Beschuss auf die Häuser von Mahmoud Abd Rabbo al-Ajrami (14. Kap.), der Familie Sawafeary (siehe oben und 11. Kap.), und der Familie Abu Halima, befanden sich die Häuser im Wege der vorrückenden israelischen Bodentruppen.

Network von Habitat International Coalition mit dem Titel „Targeting Shelters and Shelter Seekers during Operation Cast Lead in the Context of Israeli Military Practice." und Schriftsatz an die Kommission des Centre on Housing Rights and Evictions (COHRE), Juni 2009, S. 3-4.

504 In diesem Zusammenhang merkt die Kommission lediglich an, dass eine tatsächliche Verbindung zwischen den Kampfhandlungen und der Zerstörung der Häuser vorlag, trifft jedoch keine Feststellung darüber, ob die Zerstörung der beiden zivilen Wohnhäuser im Verhältnis zu dem verfolgten militärischen Ziel stand.

994. In einer dritten Fallgruppe legen die von der Kommission ermittelten Tatsachen nahe, dass Wohnraum ohne unmittelbaren Bezug zu Kriegshandlungen zerstört wurde. Um 1.45 Uhr am 6. Januar 2009 erhielt Herr Abu Askar einen Anruf von den israelischen Streitkräften, in dem ihm mitgeteilt wurde, dass seine Familie ihr Haus räumen solle, da es zum Ziel eines Luftangriffs gemacht worden sei. Dieser Warnung folgten ein paar Minuten später Taten, als das Haus von etwa 40 Mitgliedern der Großfamilie Abu Askar von einer Rakete zerstört wurde (siehe 10. Kap.).

995. In Juhr ad-Dik, nach der Tötung von Majda und Rayya Hajaj (11. Kap.) richteten die israelischen Streitkräfte Maschinengewehrfeuer auf das Haus der Familie al-Safadi über den ganzen Nachmittag des 4. Januar 2009 hinweg. Die Soldaten, die auf das Haus schossen, hatten gesehen, wie die Familien Hajaj und al-Safadi dort nach ihrem gescheiterten Fluchtversuch nach Gaza-Stadt Schutz suchten. Als es der Familie Hajaj gelang, Juhr ad-Dik am nächsten Tag zu verlassen, bezogen israelische Truppen offenbar Stellung im Haus des Herrn Yousef Hajaj, das sie völlig unbewohnbar machten, wie es die Kommission bei einem Besuch selbst feststellen konnte. Bei seinem Bruder Saleh Hajaj war es noch schlimmer. Von seinem Haus blieb nur noch ein Trümmerhaufen übrig.

996. In den letzten Tagen der Kriegshandlungen wurden weitere Wohngegenden zerstört, als die israelischen Streitkräfte sich auf den Abzug vorbereiteten. Bei einem weiter unten geschilderten Vorfall zerstörten z.B. Soldaten nach einem Versuch, eine Zementverpackungsfabrik in Ost-Gaza zu demolieren, auch die umliegenden Häuser des Eigentümers und der Mitarbeiter.
Der Eigentümer der Fabrik, Herr Abu Jubbah, hatte sich zwei Tage lang mit sieben Angehörigen seiner Familie versteckt.
Plötzlich wurden sie von einem direkten Angriff auf die Seite des Hauses darauf aufmerksam gemacht, dass das Haus zerstört werden sollte und dass sie besser weggehen sollten. Herr Abu Jubbah schwenkte eine weiße Flagge und verließ eilends das Haus, brachte seine Familie in ein Auto, und fuhr los. Unterwegs sahen sie in der Gegend Panzer und Soldaten. Ihr Haus wurde vom Beschuss zerstört. Es waren mehrere Angriffe erforderlich, um es zu zerstören, während die Fabrikgebäude und der Zaun mit Planierraupen de-

moliert wurden. Wohnraum für 55 Fabrikarbeiter wurde auch mit Planierraupen demoliert[505].

997. An zwei weiteren von der Kommission untersuchten Fällen wird die vorsätzliche Demolierung von Wohnbauten erkennbar. Das Haus von Wa'el al-Samouni, in dem 21 Familienmitglieder starben, wurde zwar beschädigt, stand aber noch, als PRCS und IKRK die verwundeten Überlebenden am Nachmittag des 7. Januar aus dem Haus zogen (Kap. XI). Als die Familie und die Retter am 18. Januar in die Gegend zurückkehrten, war das Haus vollständig demoliert. Die Kommission konnte sowohl bei ihrer eigenen Ortsbesichtigung feststellen als auch den am fraglichen Tag aufgenommenen Fotografien entnehmen, dass die Weise, in der das Haus einstürzte, ein starkes Indiz dafür darstellt, dass es sich hierbei um eine vorsätzliche Demolierung und nicht um die Folgen von Kampfhandlungen handelt. Als Khalid Abd Rabbo nach dem Abzug der israelischen Streitkräfte zum Haus seiner Großfamilie in Izbat Abd Rabbo (das er nach der Erschießung seiner Töchter – siehe 11. Kap. – intakt zurückgelassen hatte) zurückkehrte, fand er es ebenfalls vollständig demoliert vor, wie auch die anderen Häuser in der Nähe. Khalid Abd Rabbo machte die Kommission auf etwas aufmerksam, was allem Anschein nach eine Panzerabwehrmine war, die sichtbar unter den Trümmern des Hauses seines Nachbarn lag. Diese soll zur Herbeiführung der kontrollierten Explosion eingesetzt worden sein, die das Gebäude zum Einsturz brachte. Wie im Falle des Hauses von Wa'el al-Samouni stellt die Weise, in der die Gebäude eingestürzt waren, ein starkes Indiz dafür dar, dass sowohl das Haus von Khaled Abd Rabbo als auch das seines Nachbarn nicht im Gefecht beschädigt, sondern von Sprengstoffspezialisten vorsätzlich demoliert worden waren. Khaled Abd Rabbo fügte hinzu, dass sein Haus seines Wissens von den israelischen Streitkräften kurz nach ihrem Abzug aus Gaza demoliert worden sei.

---

505 Befragung von Herrn Atta Abu Jubba, Eigentümer des Zementverpackungswerks, durch die Kommission.

1. Sachverhalt

998. Auf Grund der ermittelten Tatsachen kommt die Kommission zu dem Schluss, dass die israelischen Streitkräfte in einer Reihe der von ihr untersuchten Fälle Wohnhäuser direkt angegriffen, und sie dadurch zerstört haben. Zwar liegen der Kommission keine vollständigen Informationen über die zur Zeit der Zerstörung der Häuser der Familien Hajaj, al-Samouni und Khalid Abd Rabbo in den Bezirken Juhr ad-Dik, al-Samouni und Izbat Abd Rabbo gegebenen Umstände vor. Die ihr vorliegenden Erkenntnisse legen jedoch eindeutig nahe, dass sie zerstört wurden, ohne in irgendeinem Zusammenhang mit bewaffneten Auseinandersetzungen mit bewaffneten palästinensischen Gruppierungen zu stehen. Auch sonst haben diese Häuser keinen wirksamen Beitrag zu Kampfhandlungen geleistet. Durch diese Angriffe wurden die dort lebenden Großfamilien ihrer Unterkunft und eines erheblichen Teils ihres Eigentums beraubt.

999. In anderen Fällen wurden Wohnsiedlungen offenbar im Rahmen des Vorrückens der israelischen Bodentruppen aus der Luft bombardiert und schwer unter Beschuss genommen. In diesen Fällen geht aus den von der Kommission ermittelten Tatsachen zwar nicht hervor, dass die Wohnhäuser gezielt angegriffen wurden; die Kommission bezweifelt jedoch, dass mit dem Beschuss ein militärisches Ziel verfolgt wurde.

2. Bestätigung der Tatsachenfeststellungen der Kommission und des breit angelegten Charakters der Hauszerstörungen

1000. Die Aussagen israelischer Soldaten, die während der Kriegshandlungen in Gaza im Einsatz waren, bestätigen das, was die Kommission selbst in Augenschein genommen und von den befragten Zeugen erfahren hat. Mehrere der von Breaking the Silence befragten Soldaten sprachen vom beispiellosen Ausmaß der Hauszerstörungen und von „vorsätzlicher, systematischer Zerstörung“.[506] In den Soldatenaus-

506 *Soldiers' Testimonies…*, S. 59, 66, 69 und 101. Ein Soldat erinnert sich: Irgendwann fingen die D-9s an, ganze Gebiete dem Erdboden gleichzumachen. Es war unglaublich. Anfangs geht man rein und sieht jede Menge Häuser. Eine Woche später, nach der Zerstörung, sieht man weiter entfernt den Horizont, die

sagen wird offenbar zwischen drei Phasen bzw. Arten der Zerstörung von Wohnraum unterschieden. Bei der ersten handelt es sich um die zufällige Zerstörung von Wohnraum, die im Rahmen der eigentlichen Gefechte zwischen den vorrückenden israelischen Streitkräften und den palästinensischen Kombattanten erfolgte,[507] bzw. als die israelischen Soldaten das Feuer auf Orte richteten, von denen aus Raketen abgefeuert worden waren. Bei der zweiten handelt es sich um die Zerstörung von Häusern aus sog. „operativen Gründen". Dies ist die vorsätzliche Zerstörung von Häusern, von denen aus das Feuer auf israelische Soldaten eröffnet wurde, oder bei denen der Verdacht bestand, dass sich darin Sprengfallen, Tunnel oder Waffenlager befinden.[508] Der Begriff „operative Erfordernisse" umfasste auch die Zerstörung von Häusern, die die Sicht der israelischen Streitkräfte beeinträchtigten oder die für sie einen „strategischen Vorteil" darstellten.[509] „Laßt sie im Zweifelsfall einstürzen. Ihr braucht keine Bestätigung abzuwarten, wenn ihr's tun wollt" hieß es in den Anweisungen eines Befehlshabers an seine Truppen.[510]

Sicht reicht fast bis zum Meer. Sie haben einfach alle Häuser in der Gegend zerstört, damit die Terroristen kein anderes Versteck finden."

507 In „The hidden dimension of Palestinian war casualties..." argumentiert das Jerusalem Center for Public Affairs, dass palästinensische Häuser auch dann demoliert würden, wenn bewaffnete palästinensische Gruppierungen in Gaza Häuser angriffen, in denen die israelischen Streitkräfte Stellung bezogen hätten. Untermauert wird diese Argumentation mit Berichten über Vorfälle, die auf den Webseiten bewaffneter palästinensischer Gruppierungen gefunden wurden, so wie der folgende Bericht, in dem es um den Abend des 9. Januar 2009 geht: Mit Panzerfaustraketen und Maschinengewehren wird auf ein Haus geschossen, in dem IDF-Soldaten im Bezirk Ezvet Abd Rabbo im östlichen Sektor von Jabalya Stellung bezogen hatten." (S. 12).

508 *Soldiers' Testimonies*..., S. 26, 35, 44, 56, 59, 61. („Manchmal weiß man, dass das Haus leer steht. Man weiß es so genau, wie man es eben wissen kann. Wenn das Haus nun deine Abwehrlinie stört, wird es mit einem Panzer oder einer Planierraupe abgerissen. Wir haben ein achtstöckiges Haus abgerissen. Dabei hatten wir die Anweisung, keine Türöffnung zu betreten, denn es gäbe da Sprengfallen.", und 66 („Wir sollten in dem Gebiet soviel abreißen wie nur möglich. Bei solchen Abrissen handelt es sich um ein Alibi für vorsätzliche, systematische Zerstörung um einwandfreie Sichtverhältnisse zu schaffen. Durch den Abriss sollten wir den Vorteil haben, dass wir das Feuer und das Sichtfeld kontrollieren konnten, um genau zu sehen, was in der ganzen Zone vor sich geht. Damit niemand irgend etwas vor uns verstecken konnte.")

509 a.a.O., S. 12, 61, 100 und 101.

510 a.a.O., S. 56

1001. Die dritte Phase der Wohnraumszerstörung hatte keinen Bezug mehr zu den „operativen Erfordernissen" der andauernden Kriegshandlungen. Vielmehr ging es um „den Tag danach", d.h. um die Zeit nach dem Abzug der israelischen Streitkräfte aus Gaza. Ein israelischer Soldat hat es wie folgt formuliert:

> … dann sagte man uns, es sollen Häuser auch für „den Tag danach" zerstört werden. Beim „Tag danach" geht es darum, dass wir da offensichtlich nur für einen begrenzen Zeitraum, vielleicht eine Woche, vielleicht ein paar Monate, reingehen. Es geht nicht um einen längeren Zeitraum, wenn man diesen Zeitraum nicht definiert. Die Begründung war, dass das Gebiet bei unserem Abzug aus unserer Sicht steril sein soll. Und es gibt keinen besseren Weg, als alles abzureißen. So haben wir gute Feuermöglichkeiten, gute Sicht für die Observation, wir können alles sehen. Wir kontrollieren dann einen großen Teil des Gebiets, und zwar sehr wirksam. Darum ging es bei den Demolierungen für den Tag danach. In der Praxis war es so, dass ein Haus abgerissen wird, das in überhaupt keinem Zusammenhang zu irgendetwas steht, dessen einzige Sünde darin liegt, dass es an einer Bergspitze im Gaza-Streifen steht.[511]

1002. Satellitenbilder, die auf Anfrage der Kommission hin zur Verfügung gestellt wurden, stimmen mit den Aussagen der Soldaten überein. Darin sieht man z.B., dass 65% der Zerstörung/Beschädigung von Gebäuden in Rafah von Luftangriffen zwischen dem 11. und 18. Januar verursacht wurde. In Izbat Abd Rabbo (Ost-Gaza) hingegen fand 54 % der Zerstörung/Beschädigung zwischen dem 6. und 10., Januar statt, als die israelischen Truppen in die Stadt vorrückten[512].

1003. Aus den UNOSAT-Berichten über die Zerstörung von Gebäuden im Bezirk Al-Samouni und in Al-Atatra, zwei Gebieten, in denen es zu besonders intensiver Zerstörung von Wohnraum und anderen Gebäuden kam, geht hervor, dass die meisten während der letzten drei Tage der Bodenpräsenz der israelischen Streitkräfte in Gaza zerstört wurden. Von 114 schwer beschädigten oder vollständig zerstör-

511 a.a.O., S. 66. Siehe auch S. 69.

512 UNOSAT-Satellitenbilder, S. 14 ff.

ten Gebäuden in al-Samouni wurden 60 zwischen dem 27. Dezember und 10. Januar 2009 (d.h. der Luftphase und dem Vorrücken der Bodeninvasion), nur 4 zwischen 10. und 16. Januar, und 50 zwischen dem 16. und 19. Januar 2009 zerstört[513]. In Al-Atatra war es ähnlich. Von 94 schwer beschädigten oder vollständig zerstörten Gebäuden wurden 36 zwischen dem 27. Dezember 2008 und 10. Januar 2009, nur 6 zwischen 10. und 16. Januar, und 52 zwischen dem 16. und 19. Januar 2009 zerstört[514].

1004. Diese Zahlen bestätigen, dass einer ersten Phase umfrangreicher Wohnraumszerstörung aus den „operativen Erfordernissen" der vorrückenden israelischen Streitkräfte in diesen Gebieten ein relativer Stillstand der israelischen Planierraupen und Sprengtruppen folgte. Während der letzten drei Tage hingegen kam eine weitere Phase systematischer Zerstörung ziviler Gebäude durch die israelischen Streitkräfte, denen der bevorstehende Abzug bekannt war.[515]

3. Rechtliche Würdigung

1005. Auf Grund der ermittelten Tatsachen stellt die Kommission fest, dass die Häuser der Familien von Saleh Hajaj, Wa'el al-Samouni, Khalid Abd Rabbo und Muhammad Fouad Abu Askar trotz ihres unverwechselbar zivilen Charakters direkt angegriffen wurden. Sie stellten keine erkennbare Bedrohung für die israelischen Streitkräfte dar. Diese Angriffe stellen eine Verletzung des im Art. 52 des 1. Zusatzprotokolls verankerten gewohnheitsvölkerrechtlichen Unterscheidungsprinzips dar.

1006. In Anbetracht der Erkenntnisse, die sie aus den Aussagen der Soldaten und dem UNOSAT-Bericht gewonnen hat, stellt die Kom-

513 UNOSAT-Bericht, S. 17.

514 a.a.O., S. 20–21.

515 Abschließend merkt die Kommission an, dass die Housing and Land Rights Network – Habitat International Coalition in ihrem eigentlichen Schriftsatz eine ausführliche historische Beschreibung der Praktiken der israelischen Streitkräfte, zivile Wohnhäuser gezielt anzugreifen und vertriebene Bevölkerungen zu schaffen, was auf ein Muster hindeutet, das nicht erstmalig in den Kriegshandlungen in Gaza Dezember 2008 – Januar 2009 zu sehen ist, sondern „über einen längeren Zeitraum und über Grenzen hinweg einheitlich bleibt."

mission fest, dass das Verhalten der israelischen Streitkräfte in diesen Fällen den Tatbestand der schweren Vertragsverletzung der „Zerstörung … von Eigentum, die durch militärische Erfordernisse nicht gerechtfertigt (ist) und in großem Ausmaß rechtswidrig und willkürlich vorgenommen (wird)" nach Art. 147 des 4. Genfer Abkommens verwirklicht hat.

1007. Nach Art. 11 IPwskR sind Vertragsstaaten verpflichtet, „das Recht eines jeden auf einen hinreichenden Lebenstandard für sich und seine Familie, insbesondere auf hinreichenden… Wohnraum" anzuerkennen. Auf Grund der ermittelten Tatsachen stellt die Kommission fest, dass die israelischen Streitkräfte das Recht der betroffenen Familien auf hinreichenden Wohnraum verletzt haben.

E. Analyse des Musters weiträumiger Zerstörung wirtschaftlicher und infrastruktureller Ziele

1008. Die Kommission befragte Herrn Amr Hamad, Stellvertretenden Generalsekretär des Palestinian Federation of Industries (Palästinensischer Industrieverband) bei drei verschiedenen Gelegenheiten, auch bei der öffentlichen Anhörung in Gaza. Die Kommission traf sich ebenfalls mit verschiedenen Geschäftsleuten, die im Fischereiwesen, im Erdbeerbau, in der Zement- und Betonproduktions und -verpackungsbranche, in der Lebensmittel- und Getränkeproduktion, in der Kfz-Reparaturbranche, in der Viehhaltung und in der Kältetechnik tätig waren. Die der Kommission vorgelegten Informationen konzentrierten sich zwar auf die Auswirkungen der dem Gaza-Streifen schon längere Zeit vor dem 27. Dezember 2008 von Israel auferlegten Beschränkungen, es wurden jedoch auch erhebliche Informationen über die Auswirkungen der Angriffe während der israelischen Kriegshandlungen in Gaza vorgetragen.

1009. Herr Amr Hamad wies darauf hin, dass 324 Fabriken während der israelischen Kriegshandlungen zerstört worden seien, wodurch 40.000

Arbeitsplätze vernichtet würden. In seinem detaillierten schriftlichen Bericht über die Auswirkungen der israelischen Kriegshandlungen merkt der Palestinian Federation of Industries an, dass 200 Geschäfte und Fabriken in Gaza-Stadt zerstört wurden, sowie 101 in Nord-Gaza und 20 in Süd-Gaza. Von den insgesamt 324 beschädigten Einrichtungen standen fast 30% mit der Metallindustrie und dem Ingenieurwesen, mehr als 20% mit dem Baugewerbe und 16% mit der Möbelbranche in Verbindung. Auch die Sektoren Aluminium, Nahrungsmittel, Textilien, Chemikalien und Kosmetik, Kunststoff, Gummi sowie das Handwerk wurden schwer in Mitleidenschaft gezogen. Nach Angaben des Industrieverbandes wurde mehr als die Hälfte vollständig zerstört.

1010. Der Industrieverband betonte: „Die wichtigsten Industrien des Gaza-Streifens, und diejenigen, die die größten Investitionen benötigen, wurden am schwersten getroffen."[516] Elf der 324 von den israelischen Streitkräften angegriffenen Einrichtungen standen mit der Nahrungsmittelindustrie in Verbindung, und die erlittenen Verluste beliefen sich auf etwa 37 Mio USD, d.h. mehr als ein Drittel der Verluste des industriellen Sektors. Obwohl 69 der 324 Angriffe dem Baugewerbe galten, stellten die Schäden nur 30% des Gesamtschadens. Im Bericht wird angemerkt, dass die Mehrheit der durch die Angriffe auf die 324 Einrichtungen verursachten Schäden Maschinenkosten (50%) betraf, wobei nur ein Viertel des Gesamtschadens die Gebäude selbst betrifft.

1011. Die Kommission hält die von Herrn Hamad vorgelegten Informationen sowie den Bericht des Palestinian Federation of Industries für glaubwürdig und zuverlässig. Die zur Erstellung des – mit der Unterstützung der Konrad-Adenauer-Stiftung verfassten – Berichts angewendete Methodik hat die Kommission besprochen und für zufriedenstellend gehalten. Die Kommission stellte ebenfalls fest, dass die Aussagen der Geschäftsleute, deren Gebäude von den israelischen Streitkräften angegriffen oder zerstört wurden, die von Herrn Hamad und dem Palestinian Federation of Industries vorgelegten Informationen bestätigen.

516 S. 14, Report of the Palestinian Federation of Industries

1. Das Baugewerbe

1012. Einer der Vorfälle, die Herr Hamad bei der öffentlichen Anhörung erwähnte, betrifft die Zerstörung des einzigen Zementverpackungswerks in Gaza. Die Kommission befragte auch dessen Eigentümer, Herrn Atta Abu Jubbah[517]. Der Rekonstruktion zufolge begannen die israelischen Streitkräfte damit, das Werk von der Luft aus anzugreifen. Später zogen (mit Planierraupen und Panzern ausgerüsteten) Bodentruppen ein und setzten Minen und Sprengsätze ein, um das Silo zu zerstören, in dem 4.000 Tonnen Zement gelagert waren. Hubschrauber feuerten Raketen ab, um die Hauptfabrikationsstraße zu zerstören und schossen Löcher in die Zementbehälter. Zur Zerstörung der Wände des Werks wurden Planierraupen eingesetzt. Vier Tage lang wurde das Werk systematisch zerstört. Zur Überprüfung dieser Schilderung sprach die Kommission mit verschiedenen anderen Zeugen. Sie hält die Schilderung für zuverlässig. Zu diesen Zeugen gehörte ein Tiefbauingenieur, der den Ereignisort inspiziert hatte und bestätigte, dass gewisse Aspekte der Zerstörung nur dadurch zu erzielen sind, indem man Sprengsätze innerhalb des Gebäudes legt. Das Silo war bei den Luftangriffen nicht vollständig zerstört worden, also wurden Sprengsätze an dessen tragende Säulen angebracht.

1013. Im Gazaer Baugewerbe spielte das Werk eine wichtige Rolle. Es stellte Zement in Säcken her, und verkaufte 200 Tonnen täglich. Hierbei erzielte das Werk einen Gewinn in Höhe von 15 USD pro Tonne. Der Wert des Betriebs wird auf rund 12 Mio USD geschätzt. Wie bereits oben erwähnt, wurde auch das Haus des Eigentümers durch Raketen zerstört.

1014. Der Eigentümer gehört zu den weniger als 100 Geschäftsleuten, die Inhaber einer von Israel ausgestellten Businessman Card sind. Die Kommission merkt an, dass das Werk nicht während der Luftphase zerstört wurde, sondern im Rahmen einer abgestimmten Aktion zum Schluss der Kriegshandlungen mehrere Tage lang systematisch zertrümmert wurde.

---

517 Befragung von Herrn Atta Abu Jubbah durch die Kommission in Gaza am 17. Juni 2009.

1015. Die Zerstörung des Werks des Herrn Atta Abu Jubbah war Teil einer offenbar wohldurchdachten Strategie, das Baugewerbe anzugreifen. Vom Palestinian Federation of Industries wurde die systematische und totale Zerstörung der Abu Eida-Transportbetonfabriken auch ausführlich dargelegt. Gegründet wurden die Fabriken im Jahre 1993. Neunzehn der 27 Betonfabriken – 85% der Produktionskapazitäten – sollen zerstört worden sein.

1016. Die Fähigkeit, Beton herzustellen und zu liefern, ist nicht nur im wirtschaftlichen Sinne wichtig. Da der Nachschub von Außen vollständig der Kontrolle durch Israel unterliegt, kann man sogar sagen, dass es sich hierbei um ein menschliches Bedürfnis zur Befriedigung des Grundbedürfnisses nach Unterkunft handelt. Zwar kann die Bevölkerung auskommen, indem sie in improvisierten Unterkünften wohnt oder beengt mit der Großfamilie zusammenwohnt. Dennoch wird die Fähigkeit, die massiven Schäden an den Gebäuden zu reparieren, durch den Mangel an Beton aus Eigenproduktion deutlich beeinträchtigt. Insoweit Beton überhaupt eingeführt werden darf, ist er erheblich teurer als der in Gaza produzierter Beton.

1017. Die Zerstörung des Werks scheint keinen militärischen Grund oder Rechtfertigung gehabt zu haben. Bestätigt wird diese Schulßfolgerung durch die langjährige Handelstätigkeit der Eigentümer und deren Anerkennung durch die Businessman Cards.

2. Zerstörung der übriggebliebenen Nahrungsmittelbetriebe

1018. Wie bereits weiter oben erwähnt, wurden mehr als ein Drittel aller Eierfabriken von den israelischen Streitkräften zerstört. Aus anderen Aussagen, z.B. der des Bürgermeisters von Al-Atatra[518], der auf die Zerstörung der Hühnerfarmen seiner Schwester hinwies, geht hervor, dass ein Großteil der gewerblichen Hühnerzucht vorsätzlich und systematisch zerstört worden ist.

518 Befragung von Muhammad Husein al-Atar, Bürgermeister von Al-Atatra, durch die Kommission am 3. Juni 2009.

1019. Auch die Zerstörung der Fabriken der al-Wadiyah-Gruppe nimmt die Kommission zur Kenntnis. Von der al-Wadiyah-Gruppe wurden etwa 170 Menschen beschäftigt. Die Gruppe nahm die operative Geschäftstätigkeit 1954 auf und stellte verschiedene Nahrungsmittel und Getränke her. Dr. al-Wadiyah lieferte der Kommission eine detaillierte Schilderung der Tätigkeiten und Verluste der Gruppe.[519]

1020. Die Kommission sieht keinen Grund zu der Annahme, dass die zerstörte Getreidemühle und die zerstörten Nahrungsmittelverarbeitungswerke zu irgendwelchen Zwecken benutzt worden wären, wodurch sie als militärische Ziele gelten könnten.

1021. Die Kommission überprüfte ebenfalls Satellitenbilder, die zeigen, dass in ganz Gaza Gewächshäuser in beträchtlichem Ausmaß zerstört worden sind[520]. Insgesamt wurden schätzungsweise Gewächshäuser mit einer Gesamtfläche von 30 Hektar zerstört; 11,2 Hektar wurden in Gaza-Stadt und 9,5 Hektar in Nord-Gaza zerstört. Die Kommission stellte fest, dass kein militärisches Ziel in Betracht kommt, das die weiträumige und systematische Zerstörung von Gewächshäusern rechtfertigen könnte.

3. Zerstörung von Wasseranlagen

1022. Letztlich analysierte die Kommission eine begrenze Anzahl Fälle, die die Wasserversorgung und –aufbereitung betreffen. Die Angriffe auf die al-Sheikh-Ejlin-Anlage und die Namar-Wasserbrunnen sind bereits einigermaßen ausführlich geschildert worden. Die Kommission unterhielt sich auch länger mit Herrn Munther Shublaq, der für die Erstellung des CMWU-Schadensfeststellungsberichts (Damage Assessment Report) zuständig war. In dem Bericht wird darauf hingewiesen, dass offenbar Wasseranlagen jeder Art in gewissem Maße beschädigt wurden, merkt jedoch besonders an, dass in manchen Bezirken, v.a. Beit Lahia, Jabaliyah, Beit Hanoun, einem Teil von Zeytoun, südlich von Rafah, und in den östlichen Dör-

519 Befragung von Dr. Yasser al-Wadia durch die Kommission am 3. Juni 2009.
520 UNOSAT-Bericht, S. 23-27. Siehe auch 17. Kapitel.

fern Gebäude, Wasserversorgungs- und Abwasserinfrastruktur und andere Einrichtungen vollständig zerstört worden sind. „Diese Gebiete benötigen eine vollständige Wasserversorgungs- und Abwasserinfrastruktur. Hierzu könnte es erforderlich sein, die Netze umzugestalten, um der neuen Bevölkerung in der Gegend Rechnung zu tragen[521]."

1023. Herr Munther Shublaq bermekte, dass obwohl mehrere Brunnen getroffen worden waren, die Schäden an den Klärwerken und Abwasserleitungen die schlimmsten Auswirkungen gehabt haben. Die Kommission hörte verschiedene Berichte, aus denen hervorging, dass die Angriffe auf Wasseranlagen, Rohrleitungen, Brunnen und Tanks die Kanalisation und die Wasserversorgung schwer in Mitleidenschaft gezogen haben.

1024. Die palästinensische Autonomiebehörde behauptete, dass 5.708 dachmontierte Wassertanks zerstört worden seien. Wieviele davon sich auf den Dächern der 4.036 Häuser befunden hatten, die nach Angaben der palästinensischen Autonomiebehörde zerstört wurden, ist jedoch unklar.

1025. Die Kommission stellte fest, dass kein militärisches Ziel in Betracht kommt, das die gezielten Angriffe auf Wasseranlagen rechtfertigen könnte.

4. Schlussfolgerungen

1026. Aus den von der Kommission ermittelten Tatsachen geht hervor, dass die gezielten Angriffe auf Industriebetriebe und Wasseranlagen zu einer vorsätzlichen und systematischen Strategie seitens der israelischen Streitkräfte gehörten. In verschiedenen Aussagen gegenüber Breaking the Silence beschrieben israelische Soldaten ausführlich, wie man das, was einmal verharmlosend als „Infrastrukturarbeit" bezeichnet wurde, durchführte. Es wird ausführlich vom Einsatz von Planierraupen als Mittel systematischer Zerstörung berichtet. Die

521 „Damage assessment report...", S. 8.

Aussagen, die Zeugen gegenüber der Kommission machten, wird von den Aussagen der Soldaten sehr ausführlich bestätigt.[522]

1027. Die Kommission verweist auf das 17. Kapitel, in dem festgestellt wurde, dass die systematische Zerstörung der Nahrungsmittelproduktion, der Wasserversorgung und des Baugewerbes Teil der allgemeinen Strategie der unverhältnismäßigen Zerstörung eines Großteils der Gazaer Infrastruktur war.

5. Allgemeine rechtliche Würdigung

1028. In Bezug auf die oben geschilderten Vorfälle hat die Kommission detaillierte Feststellungen getroffen. In Anbetracht des Charakters der systematischen Angriffe auf die Nahrungsmittelindustrie, die Wasserversorgung und die Infrastruktur in Gaza während der Kriegshandlungen erachtet es die Kommission als wichtig, auch die Frage der staatlichen Verantwortung und die Haftung Israels für die begangenen Völkerrechtsverletzungen hervorzuheben.

1029. Obwohl die Anforderungen an den subjektiven Tatbestand im Recht der staatlichen Verantwortung strittig ist, ist die Kommission in allen oben geschilderten Fällen zu dem Schluss gekommen, dass sowohl die Tathandlung als auch der eingetretene Taterfolg beabsichtigt waren.

522 Zu „Infrastrukturarbeit" und der Zerstörung von Obstgärten siehe *Soldiers' Testimonies…*, Aussage Nr. 17, S. 44 und Aussage Nr. 29, S. 66. Vgl. auch Aussage Nr. 46 zu der Praxis des faktischen Dauereinsatzes -von gepanzerten D-9-Planierraupen, größtenteils bei der Zerstörung von Obstgärten (S. 100). Die Kommission merkt an, dass die Frage des „Tages danach" – d.h. die Situation für Israel nach Abschluß der Kriegshandlungen, v.a. was die Frage betrifft, wie auf zukünftige Angriffe aus Gaza reagiert werden soll – immer wieder zur Sprache kommt. Selbst wenn dies als längerfristiges, strategisches militärisches Ziel betrachtet werden könnte, ist es unter diesen Umständen kein legitimes Ziel. Der Prüfung, ob hiermit ein militärischer Vorteil bei der Verfolgung bestimmter Ziele vorliegt, hält es nicht stand. Auch hält es der in den Bestimmungen über schwere Vertragsverletzungen vorgesehenen Prüfung nach militärischen Erfordernissen nicht stand. Siehe auch 16. Kapitel.

1030. Was seine Handlungen während der Kriegshandlungen betrifft, hatte Israel verschiedene Pflichten. Zu diesen gehörte die in Art. 52 des 1. Zusatzprotokolls verankerte allgemeine Pflicht, dafür zu sorgen, dass zivile Objekte nicht zum Angriffsziel werden und den Schutz der für die Zivilbevölkerung lebensnotwendigen Objekte zu gewährleisten. Außerdem ist es Staaten nach den in Art. 54(2) des 1. Zusatzprotokolls verankerten gewohnheitsvölkerrechtlichen Normen verboten, die für die Bevölkerung lebensnotwendigen Objekte zu zerstören.

1031. Israel hat den vorbedachten Entschluss, den Zerstörungserfolg herbeizuführen, an den Tag gelegt. Somit haftet es auch für die entgegen den oben aufgeführten Pflichten begangenen Völkerrechtsverletzungen.

XIV. Der Einsatz palästinensischer Zivilpersonen als menschliche Schutzschilde

1032. Der Kommission gegenüber wurde behauptet, dass in zwei Zonen in Nord-Gaza israelische Truppen palästinensische Männer bei Hausdurchsuchungen als menschliche Schutzschilde eingesetzt habe. Man soll die Palästinenser mit vorgehaltener Waffe gezwungen haben, Häuser vor Soldaten bzw. in einem Fall an ihrer Stelle zu betreten. Die Kommission untersuchte vier Fälle. Ein Vorfall ereignete sich im Bezirk Izbat Abd Rabbo, und ein anderer im Bezirk al-Salam, beide östlich von Jabaliyah, in der Nähe der Grenze zu Israel. Zwei Vorfälle ereignete sich im Bezirk al-Israa, westlich von Beit Lahia. Die Kommission besuchte jeden der Orte und befragte verschiedene Zeugen. In jedem Fall hielt die Kommission die Behauptungen für glaubwürdig.

A. Der Fall von Majdi Abd Rabbo

1033. Um in diesem Fall zu ermitteln, besuchte die Kommission Izbat Abd Rabbo. Die Kommission befragte Herrn Majdi Abd Rabbo[523] und mehrere seiner Nachbarn[524]. Sie erhielt auch zwei eidesstattliche Erklärungen, die Majdi Abd Rabbo zwei NGOs gegenüber abgegeben hatte.

1034. Majdi Abd Rabbo, war zum Zeitpunkt des Vorfalls 39 Jahre alt, ist verheiratet und Vater von fünf Kindern zwischen 16 Jahren und 14 Monaten alt. Er ist Offizier des Nachrichtendienstes der palästinensischen Autonomiebehörde. Er wohnte mit seiner Familie in einem Haus an der Hauptstraße von Izbat Abd Rabbo, der al-Quds-Straße,

523 Gespräch der Kommission mit Majdi Abd Rabbo.

524 Befragungen von Muhammad Muhammad Abd Rabo, Muhammad 'Aish Muhammad Abd Rabbo, Zeugen HS/11 und Iyad Abd Rabbo durch die Kommission.

die in dieser Gegend als Izbat Abd Rabbo-Straße bekannt ist. Sein Familienhaus stand neben der Salah ad-Din-Moschee. Das Haus der Familie von Khalid und Kawthar Abd Rabbo (siehe 11. Kap.) befindet sich weniger als 500 Meter östlich des Hauses der Familie Majdi Abd Rabbo.

1035. Majdi Abd Rabbo erzählte, dass gegen 9.30 Uhr am 5. Januar 2009 er ein lautes Klopfen an der Außentür des Hauses hörte. Er fragte, wer da sei, und jemand antwortete auf Arabisch und befahl ihm, die Tür aufzumachen. Er öffnete die Tür und sah vor sich einen palästinensischen Mann in Handschellen, von dem er später erfuhr, dass es sich um HS/07 (20 Jahre alt) handelte. Eine Gruppe von rund 15 israelischen Soldaten stand hinter HS/07. Einer der Soldaten hielt eine Waffe auf HS/07s Kopf. Die Soldaten schoben HS/07 beiseite, und vier Soldaten richteten ihre Waffen auf Majdi Abd Rabbo. Sie befahlen ihm, sich bis auf seine Unterwäsche auszuziehen. Ihm wurde dann befohlen, sich wieder anzuziehen, und sie schoben ihn ins Haus hinein.

1036. Die Soldaten befahlen ihm, seine Kinder einzeln zu rufen. Er fing mit seinem ältesten Sohn (16 Jahre alt) an, dem die Soldaten befahlen, sich nackt auszuziehen. Dasselbe Verfahren wurde mit den anderen beiden Söhnen (9 und 8 Jahre alt) wiederholt. Dann rief er seine 14-jährige Tochter, der man befahl, ihre Kleider an den Körper zu drücken und sich umzudrehen. Seiner Frau, die ihr Töchterchen hielt, wurde ebenfalls befohlen, ihre Kleider an den Körper zu drücken, und dann die Hose des Säuglings auszuziehen.

1037. Nach Angaben von Majdi Abd Rabb zwangen ihn die Soldaten dann, bei der Hausdurchsuchung Zimmer für Zimmer vor ihnen herzugehen. Hierbei hielten sie ihm eine Schußwaffe vor dem Kopf. Sie fragten ihn nach dem Haus, das hinter seinem Haus stand. Er erzählte ihnen, das Haus stehe leer, und der Eigentümer, HS/08, sei abwesend, denn er arbeite seit vier Jahren im Sudan. Es gab einen kleinen Spalt zwischen den beiden Häusern, aber am Dach waren sie miteinander verkoppelt. Die Soldaten gaben ihm einen Vorschlaghammer von der Art, die zum Brechen von steinen verwendet wird, und sagten ihm, er soll ein Loch in die Trennwand zum Haus von HS/08 brechen. Dies dauerte etwa 15 Minuten.

1038. Vom Dacha aus betraten die Soldaten das Haus von HS/08. Während sie die Treppen hinabstiegen, schoben sie Madji Abd Rabbo vor sich her und schauten über seine Schultern. Sie waren jedoch erst ein paar Stufen hinabgestiegen, als die Soldaten offenbar Bewegungen im Haus bemerkten. Sie fingen an zu schreien, zogen Majdi Abd Rabbo zurück und eilten über das Dach zurück in sein Haus. Majdi Abd Rabbo hörte einige Schüsse.

1039. Die Soldaten rannten zur Straße hinaus, und zwangen Majdi Abd Rabbo und HS/07, mitzukommen, während sie schossen. Beide wurden in die benachbarte Moschee gebracht, wo sich eine große Anzahl Soldaten mit militärischem Material befand. Man zwang sie, sich hinzusetzen, und legte ihnen Handschellen an.

1040. Die Soldaten benutzten den erhobenen Berich der Moschee, von wo aus der Imam das Gebet führt, um auf Majdi Abd Rabbos Haus und die benachbarten Häuser zu schießen. Er schrie die Soldaten an, sie sollen aufhören, da sich seine Familie immer noch im Haus befand. Ein Soldat sagte ihm, er solle die Klappe halten, sonst würden sie ihn erschießen. Der Beschuss dauerte noch weitere 30 Minuten fort. Nach einer Ruhepause warnten die Soldaten, dass eine massive Explosion bevorstehe. In der Tat kam es auch etwa drei Minuten später zu einer enormen Explosion. Der Explosion folgte intensiver Gewehr- und Artilleriebeschuss. Die Quelle der Explosion konnte Majdi Abd Rabbo nicht erkennen[525].

1041. Zwischenzeitlich hatte man ihn gezwungen, ein Loch in die südliche Wand der Moschee ins benachbarte Haus zu brechen. Dann verhörte man ihn zu seinen Kenntnissen der Hamas und den Standorten von Tunneln. Anschließend wurde er mit einer Gruppe von Nachbarn, Männer wie Frauen, in ein anderes Haus in der Gegend (das Haus der Familie HS/09) verbracht und dort festgehalten.

525 Andere Quellen stellen klar, dass das Haus von HS/08 durch israelische Flugzeuge bombardiert wurde, die die Soldaten in der Moschee angefordert hatten. Jerusalem Center for Public Affairs, „The hidden dimension of Palestinian war casualties in operation ‚cast lead‘: Hamas fire on Palestinian areas“, S. 20; Soldiers‘ Testimonies…, S. 7 („Die [Kampf-] Hubschrauber feuerten Panzerabwehrraketen ab“, so Aussage Nr. 1, die in dieser Hinsicht offenbar eine Beschreibung des Vorgangs wiedergibt, die der Zeuge von anderen Soldaten gehört hatte.)

1042. Als der Beschuss aufhörte, kamen Soldaten, um ihn zu holen. Er wurde in die Straße neben seinem Haus, in einen leer stehenden Bereich hinter dem Haus von HS/08, gebracht. Dort sah er, dass das HS/08s Haus und der Eingangsbereich seines Hauses beschädigt worden waren. Es standen zahlreiche Soldaten neben dem Haus, darunter etliche Offiziere. Er sah einen ranghohen Offizier mit den Soldaten reden, die sein Haus überfallen hatten. Der Offizier kam dann zu ihm, um über einen Soldaten, der Arabisch sprach, mit ihm zu sprechen. Der Soldat sagte, sie hätten die Kämpfer im Haus getötet und befahl ihm, ins Haus zurückzugehen und mit deren Kleidung und Waffen zurückzukommen. Er protestierte und erklärte, er wolle nur herausfinden, ob seine Familie in Sicherheit sei. Der Offizier sagte ihm, er solle ihre Befehle befolgen, wenn er seine Familie je wiedersehen wolle. Er verweigerte den Gehorsam, und wurde von Soldaten getreten und mit ihren Waffen geschlagen, bis er nachgab.

1043. Er näherte sich dem Haus von HS/08 von der Straße aus. Der Eingangsbereich war zerstört und von Trümmern blockiert. Er ging zurück zum Offizier und erklärte ihm, dass er nicht hineingehen könne. Der Offizier befahl ihm, stattdessen über das Dach hineinzugehen. Er ging in sein eigenes Haus, das bis auf einen Soldaten leer stand. Hierdurch wurde seine Angst um das Schicksal seiner Familie noch weiter verstärkt. Zu diesem Zeitpunkt war sein Haus nicht schwer beschadigt worden. Er überquerte das Dach und ging die Treppen in HS/08s Haus hinab. Er befürchtete, dass die Kämpfer auf ihn schießen würden, und schrie: „Ich bin Palästinenser, ein Nachbar. Man zwingt mich, dieses Haus zu betreten." In einem Zimmer am unteren Ende der Treppen fand er drei junge bewaffnete Männer, die militärische Tarnanzüge und die Stirnbänder der Al Qassam Brigades trugen. Sie richteten ihre Waffen auf ihn. Er sagte ihnen, dass die israelischen Soldaten glaubten, sie seien getötet worden, und ihn zur Bestätigung hineingeschickt habe. Er sagte, dass er hilflos sei, da die Soldaten seine Frau und Kinder festgenommen hätten. Die bewaffneten Männer sagten ihm, sie hätten alles gesehen, und baten ihn, zu den Soldaten zurückzugehen und ihnen zu sagen, was er gesehen hat.

1044. Er ging wieder hinaus, und überquerte hierbei wieder das Dach seines Hauses. Als er sich den Soldaten näherte, richteten sie ihre Waffen auf ihn und befahlen ihm, anzuhalten, sich nackt auszuziehen und sich umzudrehen. Nachdem er sich wieder angezogen hatte, erzählte er ihnen, was er gesehen hatte. Anfangs glaubten ihm die Soldaten nicht. Sie fragten, woher er wisse, dass es sich um Hamas-Kämpfer handele, und er erklärte, dass er sie an ihren Stirnbändern erkannt habe. Die Soldaten fragten nach deren Waffen. Er erwiderte, dass sie Kalaschnikows tragen. Der Offizier sagte ihm, dass man ihn erschießen würde, wenn er lüge.

1045. Man legte ihm Handschellen an und brachte ihn wieder ins Haus der Familie HS/09, um ihn dort festzuhalten. Gegen 15.00 Ur hörte er etwa 30 Minuten lang Schüsse. Die Soldaten holten ihn wieder und brachte ihn zum selben Offizier. Dismal bemerkte er, dass andere Soldaten mit anderem militärischem Material dabei waren. Durch den Dolmetscher erzählte ihm der Offizier, dass man die Kämpfer getötet habe, und befahl ihm, wieder hineinzugehen und die Leichen zurückzubringen. Abermals weigerte er sich und sagte, „Das ist nicht mein Job. Ich will nicht sterben." Er belog sie und erzählte, die drei Kämpfer hätten ihm gesagt, dass sie ihn töten würden, wenn er zurückkäme. Der Offizier meinte, er brauche sich keine Sorgen zu machen, da man die Kämpfer bereits getötet habe. Er fügte hinzu, dass man zwei Raketen ins Haus gefeuert habe, wodurch die Kämpfer bestimmt ums Leben gekommen seien. Da er sich weiterhin weigerte, wurde er erneut verprügelt und getreten, bis er wieder über das Dach ins Haus von HS/08 zurückging.

1046. Er fand das Haus schwer beschädigt vor. Der untere Teil der Treppe fehlte. Er ging wieder schreiend hinein, um die Kämpfer, falls sie noch lebten, auf sich aufmerksam zu machen. Er fand sie im gleichen Zimmer wie beim letztenmal. Zwei waren unverletzt. Der dritte war schwer verwundet, blutüberströmt. Er hatte Wunden an der Schulter und am Bauch. Sie fragte ihn, was draußen vorgehe, und er erwiderte, dass das Gebiet vollständig besetzt sei und dass die Soldaten zahlreiche Geiseln, darunter auch seine Familie, genommen habe.

1047. Der Verwundete sagte ihm seinen Namen (HS/10) und bat ihn, seiner Familie mitzuteilen, was passiert war. Majdi Abd Rabbo versprach, dies zu tun, falls er überlebte. Dies hat er dann auch getan. Ein anderer der drei Männer sagte ihm, er soll dem israelischen Offizier bestellen, dass er selber zu ihnen kommen solle, wenn er ein richtiger Mann sei.

1048. Majdi Abd Rabbo ging zurück zu den Soldaten, die ihn abermals zwangen, sich nackt auszuziehen, bevor er sich ihnen näherte. Er sagte dem Offizier, dass zwei der Kämpfer unverletzt seien. Der Offizier fluchte und bezichtigte ihn des Lügens. Majdi Abd Rabbo wiederholte dann die Nachricht des Kämpfers. Daraufhin schulgen der Offizier und vier weitere Soldaten mit ihren Waffen auf ihn ein und beleidigten ihn.

1049. Der Offizier fragte Majdi Abd Rabbo nach seinem Ausweis. Er erwiderte, dass der Ausweis sich in seinem Haus befinde, gab ihnen jedoch seine Ausweisnummer. Der Offizier überprüfte die Ausweisnummer mit einem elektronischen Gerät. Drei Minuten später fragte ihn der Offizier, ob es stimme, dass er mit dem Chef des Nachrichtendienstes der palästinensischen Autonomiebehörde arbeite. Dies bestätigte er. Der Offizier fragte ihn, ob er Anhänger von Abu Mazen und der Fatah sei. Dies bejahte er.

1050. Die Soldaten brachten Majdi Abd Rabbo ein Megaphon, und befahlen ihm, damit die Kämpfer zu rufen. Anfangs weigerte er sich, gab dann aber unter Drohungen nach. Wie geheißen sagte er den Kämpfern, sie sollen kapitulieren, dass das IKRK dabei sei und sie sich ergeben könnten. Es kam keine Antwort.

1051. Bis dahin war die Nacht schon eingebrochen. Majdi Abd Rabbo wurden abermals Handschellen angelegt. Er wurde nochmal ins Haus der Familie HS/09 gebracht. Dreißig bis vierzig Minuten später hörte er Schüsse und eine riesige Explosion. Soldaten kamen, um ihm zu sagen, dass sie das Haus von HS/08 bombardiert haben, und befahlen ihm, wieder hineinzugehen, um nach den Kämpfern zu sehen.

1052. Die israelischen Streitkräften hatten die Gegend mit Flutlicht beleuchtet. Majdi Abd Rabbo fand sowohl sein Haus als das von HS/08 sehr schwer beschädigt vor. Das Haus von HS/08 konnte er nichtmehr über das Dach betreten, da dieses eingestürzt war. Er ging zurück zu den Soldaten, die ihn wieder zwangen, sich – diesmal bis auf die Unterwäsche – auszuziehen. Er fragte, wo seine Familie sei, und sagte, er könne die Kämpfer wegen der Schäden an den Häusern nicht erreichen. Er warf den Soldaten vor, sein Haus zerstört zu haben. Der Offizier sagte, man hätte nur HS/08s Haus getroffen. Majdi Abd Rabbo wurden dann Handschellen angelegt. Bis zu diesem Zeitpunkt hatte man ihm weder Essen noch Wasser gegeben, und es war sehr kalt. Nach einiger Zeit wurden ihm die Handschellen wieder abgenommen. Man befahl ihm, sich anzuziehen, und brachte ihn zurück ins Haus der Familie HS/09, in das Zimmer, in dem er andere Festgenommene fand. Allen Männern und Jungen in diesem Zimmer waren Handschellen angelegt worden. Sie waren auch an den Knöcheln gefesselt. Ein Soldat brachte Trinkgläser, die er dann am Eingang des Zimmers, in dem sie festgehalten wurden, zerschmetterte. Nachdem er die Gläser zerschmettert hatte, ging er wieder. Majdi Abd Rabbo hatte schwere Kopfschmerzen entwickelt. Ein anderer Inhaftierter, der Hebräisch sprach, rief einen Soldaten, um ihm zu sagen, das Majdi Abd Rabbo krank sei und Medikamente brauche. Der Soldat sagte ihm, er solle schweigen, sonst würde er erschossen. Eine Frau band Majdi Abd Rabbo einen Schal um den Kopf, um die Schmerzen zu lindern.

1053. Gegen 7.00 Uhr wurde Majdi Abd Rabbo wieder zu den Soldaten nach draußen gebracht. Man fragte ihn nach der Anzahl der Kämpfer im Haus. Er bestätigte, nur drei gesehen zu haben.

1054. Zwei junge Palästinenser aus der Gegend wurden zu ihnen gebracht. Ein Soldat gab ihnen eine Kampera und befahl ihnen, ins Haus zu gehen und die Kämpfer zu fotografieren. Die beiden wollten sich weigern, wurden dann verprügelt und getreten. Der Soldat zeigte ihnen, wie man die Kamera bedient, und sie gingen über den beschädigten Haupteingang ins Haus von HS/08. Etwa 10 Minuten später kamen sie mit Fotos der drei Kämpfer zurück. Zwei lagen anscheinend tot unter den Trümmern. Der Dritte saß auch unter den Trümmern fest, war jedoch anscheinend noch am Leben und hielt weiterhin seine Schußwaffe. Ein Soldat zeigte Majdi Abd Rabbo die Fotos, und fragte ob es sich dabei um dieselben Personen handelte. Dies bejahte er.

1055. Ein Soldat nahm das Megaphon und sagte den Kämpfern, sie haben 15 Minuten Zeit, um sich zu ergeben, dass die israelischen Streitkräften die Gegend kontrollieren, und, dass das Haus Gegenstand eines Luftangriffs sein werde, falls sie sich nicht ergeben.

1056. Fünfzehn Minuten spatter kam ein Soldat mit einem mit elektronischen Geräten ausgestatteten Hund, der etwas Kameraähnliches am Kopf hatte. Ein weiterer Soldat hatte einen kleinen Notebook-Computer. Der Hundführer schickte den Hund ins Haus. Ein paar Minuten spatter hörte man Schüssen, und der Hund kam herausgerannt. Er war angeschossen worden, und starb etwas später.

1057. Gegen 10.30 Uhr am 6. Januar 2009 kam eine Planierraupe an und fing an, das Haus abzureißen. Die Planierraupe fuhr von Osten nach Westen und demolierte alles, was ihr im Wege stand. Majdi Abd Rabbo sah zu, wie sie sein eigenes Haus und das von HS/08 demolierte. Man sagte ihm und den beiden junen Männern, sie sollen zurück ins Haus HS/09 gehen. Sie hörten Schüsse.

1058. Gegen 15.00 Uhr brachte man ihn wieder in die Nähe von seinem Haus und dem von HS/08. Er sagte der Kommission, dass er die Leichen der drei Kämpfer am Boden unter den Trümmern des Hauses habe liegen sehen.

1059. Die Soldaten zwangen ihn dann, andere Häuser in derselben Straße zu betreten, während sie diese durchsuchten. Sämtliche Häuser standen leer. Die Soldaten zwangen ihn, anfangs das Haus allein zu betreten. Als er zurückkam, schickten sie einen Hund hinein, um das Haus zu durchsuchen. Während der Hausdurchsuchungen gelang es ihm, Trinkwasser zu finden. Das war das erste, was er in den letzten zwei Tagen zu trinken bekam. Um Mitternacht brachten ihn die Soldaten zurück ins Haus der Familie HS/09.

1060. Am 7. Januar wurden alle Männer und Jungen aus dem Haus der Familie HS/09 geholt und ins Haus eines Vetters von Majdi Abd Rabbo in derselben Gegend gebracht. Es waren mehr als 100 Männer und Jungen dabei, darunter auch Verwandte von ihm, im Alter von 15 bis 70. Die Frauen wurden an einem anderen Ort festgehalten. Majdi Abd Rabbos Angehörige waren nicht da, und er erfuhr, dass niemand sie gesehen hatte. Er blieb weiterhin äußerst besorgt um ihre Sicherheit.

1061. Gegen 23.00 sagte man den Männern und Jungen im Haus, dass man sie entlassen würde, und dass sie alle nach Westen gen Jabaliyah gehen sollen. Hierbei sollten sie weder nach links noch nach rechts abbiegen, sonst würden sie erschossen. Sie fand die Izbat-Abd-Rabbo-Straße schwer beschädigt vor. Majdi Abd Rabbo ging zum Haus seiner Schwester in Jabaliyah, wo er seine Frau und Kinder am 9. Januar 2009 wiedersah. Seine Frau sagte ihm, dass sie während des anfängliches Beschusses am 5. Januar einige Stunden lang im Haus geblieben, und anschließend mit einer weißen Flagge in ein Nachbarhaus geflohen seien.

1062. Majdi Abd Rabbo erzählte der Kommission, dass er und seine Familie von dem, was ihnen widerfahren sei, schwer traumatisiert seien, und dass sie nicht wüßten, was sie jetzt tun sollen, wo sie ihr Zuhause und all ihre Besitztümer verloren hätten. Seine Kinder litten unter schweren psychologischen Folgeerscheinungen und wiesen mangelhafte schulische Leistungen auf. Fünf Monate später im Juni 2009 litt Majdi Abd Rabbo immer noch unter Alpträumen.

1063. Die Kommission merkt an, dass seine Schilderung darauf schließen läßt, dass mindestens drei weitere palästinensische Männer von den israelischen Streitkräften gezwungen wurden, Häuser zu durchsuchen. In einer journalistischen Schilderung heißt es, der Autor „sprach mit acht Einwohnern des Bezirks Izbat Abd Rabbo, die aussagten, dass sie gezwungen wurden, IDF-Soldaten bei Einsätzen, bei denen man in Häuser einbräche und durchsuchte, zu begleiten.[…] Die acht Einwohner schätzten, dass zwischen dem 5. und 12. Januar […] etwa 20 örtliche Einwohner gezwungen wurden, „Begleitschutz"-Einsätze verschiedenerlei Arten auszuführen[526]."

526 Haaretz, „Gazans: IDF used us as ‚human shields' during offensive", 28. März 2008, abrufbar unter: http://www.haaretz.com/hasen/spages/1065594.html

B. Der Fall von Abbas Ahmad Ibrahim Halawa

1064. Die Kommission befragte Herrn Abbas Ahmad Ibrahim Halawa und dessen Ehefrau[527], und besuchte al Israa, den Bezirk westlich von Beit Lahia, in dem sich sein Haus befindet.

1065. Zu Beginn der Feindseligkeiten am 27. Dezember 2008 bat der 59-jährige Abbas Ahmad Ibrahim Halawa seine Familie, das Haus zu verlassen, und blieb dann allein zurück. Am 9. Januar 2009, nachdem der Beschuss einen Tag gedauert hatte, zogen die Bodentruppen in den nordwestlichen Teil seiner Nachbarschaft ein. Gegen 0.05 am 5. Januar 2009 stürmten die israelischen Streitkräfte in sein Haus ein. Er versteckte sich unter den Treppen und schrie, als sie ihn erreichten. Hierbei hob er seine Hände. Die Soldaten hatten Taschenlampen an ihren Gewehren und Helmen befestigt, und ihre Gesichter waren schwarz bemalt.

1066. Mit vorgehaltener Waffe befahlen ihm die Soldaten, sich auszuziehen. Daraufhin zog er sich bis auf seine Unterwäsche aus. Sie befahlen ihm, sich umzudrehen, und sich dann wieder anzuziehen. Bis dahin befanden sich etwa 40 Soldaten im Haus. Ihm wurden die Hände hinter dem Rücken gebunden, die Beine gefesselt, und man verband ihm die Augen. Er wurde zusammengeschlagen. Dann brachte man ihn ins Haus eines Nachbarn. Er erzählte den Soldaten, dass er unter schwerem Asthma leide, durfte seinen Inhalator jedoch nicht mitbringen.

1067. Im Nachbarhaus wurde er von einem israelischen Soldaten nach dem Verbleib von Gilad Shalit und den Standorten von Tunneln und Raketenabschußgeräten der Hamas gefragt. Die Soldaten drohten, sein Haus zu sprengen, falls er ihnen die Auskunft verweigerte. Er beharrte darauf, dass ihm die Antworten auf ihre Fragen nicht bekannt seien. Er flehte sie an, und erklärte, dass er 30 Jahre lang in Israel gearbeitet und dort Hunderte Häuser gebaut habe. Er ist der he-

---

527 Befragungen von Abbas Ahmad Ibrahim Halawa und dessen Ehefrau durch die Kommission.

bräischen Sprache mächtig, und verständigte sich auf Hebräisch mit einem der Soldaten.

1068. Nach etwa 30 minuten wurde er an einen anderen Ort in der Nähe gebracht. Dort befahl man ihm, sich hinzusetzen. Nach weiteren 15 Minuten musste er sich wieder zu Fuss an einen anderen Ort begeben. Seine Augen waren immer noch verbunden; die Fesseln an seinen Beinen waren etwas gelockert worden, trotzdem konnte er nur schwer laufen. Einer der Soldaten erklärte ihm Schritt für Schritt den Weg, wobei er ihm immer die Waffe vorhielt.

1069. In einem Haus, das er nachher als das eines Nachbarn erkannte, entfesselte ihm ein Soldat die Beine und entfernte die Augenbinde. Seine Hände waren nach wie vor gefesselt. Er sah mehrere Soldaten im Haus und etwa 15 Offiziere, die im Wohnzimmer saßen. Sie hatten Karten und Funkgeräte vor sich liegen. Einer der Offiziere (er hatte drei Streifen an der Schulterklappe) bat ihn, sein Haus auf der Karte zu identifizieren. Dann fragte man ihn nach den Standorten von Tunneln und Raketenabschußgeräten. Er antwortete, dass er es nicht wisse. Ihm wurden die Augen erneut verbunden, durch die Augenbinde konnte er jedoch ein wenig sehen.

1070. Man brachte ihm aus dem Haus hinaus und in die Straße. Wie beim vorigen Mal hielt man ihn von hinten fest und presste eine Waffe an seinen Rücken bzw. Hinterkopf. Das Laufen gestaltete sich schwer, da die Straßen von den Panzern und anderen militärischen Geräten beschädigt worden waren. Etwa zwei Stunden lang lief er herum, wie ihm die Soldaten befahlen. Gelegentlich hielten sie an und riefen: „Wer ist in dem Haus da?“ Dann eröffneten sie das Feuer, zwangen Abbas Ahmad Ibrahim Halawa, in das Haus hineinzugehen, während sie sich hinter ihm versammelten. Nach der Durchsuchung verließen sie das Haus wieder. Auf diese Art mußte er fünf Häuser betreten. Sie fanden niemanden in irgendeinem der Häuser.

1071. Danach liefen sie weiter und hielten etwa eine Stunde lang an, ohne dass geschossen wurde. Schließlich befahl man ihn, sich auf den Boden hinzusetzen. Dann deckte man ihm mit einer Decke zu. An diesem Ort, der nach seinen Angaben in der Nähe der amerikanischen Schule in Nord-Gaza und dicht an einer Panzerstellung der israelischen Streitkräfte lag, wurde er zwei Tage lang festgehalten. Zwei Tage lang gab man ihm weder Essen noch Wasser.

1072. Er wurde dann mit verbundenen Augen in einem Fahrhzeug, das er für einen Panzer hielt, etwa 90 Minuten lang an einen ande ren Ort transportiert. Er glaub, es handele sich hierbei um Netsalim (Nitzarim). Dort wurde er auf den Boden geworfen. Zwei Tage und Nächte lang behielt man ihn dort im Freien. Die ganze Zeit verweigerten ihm die Soldaten eine Decke. Während dieser zwei Tage wurde er erneut mehrmals zu den Standorten von Tunneln und Raketen der Hamas und zum Verbleib von Gilad Shalit vehört. Er wurde verprügelt und mit dem Tode bedroht, falls er diesen Informationen nicht preisgab.

1073. Gegen 17.00 Uhr am zweiten Tag wurde er in einem geschlossenen Fahrzeug (von dem er vermutet, es sei ein Lkw) in eine Haftanstalt innerhalb Israels verbracht, die er von einem israelischen Soldaten als Telmund bezeichnen hörte. Ihm wurden die Fingerabdrücke abgenommen, dann wurde er zu einem Arzt gebracht, dem er sagte, er leide unter akutem Asthma und schweren Schmerzen, die von einer durch die Prügel verursachten Rückenverletzung herrühren.[528] Der Arzt verabreichte ihm keine Medikamente. Er wurde in eine Zelle gebracht. Dort wurde ihm wieder eine Decke versagt.

1074. In der Haftanstalt wurde er abermals verhört, diesmal durch Zivilpersonen, und wurde dann an einen anderen Ort verlegt, wo er zusammen mit weiteren 50 Arabern festgehalten wurde. Nach zwei Tagen wurde er zum Grenzübergang Erez gebracht. Dort befahl man ihm, zu Fuß nach Gaza zurückzukehren. Während er ging, schossen Soldaten um seine Füße herum und über seinem Kopf. Es gelang him, das Haus seiner Schweter zu erreichen, wo er zusammenbrach und ins al-Shifa-Krankenhaus gebracht wurde.

1075. Als er zu seinem Haus zurückkehrte, fand er es verwüstet vor. Als die Kommission mit ihm sprach, war er von der Behandlung, die ihm

528 Der Kommission wurden ärztliche Dokumente vorglegt, die seine Aussage, dass er unter zwei gebrochenen Wirbelkörpern in Folge der Prügel durch die israelischen Soldaten leide, bestätigen. Er muss nun ein Korsett tragen, um seine Wirbelsäule zu stützen.

im Gewahrsam der israelischen Streitkräfte widerfahren war, immer noch traumatisiert.

C. Der Fall von Mahmoud Abd Rabbo al-Ajrami

1076. Herr Mahmoud Abd Rabbo al-Ajrami wurde von der Kommission zweimal ausführlich befragt. Er sagte auch bei der öffentlichen Anhörung in Gaza am 30. Juni 2009 aus.

1077. Mahmoud Abd Rabbo al-Ajrami ist ehemaliger Beamter, der zuletzt Stellvertretender Außenminister war. Er legte sein Amt nieder, als Hamas in Gaza die Macht übernahm, und hat seither nicht mehr gearbeitet. Er, seine Frau und seine 15-jährige Tochter lebten in einem Haus im selben Bezirk wie Abbas Ahmad Ibrahim Halawa westlich von Beit Lahia. Der Bezirk wurde zur Zeit der anfänglichen Luftangriffen der israelischen Offensive unter Beschuss genommen. Mahmoud Abd Rabbo al-Ajramis Haus wurde erstmals am 2. oder 3. Januar 2009 direkt getroffen. Nach seinen Angaben handelte es sich hierbei um Panzergranaten und Raketen, die von Apache-Hubschraubern aus bgefeuert wurden, die Außen- wie Innenwände schwer beschädigten. Panzer zogen am 3. oder 4. Januar in den Bezirk ein, und wurden anfangs etwa 500 Meter nördlich von seinem Haus positioniert.

1078. Er blieb im Haus mit seiner Ehefrau und Tochter. Wie er es der Kommission erklärte, hatte er sich entschlossen, das Haus nicht zu verlassen, weil sein Vater sein Haus in Israel verlassen hatte und nie wieder zurückkehren konnte. An einem nicht näher bekannten Datum in der ersten Januarwoche kam er jedoch zum Schuß, dass dies seiner Tochter zu schwierig sei. Er rief ein Taxi und seine Tochter zog in das Haus eines Onkels in einem sichereren Gebiet.

1079. Am 9. Januar 2009 kam es in der Gegend zu besonders schwerem Beschuss. Nach Angaben von Mahmoud Abd Rabbo al-Ajrami wurde sein Haus von 10 Panzergranaten getroffen. Seine Frau wurde von Splittern und Glasscherben leicht verletzt. Gegen Mitternacht in der Nacht des 9. auf den 10. Januar 2009 betraten Soldaten gewaltsam ihr Haus, wo er und seine Frau im Erdgeschoss unter den Treppen Schutz suchten. Sie warfen eine Granate in den westlichen Eingang des Gebäudes und betraten schießend das Haus.

1080. Ein Offizier befahl Mahmoud Abd Rabbo al-Ajrami, seinen Bademantel zu heben (er hatte nämlich Nachtkleidung an) und sich umzudrehen. Er befahl sodann der Ehefrau von Mahmoud Abd Rabbo al-Ajrami, sich die Kleider an deb Körper zu drücken und sich umzudrehen. Mahmoud Abd Rabbo al-Ajrami und seine Ehefrau wurden dann in ein benachbartes Haus gebracht, wo ihm Soldaten seinen Ausweis nahmen und seine Personalien auf einem Notebook überprüften. Ein Offizier verhörte ihn über die Standorte von Tunneln und Raketen der Hamas, palästinensischen Kämpfern sowie den Verbleib von Gilad Shalit. Er antwortete, dass er keine derartigen Informationen geben könne, da sie ihm unbekannt seien, dass er ehemaliger Regierungsbeamter der Fatah sei. Der Soldat antwortete: „Du bist Hamas; Hamas hat Fatah und die ganzen anderen in Gaza umgebracht, also mußt du Hamas sein.“ Mahmoud Abd Rabbo al-Ajrami beharrte darauf, dass er Zivilperson sei. Der Offizier erzählte ihm nochmal, dass er fünf Minuten Zeit habe, um ihnen Informationen zu geben, sonst würde man ihn erschießen. Fünf Minuten später antwortete er abermals, dass ihm die Kenntnisse fehlen, die erforderlich wären, um die gestellten Fragen zu beantworten.

1081. Ihm wurden Handschellen angelegt, wobei seine Hände vor seinem Körper waren, und die Augen verbunden. Zwei oder drei Soldaten packten ihn an den Schultern und zwangen ihn, vor ihnen herzugehen. Seine Ehefrau versuchte, mit ihm zu gehen, wurde jedoch ins Zimmer zurückgeschoben. Es war inzwischen etwa 2.00 Uhr. Die Soldaten brachten ihn in die zweite Etage des Gebäudes und warfen ihn hinunter. Er landete auf Trümmern und wurde ohnmächtig. Als er wieder zu sich kam, hatte er schwere Schmerzen an der rechten Seite und Atemschwierigkeiten. Später erfuhr er, dass er vier Rippenbrüche und schwere Prellungen über die gesamte Länge des rechten Beins hatte. Vier Soldaten zwangen ihn zum Aufstehen. Er stöhnte vor Schmerz, wollte aber nicht, dass sie dies hören. Es regnete, und war noch dunkel. Die Soldaten schoben ihn an eine Wand und gingen von ihm weg. Er dachte, sie würden ihn jetzt erschießen. Dabei waren seine Augen noch verbunden.

1082. In den frühen Morgenstunden holten die Soldaten ihn und einen anderen Mann (der sich später als sein Nachbar Abbas Ahmad Ibrahim Halawa herausstellte) und zwangen sie, vor ihnen herzugehen. Mahmoud Abd Rabbo al-Ajrami wurden die Augen verbunden, und ihm wurde eine Feuerwaffe an den Hinterkopf gedrückt. Er glaubt, dass hinter ihm und dem anderen Palästinenser etwa 25 Soldaten gewesen seien. Nachdem sie eine Zeitlang so gelaufen waren, zwang man die beiden, mehrere Häuser zu betreten. Dabei gingen die Soldaten hinter ihnen in Deckung. So, wie es Mahmoud Abd Rabbo al-Ajrami in Erinnerung hat, eröffneten die Soldaten sechs- oder siebenmal das Feuer. Sie fanden niemanden in irgendeinem der Häuser.

1083. Nach diesen Hausdurchsuchungen gingen die Soldaten, Mahmoud Abd Rabbo al-Ajrami und Abbas Ahmad Ibrahim Halawa nach Norden in Richtung eines Ortes namens Dogit, einer ehemaligen Siedlung. Er konnte die Bewegungen von Panzern hören und Panzerstellungen sehen. Beide Männer wurden gezwungen, am Boden zu sitzen. Mahmoud Abd Rabbo al-Ajramis Hände lagen vor ihm in Handschellen; dem anderen waren die Handschellen hinter dem Rücken angelegt worden. Es regnete immer noch, und es war sehr kalt, und Mahmoud Abd Rabbo al-Ajramis Rippen und Bein waren sehr steif und taten weh. Man ließ sie dort bis in den Morgen ohne Essen, Wasser und Decken. Gegen 10.00 Uhr holten Soldaten Abbas Ahmad Ibrahim Halawa zwecks Verhöre ab.

1084. Im Laufe dieses und des darauf folgenden Tages wurde Mahmoud Abd Rabbo al-Ajrami ebenfalls verhört, und zwar von einem ranghohen Offizier. Am zweiten Tag wurde er an den Rand des Lagers gebracht. Dort befahl man ihm, zu Fuß nach Gaza-Stadt zu gehen. Es gelang ihm, den Stadtrand zu erreichen, und ein Fremder half ihm, das Haus eines Verwandten zu erreichen. Von dort aus wurde er ins al-Shifa-Krankenhaus gebracht.

1085. Als er nach Hause zurückkehrte, fand er sein Haus ausgeplündert und verwüstet vor. Er erzählte, dass viele Wertgegenstände gestohlen worden seien, insbesondere Schmuck und elektronische Geräte.

D. Der Fall von AD/03

1086. Diese Zusammenfassung des Falles von AD/03 basiert auf den Ergebnissen der Befragung durch die Kommission. Sein Fall wird auch im 25. Kapitel näher besprochen.

1087. AD/03 wohnt im Bezirk al-Salam, der östlich von Jabaliyah in der Nähe der Ostgrenze zu Israel liegt. Am 8. Januar gegen Mittag kam eine Durchsage der israelischen Streitkräfte, in der alle Einwohner des Bezirks aufgefordert wurden, ihre Häuser zu räumen und auf die Straße herauszukommen. Die Männer wurden von den Frauen und Kindern getrennt. Ihnen wurde befohlen, sich an einer Wand aufzustellen. Man befahl ihnen, ihre Hemden zu heben und sich bis auf die Unterwäsche auszuziehen. In dieser Stellung – ausgezogen und an der Wand aufgestellt – blieben sie etwa 15 Minuten lang. Den Frauen und Kindern befahl man, nach Jabaliyah zu gehen. Kurz darauf zwang man AD/03 und drei andere (sein Bruder, ein Cousin und ein Unbekannter), sich auf den Boden zu legen. Man verband ihnen die Augen und band ihnen die Hände hinten mit Kunststoffstreifen. Sie wurden über Nacht in einem Haus festgehalten, in einem Zimmer zusammen mit drei Männern, die sich als Einwohner von Izbat Abd Rabbo vorstellten. Am nächsten Morgen, am 9. Januar wurden die Augenbinden entfernt, und die sieben Männer wurden verhört.

1088. Am zweiten Tag der Inhaftierung fingen die israelischen Streitkräfte an, einige Inhaftierten als menschliche Schutzschilde einzusetzen. Zu diesem Zeitpunkt hatten die Inhaftierten einen ganzen Tag lang weder geschlafen noch gegessen. Sie wurden ständig mit dem Tode bedroht und beleidigt. Um Hausdurchsuchungen durchzuführen, entfernten die Israelis AD/03s Augenbinde, seine Hände blieben aber weiterhin gebunden. Man zwang ihn, vor den Soldaten zu gehen und sagte ihm, wenn er jemanden im Haus sehe und dies den israelischen Soldaten nicht melde, werde er getötet. Er erhielt die Anweisung, jedes Zimmer in jedem Haus Schrank für Schrank zu durchsuchen. Nachdem eine Durchsuchung abgeschlossen war, brachte man ihn zu einem anderen Haus und befahl ihm, auch dieses Haus genauso zu durchsuchen. Hierbei drückte man ihm eine Waffe an den Kopf. Während des gesamten Vorgangs schlug man ihn mit offener und geschlossener Hand und beleidigte ihn. AD/03 weist darauf hin, dass man ihn zweimal hierzu gewzungen habe, während die Gruppe acht Tage lang in diesem Haus festgehalten würde. Selbstverständlich mußten dies auch andere tun. Beim erstenmal zwang man ihn, zwei Häuser zu durchsuchen. Beim zweitenmal mußte er vier häuser durchsuchen. AD/03 schätzt, dass die Durchsuchungen, an denen er beteiligt war, eine bis anderthalb Stunden dauerten. Zu keinem Zeitpunkt fand er Sprengvorrichtungen oder Angehörige bewaffneter Gruppierungen.

E. Dementi durch die israelischen Streitkräfte

1089. Auf die Berichte über den Einsatz männlicher Zivilpersonen als menschlicher Schutzschilde in Izbat Abd Rabbo reagierte die Sprechereinheit (Spokesperson's Unit) der israelischen Streitkräfte einem israelischen Journalisten gegenüber wie folgt:

> Die IDF ist eine moralische Armee, und deren Soldaten handeln nach dem Geist und den Werten der IDF. Wir regen an, den eigennützigen Behauptungen palästinensischer Elemente gründlich nachzugehen. Die Truppen der IDF erhielten die eindeutige Anweisung, die Zivilbevölkerung im Rahmen der Kampfhandlungen zu gar keinem Zweck einzusetzen, und schon gar nicht als „menschliche Schutzschilde".
>
> Im Ergebnis einer gemeinsamen Untersuchung mit dem Befehlshaber der Einheiten, die in der fraglichen Gegend waren, wurden keinerlei Beweise für die geschilderten Fälle gefunden. Wer der IDF derartige Vorwürfe macht, erweckt einen irrtümlichen und irreführenden Eindruck der IDF und deren Kämpfer, die nach moralischen Kriterien und dem Völkerrecht handeln.[529]

529 „Gazans: IDF used us as ‚human shields' during offensive".

1090. Die Kommission kam zu dem Schluss, dass die soeben zitierten Zeugen glaubwürdig und zuverlässig sind. Sie sieht keinen Anlass, an der Richtigkeit ihrer Schilderungen zu zweifeln, und stellt fest, dass die verschiedenen Schilderungen die Behauptung untermauern, dass Palästinenser als menschliche Schutzschilde eingesetzt worden seien.

1091. Die Kommission merkt insbesondere an, dass Herr Majdi Abd Rabbo seine Erlebnissen vom 5. bis 7. Januar 2009 mehreren NGOs, Journalisten und der Kommission erzählt hat, ohne dass relevante Unstimmigkeiten aufgetreten wären. Es gab einige geringfügigen Unstimmigkeiten, die nach Ansicht der Kommission nicht hinreichend bedeutsam sind, um Zweifel an der allgemeinen Zuverlässigkeit von Majdi Abd Rabbo aufkommen zu lassen. Die lange Schilderung weist auch gewisse Elemente auf, die in einigen Versionen auftreten, aber nicht in anderen, was nicht wundern darf. Die Kommission stellt ebenfalls fest, dass diese Unstimmigkeiten die Glaubwürdigkeit der Schilderung von Majdi Abd Rabbo nicht beeinträchtigen.

1092. Ferner ist zu beachten, dass einer der von der NGO Breaking the Silence befragten israelischen Soldaten den Fall von Majdi Abd Rabbo schildert. Der Soldat geht bei seiner Schilderung ins Detail, und erwähnt, Majdi Abd Rabbo einmal persönlich getroffen zu haben.[530] Schließlich merkt die Kommission an, dass im Schriftsatz, der

530 Die Kommission merkt jedoch an, dass der Solder offenbar kein unmittelbarer Zeuge des Vorfalls war, sondern von anderen davon erfuhr und später Majdi Abd Rabbo traf. Soldiers' Testimonies…, S. 7–8:
„Aussage Nr. 1 […] In einem Fall versuchten unsere Männer, sie zum Rauskommen zu bringen. Dann eröffneten sie das Feuer, feuerten einige Panzerabwehrraketen auf das Haus ab und zu irgendeinem Zeitpunkt holten sie eine D-9-Planierraupte und Kampfhubschrauber hinzu. Drinnen befanden sich drei bewaffnete Männer. Die Hubschrauber feuerten Panzerabwehrraketen ab, und der Nachbar wurde nochmal reingeschickt. Anfangs sagte er, ihnen sei noch nichts passiert, sie wären noch da. Die Hubschrauber wurden erneut gerufen und feuerten. Auf welchem Eskalationsstadium (bei der Gewaltanwendung), weiß ich nicht. Der Nachbar wurde wieder hineingeschickt. Er sagte, zwei seien tot und einer lebe noch, also wurde eine D-9 hinzugezogen. Diese fing an, das Haus über ihm abzureißen, bis der Nachbar reinging. Dann kam der letzte bewaffnete Mann raus, wurde gefangen und an den Shabak übergeben. […] [Einige

vom Jerusalem Center for Public Affairs eingereicht wurde, zwar keine Zusammenfassung der Beteiligung von Majdi Abd Rabbo an dem Vorfall enthalten ist, bei dem die drei palästinensischen Kämpfer getötet wurde, dieser Vorfall jedoch erwähnt wird.[531]

1093. Allgemeiner ist zu beachten, dass die Aussagen der von den israelischen Streitkräften als menschliche Schutzschilde eingesetzten Männer von Aussagen israelischer Soldaten gegenüber der NGO Breaking the Silence bestätigt werden. Der Soldat, der Aussage Nr. 1 gemacht hat, spricht vom „Johnnie-Verfahren": Das war die erste Kriegswoche, es wurde intensiv gekämpft, es mußten Sprengsätze freigelegt werden, es gab Tunnel in offenen Räumen und bewaffnete Männer in Häusern. [...] Man nähert sich jedem Haus. Die Methode, die da angewendet wird, hat jetzt einen neuen Namen – er heißt nicht mehr „Nachbarverfahren." Jetzt werden die Leute „Johnnie" genannt. Das sind palästinensische Zivilisten, und man nennt sie Johnnies [...] In jedes Haus, dem wir uns nähern, schicken wir den Nachbarn rein, den „Johnnie", und wenn es da drin bewaffnete Männer gibt, fangen wir an wie beim Dampfdrucktopf-Verfahren im Westjordanland." Dieser Soldat erwähnt dann, dass es einige Befehlshaber „störte", dass „Zivilisten auch für andere Zwecke

---

Zivilpersonen] wurden gezwungen, wände mit 5-Kg Vorschlaghämmern einzuschlagen. Da gab es eine Mauer, die einen Garten umschloss. Die Einheit wollte das Tor nicht benutzen, brauchte eine alternative Öffnung aus Angst vor Sprengfallen oder anderen Vorrichtungen. Also mußten die „Johnnies" selbst mit einem Vorschlaghammer ein weiteres Loch in die Mauer schlagen. Da wir gerade dabei sind, ist eine Story von Amira Hass in der Tageszeitung Haaretz erschienen über Jebalya, wo ein Typ dasselbe erzählt. Das ist der Typ, der geschickt wurde. Ich sah ihn nachher, den, den man dreimal zwang, in dieses Haus reinzugehen. Auch er erzählt uns davon, dass man ihm Vorschlaghämmer gab, um Wände einzuschlagen."
Beim Zeitungsartikel, der in dieser Aussage erwähnt wird, handelt es sich um „Gazans: IDF used us as 'human shields'". Die Kommission merkt an, dass der Soldat, der die Aussage Nr. 1 machte, angibt, dass einer der drei palästinensischen Kombattanten verhaftet worden sei, obwohl es in Majdi Abd Rabbos Aussage heißt, er habe alle tot gesehen.

531 „The hidden dimension ..." S. 20. Bei diesem Dokument handelt es sich um ein „Kriegstagebuch", das „aus den sowohl von Hamas als auch von deren Izz ad-Din Qassam Brigades veröffentlichten detaillierten Daten" zusammengestellt wurde. Dass es sich bei diesem Vorfall und der Schilderung von Majdi Abd Rabbo um denselben Vorfall handelt, bestätigt auch ein Vergleich der Namen der drei getöteten palästinensischen Kombattanten, die in beiden Schilderungen vorkommen (ein Name ist identisch, der zweite sehr ähnlich).

eingesetzt worden als sie nur in Häuser reinzuschicken." Ein zweiter Soldat, den Breaking the Silence befragte, scheint in Aussage Nr. 17 das „Johnnie-Verfahren" ausführlich besprochen zu haben, seine Aussage wurde in dieser Hinsicht offenbar zensiert oder sonstwie gekürzt, also heißt es nur: „Sie [in Häusern gefundene Zivilpersonen] wurden als ‚Johnnies' eingesetzt (zu einem anderen Zeitpunkt im Gespräch beschrieb der Zeuge das ‚Johnnie'-Verfahren, bei dem palästinensische Zivilpersonen bei Hausdurchsuchungen als menschliche Schutzschilde eingesetzt werden) und dann entlassen, und wir finden sie dann bei späteren Durchsuchungen."[532]

1094. Die Kommission stellt somit fest, dass diese Aussagen zwar die von ihr untersuchten Fälle nicht in allen Einzelheiten bestätigen, bestätigen jedoch eindeutig die allgemeine Behauptung, die israelischen Streitkräften hätten palästinensische Zivilpersonen gezwungen, sie bei Hausdurchsuchungen zu begleiten.

1095. Abschließend stellt die Kommission auf Grund der ermittelten Tatsachen fest, dass die Herren Majdi Abd Rabbo, Abbas Ahmad Ibrahim Halawa, Mahmoud Abd Rabbo al-Ajrami und AD/03 von den israelischen Streitkräften gefangen genommen wurden, als sie sich in ihren Häusern befanden, manchmal zusammen mit ihren Familien, und wurden dann mit vorgehaltener Waffe gezwungen, Häuser gemeinsam mit den israelischen Streitkräften zu durchsuchen. Auf Grund dieser Tatsachen stellt die Kommission ebenfalls fest, dass alle während ihrer Gefangenschaft grausamer, unmenschlicher und erniedriger Behandlung ausgesetzt wurden.

532 Soldiers' Testimonies..., S. 7-8 und 46. Ein dritter Soldat erzählt davon, wie er den Einsatz palästinensischer Zivilpersonen mit dem Befehlshaber seiner Einheit besprach. Der Befehlshaber leugnete, davon Kenntnis zu haben, der Soldat kommt jedoch zu folgendem Schluss: „Dieses Verfahren, bei dem Zivilisten eingesetzt werden, existiert. Er weiß auch Bescheid. Das „Nachbarverfahren" ist eine offizielle Vorgehensweise der Armee, sie heißt halt nicht mehr so. Der Brigadekommandeur war die ganze Zeit vor Ort. Er hat uns sogar eines Tages besucht. Offizielle Vorgehensweise der Armee heißt Anweisungen der Armee." a.a.o., S. 107.

1096. Mehrere Bestimmungen des humanitären Völkerrechts verbieten es, von den Streitkräften gefangen genommene männliche Zivilpersonen zur Durchsuchung von Häusern einzusetzten, in denen die Invasionsarmee eine Überfall- oder Sprengfallengefahr vermutet.

1097. Diese Praxis stellt den Einsatz unfreiwilliger menschlicher Schutzschilde dar und verletzt Art. 28 des 4. Genfer Abkommens, das wie folgt lautet: „Die Anwesenheit einer geschützten Person darf nicht dazu benutzt werden, Kampfhandlungen von gewissen Punkten oder Gebieten fernzuhalten." Art. 51 Abs. 7 des 1. Zusatzprotokolls fügt hinzu: „Die Anwesenheit oder Bewegungen der Zivilbevölkerung oder einzelner Zivilpersonen dürfen nicht dazu benutzt werden, Kriegshandlungen von bestimmten Punkten oder Gebieten fernzuhalten, insbesondere durch Versuche militärische Ziele vor Angriffen abzuschirmen oder Kriegshandlungen zu decken, zu begünstigen oder zu behindern. Die am Konflikt beteiligten Parteien dürfen Bewegungen der Zivilbevölkerung oder einzelner Zivilpersonen nicht zu dem Zweck lenken, militärische Ziele vor Angriffen abzuschirmen oder Kriegshandlungen zu decken." Das Verbot des Einsatzes menschlicher Schutzschilder hat den Rang einer gewohnheitsrechlichen Norm (Norm 97 der IKRK-Normen des humanitären Gewohnheitsvölkerrechts[533]), und zwar sowohl in internationalen als auch in nicht internationalen bewaffneten Konflikten. Somit stellt die Kommission fest, dass die israelischen Streitkräfte Art. 28 des 4. Genfer Abkommens und das in Art. 51(2) des 1. Zusatzprotokolls verankerte gewohnheitsvölkerrechtliche Verbot, die Zivilbevölkerung als solche zum Ziel von Angriffen zu machen, verletzt haben.

1098. 2002 wurde ein Rechtsstreit beim israelischen Obersten Gericht in seiner Eigenschaft als Oberster Gerichtshof anhängig, bei dem es um eine sehr ähnliche Vorgehensweise im Westjordanland ging, die damals „Nachbarverfahren" hieß. Die Antragsteller, sieben israeli-

533 *Customary International Humanitarian Law* ..., S. 337. Die israelische Regierung erkennt den gewohnheitsrechtlichen Charakter des im Art. 51 Abs. 7 des 1. Zusatzprotokolls verankerten Prinzips an („The operation in Gaza...", S. 151).

sche und palästinensische Menschenrechtsorganisationen, beschrieben Fälle, in denen „die IDF palästinensische Einwohner zwang, durch Gebäude zu gehen und sie zu besichtigen, bei denen Verdacht auf Sprengfallen bestand, und bei dem ihnen befohlen wurde, bestimmte Bereiche vor den Kampftruppen zu betreten, um dort ge suchte Personen zu finden; ebenfalls beschrieben werden Fälle, in denen das Heer Einwohner als ‚menschliche Schutzschilde' einsetzte, die die Kampfeinheiten begleiteten, um diese Einheiten vor Angriffen abzuschirmen. [...] Ferner wurden Fälle beschrieben, in denen Anwohner nach dem Vorhandensein gesuchter Personen und von Waffen gefragt wurden und für den Fall der unterlassenen Antwort mit dem Tode bedroht wurden"[534]. Mit anderen Worten beschrieben die Antragsteller Vorfälle, die analog zu den von der Kommission in Gaza untersuchten Fällen sind.

1099. In der Replik der israelischen Streitkräfte und der anderen Antragsgegner „wurde unmißverständlich klargestellt, dass es den im Feld operierenden Kräften kategorisch verboten ist, palästinensische Einwohner als ‚lebendiger Schutzschild' oder als ‚Geiseln' zu verwenden, und dass es verboten ist, örtliche Einwohner in irgendeine Aktivität zu verwickeln, durch die sie in Lebensgefahr geraten könnten[535]." Die israelischen Streitkräfte legten dem Obersten Gerichtshof eine Dienstanweisung über die Anwendung des sog. „Frühwarnverfahrens" ebenfalls vor. Dieses Verfahren stützte sich auf die angeblich ausschließlich freiwillige Zusammenarbeit palästinensischer Zivilpersonen bei der Erteilung von Warnungen an gesuchten Personen, damit sich diese ergeben. In der Dienstanweisung heißt es: „Es ist streng verboten, den örtlichen Einwohner für militärische Einsätze (z.B. Suchen nach Sprengsätzen, Auskundschaften) einzusetzen." Darin heißt es auch: „Der Einsatz eines örtlichen Einwohners als ‚lebendiger Schutzschild' vor Angriffen ist streng verboten. Beim Vorrücken der vom örtlichen Einwohner begleiteten Einheit darf der Einwohner nicht an der Spitze der Einheit positioniert werden."[536]

534 Adalah Legal Centre for Arab Minority Rights in Israel et al. v. Commander of the Central Region et al., case No. 3799/02, Judgement of 23 June 2005.
535 a.a.O., Urteilsbegründung der Richterin D. Beinisch.
536 a.a.O., Abs. 7.

1100. Auf Grund dieser Zusicherungen der israelischen Streitkräfte traf der Oberste Gerichtshof keine Entscheidung zum sog. Nachbarverfahren, sondern nur zum sog. „Frühwarnverfahren". In seiner Entscheidung kam er zu dem Schluss, dass auch das Frühwarnverfahren „eine Verletzung des Völkerrechts" darstelle, und verpflichtete die Streitkräfte, die Anwendung des Verfahrens in Zukunft zu unterlassen[537]. Bei diesem Ergebnis ließ der Präsident des Obersten Gerichts A. Barak keinen Zweifel daran aufkommen, dass er auch das „Nachbarverfahren" für eine Verletzung des. Art. 28 des 4. Genfer Abkommens hält. Er zitiert zustimmend den *Commentary* von J. Pictet zum 4. Genfer Abkommen, in dem es heißt: „Derartige Praktiken [der Einsatz menschlicher Schutzschilde], die auf die Ablenkung feindlichen Feuers abziehen, sind zu Recht als grausam und barbarisch verurteilt worden."

1101. In ihrer Berichterstattung über die Kriegshandlungen in Gaza äußerte sich die israelische Regierung wie folgt:

> Nach den Einsatzregeln der IDF ist es streng verboten, Zivilisten als menschliche Schutzschilde einzusetzen. Ferner hat das Oberste Gericht Israels entschieden, dass der Einsatz von Zivilisten in irgendeiner Eigenschaft zu militärischen Zwecken, insbesondere der Einsatz von Zivilisten, um in Gebäuden versteckte Terroristen zu rufen, rechtswidrig ist. Seit diesem Urteil ist auch letzteres Verfahren nach den Dienstanweisungen der IDF verboten. Für die Durchsetzung dieses Verbots setzt sich die IDF ein.

Die IDF traf verschiedene Maßnahmen, um Befehlshaber wie Soldaten über diese Einsatzregeln aufzuklären[538]. Die sehr konkreten Behauptungen über den Einsatz palästinensischer Zivilpersonen als menschliche Schutzschilde im Januar 2009, die seit ihrer Veröffentlichung in einer israelischen Zeitung im März 2009[539] und in NGO-Berichten seit April 2009 der Öffentlichkeit bekannt sind, und auf die Briefe israelischer NGOs den israelischen Generalstaatsanwalt

537 a.a.O., Abs. 25.

538 „The operation in Gaza ...", Abs. 227–228.

539 „Gazans: IDF used us as 'human shields' during offensive".

aufmerksam gemacht haben, erwähnt die israelische Regierung jedoch mit keinem Wort.

1102. Ferner stellt die Kommission auf Grund der ihr vorliegenden Erkenntnisse fest, dass das Verhalten der israelischen in den oben geschilderten Fällen Art. 31 des 4. Genfer Abkommens verletzt. Diese Bestimmung lautet wie folgt: „Auf die geschützten Personen darf keinerlei körperlicher oder seelischer Zwang ausgeübt werden, namentlich nicht, um von ihnen oder dritten Personen Auskünfte zu erlangen..“ Der IKRK-Kommentar merkt an. „Art. 31 verbietet die Ausübung von Zwang zu jedwedem Zweck und aus jedwedem Grund; die Erlangung von Auskünften wird hier lediglich beispielhaft angeführt. Somit ist der bisher in der Praxis akzeptierte aber in der Lehre umstrittene Gebrauch, wonach eine Invasionsarmee die Bewohner eines besetzten Gebiets zwingen könne, als „Führer“ zu dienen, nunmehr verboten[540].“

1103. Die Befragung von Zivilpersonen unter Androhung von Tod oder Verletzung durch israelische Soldaten, die Auskünfte über Hamas und den Standort palästinensischer Kombattanten und Tunnel verlangten, stellt ebenfalls eine Verletzung des Art. 31 dar. Der Kommission liegen keine Informationen über Fälle vor, in denen einer derartigen Drohung die Tötung einer gefangen genommenen Zivilperson folgte. Die Herren Majdi Abd Rabbo, Abbas Ahmad Ibrahim Halawa und Mahmoud Abd Rabbo al-Ajrami behaupten jedoch alle, dass man sie mit dem Tode bedroht habe. Majdi Abd Rabbo behauptete ebenfalls, von Soldaten getreten und geprügelt worden zu sein, bis er ihrer Forderung nachgab, das Haus von HS/08 zu betreten. Mahmoud Abd Rabbo al-Ajrami wurde vom zweiten Stockwerk seines Hauses hinabgeworfen, nachdem er sich geweigert hatte, israelischen Soldaten Auskünfte zu geben. Hierdurch wurden mehrere Rippenbrüche verursacht.

1104. Die Anwendung des sog. „Nachbarverfahrens“, das offenbar in „Johnnie-Verfahren“ umbenannt worden ist, stellt eine Verletzung grundleger Menschenrechtsvorschriften dar. Damit wird das gemäß Art. 6 IPbpR geschützte Leben der betroffenen Zivilpersonen auf

540 S. 220.

willkürliche und rechtswidrige Art gefährdet. Die Qualen, die den Zivilpersonen, die mit verbundenen Augen und in Handschellen mit vorgehaltener Waffe gezwungen werden, Häuser zu betreten, die – dies ist wohlgemerkt der Grund, weshalb sie dazu gezwungen werden – womöglich Sprengfallen enthalten oder Kombattanten beherbergen, die das Feuer auf sie eröffnen könnten, widerfahren, können nur als grausame und unmenschliche Behandlung entgegen Art. 7 IPbpR gewertet werden. Ferner wurden die Freiheit und die persönliche Sicherheit sämtlicher Zeugen verletzt. Dies stellt auch eine Verletzung von Art. 9 IPbpR dar. An dieser Stelle muss die Kommission anmerken, dass zahlreiche Zivilpersonen, die während der Kriegshandlungen mit den israelischen Streitkräften in Berührung kamen, von schockierenden Erniedrigungen erzählten, die bestimmt im eklatanten Widerspruch zum Grundsatz der Achtung der Menschenwürde, Kern alle Menschenrechte und Grundfreiheiten, stehen.

1105. Die Kommission stellt ebenfalls fest, dass der vorsätzliche Einsatz der oben zitierten Zeugen als menschliche Schutzschilde auch als unmenschliche Behandlung und die vorsätzliche Verursachung großer Leiden für geschützte Personen im Sinne des 4. Genfer Abkommens zu bezeichnen ist. Somit ist die Kommission der Auffassung, dass das Verhalten der israelischen Streitkräfte in Bezug auf solche Personen eine schwere Verletzung des Abkommens darstellt. Der Einsatz menschlicher Schutzschilder ist auch ein Kriegsverbrechen im Sinne des Art. 8(2)(b)(xxiii) des Römer Statuts.

1106. Schließlich stellt die Kommission fest, das Heimtückeverbot des Art. 37 des 1. Zusatzprotokolls zu den Genfer Abkommen verletzt wurde, indem man Majdi Abd Rabbo zwang, ein Megaphon zu benutzen, um die im Haus hinter seinem Haus festsitzenden Männer zur Kapitulation aufzurufen, unter dem Vorwand, das IKRK sei anwesend und sie können sich ohne Gefahr ergeben. Zu dem Zeitpunkt war der Bezirk Izbat Abd Rabbo ein militärisches Sperrgebiet, das niemand, auch nicht das IKRK, betreten durfte. Die Heimtücke wird im Art. 37 wie folgt definiert: „Handlungen, durch die ein Gegner in der Absicht, sein Vertrauen zu mißbrauchen, verleitet wird, darauf zu vertrauen dass er nach den Regeln des in bewaffneten Konflikten anwendbaren Völkerrechts Anspruch auf Schutz hat oder verpflichtet ist Schutz zu gewähren.“. Handlungen, die Heimtücke darstellen, und zum Tode oder zur schweren Verletzung von Personen führen, stellen auch Kriegsverbrechen im Sinne des Art. 8(2)(b)(vii) des Römer Statuts dar.

XV. Freiheitsentzug: während der israelischen Operation vom 27. Dezember 2008 bis 18. Januar 2009 inhaftierte Gazaer

1107. Nach der Kommission vorliegenden Erkenntnissen wurden Hunderte Gazaer, darunter Frauen und Kinder, von den israelischen Streitkräften während der Kriegshandlungen festgenommen. Die genaue Anzahl der Festgenommenen ist unbekannt. Manche wurden stunden- oder tagelang in Häusern, anderen Gebäuden oder Sandgrupen im Gaza-Streifen festgehalten; andere wurde, entweder sofort oder nach anfänglicher Inhaftierung im Gaza-Streifen, in israelische Haftanstalten verbracht. Einige Personen wurden in Armeebasen festgehalten (z.B. Sde Teiman[541]) , andere wurden in Gefängnissen festgehalten, und einige entlassenen Häftlinge wissen nicht, wo sie festgehalten wurden. Einige Häftlinge berichten von Misshandlungen in der Haft, insbesondere von Prügel, und davon, dass sie unter unhygienischen Bedingungen, entweder ganz ohne oder mit nur unzureichendem Essen und Toilettenanlagen, festgehalten worden seien. Einige Entlassenen berichten, dass sie während ihrer Inhaftierung als menschliche Schutzschilde eingesetzt worden seien, dass man sie z.B. gezwungen habe, vor Soldaten zu gehen und vor ihnen Gebäude zu betreten[542].

1108. Am 28. Januar 2009 appellierten sieben isrealische Menschenrechtsorganisationen an den israelischen Militärgeneralstaatsanwalt und den Generalstaatsanwalt über die „entsetzlichen Haftbedingungen für Palästinenser, die während der Kampfhandlungen in Gaza inhaftiert wurden, sowie die erniedrigende und unmenschliche Behandlung, die ihnen vom Zeitpunkt ihrer Festnahme bis zu ihrer

541 Schriftwechsel mit HaMoked, 22. Juli 2009. Siehe auch die Aussage von AD/06, die von Addameer, Prisoners Support and Human Rights Association aufgenommen wurde.

542 Eidesstattliche Erklärung von PCATI an die Kommission. Eidesstattliche Erklärung von AD/06 an Addameer, Prisoners Support and Human Rights.

Verlegung in den Gewahrsam des Israel Prison Service (israelische Strafvollzugsbehörde) widerfuhr."[543]

1109. Die Anzahl der Gefangenen, die schließlich in israelische Gefängnisse verbracht wurden, wird auf ca. 100 geschätzt.[544] Einige von ihnen wurden inzwischen freigelassen. In vielen Fällen dauerte es Wochen, bis die Familien und Rechtsanwälte herausfanden, dass ihre Angehörigen bzw. Mandanten festgenommen worden waren. Einige Rechtsanwälte behaupten, Israel habe die Anzahl der Festnahmen selbst dem IKRK gegenüber vorsätzlich verschwiegen.[545] Die Menschenrechtsorganisation Adalah hat sich mit einem Antrag auf Akteneinsicht an die Regierung gewendet, aber zu der Zeit, zu der dieser Bericht verfasst wurde, hatte sie noch keine Antwort erhalten. Im Laufe der Zeit wurden viele Häftlinge von der israelischen Strafvollzugsbehörde freigelassen, aber die Kommission sieht sich nicht in der Lage, ihre genaue Zahl festzustellen.

1110. Herr Bader, ein Rechtsanwalt des PCATI, der Häftlinge vertrat, der bei der öffentlichen Anhörung der Kommission in Genf aussagte, hat verschiedene Gefangene in israelischen Gefängnissen befragt und ihre Aussagen weitergegeben. Darunter waren auch Schilderungen von Gefangenen, die aussagten, sie seien als menschliche Schutzschilde benutzt oder in Sandgruben festgehalten worden.

1111. Die Kommission hat verschiedene Personen befragt, die von den israelischen Streitkräften während der Kriegshandlungen in Gaza und danach für einen beträchtlichen Zeitraum festgehalten wurden. Im Verlauf der Haft wurden sie in manchen Fällen ohne Gerichtsverfahren oder Einhaltung der grundlegenden Prozessgarantien festgehalten und wurden geistig und körperlich misshandelt. Die Kommission hat sich auch direkt bei den Rechtsanwälten mehrerer Personen informiert,

---

543 The complaint was submitted by the Public Committee against Torture in Israel (PCATI), the Association for Civil Rights in Israel (ACRI), HaMoked – Centre for the Defence of the Individual, Physicians for Human Rights – Israel (PHR-Israel), B'Tselem, Adalah and Yesh Din. See http://www.btselem.org/english/press_releases/20090128.asp

544 Die Zahlen wurden der Kommission von PCHR, Adalah und PCATI vorgelegt.

545 Schriftwechsel mit Addameer, Prisoners Support and Human Rights Association, 25. Juni 2009.

die zu dieser Zeit verhaftet wurden, darunter auch einige der oben Genannten. Außerdem hat die Kommission Fragen bezüglich der Anzahl der Personen aus Gaza, die von Israel während der Kriegshandlungen festgenommen wurden, und der Dauer ihrer Haft, insbesondere bezüglich der Zahl der Festgenommenen, die sich weiterhin in Haft befinden, an die israelische Regierung gerichtet,. Die Kommission hat gefragt, wie vielen der in Gaza festgenommenen Personen mit welcher Begründung vorgeworfen wird, „ungesetzliche Kombattanten" zu sein, wie viele vor Gericht gestellt wurden und welche Prozessgarantien ihnen gewährt wurden. Sie erhielt jedoch keine Antwort.

A. Die Sandgruben in Al-Atatra

1112. Al-Atatra liegt 10 Kilometer nördlich von Gaza-Stadt, westlich von Beit Lahia und drei bis vier Kilometer südlich der Grünen Linie. Die Gegend ist weitgehend landwirtschaftlich geprägt mit Orangen- und Zitronenhainen. Am Morgen des 5. Januar war das Gebiet heftigen Luftangriffen ausgesetzt, gefolgt von einer Invasion der israelischen Bodentruppen. Die Kommission sprach mit sechs Personen, alle Mitglieder der gleichen Großfamilie[546] und Einwohner von Al-Atatra, von denen drei unmittelbare Zeugen und Opfer der Ereignisse waren, die sich im Anschluss an die Bodeninvasion abspielten.[547] Ihre Zeugenaussagen werden durch die der Kommission von einer NGO vorgelegten Aussagen dreier weiterer Personen bestätigt, die ebenfalls Einwohner von Al-Atatra sind.[548]

1113. Am Morgen des 5. Januar, kurz nach Beginn der Bodeninvasion, brachen schätzungsweise 40 israelische Soldaten in mehrere Häuser ein, darunter auch das von AD/01, der der Kommission beschrieb, wie 65 Personen, von denen mehrere weiße Flaggen trugen, gezwun-

546 Aus Sicherheitsgründen werden die Namen der Zeugen aus dieser Familie hier durch codierte Bezeichnungen ersetzt.

547 Aussage vor der Kommission von AD/01 (und drei anderen Personen), 30. Juni 2009.

548 Eidesstaatliche Erklärung von RR, RS und RT, Einwohner von Al-Atatra, der Kommission von Rechtsanwalt Majd Bader vorgelegt.

gen wurden, sich auf der Straße zu versammeln. Die Soldaten trennten die Männer von den Frauen. Die Männer mussten sich an einer Wand in einer Reihe aufstellen und bis auf die Unterwäsche ausziehen. AD/01 berichtete, dass jeder Versuch, sich den Soldaten zu widersetzen, mit körperlicher Gewalt beantwortet worden sei, die zu Verletzungen geführt habe.

1114. Etwa zwanzig Minuten später wurden sie in ein Haus gebracht, das Herrn Khalil Misbah Attar gehörte, wo sie einen Tag lang festgehalten wurden, die Männer immer noch von den Frauen getrennt. Das Haus war an diesem Morgen von mehreren Raketen getroffen worden und schwer beschädigt. Zeugen sagten der Kommission, dass das Haus zu dieser Zeit von den israelischen Streitkräften als Militärstützpunkt und Scharfschützenstellung benutzt würde.[549]

1115. Gegen 22.00 Uhr wurden allen Männern mit Plastikstreifen die Hände auf den Rücken gefesselt und die Augen wurden ihnen verbunden. Die Männer, 11 Frauen und mindestens sieben Kinder im Alter von unter 14 Jahren wurden zu Fuß nach al-Kaklouk geführt, das einen oder zwei Kilometer entfernt südlich der Amerikanischen Schule liegt. Viele von den Männern trugen immer noch nichts als ihre Unterwäsche und waren dem strengen Winterwetter ausgesetzt.[550] Al-Kaklouk liegt sehr nahe an israelischen Artillerie- und Panzerstellungen, und während sich die Gefangenen dort aufhielten wurde mindestens von einem Panzer häufig geschossen.

1116. AD/01 erzählte der Kommission, dass bei der Ankunft in al-Kaklouk alle aufgefordert wurden, in eine Grube zu klettern, die ausgehoben worden war, um ein großes, von etwa drei Meter hohen Sandwällen umgebenes Loch zu schaffen. Es gab drei solcher Löcher, und alle waren mit Stacheldraht eingezäunt. Jedes der Löcher

---

549 Die Benutzung des Hauses von Herrn Khalil Misbah Attar als Gefängnis wird durch die Zeugenaussage von Samir Ali Muhammad Attar bestätigt. Diese wurde in einer eidesstattlichen Erklärung von Rechtsanwalt Mahar Talhamy für PCATI aufgenommen und kann eingesehen werden unter: http://www.stoptorture.org.il/files/28109_eng.pdf

550 Nach Auskunft des Wetterdienstes der BBC schwanken die Temperaturen im Gazastreifen im Dezember und Januar durchschnittlich zwischen 17° und 7°Celsius.

maß schätzungsweise 7.000 Quadratmeter („sechs bis sieben *Dunam*"). AD/01 beschreibt, dass sie sich in langen Reihen nebeneinander aufstellen müssten, statt sich zusammenzudrängen, und dass sie in diesen Löchern unter freiem Himmel und den kalten Temperaturen ausgesetzt drei Tage lang (bis zum 8. Januar) festgehalten worden seien. In jedem Loch waren etwa 20 Personen untergebracht. Sie wurden gezwungen, in Anspannungshaltungen am Boden zu kauern, mit vorgebeugtem Oberkörper und gesenktem Kopf. Sie wurden von Soldaten überwacht und durften nicht miteinander kommunizieren. Am ersten Tag ihrer Gefangenschaft hatten sie keinen Zugang zu Nahrung und Wasser. Am zweiten und dritten Tag (am 6. und 7. Januar) erhielt jeder einen Schluck Wasser und eine Olive. Sie hatten nur begrenzten Zugang zu Sanitäranlagen. Die Männer mussten zwei bis drei Stunden warten, nachdem sie darum gebeten hatten, bevor ihnen erlaubt wurde, das Loch zu verlassen und ihre Notdurft zu verrichten, und manchmal durften sie zu diesem Zweck die Augenbinde entfernen. Einigen Männern wurde befohlen, innerhalb des Loches hinter einem kleinen Sandhaufen ihre Notdurft zu verrichten. Sie erzählten, dass es den Frauen aus kulturellen Gründen schwierig wäre, um Erlaubnis zur Verrichtung ihrer Notdurft zu bitten, und sie fragten gar nicht erst.

1117. AD/01 sagt aus, dass sich mehrere Panzer im Inneren der Sandgrube befänden, wobei sich mindestens ein Panzer am Ostende befunden habe.[551] Während die Menschen dort festgehalten wurden, schoss der dem Landesinneren zugewandte Panzer täglich sporadisch auf die gegenüber der Stellung an der Straße liegenden Häuser.

1118. AD/01B und AD/01C berichteten, dass die Frauen und Kinder am 8. Januar freigelassen wurden und die Anweisung erhielten, nach Jabaliya zu gehen. Die Männer wurden in eine Kaserne in der Nähe der Nordgrenze gebracht, die sie als Izokim-Kaserne erkannten. In der Izokim-Kaserne wurden die Männer in ähnlichen Sandgruben eingesperrt wie in al-Kaklouk, nur dass diese kleiner waren. Sie waren nach wie vor der Kälte, dem Regen und den ständigen Geräuschen fahrender Panzer über ihren Köpfen ausgesetzt. Die Zeugen beschrieben das Gefühl, den Fahrgeräuschen von Panzern über einen länge-

551 Dies wird durch die Aussage von RR vor PCATI bestätigt.

ren Zeitraum hinweg ausgesetzt zu sein, der Kommission gegenüber als desorientierend; dies habe Gefühle von Hoffnungslosigkeit, Isolation, Hilflosigkeit und abgrundtiefem Entsetzen ausgelöst.

1119. In der Izokim-Kaserne wurden die Männer über Nacht mit gefesselten Händen und in Unterwäsche festgehalten. In unregelmäßigen Abständen wurden sie verhört, meistens zu Einzelheiten darüber, wo sich Qassam-Raketen und Tunnel befänden und über den Verbleib von Parlamentariern der Hamas. Nach den Aussagen, die sie der Kommission gegenüber machten, wurden sie während der Verhöre geschlagen und bedroht, getötet oder von Panzern überrollt zu werden. Die Kommission stellt fest, dass der Charakter und die Art der Fragen bei allen Verhören in verschiedenen Haftanstalten immer die gleichen waren.

1120. Am 9. Januar wurden die Männer in ein Gefängnis in Israel verbracht, das einer der Zeugen als Negev-Gefängnis erkannte, wo sie bis zum 12. Januar blieben. Sie wurden in einem Teil des Gefängnisses untergebracht, wobei sie abwechselnd in Einzelhaft und in Gemeinschaftszellen eingesperrt und harten Verhören unterzogen wurden, häufig durch zwei Personen in Zivilkleidung. Themen der Verhöre waren die Identifizierung von Hamas-Tunneln und Waffen und der Verbleib von Gilad Shalit.

1121. AD/01B und AD/01C berichteten, dass sie mit Plastikstreifen an einen Stuhl gefesselt und mehrfach verhört wurden, wobei AD/01B aussagte, er sei während eines Verhörs gezwungen worden, sich nackt auszuziehen. Er wurde in eine Einzelzelle gesperrt, wobei während des Tages immer wieder ein Soldat kam, der die Zellentür aufriss und wieder zuschlug, so dass er den extrem kalten Temperaturen ausgesetzt war. AD/01C sagte aus, dass er während des ersten Verhörs verbal bedroht und während der nächsten beiden mit verbundenen Augen verprügelt worden sei. Er musste sich mit dem Gesicht zur Wand aufstellen, dann wurde er mit dem Gesicht mehrfach heftig gegen die Wand gestoßen und anschließend schwer auf Rücken und Gesäß geschlagen (getreten und gestoßen).

1122. Seine Bitten um Bekleidung wurden abgelehnt. Während der Verhöre wurde den Häftlingen mitgeteilt, sie seien „ungesetzliche Kombattanten“ und stünden nicht unter dem Schutz der Genfer Abkommen. Sie hatten nur begrenzten Zugang zu Nahrung, Wasser und Sanitäranlagen. Ihr Frühstück bestand aus einem Stück Brot von der Größe eines Kronkorkens und einem Tropfen Marmelade. Das Abendessen, wenn sie überhaupt eines erhielten, bestand aus verrottenden Sardinen und Käse auf schimmeligem Brot.

1123. AD/01C beschreibt das Gefühl, eingesperrt, nackt und gefesselt zu sein, als Gefühl der Verlassenheit, der Verzweiflung, der Erstickung und der Isolation. Er hat nach wie vor Beschwerden an den Körperteilen, auf die er geschlagen wurde, und er kann weder schmerzfrei sitzen noch schlafen.

1124. AD/01C berichtete, dass während ihres Aufenthalts im Negev-Gefängnis eine zweite Gruppe eintraf. Sie wurde von ihnen getrennt im zweiten Teil des Gefängnisses inhaftiert. Die genaue Zahl der Gefangenen in der zweiten Gruppe ist nicht bekannt, obwohl AD/01C der Kommission gegenüber andeutete, dass die zweite Gruppe kleiner wäre.

1125. Am 12. Januar wurden neun Personen, darunter auch die Zeugen, mit verbundenen Augen und gefesselten Händen zum Grenzübergang Erez gebracht. AD/01 beschrieb der Kommission, wie sie dort einem harten Verhör unterzogen wurden und sich vollständig ausziehen mussten. Mehrere Stunden später wurde ihnen befohlen, in den Gaza-Streifen hineinzulaufen und dabei geradeaus zu schauen und sich nicht umzudrehen.

1126. AD/01 sagt aus, dass alle 65 Gefangenen der ursprünglichen, von Al-Atatra nach Israel verbrachten Gruppe im Laufe der Zeit freigelassen worden seien. Einige Mitglieder seiner Familie wurden später festgenommen, aber sie gehörten nicht der ursprünglichen Gruppe von 65 Personen an. Zu der Zeit, zu der dieser Bericht verfasst wurde, wurden drei dieser Männer immer noch in verschiedenen Haftanstalten des israelischen Strafvollzugs festgehalten. Eine unbekannte Anzahl von Personen befindet sich nach wie vor in Haft und wird beschuldigt, ungesetzliche Kombattanten und Mitglieder der Al Qassam Brigades zu sein. Der erste Prozess sollte im August in Israel stattfinden (das genaue Datum ist nicht bekannt).

B. Festnahme und Misshandlung von AD/02

1127. AD/02 wurde am 1. Juli 2009 von der Kommission befragt. Er wohnt in Beit Lahia und ist Geschäftsmann. Er wurde am 4. Januar für ca. 85 Tage festgenommen. In diesem Zeitraum wurde er in den Gefängnissen in Beersheba und im Negev inhaftiert, nachdem er an Orten festgehalten worden war, die als Militärstützpunkte identifiziert wurden. Er wurde geistig und körperlich misshandelt. Er wurde vor ein Gericht gestellt, das er für ein Strafgericht hielt, aber die genaue Verfahrensart und ihre Ergebnisse wurden ihm nicht erklärt. Er wurde ohne Erklärung entlassen und zum Grenzübergang Erez gebracht und erhielt die Anweisung, in den Gaza-Streifen zurückzukehren.

1128. Am 3. Januar hatte AD/02 und seine mehr als 200 Mitglieder zählende Großfamilie sich wegen der in der Gegend stattfindenden Angriffe in Beit Lahia versammelt. Gegen 4.00 Uhr am 4. Januar drangen israelische Truppen schießend in das Gebiet ein. Sie befahlen allen, das Haus zu verlassen und trennten die Männer von den Frauen und Kindern. Sie wählten 15 Männer aus, ohne nach den Namen zu fragen. Den Frauen und Kindern wurde befohlen, nach Süden zu gehen. AD/02 berichtete, dass die 15 Männer, zu denen auch er gehörte, von den anderen Männern getrennt wurden. Ihre Augen wurden verbunden und ihre Hände wurden mit Plastikstreifen gefesselt.[552] Sie wurden zu Fuß zu einer etwa einen halben Kilometer entfernten offenen Fläche gebracht. Eine Stunde später wurden sie in ein Haus gebracht, wo schätzungsweise 54 oder 55 Personen hinzukamen, die offenbar ebenfalls Augenbinden trugen.

1129. AD/02 beschreibt, wie sie in einem abgetrennten Raum einzeln und zeitweise auch in Gruppen zu zwei oder drei Personen verhört wurden. Er sagte aus, dass einige der Männer, jedoch nicht er selbst, während des Verhörs geschlagen und gezwungen wurden, in Gräben oder Löcher zu springen, die vor dem Haus in den Boden ge-

---

552 Schriftsatz des Jerusalem Centre for Public Affairs, S. 48; siehe auch Aussage Nr. 21 in *Soldiers' Testimonies …*, die die Aussage von AD/01 bestätigt: „Wir gehen hinein, rufen dem Besitzer zu, er soll öffnen, treiben alle Männer zusammen, fesseln sie, versammeln die Familie in einem Raum und beginnen mit der Durchsuchung", S. 50.

graben waren und Platz für eine Person boten. Sie wurden mehrere Stunden hintereinander mit gefesselten Händen und verbundenen Augen ohne Zugang zu Toiletten in den Löchern festgehalten.

1130. Später in der Nacht wurden 15 Personen – vier Frauen und mindestens 11 Kinder – in das Haus gebracht. Sie wurden während der Nacht in dem Korridor vor dem Raum eingesperrt, in dem die Männer festgehalten wurden. Am nächsten Morgen, dem 4. Januar, wurden Männer, Frauen und Kinder aus dem Haus auf eine offene Fläche gebracht. Die Männer hatten immer noch gefesselte Hände und verbundene Augen. AD/02 sagte aus, dass die offene Fläche eine Stellung des Heeres mit vielen Panzern und Soldaten wäre. Ihnen allen wurde befohlen, sich in die Mitte der freien Fläche zu setzen. Um sie herum wurde ein Stacheldrahtzaun aufgestellt. Sie saßen den ganzen Tag und die ganze Nacht innerhalb des Stacheldrahtzauns in nächster Nähe zu den Bewegungen und Fahrgeräuschen der Panzer.

1131. AD/02 sagte aus, das 18 bis 20 weitere Männer die ganze Nacht lang auf einem offenen Lastwagen festgehalten worden seien, wo sie der Kälte und dem Regen ausgesetzt waren. AD/02 wusste dies, weil er am nächsten Morgen mit einigen der Männer geredet hatte.[553]

1132. Am 5. Januar wurden 18 bis 20 Männer, zu denen AD/02 jedoch nicht gehörte, von dem Militärstützpunkt an einen unbekannten Ort gebracht.[554] AD/02 und 35 weitere Männer wurden in ein Gebiet gebracht, das nach seiner Beschreibung nördlich von Gaza-Stadt und innerhalb von Israel lag. Anderthalb Stunden lang blieben ihre Hände gefesselt und ihre Augen verbunden. Dann wurde ein Anwesenheitsappell durchgeführt, ihre Augenbinden wurden entfernt und sie wurden von einer Person vernommen, die sich als Nachrichtenoffizier vorstellte. Kurz darauf wurden AD/02 und einige andere (ge-

553 AD/02s Aussage wird durch einen von mehreren NGOs (ACRI, PCATI, HaMoked, PHR, B'Tselem, Yesh Din und Adalah) am 8. Januar an die Militärstaatsanwaltschaft übersandten Brief bestätigt, abrufbar unter: http://www.stoptorture.org.il/files/28109_eng.pdf

554 AD/02 gab an, dass später bekannt würde, dass die Männer zuerst ins Gefängnis Ashkelon und später ins Gefängnis in Beersheba gebracht wurden, wo sie mit den anderen, zu denen auch AD/02 gehörte, zusammen untergebracht worden seien.

naue Zahl nicht bekannt) von einer Gruppe von Personen befragt, die sich als Angehörige eines Fernsehteams vorstellten. AD/02 sind weder der Name noch irgendwelche Einzelheiten über den Fernsehsender bekannt. Dann wurden sie zu einem freien Platz geführt, wo sie den ganzen Abend über dem Regen und der Kälte ausgesetzt waren. Später in der Nacht (5.- 6. Januar) wurden ihnen die Augen verbunden, sie wurden mit Ketten gefesselt und an einen Ort gebracht, von dem AD/02 später erfuhr, dass es sich um das Gefängnis in Beersheba handelte. Einige Stunden später, in der Morgendämmerung, wurden ihnen die Augenbinden und Handfesseln abgenommen.

1133. AD/02 berichtete, dass er extrem starke Schmerzen gelitten habe, weil die Handfesseln sehr eng waren, was die Schmerzen verstärkte, die von schon vorher vorhandenen Verletzungen an seinen Händen und Handgelenken verursacht wurden. Er hatte zu einem früheren Zeitpunkt schwere Verbrennungen erlitten, und die Narben an seinen Händen und Armen sind deutlich erkennbar. Dadurch wurde ein bleibender Nervenschaden an seiner Haut verursacht, der sich bei kaltem Wetter in Form von starken Schmerzen bemerkbar macht. Seine Handschuhe waren ihm während eines Verhörs von Soldaten abgenommen worden, wodurch seine Hände der großen Kälte ausgesetzt wurden. Seine Bitte um ärztliche Versorgung wurde vor seiner Ankunft in Beersheba mehrfach ignoriert, wo ihm Zugang zu einem Arzt gestattet wurde. Er erhielt jedoch lediglich eine Lotion, die keine Medikamente enthielt.

1134. AD/02 sagte aus, dass er in Beersheba etwa eine Woche lang festgehalten worden sei. Er wurde abwechselnd in Einzelhaft und dann wieder in einem Hof mit mehreren anderen Gefangenen zusammen festgehalten. In einem Fall wurden ihm die Augen verbunden und die Hände und Füße gefesselt, und anschließend von drei Personen etwa zwei Stunden lang verhört. Während des Verhörs wurde er beleidigt und geschlagen, an den Haaren gerissen und mit den Füßen getreten, wobei einer der Vernehmenden versuchte, seine Stiefel durch die Schlinge der Handschellen zu stoßen, die um seine Handgelenke gebunden waren.

1135. Etwa am 13. Januar wurde AD/02 im Anschluss an ein Verhör durch eine Person in Zivilkleidung mit verbundenen Augen und gefesselten Händen ins Negev-Gefängnis gebracht. Dort blieb er bis Ende März. Während dieser Zeit wurde er mindestens zehnmal von einer Zelle in eine andere verlegt.

1136. Bei seiner Ankunft wurden seine Handschellen entfernt und er wurde in einen Teil des Gefängnisses gebracht, der aus kleinen, fensterlosen Ein-Mann-Zellen mit eisernen Türen bestand. In jeder Zelle stand eine eiserne Bank. Zwei Stunden später wurden ihm die Augen verbunden, und er wurde in einen Verhörraum gebracht, wo er nackt ausgezogen wurde und fast eine Stunde lang alleine nackt herumstehen musste, bevor ihm seine Kleider zurückgegeben wurden. Er wurde an den Händen und Füßen gefesselt. Dann wurde er von vier Personen in einen anderen Raum gebracht, wo er mit einem Gewehrkolben geschlagen und mehrfach getreten und gestoßen wurde. Die Schläge dauerten etwa dreißig Minuten. Dann wurde er etwa zwei Stunden lang in dem Raum alleine gelassen. Danach wurde er auf eine große Gemeinschaftsfläche gebracht, die die Soldaten als „die Zelte" bezeichneten. Etwa sieben oder acht solcher Flächen oder Zelte waren über das Gefängnisgelände verteilt.

1137. AD/02 sagte aus, dass er in Folge der schweren Verletzungen, die er durch die Schläge erlitten hätte, zum Stehen unfähig gewesen sei, und zu den Zelten getragen werden müsste. Er wurde zu einem Arzt gebracht, erhielt einige Medikamente, und es wurde ihm gestattet, zu duschen. AD/02 sagte aus, dass er etwa eine Woche lang in dem Zeltgelände geblieben sei, bevor er in eine Zelle gebracht wurde, in der sich vier Personen befanden. In der Zelle standen ein Eisenbett und ein Etagenbett. Zwei Personen, darunter auch AD/02, schliefen auf dem Boden. Die Zelle war dunkel und schmutzig. Es gab kein sauberes Wasser und keine Toilette. Während der ganzen Woche mussten die Männer ihre Notdurft in der Zelle verrichten, die niemals gesäubert wurde.

1138. AD/02 blieb etwa eine Woche lang in dieser Zelle. Irgendwann während dieser Zeit wurde er mit verbundenen Augen und gefesselten Händen und angekettet mit einem Bus an einen Ort gebracht, der ein Gerichtsgebäude zu sein schien. Bei der Ankunft wurden ihm die

Handschellen und die Augenbinde abgenommen. Seine Füße waren jedoch weiterhin gefesselt, als er in den Gerichtssaal gebracht wurde. Der Gerichtssaal war standardmäßig eingerichtet, wobei der Richter hinter einem Tisch in der Mitte des Raumes saß. Der Staatsanwalt befand sich auf der einen Seite und der Verteidiger auf der anderen. Alle trugen Zivilkleidung. Im Gerichtssaal musste AD/02 zunächst einmal ein Formular unterzeichnen, womit er den Rechtsanwalt akzeptierte, der angeblich als Verteidiger beigeordnet worden war. Obwohl der Rechtsanwalt erklärte, er gehöre einer Menschenrechtsorganisation an, nannte er keinen Namen. Als die Verhandlung begann, sprach der Richter AD/02 an und verlas die Anklageschrift. Der Richter erklärte, er sei angeklagt, ein ungesetzlicher Kombattant zu sein, gab aber keine bestimmten Anklagepunkte an. AD/02 wurden keine Fragen gestellt. Als der Verteidiger um eine nähere Erläuterung der Anklageschrift bat, antwortete der Richter, die Anklagevorwürfe seien Teil eines geheimen Dossiers und dürften nicht genauer erläutert oder offenbart werden. Die Verhandlung dauerte etwa 30 Minuten, dann wurde AD/02 zum Negev-Gefängnis zurückgebracht.

1139. Eine Woche später, am oder um den 28 Januar, wurde AD/02 in eine andere Abteilung des Gefängnisses verlegt, wo regelmäßig Anwesenheitsapelle und Leibesvisitationen durchgeführt wurden. Etwa 8 bis 10 Tage später, etwa am 7. Februar, wurden er und 14 andere Gefangene in eine größere Abteilung verlegt, in der sich Häftlinge aus dem Westjordanland befanden. Dem IKRK wurde Zugang zu ihnen gewährt.

1140. Am 8. Februar wurde AD/02 zweimal verlegt, zuerst in einen anderen Teil des Gefängnisses und kurz darauf in die Zelle, in die er bei seiner Ankunft im Negev-Gefängnis gebracht worden war. Am 9. Februar wurden er und mehrere andere gegen Mittag zum neunten Mal verlegt, diesmal in einen anderen Teil des Gefängnisses, in dem sich viele Gefangene befanden, darunter auch die aus dem Westjordanland. AD/02 gab an, dass einige davon Parlamentarier waren. In diesem Teil des Gefängnisses blieb er ca. 20 Tage lang. Während dieser Zeit sprach er dreimal mit einer Person, die sich als Rechtsanwalt vorstellte. Er wurde über die gegen ihn erhobenen Anklagepunkte informiert, darunter Mitgliedschaft und Mitwirkung am Widerstand.

1141. Am 2. März wurde er mit 10 anderen Häftlingen in eine weitere Abteilung des Gefängnisses verlegt. Sie wurden auf zwei Räume verteilt, fünf Personen in jedem Raum. An den Wänden der Räume befanden sich Schmierereien in englischer und hebräischer Sprache, die lauteten *ungesetzliche Kombattanten*. Sie hatten begrenzten Zugang zu Toiletten und erhielten ungekochtes Essen.

1142. Um den 29. oder 30. März wurde AD/02 endlich entlassen. Er, sein Bruder, ein Vetter und zwei weitere Männer aus Izbat Abd Rabbo wurden mit verbundenen Augen und gefesselten Händen zum Grenzübergang Erez gebracht, wo sie etwa vier Stunden lang vernommen wurden. Dann befahl man ihnen, die Grenze zu überqueren, ohne sich umzusehen. Ihnen wurden weder die Gründe ihrer Festnahme noch die ihrer Entlassung erklärt.

C. AD/03

1143. AD/03 lebt im Bezirk al-Salam, östlich von Jabaliyah und in der Nähe der Ostgrenze zu Israel. Vor seiner Festnahme und Inhaftierung fanden Luftangriffe auf seinen Bezirk und eine Bodeninvasion statt. Sein Haus wurde während eines Zeitraums von fünf Tagen mehrfach von Projektilen getroffen, die von F-16-Flugzeugen abgeschossen wurden. Die Angriffe wurden auch nachts fortgesetzt, während die meisten schliefen.[555] In Folge der andauernden Angriffe suchte er Schutz im nahe gelegenen Haus eines Verwandten.

555 Am Nachmittag des 3. Januar wurde AD/03s Haus innerhalb von zwei Stunden zweimal von Projektilen getroffen, wodurch beträchtlicher Schaden entstand. Er und seine Familie zogen in das nahe gelegene Haus eines Verwandten, wo sie die Nacht verbrachten. Am Abend des 4. Januar, nachdem AD/03 in sein eigenes Haus zurückgekehrt war, wurde dieses zum dritten Mal getroffen, und ein Teil des Daches stürzte ein. AD/03 wurde leicht verletzt. Seine Mutter und seine Frau wurden schwerer verletzt. Später am gleichen Abend, etwa um 21.40 Uhr, wurde das Haus von einer vierten Rakete getroffen. Zwanzig Minuten später erfolgte ein weiterer Angriff, durch den die Fassade des Erdgeschosses vollständig zerstört und die zweite Frau seines Vaters verletzt wurde. Ein weiteres Geschoss (der sechste Angriff) wurde kurz darauf abgefeuert. AD/03 und seine Familie zogen zum zweiten Mal in das Haus seines Vetters, wo sie vier Nächte lang, bis zum 7. Januar, blieben. Am Morgen des 8. Januar wurden die

1144. AD/03 sagte aus, dass das Gebiet zwar als Frontlinie eingestuft werden könnte, in der sich bewaffnete Gruppen aufgehalten hatten, gäbe es zum Zeitpunkt der Ankunft der Bodentruppen jedoch keinen Grund zu der Annahme, die Gegend stelle eine militärische Bedrohung dar. Es gab keinerlei Widerstand in der Gegend, als sie angegriffen wurde. Wenn es bei den Angriffen darum ginge, mutmaßliche Kommandozentren, Stellungen oder Waffenlager der Hamas zu zerstören, glaubt er angesichts der Intensität des Bombardements, dass diese Stellungen bereits bei den ersten Luftangriffen auf die Gemeinde vernichtet worden wären.

1145. Am 8. Januar gegen 11.30 Uhr wurde das Haus, in dem AD/03 Zuflucht gesucht hatte, von einer Rakete getroffen, und er beschloss, zu seinem eigenen Haus zurückzukehren. Er beschrieb, wie israelische Soldaten auf sie schossen, auch auf die Frauen und Kinder, die weiße Flaggen trugen, als sie versuchten, das Haus seines Vetters zu verlassen. Die Frau seines Vaters erlitt eine Schussverletzung am Bein. Dreißig Minuten später, gegen Mittag, befahlen die israelischen Streitkräfte allen Bewohnern, ihre Häuser zu verlassen und auf die Straße hinauszukommen. Die Männer wurden von den Frauen und Kindern getrennt und erhielten den Befehl, sich an einer Wand in einer Reihe aufzustellen, die Hemden hochzuheben und sich bis auf die Unterwäsche auszuziehen. Sie blieben etwa 15 Minuten lang entkleidet und aufgereiht an der Wand stehen. Dann wurde Männern, Frauen und Kindern befohlen, die Straße hinunter zu gehen.

1146. AD/03 berichtete, dass die Straße von Trümmerhäufen und dem Schutt von Planierraupen niedergewalzter Häuser versperrt gewesen sei, was für mehrere Menschen ein schwieriges Hindernis darstellte, vor allem für Kinder und ältere Menschen. Sie gingen 200 – 250 Meter weit, bis sie an einem Haus ankamen. Zwei Stunden später wurde den Frauen und Kindern befohlen, nach Jabaliyah zu gehen. Kurz darauf wurden AD/03, sein Bruder, sein Vetter und ein unbekannter Mann in einen anderen Raum gebracht, wo sie gezwungen wurden, sich auf den Boden zu legen. Dann wurden ihnen die Augen verbunden, und ihre Hände wurden auf dem Rücken mit

---

Bombardierungen aus der Luft so intensiv, dass man Berichten zufolge drei Explosionen/Geschosse pro Minute hörte.

Plastikstreifen gefesselt. Sie wurden mehrere Stunden lang einzeln verhört. Später am gleichen Abend wurden sie veranlasst, etwa 100 Meter weit in östlicher Richtung zu einem anderen Haus zu gehen. Sie wurden über Nacht zusammen mit drei anderen Männern, die sich als Bewohner von Abd Rabbo vorstellten, in einen Raum gesperrt. Sie hatten keinen Zugang zu Nahrung, Wasser und Toiletten. Am nächsten Morgen, dem 9. Januar, wurden ihre Augenbinden entfernt und alle sieben Männer wurden einzeln von einem Soldaten verhört.

1147. AD/03 sagte aus, dass das Haus als Militärstützpunkt und Scharfschützenstellung benutzt würde. Am zweiten Tag der Gefangenschaft begannen die israelischen Soldaten, einige der Gefangenen als menschliche Schutzschilde zu benutzen. Zu diesem Zeitpunkt hatten die Gefangenen bereits seit 24 Stunden nichts zu essen bekommen und hatten nicht geschlafen. Sie waren einer von AD/03 als psychische Folter bezeichneten Behandlung unterworfen worden. Sie wurden ständig mit dem Tod bedroht und beleidigt. Damit er als menschlicher Schutzschild Hausdurchsuchungen durchführen konnte, nahmen die israelischen Soldaten AD/03 die Augenbinde ab, seine Hände blieben jedoch gefesselt. Er wurde gezwungen, vor den Soldaten herzugehen, und es wurde ihm gesagt, dass man ihn töten würde, wenn er jemanden sah, es ihnen aber nicht mitteilte. Er wurde angewiesen, in jedem Haus jeden Raum und jeden Schrank einzeln zu durchsuchen. Wenn er mit einem Haus fertig war, wurde er zu einem anderen Haus geführt, wobei ihm eine Schusswaffe gegen den Kopf gedrückt wurde, und erhielt den Befehl, dort die gleiche Prozedur durchzuführen. Währen des ganzen Vorgangs wurde er gestoßen, geschlagen und beleidigt.

1148. AD/03 gab an, dass er während der acht Tage, die die Gruppe in dem Haus festgehalten würde, zweimal zu solchen Durchsuchungen gezwungen worden sei. Von anderen wurde verlangt, das gleiche zu tun. Bei der ersten Gelegenheit wurde er gezwungen, Durchsuchungen in drei Häusern durchzuführen, bei der zweiten Gelegenheit waren es vier Häuser. Nach AD/03s Schätzung dauerten diese Durchsuchungen zwischen einer und anderthalb Stunden. Nirgends traf er auf Sprengvorrichtungen oder Angehörige bewaffneter Gruppierungen.

1149. AD/03 sagte aus, dass die Häuser nach jeder Durchsuchung von den israelischen Soldaten verwüstet worden seien, die beispielsweise Türen, Fenster, Küchengerät und Möbel zertrümmerten.[556]

1150. Am Ende des Tages wurde er in das Haus zurückgebracht, wo er und sechs andere Männer 8 Tage lang, bis zum 16. Januar, festgehalten wurden. Sie hatten nur begrenzten Zugang zu Nahrung und Wasser, und häufig wurde ihnen der Zugang zu Toiletten verweigert. Es wurde ihnen mitgeteilt, dass ihre Qualen auf unbestimmte Zeit andauern würden. Einer der Soldaten soll ihnen gesagt haben, dass die Soldaten „die Anweisungen der Befehlskette" befolgen.

1151. Zum ersten Mal wurden die Gefangenen nach ihren Ausweisen gefragt. AD/03 sagt aus, dass ihre Ausweise eingehend geprüft worden seien. Er ist überzeugt, dass sie getötet worden wären, wenn daraus etwas über militante Aktivitäten hervorgegangen wäre.

1152. Am 16. Januar wurden sie mit Plastikstreifen gefesselt, die sehr eng um ihre Handgelenke geschnürt wurden, sie mussten sich in einer Reihe aufstellen, ihre Augen wurden verbunden, und es wurde ihnen befohlen, sich am Hemd der vor ihnen stehenden Person festzuhalten. Sie wurden gezwungen, zu einem Panzer zu gehen, der sehr nahe bei dem Haus stand, in dem sie eingesperrt gewesen waren, und mussten sich übereinander in den Panzer setzen. Der Panzer fuhr auf einem unebenen Weg und über große Steine, sodass sie beständig gegen die Seitenwände des Panzers flogen. Nach etwa drei Stunden hielt er an einem unbekannten Ort. Bei ihrer Ankunft wurden sie aufgefordert, in drei bis vier Meter tiefe Löcher oder Sandgruben zu klettern. AD/03 sagte aus, dass sie sich in einem Militärstützpunkt befänden, denn sie hörten die Stimmen mehrerer Soldaten, die lachten und lärmend Witze rissen. Sie blieben gefesselt und mit verbundenen Augen in den Gruben und waren den Fahrgeräuschen

---

556 Die Schilderung eines Soldaten, der von Breaking the Silence befragt wurde, und die im Schriftsatz des Jerusalem Centre for Public Affairs enthaltenen Schilderung bestätigen, dass die Soldaten die Häuser nach den Durchsuchungen verwüsteten. Vorlage des Jerusalem Center for Public Affairs, S. 78. „Die Familie war nicht drinnen, sie waren geflohen. Einer [der Soldaten] nahm Hefte und Schulbücher heraus und zerriss sie. Einer zertrümmerte aus lauter Langeweile die Schränke mit Fußtritten. [...]" *Soldiers Testimonies* ..., Aussage Nr. 35, S. 80.

ständig über ihren Köpfen herumfahrender Panzer ausgesetzt. Sie blieben etwa eine Stunde lang in der Sandgrube sitzen und mussten dann in einen Panzer steigen, der im Kreis herumfuhr.

1153. Kurz darauf wurden ihre Handfesseln entfernt, und sie wurden in einem Bus festgekettet. Sie wurden von Soldaten begleitet, die Hebräisch sprachen. Bei ihrer Ankunft wurden sie durchsucht und anschließend acht Stunden lang verhört, bevor sie in die Kaserne in Beersheba gebracht wurden. Dann mussten sie sich in einer Reihe an einer Wand aufstellen und wurden aufgefordert, sich nackt auszuziehen. Sie wurden gezwungen, mit verbundenen Augen, nackt und dem kalten Wind ausgesetzt etwa drei bis vier Stunden lang stehen zu bleiben.

1154. Am 19. Januar wurden acht Personen, darunter auch AD/03, sein Bruder und ein weiterer Mann aus der Gruppe, die am 16. Januar nach Beersheba gebracht worden war, in einem Bus festgekettet, gezwungen sich vorzubeugen, den Kopf zwischen den Knien, und zum Negev-Gefängnis gebracht. Die Fahrt dauerte etwa vier Stunden. Während dieser Fahrt wurden sie ununterbrochen von vier oder fünf Soldaten, die sich im Bus befanden, geschlagen, getreten und gestoßen. Nach Aussage von AD/03 erlitten die Gefangenen schwere Verletzungen und bluteten, wobei zwei Männer stärker bluteten als die anderen. Zwei Gefangene sollen sogar ohnmächtig geworden sein. Er sagte aus, dass einige Soldaten im Bus ständig von Fesselungspraktiken in der Russischen Föderation erzählten, was AD/03 annehmen ließ, dass sie von dort stammen.

1155. Bei ihrer Ankunft im Negev-Gefängnis wurden sie vom Sicherheitspersonal des Gefängnisses etwa anderthalb Stunden lang schwer geschlagen, bevor sie in Zellen gebracht wurden und man ihnen mitteilte, sie seien im Kampf gefangen genommen worden und somit illegale Kombattanten. Später am Abend stießen 10 weitere Männer zu der Häftlingsgruppe.

1156. AD/03 beschrieb, dass sie (zu diesem Zeitpunkt 18 Personen) am zweiten Tag ihrer Inhaftierung, dem 20. Januar, informiert wurden, sie würden ihrer mutmaßlichen politischen Zugehörigkeit entsprechend verhört. Einige von ihnen erklärten, dass sie keiner politischen

Gruppierung angehören. Sie wurden getrennt von den anderen zu einer Gruppe zusammengefasst. AD/03 erzählte, sie hätten miteinander geredet und festgestellt, dass neun von ihnen Viehzüchter und drei oder vier Kaufleute oder Händler waren.

1157. AD/03 beschrieb, wie die Gefangenen in zwei Gruppen von je neun Personen aufgeteilt und in eine Abteilung des Gefängnisses verlegt worden seien, die *Mardaban* genannt würde und in zwei, von israelisch-arabischen Soldaten bewachte Räume mit jeweils 10 Eisenbetten eingeteilt wäre. Sie blieben acht Tage lang, bis zum 27. Januar, eingesperrt, wobei sie begrenzten Zugang zu Nahrung, Wasser, Toiletten und körperlicher Bewegung hatten.

1158. Am 24 Januar erhielt AD/03 zum ersten und einzigen Mal Zugang zu einem Rechtsanwalt, der in Verbindung mit Addamer, Prisoners Support and Human Rights Association stand.[557] Die Kommission befragte ihn[558], und er bestätigte, dass er AD/03 und seinen Bruder am 25. Januar 2009 besucht hatte. Die Zeugenaussage des Rechtsanwalts bestätigte die Gefangenschaft von AD/03 und seinem Bruder (der ebenfalls anwaltlich vertreten wurde) und die Bedingungen, unter denen er einem Strafverfahren in Israel unterworfen wurde. Der Rechtsanwalt wurde von den israelischen Behörden informiert, dass AD/03 nach dem Gesetz über ungesetzliche Kombattanten inhaftiert sei, ihm wurde aber keine Akteneinsicht gewährt. Sein Bruder wurde zu keinem Zeitpunkt formell angeklagt.

1159. Am 25. Januar wurde den Gefangenen mitgeteilt, dass man sie zu ihrem Prozess nach Beersheba bringen werde. Am 26. Januar wurden alle 18 Häftlinge mit Eisenketten an Eisenbänke in einem Bus gekettet, ihre Hände wurden mit eisernen Handschellen gefesselt, und sie wurden nach Beersheba gebracht. Ihre Augen wurden nicht verbunden. Die Fahrt dauerte fünf Stunden. Der Bus fuhr über unebene Straßen, wodurch die Häftlinge gegen die Seitenwände des

557 Die Kommission hat sich direkt bei AD/03s Anwalt erkundigt, der aussagte, er habe am 21. Januar 2009 von der Staatsanwaltschaft eine Kopie seiner Akte, aber nicht die Geheimakte erhalten. AD/03 wurde wegen des Verdachts inhaftiert, ein ungesetzlicher Kombattant zu sein.

558 Der Rechtsanwalt war von Al Mezan, einer Menschenrechtsorganisation in Gaza, auf die Fälle aufmerksam gemacht worden.

Busses geschleudert wurden. In Bersheba wurden sie über Nacht in überfüllte Zellen gesperrt, zusammen mit Personen, die nach Aussage von AD/03 wegen schwerer Verbrechen verurteilt waren. Die meisten waren israelische Juden.

1160. Am folgenden Morgen, dem 27. Januar, wurden in Handschellen und Fußfesseln zum Negev-Gefängnis zurückgebracht. Sie erhielten keine Auskünfte über die anberaumten Verhandlung. Das Ergebnis des Verfahrens war AD/03 zu diesem Zeitpunkt nicht klar. Erst als sie zum Negev-Gefängnis zurückgebracht wurden glaubte er, dass er „freigesprochen" worden sei.

1161. Der Rechtsanwalt von Addameer war im Gerichtsaal anwesend. Nach seiner Aussage entschied sich der Staatsanwalt, das Verfahren einzustellen, statt einen Freispruch der Gefangenen hinzunehmen. Der Rechtsanwalt bestätigt, dass sie im Ktziot-Gefängnis in der Negev-Wüste inhaftiert waren und am 27. Januar entlassen wurden.

1162. AD/03 sagte aus, dass sie zurück nach Beersheba und später zum Grenzübergang Erez gebracht worden seien, wo sie freigelassen worden seien. Man befahl ihnen, in den Gaza-Streifen zu laufen und sich nicht umzusehen.

1163. AD/03 wies darauf hin, dass zwei weitere Personen, die mit ihm gemeinsam inhaftiert wären, einen Monat später freigelassen würden. Zwei andere Männer sind weiterhin im Ktziot-Gefängnis inhaftiert und sollen angeblich auf ihr Verfahren warten. Status und Verbleib von 11 weiteren Männern sind nicht bekannt.

D. Sachverhalt

1164. Unter Berücksichtigung ihres Auftretens und der Stimmigkeit ihrer Aussagen kommt die Kommission zu dem Schluss, dass die Zeugen glaubwürdig und zuverlässig sind. Zumindest einer der Zeugen litt immer noch an beträchtlichen psychischen und physischen Beschwerden, ausgelöst durch die Behandlung, die ihm von den israelischen Soldaten und anderen Beamten widerfahren ist. Die Kommission weist darauf hin, dass diese Vorfälle mehrere Gemeinsamkeiten aufweisen, die auf ein Verhaltensmuster seitens der israelischen Soldaten hinweisen und darauf schließen lassen, dass die Behandlung der Personen, die vor der Kommission aussagten, keine Einzelfälle waren. Die der Kommission vorliegenden Tatsachen lassen vermuten, dass:

- alle drei Ereignisorte in der Nähe der Grenze zu Israel waren;
- vor der Ankunft der Bodentruppen alle drei Luft- bzw. Bodenangriffen ausgesetzt gewesen waren. Das Gebiet unterlag der vollständigen Kontrolle der Bodentruppen zum Zeitpunkt ihrer Begegnung mit den Zivilpersonen;
- zu dem Zeitpunkt, zu dem die Soldaten an den drei Orten die Aktionen gegen die Zivilpersonen begannen, keine Kampfhandlungen seitens der Aussagenden stattfanden, noch bestand die Wahrscheinlichkeit, dass solche Handlungen in der Gegend oder in der Nähe im Gange wären. Keine der Zivilpersonen war bewaffnet oder stellte eine erkennbare Gefahr für die Soldaten dar. In zwei Fällen trugen sie weiße Flaggen als Zeichen ihres Status als Nichtkombattanten.
- in zwei der Fälle feststeht, dass mehrere Tage lang keiner der Gefangenen von den Soldaten nach ihren Namen gefragt worden waren. Dies beweist, dass kein konkreter Verdacht gegen sie vorlag, Kombattanten oder anderweitig an Feindseligkeiten beteiligt zu sein.
- in allen Fällen eine Anzahl von Personen zusammengetrieben und mehrere Stunden hintereinander im Freien festgehalten wurden, wobei sie den extremen Wetterverhältnissen ausgesetzt waren.
- die Soldaten die Zivilpersonen, einschließlich der Frauen und Kinder, während ihrer gesamten Leidenszeit einer grausamen, unmenschlichen und entwürdigenden Behandlung unterwarfen, um sie zu terrorisieren, einzuschüchtern und zu demütigen. Die Männer wurden in verschiedenen Phasen ihrer Gefangenschaft gezwungen, sich auszuziehen, manchmal nackt. Allen Männern wurden auf äußerst schmerzhafte Weise die Hände gefesselt und die Augen verbunden, was ihr Gefühl der Angst und der Hilflosigkeit steigerte;

- Männer, Frauen und Kinder in nächster Nähe von Artillerie- und Panzerstellungen festgehalten wurden, wo ständig geschossen wurde, wodurch sie nicht nur großer Gefahr ausgesetzt wurden, sondern auch ihre Angst und ihr Entsetzen gesteigert wurde. Dies war vorsätzlich, was aus der Tatsache hervorgeht, dass die Sandgruben, in die sie gebracht wurden, eigens angelegt und mit Stacheldraht eingezäunt worden waren;
- die Gefangenen während ihrer Gefangenschaft im Gaza-Streifen, ob im Freien oder in Häusern, in einem Ausmaß verprügelt und auf sonstige Weise körperlich misshandelt wurde, das als Folter eingestuft werden muss. Dies wurde während ihrer ganzen Gefangenschaft systematisch fortgesetzt;
- In einem der drei Fälle wurden Zivilpersonen von den israelischen Streitkräften mehrfach als menschliche Schutzschilde eingesetzt. Berücksichtigt man weitere Vorfälle, bei denen die Ermittlungen der Kommission ergeben haben, dass dies geschehen ist, liegt der Schluss nahe, dass diese Praxis von den israelischen Streitkräften während der Kampfhandlungen in Gaza immer wieder angewendet wurde.
- Viele Zivilpersonen wurden über die Grenze nach Israel verbracht und sowohl im Freien als auch in Gefängnissen festgehalten.
- Die Verhörmethoden stellten in einigen Fällen nicht nur Folter dar, sondern auch die Anwendung von körperlichem und seelischem Zwang an Zivilpersonen, um Auskünfte zu erlangen.
- besagte Personen gefoltert und misshandelt wurden, und unhygienischen Bedingungen in den Gefängnissen ausgesetzt wurden. Nahrung und Wasser wurde ihnen über mehrere Stunden hinweg vorenthalten, und die Nahrung, die sie erhielten, war nicht unzureichend und ungenießbar;
- während ihrer Haft in Israel wurde ihnen rechtliches Gehör ver weigert.

E. Rechtliche Würdigung

1165. Bei ihrer Beurteilung der oben dargestellten Sachverhalte hält die Kommission folgende völkerrechtliche Bestimmungen für entscheidungserheblich:[559]

Art. 4 des 4. Genfer Abkommens

Durch das Abkommen werden die Personen geschützt, die sich im Falle eines Konflikts oder einer Besetzung zu irgendeinem Zeitpunkt und gleichgültig auf welche Weise im Machtbereich einer am Konflikt beteiligten Partei oder einer Besatzungsmacht befinden, deren Angehörige sie nicht sind.

Die Angehörigen eines Staates, der durch das Abkommen nicht gebunden ist, werden durch das Abkommen nicht geschützt. Die Angehörigen eines neutralen Staates, die sich auf dem Gebiete eines kriegführenden Staates befinden, und die Angehörigen eines mitkriegführenden Staates werden nicht als geschützte Personen betrachtet, solange der Staat, dem sie angehören, eine normale diplomatische Vertretung bei dem Staate unterhält, in dessen Machtbereich sie sich befinden.

Die Bestimmungen des zweiten Teils haben hingegen einen ausgedehnteren, im Artikel 13 umschriebenen Anwendungsbereich.

Personen, die durch das Genfer Abkommen vom 12. August 1949 zur Verbesserung des Loses der Verwundeten und Kranken der Streitkräfte im Felde oder durch das Genfer Abkommen vom 12. August 1949 zur Verbesserung des Loses der Verwundeten, Kranken und Schiffbrüchigen der Streitkräfte zur See oder durch das Genfer Abkommen vom 12. August 1949 über die Behandlung der Kriegs-

559 Die bereits an anderer Stelle zitierten Bestimmungen, wie Art. 57 des 1. Zusatzprotokolls oder der gemeinsame Art. 3, werden hier von der Kommission nicht wiederholt.

gefangenen geschützt sind, gelten nicht als geschützte Personen im Sinne des vorliegenden Abkommens.

Art. 5 des 4. Genfer Abkommens

Hat eine am Konflikt beteiligte Partei wichtige Gründe anzunehmen, dass eine auf ihrem Gebiet befindliche und durch das vorliegende Abkommen geschützte Einzelperson unter dem begründeten Verdacht steht, eine der Sicherheit des Staates abträgliche Tätigkeit zu betreiben, oder ist festgestellt, dass sie sich tatsächlich einer derartigen Tätigkeit widmet, so kann sich die betreffende Person nicht auf durch das vorliegende Abkommen eingeräumte Rechte und Vorrechte berufen, die, würden sie zugunsten dieser Person angewendet, der Sicherheit des Staates abträglich wären.

Wird in einem besetzten Gebiet eine durch das Abkommen geschützte Person als Spion oder Saboteur oder unter dem begründeten Verdacht festgenommen, eine der Sicherheit der Besatzungsmacht abträgliche Tätigkeit zu betreiben, so kann eine solche Person in Fällen, in denen dies aus militärischen Sicherheitsgründen unbedingt erforderlich ist, der Rechte auf Benutzung der im vorliegenden Abkommen vorgesehenen Mitteilungswege für verlustig erklärt werden.

In jedem dieser Fälle werden derartige Personen jedoch mit Menschlichkeit behandelt und im Falle einer gerichtlichen Verfolgung nicht des Anspruchs auf ein gerechtes und ordentliches Verfahren, wie es das vorliegende Abkommen vorsieht, für verlustig erklärt. Sie werden gleichfalls wieder in den vollen Besitz der Rechte und Vorrechte einer durch das vorliegende Abkommen geschützten Person eingesetzt, sobald dies die Sicherheit des Staates oder der Besatzungsmacht irgendwie gestattet.

Art. 27 des 4. Genfer Abkommens

Die geschützten Personen haben unter allen Umständen Anspruch auf Achtung ihrer Person, ihrer Ehre, ihrer Familienrechte, ihrer religiösen Überzeugungen und Gepflogenheiten, ihrer Gewohnheiten und Gebräuche. Sie werden jederzeit mit Menschlichkeit behandelt und insbesondere vor Gewalttätigkeit oder Einschüchterung, vor Beleidigungen und der öffentlichen Neugier geschützt.

Die Frauen werden besonders vor jedem Angriff auf ihre Ehre und namentlich vor Vergewaltigung, Nötigung zur gewerbsmäßigen Unzucht und jeder unzüchtigen Handlung geschützt. Unbeschadet der bezüglich des Gesundheitszustandes, des Alters und des Geschlechts getroffenen Vorkehrungen werden sämtliche geschützten Personen von den am Konflikt beteiligten Parteien, in deren Machtbereich sie sich befinden, mit der gleichen Rücksicht und ohne jede insbesondere auf Rasse, Religion oder der politischen Meinung beruhende Benachteiligung behandelt.

Jedoch können die am Konflikt beteiligten Parteien in bezug auf die geschützten Personen diejenigen Kontroll- und Sicherheitsmaßnahmen ergreifen, die sich infolge des Krieges als notwendig erweisen.

Art. 76 des 4. Genfer Abkommens

Einer strafbaren Handlung angeklagte geschützte Personen werden im besetzten Gebiet gefangengehalten und verbüßen, falls sie verurteilt werden, dort ihre Strafe. Sie werden wenn möglich von den anderen Gefangenen getrennt; die für sie maßgeblichen Bedingungen der Ernährung und Hygiene müssen genügen, um sie in einem guten Gesundheitszustand zu erhalten, und mindestens den Bedingungen der Strafanstalten des besetzten Landes entsprechen.

Sie erhalten die ärztliche Betreuung, die ihr Gesundheitszustand erfordert. Sie haben ebenfalls das Recht, den geistlichen Beistand zu empfangen, um den sie etwa ersuchen.

Frauen werden in getrennten Räumlichkeiten untergebracht und unterstehen der unmittelbaren Überwachung durch Frauen.

Besondere Aufmerksamkeit wird der den Minderjährigen zukommenden Behandlung geschenkt.

Gefangengehaltene geschützte Personen haben das Recht, den Besuch von Delegierten der Schutzmacht und des Internationalen Komitees vom Roten Kreuz gemäß den Bestimmungen von Artikel 143 zu empfangen.

Ferner sind sie berechtigt, monatlich mindestens ein Hilfspaket zu erhalten.

1166. Die hier maßgeblichen Bestimmungen des Art. 75 des 1. 1. Zusatzprotokolls, in dem gewohnheitsvölkerrechtliche Normen wiedergegeben werden, lauten wie folgt:

(1) Soweit Personen von einer in Artikel 1 genannten Situation betroffen sind, werden sie, wenn sie sich in der Gewalt einer am Konflikt beteiligten Partei befinden und nicht auf Grund der Abkommen oder dieses Protokolls eine günstigere Behandlung genießen, unter allen Umständen mit Menschlichkeit behandelt und genießen zumindest den in diesem Artikel vorgesehenen Schutz, ohne jede nachteilige Unterscheidung auf Grund von Rasse, Hautfarbe, Geschlecht, Sprache, Religion oder Glauben, politischer oder sonstiger Anschauung, nationaler oder sozialer Herkunft, Vermögen, Geburt oder einer sonstigen Stellung oder anderer ähnlicher Unterscheidungsmerkmale. Jede Partei achtet die Person, die Ehre, die Überzeugungen und die religiösen Gepflogenheiten aller dieser Personen.

(2) Folgende Handlungen sind und bleiben jederzeit und überall verboten, gleichviel ob sie durch zivile Bedienstete oder durch Militärpersonen begangen werden:

a) Angriffe auf das Leben, die Gesundheit oder das körperliche oder geistige Wohlbefinden von Personen, insbesondere
[...]
ii) Folter jeder Art, gleichviel ob körperlich oder seelisch,
iii) körperliche Züchtigung und
[...]

b) Beeinträchtigung der persönlichen Würde, insbesondere entwürdigende und erniedrigende Behandlung, Nötigung zur Prostitution und unzüchtige Handlungen jeder Art,

c) Geiselnahme,
d) Kollektivstrafen und
e) die Androhung einer dieser Handlungen.

(3) Jede wegen Handlungen im Zusammenhang mit dem bewaffneten Konflikt festgenommene, in Haft gehaltene oder internierte Person wird unverzüglich in einer ihr verständlichen Sprache über die Gründe dieser Maßnahmen unterrichtet. Außer bei Festnahme oder Haft wegen einer Straftat wird eine solche Person so schnell wie irgend möglich, auf jeden Fall aber dann freigelassen, sobald die Umstände, welche die Festnahme, Haft oder Internierung rechtfertigen, nicht mehr gegeben sind.

(4) Gegen eine Person, die für schuldig befunden wurde, im Zusammenhang mit dem bewaffneten Konflikt eine Straftat begangen zu haben, darf eine Verurteilung nur in einem Urteil ausgesprochen und nur auf Grund eines Urteils eine Strafe vollstreckt werden; dieses Urteil muß von einem unparteiischen, ordnungsgemäß zusammengesetzten Gericht gefällt werden, welches die allgemein anerkannten Grundsätze eines ordentlichen Gerichtsverfahrens beachtet; dazu gehören folgende Garantien:

a) Das Verfahren sieht vor, dass der Beschuldigte unverzüglich über die Einzelheiten der ihm zur Last gelegten Straftat unterrichtet werden muß, und gewährt ihm während der Hauptverhandlung und davor alle zu seiner Verteidigung erforderlichen Rechte und Mittel;

b) niemand darf wegen einer Straftat verurteilt werden, für die er nicht selbst strafrechtlich verantwortlich ist;

c) niemand darf wegen einer Handlung oder Unterlassung angeklagt oder verurteilt werden, die nach dem zur Zeit ihrer Begehung für ihn geltenden innerstaatlichen oder internationalen Recht nicht strafbar war; ebenso darf keine schwerere Strafe als die im Zeitpunkt der Begehung der Straftat angedrohte verhängt werden; wird nach Begehung der Straftat durch Gesetz eine mildere Strafe eingeführt, so kommt dies dem Täter zugute;

d) bis zum gesetzlichen Nachweis seiner Schuld wird vermutet, dass der wegen einer Straftat Angeklagte unschuldig ist;

e) jeder wegen einer Straftat Angeklagte hat das Recht, bei der Hauptverhandlung anwesend zu sein;

f) niemand darf gezwungen werden, gegen sich selbst als Zeuge auszusagen oder sich schuldig zu bekennen;

g) jeder wegen einer Straftat Angeklagte hat das Recht, Fragen an die Belastungszeugen zu stellen oder stellen zu lassen und das Erscheinen und die Vernehmung von Entlastungszeugen unter den für die Belastungszeugen geltenden Bedingungen zu erwirken;

h) niemand darf wegen einer Straftat, derentwegen er bereits nach demselben Recht und demselben Verfahren rechtskräftig freigesprochen oder verurteilt worden ist, erneut von derselben Partei verfolgt oder bestraft werden;

i) jeder wegen einer Straftat Angeklagte hat das Recht auf öffentliche Urteilsverkündung;

j) jeder Verurteilte wird bei seiner Verurteilung über sein Recht, gerichtliche und andere Rechtsmittel oder Rechtsbehelfe einzulegen, sowie über die hierfür festgesetzten Fristen unterrichtet.

(5) Frauen, denen aus Gründen im Zusammenhang mit dem bewaffneten Konflikt die Freiheit entzogen ist, werden in Räumlichkeiten untergebracht, die von denen der Männer getrennt sind. Sie unterstehen der unmittelbaren Überwachung durch Frauen. Werden jedoch Familien festgenommen, in Haft gehalten oder interniert, so bleibt die Einheit der Familien bei ihrer Unterbringung nach Möglichkeit erhalten.

(6) Personen, die aus Gründen im Zusammenhang mit dem bewaffneten Konflikt festgenommen, in Haft gehalten oder interniert werden, wird auch nach Beendigung des Konflikts bis zu ihrer endgültigen Freilassung, ihrer Heimschaffung oder Niederlassung der in diesem Artikel vorgesehene Schutz gewährt.

(7) Zur Ausschaltung jedes Zweifels hinsichtlich der Verfolgung und des Gerichtsverfahrens in bezug auf Personen, die der Begehung von Kriegsverbrechen oder von Verbrechen gegen die Menschlichkeit beschuldigt werden, sind folgende Grundsätze anzuwenden:

a) Personen, die solcher Verbrechen beschuldigt werden, sollen in Übereinstimmung mit den anwendbaren Regeln des Völkerrechts verfolgt und vor Gericht gestellt werden, und

b) allen Personen, die nicht auf Grund der Abkommen oder dieses Protokolls eine günstigere Behandlung genießen, wird die in diesem Artikel vorgesehene Behandlung zuteil, gleichviel ob die Verbrechen, deren sie beschuldigt werden, schwere Verletzungen der Abkommen oder dieses Protokolls darstellen oder nicht.

(8) Die Bestimmungen dieses Artikels sind nicht so auszulegen, als beschränkten oder beeinträchtigten sie eine andere günstigere Bestimmung, die auf Grund der Regeln des anwendbaren Völkerrechts den unter Absatz 1 fallenden Personen größeren Schutz gewährt.

1167. Auf Grund der ihr vorliegenden Erkenntnisse und in Ermangelung irgendwelcher Informationen, die der Annahme widersprächen, dass die oben beschriebenen Vorfälle tatsächlich stattgefunden haben, kommt die Kommission zu dem Schluss, dass verschiedene Verletzungen des humanitären Völkerrechts und der internationalen Menschenrechtsvorschriften vorliegen.

1168. Alle festgehaltenen Personen waren Zivilpersonen und geschützte Personen im Sinne von Art. 4 des 4. Genfer Abkommens. Die Behauptung, die Männer seien als tatsächliche oder mutmaßliche ungesetzliche Kombattanten festgenommen worden und genießen deshalb nicht den Schutz der Genfer Abkommen, weist die Kommission zurück. Eine Person verliert ihre Rechtsstellung als geschützte Person nur dann, wenn diese Person „unter dem begründeten Verdacht steht, eine der Sicherheit des Staates abträgliche Tatigkeit zu betreiben, oder wenn festgestellt ist, dass sie sich tatsächlich einer derartigen Tätigkeit widmet." (Art. 5). Der Kommission liegen keinerlei Erkenntnisse vor, aus denen hervorgeht, dass dies der Fall ist. Selbst wenn eine Person keinen Anspruch auf den Status einer geschützten Person mehr hat, ist eine solche Person gemäß Art. 5 „mit Menschlichkeit" zu behandeln und darf „nicht des Anspruchs auf ein gerechtes und ordentliches Verfahren für verlustig erklärt" werden. Ferner müssen sie gemäß Art. 75 des 1. Zusatzprotokolls „als Minimum" den Schutz genießen, den dieser Artikel vorsieht.

1169. Die Kommission hat geprüft, in welchem Ausmaß die Handlungen der israelischen Streitkräfte mit Recht als eine Art Internierung angesichts eines allgemeinen Widerstands durch bewaffnete Gruppierungen in der Region betrachtet werden kann, wenn auch nicht im Zusammenhang mit einzelnen Verhaftungen. Die betroffenen Personen aus Gaza wurden in Gefängnissen innerhalb von Israel inhaftiert (in den Gefängnissen in Beersheba, Ashkelon und im Negev), was die Bestimmungen des 4. Genfer Abkommens verletzt, nach dessen Art. 76 geschützte Personen innerhalb des besetzten Gebietes festgehalten werden müssen und nicht aus diesem Gebiet hinaus transportiert werden dürfen, sofern dies nicht aus Sicherheitsgründen dringend erforderlich ist.[560] Ferner wird darin festgelegt, dass Internierung die strengste Maßnahme ist, die eine internierende Behörde oder Besatzungsmacht im Hinblick auf geschützte Personen ergreifen darf, gegen die kein Strafverfahren eingeleitet worden ist. Internierung ist eine präventive Verwaltungsmaßnahme und kann nicht als Bestrafung einzustufen.[561] Auf diese Maßnahme darf nur zurückgegriffen werden, wenn die Sicherheit des Staates dies „absolut not-

560 Hierzu führt das IKRK aus, dass Zivilpersonen in besetzten Gebieten nur innerhalb der Grenzen des besetzten Landes selbst interniert oder unter Hausarrest gestellt werden dürfen. Siehe Kommentar der IKRK zu Artikel 78 des vierten Genfer Abkommens.

561 IKRK, Commentary on the Fourth Geneva Convention.

wendig" macht (Art. 42) oder aus „dringend erforderlichen Sicherheitsgründen" (Artikel 78).

1170. Die Kommission ist nicht der Meinung, dass die ihr vorliegenden Informationen eine Bezeichnung der oben beschriebenen Behandlung als Internierung rechtfertigt.

1171. Das Zusammentreiben großer Gruppen von Zivilpersonen und ihre lange anhaltende Einsperrung unter den oben beschriebenen Bedingungen stellt eine Kollektivstrafe gegenüber diesen Personen dar und ist eine Verletzung von Art. 33 des 4. Genfer Abkommens und von Art. 50 der Haager Landkriegsordnung (HLKO). Eine solche Behandlung ist eine nach Art. 33 verbotene Maßnahme zur Einschüchterung und zur Terrorisierung, und stellt eine schwere Verletzung des Abkommens und somit ein Kriegsverbrechen dar.

1172. Indem die israelischen Soldaten die Gefangenen in Sandgruben ohne Schutz ihrer Intimsphäre festhielten, unterließen sie es, die Achtung ihrer Person zu gewährleisten und sie menschlich zu behandeln, wie es Art. 27 des 4. Genfer Abkommens vorschreibt. Die der Kommission vorgelegten Informationen lassen darauf schließen, dass diese Behandlung nicht als notwendige „Kontroll- und Sicherheitsmaßnahmen" gerechtfertigt werden könnte. Zudem stellt diese Behandlung eine drastische Missachtung der persönlichen Würde und eine demütigende und entwürdigende Behandlung dar, die die Genfer Abkommen, den gemeinsamen Art. 3 und Art. 75(2)(b) des 1. Zusatzprotokolls verletzt. Die Misshandlung, die ein beträchtliches Maß an Planung und Kontrolle erforderte, war schwer genug, um als unmenschliche Behandlung im Sinne des Art. 147 des 4. Genfer Abkommens und damit als schwere Verletzung des besagten Abkommens – und somit als Kriegsverbrechen –zu gelten.

1173. Gemäß Art. 76 des 1. Zusatzprotokolls werden Frauen „besonders geschont". Die Kommission stellt fest, dass nach ihren Erkenntnissen die Behandlung der Frauen in den Sandgruben, wo sie besonders qualvollen Bedingungen ausgesetzt waren, diese Vorschrift verletzt und ebenfalls ein Kriegsverbrechen darstellt.

1174. Die Kommission hat Informationen zu der konkreten Behandlung erhalten, die einigen Zeugen widerfuhr, wie z.B. Anketten, schwere Schläge während der Inhaftierung und der Verhöre, unhygienische Haftbedingungen oder Einzelhaft, was ihr bereits starkes Gefühl der Erniedrigung noch verschärfte. Eine solche Behandlung stellt eine Verletzung des Art. 31 des 4. Genfer Abkommens dar, wonach kein körperlicher oder seelischer Zwang auf geschützte Personen ausgeübt werden darf, „namentlich nicht, um von ihnen oder dritten Personen Auskünfte zu erlangen". Auch dies stellt ein Kriegsverbrechen dar.

1175. Ferner ist die Kommission auf der Grundlage dieser Informationen der Auffassung, dass die schweren Schläge, die beständige demütigende und entwürdigende Behandlung und die unhygienischen Haftbedingungen, denen einzelne Personen nach ihrer Aussage im von den Israelis kontrollierten Gaza-Streifen und während ihrer Haft in Israel ausgesetzt waren, als Folter zu bezeichnen ist und somit eine schwere Verletzung des Art. 147 des 4. Genfer Abkommens und eine Verletzung des Übereinkommens gegen Folter und andere grausame, unmenschliche oder erniedrigte Behandlung oder Strafe darstellt. Auch diese Handlungen stellen Kriegsverbrechen dar.

1176. Auf Grund der von ihr ermittelten Tatsachen vertritt die Kommission die Ansicht, dass auch eine Verletzung der Art. 7 und 10 IPbpR sowie des Art. 14 des gleichen Paktes hinsichtlich des Rechts vorliegt, zum frühestmöglichen Zeitpunkt einem Richter vorgeführt zu werden, des Rechts über die erhobene Anklage unterrichtet zu werden, des Rechts auf einen Verteidiger und des Rechts, eine angemessene Gelegenheit zur Verteidigung zu erhalten.

XVI. Zielstellungen und Strategie der israelischen Kriegshandlungen in Gaza

1177. Dieses Kapitel behandelt die Ziele und die Strategie, die den israelischen Kriegshandlungen im Gaza-Streifen zugrundelagen.

A. Planung

1178. Die Frage, ob es sich bei Vorfällen, die sich zwischen dem 27. Dezember 2008 und dem 18. Januar 2009 ereigneten und an denen die israelischen Streitkräfte beteiligt waren, um das Ergebnis von Irrtümern, den Aktivitäten von Einzeltätern, oder einer bewussten Strategie oder Planung handelt, hängt von einer Anzahl von Faktoren ab, darunter das der Planungsgrad und -umfang, der Umfang des Entscheidungsspielraums der Befehlshaber im Feld hinsichtlich des jeweiligen Einsatzes, der technische Entwicklungsgrad und Art der Ausrüstung, und das Ausmaß der Kontrolle, die die Befehlshaber über ihre Untergebenen ausüben können.

1179. Die israelische Regierung hat sich geweigert, mit der Kommission zu kooperieren. Die Kommission war daher nicht in der Lage, hochrangige Angehörige der israelischen Streitkräfte zu befragen.
Dennoch hat sie erhebliche Mengen von Kommentaren begutachtet und eine Reihe von Befragungen zum Thema Planung und Disziplin, insbesondere von Personen, die in jüngerer Vergangenheit an der Planung israelischer Militäreinsätze mitgewirkt haben, durchgeführt. Die Kommission hat auch die in offiziellen Verlautbarungen, bei offiziellen Veranstaltungen und in offiziellen Artikeln geäußerten Ansichten israelischer Beamter analysiert und die Bemerkungen ehemals hochrangiger Angehöriger der Streitkräfte und Politiker untersucht.

1. Der Zusammenhang

1180. Bevor die Frage der Planung untersucht wird, muss im Zusammenhang mit den israelischen Kriegshandlungen in Gaza ein wichtiger Aspekt berücksichtigt werden. Die Landmasse Gaza umfasst eine Landfläche von 360 Quadratkilometern. Israel war hier bis 2005 fast 40 Jahre lang präsent; hierzu gehörte auch eine beträchtliche militärische Präsenz. Israels umfangreiche und detaillierte Kenntnisse der in Gaza herrschenden Realitäten stellen einen erheblichen Vorteil bei der Einsatzplanung dar. Die Kommission hat Gitterkarten im Besitz der israelischen Streitkräfte eingesehen, auf denen z.B. die Häuserblocks in ganz Gaza-Stadt nach Zahlen identifiziert sind.

1181. Zusätzlich zu derart detaillierten Hintergrundkenntnissen waren die israelischen Streitkräfte offensichtlich in der Lage, sich Zugriff auf Telefonnetze zu verschaffen, um sich im Laufe des Einsatzes mit einer erheblichen Anzahl Teilnehmer in Kontakt zu setzen[562].

1182. Seit dem Abzug seiner Bodentruppen aus Gaza 2005 hat Israel weiterhin die fast totale Kontrolle über den Landzugang sowie die totale Kontrolle über den Luft- und Seezugang[563]. Hierzu gehört auch die Fähigkeit, Überwachungskapazitäten in Gaza mittels verschiedener Überwachungsmethoden und elektronischer Mittel (insbesondere Drohnen) zu unterhalten. Mit wenigen Worten verfügt Israel auch seit dem Abzug seiner Bodentruppen weiterhin über äußerst wirksame Möglichkeiten zur Erfassung nachrichtendienstlicher Informationen.

2. Beratung und Aufklärung von Soldaten über geltende Rechtsnormen

1183. Die israelische Regierung hat die für die Planung, Ausführung und Untersuchung militärischer Einsätze relevante juritische Ausbildung

562 Siehe „The operation in Gaza…", Abs. 8, 24, 138, 264, 350, 354, 375, 389 und 447.

563 Siehe 4. Kapitel.

und Fachaufsicht beschrieben.[564] Die Kommission sprach ebenfalls mit Oberst a.D. Daniel Reisner, der von 1995 bis 2004 Leiter der Völkerrechtsabteilung der Militärstaatsanwaltschaft der IDF war. Im Gespräch mit der Kommission erklärte er, wie Offizieren die Grundsätze und Normen des humanitären Völkerrechts anerzogen wurden. Er erläuterte das Vier-Stufen-Ausbildungssystem, das Kenntnisse der einschlägigen rechtlichen Pflichten vermitteln soll, um deren Einhaltung im Einsatz zu gewährleisten. Hierbei kamen Elemente zum Ausdruck, die den von der Regierung vorgetragenen ähnlich waren. Erstens besuchen sämtliche Soldaten und Offiziere während der Ausbildung Grundkurse in relevanten Rechtsfragen. Je höher der Dienstgrad, so Reisner, desto mehr Ausbildung ist erforderlich, „damit es in Fleisch und Blut übergeht". Zweitens erfolgt eine Rechtsberatung vor wichtigen bzw. neuartigen Einsätzen. Oberst Reisner wies darauf hin, dass ihm Kollegen im aktiven Dienst zu verstehen gegeben hätten, dass bei der Planung des Einsatzes Dezember-Januar detaillierte Beratungsgespräche mit Justiziaren erfolgt seien. Er war nicht in der Lage, auf den konkreten Inhalt der Beratung einzugehen. Drittens stand Befehlshabern und Entscheidungsträgern auf Hauptquartier-, Kommando- und Divisionsebene (jedoch nicht auf bzw. unter Regimentalebene) eine Echtzeit-Rechtsberatung zur Verfügung. Viertens wurden ggf. Ermittlungs- bzw. Strafverfahren eingeleitet.

1184. Ein Vortrag der Rechtsabteilung des Außenministeriums scheint eine ähnlich ausführliche Beschreibung des von Oberst Reisner beschriebenen Systems zu enthalten.[565]

3. Die den israelischen Streitkräften zur Verfügung stehenden Mittel

1185. Technologisch gesehen gehören die israelischen Streitkräften zu den fortgeschrittensten der Welt[566]. Sie verfügen nicht nur in vielen Hinsichten über die modernste Technik, sondern sind auch Marktfüh-

564 „The operation in Gaza…", Abs. 212–221.
565 http://www.mfa.gov.il/NR/rdonlyres/8DC5105D-A2A1-4709-9874-F42F1D1DA44B/0/TaubGazaLegalAspects270509.pps
566 Für eine detaillierte Beschreibung der israelischen Kapazitäten siehe http://www.inss.org.il/upload/(FILE)1245235226.pdf

rer bei der Herstellung einiger der modernsten verfügbaren Geräte, darunter auch Drohnen[567]. Ihnen gewähren verschiedene Methoden, insbesondere Luft- und Bodenabschüsse, eine beträchtliche Fähigkeit, Präzisionsangriffe auszuführen. Außerdem sind womöglich auch einige neuen Zielsysteme in Gaza zum Einsatz gekommen[568].

1186. Unter Berücksichtigung der oben dargestellten Faktoren kommt die Kommission daher zum Schluss, dass Israel über die zur detaillierten Planung des Einsatzes Dezember-Januar erforderlichen Mittel verfügte. In Anbetracht der Israel zur Verfügung stehenden Mittel und des scheinbar hohen Niveaus der erhaltenen Ausbildung, insbesondere in Fragen des humanitären Völkerrechts, und der Rechtsberatung, ist es nach Ansicht der Kommission höchst unwahrscheinlich, dass zumindest in der Luftphase der Kriegshandlungen Aktionen ausgeführt wurden, die nicht vorher Gegenstand von Planung und Beratung waren[569]. Was die Luft-Boden-Phase betrifft hätten Befehlshaber der Bodeneinheiten gewisse Entscheidungsspielräume bezüglich der konkreten Angriffs- und Erwiderungstaktiken gehabt. Somit läge derselbe Grad an Planung und Vorbedacht in dem Fall nicht vor. Aus einer Würdigung verschiedener Elemente, insbesondere der Äußerungen von Soldaten auf Seminaren in Tel Aviv und gegenüber Breaking the Silence, folgert die Kommission jedoch, dass die Geschehnisse beim Bodeneinsatz Richtlinien widerspiegelten, die den Soldaten bei der Ausbildung und den Einsatzvorbesprechungen vermittelt worden waren.[570]

---

567 a.a.O., S. 8–9.

568 Den israelischen Streitkräften zufolge wurde das aus 120-ml Mörsern bestehende, computergesteuerte System zum Gebrauch durch Bodeneinheiten entwickelt. „Beim Waffensystem Keshet handelt es sich um einen autonomen Mörser, der selbständig zielen und navigieren kann. Es feuert mit hoher Geschwindigkeit und ist in der Lage, das erste Geschoss innerhalb einer Minute präzise abzufeuern." Siehe http://dover.idf.il/IDF/English/News/today/2008n/04/1401.htm

569 Siehe „The operation in Gaza…", Abs. 236.

570 Vgl. die Beschreibung eines Soldaten der vor dem Einmarsch nach Gaza von einem rangniederen Offizier durchgeführten Einsatzbesprechung: „Ich will Aggressivität sehen. Wenn wir ein Gebäude verdächtigen, wird es abgerissen. Befindet sich ein Verdächtiger in einem der Stockwerke des Gebäudes, nehmen wir's unter Beschuss. Wir werden nicht lange überlegen. Hier heißt es: Entweder die oder wir. Dann sollen's eben die sein…Hier wird nicht gezögert. Nicht wir, sondern die sollen in Folge von Irrtümern sterben." Siehe die Niederschrift

1187. Die Kommission merkt an, dass ihr nur ein Fall bekannt ist, in dem die israelischen Behörden einen Irrtum zugegeben haben. Hierbei handelt es sich um die Tötung von 22 Mitgliedern der Familie al-Daya in Zeytoun. Hierzu erklärte die israelische Regierung, ihre Streitkräfte hätten beabsichtigt, das Nachbarhaus anzugreifen, man habe jedoch bei der Einsatzplanung Fehler begangen. Ihre Bedenken über diese Erklärung äußert die Kommission an anderer Stelle (siehe 11. Kap.).[571] Da die israelischen Behörden jedoch nur in diesem Fall einen Fehler zugegeben haben, ist die Kommission der Ansicht, dass die israelische Regierung die anderen Angriffe, auf die sie aufmerksam gemacht worden ist, nicht als das Ergebnis ähnlicher oder anderer Fehler betrachtet.

1188. In Bezug auf die Luftangriffe nimmt die Kommission die hebräischsprachige Verlautbarung zur Kenntnis, die am 23. März 2009 auf die Webseite der israelischen Streitkräfte gestellt wurde:

> Auf Grund der von ihr zusammengetragenen amtlichen Daten ist die Luftwaffe zu dem Schluss gekommen, dass bei 99% der Angriffe die Ziele präzise getroffen wurden. Sie ist ebenfalls zu dem Schluss gekommen, dass über 80% der von der Luftwaffe eingesetzten Bomben und Raketen als Präzisionswaffen einzusetzen sind, deren Einsatz das Vorkommen unschuldiger Opfer erheblich reduziert ...[572]

1189. Nach Auffassung der Kommission heißt das, dass bei mehr als 80% ihrer Angriffe die Luftwaffe Waffen einsetzte, die definitionsgemäß als präzise gelten – Waffen, die wegen ihrer Steuerungstechnik umgangssprachlich als „Präzisionswaffen" bezeichnet werden. Bei den anderen 20% der Angriffe kamen also allem Anschein nach Bomben ohne Steuerungstechnik zum Einsatz. Den israelischen Streitkräften

---

der Äußerungen von Soldaten bei einem Seminar in Tel Aviv von Channel Ten News, die bei der Kommission aktenkundig ist.

571 „The operation in Gaza...", Abs. 385–387. Die Kommentare der israelischen Regierung zum Angriff auf einen mit Sauerstofftanks beladenen Lkw sind weniger eindeutig. In diesem Fall wird die Nähe der Tanks zu mutmaßlichen bewaffneten Gruppierungen verantwortlich gemacht. a.a.O., Abs. 398–400.

572 http://dover.idf.il/IDF/News_Channels/today/09/03/2301.htm (Von der Kommission übersetzt).

zufolge wurde die Zielgenauigkeit dieser 20% nicht dadurch vermindert, dass sie ungesteuert waren. Dadurch könnten jedoch größere Schäden verursacht worden sein als beim Einsatz sog. „Präzisionswaffen" der Fall gewesen wäre.

1190. Diese Feststellungen der israelischen Streitkräfte sind äußerst bedeutsam. Demnach wurde nämlich das getroffen, was getroffen werden sollte. Hierbei ist auch zu berücksichtigen, dass der Beginn der Bodenphase der Kriegshandlungen am 3. Januar nicht das Ende des Einsatzes der israelischen Luftwaffe bedeutete. In der Verlautbarung heißt es: In den Tagen vor der Aktion „Gegossenes Blei" wurde jeder Brigade eine aus Drohnen bestehende Begleitstaffel zugeteilt, die während des Einsatzes mit ihr zusammenarbeiten sollte. Bei ihrer Ankunft in den Panzer- und Infanteriekorps trafen die Drohneneinheiten die Soldaten persönlich, denen sie sich anschließen sollten, und halfen diesen bei der Planung der Infanteriemanöver. Die Drohnenstaffeln waren in der Kommandozentrale vertreten, und ihre Offiziere unterstützten in den eigentlichen Kampfgebieten die Kommunikation zwischen den – von nur zwei Personen, die sich im israelischen Hoheitsgebiet befanden, gesteuerten – Drohnen und den Bodeneinheiten. Die Unterstützung durch Drohnen erreichte bisweilen das Verhältnis einer Drohne pro Regiment, und in extremen Fällen kam sogar eine Drohne auf jede Mannschaft.

1191. In Anbetracht der Planungsfähigkeit, der Möglichkeit, Pläne mit der modernsten verfügbaren Technik auszuführen, der Verlautbarung, man habe fast gar keine Fehler begangen, und des Umstands, dass von den Untersuchungsbehörden bislang keine Verstöße festgestellt worden sind, kommt die Kommission zum Schluss, dass der Vorfall, sowie die in diesem Bericht untersuchten Abläufe, die Folge wohlüberlegter Planung und strategischer Entscheidungen der gesamten Befehlskette bis hin zu den den Truppen vor Ort erteilten Standardverfahren und Anweisungen sind.

B. Die Entwicklung strategischer Zielstellungen in der Denkweise der israelischen Streitkräfte

1192. Israelische Einsätze in den besetzten palästinensischen Gebieten weisen bestimmte Gemeinsamkeiten auf. Insbesondere die Zerstörung von Gebäuden, darunter auch Häuser, ist ein wiederkehrendes taktisches Merkmal[573]. Die von Israel gewählten konkreten Mittel zur Erreichung seiner militärischen Ziele in den besetzten palästinensischen Gebieten und im Libanon, v.a. die Angriffe auf Häuser, sind vom Sicherheitsrat der Vereinten Nationen wiederholt kritisiert worden.[574] Die Kriegshandlungen vom 27. Dezember bis 18. Januar sind nicht im Vakuum erfolgt, sondern stehen vielmehr im Zusammenhang sowohl mit ihren direkten Ursachen hinsichtlich der Beziehungen zwischen Israel und der Hamas als auch mit der Entwicklungen der Ideen der israelischen Streitkräfte darüber, wie ihre militärischen Ziele am besten zu beschreiben sind.

1193. Eine Betrachtung der vorliegenden Erkenntnisse ergibt, dass viele der Taktiken zwar gleich bleiben, der neue strategische Rahmen jedoch zu einer qualitativen Verschiebung der Betonung von relativ konzentrierten Aktionen[575] auf massive, vorsätzliche Zerstörung geführt hat.

1194. Im israelischen Einsatz in Südlibanon 2006 entstand im militärischen Denken Israels ein Konzept namens „Dahiya-Doktrin" aus der Behandlung des gleichnamigen Beiruter Bezirks[576]. Generalmajor Gadi

573 Vgl. Schriftsatz der Housing and Land Rights Network – Habitat International Coalition an die Kommission (S. 12–28).

574 Resolutionen 101 (1953), 106 (1955), 111 (1956), 171 (1962), 228 (1966), 248 (1968), 265 (1969), 270 (1969), 313 (1972), 316 (1972), 332 (1973), 347 (1974), 450 (1979), 501 (1982), 515 (1982), 520 (1982) und 1544 (2004) des Sicherheitsrats.

575 Die Formulierung „relativ konzentrierte Aktionen" darf nicht dahingehend missverstanden werden, dass alle Aktionen dieser Art nach den Gesichtspunkten der Unterscheidung und der Verhältnismäßigkeit akzeptabel wären. Hierbei handelt sich lediglich um einen Vergleich.

576 Im Libanonkrieg 2006 verursachte Israel massive Zerstörung im Bezirk Dahiya, den es für eine Hochburg der Hezbollah hielt.

Eisenkot, Chef des israelischen Kommandobereichs Nord formulierte den Grundgedanken der Doktrin wie folgt:

1195. Das, was 2006 im Dahiya-Viertel Beiruts geschah, wird in jedem Dorf geschehen, von dem aus auf Israel geschossen wird. […] Wir werden unverhältnismäßige Gewalt anwenden und dort große Schäden und Zerstörung verursachen. Aus unserer Sicht sind das keine zivilen Dörfer, sondern Militärstützpunkte. […] Hierbei handelt es sich nicht um eine Empfehlung, sondern um einen Plan. Und der ist bereits genehmigt worden [577]

1196. Nach dem Krieg 2006 im Südlibanon entwickelten offenbar verschiedene ranghohe Angehörige des Militärs den der von Gen. Eisenkot formulierten Strategie zugrunde liegenden Gedanken. Insbesondere hat Generalmajor a.D. Giora Eiland[578] argumentiert, dass im Falle eines weiteren Kriegs mit der Hezbollah[579] das Ziel nicht die Niederlage der Hezbollah sein solle, sondern „die Beseitigung des libanesischen Militärs, die Zerstörung der nationalen Infrastruktur und die Verursachung schwerer Leiden unter der Bevölkerung. … Die schwere Beschädigung der Republik Libanon, die Zerstörung von Häusern und Infrastruktur, und das Leid Hunderttausender Menschen sind Folgen, die mehr als alles andere das Verhalten der Hezbollah beeinflussen können“[580].

1197. Diesen im Oktober 2008 veröffentlichen Gedanken gingen die einen Monat früher geäußerten Überlegungen von Oberst a.D. Gabriel Siboni voraus[581].

---

577 Ynet, „Israel warns Hizbullah war would invite destruction“, 10. März 2008.

578 Ehemals Chef des israelischen Nationalen Sicherheitsrates, ehemaliger Nationaler Sicherheitsberater des Ministerpräsidenten, und zuvor Chef der Operationsabteilung der IDF.

579 Obwohl Generalmajor Eiland über den Libanon und die Arabische Republik Syrien schrieb, ist der Hinweis auf die Ziele und Mittel zu ihrer Erreichung angesichts der Geschehnisse in Gaza auffallend.

580 Giora Eiland, „The third Lebanon war: target Lebanon“, Strategic Assessment, vol. 11, No. 2 (November 2008), S. 9.

581 Oberst d.R. der IDF. Forscher am Institute for National Strategic Studies. Ehemaliger Kämpfer und Kommandant in der Golani-Brigade, schloß seinen Wehrdienst als Kommandant der Aufklärungseinheit der Brigade ab. Im Rahmen seines Reservedienstes diente er als oberer Stabsoffizier der Golani-Brigade, stell-

Mit dem Ausbruch der Feindseligkeiten wird es erforderlich sein, dass die IDF sofort, entscheidend und mit einem Ausmaß an Gewalt reagiert, das nicht im Verhältnis zu den Handlungen des Feindes und der von diesem dargestellten Bedrohung steht. Ziel einer solchen Reaktion ist es, Schaden und Strafe in einem solchen Ausmaß zuzufügen, dass ein langwieriger, aufwändiger Wiederaufbau erforderlich wird. Der Angriff ist so schnell wie möglich auszuführen, und der Schädigung von Eigentum Vorrang vor der Suche nach jedem einzelnen Abschußgerät gewähren. Die Bestrafung hat sich gegen die Entscheidungsträger und die Machtelite zu richten ... Im Libanon sollten sich die Angriffe sowohl gegen die militärischen Fähigkeiten der Hezbollah als auch gegen die wirtschaftlichen Interessen und zivilen Machtzentren, die die Organisation unterstützen, richten. Ferner sollten desto mehr Elemente der libanesischen Staatsinfrastuktur angegriffen werden, je mehr sich die Hezbollah und die libanesische Regierung gegenseitig annähern. Eine derartige Reaktion wird bei ... libanesischen Entscheidungsträgern in Erinnerung bleiben, was langfristig zu einer Stärkung der israelischen Abschreckungsfähigkeit und einer Reduzierung der Wahrscheinlichkeit von Feindseligkeiten gegen Israel führen wird. Zugleich werden sich Syrien, die Hezbollah und der Libanon dadurch gezwungen sehen, in langwierige und ressourcenintensive Wiederaufbauprogramme zu investieren.

Diese Herangehensweise könnte auch auf den Gaza-Streifen angewendet werden. Die IDF wird dort gegen die Hamas hart zuschlagen und die Katz-und-Maus-Sucherei nach den Qassam-Abschussgeräten lassen müssen. Man sollte nicht erwarten, dass die IDF den Raketenbeschuss auf die israelische Heimatfront durch Angriffe auf die Abschussgeräte selbst, sondern dadurch stoppt, dass sie dem Feind einen Waffenstillstand aufzwingt.[582]

---

vertretender Kommandant der Logistikeinheit und Generalstabschef einer Panzerdivision im Norden.

582 Siboni, a.a.O. Dies sieht der sog. Dahiya-Doktrin sehr ähnlich. Siehe z.B. Ed Blanche, Jane's Rockets and Missiles, 3. Februar 2009, in dem Generalmajor Gadi Eisenkot zitiert wird.

1198. Zur Zeit der oben zitierten Äußerung befand sich General Eisenkot im aktiven Dienst in seiner Eigenschaft als Befehlshaber, und er stellte klar, dass dies keine theoretische Idee, sondern ein genehmigter Plan sei. Generalmajor Eiland war zwar im Ruhestand, hatte jedoch einen beträchtlichen Rang inne. Oberst Siboni hatte im Vergleich zu den beiden anderen einen untergeordneten Dienstgrad, war aber nichtsdestotrotz ein erfahrener Offizier, der in einer als seriös erachteten Zeitschrift über Fragen seines Fachgebiets schrieb.

1199. Ob Offiziere des israelischen Militärs von diesen Schriften unmittelbar beeinflusst wurden, ist vorliegend unbeachtlich. Aus einer Betrachtung der vor Ort ermittelten Tatsachen kann die Kommission jedoch folgern, dass das, was als beste Strategie empfohlen worden war, auch genau so in die Tat umgesetzt wurde.

C. Offizielle Verlautbarungen Israels zu den Zielen der Kriegshandlungen in Gaza

1200. Der Kommission sind die offiziellen Verlautbarungen zu den Zielen der Kriegshandlungen bekannt: Der Einsatz beschränkte sich auf die Maßnahmen, die die IDF für erforderlich hielt, um ihre Ziele zu erreichen: den Beschuss israelischer Zivilpersonen durch die Zerstörung des Mörser- und Raketenabschußapparats und dessen tragender Infrastruktur zu unterbinden, die Sicherheit von Süd-Israel und dessen Bewohnern durch eine Reduzierung der Fähigkeit der Hamas und anderer terroristischer Organisationen zu zukünftigen Angriffen zu verbessern.[583]

1201. Die israelische Regierung behauptet, diese Formulierung ihrer Ziele sei nicht weiter gefasst als die der NATO bei ihrer Kampagne 1998 in der Bundesrepublik Jugoslawien.

583 Siehe „The operation in Gaza…", Abs. 83.

1202. Zu der Rechtmäßigkeit oder zu sonstigen Aspekten des Vorgehens der NATO äußert sich die Kommission vorliegend nicht.

D. Die Strategie zur Erreichung der Ziele

1203. Von besonderem Interesse für die Kommission ist die Konzeptualisierung der „tragenden Infrastruktur". Der Begriff kommt in den Äußerungen General Eisenkots im Jahre 2006 eindeutig zum Ausdruck, und wird durch die zitierten Überlegungen militärischer Denker bekräftigt, die zwar außer Dienst, dafür aber gut informiert sind.

1204. Am 6. Januar 2009, während der Kriegshandlungen in Gaza, äußerte sich der stellvertetende Ministerpräsident Eli Yishai wie folgt[584]: „Es [dürfte] möglich [sein], Gaza zu zerstören, damit sie verstehen, dass man sich nicht mit uns anlegen sollte." Er führte ferner aus: „Es ist eine großartige Chance, Tausende von Häuser von all den Terroristen zu zerstören, damit sie nochmal darüber nachdenken, bevor sie Raketen abschießen." „Ich hoffe, dass die Aktion mit großen Leistungen und mit der vollständigen Zerstörung des Terrorismus und der Hamas enden wird. Meiner Meinung nach müßte man sie dem Erdboden gleichmachen, sodass Tausende Häuser, Tunnel und Industrien zerstört werden." Er fügte hinzu: „Die Einwohner des Südens

584 Während der Kriegshandlungen in Gaza diente Eli Yishai als stellvertretender Ministerpräsident und Industrie-, Handels- und Arbeitsminister der Regierung des Herrn Olmert. In der heutigen, von Herrn Netanjahu geführten Regierung dient er als Innenminister und stellvertretender Ministerpräsident. Während der Kriegshandlungen in Gaza war er auch Mitglied des Sicherheitskabinetts für Nationale Sicherheit. Zu dessen Pflichten gehören die Festlegung der Ziele des Sicherheitswesens und dessen Politik, Fragen, die die israelischen Streitkräfte betreffen, nachrichtendienstliche, außenpolitische Fragen, sowie operative Sicherheits- und militärische Fragen, sowie die Abstimmung der Regierungstätigkeit in „Judäa, Samaria und Gaza". Siehe http://www.pmo.gov.il/PMO/Archive/Decisions/2006/05/des20.htm (auf Hebräisch).

ermutigen uns, damit der Einsatz bis zur vollständigen Vernichtung der Hamas weitergeht."[585]

1205. Am 2. Februar 2009, nach Abschluss der Kriegshandlungen, äußerte sich Eli Yishai noch einmal: „Selbst wenn die Raketen auf offenes Gelände oder ins Meer fallen, sollten wir ihre Infrastruktur angreifen und für jede abgeschossene Rakete 100 Häuser zerstören."[586]

1206. Am 13. Januar 2009 soll die israelische Außenministerin Tzipi Livni folgendes gesagt haben:

> Wir haben der Hamas bewiesen, dass wir die Gleichung verändert haben. Israel ist kein Land, auf das man Raketen abfeuert, ohne dass es darauf reagiert, sondern ein Land, das durchdreht, wenn man auf dessen Bürger schießt – und das ist auch gut so.[587]

1207. Die massive Zerstörung von Betrieben, Ackerland, Hühnerfarmen und Wohnhäusern ist vor dem Hintergrund derartiger Äußerungen zu betrachten. Zu beachten ist insbesondere die umfangreiche Zerstörung, die in den Tagen vor dem Abschluss des Einsatzes erfolgte. Während der Abzugsphase wurden anscheinend Tausende Häuser zerstört. Die „Tag danach"-Doktrin[588] – so wie sie in den Aussagen israelischer Soldaten erläutert wird – hat die Kommission an anderer Stelle in diesem Bericht erwähnt. Diese Doktrin paßt unschwer zum allgemeinen Ansatz der massiv unverhältnismäßigen Zerstörung.

1208. Der Begriff der tragenden Infrastruktur is nicht nur im Zusammenhang mit den Kriegshandlungen Dezember-Januar, sondern auch mit der Verschärfung der Einschränkungen des Personen- und Warenverkehrs nach und aus Gaza, v.a. seit der Machtübernahme durch die Hamas, zu verstehen. Der Behauptung, diese Beschränkungen können als Versuch zur Begrenzung der Materialzufuhr zu bewaffneten Gruppierungen bezeichnet werden, kann sich die Kommission nicht anschließen. Die erwartete Wirkung – und nach Ansicht

585 http://news.walla.co.il/?w=//1412570 (auf Hebräisch).
586 http://www.ynet.co.il/Ext/Comp/ArticleLayout/CdaArticlePrintPreview/1,2506,L-3665452,00.html (2. Februar 2009, auf Hebräisch)
587 The Independent, Israeli cabined divided over fresh Gaza surge, 13. Januar 2009.
588 Siehe 13. Kapitel.

der Kommission der primäre Zweck – lag darin, eine Situation herbeizuführen, in der das Leben der Zivilbevölkerung so unerträglich würde, dass sie weggehen (wenn dies möglich wäre) oder die Hamas aus der Regierung entfernen würden, sowie die Zivilbevölkerung kollektiv zu bestrafen.

1209. Die israelische Regierung hat sich wie folgt geäußert:

> Obwohl die Hamas Ministerien betreibt und verschiedene administrative und traditionelle Regierungsaufgaben im Gaza-Streifen federführend wahrnimmt, ist sie dennoch nach wie vor eine Terrororganisation. Viele der scheinbar zivilen Elemente des Hamas-Regimes sind in Wirklichkeit active Bestandteile seiner terroristischen und militärischen Bemühungen. Tatsächlich unterscheidet die Hamas nicht so zwischen zivilen und militärischen Aktivitäten, wie es eine legitime Regierung täte. Stattdessen setzt die Hamas die ihrer Herrschaft unterstehenden Apparate, darunter auch regierungsähnliche Einrichtungen, zur Förderung ihrer terroristischen Aktivitäten ein.[589]

1210. Die von Israel verfolgten militärischen Ziele sind also sehr weit gefasst. Unklarheit besteht insbesondere bezüglich des Begriffs der Förderung „terroristischer Aktivitäten": Da Israel behauptet, dass es keine wirkliche Trennung ziviler von militärischen Tätigkeiten gebe, und die Hamas als terroristische Organisation betrachtet, ist anscheinend jeder, der auf irgendeine Art und Weise die Hamas unterstützt als Förderer deren terroristischer Aktivitäten zu bezeichnen. Aus den letzten Wahlen in Gaza ging die Hamas eindeutig als Siegerin hervor. So gesehen ist es kaum weit hergeholt, davon auszugehen, dass Israel sehr große Teile der Gazaer Zivilbevölkerung als Teil der „tragenden Infrastruktur" betrachtet.

1211. Die wahllosen und unverhältnismäßigen Auswirkungen der Einschränkungen des Personen- und Warenverkehrs läßt vermuten, dass sich womöglich schon zu irgendeinem Zeitpunkt im Jahre 2007 die-Ansichten Israels darüber, was als Angriff auf die tragende Infrastruk-

589 „The operation in Gaza...", Abs. 235.

tur zu gelten hat, bereits verfestigt hatten, und allem Anschein nach umfasst dieser Begriff faktisch die Bevölkerung Gazas.

1212. Dem stellvertretenden Generalstabschef GenMaj. Dan Harel wird eine Zielsetzung zugeschrieben, die Angriffe auf zivile Objekte als Teil der israelischen Strategie ausdrücklich zuläßt. Während die israelischen Kriegshandlungen in Gaza noch im Gange waren, soll GenMaj. Harel in einem Treffen mit Vertretern der örtlichen Behörden in Südisrael folgendes gesagt haben:

> Diese Aktion ist anders als frühere Aktionen. Wir haben uns ein hohes Ziel gesetzt. Wir greifen nicht nur Terroristen und Abschussgeräte an, sondern auch die gesamte *Hamas*-Regierung und all seine Arme. […] Wir greifen Regierungsgebäude, Fabriken, Sicherheitsdienste und noch mehr an. Wir ziehen die Hamas als Regierung zur Verantwortung und unterscheiden nicht zwischen den verschiedenen Armen. Nach dieser Aktion wird kein einziges Hamas-Gebäude in Gaza mehr stehen, und wir planen, die Spielregeln zu ändern.[590]

Schlussfolgerungen

1213. Der bei den israelischen Streitkräften herrschende Begriff dessen, was in einem zukünftigen Krieg mit der Hamas erforderlich sei, scheint frühestens seit dem Konflikt in Südlibanon 2006 entwickelt worden zu sein. Seinen Ursprung hat es in einer militärischen Doktrin, die unverhältnismäßige Zerstörung und die Maximierung der Störung des Alltags vieler Menschen als legitimes Mittel zur Erreichung militärischer und politischer Ziele betrachtet.

1214. Indem sie den Begriff der „tragenden Infrastruktur" allzu weit fassen, versuchen die israelischen Streitkräfte, einen Rahmen für ihre Aktivitäten zu schaffen, die nach Ansicht der Kommission dazu bestimmt war, zwangsläufig verhängnisvolle Folgen für die Nicht-Kombattanten in Gaza zu haben.

---

590 Ynet, „Deputy chief of staff: worst still ahead".

1215. Die Äußerungen politischer und militärischer Führer vor und während der Kriegshandlungen in Gaza lassen kaum Zweifel daran, dass die übermäßige Zerstörung und die Gewalt gegen Zivilpersonen Teile einer vorbedachten Strategie waren.[591]

1216. Soweit Äußerungen wie die des Herrn Yishai am 2. Februar 2009 andeuten, dass die Zerstörung ziviler Objekte, in dem Fall Häuser, als Reaktion auf Raketenangriffe gerechtfertigt wäre („für jede abgeschossene Rakete 100 Häuser zerstören"), ist die Kommission der Auffassung, dass Repressalien gegen Zivilpersonen bei bewaffneten Feindseligkeiten eine Verletzung des humanitären Völkerrechts darstellen.[592]

Selbst wenn derartige Handlungen als rechtmäßige Repressalie betrachtet werden könnten, genügen sie nicht den strengen völkerrechtlichen Anforderungen, insbesondere sind sie unverhältnismäßig[593] und verletzen fundamentale Menschenrechte und humanitäre Verpflichtungen[594]. Gezielte Angriffe auf Zivilpersonen oder zivile Gebiete durch eine Partei kann gezielte Angriffe auf Zivilpersonen und zivile Objekte, wie z.B. Häuser, öffentliche Gebäude, Kultstätten oder Schulen, niemals rechtfertigen.

591 Die Habitat International Coalition betont das Muster militärischer Aktionen, die zivile Schutzräume und Schutzsuchende zum Ziel haben, und komt dabei zu folgendem Schluss: Die offiziellen Verlaubarungen, die diese Aktionen begleiten [...], scheinen eine Vermutung zu widerspiegeln, dass jede Quelle von Brutalität gegen die einheimische Bevölkerung die Opfer in Erfüllungsgehilfen des bevorzugten Ergebnisses der Angreifer: die Niederlage des Widerstands" (oben zitierter Schriftsatz, S. 40).

592 Siehe Art. 51(6) 1. Zusatzprotokoll

593 Customary International Humanitarian Law, S.513–518.

594 Siehe auch Art. 50 der Artikel der Völkerrechtskommission zur Staatshaftung für Völkerrechtsverletzungen (Resolution 56/83 der Generalversammlung, Anhang).

XVII. Die Auswirkungen der Blockade und der Kriegshandlungen auf die Bevölkerung Gazas und ihre Menschenrechte

„Die Pflicht eines militärischen Befehlshabers beschränkt sich nicht auf die Vermeidung von Schäden für das Leben und die Würde örtlicher Einwohner (eine „negative Pflicht"), vielmehr stellt sie eine „positive" Pflicht dar – er ist verpflichtet, das Leben und die Würde unter Berücksichtigung der örtlichen und zeitlichen Bedingungen zu schützen…" Richter Barak (HCJ 764/04)

„Solange Israel die Zufuhr lebensnotwendiger Güter in den Gaza-Streifen kontrolliert, ist es nach dem humanitären Völkerrecht verpflichtet, der Zivilbevölkerung Zugang u.a. zu Sanitätseinrichtungen, Nahrung und Wasser, sowie andere humanitäre Artikel zu gewähren." Richterin Beinisch (HCJ 201/09)

1217. Bei ihren Besuchen in den besetzten palästinensischen Gebieten und Treffen und Anhörungen in Gaza, Amman, Genf und andernorts sah die Kommission unmittelbar, und erfuhr auch aus Berichten und Zeugenaussagen, die negativen Auswirkungen der strengen Einschränkungen des Personen- und Warenverkehrs aus und in den Gaza-Streifen auf den vollen Genuss verschiedener sozialer, wirtschaftlicher und bürgerlicher Rechte durch Frauen, Männer und Kinder. Diese Berichte und Aussagen haben zahlreiche Quellen, darunter Geschäftsleute, Industrielle, normale Einwohner, Beamte und NGOs in den besetzten palästinensischen Gebieten und im Ausland.

1218. Die Menschen in Gaza, wie auch die in anderen Teilen der besetzten palästinensischen Gebiete, leben seit Jahrzehnten unter fremder Besetzung und müssen die Einschränkungen und anderen Auswirkungen der von der Besatzungsmacht umgesetzten Politik ertragen. Zwar haben der Beginn der Blockade und die jüngsten Kriegshandlungen diese Beschränkungen und Mängel zweifelsohne verschärft, jedoch leben die Menschen in Gaza schon lange in einer Situation, die nicht als „normal" bezeichnet werden kann.

1219. Die von Israel auferlegten Einschränkungen der Ein- und Ausfuhr durch die Grenzübergänge aus und in den Gaza-Streifen sowie die See- und Luftblockade haben schwere Folgen für die Verfügbarkeit und Zugänglichkeit der verschiedensten Waren und Dienstleistungen, die für den Genuss der Menschenrechte durch die Gazaer Bevölkerun erforderlich sind. Ihre bereits beeinträchtigten Möglichkeiten, Grundbedarf zu erhalten und zu kaufen, wurden noch weiter verschärft durch die Wirkungen der vierwöchigen israelischen Militärkampagne, die den Zugang zu diesen lebensnotwendigen Artikeln noch weiter einschränkte und Waren, Land, Einrichtungen und Infrastruktur zerstörte, die für den Genuss ihrer Grundrechte unentbehrlich waren. Außerdem haben die Blockade und die bewaffneten Feindseligkeiten eine Situation geschaffen, in der die meisten Menschen mittellos sind. Besonders schwer hat sich dies auf Frauen und Kinder ausgewirkt. Die derzeitige Lage ist als Krise der Menschenwürde bezeichnet worden.[595]

A. *Die Wirtschaft, die Lebensgrundlagen und Arbeitsplätze*

1220. Die Kommission hat Informationen über die Lage der Wirtschaft, der Arbeitsplätze und der familiaren Lebensgrundlagen im Gaza-Streifen erhalten. Vor den Kriegshandlungen Dezember-Januar war die Wirtschaftslage in Gaza bereits katastrophal; nur noch wenige Sektoren der Wirtschaft konnten mit voller Leistung arbeiten. Durch die Blockade wurde die Einfuhr verschiedener Artikel sowie von Energie, die für die Funktionsfähigkeit der Wirtschaft erforderlich waren, eingeschränkt bzw. verwehrt. Hierzu gehörten Kraftstoff und Industriediesel, die es dem Gazaer Kraftwerk ermöglicht hätten, genügend Strom für den normalen Betrieb von Fabriken und Betrieben sowie für landwirtschaftliche Tätigkeiten zu erzeugen. Ergebnis war ein wirtschaftlicher Stillstand, in dem viele Betriebe, Fabriken und Bauernhöfe entweder den Betrieb einstellten oder mit verminderter Leistung arbeiteten.

595 WHO-Bericht 2009, S. 8.

1221. Die Elektrizität wurde direkt von Israel (51%) und Ägypten (7%) gekauft, wobei das Gazaer Kraftwerk nur 34% erzeugte. Hierdurch entstand ein 8%-iges Energiedefizit. Nach zusätzlichen Kürzungen der industriellen Kraftstoffzufuhr durch Israel reduzierte das Gazaer Kraftwerk seine Leistung noch weiter. Wegen des Kraftstoffmangels kam es im Kraftwerk zu Betriebsstörungen; der Mangel an Ersatzteilen und die Unmöglichkeit von Wartungsarbeiten werden dem Kraftwerk indes bleibende Schäden zufügen[596]. Nach Angaben von OCHA betrug das Elektrizitätsdefizit im Gaza-Streifen bis 15. Dezember 2008 41%. Auch Kochgas unterlag Einschränkungen, obwohl diese weniger drastisch waren.

1222. Auch Rohstoffe, Zubehör, Ersatzteile und andere für industrielle und landwirtschaftliche Tätigkeiten erforderlichen Inputs durften nicht in den Gaza-Streifen eingeführt werden.

1223. Dies hatte beträchtliche Folgen für das Alltagsleben. Einige Teile des Gaza-Streifens blieben mehrere Stunden pro Woche ohne Strom; viele Haushalte, v.a. diejenigen, die sich in Gebäuden befinden, die auf Wasserpumpen angewiesen sind, hatten nur ein paar Stunden wöchentlich Zugang zu Wasser. Durch die unregelmäßige Stromzufuhr wurden medizinische Geräte in Krankenhäusern und Arztpraxen beschädigt und das Leben der Zivilbevölkerung insgesamt gestört. Die Leistung der Klärwerke wurde ebenfalls reduziert, und Rohabwasser wurde vermehrt ins Meer verklappt. Hierdurch wurde die öffentliche Gesundheit gefährdet und die Umwelt verschmutzt, was sich wiederum auf das Fischereiwesen auswirkte.

1224. Mehrere Firmen schlossen bzw. reduzierten ihren Betriebsumfang und entließen Arbeitnehmer, die dadurch um den Lebensunterhalt gebracht wurden. Aus Informationen über den Zeitraum Juni 2008 bis Juli 2008, die der Kommission vorgelegt wurden, geht hervor, dass 98% der Industriebetriebe vorübergehend geschlossen und fünf Betriebe ins Westjordanland und nach Jordanien verlagert wurden. Rund 16.000 Arbeiter wurden entlassen. Das Verbot sämtlicher Exporte verursachten bis Juli 2008 Schäden für die Landwirtschaft in

596 OCHA, „Gaza humanitarian situation report: the impact of the blockade on the Gaza Strip", 15. Dezember 2008.

Höhe von schätzungsweise 30 Mio USD und den Verlust von 40.000 Arbeitsplätzen. Auch der Bausektor wurde durch den baustoffmangel bedingten Stillstand der Entwicklungs- und anderer Bauprojekte schwer in Mitleidenschaft gezogen. Infolgedessen sollen etwa 42.000 Arbeiter ihren Arbeitsplatz verloren haben.[597] Die Entlassenen suchten Arbeit in anderen Sektoren, wie der Landwirtschaft, oder traten den Reihen der Menschen bei, die von der Nahrungsmittelhilfe der UNO und anderer Hilfswerke leben.

1225. In Folge der Schließung der Grenzübergänge für den Personenverkehr verloren viele Familie auch die finanzielle Unterstützung ihrer Verwandten, gewöhnlich des männlichen Familienoberhaupts, die früher im Ausland (entweder in Israel oder in den benachbarten arabischen Ländern) gearbeitet hatten.[598] In ihrem Schriftsatz an die Kommission gab die UNCTAD an, dass 15,4% der erwerbstätigen Bevölkerung Gazas bis 2000 in Israel beschäftigt wäre.[599] In seinem Vortrag vor der Kommission erklärte der Ökonom Shir Hever, dass bis 2009 niemand aus Gaza eine Stelle in Israel finden könnte. Selbst palästinensische Arbeiter aus dem Westjordanland arbeiten größtenteils nicht in Israel, sondern in den Industriegebieten der Siedlungen.[600]

1226. Bis Dezember 2008 hatte sich die Arbeitslosigkeit in Folge der zerstörerischen Auswirkungen der Blockade auf die örtliche Volkswirtschaft verdoppelt. Obwohl im Jahre 2007 79% der Haushalte unter der amtlichen Armutsgrenze (4,- USD pro Kopf/Tag) und rund 70% in tiefer Armut (3,- USD pro Kopf/Tag) lebten, wurde schon vor den israelischen Kriegshandlungen mit einem Anstieg dieser Werte bis Ende 2008 gerechnet. Die Kommission erhielt Informationen von Organisationen, die erklärten, wie die Landwirtschaft traditionell arbeitslose Arbeitnehmer aus anderen Sektoren aufgefangen hatte, unter den durch die Blockade geschaffenen Umstän-

597 Palestine Trade Center (PALTRADE), „Gaza Strip: A year through siege", Juli 2008.

598 GISHA Legal Center for Freedom of Movement and Physicians for Human Rights – Israel, *Rafah Crossing: Who holds the keys?* (März 2009).

599 UNCTAD-Schriftsatz, S. 4.

600 Gespräch der Kommission mit Shir Hever, Alternative Information Centre, 2 Juli 2009.

den, ohne Dünger, Pflanzenschutzmittel, Maschinen, Ersatzteile, und (noch wichtiger) ohne Zugang zu Märkten konnte sie jedoch ihre Aufgabe als Konjunkturpuffer nicht mehr wahrnehmen.[601] In ihrem Schriftsatz an die Kommission merkte die UNCTAD an, dass die öffentliche Verwaltung und öffentliche Leistungen bis zu 54% der erwerbstätigen Bevölkerung Gazas (gegenüber 37% im Jahre 1999) auffingen, wenn die Industrie und die Landwirtschaft nicht mehr in der Lage waren, Arbeitsplätze zur Verfügung zu stellen. UNCTAD kam zu folgendem Schluss:

Letztendlich läuft diese Dynamik auf die systematische Aushöhlung der palästinensischen Produktionsgrundlagen hinaus, wodurch den Palästinensern unmöglich gemacht wird, eine eigene Produktionstätigkeit zu entfalten und sich selbst zu ernähren, und sie zu armen Konsumenten lebensnotwendiger Güter macht, die größtenteils aus Israel kommen und über Spenden finanziert werden.

1227. Durch die Kriegshandlungen wurde ein erheblicher Teil der wirtschaftlichen Infrastruktur des Gaza-Streifens zerstört und ihre Fähigkeit, Familien einen anständigen Lebensunterhalt zu gewährleisten, vernichtet. Viele Fabriken und Betriebe waren Gegenstand direkter Angriffe und wurden dadurch zerstört oder beschädigt. Die Armut, die Arbeitslosigkeit und die Nahrungsunsicherheit stiegen dramatisch an.

1228. Aus der Kommission vorgelegten Informationen geht hervor, dass rund 700 private (Industrie- und Handels-) Betriebe während der Kriegshandlungen zerstört oder beschädigt wurden. Die dadurch entstandenen unmittelbaren Verluste belaufen sich dabei auf etwa 140 Mio USD. Offenbar wurde der Industriesektor am schwersten in Mitleidenschaft gezogen, da er 61% dieser Verluste, insbesondere in den Subsektoren Bau und Nahrungsmittel, erlitten hat.[602] Angesichts des Ausmaßes und der Schwere der dem Industriesektor zugefügten Schäden brachten Geschäftsleute und Industrielle, die mit der Kommission sprachen, ihre Vermutung zum Ausdruck, Israel hätte

601 Gespräche mit Vertretern der Landwirtschaft in Gaza, 30. Juni 2009; Gespräch mit Vertretern der Campaign to End the Siege, Gaza, 29. Juni 2009.

602 Private Sector Coordination Council Gaza Governorates, „Gaza private sector: Post-war status and needs", 25. Februar. 2009.

sich die Zerstörung der örtlichen Industriekapazitäten zum Ziel gemacht, um den Perspektiven wirtschaftlicher Erholung im Gaza-Streifen zu schaden.[603]

1229. Die von Israel auferlegten schweren Beschränkungen der Verfügbarkeit von Banknoten verursachten schwerwiegende Störungen des wirtschaftlichen Austausches und beeinträchtigten die Fähigkeit der öffentlichen Hand wie auch des NGO-Sektors, u.a. Aufträge zu erteilen und Waren und Dienstleistungen zu beschaffen.

1230. Der Landwirtschaftssektor, einschließlich Pflanzenbau, Fischereiwesen, Vieh- und Hühnerhaltung, erlitt direkte Verluste in Höhe von etwa 170 Mio USD. Die indirekten Verluste sind noch nicht endgültig beziffert worden. Ein Wirtschaftsverband schätzt, dass 60% aller landwirtschaftlichen Flächen zerstört wurden, davon wurden 40% während der Kriegshandlungen[604] direkt zerstört. Weiterhin wurden 17% aller Obstgärten, 8,3% des Viehbestandes, 1,6% des Hühnerbestandes, 18,1% der Brutbetriebe, 25,6% der Bienenkörbe, 9,2% der offenen Felder und 13% der Grundwasserbrunnen zerstört. Nach vom UNDP Gaza zitierten NGO-Schätzungen hatte die Landwirtschaft bereits seit Beginn der zweiten Intifada und den damit verbundenen häufigen Vorstößen der Israelis ein Drittel ihrer Kapazität verloren.[605] Teile des Bodens sollen durch Blindgänger und Überreste chemischer Waffen (z.B. weißen Phosphor) verseucht worden sein, und müssten vor einer Wiederaufnahme der landwirtschaftlichen Nutzung untersucht und dekontaminiert werden.[606]

1231. Das Fischereiwesen mit etwa 3000 Arbeitsplätzen wurde ebenfalls durch die Blockade und die Kriegshandlungen beeinträchtigt. Mehrere Boote und einige Fischer wurden direkt getroffen. Die Kommission traf sich mit Vertretern von Fischerverbänden, und ein Fischer

---

603 Befragungen von Amr Hamad des Palestinian Federation of Industries und von Ali Abu Shalah des Palestinian Business Association.

604 „Gaza private sector: post-war status…“, S. 5

605 UNDP, FAO und Landwirtschaftsministerium, „Assessment of impact of cast lead operation: estimated direct losses to agriculture in the Gaza Strip between 27 December 2008 and 18 January 2009Gaza-Streifen“.

606 „Gaza private sector: post-war status….“, S. 5; FAO, „Impact of Gaza crisis: Agricultural sector report“, S. 16, WHO-Bericht, S. 29

sagte in den öffentlichen Anhörungen in Gaza aus.[607] Ein Fischer, der von der Kommission befragt wurde, erklärte, dass er ein Fischerboot besessen hatte, womit er hauptsächlich Sardinen gefangen hatte. Es wurde von Geschossen getroffen, als es neben den Zivilschutzeinrichtungen ankerte, die am 27. Dezember bei Luftangriffen getroffen wurden und wurde zur Hälfte zerstört. Ein anderes kleines Boot wurde ebenfalls mit dessen Netzen zerstört. Zerstört wurde außerdem das Haus der Familie; der Fischer war schon seit Beginn der Militäroperationen im Dezember ohne Arbeit. Allerdings war seine Arbeit als Fischer schon vorher insofern beeinträchtigt gewesen, als die israelische Regierung das Fischereigebiet auf sechs Seemeilen beschränkt, und es dann weiter auf nur drei Seemeilen reduziert hatte.[608]

1232. Die andauernde Blockade macht den Wiederaufbau der zerstörten wirtschaftlichen Infrastruktur unmöglich. Nicht nur ist die Einfuhr von Baustoffen weiterhin verboten, sondern auch die Energieversorgung ungenügend und unregelmäßig. Zudem gibt es aufgrund der zerstörten örtlichen Kaufkraft für viele Produkte keine ausreichende Nachfrage auf dem Markt.

1233. Der Export ist ebenfalls – abgesehen von einigen Wagenladungen Blumen, die zwischen Januar und März 2009 die Grenze passierten – weiterhin verboten. Ohne Exportmärkte haben verschiedene örtliche Hersteller keinerlei Perspektiven, so dass Beschäftigung und Existenzen weiterhin prekär und eingeschränkt sein werden. Ein Erdbeerbauer, Vorsitzender des Erdberbauerverbands (Association of Strawberry Farmers) mit Sitz in Beit Lahia, erklärte, dass er vor den Kriegshandlungen bis zu 2000 Tonnen Erdbeeren nach Europa exportierte. Hunderte Dunum Land wurden während der Kriegshandlungen ebenso zerstört wie 300 Gewächshäuser und 2000 Morgen Zitronenbaumwälder. Hierdurch war der europäische Markt für ihre Produkte verloren.[609]

607 Öffentliche Anhörungen, Gaza, 29. Juni 2009
608 Gespräch mit der Kommission, Gaza, 3. Juni 2009
609 Gespräch mit der Kommission, Gaza, 3. Juni 2009

1234. Die Verfügbarkeit von Nahrungsmitteln im Gaza-Streifen richtet sich nach der über die Grenzübergänge importierten Menge sowie danach, wieviel lokal produziert wird. Die Kommission erhielt glaubhafte Informationen, wonach bereits während der den Kriegshandlungen vorangehenden Monate beide genannte Nahrungsquellen unter den von Israel auferlegten starken Beschränkungen litten.

1235. Die Schließung des Förderbandes für Getreide von Karni, des einzigen Mechanismus zur Einfuhr von Weizen, während des Monats Dezember, führte zur Erschöpfung der Weizenvorräte, wodurch sechs Mühlen im Gaza-Streifen gezwungen waren, ihren Betrieb einzustellen oder einzuschränken. Die el-Bader-Getreidemühle war offenbar die einzige, die weitermachte, da ihre Eigentümer einen großen Weizenvorrat vorgehalten hatten; sie wurde jedoch später bombardiert und zerstört (siehe 13. Kapitel). Zunächst kam weiterhin etwa ein Drittel der früheren Lastwagenmengen Weizen durch den grenzübergang Kerem Shalom. Die Blockade wurde nach den Konfrontationen im November 2008 verstärkt , was die Nahrungsmittelhilfe der UNO weiter einschränkte. Am 18. Dezember sah sich UNRWA gezwungen, sein Nahrungsmittelverteilungsprogramm für Tausende Familien einzustellen, da seine Vorräte erschöpft waren. Es musste ebenfalls den Umfang seiner sog. „*cash for work*" – (Bargeld gegen Arbeit) Programme reduzieren, da ihm die Banknoten ausgingen.

1236. Spätestens im Dezember 2008 war die Nahrungsmittelunsicherheit im Anstieg. Unter „Nahrungsmittelsicherheit" versteht man die Möglichkeit einer jeden Person, jederzeit Zugang zu ausreichender und angemessener Nahrung zu haben. Die Kommission erhielt Informationen, wonach der Anstieg der Nahrungsmittelunsicherheit verursacht wurde durch sinkende Einkommen, beeinträchtigte Existenzen und gestiegene Nahrungsmittelpreise. Einige Nahrungsmittel waren außerdem auf den örtlichen Märkten nicht verfügbar. Dies führte dazu, dass der durchschnittliche Haushalt in Gaza zwei Drittel seines Einkommens für Nahrung ausgab.[610] Die Menschen mussten sowohl die

610 „Gaza humanitarian situation report: the impact."

Menge wie auch die Qualität der von ihnen verzehrten Nahrungsmittel reduzieren, was zu einer Ernährung auf der Grundlage von billigen und kalorienreichen Cerealien, Zucker und Öl führte.

1237. Veränderte Ernährungsgewohnheiten werden wahrscheinlich die Gesundheit und die Ernährung der Bevölkerung langfristig beeinträchtigen. Nach Angaben des WHO-Büros in Gaza gibt es Anzeichen chronischer Mikronährstoffmängel in der Bevölkerung, insbesondere unter Kindern. Eines der beunruhigendsten Anzeichen ist die hohe Prävalenz des Kleinwuchses unter 6-16jährigen Kindern (7,2%), wobei die Häufigkeit von Untergewicht in dieser Gruppe im Jahr 2008 3,4% betrug (der WHO-Standard liegt bei 5%). Das Vorkommen von Anämie ist alarmierend: 66% im Durchschnitt unter 9-12 Monate alten Säuglingen (wobei die Häufigkeit für Mädchen mit 69% höher ist). Im Durchschnitt leiden 35% der Schwangeren unter Anämie[611].

1238. Während der Kriegshandlungen sanken Verfügbarkeit und Qualität frischer Nahrungsmittel: Die örtliche Produktion wurde während der Kämpfe eingestellt, wodurch örtliche Erzeugnisse verdarben. Herr Muhammad Husein al-Atar, Bürgermeister von Al-Atatra, berichtete der Kommission, wie landwirtschaftliche Flächen in seiner Nachbarschaft vernichtet wurden. Der Ort befindet sich nahe der israelischen Grenze und 95% der Arbeitsplätze sind mit der Landwirtschaft verbunden. Militärische Vorstöße durch Israel – mit Zerstörungen, auch mittels Planierraupe – hatten seit 2000 immer wieder stattgefunden. Im Ergebnis stand auf 50.000 Morgen Land kein einziger Baum mehr und 10 bis 15 Bauern waren jedes Jahr während der vorangegangenen neun Jahre getötet worden. Während der Kriegshandlungen von Dezember bis Januar wurde der Landstrich aus der Luft, aus dem Wasser und vom Land aus bombardiert. Er selbst verlor drei (industrielle) Kühlanlagen jeweils mit einer Lagerungskapazität von beispielsweise 600 Tonnen Gemüse. Die Hühnerfarmen seiner Schwester wurden – mit 70.000 lebenden Hühnern – ebenfalls zerstört (siehe 13. Kapitel)[612].

611 Ernährungskennzahlen für 2008 und 2009, der Kommission vorgelegt vom WHO-Büro in Gaza

612 Gespräch mit der Kommission, 3. Juni 2009

1239. Die Zerstörung von Land und Gewächshäusern beeinflusst die Verfügbarkeit von frischen Nahrungsmitteln im Gaza-Streifen und, somit auch die Gesamtzufuhr von Vitaminen und Mineralstoffen an die Bevölkerung. Im Auftrag der Kommission gefertigte Satellitenfotos zeigen, dass im gesamten Gaza-Streifen etwa 187 Gewächshäuser entweder zerstört oder schwer beschädigt wurden, insgesamt etwa 30,2 Hektare. Von allen zerstörten Gewächshäusern befanden sich 68,6 Prozent in den Regierungsbezirken Gaza und Nordgaza und 85,4% wurden während der letzten Woche der Kriegshandlungen zerstört. Satellitenbilder liefern auch starke Indizien dafür, dass Panzer bzw. schwere Fahrzeuge wahrscheinlich den größten Teil des Schadens verursacht haben.[613]

1240. Obwohl nach Beginn der Kriegshandlungen größere Mengen Nahrungsmittel nach Gaza durchgelassen wurden und etwa 60 bis 80% der Wagenladungen ausmachten, gab es wenig Weizenmehl. Der Grund dafür dürfte in der von den im Dezember verhängten verschärften Beschränkungen bedingten fast vollständigen Erschöpfung der örtlichen Vorräte gelegen haben. Nachdem der Waffenstillstand durch die Konfliktparteien erklärt worden war, blieb der Zugang zu Nahrungsmitteln für die meisten Menschen problematisch aufgrund der Preiserhöhungen und eines Mangels an Einkommen und Geldscheinen. Es wurde berichtet, dass die Kriegshandlungen die Nahrungsmittelunsicherheit erhöhten, wodurch bis zu 75% der Bevölkerung betroffen waren.[614]

1241. In einer ersten Einschätzung kamen die FAO und das World Food Programme (WFP) zu dem Ergebnis, dass die Verfügbarkeit von Nahrungsmitteln zwar im Prinzip auf dem gleichen Stand war wie vor den Kriegshandlungen, dass jedoch die Zufuhr von frischen Nahrungsmitteln in der unmittelbaren Zukunft aufgrund der großangelegten Zerstörungen eher noch weiter abnehmen würde. Die Preise blieben sehr hoch und manche Produkte waren – wie Huhn, Eier und Fleisch – unerschwinglich und standen damit im Ergebnis nicht zur Verfügung. Tatsächlich blieben die schweren Zugangsprobleme bestehen, ja verstärkten sich trotz der von der UNO und

613 Satellitenbilder der UNOSAT, S. 23. Siehe auch 13. Kapitel
614 OCHA, The Humanitarian Monitor, Nr. 33 (Januar 2009)

Hilfsorganisationen gewährten Nahrungsmittelhilfe aufgrund der Vernichtung von Einkommen und Lebensgrundlagen der Bevölkerung[615].

C. Unterkunft

1242. Die Zahlen betreffend den Gesamtschaden an Wohnhäusern variieren je nach Quelle, Zeitpunkt der Feststellung und Feststellungsmethode. Die Menschenrechts-NGO Al Mezan berichtet, dass insgesamt 11.135 Wohnungen oder Häuser teilweise oder vollständig zerstört wurden.[616] Der Menschenrechts-NGO Al-Dameer-Gaza zufolge wurden 2.011 zivile und kulturelle Objekte zerstört, 1.404 davon vollständig und 453 teilweise.[617] In einer vom UNDP unmittelbar nach Abschluss der Kriegshandlungen durchgeführten Untersuchung heißt es, dass 3.354 Häuser komplett zerstört und 11.112 teilweise beschädigt wurden.[618] Die Zerstörung war viel schlimmer im Norden, wo 65% der Häuser komplett zerstört wurden. Als Folge der Zerstörung mussten mehr als 600 Tonnen Schutt beseitigt werden, mit den damit verbundenen Kosten und Auwirkungen auf die Umwelt und die öffentliche Gesundheit. Informationen, die der Kommission zur Verfügung gestellt wurden, zeigten, dass ein Großteil der Bauwerke in Gaza erhebliche Mengen an Asbest enthielt, dessen Partikel zum Zeitpunkt der Zerstörung oder Beseitigung entweder bereits in die Luft gelangt waren oder noch gelangen konnten. Die aus Flüchtlingen bestehende Bevölkerung konzentrierte sich im Norden und die Zerstörung von Wohnraum scheint diesen Bevölkerungsteil besonders getroffen zu haben.

---

615 *FAO* und *WFP*, „Bericht über die Einschätzung der Sicherheit von schnellem Notfall-Qualitätsessen – Gaza-Streifen", 24. Februar 2009

616 *Al Mezan Center for Human Rights*, „Die Offensive gegossenes Blei in Zahlen".

617 *Al-Dameer Gaza*, „IOF zielt auf zivile Gebäude und kulturelle Einrichtungen während ihres Angriffs auf den Gaza-Streifen", Mai 2009

618 *The Humanitarian Monitor*, No. 33, S. 7. Eine ähnliche Zahl wurde von der palästinensischen Regierung in ihrer Antwort auf die Fragen der Kommission präsentiert, 5. August 2009

1243. Durch die Zerstörung oder Beschädigung ihrer Wohnungen sahen sich viele Menschen zur Flucht gezwungen und mussten bei Verwandten oder Hilfsorganisationen wie UNRWA Zuflucht suchen. Auf dem Höhepunkt der Kriegshandlungen gewährte UNRWA 50.896 Personen Unterkunft in 50 Schutzräumen. Diese Flüchtlingszahl stellte nach Schätzungen lediglich einen Bruchteil derjenigen dar, die obdachlos geworden waren, von denen der größte Teil bei Verwandten vorübergehend unterkam. Die Kommission wurde darüber informiert, dass diese Situation eine extreme Härte für diejenigen Personen bedeutete, die bereits zuvor verschlechterte und eingeschränkte Wohn-, Sanitär- und Wasserressourcen bzw. –einrichtungen jetzt auch noch teilen mussten. Die Kommission konnte mit den eigenen Augen konstatieren, dass Menschen sechs Monate nach dem Ende der Kriegshandlungen immer noch in Zelten leben.

1244. Kinder und Frauen waren von der durch die Zerstörung von Wohnungen und die Obdachlosigkeit verursachten Härte besonders betroffen. Die Organisation Housing and Land Rights Network – Habitat International Coalition berichtete, dass „von denjenigen, die gezwungen waren, nach der Beschädigung bzw. Zerstörung ihrer Häuser durch das Militär Zuflucht zu suchen, mehr als die Hälfte Kinder waren. Zwar stellen Haushalte mit weiblichem Haushaltsvorstand nur einen relativ kleinen prozentualen Anteil der insgesamt betroffenen Familien dar (7%), ist ihre absolute Zahl, nämlich 763 Familien, erheblich.[619]

1245. Die Folgen der Zerstörung von Häusern und Wohnungen werden verstärkt aufgrund der erheblichen Zerstörung des Gazaer Baugewerbes während der Kriegshandlungen. Im 13. Kapitel beschrieb die Kommission die Zerstörung desAtta Abu Jubbah-Zementverpackungswerks, das einen wesentlichen Teil der Baustoffindustrie darstellte. Die Kommission erhielt auch Berichte über die Zerstörung von 19 Fabriken, (die 85% der Produktionskapazität von der Gazaer werke darstellten). Externe Lieferungen von Beton und an-

619 Schriftsatz der Housing and Land Rights Network – Habitat International Coalition an die Kommission, „Targeting shelters and shelter seekers during operation Cast Lead in the context of Israeli military practice“.

deren Baustoffen werden zur Gänze von Israel kontrolliert, das die Einfuhr von Zement nach Gaza untersagt hat. Die Tausende Familien, die ihre Unterkunft in Folge der Kriegshandlungen verloren haben, werden folglich jetzt mit der von Israel auferlegten Blockade daran gehindert, ihre Häuser und Wohnungen wieder aufzubauen.

D. Wasserversorgung und sanitäre Einrichtungen

1246. Die Kommission erhielt Schriftsätze, Aussagen und Informationen über die Auswirkungen der Blockade und der Kriegshandlungen auf die Lieferung von und den Zugang der Bevölkerung des Gaza-Streifens zu Wasser und Sanitäreinrichtungen[620]. Während der den Kriegshandlungen vorangehenden Monate waren die Wasserversorgung und sanitäre Einrichtungen bereits sehr angeschlagen. Das Fehlen von Baustoffen, Rohren und Ersatzteilen hatte den Bau von zusätzlicher Infrastruktur wie auch die ordnungsgemäße Instandhaltung bestehender Einrichtungen verhindert. Entsalzungsanlagen und Arbeiten zur Erhaltung der Wasserschicht mussten aufgeschoben werden. Im Dezember 2008 berichtete OCHA, dass die Leistungsminderung des Systems „eine erhebliche Gefährdung der öffentlichen Gesundheit" darstellt.[621] Häufige Unterbrechungen der Stromzufuhr, Kraftstoffmangel und das Fehlen von Ersatzteilen für Generatoren hat ebenfalls das Funktionieren der Wasserversorgung- und Sanitäranlagen beeinträchtigt.

1247. Im Dezember 2008 wurde berichtet, dass etwa 80% von Gazas Brunnen nur zum Teil funktionierten, der Rest war außer Betrieb. Dieser Umstand hatte bereits den Zugang der Bevölkerung zu Wasser beeinträchtigt: Mehr als die Hälfte der Bewohner von Gaza-Stadt hatte nur wenige Stunden pro Woche Zugang zu fließendem Wasser, wäh-

620 Schriftsatz des Centre on Housing Rights and Evictions (COHRE); Al Mezan Center for Human Rights, „The impact of the Israeli offensive on the right to water in the Gaza Strip", Februar 2009

621 „Gaza humanitarian situation report: the impact ..."

rend diejenigen, die in Gebäuden mit Wasserpumpen wohnten, viele Stunden damit zubrachten, Wasser anderweitig zu erhalten. 80% des in Gaza zugelieferten Wassers genügten nicht den WHO-Trinkwasserstandards – nicht zuletzt deshalb, weil es an Chlor zur Reinigung des Wassers fehlte. In der Folge bestand die Wahrscheinlichkeit erheblicher Gesundheitsgefahren. Andere Gefahren für die Gesundheit wurden erwartet wegen der Praxis, ungereinigte oder nur teilweise gereinigte Abwässer ins Meer zu leiten. Mehr als 70 Millionen Liter wurden täglich ins Meer abgeleitet, wodurch erhebliche Umweltschäden wie auch Gesundheitsrisiken für Menschen und Meereslebewesen verursacht wurden.

1248. Wie schon andere Bereiche, so verschlechterten die Kriegshandlungen auch die Lage des Wasserversorgungs- und Sanitärbereichs. Dienste und Infrastruktur, die schon zuvor zum Teil gelähmt waren oder dringend Wartung benötigten, erlitten noch mehr Zerstörung und Schaden. Das Gazaer Klärwerk wurde zwischen dem 3. und 10. Januar getroffen und einer der Abwasserteiche wurde stark beschädigt (siehe 13. Kapitel). Abwasserleitungen, die zur Anlage führten wie auch andere Leitungen in verschiedenen Teilen der Stadt wurden getroffen oder beschädigt. Bis zu 11 Brunnen, die Wasser zum menschlichen Gebrauch lieferten, wurden getroffen und drei davon wurden komplett zerstört.[622] Tausende Meter Wasser- und Abwasserkanäle bzw. –Systeme wurden zerstört oder beschädigt und etwa 5.700 Dachwassertanks zerstört und etwa 2.900 beschädigt.

1249. Ende Januar waren nur 70% von Gazas Brunnen (voll oder auch nur teilweise) in Betrieb, was jedenfalls eine 10%ige Reduzierung gegenüber der Zeit vor den Feindseligkeiten darstellt. Auf dem Höhepunkt der Kriegshandlungen hatten ca. 500 000 Palästinenser überhaupt keinen Zugang zu fließendem Wasser und der Rest erhielt Wasserzufuhr nur wenige Stunden pro Woche. Sanitär- und Wasseranlagen in öffentlichen Unterkünften waren stark überlastet und Rohabwasser lief in manchen Gegenden über Äcker und Straßen. Die Reparaturteams, welche die nötigsten Reparaturen vornehmen wollten,

---

622 „Damage assessment report ...“ Al Mezan berichtet, dass 122 Brunnen zerstört wurden, stellt aber klar, dass diese Zahl landwirtschaftliche Brunnen einschließt; Schriftsatz von COHRE an die Kommission

wurden am Zugang zu den Örtlichkeiten gehindert und mussten in den meisten Fällen warten, bis sich die israelischen Truppen zurückgezogen hatten. Die dringenden Reparaturen konnten wenn überhaupt nur provisorisch erledigt werden, da Baustoffe und Ausrüstungsgegenstände entweder knapp oder gar nicht vorhanden waren. Die Kommission erlebte mit eigenen Augen, wie unsolide diese Reparaturen sein konnten, als sie mit ansah, wie ein Abwasserrohr in der Nähe des Gazaer Klärwerks während einer Ortsbesichtigung explodierte.

E. Umwelt

1250. Die Kommission erhielt Hinweise und nahm auch die Bedenken von NGOs wie auch von Betroffenen in Gaza betreffend den drohenden Umweltschaden aufgrund von Munitionen und Munitionsresten. Diese Sorgen betreffen die Befürchtung, dass gefährliche Substanzen im Boden und Wasser von Teilen des Gaza-Streifens zurückgeblieben sein, dort für unbegrenzte Zeit verbleiben und so in die Nahrungskette gelangen oder sonst das Leben der Menschen gefährden könnten.

1251. Die Kommission war nicht in der Lage, diesen Bedenken weiter nachzugehen, weiß jedoch um eine Umweltverträglichkeitsstudie, die vom *UN-Umweltprogramm* (UNEP) im Gaza-Streifen durchgeführt wird. Vorläufige Ergebnisse von *UNEP* deuten an, dass die Umwelt im Gaza-Streifen durch die israelischen Kriegshandlungen von Dezember bis Januar ernsthaft beeinträchtigt wurde. Vor allem enthält das Grundwasser in Gaza hohe Mengen an Nitrat, welche die WHO-Grenzwerte übersteigen und somit Kleinkinder der Gefahr einer Nitratvergiftung aussetzen.

1252. Als die israelische Offensive begann, war die Leistungsfähigkeit des Gesundheitswesens im Gaza-Streifen bereits durch die Blockade vermindert. Während Krankenhäuser und Kliniken weiter arbeiteten, verminderten sich Leistungsqualität und Zugänglichkeit mehr und mehr. Die unzulängliche und unzuverlässige Stromzufuhr verursachte Fehlfunktionen von technischen Geräten selbst dann, wenn das Personal auf Generatoren zurückgreifen konnte. Stromsperren und Wasserverunreinigungen beschädigten die Geräte und verursachten so zusätzliche Gesundheitsgefahren. Mangelnde Wartung und Ersatzteile, die nicht über die Grenzübergänge gelassen wurden, komplizierten die Lage zusätzlich. Außerdem behinderte das Fehlen von Baustoffen und Inputs den Aufbau von zusätzlichen Einrichtungen und erforderlicher Infrastruktur.

1253. Streitigkeiten zwischen der palästinensischen Autonomiebehörde in Ramallah und den Gazaer Behörden, sollen ebenfalls Quantität und Qualität der Leistungen beeinflusst haben. Das Gesundheitsministerium in Ramallah war für die Lieferung von Medikamenten nach Gaza seit September 2008 zuständig, es wurde jedoch berichtet, dass nur wenige Lastwagen mit Medikamenten den Gaza-Streifen nach diesem Zeitpunkt tatsächlich erreichten, was zu gravierenden Versorgungsengpässen betreffend 20% der wichtigsten Medikamente führte. Die Überweisung von Patienten, die fachärztliche Behandlungen im Ausland benötigten (z.B. in Israel, Jordanien oder Ägypten), war ebenfalls schon beeinträchtigt durch die Blockade, die im Jahr 2007 begann. Vor diesem Zeitpunkt wurden nur etwa 9% der Patienten, welche die Grenze passieren wollten, zurückgewiesen oder verzögert durchgelassen, dieser Prozentsatz erreichte jedoch 22% im September 2008.[623]

1254. Das angeschlagene Gesundheitswesen war schon in ernsthaften Schwierigkeiten, als die Kriegshandlungen am 28. Dezember begannen: Krankenhäuser und Gesundheitszentren des Gesundheitsministeriums arbeiteten auf Notfallbasis unter äußerst schwierigen

623 WHO-Bericht..; „Gaza humanitarian situation report: the impact …"

Bedingungen mit begrenzten Ressourcen. Dennoch reagierten sie wirksam auf die Krise. Dringende medizinische Eingriffe zur Behandlung kritischer Verletzungen mussten unter schwierigen Bedingungen durchgeführt werden. Von den 5.380 vom Ministerium gemeldeten Verletzten wurden 40% von den Hauptkrankenhäusern aufgenommen; weil jedoch die Patienten so schnell wie möglich entlassen wurden, um Betten und Personal freizubekommen, gab es die Befürchtung, dass manche Verletzungen (z.B. Verbrennungen und postoperative Erscheinungen) mangels ausreichender Nachsorge zu Komplikationen führen könnten. Manche Verletzungen werden zu bleibenden Behinderungen führen (siehe auch Abschnitt G, unten).

1255. Sanitätseinrichtungen und Personal wurden während der Kämpfe gezielt angegriffen. 17 Mitglieder des medizinischen Personals wurden getötet und 26 verletzt. Insgesamt wurden 29 Krankenwagen durch Bomben beschädigt oder zerstört oder durch gepanzerte Fahrzeuge zermalmt und 48% der 122 Gesundheitseinrichtungen von Gaza wurden direkt oder indirekt von Bomben oder Granaten getroffen. Medizinische Hilfe und Rettung wurden in vielen Fällen ebenfalls vorsätzlich behindert.

1256. OCHA berichtete, dass Sanitätsbedarf, einschließlich Medikamenten und Geräte, inmitten der Kämpfe im Januar in größeren Mengen in den Gaza-Streifen durchgelassen wurden. Jedoch verhinderten logistische Schwierigkeiten und der Umstand, dass viele Medikamente ein sehr kurzes Ablaufdatum hatten, dass das medizinische Personal diese größeren Mengen auch zum Nutzen der Patienten einsetzen konnte. Letztlich wurde die Lage von Patienten mit chronischen Krankheiten wie Herz- und Nierenbeschwerden besorgniserregend, weil Patienten mit kritischen, lebensbedrohlichen Verletzungen, die sofortige Behandlung benötigten, Vorrang eingeräumt wurde.[624]

1257. Die Zerstörung von Klärwerken und Leitungen zusammen mit dem Fehlen von Material zur Reinigung hatte Folgen für die öffentliche Gesundheit. Tausende Liter Rohabwasser, das sich auf Äcker oder ins Meer ergossen hatte, schuf eine potentielle Gesundheitsgefahr. Die Kommission erhielt Informationen über aktuelle epidemiolo-

---

624 The Humanitarian Monitor, Nr. 33

gische Untersuchungen von Wasserproben. Die Proben waren aus allen Wassersystemen und Brunnen entnommen worden, insbesondere aus Gegenden, die während der Kriegshandlungen angegriffen wurden, um das Vorhandensein mikrobiologischer Verunreinigungen festzustellen. Informationen über wasserbedingte Durchfallerkrankungen von Kindern unter drei Jahren, die sich in Einrichtungen des UNRWA aufhielten, wurden im Januar und Februar wöchentlich gesammelt. Die Analysen zeigten eine Steigerung von 18% zwischen dem 19. Januar und dem 8. Februar. Gleichzeitig waren 14% der Wasserproben, die im Februar gesammelt wurden, mit mikrobiologischen Substanzen verunreinigt. Auch nahmen die Durchfallerkrankungen bestätigtermaßen in denjenigen Gegenden zu, in welchen das Wasser verunreinigt war.[625]

1258. Die WHO nannte außerdem die vorläufigen Ergebnisse der anfänglichen Probeuntersuchungen in Gaza, die zeigten, dass „ein großer Teil des Schutts mit Asbest verseucht ist; durch die Beschädigung der Abfallwirtschaft wurde die Wasserschicht kontaminiert; das System zur Beseitigung der Krankenhausabfälle war komplett zusammengebrochen, wodurch diese Abfälle in den Hausmüll gelangten. Untersuchungsergebnisse betreffend Schwermetallkontaminationen sind noch nicht abgeschlossen“.[626]Die Kommission untersuchte gleichfalls und bestätigte insofern Behauptungen über den Einsatz von Waffen, deren potentielle Langzeitwirkungen für die Gesundheit der einzelnen Opfer besorgniserregend ist. Dies betrifft auch Behauptungen, wonach Waffen benutzt wurden, die chemische Giftstoffe wie Wolfram und weißen Phosphor enthalten (siehe auch 12. Kapitel).[627]

1259. Die Lebensbedingungen unter israelischer Besatzung vor 2005, zusammen mit Armut und den Schwierigkeiten, die durch die Blockade verursacht wurden, hatten bereits die seelische Gesundheit der örtlichen Bevölkerung erheblich beeinträchtigt. Durch die drei Wochen langen intensiven Bombardements und militärische Bodenangriffe kamen noch weitere schwere psychische Traumata hinzu, die

625 WHO, „Quality of water in the Gaza Strip“, März 2009
626 WHO-Bericht, S. 29
627 Untersuchungsbericht von Physicians for Human Rights-Israel , S. 75-76

bei Kindern besonders auffällig sind. Laut Dr. Iyad al Sarraj vom Gaza Community Mental Health Programme, leiden mehr als 20% der palästinensischen Kinder in Gaza unter posttraumatischem Belastungssyndrom, dessen Symptome „sich in den kommenden Tagen, Monaten, Jahren oder auch erst Jahrzehnten manifestieren werden“.[628]

1260. Eine Besonderheit dieses Konflikts, nämlich, der Umstand, dass die Bevölkerung aus den Konfliktzonen nicht fliehen konnte und keinen Unterschlupf oder sichere Zuflucht hatte, wo sie sich verstecken und schützen konnte, verstärkte das Gefühl, in einer Falle zu stecken, hilflos und verletzbar weiteren Angriffen unentrinnbar ausgesetzt zu sein.[629] Viele derjenigen, die sich mit der Kommission trafen, sagten, dass sie sich terrorisiert fühlten.

1261. Nach Angaben von Dr. Ahmad Abu Tawahina haben psychosomatische Störungen einen besonders gravierenden Einfluss auf die palästinensische Gesellschaft, in der seelische Leiden häufig gesellschaftlich stigmatisiert werden. Deshalb fällt es den Menschen generell schwer, ihren psychischen Problemen Ausdruck zu verleihen. Diese Situation manifestiert sich oft in Form wiederkehrender psychosomatischer Symptome wie Migräne, Gliedmaßen- und Muskelschmerzen, allgemeiner Müdigkeit und der Unfähigkeit, selbst alltägliche Aktivitäten durchzuführen. Die meisten dieser Patienten werden nicht an Psychologen überwiesen, sondern an Allgemeinmediziner, die Medikamente zur Linderung der Symptome, nicht aber zur Beseitigung der Ursachen verschreiben. Dies wiederum hat ein ernsthaftes Drogenabhängigkeitsproblem ausgelöst.[630]

1262. Das Gefühl der Geborgenheit, das aus dem Leben in einer unterstützenden und sicheren Umgebung entsteht, war bereits über die Jahre durch ständige Angriffe und militärische Konfrontationen erodiert und wurde nun weiter unterminiert durch die direkte Gewalterfahrung und/oder das Miterleben von Gewalt gegen Verwandte.

---

628 Öffentliche Anhörung, Gaza, 29. Juni 2009

629 WHO-Bericht, S. 12

630 Dr. Ahmed Abu Tawahina, Gaza Community Mental Health Programme, öffentliche Anhörung, Gaza, 29. Juni 2009, abrufbar unter; http://www.un.org/webcast/unhrc/archive.asp?go=090629

Die großflächige Zerstörung, die Vertreibung, die Unmöglichkeit, irgendwo einen sicheren Ort zu finden, zusammen mit der unmittelbaren Bedrohung des eigenen Lebens werden weiterhin ernsthafte Auswirkungen auf die Bevölkerung haben. Die allgemeine Situation der Bewohner des Gaza-Streifens wurde als eine Form der Entfremdung bezeichnet.[631]

1263. Viele der Probleme der seelischen Gesundheit sind das Resultat von Jahren des Konflikts, des Lebens in Armut, Kargheit und örtlicher Instabilität und werden vermutlich andauern, bis die grundlegenden Ursachen beseitigt sind. Menschen, insbesondere Kinder, leben oder wachsen auf in einer Gesellschaft unter Besatzung, mit ununterbrochenen Episoden der Gewalt und keinerlei Gefühl von Sicherheit oder Normalität.

1264. Die Situation wird weiter erschwert durch die relative Knappheit an qualifiziertem Personal und nicht ausreichenden Einrichtungen. Das Gaza Community Mental Health Programme hat nur etwa 40 Beschäftigte, die auf seelische Leiden spezialisiert sind, Ärzte, Sozialwissenschaftler, Pflegepersonal und Psychologen eingeschlossen. Laut *Dr. al-Sarraj* reicht diese Anzahl nicht aus, um auch nur den Bedarf für den Distrikt *Gaza-Stadt* abzudecken, obwohl für die gesamte Bevölkerung des Gaza-Streifens ein Team von 300 Spezialisten vonnöten wäre.[632]

1265. Während der vergangenen zwei Jahrzehnte haben das Gaza Community Mental Health Programme und andere daran gearbeitet, die Resilienz der Menschen zu stärken. Sie berichteten der Kommission, dass die jüngsten Kriegshandlungen das Erreichte zunichte gemacht haben. Menschen, die einen schweren Verlust erlitten haben, lösen sich auch von der Realität, ein Phänomen, das „Dumpfheit" genannt wird. Nach Angaben von Dr. Tawahina geht das allgemeine Empfinden der meisten Menschen in Gaza dahin, dass sie von der internationalen Gemeinschaft vollständig sich selbst überlassen wurden. Dieses Gefühl des Verlassenseins wiederum verstärkt ihr Gefühl

---

631 a.a.O.

632 Dr. Iyad al-Sarraj, öffentliche Anhörung, Gaza, 29. Juni 2009, abrufbar unter: http://www.un.org/webcast/unhcr/archive.asp?go=090629

der Frustration, was weiteren Schmerz verursacht und endlich zu mehr Gewalt und Extremismus führt. Das Gaza Community Mental Health Programme untersuchte die Einstellung von Kindern zu Gewalt und fand heraus, dass, infolge der Lage und besonders dann, wenn Kinder ihre Eltern – und mit ihnen ihren Schutz und das mit ihnen verbundene Gefühl der Geborgenheit – verloren hatten sie dazu tendierten, „Martyrer" und Mitglieder bewaffneter Gruppierungen als erwachsene Ersatz-Vorbilder zu betrachten.[633]

1266. Eine Studie, die vom United Nations Development Fund for Women (UNIFEM) durchgeführt wurde, fand heraus, dass auch Männer nach den Kriegshandlungen im Dezember und Januar verstärkt Symptome von psychischem Trauma zeigten. Auf der Grundlage von Sachverständigengutachten ist die Kommission der Auffassung, dass dies zum Teil dem zusätzlichen Stress geschuldet sein könnte, den Männer als Familienoberhäupter in einer männerdominierten Gesellschaft verspüren, wenn sie nicht fähig sind, ihre Rolle als Hauptternährer zu erfüllen oder ihren Kindern, Ehefrauen und anderen Familienmitgliedern Schutz und Sicherheit zu gewähren.[634]

1267. Auf der Grundlage früherer Erfahrungen mit Notfällen erwartet die WHO, dass die Zahl der Menschen mit ernsthaften psychischen Störungen im Durchschnitt um 1% über die Grundlinie steigen wird und diejenige mit leichten oder mittelschweren Störungen um 5-10%, „vorausgesetzt, dass eine schützende Umgebung wiederhergestellt wird".[635]

G. Erziehung und Bildung

1268. Die Kommission erhielt Informationen über den Zustand des Bildungswesens im Gaza-Streifen. UNRWA betreibt eines der größ-

633 Treffen der Kommission mit dem Gaza community Mental Health Programme, 4. Juni 2009
634 UN, Voicing the Needs of Women and Men in Gaza, 2009, S. 32
635 WHO-Bericht, S. 13

ten Schulsysteme im Nahen Osten und ist seit fast fünf Jahrzehnten der Hauptanbieter von Grundbildung für palästinensische Flüchtlinge. Die Kommission war sehr beeindruckt von ihren Aktivitäten und Erfolgen. UNRWA betreibt 221 Schulen, während von der Regierung 383 betrieben werden. UNRWA-Schulen dienen auch als Träger von Gesundheitsüberwachungs- und Nahrungsprogrammen. Dass die Palästinenser über einen hohen Bildungsstand verfügen, ist weitgehend dieser Arbeit zu verdanken. Gerade deswegen war die Kommission schockiert zu erfahren, wie stark Bildungseinrichtungen und –aktivitäten im Gaza-Streifen in Folge der Blockade und der jüngsten Kriegshandlungen in Mitleidenschaft gezogen worden sind.

1269. Die Kommission erhielt Informationen und Aussagen, aus denen hervorgeht, dass das Bildungswesen auf verschiedene Weisen von den im Rahmen der Blockade auferlegten Einschränkungen beeinträchtigt wurde. Sämtliche Neubauarbeiten kamen wegen Baustoffmangels zum Stillstand. Auch Reparaturen an der Bildungsinfrastruktur mussten zurückgestellt werden. Rund 88% der UNRWA-Schulen und 82 Prozent der Regierungsschulen arbeiteten nach dem Schichtsystem, um der Nachfrage gerecht zu werden. Durch den Mangel an Unterrichtsmaterial und -zubehör sahen sich die Schulen an der Einhaltung pädagogischer Standards gehinder. Diese Situation führte zu einem Rückgang der Anwesenheitszahlen und der schulischen Leistungen bei den Regierungsschulen.[636]

1270. Das Grenzübertrittsverbot für Personen beeinträchtigte nicht nur Studenten bei der Planung bzw. Fortführung eines Studiums im Ausland, sondern hinderte auch Akademiker und Gelehrte daran, im Rahmen akademischer Austauschprogramme ins Ausland zu reisen. Zwischen Juli und September 2008 gelang es nur 70 Studenten, den Gaza-Streifen über den Grenzübergang Erez zu verlassen; Hunderte sahen ihr Streben nach einem Auslandsstuium vereitelt.

1271. Durch die Kriegshandlungen wurden mindestens 280 Schulen und Kindergärten zerstört oder beschädigt. Sechs davon lagen im Norden

636 UNRWA und die Association of International Development Agencies (AIDA), „The Gaza blockade: Children and education fact sheet".

Gazas und betrafen ca. 9.000 Schüler, die anderswo untergebracht werden mussten. Nach Angaben des Bildungsministeriums wurden 164 Schüler und 12 Lehrer während der Kriegshandlungen getötet. Weitere 454 Schüler und fünf Lehrer wurden verletzt. In UNRWA-Schulen wurden 86 Kinder und drei Lehrer getötet, 402 Kinder und 14 Lehrer wurden verwundet. Während der Kriegshandlungen wurden 44 UNRWA-Schulen als Notunterkünfte benutzt, um die mehr als 50.000 obdachlos gewordenen Personen unterzubringen.

1272. Die Schulen blieben während der Dauer der Feindseligkeiten generell geschlossen, wodurch der Lehrplan unterbrochen wurde. Nach dem Waffenstillstand war unklar, wie viele Schüler und Lehrer in die Schulen zurückkehrten; es sollen aber bis zu 90 Prozent in die UNRWA-Schulen zurückgekommen sein.[637] Kinder und Lehrer berichteten über Angst- und Traumazustände in Folge der extremen Gewalt, der sie ausgesetzt waren und des Verlustes von Verwandten und Freunden. Die Kommission hörte, dass dadurch, dass die Kriegshandlungen mit Luftangriffen zu einem Zeitpunkt begonnen wurden, zu dem die Schulen geöffnet waren, Kinder erhöhter Gefahr ausgesetzt und mit Angst und Panik erfüllt wurden. Schulen und Schulwege blieben gelegentlich unsicher auf Grund des Vorhandenseins explosiver Kriegsrückstände. Zwei palästinensische Kinder wurden durch solche Blindgänger in Zeytoun getötet, kurz nachdem der Waffenstillstand ausgerufen worden war. Die Kommission hörte Berichte, nach denen einige Kinder auf ihrem Schulweg von weißem Phosphor verletzt worden wären.

1273. Die Kommission nahm die an der Amerikanischen Schule vorgenommenen Zerstörung in Augenschein. Sie sah auch die Schäden, die durch die Zerstörungen an der Islamischen Universität und anderen zerstörten bzw. beschädigten Universitätsgebäuden verursacht wurden. Hierbei handelt es sich um zivile Objekte, die Bildungszwecken dienten. Der Kommission liegen keine Erkenntnisse vor, die eine etwaige Nutzung als militärische Einrichtung oder einen evtl. von ihnen geleisteten Beitrag zu militärischen Handlungen nahelegen und die sie somit aus der sicht der israelischen Streitkräfte zum legitimen Ziel h ätten machen können.

637 „The Humanitarian Monitor", Nr. 33

1274. Die Kommission wurde auch über Indoktrinierungsprogramme informiert, die angeblich von den Behörden in Gaza eingeführt worden waren, und über einen Prozess ideologischer und politischer Polarisierung. Solche Programme haben ein hohes Potential zur Verbreitung pädagogischer Modelle, die den Werten der Menschenrecht eund einer Kultur des Friedens und der Toleranz zuwiderlaufen. In dieser Hinsicht ist die Kommission der Meinung, dass Bemühungen, die Menschenrechte in die Lehrpläne einzubeziehen, von den zuständigen Behörden gefördert werden sollten.

H. Auswirkungen auf Frauen und Kinder

1275. Die Kommission wurde auf die besonderen Auswirkungen der Blockade-Politik und der Kriegshandlungen auf Frauen und Kinder aufmerksam gemacht. In dem Bericht der WHO wird auf Zahlen der PCHR verwiesen: Von 1.417 getöteten Personen waren 313 Kinder und 116 Frauen. Die WHO verweist auch auf Zahlen der israelischen Streitkräfte fest, nach denen 1.166 Personen getötet wurden, von denen 49 Frauen waren und 89 unter 16.[638]
Unter den 5.380 Verletzten waren 1.872 Kinder und 800 Frauen.[639] Die Kommission untersuchte viele Fälle, bei denen Frauen und Kinder durch willkürliche und wahllose Angriffe der israelischen Streitkräfte getötet wurden.[640] Die WHO berichtete auch, dass unter den vielen verletzten Personen, die die Grenze in Rafah passierten und in der zweiten Woche der Kriegshandlungen zur medizinischen Behandlung in Ägypten aufgenommen wurden, zehn Kinder mit einfacher Kopfschussverletzung und eines mit zweifacher Kopfschussverletzung waren.

1276. Die Kommission befragte eine Anzahl Frauen und Vertreterinnen von Frauenorganisationen und hörte die Aussage von Mariam

638 WHO-Bericht, S. 10
639 The Palestinian National Early Recovery and Reconstruction Plan …
640 Siehe 7., 10., 11. und 14. Kapitel

Zaqout von der Culture and Free Thought Association.[641] Sie erfuhr, dass die Blockade und die Kriegshandlungen die Armut verschlimmert hatten, wovon Frauen in besonderem Maße betroffen waren, die Nahrungsmittel und andere lebensnotwendige Artikel für ihre Familien auftreiben müssen. Frauen waren oft die einzigen Geldverdienerinnen (z.B., wenn männliche Familienmitglieder in Folge des Konflikts oder der Gewalt gestorben verwundet oder inhaftiert wurden), aber Arbeitsplätze waren schwer zu finden. Mehr als 300 Frauen waren in Folge der Kriegshandlungen verwitwet, und waren auf Nahrungsmittel- oder Sozialhilfe angewiesen. Außerdem trugen die Frauen eine größere soziale Last, weil sie das tägliche Leben zu bewältigen hatten, das durch die Krise härter geworden war; gleichzeitig mussten sie für die Sicherheit und Pflege verletzter Familienmitglieder und Kinder, und zwar sowohl ihrer eigenen wie auch anderer, die ihre Eltern verloren hatten, sorgen. Aufgrund dieser Verantwortung sahen sie sich häufig gezwungen, ihre eigenen Leiden zu verbergen, so dass ihren Sorgen nicht abgeholfen wurde.

1277. Während der gleichen Befragungen gaben die Teilnehmer an, dass Frauen durch die Zerstörung ihrer Wohnhäuser und die Verletzung ihrer Privatsphäre besonders belastet seien. Diese Härte wurde dadurch noch weiter verschärft, dass sie in Zelten ohne Schutz der Intimsphäre oder angemessene Sanitäranlagen leben mussten. Dazu haben die Kriegshandlungen die Beziehungen zwischen den Familienmitgliedern angespannt. Psychischer Druck auf Männer und Frauen führten in Verbindung mit finanziellen Schwierigkeiten zu familiären Streitigkeiten, familiärer Gewalt und Scheidungen. Zwischen Witwen und ihren Schwiegereltern kam es häufig zu Streitigeiten die Erziehung der Kinder und Erbfragen. Witwen gerieten auch unter vermehrten Druck, sich zur Sicherung des eigenen Lebensunterhalts wieder zu verheiraten. Infolgedessen suchten Frauen vermehrt rechtlichen Beistand, da ihre juristischen Probleme generell von den Unzulänglichkeiten der einschlägigen Vorschriften und der vergleichsweise wenigen Schutzvorschriften für die Rechte der Frau verschärft wurden.[642]

641 Öffentliche Anhörungen, Gaza, 29. Juni 200
642 Treffen mit Frauenorganisationen, 3. Juni 2009

1278. Der Grund, weshalb Frauen vom Konflikt besonders betroffen sind, wurde durch die Schilderung einer Frau aus der Familie Al-Samouni (siehe 11. Kapitel) gegenüber der Kommission dramatisch veranschaulicht: Sie hatte drei Kinder und war schwanger, als ihre Familie und ihr Haus unter Beschuss gerieten. Sie schilderte, wie die Kinder sich fürchteten und weinten. Gequält erzählte sie, dass ihr zehn Monate alter Säugling, den sie in den Armen trug, Hunger hatte, sie aber hatte nichts, was sie ihm zu essen geben könnte; und sie beschrieb, wie sie versuchte, ihn zu füttern, indem sie ein Stückchen Brot, das einzige, was sie zur Verfügung hatte, vorkaute und ihm zu essen gab. Es gelang ihr auch, eine halbe Tasse Wasser aus einer defekten Wasserleitung herauszuholen. Es waren da auch noch andere Säuglinge und ältere Kinder. Sie und ihre Schwester brachten sich in Gefahr, als sie Nahrung für diese suchten. Ihr Ehemann, ihre Mutter und ihre Schwester waren getötet worden, aber ihr gelang es zu entkommen. Ihr anderer Sohn wurde am Rücken verwundet, und sie trug beide aus dem Haus.[643]

1279. Viele Frauen fühlten sich hilflos und beschämt angesichts ihres Unvermögens, ihre Kinder zu schützen und für sie zu sorgen. Andere fühlten sich frustriert, in ihrer Privatsphäre verletzt, und machtlos, wenn ihre Häuser und ihr Eigentum zerstört oder verwüstet wurden. Diese Gefühle trugen zu ihrem psychischen Leiden bei.[644]

1280. Eine Studie der UNFPA, die sofort nach den Kriegshandlungen im Dezember und Januar durchgeführt wurde, berichtete von einer 40%igen Zunahme von Fehlgeburten in den Entbindungsstationen, eine 50%ige Zunahme der Neugeborenensterblichkeit, vermehrte obstetrische Komplikationen sowie vereinzelte Berichte über Todesfälle und gesundheitliche Komplikationen, die bei Schwangeren aufgetreten waren, die nicht in der Lage waren, das zur Entbindung Krankenhaus zu erreichen.[645] Frauen, die im Zusammenhang mit

643 Befragung von Frau Massouda Sobhia al-Samouni durch die Kommission, Gaza, 3. Juni 2009

644 Culture and Free Thought Association und UNFPA, „Gaza crisis: Psychosocial consequences for women, youth and men“, Executive Summary), 27. April 2009, S.3

645 UNFPA: „Gaza crisis: impact on reproductive health, especially maternal and newborn health and obstetric care“, Berichtsentwurf, 10. Februar 2009

einer anderen UNFPA-Studie befragt worden waren, brachten ihre extremen Ängste um sich selbst und um ihre Angehörigen zum Ausdruck. Damit einhergehende Symptome sind Ängstlichkeit, Panikanfälle, Unsicherheit, Schlaf- und Essstörungen, Depressionen, Traurigkeit und Angst vor einem plötzlichen Tod.[646]

1281. Erwachsene und Kinder wiesen Anzeichen tiefer Depression auf; Kinder litten an Schlaflosigkeit und Bettnässen. Zahlreiche Aussagen, die gegenüber der Kommission gemacht wurden, betonen die Anwesenheit von Kindern in Situationen, in denen Häuser von israelischen Soldaten durchsucht oder gewaltsam besetzt wurden und in denen Menschen getötet wurden.[647] Die Kommission hörte die Aussage einer Mutter, deren Kinder (zwischen 3 und 16 Jahren) mit ansehen mussten, wie man ihren Vater in ihrem eigenen Haus tötete. Während israelische Soldaten ihre Mutter und ihren Onkel eindringlich befragten und ihr Haus verwüsteten, fragten die Kinder ihre Mutter, ob man auch sie töten werde. Der Mutter fiel kein einziger Trost ein als ihnen zu sagen, sie sollen die Shehada – das Gebet, das man im Angesicht des Todes spricht – beten.[648] Kinder mussten in improvisierten Schutzräume in UNO-Einrichtungen leben und das Trauma der Obdachlosigkeit ebenso aushalten wie die Gefühle der Angst, die von den militärischen Angriffen ausgelöst wurden und der tiefen Unsicherheit, die dadurch ausgelöst wurde, dass sie in ihrem eigenen Zuhause angegriffen wurden, oder in einem Schutzraum, von dem erwartet worden war, dass er sicher sei. Bei ihren Besuchen hat die Kommission viele Kinder gesehen, die mit ihren Familien in den Trümmern ihrer Häuser oder in improvisierten Unterkünften lebten. Die Traumata der Kinder, die Gewalt und oft die Tötung ihrer eigenen Familienmitglieder miterlebt haben, werden ohne Zweifel lange anhalten. Frau Massouda Sobhia al-Samouni erzählte der Kommission, dass ihr Sohn immer noch traumatisiert sei. Er steckt sich immer noch Münzen in den Mund, und wenn sie

---

646 Culture and Free Thought Association, „Gaza crisis: Psycho-social consequences for women“, executive summary, 8. Februar 2009

647 Siehe z.B. 10. und 11. Kapitel. Siehe auch die Aussage von Frau Abir Hajji bei der öffentlichen Anhörung, Gaza, 6. Juni 2009, wo sie davon erzählte, wie ihr Ehemann in der Gegenwart ihrer Kinder getötet wurde.

648 Befragung von Frau Abir Hajji durch die Kommission, Gaza, 3. Juni 2009; Frau Hajji nahm auch an den öffentlichen Anhörungen teil, Gaza, 28. – 29. Juni 2009

ihm sagt, dass das gefährlich sei und er sterben könnte, wenn er nicht damit aufhöre, antwortet er, er wolle zu seinem Vater.

1282. Etwa 30% der in UNRWA-Schulen eingeschriebenen Kinder hatten psychische Probleme. Dabei hatten rund 10 Prozent der Kinder Verwandte oder Freunde oder ihre Wohnungen und Habseligkeiten verloren. WHO schätzte, dass ca. 30.000 Kinder eine dauerhafte psychologische Betreuung benötigen würden und warnte vor der Möglichkeit, dass viele von ihnen mit aggressiven Einstellungen und Hassgefühlen aufwachsen.[649]

I. Personen mit Behinderungen

1283. Nach den der Kommission vorliegenden Erkenntnissen werden viele von jenen, die während der israelischen Kriegshandlungen verletzt wurden, wegen ihrer schweren Verletzungen bzw. des Mangels an rechtzeitiger ärztlicher Versorgung und Rehabilitation unter bleibenden Behinderungen leiden . Berichten zufolge mussten Patienten aus den Gazazer Krankenhäusern von Gaza frühzeitig entlassen werden, um eingehende Notfälle aufnehmen zu können. Andere Fälle endeten mit Amputationen oder Entstellungen. Es wird damit gerechnet, dass ungefähr 30% der Patienten langfristige Behinderungen haben werden.[650]

1284. Die WHO berichtete, dass bis Mitte April 2009 die Zahl der Menschen mit bleibenden Behinderungen verschiedenerlei Arten (z.B. Gehirnverletzungen, Amputationen, Wirbelsäulenverletzungen, Gehörschäden, psychische Probleme) in Folge der Kriegshandlungen noch nicht bekannt war. Sie berichtete von Vermutungen, nach denen es einige Tausend Amputierter gäbe; Aus Informationen des WHO-Büros in Gaza, die sich auf Schätzungen von Handicap In-

649 WHO-Bericht, S. 13
650 „The Humanitarian Report", Nr. 33

ternational stützen, geht hervor, dass etwa 200 Personen amputiert werden mussten.[651]

1285. Obwohl die genaue Zahl der Menschen, die an bleibenden Behinderungen leiden, noch unbekannt ist, nimmt die Kommission an, dass viele Personen, die während des Konflikts traumatisierende Verletzungen erlitten haben, das Risiko einer dauernden Behinderung fürchten aufgrund von Komplikationen und unzureichender Nachbehandlung und physiotherapeutischer Rehabilitation.[652]

1286. Die Kommission hat auch ergreifende Darstellungen von Familien mit behinderten Verwandten gehört, deren Behinderung ihre Evakuierung aus einem gefährlichen Bereich verlangsamt hatte, oder die sich in ständiger Angst befanden, dass ihre Familien sie im Notfall zurücklassen müssten, weil es zu schwierig wäre, sie zu evakuieren.

1287. In einer Aussage wurde von einer Person berichtet, deren elektrischer Rollstuhl verloren ging, nachdem sein Haus gezielt angegriffen und zerstört worden war. Da die Bewohner nur vor dem bevorstehenden Angriff nur sehr kurzfristig gewarnt worden waren, konnte der Rollstuhl nicht geborgen werden, und die Person musste von vier anderen auf einem Plastiksessel an einen sicheren Ort getragen werden.

1288. Die Kommission hörte den Bericht über eine schwangere Frau, die ein israelischer Soldat aufgefordert hatte, ihr Haus mit ihren Kindern zu verlassen, aber das geistig behinderte Kind zurückzulassen, was sie verweigerte.

1289. Auch in der relativen Sicherheit der Schutzräume erlitten Menschen mit Behinderungen weiterhin zusätzliche Härten, weil diese Schutzräume nicht für ihre speziellen Bedürfnisse ausgestattet waren. Die Kommission erfuhr von einem Fall einer Person mit einem Gehörschaden, die man in einer UNRWA-Schule untergebracht hatte; sie hatte keine Möglichkeit, sich in der Gebärdenprache zu verständi-

---

651 WHO-Bericht, S.11; Gaza Situation Report Feb – May 2009, WHO Gaza, der Kommission vorgelegt

652 Gaza Situation report.

gen oder zu verstehen, was geschah, und verspürte deshalb blanke Angst.

1290. Häufige Unterbrechungen der Stromversorgung hatten erhebliche Auswirkungen auf die medizinischen Geräte, die von vielen Menschen mit Behinderungen gebraucht werden. Menschen, die auf Rollstühle angewiesen sind, hatten zusätzliche Hürden zu überwinden, wenn sich auf den Straßen die Trümmer der zerstörten Gebäude häuften.

1291. Außerdem mussten Programme für Menschen mit Behinderungen während der Kriegshandlungen eingestellt und Rehabilitationsdienste eingestellt werden, (z.B. konnten Hilfsorganisationen nicht an die gelagerten Rollstühle oder andere Hilfsmittel heran). Viele soziale, medizinische, psychologische Betreuungsprogramme sowie Bildungsprogramme konnten bis jetzt noch nicht in vollem Umfang wieder aufgenommen werden.[653]

J. Auswirkungen auf die humanitären Hilfsleistungen der UNO

1292. Die Verschärfung der Blockade in den beiden Monaten, die den Kriegshandlungen vorangegangen waren, hatte auch zu zusätzlichen Einschränkungen der Programme und Aktivitäten der Vereinten Nationen geführt, insbesondere für die der UNRWA, des WFP und anderer, die Nahrungshilfe und sonstige Hilfsleistungen bereitstellen. Die Kommission wurde informiert, dass die Fähigkeit der UNRWA, die Auswirkungen der Kriegshandlungen auf die Zivilbevölkerung abzumildern, durch die Blockade und die Beschränkungen der humanitären Hilfslieferungen, durch Israel beeinträchtigt wurde.[654] Wie bereits oben geschildert wurde, musste die UNRWA nur wenige Tage vor dem Beginn der Operationen der israelischen Ar-

653 Treffen der Kommission mit der Society for the Disabled im Gaza-Streifen, 30. Juni 2009

654 Treffen der Kommission mit UNRWA, 1. Juni 2009

mee ihre Nahrungsmittelhilfsprogramme aussetzen und andere Programme verkleinern.

1293. Die Auswirkungen der Blockade erstreckten sich aber auch auf einige humanitäre Projekte, die geplant worden waren bzw. bereits umgesetzt wurden, und eingestellt bzw. aufgeschoben werden mussten. Die meisten davon betrafen Gesundheit, Hygiene, Wasserversorgung und Bildung.

1294. Während der Kriegshandlungen wurden auch Mitarbeiter und Lkws der UNRWA getroffen; hierbei kam es zu Todesopfern und Verletzten. Der vom Generalsekretär der Vereinten Nationen eingesetzte Untersuchungsausschuss (Board of Inquiry) untersuchte eine Anzahl von Vorfällen, bei denen auf Einrichtungen der Vereinten Nationen gezielt geschossen wurde, und brachte einen Bericht heraus, der die Verantwortlichkeiten definierte.[655] Die Kommission ist der Ansicht, dass die vom UNO-Untersuchungsausschuss getroffenen Tatsachenfeststellungen eine rechtliche Haftung der Verantwortlichen begründenherausgefundenen Fakten gesetzlich begründete Haftpflicht der Verantwortlichen nach sich ziehe. (siehe unten)

1295. Die Kommission erfuhr, dass sieben UNRWA-Mitarbeiter (keiner davon im Dienst), fünf vertragliche Mitarbeiter eines Arbeitsplatzschaffungsprogramms (einer im Dienst), und drei andere vertragliche Mitarbeiter getötet wurden. 21 weitere vertragliche Mitarbeiter wurden verwundet. Insgesamt wurden 57 Gebäude der UNRWA durch Beschuss und Luftangriffe beschädigt, darunter 36 Schulen (von denen sechs als Notunterkunft genutzt wurden), sieben Gesundheitszentren, drei Büros von Abfall- und Abwasserentsorgungs-Betrieben, zwei Lagerräume und fünf andere Gebäude.

1296. 35 Fahrzeuge der UNRWA, darunter drei gepanzerte Fahrzeuge, wurden beschädigt. Von den übrigen 321 Fahrzeugen sind nur 286 einsatzbereit und sieben wurden unreparierbar beschädigt.

655 Siehe Summary of the Report of the United Nations Headquarters Board of Inquiry.

1297. UNRWA teilte der Kommission mit, dass zwischen 27. Dezember und 19. Januar 536 Lkws der UNRWA über den Grenzübergang Kerem Shalom in den Gaza-Streifen einfuhren. Bis zum 21. Januar waren 394 Lastkraftwagen über Karni angekommen und 2089 über Kerem Shalom (darunter auch private Fahrzeuge und Lkws der UNRWA und humanitärer Einrichtungen und UNRWA-Lkws). Die UNRWA war der Ansicht, dass der Umfang dieser Hilfslieferungen nicht ausreichen, um die humanitären Bedürfnisse der Bevölkerung des Gaza-Streifens zu erfüllen.[656]

1298. Die israelische Regierung gab an, dass „vom Beginn des Gaza-Einsatzes an und während dessen Dauer" insgesamt 1.511 Lkws mit Nachschublieferungen aus Israel sowie auch Diesel, Kochgas und andere Kraftstoffe in den Gaza-Streifen einfuhren könnten. Bei etwa 60% dieser Lieferungen handelte es sich offenbar um Nahrungsmittel. Die israelische Regierung gab ferner an, (vermutlich während des gleichen Zeitraums) die Einfahrt von 706 Lkws mit Hilfslieferungen internationaler Organisationen und verschiedener Staaten koordiniert zu haben.[657] Nach Angaben der UNRWA waren diese Mengen in Anbetracht der während der Kriegshandlungen herrschenden Lage und der lokalen Bedürfnisse belanglos. Z.B. wurde zwar Kraftstoff für das Kraftwerk hereingelassen, die Menge war jedoch unzureichend, so dass das Kraftwerk heruntergefahren werden musste; dadurch wurden in einigen Gegenden 16 Stunden andauernde Stromsperren verursacht. Die israelischen Behörden berichteten auch, dass sie während der Kriegshandlungen die Einfuhr von 2.277.000 Litern Diesel hereingelassen haben, nach Angaben der UNRWA waren es aber nur 199.400 Liter; dabei wurden nach Angaben von OCHA nur 92.000 Liter hereingelassen, gegenüber 6,628.400 Litern im Januar 2007.[658]

656 Bis zum 1. Februar hat die UNRWA Nahrungssmittelhilfe für 900.000 registrierte palästinensische Flüchtlinge im Gaza-Streifen geliefert, davon 504.000 Kinder. Im Gaza-Streifen sind 1,048.125 Flüchtlinge (74% der Bevölkerung). Siehe UNRWA „Fact sheet: Consequences of the conflict in the Gaza Strip 27 December 2008 – 18 January 2009".

657 „The operation in Gaza ...", Abs. 271

658 OCHA hat auch berichtet, dass im Januar 2009 keine Benzinimporte nach Gaza registriert wurden gegenüber 1.522.250 Litern im Januar 2007; im Januar 2009 wurden 915.310 kg Kochgas importiert gegenüber 5.238.030 kg im Januar 2007, und 3.760.000 Liter Industriediesel gegenüber 8.370.290 im Januar 2007

1299. Die israelische Regierung gab auch Informationen über die Einfuhr von Sanitätsbedarf in den Gaza-Streifen, jedoch waren die Zahlen ungenau oder unvollständig, da es unklar war, welche Messeinheit verwendet wurde. Hinzu kommt, dass viele der aufgelisteten Einrichtungen in Wirklichkeit keinen Sanitätsbedarf einführten. Beispielsweise heißt es im Bericht, das WFP habe „3.611" Sanitätsartikel, aus Informationen, die die Kommission erhielt, ging jedoch hervor, dass WFP nur Mehl und Hygienebedarf lieferte.

K. Rechtliche Würdigung

1300. Bei der Würdigung des oben geschilderten Sachverhalts sind auch Verpflichtungen nach dem humanitären Völkerrecht von Bedeutung. Wie bereits oben erwähnt wurde, finden sowohl das 4. Genfer Abkommen als auch die Bestimmungen des 1. Zusatzprotokolls, die das Gewohnheitsvölkerrecht wiedergeben, auf die Handlungen Israels in den besetzten palästinensischen Gebieten vor den Kriegshandlungen wie während ihrer Dauer Anwendung. Zu den nach dem humanitären Völkerrecht für alle Konfliktparteien geltenden Schutzpflichten gegenüber der Zivilbevölkerungen gehört die Pflicht, Sendungen humanitärer Arzneimittel und Sanitätsmaterial , sowie Kleidung und unentbehrlicher Lebensmittel für Kinder, schwangere Frauen und Mütter zum frühestmöglichen Zeitpunkt freien Durchlaß zu gewähren (Art. 23 des 4. Genfer Abkommens). Gemäß Art. 70 des 1. Zusatzprotokolls sind Konfliktparteien verpflichtet, für die Zivilbevölkerung lebensnotwendigen Versorgungsgütern zum frühestmöglichen Zeitpunkt unverzüglich Durchlaß zu gewähren.

1301. Ebenfalls zu berücksichtigen sind die einschlägigen Bestimmungen des 4. Genfer Abkommens betreffend die Pflichten einer Besatzungsmacht, insbesondere die in Art. 50 (Pflicht zur Erleichterung des Betriebs der Einrichtungen zur Pflege und Erziehung der Kinder), 55 (Pflicht zur Sicherstellung der Versorgung der Bevölkerung mit Lebensmitteln und medizinischen Ausrüstungen), 59 (Pflicht zur Sicherstellung und Weiterführen von Einrichtungen und Diensten der

Krankenhauspflege und der ärztlichen Behandlung), 59 (Pflicht zur Gestattung von Hilfsaktionen bei ungenügender Versorgung der Bevölkerung des besetzten Gebietes), und 60 (Pflicht, selbst dann Verpflichtungen weiterhin nachzukommen, wenn Dritte Hilfssendungen zur Verfügung stellen). Ebenfalls von Bedeutung sind vorliegend mehrere Bestimmungen des 1. Zusatzprotokolls, die das Gewohnheitsvölkerrecht wiedergeben, insbesondere Art. 51 und 52, die Angriffe auf Zivilpersonen und zivile Objekte verbieten, sowie Art. 54, wonach die Zerstörung der für die Zivilbevölkerung lebensnotwendigen Objekte verboten ist.

1302. Ausreichende Ernährung, Bekleidung und Unterbringung als Bestandteile eines angemessenen Lebensstandards sind im Art. 11 des Internationalen Paktes über wirtschaftliche, soziale und kulturelle Rechte als Menschenrechte verankert. Im gleichen Vertragswerk werden auch das Recht auf Bildung und sowie das Recht eines jeden auf das für ihn erreichbare Höchstmaß an körperlicher und geistiger Gesundheit anerkannt (Art. 12). Der Inhalt dieser Rechte und die entsprechenden Pflichten der Staaten sind vom Kommittee über wirtschaftliche, soziale und kulturelle Rechte der Vereinten Nationen klargestellt worden. Das Übereinkommen über die Rechte des Kindes schützt das Recht des Kindes auf Leben, Überleben und Entwicklung (Art. 6) sowie das Recht auf Schutz vor jeder Form körperlicher oder geistiger Gewaltanwendung (Art. 19), auf das erreichbare Höchstmaß an Gesundheit (Art. 24), auf einen angemessenen Lebensstandard (Art. 27) und auf Bildung (Art. 28 und 29.). Obwohl Frauen wie Männer, Mädchen wie Jungen den Schutz dieser Vertragswerke gleichermaßen genießen, werden diese Rechte vom Übereinkommen zur Beseitigung jeder Form von Diskriminierung der Frau in Bezug auf Frauen in ihrem Inhalt und Umfang konkretisiert. All diese menschenrechtlichen Verpflichtungen gelten für Israel in Bezug auf dessen Handlungen im Gaza-Streifen, da sie auch in bewaffneten Konflikten fortgelten.

1303. Einige der im Internationalen Pakt über wirtschaftliche, soziale und kulturelle Rechte verankerten Rechte unterliegen der progressiven Verwirklichung. Das heißt, dass sie nur im Laufe der Zeit verwirklicht werden können. Staaten sind verpflichtet, möglichst schnell und wirksam auf dieses Ziel hinzuwirken. Vorsätzlich eingeführte retrogressive Maßnahmen sind nur unter strengen Bedingungen gestattet.[659]

1304. In dieser Hinsicht erinnert die Kommission an ihre Analyse der Ziele und Strategien Israels während der Kriegshandlungen im 16. Kapitel. Dort verwies die Kommission auf Äußerungen des stellvertretenden Ministerpräsidenten Eli Yishai vom 6. Januar 2009: „Es [dürfte] möglich [sein], Gaza zu zerstören, damit sie verstehen, dass man sich nicht mit uns anlegen sollte." Er führte ferner aus: „Es ist eine großartige Chance, Tausende von Häuser von all den Terroristen zu zerstören, damit sie nochmal darüber nachdenken, bevor sie Raketen abschießen." Die Kommission erwähnte auch die sog. Dahiya-Doktrin, die Zerstörung in großem Ausmaß als Mittel der Abschreckung verlangt und allem Anschein nach in die Tat umgesetzt worden ist. Diese Ziele und Strategien sind auch im Folgenden zu beachten.

1305. Die Kommission ist der Auffassung, dass die Schließung der Grenzübergänge bzw. die Einschränkung des grenzüberschreitenden Verkehrs durch Israel unmittelbar vor den Kriegshandlungen die örtliche Bevölkerung extremen Härten und Entbehrungen unterwarf, die mit ihrem geschützten Status unvereinbar sind. Ergebnis der Einfuhrbeschränkungen für Nahrungsmittel, Sanitätsbedarf sowie landwirtschaftliche und industrielle Inputs, insbesondere industrielle Kraftstoffe, in Verbindung mit den Nutzungsbeschränkungen für grenznahe Grundstücke und die Fischereibeschränkungen, sind weitverbreitete Armut, ein Anstieg der Abhängigkeit von Lebensmittel- und sonstigen Hilfsleistungen, vermehrte Arbeitslosigkeit und volkswirtschaftliche Lähmung. Somit kann die Kommission nur zu dem Schluss kommen, dass Israel seine Verpflichtungen als Besatzungsmacht nach dem 4. Genfer Abkommen verletzt hat und auch weiterhin verletzt.

1306. Die Argumentation der israelischen Regierung, die oben beschriebene Politik und Beschränkungen sei eine Art Sanktion, hat die Kommission berücksichtigt. Derart flächendeckende Sanktionen sind nach dem Völkerrecht jedoch nicht erlaubt. Das Kommittee über wirtschaftliche, soziale und kulturelle Rechte hat die Frage der

---

659 General comment No. 3 (1990), Abs. 9.

wirtschaftlichen Sanktionen und deren Auswirkungen auf den Genuss wirtschaftlicher und sozialer Rechte untersucht und ist dabei zu folgendem Schluss gekommen:

> [...] bei der Verhängung von Sanktionen sind die Bestimmungen des Internationalen Paktes über wirtschaftliche, soziale und kulturelle Rechte in jedem Fall zu berücksichtigen [und]
>
> [...] es ist unentbehrlich, zwischen dem Grundziel der Anwendung politischen und wirtschaftlichen Drucks auf die Regierungselite des betroffenen Landes, um diese zur Einhaltung des Völkerrechts zu veranlassen, und der kollateralen Verursachung von Leiden für die verletzlichsten Gruppen innerhalb des Zielstaates zu unterscheiden[660].

1307. Hinsichtlich des Rechts auf Wasser führte das Kommittee aus: „Vertragsparteien sollen von der Verhängung von Blockaden oder ähnlichen Maßnahmen absehen, die die Lieferung von Wasser sowie von für die Sicherung des Rechts auf Wasser unentbehrlichen Waren und Dienstleistungen verhindern." Für Nahrungsmittel sowie Sanitätsbedarf und ärztliche Versorgung gelten ähnliche Erwägungen[661].

1308. Die Kommission merkt ebenfalls an, dass Repressalien und Kollektivstrafen nach dem humanitären Völkerrecht verboten sind.

1309. Mit der Frage der militärischen Sicherheit hat sich die Kommission auseinandergesetzt. So ernst die durch den Abschuss von Raketen und Mörsergranaten auf bzw. in die Nähe von Grenzübergängen auch sein mag, ist die Kommission der Auffassung, dass dies die Verhängung einer Kollektivstrafe für die Zivilbevölkerung des Gaza-Streifens nicht rechtfertigt. Der Kommission ist bekannt, dass die israelische Regierung den Gaza-Streifen zu „feindlichem Gebiet" erklärt hat. Auch eine derartige Erklärung befreit Isael nach Auffassung der Kommission nicht von seinen Verpflichtungen nach dem humanitären Völkerrecht gegenüber der Zivilbevölkerung des Gaza-Streifens.

---

660 General comment No. 8 (1997), Abs. 4 und 16.
661 General comments No. 15 (2002) und No. 12 (1999), Abs. 8.

1310. Ferner nimmt die Kommission zur Kenntnis, dass Israel nach der Entscheidung des israelischen Obersten Gerichts in der als *Fuel and Electricity* (Kraftstoff und Storm) bezeichneten Sache[662], seine Verpflichtungen in Bezug auf die Mengen und Arten der in den Gaza-Streifen hereingelassenen humanitären Hilfslieferungen zur Befriedigung „wesentlicher humanitärer Bedürfnisse" neu überlegt hat. Gleichviel, was dieser ziemlich vage Maßstab zu bedeuten hat, betont die Kommission, dass Israel verpflichtet ist, Versorgungsgüter zur Befriedigung der humanitären Bedürfnisse der Bevölkerung im Rahmen des Möglichen zu gewährleisten.

1311. Zusammenfassend stellt die Kommission noch einmal fest, dass Israel seinen Verpflichtungen als Besatzungsmacht gegenüber dem Gaza-Streifen nicht nachgekommen ist.

1312. Erneut wird auf die Blockade und Israels Verpflichtung, den Genuss der wirtschaftlichen, sozialen und kulturellen Rechte im vollen Umfang zu achten, zu schützen, zu ermöglichen oder zu gewährleisten, verwiesen. Israel ist mindestens verpflichtet, „die Ausübung dieser Rechte in den Bereichen, für die die Zuständigkeit auf palästinensische Behörden übertragen worden ist, auf keinerlei Art und Weise zu vereiteln[663]." Israels Handlungen haben zu einer drastischen Verschlechterung und Rückentwicklung der Verwirklichungsgrade dieser Rechte geführt. Folglich stellt die Kommission fest, dass Israel diesen Verpflichtungen nicht nachgekommen ist.

1313. Auch Art und Umfnag der von Israel zwischen 27. Dezember 2008 und 18. Januar 2009 im Gaza-Streifen durchgeführten Kriegshandlungen hat die Kommission analysiert. Wie bereits oben erwähnt wurde, finden die Bestimmungen des 4. Genfer Abkommens sowie die des 1. Zusatzprotokolls, die das Gewohnheitsvölkerrecht wiedergeben, auf diese Kriegshandlungen Anwendung. Zu diesen Verpflichtungen gehören die Verpflichtung nach dem 4. Genfer Abkommen, die Gebrechlichen und schwangere Frauen besonders zu schützen und zu berücksichtigen (Art. 16), Zivilkrankenhäuser und

662 *Gaber et al.* v. *The Prime Minister*, case No. 9132/07.

663 *Legal Consequences of the Construction of a Wall in the Occupied Palestinian Territory, Advisory Opinion of 9 July 2004, I.C.J. Reports 2004*, Abs. 112.

Sanitätspersonal zu schonen und zu schützen (Art. 18 und 20), und allen Sendungen von Arzneimitteln und Sanitätsmaterial, Lebensmitteln und Kleidung freien Durchlaß unter bestimmten Bedingungen zu gewähren (Art. 23). An dieser Stelle untersucht die Kommission nur die Einhaltung der Bestimmungen des Art. 23, die sie als Bestandteil des Gewohnheitsvölkerrecht erachtet. Hinsichtlich des 1. Zusatzprotokolls untersucht die Kommission an dieser Stelle die Einhaltung des Art. 54 durch Israel.

1314. Die israelische Regierung hat Informationen über die von ihr getroffenen Maßnahmen zur Gewährleistung humanitärer Hilfe für den Gaza-Streifen und des Betriebs medizinischer Hilfs- und Rettungsaktionen und lebensnotwendiger Einrichtungen für die Dauer der Feindseligkeiten zur Verfügung gestellt. Zu diesen Maßnahmen sollen gehört haben: die kontinuierliche Bereitstellung humanitärer Versorgungsgüter über die Grenzübergänge, die Koordinierung von Evakuierungen innerhalb wie außerhalb des Gaza-Streifens, eine tägliche einseitige Aussetzung von Kriegshandlungen zur Gewährleistung des Nachschubs von Versorgungsgütern für die Bevölkerung und Maßnahmen zur Sicherstellung des Betriebs der lebensnotwendigen Infrastruktur im Gaza-Streifen. Hierzu wurden nach Angaben der israelischen Regierung verschiedene Organe zur Verbindungsaufnahme und Abstimmung mit palästinensischen Behörden und Organisationen, den vor Ort befindlichen UNO-Behörden und humanitären Organisationen wie dem IKRK eingerichtet. Die Regierung berichtete des Weiteren, dass einer Anzahl von Lkws mit humanitären Versorgungsgütern aus Israel und anderen Ländern sowie von internationalen Organisationen Durchlaß gewährt würde.

1315. In diesem Bezug gibt die Kommission zu bedenken, dass die vor den Kriegshandlungen im Gaza-Streifen herrschende Situation überhaupt nicht berücksichtigt wurde. Inbesondere merkt die Kommission an, dass die Lieferungen von Lebensmitteln, Sanitäts- und Krankenhausbedarf und Kleidung in ihrer Menge und Art überhaupt nicht genügten, um die humanitären Bedürfnisse der Bevölkerung zu decken. Da die Zahl der durch die Grenzübergänge gelassenen Wagenladungen seit Ende der Kriegshandlungen wieder zurückgegangen ist, sind die humanitären Hilfslieferung noch weniger bedarfsdeckend.

1316. Am Höhepunkt der Kriegshandlungen wendeten sich mehrere NGOs an die israelische Regierung mit der Bitte, hinreichende Strom- und Kraftstoffversorgung zum Betrieb lebensnotwendiger Einrichtungen zu gewährleisten[664]. Gleichzeitig wurde am 7. und 9. Januar vor dem Obersten Gericht Israels jeweils beantragt, die Regierung zu verpflichten, dafür zu sorgen, dass die israelischen Streitkräfte keine Krankenwagen oder Sanitätspersonal angreifen und dass genügend Strom und Kraftstoff geliefert wird, um den Betrieb von Krankenhäusern und Wasser- und Sanitäranlagen während des Konfliktes zu ermöglichen. Am 19. Januar, als die Kriegshandlungen dem Ende nahten, wurden beide Anträge vom Obersten Gericht abgelehnt[665].

1317. Offenbar betrachtet die israelische Regierung die Schwierigkeiten und Leiden der Palästinenser als unvermeidliche Folgen eines Kriegszustandes. Mit ihrer Behauptung, „tragischerweise leiden Zivilbevölkerungen zwangsläufig in Zeiten bewaffneter Konflikte, und zwar vor allem dann, wenn die Kampfhandlungen in dicht bevölkerten städtischen Gebieten stattfinden[666]," mag die israelische Regierung zwar durchaus recht haben, dies befreit Israel jedoch nicht von seinen Verpflichtungen nach dem humanitären Völkerrecht.

1318. Aufgrund der ermittelten Tatsachen und der obigen Analyse kommt die Kommission zu dem Schluss, das Israel seine Pflicht verletzt hat, allen Sendungen von Arzneimitteln und Sanitätsmaterial, Lebensmitteln und Kleidung freien Durchlaß zu gewähren (Art. 23 des 4. Genfer Abkommens).

---

664 Ein Auszug aus dem hebräischsprachigen Aufruf ist in einer englischsprachigen Presseerklärung einzusehen unter: http://www.gisha.org/UserFiles/File/Press%20Materials/HR%20groups%20-%20resumption%20of%20gaza%20fuel%20supplies%201-1-09%20-%20online%20version.pdf

665 *Physicians for Human Rights et. al.* v. *The Prime Minister et. al.*, case No. 201/09, und *Gisha Legal Centre for Freedom of Movement et al.* v. *Minister of Defense*, case No. 248/09, Urteil des 19. Januar 2009, Abs. 26, abrufbar unter: http://elyon1.court.gov.il/files_eng/09/010/002/n07/09002010.n07.pdf

666 „The operation in Gaza…", Abs. 277.

1319. Nach Art. 54 des 1. Zusatzprotokolls ist es verboten,

> für die Zivilbevölkerung lebensnotwendige Objekte wie Nahrungsmittel, zur Erzeugung von Nahrungsmitteln genutzte landwirtschaftliche Gebiete, Ernte- und Viehbestände, Trinkwasserversorgungsanlagen und -vorräte sowie Bewässerungsanlagen anzugreifen, zu zerstören, zu entfernen oder unbrauchbar zu machen, um sie wegen ihrer Bedeutung für den Lebensunterhalt der Zivilbevölkerung oder der gegnerischen Partei vorzuenthalten, gleichviel ob Zivilpersonen ausgehungert oder zum Fortziehen veranlaßt werden sollen oder ob andere Gründe maßgebend sind.

Nach Auffassung der Kommission stellt diese Vorschrift eine Gewohnheitsvölkerrechtliche Norm dar. Ebenfalls von Bedeutung in diesem Zusammenhang sind Israels Pflichten, die Verwirklichung wirtschaftlicher, sozialer und kultureller Rechte zu achten, zu schützen und zu ermöglichen sowie seine Verpflichtungen nach dem Übereinkommen über die Rechte des Kindes und dem Übereinkommen zur Beseitigung jeder Form der Diskriminierung der Frau, die durch die Blockade und die dem Gaza-Streifen auferlegten Beschränkungen sowie die während der Kriegshandlungen vorgenommenen Handlungen beeinträchtigt worden.

1320. Hinsichtlich Art. 54(2) des 1. Zusatzprotokolls erinnert die Kommission an ihre Analyse der Zerstörung von Gebäuden, der Nahrungsmittelproduktion und der Industrie (siehe 13. Kapitel). Aus den ermittelten Tatsachen und den im vorliegenden Kapitel sowie in den 13. und 16. Kapitel geschilderten Umständen folgert die Kommission, dass der Zerstörung bzw. Beschädigung von Gewächshäusern, Ackerland, Bewässerungsbrunnen und –systemen der spezifische Zweck zu grunde lag, ihre Nutzung zur Ernährung der Zivilbevölkerung des Gaza-Streifens zu verunmöglichen. Außerdem handelt es sich hierbei allem Anschein nach um einen Teil einer Politik der kollektiven Bestrafung der Zivilbevölkerung, wie weiter unten dargelegt wird.

1321. Zum Recht auf Wasser hat sich das Kommittee über wirtschaftliche, soziale und kulturelle Rechte wie folgt geäußert:

> Aufgrund der Pflicht zur Achtung [des Rechts auf Wasser] haben Vertragsstaaten von […] der Beschränkung des Zugangs zu bzw. der Zerstörung von Wasserversorgungsleistungen und –infrastruktur als Strafmaßnahme z.B. im Rahmen bewaffneter Konflikte entgegen den Normen des humanitären Völkerrechts, abzusehen.[667]

1322. In ihrem Wortlaut ähnelt diese Äußerung dem einer einstimmig angenommenen Resolution der 26. Internationalen Konferenz des Roten Kreuzes und des Roten Halbmondes, in der Konfliktparteien aufgerufen werden, „bei Kriegshandlungen alle praktisch möglichen Maßnahmen zur Vermeidung von Handlungen, die die Zerstörung bzw. Beschädigung von Wasserresourcen zur Folge haben könnten, zu treffen“[668].

1323. Ähnliches gilt für das Recht auf angemessene Unterbringung[669]. Die weitverbreitete Zerstörung von Wohnraum, Wasserbrunnen und Rohrleitungsnetzen kann nicht als unvermeidliche oder notwendige Begleiterscheinung militärischer Feindseligkeiten betrachtet werden. Israel war verpflichtet, zwischen zivilen und militärischen Objekten zu unterscheiden und keine direkten Angriffe auf Zivilpersonen oder zivile Objekte zu richten. Der Kommission ist kein Grund zu der Annahme bekannt, dass alle zerstörten Häuser als Verstecke für Hamas-Kämpfer gedient hätten oder mit Sprengfallen versehen wären, und akzeptiert nicht, dass dies der Fall sei. Die im vorliegenden wie in Kapitel beschriebenen Zerstörungsmuster zeigen, dass viele Häuser beschossen oder zerstört wurden, nachdem man ihren Insassen befohlen hatte, sie zu verlassen. Demnach bestand für israelische Soldaten kein eindeutiges Erfordernis, diese Objekte zu besetzen oder zu zerstören. Die Gegend unterlag ihrer faktischen Kontrolle. In anderen Fällen wurden Häuser in den letzten Tagen der Kriegshandlungen mit Planierraupen zerstört, als die israelischen Streitkräften – um es noch einmal zu betonen – die volle Kontrolle über die Gegenden ausübten, in denen sich die Häuser befanden. Aus der Sicht der Kommission ist es nicht plausibel, diese umfangreiche

667 General comment No. 15 (2002), Abs. 21.
668 *Customary International Humanitarian Law…*, S. 150.
669 Schriftsatz von COHRE an die Kommission.

Zerstörung mit militärischen Erfordernissen oder damit, dass Raketenangriffe auf Israel von diesen Häusern aus verhindert werden müßten,zu begründen. Gleiches gilt für die Zerstörung von Ackerland und Gewächshäusern, die für die Lebensmittelsicherheit der örtlichen Bevölkerung so wichtig sind.

1324. Auf der Grundlage der vorliegenden Erkenntnisse und der oben aufgeführten Erwägungen ist die Kommission der Ansicht, dass Israel mit der Zerstörung privater Wohnhäuser, sowie von Wasserbrunnen, Ackerland und Gewächshäusern seine Pflicht verletzt hat, das Recht der Menschen im Gaza-Streifen auf einen angemessenen Lebensstandard (insbesondere auf Nahrung, Unterbringung und Wasser) zu achten.

1325. Die Äußerung des Kommittees über die Rechte des Kindes, viele der Grundrechte des Kindes seien „im Laufe dieser Krise in krasser Weise verletzt[670]" worden, ist der Kommission bekannt. Auf der Grundlage dieser Feststellung und des oben geschilderten Sachverhalts ist die Kommission auch der Auffassung, dass Israel im Laufe seiner Kriegshandlungen im Gaza-Streifen seine Pflichten nach dem Übereinkommen über die Rechte des Kindes, und insbesondere seine Pflicht nach Art. 24(1) verletzt hat, der wie folgt lautet: „Die Vertragsstaaten erkennen das Recht des Kindes auf das erreichbare Höchstmaß an Gesundheit an sowie auf Inanspruchnahme von Einrichtungen zur Behandlung von Krankheiten und zur Wiederherstellung der Gesundheit. Die Vertragsstaaten bemühen sich, sicherzustellen, dass keinem Kind das Recht auf Zugang zu derartigen Gesundheitsdiensten vorenthalten wird"; sowie von Art. 38(1): „Die Vertragsstaaten verpflichten sich, die für sie verbindlichen Regeln des in bewaffneten Konflikten anwendbaren humanitären Völkerrechts, die für das Kind Bedeutung haben, zu beachten und für deren Beachtung zu sorgen" und Art. 38(4): „[D]ie Vertragsstaaten [treffen] alle durchführbaren Maßnahmen, um sicherzustellen, dass von einem bewaffneten Konflikt betroffene Kinder geschützt und betreut werden."

670 Committee on the Rights of the Child, „Effects of the Gaza conflict on children ‚devastating'", Erklärung vom 12. Januar 2009.

1326. Auch merkt die Kommission an, dass Israel den Art. 39 des Übereinkommens weiterhin verletzt, indem es seiner Pflicht, „alle geeigneten Maßnahmen [zu treffen], um die physische Genesung und die soziale Wiedereingliederung eines Kindes zu fördern, das Opfer [...] bewaffneter Konflikte geworden ist. Die Genesung und Wiedereingliederung müssen in einer Umgebung stattfinden, die der Gesundheit, der Selbstachtung und der Würde des Kindes förderlich ist" nicht nachgekommen ist.

1327. Der Kommission ist ebenfalls die Feststellung des Kommittees über die Beseitigung jeder Form von Diskriminierung der Frau, dass „die Menschenrechte der Frauen und Kinder in Gaza, inbesondere die Rechte auf Frieden und Sicherheit, Freizügigkeit, Existenzsicherung und Gesundheit im Laufe dieser bewaffneten Auseinandersetzung schwer verletzt worden[671]" seien. Dieser Feststellung pflichtet die Kommission bei. Die Kommission merkt ebenfalls an, dass Staaten gemäß Art. 11 des Übereinkommens über die Rechte von Menschen mit Behinderungen verpflichtet sind, „alle erforderlichen Maßnahmen [zu ergreifen], um in Gefahrensituationen, einschließlich bewaffneter Konflikte [...] den Schutz und die Sicherheit von Menschen mit Behinderungen zu gewährleisten". Dieses Übereinkommen hat Israel zwar unterzeichnet, aber noch nicht ratifiziert; somit ist Israel verpflichtet, dessen Ziel und Zweck nicht zu vereiteln.

1328. Auch die Frage, ob der Gazaer Bevölkerung eine Kollektivstrafe auferlegt wurde, hat die Kommission untersucht. Gemäß Art. 33 des 4. Genfer Abkommens sind „Kollektivstrafen sowie jede Maßnahme zur Einschüchterung oder Terrorisierung" untersagt. Gemäß Art. 75(2)(d) gehören Kollektivstrafen zu den Handlungen, die „jederzeit und überall verboten" sind und bleiben. Repressalien gegen geschützte Personen sind gemäß Art. 33 auch untersagt. Diese Verbote stellen Normen des Gewohnheitsvölkerrechts dar.[672]

---

671 Vereinte Nationen, UN committee says women's rights were seriously violated during Gaza conflict, Presseerklärung vom 6. Februar 2009.

672 *Siehe Customary International Humanitarian Law...*, S. 374.

1329. Zu beachten ist, dass der Begriff „Kollektivstrafen“ nicht nur körperliche Bestrafung oder strafrechtliche Sanktionen, sondern auch „Sanktionen und Belästigung jeder Art, gleichviel ob diese kraft Verwaltungsaktes, durch die Polizei oder auf sonstige Weise verhängt werden“ umfasst.[673] Die Gesamtwirkung der Blockadepolitik mit den daraus entstehenden Härten und Entbehrungen seitens der gesamten Bevölkerung sowie der Kriegshandlung gibt in Verbindung mit israelischen Verlautbarungen, die den gesamten Gaza-Streifen zu „feindlichem Gebiet“ erklärten, guten Grund zu der Annahme, dass der Vorsatz bestand, der Gazaer Bevölkerung Lebensbedingungen zuzumuten, die sie zum Entzug ihrer Unterstützung von der Hamas veranlassen würden. Dies wurde offenbar bestätigt durch den damaligen israelischen Außenminister in seinen Bemerkungen zur Entscheidung des Obersten Gerichts, in der die Kraftstoffkürzungen bestätigt wurden: „Die Palästinenser müssen begreifen, dass es hier nicht um business as usual geht. Das heißt, es gibt keine Gleichung, wonach israelische Kinder täglich Kassam-Raketenangriffen ausgesetzt sind und das Leben im Gaza-Streifen dabei wie gewohnt weitergehen kann.“[674]

1330. Die obigen Äußerungen sind auch in Verbindung mit den von der Kommission festgestellten Zielen und Strategien Israels vor den Kriegshandlungen und während ihrer Dauer (siehe 16. Kap.) zu betrachten. Anstatt die in Gaza tätigen bewaffneten palästinensischen Gruppierungen gezielt zu bekämpfen, hat Israel beschlossen, den gesamten Gaza-Streifen und dessen Bevölkerung mit wirtschaftlichen, politischen und militärischen Sanktionen zu bestrafen. Auch von vielen der Menschen, mit denen die Kommission gesprochen hat, ist dies als eine Art Kollektivstrafe wahrgenommen worden, die den Palästinensern wegen ihrer politischen Entscheidungen auferlegt worden ist.

1331. Der von der Kommission ermittelte Sachverhalt, sowie die aus den vorsätzlichen Handlungen der israelischen Streitkräften und der er-

673 ICRC Commentary to Additional Protocol I, S. 3055.

674 *Global Security*, „Israel's Supreme Court upholds fuel cuts to Gaza“, 30. November 2007, abrufbar unter: http://www.globalsecurity.org/military/library/news/2007/11/mil-071130-voa02.htm. Die Frage wird auch im Schriftsatz von Diakonia an die Kommission angesprochen.

klärten Politik der israelischen Regierung – so wie sie von deren bevollmächtigten Vertretern dargelegt wurden – resultierenden Bedingungen für den Gaza-Streifen in Bezug auf den Gaza-Streifen (sowohl vor und nach den Kriegshandlungen als auch während ihrer Dauer) legen insgesamt nahe, dass die Absicht bestand, eine Kollektivstrafe über die Bevölkerung des Gaza-Streifens zu verhängen. Folglich stellt die Kommission fest, dass eine Verletzung der Bestimmungen des Art. 33 des 4. Genfer Abkommens vorliegt.

1332. Die Frage, ob das Verbrechen der Verfolgung – ein Verbrechen gegen die Menschlichkeit – an der Zivilbevölkerung des Gaza-Streifens begangen worden ist, hat die Kommission ebenfalls untersucht. Zur Feststellung, dass ein Verbrechen gegen die Menschlichkeit vorliegt, bedürfte es der Feststellung, dass ein weitverbreiteter oder systematischer Angriff auf eine Zivilbevölkerung vorliegt, der in krasser Weise diskriminierte und ein vertraglich bzw. gewohnheitsvölkerrechtlich anerkanntes Grundrecht verletzte, und der vorsätzlich und in Diskriminierungsabsicht vorgenommen wurde.[675] Das Verbrechen der Verfolgung umfasst verschiedene Tathandlungen, wie z.B. Maßnahmen körperlicher, wirtschaftlicher oder gerichtlicher Art, die das Recht des einzelnen auf Gleichheit bei der Ausübung seiner Grundrechte verletzen.[676]

1333. Im Urteil in der Sache *Ankläger ./. Kupreskić* (*Prosecutor v. Kupreskić*) beschreibt die Strafkammer des Internationalen Strafgerichtshofs für das ehemalige Jugoslawien die Handlungsarten, die den Tatbestand der Verfolgung erfüllen wie folgt:

> […]
>
> (c) Die Verfolgung kann auch verschiedene andere Diskriminierungshandlungen umfassen, die mit Angriffen auf politische, soziale und wirtschaftliche Rechte verbunden sind. […]
>
> (d) Unter Verfolgung versteht man üblicherweise eher eine Reihe von Handlungen als eine einzige Handlung. Verfolgungshand-

---

675 *Prosecutor* v. *Kunarac et al.*, International Criminal Tribunal for the former Yugoslavia, Trial Chamber, case No. IT-96-23-T and No. IT-96-23/1-T, Urteil vom 22. Februar 2001, Abs. 431.

676 *Prosecutor* v. *Tadić*, International Criminal Tribunal for the former Yugoslavia, Trial Chamber, case No. IT-94-1-T, Urteil vom 7. Mai 1997, Abs. 710.

lungen gehören üblicherweise zu einer Politik oder mindstens eine konsequenten Praxis und sind in diesem Zusammenhang zu betrachten. […]

(3) […] Diskriminierungshandlungen, die als Verfolgung geahndet werden, dürfen nicht isoliert betrachtet werden. Einige der oben aufgeführten Handlungen könnten an und für sich nicht schwer genug sein, um ein Verbrechen gegen die Menschlichkeit darzustellen. Z.B. stellen Einschränkungen, die einem bestimmten Personenkreis auferlegt werden, um dessen Angehörige in ihren Rechten zur Teilnahme an gewissen Aspekten des gesellschaftlichen Lebens (wie z.B. der Besuch öffentlicher Parks, Theater oder Büchereien) zu beschneiden, eine an und für sich verwerfliche Diskriminierung dar. Ohne weiteres stellen sie jedoch nicht zwangsläufig eine Verfolgung dar. Diese Handlungen dürfen nicht isoliert, sondern in ihrem Gesamtzusammenhang betrachtet und nach ihrer Gesamtwirkung beurteilt werden.[677]

1334. Weiter oben hat die Kommission eine Reihe von Handlungen beschrieben, durch die Palästinenser im Gaza-Streifen ihres Lebensunterhalts, ihrer Beschäftigung, ihrer Unterkunft und ihres Wassers beraubt werden. Palästinensern wird außerdem die Freizügigkeit sowie ihr Recht, ihr Land zu verlassen und dorthin zurückzukehren, verweigert. Weiter unten bespricht der Bericht das Ausmaß, in dem Palästinensern der Rechtsweg und wirksamer Rechtsschutz von der israelischen Gesetzgebung eingeschränkt oder versagt werden.

1335. Aufgrund der ihr vorliegenden Erkenntnisse ist die Kommission der Ansicht, dass einige Handlungen der israelischen Regierung eine Feststellung durch ein zuständiges Gericht rechtfertigen könnten, dass Verbrechen gegen die Menschlichkeit vorliegen.

---

677 *Prosecutor* v. *Kupreškić et al.*, case No. IT-95-16-T, Urteil vom 14. Januar 2000, Abs. 615.

XVIII. Die andauernde Inhaftierung des israelischen Soldaten Gilad Shalit

1336. Die Kommission nimmt zur Kenntnis, das Gilad Shalit, ein Angehöriger der israelischen Streitkräfte, der 2006 bei einer grenzüberschreitenden Aktion von bewaffneten palästinensischen Gruppierungen gefangen genommen wurde, weiterhin inhaftiert wird. Die israelische Regierung reagierte auf die Gefangennahme mit der Anordnung einer Reihe von Vorstößen, um wichtige Teile der Infrastruktur des Gaza-Streifens sowie Büros der palästinensischen Autonomiebehörde anzugreifen. Diesen Angriffen folgte die Verhaftung von acht Ministern der palästinensischen Regierung und 26 Mitgliedern des palästinensischen Legislativrates durch die israelischen Sicherheitskräfte (siehe 2. Kap.).

1337. Beamte der israelischen Regierung haben wiederholte Male angegeben, dass die Erleichterung der dem Gaza-Streifen auferlegten Blockade (siehe 5. und 17. Kap.) von der Freilassung von Gilad Shalit abhänge. Im Februar 2009 hatte die israelische Regierung ihre Forderung an palästinensische Militante nach der Freilassung Gilad Shalits als Voraussetzung für die Beendigung der Blockade anscheinend zurückgenommen.[678] Kurz darauf sagte jedoch der damalige stellvertretende Ministerpräsident, „Israel befindet sich in einer schweren humanitären Krise, und diese Krise heißt Gilad Shalit, und … ehe er nicht nach Hause zurückkehrt, werden wir nicht nur nicht gestatten, dass mehr Lieferungen die Bewohner Gazas erreichen, sondern die Einfuhrmengen sogar noch reduzieren." Der damalige israelische Ministerpräsident sagte auch, „Solange Gilad Shalit in ihrem brutalen Gefängnis sitzt, werden wir die Grenzübergänge [nach Gaza] nicht wieder öffnen oder der Hamas helfen[679]." Nach Angaben von CBS News Channel wurde diese Stellungnahme vom aktuellen israelischen Ministerpräsidenten im Juli 2009 wiederholt.[680]

678 Agence France Presse, zitiert durch France 24 – „Israel drops Shalit release from truce demands, Hamas claims", 6. Februar 2009.

679 Amnesty International, „Detainees used as bargaining chips by both sides in Israel/Gaza conflict", 20. März 2009.

680 CBS News Channel, „Gaza blockade remains until Shalit freed", 30. Juli 2009.

1338. Im Oktober 2008 sagte ein Hamas-Sprecher, „Der Fall Shalit hängt von einem Gefangenenaustausch ab... Solange die israelische Besatzung die palästinensischen Gefangenen, deren Freilassung die Hamas fordert, nicht freiläßt, wird er nie freigelassen ...“[681]

1339. Der Kommission ist bekannt, dass Verhandlungen über einen Gefangenenaustausch zwischen der israelischen Regierung und Vertretern der Hamas über Vermittler andauern.

1340. Die Kommission ersuchte die Gazaer Behörden um eine Bestätigung des Status von Gilad Shalit. In ihrer nach Ansicht der Kommission nicht zufriedenstellenden Antwort dementierten die Gazaer Behörden, in irgendeiner Weise an der Gefangennahme und Inhaftierung beteiligt zu sein und gaben an, über keinerlei Informationen über seinen aktuellen Status zu verfügen.

1341. Bei ihren Ermittlungen im Gaza-Streifen hörte die Kommission Aussagen, aus denen hervorgeht, dass im Laufe der Kriegshandlungen Dezember 2008 – Januar 2009 israelische Soldaten palästinensische Gefangene nach dem Verbleib von Gilad Shalit befragten (siehe 15. Kap.).

1342. Der Vater von Gilad Shalit, Noam Shalit, erschien vor der Kommission bei der öffentlichen Anhörung in Genf am 6. Juli 2009.[682] Er teilte der Kommission seine extreme Sorge um den Zustand seines Sohnes, der weder mit seiner Familie kommunizieren noch Besuche des IKRK empfangen darf. Herr Shalit brachte seine Sorge um die Gesundheit und den Geisteszustand seines Sohnes nach mehr als dreijähriger Inhaftierung zur Sprache und rief zu seiner Freilassung auf.

---

681 „Detainees used as bargaining chips...“

682 Öffentliche Anhörungen der Kommission: http://www.un.org/webcast/unhrc/archive.asp?go=090706

1343. Die Kommission ist der Ansicht, dass Gilad Shalit als Soldat der israelischen Streitkräfte, der bei einem feindlichen Vorstoß nach Israel gefangen genommen wurde, die Voraussetzungen für die Rechtsstellung des Kriegsgefangenen nach dem 3. Genfer Abkommen erfüllt. Damit ist er nach den Bestimmungen dieses Abkommens zu schützen, menschlich zu behandeln, und ihm ist im Rahmen des Angemessenen Kommunikation mit der Außenwelt zu gestatten. Dem IKRK sollte unverzüglich ermöglicht werden, ihn zu besuchen. Außerdem sind Informationen über seinen Zustand unverzüglich seiner Familie zur Verfügung zu stellen.

1344. Die Kommission ist besorgt angesichts der oben zitierten Erklärungen verschiedener israelischer Beamter, die die Absicht bekundet haben, die Blockade des Gaza-Streifens bis zur Freilassung von Gilad Shalit aufrechtzuerhalten. Die Kommission ist der Auffassung, dass dies eine Kollektivstrafe der Bevölkerung des Gaza-Streifens darstellen würde.

Abschnitt B

XIX. Interne Gewalt und gezielte Massnahmen gegen Fatah-Anhänger durch Sicherheitsdienste, die den gazaer Behörden unterstehen

1345. Bei der Kommission sind Berichte und Behauptungen über Rechtsverletzungen, die die Sicherheitsdienste in Gaza im Berichtszeitraum begangen haben sollen. Einige dieser Behauptungen hat sie persönlich gehört. Diesen ist sie nachgegangen, indem sie die eingegangenen Schilderungen mit den Berichten nationaler und internationaler Menschenrechtsorganisationen abglich.

1346. Ab Anfang 2006, als die Hamas die Mehrheit der Mandate im palästinensischen Legislativrat gewann, kam es zu einer Eskalation der Gewalt unter den konkurrierenden politischen Gruppen im Gaza-Streifen. Zwischen den Sicherheitskräften der beiden größten politischen Gruppen – Fatah und Hamas – kam es gelegentlich zu bewaffneten Zusammenstößen, die ihren Höhepunkt im Juni 2007 erreichten, als die Hamas die Kontrolle über die zivilen und Sicherheitseinrichtungen der palästinensischen Autonomiebehörde im Gaza-Streifen ergriff.[683]

---

683 Nichtregierungsorganisationen berichteten, dass Angehörige der Sicherheitskräfte und der bewaffneten Gruppierungen beider Gruppen „schwere Menschenrechtsverletzungen begingen und eine krasse Missachtung der Sicherheit der Zivilbevölkerung an den Tag legten." „Beide Seiten töteten gefangengenommene Rivalen und entführten zahlreiche Mitglieder konkurrierender Gruppen und nahm sie als Geiseln zum Tausch gegen Freunde und Verwandte, die von ihren Rivalen festgehalten wurden." Siehe „Occupied Palestinian Territories torn apart …".

1347. In den sechs Monaten, die den israelischen Kriegshandlungen Dezember 2008 – Januar 2009 in Gaza vorangingen, wurden weiterhin Meldungen über verdächtige Todesfälle und Misshandlungen durch die den Gazaer Behörden unterstehenden Sicherheitsdienste von nationalen Überwachungsmechanismen, insbesondere von der Independent Commission for Human Rights (ICHR) dokumentiert[684].

1348. Zwischen Juni und Dezember 2008 gingen bei der ICHR 45 Beschwerden von Bürgern ein, in denen von Folterungen in der Haft und bei Verhören die Rede war. All diese Beschwerden galten dem Innenministerium, der Polizei, dem Militärnachrichtendienst, dem allgemeinen Nachrichtendienst und den Innensicherheitsdiensten der Gazaer Behörden sowie den Al Qassam Brigades.

1349. Im selben Zeitraum gingen bei der ICHR etwa 250 Beschwerden von Bürgern ein, in denen es hieß, dass die Sicherheitsbehörden (namentlich der Innensicherheitsdienst und die Polizei) sie festgehalten hätten, ohne das gesetzlich vorgeschriebene Verfahren einzuhalten. Insbesondere berichtete die ICHR, dass den Inhaftierten keine Haftbefehle der zuständigen Behörden vorgelegt wurden, und dass die Sicherheitsdienste zivile Wohnhäuser durchsuchten, ohne die erforderlichen Durchsuchungsbeschlüsse eingeholt zu haben. Die ICHR berichtete, dass den Inhaftierten Familienbesuche verweigert wurden, und zwar v.a. in den Haft- und Verhöranstalten al-Saraya und al-Mashtal, die der Innensicherheitsbehörde unterstehen. Außerdem wurden die Inhaftierten nicht binnen der gesetzlich vorgeschriebenen Frist den zuständigen Gerichten vorgeführt. Nach Angaben der ICHR wurden Bürger weiterhin von den Sicherheitsdiensten mit Haftbefehlen der Militärjustiz in Gewahrsam genommen.

---

684 Die Independent Commission for Human Rights ist eine unabhängige palästinensische Einrichtung, die 1993 per Präsidialanordnung eingerichtet wurde und über ein weit gefasstes Mandat verfügt, das nationalen und internationalen Normen entspricht. Kraft ihres Mandats ist sie ermächtigt, Menschenrechtsverletzungen und Bürgerbeschwerden über Amtsmissbrauch nachzugehen, Bildungs- und Beförderungsfragen zu untersuchen und im Allgemein die Menschenrechte in die palästinensische Gesetzgebung und Praxis einzubeziehen. Die Kommission war ob der hervorragenden Arbeit der Einrichtungen sowohl in Gaza als auch im Westjordanland beeindruckt. Siehe ICHR, „Monthly reports on violations of HR" (Juni bis Dezember 2008), abrufbar unter: http://www.ichr.ps/etemplate.php?id=12

1350. Viele Führer der Fatah-Bewegung sowie die Gouverneure von Khan Yunis und Gaza befanden sich zum Zeitpunkt der Abfassung dieses Berichts immer noch in der Haft- und Verhöranstalt al-Mashtal.

1351. Im Laufe ihrer Ermittlungen in Gaza erhielt die Kommission Informationen von internationalen und nationalen Organisationen und von Privatpersonen in Gaza über Gewalt der den Gazaer Behörden unterstehenden Sicherheitsdienste gegen politisch Oppositionelle. Durch die israelischen Angriffe, insbesondere durch die gezielten Luftangriffe auf Polizeidienststellen und das Hauptgefängnis in Gaza-Stadt (siehe 7. Kap.), entstand ein Chaos, wodurch anfängliche Berichte über Rechtsverletzungen der Sicherheitsdienste nicht mehr unabhängig überprüft werden konnten. Gegen Ende der Kriegshandlungen fingen nationale Menschenrechtsorganisationen jedoch an, diese Behauptungen zu überprüfen, u.a. indem sie Meldungen von Krankenhäusern über den Eingang von Toten, die anscheinend nicht bei den israelischen Angriffen ums Leben gekommen waren, analysierten.

1352. Nach Angaben nationaler wie internationaler Menschenrechtsorganisationen töteten Angehörige der Sicherheitsdienste und Schützen, deren Identität nicht festgestellt werden konnte, 29 bis 32 Gazaer Einwohner zwischen dem Beginn der israelischen Kriegshandlungen und dem 27. Februar[685]. Darunter wurden etwa 17 bis 22 Häftlinge, die am 28. Dezember in der Haftanstalt al-Saraya inhaftiert gewesen waren und nach einem israelischen Luftangriff geflohen waren, anscheinend außergerichtlich oder im Schnellverfahren hingerichtet. Manche davon wurden getötet, als sie sich in Krankenhäuser begeben hatten, um sich ärztlich versorgen zu lassen (siehe 7. Kap.).

1353. Nicht alle, die nach der Flucht aus der Haft getötet wurden, waren Fatah-Anhänger, die aus politischen Gründen inhaftiert oder wegen Kollaboration mit dem Feind angeklagt wurden. Manche der Ent-

685 Siehe Under Cover of War …; ICHR, „Monthly report on human rights and freedoms in the PNA-controlled territory“, Januar 2009, abrufbar unter: http://www.ichr.ps/pdfs/eMRV-1-09.pdf; PCHR, „Special report: inter-Palestinian human rights violations in the Gaza Strip“, 3. Februar 2009, abrufbar unter: http://www.pchrgaza.org/files/Reports/English/pdf_spec/Increase_rep.pdf.

wichenen waren wegen schwerer Verbrechen, wie z.B. Drogenhandels oder Mordes, zum Tode verurteilt worden.[686] Gleichviel, was der beabsichtigte Umfang des iraelischen Angriffs auf das Gefängnis gewesen sein mag, hatte er eine chaotische Situation zur Folge, die einigen inländischen Beobachtern zufolge[687] von gewissen Elementen der Sicherheitsdienste ausgenützt wurde.

1354. Im Laufe ihrer Arbeit in Gaza hörte die Kommission Schilderungen aus erster Hand über Verletzungen der Rechte von Fatah-Anhängern, die zur Zeit der israelischen Kriegshandlungen begangen wurden. Einige der von der Kommission befragten Zeugen waren sehr erschüttert und baten aus Angst vor Vergeltung, ihre Identität nicht preiszugeben. Die Kommission hat die Zeugen befragt und hält sie für glaubwürdig. Die nachfolgend geschilderten Fälle gehören zu denen, die der Kommission berichtet wurden, und basieren auf Informationen, die von verschiedenen Quellen gesammelt wurden.

1355. Bei einem der nach der Flucht aus dem beschädigten Gefängnis Al-Saraya Getöteten handelt es sich um einen Fatah-Anhänger, der schon lange vor den israelischen Kriegshandlungen in Gaza verhaftet und inhaftiert worden war. Etwa zwei Wochen lang fragte seine Familie verschiedene Sicherheitsdienste nach seinem Verbleib, jedoch ohne Erfolg. Nachdem sie ihn endlich aufspüren konnte, konnte ihn seine Familie in der Haftanstalt des Innensicherheitsdienstes besuchen. Dort sahen sie, dass sein Gesundheitszustand schlecht war, was wahrscheinlich auf Folter und unzulängliche Haftbedingungen zurückzuführen war. In der Haft durfte er angeblich nicht frei sprechen.

1356. Am 28. Dezember 2008 befand er sich noch im Gefängnis Al-Saraya, als es bei einem israelischen Luftbombardement getroffen wurde. Nachher wurde seine Leiche, die Spuren von Schusswunden auf-

---

686 Seit der Machtübernahme durch die Hamas ist kein Todesurteil vollstreckt worden. Todesurteile bedürfen der Genehmigung des Präsidenten der palästinensischen Autonomiebehörde, der keines dieser Urteile mehr genehmigt hat, seit die Hamas die Kontrolle über die Gazaer Justiz übernommen hat. Die letzte offizielle Hinrichtung wurde 2005 von einem Erschießungskommando durchgeführt.

687 Befragung eines zivilgesellschaftlichen Aktivisten durch die Kommission, Gaza-Stadt, Juni 2009.

wies, im al-Shifa-Krankenhaus in Gaza-Stadt aufgefunden. Der Familie erzählte man, dass er von Unbekannten erschossen worden sei. Unabhängige Quellen, die die Kommission beratend hinzugezogen hat, deuten anscheinend an, dass das Opfer aus der Haftanstalt al-Saraya nach dem Luftangriff geflohen und beim Angriff selbst verwundet worden oder von Angehörigen des Gefängnispersonals erschossen worden sei, die die Flucht von Häftlingen verhindern wollten.[688]

1357. Bei der Kommission gingen verschiedene Berichte ein, die gewaltsame Angriffe auf Fatah-Anhänger[689] durch bewaffnete Männer, die in ihre Häuser einbrachen, betrafen. Bei einem Vorfall[690] klopfte eine Gruppe von Personen, die vorgaben, Polizisten zu sein, an der Tür eines Familienhauses in Gaza-Stadt. Die Familien sah sich vor einer Gruppe von 7 bis 10 Männern in Zivil konfrontiert, von denen die meisten maskiert waren. Ein Mitglied der Familie brachten sie nach

---

688 Die Kommission stellte fest, dass am 28. Dezember 2008, dem zweiten Tag der israelischen Luftangriffe, rund 200 bis 300 Häftlinge in der Haftanstalt noch festgehalten wurden. Die meisten der fast 700 Häftlinge waren in den vorigen Tagen entlassen worden. In einem auf Aussagen von Häftlingen basierenden Bericht von Human Rights Watch heißt es: „rund 115 mutmaßliche Kollaborateure mit Israel, etwa 70 Fatah-Unterstützer, die wegen verschiedener Anklagen inhaftiert wurden, sowie einige Personen, die wegen strafrechtlicher Verbrechen zum Tode verurteilt worden waren, wurden von den Behörden…in der Haft behalten. Einige der verbleibenden Häftlinge konnten am nächsten Tag entkommen, als Israel das Gefängnis bombardierte, wurden jedoch nachher von maskierten Schützen aufgespürt und getötet.
Die ICHR dokumentierte 20 Fälle, in denen entwichene Häftlinge zwischen 28. Dezember und 31. Januar von maskierten Schützen erschossen wurden; mindestens 12 der Opfer waren wegen mutmaßlicher „Kollaboration mit dem Feind" im Gefängnis inhaftiert worden.
Siebzehn der 29 Personen, die nach Angaben des Palestinian Center for Human Rights (PCHR) zwischen 28. Dezember und 27. Februar von Schützen getötet wurden, waren Häftlinge, die nach dem israelischen Angriffen aus dem Gefängniskomplex geflohen waren, darunter 13 Männer, die wegen Kollaboration mit Israel zum Tode verurteilt worden waren, drei, die wegen nicht politischer Straftaten verurteilt worden waren, und einer, der auf seinen Prozess wartete." (Under Cover of War….). Die Gazaer Behörden teilten der Kommission (im Schriftwechsel vom Juli 2009) mit, dass sich nur 11 Personen, die wegen nicht politischer Verbrechen angeklagt bzw. verurteilt worden waren, noch in Haft befänden und „unter Aufsicht" in eine Wohnung verbracht worden seien. Siehe auch 8. Kapitel.

689 Daten und sonstige Informationen, anhand derer einzelne Personen erkannt werden könnten, sind zum Quellenschutz entfernt worden.

690 Befragungen durch die Kommission, Gaza, Juni 2009.

draußen. Als sie ihn nach etwa einer halben Stunde wieder zurückbrachten, schien er mit Metallröhren heftig verprügelt worden zu sein. Etwa einen Monat später erlag er seinen Verletzungen[691].

1358. Bei einem anderen Vorfall, von dem der Kommission berichtet wurde, brachen eine Gruppe von etwa 10 bis 12 maskierten Männern in militärischen Uniformen in die Wohnung einer Person ein, die vor der Machtübernahme durch die Hamas für die Präventivsicherheitsbehörde der palästinensischen Autonomiebehörde gearbeitet hatte. Als die Familie versuchte, sich seiner Festnahme zu widersetzen, fingen die maskierten Männer an, wahllos zu schießen. Dadurch wurden ein Familienmitglied getötet und 11 andere verletzt. Nach der Schießerei flüchteten die maskierten Männer. Nach Informationen, die der Kommission vorgelegt wurden, wurde das Krankenhauspersonal von Angehörigen der Sicherheitsdienste an der Versorgung der Verletzten gehindert, als diese ins Al-Shifa-Krankenhaus eingeliefert wurden.

1359. Der Kommission wurde mitgeteilt, dass dieser zwar durchaus schwere Vorfall nur einer der vielen Vorfälle sei, bei denen diese Familie von Hamas-Funktionären ins Visier genommen worden sei. Vor einem Jahr war ein Mitglied der Familie entführt und in die Beine geschossen worden.

1360. Die Kommission wurde auch über einen Vorfall informiert, bei dem eine Gruppe bewaffneter, maskierter Männer ins Haus eines Fatah-Anhängers in Gaza-Stadt einbrach, ihn entführte und an einen nahegelegenen Ort verbrachte, wo man ihn folterte und ihm ins Bein schoss. Er soll bewußtlos zurückgelassen und von Nachbarn gerettet worden sein. Diese Qualen sollen etwa eine Stunde lang angedauert haben. Dieselbe Person war schon einmal von Angehörigen der Sicherheitsdienste verhaftet und anderthalb Monate lang festgehalten worden. Entlassen wurde er erst, nachdem er eine Erklärung unterzeichnete, mit der er sich verpflichtete, an keinen politischen Feiern oder Veranstaltungen der Fatah teilzunehmen.

---

691 „Insgesamt dokumentierten palästinensische Menschenrechtsgruppen neun Todesfälle durch Folter oder schwere Schläge in Gaza im Januar, Februar und März 2009". Under Cover of War …

1361. Der Kommission wurde mitgeteilt, dass bei einem anderen Vorfall drei bewaffnete maskierte Männer, die Symbole der Al Qassam Brigades trugen, in die Wohnung eines Fatah-Anhängers, der bei einer Fatah unterstehenden Einrichtungen arbeitet, in Gaza-Stadt einbrachen. Die Männer fingen an, alle zu verprügeln, die sich im Haus befanden, darunter auch ein Kind. Dabei schrien sie Beleidigungen. Alle Männer sollen dann gezwungen worden sein, nach draußen zu gehen, wo weitere Maskierte auf sie warteten, und sollen dort mit Metallstangen und Gewehrkolben geschlagen worden sein. Danach verbrachten die maskierten Männer einen der Männer an einen nahegelegenen Ort, wo sie ihn noch einmal sehr heftig verprügelten. Während er geschlagen wurde, sollen ihn die Maskierten weiterhin beleidigt, ihn der Kollaboration mit Israel bezichtigt, und ihn Verräter genannt haben. Auf eine Frage der Kommission antwortete ein Zeuge, dass er das Gefühl habe, das es in der Gruppe der maskierten Männer eine klare Befehlskette gäbe. Kurz vor seinem Treffen mit der Kommission war dieselbe Person vom Gazaer Innensicherheitsdienst zusammen mit anderen Fatah-Anhängern geladen und vor ihrer Entlassung vier Stunden lang in einer Haftanstalt des Innensicherheitsdienstes in Gaza-Stadt festgehalten worden.

1362. Eine andere Gruppe von Personen, die als Angehörige des Innensicherheitsdienstes identifiziert wurden, brach in die Wohnung einer Person in Gaza-Stadt ein und verprügelte Angehörige der Familie. Die Gruppe bestand aus maskierten Männern, die erst dann weggingen, als sie ihm ins Bein geschossen hatten. Das Opfer soll von Angehörigen der Sicherheitsdienste daran gehindert worden sein, seine Verletzungen im al-Shifa-Krankenhaus behandeln zu lassen. Er war bereits einmal von Angehörigen der Sicherheitsdienste verhaftet und festgehalten worden. In der Haft soll er auf verschiedene Weise gefoltert worden sein. Dazu gehörten Schläge, *Shabah*[692], Elektroschocks und Schlafentzug. Von denen, die ihn verhaftet hatten, soll er weder befragt noch irgendeines konkreten Delikts bezichtet worden sein. Gegen Ende seiner Inhaftierung wurde ihm dann zur Last gelegt, „Kontakte zur Ramallah Regierung zu unterhalten". Nach Ende des

692 Eine Foltermethode, bei der der Gefangene über längere Zeit hinweg eng angekettet ist.

Konflikts wurde er von Angehörigen der Sicherheitsdienste angeblich wieder verhaftet und gefoltert.

1363. Die Kommission wurde auch über den Fall eines anderen Fatah-Anhängers informiert, der vom Gazaer Innensicherheitsdienst geladen und auf Grund von Beweisen festgehalten wurde, die andere Mitglieder seiner Familie, die ihn der Kollaboration mit Israel bezichtigten, geliefert hatten. Zu den weiteren mutmaßlichen Verstößen der Innensicherheitsdienste gehören die Beschlagnahme von Eigentum der Familien von Fatah-Anhängern sowie weitere Folterungen in der Haft in Einrichtungen der Innensicherheitsdienste.

1364. Man teilte der Kommission mit, dass die Bewegungsfreiheit vieler Fatah-Mitglieder während der israelischen Kriegshandlungen in Gaza eingeschränkt wurde, und dass viele sehr früh unter Hausarrest gestellt und im Falle der Gehorsamsverweigerung mit „Folgen" bedroht. Hunderte Fälle, in denen Hausarrest ohne irgendeine Art rechtlichen Gehörs verhängt wurde, wurden nationalen Menschenrechtsorganisationen in diesem Zeitraum mitgeteilt. Manche Personen erhielten eine schriftliche Anordnung der Polizei bzw. des Innensicherheitsdienstes (ein Beispiel einer solchen Anordnung liegt der Kommission vor) bzw. einen mündlichen Befehl von Angehörigen der Al Qassam Brigades oder des Innensicherheitsdienstes. In einigen Fällen wurden die Befehle von Personen erteilt, die sich nicht auswiesen. Der Kommission wurde über einen Fall berichtet, in dem eine Person, die auf diese Weise unter Hausarrest gestellt wurde, von den Sicherheitsdiensten erschossen worden sein soll, als er mit anderen Mitgliedern seiner Familie aus ihrem Haus evakuiert wurde, weil sich die israelischen Streitkräfte in der Gegend befanden.[693]

1365. Die Gazaer Behörden behaupteten, dass aufgrund der durch die israelischen Kriegshandlungen geschaffenen unsicheren Lage zwischen 27. Dezember 2008 und 18. Januar 2009 keine Verhaftungen stattgefunden hätten.[694] Ihnen zufolge fanden Verhaftungen erst nach Abschluss der Kriegshandlungen statt, und das nur wegen Straftaten,

693 Befragung eines zivilgesellschaftlichen Aktivisten durch die Kommission, Gaza-Stadt, Juni 2009.

694 Schriftwechsel der Kommission mit den Gazaer Behörden, Juli 2009.

„aus Gründen der präventiven Sicherheit, und zur Wiederherstellung der öffentlichen Ordnung".

Sachverhalt

1366. Die Kommission stellt fest, dass die ihr gegenüber gemachten Angaben über Verstöße durch die Sicherheitsdienste glaubwürdig sind, und sieht keinen Anlass, an ihrer Richtigkeit zu zweifeln.

1367. Was tätliche Angriffe auf Personen betrifft, die in ihren Häusern bzw. nachdem sie aus ihren Häusern gebracht worden waren, stattfanden, wird diese Feststellung von verschiedenen Faktoren untermauert. Das Grundmuster, nach dem bewaffnete, manchmal uniformierte, maskierte Männer in Häuser einbrachen, kommt in fast allen Fällen vor, über die der Kommission berichtet wurde. In den meisten Fällen wurde denjenigen, die aus ihren Häusern entführt oder auf sonstige Weise festgenommen wurden, keine konkrete Straftat zur Last gelegt; vielmehr gerieten sie wegen ihrer politischen Organisationszugehörigkeit ins Visier der Sicherheitsdienste. Wurde eine Anklage erhoben, bezog sich diese immer auf eine mutmaßliche politische Betätigung, die nach Ansicht der Gazaer Behörden ihren Interessen zuwider lief. Aus einigen Schilderungen geht hervor, dass die Gruppen bewaffneter, maskierter Männer, die die Angriffe durchführten, Elemente hierarchischer Kontrolle aufwiesen. Die Zeugenaussagen und die Berichte der internationalen und nationalen Menschenrechtsorganisationen weisen klare Gemeinsamkeiten auf, was vermuten läßt, dass diese Angriffe nicht willkürlich, sondern im Rahmen eines Musters organisierter Gewalt v.a. gegen Fatah-Anhänger und -Unterstützer vorgenommen wurden.

1368. Auf die Behauptungen, zwischen 27. Dezember 2008 und 18. Januar 2009 wären mehr als 20 Personen, die der Kollaboration mit Israel verdächtigt wurden, getötet oder durch Beinschüsse gelähmt oder sonst schwer verletzt worden, erwiderten die Gazaer Behörden, dass ihre Untersuchungen ergeben hätten, dass es sich bei diesen Vorfällen um Familienfehden „und sonst um Einzeltaten, die von persönlicher Rache motiviert waren", handele. Außerdem gaben sie an: „sofort nach dem Krieg leitete die Regierung durch die zuständigen Behörden Ermittlungsverfahren über diese Fälle ein und erhoben Anklage vor den zuständigen Gerichten[695]". Nach Angaben von PCHR gab jedoch ein Sprecher der Gazaer Behörden am 2. Februar 2009 an: „hinsichtlich der Hinrichtung einiger Personen, die mit der [israelischen] Besatzung kollaborieren, unterscheidet die Regierung zwischen Rechtsverletzungen und den Handlungen des palästinensischen Widerstandes im Kriege[696]." Offenbar kommt in dieser Verlautbarung Unterstützung für verschiedene Gewalttaten zum Ausdruck, die in der von den Kriegshandlungen geschaffenen Atmosphäre des Chaos begangen wurden.

B. Rechtliche Würdigung

1369. Obwohl sie zwar nicht international annerkannt sind und daher nicht in der Lage sind, internationale Menschenrechtsverträge zu unterzeichnen, sind die Gazaer Behörden verpflichtet, den Schutz der Menschenrechte der Gazaer Bevölkerung durchzusetzen, da sie die faktische Herrschaftsgewalt über das Gebiet, insbesondere über die Ordnungs- und Justizbehörden, ausüben[697] (siehe 4. Kap.).

695 Schriftliche Antwort der Gazaer Behörden an die Kommission; Juli 2009.

696 Taher al-Nouno, Sprecher der Gazaer Behörde, war auf der Pressekonferenz mit Ehab al-Ghusein, Sprecher des Innenministeriums sowie Islam Shahwan, Sprecher der palästinensischen Polizei in Gaza. Siehe „Special report ...".

697 In ihrem gemeinsamen Bericht über den Libanon und Israel kamen vier Sonderbeauftragte der Vereinten Nationen zu folgendem Schluss: „Obwohl Hisbollah als nichtstaatlicher Akteur diese Menschenrechtsverträge nicht unterzeichnen kann, ist sie trotzdem an die erstmals in der Allgemeinen Erklärung der Menschenrechte geäußerten Forderung der internationalen Gemeinschaft, dass jedes Organ der Gesellschaft die Menschenrechte achten und fördern soll, gebunden. [...] Ein Aufruf an eine bewaffnete Gruppierung zur Achtung menschenrechtlicher Normen ist v.a. dann angemessen und praktisch, wenn diese die Herrschaftsgewalt über Gebiet und Bevölkerung in erheblichem Maße ausübt und eine erkennbare politische Struktur aufweist (A/HRC/2/7, Abs. 19). Siehe A/HRC/6/76, Abs. 4-9 für eine kurze Übersicht der relevanten Ereignisse, die der Ergreifung der vollen Kontrolle im Gaza-Streifen durch die Hamas vorausgingen. (Siehe auch Andrew Clapham, Human Rights Obligations of Non-State Actors (Oxford, Oxford University Press, 2006), Kap. 7.

1370. Bevor die Hamas im Juni 2007 die volle Kontrolle über den Gaza-Streifen übernahm, hatten ihre Führer öffentlich beteuert, dass sie die internationalen Menschenrechtsnormen einhalten würden.[698] Im Juli 2009 erklärten die Gazaer Behörden förmlich gegenüber der Kommission, dass sie die Verpflichtung akzeptieren, die Menschenrechte und Grundfreiheiten, insbesondere diejenigen, die in der Allgemeinen Erklärung der Menschenrechte und im Palästinensischen Grundgesetz verankert sind, zu achten. Des Weiteren erklärten sie, „die Regierung befindet sich in ständigem Kontakt zum Roten Kreuz und zu Menschenrechtsorganisationen, hört ihren Bemerkungen zu und berücksichtigt soweit wie möglich ihre Empfehlungen; das können diese Organisationen bestätigen[699]."

1371. Aufgrund des ermittelten Sachverhalts stellt die Kommission fest, dass die oben geschilderten Handlungen von Angehörigen der Sicherheitsdienste schwere Menschenrechtsverletzungen darstellen und weder mit der Allgemeinen Erklärung der Menschenrechte noch mit dem Palästinensischen Grundgesetz vereinbar sind. Insbesondere stellen sie hinsichtlich der Allgemeinen Erklärung – die Bestandteil des Gewohnheitsvölkerrechts geworden ist – Verletzungen des Art. 3 hinsichtlich des Rechts eines jeden auf Leben, Freiheit und persönliche Sicherheit dar; des in Art. 5 verankerten Verbotes von Folter und grausamer, unmenschlicher oder erniedrigender Behandlung oder Bestrafung; des in Art. 9 verankerten Verbotes willkürlicher Verhaftung oder Inhaftierung; des in Art. 10 und 11 verankerten Rechts auf ein faires, unparteiisches Verfahren und der Meinungsfreiheit des Art. 19 (insbesondere der Freiheit, Meinungen ungestört zu vertreten).

1372. Die Verlautbarung der Gazaer Behörden, dass strafrechtliche Ermittlungsverfahren wegen einiger der Tötungen, die sich zwischen 28. Dezember 2008 und 18. Januar 2009 ereigneten, eingeleitet worden seien, nimmt die Kommission zur Kenntnis. Sie ist jedoch besorgt angesichts der Behauptung der Gazaer Behörden, dass diese Ermittlungen nur Familienfehden oder von persönlicher Rache mo-

---

698 Siehe A/HRC/8/17.

699 Die Gazaer Behörden haben den störungsfreien Betrieb der IHCR ermöglicht und gehen den von ihr vorgebrachten Beschwerden regelmäßig nach.

tivierte Einzeltaten betreffen. Besorgt nimmt die Kommission auch zur Kenntnis, dass zum Zeitpunkt der Abfassung dieses Berichts Aufrufe internationaler und nationaler Menschenrechtsorganisationen an die Gazaer Behörden, allen mutmaßlichen Rechtsverletzungen seriös nachzugehen, die Täter der Justiz zuzuführen und alle Feststellungen zu veröffentlichen, nicht beantwortet worden sind. Werden diese Behauptungen nicht ernsthaft untersucht und die Täter nicht zur Verantwortung gezogen, so wird den Opfern die Gerechtigkeit versagt und eine Kultur der Straffreiheit gefördert.

WEST-BANK
EINSCHLIESSLICH OSTJERUSALEM

Einführung

1373. Wie in Kapitel I ausgeführt, ist die Kommission der Auffassung, dass in ihrem Mandat die Referenz auf Verletzungen „im Kontext" der Militäroperationen in Gaza es erfordern, über die eigentlichen Verstöße in und um Gaza hinauszugehen. Sie ist auch der Ansicht, dass im Hinblick auf den Zeitraum, die Zielstellungen und die Angriffsziele Rechtsverletzungen, die mit den Kriegshandlungen von Dezember bis Januar 2009 verbunden sind, sowie Einschränkungen der Menschenrechte und Grundfreiheiten im Zusammenhang mit den Strategien und Handlungen Israels in Verbindung mit dessen Kriegshandlungen Auftragsgegenstand sind.

1374. Nach Ansicht der Kommission stehen die Ereignisse in der West-Bank und in Gaza in einer engen Wechselbeziehung. Eine Analyse beider ist unabdingbar, um ein umfassendes Verständnis für den eigentlichen Sachverhalt des Berichts im Rahmen des Untersuchungsauftrags zu gewährleisten. Die Vorkommnisse in Gaza haben Folgen für die West-Bank und bereits bestehende Probleme in der West-Bank wurden durch die Militäroperationen in Gaza verschlimmert.

1375. Im Kontext der israelischen Militäroperationen in Gaza konzentrierte die Kommission den Schwerpunkt ihrer Betrachtung der West-Bank im Hinblick auf israelische Aktionen auf vier Hauptaspekte:

(a) die drastische Zunahme der Gewaltanwendung durch israelische Sicherheitskräfte, einschließlich des Militärs, in der West-Bank;

(b) die Verschärfung und Verfestigung des Systems der Freizügigkeits- und Zugangsbeschränkungen;

(c) das Problem der palästinensischen Häftlinge, besonders die zunehmende Zahl inhaftierter Kinder während und nach den Militäroperationen

(d) und die damit einhergehende Inhaftierung von Hamas-Mitgliedern des palästinensischen Legislativrates.[700]

Während die Behandlung Oppositioneller durch die Behörden in Gaza in Kapitel XIX diskutiert wird, erfordert der gleiche Sachverhalt in der West-Bank ebenfalls eine Untersuchung. Der Zusammenhang zu den israelischen Militäroperationen in Gaza wird in den jeweiligen Kapiteln erläutert.

Methodik

1376. Eine Folge der Weigerung Israels, mit der Kommission zusammenzuarbeiten, war, dass es ihr nicht möglich war, die West-Bank zu besuchen und Verletzungen internationalen Rechts vor Ort zu ermitteln. Die Kommission erhielt dennoch zahlreiche mündliche und schriftliche Berichte und anderes relevantes Material von Palästinensern, israelischen und internationalen Menschenrechtsorganisationen und Institutionen. Darüber hinaus traf sich die Kommission mit Repräsentanten einiger Menschenrechtsorganisationen, mit palästinensischen Politikern und anderen lokalen Autoritäten (siehe Anhang). Sie lud Experten, Zeugen und Opfer zu öffentlichen Anhörungen ein, welche am 6. und 7. Juli 2009 in Genf durchgeführt wurden. Die Kommission führte auch Telefoninterviews mit Betroffenen und Zeugen und sichtete relevantes Video- und Fotomaterial.

1377. Den mangelnden Möglichkeiten, die West-Bank zu besuchen, geschuldet, beruht das nachfolgende Material in größerem Maß als andere Teile des Berichts auf sekundären Informationsquellen.

700 Die Frage der Inhaftierung von Menschen aus Gaza während und nach den Operationen im Dezember 2008 wird im Kapitel XV behandelt.

1378. Die Kommission hält die angehörten Zeugen bezüglich der West-Bank für glaubwürdig und verlässlich. Die Kommission ist auch davon überzeugt, dass die von ihr geprüften Beriche, auf die sie sich beruft, glaubwürdig sind und auf solider Methodik basieren.

1379. Um Informationen und offizielle Regierungspositionen hinsichtlich der nachfolgend angezeigten Sachverhalte einzuholen, schrieb die Kommission außerdem an die Autonomiebehörde und an die Regierung Israels. Die erhaltenen Stellungnahmen der Autonomiebehörde wurden in diesem Kapitel berücksichtigt. Die israelische Regierung hat auf die Anfrage der Kommission nicht geantwortet.

1380. Wegen der Komplexität, der Thematik palästinensischer Häftlinge gerecht zu werden und der Beschränkung der Bewegungsfreiheit und des allgemeinen Zugangs, beinhalten die Kapitel zu diesen Themen jeweils eine erklärende Einführung, welche die sachlichen Rahmenbedingungen der angezeigten Problematik beschreibt und einige wichtige Begriffe und Konzepte erläutert.

XX. Die Behandlung von Palästinensern im Westjordanland durch israelische Sicherheitskräfte einschliesslich die Anwendung exzessiver oder auch tödlicher Gewalt während Demonstrationen

1381. Die von der Kommission gesammelten Informationen weisen auf ein kontinuierliches Muster von Misshandlung und Gewaltanwendung gegen Palästinenser in der West-Bank einschließlich Ost-Jerusalems hin. Misshandlungen und Gewalt auf niedriger Ebene wurden als gängige Praxis in der Begegnung zwischen Palästinensern und israelischen Sicherheitskräften an den Checkpoints festgestellt (Armee, Polizei und Grenzschutz).[701] Hingegen wurde ein höheres, mitunter tödliches Maß an Gewalt während Demonstrationen, militärischen Überfällen sowie Durchsuchungs- und Festnahmeaktionen registriert. Die allgegenwärtige Präsenz schwer bewaffneten Militärs in der West-Bank birgt zu jeder Zeit ein Potential an Gewalt. Wie von einem Zeugen der Kommission berichtet wurde, ist der Einsatz von Gewalt ein Teil des Kontrollsystems der Besatzung, in dem die Angst eine Schlüsselrolle spielt, die nur durch konstante Drohung mit und periodisch wiederkehrender Anwendung von Gewalt aufrechtzuerhalten ist.[702]

1382. Es sind nicht nur die Sicherheitskräfte, welche Gewalt gegen Palästinenser in der West-Bank ausüben. Als die israelischen Militäroperationen in Gaza begannen, erlebte die West-Bank einige der schwersten Akte von Gewalt der letzten Jahre durch Siedler.[703]

---

701 B'Tselem, „Beatings & Abuse" www.btselem.org/english/beating_and_abuse/index.asp). Einsatz privater Sicherheitsunternehmen an Checkpoints, siehe Kapitel XXI.

702 Interview der Kommission mit 'Defence for Children, Sektion International-Palästina, 3 July 2009.

703 Büro für die Koordination Humanitärer Angelegenheiten /Special Focus: "Unprotected: Israeli settler violence against Palestinian civilians and their property",

1383. Zeugen und Experten informierten die Kommission über eine drastische Zunahme der Gewaltanwendung durch israelische Sicherheitskräfte gegen Palästinenser in der West-Bank mit Beginn der Militäroperationen in Gaza.[704] Während palästinensischer Demonstrationen, welche dem Beginn der Militäroperationen in Gaza[705] folgten, wurden einige Demonstranten getötet und zahlreiche durch israelische Sicherheitskräfte verletzt. Das hohe Maß der Gewalt wurde bis zum Ende der Operationen am 18. Januar aufrechterhalten.[706] Berichte von Nichtregierungsorganisationen bestätigen diese Informationen.[707]

Dezember 2008. In ihrer Antwort an die Kommission (5. August 2009) berichten die palästinensischen Behörden von 58 Gewaltdelikten von Siedlern an Palästinensern in der Zeit zwischen dem 16. November 2008 und dem 15. Dezember 2008, verglichen mit durchschnittlich 26 entsprechenden Vorkommnissen pro Monat im vorangegangenen Jahr.

704 Die NGO Al-Haq berichtete von einem anderen, besonders verstörenden Fall „offenkundig absichtsvoller Tötung" eines Bauern aus Hebron am 17. Januar 2009. Medizinisches Personal, das gebeten wurde, seinen Leichnam bei den israelischen Soldaten abzuholen, die ihn zuvor verhaftet hatten, gab an, dass dem Bauern offensichtlich aus kürzester Entfernung in den Bauch geschossen wurde, während er offenkundig saß. Siehe "A vicious reminder of occupation in the West Bank: Israeli soldiers Kill Palestinian farmer in Hebron". Al-Haq Pressemeldung, 17. Januar 2009.

705 Interview der Kommission mit Al-Haq, 2. Juli 2009 (sechs Tote wurden von Al-Haq gezählt). Siehe auch wöchentliche Berichte zum Schutz von Zivilisten des Büros für die Koordination Humanitärer Angelegenheiten während der entsprechenden Zeitspanne; die Nachricht, welche die Kommission von den palästinensischen Behörden erhielt, listete 30 Schusswunden zwischen dem 27. Dezember 2008 und dem 18. Januar 2009 auf; die Zeugnisse Mohamed Srours und Jonathan Pollaks bei der öffentlichen Anhörung in Genf am 6. Juli 2009; und eine B'Tselem Pressemeldung am 18. Juni 2009 „Prohibit live ammunition in circumstances that are not life-threatening in the West Bank".

706 Treffen der Untersuchungskommission mit B'Tselem am 3. Juli 2009 und mit Al-Haq am 2. Juli 2009.

707 B'Tselem berichtete von einer steigenden Anzahl von Schlägen und bezog sich auf einige besonders schwere Fälle, einschließlich dem Fall einer älteren Schäferin, deren Arm von Grenzpolizisten am 11. März 2009 gebrochen wurde. „Border police break arm of Halimeh a-Shawamreh, near the Separation Barrier", Deir al-'Asal al-Foqa, März 2009".

A. Siedlergewalt im Westjordanland in der Zeit vor den israelischen Militäroperationen in Gaza

1384. Anfang Dezember 2008 begingen Siedler in Hebron gewalttätige Ausschreitungen gegen die örtliche palästinensische Bevölkerung. Obwohl Israel als Besatzungsmacht die Pflicht hat, Sicherheit und Ordnung in den besetzten Gebieten zu gewährleisten[708], intervenierte die israelische Polizei nicht, um die betroffenen Palästinenser zu schützen.[709] Die Gewalt der Siedler ist eine alltägliche Erscheinung, welche sich in erster Linie gegen palästinensische Zivilisten und ihr Eigentum, gelegentlich auch gegen israelische Soldaten richtet.[710] Laut dem Amt für Koordination humanitärer Angelegenheiten ist der Kern des Problems die langjährige Politik Israels, welche seine Bürger fortwährend zur Besiedelung der besetzten Gebiete ermuntert und diese begünstigt, vom humanitären Völkerrecht als Bevölkerungstransfer definiert und verboten.[711] Die israelischen Medien schreiben die Zunahme der Siedlergewalt der zunehmenden Radi-

708 Den palästinensischen Behörden ist es nicht gestattet, den alten Teil des Zentrums von Hebron, bekannt als „H2“, zu betreten; dies geht zurück auf das Protokoll zur Umstrukturierung Hebrons vom Januar 1997. Hinsichtlich der allgemeinen Situation in Hebron siehe auch www.btselem.org/English/Hebron/.

709 Al-Haq calls for immediate measures to stop settler violence in Hebron and throughout the Occupied Palestinian Territory “, Al-Haq Eilmeldung, 5. Dezember 2005. In ihrer Antwort an die Kommission berichteten die palästinensischen Behörden von 355 Angriffen von Siedlern in der Zeit vom 19. Mai 2008 bis zum 17. Juli 2009.

710 Im Jahr 2008 registrierte das ABüro für die Koordinierung Humanitärer Angelegenheiten 290 Fälle von Siedlergewalt, wobei 131 Palästinenser starben, ein substantieller Anstieg im Vergleich zu vorangehenden Jahren. In der Mehrzahl der registrierten Fälle griffen Gruppen von Siedlern besonders schutzbedürftige Ziele an (Kinder, Frauen und Ältere), hauptsächlich in Hebron und in der Gegend von Nablus. Im Januar 2007 lancierte B’Tselem in den besetzten palästinensischen Gebieten ein Video-Projekt und verteilte Kameras. Ziel des Projektes ist es, „Palästinenser in konfliktreichen Gegenden mit Videokameras auszustatten, um auf die Realität des Lebens unter Besatzung in Israel und international aufmerksam zu machen, indem Verletzungen der Menschenrechte sichtbar gemacht und Wiedergutmachung gefordert wird. Das Projekt von B’Tselem brachte entsprechendes Material zutage, das veröffentlicht wurde, wie zum Beispiel der Angriff der Siedler auf Hirten in Susya im Juni 2008.

711 Büro für die Koordination Humanitärer Angelegenheiten, im Blickpunkt: „Un-

kalisierung der Siedlerbewegung nach der Abkoppelung von Gaza im August 2005 zu.[712]

1385. Laut mehrerer Quellen[713] kam es am 4. Dezember 2008 in Hebron zu Ausschreitungen, nachdem die israelischen Sicherheits kräfte israelische Siedler vom Haus der Familie Rajabi, in der Altstadt von Hebron, evakuiert hatten. Gemäß den Berichten der Vereinten Nationen kam es zu gewaltsamen Konfrontationen zwischen Siedlern und israelischen Sicherheitskräften mit Verletzten auf beiden Seiten; danach „setzte sich die Welle der Gewalt in der Innenstadt Hebrons fort. Gruppen von Siedlern warfen Steine auf palästinensische Häuser und setzten Autos, Agrarflächen, Häuser und den Innenraum einer Moschee in Brand. Die Siedler versuchten auch, sich gewaltsam Zutritt zu palästinensischen Häusern zu verschaffen".[714] Ein Zwischenfall, bei dem der israelische Siedler Ze'ev Braude auf drei Mitglieder der Familie al-Matariyeh schoss und diese verletzte, wurde gefilmt und von internationalen Medien ausgestrahlt.[715]

---

protected: Israeli settler violence against Palestinian civilians and their property", Dezember 2008.

712 Siehe auch, „Israel's religious right and the question of settlements", Internationale Krisen-Gruppe „Middle East Report" No. 89 – 20. Juli 2009.

713 „Settler violence after evacuation of Occupied House", Temporäre internationale Präsenz, Hebron Presseveröffentlichung; „Israel braces for settler violence in wake of Hebron house evacuation", Ha'aretz 5. Dezember 2008, und „Dozens injured as Israeli army removes settlers from Hebron house", Maan News, 4. Dezember 2008.

714 Amt für die Kooridinierung Humanitärer Angelegenheiten, im Blickpunkt: „Unprotected: Israeli settler violence against Palestinian civilians and their property", Dezember 2008.

715 Zum Beispiel, „Settlers filmed shooting at Palestinians turn themselves in", Ha'aretz, 7. Dezember 2008. Der Siedler wurde schließlich entlassen und weder angeklagt, noch strafrechtlich verfolgt.

1386. Die Welle der Gewalt dauerte mehrere Tage.[716] Palästinensische Krankenhäuser berichteten in dieser Zeit von siebzehn Verletzten, darunter fünf mit Schusswunden.[717]

1387. Der Gebrauch von Gewalt gegen die Solidaritätskundgebungen in der West-Bank während der militärischen Operationen in Gaza.

1388. Nach Beginn der israelischen Offensive in Gaza gab es bei Demonstrationen in der West-Bank einen deutlichen Anstieg der Gewalt durch israelische Sicherheitskräfte. Der Einsatz von Gewalt gegen Proteste, einschließlich der Proteste gegen die Mauer in Orten wie Jayyous, al-Ma'sara, Bi'lin und Ni'lin, war schon seit einigen Jahren hoch.[718] Die Dörfer, in denen regelmäßig protestiert wird, verlieren im Zuge des Mauerbaus Land oder haben bereits große Teile ihres Landes an Siedlungen und die Mauer verloren. Es hat sich eine agile Graswurzelbewegung gewaltfreier Widerstand entwickelt, der Aufmerksamkeit und Unterstützung durch israelische und internationale Aktivisten erhält. Neue Waffen und Taktiken der israelischen Sicherheitskräfte zielen auf die Niederschlagung dieser populären Bewegung[719] und führten zu Verletzten und Todesopfern. Ein Beispiel ist der Tod der beiden Kinder Ahmad Musa, 10 Jahre,

---

716 Lt. des Amtes für die Kooridinierung Humanitärer Angelegenheiten, „ breitete sich die Siedlergewalt schnell auf andere Gegenden der West-Bank aus (….) Gruppen von Siedlern schmissen am Tage der Evakuierung in mehr als 12 verschiedenen Orten Steine auf palästinensische Fahrzeuge und griffen palästinensische Gemeinden an. Sie setzten palästinensisches Eigentum und Land in Brand, sägten Olivenbäume ab, schlitzten Autoreifen auf und zerstörten palästinensisches Eigentum. Amt für die Koordinierung Humanitärer Angelegenheiten, Special Focus: „Unprotected: Israeli settler violence against Palestinian civilians and their property “, Dezember 2008. Siehe auch Alternatives Informationszentrum, Bericht über Siedlergewalt November/Dezember 2008 erhältlich unter www.alternativenews.org/publications/164-settler-violence-reports/1829-settler-violence-reportnovember-december-2008-.html und Ha'aretz: www.haaretz.com/hasen/spages/1043794.html

717 „IDF erklärt Hebron nach Siedler-Randale zur geschlossenen Militärischen Zone“, Ha'aretz, 4. Dezember 2008.

718 „Repression Allowed, Resistance Denied: Israel's suppression of the popular movement against the Apartheid Wall of Annexation “, Addameer und Stop the Wall-Bericht, Juli 2009. Liste der 19, einschließlich 11 Kindern, getöteten Menschen bei Demonstrationen gegen die Mauer bis Juli 2009, siehe auch http://palsolidarity.org/2009/06/7647

719 Siehe Ni'lin Factsheet unter http://stopthewall.org/factsheets/1669.shtm

und Yusef Amera, 17 Jahre[720]; beide wurden durch einen Kopfschuss getötet.[721]

1389. Anlass zur Sorge stellen für die Kommission weitere Beschuldigungen hinsichtlich unnötiger, tödlicher Gewalt durch israelische Sicherheitskräfte dar. Bei der öffentlichen Anhörung am 6. Juli 2009 in Genf beschrieben zwei Zeugen, Mohamed Srour und Jonathan Pollak, die tödlichen Schüsse auf zwei junge Männer während einer Demonstration in Ni'lin gegen die Militäroperationen in Gaza am 28. Dezember 2008. Bei diesem Protest erlitt auch Herr Srour eine Schusswunde am Bein.[722]

1390. Bei der Anhörung am 6. Juli legte Herr Srour dar, dass in Folge des Krieges viele Menschen in der gesamten West-Bank, auch im Dorf Ni'lin, demonstrieren und ihre Solidarität mit den Menschen in Gaza zum Ausdruck bringen wollten. Ein wichtiger Bestandteil der Demonstation waren Aktivisten israelischer und internationaler So-

---

720 29. Juli 2008: Tötung Ahmad Husam Yusef Mousa (10) in Ni'lin. Gemäß Al-Haq „Ahmad Husam Musa, ein 10 Jahre altes Kind, versteckte sich in einem Olivenhain. Ein Mitglied der israelischen Grenzpolizei sah Ahmad Musa, verließ das Fahrzeug, zielte mit seinem Gewehr und schoss mit scharfer Munition. Aus einer Entfernung von 50 Metern traf die Kugel Ahmads Stirn und trat aus dem Hinterkopf wieder aus. Während zwei Organisatoren der Demonstrationen eintrafen, um Ahmad Musa in Sicherheit zu bringen, wurden sie von der Grenzpolizei beschossen. Es gelang ihnen, das Kind in Sicherheit zu bringen, aber es war schon tot.", „Right to life of Palestinian children disregarded in Ni'lin as Israel's policy of wilful killing of civilians continues ", Al-Haq Pressenachricht, 7. August 2008.

721 „Right to life of Palestinian children disregarded in Ni'lin as Israel's policy of wilful killing of civilians continues ", Al-Haq Pressenachricht, 7. August 2008. Siehe auch „Repression Allowed, Resistance Denied: Israel's suppression of the popular movement against the Apartheid Wall of Annexation ", Addameer und Stop the Wall-Bericht, Juli 2009. Der Bericht veranschaulicht den außerordentlichen Gebrauch von Waffen, welcher darauf abzielt, bleibende Schäden zuzufügen, am Beispiel von Ibrahim Burnat (26), dem, während der wöchentlichen Demonstrationen gegen die Mauer am 13. Juni 2008 drei Mal in den Oberschenkel geschossen wurde. Lt. medizinischem Protokoll wurde auf ihn mit einer explosiven Kugel geschossen. Der Bericht konstatiert ebenfalls, dass während der Proteste in den vier genannten Dörfern 1566 Menschen verletzt und sechs Menschen getötet wurden.

722 Zeugnis von Herrn Srour und Herrn Pollack, einschließlich eines Videos des Vorfalls, zu sehen unter http://webcast.un.org/ramgen/ondemand/conferences/unhrc/gaza/gaza090706pm1-eng.rm?start=00:35:37&end=01:41:24.

lidaritätsbewegungen. Die beiden Zeugen sprachen von einer Atmosphäre der Konfrontation mit der Polizei und der Grenzpolizei, welche sich deutlich von der Situation vor den Operationen in Gaza unterschied. Herr Pollack legte dar:

> Die bei dem Vorfall herrschende Atmosphäre, und nach Beginn und während des Kriegs im Allgemeinen, war, dass sämtliche Kontroll- und Aufsichtsmechanismen weggefallen waren. Die Soldaten sagten über den Gaza-Krieg Dinge wie „Es ist eine Schande, dass wir nicht in Gaza sind, um Araber zu töten". Es schien eine gewisse Konfrontationsfreudigkeit zu geben und die verbrauchte Menge an scharfer Munition bestätigt dies. Auch wenn die Armee in der Vergangenheit nicht zimperlich war, so eskalierte ihr Verhalten nun jedoch beträchtlich.

1391. Laut Zeugenaussagen, war die Hauptdemonstration bereits beendet, als die Armee und die Grenzpolizei Tränengas und Blendgranaten einsetzten, um die Menge zu zerstreuen. Die nachfolgenden Ereignisse spielten sich am Dorfrand, in erheblicher Distanz zum Bauplatz der Mauer ab. Die beiden jungen, später getöteten Männer waren Teil einer kleinen Gruppe von Demonstranten, von denen manche die Soldaten mit Steinen beworfen hatten. Auf Videomaterial kann man vier bis fünf Soldaten sehen, die, wie es scheint, ohne jede Bedrohung umherlaufen. Zu diesem Zeitpunkt wurde kein Tränengas eingesetzt. Dutzende Salven scharfer Munition wurden in die Richtung der jungen Männer geschossen, von denen drei innerhalb weniger Minuten getroffen wurden. Mohamed Khawaja wurde in die Stirn getroffen; Arafat Khawaja, der sich abwendete, wurde in den Rücken geschossen, und Mohammed Srour traf eine Kugel ins Bein. Anschließend hinderte man einen Ambulanzwagen daran, die Opfer zu bergen; sie wurden ein Stück weit zu einem Kleintransporter getragen, der von der Armee mit Tränengas beschossen wurde. Im Krankenhaus angekommen, wurde der Tod von Arafat Khawaja festgestellt und Mohamed Khawaja erlag seinen Verletzungen nach einigen Tagen.

1392. Bei anderen Protesten gegen die Militäroperationen in Gaza wurden zwei Palästinenser getötet. Am 4. Januar wurde Mufid Walwel während einer Demonstration nahe Qalqilya, wo die Mauer gebaut werden soll, erschossen. Am 16. Januar starb Mus'ab Da'na in Hebron nach einem Kopfschuss. Laut Berichten von Nichtregierungsorganisationen besteht Grund zur Annahme, dass die Grenzpolizei für beide Vorfälle die Verantwortung trägt.[723]

1393. Die Kommission bat die israelische Regierung um eine Stellungnahme bezüglich des vermehrten Einsatzes von scharfer Munition in der West-Bank, erhielt jedoch keine Antwort.

B. Der erhöhte Grad von Gewalt seit Ende der Gaza-Operationen

1394. Seit Ende der Militäroperationen in Gaza im Dezember und Januar hat sich Berichten zufolge der erhöhte Grad von Gewalt gegen Demonstranten fortgesetzt und das auch in anderen Situationen. Ein Augenzeuge berichtete der Kommission, wie am 13. März 2009 der US-Amerikaner Tristan Anderson bei einer Demonstration gegen die Mauer in Ni'ilin von einer Tränengaskartusche am Kopf getroffen wurde. Laut Aussagen des Zeugen hatte Herr Anderson die Angriffe israelischer Soldaten und der Grenzpolizei auf Demonstranten fotografiert. Seine Stirn wurde aus nächster Nähe von einer Tränengaskartusche zerschmettert. Die Grenzpolizei war in der Lage zu sehen, dass Herr Anderson am Boden lag, schoss jedoch weiter mit Tränengas in seine Richtung. Der Kommission liegt Videomaterial vor, welches palästinensische Rettungskräfte mit Herrn Andersons Körper auf einer Bahre zeigt und eine Tränengaskartusche, die direkt neben ihnen einschlägt und die sich daraufhin entwickelnde große Gaswolke.[724] An einem Checkpoint verzögerten, lt. Aussage des Zeugen, israelische Sicherheitskräfte vor der Einreise nach Israel Herrn Andersons Transport von einem palästinensischen in einen israeli-

723 Eidesstattliche Erklärung, Al-Haq No. 4667/2009 und 4608/2009
724 Siehe http://palsolidarity.org/2009/03/5324.

schen Ambulanzwagen.[725] Auch am 1. August 2009 ist der Zustand von Herrn Anderson, der sich in einem israelischen Krankenhas befindet, nach wie vor kritisch.

1395. Am 17. April 2009 wurde in Bi'ilin Bassem Abu Rahma durch ein Hochgeschwindigkeits-Tränengasgeschoss getötet, das ihn aus einer Distanz von 30 bis 40 Metern in die Brust traf. Der tödliche Schuss während einer friedlichen Demonstration gegen die Mauer wurde gefilmt.[726] Das Material zeigt Herrn Abu Rahma deutlich sichtbar, unbewaffnet auf einem kleinen Hügel stehend. Er stellt keinerlei Bedrohung dar.

1396. Augenzeugen berichteten der Kommission, dass regelmäßig Scharfschützen in die Dörfer eindringen und auf Dächern Stellung beziehen. Sie berichteten von ihrem Eindruck, dass es für diese fast schon ein Sport geworden sei, auf Demonstrierende zu zielen und die Art und Weise, in der dies geschieht, hinsichtlich der Aufgabe, eine Menschenmenge zu kontrollieren, unangemessen sei und mit augenscheinlicher Missachtung in Bezug auf Leib und Leben jener, die sie ins Visier nehmen.[727]

1397. Am 5. Juni 2009 schossen Scharfschützen bei einer Demonstration in Bi'ilin auf fünf Personen. Einer von ihnen, Aqel Srour, starb. Ein 15-jähriger Junge wurde in den Unterleib getroffen. Er wird lebenslang behindert sein.[728] Al-Haq, der nach seinen Worten dem verwun-

---

725 Telefonat der Kommission mit Ulrika Karlsson, 5. August 2009. Israel gestattet palästinensischen Ambulanzwagen keine Durchfahrt nach Israel. Die Zeugin berichtete auch, selbst im Januar mit einer 0,22 Kaliber-Kugel in die Wade getroffen worden zu sein, während nur Momente danach einer Person neben ihr in den Fuß geschossen wurde. Siehe auch die Berichte von Democracy Now: „US Consul General says awaiting Israeli Report on IDF shooting of American citizen", 16. März 2009.

726 „Our peaceful village should no longer be the graveyard of our youth", 17. April 2009, auf der website www.bilinvillage.org/english/articles/press-and-in depen dent-media/Our-Peaceful-Towns-Should-No-Longer-Be-The-Graveyard-Of-Our-Youth.

727 Telefonat der Kommission mit Ulrika Karlsson am 5. August 2009 und Interview mit Jonathan Pollak am 6. Juli 2009.

728 Interview der Kommission mit Jonathan Pollak und Mohamed Srour am 6. Juli 2009 und Telefoninterview mit Ulrika Karlsson am 5. August 2009. Siehe auch Bericht von Addameer.

deten Jungen zu Hilfe eilen wollte, beschrieb den tödlichen Schuss auf Srour als einen Akt ‚vorsätzlicher Tötung'.[729]

1398. Auch die von den Sicherheitskräften eingesetzten Waffen geben Anlass zur Sorge. Zahlreiche Verletzungen, welche Demonstranten während der Anti-Mauer-Demonstrationen in den letzten Monaten (in Ni'lin, Bi'lin, Jayyous, Bitounya und Budrus) erlitten, und auch der Tod von Aqel Srour und der eines 14-Jährigen im Februar in Hebron[730] wurden nachweislich durch Ruger 0,22-Kaliber Gewehre verursacht. B'Tselem hat gegen den Gebrauch dieser Waffe zur Kontrolle von Menschenmengen protestiert, da sie potentiell tödlich ist.[731] In seiner Antwort auf einen Brief von B'Tselem vom 26. Februar schrieb der Generalstaatsanwalt, dass „die Regeln zur Anwendung von Schusswaffen für die 0,22-Kaliber Munition mit den Regeln für gewöhnliche Munition vergleichbar sind" und: „... in Folge Ihres Schreibens haben wir veranlasst, dass die Einsatzkräfte aufs Neue in der verbindlichen Regelung für die Anwendung von Schusswaffen unterwiesen werden".[732] Dennoch muss, auf Grund der Art des Todes von Aqel Srour und in Anbetracht der den Demonstranten zugefügten Verletzungen in den Folgemonaten davon ausgegangen werden, dass beim Gebrauch des Ruger-Gewehrs keinerlei Mäßigung erfolgte.[733]

1399. Die Regeln für die israelischen Sicherheitskräfte zum Feuer-Eröffnen in der Westbank besagten, dass unterschiedliche Bestimmungen gelten je nachdem, ob Israelis zugegen sind oder aber ausschließlich Palästinenser.[734] Zum Beispiel sehen sie den Einsatz von scharfer Munition unter bestimmten Bedingungen vor, im Fall gewaltsa-

729 „The willful killing of Aqel Srour following a Ni'lin demonstration against the Annexation Wall: a deplorable illustration of impunity's slippery slope", Al-Haq Pressenachricht, 25. Juni 2009.

730 „Prohibit live ammunition in circumstances that are not life-threatening in the West Bank", B'Tselem, Pressenachricht, 18. Juni 2009.

731 Korrespondenz der Kommission abrufbar unter: www.btselem.org/English/Press_Releases/20090709.asp

732 Brief des Majors Yehoshua Gortler, des juristischen Assistenten des General Militärrichters an B'Tselem vom 15. März 2009.

733 Siehe auch B'Tselem-Brief an den Brigade-General Avichai Madelblit, Obersten Militärrichter (Judge Advocate General), 17. Juni 2009.

734 Siehe, *Open Fire Regulations Booklet for the Soldier in Judea and Samaria region*, veröffentlicht vom Führungsstab des Zentralkommandos im Juli 2006. Siehe

mer „Störungen“[735] in der Nähe oder in unmittelbarer Umgebung der Mauer. Bei Teilnahme von Israelis jedoch ist der Gebrauch von scharfer Munition verboten. Es finden sich ähnlich unterschiedliche Vorkehrungen für den Einsatz gummiummantelter Stahlgeschosse und bezüglich der Abgabe von Warnschüssen. Allerdings berichteten Zeugen der Kommission, dass die Armee nicht mehr zwischen Palästinensern und ihren israelischen und internationalen Unterstützern unterscheidet und mit größerer Gewalt gegen alle vorgeht.[736]

1400. Die Untersuchungskommission bat die israelische Regierung um eine Stellungnahme bezüglich der unterschiedlichen Regularien für den Gebrauch von Schusswaffen in den besetzten Gebieten bei Anwesenheit von Israelis im Gegensatz zu Situationen, in denen keine Israelis zugegen sind, erhielt jedoch keine Antwort.

1401. In einer kürzlich erfolgten gerichtlichen Anhörung verteidigte Oberst Virob, ein israelischer Brigade-Kommandant in der West-Bank, den routinemäßigen Einsatz von Gewalt, um die Ziele der Besatzung umzusetzen.[737] Laut der Gesellschaft für Zivilrecht in Israel äußerte sich Oberst Virob zu Gewaltanwendung während Verhören auch gegen nicht unter Verdacht Stehende folgendermaßen: „ Gewalt und Aggression gegen Menschen anzuwenden, um die Eskalation einer Situation zu verhindern, und der Gebrauch vermehrter Gewalt ist nicht nur erlaubt, sondern mitunter zwingend (....), ein Schlag, ein Stoß, auch gegen Menschen, die nicht involviert sind, ist sicherlich möglich, wenn es hilft, den Auftrag zu erfüllen.“ Er fügte hinzu: „ ... die Art der Gewalt sollte angemessen sein (....), eine Ohrfeige, manchmal ein Schlag auf den Rücken oder in den Nakken oder auf die Brust, in Fällen von Reibereien, einer Reaktion von palästinensischer Seite, ist ein Stoß in die Knie oder auch eine Strangulierung vernünftig, um für Ruhe zu sorgen.“[738]

„Open fire regulations for Palestinians only “ (in hebräisch), Maariv bei www.nrg.co.il/online/1/ART1/590/452.html .

735 Als ‘störende Situationen’ werden solche definiert, welche während Demonstrationen, Märschen und ähnlichen Veranstaltungen auftreten können.

736 Interview der Kommission mit Jonathan Pollak, 6. Juli 2009.

737 „Truth walks into a Jaffa court “, von Michael Sfard, Yesh Din, 10. Juni 2009.

738 Gesellschaft für Zivilrecht in Israel, Pressenachricht, 24. Juni 2009.

1402. Die Kommission betrachtet mit Sorge Berichte von unbegründetem Misshandlung israelischer Soldaten. Sie wertete Aussagen auf Videomaterial, welches im israelischen Fernsehen[739] ausgestrahlt wurde, aus, die eine Durchsuchungs- und Festnahmeaktion der Kfir-Brigade im West-Bank-Dorf Haris dokumentierten. Hunderte von Soldaten nahmen an einer nächtlichen Razzia in einem Dorf teil, deren Ziel es war, einige Jungen zu finden, die vermutlich einige Tage zuvor Autos von Siedlern mit Steinen beworfen haben sollten. Am 9. Juni 2009 berichtete *The Independent* von der Operation und zitierte Soldaten der teilnehmenden Kfir-Brigade. Es wurde einer mit dem Bericht zitiert, dass viele Soldaten Palästinenser „niederknien ließen, weil ihnen langweilig war, weil Du da zehn Stunden stehst und nichts zu tun hast, also verprügelst du Leute".[740] Ein zweiter Soldat beschrieb eine „fanatische Atmosphäre" während der Durchsuchung. „Wir gingen in ein Haus und stellten da alles auf den Kopf", erinnerte er sich, aber es wurden keine Waffen gefunden. „Sie konfiszierten Küchenmesser". Der erste Soldat merkte an, dass mehrere Soldaten involviert waren. „ Es nahmen viele Reservisten teil, und sie machten sich einen super Spaß mit den Palästinensern: Flüche, Demütigungen, Haare zerren und Ohrfeigen, Tritte, Schläge. Diese Sachen waren die Norm." Er beschrieb die Misshandlung eines Kindes:

> Der Soldat, der die Gefangenen zur Toilette brachte, schlug wie wild auf sie ein; verhöhnte sie ohne Grund. Als sie einen Araber zur Toilette brachten, damit er urinieren konnte, gab ihm einer von ihnen einen Hieb, der ihn zu Boden warf. Seine Hände waren mit einer Nylonschnur auf den Rücken gefesselt und seine Augen waren verbunden. Er war nicht unverschämt, er hatte gar nichts gemacht, was irgendjemanden genervt haben könnte... (es war), einfach weil er ein Araber war. Er war ungefähr 15 Jahre alt.

1403. Er konstatierte, dass der Vorfall in der Toilette das „Extrem" war, und fügte hinzu, dass die Schläge nicht zu offenen Wunden geführt hatten. Es waren „trockene Schläge, aber immer noch Schläge".[741]

---

739 Einsehbar unter: http://news.nana10.co.il/Article/?ArticleID=641918&TypeID=1&sid=126

740 „Bound, Blindfolded and Beaten, By Israeli Troops ", The Independent, 9. Juni 2009.

741 a.a.O.

1404. Videomaterial, welches die israelische Grenzpolizei unter der Rubrik *Comedy* ins Internet gestellt hatte, offenbart die mutwillige Misshandlung und wie diese von Mitgliedern der Sicherheitskräfte selbst wahrgenommen wird.[742] Die Kommission erhielt Berichte anderer, ähnlicher Vorfälle,[743] die die Vermutung nahelegen, dass ein hohes Maß an Gewalttätigkeit und Dehumanisierung innerhalb der Sicherheitskräfte zur Norm geworden ist.

C. Die Rolle der Straflosigkeit

1405. Mehrere Zeugen berichteten der Kommission, dass während der Operation im Gazastreifen im Westjordanland eine Stimmung des „alles ist möglich" herrschte, jedwedes Verhalten der israelischen Streitkräfte erlaubt war. Eine noch größere Gewaltanwendung als jene im Westjordanland könnte einer Veränderung in der Stimmung oder der Haltung gegenüber den „anderen" in Kriegszeit zugeschrieben werden. Es gibt Hinweise darauf, dass diese veränderte Haltung auch während des Krieges im Libanon im Jahr 2006 aufgetreten ist[744]. Wenn diejenigen, die verantwortliche Position ein-

742 „Border Police upload footage of their abuse of Palestinians to YouTube", Ha'aretz, 19. Juni 2009.
Der Artikel berichtet von Videomaterial, welches einen arabischen Jugendlichen zeigt, der sich selbst ohrfeigt, während eine Stimme ihn instruiert, in Arabisch zu sagen: „Ich liebe dich Grenzpolizei " und „I will f**k you, Palestine ", begleitet vom Gelächter der anwesenden Grenzpolizisten.

743 Zum Beispiel „Soldiers come across Palestinians and detain and abuse them for hours, Dura, April 2009 ", B'Tselem.

744 Telefoninterview der Kommission mit Michael Sarid am 5. August. In der Videoaufnahme, in der die Erschießung eines israelischen Demonstranten während des Libanonkrieges im Jahr 2006 zu sehen ist, ist ein Mitglied der Grenzwache zu hören. Er sagt, nachdem der Befehl zum Feuereröffnen gegeben wurde: „Jetzt sind wir im Libanon". Beim Vorbeigehen an dem mit seiner blutenden Kopfverletzung auf dem Boden liegenden Demonstranten ignoriert der Kommandant die Aufforderungen einer Frau, einen Krankenwagen für den verletzten Israeli anzufordern. Er antwortet, dass es auch viele andere verletzte Israelis im Libanon gibt. Wie in den Aufnahmen gezeigt wird, wurde der Demonstrant, als er vor den Soldaten ging, aus nächster Nähe von hinten erschossen. Siehe www.liveleak.com/view?i=8dba196f36

nehmen, nicht angemessen reagieren, ist die Gefahr groß, dass die Grenze für das, was als „normal" und „akzeptabel" zu gelten hat, ausgedehnt wird. Angesichts der neuerlichen Zunahme von Gewaltanwendung durch die israelischen Streitkräfte in der Westbank stellt B'tselem fest, dass durch Minister und andere Offizielle abgegebene Verurteilungen „lediglich deklarativ bleiben. Sicherheitskräfte missbrauchen währenddessen ihre Macht, misshandeln und schlagen Palästinenser weiterhin, unter ihnen Minderjährige (...). Selbst wenn Botschaft an die Sicherheitskräfte gerichtet werden, bedeutet das, dass selbst wenn das Establishment Gewalttaten nicht akzeptiert, keine Maßnahmen gegen jene ergriffen werden, die diese Gewalttaten verüben. Diese Botschaft vermittelt den Eindruck, dass das Leben und die Würde der Palästinenser bedeutungslos ist und dass die Sicherheitskräfte je nach Dienstfunktion weitermachen können, Palästinenser, mit denen sie in Kontakt kommen, zu misshandeln, zu demütigen und zu schlagen."[745]

1406. In der Vergangenheit war jeder Fall, in dem ein Palästinenser sich nicht an Feindseligkeiten beteiligt hatte und getötet wurde, Gegenstand einer strafrechtlichen Untersuchung. Diese Politik änderte sich im Jahr 2000. Strafrechtliche Ermittlungen sind jetzt die Ausnahme,[746] diese Fälle werden jetzt einfach im Rahmen einer „operativen Einsatznachbesprechung" durch das Militär selbst behandelt.[747] Im Jahr 2003 reichten die Association for Civil Rights in Israel und B'Tselem eine Petition ein, um diese Richtlinienänderung rückgängig zu machen, und forderten bei jedem Tod eines Zivilisten unabhängige Ermittlungen. Die Petition enthielt Forderungen nach Untersuchungen in einzelnen Todesfällen sowie Grundsatzfragen zu der Gesamtstrategie. Ersteres wurde abgewiesen, wobei die Grundsatzfragen noch anhängig sind.[748]

---

745 „Schlagen und Misshandeln", *B'Tselem*.

746 Telefoninterview der Kommission mit der *Association for Civil Rights in Israel*, 29. Juli 2009.

747 Interview der Kommission mit Daniel Reisner, 6. Juli 2009. Siehe auch „Reaktionen auf die Ablehnung des Generalstaatsanwalts in Bezug auf eine Gaza-Untersuchung" auf www.acri.org.il/eng/story.aspx?id=635 und Kapitel XXVIII unten.

748 Siehe Pressemitteilung der *Association for Civil Rights in Israel*, auf www.acri.org.il/eng/Story.aspx?id=216. Text der Petition ist abrufbar unter www.btselem.org/english/Legal_Documents/HC9594_03_Investigations_Appeal.rtf.

1407. *Yesh Din* berichtet, dass über 90 Prozent der Untersuchungen von Fällen von Siedlergewalt ohne „Anklageerhebung" abgeschlossen werden[749]. Im Juni 2009 berichtete *B'Tselem*, dass die Anklage gegen Herrn Braude, den Siedler aus Hebron, der gefilmt wurde, als er auf drei Palästinenser schoss und sie verletzte, im Dezember 2009 fallengelassen wurde. Das Gericht hatte angeordnet, „geheime Beweise" gegen ihn offenzulegen, doch mit deren Offenlegung wäre der mögliche öffentliche Schaden größer gewesen als der Schaden, den eine Person verursacht, die bei der Ausübung eines Gewaltverbrechens gefilmt wurde und die wieder in die Gesellschaft entlassen werden soll.[750]

1408. Im Juli 2009 hatte ein israelischer Aktivist, der im Jahr 2006 von der israelischen Grenzpolizei in den Kopf geschossen wurde, in einer außergerichtlichen Vereinbarung wegen seiner Verletzung eine Entschädigung zugesprochen bekommen. Bis heute war der Kommandant, der die Erschießung befahl, nicht Adressat einer strafrechtlichen Untersuchung.[751]

1409. Am 7. Juli 2008 wurde Ashraf Abu Rahma aus kurzer Distanz angeschossen, während seine Augen verbunden waren und er in Handschellen war. Der Vorfall wurde gefilmt und breit ausgestrahlt[752]. Als der israelische Militärgeneralstaatsanwalt den Offizier, der die Erschießung befohlen hatte, wegen „ungebührlichen Verhaltens" anklagte, erklärte der israelische Völkerrechts-Professor Orna Ben-Naftali: „… die Entscheidung (war) ein Anzeichen für eine Strategie der Toleranz gegenüber der Gewalt, die gegen den zivilen gewaltfreien Protest, der sich gegen den Bau der Trennungsmauer richtet,

---

749 „Law Enforcement upon Israeli Civilians in the OPT", *Yesh Din* Datenblatt, Juli 2008.

750 *B'Tselem* vergleicht diese mit der Zulassung von geheimen Beweisen bei der strafrechtlichen Verfolgung von Palästinensern in einem gerichtlichen Verfahren (siehe auch unten). Siehe „8. Juni 09: Bring Ze'ev Braude, the shooter from Hebron,to justice", *B'Tselem* Pressemitteilung.

751 Telefoninterview der Kommission mit der *Association for Civil Rights in Israel*, 29. Juli 2009.

752 „Soldaten schießen Gummikugeln auf gefesselten Palästinenser mit verbundenen Augen", *B'Tselem*, Juli 2008, www.btselem.org/English/Video/20080707_Nilin_Shooting.asp

ausgeübt wurde". Er fügte hinzu, dass „die Auswirkungen einer solchen Strategie auf zweierlei hinausläuft:

> Erstens könnte das „ungebührliche Verhalten" – das gemäß geltendem Recht ein *Kriegsverbrechen* darstellt – in ein *Verbrechen gegen die Menschlichkeit* transformiert werden, zweitens kann es auch als Aufforderung an die internationale Gemeinschaft aufgefasst werden, durch Geltendmachung der universellen Gerichtsbarkeit einzugreifen."[753]

D. Rechtliche Analyse und Schlussfolgerungen

1410. Gemäß dem Humanitären Völkerrecht und den Menschenrechtsgesetzen hat Israel Verpflichtungen gegenüber den Palästinensern im Westjordanland. In Bezug auf das Erste ergibt sich die Verpflichtung aus dem Status Israels als Besatzungsmacht und betrifft geschützte Personen. In Bezug auf Letzteres ergeben sich spezielle Menschenrechtsverpflichtungen gegenüber allen Personen in der Westbank sowohl aus dem Gewohnheitsrecht als auch aus den Verpflichtungen, die Israel durch die Ratifizierung verschiedener Menschenrechtskonventionen übernommen hat. Die Verpflichtungen aus diesen beiden Gesetzessammlungen ergänzen und verstärken sich gegenseitig und bieten einen klaren Rahmen, in welchem die oben genannten Tatbestände analysiert werden können (siehe Kapitel IV oben).

---

753 „Wessen „ungebührliches Verhalten"? Die Erschießung eines in Handschellen und mit verbundenen Augen gefesselten palästinensischen Demonstranten", von Orna Ben-Naftali und Noam Zamir, *Journal of International Criminal Justice,* 3. März 2009. Neulich: Die Entscheidung des Israelischen Militärgeneralstaatsanwalts, Kommandant Omri Bomberg und seine Untergebenen wegen „ungebührlichem Verhalten" anzuklagen, wurde verworfen. Die Entscheidung des Militärgeneralstaatsanwalts wurde zum zweiten Mal in den letzten Jahrzehnten verworfen. Das erste Mal geschah dies in Zusammenhang mit der Degradierung von General Tamir, welcher seinen 14-jährigen Sohn sein Militärfahrzeug fahren ließ, siehe „Weder ein Offizier noch ein Gentleman", *Ha'aretz*, 31. Juli 2008; und „Israels Oberstes Gericht entscheidet gegen „äußerst unvernünftigen" Beschluss der Obersten Militärstaatsanwaltschaft, ", *B'Tselem* Medienmitteilung, 1. Juli 2009.

Im Hinblick auf die in diesem Kapitel behandelten Fragen sind die wichtigsten Verpflichtungen nachstehend erörtert.

1. Gewalt von Siedlern gegen Palästinenser im Westjordanland

1411. Israel hat nach dem *Gewohnheitsvölkerrecht,* wie in Artikel 43 des Haager Abkommens niedergelegt, die Pflicht, für öffentliche Ordnung und Sicherheit im Westjordanland zu sorgen:

> Art. 43. Nachdem die gesetzmäßige Gewalt tatsächlich in die Hände des Besetzenden übergegangen ist, hat dieser alle von ihm abhängenden Vorkehrungen zu treffen, um nach Möglichkeit die öffentliche Ordnung und das öffentliche Leben wiederherzustellen und aufrechtzuerhalten, und zwar, soweit kein zwingendes Hindernis besteht, unter Beachtung der Landesgesetze.

1412. Diese Verpflichtung wird gestützt durch Artikel 27 der *Vierten Genfer Konvention,* mit der Israel in der Pflicht ist, sicherzustellen, dass die Palästinenser als „*geschützte Personen*" gegen alle Handlungen oder Androhungen von Gewalt geschützt werden:

> Art. 27. Die „geschützten Personen" ... sollen jederzeit mit Menschlichkeit behandelt und namentlich vor Gewalttätigkeit oder Einschüchterung, vor Beleidigungen und der öffentlichen Neugier geschützt werden.

1413. Israel hat auch Verpflichtungen aus den Internationalen Menschenrechtsgesetzen, Palästinenser vor Gewaltanwendung durch Privatpersonen zu schützen und Gewalttaten durch die Anwendung des Strafrechts und ohne Diskriminierung zu untersuchen und zu bestrafen.

1414. Palästinenser haben somit „das Recht auf persönliche Sicherheit " nach Art. 9(1) des Internationalen Pakts über bürgerliche und politische Rechte, der vom Menschenrechtsausschuss verabschiedet wurde, um den Staat in seiner Rechtshoheit zu verpflichten, angemessene und geeignete Maßnahmen zum Schutz des Einzelnen vor Bedrohungen des Lebens zu treffen, einschließlich Bedrohungen durch private Akteure.[754] Gemäß Artikel 2 der Konvention ist Israel verpflichtet, „solche gesetzgeberischen und andere Maßnahmen zu ergreifen, die notwendig sind, um den in dieser Konvention anerkannten Rechte Wirksamkeit zu verleihen“, und „zu gewährleisten, dass jeder Mensch, dessen hierin anerkannte Rechte oder Freiheiten verletzt wurden, wirksamen Rechtsschutz erhält“. Bei der Anwendung des Gesetzes hat Israel nach Artikel 26 der Konvention die Verpflichtung, Folgendes ssicherzustellen: „Alle Menschen sind vor dem Gesetz gleich und haben ohne jegliche Diskriminierung ein Recht auf gleichen Schutz durch das Gesetz“. Führen Gewalttaten durch Privatpersonen, die mit Billigung staatlicher Amtsträger (einschließlich der Sicherheitskräfte) verübt werden, zu grausamer, unmenschlicher oder erniedrigender Behandlung, hat Israel gemäß Artikel 16 der Konvention gegen Folter die Verpflichtung, derartige Handlungen zu unterbinden:

> Art. 16(1) Jeder Vertragsstaat verpflichtet sich, in jedem seiner Hoheitsgewalt unterstehenden Gebiet Handlungen zu verhindern, die eine grausame, unmenschliche oder erniedrigende Behandlung oder Strafe darstellen …, wenn diese Handlungen von einem Angehörigen des öffentlichen Dienstes oder einer anderen in amtlicher Eigenschaft handelnden Person, auf deren Veranlassung oder mit deren ausdrücklichem oder stillschweigendem Einverständnis begangen werden.

Schlussfolgerungen

1415. In Bezug auf die von Siedlern gegen Palästinenser verübten Gewalttaten, wie etwa im Zusammenhang mit den oben ausgeführten Fällen von Dezember 2008 in Hebron, kommt die Kommission aufgrund der eingegangenen Berichte und der gesehenen Videoaufnahmen zu dem Schluss, dass Israel seine Verpflichtungen, die Palästinenser vor Gewalt durch Privatpersonen im Rahmen beider Gesetze zu schützen, verfehlt hat, sowohl im Hinblick auf die Internationalen Menschenrechtsgesetze als auch auf das *Humanitäre Völkerrecht*. Der

754 Zum Beispiel William Eduardo Delgado Paez v. Kolumbien, Communication 195/1985, Ansichten vom 12. Juli 1990.

Beweis der Billigung dieser Gewalt seitens der Sicherheitskräfte mag in einigen Fällen eine Verletzung der entsprechenden Verpflichtungen bezüglich grausamer, unmenschlicher oder erniedrigender Behandlung bedeuten.

1416. Insofern diese Billigung nur Gewalttaten der Siedler gegen Palästinenser betrifft und nicht vice versa, ist dies ein starkes Argument dafür, dass Israel durch das Verhalten gegen seine Verpflichtungen aus dem *Internationalen Pakt über bürgerliche und politische Rechte verstößt,* Personen nicht wegen ihrer nationalen Abstammung zu diskriminieren.

1417. Die Fakten deuten auch auf einen Verstoß gegen Artikel 26 *des Internationalen Pakts über bürgerliche und politische Rechte* hin, der gleichen Schutz durch das Gesetz gewährleistet, insbesondere soweit es die Unterlassung betrifft, von Palästinensern erhobene Anschuldigungen über Siedlerangriffe zu untersuchen.

1418. Schließlich verstößt Israel mit seinem Versäumnis einer adäquaten Untersuchung der erhobenen Anschuldigungen bezüglich der Unterlassungen des Staats, den Palästinensern Schutz zu gewähren, gegen Artikel 2 des Internationalen Pakts über bürgerliche und politische Rechte; das trifft auch zu auf den vorerwähnten Vorwurf der Billigung von Gewalt privater Akteure durch staatliche Amtsträger und die damit einhergehende fehlende Bereitstellung eines wirkungsvollen Rechtsschutzes für Personen, die Menschenrechtsverletzungen erdulden müssen.

2. Israelische Aktionen in Bezug auf Solidaritätsdemonstrationen für Gaza

1419. Alle Menschen im Westjordanland haben nach Artikel 19 des Internationalen Pakts über bürgerliche und politische Rechte das Recht auf freie Meinungsäußerung:

> Jeder hat das Recht auf freie Meinungsäußerung. Dieses Recht schließt die Freiheit ein, eine Meinung ungehindert zu vertre-

ten, sich um Informationen und Ideen aller Art ungeachtet der Grenzen, durch Medien jeder Art zu bemühen, diese zu empfangen und mitzuteilen.

1420. Gemäß Artikel 21 des Internationalen Pakts über bürgerliche und politische Rechte hat Israel die Obliegenheit, das Recht auf friedliche Versammlung anzuerkennen. Obwohl der Ausübung dieses Rechts Beschränkungen gesetzt werden können, müssen diese jedoch „im Einklang mit dem Gesetz auferlegt werden und soweit sie in einer demokratischen Gesellschaft im Interesse der nationalen Sicherheit oder der öffentlichen Sicherheit und Ordnung, des Schutzes der Volksgesundheit oder der öffentlichen Moral oder des Schutzes der Rechte und Freiheiten anderer notwendig sind". In Übereinstimmung mit Artikel 2 des Pakts dürfen Einschränkungen des Rechts auf friedliche Versammlung nur „ohne Unterscheidung der Rasse, der Hautfarbe, des Geschlechts, der Sprache, der Religion, der politischen oder sonstigen Überzeugung, der nationalen oder sozialen Herkunft, des Eigentums, der Geburt oder sonstiger Umstände" auferlegt werden.

1421. Im Umgang mit der palästinensischen Zivilbevölkerung, auch in Zusammenhang von öffentlichen Demonstrationen, hat Israel gemäß den Artikeln 2 und 6 des Internationalen Pakts über bürgerliche und politische Rechte die Verpflichtung, zu gewährleisten, dass niemand ohne irgendeine Unterscheidung willkürlich getötet werden darf:

> Art. 2(a). Jeder Teilnehmerstaat dieser Konvention verpflichtet sich, allen Menschen innerhalb seines Territoriums und unter seiner Rechtshoheit, ohne Unterscheidung der Rasse, der Hautfarbe, des Geschlechts, der Sprache, der Religion, der politischen oder sonstigen Überzeugung, der nationalen oder sozialen Herkunft, des Eigentums, der Geburt oder sonstiger Umstände, die in dieser Konvention anerkannten Rechte zu gewährleisten und diese Rechte zu achten.
>
> Art. 6(1). Jedem Menschen ist das Recht auf Leben eigen. Dieses Recht wird gesetzlich geschützt. Niemand darf willkürlich getötet werden.

1422. Eine weitere Verpflichtung Israels ist es, sicherzustellen, dass „ohne Diskriminierung niemand zum Subjekt von Folter, grausamer, unmenschlicher oder erniedrigender Behandlung oder Strafe werden darf" (Artikel 7 des Internationalen Pakts über bürgerliche und politische Rechte sowie Artikel 2 und 16 der Übereinkommen gegen Folter).

1423. In Bezug auf die Behandlung von Palästinensern, die an Demonstrationen teilnehmen, ergeben sich aus der Vierten Genfer Konvention eine Reihe von Pflichten für Israel. Nach Artikel 27 muss Israel sicherstellen, dass die Palästinenser als „geschützte Personen" „jederzeit mit Menschlichkeit behandelt und namentlich vor Gewalttätigkeit oder Einschüchterung, vor Beleidigungen und der öffentlichen Neugier geschützt werden". Die Behandlung durch Israel als Besatzungsmacht muss „ohne jede besonders auf Rasse, Religion oder politische Meinung beruhende Benachteiligung" stattfinden. Artikel 32 verbietet „jede Maßnahme, die körperliche Leiden oder die Ausrottung der in ihrer Gewalt befindlichen geschützten Personen" herbeiführt.

1424. Zum Schluss: Israel ist verpflichtet nach Artikel 146 und 147:

> zur Ermittlung der Personen, die der Begehung oder der Erteilung eines Befehls zur Begehung der einen oder anderen dieser schweren Verletzungen nach der Vierten Genfer Konvention beschuldigt sind und hat sie ... vor ihre eigenen Gerichte zu bringen. Dazu gehören vorsätzlicher Mord, Folterung oder unmenschliche Behandlung, vorsätzliche Verursachung großer Leiden oder schwere Beeinträchtigung der körperlichen und psychischen Integrität der Gesundheit, Zerstörung und Aneignung von Gut, die nicht durch militärische Erfordernisse gerechtfertigt sind und in großem Ausmaß auf unerlaubte und willkürliche Weise vorgenommen werden.

1425. Der Inhalt der oben ausgeführten internationalen Menschenrechtsverpflichtungen wurde durch eine Reihe anderer Quellen, einschließlich der Jurisprudenz der Menschenrechtsgremien (insbesondere des UNO-Menschenrechtsausschusses), sowie diversen weiteren unter der Schirmherrschaft der Vereinten Nationen angenommenen Normen abgeklärt. Die Relevantesten von ihnen in Bezug auf die oben dargelegten Tatbestände sind nachstehend ausgeführt.

1426. Die zulässige Gewaltanwendung durch Personen mit Polizeibefugnis ist nach dem Humanitären Völkerrecht eng auszulegen. Der Verhaltenskodex für Beamte mit Polizeibefugnissen[755] bestimmt: Beamte mit Polizeibefugnissen (welche die Militärbehörden bei der Ausübung von polizeilicher Gewalt einschließen) „... dürfen Gewalt nur dann anwenden, wenn diese unbedingt notwendig ist, und nur in dem Maß, wie es die Ausübung ihrer Pflicht erfordert“ (Art. 3); im Rahmen der Grundprinzipien für die Anwendung von Gewalt und den Gebrauch von Schusswaffen durch Beamte mit Polizeibefugnissen (gilt):[756]

> „Beamte mit Polizeibefugnissen dürfen gegen Personen nicht von der Schusswaffe Gebrauch machen, es sei denn zur Selbstverteidigung oder zur Verteidigung anderer gegen eine gegenwärtige Gefahr für das Leben oder eine gegenwärtige Gefahr schwerer Körperverletzung, zur Verhütung der Begehung eines besonders schwerwiegenden Verbrechens, das eine ernstliche Gefahr für menschliches Leben bedeutet, zur Festnahme einer eine solche Gefahr verkörpernden und sich ihrer Amtsgewalt widersetzenden Person oder zur Verhinderung von deren Flucht, und nur dann, wenn diese Zwecke durch mildere Mittel nicht erreicht werden.“

1427. Wann immer der rechtmäßige Einsatz von Gewalt und Schusswaffen unabwendbar ist, sind Beamte mit Polizeibefugnissen unter anderem verpflichtet „sicherzustellen, dass jeder verletzten oder sonst beeinträchtigten Person zum frühestmöglichen Zeitpunkt Hilfe und ärztliche Versorgung zuteil wird.“

1428. Sind Menschenrechtsverteidiger in die Ereignisse involviert, ist auch die Erklärung über das Recht und die Verpflichtung von Einzelper-

755 Resolution 34/169 der Generalversammlung.
756 Verabschiedet beim achten Kongress der Vereinten Nationen für Verbrechensverhütung und die Behandlung Straffälliger, Havanna, 27. August bis 7. September 1990.

sonen, Gruppen und Organen der Gesellschaft, die allgemein anerkannten Menschenrechte und Grundfreiheiten zu fördern und zu schützen (Erklärung über die Menschenrechtsverteidiger) relevant, insbesondere Artikel 5, der das Recht eines jeden beinhaltet, „sich zu treffen und friedlich zu versammeln" zwecks Unterstützung und Wahrung der Menschenrechte und Grundfreiheiten.[757]

Schlussfolgerungen

1429. Die Auflösung der Demonstrationen durch die israelischen Sicherheitskräfte in der West-Bank ist eine offensichtliche Verletzung des Rechts auf freie Meinungsäußerung und friedliche Versammlung. Insofern die Demonstranten gegen die Verletzung der Menschenrechte in Gaza protestierten, widersprachen die Einsätze der Sicherheitskräfte zur Auflösung der Demonstrationen den Bestimmungen der Erklärung über die Menschenrechtsverteidiger.

1430. Ungeachtet der Tatsache, dass die oben erwähnten Rechte zulässigerweise nach den Bestimmungen des *Internationalen Pakts über bürgerliche und politische Rechte* beschränkt werden könnten, bleiben die Methoden und Mittel der Auflösung fragwürdig. Die der Kommission beschriebene Gewaltanwendung gegen friedliche Demonstrationen ist in solchen Situationen eindeutig verboten, insbesondere der tödliche Einsatz von Tränengas-Granaten gegen Demonstranten, scharfer Munition (einschließlich 0.22-Munition) und Scharfschützen. Es sollte betont werden, dass die oben hervorgehobenen Normen, die sich auf die Gewaltanwendung durch Ordnungskräfte beziehen, weiterhin Geltung haben, auch dann, wenn die Demonstrationen nicht mehr friedlich sind, z.B. wenn Steine geworfen werden, wie im Fall der Ni'lin-Demonstration am 28. Dezember. Die von den Zeugen der Ermordungen in Ni'lin beschriebene Situation weist darauf hin, dass Schusswaffen eingesetzt wurden, als es noch keine Bedrohung für das Leben der israelischen Sicherheitskräfte oder andere unter ihrem Schutz gab. Nach

757 Anhang zur Resolution 53/144 der Generalversammlung. Israel schloss sich dem Konsens an, als die Deklaration von der Versammlung verabschiedet wurde.

Aussagen der Zeugen wurden die beiden Getöteten in die obere Körperhälfte und einer von ihnen in den Rücken geschossen.

1431. Aufgrund der erlangten Fakten stellt die Kommission fest, dass der Gebrauch von Schusswaffen mit Todesfolge für Demonstranten eine Verletzung von Artikel 6 des *Internationalen Pakts über bürgerliche und politische Rechte* als *willkürliche Beraubung des Lebens* darstellt. Berichte, dass die israelischen Sicherheitskräfte in mindestens zwei Demonstrationen die Versorgung der Verletzten mit medizinischer Hilfe hinauszögerten, weisen auch darauf hin, dass Verstöße gegen die *Vierte Genfer Konvention* und den 5. Grundsatz der *Grundprinzipien für die Anwendung von Gewalt und den Gebrauch von Schusswaffen durch Beamte mit Polizeibefugnissen* stattgefunden haben.

1432. Die unzulässige Anwendung von Gewalt, die eher zu Verletzungen als zum Tode führte, ist ein klarer Verstoß gegen eine Reihe von Rechtsnormen, einschließlich Art. 7 und 9 des *Internationalen Pakts über bürgerliche und politische Rechte*.

1433. Der Einsatz von Scharfschützen und tödlicher Munition gegen Demonstranten in Situationen, in denen es keine Bedrohung für das Leben der Soldaten oder das Leben anderer unter ihrem Schutz gab, scheint auf eine Absicht oder mindestens auf eine Rücksichtslosigkeit, Zivilisten Schaden zuzufügen, hinzudeuten, was einer vorsätzlichen Tötung gleichkommen könnte. Einige der Kommission berichtete Vorfälle wecken Besorgnis in dieser Hinsicht.

1434. Die Diskriminierung in den Schießbefehl-Vorschriften der Sicherheitskräfte im Umgang mit Demonstranten aufgrund der Anwesenheit von Personen einer bestimmten Nationalität verletzt den Grundsatz der Nichtdiskriminierung nach Artikel 2 des Internationalen Pakts über bürgerliche und politische Rechte und Artikel 27 der Vierten Genfer Konvention. Diese Verletzungen sind umso schwererwiegender, als die Vorschriften eine auf Diskriminierung basierende staatliche Politik widerspiegeln.

3. Gewalt durch die israelischen Sicherheitskräfte außerhalb des Kontexts von Demonstrationen

1435. Berichte über Vorfälle, wie etwa der Angriff auf Haris vom März 2009, und die von Oberst Virob beschriebenen Handlungen wie auch jene in den eidesstattlichen Erklärungen, die durch die Kommission überprüft wurden, wecken Bedenken hinsichtlich ihrer Vereinbarkeit mit Artikel 32 der *Vierten Genfer Konvention*, mit Artikel 7 des *Internationalen Pakts über bürgerliche und politische Rechte* und Artikel 16 der *Übereinkommen gegen Folter und andere grausame, unmenschliche oder erniedrigende Behandlung oder Strafe*.

4. Verantwortlichkeit

1436. Die Kommission bekräftigt die Obliegenheit Israels, effektive Untersuchungen und, sofern angebracht, Strafverfolgungen durchzuführen, wenn seine Vertreter oder dritte Parteien in Handlungen involviert sind, aus denen Beraubung des Lebens, schwere Verletzungen und Folter oder unmenschliche oder erniedrigende Behandlung oder Strafe sowie andere mögliche Verletzungen des Humanitären Völkerrechts und der Internationalen Menschenrechtsgesetze resultieren. Die Kommission ist besorgt, dass die vorliegenden Fakten auf ein Unterlassen Israels hindeuten, adäquat in Bezug auf Aktionen gegen Palästinenser, wie sie oben berichtet wurden, zu handeln.

5. Schlussfolgerungen

1437. Die Kommission ist sowohl wegen der Zunahme der Siedlergewalt im vergangenen Jahr alarmiert als auch wegen der Unterlassung der israelischen Sicherheitskräfte, Angriffe von Siedlern gegen palästinensische Zivilisten und deren Eigentum zu verhindern.

1438. Die Kommission ist auch zutiefst besorgt über die zunehmende Gewaltanwendung einschließlich des Einsatzes von tödlicher Gewalt als

Reaktion auf Demonstrationen und über die weit verbreitete Gewalt der Sicherheitskräfte gegen die unter der Besatzung im Westjordanland lebenden Palästinenser. Besonders besorgniserregend ist die offensichtlich und systematisch fehlende Rechenschaftspflicht für die von den israelischen Sicherheitskräften gegen palästinensische Zivilisten begangenen Gewalttaten.

1439. Da die filmische Aufzeichnung von Vorfällen zur Aufdeckung von besonders schweren Gewaltfällen geführt hat, ist die Kommission besorgt über die Gewalt, die bis dato unbeobachtet geschehen und ungemeldet bleiben könnte.

1440. Nach Ansicht der Kommission wurde eine Grenze überschritten und das, was trügerich als akzeptables „Kriegszeit-Verhalten" erachtet wurde, ist zur Norm geworden. Die öffentliche Unterstützung für eine generell härtere Gangart gegenüber Palästinensern allgemein[758], Mangel an öffentlicher Kritik und fehlende Rechenschaftspflicht[759] wirken zusammen und weichen somit die ohnehin kritische Schwelle der Gewalt gegen die geschützte Bevölkerung auf.

758 Wie von einer Reihe von Befragten, wie z.B. Sarid Michaeli, während eines Telefoninterviews erklärt wurde, 5. August 2009.

759 Michäl Sfard, ein prominenter israelischer Menschenrechtsanwalt, schlussfolgerte in einem Artikel mit dem Titel „The price of internal legal opposition to human rights abuses", in dem er auf 35 Jahre Menschenrechtspraxis in Israel zurückblickte: „Durch Einreichung von Petitionen an das israelische Oberste Gericht fördern Menschenrechtsanwälte die Vorstellung, dass die palästinensischen Anwohner einen Anspruch auf Gerechtigkeit haben, und fungieren somit als PR-Agenten der Besatzung."

XXI. Inhaftierung von Palästinensern in israelischen Gefängnissen

1441. Nach Schätzungen (hier datiert vom 1. Juni 2009) befanden sich etwa 8100 palästinensische „politische Gefangene" in Haft in Israel, darunter 60 Frauen und rund 390 Kinder.[760] Die meisten dieser Gefangenen sind von dem für die Palästinenser im Westjordanland eingesetzten israelischen Militärgerichtssystem angeklagt oder verurteilt worden. Am häufigsten erfolgenVerurteilungen wegen Steinewerfens.

„Mitgliedschaft in einer illegalen Organisation" ist ein weiterer häufiger Anklagegrund.[761] Alle israelischen Gefängnisse, außer einem, in denen Palästinenser aus den besetzten palästinensischen Gebieten festgehalten werden, befinden sich in Israel.[762]

---

760 Schätzungen über Häftlinge der Organisationen, die in diesem Bereich arbeiten, variieren. Für die Zwecke des Berichts verwendet die Kommission Zahlen der *Addameer Prisoners Support and Human Rights Association* vom 1. Juni 2009. *Addameer*-Generaldirektorin Sahar Francis nahm an den Genfer öffentlichen Anhörungen vom 7. Juli 2009 teil. Frau Francis erklärte in der mündlichen Verhandlung, dass *Addameer*-Statistiken auf den monatlich veröffentlichten Angaben der israelischen Gefängnisbehörde und auf den monatlichen Besuchen von *Addameer* in den israelischen Gefängnissen basieren. Die Organisation versucht, auch direkte Informationen von den Gefangenen zu sammeln. Eine genaue Statistik bereit zu stellen ist schwierig, weil diese Zahlen sich täglich aufgrund von neuen Verhaftungen und Entlassungen ändern. Sie erwähnte zum Beispiel, dass im Jahr 2008 die israelische Armee mehr als 4000 Menschen verhaftete, so lag der Durchschnitt bei rund 300 pro Tag. *Addameer* definiert als *„politische Gefangene"* Gefangene, die im Zusammenhang mit der Besatzung inhaftiert sind, im Gegensatz zu Inhaftierten, die wegen Verbrechen/Vergehen, die in keinem Zusammenhang mit der Besatzung stehen, verdächtigt oder verurteilt sind.

761 Frau Sahar Francis, Generaldirektorin der *Addameer Prisoners Support and Human Rights Association*, Genfer öffentliche Anhörungen, 7. Juli 2009.

762 Siehe *Yesh Din* Petitionen *HCJ*: *„Stop holding Palestinian detainees inside Israel.Yesh Din reichte* zusammen mit der *Association for Civil Rights in Israel (ACRI)* und *HaMoked Center for the Defence of the Individual* am 25. März 2009 eine Petition an *HCJ*, in der sie forderten, dass Gefangene und Häftlinge, die ihren Wohnsitz in der Westbank haben, nicht in den Einrichtungen in Israel festgehalten werden sollen und dass Gerichtsverhandlungen für solche Häftlinge auch nicht vor Gerichten außerhalb des Westjordanland abgehalten werden sollen. Siehe auch z.B.., *Yesh Din „Backyard Proceedings: The Implementation of Due Process Rights in the Military Courts in the Occupied Territories"*, Dezember 2007. Siehe auch: http://

1442. Im Juni 2009 wurden von den in Zusammenhang mit der Besatzung festgehaltenen Palästinensern 512 ohne Anklage oder Gerichtsverfahren festgehalten, zwölf[763] im Rahmen des israelischen Gesetzes über „unrechtmäßige Kombattanten" (Unlawful Combatants Law) und 500[764] als „Administrativhäftlinge".[765]

1443. Das israelische Militärgerichtssystem wurde von Israel speziell für die Palästinenser aus den besetzten Gebieten eingerichtet, israelische Bürger, die im Westjordanland leben oder sich dort aufhalten, unterliegen im Falle einer Verhaftung der israelischen Zivilrechtsordnung. Der Palästinensischen Autonomiebehörde ist nicht gestattet, israelische Bürger zu verhaften oder festzunehmen.[766]

1444. Nach Schätzungen wurden in den letzten 43 Jahren der Besatzung etwa 700000 palästinensische Männer, Frauen und Kinder nach der israelischen Militärverordnung inhaftiert.[767] Israel behauptet, dass diese Verhaftungen aus Sicherheitsgründen erforderlich seien.

1445. Gebührendes rechtliches Gehör für Palästinenser ist im israelischen Militärgerichtssystem sehr stark eingeschränkt. Die Militärverordnung Nr. 378 (Hauptbezugspunkt für die Regulierung der Inhaftierung und des Prozessverfahrens) erlaubt es, inhaftierte Palästinenser aus den besetzten Gebieten, einschließlich Kinder im Alter von zwölf Jahren, bis zu acht Tage festzuhalten, bevor sie einem Militär-

---

www.hamoked.org/, (12.05.09). Siehe auch: *Hajjar, Lisa: Courting Conflict: The Israeli Military Court System in the West Bank and Gaza, University of California Press, 2005.*

763 Zahlen von *Addameer Prisoners Support and Human Rights Association* für den 1. Juni 2009

764 Idem

765 Die spezifische Militärverordnung, die sich speziell auf Administrativhaft bezieht, ist die *MO 1226*. Spätere Änderungen dieser *MO* haben jeweils unterschiedliche Nummerierungen erhalten. Die neueste *MO* zum Thema ist *MO 1591*, welche die älteren *MOs* ersetzt: *Verordnung betreffend Administrativhaft (Übergangsverordnung)* [Kombinierte Version] *(Judea und Samaria) (Nr. 1591), 2007.* Siehe auch, *Addameer: Administrative Detention in the Occupied Palestinian Territory, A Legal Analysis Report, November 2008*, http://addameer.info/wp-content/images/administrative-detentionanalysis-report-final.pdf

766 *Palestinian-Israeli Agreement on the West Bank and Gaza Strip – Annex IV – Protocol Concerning Legal Affairs, Article I.*

767 *UNO-Sonderberichterstatter über die Lage der Menschenrechte in den besetzten palästinensischen Gebieten seit 1967, 21. Januar 2008, A/HRC/7/17.*

richter vorgeführt werden. (Inhaftierte Israelis müssen dem Richter innerhalb von 48 Stunden vorgeführt werden. Palästinensische Häftlinge können bis zu 90 Tage ohne Zugang zu einem Anwalt festgehalten werden im Vergleich zu 48 Stunden für die israelischen Inhaftierten).[768] Palästinensische Inhaftierte können bis zu 188 Tage festgehalten werden, bevor sie angeklagt werden, während ein israelischer Inhaftierter innerhalb von 30 Tagen angeklagt werden muss.[769]

1446. Vorwürfe von Folter und anderen Misshandlungen während der Festnahme, Vernehmung und Inhaftierung sind häufig, das Gerichtssystem wird zur gleichen Zeit für die Zulassung von *erzwungenen Beweisen* kritisiert.[770] Es wird auch behauptet, dass Beschwerden über Misshandlung von Häftlingen nur selten zu strafrechtlichen Untersuchungen oder Verfolgungen führen, geschweige denn zu Verurteilungen.[771] Das israelische Militärgerichtssystem behandelt palästinensische Kinder ab 16 Jahren wie Erwachsene,[772] israelische Bürger dagegen erst ab 18 Jahren.

1447. Berichten zufolge werden palästinensische Gefangene in Haftanstalten mit unter dem Standard liegenden Haftbedingungen (z. B. Ktziot Haftanstalten, Gefangene in Zelten) untergebracht, mit sehr begrenztem Zugang zu Bildung und medizinischer Versorgung.[773]

---

768 Art. 78c und d der israelischen Militärverordnung 378 (Verordnung betreffend Sicherheitsrichtlinien) und das israelische Strafverfahren (Vollzugsrecht – Haft) 1996.

769 Siehe auch: z.B., Yesh Din, "Backyard Proceedings: The Implementation of Due Process Rights in the Military Courts in the Occupied Territories", December 2007. Siehe auch http://www.hamoked.org/ (12.05.09).

770 In seinem Bericht über Israel im Mai 2009 äußerte sich der UNO-Ausschuss gegen Folter besorgt (unter anderem) über die „zahlreichen, andauernden und stetigen Vorwürfe" der Anwendung von Befragungsmethoden, die im Widerspruch zum Übereinkommen stehen. Siehe UNCAT Concluding Observations, CAT/C/ISR/CO/4, 14. Mai 2009. Siehe auch, The three UAT Alternative Reports to the CAT September 2008 ; UAT April 2009 Report; Examples of torture practiced – in the PCATI and OMCT Briefing to CAT; Amnesty International report for CAT.

771 PCATI Juni 2008: "No Defence: Soldier Violence Against Palestinian Detainees", S. 38, http://www.stoptorture.org.il/files/No_Defense_Eng.pdf; siehe auch Yesh Din's Accountability Project statistics: http://www.yesh-din.org/site/index.php?page=criminal3&lang=en

772 Siehe die israelische Militärverordnung 132.

773 Für inhaftierte Kinder siehe unten, für weibliche Häftlinge siehe z.B. Novem-

Inhaftierung in Israel bedeutet, dass viele Gefangene keine Familienbesuche erhalten, weil deren Angehörigen die Einreise nach Israel verweigert wird (siehe Kapitel XXII).

1448. Während der israelischen Militäroperation im Gazastreifen wurden viele Bewohner von Gaza von der israelischen Armee festgenommen. Ein Teil von ihnen wurde in Gefängnisse in Israel gebracht, wo einige von ihnen bis zum Zeitpunkt der Erstellung dieses Berichts gefangen blieben. Dieses Thema wird in Kapitel XV diskutiert.

A. Sachverhalte in Zusammenhang mit Israels Militäroperation in Gaza im Dezember und Januar

1. Unterschiedliche Behandlung der Gefangenen aus Gaza

1449. Nach Rückzug aus dem Gazastreifen im August 2005 setzte Israel die Anwendung seiner Militärverordnung in Gaza außer Kraft und fing an, Häftlinge aus Gaza nach dem zivilen Strafrecht zu belangen. Im Juni 2006 verabschiedete die Knesset ein Gesetz[774], welches das existierende israelische Strafrecht in Bezug auf die Garantie eines Gerichtsverfahrens änderte, zum Beispiel, dass Gefangene für 21 Tage in Isolationshaft gehalten werden dürfen (nach einem ersten Erscheinen vor einem Richter innerhalb von 96 Stunden).[775]

---

ber 2008: Addameer-Bericht: In Need of Protection: Palestinian Female Prisoners in Israeli Detention: http://addameer.info/wp-content/images/in-need-of protection-palestinian-female-prisoners.pdf

774 Strafverfahren 2006 (Vollzugsrecht – Haft) (Inhaftierung wegen Verdachts auf Sicherheitsvergehen) (Übergangsverordnung)

775 Im Vergleich zu festgehaltenen Häftlingen beim regulären Strafverfahren, welche innerhalb von 24 Stunden oder 48 Stunden dem Richter vorgeführt werden müssen, zum Strafverfahren 1996 (Vollzug – Festnahme). Der Sonderberichterstatter über die Förderung und den Schutz der Menschenrechte und Grundfreiheiten bei der Bekämpfung des Terrorismus kommentierte am 5. Juli 2006 nach der Verabschiedung des Gesetzes 5765-2006 „Strafverfahren (Vollzugsrecht – Haft) (Inhaftierung wegen Verdacht auf Sicherheitsvergehen) (Übergangsbestimmung)" vom 27. Juni 2006 von der israelischen Knesset: Das Ge-

1450. Das Gesetz ist nicht diskriminierend. In der Praxis jedoch wird das Gesetz nur auf palästinensische Verdächtige angewendet, gleichgültig ob sie aus den palästinensischen besetzten Gebieten kommen oder palästinensische Bürger Israels sind. Gemäß Schätzungen des Ermittlungsleiters des *israelischen Allgemeinen Sicherheitsdienstes (GSS)*, die dem Knesset's Constitution, Law and Justice Committee vorgelegt wurden und den Geltungsbereich des Gesetzes betreffen, waren „über 90 Prozent der Inhaftierten (bei denen dieses Gesetz angewendet wurde) aus dem Gazastreifen, allerdings gab es auch Häftlinge, die nicht aus dem Gazastreifen stammten, wie z.B aus Ost-Jerusalem und arabische Israelis …, die israelische Zivilisten sind."[776]

1451. Die Geltung des Gesetzes wurde im Januar 2008 verlängert. Im Januar 2009 wurde von ACRI, PCATI und Adalah eine Petition an den israelische Obersten Gerichtshof eingereicht und zugelassen. Der israelische Oberste Gerichtshof kritisierte viele Aspekte des Gesetzes, die Regierung argumentiert jedoch, dass sie geheime Unterlagen liefern könne, die die Notwendigkeit dieses Gesetzes erklären würden. Im März 2009 entschied das Gericht auf der Grundlage der von dem Staat vorgelegten „geheimen Beweise", dass die durch das Gesetz auferlegten Restriktionen rechtmäßig und verhältnismäßig seien.[777] Die Menschenrechtsorganisationen zogen ihre Petition zurück aus Protest, dass das Gericht die geheimen Beweise verwendet hatte, um über die Verfassungsmäßigkeit des Gesetzes zu entscheiden.

---

setz liefert immer noch nicht alle erforderlichen Verfahrensgarantien für Personen, die aus Sicherheitsgründen festgehalten werden. Insbesondere sieht das Gesetz vor, dass eine Person bis zu 96 Stunden inhaftiert werden kann, bis sie dem Richter vorgeführt werden muss, und sie darf an der Verhandlung über die Haftverlängerung nicht teilnehmen, wenn die Verhandlung in der Zeit stattfindet, wo ihr der Kontakt mit einem Rechtsbeistand untersagt ist. Darüber hinaus, obwohl die Bestimmungen über den Zugang zu einem Rechtsbeistand durch dieses neue Gesetz nicht verschlechtert wurden, bleiben die 21 Tage Haft ohne Zugang zu einem Rechtsbeistand durch das derzeit in Kraft stehende Haft-Gesetz mit den internationalen Menschenrechtsbestimmungen unvereinbar.". siehe http://daccessdds.un.org/doc/UNDOC/GEN/G07/119/41/PDF/G0711941.pdf?OpenElement

776 Zitiert in der Petition von *ACRI, PCATI und Adalah – 2028/08 HCJ The Public Committee Against Torture u.a. gegen Justizminister u.a.*, in http://www.humanrights.org.il/main.asp?MainCategoryID=8&CategoryLevel02ID=113

777 *ACRI and Partners: "Revoke Law Severely Limiting Due Process Rights", Press release, 4. Januar 2009.* http://www.acri.org.il/eng/story.aspx?id=603

(a) Das Gesetz über ungesetzliche Kombattanten (Unlawful Combatants Law)

1452. Das israelische Gesetz von 2002 zur Internierung ungesetzlicher Kombattanten sieht die unbegrenzte Inhaftierung von „ausländischen" Staatsangehörigen vor.[778] Es bietet einen geringeren Schutz als das oben beschriebene Gesetz. Darüber hinaus fordert es eine geringere Beweislast und setzt eine höhere Schwelle für eine gerichtliche Anfechtung.[779] In ihrer Eingabe an den UN-Ausschuss gegen Folter schlussfolgert die NGO-Koalition „Vereint gegen Folter", dass „eine Prüfung der Bestimmungen darauf hindeutet, dass das Ziel dieses Gesetzes darin besteht, Israel zu ermöglichen, Verdächtige als Geiseln festhalten zu dürfen, die bei künftigen Verhandlungen als Druckmittel benutzt werden können.[780]

1453. Nach diesem Gesetz legt der Generalstabschef fest, ob eine Person als ungesetzlicher Kombattant bezeichnet werden kann. Das Gesetz definiert den Begriff des „ungesetzlichen Kombattanten" folgendermaßen:

> „Ein ungesetzlicher Kombattant (Unlawful Combatant) ist eine Person, die sich entweder direkt oder indirekt an feindseligen Handlungen gegen den Staat Israel beteiligt, oder ein Mitglied einer Macht ist, die feindselige Handlungen gegen den Staat Israel begeht, dabei gelten die Bestimmungen in Artikel 4 der Dritten Genfer Konvention vom 12. August 1949 bezüglich Kriegsgefangenen und die Gewährung des Status des Kriegsgefangenen im humanitären Völkerrecht für ihn nicht."[781]

---

778 Nach Angaben von Adalah wurde das Gesetz nur für Bewohner des Gazastreifens in den vergangenen sechs Monaten angewendet, siehe Adalah „New Data on Palestinian Prisoners incarcerated in Israeli Prisons", Juli 2009 auf http://www.adalah.org/newsletter/eng/jul09/New_Prisoner_Data_july_2009.pdf

779 Briefwechsel der Kommission mit HaMoked, 22. Juli 2009.

780 Inhaftierung nach dem Unlawful Combatants Law, 5762-2002. Israel Yearbook on Human Rights (2003), Band 32, S. 389. Verfügbar in Englisch auf http://www.jewishvirtuallibrary.org/jsource/Politics/IncarcerationLaw.pdf. Für eine Diskussion, siehe, UAT Submission to UNCAT unter UNCAT S. 21, abrufbar unter http://www2.ohchr.org/english/bodies/cat/docs/ngos/UAT_Israel42_1.pdf

781 Art. 2 Einkerkerung Unlawful Combatants Law, 5762-2002.

1454. Die Änderung des Gesetzes vom Juli 2008, mit der die Haftzeit verlängert wurde, bis Häftlinge einem Richter vorgeführt werden müssen und ihnen der Zugang zu einem Anwalt erlaubt werden muss, wurde angefochten und dagegen Beschwerde eingelegt. Israels Berufungsgericht hielt das Gesetz für „verfassungsmäßig und rechtskonform mit dem humanitären Völkerrecht".[782]

1455. Ein Schuldbekenntnis oder das Vorhandensein von Beweismitteln als zulässige Normen eines fairen Gerichtsverfahrens werden für die Inhaftierung nach diesem Gesetz nicht vorausgesetzt. Laut *Al-Mezan* „ermächtigt dieses Gesetz im Grunde genommen das Militär, Personen willkürlich und auf unbestimmte Dauer festzuhalten, Basis dafür sind lediglich die Schuldvermutung, nicht der Beweis der direkten oder indirekten Beteiligung an Aktivitäten, die der Sicherheit des Staats Israels schaden könnten, oder Gruppen anzugehören, die der Sicherheit Israels schaden wollen."[783]

(b) Gaza und das Familienbesuchsprogramm des IKRK

1456. Am 6. Juni 2007 setzten die israelischen Behörden das Familienbesuchsprogramm des IKRK im Gazastreifen aus, und damit versperrten sie im Grunde alle Kommunikationswege zwischen den Gefangenen aus Gaza und der Außenwelt.[784] Vor den jüngsten Verhaftungen von Gaza-Einwohnern während der letzten israelischen Offensive im Gazastreifen[785] beeinträchtigte das Verbot rund 900 Häftlinge und ihre Familien. Im Juni 2009 forderte das IKRK die Aufhebung des Verbots.[786]

---

782 Das Oberste Gericht als Berufungsgericht, A-und B-v Staat Israel, 11. Juni 2008.

783 „*Al-Mezan* fordert die Freilassung aller von Israel festgehaltenen Gefangenen und insbesondere von denen, die als „unlawful combatants" kategorisiert sind, was die Grundsätze des *Völkerrechts* und der *Menschenrechte* verletzt" *26. März 2009* auf http://www.mezan.org/en/detailsphp?id=8596&ddname=detention &id_dept=9&id2=9&p=center

784 Palästinensische Häftlinge erhalten i.d.R. keinen Zugang zu Telefon oder Internet.

785 Siehe Kapitel XV

786 *IKRK*: Gaza: Die Familien sollten die Möglichkeit haben, Besuche bei inhaftierten Verwandten in Israel wieder aufzunehmen, http://www.icrc.org/Web/Eng/siteeng0.nsf/html/gaza-news-100609

1457. Nach Addameer fiel der Zeitpunkt der Entscheidung über das Familienbesuchsverbot zusammen mit den fraktionellen Kämpfen im Gazastreifen, in deren Folge *Hamas* die Macht übernahm, eine Partei, die von Israel nicht anerkannt und als ‚terroristische' Organisation definiert wird. Deshalb scheint die Entscheidung, das Programm auszusetzen, eine Form der kollektiven Bestrafung zu sein, mit der Absicht, die Palästinenser zu zwingen, den Forderungen Israels hinsichtlich der palästinensischen Führung nachzugeben."[787] Am 17. Juni 2008 reichte Adalah eine Petition im Namen der Familien von Gaza-Gefangenen, von Al-Mezan und der Association for the Palestinian Prisoners ein, in der sie die Rechtmäßigkeit des Besuchsverbots anficht.[788] Bei der Abfassung dieses Berichts war diese Petition noch anhängig.[789] Im Oktober 2008 behauptete die Regierung des Staates Israel vor dem Obersten Gerichtshof, dass der Staat nicht verpflichtet ist, es Familien aus dem Gazastreifen zu ermöglichen, ihre Verwandten in israelischen Gefängnissen zu besuchen.[790]

1458. Zusätzlich reichte Adalah während der Militäroperationen in Gaza im Dezember und Januar eine Petition ein mit der Forderung, dass Gaza-Gefangenen erlaubt sein soll, das Telefon zu benutzen, um Familienmitglieder zu kontaktieren. Adalah argumentierte, dieses nicht zuzulassen verstoße gegen das Recht der Häftlinge auf Würde und ihr Recht auf ein Familienleben und „verwandelt ihre Haft in eine erniedrigende und entwürdigende Erfahrung, die den internationalen Normen und Konventionen, insbesondere der Allgemeinen Erklärung der Menschenrechte, widerspricht."[791] Laut Adalah antwortete die Gefängnisbehörde, dass sie jedem Inhaftierten erlaube, einmal das Telefon zu benutzen. Einige Gefangene bestätigten Ada-

---

787 Addameer Merkblatt „Palästinensischen Gefangene in Israel"(Februar 2009)

788 Adala, Pressemitteilung «Adalah, Al Mezan und die Association for the Palestinian Prisoners Petition an das Oberste Gericht mit der Forderung, dass den Palästinensern aus dem Gazastreifen erlaubt wird, ihre in israelischen Gefängnissen eingekerkerten Verwandten besuchen zu dürfen, http://www.adalah.org/eng/pressreleases/pr.php?file= 08_06_17

789 Briefwechsel der Kommission mit Adalah, 2. August 2009.

790 Adalah-Pressemitteilung, „State to Supreme Court: Israel is not Obliged to Permit Families from Gaza to Visit their Relatives Incarcerated in Israeli Prisons", auf: http://www.adalah.org/eng/pressreleases/pr.php?file=08_10_27

791 Adalah-Pressemitteilung, "Adalah to AG and Prison Service: Prisoners from Gaza Incarcerated in Israel must be Allowed to Use Telephones to Check on their Family Members"

lah, dass ihnen erlaubt wurde, das Telefon zu benutzen, andere sagten, dass ihnen dies nicht gestattet wurde, weil sie keine Bescheinigung vorweisen konnten, dass ein naher Verwandter während der Offensive gestorben war.[792]

2. Zunahme der Anzahl festgenommener und inhaftierter Kinder aus dem Westjordanland während und nach den Militäroperationen in Gaza

1459. Die Kommission erhielt Informationen, dass die Anzahl der von Israel inhaftierten Kinder aus dem Westjordanland während der israelischen Militäroperation in Gaza zugenommen hat. Laut *Defence for Children International – Palästina Sektion (DCI) beliefen sich* die monatlichen Zahlen für Januar und Februar auf 389 und 423, gegenüber 327 und 307 im Vergleich zum Vorjahresmonat und zum monatlichen Durchschnitt von 319 im Jahr 2008. Berichten zufolge wurden viele dieser Kinder auf der Straße und/oder während Demonstrationen verhaftet.[793] *DCI* hat auch eine Veränderung festgestellt in Bezug auf das Durchschnittsalter der festgehaltenen Kinder: die Altersgruppe 12 bis 15 Jahre ist i.d.R. mit 23 vertreten, im Januar und Februar 2009 waren es 36 Prozent;[794] im Zeitraum Januar bis März vertrat *DCI* 69 Kinder vor dem israelischen Militärgericht. Bis zum 20. Juni 2009 wurden acht dieser Kinder ohne Anklage freigelassen, während unter den angeklagten 61 Kindern 47 verurteilt wurden. 14 Kinder warten immer noch auf die Gerichtsverhandlung.[795]

---

792 Briefwechsel der Kommission mit *Adalah*, 2. August 2009.

793 *DCI -Pressemitteilung vom 17. Januar 2009:* „DCI besorgt über Anstieg von Festnahmen von Kindern im Westjordanland: in den ersten zwei Januarwochen wurden zehn palästinensischer Kinder israelischen Militärgerichten in einer Voruntersuchung vorgeführt, während der monatliche Durchschnitt i.d.R. bei 10-15 liegt. Viele dieser Kinder wurden auf der Straße und/oder bei Demonstrationen verhaftet." http://www.dci-pal.org/english/display.cfm?DocId=986 &CategoryId=1

794 *DCI, Palästina-Sektion, Vorlage für den Gaza-FFM.* Siehe auch *11. März 2009: DCI schockiert von dem starken Anstieg der inhaftierten Kinder»*, auf: http://www.dci-pal.org/english/display.cfm?DocId=1083&CategoryId=1

795 *DCI - V*orlage an die Kommission, S. 4 – DCI-Palästina schätzt, dass es 30-40% der Kinder vertritt, die vor israelischen Militärgerichten gestellt werden.

1460. *DCI* stellte eine Veränderung im prozentualen Anteil wegen besonderer Rechtswidrigkeiten angeklagter Schüler in den ersten drei Monaten des Jahres 2009 fest: im Jahr 2008 wurden 27 Prozent der Kinder wegen Steinewerfens angeklagt gegenüber 61 Prozent für den Zeitraum der Verfassung dieses Berichts. „Während der *OCL* wollte die Armee die Kontrolle über das Westjordanland nicht verlieren, sie wollte sie bei den Demonstrationen zur Schnecke machen."[796]

Anzahl der palästinensischen Kinder in israelischer Haft jeweils zum Monatsende seit Januar 2008

Jahr/Monat	Jan.	Feb.	März	April	Mai	Juni
2008	327	307	325	327	337	323
2009	389	423	420	391	346	355

Jahr/Monat	Juli	August	Sept.	Okt.	Nov.	Dez.
2008	324	293	304	297	327	342
2009	–	–	–	–	–	–

Hinweis: Diese Zahlen sind nicht kumuliert[797]

DCI kommt zu dem Schluss: „Die Tatsache, dass viele dieser Kinder jünger als der Durchschnitt der inhaftierten Kinder waren, und die Tatsache, dass die Mehrheit von ihnen wegen geringfügiger Rechtswidrigkeiten angeklagt wurden, deutet darauf hin, dass dieser Anstieg das Ergebnis der Teilnahme einer hohen Anzahl von Kindern an den Demonstrationen im Westjordanland während der Operation

796 Treffen der Kommission mit *DCI*, 3. Juli 2009.

797 DCI Palestine Section, auf: http://www.dci-pal.org/english/display.cfm?DocId=1194&CategoryId=1.
Zu beachten ist, dass diese Zahlen im Wesentlichen ID-Inhaber aus dem Westjordanland erfassen. Palästinensische Kinder (und Erwachsene) mit Jerusalem-ID werden i.d.R. von den israelischen Zivilgerichten verurteilt. Die Zahlen erfassen auch keine Kinder aus dem Gazastreifen. Interview der Kommission mit Gerard Horton von *DCI*, 24. Juli 2009)

Gegossenes Blei war, und die israelischen Behörden mit erhöhtem Einsatz von Gewalt einschließlich Massenverhaftungen abschrecken oder die Proteste unterdrücken wollten."[798]

1461. Einer der von DCI dokumentierten Fälle ist wie folgt zusammengefasst:

> **„Ahmad F: ein 15-jähriger Junge, am 1. Januar 2009 festgenommen und wegen Steinewerfens angeklagt.**
> Am 1. Januar 2009 protestierte Ahmad in der Nähe vom Qalandiya-Kontrollposten (Checkpoint) gegen den Krieg im Gazastreifen. Er wurde von Soldaten festgenommen und 100 Meter zu einem Jeep geschleift. Er wurde geschlagen und getreten, seine Hände mit Kunststoff-Schnüren zusammengebunden und die Augen verbunden. Er wurde zum Verhör nach *Atarot gebracht*, gezwungen, bis 4.00 Uhr draußen in der Kälte zu sitzen, zum Gefängnis *Ofer* überstellt und dann in Gefängnisse in Israel. Er wurde wegen Steinewerfens angeklagt und zu vier eineinhalb Monaten Gefängnis und einer Geldstrafe von 1000 NIS verurteilt."

1462. Die israelischen Operationen im Gazastreifen führten zu einer Welle von Demonstrationen, die auch nach Beendigung der Operationen weitergingen. Die Zahl der festgenommenen Kinder blieb in den Monaten Februar und März weiterhin hoch, mit einem hohen prozentualen Anteil von Kindern, die wegen Steinewerfens angeklagt waren, ein Hinweis, dass sie bei Demonstrationen festgenommen wurden. *DCI* berichtet über zwei Massenverhaftungen von Kindern nach Demonstrationen im Januar und März 2009, darunter eine in dem Dorf Haris, in das die israelische Armee um Mitternacht einmarschierte, ca. 90 Kinder zusammentrieb und sie in einer Schule für fast einen Tag festhielt, bevor sie letztendlich vier von ihnen verhaftete.[799] Über das gleiche Ereignis wurde in der britischen Zeitung „*Independent*" am 9. Juni 2009 berichtet – der Bericht enthält eine

---

798 über den gesteigerten Gewalteinsatz der israelischen Armee im Westjordanland, siehe Kapitel XX

799 *DCI* Vorlage für die Kommission, S. 6.

Zeugenaussage von Oberst Itai Virob, Kommandeur der Kfir-Brigade:

> Am schlimmsten waren die Schläge, die in den Badezimmern stattfanden, sagte er. „Die Soldaten, die sie [Gefangenen] auf die Toilette brachten, schlugen wie wild auf sie ein, beschimpften sie ohne Grund. Als sie einen Arabar zum Urinieren auf die Toilette brachten, versetzte ihm einer einen Schlag, dass er zu Boden ging. Ihm wurden die Hände mit einem Nylon-Schnur hinten gefesselt und die Augen verbunden. Er war nicht frech und tat nichts, was jemandem auf die Nerven hätte gehen können … [es war], bloss, weil er ein Araber ist. Er war etwa 15 Jahre alt.[800]

1463. Am 6. März 2009 schrieb der Präsident der *DCI* an den damaligen israelischen Justizminister Daniel Friedmann und verlangte eine Erklärung für den starken Anstieg der Zahl der von Israel inhaftierten palästinensischen Kinder und berichtete dem *UN-Ausschuss für die Rechte des Kindes* von diesen Entwicklungen. Zum Zeitpunkt der Verfassung dieses Berichts hatte *DCI* noch keine Antwort erhalten.[801]

1464. In ihrem am 9. Juni 2009 veröffentlichten Bericht über die Inhaftierung von palästinensischen Kindern durch Israel schlussfolgerte *DCI*, dass die Misshandlungen von palästinensischen Kindern durch die israelischen Behörden systematisch und institutionalisiert erfolgt.[802]

1465. In einer Erklärung zur Unterstützung des *DCI-Berichts* erklärten *UNICEF*, die Weltgesundheitsorganisation, *OHCHR* und lokale sowie internationale Kinderschutzorganisationen (alle in der UN-Working Group on Grave violations against Children), dass „israelische Militärgerichte gegen mehrere grundlegende Rechte für ein faires Gerichtsverfahren, wie sie im *Humanitären Völkerrecht* und den *Menschenrechtsgesetzen verankert sind,* verstoßen haben. Zum Beispiel

---

800 The Independent, 9. Juni 2009: "Bound, blindfolded and beaten – by Israeli troops", auf: http://www.independent.co.uk/news/world/middle-east/bound-blindfolded-and-beaten-ndash-by-israeli-troops-1700194.html

801 *DCI* -Vorlage für die Kommission

802 *DCI: "Palestinian Child Prisoners: The systematic and institutionalised ill-treatment and torture of Palestinian children by Israeli authorities"*, auf: http://www.dci-pal.org/english/publ/display.cfm?DocId=1166&CategoryId=8

ist in fast allen Fällen das wichtigste verwendete Beweismittel ein durch Verhöre erzwungenes Geständnis in Abwesenheit eines Anwalts. Die am häufigsten erhobene Anklage gegen Kinder war das Steinewerfen, ca. 27 Prozent, was zu einer Höchststrafe von 20 Jahren Gefängnis führen kann … Auf die Gefahr hart bestraft zu werden, enden etwa 95% der Fälle, dass das Kind sich schuldig bekennt, gleichgültig ob es die Straftat begangen hat oder nicht.[803]

1466. Ein ehemaliger israelischer Militärkommandant sagte gegenüber *BBC*, dass palästinensische Jugendliche regelmäßig während ihrer Haft von israelischen Soldaten misshandelt werden. Der BBC-Internet-Artikel enthielt ein Video von einem palästinensischen Jungen, der nachts verhaftet wird.[804] Oberst Efrati, der die Armee vor fünf Monaten verließ, sagte: „Ich habe nie jemanden, der jünger als neun oder zehn Jahre alt war, verhaftet, aber 14, 13, 11 Jahre, für mich sind sie immer noch Kinder. Aber sie werden wie Erwachsene festgenommen. Jeder Soldat, der in den besetzten Gebieten war, kann die gleiche Geschichte erzählen. Die ersten Monate, nachdem ich die Armee verließ, träumte ich die ganze Zeit von Kindern. Jüdische Kinder. Arabische Kinder. Schreiend."[805] Efrati fügte hinzu: "Vielleicht hat [das Kind] verbundene Augen, damit es die Militärbasis und wie wir arbeiten nicht sehen kann… Ich glaube jedoch, dass wir ihm die Augen verbinden, weil wir seine Augen nicht sehen wollen. Du willst nicht, dass es uns anschaut – Du weißt, es wird uns bitten, aufzuhören, oder vor uns weinen. Es ist viel einfacher, wenn wir seine Augen nicht sehen."[806]

---

803 Auf: http://www.unicef.org/oPt/1612_STATEMENT_JUNE__9.pdf . Die Gruppe wird von *UNICEF* geleitet und umfasst *UNOCHA, OHCHR, UNRWA, WHO, Save the Children Alliance, Al-Mezan Centre for Human Rights, B'Tselem, DCI Palestine and the Palestinian Centre for Human Rights.*

804 *BBC News: "Israeli troops accused of abuse":* http://news.bbc.co.uk/2/hi/middle_east/8186522.stm

805 Idem

806 Der *BBC*-Artikel ist hier aufgezeichnet: http://news.bbc.co.uk/2/hi/middle_east/8186905.stm

3. Mitglieder des Palästinensischen Legislativrates

1467. Im September 2005, einige Monate vor den Wahlen zum Palästinensischen Legislativrat vom Januar 2006, führte die israelische Armee eine zweitägige Verhaftungskampagne durch, in der 450 Personen, die der politischen Partei Hamas und dem Islamischen Jihad nahestanden, verhaftet wurden. Diese Personen waren in beide oder in eine von beiden Wahlen, den Kommunalwahlen und/oder an den Wahlen zum palästinensischen Legislativrat, beteiligt. Die meisten wurden in Administrativhaft genommen, und viele von ihnen wurden kurz vor oder nach den Wahlen zum palästinensischen Legislativrat am 25. Januar 2006 freigelassen. Einige Kandidaten wurden während der Haft gewählt. Mehrere der Entlassenen wurden anschließend wieder verhaftet.[807]

1468. *Hamas* nahm an den Kommunalwahlen im Jahr 2005 und an den *PLC*-Wahlen Mitte 2005 teil. Weil *Hamas* von Israel als illegale Organisation betrachtet wurde[808], nahmen die Kandidaten unter einer Liste mit dem Namen „Change and Reform Bloc" an den Wahlen teil und hoben in ihrem Hauptwahlversprechen die Reform des früheren Systems hervor. Nicht alle Kandidaten und gewählten Personen auf dieser Liste waren Mitglieder der *Hamas* – einige unabhängige Kandidaten schlossen sich der Liste an, einschließlich mehrerer palästinensischer Christen.[809]

1469. Israel hatte dem „Change and Reform Bloc" die Teilnahme an den Wahlen, die von der internationalen Gemeinschaft[810] unterstützt wurden, nicht verboten. Wie berichtet, hatte Israel der Palästinensi-

---

807 *Addameer-Merkblatt "The Arrest and Detention of Palestinian Legislative Council Members",* auf: http://addameer.info/?p=503

808 Siehe http://www.mod.gov.il/pages/general/pdfs/teror.pdf (Titel auf hebräisch: 'State of Israel – Defence Ministry: List of Declarations and Orders'). *Hamas* wurde am 22.6.89 von Israel zu einer 'Terror Gruppe' erklärt (anwendbar in Israel), und in den besetzten palästinensischen Gebieten *am* 26.2.96.

809 *Addameer-Merkblatt "The Arrest and Detention of Palestinian Legislative Council Members"*, auf: http://addameer.info/?p=503

810 Siehe z.B. EU-Pressemitteilung, 16. Januar 2006: "Javier SOLANA, EU High Representative for the CFSP, welcomes announcements by Israeli and Palestinian leaders on Palestinian Authorities elections" http://domino.un.org/unispal.NSF/fd807e46661e3689852570d00069e918/6ad2f14761a4ce1c852570f80053df73?OpenDocument

schen Autonomiebehörde die Zustimmung für die Listen der vorgeschlagenen Kandidaten für die Wahlen[811] gegeben und am Wahltag für Erleichterungen gesorgt.[812] Allerdings behinderten die Massenverhaftungen im September 2005 den Wahlkampf und dessen Organisation, und Wahlkandidaten aller Parteien wurde von Israel die Wahlpropaganda in Jerusalem verboten. Die Kommission traf sich mit Dr. Mustafa Barghouti, PLC-Mitglied der *Palästinensischen Nationalen Initiative*.

Er berichtete, dass er bei seinem Versuch, seine Wahlkampagne in Jerusalem durchzuführen, verhaftet und geschlagen wurde.[813]

1470. Trotzdem und zur Überraschung aller Beteiligten gewann die *Change and Reform*-Liste die Wahlen zum Palästinensischen Legislativrat mit einer Mehrheit von 74 von 132 Sitzen. Die zehnte Regierung, zu der auch einige Minister gehörten, die nicht Mitglied von *Hamas* waren, wurde am 20. März 2006 vereidigt.[814]

1471. Wie in Kapitel II erwähnt, wurde am 24. Juni 2006 der israelische Soldat Gilad Shalit von palästinensischen bewaffneten Gruppen aus Gaza gefangen genommen. Die israelische Regierung machte die Palästinensische Autonomiebehörde voll und ganz verantwortlich für seine Festnahme „mit allem, was dies beinhaltet", und machte klar, dass sie „alle nötigen Schritte für seine Freilassung" unternehmen werde und dass „in dieser Zeit keine Person oder Organisation Immunität genießen würde"[815]. Am 29. Juni verhaftete die israelische Armee etwa 65 Mitglieder der PLC, Bürgermeister und Minister. Die meisten waren Mitglieder von *Hamas*.[816] Sie wurden nachts zu Hause verhaftet. Befragte Personen beschrieben Situationen, in

---

811 Interview der Kommission mit Fadi Qwasmi, 6. Juli 2009.

812 Wie berichtet, durch die Öffnung israelischer Postfilialen in Ostjerusalem als Wahllokale und den Transport der Wahlurnen an die Zählbüros der PA am Ende des Tages, Fadi Qwasme Zeugenaussage bei den öffentlichen Anhörungen der Kommission in Genf, 3. Juli 2009, und Interview der Kommission mit Sahar Franz von *Addameer*, 22. Juli 2009, Interview der Kommission mit Dr. Omar Abdel Razeq, PLC-Mitglied, 16. Juli 2009.

813 Treffen der Kommission mit Dr. Mustafa Barghouti, 3. Juli 2009.

814 Siehe *IMEU: „Meet the new Palestinian Authority Cabinet", 20. März 2006* auf: http://imeu.net/news/article00764.shtml

815 *Pressemitteilung vom 25. Juni 2006* auf http://www.pmo.gov.il/PMOEng/Archive/Press+Releases/2006/06/spokekab250606.htm

816 Fadi Qwasme, öffentliche Anhörung, Genf, 3. Juli 2009, und *PCHR-Wochenbe-*

denen bis zu zwanzig Jeeps das Haus eines PLC-Mitgliedes umstellten, oder ihre Häuser durchsucht und Computer und Dokumente mitgenommen wurden.[817]

1472. Herr Fadi Qwasme, der Anwalt der meisten verhafteten PLC-Mitglieder, teilte der Kommission mit, dass die Mitglieder, welche am 29. Juni verhaftet wurden, während einer Woche ohne Zugang zu einem Anwalt verhört wurden. Laut Herrn Qwasme weigerten sich einige zu kooperieren. Andere gestanden offen, dass sie Mitglied von Change and Reform seien. Einige wurden freigelassen, während andere inhaftiert blieben unter der Anklage der „Zugehörigkeit zu einer terroristischen Organisation“[818], oder sie wurden in Administrativhaft genommen. Die Staatsanwaltschaft verlangte für alle den Verbleib in Untersuchungshaft für eine Dauer von zwei Jahren. Herr Qwasme berichtete der Kommission, dass er die Strafanzeigen mit der Begründung anfocht, dass Mitglieder der PLC Immunität gegenüber strafrechtlicher Verfolgung haben sollten, dass sie die rechtliche Zuständigkeit des Gerichts nicht anerkannten (gemäß dem Oslo Abkommen sollten die verhafteten Personen dem Gerichtsstand der PA unterliegen), und er argumentierte, dass Israel die Teilnahme von Change and Reform an den Wahlen akzeptiert habe.[819]

1473. Laut Herr Qwasme hatte das Gericht ursprünglich die Argumente anerkannt und vorgeschlagen, alle gegen Kaution freizulassen. Die Staatsanwaltschaft erhob jedoch Einspruch und lehnte die Argumente des Anwaltes mit der Behauptung ab, dass Israel Hamas nicht erlaubt habe, an den Wahlen teilzunehmen, und es sich bei Change and Reform in Wirklichkeit um Hamas handle. Im Februar 2007, ein Jahr nach den Wahlen, erklärte Israel Change and Reform zu einer verbotenen Organisation.[820] Alle waren während mindestens zwei Jahren inhaftiert und einige wurden wegen „Mitgliedschaft in

---

richt für 29. Juni bis 5. Juli 2006, http://www.pchrgaza.org/files/W_report/English/2006/06-07-2006.htm

817 Interview der Kommission mit Dr. Mariam Saleh, PLC-Mitglied und ehemalige Strafgefangene, 27. Juli 2009.

818 *Prevention of Terror Ordinance No. 33 von 1948.*

819 Fadi Qwasme, öffentliche Anhörung, Genf, 3. Juli 2009.

820 Am 22.2.2007 erklärte Israel *Change and Reform* zur ungesetzlichen Vereinigung (maßgeblich in Israel) und am 22.7.2007 (durch israelische Militarverfügung) in den besetzten palästinensischen Gebieten.

Change and Reform" oder wegen „Teilnahme an den Wahlen für Change and Reform" verurteilt. Das Mindeststrafmaß für die PLC-Mitglieder betrug 42 Monate, mit längerem Strafmaß für hochrangige Mitglieder.

(a) Bedingungen bei Festnahme, Verhör und Haft

1474. Die Kommission befragte drei von Israel inhaftierte PLC-Mitglieder.[821] Dr. Mariam Saleh, welche in der zehnten palästinensischen Regierung Ministerin für Frauenangelegenheiten war, berichtete der Kommission, dass in der Nacht ihrer Festnahme 20 bis 25 Militärjeeps ihr Haus umstellten und maskierte Männer gewaltsam in ihr Haus eindrangen. Nachdem sie Dr. Saleh und ihre Familie auf dem Balkon ausgeschlossen hatten, durchsuchten die Soldaten das Haus und brachten sie anschließend zu einem Militärjeep. Die Soldaten fuhren Dr. Saleh zu ihrem Büro, das sie gewaltsam aufbrachen und die Computer-Festplatte und viele Dokumente konfiszierten. Danach wurde sie zum Muskobiyye (ein Verhörzentrum in Jerusalem) gebracht, in dem sie einen Monat inhaftiert war. Sie berichtete, dass sie jeweils drei Tagen lang von acht Uhr morgens bis zum nächsten Tag fünf Uhr morgens verhört worden sei.[822] Dr. Saleh teilte weiter mit, dass ihr Sohn und ihr Ehemann als Druckmittel zum Verhörzentrum gebracht worden waren, damit sie gestehe, Mitglied von Hamas zu sein.[823]

---

821 Dr. Mariam Saleh, Ministerin für Frauen in der 10. palästinensischen Regierung (verhaftet im November 2007 und freigelassen im Juni 2008), Dr. Omar Abdel-Razeq, Finanzminister in der 10. palästinensischen Regierung (verhaftet 13. Dezember 2005, freigelassen 13. März 2006; verhaftet 29. Juni 2006, freigelassen 3. August 2008; verhaftet 15. Dezember 2008, freigelassen 28. April 2009), und WB/01 (verhaftet 2007 und freigelassen in den letzten sechs Monaten).

822 Interview der Kommission mit Dr. Mariam Saleh, 27. Juli 2009.

823 Idem. Ein *PCATI*-Rapport beschreibt detailliert den häufigen Einsatz von Familienmitgliedern als Druckmittel auf die Inhaftierten, obwohl ein Entscheid des israelischen Obersten Gerichts diese Methode gesetzlich verbietet. *PCATI-Rapport „Die Familie ist wichtig: Der Einsatz von Familienmitgliedern als Methode, die Inhaftierten unter Druck zu setzen", 2008,* (http://www.stoptorture.org.il/en/node/1039) Siehe auch die Petition 2008: http://www.btselem.org/english/Press_Releases/20080416.asp .

1475. Die Befragten berichteten, dass die Inhaftierung schwer zu verkraften war, da die meisten PLC-Mitglieder über fünfzig oder sechzig Jahre alt waren, und eine besonders erniedrigende Erfahrung war.[824] Befragte sprachen von mangelndem Zugang zu medizinischer Hilfe und benötigten Medikamenten. Sie sprachen davon, dass sich ihre Krankheiten und Leiden verschlimmerten wegen der schlimmen Haftbedingungen, wie z.B. Mangel an angemessener Nahrung oder Fehlen von Diäteinstellungen für Diabetiker. Die Befragten berichteten des weiteren von Demütigungen durch Gefängniswärter (die es z. B. amüsant fanden, einen Minister als Gefangenen zu halten), von Versuchen, via Spitzel Geständnisse zu erhalten, und von der Anwendung von Stress-Stellungen und Schlafentzug. Befragte berichteten weiter von sehr harten Transportbedingungen, wie z.B. mit einem Hund zusammen in einem Wagen eingeschlossen zu sein, oder davon, während 12 Stunden an Händen und Füßen gefesselt in einem Bus gefahren zu werden, ohne Wasser trinken zu können oder Zugang zur Toilette zu haben. Die Fahrten vom Gefängnis zum Gericht und zurück konnten mehrere Tage dauern, da der Bus an verschiedenen Gefängnissen Zwischenaufenthalte machte, um Mitfahrende ab- oder aufzuladen, so dass die Gefangenen angekettet und zusammengepfercht über längere Zeit reisen mussten, auch wenn einige von ihnen schon älter oder in schlechter gesundheitlicher Verfassung waren. Einer der Befragten berichtete, dass er insgesamt 350 Tage, „fast ein Jahr", auf solchen mehrtägigen Reisen verbrachte.[825]

1476. Befragte berichteten von sehr begrenzten Besuchen durch Familienmitglieder. Einem wurde gesagt, dass seine Mutter keine „engste Angehörige" sei, weshalb es ihr während drei Jahren verwehrt war, ihn zu besuchen.[826]

---

824 Selbst scheinbar harmlose Maßnahmen wie Handschellen und Fussketten werden ganz gezielt angewendet gemäß einem Rapport von *PCATI* vom Juni 2009, in welchem es abschließend heißt, „das schmerzhafte Fesseln ist unzulässig und irrelevant, da es lediglich dazu dient, Schmerzen und Leiden sowie Bestrafung und Einschüchterung zu verursachen, und es zum Ziel hat, gesetzwidrig Informationen und Geständnisse zu entlocken." *PCATI* sagt, „Die Methode des Fesselns dient verschiedenen Behörden als Mittel, die der Besatzungsmacht unterstehenden palästinensischen Gefangenen zu entmenschlichen." *PCATI: Fesseln als Form von Folter und Schmähung*: http://www.stoptorture.org.il/en/node/1441.

825 Interview der Kommission mit Dr. Omar Abdel Razeq, 16. Juli 2009.

826 Idem

1477. Die ehemaligen Inhaftierten, welche von der Kommission befragt wurden, befürchteten, wiederum festgenommen zu werden; einige wurden zeitweise auch erneut festgenommen aufgrund derselben Anklagen, was sie dazu bewog, Reisen sowie öffentliche Auftritte auf ein Minimum zu reduzieren.[827] Einer der Befragten berichtete, dass er bei seiner letzten Festnahme eine Bewährungsstrafe von zwei Jahren erhalten hatte, und damit die Teilnahme an zukünftigen Wahlen nicht mehr möglich sei.[828] Er fügte hinzu, dass jedenfalls niemand für *Hamas* oder *Change and Reform* bei diesen Wahlen kandidieren könne, da dies inzwischen strafbar geworden sei und eine Gefängnisstrafe von drei Jahren nach sich ziehe.[829] Alle Befragten berichteten zudem, dass ihre Familienangehörigen und Freunde Opfer von Drohungen und Belästigungen durch die Sicherheitskräfte der Palästinensischen Autonomiebehörde geworden seien.[830]

1478. Laut *B'Tselem* äußerten israelische Beamte in öffentlichen Stellungnahmen, dass die Verhaftungen von PLC-Mitgliedern politisch motiviert war: „... Ein paar Stunden nach einer ersten Welle von Festnahmen sagte der Generalmajor Yair Naveh vom OC Central Command in einem Interview am 29. Juni 2006, dass der Entscheid, hochrangige palästinensische Politiker festzunehmen, auf der politischen Befehlsebene gefällt worden war und dass die Inhaftierten freigelassen würden, sobald Gilad Shalit freigelassen sei. Am Tag, an dem die zweite Welle der Festnahmen begann, sagte der damalige Verteidigungsminister Amir Peretz in einem Interview am 24. Mai 2007 im Militärradio, „mit der Festname der Führungskräfte von *Hamas* wollen wir dem militärischen Arm zu verstehen geben, dass er sein Feuer einstellen muss."[831]

1479. Die *Inter-Parliamentary Union (Interparlamentarische Union) (IPU)* hat kürzlich eine Reihe von Resolutionen verabschiedet, die sich gegen die Festnahme und Inhaftierung palästinensischer Parlamentarier,

827 Interview der Kommission mit WB/01, 16. Juli 2009.
828 Interview der Kommission mit Dr. Omar Abdel Razeq, 16. Juli 2009.
829 Idem
830 Idem; Interview der Kommission mit Dr. Mariam Saleh, 27. Juli 2009.
831 *B'Tselem*-Pressemitteilung: Detention of senior Palestinian officials – wrongful infringement of fundamental rights, auf http://www.btselem.org/english/special/20070801_Detention_of_Palestinian_Government_Senior s.asp

einschließlich jener des Change and Reform Blocks, richten.[832] IPU stellt fest, dass PLC-Mitglieder zu viel längeren Haftstrafen verurteilt wurden als wegen militärischer Aktionen angeklagte Personen und dass dies „eindeutig die Absicht bezeugt, sie bis zum Ende ihres parlamentarischen Mandats im Gefängnis zu behalten". Die IPU „erachtet, dass die erneute Festnahme von vier Change and Reform-Parlamentariern im Anschluss an die gescheiterten Verhandlungen bezüglich der Freilassung von Gilad Shalit sowie die gleichzeitige Einschränkung der Rechte politischer Gefangener darauf hinweisen, dass Israel in Wirklichkeit die betreffenden PLC-Mitglieder als Geiseln hält".[833]

(b) Begleitende Maßnahmen

1480. Im Mai 2006 entschied der damalige israelische Innenminister Roni Bar-On, vier PLC-Mitgliedern (inklusive dem damaligen Minister für Jerusalem-Angelegenheiten) das Recht auf ständigen Wohnsitz (ihr Recht, unter israelischem Gesetz in Jerusalem zu wohnen) zu entziehen.[834] In dem erhaltenen Brief stellt er fest: „In Übereinstimmung mit [dem israelischen Einreisegesetz) gelten Sie als Einwohner des Staates Israel. Sie sind verpflichtet, dem Staat Israel Staatstreue zu schwören. Trotz alledem beweisen Ihre Handlungen das Gegenteil und weisen darauf hin, dass sie der Palästinensischen Autonomiebehörde Treue schwören."[835] Die PLC-Mitglieder reichten beim Obersten Gericht Israels (entspricht dem BVG) eine Eingabe ein, während ACRI und Adalah einen amicus curiae-Brief einreichten mit dem Einwand, dass das permanente Wohnsitzrecht den Bürgern von Jerusalem, auch nachdem die Stadt von Israel annektiert wurde, nicht entzogen werden kann. Menschenrechtsorganisationen

832 The Inter-Parliamentarian Union Resolutions: http://www.ipu.org/strct-e/stcnfres.htm ; Dr. Abdel Razeq Resolution: http://addameer.info/wp-content/images/d-razeq-125-e.pdf ; Dr. Aziz Dweik Resolution: http://www.adalah.org/newsletter/ara/may09/D-Dweik-125-E.pdf .

833 Resolution einstimmig angenommen vom *IPU Governing Council* an dessen 184. Sitzung (Addis Adaba, 10. April 2009).

834 *Al-Haq,* "Attacking Democracy: Recent Israeli attacks on Palestinian Democratic Institutions", November 2006, http://www.alhaq.org/pdfs/Attacking%20Democracy.pdf

835 Id.

argumentierten, dass der Wohnsitzstatus der PLC-Mitglieder annulliert wurde, weil dem israelischen Staat das Wahlresultat nicht angenehm war.[836] Die Petition, mit der die Statusentziehung oder das De-facto-Exil angefochten wird, wurde 2006 dem israelischen High Court of Justice vorgelegt, ist aber bis heute anhängig.[837] Möglicherweise hat ein Gerichtsentscheid, dass aufgrund mangelnder Loyalität gegenüber Israel das Wohnsitzrecht in Jerusalem entzogen werden kann, schwerwiegende Konsequenzen für Palästinenser, die im besetzten Ost-Jerusalem wohnen. Bis dahin lässt das israelische Gesetz die Entziehung des Wohnsitzrechtes in Jerusalem nur dann zu, wenn Palästinenser nicht beweisen können, dass ihr „Lebenszentrum“ in Jerusalem liegt.[838]

(c) Neueste Entwicklungen

1481. Während der israelischen Militäroperation in Gaza im Januar 2009 nahm die israelische Armee wiederum eine Anzahl von *Hamas*-Politikern fest und zwar am 1. und 9. Januar 2009.

1482. Addameer kommentiert, „der Zeitpunkt für die Welle von Festnahmen weist darauf hin, dass diese Festnahmen dazu bestimmt waren, Druck auf die Palästinenser und ihre Führung auszuüben.“[839] Befragte weisen darauf hin, dass die Festnahme-Kampagne eine effektive Abschreckungspolitik darstellte. Sie berichteten, dass ihre Familienmitglieder, Kollegen und Angestellte sowohl von Israel als auch der Palästinensischen Autonomiebehörde festgenommen wurden.

1483. Im März berichteten zwei PLC-Mitglieder und ehemalige Gefangene in einem Interview mit der Kommission, dass eine Gruppe von Gefangenen, die Verbindungen zu Hamas hatten, Mobiltelefone erhielten und gebeten wurden, sich als Gruppe in die Verhand-

---

836 *Adalah* Pressemitteilung 17. September 2008, http://www.adalah.org/eng/pressreleases/pr.php?file=08_09_17 .

837 *H.C. 7803/06, Khalid Abu Arafeh et al. v. Minister of Interior*

838 Siehe *B'Tselem, "Revocation of Residency in East Jerusalem"*, auf http://www.btselem.org/english/Jerusalem/Revocation_of_Residency.asp

839 *Addameer* Merkblatt "*The arrest and detention of Palestinian Legislative Council members*", auf http://addameer.info/?p=503

lungen um die Freilassung von Gilad Shalit einzuschalten. Laut den Befragten wurden die Gefangenen aus verschiedenen Gefängnissen zusammengebracht, um an dieser Verhandlung im *Ktziot*-Gefängnis im Negev teilzunehmen. Einige der Gefangenen wurden für diesen Zweck selbst aus der Einzelhaft geholt, obwohl Einzelhaft normalerweise dann verhängt wird, wenn das Zusammenkommen bestimmter Gefangener und die mögliche Kommunikation als Sicherheitsrisiko eingestuft wird .[840] Für diesen Anlass wurde die Gruppe hochrangiger *Hamas*-Gefangener (PLC-Mitglieder und andere führende Politiker) gebeten, andere *Hamas*-Politiker in Gaza und Damaskus anzurufen, um Einfluss auf Verhandlungen betr. Gilad Shalit sowie auf einen Gefangenenaustausch zu nehmen. Allerdings entschied sich die Gruppe, nicht zu kooperieren mit der Begründung, dass sie nicht unabhängig seien, Rücksprache zu halten oder zu verhandeln, solange sie in Haft seien.[841]

1484. Laut einer Pressemitteilung von *Addameer* führte die israelische Armee ein paar Stunden, nachdem *Hamas* das Ende der Verhandlungen für die Freilassung von Gilad Shalit erklärte, im Westjordanland eine Reihe von Razzien durch, und zwar in den Städten Nablus, Ramallah, Hebron und Bethlehem. Dabei nahmen sie vier PLC-Mitglieder fest, den ehemaligen stellvertretenden Ministerpräsidenten der 10. Regierung, einen Universitätsprofessor sowie einen *Hamas*-Politiker.[842] Für *PCHR* könnten diese Festnahmen „als Druckmittel von Israel auf die Führungskräfte von *Hamas* dienen, um den Fall des gefangenen israelischen Soldaten, Gilad Shalit, lösen zu können und einen Gefangenenaustausch hervorzurufen.“[843] Sahar Francis, die Direktorin von Addameer, bemerkte dazu: „Es ist unvorstellbar, dass der israelische Staat sich zuerst an einem politischen Prozess und an Verhandlungen mit *Hamas* beteiligt und danach zehn führende Politiker entführt, die mit der Bewegung assoziiert sind, um sie als Druckmit-

---

840 Laut Menschenrechtsorganisationen wurden einige Gefangene in einem Zeitraum von 5 Monaten bis zu 23 Jahren in Einzelhaft gehalten. *Physicians for Human Rights – Israel* and *Addameer*: *„The Sounds of Silence: Isolation and Solitary Confinement of Palestinians in Israeli Detention“, Juli 2008.*

841 Interview der Kommission mit WB/01, Interview der Kommission mit Dr. Omar Abdel Razeq, 16. Juli 2009.

842 *Addameer*-Pressemitteilung, 19. März 2009, auf http://addameer.info/?p=934

843 “*PCHR* Condemns IOF acts of reprisal on Hamas affiliated political leaders in the West Bank”, 19. März 2009.

tel bei Verhandlungen einzusetzen. Dies ist nicht nur eine Art von Kollektivstrafe und verstößt damit gegen das *Humanitäre Völkerrecht*, sondern ist auch eine politisch kontraproduktive Strategie."[844]

(d) Herabstufung der Haftbedingungen für zur Hamas gehörende Gefangene

1485. Am 18. März 2009 gründete der israelische Justizminister Daniel Friedmann eine „Kommission" mit dem Auftrag, „die den Hamas und islamischem Jihad angehörenden Sicherheitsgefangenen gewährten Privilegien abzubauen." [845] Minister Friedmann erwähnte Berichten zufolge in den Medien, dass das Ziel dieser Herabstufung darin liege, „die Haftbedingungen [dieser Gefangenen] jenen von Gilad Shalit anzupassen." [846] Die Kommission befragte zwei ehemalige *Hamas*-Gefangene, die bestätigten, dass sie ab Ende März keine Zeitungen und Bücher mehr erhalten hätten und dass ihre Zeit für Freizeitaktivitäten auf drei Stunden pro Tag reduziert worden war.[847] *HaMoked* meint, dass die Initiative, diese „*Kommission*" zu gründen, dazu dient, eine größere Gruppe von Gefangenen als „Druckmittel für Verhandlungen" zu benutzen bis zur Lösung einer Angelegenheit, mit der sie nicht in Verbindung stehen und die sie nicht beeinflussen können."[848] Laut *Addameer* hat „der israelische Staat am 29. März Empfehlungen eines besonderen ministeriellen Komitees an-

---

844 *Addameer*-Pressemitteilung, 19. März 2009, auf http://addameer.info/?p=934

845 Israel Cabinet Communique vom 22. März 2009: http://www.mfa.gov.il/MFA/Government/Communiques/2009/Cabinet_communique_22-Mar-2009 "Vertreter der Generalstaatsanwaltschaft, der israelischen Gefängnisdienste, des IDF und des ISA werden im diesem Team sein, dessen Aufgabe es ist, die den Hamas - und Islamischem Jihad -Sicherheitsgefangenen gewährten Privilegien abzubauen."

846 Zitiert in *HaMoked Position Paper* bezüglich dem Antrag zur Herabstufung von Haftbedingungen für der *Hamas* angegliederte Gefangene, http://www.hamoked.org.il/items/111330_eng.pdf

847 Besonders zu erwähnen ist, dass diese normalerweise durch das PA-Ministerium für die Angelegenheiten Gefangener und ehemaliger Gefangener bezahlt werden. Zur "Freizeit" gehört die Zeit, in der ein Gefangener seine Zelle verlassen darf, was auch Zeit in der Dusche, Zeit zum Essen etc. einschließt.

848 *HaMoked Position Paper* bezüglich dem Antrag zur Herabstufung von Haftbedingungen für *Hamas* angegliederten Gefangenen, http://www.hamoked.org.il/items/111330_eng.pdf

genommen, mit dem Ziel, Haftbedingungen von Gefangenen, die *Hamas* und dem *Islamischen Jihad* angehören, herabzustufen."[849]

(e) Auswirkung der Inhaftierung der PLC-Mitglieder: Ausschaltung der Legislative und Ermächtigung der Exekutive

1486. Die Inhaftierung der PLC-Mitglieder hatte zur Folge, dass die PLC während drei Jahren ihre Funktion nicht erfüllen konnte. Auch Gesetze wurden nicht verabschiedet. Der ICHR meint, dass „der Palästinensische Legislativrat nicht in der Lage war, seine Aufsichtsfunktion im administrativen und finanziellen Bereich der Regierung wahrzunehmen, nicht durch Befragung, Gewährung/Entzug des Vertrauens, noch die Regierung zur Rechenschaft zu ziehen oder Ermittlungen von Tatsachen bezüglich gravierender Verletzungen von palästinensischen Menschenrechten im Jahre 2008 durchführen zu können."[850]

1487. Im Gegensatz dazu spielte die Exekutive im Westjordanland eine bedeutende Rolle im Bereich der Legislative — wobei die Regierung dem Präsidenten eine Anzahl von Gesetzen unterbreitete und der Präsident im Jahre 2008 elf Verfügungen mit Gesetzeskraft erließ.[851] Das palästinensische Grundgesetz sieht vor, dass die Übergangsregierung in Ausnahmesituationen, welche nicht aufgeschoben werden können, Verfügungen durch Gesetzeskraft erlassen kann. Diese müssen jedoch dem PLC bei der nächstmöglichen Sitzung unterbreitet und von diesem genehmigt werden. Andernfalls verlieren sie ihre Rechtmäßigkeit. ICHR argumentiert, dass „einige der Gesetze, die der Präsident der PNA erlassen hat, einen Rückschritt gegenüber den gesetzlichen Garantien zum Schutz der Grundrechte und Freiheiten der Palästinensischen Bürger darstellen".
(ICHR argumentiert, dass „einige der Gesetze, die der Präsident der PNA erlassen hat, einen Rückschritt gegenüber) den gesetzlichen Garantien zum Schutz der Grundrechte und Freiheiten der Palästinensischen Bürger darstellen". (siehe Kapitel XXIII).

849 *Addameers* öffentliches Communique vom 17. April 2009, siehe http://addameer.info/?p=945
850 *ICHR-Jahresrapport* für 2008, Seite 24.
851 Id. Seite 25

1488. Die in der Einführung zu diesem Kapitel erwähnten Haftpraktiken wurden von verschiedenen UNO-Gremien als Verletzung der internationalen Menschenrechte und des Humanitären Völkerrechts bezeichnet. In der folgenden Analyse beschränkt sich die Kommission darauf, spezifische, für ihr Mandat relevante Verletzungen zu analysieren.

1. Das Militärgerichtssystem und Israels Inhaftierung von Palästinensern aus den besetzten palästinensischen Gebieten im Allgemeinen

1489. Das Völkerrecht gibt der Besatzungsmacht das Recht, Angehörige der geschützten Bevölkerung sowohl wegen krimineller Vergehen wie aufgrund von zwingenden Sicherheitsbedürfnissen festzunehmen (siehe nachstehend unter „Administrativhaft"). Gemäss dem humanitären Völkerrecht kann die Besatzungsmacht, als Ausnahme von der Gewährleistung der rechtlichen Bedingungen in den besetzten Gebieten, „die Bevölkerung der besetzten Gebiete Vorschriften unterstellen, die notwendig sind, um der Besatzungsmacht die Erfüllung ihrer Verpflichtungen unter diesen Abkommen zu ermöglichen" (Art. 64 GCIV). Sie kann Militärgerichte einrichten zur Strafverfolgung örtlicher Bewohner wegen Verletzung dieser Bestimmungen (Art. 66 GCIV). Gemäß Art. 66 sollen diese Gerichte „ordentlich konstituiert, unpolitisch" sein, eine Bedingung, welche die Verwendung solcher Gerichte zu politischer oder rassistischer Verfolgung verhindern soll[852], und sie sollen „in den besetzten Gebieten tagen", eine Bestimmung, die den vor ihnen erscheinenden Gefangenen und Angeklagten einen fairen Prozess gewährleisten soll[853].

852 Jean Pictet (Hrsg.) Commentary: The Fourth Geneva Convention Relative to the Protection of Civilian Persons in Time of War (Geneva: ICRC, 1958) S. 335-336

853 id.

1490. Artikel 67 bis 75 GCIV enthalten eine Reihe von Garantien für ein faires Verfahren, welche die Militärgerichte einräumen sollen, u.a. das Recht, „einen Verteidiger zu bestellen, der ein freies Besuchsrecht erhalten soll" (Art. 72). Gemäss Auskünften, welche die Kommission erhalten hat, wird im israelischen Militärgerichtssystem normaler weise nicht einmal dieses grundlegende Prinzip eingehalten.

1491. Art. 9(3) des ICCPR verlangt, dass „jede aufgrund einer strafrechtlichen Anklage festgenommene oder verhaftete Person unverzüglich vor einen Richter gebracht wird … und Anspruch hat auf ein Gerichtsverfahren innerhalb nützlicher Frist oder Entlassung aus der Haft." Die Bestimmungen des israelischen Militärbefehls 378 sind nicht in Übereinstimmung mit dieser Vorschrift.

2. Die Anwendung von Haft im Zusammenhang mit dem Mandat der Kommission

1492. Die Verhaftung von Mitgliedern der PLC ebenso wie ihre Verurteilung aufgrund der Mitgliedschaft in einer bestimmten politischen Partei verletzen das Verbot von Diskriminierung aufgrund politischer Ansichten und stehen im Gegensatz zu Art. 26 ICCPR:

> „Alle Menschen sind vor dem Gesetz gleich und geniessen ohne Unterschied den gleichen Schutz des Gesetzes. In dieser Hinsicht hat das Gesetz jegliche Diskriminierung zu verbieten und jeder Person den gleichen wirksamen Schutz gegen Diskriminierung insbesondere aufgrund von Rasse, Hautfarbe, Geschlecht, Sprache, politischer oder anderer Anschauungen, nationaler oder sozialer Herkunft, Besitz, Geburt oder eines anderen Status zu garantieren."

1493. Außerdem verletzen sie Art. 25

> Jeder Staatsbürger hat das Recht und die Möglichkeit, ohne Unterschied nach den in Artikel 2 genannten Merkmalen und ohne unangemessene Einschränkungen (1) an der Gestaltung der öffentlichen Angelegenheiten unmittelbar oder durch frei gewählte

Vertreter teilzunehmen: (b) bei echten, wiederkehrenden, allgemeinen, gleichen und geheimen Wahlen, bei denen die freie Äusserung des Wählerwillens gewährleistet ist, zu wählen und gewählt zu werden."

1494. Die Kommission stellt fest, dass die Verhaftungen, soweit sie als Reaktion auf politische Ereignisse durchgeführt wurden, die mit dem einzelnen verhafteten PLC-Mitglied in keinem Zusammenhang stehen, als „kollektive Bestrafung" gelten und im Gegensatz zu Artikel 33 GCIV stehen:

> Keine geschützte Person darf für ein Vergehen bestraft werden, das er oder sie nicht persönlich begangen hat. Kollektive Bestrafungen und gleichermaßen alle Einschüchterungs- oder Terrormassnahmen sind verboten.
>
> […]
>
> Vergeltungsmassnahmen gegenüber geschützten Personen und ihrem Eigentum sind verboten."

1495. Die von der Kommission gesammelten Tatsachen deuten auch auf eine Verletzung des durch Art. 9(1) ICCPR geschützten Rechts, nicht willkürlich verhaftet zu werden: „Jedermann hat ein Recht auf persönliche Freiheit und Sicherheit. Niemand darf willkürlich festgenommen oder in Haft gehalten werden, es sei denn aus gesetzlich bestimmten Gründen und unter Beachtung des im Gesetz vorgeschriebenen Verfahrens."

3. Inhaftierung von Kindern

1496. Artikel 76 GCIV verlangt, dass „der Sonderbehandlung, die Minderjährigen [in Haft] zusteht, angemessene Aufmerksamkeit geschenkt wird". Die von der Kommission gesammelten Tatsachen weisen darauf hin, dass palästinensischen Minderjährigen diese ihnen zustehende Sonderbehandlung nicht erhalten, insbesondere 16- und 17jährige Minderjährige, welche wie Erwachsene behandelt werden.

1497. Artikel 37(b) CRC sieht vor: „Die Festnahme, Haft oder Gefangenschaft eines Kindes hat in Übereinstimmung mit dem Gesetz zu erfolgen und darf nur als äußerste Maßnahme und für die kürzest angemessene Zeit angeordnet werden.“ Diese Vorschrift scheint durch die Inhaftierung von Kindern in grosser Anzahl während oder in der Folge von Demonstrationen verletzt worden zu sein.

1498. Die Inhaftierung einer großen Anzahl von Kindern und anderen Teilnehmern an Demonstrationen kann ebenfalls gegen die Bestimmungen der Erklärung der Vereinten Nationen zur Verteidigung der Menschenrechte betreffend den Schutz des Rechts, gegen Verstöße gegen die Menschenrechte zu protestieren,[854] verstoßen.

1499. Berichte über Misshandlungen von Kindern durch israelische Sicherheitskräfte, wie oben beschrieben, weisen auf Verstösse gegen Art. 37 CRC hin.

4. Weitere rechtliche Fragen

1500. Der Entzug des Status (der PLC-Mitglieder von Jerusalem) aufgrund von deren (stillschweigender) Weigerung, dem Staat Israel die Treue zu schwören, stellt eine Verletzung von Art. 45 der Haager Erklärung dar, welche festhält „Es ist verboten, die Bewohner von besetzten Gebieten zu zwingen, der feindlichen Macht Treue zu schwören“, was auch Teil des Völker Gewohnheitsrechts ist.

1501. Der Entzug des Wohnsitzstatus könnte ausserdem einer Deportation gleichkommen, was Art. 49 GCIC verletzt. Im Weiteren verletzt er das Recht des Individuums, seinen Wohnsitz frei zu wählen (Art. 12), dessen Einschränkung auf den ersten Blick nicht unter einer der in Art. 12(3) erwähnten Ausnahme gerechtfertigt werden kann. Wenn eine solche Einschränkung auf politischer Anschauung beruht, ist sie prima facie unvereinbar mit Art. 2 (Nicht-Diskriminierung) und

854 Declaration on the Right and Responsibility of Individuals, Groups and Organs of Society to Promote and Protect Universally Recognized Human Rights and Fundamental Freedoms, A/RES/53/144 vom 8. März 1999 http://www.unhchr.ch/huridocda/huridocan.nsf/(Symbol)/A.RES.53.144.En

Art. 19 (Meinungsfreiheit) des ICCPR. Ausserdem könnte der Entzug eine ungesetzliche Beeinträchtigung des Familienlebens in Art. 17 und des Rechts auf Familienleben in Art. 23 ICCPR darstellen, wenn ein Widerruf des Wohnsitzstatus bedeutet, dass die Familie nicht mehr als Einheit zusammenleben kann.[855]

1502. Die systematische Diskriminierung, sowohl nach Gesetz und in der Praxis, von Palästinensern in der Gesetzgebung (einschließlich eines vollständig getrennten Gesetzes- und Gerichtssystems, welches systematisch schlechtere Bedingungen enthält als jene, die vergleichbar für Israelis zur Anwendung kommen) sowie in der Praxis während der Festnahme, Haft, Gerichtsverhandlung und bei Urteilsspruch im Vergleich zu israelischen Staatsbürgern,[856] steht im Widerspruch zu Art. 2 ICCPR und ist allenfalls eine Verletzung des Verbots der Verfolgung als Verbrechen gegen die Menschheit.[857]

5. Schlussfolgerungen

1503. Die Kommission ist besorgt über die aus politischen Gründen erfolgte Inhaftierung von Kindern und Erwachsenen, unter schlechten Bedingungen und außerhalb der besetzten Gebiete unter Verletzung des internationalen humanitären Völkerrechts. Die Kommission stellt die sehr hohe Anzahl von Palästinensern fest, die seit Beginn der Besatzung inhaftiert wurden (40% der erwachsenen männlichen Bevölkerung der besetzten palästinensischen Gebiete) aufgrund einer Praxis, die offenbar die Ausübung von Kontrolle, Demütigung, Furchteinflößung, Abschreckung politischer Tätigkeit bezweckt und politischen Interessen dient.

1504. Die Kommission ist gleichermassen besorgt über Berichte von Nötigung und Folter während der Befragungen, von Gerichtsverfahren,

855 Hinsichtlich Entzug des Wohnsitzrechts in Jerusalem allgemein, siehe B'Tselem: http://www.btselem.org/English/Jerusalem/Revocation_of_Residency.asp

856 Bei israelischen Staatsbürgern besteht ebenfalls eine Diskriminierung zwischen jüdischen israelischen Staatsbürgern und arabischen Staatsbürgern von Israel, sowohl in Gesetz wie auch in der Praxis.

857 Art. 2 des Römischen Statuts des Internationalen Strafgerichtshof, 1998

die auf erzwungenen Geständnissen oder geheimen Beweismitteln beruhen, und die gemeldeten systematischen und institutionalisierten Misshandlungen in Gefängnissen.

1505. Die Kommission ist besonders beunruhigt angesichts der Festnahme und Inhaftierung von Hunderten von Kindern und über den Anstieg der Inhaftierung von Kindern während und nach den israelischen Militäroperationen in Gaza. Die der Kommission beschriebenen Misshandlungen, welche Kinder und Erwachsene erlitten, sind in ihrer anscheinend willkürlichen Grausamkeit verstörend.

1506. Die Rechtsmittel, welche eine unbegrenzte Inhaftierung von „ungesetzlichen Kombattanten" erlauben, und die Anwendung von mangelhaften Verfahren zementieren, die unterschiedliche Behandlung von palästinensischen und israelischen Gefangenen (einschließlich der unterschiedlichen Definition von „Kind"), und die De-facto-Ausnahmeregelungen zur Anwendung von „verschärften Verhörmethoden" geben Anlass zur Befürchtung, dass das Rechtssystem Teil dieser Praktiken ist, wodurch solche Praktiken absichtlich und systematisch werden.

1507. Die Kommission nimmt die Festnahme und ausgedehnte Inhaftierung von demokratisch gewählten palästinensischen Parlamentariern mit Besorgnis zur Kenntnis, da dies offenbar ein willkürlicher Akt ist, um das demokratische Funktionieren und die Selbstverwaltung der Palästinenser zu unterbinden.

XXII. Israelische Verletzungen des Rechts auf Bewegungsfreiheit und Zugang

Einleitung

1508. Im Westjordanland hat Israel ein System von ineinandergreifenden Massnahmen eingeführt, von welchen nur einige physische Hindernisse sind, welche die Bewegungsfreiheit und den Zugang der Palästinenser innerhalb des Westjordanlandes einschränken. Dies betrifft auch die Bewegungsmöglichkeit zwischen Jerusalem und dem übrigen Westjordanland, zwischen dem Westjordanland und Israel, zwischen dem Westjordanland und Gaza und dem Westjordanland und dem Rest der Welt, und umgekehrt.

1509. Die Bewegungsfreiheit wird durch physische Hindernisse wie Straßensperren, Checkpoints und die Mauer eingeschränkt, aber auch durch administrative Massnahmen wie Identitätskarten, Bewilligungen, zugewiesener Wohnsitz, Gesetze betreffend Familienzusammenführung und Richtlinien zum Recht auf Einreise vom Ausland und zum Rückkehrrecht für Flüchtlinge. Die Einschränkung der Fähigkeit, sich frei zu bewegen, ohne Hindernisse oder Verzögerung, ohne Erlaubnis einer anderen Person, wird oft als demütigende Erfahrung erlebt.[858]

1510. Zu den Einschränkungen gehören Zugangsverweigerungen, vor allem nach Jerusalem, für alle Palästinenser – mit Ausnahme jener, die

---

858 Siehe die Berichte von Machsom Watch, einem Netzwerk von freiwilligen Israelinnen, welche täglich die Checkpoints beobachten, unter www.machsomwatch.org. Siehe auch „Ground to a halt: denial of Palestinians‘ freeedom of movement in the West Bank“ B‘Tselem, August 2007, und das Interview mit Nadere Shalhoub-Kevorkian zu ihrem Buch Militarization and Violence against Women in Conflict Zones in the Middle East unter www.opendemocracy.net/aticle/email/checkpoints-and-counter-spaces. Checkpoint sind auch Orte der Konfrontation: siehe Kapitel XXI

von Israel als Einwohner von Jerusalem bezeichnet werden[859], israelischen Staatsbürgern und Inhabern einer Sonderbewilligung[860]. Sonderbewilligungen werden selten ausgestellt[861].

1511. Den Palästinensern wird der Zugang zu Gebieten verwehrt, die für den Bau der Mauer und deren Infrastruktur, zur Nutzung durch Siedlungen[862], für Pufferzonen, Militäreinrichtungen und militärische Übungsgebiete[863] enteignet wurden. Viele Strassen sind „Israelis only"[864] und ihre Benutzung ist den Palästinensern verboten.[865] Ein Beispiel für eine „Israelis only"-Strasse ist Road 443 zwischen Tel Aviv und Jerusalem, welche durch das Westjordanland führt. Sie war einst eine Hauptschlagader des palästinensischen Verkehrs und verband 33 Dörfer, aber neulich wurde dieser Abschnitt zu einer

859 Ungefähr 225.000 Palästinenser mit einer Jerusalemer ID leben in jenem Teil von Jerusalem zwischen der Mauer und der Grünen Linie. Einige Teile von Ostjerusalem und den Vorstädten liegen jedoch jetzt außerhalb der Mauer, z.B. Abu Dis, Kafr Aqab und das Shu'fat Flüchtlingslager. „Five years after the International Court of Justice advisory opinion: a summary of the humanitarian impact of the Barrier", Office for the Coordination of Humanitarian Affairs, July 2009.

860 Palästinenser aus Ostjerusalem haben Identitätskarten, die ihren Status als „permanente Bewohner"von Israel aufweisen. Palästinenser, die im Rest der West-Bank wohnhaft sind, haben West-Bank-Identitätskarten und müssen für die Einreise nach Jerusalem eine Sonderbewilligung beantragen.

861 Shawan Jabarin, Generaldirektor von Al Haq, öffentliche Anhörung in Genf, 6. Juli 2009 (Videokonferenz)

862 Palästiner dürfen normalerweise Siedlungen nicht betreten, ausgenommen jene, die in den Gewerbegebieten oder in den Siedlungen beschäftigt sind, diese benötigen normalerweise eine Bewilligung. Für eine umfassende Übersicht über das Siedlungsprojekt siehe „Land Grab, Israel's settlement policy in the West-Bank", B'Tselem, September 2008; Access Denied: Israeli Measures to Deny Access to Land around Settlements", B'Tselem, Mai 2002.

863 Dies betrifft einen Grossteil des Jordantals. Siehe „The Eastern Border: Palestinians of the Jordan Valley", Jordan Valley Solidarity, 15. Februar 2009, erhältlich bei www.jordanvalleysolidarity.org/index.php?besetzte palästinensische Gebiete ion=com_content&task=view&id=166&Itemid=9. Die Kommission hat den Bürgermeister von Al Akaba im Jordantal, Herrn Sami Sadeq, getroffen, welcher über sein Leben in einem Dorf mitten im militärischem Übungsgelände berichtete.

864 Zugang auch für ausländische Staatsbürger

865 siehe „Checkpoints, physical obstructions and forbidden roads", B'Tselem, unter wwwbtselem.org/english/Freedom_of_Movement/Checkpoints_and_forbidden_roads.asp; und „Road 443, West Bank road for Israelis only", B'Tselem unter wwwbtselem.org/english/Freedom_of_Movement/Road_443.asp. Siehe auch Shawan Jabarin, öffentliche Anhörung in Genf, 6. Juli 2009 (Videokonferenz)

Autobahn umgebaut, die Palästinenser nicht benutzen dürfen. Eine Reihe von Tunnel wurden unter der Strasse hindurch gebaut, aber die Bewegungsfreiheit der Dorfbewohner ist trotzdem extrem eingeschränkt.[866]

1512. Zwischen Gaza und dem Westjordanland ist der Durchgangsverkehr für Palästinenser praktisch unmöglich.

1513. Allgemein gesagt können sich Israelis frei im Westjordanland bewegen und tun dies auch, mit Ausnahme der größeren palästinensischen Städte, welche für Israelis gemäss israelischem Recht nicht zugänglich sind.[867]

1514. Die Kommission hat Klagen überprüft, wonach Inhabern eines ausländischen Passes, ob sie palästinensischer Herkunft oder nicht, die Einreise in das Westjordanland von den israelischen Grenzbehörden verwehrt werden kann und wird.[868] Gemäss einem Bericht vom Juni 2009, welchen die Kommission erhielt, erhöhte sich die Anzahl der Einreiseverweigerungen in den ersten sechs Monaten gegenüber dem letzten Quartal 2008, „was die Besorgnis weckt, Israel verstärke erneut seine Politik der willkürlichen Einreiseverweigerung".[869]

---

866 Andere Zugangsbeschränkungen sind schwieriger zu erfassen, wie Zugang mit Nutzungsbeschränkung, beispielsweise auf dem Land oder in städtischen Gebieten, wo weder Gebäude noch landwirtschaftliche Nutzung erlaubt sind, oder wo die Umweltverschmutzung das Land unbrauchbar gemacht hat. Siehe Zeugenaussage von Shawan Japarin, öffentliche Anhörung in Genf, 6. Juli 2009 (Videokonferenz), und „Road 443, West Bank road for Israelis only", B'Tselem; „The prohibited zone: Israeli planning policy in the Palestinian villages in area C" Bimkom, unter http://eng.bimkom.org/Uploads/23ProhibitedZone.pdf; siehe auch „Foul play:neglect of waste water treatment in the West Bank, B'Tselem, www.btselem.org/English/Publications/Summaries/200906_Foul_Play.asp

867 Israelischer Militärbefehl 378 „Order on the Security Provisions (Judea and Samaria) (No. 378) 1970 – Proclamation regarding Closing and Area (Prohibition of Entry and Stay) (Israelis) (Area A), erlassen am 5. Oktober 2000, unterzeichnet von General Itzhak Eitan.

868 Siehe Bericht veröffentlicht von der Campaign on the Right of Entry unter www.righttoenter.ps/. Am 16. Dezember 2008 wurde dem Special Rapporteur on the situation of human rights in the Palestinian territories occupied since 1967, Richard Falk, die Einreise nach Israel verwehrt: siehe www.righttoenter.ps/images/Press_Release_Richard_Falk.pdf und A/HRC10/20.

869 Campaign for the right to enter the Occupied Palestinian Territory, situation update report, September 2008 – June 2009

Neuere Berichte kritisieren die neuen „Palestinian Authority only"-Visa, welche Israel ausländischen Staatsangehörigen ausstellt.[870] Diese Praktiken machen es internationalen humanitären Aktivisten und Menschenrechtsaktivisten sehr schwer, ihrer Tätigkeit nachzugehcn.[871]

A. Einschränkung der Bewegungsfreiheit mit Auswirkungen auf die Arbeit der Kommission.

1515. Anlässlich der öffentlichen Anhörung in Genf vom 6. Juli 2009 berichtete Herr Shawan Jabarin von Al Haq, dass Zehntausende Palästinenser von Israel einem Reiseverbot unterworfen sind, das ihnen Reisen ins Ausland verunmöglicht. Herr Jabarin, den die Kommission in Genf mittels Videokonferenz anhörte, untersteht einem solchen Reiseverbot seitdem er Direktor von Al Haq wurde, der ältesten Menschenrechtsorganisation des Westjordanlandes. Herr Jabarin focht sein Reiseverbot vor dem Obersten Gericht Israels an, nachdem ihm verwehrt wurde, zur Entgegennahme eines Menschrechtspreises in die Niederlande zu reisen, aber das Verbot wurde mit Verweis auf ‚geheime Beweise' aufrechterhalten.[872] Herr Jabarin glaubt, dass das Reiseverbot als Bestrafung ausgesprochen wurde. Am 3. Juli 2009 sprach die Kommission auch mit Khalida Jarrar, Mitglied des

870 „Israel toughens entry for foreigners with West bank ties", Amira Hass, Ha'aretz, 19. August 2009

871 Diese Praktiken beschränken auch die Bewegungsfreiheit von Inhabern ausländischer Pässe palästinensischer Herkunft: siehe „Why is Israel limiting movement of Palestinian-Canadian businessman?", Amira Hass, Ha'aretz, 19. August 2009

872 Entscheid des Obersten Gerichts von Israel vom 10. März 2009 (englische Übersetzung von Al Haq) siehe www.alhaq.org/pdfs/Shawan-Jabarin-v.pdf.; siehe auch „Travel ban on Al Haq General Director upheld: once again, the Israeli judiciary demonstrates its subservience to the military and security authorities", Al Haq Pressecommuniqué 11. März 2009; „Dutch Foreign Minister condemns travel ban imposed by Israel on Al Haq General Director", Erklärung des niederländischen Außenministeriums, 11. März 2009; A/HRC/11/41/Add.1

Palästinensischen Legislativrates als Vertreterin der PFLP, in einer Telefonkonferenz, da es auch ihr nicht möglich war, aus dem Westjordanland auszureisen, weil sie einem von Israel verfügten Reiseverbot unterstand. Frau Jarrar, welche vor ihrer Wahl in den Palästinensischen Legislativrat 2006 die Organisation für die Rechte der Gefangenen Adameer leitete, erzählte der Kommission, dass es ihr nicht erlaubt war, aus dem Westjordanland auszureisen, seit sie die Konferenz der Menschenrechtsverteidiger in Paris 1998 besucht hatte.[873]

1516. Die Kommission hat bereits auf die Tatsache hingewiesen, dass der palästinensische Justizminister, Dr. Ali Khashan, nicht in der Lage war, das Westjordanland zu verlassen, um die Kommission in Amman, Jordanien zu treffen. Er wurde am Passieren der Grenze gehindert.[874]

B. Bewegungsfreiheit und Zugang im Zusammenhang mit der israelischen Militäroperation in Gaza

1517. Die Kommission erhielt Berichte, wonach während der israelischen Offensive in Gaza die Einschränkungen der Bewegungsfreiheit im Westjordanland verstärkt wurden. Während mehrerer Tage verhängte Israel eine ‚Abriegelung' über das Westjordanland, eine restriktive Massnahme zusätzlich zu den bereits bestehenden. Da dies eine Adhoc-Maßnahme ist, können die Menschen sie bei der Planung ihrer Aktivitäten nicht einkalkulieren.

1518. Es wurde der Kommission ebenfalls berichtet, dass während und nach den Operationen in Gaza Israel seine Herrschaft über das Westjordanland noch verstärkte durch vermehrte Enteignungen, eine Zunahme der Hauszerstörungen und Abrissbefehle, der Baubewilligungen für Häuser in den Siedlungen sowie erhöhte Ausbeutung der natürlichen Ressourcen des Westjordanlandes. Verschiedene Planun-

873 zum Beispiel E/CN.4/2006/95/Add.1
874 siehe Kapitel I

gen und Entscheide hinsichtlich Siedlungsbau und Bevölkerungsstruktur von Jerusalem, welche in den ersten sechs Monaten 2009 umgesetzt wurden, hatten Auswirkungen auf den Zugang und die Bewegungsfreiheit von Palästinensern und verstärkten die allgemeine Kontrolle durch Israel über das Westjordanland.

1519. Im Nachgang zu den Operationen in Gaza erhielt die Kommission Berichte, wonach Israel die Vorschriften, welche die Möglichkeiten einer Reise von Menschen mit einer Gaza-Identitätskarte in das Westjordanland bestimmen, revidiert und damit die Trennung der Menschen von Gaza von jenen des Westjordanlandes noch vertieft hat.

C. Abriegelung des Westjordanlandes während der israelischen Operationen in Gaza

1520. Informationen, welche die Kommission erhalten hat, zeigen, dass Israel zusätzlich zu den alltäglichen Einschränkungen der Bewegungsfreiheit und des Zuganges während der Operationen in Gaza an sechs Tagen eine vollständige Abriegelung des Westjordanlandes verfügt hat.[875] Während der Abriegelung wurde Palästinensern mit West-Bank-Identitätskarten (s. unten) trotz gültiger Bewilligungen die Einreise nach Ostjerusalem verwehrt.[876]

1521. Die Abriegelung betraf Tausende von Arbeitern, Studenten, Personen, die Zugang zu palästinensischen Spitälern in Ostjerusalem benötigten, Gläubige und solche, die Freunde und Familie besuchen wollten. Ausserdem wurde gemäss Berichten, die der Kommission zugingen, die Anzahl der Checkpoints im Westjordanland einschließlich Ostjerusalem während der Operationen erhöht, wobei

875 Die Daten waren am 2., 3., 9., 10., 16. und 17. Januar 2009. Siehe Office for the Coordination of Humanitarian Affairs, Wochenbericht 1.-8. Januar, 9.-15. Januar und 16.-20. Januar.

876 Shawan Jabarin, öffentliche Anhörung in Genf, 6. Juli 2009 (Videokonferenz)

die meisten davon ‚fliegende' Checkpoints (Ad-hoc-Checkpoints, die während einem Zeitraum von einer Stunde bis zu der gesamten Dauer der Operationen in Gaza in Betrieb waren)[877]. Gemäss Shir Hever, einem Wirtschaftsfachmann vom Alternative Information Centre, kostete jeder Tag der Abriegelung die palästinensische Wirtschaft 4,5 Millionen Dollar und 276 Arbeitsplätze und brachte 646 Menschen unter die Armutsgrenze.[878]

1522. Das Office for the Coordination of Humanitarian Affairs berichtet, dass am 2. Januar 2009 die israelische Armee männliche Personen im Alter zwischen 16 und 50 Jahren daran hinderte, den Huwara-Checkpoint zu passieren um nach Süden zu reisen[879]. Der Huwara-Checkpoint ist der Hauptkontrollposten auf der Nord-Süd-Verbindung im Westjordanland und befindet sich zwischen den Städten Jenin, Tul-Karem, Qalqilia und Nablus im Norden und Ramallah, Jericho, Bethlehem und Hebron in der Mitte und im Süden. Eine Schließung des Huwara Checkpoints verunmöglicht es faktisch den Palästinensern dieser Region, nach Süden zu reisen, da es keine anderen Zugangsstrassen gibt.

1523. Ausserdem hat Israel gemäss dem Office for the Coordination of Humanitarian Affairs im Januar 2009 die Gebiete zwischen der Mauer und der Grünen Linie in Hebron, Teile von Salfit, Ramallah und zwischen der Mauer und den Gemeindegrenzen von Jerusalem zum ‚militärischen Sperrgebiet' erklärt – mit schwerwiegenden Folgen für die palästinensische Bevölkerung.[880] Davor war der Zugang zu Land außerhalb der Mauer (die sogenannte „Saumzone" seam sone zwischen der Mauer und der Grünen Linie[881]) be-

---

877 Treffen mit Al Haq und dem Palestinian Centre for Human Rights, 2. Juli 2009

878 Mitteilung an die Kommission von Shir Hever, Alternative Information Centre

879 Office for the Coordination of Humanitarian-Affairs, Wochenbericht 1.-8. Januar 2009

880 Office for the Coordination of Humanitarian-Affairs, The Humanitarian Monitor No. 33, Januar 2009

881 „Between Fences: The Enclaves Created by the Separation Barrier", Bimkom, unter http://eng.bimkom.org/_Uploads/4GderotEng.pdf. Für ein allgemeines Bild siehe Office for the Coordination of Humanitarian-Affairs, Karte der Abriegelung, Juni 2009, unter www.ochabesetzte palästinensische Gebiete.org/documents/ocha_besetzte palästinensische Gebiete_closure_map_west_bank_june_2009.pdf: rund 85% der Routenführung der Mauer liegen innerhalb der

reits stark eingeschränkt, indem ein Zugang die vorherige Absprache mit der israelischen Armee bedingte. Die neue Massnahme bedeutet, dass Landbesitzer einen Eigentumsnachweis zu erbringen haben (der schwierig zu erhalten ist) und eine Besuchsgenehmigung beantragen müssen, um Zugang zu ihrem Land zu erhalten. Anträge auf Zugangsgenehmigung von Landarbeitern, welche kein Land besitzen, wurden regelmässig abgewiesen. Nach Auskunft von Herrn Shawan Jabarin erhalten Menschenrechtsbeobachter ebenfalls keine Bewilligung.[882] Weniger als 20 Prozent jener Bauern, die früher ihr Land in 67 Ortschaften im nördlichen Teil des Westjordanlandes bewirtschafteten, welche schon vorher als gesperrt bezeichnet worden waren, erhalten jetzt Bewilligungen, wie berichtet wird. Wer eine Bewilligung erhält, sieht sich langen Wartezeiten, beschränkten Öffnungszeiten der Grenztore, Leibesvisitation und Einschränkungen hinsichtlich der erlaubten landwirtschaftlichen Geräte ausgesetzt. Ausserdem wohnen Tausende Menschen in Bereichen, die jetzt oder bereits früher zu „militärischem Sperrgebiet" erklärt wurden. Diese benötigen jetzt eine Bewilligung, um in ihren eigenen Häusern wohnen zu dürfen, und müssen oft durch Grenztore, um zu ihrer Arbeit, Gesundheits-, Bildungseinrichtungen und anderen Diensten zu gelangen. Zu den Gebieten, welche im Januar zu militärischem Sperrgebiet erklärt wurden, gehört die Jerusalemer Vorstadt Dahiet al-Barid. Gemäss dem Applied Research Institute of Jerusalem riskieren die ungefähr 14.000 Palästinenser, die in dieser Vorstadt wohnen, den Verlust ihres Jerusalemer Wohnsitzstatus und auch der städtischen Dienstleistungen.[883]

West-Bank, die Gebiete zwischen der Mauer und der Grünen Linie machen etwa 8,5% der West-Bank aus (einschließlich Ostjerusalem). Siehe „Five years after the International Court of Justice advisory opinion: A summary of the humanitarian impact of the Barrier", Office for the Coordination of Humanitarian-Affairs,, Juli 2009

882 Shawan Jabirin, öffentliche Anhörung in Genf, 6. Juli 2009 (Videokonferenz)

883 „14'000 Palestinians stand to lose their residency rights" Applied Research Institute, 5. Januar 2009, unter http://poica.org/editor/case_studies/view.php?recordIIID=1802; zum Thema der städtischen Dienstleistungen in Ostjerusalem im Allgemeinen, siehe „Life in the garbage: a report on sanitation services in East Jerusalem", Association for Civil rights in Israel, Juni 2009, unter www.acri.org.il/pdf/sanitationeng.pdf

D. Neue Massnahmen zur Verfestigung der Trennung von Gaza und dem Westjordanland

1524. Die Kommission erhielt Berichte über Massnahmen, welche die Trennung von Gaza und dem Westjordanland noch weiter verfestigt. Im Nachgang zu der Petition von HaMoked an das Oberste Gericht wurde ein neues Verfahren des israelischen Verteidigungsministeriums bekannt, das die sehr strengen Bedingungen aufführt, unter denen ein(e) Bewohner(in) des Gazastreifens ihre oder seinen Wohnsitz in das Westjordanland verlegen kann.[884] Das Verfahren vom 8. März 2009 hält fest:

> „Vor dem Hintergrund der Sicherheits- und politischen Situation im Gazastreifen wurde auf Regierungsebene beschlossen, die Bewegungen von Einwohnern des Gazastreifens und der Region Judäa und Samaria auf ein notwendiges Minimum zu beschränken, so dass in der Praxis die Einreise von Einwohnern von Gaza in die Region Judäa und Samaria nur in äussersten Ausnahmen aus humanitären Gründen gestattet wird" … „Der stellvertretende Verteidigungsminister ordnete an, dass in jedem einzelnen Fall, der die Niederlassung von Einwohnern des Gazastreifens in die Region Judäa und Samaria betrifft, eine höchst restriktive Politik anzuwenden sei, was sich a fortiori von der allgemeinen Politik der Einschränkung der Bewegungsfreiheit zwischen den beiden Regionen ableitet. Der stellvertretende Minister machte klar, dass ein Familienverhältnis an und für sich noch nicht als humanitärer Grund gilt, der eine Niederlassung von Einwohnern des Gazastreifens in der Region Judäa und Samaria rechtfertigen würde."

1525. In der Formulierung des Verfahrens, das die Kommission gelesen hat, ist eine der unter den Bestimmungen in Betracht gezogene Situation die folgende:

---

884 (Englische) Übersetzung des Verfahrens von Gisha und HaMoked auf der Website www.gisha.org/UserFiles/File/Oegal%20Documents%20/WB_Gaza_Full_Procedure-Eng.pdf

Ein minderjähriger Einwohner von Gaza, der jünger als 16 Jahre ist und dessen einer Elternteil, der Einwohner von Gaza war, verstorben ist, während der andere Elternteil in der Region Judäa und Samaria Wohnsitz hat und der keinen anderen Familienangehörigen mit Wohnsitz in Gaza gibt, der in der Lage wäre, ihn unter seine Fittiche zu nehmen. Für den Fall, dass dies notwendig ist, werden Art und Umfang des bestehenden Verhältnisses zu dem Elternteil, der in der Region Judäa und Samaria Wohnsitz hat, überprüft im Vergleich zu Grad, Art und Umfang des Verhältnisses zu anderen Verwandten in Gaza (Paragraph 10B).

1526. Ausserdem ist aufgrund von Paragraph 15 des Verfahrens ein erfolgreicher Antrag der periodischen Erneuerung und einer siebenjährigen „Einbürgerungs"periode unterworfen, nach welcher eine Prüfung stattfindet, „ob eine Bewilligung zur Niederlassung in der Region Judäa und Samaria und eine Änderung der eingetragenen Adresse in der Kopie des palästinensischen Einwohnerregisters, die sich im Besitz der israelischen Seite befindet, gewährt werden soll".

1527. In den Berichten, welche die Kommission gelesen hat, bezeichnen HaMoked und Gisha diese Bestimmung als eine zusätzliche Massnahme einer gezielten Politik von Israel, die Trennung zwischen West-Bank und Gaza zu festigen „in Verfolgung von politischen Zielen Israels zu Lasten der Zivilbevölkerung, in krasser Verletzung des internationalen humanitären Rechts." Sie „untergrabt die Moglichkeit einer Zweistaatenlösung" und „widerspricht einer langen Liste von israelischen Bestrebungen, Verhandlungen über die Errichtung eines unabhängigen, lebensfähigen palästinensischen Staates, einschließlich der ausdrücklichen Verpflichtung in den Osloer Verträgen, den Status des Westjordanlandes und des Gazastreifens als ‚eine territoriale Einheit' zu gewährleisten.[885]

885 Gisha und HaMoked Stellungname, unter www.gisha.org/UserFiles/File/publications_/WB_Gaza_Procedure-PositionP-Eng.pdf.

1528. Gemäss Informationen, die der Kommission zur Verfügung stehen, haben in den vergangenen acht Monaten gewisse Massnahmen der israelischen Regierung die Bewegungsfreiheit an gewissen Orten verbessert, insbesondere den Zugang zu den Städten Nablus, Tul Karem, Hebron und Ramallah betreffend. Beispielsweise wurde der Bewilligungsanforderungen für Fahrzeuge nach Nablus aufgehoben, zwei Kreuzungen in der Nähe von Hebron wurden geöffnet und ein Checkpoint außerhalb Tul Karem entfernt. In Ramallah wurde eine alternative „Lebensader"[886] Strasse für den Zugang von Westen her geöffnet.[887]

1529. Beobachter der Vereinten Nationen melden jedoch, dass sich während dieser Zeit die Einschränkungen des palästinensischen Verkehrs und die Annehmlichkeit des Verkehrs für Israelis und Siedlern im Westjordanland verbessert haben. Auch wurden Checkpoints erweitert und einige zeitweilige Checkpoints wurden fest eingerichtet (z.B. mit Toren anstelle von Erdhügeln). Ausserdem bedingt die Verbesserung oder Öffnung von „Lebensader"-Strassen als Alternative zu den geschlossenen Hauptstrassen immer noch die Enteignung von Land.

1530. Das Office for the Coordination of Humanitarian affairs hält auf einer Karte 613 konkrete Hindernisse fest, einschließlich 68 bemannte Checkpoints und 541 unbemannte Hindernisse wie Strassensperren. In dieser Zahl sind die 84 Hindernisse nicht enthalten, welche den palästinensischen Zugang und die Bewegung innerhalb der von Israel kontrollierten Stadt Hebron („H2") behindern, die 63 Übergänge durch die Mauer und die durchschnittlich 70 zufälligen (oder

886 Das Konzept von ‚fabric of life' wurde von der israelischen Armee eingeführt um Alternantivstrassen für Palästinenser zu bezeichnen, welche die „Israeli only"-Hauptstrassen nicht mehr benutzen dürfen; siehe „Alternative roads for Palestinians", B'Tselem, unter www.btselem.org/english/Freedom_of_Movement/Alternative_Roads_for_Palestinians.asp

887 Office for the Coordination of Humanitarian Affairs, West Bank Movement and Access update, Juni 2009, unter www.ochabesetzte palästinensische Gebiete.org/documents/ocha_besetzte palästinensische Gebiete_movement_access_2009-June_english.pdf.

„fliegenden") Checkpoints, welche seit Anfang 2009[888] jede Woche eingesetzt werden. Zusätzlich zu den Strassenhindernissen wird die Mauer weiter gebaut; grosse Gebiete zwischen der Mauer und der Grünen Linie (die „Saumzone") wurden für Palästinenser zur verbotenen Zone erklärt.[889]

1531. Strenge militärische Massnahmen, wie verlängerte Ausgangssperren in einzelnen Dörfern im Norden des Westjordanlandes haben die Bewegungsfreiheit weiter eingeschränkt, und ca. 28 % des Westjordanlandes sind heute zur militärischen Sperrzone erklärt, mit seit kurzem noch strikterer Durchsetzung, was besonders die Bauern und Hirten trifft.

1532. Die Kommission hat ebenfalls Berichte erhalten über kürzlich eingeführte israelische Massnahmen, welche die Zugangs- und Bewegungseinschränkungen „modernisieren" sollen und welche, indem sie die Überwachung und Registrierung der Bewegungen einzelner Personen erleichtern, die Wirkung hätten, diese Beschränkungen zu konsolidieren. Diese Massnahmen umfassen die Einführung von magnetischen Karten für automatisierte Checkpoints, die Privatisierung von Checkpoints und Zugangstoren und die Computerisierung gewisser Checkpoints auf oder nahe der Grünen Linie ab dem 1. Mai 2009.[890] Die Massnahmen haben die Besorgnis erregt, dass Bewilligungen von politisch aktiven Personen häufiger aufgehoben werden. Ausserdem weckt die Privatisierung von Checkpoints angesichts der gegenwärtigen offenen Debatte im internationalen Recht über die

888 Im Vergleich zu durchschnittlich 60 pro Woche in den ersten vier Monaten von 2008 und 87 pro Woche von Juni bis September (Office for the Coordination of Humanitarian Affairs, West Bank Closure update, 30. April 2008 bis 30. September 2008, unter www.ochabesetzte palästinensische Gebiete.org/documents/ocha_besetzte palästinensische Gebiete_closure_update_2008_09_english.pdf.

889 In den Bezirken Salfit, Ramallah, Bethlehem und Hebron. Siehe Office for the Coordination of Humanitarian Affairs, West Bank Movement and Access update, Juni 2009, unter www.ochabesetzte palästinensische Gebiete.org/documents/ocha_besetzte palästinensische Gebiete_movement_access_2009-June_english.pdf.

890 Shawan Jabarin, öffentliche Anhörung in Genf, 6. July 2009 (Videokonferenz) Siehe Pressecommuniqué von Stop the Wall unter http://stopthewall.org/latest news/1931.shtml.

Haftpflicht von privaten Sicherheitsfirmen Befürchtungen hinsichtlich der Verantwortlichkeit.[891]

1533. Deshalb weisen – obwohl im Zeitraum von September 2008 bis März 2009 einige (wenn auch begrenzte) positive Entwicklungen festzustellen sind – die Massnahmen, welche während dieser und früherer Perioden getroffen wurden, auf eine weitere Verfestigung des Systems von Einschränkungen der Bewegungsfreiheit und des Zugangs hin, mit dem Ergebnis, dass „der für die palästinensische Entwicklung verfügbare Freiraum zunehmend begrenzt wird".

1534. Die Kommission stellt fest, dass es irreführend ist, die Bewegungsfreiheit der Palästinenser des Westjordanlandes zu betrachten, ohne zu berücksichtigen, wohin sie tatsächlich [gehen] können. Beispielsweise haben neuere Berichte die Besorgnis der Kommission geweckt hinsichtlich weiterführender Pläne, die zu einer „stillschweigenden Vertreibung" von Palästinensern aus Jerusalem führen. Die ersten sechs Monate von 2009 sahen einen dramatischen Anstieg der Abrissverfügungen, einschließlich der Zerstörung ganzer Dörfer und Wohngebiete.[892]

F. Jerusalem: Beschleunigung der stillschweigenden Vertreibung

1535. Im Mai 2009 berichtete die New York Times, dass das Büro des Ministerpräsidenten von Israel und die von Israel eingesetzte Stadtregierung von Jerusalem in Zusammenarbeit mit der Entwicklungs-

---

891 Siehe „The Privatization of Checkpoints and the Late Occupation", Eilat Maoz unter www.whoprofits.org/Article%20Data.php?doc_id=705

892 Zum Beispiel im Jordantal und ein Wohngebiet in Jerusalem (Al-Bustan in Silwan). Am 4. Juni 2009 wurde im Jordantal ein Dorf beinah vollständig zerstört. „Die israelischen Behörden rissen 13 Wohngebäude, 19 Tierställe und 18 traditionelle Taboun Öfen in der Beduinengemeinde Khirbet ar Ras al Ahmar im Jordantal nieder. Ein Wassertank, Traktor und Fahrzeug wurden ebenfalls beschlagnahmt. Achtzehn Haushalte mit mindestens 67 Kindern wurden vertrieben." Office for the Coordination of Humanitarian Affairs Protection of Civilians Report (27. Mai bis 2. Juni 2009)

behörde von Jerusalem und Siedlerorganisationen dabei sind, einen „vertraulichen" Achtjahresplan umzusetzen mit dem Ziel, eine Kette von neun Parks, Spazierwegen und Anlagen zu schaffen, welche neue oder bestehende Siedlungen in und um Jerusalem miteinander verbinden sollten. Die Organisation Peace Now kam zu dem Schluss, dass „die Erfüllung des israelischen Plans die Karte von Ostjerusalem dramatisch verändern würde und eine Einigung über den definitiven Status und einen Kompromiss in Jerusalem verhindern könnte."[893]

1536. In einem Bericht, welcher der Kommission vorliegt, hält die Association for Civil Rights in Israel fest, dass in Jerusalem „Diskriminierung in Planung und Bau, Enteignung von Land und minimale Investitionen in bauliche Infrastruktur und öffentliche Dienstleistungen konkrete Auswirkungen einer israelischen Politik sind, die darauf angelegt ist, in Jerusalem eine jüdische Mehrheit zu sichern und die palästinensischen Bewohner aus den Stadtgrenzen hinauszutreiben".[894]

1537. In einem Bericht vom April 2009 betreffend „die Unterlassung der israelischen Behörden, eine adäquate Planung für palästinensische Wohngebiete zu bieten", stellt das Office for the Coordination of Humanitarian Affairs fest, dass „ungefähr 60.000 Palästinenser in Ostjerusalem Gefahr laufen, dass ihre Häuser von den israelischen Behörden zerstört werden. Dies ist eine niedrige Schätzung und die tatsächliche Zahl dürfte viel höher liegen.[895]

893 „Parks fortify Israel's claims to Jerusalem" New York Times, 9. Mai 2009

894 Der Bericht kommt zu dem Schluss, dass nach Jahrzehnten die rechtlichen Möglichkeiten der Ausstellung von Baubewilligungen für Neubauten in Ostjerusalem praktisch inexistent sind (...) Die Diskriminierung ist eindeutig, ihr Zweck ist es, die legale Bautätigkeit in den palästinensischen Gebieten zu begrenzen und den vorhandenen Platz für die Entwicklung der arabischen Wohngebiete zu beschränken. Die 2006 genehmigte Stadtplanung „Jerusalem 2000" (...) führt die diskriminierende Politik weiter, indem in Ostjerusalem keine adäquaten Wohnungen, Beschäftigungsmöglichkeiten und Infrastruktur vorgesehen sind." in „The state of human rights in East Jerusalem – Facts and Figures" Bericht der Association for Civil Rights in Israel Mai 2009.

895 Schwerpunkt: „Die Planungskrise in Ostjerusalem: Das Phänomen von „illegalen" Bauten verstehen." Office for the Coordination of Humanitarian Affairs April 2009. Der UNO Sonderbericherstatter Robert Serry hielt fest, dass diese „Handlungen den einfachen Palästinensern schaden, die Spannungen in der Stadt verstärken, die Anstrengungen, Vertrauen aufzubauen und Verhandlungen

G. Neue Siedlungen, Enteignungen von Land und Zerstörung von Dörfern in der Zone C

1538. In einem von der Kommission geprüften Bericht schreibt Peace Now im März 2009, dass das Wohnungsbau- und Planungsministerium den Bau von weiteren 73.000 Siedlerwohnungen im Westjordanland plant.[896] Gemäss Peace Now wurde der Bau von 15.000 dieser Wohnungen bereits genehmigt und wenn alle Pläne umgesetzt werden, würde sich die Zahl der Siedler in den besetzten palästinensischen Gebieten verdoppeln.[897]

1539. Die Bauarbeiten in Maskiyot, einer neuen Siedlung im Jordantal, hatten gemäss Berichten im Jordantal bereits im Mai 2009 begonnen.[898] Gleichzeitig laufen Palästinenser und ganz allgemein in Zone C Gefahr, vertrieben zu werden. Am 26. Januar 2009 wies das Oberste Gericht von Israel einen Antrag der Association for Civil Rights in Israel und der Rabbis for Human Rights in Vertretung der palästinensischen Bewohner von Khirbet Tana ab, wodurch es „faktisch dem Staat erlaubte, sämtliche Häuser des Dorfes mit einer Ausnahme abzureissen, obwohl keine geeigneten Alternativen für die palästinensischen Bewohner geplant sind."[899] In einem kürzlichen Bericht, den die Kommission geprüft hat, kommt Bimkom zu dem Schluss, dass die israelische Zivilverwaltung „in Zone C eine ausdrückliche und konsequente Politik verfolgt mit dem Ziel, die

---

aufzunehmen, untergraben und im Gegensatz zum Völkerrecht und den Verpflichtungen Israels stehen." 22. April 2009

896 „Ministry of Housing's plans for the West Bank", Peace Now, März 2009, unter www.peacenow.org.il und auf der Webseite der israelischen Regierung www.govmap.gov.il.

897 Ein Zuwachs um ungefähr 300 000 Personen, aufgrund eines Durchschnitts von vier Personen pro Wohneinheit. Gemäss dem Bericht gibt es Pläne, die Grösse gewisser Siedlungen zu verdoppeln, u.a. Beitar Illit, Ariel, Givat Ze'ev, Maaleh Adumim, Efrag und Geva Binyamin, und ungefähr 190 999 Wohneinheiten sind in Siedlungen geplant, wo die Mauer noch nicht gebaut ist.

898 „A new settlement starts to be cnstructed: Maskiyot" Peace Now, 18. Juni 2009. Siehe auch „Israel planning mass expansion of West Bank settlement bloc" Ha'aretz, 27. Februar 2009 und „Secret Istraeli database reveals full extent of illegal setlement", Ha'aretz, 1. Februar 2009.

899 Pressecommuniqué der Association for Civil Rights in Israel, 5. Februar 2009

palästinensische Bautätigkeit und Entwicklung zu beschränken und ihre räumliche Verbreitung zu begrenzen."[900]

H. Zusammenhang herstellen

1540. Gemäß Berichten, welche die Kommission geprüft hat, werden nebst Siedlungsbau auch noch viele Infrastrukturmaßnahmen durchgeführt wie Straßen, Eisenbahn- und Straßenbahnlinien, Tunnel, Abfalldeponien. Bemerkenswerte Beispiele hiefür sind die Ringstraße um Jerusalem (östlicher Abschnitt), eine vierspurige Autobahn, welche die israelischen Siedlungen in Ostjerusalem verbinden soll und die durch palästinensische Wohngebiete geführt wird, was die Enteignung von vielen Dunum[901] palästinensischen Landes und die Zerstörung von Häusern und Geschäften[902] bedingt; und das S-Bahnprojekt in Jerusalem sowie Zugverbindung zwischen Tel Aviv und Jerusalem, die zum Teil durch das Westjordanland geführt wird.[903]

1541. Beobachter haben festgestellt, dass die israelische Kontrolle über Bewegungen und Zugang der Palästinenser des Westjordanlandes notwendig ist, um die Kontrolle über Land und Ressourcen des Westjordanlandes aufrecht zu erhalten. Erleichterungen für Palästinenser durch alternative Strassen und die Entfernung einiger Checkpoints würde Israel ermöglichen, einen „verkehrsmässigen" anstelle eines territorialen Zusammenhangs zu erlauben. Gleichzeitig erlauben

---

900 „The Prohibited Zone: Israeli planning policiy in the Palestinian villages in Area C" Bimkom

901 Ein Dunum entspricht $1000m^2$

902 „Carving up the Palestinian capital: The Israeli ring road around occupied East Jerusalem", Negotiations Support Unit of the Palestinian Liberation Organization fact sheet, Februar 2008m, unter www.nad-plo.org/ffacts/jerusalem/ringroad.pdf Siehe auch die Kampagne der Al-Quds University Human Rights Clinic unter www.stbesetzte palästinensische Gebieteheringroad.net/q3.php und das Informationspapier von Adalah unter www.adalah.org/features/land/Briefing%20Paper%20on%20the%20Ring%20Road.doc

903 Peace Now „An objection to expansion of Israel Railway's Jerusalem-Tel-Aviv line" Peace Now, 11. Mai 2009.

der vollständige israelische Zugang über das separate Strassensystem und die vollständige Kontrolle der Grenzen eine andauernde Überwachung der Bevölkerung. Die zunehmende Einschränkung von Bewegungsfreiheit und Zugang, die von Israel in letzter Zeit im Westjordanland durchgesetzt wurde, scheint gemeinsam mit den Militäroperationen von Dezember 2008 und Januar 2009 das Ziel zu verfolgen „Gaza loszuwerden, um das Westjordanland dauerhaft in seiner Gewalt zu behalten.“[904]

I. Rechtliche Analyse und Schlussfolgerungen

1542. Die Besatzungsmacht kann das Recht auf Bewegungsfreiheit unter bestimmten Bedingungen einschränken, sie muss jedoch die Grundrechte der geschützten Bevölkerung jederzeit gewährleisten. Jede Einschränkung der Bewegungsfreiheit muss, um unter dem humanitären Völkerrecht rechtmässig zu sein, notwendig sein und im Verhältnis stehen zu den Nachteilen, welche die geschützte Bevölkerung dadurch erleidet.

1543. Das Recht der Bewegungsfreiheit ist in Artikel 13 der Allgemeinen Erklärung der Menschenrechte und in Artikel 12 des Internationalen Paktes über bürgerliche und politische Rechte verankert. Wenn dieses Recht eingeschränkt wird, beeinflusst dies die Ausübung einer Reihe anderer Rechte, unter anderem solcher, die im Internationalen Pakt über wirtschaftliche, soziale und kulturelle Rechte festgehalten sind, wie beispielsweise das Recht auf Arbeit (Art. 6), das Recht auf Schutz des Familienlebens (Art. 10), das Recht auf einen angemessenen Lebensstandard (Art. 11), das Recht auf Gesundheit (Art. 12) und das Recht auf Bildung (Art. 13).

1544. Wenn der Entscheid, die Bewegungsfreiheit einer Person zu beschränken, auf deren ethnischer oder nationaler Zugehörigkeit ba-

---

904 Gespräch der Kommission mit Jeff Halper, Direktor des Israeli Committee against House Demolitions vom 6. August 2009

siert, dann begründet dies eine ungesetzliche Diskriminierung in Verletzung der Artikel 1 und 2 der Allgemeinen Erklärung der Menschenrechte, Artikel 2 des Internationalen Paktes über bürgerliche und politische Rechte und Artikel 75 des ersten Zusatzprotokolls zu den Genfer Konventionen, welche Teil des Gewohnheitsvölkerrechts ist. Israel erlaubt es israelischen Staatsbürgern, sich relativ frei im Westjordanland einschließlich der Siedlungen zu bewegen. Nach Auskunft von B'Tselem hat das israelische Militär offen zugegeben, dass die Einschränkungen für die Palästinenser dazu dienen, den jüdischen Siedlern zu ermöglichen, sich frei zu bewegen.[905]

1545. Wo die Checkpoints zu einem Ort der Demütigung der geschützten Bevölkerung durch militärisches oder ziviles Personal werden, kann dies eine Verletzung von Artikel 75(2)(b) des Ersten Zusatzprotokolls zu den Genfer Konventionen sein (die Teil des Gewohnheitsvölkerrechts sind), welcher „Angriffe auf die persönliche Würde, insbesondere demütigende und entwürdigende Behandlung", ächtet.

1546. Siedlungen stehen im Widerspruch zu Artikel 49(6) der Vierten Genfer Konvention.[906] Ausserdem verletzen die Siedlungen palästinensisches Eigentumsrecht und das Verbot für eine Besatzungsmacht, die Eigenart und den rechtlichen Status der besetzten palästinensischen Gebiete zu verändern (Art. 55 der Haager Bestimmungen), sie können eine direkte Diskriminierung der Palästinenser darstellen, abgesehen davon, dass sie eine Einschränkung der Bewegungsfreiheit verursachen, die die wirtschaftliche und gesellschaftliche Entwicklung und den Zugang zu Gesundheits- Bildungs- und sozialen Einrichtungen und Dienstleistungen behindern. Zusätzlich stellen die extensive Zerstörung und Enteignung von Eigentum, die nicht durch militärische Notwendigkeit gerechtfertigt sind und unrechtmässig und böswillig erfolgen, einen „groben Verstoß" ge-

905 „Restrictions on movement" B'Tselem unter www.btselem.org/English/Freedom_of_Movement/

906 Rechtliche Folgen des Baus einer Mauer in den besetzten palästinensischen Gebieten. Gutachten des Internationalen Gerichtshofes (2004), Internationaler Gerichtshof Bericht 136, Paragraph 120; Resolutionen des Sicherheitsrates 904 (1994), 465 (1980), 452 (1979), 446 (1979) und Resolutionen der Vollversammlung ES10/6, ES10/14, und 61/118 sowie die Erklärung der Konferenz der hohen vertragsschliessenden Mächte der Vierten Genfer Konvention, Genf, 5. Dezember 2001

gen Artikel 147 der Genfer Konvention dar. Die Mauer, soweit sie innerhalb des Westjordanlandes erstellt ist, verletzt Völkerrecht.[907] Die de facto Annektierung von Teilen des Westjordanlandes, welche der israelischen Seite der Mauer zugeschlagen werden (9.5% des Westjordanlandes),[908] bedeuten heute, fünf Jahre nach dem Gutachten des Internationalen Gerichtshofes, wonach die Mauer abzureißen sei, die gewaltsame Aneignung des Gebietes, im Widerspruch zur Charta der Vereinten Nationen.[909]

1547. Aufgrund der Tatsachen, von welchen sich die Kommission versichert hat oder die ihr zugänglich sind, denkt die Kommission, dass die Einschränkungen von Bewegungsfreiheit und Zugang, denen die Palästinenser des Westjordanlandes unterworfen sind, in keinem Verhältnis zu irgendwelchen militärischen Zielen stehen, insbesondere im Licht der verstärkten Einschränkungen während und bis zu einem gewissen Grad seit den Militäroperationen in Gaza. Die Einschränkungen gewährleisten die Grundrechte der geschützten Bevölkerung nicht, wie das Humanitäre Völkerrecht und die internationalen Menschenrechte es verlangen.

1548. Aufgrund der ihr verfügbaren Tatsachen denkt die Kommission, dass die Politik hinsichtlich Bewegungsfreiheit und Zugang eine Verletzung des Rechts darstellt, nicht aufgrund von Rasse oder nationaler Herkunft diskriminiert zu werden. Die Kommission ist besorgt über die kürzlich unternommenen Schritte zur Formalisierung der Trennung von Gaza und Westjordanland und damit von zwei Teilen der besetzten palästinensischen Gebiete. Die Kommission ist ebenfalls besorgt, dass die zunehmend fest eingeführte Anordnung an physischen und anderen Einschränkungen von Bewegungsfreiheit und Zugang einer beabsichtigten Politik entsprechen, eine Bevölkerung

---

907 Der Internationale Gerichtshof, Rechtliche Folgen des Baus einer Mauer in den besetzten palästinensischen Gebieten. Gutachten (2004) Bericht 136.

908 Office for the Coordination of Humanitarian Affairs „Five years after the International Court of Justice Advisory Opinion: A summary of the humanitarian impact of the Barrier“ Juli 2009

909 Paragraph 121 des Gutachtens hält fest, dass das „Gericht erwägt, dass der Bau der Mauer und das damit verbundene Regime eine „vollendete Tatsache“ vor Ort darstellt, die möglicherweise dauerhaft werden könnte, in welchem Fall, und ungeachtet der formellen Darstellung der Mauer durch Israel, sie einer de facto Annektierung gleichkommen würde.

unter enger Kontrolle zu halten, um aus Teilen ihres Landes Nutzen zu ziehen. Aufgrund der verfügbaren Tatsachen denkt die Kommission, dass diese Einschränkungen eine Verletzung der Grundrechte darstellen.

1549. Insofern die Einschränkungen von Bewegungsfreiheit und Zugang, die Siedlungen und deren Infrastruktur, demographische Planung hinsichtlich Jerusalems und Zone C und die Trennung von Gaza vom Westjordanland die Entstehung eines lebensfähigen, zusammenhängenden und souveränen Palästinensischen Staates verhindern, stehen sie im Gegensatz zum ius cogens, dem Recht auf Selbstbestimmung.

XXIII. Interne Gewalt, Targetting von Hamas Anhängern und Einschränkung der Versammlungs- und Meinungsfreiheit durch die Palästinensische Autonomiebehörde

1550. Der Kommission sind Anschuldigungen zugegangen über Verstöße, die im Rahmen ihres Mandates relevant sind, welche im fraglichen Zeitraum von der Palästinensischen Autonomiebehörde begangen wurden. Diese betreffen Verstöße im Zusammenhang mit der Behandlung von (vermuteten) Hamas Anhängern durch den Sicherheitsdienst, den militärischen und den allgemeinen Nachrichtendienst, sowie deren unrechtmäßige Festnahme und Inhaftierung, und Misshandlung politischer Gegner während deren Haft. Andere Anschuldigungen sind die willkürliche Schließung von Hilfswerken und Vereinigungen, die mit Hamas und anderen islamischen Gruppen[910] in Verbindung stehen, oder der Widerruf und Nicht-Erneuerung ihrer Lizenzen,[911] die erzwungene Abwahl von Vorstandsmitgliedern an islamischen Schulen und anderen Institutionen und die Entlassung von Lehrern mit Verbindungen zu Hamas.[912]

1551. Es gab auch Anschuldigungen über die Anwendung übermäßiger Gewalt und die Unterdrückung von Demonstrationen durch die Palästinensischen Sicherheitskräfte, besonders von solchen zur Unterstützung der Bevölkerung von Gaza während der israelischen

910 Siehe zum Beispiel Al Haq, „Overview of the internal human rights situation in the Occupied Palestinian Territory" Juni 2009; International Crisis Group „Palestine divided", Middle East Briefung No. 25, 17. Dezember 2008, S. 12; ICHR, Fourteenth Annual Report (2008) Seiten 152-168, PCHR, Annual Report 2008; Kommission telephone interviews with Al-Haq, 15. Juli 2009

911 PHCR, Annual Report (2008), Seiten 93-96; The Financial Times, „West Bank ‚tsunami' hits Hamas and allies" 29. Juli 2009

912 „Overview of the internal human rights situation ..."; „Palestine divided ...", Seite 12; ICHR, Fourteenth Annual Report, Seiten 103-111; PCHR Annual Report 2008, Seite 101; Telefongespräch der Kommission mit Al-Haq, 15. Juli 2009

Militäroperationen.[913] Bei solchen Gelegenheiten sollen die Sicherheitskräfte der Palästinensischen Autonomiebehörde jeweils viele Personen festgenommen[914] und die Medien davon abgehalten haben, über die Ereignisse zu berichten, zuweilen sollen sie auch Kameras zerstört oder Aufnahmen[915] gelöscht haben. Die Kommission erhielt ebenfalls Anschuldigungen über Schikanen der palästinensischen Sicherheitskräfte gegenüber Journalisten, die sich kritisch über die Palästinensische Autonomiebehörde äußerten.[916]

1552. Die Kommission stellte fest, dass einzelne von ihr kontaktierte Bewohner des Westjordanlands sehr zögerten, offen über solche Fragen zu sprechen. Eine Anzahl Personen äußerten Besorgnis dass Repressalien die Folge sein könnten, wenn sie es täten.[917]

1553. Die Kommission erhielt auch Berichte, welche das Fehlen der parlamentarischen Aufsicht über Handlungen und Entscheide der Exekutive beleuchteten. Wie in Kapitel XXIII(?) erwähnt, hat die Inhaftierung von mehreren Mitgliedern des Palestinian Legislative Council durch Israel diese parlamentarische Aufsicht wirksam beschnitten.[918] Die Exekutive hat Erlasse und Reglemente verabschie-

---

913 OCHA „Protection of Civilians weekly report, 24.-30. Dezember 2008, 1.-8. Januar 20009, 9,-15. Januar 2009; Telefongespräch der Kommission mit Al-Haq, 15. Juli 2009 Telefongespräch der Kommission mit WB/02, 16. Juli 2009; Treffen der Kommission mit ICHR in Amman; ICHR „Monthly report on violations of human rights in the PNA-controlled territory“ Januar 2009; Al-Haq „Field report“ Januar-März 2009.

914 Telefongespräch der Kommission mit WB/02, 16. Juli 2009; Telefongespräch mit Al-Haq, 15. Juli 2009. Die Festnahmen betreffen Mitglieder oder Anhänger von islamischen Parteien, aber auch linksgerichtete Studentenführer.

915 „Monthly report on violations ...“ Janjuar 2009; Palestinian Center for Development and Media Freedom (MADA), „Violations of media freedoms in BESETZTE PALÄSTINENSISCHE GEBIETE during January 2009“; Telefongespräch der Kommission mit Muhammad Jaradat, 16. Juli 2009.

916 Siehe beispielsweise MADA, Annual Report: 257 Violations of Media Freedoms in BESETZTE PALÄSTINENSISCHE GEBIETE during 2008, welcher beglaubigte Aussagen enthält.

917 Al-Haq stellt in ihrem „Field report“ für Januar-März 2009 fest, dass allgemein bei den Palästinensern im Westjordanland eine große Zurückhaltung besteht, über innerpalästinensische Gewalt Aussagen zu machen. Es werden wenige Strafanzeigen eingereicht, einerseits weil die Kläger wenig Vertrauen haben, dass die Behörden etwas unternehmen würden (Telefongespräch der Kommission mit WB/02 vom 16. Juli 2009) und weil sie negative Rückwirkungen befürchten.

918 Gespräch der Kommission mit Frau Khalida Jarrar vom 30. July 2009; ICHR

det[919], die ihr die Weiterführung der Tagesgeschäfte erlauben. Palästinensische Menschenrechtsgruppen haben vorgebracht, dass dies dazu führte, dass der Sicherheitsapparat zur Unterdrückung der politischen Opposition eingesetzt wurde und dass Militärgerichte auf juristischen Widerstand gegen willkürliche Inhaftierung aus politischen Gründen nicht eingingen.[920]

1554. Die Kommission verlangte von der Palästinensischen Autonomiebehörde Auskunft zu den obenstehenden Anschuldigungen; ihre Antwort geht jedoch auf diese Fragen nicht ein.[921]

A. Verfolgung der Hamas und anderer islamischer Parteien durch die Palästinensische Autonomiebehörde

1. Festnahme und Inhaftierung durch Sicherheitskräfte

1555. Vor den militärischen Operationen Israels in Gaza berichteten einheimische Menschenrechtsorganisationen bereits über die Taktik willkürlicher Festnahmen von Mitgliedern und (vermuteten) Anhängern der Hamas im Westjordanland durch die Palästinensische

Fourteenth Annual Report, S. 24.

919 Die Exekutive hat Erlasse verabschiedet, die dem Minister für Lokalregierungen das Recht geben, den Gemeinderat aufzulösen oder dessen Vorsitzenden zu entlassen (Präsidentaler Erlass Nr. 9) und das Streikrecht für Beamte einzuschränken (Erlass Nr. 5) (ICHR Fourteenth Annual Report, Seiten 25-26) und PCHR „PCHR hat Vorbehalte zu Reglementen die im Zusammenhang mit der laufenden politischen Zersplitterung angenommen wurden" Stellungnahme vom 23. Juni 2009.

920 ICHR, Fourteenth Annual Report; Al-Haq „Al-Haq calls upon the President of the Palestinian National Authority and the Higher Judiciary Council to restore exclusive civil jurisdiction over civilians", dringender Aufruf, 3. September 2008; ICHR, „The detention of civilians by Palestinian security agencies with a stamp of approval by the Military Judicial Commission". Special Report Nr. 64, Dezember 2008 „Overview of the internal human rights situation …"

921 Antwort der Palästinensische Autonomiebehörde an die Kommission, 5. August 2009

Autonomiebehörde.[922] Dieses Verhalten wurde gemäss Berichten weitergeführt. Gemäss ICHR waren über 400 der von den Sicherheitskräften der Palästinensischen Autonomiebehörde „in erster Linie aus Gründen der politischen Zugehörigkeit" festgenommenen Personen am 31. Mai 2009 noch in Haft. Die ICHR hat diese 400 Fälle individuell durch Gefängnisbesuche bestätigt, stellt jedoch fest, dass die tatsächliche Anzahl wahrscheinlich näher bei 700 liegt.[923] Die Menschenrechtsorganisation Al-Haq schätzt, dass Mitte Juli über 800 Personen inhaftiert waren.[924] Die Kommission verlangte von der Palästinensischen Autonomiebehörde unter anderem, die Anzahl der von ihren Sicherheitskräften – dem militärischen und dem zivilen Geheimdienst – inhaftierten Personen sowie die rechtlichen Grundlagen zu deren Inhaftierung zu bestätigen, hat aber in dieser Sache keine Antwort erhalten.

1556. Die Palästinensische Autonomiebehörde hat ein Gerichtssystem, das vergleichbar ist mit den meisten anderen, mit zivilen Straf- und Zivilgerichten und einem Appellationsgericht und Militärgerichten, die für militärische Angelegenheiten zuständig sind.[925]

1557. Die Kommission hat Berichte erhalten, wonach Festnahmen häufig ohne Haftbefehl oder mit einem von der Military Judicial Commission (ein Militärgericht) und nicht einem Zivilgericht ausgestellten erfolgen.[926] Das Amended Basic Law von 2003, Artikel 101 (2) hält fest, dass Militärgerichte „keine Jurisdiktion außerhalb militärischer Angelegenheiten haben". Am 30. August 2008 hat der Palestinian High Court of Justice bestätigt, dass der militärische Generalstaatsanwalt[927] und die Military Judicial Commission keine Jurisdiktion über

922 Al-Haq „Field report", Juli-September 2008, und Gespräch der Kommission mit Al-Haq vom 15. Juli 2009; PCHR, „PCHR gravely concerned over the deterioration of human rights situation in the Occupied Palestinian Territory", Press Communiqué 30. Juli 2008

923 Telefongespräch der Kommission mit der ICHR vom 30. Juli 2009

924 Telefongespräch der Kommission mit Al-Haq vom 15. Juli 2009. ICHR stellt fest, dass nur eine geringe Anzahl von nicht mit der Hamas verbundenen Häftlingen von den Sicherheitskräften der Palästinensischen Autonomiebehörde inhaftiert sind (Telefongespräch der Kommission mit ICNR vom 30. Juli 2009)

925 siehe z.B. Birzeit University Institute of Law „Legal system and legislative process in Palestine".

926 ICHR, Fourteenth Annual Report

927 ICHR bezeichnet diese Person in Englisch als „Chief of the Military Judicial

Zivilpersonen haben. Außerdem haben im vergangenen Jahr viele seiner Entscheide diese Meinung in einzelnen Fällen bezüglich Festnahme oder Inhaftierung von Zivilpersonen bekräftigt. Diese Entscheide von Zivilgerichten wurden jedoch von den Sicherheitskräften und der Militärjustiz weitgehend ignoriert.[928]

1558. Informationen, welche die Kommission erhalten hat, weisen darauf hin, dass von den Sicherheitskräften festgehaltene Gefangene nicht wissen, wann sie freigelassen werden, üblicherweise ohne Anklage oder Gerichtsverfahren, und sie haben selten Zugang zu einem Anwalt, und Familienbesuche werden selten erlaubt.[929]

2. Folter und andere Misshandlung

1559. Mehrere palästinensische Menschenrechtsorganisationen haben berichtet, dass die Methoden, welche die Sicherheitskräfte der Palästinensischen Autonomiebehörde, insbesondere die Preventive Security Force, der militärische und der zivile Geheimdienst, gegenüber mehreren Personen im Westjordanland angewandt haben, Folter und grausame, unmenschliche und entwürdigende Behandlung und Strafe darstellen. Sie haben Beispiele solcher Behandlung während der Haft durch Aussagen von Opfern dokumentiert, von welchen einige politische Verbindungen zu Hamas haben.[930] Sie haben

---

Commission“

928 „Al-Haq calls upon the President …“, „The detention of civilians …“; „Overview of the internal human rights situation.“

929 ICHR Fourteenth Annual Report „The detention of civilian …“

930 Al-Haq, Addameer, PVHR und ICHR haben verschiedene eidesstattliche Erklärungen gesammelt. Beispielsweise bestätigt die Zeugenaussage, dieAl-Haq von Marwan Khaled Saleh Al-Khalili aufgenommen hat, Misshandlungen die er durch die Preventive Security Force erlitten hat, unter anderem die „shabah“, eine Stressposition mit einem sehr kleinen, schräg gestellten Stuhl, an welchen er während vier Tagen angebunden war. Er erlitt zwei Schlaganfälle und bleibende Schädigungen, gemäss seinem Zeugnis. Er wurde entlassen, nachdem er eine Verpflichtung unterschreiben musste, seine Arbeit für das Hamas Social Committee (Al-Haq Eidesstattliche Erklärung Nr. 4364/2008) ????. In einer weiteren Zeugenaussage von Al-Haq, die sich auf die Berichte von Muhammad Suleiman Mahmoud Dagher von Oktober 2008 bezieht über Folter, Todesdrohungen und Schläge, die er und ein weiterer Mann von einer unbekannten Sicherheitsabteilung der Palästinensischen Autonomiebehörde erlitten hatten. Zu einem Zeitpunkt während seiner Haft wurde er gezwungen, auf einem Stuhl

auch über eine Anzahl von Todesfällen in Gefangenschaft berichtet, bei welchen vermutet wird, dass Folter und andere Misshandlungen dazu beigetragen oder zu diesen geführt haben.[931]

1560. Gemäss Aussagen dieser Organisationen wurden Klagen über solche Methoden nicht untersucht, und weil die zuständigen Behörden es unterlassen, diese Dienste zu überwachen oder zur Verantwortung zu ziehen für ihre Methoden, herrscht Straflosigkeit bei schweren Verletzungen der Menschenrechte vor. Eine Organisation klagt an, „Schweigen, Gewähren lassen und das Versäumnis, solchen Handlungen vorzubeugen oder sie zu überwachen, sind alles eindeutige Zeichen dafür, dass Staatsbeamte es zulassen oder damit einverstanden sind, dass solche Schmerzen und Leiden zugefügt werden".[932]

3. Vereinsfreiheit

1561. Es gibt Berichte, wonach die Vereinsfreiheit, welche durch das palästinensische Grundrecht geschützt ist, hinsichtlich mehrerer Organisationen verletzt wurde, aufgrund ihrer politischen Anschauung und

---

zu stehen während der Verhörende ein Seil, das von der Decke hing, um seinen Hals befestigte. Der Verhörende soll dann gesagt haben „wenn du nicht gestehst, bringen wir dich um." Man hielt auch eine Schusswaffe an seinen Kopf und bedrohte ihn (Al-Haq Eidesstattliche Erklärung Nr. 4460/2008). Ein weiteres Beispiel von Misshandlung und Einschüchterung wurde von einem Anwalt der Addameer Prisoner Support and Human Rights Association im Zusammenhang mit einem Besuch bei einem Häftling, der ebenfalls Anwalt ist, aufgezeichnet. „Sie sagten ihm, dass er beim Verlassen des Gefängnisses ein Invalider sein werde und „er sei nicht besser als Majd al-Barghouti [welcher in Haft durch den General Intelligence Service (GIS) im Februar 2008 verstarb]. Sie sagten ihm auch er solle sich von jetzt an als von seiner Arbeitsstelle gekündigt betrachten und seine Mitgliedschaft bei der Anwaltskammer sei aufgehoben. Der Verhörende soll X gesagt haben „weißt du nicht, dass der Präsident der Anwaltskammer von Fatah ist?" (eidesstattliche Erklärung, welche die Kommission von Addameer erhalten hat).

931 PCHR Press communiqué: „PCHR calls for disclosure of circumstance of Palestinian death in custody in Jericho" 7. Oktober 2008; „PCHR calls upon the Government in Ramallah to investigate the death of a detainee in Jenin Preventive Security Service Headquarters" 9. Februar 2009; „Detainee dies in the GIS prison in Hebron" 15. Juni 2009; „PCHR calls for investigation into the death of Palestinian held in custody by the Preventive Security Service in Hebron" 6. August 2009; „PCHR calls upon the Government in Ramallah to investigate death of Palestinian in GIS custody in Nablus" 11. August 2009.

932 Al-Haq Torturing Each Other (Juli 2008)

Verbindungen. Organisationen mit Verbindung zu Hamas standen seit 2008 speziell im Visier.[933] Am 14. Juli 2008 gab die PCHR einen Bericht heraus, der die „Einmischung des Innenministeriums und der Sicherheitskräfte in die Wahlen bei der Women's Arab Union". Der Bericht beschreibt wie eine Kommission aus Beamten des Innenministeriums, der Preventive Security und des Geheimdienstes fünf Kandidatinnen daran hinderten, sich für die Wahl in den Vorstand der Union aufstellen zu lassen.[934] Es soll für die Palästinensische Autonomiebehörde zur Gewohnheit geworden sein, die Aufstellung von Vorstandsmitgliedern mit bestimmten politischen Beziehungen zu missbilligen, deren Ersatz durch von ihnen ernannte Mitglieder zu verlangen und die (Erneuerung der)Registrierung von Vereinigungen, die diesen Forderungen nicht nachkommen, zu verweigern.[935] Menschenrechtsorganisationen sind offenbar von Einmischungen der Sicherheitskräfte der Palästinensischen Autonomiebehörde nicht verschont. Die Kommission hörte von einem Mitarbeiter einer Organisation, dass er und sein Kollege von Sicherheitskräften körperlich bedroht sein wurden. Außerdem verursachen gemeldete Komplikationen in administrativen Verfahren, u.a. Verzug bei der Eröffnung von Bankkonten und in der Ausführung von Finanztransaktionen, weitere Behinderungen der Arbeit dieser Organisationen.[936]

---

933 Im Juli 2008 schrieb die Financial Times, dass „nachdem beinah die gesamte Führung der Hamas im Westjordanland im Gefängnis sitzt, haben die [Palästinensische Autonomiebehörde] und Israel nun ins Visier genommen, was allgemein als die wichtigste Quelle der politischen Stärke der Partei ausmacht: das enge Netzwerk von Schulen, Waisenhäusern, Kliniken, Hilfswerken und Firmen, die von den Islamisten geführt werden" („West Bank ‚tsunami'..."). Gesamte Vorstände von NGOs wurden durch von der PA eingesetzte Kommissionen ersetzt („Palestine divided ...", S. 12)

934 PCHR, „PCHR condemns interference of the Ministry of Interior and security forces in election affairs of the Women's Arab Union in Nablus" Press communiqué vom 14. Juli 2008

935 ICHR Fourteenth Annual Report. PCHR berichtet über die gewaltsame Schließung einer Anzahl von Vereinen und Druckereien in Hebron am 10. August („PCHR condemns attachs on civil society organizations and the continued arrests against Hamas members in the West Bank" Press communiqué vom 10. August 2008). ICHR berichetet, dass am 16. März die palästinensischen Sicherheitskräfte die Scientific Medical Association, ein 24h Gesundheitszentrum mit Apotheke, Labor, Zahnklinik, Ärzten für Osteopathologie, Frauenärzten und Kinderärzten, das seit 17 Jahren in Betrieb war, geschlossen haben (ICHR „Monthly report on violations." März 2009).

936 Gespräch der Kommission mit Al-Haq, 2. Juli 2009

4. Anstellungen

1562. Gemäss Aussage des ICHR „führt das Caretaker Government weiter, eine große Anzahl von zivilen und militärischen Angestellten zu entlassen oder ihre Salare zu suspendieren unter dem Vorwand, sie würden „sich nicht an die legitime Behörde halten", oder ihre Anstellung habe „keine Sicherheitsgenehmigung" erhalten, was eine Voraussetzung für eine staatliche Anstellung geworden ist.[937] Diese Maßnahme schließt Mitglieder und Anhänger von Hamas faktisch von einer Anstellung im öffentlichen Sektor aus.[938]

1563. Gemäss Aussage von PCHR schickte das Erziehungsministerium in Ramallah zu Beginn des Schuljahres 2008 am 14. Oktober schriftliche Mitteilungen an Dutzende von Lehrern, in welchen deren Anstellungsverträge für ungültig erklärt und ihnen fristlos gekündigt wurde. Die Kündigungen machten geltend, dass das Erziehungsministerium ihre Anstellung nicht mehr genehmigte.[939] Al-Haq berichtet, dass von einigen Lehrern verlangt wurde, eine Verpflichtung zu unterzeichnen, wonach sie keine politische Tätigkeit mehr ausüben würden.[940] ICHR berichtet, dass 200 Lehrer zu jener Zeit entlassen wurden (oder ihre Anstellung nicht verlängert wurde). ICHR stellte einen Antrag an das palästinensische Oberste Gericht auf Wiedereinstellung von etwa 50 von ihnen, wartet aber immer noch auf eine Antwort.[941]

---

937 ICHR, Fourtheenth Annual Report, S. 21

938 Telefongespräch der Kommission mit ICHR vom 30. Juli 2009

939 PCHR „PCHR calls upon the Palestinian Government to reverse decision to dismiss dozens of West Bank teachers" Press communiqué vom 27. Oktober 2008

940 Al-Haq, eidesstattliche Erklärung Nr. 4439/2008, 27. Oktober 2008

941 Telefongespräch der Kommission mit ICHR vom 30. Juli 2009

1564. Anschuldigungen betreffend Verletzung der Pressefreiheit durch die Palästinensische Autonomiebehörde im Westjordanland im vergangenen Jahr stehen in Verbindung mit Berichten über Verhaftungen von Journalisten, die Schließung von Medienbüros, die erzwungene Änderung von Schlagzeilen in Zeitungen und Nachrichten auf Websites,[942] Angriffe auf Fotografen, von welchen einige gezwungen wurden, Material zu löschen, und die Zerstörung oder Beschlagnahme von Fotoausrüstungen.[943] Die Journalistenvereinigung Palestinian Center for Development and Media Freedoms (MADA) berichtet über eine sich zunehmend verschlechternde Situation.[944]

1565. Die Kommission erhielt mehrere Berichte über direkte oder indirekte Einmischung in Medienberichterstattung über Demonstrationen im Westjordanland während der israelischen Militäroperationen in Gaza. Die Kommission wurde beispielsweise darüber informiert, dass die Palästinensische Autonomiebehörde Fernsehprogramme und Zeitungen zensuriert habe und dass Redakteure manchmal mündlich angewiesen wurden, gewisse Formulierungen und Ausdrücke nicht zu verwenden, oder Programme, die als Aufwiegelung gegen die Palästinensische Autonomiebehörde betrachtet werden könnten, nicht auszustrahlen.[945]

1566. MADA berichtete, dass am 2. Januar 2009 ein Fotograf von Associated Press, der Bilder von einem Marsch durch Ramallah zur Unterstützung der Menschen in Gaza machte, von Mitgliedern des militärischen Geheimdienstes angegriffen wurde. Der Fotograf sagte, ein

---

942 Telefongespräch der Kommission mit Al-Haq vom 15. Juli 2009

943 PCHR Press communiqué „PCHR condemns continued detention of journalists by Preventive Security Service in the West Bank" 12. Februar 209; „Unknown persons shoot at offices of al-Hayat-al-Jadeeda newspaper in al-Bireh, and car of Government official in Nablus," 9. Februar 2009; „PCHR condemns attacking journalists and media institutions in the West Bank and Gaza Strip" 30. November 2008.

944 MADA, Annuial Report: „257 Violations of Media Freedoms in BESETZTE PALÄSTINENSISCHE GEBIETE during 2008". Es gibt zahlreiche andere Beispiele, zum Beispiel „PCHR gravely concerned over deterioration …"

945 Gespräch der Kommission mit Al-Haq vom 2. Juli 2009

Sicherheitsbeamter in Zivil habe ihm zuerst zugerufen, er solle aufhören zu fotografieren, danach sei er von zwei Sicherheitsbeamten angegriffen und mit Gewalt in ein Gebäude in der Nähe gebracht worden, wo er geschlagen wurde bis er das Bewusstsein verlor. Er sei zuerst ins Hauptquartier des Geheimdienstes überführt, aber dann in ein Spital gebracht worden, wo seine gebrochene Nase behandelt und er anschliessend entlassen wurde.[946]

1567. Bei einem anderen Zwischenfall am 18. Januar 2009 wurde gemäss Berichten ein bekannter Journalist über Nacht im Hauptquartier der Sicherheitsdienste in Hebron festgehalten und verhört wegen einem Interview, das er dem al-Quds Satellitenfernsehen gegeben hatte und in welchem er sich kritisch über die Palästinensische Autonomiebehörde geäussert hatte.[947] Gemäss seiner eidesstattlichen Erklärung wurde er dann zum Direktor der Preventive Security in Hebron gebracht, der ihn, wie ersagt, zur Selbstzensur ermuntert habe.[948]

1568. Zwischen dem 24. und 27. Januar wurden vier Korrespondenten des al-Quds Satellitenfernsehens durch den Preventive Security Service, den palästinensischen Geheimdienst und den militärischen Geheimdienst festgenommen und über ihre Arbeit verhört.[949]

1569. Am 22. Januar 2009 stellte PCHR die Festnahme durch die Polizei von Nablus eines Professors der Politikwissenschaft an der An-Najah Universität von Nablus fest, welcher in einer Sendung des Al-Aqsa Fernsehens die Seite der Hamas unterstützt hatte, als er um einen Kommentar zu den kürzlichen Angriffen gegen Mitglieder des Palestinian Legislative Council durch Sicherheitskräfte gebeten wurde.[950]

1570. Am 16. Juli 2009 erliess der Premierminister einen Entscheid, den internationalen Fernsehkanal von al-Jazeera im Westjordanland zu

---

946 „Violations of media freedoms …"
947 Al-Haq, eidesstattliche Erklärung Nr. 4634/2009, 22. Januar 2009
948 Ibid. siehe auch „Violations of media freedoms …"
949 „Violations of media freedoms."
950 Pressecommuniqué von PCHR „PCHR notes with grave concern thearrest of Dr. Abdul Sattar Qasem by the Palestinian police in Nablus" 22. April 2009; „PCHR condemns attach on [Palestinian Legislative Council] member Shekh al-Beetawi" 20. April 2009

schliessen, weil er ein Interview mit einem langjährigen Führungsmitglied der Fatah ausgestrahlt hatte, in welchem dieser hohe Beamte der Palästinensische Autonomiebehörde beschuldigte, in den Tod des früheren Präsidenten Arafat verwickelt zu sein.[951] Obwohl das Verbot am 18. Juli aufgehoben wurde, teilte der Premierminister mit dass er rechtliche Schritte gegen den Sender einleiten werde „wegen seiner andauernden Aufwiegelung gegen die Palästinensische Autonomiebehörde."[952]

C. Versammlungsfreiheit: Unterdrückung von Demonstrationen während der israelischen Militäroperationen in Gaza vom 27. Dezember 2008 bis 18. Januar 2009

1571. Die Kommission erhielt Informationen aus verschiedenen Quellen wonach Demonstrationen zur Unterstützung von Gaza einerseits an der Durchführung verhindert und in einigen Fällen gewaltsam unterdrückt wurden.[953]

1572. Sicherheitsbeamte wandten gemäss Berichten übermässige Gewalt an während den Demonstrationen vom 2. Januar in Hebron und Ramallah. Bei beiden Veranstaltungen erlitten Demonstranten Verletzungen durch Schläge von Sicherheitsbeamten. Journalisten am Protest in Hebron wurden daran gehindert, über die Ereignisse zu berichten.[954]

---

951 PCHR, „PCHR condemns decisiono suspend al-Jazeera's work in the West Bank" Pressecommuniqué vom 16. July 2009; Human Rights Watch, „Palästinensische Autonomiebehörde: lift the ban on al-Jazeera" 17. Juli 2009; International Federation of Journalists „IFJ condemns Palästinensische Autonomiebehörde over ban on al-Jazeera" 16. Juli 2009.

952 Al-Jazeera „Al-Jazeera West Bank ban ‚revoked'" 19. Juli 2009

953 Gespräch der Kommission mit PCHR vom 2. Juli 2009; Gespräch der Kommission mit ICHR vom 2. July 2009. Gespräch der Kommission mit Al-Haq vom 2. Juli 2009; „Monthly report on violations.." Januar 2009; „Field report" Januar – März 20009

954 „Monthly report on violations ..." Januar 2009

1573. Al-Haq teilte der Kommission mit, dass eine Studentendemonstration in Birzeit am 5. Januar 2009, welche das erklärte Ziel hatte „der Besatzungsmacht zu zeigen, dass die palästinensischen Studenten jede Aggression gegen Gaza verurteilen“, einen grossen Einsatz von Kräften der Preventive Security und der zivilen und militärischen Geheimdienste erlebte. Viele Studenten wurden gemäss Berichten geschlagen.[955] Fünfzig wurden verletzt, neun davon wurden ins Spital gebracht. Viele wurden auch festgenommen, allerdings wurden die meisten im Verlauf des Tages frei gelassen. Frau Khalida Jarrar, ein Mitglied des Palestinian Legislative Council, teilte der Kommission mit, dass sie einen Anruf von einem Studenten erhalten hatte welcher sie bat, ins Spital zu kommen und die Verletzungen zu bezeugen.[956]

1574. Gemäss Aussage von Al-Haq wurde am 26. Januar, nach Beendigung der israelischen Militäroperationen in Gaza, ein friedliches Sit-in in der Nähe des Hauptquartiers der Sicherheitskräfte abgehalten gegen die Inhaftierung aus politischen Gründen. Gemäss Berichten „schlugen Sicherheitskräfte die Demonstranten, auch Kinder, mit Stöcken. Obwohl mehrere Demonstranten verletzt waren, hinderten die Sicherheitskräfte das Sanitätspersonal am Zutritt.“[957] Die eidesstattliche Erklärung eines Augenzeugen hält fest, „palästinensische Sicherheitsbeamte forderten uns auf uns zu verziehen und unsere Spruchbänder herunter zu nehmen. Als die Demonstranten sich weigerten das Feld zu räumen, begann eine Gruppe weiblicher Sicherheitsbeamter sie mit Stöcken zu schlagen. Die Sicherheitsleute riefen den Demonstranten zu „Ihr seid Schiiten. In Gaza habt ihr Aktivisten von Fatah in die Beine geschossen. Ihr habt die Lebensmittelvorräte von Gaza gestohlen.“ Sicherheitsbeamte hinderten auch palästinensische Ambulanzen den Zugang und machten es den Sanitätern unmöglich, acht verwundete Demonstranten zu evakuieren.[958]

---

955 Gespräch der Kommission mit Al-Haq vom 2. July 2009; ICHR berichtete in ähnliche Weise über die Ereignisse, Gespräch der Kommission mit ICHR vom 2. Juli 2009

956 Gespräch der Kommission mit WB/02, 16. Juli 2009

957 „Field report“ Januar-März 2009

958 Al-Haq eidesstattliche Erklärung Nr. 4692/2009, 7. Februar 2009; sie auch „Monthly report on violence...“ Januar 20009

1575. In einem weiteren schwerwiegenden Zwischenfall teilte ein früherer Studentenführer, der auch ein bekannter Politaktivist war, der Kommission mit er sei durch die Sicherheitskräfte der palästinensischen Autonomiebehörde gefoltert worden, offenbar wegen seiner Beteiligung an Demonstrationen. Während der israelischen Militäroperationen in Gaza nahm er an täglichen Protesten teil und wurde mehrmals von den Sicherheitskräften angehalten. Er berichtete, dass er am 2. Januar 2009 nach dem Freitagmittagsgebet von Sicherheitskräften in Zivil und in Uniform im Zentrum von Ramallah angehalten. Er wurde in einen Wagen gestossen mit dem Emblem der palästinensischen Autonomiebehörde, wo seinem Körper Elektroschocks versetzt wurden. Er wurde dann ins Büro des militärischen Nachrichtendienstes gebracht und verhört. Er sagt dass ein hochrangiger Offizier des militärischen Nachrichtendienstes ihm mit sechs Monaten Haft unter dem Notstandsgesetz gedroht und ihn gewarnt hatte, die palästinensische Autonomiebehörde zu kritisieren und davon abzusehen, von Widerstand, Hamas und Gaza zu sprechen.[959]

D. Rechtliche Analyse

1576. Die palästinensische Autonomiebehörde, insofern als sie die Kontrolle über das Territorium und die Menschen ausübt, hat die Verpflichtung, den Schutz der Menschenrechte zu respektieren und durchzusetzen.[960] Bei der Einschätzung der erwähnten Verstösse muss der Wortlaut des humanitären Völkerrechts, soweit dieses Teil des Gewohnheitsvölkerrechts ist, betrachtet werden. Die meisten Bestimmungen der Allgemeinen Erklärung der Menschenrechte werden als Teil des Gewohnheitsvölkerrechts betrachtet und sind

959 Telefongespräch der Kommission mit WB/02 vom 16. Juli 2009

960 Es muss in diesem Zusammenhang festgehalten werden, dass die Kontrolle der palästinensischen Autonomiebehörde und ihre Fähigkeit, das Recht durchzusetzen nur für die Area A gelten und dass sie letztendlich ebenfalls der Kontrolle durch die Besastzungsmacht unterworfen ist, bei welcher deshalb die übergreifende Kontrolle und Verantwortlichkeit verbleibt (siehe Vierte Genfer Konvention, Artikel 47).

deshalb anwendbar. Ausserdem hat die palästinensische Autonomiebehörde sich verpflichtet, das humanitäre Völkerrecht zu respektieren. Das palästinensische Grundrecht enthält eine Reihe von Artikeln, welche die Menschenrechte schützen, und auch die Verpflichtung, sich an die hauptsächlichen Instrumente der Menschenrechte zu halten.[961] Artikel 10(2) hält fest: „Die palästinensische Staatsbehörde wird unverzüglich dahin arbeiten, den regionalen und internationalen Erklärungen und Vereinbarungen zum Schutz der Menschenrechte beizutreten." Das Grundrecht selbst umfasst weitgehend die Rechte, die in der Allgemeinen Erklärung der Menschenrechte enthalten sind.

1577. Gemäss Informationen, welche die Kommission erhalten hat und die sie für glaubhaft hält, hat die palästinensische Autonomiebehörde willkürliche und ungesetzliche Festnahmen und Inhaftierungen von politischen Gegnern im Westjordanland vorgenommen und politischen Gefangenen regelmässig den Zugang zu rechtlichem Beistand und das grundlegende Recht auf ein faires Verfahren verweigert, beispielsweise das Recht, unverzüglich einem Gericht vorgeführt und mit einem erkennbaren strafrechtlichen Vergehen angeklagt zu werden, was im Widerspruch steht zu den Normen der Artikel 9 und 10 der Allgemeinen Erklärung der Menschenrechte. Die Festnahme von Personen aufgrund ihrer politischen Anschauung stellt auch eine Diskriminierung im Widerspruch von Artikel 1 dar.

1578. Gefangene der Folter oder grausamer, unmenschlicher oder entwürdigender Behandlung auszusetzen ist gemäss den Normen des Gewohnheitsvölkerrechts, wie sie in Artikel 5 der Allgemeinen Erklärung der Menschenrechte enthalten sind, verboten und stellt eine Verletzung ihres Rechts auf persönliche Sicherheit dar wie es in Artikel 3 enthalten ist. Sofern Folter oder andere grausame, unmenschliche oder entwürdigende Behandlung nachgewiesen werden, ist der Täter strafrechtlich zur Verantwortung zu ziehen ebenso wie alle, welche das Verbrechen befohlen, dabei mitgeholfen oder daran teilgenommen haben.

---

961 siehe Kapitel IV

1579. Tod in Haft als Folge von absichtlicher Tötung, Folter oder anderer Formen von Misshandlung stellt einen Verstoss gegen das Recht auf Leben gemäss Artikel 3 der Allgemeinen Erklärung dar.

1580. Übermässige Gewalt bei der polizeilichen Überwachung von Demonstrationen in den oben aufgeführten Fällen widerspricht den Forderungen des Verhaltenskodex für Polizeibeamte der Vereinten Nationen (Art.3) und die Grundsätze der Vereinten Nationen über die Anwendung von Gewalt und Schusswaffen durch Polizeibeamte (Grundsatz 4), wonach Polizeibeamte Gewalt nur anwenden, wenn es streng notwendig und nur so weit es für die Ausübung ihrer Pflicht erforderlich ist, und dass sie zuerst gewaltfreie Methoden anwenden sollen, Gewalt nur wenn andere Mittel unwirksam sind oder mit ihnen das angestrebte Ziel nicht erreicht werden kann. Ausserdem kann dies gegen das Recht auf Meinungsfreiheit, das Recht auf friedliche Versammlung (Art. 20 der Allgemeinen Erklärung der Menschenrechte) und das Recht, nicht aufgrund politischer Anschauung diskriminiert zu werden, verstossen.

1581. Berichte, wonach die palästinensische Autonomiebehörde die Arbeit von Journalisten und der Medien behindert hat, geben Anlass zu Besorgnis, dass das Recht auf Meinungsfreiheit behindert wurde. Gemäss Artikel 19 der Allgemeinen Erklärung der Menschenrechte schliesst dieses Recht die Freiheit, eine Meinung ohne Beeinflussung zu haben und Informationen und Ideen mittels aller Medien zu suchen, zu erhalten und weiterzugeben ohne Rücksicht auf Grenzen.

1582. Die Kommission ist der Ansicht, dass die Informationen, die sie erhalten hat über Forderungen nach einer Sicherheitsgenehmigung oder die Anerkennung der „rechtmässigen Regierung" als Bedingung für eine Anstellung im öffentlichen Dienst, als Lehrer oder einer anderen Stelle an öffentlichen Schulen und Vorstandsmitgliedschaft in Vereinen, eine Verletzung des Rechts auf ein öffentliches Amt and des Rechts, nicht aufgrund politischer Anschauung diskriminiert zu werden, begründen.

1583. Einmischung in die Konstituierung von Vereinsvorständen, oder die Registrierung gewisser Vereinigungen aufgrund politischer Zugehörigkeit bedeutet, falls dies bestätigt wird, eine Verletzung des Rechts auf die Gründung von Vereinigungen (Artikel 20 der Allgemeinen Erklärung der Menschenrechte). Kündigungen aus dem öffentlichen Dienst aufgrund von (vermuteter) politischer Zugehörigkeit verstösst gegen das Recht auf Arbeit, auf gerechte und günstige Arbeitsbedingungen und den Schutz gegen Arbeitslosigkeit (Art. 23) sowie des Rechts auf Nicht-Diskriminierung (Art. 1)

E. Schlussfolgerungen

1584. Aufgrund der ihr vorliegenden Informationen befindet die Kommission, dass es Eigenschaften der gegen tatsächliche oder vermutete Angehörige von Hamas und deren Sympathisanten im Westjordanland angewandten repressiven Methoden gibt, welche Verletzungen des Völkerrechts darstellen. Ausserdem wurden im Bestreben, die Macht und den Einfluss der Hamas einzuschränken, der Schutz und die Förderung der Menschenrechte im allgemeinen untergraben. Die Kommission hält fest, dass diese Massnahmen und ihre Zielsetzung im Zusammenhang mit der Art und Weise, wie die israelische Offensive gegen Gaza eröffnet wurde, von Bedeutung sind wie in Kapitel II analysiert wird.[962]

1585. Die Kommission ist besorgt dass, wenn nichts unternommen wird um den oben beschriebenen Methoden ein Ende zu setzen, die palästinensischen Exekutiv- und Justizbehörden zur weiteren Verschlechterung der Grundrechte und Freiheiten der Palästinenser, der gesetzlichen Ordnung und der Unabhängigkeit der Justiz beitragen.

1586. Es ergibt sich aus den Informationen, die der Kommission vorliegen, dass die Aktionen der palästinensischen Autonomiebehörde gegen politische Gegner im Westjordanland im Januar 2006 begannen,

962 Führende Angehörige der Sicherheitskräfte haben begonnen, in Anwesenheit ihrer israelischen Berufsgeonossen Hamas als ‚gemeinsamen Feind' zu bezeichnen und in krass gewalttätigen Ausdrücken darüber zu reden, wie sie beabsichtigen mit diesen umzugehen.. („Palestine divided ...")

zwischen dem 27. Dezember 2008 und dem 18. Januar 2009 verstärkt wurden und bis heute weiter andauern.

1587. Die Kommission betrachtet Inhaftierung aufgrund politischer Anschauung als rechtlich unannehmbar aus mehreren Gründen: Die Festnahme und zeitlich unbestimmte Inhaftierung (ohne Gerichtsverfahren) durch Sicherheitsdienste und unter dem Militärjustizsystem sind ein Verstoss gegen das palästinensische Gesetz und das humanitäre Völkerrecht; Festnahme und Inhaftierung erfolgen offenbar aufgrund politischer Zugehörigkeit, was das Recht, nicht willkürlich inhaftiert zu werden, das Recht auf ein faires Gerichtsverfahren und das Recht, nicht aufgrund seiner politischen Meinung diskriminiert zu werden, verletzt, welche Teil des Gewohnheitsvölkerrechts sind. Zudem geben die Berichte über Folter und andere Formen der Misshandlung während der Festnahme und Haft Anlass zu weiterer Besorgnis und verlangen eine korrekte Untersuchung und Abklärung der Verantwortlichkeit.

1588. Die Kommission ist besorgt über die Behinderung der Freiheit der Medien.

1589. Es ist eine ernsthafte Sorge der Kommission, dass das normale System der gegenseitigen Überwachung und Kontrolle zwischen Exekutive, Legislative und Justiz im von der palästinensischen Autonomiebehörde kontrollierten Gebiet offenbar mangelhaft ist. Es scheint wenig Anzeichen eines funktionierenden Verantwortlichkeitssystems zu geben, das den Fällen von Folter und anderen Formen der Misshandlungen entgegentreten könnte. Es ist ebenfalls Grund zu ernsthafter Sorge, dass bei fehlender Kontrolle durch die Regierung Organisationen der Zivilgesellschaft Drohungen erhalten und schikaniert werden und ihre Tätigkeit durch administrative Hindernisse beeinträchtigt sehen.[963]

963 Gespräch der Kommission it Al-Haq vom 2. Juli 2009

TEIL 3

Israel

Einleitung

1590. Die Kommission hat bei ihrer mandatsgemässen Untersuchung von Verstössen, die sich im Zusammenhang mit den Operationen des israelische Militärs vom 27. Dezember 2008 bis 18. Januar 2009 ereignet haben sollen, sei dies vor, während oder nach diesen, ebenfalls Klagen über Verstösse gegenüber Staatsangehörigen und Einwohnern von Israel untersucht. Die Kommission konzentrierte sich dabei auf zwei Gebiete, die ihr besonders gewichtig erscheinen: (a) das Abschiessen von Raketen und Mörsergranaten aus dem Gazastreifen in den Süden von Israel durch bewaffnete palästinensische Gruppen und deren Auswirkungen auf die Zivilbevölkerung; (b) die Massnahmen, welche die israelische Regierung getroffen hat, um Widerspruch unter ihren Staatsbürgern und Einwohnern gegen ihre Militäroperation in Gaza zu unterdrücken und unabhängige und kritische Berichterstattung darüber durch Menschenrechtsgruppen und Medien zu unterbinden.

Methodik

1591. Die Konsequenz der fehlenden Zusammenarbeit seitens Israels mit der Kommission war, dass diese nicht in der Lage war, Israel zu besuchen um gemeldete Verletzungen des Völkerrechts zu untersuchen, insbesondere die entsprechenden Orte zu sehen und Opfer und Zeugen zu befragen. Die Kommission hat jedoch von israelischen Organisationen und Einzelpersonen, auch von Palästinensern, die in Israel wohnen, und von internationalen Menschenrechtsorganisationen und Institutionen viele Berichte und anderes relevantes Material erhalten. Die Kommission hat auch Vertreter einer Reihe von israelischen Menschenrechtsorganisation getroffen (siehe Anhang).

Die Kommission hat telefonische Interviews geführt mit Menschen, die entweder im Süden Israels leben oder mit Gemeinden dort zusammen arbeiten, so auch mit den palästinensischen Beduinen der nicht anerkannten Dörfer im Negev. Sie hat auch viele Menschen über andere Themen im Rahmen ihres Mandates befragt. Israelische Opfer, Zeugen, Experten und Vertreter örtlicher Behörden aus dem Süden Israels waren an der öffentlichen Anhörung in Genf am 6. Juli 2009 anwesend. Vertreter der israelischen Zivilgesellschaft und nichtstaatlicher Organisationen, die innerhalb Israels im Menschenrechtsbereich arbeiten wurden entweder durch Video- oder Telefonverbindung zugeschaltet. Die Angelegenheit des Raketen- und Mörserbeschusses auf Israel wurde auch in Interviews in Gaza im Mai und Juni 2009 und im Austausch mit den Behörden von Gaza besprochen.

1592. Wegen des fehlenden Zugangs stützen sich die Kapitel des folgenden Abschnitts stärker auf sekundäre Informationen als die früheren Abschnitte.

1593. Die Kommission befand die Zeugen, die sie hinsichtlich der Situation in Israel befragte, glaubhaft und zuverlässig. Die Kommission hat den Behörden von Gaza und der Regierung von Israel geschrieben und um Informationen und offizielle Stellungnahmen zu, unter anderem, die im nachstehenden Abschnitt besprochenen Punkte ersucht. Die von den Behörden von Gaza erhaltenen Auskünfte wurden in diesem Kapitel mit einbezogen. Die Regierung von Israel hat nicht geantwortet.

XXIV. Die Auswirkung auf Zivilpersonen von Raketen- und Mörserbeschuss durch palästinensische bewaffnete Gruppen auf den Süden Israels

1594. Die Kommission hat telefonische Interviews mit Menschen geführt, die entweder im Süden Israels wohnen oder mit Gemeinden dort zusammen arbeiten. Fünf Einwohner aus dem Süden Israels erschienen an der öffentlichen Anhörung in Genf vom 6. Juli 2009 während drei Vertreter des Israel Trauma Center for Victims of Terror and War (NATAL) via Videolink aus Tel Aviv daran teilnahmen. Die Frage des Raketen- und Minenbeschusses auf Israel wurde auch in Gesprächen, die im Mai und Juni 2009 in Gaza geführt wurden, und in den Aussprachen mit den Behörden von Gaza angesprochen.

1595. Die Kommission war nicht in der Lage, Untersuchungen vor Ort durchzuführen wegen des Entscheids der Regierung von Israel, mit der Kommission nicht zusammen zu arbeiten.

1596. Die Kommission richtete Fragen an die Regierung von Israel hinsichtlich Einzelpersonen, die von Raketen und anderen Geschossen aus dem Gazastreifen betroffen waren. Die erfragten Informationen waren Daten über psychologische, soziale und wirtschaftliche Schäden, welche durch Raketen und Mörsergranaten verursacht wurden, die auf Israel abgeschossen wurden. Die Kommission hat auf ihre Anfrage keine Antwort erhalten.

1597. Seit April 2001 haben palästinensische bewaffnete Gruppen mehr als 8 000 Raketen und Mörsergranaten von Gaza aus in den Süden Israels geschossen.[964] Ortschaften wie Sderot, die Kibbutzim der Umgebung und einige der nicht anerkannten Dörfer im Negev lagen

964 Diese Statistik wurde dem Bericht des Intelligence and Terrorism Information Center beim Israel Intelligence Heritage & Commemoration Center (IICC) entnommen „Summary of rocket fire and mortar shelling in 2008"; unter http://www.terrorism-info.orgil/malam_multimedia/english/eng_n/pdf/ipc_e007.pdf

in dieser Zeit im Schussbereich. Während der israelischen Militäroperation in Gaza im Dezember 2008 und Januar 2009 wurde die Reichweite von Raketen und Mörsern wesentlich erhöht auf nahezu 40 km ab der Grenze von Gaza, wodurch nun die israelischen Ortschaften Yavne, 30 km nördlich[965] und Beersheba, 28 km südwestlich, im Schussbereich lagen.

1598. Da die Raketen und Mörsergranaten nicht oft bewohnte Gegenden treffen, und aufgrund der Vorsorgemassnahmen der israelischen Regierung, haben die Raketen und Mörsergranaten relativ wenige Todesopfer und Verletzte unter den Einwohnern im Süden Israels gefordert. Der Schaden an Gebäuden ist zwar keineswegs vernachlässigbar aber doch nicht sehr gross. Weiter verbreitet ist jedoch psychologisches Trauma und das Gefühl der Unsicherheit, das ein Leben unter Beschuss bei den Menschen, die in den betroffenen Ortschaften wohnen, erzeugt hat und weiter erzeugt, sowie die Auslaugung des wirtschaftlichen, sozialen und kulturellen Lebens dieser Gemeinschaften.

1599. Jeder Todesfall und jede Verletzung ist nicht nur eine Tragödie sondern eine Angelegenheit von äusserster Sorge für die Kommission. Die Kommission betont, dass diese bekümmernden Gegebenheiten, wie überhaupt die Folgen jedes Angriffes, bei dem Zivilpersonen betroffen sind, nicht auf das Aufrechnen von Statistiken reduziert werden können und dürfen.

---

965 Statistics taken from the Report of the Intelligence and Terrorism Information Center at the Israel Intelligence Heritage & Commemoration Center (IICC), "Summary of rocket fire and mortar shelling in 2008"; available at http://www.terrorism-info.org.il/malam_multimedia/English/eng_n/pdf/ipc_e007.pdf. ACHTUNG: Übersetzung fehlt !!!!!

A. Zusammenfassung des Raketen- und Mörserfeuers vom 18. Juni 2008 bis 31. Juli 2009

1. 18. Juni 2008 bis 26. Dezember 2008

1600. Gemäß israelischen Quellen[966] wurden zwischen dem 18. Juni und 26. Dezember 2008 230 Raketen und 298 Mörsergranaten gegen Israel abgefeuert; 227 Raketen und 285 Mörsergranaten schlugen auf dem Gebiet innerhalb von Israel ein. Medienberichte geben an, dass zu den von Raketen getroffenen Gebiete der westliche Negev[967], Sderot[968] und Ashkelon[969] gehörten. Dies schliesst auch die 157 Raketen und 203 Mördergranaten mit ein, die während des Waffenstillstands abgeschossen wurden, der offiziell am 18. Dezember 2008 auslief.[970]

1601. Die Kommission stellt fest, dass 92 Prozent (212) der Raketen und 93 Prozent (279) der Mörsergranaten, die in der Zeit vom 18. Juni bis 26. Dezember 2008 fielen, nach dem 5. November 2008 abgeschossen wurden.[971]

---

966 Diese Zahlen wurden mit jenen im Bericht der IICC mit dem Titel „The Six Months of the Lull Arrangement“ Dezember 2008, unter http://www.terrorism-infor.org.il/malam_multimedia/English/eng_pdf/hamas_e017.pdf

967 Am 24. Juni 2008, schlugen 3 Kassam Raketen im westlichen Negev ein; siehe „End of Truce? 2 Kassam hit w. Negev“ Jerusalem Post, 24. Juni 2008. Am 27. November 2008, schlug eine Rakete ein und beschädigte ein Haus in einem Kibbutz im westlichen Negev; siehe „Kassams continue t strike Negev“ JTA, 27. November 2008

968 Am 24. Juni 2008 traf eine Rakete den Hof eines Hauses in Sderot; siehe „Rockets violated Gaza ceasefire“ BBC News, 24. Juni 2008

969 Beispielsweise fielen am 14. November 2008 mehrere Raketen auf Ashkeloon; The times, „Hamas militants step up rocket attacks on Israel“, 15. November 2008. Ashkelon liegt rund 20 km von der Grenze zu Gaza entfernt.

970 Ibid.

971 Am 5. November machte Israel einen Einfall in Israel mit der Behauaptung, das Ziel sei die Schliessung eines Tunnels unter der Grenze, den palästinensische Kämpfer benutzen wollten, um einenn israelischen Soldaten zu entführen. Während dieses Angriffs wurde ein Mitglied von Hamas getötet und mehrere israelische Soldaten wurden verwundet. Siehe „Gaza truce broken as Israeli raid kills six Hamas gunmen“, The Guardian, 5. November 2008

1602. Während es auf israelischer Seite keine Todesopfer gab, wurden zwei palästinensische Mädchen im Alter von 5 und 12 Jahren getötet, als eine Rakete zu kurz fiel und am 26. Dezember 2008 im Norden von Gaza landete.[972]

1603. Medienberichte zeigen dass in diesem Zeitraum sechs Israeli und ein ausländischer Arbeiter verwundet wurden, als Raketen auf überbaute Gebiete im Süden von Israel fielen. Wo die Raketen nicht auf offenes Land fielen, entstand Schaden an Gebäuden. Wie weiter unten besprochen, hat eine unbekannte Anzahl von Menschen im Süden Israels wegen dem akustischen Vorwarnsystem und den anschliessenden Raketenangriffen einen Schock erlitten und musste behandelt werden[973].

2. 27. Dezember 2008 bis 18. Januar 2009

1604. Gemäss Angaben der israelischen Behörden schossen bewaffnete Gruppen in Gaza während der 22 Tage der militärischen Operationen in Gaza ungefähr 570 Raketen und 203 Mörsergranaten auf Israel.[974] Auf ihrer Website behaupten die Al Qassam-Brigaden und der islamische Jihad, in diesem Zeitraum 800 Raketen auf Israel abgeschossen zu haben.[975]

1605. Während der israelischen Militäroperationen in Gaza wurde die Reichweite von Raketen- und Mörserfeuer dramatisch erhöht und erreichten Städte wie Beersheba 28 km südöstlich und Ashkelon 24 km nördlich des Gazastreifens. Raketen fielen weiterhin auf Orte wie Sderot, den Eshkol Regionalrat und die umliegenden Kibbut-

---

972 „Palestinian rockets kill 2 schoolgirls in Gaza" Fox News.com 26. Dezember 2008.

973 Die Kommission stellt fest, dass die Eingabe vom 9. August 2009 von Magen David Adom (MDA) in Sderot für die Zeit vom 1. Juni bis 26. Dezember 2008 407 von Stress verursachte Traumata im Detail aufführte.

974 Siehe Israelisches Aussenministerium, unter http://mfa.gov.il/MFA/Terrorism; siehe auch „Rockets rom Gaza" Human rights Watch, 6. August 2009, S. 8. Gemäss HRW hat die israelische Armee angegeben, dass von Gaza 650 Raketen abgeschossen wurden, aber nur 570 Israel getroffen hätten.

975 HRW Bericht vom 6. August 2009, S. 2

zim, welche seit 2001 unter Raketenbeschuss gelegen hatten. Insgesamt 90 Raketen trafen Sderot während der 22 Tage der Militäroperation in Gaza.[976]

1606. Während der Dauer der Operationen wurden in Israel drei zivile Todesopfer und ein militärisches Todesopfer durch Raketen- und Mörserangriffe aus Gaza gemeldet. Gemäss Magen David Adom wurden in diesem Zeitraum 918 Menschen verwundet (17 schwer Verletzte, 62 mit Verletzungen mittleren Grades und 829 leicht Verletzte).[977] In Israel wurden auch 1.595 Personen wegen stressbedingter Traumata behandelt.[978]

3. 19. Januar 2009 bis 31. Juli 2009

1607. Gemäss Aussagen der israelischen Behörden wurden nach dem 19. Januar 2009 mehr als 100 Raketen und 65 Mörsergranaten auf Israel abgeschossen.[979] Aus diesen Raketen- und Mörserangriffen entstanden keine Todesopfer. Die Kommission war nicht in der Lage, offizielle Angaben über in diesem Zeitraum von Raketen oder Mörsern verwundete Zivilpersonen zu erhalten. Am 1. Februar 2009 wurde eine israelische Zivilperson leicht verletzt als von Gaza aus abgeschossene Mörsergranaten in der Gegend von Sha'ar Hanegev explodierten.

1608. Die meisten Raketen und Mörsergranaten wurden vor dem 15. März 2009 abgeschossen. Am 12. März 2009 teilte das Innenministerium von Gaza mit, dass Raketen „zum falschen Zeitpunkt" abgeschossen würden und die Behörden von Gaza gegen die Verantwortlichen eine Untersuchung eingeleitet hätten.[980] Am 20. April 2009 rief ein Mitglied von Hamas andere bewaffnete Gruppen auf, mit dem Abschuss von Raketen aufzuhören „im Interesse des palästi-

976 Ibid. S. 8
977 Eingabe an die Kommission vom 9. August 2009
978 Ibid.
979 Siehe Israelisches Aussenministerium, unter http://mfa.gov.il/MFA/Terrorism
980 „Hamas criticizes Gaza rocket fire" Al Jazeera 13. März 2009

nensischen Volkes".[981] Am 19. Juli 2009 berichtete die Xinhua News, die Hamas habe zwei Mitglieder des islamischen Jihad verhaftet, die Mörsergranaten auf israelisches Militär abgeschossen hätten.[982]

1609. Im Juli 2009 erklärte die Hamas, sie beginne eine Periode des ‚kulturellen Widerstands" und hielt fest, dass sie den Einsatz von Raketen beende und den Schwerpunkt verschiebe auf die Gewinnung von Unterstützung zu Hause und im Ausland durch kulturelle Initiativen und Öffentlichkeitsarbeit.[983]

B. Bedeutende bewaffnete palästinensische Gruppen

1610. Die palästinensischen bewaffneten Parteien, die im Gazastreifen operieren und die Verantwortung für die meisten der Raketen- und Mörserbeschüsse beanspruchen, sind die Izz Al-din Al Qassam Brigades[984], die Al-Aqsa Martyrs' Brigades und der Islamic Jihad. Eine kurze Beschreibung der drei Gruppen folgt nachstehend.

1611. Die „Al Qassam Brigaden" sind der bewaffnete Arm der politischen Bewegung Hamas. Gemäss einem Bericht von Human Rights Watch vom Juni 2007 haben die Al Qassam Brigaden die Herstellung von Raketen, die heute allgemein als „Kassam" bekannt sind, im Gazastreifen begonnen.[985] Gemäss den Zahlen, welche die Al Qassam Brigaden auf ihrer Website angeben, hat die Gruppe während der isra-

---

981 „Hamas discusses resistance regulation with Gaza groups" Xinhua News Agency, 22. April 2009

982 „Hamas reportedly arrests Gaza operatives firing at Israeli troops" Xinhua News Agency, 19. Juli 20009

983 New York times „Hamas Shifts From Rockets to Culture War" 23. Juli 2009, unter http://www.nytimes.com/20009/07/24/world/middleeast/24gaza.html?scp=2&sq=hamas%st=cse

984 Die Gruppe ist nach einem Syrer benannt, der mit vertriebenen Palästinensern im heutigen nördlichen Israels gearbeitet hatte und 1935 in einem Gefecht mit britischen Truppen fiel, das die Revolte der Palästinenser von 1936-9 auslöste.

985 „Indiscriminate Fire" Human Rights Watch, 30. Juni 2007

elischen Militäroperationen 335 Kassamraketen, 211 Grad-Raketen und 397 Mörsergranaten auf Israel abgeschossen.[986]

1612. Die al-Aqsa Märtyrerbrigaden formierten sich während der zweiten Intifada und beanspruchen, mit der Fatah verbunden zu sein. Diese Gruppe hat die Verantwortung übernommen für Raketen- und Mörserbeschuss auf Israel nach dem von Ägypten vermittelten Waffenstillstand (tahdiya), der am 18. Juni 2008 begann.

1613. Der islamische Jihad hat weit weniger politischen Einfluss als sowohl Hamas wie Fatah. Ihr militärischer Arm ist als Saraya al-Quds bekannt, und die Gruppe nennt die Raketen, die sie in Gaza herstellen, ‚al Quds'. Der islamische Jihad hat für zahlreiche Raketenabschüsse auf Israel die Verantwortung beansprucht,[987] auch für die erste Salve von Raketen nach dem 18. Juni 2008.

1614. Auf ihrer Website beanspruchen die Abu Ali Mustafa Brigaden[988], der militärische Arm der Popular Front for the Liberation of Palestine, ebenfalls die Verantwortung für den Abschuss von 177 Raketen und 115 Mörsergranaten auf verschiedene Städte und Dörfer in Israel vom 27. Dezember 2008 bis 18. Januar 2009.

1615. Die al-Naser Salah ad-Din Brigaden, der bewaffnete Arm der Popular Resistance Committees, hat erklärt, dass sie ebenfalls Raketen auf Israel abgeschossen haben[989]. Die Committees sind eine Koalition verschiedener bewaffneter Parteien, welche sich gegen die von ihnen so empfundene versöhnliche Haltung der palästinensischen Autonomiebehörde und der Fatah gegenüber Israel stellen.

---

986 Siehe http://www.alqassam.ps/arabic/upload/forkan.pdf

987 Gemäss der Statistik auf ihrer Website hat die Saraya al-Quds die Verantwortung für den Abschuss während der Militäroperationen von 235 Mörsergranaten und Raketen beansprucht, siehe http://www.israj.net/vb/t1839/

988 Siehe http://www.kataebabuali.ps/inf2/articles-action-show-id-223.htm

989 Während der Operationen in Gaza beansprucht die Gruppe Verantwortung fpr 132 Raketen und 88 Mörsergranaten. Siehe http://www.moqawmh.com/moqa/view.php?view=1&id=300

C. Typen von Raketen und Mörsergranaten im Besitz der palästinensischen bewaffneten Gruppen[990]

1616. Es gibt wenig unabhängige Information über die Typen der Bewaffnung der palästinensischen bewaffneten Gruppen oder die Anzahl von Waffen, die sie an Lager haben. Gemäss einem Bericht von Amnesty International vom Februar 2009 umfasst das Arsenal, über das bewaffnete Gruppen im Gazastreifen verfügen: Al Qassam (oder al-Quds), 122mm Grad und 220 Fadjr-3 Raketen sowie die al-Battar, die Batta 1 und Banna 2 Panzerabwehrraketen.

1. Al Qassam

1617. Man nimmt an, dass es mindestens drei Generationen von Qassam Raketen gibt:

(a) die Qassam 1, entwickelt 2001, mit einer Reichweite von 4,5 km und einer Sprengladung von 0.5 kg; (b) die Qassam 2, entwickelt 2002, mit einer Reichweite von 8 bis 9,5 km und einer Sprengladung von 5 bis 9 kg und (2) die Qassam 3, entwickelt 2005, mit einer Reichweite von 10 km und eine Sprengladung von 20 kg.[991]

1618. Die im Gazastreifen hergestellten Raketen sind aus rudimentärem Material gebaut wie z.B. Metallrohren. Es sind relativ wenig entwickelte Waffen ohne Leitsystem und können deshalb nicht auf spezifische Ziele gerichtet werden.[992] Jane's Terrorism and Security Monitor hat sie als „ungenau, mit kurzer Reichweite, selten tödlich"[993]

990 Siehe den Bericht von Annesty International „Fuelling the Conflict: Foreign arms supplies to Israel/Gaza" 23. Februar 2009, Seiten 15-16 und 30-31

991 Technischer Bericht an die UNFFMGC der Irish Defence Froce Ordinance School, Juli 2009

992 Ibid.

993 Rocket powered ‚Hamastan', Jane's Terrorism and Security Monnitor, 11. Juli 2007

bezeichnet. Trotzdem haben Qassam Raketen im Süden Israels Todesopfer und Verletzte verursacht.

2. 122 mm Grad Rakete

1619. Die 122 mm Grad Rakete ist ein russisches Modell mit einer Reichweite von ca. 20 bis 25 km. Angesichts der höheren technischen Entwicklungsstufe und der Tatsache, dass sie aus Material gebaut sind, das in Gaza nicht einfach (wenn überhaupt) erhältlich ist, ist anzunehmen dass sie nicht in Gaza hergestellt werden.

1620. Während die meisten 122 mm Grad Raketen eine Reichweite von ca. 20 km haben, sind einige bis 40 km innerhalb von Israel gelandet.[994] Global Security schliesst auf Grund von fotografischen Aufnahmen, dass die Raketen, welche am 28. Dezember 2008 offenes Land bei Yavne und Bnei Darom trafen, 122 mm WeiShei-1E chinesischer Herstellung waren, welche über Distanzen von 20 bis 40 km fliegen können.[995]

3. 22mm Fadjr-3 Rakete

1621. Die 220mm Fadjr-3 Rakete ist ein iranisches Modell und es wird vermutet, dass sie ebenfalls nach Gaza hinein geschmuggelt wurde.

---

994 z.B. in Beersheba am 30. und 31. Dezember: „Rockjets reach Beersheba, cause damaage-2 Ynet News, 30. Dezember 2008; „Rocket barrages hit Beersheba, Ashkelon: 5 lightly hurt" Ynet News 31. Dezember 2008

995 „Hamas Rockets" Global Security, unter http://www.globalsecurity.org/military/world/para/hamas-qassam.htm

4. Panzerabwehrraketen

1622. Palästinensische bewaffnete Gruppen sollen auch Raketen chinesischer Machart besitzen, welche nach Gaza geschmuggelt wurden.[996] Gemäss Jane's Defence Weekly ist Hamas auch im Besitz von einigen hausgemachten Panzerabwehrraketen, u.a. die al-Battar, Banna 1 und Banna 2.[997]

5. Mörser

1623. Mörser sind Kurzstreckengeschütze, die im Allgemeinen genauer sind als die Raketen, die im Gazastreifen hergestellt sind.[998] Mörser verfügen über ein rudimentäres Zielsystem, in welchem die Koordinaten früherer Schläge zur Verbesserung der Zielgenauigkeit nachfolgender Abschüsse verwendet werden können. Die meisten Mörser haben eine Reichweite von 2 km; gemäss Auskunft des Jaffa Centre for Strategic Studies ist die palästinensischen Sariya-1 ein 240 mm Mörser mit einer Reichweite von 15 km.[999]

D. Raketen- und Mörserangriffe durch palästinensische bewaffnete Gruppen auf Israel[1000]

1624. Die Kommission gibt eine kurze Übersicht über die Raketen- und Mörserangriffe, da dies wichtig ist zum Verständnis von Umfang

996 „Hamas deploys rocket aarsenal against Israel", Jane's defence Weekly, 14. Januar 2009

997 Ibid.

998 Technischer Bericht an die UNFFMGC der Irish Defence Froce Ordinance School, Juli 2009

999 http://www.weaponsurvey.com/missilesrockets.htm

1000 Statistiken sind dem Bericht des Intelligence and Terrorism Information Center beim Israel Intelligence Heritage & Commemoration Center „Summary of rocket fire and mortar shelling in 2008" entnommen.

und Tiefe der psychologischen Traumata, welche die Einwohner der grenznahen Ortschaften erlitten, wie Sderot, das seit 2001 im Schussfeld liegt.

1625. Der erste erfasste Raketenabschuss fand am 16. April 2001statt. Am 10. Februar 2002 traf die erste Rakete Territorium innerhalb von Israel, als eine von Gaza abgeschossene Qassam 2 Rakete in einem Feld sechs Kilometer von der Grenze beim Kibbutz Sa'ad im Negev landete.[1001] Der erste erfasste Abschuss einer Rakete von Gaza auf eine israelische Stadt war am 5. März 2002, als zwei Raketen Sderot trafen.[1002]

1626. Gemäss Statistiken, die vom Intelligence and Terrorism Information Centre at the Israel Heritage & Commemoration Center zusammensgestellt wurden, einer Organisation mit Verbindung zur israelischen Regierung, wurden vom 16. April 2001 bis 18. Juni 2008 3'455 Raketen und 3'742 Mörsergranaten von Gaza aus nach Israel abgeschossen.

1627. Die ersten zivilen Opfer von Raketenangriffen wurden am 28. Juni 2004 in Sderot erfasst, als Afik Zahavi (4 Jahre alt) und Mordehai Yosefof (49 Jahre alt) von einer Qassamrakete getötet wurden. Afiks Mutter Ruthie Zahavi (28 Jahre alt) wurde schwer verletzt und neun weitere Personen erlitten Verletzungen.[1003] Hamas übernahm dafür die Verantwortung.

1628. Vom 28. Juni 200, als die ersten Opfer eines Raketenangriffs registriert wurden, bis zum 17. Juni 2008 wurden 21 israelische Staatsbürger, zwei davon palästinensische Israeli, zwei Palästinenser und ein ausländischer Arbeiter innerhalb von Israel getötet als Folge von Raketenangriffen und Mörserfeuer. Ausserdem wurde ein Palästinenser

---

1001 „The homemade rocket that could change the Mideast" The times 11. Februar 2002
Note, however, that the Al Qassam Brigades website osted a press release on 26 October 2001 in which the group claimed responsibility for a rocket attack against an Israeli town inside Israel: http://www.alqassam.ps/arabic/sinaat.pho?id=16

1002 http://www.israelemb.org/articles/2002/March/2002030500.html

1003 „Israel steps up military action after Hamas rocket attack from Gaza strikes nursery" The Independent 29. Juni 2004

in Gaza getötet, als eine Rakete vor der Grenze landete, und 20 Palästinenser wurden getötet, als ein Fahrzeug, das Raketen transportierte, im Jabaliya Flüchtlingslager explodierte. Elf der Todesopfer in Israel starben in Sderot, einer Stadt mit nur 20 000 Einwohnern und nur einen Kilometer von der Grenze Gazas entfernt gelegen.

E. Aussagen von palästinensischen bewaffneten Gruppen betreffend ihre Raketenangriffe auf Israel

1629. Die Al Qassam Brigaden, al-Aqsa Brigaden, der islamische Jihad und die Popular Resistance Committees haben alle die Verantwortung für Raketen- und Mörserangriffe während des von der Kommission behandelten Zeitraums beansprucht. Palästinensische bewaffnete Gruppen rechtfertigen diese Angriffe allgemein als eine legitime Form des Widerstands gegen die israelische Besatzung und als Akt der Selbstverteidigung und Vergeltung für israelische Angriffe.[1004]

1630. Am 5. Januar 2009 wurde das Hamas Mitglied Mahmoud Zahar mit der Aussage zitiert: „der israelische Feind … hat in Gaze alle bombardiert. Sie haben Kinder und Spitäler und Moscheen bombardiert, und damit haben sie uns die Legitimation gegeben, sie auf die gleiche Weise anzugreifen."[1005]

1631. Am 6. Januar 2009, während der israelischen Militäroperationen in Gaza, schrieb Khaled Mashal, der Vorsitzende des Hamas Political Bureau, in einem offenen Brief, dass die Forderung mit dem palästinensischen Widerstand aufzuhören, ‚absurd' sei … ‚unsere ein-

---

1004 Beispielsweise schoss am 24. Juni 2008 der islamische Jihad drei Qassam Rakeen von Gaze in den westlichen Negev ab nach der gezielten Tötung eines seiner Mitglieder, Tarek Abu Ghally und eines weiteren in Nablus am Morgen dieses Tages. Der islamische Jihad sagte „wir können nicht mit gebundenenn Händen sitzenbleiben wenn so etwas unserem Bruder im Westjordanland geschieht". (Jerusalem Post, 24. Juni 2008) siehe auch Kapitel III

1005 HRW Bericht vom 6. August 2009, Seite 2

fachen, gebastelten Raketen sind unser Schrei des Protestes an die Welt'.[1006] Hamas erklärte in einem Pressecommuniqé vom 28. Dezember 2008:[1007]

> Wir appellieren an alle Parteien des palästinensischen Widerstands und deren militärische Abteilungen, insbesondere die Brigaden des Märtyrers Izz el-Din Al Qassam, einen allgemeinen Alarm auszurufen .. und die Verantwortung für den Schutz des palästinensischen Volkes zu übernehmen indem sie den zionistischen Feind, seine Militärkasernen und Kolonien mit aller Kraft angreifen und alle Formen des Widerstands einsetzen … einschließlich Märtyreraktionen und Anschläge in die Tiefe des Zionismus …"

1632. Ein Sprecher der Popular Front for the Liberation of Palestine (PFLP) sagte zwei Tage vor dem Ende der Operationen in Gaza: „die Raketen sind sowohl konkret wie auch der symbolische Ausdruck unseres Widerstands gegen die Besatzungsmacht".[1008]

1633. Am 25. Mai 2009 bestritten die Behörden von Gaza, dass sie Raketenangriffe auf Israel verhindern würden. Ein Sprecher sagte „wir fällen keine solchen Entscheide ohne einen nationalen Konsens aller Widerstandsparteien… Die Parteien haben das Recht, auf Verbrechen der Zionisten mit jeder Art von Widerstand zu antworten, und es besteht kein Nachlassen in der [israelischen] Besetzung."[1009]

1006 „This brutality will never break our will to be free" The Guardian, 6. Januar 2009. Es ist anzufügen, dass Mashal einige Monate nach Beendigung von OCL in einem Interview mit der New York Times sagte, dass „wenn gegenwärtig keine Raketen abgeschossen werden dies Teil einer Evaluation der Bewegung sei, welche im Interesse der Palästinenser liege. Schliesslich sei das Abschiessen von Raketen eine Methode, nicht ein Ziel. Widerstand ist ein legitimes Recht, aber die Ausübung dieses Rechts wird von den Anführern der Bewegung überprüft". Siehe http://www.nytimes.com/2009/05/05/world/middleeast/05meshal.html

1007 Pressecommuniqué unter (AdÜ:Link funktioniert nicht)

1008 http://www.pflp.ps/english/?q=pflp-interview-ma-news-agency-israeli-aggression-g

1009 Xinhua News, 25. Mai 2009

F. Erklärungen der Behörden von Gaza gegenüber der Kommission

1634. In einem Treffen mit der Kommission am 1. Juni 2008 erklärten die Behörden von Gaza, dass sie die Initiative ergriffen hätten um zivile Opfer zu vermeiden, indem sie im April 2006 auf Selbstmordanschläge verzichteten.[1010] Am gleichen Treffen sagte ein Sprecher der Regierung, dass die Widerstandsparteien nicht beabsichtigten. ihre Raketen auf zivile Ziele abzuschiessen sondern auf Artillerie- und andere Stellungen der israelischen Armee, von welchen aus Angriffe auf Gaza erfolgten.

1635. In Beantwortung von Fragen der Kommission erklärten die Behörden von Gaza am 29. Juli 2009, dass sie „weder direkt noch indirekt etwas mit Al Qassam oder anderen Widerstandsparteien etwas zu tun hätten" und dass sie ein gewisses Mass an Einfluss auf die bewaffneten Gruppen ausüben könnten bezüglich vorgeschlagener Waffenruhen. Mit dem Hinweis, dass die Waffen, welche die bewaffneten Gruppen benutzten, nicht zielgenau seien, richteten sich die Behörden von Gaza gegen Angriffe auf Zivilpersonen.

1636. Trotz wiederholter Versuche war es der Kommission nicht möglich, Kontakt mit im Gazastreifen operierenden bewaffneten Gruppen Kontakt aufzunehmen.

G. Vorbeugende Massnahmen im Süden Israels

1. Das Tseva Adom Frühwarnsystem

1637. Das Tseva Adom (oder ‚Red colour') ist ein Radarfrühwarnsystem, das die israelischen Streitkräfte in Städten im Süden Israels einge-

1010 Über die Erklärung wurde in den internationalen Medien viel berichtet. Siehe „Hamas in call to end suicide bombings" The Guardian 9. April 2006

richtet haben. Es wurde 2002 in Sderot eingerichtet und in einigen Gebieten von Ashkelon 2005 und 2006.

1638. Wenn das Frühwarnsystem Anzeichen eines Raketenabschusses in Gaza feststellt, aktiviert es automatisch das öffentlich ausgestrahlte Warnsystem in nahe gelegenen israelischen Gemeinden und Militärstützpunkten. Ein elektronischer Doppeltonalarm wird zweimal gesendet, gefolgt von einer weiblichen Stimme ab Tonband, welche die Worte „Tseva Adom" spricht. Das ganze Programm wird wiederholt, bis sämtliche Raketen eingeschlagen haben und keine weiteren Abschüsse aufgespürt werden. Während der öffentlichen Anhörung in Genf vom 6. Juli 2009, spielte Noam Bedein vom Sderot Media Center zur Information der Kommission ein Tonband des Frühwarnsystems von Sderot und dessen Wirkung auf die Bevölkerung ab.[1011]

1639. In Sderot gibt das System den Einwohnern eine Vorwarnzeit von etwa 15 Sekunden bevor eine ankommende Rakete einschlägt. Je weiter die Einwohner vom Gazastreifen entfernt sind, umso länger ist die Warnzeit. Einwohner von Ashkelon, die von der Kommission befragt wurden, schätzten dass das System ihnen eine Vorwarnzeit von 20 Sekunden gibt, während Einwohner der weiter nördlich gelegenen Stadt Ashdod oder von Beersheba im Negev schätzen, dass ihnen das System eine Vorwarnzeit von etwa 40 bis 45 Sekunden gibt.

1640. Es ist festzuhalten, dass das Tseva Adom System nicht zu hundert Prozent wirksam ist; gemäss Aussage von Noam Bedein verfehlte das System eine Rakete, welche Sderot am 21. Mai 2007 traf, wobei eine Person getötet und zwei weitere verletzt wurden.[1012] Das System kann aber auch Fehlalarme auslösen, eine Tatsache die dazu führte, dass die Behörden in Ashkelon das System im Mai 2008 abstellten. Es wurde deshalb kein Alarm ausgelöst, als am 14. Mai 2008

1011 „15 Seconds in Sderot" unter http://www.youtube.com/watch?v=ygb6VrW8Wzw; „First day of School" unter http://www.youtube.com/watch?v=mFss6p5sTPE&feature=channel_page

1012 Telefongespräch mit Noam Bedein/Sderot Media Center vom 28. Juni 2009. Siehe auch „woman killed, two wounded in Qassam rocket strike on Sderot" Haaretz, 28. Mai 2007

eine Rakete in einem Einkaufszentrum einschlug und drei Personen schwer verletzte, (darunter auch Frau Dr. Emilia Siderer, welche bei der öffentlichen Anhörung der Kommission vom 6. Juli 2009 in Genf auftrat).

1641. Das Ertönen des Tseva Adom Systems und das Wissen, dass dieses keine garantierte Vorwarnung vor einem Raketenangriff bietet, hatten gemäss Aussagen von Organisationen, welche psychologische Gesundheitsdienste leisten, auch tiefgreifende negative psychologische Auswirkungen auf die Gemeinden, welche innerhalb der Reichweite von Raketen- und Mörserbeschuss liegen. Diese Frage wird nachstehend noch im Detail behandelt.

2. Bau von Befestigungen und Schutzräumen

1642. In den letzten Jahren hat die israelische Regierung Städte im südlichen Israel mit Luftschutzräumen befestigt. Einige Wohnhäuser enthalten auch „sichere Räume". Im März 2008 hat die israelische Regierung 120 Bushaltestellen in Sderot befestigt[1013] und im Januar 2009 waren alle Schulen in Sderot gegen Raketenangriffe befestigt.

1643. Laut einem Artikel in Haaretz, verfügten ungefähr 5 000 Einwohner im Süden von Israel, vor allem ältere Einwanderer aus der ehemaligen Sowjetunion, über keine ausreichend verstärkten Räume oder angemessenen Zugang zu öffentlichen Schutzräumen.[1014] In Interviews mit Einwohnern der betroffenen Gemeinden im Süden Israels erhielt die Kommission Berichte von Familien, welche die oberen Geschosse ihrer Häuser nicht mehr benutzen und zusammengedrängt in einem Raum des Erdgeschosses leben aus Angst vor dem Versagen des Frühwarnsystems und/oder davor, nicht rasch genug vom oberen Geschoss hinunter in einen Schutzraum zu kommen.[1015]

1013 „Gov't places 120 fortified bus stops in rocket-plagued Sderot" Haaretz 5. März 2008

1014 „5000 southerners, mostly elderly, lack access to rocket shelters" Haaretz 4. Februar 2009

1015 Telefongespräch mit Eric Yalin am 30. Juni 2009; Rachel Perez am 30. Juni 2009;

1644. Im März 2009 weihte Sderot ein befestigtes Freizeitzentrum für Kinder ein, das den Kindern einen raketensicheren Ort zum Spielen bietet.[1016] Es gibt befestigte Spielplätze in Sderot mit Betontunneln, die wie Raupen angemalt sind.[1017]

1645. Die israelische Regierung erklärte, dass gemäss gegenwärtigen Informationen die Ausgaben für Befestigungen und Schutzräume zwischen 2005 und 2011 ungefähr 400 Millionen Dollar betragen werden.[1018] Es muss jedoch festgehalten werden, dass diese Befestigungen nicht unbedingt vermeiden können, dass eine Rakete in ein solches Gebäude eindringt: am 3. Januar 2009 durchstiess eine Grad Rakete die Befestigung einer Schule in Ashkelon und traf ein leeres Klassenzimmer.[1019]

1646. Die Kommission ist besorgt über das Fehlen von öffentlichen Schutzräumen und Befestigungen in den nicht anerkannten Dörfern im Negev und in einigen der anerkannten Städten und Dörfern, die von palästinensischen Staatsbürgern Israels bewohnt sind und die innerhalb der Reichweite von Raketen und Mörserbeschuss liegen (siehe Paragraph X unten).

H. Auswirkung von Raketen- und Mörserbeschuss auf die Gemeinden im Süden Israels

1647. Die Kommission stellt fest, dass die Auswirkungen auf die Gemeinden über die Anzahl der tatsächlich erlittenen Todesopfer und Ver-

---

Rachel Rushan, 30. Juni 2009; Naomi Benbassat--Lifshitz 2. Juli 2009; Dina Cohen 5. Juli 2009; Stewart Ganulin (Hope for Sderot) 8. Juli 2009.

1016 „An Israeli playground, fortified against rockets" The New York Times 12. März 2009

1017 „On Israel-Gaza border, teens learn legacy of hate" Tampa Bay News, 8. Februar 2009

1018 Israelische Regierung „The Operatoin in Gaza: 27. Dezember 2008 – 18. Januar 2009, Tatsachen und rechtliche Aspekte

1019 „Expers: Grads in Ashekon were advanced" Ynet News 1. März 2009

letzten hinausgehen. Die Kommission nimmt auch Kenntnis von Informationen im Bericht der Regierung von Israel vom Juli 2009, in welchem ein Artikel aus dem Guardian zitiert wird, wonach im Juli 2009 92% der Bewohner von Sderot einen Raketeneinschlag gesehen oder gehört hatten, bei 56% waren Granatsplitter auf das Haus gefallen und 65% kannten jemanden, der verletzt wurde.[1020]

1. Todesopfer

1648. Zwischen dem 18. Juni 2008 und dem 31. Juli 2009 gab es in Israel vier Todesfälle infolge von Raketen- oder Mörserbeschuss aus Gaza, davon waren drei zivile und ein militärisches Todesopfer.

1649. Am 27. Dezember 2008 wurde Beber Vaknin, 58 Jahre alt, von Netivot, getötet als eine von Gaza aus abgeschossene Rakete ein Wohnhaus in Netivot traf.

1650. Am 29. Dezember 2008 wurde Hani al-Mahdi, 27 Jahre alt, von Aroar, einer Beduinensiedlung im Negev, getötet als eine Rakete vom Typ Grad auf einer Baustelle in Ashkelon explodierte. Am gleichen Tag wurde in einem anderen Zwischenfall Irit Sheetrit, 39 Jahre alt, getötet und mehrere andere Personen verletzt, als eine Grad Rakete im Zentrum von Ashdod einschlug. Die Al Qassam Brigaden beanspruchten die Verantwortung für diesen Angriff.

1651. Am 29. Dezember 2008 wurde ein Angehöriger der Streitkräfte im Offiziersrang, Lutfi Nasraldin, 38 Jahre alt, aus der Drusenstadt Daliat el-Carmel, durch einen Mörserangriff auf einen Militärstützpunkt bei Nahal Oz getötet.

1020 Government of Israel Paper vom July 2009, § 46, Zitat aus einer Statistik von „Middle East Conflict“ des Guardian vom 15. Juli 2009

2. Körperliche Verletzungen

1652. Gemäss Magen David Adom (MDA) wurden während der isreaelischen Militäroperationen in Gaza, insgesamt 918 Zivilpersonen durch Raketenangriffe verletzt. Diese Zahl umfasst 27 schwer Verletzte, 62 mittelschwer Verletzte und 829 leicht Verletzte.[1021] Vom 19. Januar bis 19. März 2009 wurden 10 durch Raketenangriffe körperliche verletzte Personen von MDA behandelt.[1022]

3. Psychologische Traumata / psychische Gesundheit

1653. In Interviews mit Einwohnern des südlichen Israel und Organisationen, die sich mit psychologische Gesundheitsdiensten befassen, wurde die Frage von psychologischen Traumata, welche Erwachsene wie Kinder in der von Raketen beschossenen Zone erlitten, häufig angesprochen. Während Medienberichte gelegentlich von Menschen berichteten, die wegen Schock nach dem Raketenangriff behandelt wurden, haben sich Einzelpersonen wie Organisationen sehr frustriert geäussert von der fehlenden Aufmerksamkeit für das, was sie „unsichtbare Schäden“ nennen, die durch die Raketen verursacht werden. Laut MDA wurden zwischen dem 27. Dezember 2008 und dem 18. Januar 2009 in Gesundheitseinrichtungen in Israel 1 596 Personen behandelt.[1023] Vom 19. Januar bis 2. August 2009 wurden 549 Personen wegen stressbedingten Verletzungen behandelt.[1024]

1021 Mitteilung von MDA an die Kommission vom 9. August 2009. Die Kommission stellt fest, dass der HRW Bericht vom August 2009 für von MDA behandelte Patienten die folgenden Zahlen angibt: 770 Personen einschließlich 3 Todesopfer, 4 schwer Verletzte, 11 mittelschwer Verletzte und 167 leicht Verletzte. Siehe HRW Bericht August 2009, Seite 8

1022 HRW Bericht August 2009, Seite 8

1023 Mitteilung von MDA an die Kommission vom 9. August 2009. Human Rights Watch zitiert Berichte von MDA, wonach sie selbst 570 Fälle von stress-bedingten Verletzungen behandelt hätten: siehe HRW Bericht August 2009, Seite 8. Diese Zahlen wurden an einem Treffen zwischen MDA und Vertretern der Kommission am 22. Juli 2009 in Genf bestätigt

1024 Ibid.

1654. Eine Studie vom Oktober 2007, welche von NATAL in Auftrag gegeben wurde zu den Auswirkungen der anhaltenden Stressbedingungen in Sderot[1025] stellte fest, dass 28.4 % der Erwachsenen und zwischen 72 und 94% der Kinder in Sderot Anzeichen von Post-Traumatic Stress Disorder aufweisen.[1026] Die Studie stellte auch fest, dass bei Kindern unter zwölf Jahren häufig über Symptome wie Angst, Vermeidung, Verhaltensstörungen, Schulprobleme, somatische Störungen, Regression und Schlafstörungen berichtet wird.[1027]

1655. In einer Eingabe an die Kommission beschreibt Dr. Rony Berger, ein klinischer Psychologe und Direktor der Community Services einen Besuch im Januar 2009 bei einer Familie in Ofakim, eine Stadt etwa 12 bis 15 km von der Grenze von Gaza entfernt, in folgenden Worten:

> Die Familie wurde vom Vater ans Community Center zur Behandlung verwiesen. Dieser arbeitet in einer Fabrik im Süden. Er sagte, sein Haus sei „zu einem Irrenhaus" geworden, und das die Intensität der Stressbelastung so hoch sei, dass „man die Luft mit dem Messer schneiden könnte" … Als ich bei der Familie n Ofakim ankam, traf ich auf ein Haus voller Kinder (zwölf Kinder im Alter von einem bis 22 Jahren). Es war ein grosses Haus und voller Leben; oder vielleicht genauer gesagt ungestüm. Ich kam ge-

---

1025 zu finden unter http://theisraelproject.org/atf/cf%7B84dc5887-741e-4056-8d91-a38964bc94%7D
The Impact of the Ongoing Traumatic Stress Conditions on Sderot Research Survey for NATAL – The Israel Trauma Center for Victims of Terror and War: Initial findings & Recommendations. See also „Study:Most Sderot kids exhibit post-traumatic stress symptoms" Haaretz 17. Januar 2008

1026 Telefongespräch mit Orly Gal von NATAL vom 28. Juni 2009; siehe auch „Study:Most Sderot kids exhibit post-traumatic stress symptoms" Haaretz 17. Januar 2008. Diese Resultate wurden von Dr. Rony Berger bestätigt, der an der öffentlichen Anhörung vom 6. Juli 2009 in Genf sprach. Dr. Berger sagte auch, dass der Konsum von Beruhigungsmedikamenten in Sderot 2,5 mal höher ist als in einer vergleichbaren Gemeinde, die nicht unter Bombardierung lebte. Die Kommission nimmt auch die Eingabe von Dr. Yechiel Lasry vom 29. Juli 2009 zur Kenntnis, dem Bürgermeister von Ashdod, in welcher er ähnliche Symptome bei den Kindern von Ashdod aufführt als Folge der Raketenangriffe auf Ashdod während der Militäroperationen in Gaza.

1027 In einem Treffen mit der Kommission am 22. Juli 2009 beschrieb MDA ähnliche Symptome von stressbedingten Verletzungen, die ihr Sanitätspersonal beobachtet und behandelt hatten, wenn sie nach Raketenangriffen im Süden von Israel gerufen wurden.

rade an, als die Sirenen ertönten, und ich sah eine Reihe von angstbedingten Reaktionen, von welchen einige wirklich extrem war. Die Mutter schrie so laut sie konnte, ihre Schwester wurde kreidebleich, die kleineren Kinder weinten, die älteste Tochter erstarrte und bewegte sich nur mit Mühe zum Schutzraum während ihr jüngerer Bruder (14) beinah katatonisch wirkte. Der Vater, der mich gerufen hatte, bewegte sich langsam und apathisch in Richtung Schutzraum, drehte sich zu mir und sagte, indem er auf seine Familie zeigte „Sehen Sie, mit was ich mich jeden Tag herumschlagen muss". Seine Tochter drängte ihn schreiend, rascher zu gehen, aber es schien als ob je lauter sie schrie er sich umso langsamer zum Schutzraum bewegte. Sie begannen sich laut zu streiten und der Rest der Familie stimmte in das Geschrei mit ein.[1028]

1656. Dalia Yosef vom Sderot Resiliency Center erklärte, dass die 18 Therapeuten des Zentrums während der Militäroperationen in Gaza über 300 Menschen in Sderot in Beratung hatten und feststellten, dass Traumasymptome vor allem bei Kindern bemerkbar waren. Frau Yosef sagte, dass Traumata nicht nur durch die Raketeneinschläge sondern auch durch das Ertönen des Frühwarnsystems ausgelöst würden, auch wenn anschliessend kein Raketenangriff erfolgte.[1029]

1657. Die Beobachtungen durch Organisationen, die sich mit Traumata befassen, wurden durch die Beschreibungen des alltäglichen Familienlebens anlässlich von Befragungen der Bewohner der betroffenen Gebiete erhärtet.[1030] Der Community Manager des Kibbutz Gevim in der Nähe von Sderot erklärte, dass 60% der Kinder im Kibbutz psychologische Dienste besuchten.[1031] Eine Einwohnerin von Beersheba beschrieb, wie sie in ihrer Wohnung wegen Panikattacken nicht schlafen konnte und nun bei Verwandten lebt.[1032]

1028 Eingabe von NATAL „Description of a recent home visit by NATAL's Dr. Rony Berger to a family in Ofakim – January 2009" der Kommission am 3. Juli 2009 übergeben.

1029 Telefongespräch mit Dalia Yosef, Sderot Resiliency Center, vom 2. Juli 2009

1030 Zum Beispiel beschrieb Ofer Shinar anlässlich der öffentlichen Anhörung in Genf vom 6. Juli 2009 seine Beobachtungen von psychologischen Traumata bei Zivilpersonen, auch seiner Studenten, in Sderot nach den Raketenangriffen während der Zeit der Operationen in Gaza.

1031 Telefongespräch mit Avi Kadosh vom 26. Juni 2009

1032 Telefongespräch mit Rachel Perez vom 30. Juni 2009

1658. In einem Telefongespräch vom 29. Juli 2009 kommentierte Avirama Golan, eine Journalistin von Haaretz, die von April 2008 bis Mai 2009 in Sderot lebte, die psychologischen Auswirkungen eines Lebens unter Raketenbeschuss:

Man gewöhnt sich irgendwie daran, aber es verändert die Wahrnehmung der Welt, der Art wie die Welt funktioniert. Der Sinn für was normal ist verschiebt sich. Man kann sich über nichts mehr sicher sein. Alle Autoritätspersonen, welche Kinder haben – ihre Mutter, ihr Vater – die zählen nicht mehr. Nichts kann einem Sicherheit geben.

4. Sachschaden

1659. Wo die Raketen im Süden Israels in Städten und Dörfern einschlugen, haben sie lokal Sachschaden verursacht. Dies betraf Privathäuser[1033] und Fahrzeuge[1034]. Während der Operationen in Gaza wurden insgesamt neun Schulen und Kindergärten in Sderot, Beersheba, Ashdod, Ashkelon und Kiryat Ha Hinoch von Raketen getroffen und beschädigt.[1035] Zwei Kindergärten wurden in Ashkelon durch Raketenangriffe getroffen und beschädigt.[1036] Am 8. Januar traf eine Grad Rakete eine Schule in Ashkelon.[1037]

1033 Zum Beispiel wurde ein Haus in einem Kibbutz im Negev am 27. November 2008 durch eine Rakete beschädigt; siehe „Kassams continue to strike Negev JTA 27. November 2008

1034 Am 17. Dezember 2008 landete eine Rakete im Parkplatz eines Einkaufszentrums in Sderot und verletzte drei Personen und verursachte schwere Schäden an Supermarkt und Fahrzeugen. Siehe „Three injured in Kassam attack" JTA 17. Dezember 2008.

1035 Bericht des Generalsekretärs über Kinder in bewaffneten Konflikten anlässlich der 63. Session der Generalversammlung, UN Doc S/2009/258, §90, datiert 26. März 2009. Details der Schäden an den Schulen von Ashkelon wurden auch von Benny Vaknin angegeben, dem Bürgermeister von Ashkelon, und Dr. Alan Marcus, Director of Strategic Planning, anlässlich ihrer Präsentation vor der Kommission an der öffentlichen Anhörung vom 6. Juli 2009 in Genf

1036 „Rocket slams into Ashdod kindergarten" Jerusalem Post 6. Januar 2009

1037 „4troops hurt in mortar attack; Grad hits Ashkelon school" Ynet News 8. Januar 2009; Ausssage von Benny Vaknin , Bürgermeister von Ashkelon, und Dr. Alan Marcus, Director of Strategic Planning an der öffentlichen Anhörung vom 6. Juli 2009 in Genf

1660. Am 26. Februar 2009 beschädigte eine von Gaza aus abgeschossene Rakete zwei Häuser in Sderot.[1038] Am 5. März 2009 traf eine Rakete eine Synagoge in Netivot und verursachte leichte Schäden.[1039]

1661. Die Kommission war nicht in der Lage, eine Schätzung der finanziellen Kosten der von Raketen- und Mörserbeschuss verursachten Sachschäden zu erhalten. In ihrem Bericht vom Juli 2009 hielt die israelische Regierung fest „für direkte Schäden an Gebäuden oder Sachwerten als Folge von Raketen- und Mörserangriffen sind im Jahr 2008 2'400 Klagen eingegangen im Totalbetrag von 31 Millionen NIS ($7.95 Millionen), dazu kommen weitere 2'300 Klagen zwischen Januar und Juli 2009, von welchen bis heute insgesamt ca. 25 Millionen NIS ($6.4 Millionen) anerkannt wurden."[1040]

5. Auswirkungen auf das Recht auf Bildung

1662. Die Kombination von Alarmen des Frühwarnsystem (und das Aufsuchen der Schutzräume) und Raketenangriffen und die dadurch verursachten psychologischen Traumata hatten negative Auswirkungen auf das Recht auf Bildung der Kinder und jungen Erwachsenen in den betroffenen Gemeinden im Süden von Israel.[1041]

1663. Am offensichtlichsten ist die Störung der Bildung, welche durch die Schliessung von Schulen während erhöhten Feindseligkeiten verursacht wird. Während der Operationen in Gaza wurden Bildungsanstalten in Sderot, Ashkelon und Ashdod und in Gebieten innerhalb der Raketenreichweite geschlossen.

1664. Auch wenn in ruhigeren Zeiten die Schulstunden abgehalten werden, wird die Bildung gestört indem die Schüler jedes Mal wenn

---

1038 „Kassam damages two Sderot homes" JTA 26. Februar 2009

1039 „Rocket hits synagogue in Netivot; IAF destroys Gaza tunnels" Haaretz 9. März 2009

1040 Bericht der israelischen Regierung vom Juli 2009, Fussnote 9

1041 Laut der israelischen Regierung befanden sich insgesamt 196'444 Schüler innerhalb der Reichweite der Raketen. Bericht der israelischen Regierung von July 2009 §50.

das Frühwarnsystem ertönt in die Schutzräume gehen müssen, und dies oft zehn- bis zwanzigmal am Tag, was einen normalen Schulbetrieb praktisch unmöglich macht. In einem Interview am 24. Juni 2009 erzählte Merav Moshe, Dozent am Sapir College in der Nähe von Sderot:

> Bei Sapir ist die Atmosphäre angespannt. Lehrerschaft wie Studenten leiden unter Angstzuständen und sind andauernd ängstlich. Es ist unmöglich zu unterrichten und die Studenten können sich nicht konzentrieren wenn sie dauernd zu den Schutzräumen hin und her rennen müssen. Sogar in Räumen, die geschützt sind, müssen die Studenten nach vorn gehen und sich im vorderen Teil weg von den Fenstern zusammendrängen. Es ist keine gute Umgebung für Unterricht und Lernen.[1042]

1665. In einem Kommentar zu den Auswirkungen auf den Unterricht der Kinder im Kibbutz in der Nähe von Sderot sagte Avi Kadosh im Telefongespräch mit der Kommission vom 29. Juni 2009:

> Die Kinder können hier nicht herumrennen. Sie müssen in der Nähe eines Schutzraumes bleiben. Die älteren sind damit aufgewachsen und kennen die Übungen. Sie wissen, dass sie 15 Sekunden haben um sich an einen geschützten Ort zu begeben. Einige Kinder wurden da hinein geboren und für sie [...]; sie klatschen in die Hände und rennen zum Schutzraum. Es ist auch schwierig für sie, zur Schule zu kommen. Die Raketen sind störend und die Atmosphäre ist nicht günstig zum Lernen.[1043]

1666. Wer unter Symptomen von Post-traumatic Stress Disorder leidet, hat eine verminderte Lernfähigkeit. In einem Telefongespräch am 29. Juni 2009 sagte Batya Katar, Direktorin des Elternbeirats, der sich mit Schule und Kindergarten in Sderot befasst:

> Es ist schwierig das Leiden der Kinder zu beschreiben, wenn sie den roten Alarm hören. Sie müssen die Qassam nicht einmal sehen, der Alarm allein genügt. Kinder beginnen zu weinen, in die

1042 (kein Text)
1043 (kein Text)

Hosen zu machen. Manchmal ist es wie jemand, der einen epileptischen Anfall hat: sie zittern unkontrollierbar. Wenn ein Alarm in der Nähe einer Schule losgeht, kommt meist unverzüglich eine Gruppe von Psychologen um mit den Schülern zu reden.[1044]

1667. In ihren Interviews sprachen drei Dozenten des Sapir College von Studenten welche nach wiederholtem Raketenbeschuss der Schule nicht mehr fähig waren, ihre Studien fort zu setzen.[1045] Ofer Shinar gab an der öffentlichen Anhörung vom 6. Juli in Genf die Beschreibung eines Studenten am Sapir College, welcher während der Zeit der militärischen Operationen in Gaza bei der Begleitung von Bewohnern von Sderot mitgeholfen hatte und später an einem psychologischen Trauma litt und die meisten Vorlesungen nicht mehr besuchte. Das Problem von Studenten, die entweder ihre Studien aufgeben oder an ein College außerhalb der Raketenreichweite wechseln, hatte ernsthafte finanzielle Folgen für Sapir College, welches zu einem Teil für seine Finanzierung auf die Studiengebühren angewiesen ist.[1046]

1668. Ähnliche Aussagen wurden in einem Telefongesprächt vom 26. Juni 2009 von Avi Kadosh, dem Community Director von Kibbutz Nir-Am und Kibbutz Gevim, gemacht, welcher sagte, dass Familien mit kleinen Kindern zunehmend ihre Häuser in den Kibbutzim verliessen um in sicherere Gegenden zu ziehen, und dass es dadurch immer schwieriger werde, das Schulsystem im Kibbutz zu führen.

1669. In einem Telefongespräch am 2. Juli 2009 sagte Dalia Yosef vom Sderot Resiliency Center:

> Die Kinder haben kein geregeltes Leben an einem sicheren Ort, und das beeinflusst ihre Lernfähigkeit und ihre Erziehung. Schu-

---

1044 Die Kommission beachtet auch eine Eingabe vom 29. Juli 2009 von Dr. Yechiel Lasry, Bürgermeister von Ashdod, welcher den Leiter des Ashdod Psychology Center, Herrn Haviv Galili zitiert, wonach es bei manchen Klassen sechs bis acht Wochen dauerte, bis sie zu Stabilität und einem normalen Leben zurückkehrten.

1045 Telefongespräch mit Ofer Shinar und Julie Chaitin am 25. Juni 2009; Merav Moshe am 28. Juni 2009

1046 Telefongespräch mit Merav Moshe am 28. Juni 2009

len sind keine sicheren Orte für sie, und ihre Wohnungen auch nicht. Der Stress beeinflusst ihr Verhalten, und wie es ihnen zusetzt. Es gibt immer mehr Gewalt an den Schulen wenn die Kinder sich abreagieren. Es liegt eine Spannung in der Luft und es ist schwierig, in dieser Situation länger zu existieren, ohne davon beeinflusst zu werden. Das Gleiche gilt natürlich auch für die Kinder in Gaza. Sie haben keine Chance ein normales Leben zu führen.

6. Auswirkungen auf das wirtschaftliche und gesellschaftliche Leben in den Gemeinden

1670. In den Gesprächen, welche die Kommission geführt hat, wurde klar, dass die Auswirkungen auf die Gemeinden, welche erst vor kurzem in den Einflussbereich von Raketen- und Mörserbeschuss geraten waren, anders waren als bei jenen, die bereits während der vergangenen fünf bis acht Jahre in dieser Situation gelebt hatten.

1671. In Städten wie Ashdod, Yavne und Beersheba, welche Raketenangriffe zum ersten Mal während der militärischen Operationen in Gaza erlebten, gab es ein vorübergehendes Ausweichen eines Teils der Bewohner, die es vorzogen, während der Dauer der Operationen nach Norden außerhalb der Schussweite zu ziehen. In diesen Städten wurde eine kurzfristige Störung des wirtschaftlichen und gesellschaftlichen Lebens der Gemeinde festgestellt.

1672. In Städten, die näher an der Grenze zu Gaza liegen, wie Sderot, haben die kürzlichen Raketenangriffe nur den Exodus verstärkt, der bereits in früheren Jahren begonnen hatte. In einem Gespräch mit der Kommission sagte Eli Moyal, ehemaliger Bürgermeister von Sderot:

> Mehr als 15% der Menschen, die in Sderot lebten, haben die Stadt verlassen, sind definitiv weggezogen. Dies waren vor allem Menschen, welche es sich leisten konnten weg zu ziehen, und es bedeutete, dass verschiedene Geschäfte geschlossen wurden – ungefähr die Hälfte der Geschäfte, die 2001 bestanden, sind ge-

schlossen. Es bedeutet auch dass die politische Gemeinde Steuereinnahmen verliert und dies macht es uns schwierig, die nötigen Dienstleistungen zu erbringen. Dies gilt auch für Kindergärten und andere Bildungsinstitutionen.

1673. Stewart Ganulini, als Vertreter von Hope for Sderot, eine gemeinnützige Organisation welche die von Raketen Verwundeten und Familien, die Angehörige verloren haben, finanziell und materiell unterstützt, sagte gegenüber der Kommission am 8. Juli 2009, dass seine Organisation allein 576 Menschen in 133 Familien unterstützt von den 3'000 Familien in Sderot die von der Sozialfürsorge leben.

1674. Die Kibbutzim in der Umgebung von Sderot sind ebenfalls besonders betroffen, weil Touristen aus dem Ausland und anderen Gegenden Israels nicht mehr dorthin kommen. Yeela Ranan, am 9. Juli 2009 befragt, sagte dass die Liegenschaftenpreise in Sderot um 50% gefallen sind. Bewohner von Sderot und aus den umliegenden Kibbutzim äusserten sich über den Niedergang ihrer Existenzgrundlagen aufgrund des Lebens unter Raketenbeschuss.

7. Die nicht anerkannten Dörfer der palästinensisch-arabischen Beduinen im Negev

1675. Die nicht anerkannten Dörfer im Negev sind Dörfer von palästinensisch-arabischen Beduinen welche von Israel nicht anerkannt werden[1047] und in welchen die israelischen Behörden Häuserzerstörungen angeordnet haben. Sie sind auf keiner kommerziellen Karte eingetragen und haben kein Anrecht auf Dienstleistungen wie Anschluss ans Elektrizitätsnetz, Wasserversorgung oder Kehrichtabfuhr. Gemäss Auskunft des Direktors des Regional Council for the Unrecognized Villages, Atwa Abu Fraih, in einem Interview am 30. Juli

1047 Zwischen 1948 und 1966 unterstellte Israel die palästinensischen Israelis dieser Gegend einer Militärverwaltung und erklärte 85% des Landes zu staatlichem Land. Alle Beduinenwohnstätten wurden rückwirkend illegal erklärt und verbleiben deshalb mit wenigen Ausnahmen nicht anerkannt unter israelischen Planungskriterien, demzufolge frei zur Zerstörung und Aneignung gemäss den Kriterien der Jewish Agency (d.h. ausschliesslich für „jüdische Staatsbürger")

2009, leben ungefähr 90'000 Menschen in diesen Dörfern, davon 17.000 Schulkinder.

1676. Gemäss Auskunft der Physicians for Human Rights – Israel liegen diese Dörfer im Bereich des Raketenbeschusses, haben aber kein Frühwarnsystem, noch wurden irgendwelche Schutzeinrichtungen gebaut um die Menschen zu schützen, die dort wohnen.[1048] Dies wurde von Atwa Abu Fraih bestätigt, dem Direktor des Regional Council of Unrecognized Villages, welcher der Kommission erklärte, dass die meisten Gebäude in den Dörfern aus Zinkblech sind, auch alle Schulen, und dass keines der nicht anerkannten Dörfer einen Schutzraum gegen Raketen- und Mörserbeschuss hat. Er wies auch darauf hin, dass keines der nicht anerkannten Dörfer über ein Frühwarnsystem verfügt, dass jedoch sieben der anerkannten Dörfer ein solches haben. Nicht anerkannte Dörfer, die in der Nähe von anerkannten Dörfern oder von jüdisch-israelischen Ortschaften liegen, können den Alarm hören. Er sagte jedoch auch, dass ein Frühwarnsystem nicht viel Wert ist, wo keine Schutzräume vorhanden sind.[1049] Der Direktor des Regional Council erklärte dass, wenn eine Rakete in einem nicht anerkannten Dorf einschlagen würde, die Folgen „katastrophal" wären.

1677. Bisher hatten diese Ortschaften zwar diesbezüglich keine Todesfälle oder Verletzungen zu verzeichnen, aber PHR-I bestätigte, dass nach Raketen- oder Granatbeschuss etliche Einwohner dieser Dörfer zu psychologischer Behandlung überwiesen wurden.

8. Anerkannte alästinensische Städte und Dörfer in Südisrael

1678. Während Städte und Dörfer in Israel mit überwiegend palästinensischer Bevölkerung anerkannt sind (und dementsprechend Anspruch auf kommunale Dienste wie Versorgung mit Elektrizität genießen), fehlen in ihnen dennoch die öffentlichen Schutzräume, wie sie in

1048 Telefongespräch mit Wasim Abas, Physicians for Human rights – Israel vom 8. Juli 2009. Siehe auch „Israeli Arabs on Gaza firing line lack shelter" MSNBC. com 4. Januar 2009

1049 (kein Text)

Städten und Dörfern mit überwiegend jüdischer Bevölkerung üblicherweise zu finden sind.

1679. Rahat liegt 24 km vom Gaza-Streifen entfernt und hat 45.000 Einwohner. Es gibt keine öffentlichen Schutzräume, und nur vereinzelte Privathäuser verfügen über gesicherte Räume. Am 30. Januar 2009 explodierte eine Rakete ungefähr eine halbe Meile von Rahat entfernt. Die israelische Regierung ließ nach einem Bericht der Associated Press (AP) verlautbaren, sie führe eine öffentliche Aufklärungskampagne über Presse und Rundfunk in arabischer Sprache durch; nach Aussagen von Einwohnern hat das jedoch wenig Zweck, wenn keine öffentlichen Schutzräume verfügbar seien.[1050]

1680. In einem kürzlich veröffentlichten Papier, „Die Operation in Gaza: Aspekte faktischer und juristischer Natur", gab die israelische Regierung an, die israelischen Behörden hätten eine Reihe von Maßnahmen ergriffen, die israelischen Bürger zu schützen und das Risiko für Zivilisten zu mindern, insbesondere im Hinblick auf empfindliche Einrichtungen wie Krankenhäuser und pädagogische Einrichtungen. Zu diesen Bemühungen zählen die Errichtung von öffentlichen Schutzräumen und die bauliche Verstärkung öffentlicher Gebäude sowie die Aufklärung der Bevölkerung über das Verhalten in Notfällen.[1051]

1681. Die Kommission ist besorgt über die ungleichwertige Behandlung jüdischer und palästinensischer Bürger durch die israelische Regierung bezüglich der Einrichtung von Frühwarnsystemen, der Bereitstellung von öffentlichen Schutzräumen und baulich verstärkter Schulen. Dies tritt besonders klar im Fall der nicht anerkannten Dörfer zutage, von denen einige im mittlerweile ausgedehnteren Schussbereich von Raketen liegen, die aber über keinerlei Schutzeinrichtungen im Falle von Raketen- oder Granatenangriffen verfügen.

1050 „Israeli Arabs on Gaza firing line lack shelter", MSNBC.com, 4. Jan. 2009
1051 Papier der israelischen Regierung vom Juli 2009, Paragraph 42

1682. Die Kommission betont ausdrücklich die Verpflichtung der Behörden in Gaza, das Völkerrecht zu respektieren (siehe Kap. IV); sie ist der Ansicht, dies erfordere sowohl Prävention wie die strafrechtliche Verfolgung von Verstößen gegen das Völkerrecht, die sich im Bereich der De-Facto-Regierung (in Gaza) ereignen.[1052] Die Frage der Verantwortlichkeit wird weiter unten abgehandelt. Die Kommission vertritt die Ansicht, die Normen der internationalen Menschenrechtsverpflichtungen, die im folgenden zur Sprache kommen, stellen ein relevantes Element der Analyse der oben beschriebenen Lage dar.

1683. Nach internationalem Recht haben an Feindseligkeiten beteiligte Parteien die Pflicht, Zivilisten zu schützen und zu achten. Diese Pflicht ist Bestandteil des internationalen Gewohnheitsrechts und findet seine kodifizierte Form im Vertragsrecht in Art. 27, § 1 der Vierten Genfer Konventionen. Darüber hinaus sind Kombattanten nach Art. 48 des Ersten Zusatzprotokolls verpflichtet, während des Verlaufs der Feindseligkeiten zwischen Zivilisten und Kombattanten sowie zwischen zivilen und militärischen Objekten zu unterscheiden. Art. 51 (4) des Ersten Zusatzprotokolls verbietet ausdrücklich wahllose Angriffe. Art. 51 (6) des Ersten Zusatzprotokolls verbietet strengstens Vergeltungsmaßnahmen gegenüber Zivilisten. Die diesbezüglichen rechtlichen Regeln sind oben in Kap. XVI dargelegt.

1684. Art. 51 (2) des Ersten Zusatzprotokolls verbietet „Androhung von Gewalt oder Gewaltakte, deren vorrangiger Zweck die Verbreitung

1052 Die Kommission macht in diesem Zusammenhang auf das Schiedsverfahren „Trail Smelter" aufmerksam (Streit um die Emissionsschäden durch einen kanadischen Verhüttungsbetrieb in Trail nahe der amerikanischen Grenze), bei dem das Schiedsgericht entschied, „nach den Richtlinien des internationalen Rechts … hat kein Staat das Recht, sein Territorium dahingehend zu nutzen oder nutzen zu lassen, dass auf dem Territorium, dem Territorium selbst oder Personen oder Besitz auf dem Territorium Schaden zugefügt wird (in diesem Fall durch Abgase), wenn die Folgen schwerwiegend sind und die Schadensursache klar und unstrittig bewiesen ist." Trail Smelter Arbitration (1938/1941), 3 R.I.A.A. 1905

von Terror unter der Zivilbevölkerung ist." Art. 13 (2) des Zweiten Zusatzprotokolls verbietet Terrorakte als Verletzung der „fundamentalen Garantien" einer menschlichen Behandlung gemäß dem Zusatzprotokoll.[1053] In internationalen und intranationalen bewaffneten Konflikten gilt dieses Gebot als Bestandteil des Gewohnheitsrechts.[1054] Sowohl beim Internationalen Strafgerichtshof für das ehemalige Jugoslawien (ICTY) wie beim Sondertribunal für Sierra Leone sind derartige Vorkommnisse zur Anklage gekommen.

1685. Im Falle *Ankläger gegen Sesay und andere* beim Sondertribunal für Sierra Leone erachtete die 1. Kammer, dass dem oben genannten Vergehen folgende Elemente zu eigen sind:

(i) Gewalt oder Androhung von Gewalt
(ii) Der Angeklagte machte die Zivilbevölkerung oder vereinzelte Zivilisten, die an den Feindseligkeiten nicht direkt beteiligt waren, zu Adressaten dieser Drohungen oder Gewaltakte.
(iii) Die die Gewaltakte oder Androhung von Gewalt wurden mit der eindeutigen Absicht ausgeführt, Terror unter der Zivilbevölkerung zu verbreiten.[1055]

1686. Die Berufungskammer des ICTY im Falle *Ankläger gegen Galic* befand:

> Die Gewaltakte oder Androhung von Gewalt, als Tatbestand der Terrorisierung, sollen jedoch nicht auf direkte Angriffe auf Zivilisten oder auf die Androhung derartiger Angriffe beschränkt bleiben, sondern soll auch ... unterschiedslose oder unverhältnismäßige Angriffe oder dergestaltige ... Androhungen einschließen. Die Art und Weise der Gewaltakte oder der ... Androhung von Gewalt kann variieren, vorrangig ist, dass Gewaltakte oder ...

1053 Dieses Verbot geht wiederum auf den Art. 33 der Vierten Genfer Konvention zurück, der „alle Maßnahmen der Einschüchterung oder der Terrorisierung" von geschützten Personen verbietet.

1054 Study on international humanitarian law, ICRC, Vol. 1, Rule 2.

1055 *Prosecutor v. Sesay* et al., Trial Judgment, 2 March 2009. Ebenso *Prosecutor v. Galic*, Trial Judgment, 5 December 2003 at para. 133 und Appeal Judgment, 30 Nov. 2006 at para. 104. In den Urteilen im Falle *Galic* findet sich der Terminus „mit dem vorrangigen Zweck" und nicht „mit der klaren Absicht".

Androhungen von Gewalt mit der gezielten Absicht verübt wird, unter der … Zivilbevölkerung Terror zu verbreiten.[1056]

J. Bewertung

1687. Im Völkerrecht findet sich keine Rechtfertigung für den Abschuss von Raketen und Granaten auf spezifische militärische Ziele innerhalb eines von Zivilisten bewohnten Gebietes, wenn keine Zielgenauigkeit gewährleistet ist. In der Tat haben palästinensische bewaffnete Gruppen, darunter Hamas, öffentlich ihre Absicht bekundet, israelische Zivilisten zu treffen. Die Al Qassam-Brigaden haben auf ihrer Webseite die Verantwortung für jeden durch Raketenbeschuss getöteten israelischen Zivilisten während der Operationen in Gaza übernommen.[1057]

1688. Aufgrund der von ihr ermittelten Fakten befindet die Kommission, dass die palästinensischen bewaffneten Gruppen ihre Pflicht, Zivilisten zu schützen und zu achten, missachtet haben. Obwohl die Al Qassam-Brigaden und andere bewaffnete Gruppen in Gaza vor kurzem verlautbarten, sie hätten nicht die Absicht, Zivilisten zu schaden, bedeutet der fortgesetzte Raketenbeschuss von Bevölkerungszentren ohne erkennbare militärische Ziele mit dem Wissen um die Folgen für die Zivilbevölkerung eine absichtliche Beschießung der Zivilbevölkerung.

1689. Angesichts des offensichtlichen Unvermögens der palästinensischen bewaffneten Gruppen, Raketen und Granaten zielgerichtet auf bestimmte Objekte abzuschießen, und angesichts der Tatsache, dass

1056 *Prosecutor v. Galic*, Appeal Judgment, 30 Nov. 2006, par. 102. Diese Position wurde auch von der Berufungskammer des Tribunals für Sierra Leone übernommen: Prosecutor v. Fofana et al., Appeal Judgment, 28 May 2008, para 351.

1057 http://www.alqassam.ps/arabic/statments1.php?id=4066;
http://www.alqassam.ps/arabic/statments1.php?id=4088;
http://www.alqassam.ps/arabic.statments1.php?id=4098.
Vgl. auch „South under fire; 2 Israelis killed", Ynet News, 29 Dec. 2008

diese Angriffe bislang nur äußerst geringen Schaden an israelischen Militäreinrichtungen zur Folge hatten, erscheint es plausibel, dass das vorrangige Ziel dieser fortgesetzten Angriffe die Verbreitung von Terror unter der Zivilbevölkerung Südisraels ist, was nach dem humanitären Völkerrecht verboten ist.

1690. Diese Ansicht wird durch öffentliche Stellungnahmen der bewaffneten Gruppen bestätigt, wie z.B. die der Hamas vom 5. November 2008. Nach einem israelischen Vorstoß in den Gaza-Streifen[1058], der den Tod von fünf Hamaskämpfern zur Folge hatte[1059], sagte ein Hamassprecher, „die Israelis haben diese Spannungen zu verantworten und sie müssen einen hohen Preis dafür bezahlen ... Sie können uns nicht in unserem Blut ertrinken lassen, während sie ruhig in ihren Betten schlafen."[1060] Wie in Kap. XVI dargelegt, sind Vergeltungsmaßnahmen gegen die Zivilbevölkerung nicht zulässig.

1691. Aus den ihr zugänglichen Fakten ergibt sich für die Kommission, dass die Raketen- und Granatenangriffe der bewaffneten palästinensischen Gruppen in Gaza in den betroffenen Ortschaften Südisraels sowie in Israel insgesamt Angst und Schrecken verbreitet haben. Zudem ist die Kommission der Ansicht, dass Granaten und Raketen nicht kontrolliert abgeschossen werden bzw. nicht kontrolliert abgeschossen werden können. Dies stellt die Verübung eines wahllosen Angriffs auf die Zivilbevölkerung Südisraels dar, was ein Kriegsverbrechen ist und sogar als Verbrechen gegen die Menschlichkeit bewertet werden kann. Diese Angriffe haben Menschenleben gekostet und physische und psychische Schäden bei Zivilpersonen und Schäden an privaten Häusern, religiösen Bauten und Besitz verursacht und das wirtschaftliche und kulturelle Leben der betroffenen Kommunen geschwächt.

1058 Die israelische Armee erklärte, der Einmarsch habe das Ziel, einen Tunnel zu zerstören, der ihrer Meinung nach dazu diente, israelische Soldaten zu kidnappen.

1059 Ein Kämpfer wurde bei den Kämpfen getötet; vier weitere wurden durch einen israelischen Luftangriff auf Raketenbasen getötet, nachdem im Gegenzug auf den Einmarsch 30 Qassam-Raketen nach Israel abgefeuert wurden.

1060 „Six die in Israeli attack over Hamas tunnel under border to kidnap soldier", *The Times*, 6 Nov. 2008

XXV. Unterdrückung abweichender Meinungen in Israel, das Recht auf Zugang zu Informationen und die Behandlung von Menschenrechtsverteidigern

1692. Im Verlauf ihrer Ermittlungen – Treffen, Vorlagen von Material und öffentliche Zeugenaussagen eingeschlossen – hat die Kommission Beschuldigungen erhalten, dass kritische Äußerungen in Israel über sein Verhalten während der Militäraktionen im Dezember 2008 und Januar 2009 und in der Zeit danach versuchte oder tatsächliche Repressionen zur Folge hatten und dass das Recht auf Versammlungs- und Meinungsfreiheit für Gruppen und Einzelpersonen verletzt wurde. Diesbezüglich wurden auch Bedenken geäußert über die Weigerung, Medien und Menschenrechtsbeobachtern Zugang vor, während und nach den Militäroperationen in Gaza zu gestatten.

1693. Die Kommission interviewte telefonisch Personen in Israel, die an Protesten teilgenommen hatten oder für Nichtregierungsorganisationen für Menschenrechte tätig sind. Shir Hever vom AIC (Alternative Information Center) erschien am 6. Juni 2009 bei der öffentlichen Anhörung in Genf und machte insbesondere Aussagen über die Unterdrückung nicht genehmer Meinungen in Israel. Dieser Punkt war auch Gegenstand bei Treffen mit Menschenrechtsorganisationen, Journalisten und anderen betroffenen Personen und deren Eingaben.

1694. Wegen der Weigerung der israelischen Regierung, mit der Kommission zusammenzuarbeiten, konnte diese keine eigenen Ermittlungen vor Ort durchführen. Demzufolge war es der Kommission nicht möglich, etwas über die Sicht der Polizei oder anderer staatlicher Behörden zu erfahren, die in einige der Vorkommnisse verwickelt waren. Die Kommission hat dies bei ihrer Bewertung der verfügbaren Informationen berücksichtigt.

1695. Die Kommission richtete Anfragen an die israelische Regierung bezüglich israelischer Bürger, die während oder nach Demonstrationen während der Militäroperationen in Gaza festgenommen wurden. Auf keine ihrer Anfragen erhielt die Kommission irgendeine Antwort.

1696. Die Kommission hat fünf Bereiche ausgemacht, die weitgehender Untersuchungen bedürfen: (a) Angelegenheiten, die sich aus Protesten in Israel ergeben; (b) rechtliche Folgemaßnahmen auf diese Aktionen; (c) Verhöre politischer Aktivisten durch die General Security Services (Shabak); (d) Versammlungsfreiheit und der Umgang mit Medien und Menschenrechtsbeobachtern für Gaza vor, während und nach den Militäroperationen.

A. Proteste in Israel

1. Allgemein

1697. Während die Mehrheit der jüdischen Bürger in Israel die Militäroperationen in Gaza unterstützten[1061], gab es in Israel landesweit Demonstrationen und Mahnwachen gegen die Militäroperationen, in manchen Gegenden Tag für Tag. Erwartungsgemäß gab es an Werktagen kleinere Proteste, während an den Wochenenden der Umfang größer war. In ganz Israel fanden in zahlreichen Städten und Dörfern Protestveranstaltungen statt; die Wichtigste war die Demonstration in Sakhnin[1062], an der 150.000 Menschen teilnahmen, die größte Demonstration palästinensischer Israelis seit 1948; in Baqa al Gharbiyah im so genannten „Dreieck" demonstrierten 100.000 Menschen[1063], in Naqab 15.000 und in Tel Aviv protestierten mehr

1061 „Poll shows most Israelis back IDF action in Gaza", *Haaretz*, 15 Jan. 2009; „Israeli Arabs Recoil at Attacks on Gaza as Allegiance to Their Country Is Strained", *New York Times*, 20 Jan. 2009

1062 „Worldwide protests denounce Israel", *Al Jazeera*, 3 Jan. 2009

1063 Mit „Dreieck" wird üblicherweise eine Ballung von palästinensischen Städten und Dörfern in der Nähe der *Grünen Linie* auf der östliche *Sharonebene* bezeichnet, die aus der Luft gesehen wie ein Dreieck aussieht.

als 10.000 Menschen, Proteste in Haifa waren vergleichbar. Auch in Ortschaften im Süden des Landes, darunter in Beersheba und Ararah, kam es zu Protesten.[1064] Tägliche Proteste fanden nicht nur in überwiegend von Palästinensern bewohnten Städten und Dörfern statt, sondern auch in Haifa[1065] und in Tel Aviv.

1698. Nach der Kommission übermittelten Informationen nahmen an den Protesten gegen die israelischen Militäroperationen in Gaza überwiegend palästinensische Israelis teil; unter den Demonstranten waren aber jüdische Bürger Israels. Es wird gemeldet, dass in Tel Aviv jüdische Israelis bei den größeren Demonstrationen an den Wochenenden 30 bis 40% der Teilnehmer ausmachten.[1066] Die Kommission nahm Berichte zur Kenntnis, dass in überwiegend von Juden bewohnten Gebieten Israels, wie Tel Aviv und Beersheba, Gegendemonstrationen organisiert wurden oder sich spontan formten. Während es zwischen den zwei Gruppen von Demonstrationen zu verbalen Auseinandersetzungen kam, war physische Gewaltanwendung eher selten.

2. Das Verhalten der Polizei

1699. Nach der Kommission zugegangenen Informationen rückte die Polizei in Gebieten im Norden Israels, die überwiegend von Palästinensern bewohnt sind (wie Sakhnin, Nazareth und Baqa al Gharbiyah) während der Proteste nicht in die Städte ein, sondern blieb in den Außenbezirken. Dieser Beschluss wurde offensichtlich in Absprache mit den kommunalen Behörden gefasst[1067], da man die Meinung teilte, die Proteste würden ohne sichtbare Anwesenheit der Polizei eher in geordneten Bahnen verlaufen.

1064 Telefonische Interviews mit Leah Shakdiel am 24. Juni 2009 und Atwa Abu Fraih am 30. Juni 2009-11-03

1065 Bezeichnenderweise ist ein beträchtlicher Bevölkerungsanteil Haifas palästinensischer Nationalität; nach dem Stand von 2003 des Statistischen Zentralamtes Israels waren es 9%. (www.cbs.gov.il/statistical/arab_pop03e.pdf)

1066 Telefonisches Interview mit Haggai Matar, 24. Juli 2009

1067 Telefonische Interviews mit Ameer Makhoul, 27. Juli 2009; Hassan Tabaja, 29. Juli 2009; "Israeli Arabs Recoil at Attacks on Gaza as Allegiance to Their Country Is Strained", New York Times, 20 Jan. 2009

1700. In Tel Aviv und Haifa hielt sich die Polizei dagegen eher in Sichtweite der Demonstrationen auf.[1068] Von wenigen Ausnahmen abgesehen (siehe weiter unten), kam es nur vereinzelt zu polizeilichem Einschreiten. In Haifa war bei kleineren Demonstrationen die Anzahl der Polizeikräfte fast ebenso groß wie die der Demonstranten, und der zahlenmäßig umfangreiche Einsatz von Kameras durch die Polizei zur Dokumentation der Proteste zeigte einschüchternde Wirkung.[1069] In beiden Städten sperrte die Polizei Straßen um den Ort der Demonstration ab, so dass die Proteste in nahezu menschenleerem Umfeld stattfanden; ein Demonstrant gab an, „es war, als ob wir für uns selbst demonstrierten".[1070] Während die Medien freien Zugang hatten, fiel der Kommission die Tatsache auf, dass über die Demonstrationen in den israelischen und internationalen Medien wenig berichtet wurde.

1701. In von palästinensischen Israelis bewohnten Städten im Süden des Landes war der Polizeieinsatz dem im Norden vergleichbar. Während der Dauer der Demonstrationen in der Stadtmitte blieben die Polizeikräfte selbst in den Außenbezirken. Es wurde jedoch berichtet, dass Demonstranten signifikante Schwierigkeiten bei der Einholung von Genehmigungen hatten, selbst wenn die Proteste in Gebieten außerhalb der um den Gaza-Streifen eingerichteten militärischen Sperrzonen stattfinden sollten. Dagegen nehmen sich Berichte aus Tel Aviv und Haifa vorteilhafter aus, wo die Polizei Demonstrationen zuließ, ungeachtet einer vorliegenden Genehmigung.

1702. In Gebieten in Südisrael mit mehrheitlich jüdischer Bevölkerung wie Beersheba hielten sich Polizeikräfte in der Nähe der Demonstrationen auf und verhielten sich offensichtlich weniger tolerant gegenüber Protesten gegen die Militäroperationen in Gaza als ihre Kollegen, die Proteste im Norden des Landes polizeilich überwach-

1068 Telefonische Interviews mit Ameer Makhoul, 27. Juli 2009, Sahar Abdo, 26. Juli 2009; Hakim Bishara, 29. Juli 2009

1069 Telefonisches Interview mit Sahar Abdo, 27. Juli 2009

1070 Telefonisches interview mit Ronen Shamir, 22. Juli 2009. Die Kommission erkennt an, dass es berechtigte Bedenken hinsichtlich der öffentlichen Ordnung und Sicherheit gibt, die eine derartige Aktion erfordern; auf Grund der Weigerung israelischer Stellen, mit der Kommission zusammenzuarbeiten, konnte die Kommission darüber nicht mit den Polizeibehörden diskutieren.

ten. Ein Demonstrant gab an, der Grund hierfür sei, dass Proteste im Süden Israel peinlich seien, da die Militäroperationen in Gaza offiziell mit der Notwendigkeit begründet wurden, den Süden Israels zu verteidigen.[1071] Es sollte jedoch darauf hingewiesen werden, dass es in Beersheba, das während der Operationen in Gaza unter Raketenbeschuss geraten war, zu erkennbar deutlichen Gegendemonstrationen kam.[1072]

3. Festnahme von Demonstranten

1703. Nach statistischen Angaben, die *Adalah*[1073] vonseiten der Polizei erhielt, wurden in Israel 715 Demonstranten festgenommen. Darunter waren 277 Festnahmen in Jerusalem. Leider wird in den Statistiken nicht zwischen Ost- und Westjerusalem unterschieden.[1074]

1704. Die Kommission stellt fest, dass es angesichts der großen Zahl von Demonstranten, die ihrer Schätzung nach in die Hunderttausende gehen, zu verhältnismäßig wenigen Festnahmen kam. Es erscheint ihr jedoch bemerkenswert, dass nach ihr vorliegenden Berichten anscheinend keine Teilnehmer an Gegendemonstrationen zur Unterstützung der Militäroperationen in Gaza festgenommen wurden.

1705. Nach den von *Adalah* vorgelegten Polizeistatistiken waren 34% der Festgenommenen minderjährig (jünger als 18 Jahre).[1075] Wenn es zur Anklage kam, lauteten die Vorwürfe in der Mehrheit „Angriffe auf einen Polizisten", „ungesetzliche Versammlung" und „Störung der

---

1071 Telefonisches Interview mit Haggai Matar, 24. Juli 2009

1072 Telefonisches Interview mit Leah Shakdiel, 24. Juni 2009; Merav Moshe, 28. Juni 2009

1073 Adalah. „Protest untersagt: Beschränkung der Redefreiheit durch Polizeibehörden während der Militäraktionen in Gaza", (Hebräisch) August 2009 in August 2009 Adalah Report", p. 2

1074 Die Kommission betrachtet Ostjerusalem als Teil der besetzten palästinensischen Gebiete; demzufolge hätte sie die Zahl der Festnahmen in Ostjerusalem zur entsprechenden Zahl für das Westjordanland hinzugezählt, falls sie über gesonderte Zahlen für West-und Ostjerusalem verfügt hätte.

1075 Adalah Report August 2009, p.6

öffentlichen Ordnung".[1076] Während *Adalah* angab, bei den Festgenommenen habe es nur wenige Fälle des Vorwurfs der „Gefährdung von Leben auf einer öffentlichen Straße"[1077] gegeben, berichtet das Meezan Center for Human Rights in Nazareth, in den hauptsächlich von Palästinensern bewohnten Gebieten in Nordisrael seien viele Festgenommene wegen dieses Vergehens angeklagt worden.[1078]

4. Physische Gewalt gegenüber Demonstranten

1706. Die Kommission erhielt mehrere Vorlagen über Fälle, in denen Demonstranten von Polizisten geschlagen wurden. Diese Vorkommnisse scheinen seitens der Polizei eine unverhältnismäßige Reaktion darzustellen, wenn die Polizisten glaubten, die Demonstranten verhielten sich nicht oder nicht schnell genug nach ihren Anweisungen, und in einigen Fällen eine Reaktion darauf, dass die Demonstranten selbst das Gesetz brachen (indem sie beispielsweise Steine auf Polizisten warfen).

Ben-Gurion-Straße, Haifa, 1. Januar 2009

1707. Am 1. Januar 2009 fand in Haifa eine stille Kerzenmahnwache in der Ben-Gurion-Straße statt. An dieser Mahnwache nahmen zahlreiche prominente israelische Schauspieler palästinensischer Nationalität teil, darunter Hana Helu und Saleh Bakri. In einem telefonischen Interview gab Herr Bakri am 29. Juni 2009 an, Polizeikräfte und Angehörige der israelischen Sondereinheiten hätten die Gruppe zum Weitergehen aufgefordert, was diese auch tat, bevor sie sich an einer anderen Stelle der Straße wieder setzte. Daraufhin gingen die Polizisten auf die Demonstranten zu und schlugen sie auf den Unterkörper, einige Teilnehmer wurden festgenommen.[1079] Nach Angaben von *Adalah* verweigerte die Polizei den festgenommenen Demon-

---

1076 a.a.O.
1077 a.a.O., S. 2
1078 Telefonisches Interview mit Hassan Tabaja, 29. Juli 2009
1079 Telefonisches Interview mit Saleh Bakri, 29. Juli 2009

stranten, die verletzt waren, medizinische Versorgung.[1080] Die Festgenommenen, die zur Polizeiwache abgeführt wurden, berichteten, die Polizisten hätten sie beschimpft und Bemerkungen sexueller Natur über weibliche Familienangehörige gemacht. Auf der Wache wurde Herr Bakri, eine bekannte Größe bei der israelischen und palästinensischen Öffentlichkeit, gezwungen, 30 Minuten regungslos vor einer israelischen Flagge stehend zu verharren, während die Polizisten ihn fotografierten und filmten.[1081]

Ägyptische Botschaft, Tel Aviv, 29. Dezember 2008

1708. Am 29. Dezember 2008 protestierten ca. 120 Menschen in der Nähe der ägyptischen Botschaft in Tel Aviv. Ihr Protest galt dem Verhalten Ägyptens, das in ihren Augen einer Unterstützung der israelischen Aktionen in Gaza gleichkam. Die Demonstration fand in einem eigens angegebenen Bereich statt, den sowohl die israelische Polizei als auch, wie glaubhaft berichtet, Angehörige der israelischen Sondereinheiten vor Ort angegeben hatten.[1082] Nach Angaben eines Demonstranten begannen Passanten kurz nach Beginn der Demonstration, die Demonstranten zu beleidigen und ihnen mit israelischen Flaggen zuzuwinken. Die Polizisten und Angehörige der Sondereinheiten forderten die Demonstranten zum Weggehen auf.[1083] Nach Angaben desselben Demonstranten begann die Polizei, die übrigen Demonstranten mit Schlagstöcken auf den Unterkörper zu schlagen im offensichtlichen Bemühen, die Demonstration aufzulösen.[1084] Eine weitere Demonstrantin gab an, die Polizei habe sie auf freien Fuß gesetzt, als sich herausstellte, dass sie Jüdin ist, während die palästinensischen Demonstranten festgenommen wurden.[1085]

1080 Adalah, news update, 2 Jan 2009

1081 Telefonisches Interview mit Saleh Bakri, 29. Juli 2009

1082 Telefonisches Interview mit Sahar Abdo, 26. Juni 2009

1083 Telefonisches Interview mit Sahar Abdo, 26. Juni 2009

1084 Telefonisches Interview mit Sahar Abdo, 26. Juni 2009, vgl. "6 demonstrators protesting Israeli Gaza op arrested in Tel Aviv", *Haaretz*, auf http://www.haaretz.com/hasen/spages/1050980.html

1085 „6 demonstrators protesting Israeli Gaza op arrested in Tel Aviv", *Haaretz*.

Kofor Cana und Umm el Fahem (Datum nicht bekannt)

1709. Während der israelischen Militäroperationen in Gaza wurden in Kofor Cana[1086] und Umm el Fahem[1087] Demonstrationen abgehalten, sowohl unter der Woche wie an Wochenenden. Nach Hassan Ta baja, einem Anwalt am Meezan Center for Human Rights, kam es in beiden Städten zu Gewaltanwendung seitens der Polizei und zum Einsatz von Tränengas als Reaktion auf Steinwürfe durch einige jugendliche Demonstranten. Es wurde auch berichtet, die Polizei habe Zuschauer geschlagen.[1088] Die Festgenommenen berichten, sie seien sowohl in den Polizeifahrzeugen wie auf der Polizeiwache geschlagen worden, seien rassistisch beleidigt worden, und über weibliche Familienangehörige seien Bemerkungen sexueller Natur gemacht worden.[1089]

5. Weitere Fälle unangemessenen Verhaltens

1710. Die Kommission erhielt Informationen, dass Anträge auf Genehmigungen abgewiesen wurden oder dass versucht wurde, Demonstrationen zu verhindern, wie im Falle der Demonstration per Fahrrad namens „Kritische Masse" am 1. Januar 2009 in Tel Aviv, der untersagt wurde, weiter als bis zum Rabin-Platz zu fahren.[1090] In einem anderen Fall wurde ein Bus, der Teilnehmer an einer Demonstration nach Tel Aviv bringen sollte, an der Erreichung des Bestimmungsortes gehindert.[1091] Der Busfahrer wurde von der Polizei eingeschüchtert, seine Lizenz eingezogen und der Bus beschlagnahmt. Am 16. Januar 2009 wurden zwei Busse mit Demonstranten, die einen Lkw mit für Gaza bestimmtem medizinischem Material, einer Spende von PHR-I, begleiteten, in der Nähe von Ashkalon angehalten und

---

1086 Eine palästinensische Stadt in Israel (Galiläa) mit rund 20.000 Einwohnern

1087 Eine palästinensische Stadt in Israel (Distrikt Haifa) mit nicht ganz 45.000 Einwohnern

1088 Telefonisches Interview mit Hassan Tabaja, 29. Juli 2009. Herr Tabaja war im Rahmen seiner Arbeit beim *Meezan Center for Human Rights* behilflich, juristischen Beistand für die Festgenommenen zu organisieren.

1089 Telefonisches Interview mit Hassan Tabaja, 29. Juli 2009

1090 Telefonisches Interview mit Haggai Matar, 24. Juli 2009

1091 Telefonisches Interview mit Sahar Abdo, 26. Juli 2009

daran gehindert, in die militärische Zone einzufahren, in der aus Sicherheitsgründen ein Versammlungsverbot für mehr als vier Personen in Kraft war. Die Polizei konfiszierte die Lizenzen der Fahrer, befahl ihnen zu folgen und verbrachte die Lizenzen nach Tel Aviv, wo die Fahrer sie wieder abholen könnten.[1092] Den Fahrern wurde nachweislich mitgeteilt, sie würden ihre Lizenzen verlieren, wenn sie die Fahrt fortsetzten.

1711. Im Falle einer geplanten Demonstration in Tel Aviv hatte die Polizei zur Auflage gemacht, bei der Demonstration dürften keine palästinensischen Flaggen gezeigt werden. Die Organisatoren zogen vor Gericht mit der Begründung, das Gesetz sehe keine derartige Beschränkung vor. Die Polizei genehmigte die Demonstration, bevor der Fall entschieden wurde, und die Demonstration fand mit palästinensischen Flaggen statt.[1093] Es fanden auch weitere Demonstrationen in Tel Aviv statt, bei denen die Teilnehmer mit palästinensischen Flaggen winkten, ohne dass die Polizei einschritt.[1094]

B. Gerichtliche Anordnungen nach der Festnahme von Demonstranten

1. Untersuchungshaft

1712. Bei der öffentlichen Anhörung vor der Kommission machte Shir Hever vom Alternative Information Center in seiner Aussage auf eine beunruhigende neue Entwicklung im israelischen Rechtssystem im Zusammenhang mit der Festnahme von Demonstranten aufmerksam. In vielen Fällen beantragte die Staatsanwaltschaft, das Gericht solle über Demonstranten bis zum Ausgang des Verfahrens (Verurteilung oder Freispruch) Untersuchungshaft verfügen, und diesem Antrag

1092 Telefonisches Interview mit Ran Yaron, 22. Juli 2009

1093 Telefonisches Interview mit Haggai Matar, 24. Juli 2009; Avner Pinchuk (ACRI-Association for Civil Rights Israel), 29. Juli 2009

1094 Telefonisches Interview mit Hakim Bishara, 29. Juli 2009 wird vom Gericht normalerweise stattgegeben. Laut Hever ist Untersuchungshaft aber nur bei als gefährlich eingestuften Angeklagten üblich, keineswegs bei Leuten, die bei Demonstrationen festgenommen werden. Das hat nun dazu geführt, dass Demonstranten mitunter wochen- und monatelang in Untersuchungshaft bleiben.[1095]

1713. Hassan Tabaja sagte aus, die Festgenommenen sähen sich oft äußerst „krassen" Anklagepunkten ausgesetzt, wenn der Staatsanwalt bei der Anklage auf das schwerstmögliche zur Wahl stehende Vergehen zurückgreift.[1096] Beispielsweise lautete die Anklage nach einer Demonstration auf der Straße nicht Störung des öffentlichen Friedens oder illegale Versammlung, sondern mitunter „Gefährdung von Menschenleben auf öffentlichen Straßen", ein Vergehen, das mit 20 Jahren Haft bestraft wird. Die Schwere der Beschuldigung vergrößert die Wahrscheinlichkeit, in Untersuchungshaft zu kommen, beträchtlich.

1714. Am 12. Januar 2009 entschied der israelische oberste Gerichtshof, dass er aufgrund der andauernden Militäroperationen in Gaza die Freilassung von bestimmten Personen auf Kaution nicht erlauben konnte.[1097] Dieser Entscheidung folgten dann Entscheidungen der unteren Gerichte, in denen Anträge auf Freilassung von Personen, die im Zusammenhang mit Demonstrationen verhaftet worden waren, zurückgewiesen wurden.[1098]

1715. Es ergibt sich aus Statistiken, die *Adalah* von der israelischen Polizei erhalten hatte, dass von allen Protestlern, die verhaftet wurden, es die palästinensischen Israelis waren, die während des Verfahrens unverhältnismäßig (lange) in Gewahrsam gehalten wurden. Zum Beispiel befanden sich alle 60 Personen, die im nördlichen Distrikt von Israel – hauptsächlich bewohnt von palästinensischen Israelis – verhaftet worden waren, während ihres Verfahrens in Haft, in Tel Aviv dagegen keine einzige der 27 verhafteten Personen. Nach dem *Meezan*

1095 Zeugenaussage von Shir Hever *(Alternative Information Center)*, Öffentliche Anhörung in Genf, 6. Juli 2009, *Yesh Gvul*

1096 Telefoninterview mit Hassan Tabaja, 29. Juli 2009

1097 Staat Israel gegen Anonym, 12. Januar 2009, Entscheidung des Obersten Gerichtshofs, S. 459-09; August 2009, *Adalah*-Bericht, S. 35

1098 August 2009, *Adalah*-Bericht, S. 15

Center for Human Rights, Nazareth, befinden sich immer noch Personen in Haft aufgrund ihrer Verhaftung während der Proteste gegen die Militäroperation in Gaza, deren Gerichtsverfahren noch andauert.[1099]

2. Bedingungen für die Freilassung auf Kaution

1716. Wo Inhaftierte freigelassen wurden, setzten die Gerichte zum Teil Bedingungen für die Freilassung auf Kaution fest, die nicht nur die Möglichkeit dieser Personen zur Anwesenheit bei Protesten einschränkten, sondern auch, im Fall von Studenten, ihr Recht auf (Aus-)Bildung.

1717. *Ran Tzoref,* der bei einem Protest in *Beersheba* am 14. Januar 2009 verhaftet worden war, wurde, wie berichtet, freigelassen unter der Bedingung, dass er sein Dorf in Nordisrael für zwei oder drei Monate nicht verließ. Dadurch war er nicht nur gehindert, an weiteren Protesten teilzunehmen, sondern auch, seine Kurse an der Universität zu besuchen.[1100]

1718. Eine der Protestierenden, der bei einer Demonstration nahe der ägyptischen Botschaft in Tel Aviv am 29. Dezember 2008 verhaftet wurde, war Studentin der Universität Tel Aviv. Wie der Kommission berichtet wurde, war Bedingung für ihre Freilassung unter anderem, dass sie Tel Aviv für einen Monat nicht betrat, was dazu führte, dass sie an keinerlei Vorlesungen oder Kursen teilnehmen konnte.[1101]

1099 Telefoninterview mit *Hassan Tabaja*, 29. Juli 2009
1100 Telefoninterview mit *Haggai Matar*, 24. Juli 2009
1101 Telefoninterview mit *Sahar Abdo*, 26. Juli 2009

C. Die Vernehmung von politischen Aktivisten durch die General Security Services

1719. Während der israelischen Militäroperationen in Gaza wurden Mitglieder arabischer politischer Parteien und Aktivisten verschiedener Nichtregierungsorganisationen zu Befragungen durch die *General Security Services,* allgemein auch bekannt als *Shabak,* zitiert.

1720. Laut *Adalah* informierte *Shabak* die dorthin Zitierten dahingehend falsch, dass sie rechtlich zum Erscheinen verpflichtet seien. *Ameer Makhoul,* Direktor von *Ittijah* und Präsident des *Popular Committee for the Protection of Political Freedoms,* erschien nicht zu der Befragung, weil er der Auffassung war, hierzu rechtlich nicht verpflichtet zu sein. Er berichtete, dass kurze Zeit später Polizisten an seinem Arbeitsplatz auftauchten und ihn zur Befragung „geleiteten".[1102]

1721. Herr *Makhoul* wurde zum *Shabak*-Hauptquartier in Tel-Aviv gebracht, wo er vier Stunden lang festgehalten und befragt wurde über Personen, die er kannte und ihren Aufenthaltsort. Als er sich weigerte, zu antworten, wurde ihm gesagt, dass wenn er seine politischen Aktivitäten fortsetzte, er ins Gefängnis geschickt würde und wenn er nach Gaza gehen wolle, dies bewerkstelligt werden könne. Während seiner Befragung wurde offenbar, dass *Shabak* seine Adresse und das Auto, das er fuhr identifiziert hatte und sich auf eine Rede bezog, die er in Haifa am 29. Dezember 2008 gehalten hatte.

1722. Die Kommission erhielt Berichte von 20 prominenten Aktivisten und Politikern der palästinensischen Gemeinschaft, die zu Befragungen durch *Shabak* zitiert und über ihre politischen Aktivitäten befragt wurden.[1103] Sie erhielt auch Berichte von jüngeren politischen Aktivisten, die zur Befragung mitgenommen und gebeten wurden, mit den israelischen Behörden zusammenzuarbeiten. Bei studentischen Aktivisten wurde das Angebot zur Zusammenarbeit von der

---

1102 Telefoninterview mit *Ameer Makhoul,* 27. Juli 2009; *Adalah,* news update, 2. Januar 2009

1103 Telefoninterview mit *Ameer Makhoul,* 27. Juli 2009

Androhung der Verhaftung oder künftiger Schwierigkeiten bei Fortsetzung des Studiums begleitet.[1104]

1723. Nach den Interviewten verursachte die Vorladung und – in der Tat – Vorführung von Aktivisten zur Befragung durch *Shabak* ein Klima der Einschüchterung gegen Abweichler in Israel. Viele Aktivisten scheinen zu Befragungen „eingeladen" worden zu sein, nachdem sie an Protesten gegen die Militäroperationen in Gaza teilgenommen hatten, und ihre Anwesenheit bei Protesten wurde auch von ihren Befrager erwähnt.[1105]

D. Vereinigungsfreiheit und Behandlung von Menschenrechtsorganisationen in Israel

1. New Profile

1724. Die israelischen Behörden begannen mit Ermittlungen gegen Aktivisten, die mit *New Profile,* einer feministischen Nichtregierungsorganisation, zusammenarbeiteten und beschuldigten sie, Israelis dazu aufzustacheln, den Militärdienst zu verweigern. Zwar ist „Aufstachelung zur Wehrdienstverweigerung" nach israelischem Recht ein Straftatbestand, es war jedoch das erste Mal, dass gegen irgendeine Gruppe wegen dieses Tatbestandes ermittelt wurde.[1106]

1725. Am 26. April 2009 führten israelische Behörden Razzien in den Wohnungen von sechs Aktivisten durch, beschlagnahmten ihre Computer und verhafteten sie, während andere zehn zur Vernehmung vorgeladen wurden.[1107] Einige Aktivisten wurden festgehalten

---

1104 Telefoninterview mit *Ameer Makhoul*, 27. Juli 2009

1105 Telefoninterview mit *Ameer Makhoul*, 27. Juli 2009. Siehe auch *Adalah*, news update, 2. Januar 2009

1106 „‚Homepage für Kriegsdienstverweigerer' mit strafrechtlichen Ermittlungen konfrontiert", *Haaretz*, 15. September 2009

1107 „Israels Krieg gegen junge Leute", *The Guardian*, 5. Mai 2009

und über ihre ideologische und politische Einstellung befragt, manche wurden nur unter der Bedingung freigelassen, dass sie keinen Kontakt mit anderen Mitgliedern ihrer Organisation haben würden.[1108]

1726. Als Teil der Untersuchung von *New Profile* wurde ein Durchsuchungsbefehl zur Durchsuchung der Räumlichkeiten von *HaMoked* erlassen, einer Menschenrechts-Nichtregierungsorganisation, für die ein Mitglied von *New Profile* früher gearbeitet hatte. Laut einem offenen Brief des Anwalts von *New Profile* an den stellvertretenden Generalstaatsanwalt Israels bewirkte der Durchsuchungsbefehl im Ergebnis, dass die Ermittler rechtlich privilegiertes Material untersuchen konnten.[1109]

2. Breaking the Silence

1727. Am 25. Juli 2009 veröffentlichte *Breaking the Silence,* eine israelische Nichtregierungsorganisation von israelischen ehemaligen Soldaten, die Augenzeugenberichte von in den besetzen Gebieten stationierten Soldaten sammelt, ein kleines Buch mit dem Titel "Augenzeugenberichte von Soldaten von der Operation ‚Gegossenes Blei', Gaza, 2009". Das Büchlein enthielt Berichte von 54 Soldaten, die in Gaza während der Militäroperationen gedient hatten. Auf seiner Homepage gab *Breaking the Silence* an, dass die Berichte „voneinander abweichende Darstellungen der Armee nach den Ereignissen des Januar, die sinnlose Zerstörung von Häusern, die Benutzung von Phosphor in bewohnten Gegenden sowie eine Atmosphäre, die zum Gebrauch von Schusswaffen überall ermutigte", aufzeigen.[1110]

1728. Die Veröffentlichung von *Breaking the Silence* wurde in den Medien ausführlich behandelt.[1111] Die israelische Regierung, vertreten durch

1108 Brief an den stellvertretenden Staatsanwalt, *New Profile*, 27. April 2009
1109 Brief an den stellvertretenden Staatsanwalt, *New Profile*, 27. April 2009
1110 http:///www.breakingthesilence.org.il/oferet/news_item_e.asp?id=1
1111 Zum Beispiel „*Breaking the Silence* zu Übergriffen in Gaza", *BBC News*, 15. Juli 2009; „Bericht behauptet Benutzung von Palästinensern durch Israelis als menschliche Schutzschilde", *CNN*, 15. Juli 2009

den *Spokesman Unit* der *IDF*, argumentierte, dass der Bericht „anonyme und allgemeine Aussagen" enthalte, „ohne die in ihnen enthaltenen Fakten oder ihre Glaubwürdigkeit zu untersuchen", und dass „eine stattliche Anzahl der Aussagen in diesem Bericht ... auch auf Hörensagen und Mund-zu-Mund-Propaganda" beruhte.[1112] Die Einheit argumentierte weiter, dass die israelischen Militärbehörden jeglichen erhobenen Vorwürfen mit Engagement und Gründlichkeit nachgingen, soweit hierzu genügend Informationen zur Verfügung standen, und dass sich „aus den veröffentlichten Aussagen einschließlich derer, die in diesem Bericht enthalten sind, wie auch aus den Untersuchungen der Operation durch die *IDF*, klar ergibt, dass die Soldaten der *IDF* in Übereinstimmung mit dem internationalen Recht und den erhaltenen Befehlen vorgingen, trotz des komplexen und schwierigen Kampfgeschehens".[1113]

1729. Am 17. Juli 2009 berichtete die Jerusalem Post, dass Breaking the Silence's veröffentlichte Spenderliste mehrere europäische Regierungen einschloss.[1114] Im Verlauf der Woche berichtete *Haaretz,* dass der israelische Botschafter in den Niederlanden sich mit dem Generaldirektor des Außenministeriums der Niederlande getroffen hatte, um sich über die finanzielle Unterstützung von Breaking the Silence durch dieses Land zu beschweren, und darauf drang, die Unterstützung zu beenden.[1115] Am 29. Juli 2009 berichtete *Haaretz,* dass der stellvertretende Generaldirektor des Außenministeriums Israels in einem Treffen mit dem Botschafter Großbritanniens in Israel „die Gründe für Großbritanniens finanzielle Unterstützung der Gruppe wissen wollte und ob das Geld zur Finanzierung des neuesten Berichts über die Operation Gegossenes Blei benutzt wurde".[1116]

1730. Am 31. Juli 2009 veröffentlichte die Jerusalem Post einen Artikel, in welchem sie berichtete, dass höherrangige israelische Beamte prüf-

---

1112 www.mfa.gov.il/MFA/Government/Communiques/2009/Reaction_to_Breaking_Silence_report_15_Jul_2009

1113 aaO

1114 „Europäer finanzieren ‚Breaking the Silence', *Jerusalem Post*, 17. Juli 2009

1115 „Gruppe, die ‚IDF-Verbrechen' in Gaza aufgedeckt hat, verurteilt Israels Ankündigung, ihre Finanzierung abzuwürgen", *Haaretz*, 26. Juli 2009

1116 „Israel hat britische Finanzierung der Gruppe, die ‚IDF-Verbrechen in Gaza offen legte, im Visier", *Haaretz*, 29. Juli 2009

ten, ob es möglich wäre, Spenden von ausländischen Regierungen an politische NGOs zu verbieten.[1117] Am 2. August 2009 berichtete *Haaretz,* dass Israel die Regierung Spaniens ersucht hatte, seine finanziellen Zuwendungen an Breaking the Silence einzustellen.[1118]

1731. Breaking the Silence gab eine Erklärung ab, in welcher die Organisation das Außenministerium einer „Hexenjagd" bezichtigte, und erklärte, dass dies alles von einer Aushöhlung der „demokratischen Kultur" in Israel zeuge.[1119]

1731. Die Kommission befürchtet, dass die Aktionen der israelischen Regierung in Bezug auf diese Organisationen einen Einschüchterungseffekt auf andere israelische Organisationen haben könnten, die an der Dokumentation und Berichterstattung über Menschenrechtsverletzungen arbeiten. Die Kommission unterstreicht die Wichtigkeit der Fähigkeit dieser Organisationen, die Arbeit von essentieller Bedeutung in einer schwierigen Umgebung leisten, frei zu operieren.

E. Der Zugang der Medien und Menschenrechtsbeobachter nach Gaza vor, während und nach den Militäroperationen

1733. Die Entscheidung Israels, Medien und internationalen Menschenrechtsbeobachtern den Zugang zu Gaza während, ja, noch vom dem Beginn seiner Militäroperationen in Gaza am 27. Dezember 2008 zu verweigern, verursachte einen Sturm der Entrüstung vonseiten der internationalen Medien und Menschenrechts-NGOs.[1120] Eini-

1117 „Israel zielt auf Ächtung der Finanzierung subversiver NGOs durch ausländische Regierungen", *Jerusalem Post*, 31. Juli 2009

1118 „Israel bittet Spanien um Beendigung der Unterstützung für Gruppe, die über ‚Verbrechen' der IDF in Gaza berichtete, *Haaretz*, 2. August 2009

1119 „Israel zielt auf Ächtung finanzieller Unterstützung subversiver NGOs durch ausländische Regierungen", *Jerusalem Post*, 31. Juli 2009

1120 Zum Beispiel „Israel: Erlaube Medien und Menschenrechtsbeobachtern Zugen Menschenrechtsorganisationen, einschließlich Human Rights Watch und *B'Tselem*, wird bis heute der Zugang nach Gaza verweigert.[1121]

1734. Die Kommission stellt fest, dass während der Militäroperation in Gaza einige palästinensische Menschenrechtsorganisationen unabhängige Beobachtungen in Bezug auf die internationalen Menschenrechte und das internationale humanitäre Recht durchführten. Wie an anderer Stelle in diesem Bericht bemerkt, bescheinigt die Kommission der Arbeit dieser Organisation einen sehr hohen professionellen Standard, der Respekt verdient im Licht der extrem schwierigen Umstände, unter denen sie im Allgemeinen arbeiteten, speziell während der israelischen Militäroffensive. Die Kommission ist der Meinung, dass die Gegenwart von internationalen Menschenrechtsbeobachtern von großer Hilfe gewesen wäre – nicht nur durch Untersuchungen und Berichte, sondern auch durch das Öffentlich-Machen der Ereignisse vor Ort.

1. Medien

1735. Am 5. November 2008, als die Feindseligkeiten eskalierten, ließen die israelischen Militärbehörden ausländische Journalisten nicht mehr in den Gazastreifen herein.[1122] Israelische Bürger einschließlich Journalisten waren bereits seit der Entführung von Gilad Shalit im Jahr 2006 am Zutritt zum Gazastreifen gehindert, aus Sicherheitsgründen. Eine Journalistin, Amira Hass, wurde zweimal, im Dezember 2008 und im Mai 2009, wegen illegalen Aufenthalts in Gaza verhaftet.

---

gang nach Gaza", *Human Rights Watch*, 5. Januar 2009; „Israel schirmt Gaza von Medien ab", *The New York times*, 7. Januar 2009; „Frustration der Medien über den Ausschluss aus Gaza wächst", *The Guardian*, 14. Januar 2009

1121 „Israel: Schluss mit der Verbannung von Menschenrechtsbeobachtern", *B'Tselem* Pressemitteilung, 22. Februar 2009; E-Mail-Korrespondenz zwischen der Kommission und *Human Rights Watch*, 2. August 2009

1122 „*CPJ* drängt Israel, die Grenzen für Gaza und die Militärschläge zu untersuchen", *Committee to Protect Journalists*, 2. April 2009

1736. Nach der Schließung des Gazastreifens für Journalisten (neben anderen Gruppen einschließlich Menschenrechtsbeobachtern) am 5. November 2008 gab es internationalen wie auch internen Protest. Der Bann wurde kurzzeitig am 4. Dezember 2008 aufgehoben, am folgenden Tag aber wieder erneuert. Nach dem Beginn der Militäroperationen in Gaza verkündigten die israelischen Verteidigungskräfte, dass es einen kompletten Bann der Medien aus Gaza während der Dauer der Operationen an. Am 27. Dezember 2008, am Tag des Beginns der Militäroperationen, schufen die israelischen Behörden eine geschlossene Militärzone innerhalb Gazas und auf einem Zwei-Kilometer-Streifen um Gaza herum.[1123]

1737. Am 19. November 2008 protestierten die Spitzen vieler internationaler Nachrichtenorganisationen, einschließlich *BBC, CNN* und *Reuters,* gegen den Ausschluss des Zugangs der Medien nach Gaza in einem Brief an den damaligen Ministerpräsidenten Ehud Olmert.[1124] Am 24. November 2008 beantragte die Foreign Press Association beim Obersten Gerichtshof, über die Rechtmäßigkeit eines derartigen Banns zu befinden.[1125]

1738. In einem offenen Brief datierend vom 29. Dezember 2008 legte die Foreign Press Association dar, dass die Verweigerung des Zugangs der Medien nach Gaza "eine bisher nicht dagewesene Einschränkung der Pressefreiheit" darstellte:

> „Damit ist es den Medien der Welt unmöglich, in dieser kritischen Zeit akkurat über die Ereignisse innerhalb Gazas zu berichten … Trotz unserer Proteste haben sich die israelischen Behörden geweigert, Journalisten hineinzulassen … Niemals zuvor wurden Journalisten auf eine solche Weise daran gehindert, ihre Aufgaben zu erfüllen. Wir glauben, dass es Journalisten erlaubt sein muss, für sich selbst herauszufinden, was in Gaza passiert. Is-

---

1123 „*Haaretz*-Journalistin *Amira Hass* wegen illegalen Aufenthalts in Gaza verhaftet“, *Haaretz*, 2. Dezember 2008; „*Haaretz*-Reporterin *Amira Hass* beim Verlassen von Gaza verhaftet“, *Haaretz*, 12. Mai 2009

1124 „Israel: Erlaubt Medien und Menschenrechtsbeobachtern den Zugang nach Gaza“, *Human Rights Watch*, 5. Januar 2009

1125 „*CPJ* drängt Israel, die Grenzen für Gaza und die Militärschläge zu untersuchen“, *Committee to Protect Journalists*, 2. April 2009

rael kontrolliert den Zugang nach Gaza. Israel muss professionellen Journalisten den Zugang zu diesen wichtigen Angelegenheit [erlauben.]"[1126]

1739. Am 31. Dezember 2008 fällte der Oberste Gerichtshof ein Urteil bezüglich der Petition der Foreign Press Association und wies die israelische Regierung an, bei jeder Öffnung des Erez Grenzübergangs zwölf Journalisten nach Gaza einreisen zu lassen.[1127] Am 2. Januar 2009 änderte das Gericht sein Urteil und reduzierte die Anzahl der Journalisten, welchen der Grenzübergang bei einer Öffnung gestattet werden sollte, von zwölf auf nunmehr acht.[1128]

1740. Am 8. Januar 2009 erlaubten die israelischen Behörden der BBC und zwei israelischen Sendern die israelischen Streitkräfte in Gaza zu begleiten. Am 22. Januar 2009 wurde acht Journalisten gestattet, die Streitkräfte in Gaza zu begleiten. Die Medien und Nichtregierungsorganisationen beklagten auch weiterhin die Unmöglichkeit, frei und ungehindert nach Gaza einreisen zu können.[1129] Am gleichen Tag rief der Kommunikationschef der Vereinten Nationen die israelische Regierung auf, den Zutritt der Medien nach Gaza umgehend zu gewährleisten und betonte die Notwendigkeit „umfassender und unabhängiger" Berichterstattung.[1130]

1744. Am 23. Januar 2009, fünf Tage nach Beginn seines einseitigen Waffenstillstands, hob Israel alle Restriktionen, welche seit Anfang November 2008 in Kraft waren, auf und ermöglichte den Medien freien Zugang nach Gaza.

1126 Offener Brief, *Foreign Press Association*, 29. Dezember 2008, abrufbar unter http://www.fpa.org.il/?categoryId=414

1127 „Israel: erlaubt den Medien und den Menschenrechtsbeobachtern Zutritt nach Gaza" *Human Rights Watch*, 5. Januar 2009.

1128 „CPJ mahnt Israel, die Abriegelung Gazas, die Militärschläge zu untersuchen", *Committee to Protect Journalists*, 2. April 2009

1129 „Erlaubt den Nachrichtenagenturen den Zutritt nach Gaza! Aufruf der Weltmedien und von *Reporter ohne Grenzen* an die israelischen Behörden", *Reporter ohne Grenzen*, 9. Januar 2009

1130 „Die UN ruft Israel auf, den Medien umgehend Zutritt nach Gaza zu gewähren", *Merco Press*, 9. Januar 2009

1742. Am 25. Januar 2009 veröffentlichte der Oberste Gerichtshof Israels eine abschließende Regelung, welche die Aussperrung aufhob und den Reportern freien Zugang nach Gaza gewährt „außer im Falle einer massiv veränderten Sicherheitslage, welche eine vollständige Schließung des Erez-Grenzübergangs aus Sicherheitsgründen erfordert, und wir nehmen an, dass eine solche nur im Fall einer ernsten und konkreten Gefahr erfolgt".[1131]

1743. Die israelische Regierung gab verschiedene Erklärungen ab.. Ein Sprecher der israelischen Botschaft in London gab gegenüber der Press Gazette an: „Gaza ist eine Kriegszone und daher ist es sehr schwierig Personen, die nicht Soldaten sind, hineinzulassen. Ihre Anwesenheit könnte sie selbst und unsere Operationen gefährden".[1132]

1744. Der Chef des staatlichen Presseamtes, Daniel Seaman, erklärte „Jeder Journalist, der Gaza betritt, wird ein Feigenblatt für die terroristische Hamas, und ich sehe keinen Grund, warum wir dabei behilflich sein sollten".[1133] Später zitierte ihn die Associated Press mit den Worten, fremde Korrespondenten wären „unprofessionell und würden ungeprüft getürkte Berichte übernehmen".[1134]

1745. Am 7. Januar 2009 behauptete der Botschafter Israels im Vereinigten Königreich, Ron Proser, dass interne Streitigkeiten der Foreign Press Association hinsichtlich der Entscheidung, welcher Journalist nach Gaza dürfe, Grund für die Abwesenheit der Presse in Gaza sei;[1135] dies wurde von der Pressevereinigung umgehend dementiert.[1136] Am 22. Januar 2009 berichtete Haaretz über Uneinigkeit innerhalb der israelischen Regierung bezüglich der Medienbeschränkung in Gaza,

---

1131 „CPJ mahnt Israel, die Abriegelung Gazas, die Militärschläge zu untersuchen", *Committee to Protect Journalists*, 2. April 2009

1132 „Ausländische Journalisten kämpfen auch weiterhin für den Zugang nach Gaza" *Press Gazette*, 7. Januar 2009 A/HRC/12/48 Seite 488

1133 „Israel klemmt einen medialen Schraubstock um Gaza", *The New York Times*, 7. Januar 2009

1134 „Ausländische Journalisten kämpfen auch weiterhin für den Zugang nach Gaza" *Press Gazette*, 7. Januar 2009

1135 „CPJ mahnt Israel, die Abriegelung Gazas, die Militärschläge zu untersuchen", *Committee to Protect Journalists*, 2. April 2009

1136 *Foreign Press Association*, 13. Januar 2009, abrufbar unter: http://www.fpa.org.il/?categoryId=406

der Verteidigungsminister und die Armee hätten ihre Ablehnung gegen die Anwesenheit der Medien in Gaza aufgegeben, aber das Regierungsbüro ordnete an, die Aussperrung der Medien aufrechtzuerhalten.[1137]

1746. Die Beschränkung der Medien und in diesem Zusammenhang auch die Äußerungen des Chefs des staatlichen Presseamtes ließen medial geäußerte Bedenken aufkommen, dass die Abriegelung Gazas darauf abzielt, die Berichterstattung über den Konflikt aus politischen Motiven heraus zu kontrollieren.[1138]

2. Internationale Beobachtung der Menschenrechte

1747. Die Abriegelung Gazas hatte nicht nur für die Berichterstattung Folgen, sondern auch für die internationalen Menschenrechtsbeobachter, die Zutritt verlangten, um Verstöße dokumentieren und die Öffentlichkeit, so wie auch Korrespondenten es tun, informieren zu können. Die Kommission gibt zu bedenken, dass die Anwesenheit internationaler Menschenrechtsbeobachter die Konfliktparteien davor zurückschrecken lässt, Verletzungen des internationalen Rechts zu begehen.

1748. Am 31. Dezember 2008 veröffentlichte Amnesty International einen Appell, der Israel aufforderte, „humanitären Helfern und Menschenrechtsbeobachtern" umgehend Zugang nach Gaza zu gewähren.[1139]

1749. Human Rights Watch beantragte am 5. Januar 2009 bei den israelischen Militärbehörden die Genehmigung, nach Gaza einreisen zu dürfen. Der Antrag wurde am 9. Februar mit der Begründung abgewiesen, dass die Organisation nicht beim Ministerium für soziale

---

1137 „CPJ mahnt Israel, die Abriegelung Gazas, die Militärschläge zu untersuchen", *Committee to Protect Journalists*, 2. April 2009

1138 Zum Beispiel, „Israel klemmt einen medialen Schraubstock um Gaza", *The New York Times*, 7. Januar 2009; und „Die Frustration der Medien über die Abriegelung Gazas wächst" *The Guardian*, 14. Januar 2009 A/HRC/12/48

1139 „Israel/ OPT: Sofortiger Zugang für humanitäre Helfer und Menschenrechtsbeobachter ist unerlässlich", Amnesty International, 31. Dezember 2008

Angelegenheiten registriert sei.[1140] Human Rights Watch fragte, in Anbetracht des Umstands, dass sie noch nie von einer solchen Notwendigkeit gehört hatten, nach einer Erklärung; obwohl sie bei früheren Gelegenheiten die Erlaubnis nach Gaza einzureisen erhalten hatten, bestand jedoch keinerlei Kenntnis über die rechtlichen Grundlagen im israelischen Recht und die Regularien für den Erhalt einer solchen Genehmigung. Bis heute hat Human Rights Watch noch keine Antwort von den israelischen Behörden erhalten.[1141] Bislang, bis zum 2. August 2009, wurde Human Rights Watch für die Einreise nach Gaza, um eine Untersuchung durchführen zu können, keine Genehmigung erteilt.[1142]

1750. Am 20. Januar 2009 beantragte B'Tselem bei den israelischen Militärbehörden eine Genehmigung für den Chef der Feldarbeit, nach Gaza einzureisen; der Antrag wurde am 29. Januar 2009 abgewiesen.[1143] Einer Pressemeldung des 19. Januar 2009 zufolge, erklärte Amnesty International, dass zahlreiche von ihr gestellte Anträge für die Einreisegenehmigung nach Gaza allesamt nicht beantwortet wurden.[1144]

1751. Bis heute wurden Amnesty International, Human Rights Watch und B'Tselem daran gehindert, nach Gaza einzureisen, um Daten für eine unabhängige Untersuchung sammeln zu können, die den Vorwurf der Kriegsverbrechen beider Konfliktparteien, der israelischen Streitkräfte und bewaffneter, palästinensischer Gruppen, zum Gegenstand haben soll.

1140 „Israel: Beende den Ausschluss von Menschenrechtsbeobachtung" *B'Tselem* Pressemeldung, 22. Februar 2009; und e-mail Kommunikation zwischen der Kommission und *Human Rights Watch*, 2. August 2009

1141 dasselbe

1142 dasselbe

1143 dasselbe

1144 „Ein Amnesty International Team erwirkt Zugang nach Gaza, *Amnesty International*, 19. Januar 2009

1752. Die internationalen Menschenrechte, welche während bewaffneter Konflikte anzuwenden sind, betonen, das Recht, sich frei zu äußern.

Internationaler Pakt über bürgerliche und politische Rechte

1753. Artikel 19 des internationalen Pakts über bürgerliche und politische Rechte besagt, dass

1. jeder hat das Recht auf unbehinderte Meinungsfreiheit
2. jedermann hat das Recht auf freie Meinungsäußerung; dieses Recht schließt die Freiheit ein, ohne Rücksicht auf Staatsgrenzen Informationen und Gedankengut jeder Art in Wort, Schrift oder Druck, durch Kunstwerke oder andere Mittel eigener Wahl sich zu beschaffen, zu empfangen und weiterzugeben.

1754. Die Ausübung der in Absatz 2 vorgesehenen Rechte ist mit besonderen Pflichten und einer besonderen Verantwortung verbunden. Sie kann daher bestimmten, gesetzlich vorgesehenen Einschränkungen unterworfen werden, die erforderlich sind

1. für die Achtung der Rechte oder des Rufs anderer
2. für den Schutz der nationalen Sicherheit, der öffentlichen Ordnung (ordre public), der Volksgesundheit oder der öffentlichen Sittlichkeit

1755. Artikel 21 und 22 des ICCPR anerkennen das Recht auf friedliche Versammlung und das Recht, sich entsprechend frei mit anderen zusammenzuschließen. Weiterhin besagt Artikel 10: „Jeder, dem seine Freiheit entzogen ist, muss menschlich, und mit Achtung vor der dem Mensch innewohnenden Würde, behandelt werden".

1756. Weiterhin bestimmt Artikel 10: „Jeder, dem seine Freiheit entzogen ist, muss menschlich und mit Achtung vor der dem Menschen innewohnenden Würde behandelt werden."

Erklärung des Rechts und der Verpflichtung von Individuen, Gruppen und Organen der Gesellschaft, die allgemein anerkannten Menschenrechte und fundamentalen Grundfreiheiten zu fördern und zu schützen

1757. Diese Deklaration ist auch unter dem verkürzten Namen „Erklärung zu den Menschenrechtsverteidigern" bekannt.

1758. Artikel 5 der Erklärung erkennt das Recht an (a) sich zu treffen oder friedlich zu versammeln; (b) nicht-staatliche Organisationen, Verbindungen oder Gruppen zu gründen, ihnen beizutreten und in ihnen mitzuarbeiten; (c) mit nicht-staatlichen oder zwischenstaatlichen Gruppen zu kommunizieren

1759. Artikel 6 konstatiert für jeden das Recht, einzeln oder in Gemeinschaft mit anderen:

(a) über Wissen über alle Menschenrechte und Grundfreiheiten zu verfügen, entsprechende Informationen zu suchen, zu erwerben, zu bekommen und zu behalten, einschließlich des Rechts, Zugang zu Informationen darüber zu haben, wie diesen Rechten und Freiheiten in innerstaatlichen Gesetzgebungs-, Gerichts- oder Verwaltungssystemen Geltung verschafft wird;

(b) andere Standpunkte, Informationen und Wissen über alle Menschenrechte und Grundfreiheiten, wie von den Menschrechtsschutzinstrumenten und anderen diesbezüglichen internationalen Instrumentarien vorgesehen, frei zu veröffentlichen

(c) Ansichten über die Einhaltung aller Menschenrechte und Grundfreiheiten sowohl im Rahmen von Rechtsnormen als auch in der Praxis zu studieren und sich dazu eigene Meinungen zu bilden, sowie diese zu haben, sowie dadurch und durch andere geeignete Mittel die öffentliche Aufmerksamkeit auf diese Angelegenheiten zu lenken.

1760. Artikel 12 besagt

1. Jeder Mensch hat, einzeln oder in Gemeinschaft mit anderen, das Recht, an friedlichen Aktionen teilzunehmen, die gegen die

Verletzung von Menschenrechten und Grundfreiheiten gerichtet sind.

2. Der Staat hat alle notwendigen Maßnahmen zu ergreifen, um sicherzustellen, dass jeder Mensch, einzeln oder in Gemeinschaft mit anderen, durch die zuständigen staatlichen Organe gegen Gewalt, Drohungen, Racheakte, faktische oder rechtliche Diskriminierung, Pressionen oder anderes willkürliches Verhalten geschützt wird, die sich als Konsequenz aus einer legitimen Ausübung der Rechte ergeben, auf die diese Erklärung Bezug nimmt.
3. In diesem Zusammenhang hat jeder Mensch, einzeln oder in Gemeinschaft mit anderen, Anspruch auf einen wirksamen Schutz durch nationales Recht, wenn er mit friedlichen Mitteln auf staatliche Aktivitäten und Handlungen oder Unterlassungen reagiert oder sich solchen widersetzt, die zu Verletzungen von Menschenrechten und Grundfreiheiten führen. Dies gilt auch, wenn er auf die von Gruppen oder Individuen ausgehende Ausübung von Gewalt, die die Wahrnehmung von Menschenrechten und Grundfreiheiten beeinträchtigt, reagiert oder sich dieser widersetzt.

1761. Artikel 13 der Deklaration erklärt: „Jeder Mensch hat, einzeln oder in Gemeinschaft mit anderen das Recht, Ressourcen zu erbitten, zu erhalten und zu nutzen mit dem ausdrücklichen Zweck, Menschenrechte und Grundfreiheiten mit friedlichen Mitteln und in Übereinstimmung mit Artikel 3 dieser Erklärung zu fördern und zu schützen".

1. Proteste

1762. Die Informationen, welche der Kommission vorliegen, lassen darauf schließen, dass es keine systematische Politik der Verhinderung von Straßendemonstrationen gegen die in Gaza durchgeführten Militäraktionen gegeben hat. Dennoch weist die Kommission auf Vorfälle hin, bei welchen, Berichten zufolge, Demonstranten Schwierigkeiten hatten, die erforderliche Genehmigung zu erhalten. Insbesondere in Gegenden, welche mehrheitlich von palästinensischen Israelis bewohnt sind, wurden Protestierenden bei der Umsetzung ihres Rechts auf friedliche Versammlung und Meinungsfreiheit von der Polizei Hindernisse auferlegt.

1763. Da die israelische Regierung nicht mit der Kommission kooperierte, liegen dieser keine ausreichenden Informationen vor, um bewerten zu können, ob der Entscheidung der Polizei fundierte Bedenken hinsichtlich der öffentlichen Ordnung oder der allgemeinen Sicherheit zugrunde lagen. Sie nimmt die Berichte zur Kenntnis und mahnt die israelische Regierung sicherzustellen, dass die Polizeibehörden im Lande das Recht aller Bürger, ohne Diskriminierung, auf freie Meinungsäußerung und friedliche Versammlung respektieren, so wie es ihnen die internationalen Abkommen über die bürgerlichen und politischen Rechte garantieren.

1764. Die Kommission betrachtet mit besonderer Sorge die dokumentierten Fälle physischer Gewalt gegen Demonstranten und andere Formen der Erniedrigung, welchen protestierende in Polizeigewahrsam ausgesetzt waren. Sie erinnert die Regierung Israels daran, dass jene, denen die Freiheit entzogen ist, im Einklang mit dem Artikel 10 des ICCPR menschlich und mit Achtung vor der dem Menschen innewohnenden Würde behandelt werden sollen.

2. Juristische Erwiderung

1765. Der Kommission liegen keine ausreichenden Informationen über die ihr übermittelten individuellen Fälle vor, um diese abschließend beurteilen zu können. Dessen ungeachtet gibt das Element der Diskriminierung zwischen und die unterschiedliche Behandlung palästinensischer und jüdischer Bürger durch die israelischen Gerichte, so wie der Bericht es darlegt, Anlass zu beträchtlicher Sorge.

3. Verhöre des General Security Services

1766. Die Kommission ist in Sorge über den Zwang, der ohne ausreichend legale Begründung, auf Aktivisten ausgeübt wurde, zu Interviews mit dem General Security Service zu erscheinen. Ganz allgemein drückt die Kommission ihre Sorge über die dargelegten Verhöre politischer Aktivisten über ihre politischen Aktivitäten aus. Aus den von der Kommission gehaltenen Interviews lässt sich schließen, dass die vom Shabak durchgeführten Verhöre, mehr als alles andere, eine Klima der Intoleranz gegenüber anderer Meinung erzeugen.

4. Vereinigungsfreiheit und die Behandlung von Menschenrechtsorganisationen

1767. Die Kommission ist außerordentlich besorgt über Anschuldigungen, dass gegen Organisationen der zivilen Gesellschaft feindselige Vergeltungsmaßnahmen ergriffen werden, wenn sie die israelischen Behörden kritisieren und mutmaßliche Verletzungen der internationalen Menschenrechte und des humanitären Rechts anprangern.

1768. Im Fall der mutmaßlichen Versuche, in die Finanzierung für Breaking the Silence einzugreifen, garantiert die Erklärung zu den Verteidigern der Menschenrechte das Recht, „für den ausdrücklichen Zweck, Menschenrechte und fundamentale Freiheiten mit friedlichen Mitteln zu fördern und zu schützen, Geldmittel zu erbitten, zu erhalten und zu nutzen." Zwar wird dieses Recht durch Lobbying bei ausländischen Regierungen, die Zahlungen einzustellen, nicht direkt verletzt; wenn das Motiv für eine solche Aktion jedoch eine Reaktion auf die Wahrnehmung des Rechts auf freie Meinungsäußerung durch die Organisation ist, so widerspricht sie dem Geist der Erklärung.

5. Zugang zu Informationen: Zugang von Medien und Menschenrechtsbeobachtern in den Gazastreifen

1769. Im Hinblick auf die Verweigerung des Zugangs in den Gazastreifen für die Medien während der dort stattfindenden militärischen Operationen und auf die fortgesetzte Verweigerung des Zugangs nach Gaza für verschiedene internationale Menschenrechtsbeobachter bis zum heutigen Tag stellt die Kommission fest, dass die Anwesenheit von Journalisten und internationalen Menschenrechtsbeobachtern Ermittlungen und eine breite, öffentliche Berichterstattung über das Verhalten der Konfliktparteien erleichtert und dass ihre Anwesenheit Fehlverhalten verhindern kann.

1770. Gemäß den Johannesburger Prinzipien zur nationalen Sicherheit, dem Recht auf freie Meinungsäußerung und dem Zugang zu Informationen von 1995[1145] dürfen Regierungen

> Journalisten oder Repräsentanten von regierungsübergreifenden oder Nichtregierungsorganisationen, die das Einhalten von Menschenrechten oder humanitären Standards überwachen, nicht daran hindern, Gebiete zu betreten, bei denen der berechtigte Verdacht vorliegt, dass Verletzungen der Menschenrechte oder des humanitären Rechts vorfallen oder vorgefallen sind. Regierungen dürfen Journalisten oder Repräsentanten solcher Organisationen nicht aus Gebieten ausschließen, die Schauplatz von Gewalt oder einem bewaffneten Konflikt sind, es sei denn, ihre Anwesenheit würde eine klare Gefährdung der Sicherheit anderer darstellen.

1771. Die Kommission ist besorgt über den fast vollständigen Ausschuss der Medien und Menschenrechtsbeobachter aus Gaza seit dem 5. November 2008. Während den Medien seit dem 23. Januar 2009 der Zugang gestattet wurde, ist die Kommission außerordentlich besorgt

---

1145 Die Prinzipien (E/CN.4/1996/31) wurden vom Sonderberichterstatter der Vereinten Nationen zum Recht auf Meinungsfreiheit und freie Meinungsäußerung in seinen Berichten an die Kommission für Menschenrechte bei ihrer vierundfünfzigsten, fünfundfünfzigsten und siebenundfünfzigsten Sitzung befürwortet und von der Kommission seit 1996 alljährlich in ihren Jahresresolutionen zum Recht auf freie Meinungsäußerung zitiert.

darüber, dass Gruppen wie Human Rights Watch, Amnesty International und B'Tselem der Zugang zum Gazastreifen von den Dienststellen des israelischen Militärs nach wie vor verweigert wird und dass sie daher bei ihren Ermittlungen zu mutmaßlichen Gesetzesverletzungen während der Kampfhandlungen behindert sind. Die Kommission kann keinen stichhaltigen Grund für die Verweigerung des Zugangs erkennen.

1772. Die Kommission stellt fest, dass Israel durch sein Verhalten gegen politische Aktivisten, NROs und die Medien versucht hat, eine öffentliche Untersuchung seines Verhaltens sowohl während seiner militärischen Operationen in Gaza als auch der Konsequenzen dieser Operationen für die Bewohner von Gaza möglichst weitgehend zu unterbinden. Die Annahme, dass die israelischen Behörden versucht haben, Ermittlungen zu und Berichterstattung über die Operationen des israelischen Militärs zu verhindern, indem sie den Medien und den Menschenrechtsbeobachtern den Zugang verweigerten, scheint berechtigt. Es ist Sache der israelischen Regierung, diesen Verdacht zu zerstreuen.

TEIL 4

Verantwortlichkeit und Rechtsmittel

XXVI. Berichterstattung und Stellungnahme durch Israel zum Vorwurf der Verstösse seiner Streitkräfte gegen Palästinenser

1773. Ermittlungen und, sofern angebracht, die Strafverfolgung von Personen, die verdächtigt werden, schwere Verstöße begangen zu haben, sind notwendig, wenn die Respektierung der Menschenrechte und des humanitären Rechts sichergestellt und die Entstehung eines Klimas der Straflosigkeit verhindert werden sollen. Staaten sind gemäß internationalem Recht verpflichtet, mutmaßliche Verstöße zu untersuchen.

1774. Wie in den vorangegangenen Kapiteln gezeigt, hat die Kommission eine große Zahl von mutmaßlichen Verstößen untersucht und festgestellt, dass der Verdacht in vielen Fällen begründet ist. Die Kommission war daher verpflichtet, zu prüfen, inwieweit Israel seinen Verpflichtungen gemäß internationalem Recht nachgekommen ist, diese mutmaßlichen Verstöße zu untersuchen. Die Kommission hat von der israelischen Regierung Informationen über Ermittlungen angefordert, die sie zu den von der Kommission untersuchten Vorfällen durchgeführt hat, sofern es solche Ermittlungen gegeben hat, hat jedoch keine Antwort erhalten.

A. Von Israel ergriffene Maßnahmen zur Untersuchung und strafrechtlichen Verfolgung mutmaßlicher Verstöße

1775. Der Verdacht auf mutmaßlich schwere Verstöße gegen die Menschenrechtsgesetze und das humanitäre Recht wurde fast augenblicklich laut, als die Kampfhandlungen begannen. Israel behauptet, begrenzte Ermittlungen zu diesen Vorwürfen durchgeführt zu haben, von denen einige noch nicht abgeschlossen sind.

1776. Unmittelbar nach den Kampfhandlungen schrieb eine Gruppe von acht israelischen NROs einen Brief an den Generalstaatsanwalt, Herrn Meni Mazuz, und forderte die Einrichtung eines unabhängigen und effektiven Mechanismus zur Untersuchung des Verdachts auf schwere Verstöße gegen das Kriegsrecht während der Offensive in Gaza. Sie verlangten, dass die Ermittlungen auch „die Legalität der tatsächlichen Befehle und Direktiven, die den Streitkräften im Feld erteilt wurden", mit einbeziehen müssten und vertraten die Ansicht, dass das Büro des Militärgeneralstaatsanwalts nicht in der Lage sei, eine ordnungsgemäße Untersuchung durchzuführen, da der Militärgeneralstaatsanwalt selbst und das Personal seines Büros „während gewisser Stadien der Entscheidungsprozesse" persönlich in den Konflikt verwickelt gewesen seien, was die Neutralität und Unabhängigkeit der Ermittlungen gefährden würde.[1146]

1777. In seiner Antwort auf den Brief erklärte das Büro des Generalstaatsanwalts, dass die israelischen Streitkräfte nach Beendigung der Kampfhandlungen begonnen hätten, „ ihre operativen Lagebesprechungen durchzuführen", wobei auch verschiedene Vorfälle untersucht würden, bei denen Zivilpersonen zu Schaden gekommen seien. Die Behauptung, dass der Militärgeneralstaatsanwalt aufgrund seiner Doppelstellung als Rechtsberater der Führung der Streitkräfte und als Person, deren Aufgabe es ist, sicherzustellen, dass Militärpersonen, denen Gesetzesverstöße vorgeworfen werden, strafrechtlich verfolgt werden, ungeeignet sei, an der Untersuchung teilzunehmen, akzeptierte das Büro nicht.[1147]

1778. Die NROs schickten einen zweiten Brief[1148], aber diesmal antwortete der Generalstaatsanwalt nicht.

1146 Brief der ACRI (Association for Civil Rights in Israel) an den Generalstaatsanwalt Israels, Herrn Menachem Mazuz, im Namen von neun Menschenrechtsorganisationen vom 20. Januar 2009, abrufbar unter: http://www.acri.org.il/pdf/Gaza200109.pdf

1147 Antwort des Staatsanwalts Raz Nizri im Namen des Generalstaatsanwalts Israels vom 24. Februar 2009, abrufbar unter: http://www.acri.org.il/pdf/Gaza240209.pdf

1148 Zweiter Brief an den Generalstaatsanwalt im Namen von elf Menschenrechtsorganisationen vom 19. März 1009, abrufbar unter: http://www.acri.org.il/pdf/gaza190309.pdf

1779. Am 5. Februar 2009 richtete eine Gruppe von israelischen Wissenschaftlern und Juristen einen Brief an den Generalstaatsanwalt, in dem sie ebenfalls die Einrichtung eines unabhängigen Gremiums zur Untersuchung der Aktionen forderte, die während der Kampfhandlungen stattgefunden haben. Soweit die Kommission informiert ist, haben sie keine Antwort erhalten.

1780. Die Kommission hat auch Presseberichte über die Eröffnung von Ermittlungen zu Vorwürfen gesehen, die, wie berichtet wird, von Soldaten anlässlich des „Rabin"-Vorbereitungsprogramms erhoben wurden. Am 19. März 2009 beauftragte der Militärgeneralstaatsanwalt, Brigadegeneral Avichai Mendelblit, die Strafermittlungsabteilung der Militärpolizei, mutmaßliche Handlungen von Soldaten während der Kampfhandlungen zu untersuchen. Die Entscheidung war die Reaktion auf einen Brief, der ihm einige Wochen zuvor vom Leiter des Rabin-Programms gesandt worden war und in dem Berichte von Soldaten über Schüsse auf Zivilisten gemeldet wurden.[1149] Nach elf Tagen wurde die Untersuchung mit der Begründung abgeschlossen, dass wichtige Bestandteile der Vorwürfe „auf Gerüchten basierten und nicht von Fakten untermauert würden". Nach Aussage der israelischen Streitkräfte hatten die Ermittlungen ergeben, dass die fraglichen Soldaten nicht wirklich Augenzeugen der mutmaßlichen Vorfälle gewesen seien.[1150] In einem von der israelischen Regierung im Juli 2009 herausgegebenen Bericht werden zwei der untersuchten Vorfälle kurz erwähnt. Da die Kommission keinen Zugang zum Ergebnis dieser Ermittlungen hatte, ist sie nicht in der Lage, den Bericht zu bewerten.[1151]

1781. Am 22. April veröffentlichten die israelischen Streitkräfte die Ergebnisse von fünf Untersuchungen, die von Teams unter der Leitung von

---

1149 „Der Chef des Generalstabs der israelischen Streitkräfte zitiert Behauptungen, die im Rabin-Vorbereitungszentrum geäußert wurden", 23. März 2009; „Der Generalstaatsanwalt der israelischen Streitkräfte ordnet die Untersuchung von Behauptungen an, die im Rabin-Vorbereitungszentrum aufgestellt wurden." 19. März 2009; beide Pressemeldungen abrufbar unter http://dover.idf.il/IDF/English/Press+Releases/default.htm

1150 „Untersuchung der Militärpolizei zu Behauptungen, die im Rabin Zentrum aufgestellt wurden: Basieren auf Gerüchten", 30. März 2009, abrufbar unter http://dover.idf.il/IDF/English/Press+Releases/default.htm

1151 „Die Operation in Gaza ...", §§ 324-329

Offizieren im Rang von Obersten durchgeführt worden waren. Die gleichen Informationen wurden später im Bericht der israelischen Regierung widerholt.[1152] Die israelischen Streitkräfte erklärten, dass die Mitglieder des Teams während der Kampfhandlungen in Gaza nicht direkt in die Befehlskette involviert gewesen seien und unabhängig gehandelt hätten, wobei sie vollständig freien Zugang zu Informationen, Personen und Beweisen gehabt hätten. Der Prozess habe „eine Reihe operativer Ermittlungen" beinhaltet".[1153]

1782. Aus den gleichen Quellen geht hervor, dass die fünf Untersuchungen folgende Behauptungen überprüften:

a) Behauptungen zu Vorfällen, bei denen Einrichtungen der Vereinten Nationen und internationale Einrichtung beschossen und beschädigt wurden;
b) Vorfälle, bei denen medizinische Einrichtungen, Gebäude, Fahrzeuge und Personal beschossen wurden;
c) Behauptungen zu Vorfällen, bei denen eine große Zahl von unbeteiligten Zivilpersonen verletzt wurden;
d) Die Verwendung von phosphorhaltigen Waffen;
e) Beschädigung der Infrastruktur und Zerstörung von Gebäuden durch die Bodentruppen.

1783. Die Beobachtungen und Ergebnisse dieser Ermittlungen wurden an anderer Stelle in diesem Bericht behandelt. Wie die israelischen Streitkräfte in einer Pressemitteilung erklärten, erbrachten die Ermittlungen, dass „die israelischen Streitkräfte während der gesamten Kämpfe in Gaza in Übereinstimmung mit dem internationalen Recht gehandelt haben". Jedoch haben „die Untersuchungen ergeben, dass es während der Kämpfe eine sehr kleine Zahl von Zwischenfällen gegeben habe, bei denen Fehler bei der Nachrichtenübermittlung oder operative Fehler unterlaufen seien."

1784. Die israelischen Streitkräfte erklärten, dass die Ermittlungen zeitraubend seien, dass einige bestimmte Fragen noch geklärt werden müssten und noch weitere Vorwürfe überprüft würden. Die „Ermittlungen der Experten", so wurde betont, seien kein Ersatz für

1152 Ebd., Paragraf 318-320

1153 Abschluss der Ermittlungen ..."

die zentralen operativen Untersuchungen der gesamten Operation durch die israelischen Streitkräfte, die gegenwärtig stattfinden und im Juni 2009 abgeschlossen sein sollen.

1785. In ihrer Antwort auf einen Bericht von Amnesty International[1154] verwiesen die israelischen Streitkräfte auf die „Reihe von Ermittlungen", die sie im Anschluss an die Kampfhandlungen durchgeführt haben. Zusätzlich zu den vom Generalstabschef, Generalleutnant Gabi Ashkenazi, angeordneten Untersuchungen erklärte die israelische Armee, würden noch Beschwerden von verschiedenen Quellen untersucht, und „in gewissen Fällen hat der Militärgeneralstaatsanwalt bereits die Eröffnung strafrechtlicher Ermittlungen angeordnet".[1155]

1786. Am 30. Juli 2009 berichteten die Medien, dass der Militärgeneralstaatsanwalt der Militärpolizei befohlen habe, in 14 von 100 Fällen strafrechtliche Ermittlungen wegen Beschwerden gegen Soldaten über kriminelles Verhalten während der Kampfhandlungen zu eröffnen. In einem offiziellen, am gleichen Tag veröffentlichten umfassenden Bericht war von 13 Fällen die Rede, es wurden jedoch keine Einzelheiten zu den Fällen angegeben.[1156]

1787. Der Kommission sind keine weiteren Ermittlungen oder sonstige Aktionen vonseiten des Militärgeneralstaatsanwalts oder des Generalstaatsanwalts im Zusammenhang mit den militärischen Operationen bekannt.

1788. Was die Gewalt gegen Palästinenser außerhalb des Gazastreifens aber im Zusammenhang mit den militärischen Operationen vom Dezember 2008 bis Januar 2009 betrifft, so war die Kommission nicht in der Lage, an Informationen über Ermittlungen zu gelangen, die möglicherweise stattgefunden haben.

1154 *Israel/Gaza: Operation „Cast Lead": 22 Tage ...*

1155 Antwort der israelischen Streitkräfte auf den Amnesty-Bericht", 2. Juli 2009, abrufbar unter: http://www.reliefweb.int/rw/rwb.nsf/db900SID/MUMA-7TL866?OpenDocument

1156 *The Jerusalem Post,* „IDF orders criminal probes into 14 cases of alleged misconduct", 30. Juli 2009: "The operation in Gaza ...", Paragraf 12.

1789. Die Kommission zieht in Betracht, dass zur Bewertung der Erfüllung der Untersuchungspflicht Israels die internen Gesetzes- und Rechtsysteme des Landes berücksichtigt werden müssen. In Fällen von mutmaßlichem Fehlverhalten können die israelischen Streitkräfte Untersuchungen durchführen in Form von (a) Disziplinarverfahren, (b) nachträglichen operativen Lagebesprechungen (auch als „operative Ermittlungen“ bekannt), (c) besonderen Ermittlungen durch einen hochrangigen Offizier auf Aufforderung durch den Stabschef und (d) Ermittlungen der Militärpolizei durch die strafrechtliche Ermittlungsabteilung der Militärpolizei.[1157]

1. Disziplinarverfahren

1790. Disziplinarverfahren werden gewöhnlich bei geringfügigen Verstößen gegen die militärische Disziplin und Vorschriften durchgeführt und sind ungeeignet für Untersuchungen von schweren Verletzungen der Menschenrechte oder des humanitären Rechts. Sie sind für die mutmaßlichen Verstöße, mit denen die Kommission sich befasst, nicht relevant.

1791. In diesem Ermittlungs- und Strafverfolgungssystem spielen verschiedene Akteure eine Rolle: Die Armee, die Militärpolizei, der Militärgeneralstaatsanwalt und die Kriegsgerichte.

1792. Die israelischen Streitkräfte beschreiben die Aufgabe des Corps des Militärgeneralstaatsanwalts wie folgt:

> Das Corps des Militärgeneralstaatsanwalts überwacht die Einhaltung der Gesetze in der gesamten israelischen Armee und setzt diese durch. Es berät den Stabschef und alle Bereiche der israe-

1157 Gesetz zur Militärgerichtsbarkeit 1954/1955. Siehe auch Human Rights Watch: *Promoting Impunity: The Israeli Military's Failure to Investigate Wrongdoing* (Juni 2005) S. 39 ff.

lischen Armee in rechtlichen Dingen auf allen Gebieten, die das militärische, innerstaatliche und internationale Recht betreffen. Seine Aufgabe ist es, die israelische Armee gemäß den allgemeinen Prinzipien des Gesetzes und der Werte der Gerechtigkeit zu erziehen.[1158]

1793. Die Kommission merkt an, dass der Militärgeneralstaatsanwalt ein Offizier ist, der die Armee in rechtlichen Dingen berät und gleichzeitig gegen eben diese Armee Ermittlungen durchführt und Straftaten verfolgt. Die Kommission merkt auch an, dass die israelische Regierung versichert, dass der Militärgeneralstaatsanwalt, obwohl er Teil der Armee ist, mit voller fachlicher Unabhängigkeit arbeitet.

2. Einsatznachbesprechungen

1794. Artikel 539 (A) (a) des Gesetzes über die Militärjustiz definiert eine Einsatznachbesprechung als „ein von der Armee und nach den Befehlen und Regeln der Armee durchgeführtes Verfahren, das sich mit einem Vorfall befasst, der sich während oder in Verbindung mit einer Übung oder einem militärischen Einsatz ereignet hat".

1795. Einsatznachbesprechungen sind Rückblicke über Vorfälle und Operationen, an denen Soldaten derselben Einheit oder desselben Befehlsweges zusammen mit einem höheren Offizier teilnehmen. Sie sollen operationellen Zwecken dienen. Nach jeder militärischen Operation „soll eine Untersuchung stattfinden, um die Leistung der Truppen zu bewerten und in Erfahrung zu bringen, welche Aspekte beibehalten werden sollten und welche verbessert werden können."[1159] Sie sollen vertraulich behandelt werden, damit die Soldaten offen sprechen können. Die Erkenntnisse werden an das Büro des Militärgeneralstaatsanwalts übermittelt, der unter Umständen zu dem Schluss kommen kann, dass der begründete Verdacht besteht, dass ein Verbrechen verübt worden ist und der somit eine strafrechtli-

---

1158 http://dover.idf.il/IDF/English/units/other/advocate/Kommission/default.htm

1159 „Die Operation im Gaza ...", Abschnitt 291.

che Untersuchung anordnen kann. In dem Falle, dass eine strafrechtliche Untersuchung eröffnet wird und der Fall vor Gericht verhandelt wird, können jedoch die Aussagen der Einsatznachbesprechung nicht als Beweismittel verwendet werden (Artikel 539 (A) des Militärjustizgesetzes).

1796. Die Verwendung von militärischen Einsatznachbesprechungen als ein reguläres Werkzeug, um Vorfälle zu untersuchen, die aus militärischen Operationen entstanden sind, wurde nach einer offiziellen Änderung der Richtlinien im Jahr 2000[1160] zur Regel. Die neuen Richtlinien fielen zusammen mit einer Veränderung der Taktik beim Vorgehen gegen die Intifada hin zu einem Paradigma des bewaffneten Konflikts. Diese Veränderung der Richtlinien bedeutete auch, dass strafrechtliche Untersuchungen nicht unbedingt der erste Schritt waren, auch nicht wenn glaubwürdige Anschuldigungen wegen ernster Straftaten gegen Militärpersonen vorliegen.

1797. Das Büro des Militär-Generalstaatsanwalts kann die Protokolle der Einsatznachbesprechung einsehen und, falls es zum Schluss kommt, dass auf Grund der Zeugenaussagen von Soldaten während der Einsatznachbesprechung eine strafrechtliche Untersuchung gerechtfertigt ist, kann es eine solche anordnen. Eine strafrechtliche Untersuchung muss wieder von Neuem beginnen.

3. Besondere Ermittlungen

1798. Der Verteidigungsminister und der Chef des Generalstabs kann auch einen Offizier oder eine Gruppe von – häufig hochrangigen – Offizieren ernennen, um herausragende oder sensible Angelegenheiten zu untersuchen. Das Material, das in solchen besonderen Ermittlungen gesammelt wird, bleibt ebenfalls vertraulich und darf in

1160 Interview am 6. Juli 2009 mit Oberst a. D. Daniel Reisner in Genf. Siehe auch ein Interview mit ihm aus der Zeit, als er Assistent für Völkerrecht beim Militärgeneralanwalt und Chef der Abteilung für Völkerrecht bei den israelischen Streitkräften war, in *Promoting Impunity*..., S. 41; siehe auch B'Tselem, „Military police investigations during the al-Aqsa intifada" unter http://www.btselem.org/English/Accountability/Investigation_of_Complaints.asp

Gerichtsverfahren nicht als Beweismaterial verwendet werden. Der Sonderermittler macht jedoch Feststellungen und formuliert Empfehlungen. Strafrechtliche Ermittlungen können erst eingeleitet werden, wenn die Arbeit des Sonderermittlers abgeschlossen ist.

4. Strafrechtliche Untersuchungen

1799. Der Militärgeneralstaatsanwalts kann die Abteilung für strafrechtliche Untersuchungen anweisen, eine solche Untersuchung einzuleiten, wenn er zu der Auffassung kommt, dass es einen „begründeten Verdacht" gibt, dass Militärpersonen eine Straftat begangen haben.

1800. Gewöhnlich wird eine Zusammenfassung der Einsatznachbesprechungen an das Büro des Militärgeneralstaatsanwalts geschickt, aber er kann auch um Einsicht in die vollständigen Notizen ersuchen. Um eine strafrechtliche Untersuchung anzustrengen, berät sich der Militär-Generalstaatsanwalt gewöhnlich mit einem höheren General (Artikel 539 (A)(b)(4)(b) des Militärjustizgesetzes). Das Material der Einsatznachbesprechungen wird in einer strafrechtlichen Untersuchung nicht verwendet und bleibt den untersuchenden Behörden verborgen (Artikel 539 (A)(b)(4)).

1801. Eine Entscheidung des Militärgeneralstaatsanwalts, eine strafrechtliche Untersuchung anzustrengen oder dies zu unterlassen, kann vom Generalstaatsanwalt überprüft werden. Ein Beschwerdeträger oder eine NGO kann diesen Prozess anstoßen, indem sie einfach einen Brief direkt an den Generalstaatsanwalt schickt. Der Oberste Gerichtshof kann angerufen werden, um die Entscheidungen des Militär-Generalstaatsanwalts und des Generalstaatsanwalts zu überprüfen[1161].

1802. Ergebnis der Ermittlungen der Abteilung für strafrechtliche Untersuchungen sollte eine Akte sein, die abschließend dem Büro des Militär-Generalstaatsanwalts zugestellt wird. Der Militär-Generalstaatsanwalt kann die Entscheidung treffen, die Akte aus Mangel an

---

1161 „Die Operation im Gaza…", Abschnitt 300.

Beweisen zu schließen, sie für weitere Ermittlungen zurückzusenden oder Anklage zu erheben. Wenn Anklage erhoben wird, wird der Fall an ein Kriegsgericht beim Distrikt und den gesonderten Militärgerichtshöfen, die aus drei bis fünf Richtern bestehen, die in der Mehrzahl aus Offizieren bestehen müssen, weitergeleitet. Entscheidungen werden durch Mehrheitsbeschluss getroffen und müssen nicht begründet werden, „außer in Fällen, in denen das Militärjustizgesetz eine andere Regelung trifft" (Art. 392-393).

1803. Gegen eine Entscheidung eines Distrikts oder Sonderkriegsgerichts kann beim Militärberufungsgericht Berufung eingelegt werden, dessen endgültige Entscheidung vom Chef des Generalstabs nach Beratung mit dem Militär-Generalstaatsanwalt bestätigt werden muss. Israel hat berichtet, dass der Chef des Generalstabs in der Vergangenheit alle Urteile bestätigt hat, die ihm vorgelegt wurden[1162]. Opfer und ihre juristischen Vertreter können gegen eine Entscheidung, keine Anklage zu erheben, beim Militärgeneralstaatsanwalt und, falls sie dort erfolglos bleiben, beim Obersten Gerichtshof Einspruch erheben.

B. Juristische Bewertung

1804. Sowohl das humanitäre Völkerrecht als auch die internationalen Menschenrechtsnormen verpflichten Staaten eindeutig dazu, Vorwürfen wegen ernster Verstöße durch militärisches Personal, gleichgültig ob während militärischer Operationen oder nicht, nachzugehen und, falls notwendig, sie zu verfolgen. Diese Regel ist enthalten in Artikel 49 der Ersten Genfer Konvention, Artikel 50 der Zweiten Genfer Konvention, Artikel 129 der Dritten Genfer Konvention, Artikel 146 der Vierten Genfer Konvention und in Artikeln 2 und 6 der IPbpR (Internationaler Pakt über bürgerliche und politische Rechte) und Artikel 6 der Konvention gegen die Folter. Die Kommission betrachtet die Verpflichtungen der Staaten,

1162 Ibid.

Kriegsverbrechen und andere vorgeblich durch ihre Streitkräfte begangenen Verbrechen zu untersuchen und, falls notwendig, zu verfolgen, als eine Norm des internationalen Völkergewohnheitsrechts[1163].

1805. Das internationale Völkergewohnheitsrecht beinhaltet eine Verpflichtung, erhebliche Verstöße gegen die Genfer Konventionen zu untersuchen. Diese Verpflichtung folgt schon aus ihrem gemeinsamen Artikel 1, spezifischer aber aus ihren vorangehenden Regelungen. Artikel 146 (2) der Vierten Genfer Konvention legt fest, dass jede der Hohen Vertragsparteien dazu verpflichtet ist, gegen Personen zu ermitteln, „die der Begehung oder der Erteilung eines Befehles zur Begehung der einen oder andern dieser schweren Verletzungen beschuldigt sind" und „sie ohne Rücksicht auf ihre Staatsangehörigkeit vor ihre eigenen Gerichte zu ziehen".

1806. Im Rahmen der internationalen Menschenrechtsnormen gibt es eine analoge Verpflichtung zur Ermittlung. Artikel 2 IPbpR verpflichtet einen Vertragsstaat dazu, gegenüber allen Individuen auf seinem Territorium und innerhalb seiner Rechtsprechung die Rechte des Pakts zu wahren und zu schützen und auch Personen, deren Rechte verletzt sind, wirksame Rechtsmittel zur Verfügung zu stellen. Falls diese in Artikel 2 geforderten Rechte nicht gewährt werden, würde das eine weitere Verletzung des Paktes bedeuten,

> … falls ein Vertragsstaat Verletzungen gestattet oder wenn er es unterlässt, geeignete Vorkehrungen zu treffen oder es bei der Verhinderung, Bestrafung, Ermittlung und Wiedergutmachung des Schadens, der durch solche Handlungen seitens privater oder juristischer Personen an der notwendigen Sorgfalt fehlen lässt, […]
> Eine Unterlassung eines Staates, Vorwürfe wegen Verletzungen zu untersuchen, kann an sich einen separaten Bruch des Paktes bedeuten…[1164]

1163 Internationales Völkergewohnheitsrecht, Regel 158, S. 607; R/RN/4/2006/53, Abschnitte 33-43

1164 UN-Menschenrechtsausschuss, allgemeiner Kommentar 31 (2004), Abschnitte 8 und 15.

1807. Der UN-Menschenrechtsausschuss hat in mehreren Einzelfallentscheidungen, die Verstöße gegen das Recht auf Leben und die Unverletzlichkeit der Person betreffend, festgestellt, dass Untätigkeit bei der Ermittlung und Bestrafung der Täter eine Verletzung des Paktes darstellt. Im Fall *Bautista de Arellana v. Kolumbien* z. B. hat der Ausschuss festgestellt:

> … dass der Vertragsstaat der Pflicht unterliegt, angebliche Menschenrechtsverletzungen gründlich zu untersuchen, darunter insbesondere das Verschwinden von Personen und Verletzungen des Rechts auf Leben, und die Verantwortlichen strafrechtlich zu verfolgen, vor Gericht zu stellen und zu bestrafen. Diese Pflicht gilt umso mehr in Fällen, wo die Täter bereits identifiziert sind.[1165]

1808. Diese Verpflichtung des Humanitären Völkerrechts zu Ermittlungen gilt in gleichem Maße für Vorfälle während bewaffneter Konflikte. Im Fall *Isayeva v. Russland*, der eine Frau betraf, deren Verwandte in Tschetschenien durch wahllosen Granatenbeschuss durch russische Streitkräfte getötet worden waren, stellte der Europäische Gerichtshof für Menschenrechte fest, dass Artikel 2 der Europäischen Konvention anwendbar ist. Diese Bestimmung würde deshalb in Zusammenhang mit Artikel 1 („um jedem … das Recht und die Freiheiten der Konvention zu gewähren") fordern, dass „es irgendeine wirksame juristische Untersuchung geben muss, wenn Individuen in Folge von Gewaltanwendung getötet worden sind".[1166]

1809. Der Gerichtshof hat eine Reihe von Prinzipien angegeben, die bei einer solchen Untersuchung zu beachten sind: unter anderem die, dass die Autoritäten aus eigenem Antrieb handeln müssen, dass sie unverzüglich, unabhängig und effektiv handeln.

1165 Bautista de Arellana v. Kolumbien, Kommuniqué Nr. 563/1993, 27. Oktober 1995, Abschnitt 8.6; siehe auch José Vicente und Amado Villafañe Chaparro, Luís Napoleón Torres Crespo, Angel María Torres Arroyo and Antonio Hugues Chaparro Torres v. Kolumbien, Kommuniqué Nr. 612/1995, 29. Juli 1995, Abschnitt 8.8; Rajapakse v. Sri Lanka, Kommuniqué Nr. 1250/2004, 14. Juli 2006, Abschnitt 9.3.

1166 Case Isayeva v. Russland, Kommuniqué 57950/00, Urteil vom 24. Februar 2005, Abschnitt 209.

1810. Der Inter-Amerikanische Gerichtshof für Menschenrechte hat eine ähnliche Rechtsprechung etabliert.[1167]

1811. Die Kommission ist der Ansicht, dass die Pflicht, Anschuldigungen aufgrund ernsthafter Verletzungen des Rechts auf Leben und der Unverletzlichkeit der Person unter dem IPbpR nachzugehen, sich auch auf Anschuldigungen bei Handlungen im Umfeld eines bewaffneten Konfliktes erstreckt.

1812. Die Verpflichtung des Staates zu Untersuchungen ist auch in der Rechtsprechung des Israelischen Obersten Gerichtshofs fest verankert. Im Fall der gezielten Tötungen, der den Einsatz von Streitkräften in einem Kontext betraf, der als bewaffneter Konflikt eingestuft wurde, hat er festgestellt:

> ... nach einem Angriff auf einen Zivilisten, der zu der Zeit verdächtigt wurde, an Feindseligkeiten aktiv teilgenommen zu haben, muss (nachträglich) eine gründliche Untersuchung der Genauigkeit der Identifizierung des Ziels und der Umstände des Angriffs auf ihn durchgeführt werden. Diese Untersuchung muss unabhängig sein.[1168]

1813. Die Kommission stellt fest, dass Israel die Pflicht, Anschuldigungen wegen ernster Vergehen seiner Streitkräfte nachzugehen, nicht in Frage stellt. Im Gegenteil, es hat mehrfach festgestellt, dass das etablierte System von Untersuchungen wirksam ist.[1169]

1814. Es muss noch erwogen werden, ob Israel bei der Erfüllung seiner Verpflichtung, ernsten Verstößen nachzugehen, die universellen Prinzipien der Unabhängigkeit, Wirksamkeit, Bereitwilligkeit und Unparteilichkeit beachtet hat. Diese Prinzipien wurden in der Rechtsprechung von internationalen Gerichtshöfen für Menschenrechte entwickelt und sind unter den Staaten, die in den re-

---

1167 Siehe den Fall der *Ituango-Massaker v. Kolumbien* und den Fall der *Mapiripán-Massaker v. Kolumbien.*

1168 Public Committee against Torture in Israel et al. v. Government of Israel et al., Fall Nr. 769/02, 13. Dezember 2006, Abschnitt 40.

1169 „Die Operation im Gaza...“, Abschnitte 283ff.

levanten Gremien der Vereinten Nationen vertreten sind, unbestritten.[1170]

1815. Die Kommission ist der Ansicht, dass das von Israel zur Behandlung von ernsthaften Verfehlungen der Streitkräfte etablierte System, das oben beschrieben wurde, nicht mit allen dieser Prinzipien vereinbar ist.

1816. Das System ist bei der Behandlung von Verstößen und bei der Enthüllung der Wahrheit nicht wirksam. Hier weist die Kommission auf die Stellungnahmen des Oberst a.D. Ilan Katz hin, der bis März 2003 stellvertretender Militärgeneralstaatsanwalt war. Katz kritisierte den Einsatz von Einsatznachbesprechungen durch Kommandeure, um strafrechtliche Ermittlungen zu vermeiden. Berichten zufolge hat Oberst Katz auf einem Treffen des Komitees für Militär und Sicherheit der israelischen Anwaltsvereinigung gesagt:

> Vom Anfang des Aufstands bis August 2004 wurden etwa 90 Untersuchungen [der Militärpolizei-Abteilung für strafrechtliche Ermittlungen] von Todesfällen und Verletzungen bei Palästinensern eröffnet. Allein im letzten Jahr waren es etwa 70. Dies zeigt, dass ihnen klar wurde, dass die Einsatznachbesprechungen nicht dazu geführt haben, dass die Wahrheit ans Licht kam, worauf der [Militärgeneralstaatsanwalt] anordnete, mit den Untersuchungen zu beginnen. Ich war früher Teil der Strategie, die der Armee die Einsatznachbesprechungen gestattete, aber weil sie sich nicht an Regeln und Befehle hielt, hat die Armee die Nachbesprechungen nicht angemessen abgehalten. Dieses Werkzeug hat sich nicht bewährt.

1817. Oberst a.D. Katz gibt offenbar zu, dass das System die Forderung nach Promptheit nicht erfüllt. Selbst wenn der Militärgeneralstaatsanwalt letztlich entscheidet, eine strafrechtliche Ermittlung anzuord-

1170 Principles on the Effective Prevention and Investigation of Extrajudicial, Arbitrary and Summary Executions (Resolution des Wirtschafts- und Sozialrats 1989/65, Annex) and The Principles on the Effective Investigation and Documentation of Torture and Other Cruel, Inhuman or Degrading Treatment or Punishment (Resolution der Generalversammlung 55/89, Annex).

nen, ist eine Untersuchung zu diesem Zeitpunkt praktisch unmöglich:

> Wenn die Kommandeure eine Einsatznachbesprechung abhalten, zerstören sie den Schauplatz des Verbrechens und Monate später ist es schwer, Beweisspuren zu finden. Man kann nicht einmal mehr das Gewehr überprüfen, aus dem die Schüsse abgefeuert worden sind, weil zu dem Zeitpunkt, zu dem die Ermittlung beginnt, viele weitere Schüsse aus dem gleichen Gewehr abgefeuert worden sind. In manchen Fällen geht das Gewehr auch in andere Hände über und es ist sehr schwer, das nachzuverfolgen. Das Gesetz über Nachbesprechungen hat eine gewisse Logik, weil es die Glaubwürdigkeit der Einsatznachbesprechungen erhöht, aber die Art, wie es von Kommandeuren eingesetzt wird, um Ermittlungen zu verhindern, ist nicht sinnvoll.[1171]

1818. Die Kommission stellt fest, dass die israelische Regierung dem Bericht, in dem die obigen Behauptungen enthalten sind, nicht widersprochen hat. Die Behauptungen sind auch in Einklang mit anderen Einschätzungen. Human Rights Watch hat die Fälle begutachtet, die zwischen 2000 und 2004 untersucht worden sind, und kam zu dem Schluss, dass nur sehr wenige wirklich bis zu einer strafrechtlichen Ermittlung weiterverfolgt wurden und dass noch weniger mit Anklagen beendet wurden. In den Fällen, wo die Angeklagten verurteilt wurden, waren die Strafen merklich milder als diejenigen, die gegen palästinensische Täter ausgesprochen wurden. Die Organisation Yesh Din kam in ihrer Studie von Fällen zwischen 2000 bis Ende 2007 zu ähnlichen Schlüssen.[1172]

1819. Einsatznachbesprechungen, die dem Zweck dienen, die Leistung bei Operationen zu würdigen, sind kein geeignetes Werkzeug, Anschuldigungen wegen ernster Verletzungen von Menschenrechten und humanitärem Recht nachzugehen. Die Kommission hat den Ein-

---

1171 Maariv, „The MPCID does not know how to do its job", 1. Januar 2005, zitiert in Yesh Din: Volunteers for Human Rights, *Exceptions: Prosecution of IDF Soldiers during and after the Second Intifada, 2000-2007 (September 2008), S. 23.*

1172 *Promoting Impunity…, S. 100ff; Exceptions: Prosecution…, S. 33ff; siehe auch B'Tselem,* „Military police investigations during the al-Aqsa intifada", auf http://www.btselem.org/English/Accountability/Investigatin_of_Complaints.asp

druck gewonnen, dass etablierte Methoden strafrechtlicher Ermittlungen wie die Untersuchung des Tatorts, Interviews mit Zeugen und Opfern und die Bewertung nach etablierten rechtlichen Standards nicht angewandt wurden. Die Einsatznachbesprechungen sowie die fünf Untersuchungen von Vorfällen während der Militäroperationen in Gaza im Dezember und Januar durch „Experten“ der israelischen Streitkräfte haben sich ausschließlich auf Interviews mit israelischen Offizieren und Soldaten gestützt. Die Ermittlungen genügten deshalb den geforderten rechtlichen Standards nicht.

1820. Die israelischen Streitkräfte haben angegeben, über 100 „militärische Untersuchungen“ wegen angeblicher Verfehlungen während der Militäroperation im Gazastreifen durchgeführt zu haben. Etwa 13 strafrechtliche Ermittlungen sind eröffnet worden. Auf der Basis der Umstände und der ihr vorliegenden Fakten ist die Kommission der Auffassung, dass eine Verzögerung von sechs Monaten vor Beginn der Ermittlungen angesichts der schweren Vorwürfe durch zahlreiche Personen und Organisationen eine unzulässige Verzögerung darstellt.

1821. Amnesty International hat über die öffentlichen Ergebnisse der Ermittlungen der israelischen Streitkräfte von Vorfällen während der Militäroperationen geschrieben:

> Die veröffentlichten Informationen beziehen sich nur auf eine handvoll Fälle, und es fehlt an wesentlichen Details. Meistens wiederholen sie Behauptungen, wie sie von der Armee und den Behörden schon oft seit den frühen Tagen der Operation „Gegossenes Blei“ gemacht worden sind, aber sie liefern keine Beweise, um die Anschuldigungen zu stützen. Es wird nicht einmal versucht, die überwältigende Überzahl von zivilen Toten oder die massive Zerstörung von zivilen Gebäuden im Gaza zu erklären.[1173]

1822. In dieser Hinsicht erinnert die Kommission an die Empfehlungen des Komitees gegen die Folter an die Adresse Israels, „eine unabhängige Untersuchung durchzuführen, um eine zügige, unabhän-

1173 Israel/Gaza: Operation „Cast Lead“: 22 days…, S. 93.

gige und vollständige Ermittlung" der Verantwortung von staatlich und nicht-staatlich Handelnden während des Krieges sicherzustellen. Diese Empfehlung wurde geäußert, nachdem Israel die Ergebnisse der fünf „Sonderermittlungen" im April 2009 veröffentlicht hat.[1174]

1823. Auf der Basis der obigen Überlegungen und der Informationen, die der Kommission vorliegen, ist die Kommission der Auffassung, dass die Tatsache, dass es Israel selbst sechs Monate danach nicht gelungen ist, zügige, unabhängige und unparteiische Untersuchungen anzustrengen, eine Verletzung seiner Verpflichtung darstellt, Anschuldigungen wegen Kriegsverbrechen, anderer Verbrechen und anderer erheblicher Verletzungen des Völkerrechts ernsthaft nachzugehen.

1824. Die Israel bindende Pflicht, Verletzungen der Menschenrechte zu verhindern, zu untersuchen und zu bestrafen, gilt auch für seine Aktionen und Unterlassungen im Westjordanland. Zu solchen Verpflichtungen gehört die Pflicht, geeignete Maßnahmen zu ergreifen oder die notwendige Sorgfalt walten zu lassen, um Schaden durch Privatpersonen zu verhindern, zu untersuchen und wieder gut zumachen.[1175] Wie oben ausgeführt, hat die Kommission keine Informationen über die Einleitung von strafrechtlichen und anderen Untersuchungen aufgrund von Gewaltakten gegen Palästinenser im Westjordanland, einschließlich Ostjerusalem, in Zusammenhang mit den Militäroperationen im Gazastreifen erhalten. Israel tut anschei nend wenig, um Palästinenser vor der Gewalt von Siedlern zu schützen und, wenn Untersuchungen eröffnet werden, sind sie Berichten zufolge sehr langwierig und haben keine Anklagen zur Folge. Yesh Din berichtet, dass mehr als 90% der Ermittlungen wegen Gewalt durch Siedler ohne Anklageerhebung beendet werden.

1825. Wenn Siedler verurteilt werden, sind die Urteile den Berichten zufolge sehr milde.[1176] Diese Praxis hebt sich scharf ab gegen die harsche Behandlung und Bestrafung, die Palästinensern zugemessen

1174 CAT/C/ISR/CO/4, Abschnitt 29.

1175 UN-Menschenrechtsausschuss, allgemeiner Kommentar Nr. 31 (2004), Abschnitt 8.

1176 Yesh Din, „Law enforcement upon Israeli civilians in the OPT: Yesh Din's monitoring", Faktensammlung, Juli 2008.

wird, die Israelis Schaden zugefügt haben. Dies ist als diskriminierend beschrieben worden.[1177] Ebenso kommt es sehr selten vor, dass gegen Mitglieder der Sicherheitskräfte Anklage erhoben wird, die Gewalttaten an Palästinensern begehen, auch im Falle von Tötungen, schweren Verletzungen und anderen Misshandlungen. Die der Kommission vorliegenden Informationen deuten auf einen systematischen Mangel an Rechenschaftspflicht für solche Handlungen bei Mitgliedern der Sicherheitskräfte hin.[1178]

1826. Die israelische Regierung berichtet auch, dass im Oktober 2007 das Büro des Militäranwalts für operationelle Angelegenheiten gegründet wurde, um Fälle von Fehlverhalten seitens israelischer Soldaten gegenüber palästinensischen Zivilisten zu untersuchen. Diese besondere militärische Einheit zur Strafverfolgung erlaubt es, in allen Fällen automatisch strafrechtliche Ermittlungen einzuleiten. Im Ergebnis hat sich Regierungsberichten zufolge die Zahl der begonnenen strafrechtlichen Ermittlungen wegen Misshandlungen von Palästinensern in den Jahren 2007 und 2008 mehr als verdoppelt: von 152 im Jahr 2006 auf 351 im Jahr 2007 und 323 im Jahr 2008.[1179] Es wurden jedoch keine Zahlen darüber geliefert, wie viele dieser Ermittlungen in Anklagen und Verurteilungen mündeten und für welche Delikte die betreffenden Personen letztlich verurteilt wurden.

1827. Dasselbe Papier der israelischen Regierung stellt fest, dass es in allen Militärgerichten zusammengenommen von Januar 2002 bis einschließlich Dezember 2008 1.467 strafrechtliche Ermittlungen gegeben hat, die zu 140 Anklagen führten. Bis Dezember 2008 sind 103 Angeklagte verurteilt worden, zehn Fälle waren noch in der Schwebe. Während der ersten sechs Monate im Jahr 2009 sind 123 strafrechtliche Ermittlungen eröffnet worden, die bislang zu zehn Anklagen geführt haben.[1180] Dieser Information wird widersprochen, außerdem ist sie unvollständig.

1177 B'Tselem, „Handling of complaints of settler violence", abrufbar unter:: http://www.btselem.org/english/Settler_Violence/Law_Enforcement.asp

1178 Siehe Kapitel XXI

1179 „Die Operation in Gaza…", Abschnitte 294-295

1180 Ebenda, Abschnitt 293.

1828. Yesh Din weist darauf hin, dass die begrenzte Anzahl von Anklagen in der Praxis zu noch weniger Verurteilungen führt. Die meisten Verurteilungen erfolgen für Delikte, die den Grad der Schwere der Aktion nicht widerspiegeln. So wurden zum Beispiel von September 2000 bis Ende 2007 nur 135 Soldaten angeklagt, von denen bis Mitte 2008 nur 113 verurteilt worden sind. Nur 22 wurden einem echten Strafverfahren vor einem Kriegsgericht unterzogen; 95 wurden auf der Basis ihrer Geständnisse verurteilt. Aber es waren 73 Soldaten, die sich zu korrigierten Fassungen der Anklageschriften bekannten und deshalb wegen weniger schwerwiegender Delikte verurteilt wurden. Diese Situation wird teilweise dem System der Verständigung im Strafverfahren zugeschrieben, das offiziell in Israel gilt, sowie der Bereitwilligkeit des Militärstaatsanwalts, sich im Hinblick auf die Schwierigkeiten bei der Sammlung von Beweismaterial auf weniger schwere Delikte und Strafmaße einzulassen, das die ursprüngliche Anklage stützen könnte.[1181]

1829. Ein weiterer Faktor ist die unprofessionelle Weise, in der strafrechtliche Ermittlungen durchgeführt werden, die es praktisch unmöglich macht, die Vorwürfe über berechtigte Zweifel hinaus zu belegen. Kriegsgerichte haben diese Ermittlungen wiederholt kritisiert. Die militärischen Ermittler scheinen nicht daran interessiert zu sein, Opfer oder Zeugen zu interviewen, und die Qualität des gesammelten Beweismaterials ist schlecht.[1182]

1830. Die Änderung des Vorgehens seit 2000, als beschlossen wurde, dass vollwertige strafrechtliche Ermittlungen erst nach „Einsatznachbesprechungen" möglich sind, bedeutet, dass strafrechtliche Ermittlungen in der Praxis frühestens sechs Monate nach dem fraglichen Vorfall beginnen können. Nach so langer Zeit kann das Beweismaterial verfälscht oder nicht mehr verfügbar sein.

1831. Die Kommission ist der Ansicht, dass ein Hilfsmittel, das dafür gedacht ist, Leistung zu bewerten und daraus für künftige Aktionen zu lernen, kaum einen effektiven und unparteiischen Mechanismus für Ermittlungen darstellen kann, den man nach jeder Militäroperation,

1181 Exceptions: Prosection …, Seiten 33-35.
1182 Ebenda, Seiten 27-28.

bei der es Vorwürfe wegen ernster Verstöße gegeben hat aktivieren sollte. Eine solche Ermittlung entspricht nicht den international anerkannten Prinzipien von Unabhängigkeit, Unparteilichkeit, Effizienz und Unverzüglichkeit. Die Tatsache, dass echte strafrechtliche Ermittlungen erst nach einer „Einsatznachbesprechung" beginnen können, ist ein erheblicher Fehler im israelischen Untersuchungssystem.

1832. Die Kommission stellt abschließend fest, dass es ernste Zweifel am Willen Israels gibt, echte Ermittlungen auf unparteiische, unabhängige, unverzügliche und effektive Weise durchzuführen, wie es vom Völkerrecht verlangt wird. Die Kommission ist auch der Ansicht, dass das israelische System inhärent diskriminierende Elemente enthält, die es Palästinensern nachweisbar sehr schwer machen, Gerechtigkeit zu erlangen.

1833. In diesem Zusammenhang stellt die Kommission fest, dass das Büro des Chefanklägers des Internationalen Strafgerichtshofs am 21. Januar 2009 eine Erklärung des folgenden Wortlauts erhalten hat: „Gemäß der Bestimmungen von Artikel 12, Abschnitt 3 des Statuts des Internationalen Strafgerichtshofs erkennt die Regierung von Palästina hiermit die Rechtsprechung des Gerichtshofes an mit dem Ziel, die Täter und Komplizen der Verbrechen, die auf palästinensischem Gebiet seit dem 1. Juli 2002 begangen worden sind, zu identifizieren, gegen sie Anklage zu erheben und sie abzuurteilen."

1834. Artikel 12 des Rom-Statuts-Voraussetzungen für die Ausübung der Gerichtsbarkeit – lautet wie folgt:

1. Ein Staat, der Vertragspartei dieses Statuts wird, erkennt damit die Gerichtsbarkeit des Gerichtshofs für die in Artikel 5 bezeichneten Verbrechen an.
2. Im Fall des Artikels 13 Buchstabe a oder c kann der Gerichtshof seine Gerichtsbarkeit ausüben, wenn einer oder mehrere der folgenden Staaten Vertragspartei dieses Statuts sind oder in Übereinstimmung mit Absatz 3 die Gerichtsbarkeit des Gerichtshofs anerkannt haben:
   a) der Staat, in dessen Hoheitsgebiet das fragliche Verhalten stattgefunden hat, oder, sofern das Verbrechen an Bord ei-

nes Schiffes oder Luftfahrzeugs begangen wurde, der Staat, in dem dieses registriert ist;

b) der Staat, dessen Staatsangehörigkeit die des Verbrechens beschuldigte Person besitzt.

3. Ist nach Absatz 2 die Anerkennung der Gerichtsbarkeit durch einen Staat erforderlich, der nicht Vertragspartei dieses Statuts ist, so kann dieser Staat durch Hinterlegung einer Erklärung beim Kanzler die Ausübung der Gerichtsbarkeit durch den Gerichtshof in Bezug auf das fragliche Verbrechen anerkennen. Der anerkennende Staat arbeitet mit dem Gerichtshof ohne Verzögerung oder Ausnahme in Übereinstimmung mit Teil 9 zusammen.

1835. Der Ankläger kann festlegen, dass für die Zwecke von Artikel 12, Abschnitt 3, Palästina nach dem internationalen Völkergewohnheitsrecht als „Staat" zu betrachten ist.

XXVII. Handlungen der palästinensischen Behörden

A. Handlungen bezüglich des Gazastreifens

1836. Die Behörden im Gaza sind dafür verantwortlich, sicherzustellen, dass effektive Maßnahmen ergriffen werden, damit der Rechenschaftspflicht bezüglich der Verletzungen des Humanitären Völkerrechts durch bewaffnete Gruppen, die im Gaza-Streifen bzw. vom Gaza-Streifen aus agieren, genügt wird. Die Kommission weist darauf hin, dass eine solche Verantwortlichkeit für jede Ordnungsinstanz gelten würde, die im Gaza-Streifen regierungsähnliche Funktionen ausübt.

1837. Das *International Centre for Human Rights* berichtet, dass im Gazastreifen Aktionen bezüglich der Rechenschaftspflicht auf die Bildung von Komitees beschränkt sind, die einige Menschenrechtsverletzungen beobachten und über sie berichten.[1183]

1838. Jedoch gibt es keinen Beleg für irgendein System, das der Beobachtung und der Rechenschaftspflicht bezüglich ernster Verletzungen des humanitären Völkerrechts dient. Die Kommission hat glaubwür-

1183 ICHR, Vierzehnter Jahresbericht, S. 179ff. In Bezug auf die innere Gewalt wies Al-Mezan darauf hin, dass „vorhergehende Untersuchungskommissionen die gebildet wurden, um diese Verstöße zu untersuchen, ihre Ergebnisse nicht veröffentlicht haben, was zur Wiederholung der Verstöße beigetragen hat" („Al-Mezan begrüßt die Entscheidung des Premierministers im Gaza, die Empfehlungen der Untersuchungskommission anzunehmen, Täter zu entlassen und vor Gericht zu bringen", 1. April 2009). In ähnlicher Weise beklagte das PHCR (Palästinensisches Zentrum für Menschenrechte) „das Versagen der palästinensischen Behörden, irgendetwas gegen die Täter zu unternehmen oder das Ergebnis von Untersuchungen zu veröffentlichen. Dies trägt zur Ausbreitung solcher Verbrechen bei." („PCHR verlangt eine Untersuchung des Todes eines Zivilisten, der von Mitgliedern des Geheimdienstes im Gaza gefoltert worden ist, Pressemitteilung, 25. März 2009).

dige Berichte über solche Verletzungen gehört, die in anderen Teilen dieses Berichts diskutiert werden. Die Kommission ist besonders besorgt über die durchgängige Missachtung des humanitären Völkerrechts bei den gegen Israel gerichteten Aktivitäten vonseiten aller bewaffneter Gruppen im Gazastreifen.

1839. Die Kommission stellt fest:

(a) Am 10. Juli 2008 wurde von der BBC berichtet, dass „Hamas-Sicherheitskräfte" zwei Mitglieder der Al-Aqsa Märtyrerbrigaden festgenommen hatten, die am Tag zuvor Raketen auf Israel abgeschossen hatten.[1184] Demselben Bericht zufolge sagten die Al-Aqsa Märtyrerbrigaden, dass Mitglieder der Hamas-Sicherheitskräfte zwei ihrer Mitglieder verfolgt und „entführt" hätten. Später, am 10. Juli 2008, berichtete Reuters, dass weitere vier Mitglieder der Al-Aqsa Märtyrerbrigaden von der Hamas festgenommen wurden, während sie versuchten, Raketen nach Israel abzuschießen.[1185]

(b) Am 9. März 2009 hat der Islamische Jihad bekanntgegeben, dass interne Sicherheitskräfte zehn seiner Mitglieder festgenommen und sie gezwungen haben, vor ihrer Freilassung Erklärungen zu unterschreiben, dass sie damit aufhören würden, Raketen auf Israel abzuschießen.[1186]

(c) Am 13. März 2009 wurde ein Beamter der Behörden in Gaza mit der Aussage zitiert, dass die Sicherheitskräfte jeden verfolgen und verhaften würden, der im Verdacht steht, Raketen auf Israel zu schießen, weil „die Raketen zur falschen Zeit abgefeuert worden sind"[1187]

(d) Am 11. Juli 2009 hat der Islamische Jihad eine Erklärung herausgegeben, die versicherte, dass zwei seiner Mitglieder von „in-

1184 BBC News, „Gaza militants fire two rockets", 10. Juli 2008, unter: http://news.bbc.co.uk/2/hi/middle_east/7500322.stm

1185 Reuters, „Hamas arrests militants after rocket fire", 10. Juli 2008, unter: http://www.reuters.com/article/latestCrisis/idUSL103182282

1186 Ynet News, „Islamic Jihad: Hamas arrested 10 of our men", 9, März 2009, auf: http://www.ynetnews.com/articles/0,7340,L-3683385,00.html; s.a. BBC News, "Hamas threatens rocket militants", 12. März 2009, unter: http://news.bbc.co.uk/2/hi/middle_east/7940371.stm

1187 World Tribune, „Hamas cracks down on the unauthorized, random firing of rockets at Israel", 13. März 2009.

ternen Sicherheitsbeamten“ verhaftet worden seien, als sie den Abschuss von Mörsergranaten auf Israel vorbereiteten.[1188]

1840. Soweit es Vorkommnisse von Tötungen, Folter und Misshandlungen innerhalb des Gazastreifens in Verbindung mit oder im Kontext von militärischen Operationen betrifft[1189], haben die Behörden im Gaza erklärt, dass sie Vorwürfe von Misshandlungen untersucht und herausgefunden haben, dass die Vorfälle „Racheakte zwischen Familien“ oder „individuelle Racheakte“ darstellten. Durch die zuständigen Agenturen ließen die Behörden erklären, dass sie „unmittelbar nach dem Krieg Untersuchungen dieser Vorfälle angestrengt haben“ und bei den zuständigen Gerichten Anklagen erhoben haben.[1190] Trotz dieser Erklärung und aller Aktionen, die die Behörden in Gaza möglicherweise unternommen haben, von denen die Kommission keine Kenntnis hat, ist sie der Auffassung, dass diese Anschuldigungen weitgehend unaufgeklärt geblieben sind.

1841. Die Kommission hat die oben angeführten Medienberichte berücksichtigt, ist aber nicht davon überzeugt, dass die Behörden echte und effektive Initiativen unternommen haben, um die die ernsten Verletzungen des humanitären Völkerrechts bei der Durchführung von bewaffneten Aktionen militanter Gruppen im Gazastreifen anzugehen. Die Kommission hat auch keine Belege erhalten von Verhaftungen, Untersuchungen oder Strafverfolgung in Verbindung mit den ernsten Verletzungen – die Anschuldigungen sind im Detail in anderen Teilen dieses Berichts wiedergegeben – der unabweisbaren Normen des Völkerrechts gegenüber palästinensischen Zivilisten in Gaza oder israelischen Zivilisten.

1842. Die Kommission ist sich bewusst, dass die Hamas weiterhin alle gegen Israel gerichteten bewaffneten Aktivitäten als Widerstand gegenüber der Besatzung und ihrer Praktiken und deshalb als legitimes Recht des palästinensischen Volkes betrachtet. Die Kommission erkennt das Recht des palästinensischen Volkes auf Selbstbestimmung

---

1188 Haaretz, “Hamas nabs two Islamic Jihad preparing to fire mortars at Israel”, 11. Juli 2009.

1189 Siehe Kapitel XX

1190 Schriftliche Antwort auf eine von der Kommission vorgelegte Fragenliste, Juli 2009, in den Akten des Kommissionssekretariats.

in vollem Umfang an, in Einklang mit der Charta der Vereinten Nationen und internationalen Menschenrechtskonventionen. Sie erkennt auch an, dass Organisationen der Vereinten Nationen und andere Organisationen wiederholt auf Praktiken der israelischen Besatzung hingewiesen haben, die Palästinenser ihrer Menschenrechte und ihrer grundlegenden Freiheiten berauben. Dennoch wiederholt die Kommission energisch, dass die unabweisbaren Normen des Völkergewohnheitsrechts, sowohl der internationalen Menschenrechtsgesetze als auch des humanitären Völkerrechts, auch für alle Aktionen gelten, die in Antwort auf oder als Abwehr gegen Menschenrechtsverletzungen unternommen werden.

B. Handlungen in Bezug auf Aktionen im Westjordanland

1843. Die Palästinensische Autonomiebehörde (PA) hat die Pflicht, in den von ihr kontrollierten Gebieten die Menschenrechte und das humanitäre Völkerrecht zu respektieren und zu schützen. Sie unterliegt der Pflicht, gegen die eines ernsten Verbrechens Beschuldigten zu ermitteln und sie gegebenenfalls strafrechtlich zu verfolgen. Sie hat die allgemeine Pflicht, denjenigen, die geltend machen, dass ihre Rechte verletzt worden sind, effektive Rechtsmittel bereitzustellen.

1844. Artikel 32 des palästinensischen Grundgesetzes legt fest:

> Jede Verletzung irgendeiner persönlichen Freiheit, der Unverletzlichkeit des Privatlebens der Menschen oder eines der Rechte oder Freiheiten, die durch das Gesetz oder dieses Grundgesetz garantiert sind, muss als Verbrechen betrachtet werden. Strafrechtliche und zivile Gerichtsverfahren, die aus solchen Verletzungen entstehen, sollen keiner Beschränkung unterworfen sein. Die PA muss denjenigen, die von einem solchen Schaden betroffen sind, einen fairen Rechtsbehelf bieten.

1845. In seinem Bericht von 2008 spricht das ICHR das System der Rechenschaftspflicht in den besetzten palästinensischen Gebieten einschließlich des Westjordanlandes und des Gazastreifens an. Opfer von Verletzungen können beim Generalstaatsanwalt eine Petition einreichen, der dem Gesetz zufolge Untersuchungen beginnen sollen. Durch ein Zivilverfahren können von der PA Entschädigungen verlangt und erhalten werden. Im Westjordanland gilt immer noch das jordanische Strafgesetzbuch von 1960. Dort gibt es auch Regelungen für das Erzwingen von gerichtlichen Regelungen und Urteilen (Artikel 106 des Grundgesetzes).

1846. Das Grundgesetz gibt dem Palästinensischen Legislativrat das Recht, Ermittlungsausschüsse einzusetzen, um beliebige Angelegenheiten von allgemeiner Bedeutung zu untersuchen (Art. 58), einschließlich der Menschenrechte und der Freiheiten. Der ICHR beobachtet, dass bei keinem der wenigen Ausschüssen, die zur Klärung von Menschenrechtsthemen eingesetzt wurden, die Erkenntnisse oder Empfehlungen in strafrechtliche Ermittlungen umgesetzt wurden.[1191] Es scheint, dass es, mit wenigen Ausnahmen, eine gewisse Toleranz gegenüber Verletzungen der Menschenrechte beim politischen Gegner gibt, was einen Mangel an Rechenschaftspflicht für solche Aktionen zur Folge hat.[1192]

1847. Das Innenministerium hat auch einige Beschlüsse des Obersten Gerichtshofs ignoriert, einige Gefangene freizulassen und einige Vereine wieder zuzulassen, die von der Regierung geschlossen worden waren. Die Polizei hat einen internen Mechanismus von Disziplinarstrafen etabliert, nach dem im Jahr 2008 insgesamt 430 Polizisten bestraft wurden. Aber die vorbeugenden Sicherheitsagenturen und die Geheimdienste haben keine analogen Maßnahmen ergriffen.[1193]

1848. Die Kommission hat von der PA Informationen über alle Ermittlungen angefordert, die sie nach Anschuldigungen wegen Verstößen seitens Mitglieder der palästinensischen Sicherheitskräfte in Gebieten unter ihrer Rechtsprechung angestrengt haben. Die PA hat in

---

1191 ICHR, Vierzehnter Jahresbericht, S. 182.

1192 Siehe Kapitel XXIII.

1193 ICHR, Vierzehnter Jahresbericht, S. 185.

ihrer Antwort auf die Fragenliste der Kommission dazu keine Informationen geliefert. Unter diesen Umständen ist die Kommission nicht imstande, die Maßnahmen der PA als ausreichend zu betrachten, um Verursacher erheblicher Verstöße gegen das Völkerrecht zur Rechenschaft zu ziehen, und ist der Auffassung, dass sie der Verantwortung, die Rechte der Menschen zu schützen, wie sie der von der PA beanspruchten Autorität entsprechen würde, mit größerem Engagement gerecht werden muss.

XXVIII. Universale Rechtsprechung

1849. Auf ihrer Suche nach Gerechtigkeit haben Opfer von erheblichen Menschenrechtsverletzungen oft in anderen Ländern nach Haftungsmechanismen gesucht, wenn es zu Hause keine gab oder die verfügbaren keine wirksamen Mittel boten. Das Prinzip der Universalität, das besagt, dass internationale Verbrechen, die fundamentale menschliche Werte verletzen, die ganze internationale Gemeinschaft betreffen, liegt der Ausübung des Strafrechts in vielen Staaten zugrunde. Die Ausübung des Strafrechts auf der Basis des Universalitätsprinzips betrifft besonders schwere Verbrechen, ungeachtet des Tatorts, der Nationalität des Täters oder der Nationalität des Opfers. Diese Form der Rechtsprechung konkurriert mit anderen, die auf eher traditionellen Prinzipien wie der Territorialität, der aktiven und passiven Nationalität beruhen und ist ihnen nicht untergeordnet.

1850. Es ist heute unumstritten, dass Staaten ihren Gerichten das Recht der universalen Rechtsprechung über internationale Verbrechen übertragen können, etwa Kriegsverbrechen, Verbrechen gegen die Menschlichkeit und Völkermord.[1194] Jedoch gibt es Kontroversen über die Bedingungen und Anforderungen für das Ausüben dieser Rechtsprechung und besonders über die Frage, ob sich der Beschuldigte physisch auf dem Territorium des anklagenden Staates aufhalten muss oder nicht.

1851. Unter gewissen Bedingungen ist die universelle Rechtsprechung auch für die Vertragsstaaten verpflichtend. So etwa im Fall der Vierten Genfer Konvention, deren Artikel 146 fordert, dass jede der Hohen Vertragsparteien „nach Personen sucht, die beschuldigt sind, solche schweren Verstöße begangen zu haben oder dazu den Befehl gegeben haben“ und solche Personen ungeachtet ihrer Nationalität vor ihre eigenen Gerichte bringt.

1852. Artikel 5 der Konvention gegen die Folter fordert, dass Vertragsstaaten Maßnahmen ergreifen, die eine Rechtsprechung über das Ver-

1194 Siehe Humanitäres Völkergewohnheitsrecht …, Regel 157, S. 604.

brechen der Folter und die Komplizenschaft oder Mittäterschaft bei Folter ermöglichen, wenn der beschuldigte Täter sich auf einem ihrer Rechtsprechung unterstehenden Territorium befindet.

1853. Viele Länder auf der ganzen Welt haben das Prinzip der universalen Rechtsprechung in ihre nationale Gesetzgebung integriert, darunter Australien, Bangladesch, Belgien, Costa Rica und Spanien.

1854. In Verbindung mit vergangenen Ereignissen in den besetzten palästinensischen Gebieten hat die Kommission Kenntnis von einem Fall, der vor einem spanischen Gericht anhängig ist. Hierbei geht es um die Tötung des Hamas-Führers Salah Shehadeh am 22. Juli 2002 durch eine 100-Kilogramm-Bombe, die von einem israelischen F-16 Flugzeug abgefeuert worden ist. Der Angriff hat auch eine Anzahl anderer Menschen im gleichen Haus und im Nachbarhaus getötet. Der ermittelnde Richter ließ den Fall zur Ermittlung auf der Basis des Universalitätsprinzips zu, nachdem er festgestellt hatte, dass das interne israelische System die Erfordernisse eines Rechts auf wirksame Rechtsmittel nicht erfüllte. Die Entscheidung wurde durch die Berufungskammer aufgehoben. Gegen diese Entscheidung wurde Berufung eingelegt, sodass der Fall jetzt vor dem Obersten Gerichtshof liegt.[1195]

1855. Es gibt andere Fälle, die bei nationalen Gerichten mehrerer europäischer Staaten anhängig sind, etwa den Niederlanden[1196] und Norwegen[1197]. In Südafrika wird eine Anzeige von der nationalen Strafverfolgungsbehörde in Betracht gezogen.[1198]

1195 Auto, 4. Mai 2009, Juzgado Central de Instrucción No. 4, Audiencia Nacional; Auto No. 1/09, 9. Juli 2009, Sala de lo Penal Pleno, Audiencia Nacional.

1196 PCHR, „Torture victim seeks prosecution of former head of Israeli general security services", Pressemitteilung, 6. Oktober 2008, unter http://www.pchrgaza.org/files/PressR/English/2008/92-2008.html. Der Fall wird unter Artikeln 6 und 7 der Anti-Folter-Konvention behandelt.

1197 Spiegel Online International, „War crimes in Gaza? Palestinian lawyers take on Israel", 6. Mai 2009, unter: http://www.spiegel.de/international/world/0,1518,628773,00.html. Rechtsanwälte in Norwegen streben einen Haftbefehl gegen mehrere ranghohe israelische Beamte an.

1198 Die Anzeige gegen mehr als 70 Personen wurde von Organisationen der Zivilgesellschaft gemäß einem südafrikanischen Gesetz gestellt, das das Rom-Statut zu geltendem Recht macht und die Verfolgung von Kriegsverbrechen und Verbrechen gegen die Menschlichkeit zu einer rechtlichen Verpflichtung erhebt.

1856. Strafrechtliche Ermittlungen und Strafverfolgung durch andere Länder als Israel sind auf der Basis des Prinzips der Nationalität des Rechtsbrechers möglich. Mehrere Länder geben ihren Gerichtshöfen die Möglichkeit zur Rechtsprechung über ihre Staatsangehörigen ungeachtet des Ortes, wo die Tat begangen worden ist. Zum Beispiel verpflichtet Artikel 5 der Konvention gegen die Folter Vertragsstaaten zur Rechtsprechung bezüglich der in ihr definierten Verbrechen, wenn der Rechtsbrecher ein Staatsangehöriger ist.

1857. Die Kommission ist der Ansicht, dass die universelle Rechtsprechung ein effizientes Werkzeug sein kann, um das Völkerrecht und internationale Menschenrechtsgesetze durchzusetzen, Straflosigkeit zu verhindern und die internationale Rechenschaftspflicht zu fördern. Angesichts des wachsenden Unwillens seitens Israel, strafrechtliche Ermittlungen zu beginnen, die internationalen Standards genügen und eine gerichtliche Rechenschaftspflicht bezüglich seiner militärischen Aktionen in den besetzten palästinensischen Gebieten einzuführen und bis zu einem Zeitpunkt, an dem Klarheit darüber besteht, ob der Internationale Strafgerichtshof über mutmaßliche Verbrechen, die in den besetzten palästinensischen Gebieten einschließlich dem Gaza begangen worden sind, Rechtsprechung ausüben wird, unterstützt die Kommission den Rückgriff auf die universelle Rechtsprechung als einen Weg für Staaten, bei Verletzungen von Bestimmungen über schwere Verstöße der Genfer Konvention von 1949 zu ermitteln, Straflosigkeit zu verhindern und die internationale Rechenschaftspflicht zu fördern.

XXIX. Reparation

1858 Das Ausmaß des Schadens und der Zerstörung, das palästinensischem Leben und Eigentum sowie palästinensischen Zivilobjekten zugefügt worden ist, war erheblich. Die PA schätzte im März 2009 die Gesamtkosten für Notmaßnahmen und Wiederaufbau auf 1326 Millionen US-Dollar.[1199] Zu dieser Summe sollten die indirekten Kosten für die gesundheitlichen Folgen bei Menschen und Tieren sowie die Kosten für die Umweltfolgen und den Verlust an wirtschaftlichen Möglichkeiten hinzugefügt werden. Die Höhe dieses Schadens ist noch nicht geschätzt worden.

1859. Die internationale Gemeinschaft, bilaterale Geber und multilaterale Organisationen (einschließlich der spezialisierten Agenturen, Programme und Fonds der Vereinten Nationen) haben auf die dringenden Bedürfnisse des palästinensischen Volkes im Gaza-Streifen reagiert. Eine Anzahl von Entwicklungshilfe-NGOs, die im Gaza-Streifen aktiv sind, haben ihre Anstrengungen verdoppelt. Der Gaza Flash-Appell von 2009,[1200] herausgegeben von Hilfsagenturen, die im Gaza-Streifen arbeiten, forderte zur Aufbringung von 613 Millionen US-Dollar auf, um während einer Periode von neun Monaten dringend notwendige lebensrettende Projekte und rasch notwendige Reparaturen an der Infrastruktur durchführen zu können. Bis Mitte 2009 konnte nur ein Bruchteil dieser Forderungen erfüllt werden. Der UNO-Repräsentant und Nothilfe-Koordinator für die besetzten palästinensischen Gebiete sagte, dass Geberländer Milliarden Dollar für den Wiederaufbau im Gaza versprochen hätten, dieser jedoch wegen der andauernden israelischen Blockade nicht beginnen könne.[1201] Außerdem zögern einige internationale Geber im aktuellen Klima der Unsicherheit, wie es durch die Spaltung zwischen den rivalisierenden palästinensischen

---

1199 Palestinian National Early Recovery and Reconstruction Plan…, S. 11.

1200 Occupied Palestinian Territory: Gaza Flash Appeal, Consolidated Appeal Process, 2009.

1201 United Nations News Centre, "Unresolved Gaza crisis hampering efforts to advance Mid-East peace – UN envoy", 23. Juni 2009.

Gruppen im Westjordanland erzeugt wird, noch mit der Freigabe von Geldern.[1202]

1860. Ungeachtet der Antwort der PA und der internationalen Gemeinschaft auf die Krise, die durch die Kombination der Blockade und der Militäroperation von Dezember 2008-Januar 2009 entstanden ist, macht sich die Kommission noch mehr Sorgen um die Individuen (Frauen, Männer, Kinder und ältere Menschen) und ihre Familien, die nun nach dieser traumatischen Erfahrung ihr Leben wieder aufbauen müssen. Die Kommission ist sich bewusst, dass der Wiederaufbau des Lebens und der Lebensgrundlage der Palästinenser nicht vollständig möglich sein wird, bevor die Auswirkungen der Besatzung, der Blockade und der wiederholten militärischen Übergriffe beseitigt sind. Man sollte jedoch auch nicht die individuellen menschlichen Dimensionen aus den Augen verlieren. Diese Dimension erschließt sich aus dem Recht auf Rechtsmittel und Wiedergutmachung, das dem palästinensischen Volk und den einzelnen Palästinensern nach dem Völkerrecht zusteht. Leben, körperliche Unversehrtheit und Gesundheit von Palästinensern sind beeinträchtigt worden, in vielen Fällen schwer und irreversibel. Zusätzlich zu den körperlichen Verletzungen ist vielen Menschen, die Verwandte und damit häufig auch finanzielle Unterstützung verloren haben, auch erhebliches seelisches Leid zugefügt worden. Der psychische Schaden, den die Palästinenser im Gaza erlitten haben, muss noch bewertet werden und verlangt auch nach Reparationsmaßnahmen, ebenso wie die Zerstörung von Häusern und Privateigentum.

1202 The New York Times, „Makeshift repairs not enough for battered Gaza", 17. August 2009

A. Der völkerrechtliche Anspruch auf Rechtsmittel und Wiedergutmachung

1861. Die Verpflichtung zur vollen Wiedergutmachung eines verursachten Verlustes oder einer Verletzung obliegt jedem Staat, der für einen Rechtsbruch verantwortlich ist. Das Völkerrecht erkennt auch die Rechte der Opfer auf wirksame Rechtsmittel und Wiedergutmachung von Schaden und Verlusten an, die aus Verletzungen ihrer Menschenrechte entstehen. Diese Verpflichtung und diese Rechte sind in internationalen Verträgen und dem Völkergewohnheitsrecht anerkannt.

1862. Schon 1927 hat der Ständige Internationale Gerichtshof die Pflicht zur Wiedergutmachung für Schäden, die durch ein internationales Vergehen entstanden sind, zu einem Prinzip des Völkerrechts erhoben: „Wiedergutmachung ist deshalb das unverzichtbare Gegenstück zu einem Versäumnis, eine Konvention anzuwenden, und es ist nicht notwendig, dies in der Konvention selbst festzuschreiben."[1203]

1863. Dieses Prinzip wurde von der Völkerrechtskommission in Artikel 31 ihres Entwurfs von Artikeln über die Verantwortlichkeit von Staaten bei internationalen Vergehen übernommen.[1204]

1864. Das Prinzip, nach dem ein Staat, der für einen Bruch von internationalen Verpflichtungen verantwortlich ist, den verursachten Schaden und die Verluste wiedergutmachen muss, ist auch in Konventionen des humanitären Völkerrechts und in Verträgen zu den Menschenrechten zu finden. Darunter sind Artikel 3 der Vierten Haager Konvention von 1907, Artikel 51 der Ersten Genfer Konvention, Artikel 52 der Zweiten Genfer Konvention, Artikel 131 der Dritten Genfer Konvention und Artikel 148 der Vierten Genfer Konvention. Eine ähnliche Regel wird in Artikel 91 des Zusatzprotokolls I zu den Genfer Konventionen aufgestellt.

1203 Fall der Chorzów Factory, 1927, P.C.I.J. (Ser. A) Nr. 9, S. 21.

1204 Resolution der UN-Vollversammlung 56/83, Anhang; siehe auch „*Humanitäres Völkergewohnheitsrecht*…, Regel 150, S. 537.

1865. Wiedergutmachung als ein Teil des Anspruchs auf Rechtsmittel wird bewahrt in Artikel 2 (3) des Internationalen Pakts über bürgerliche und politische Rechte, in Artikel 6 des Internationalen Übereinkommens zur Beseitigung jeder Form von Rassendiskriminierung, Artikel 14 der Anti-Folter Konvention und in Artikel 39 der Konvention über die Kinderrechte. Das Rom-Statut schreibt auch ein Recht des Opfers auf Mitwirkung bei der Abwicklung (Artikel 68 (!)) und auf Wiedergutmachung fest (Artikel 75).[1205]

1866. Wiedergutmachung kann Rückgabe, Entschädigung oder Genugtuung bedeuten, kann aber auch Maßnahmen zur Rehabilitierung von Opfern und Garantien gegen eine Wiederholung beinhalten.[1206]

B. Entschädigung und Wiedergutmachung gegenüber dem palästinensischem Volk im Gaza-Streifen

1867. Medienberichten zufolge haben die UNDP und die PA ein Abkommen unterzeichnet, das 270 Millionen US-Dollar für die Wiederherstellung des landwirtschaftlichen Sektors im Gazastreifen be-

1205 Siehe auch das Prinzip 11 der Grundlegenden Prinzipien und Richtlinien zum Anspruch auf Rechtsmittel und Wiedergutmachung für Opfer von schweren Verstößen gegen Internationale Menschenrechtsgesetze (Resolution der UN-Vollversammlung 60/147):
Rechtsmittel bei schweren Verstößen gegen das humanitäre Völkerrecht beinhalten die folgenden Rechte des Opfers, wie sie vom Völkerrecht festgelegt sind:
a) Gleicher und wirksamer Zugang zur Justiz;
b) Angemessene, wirksame und rasche Wiedergutmachung für erlittene Schäden;
c) Zugang zu relevanten Informationen über Verstöße und Verfahren zur Wiedergutmachung.

1206 Siehe Artikel 34 des Entwurfs von Artikeln, die die Verantwortlichkeit von Staaten bei internationalen Vergehen betreffen. Rehabilitation und Garantien einer Nicht-Wiederholung werden als Formen von Wiedergutmachung in den oben erwähnten Grundlegenden Prinzipien und Richtlinien zum Anspruch auf Rechtsmittel und Wiedergutmachung für Opfer von schweren Verstößen gegen das Humanitäre Völkerrecht aufgelistet.

reitstellt. Dies wird auch die Zahlung eines Entschädigungspakets an palästinensische Bauern für ihr Eigentum ermöglichen, das während der jüngsten Militäroperation im Gaza zerstört worden ist, sowie die Reparatur der zerstörten Infrastruktur, der zerstörten Obstplantagen, Fischereien, Gewächshäuser, Bewässerungsanlagen, des Viehbestands und der Straßen.[1207] Finanzielle Hilfe wurde auch den etwa 10.000 Palästinensern gegeben, deren Häuser zerstört oder beschädigt worden sind.[1208] Während ihres Aufenthaltes in Gaza-Stadt hat die Kommission erfahren, dass solche Wiedergutmachungspläne umgesetzt werden.

1868. Ungeachtet dieser Hilfs- und Wiedergutmachungspläne ist die Kommission der Ansicht, dass vom Völkerrecht gefordert wird, dass der für das internationale Vergehen verantwortliche Staat für Wiedergutmachung und Entschädigung des Opfers sorgt. Den Kenntnissen der Kommission zufolge hat Israel bis heute nur erwogen, den Vereinten Nationen für den Schaden an UN-Personal und UN-Einrichtungen Entschädigungen zu zahlen, ohne die Verantwortung dafür zu übernehmen.[1209] Es wäre das Mindeste, ähnliche Entschädigungen auch palästinensischen Einzelpersonen anzubieten.

1869. In den besetzten palästinensischen Gebieten hat der Internationale Gerichtshof bekräftigt, dass „Israel gegenüber allen betroffenen natürlichen und juristischen Personen die Pflicht hat, den verursachten Schaden wiedergutzumachen".[1210] Die Vereinten Nationen haben das Schadensregister der Vereinten Nationen eingerichtet, das Daten über Schäden sammelt, die Palästinensern durch die Errichtung der Mauer entstanden sind.[1211] Das innerstaatliche Recht in Israel wäre ein Weg, Wiedergutmachung für betroffene Palästinenser zu ermöglichen.

1207 UNDP, „Farmers to receive compensation for damaged property in Gaza", Pressemitteilung, 26. Februar 2009.

1208 UNDP, "10,000 families in Gaza to receive cash assistance for damaged homes", Pressemitteilung, 10. Februar 2009.

1209 Agence France-Presse, „Israel offering compensation for UN Gaza damage: official", 3. Juli 2009.

1210 *Legal Consequences...*, Abschnitt 152.

1211 Das Mandat ist auf die Registrierung von Schaden und Verlusten beschränkt, die infolge der Errichtung der Mauer in den besetzten palästinensischen Gebieten erlitten worden sind.

1870. Die Möglichkeiten, Wiedergutmachung und Entschädigung innerhalb des israelischen Rechtssystems zu erhalten, sind begrenzt gewesen. Eine Änderung des Civil Wrongs Act aus dem Jahr 2001 erweiterte die Definition von „Kriegshandlungen" und beschränkte die verfahrensrechtlichen Möglichkeiten von Palästinensern, Anträge gegen Israel zu stellen. Zu diesen Beschränkungen gehört die Verkürzung der Verjährungsfrist und die Bedingung, vor dem Antrag und innerhalb von zwei Monaten nach dem Eintritt des Schadens dem israelischen Verteidigungsminister eine „Mitteilung" über den Schaden zu übergeben.[1212] Zusätzliche Änderungen, die in den Jahren 2002 und 2005 verabschiedet wurden, verbieten den Gerichten, Anträge anzunehmen, die in Verbindung stehen mit Aktionen der Sicherheitskräfte in Gebieten, die vom Verteidigungsministerium zu „Konfliktzonen" erklärt wurden, und geben dem Staat Immunität gegenüber Anträgen von Staatsbürgern von feindlichen Staaten oder Mitgliedern von „terroristischen Organisationen".[1213] Nach den letzten beiden Änderungen sind der Charakter der schädigenden Handlung und der ursächliche Zusammenhang zwischen dem Täter und dem Schaden irrelevant geworden. Die Kommission hat Informationen erhalten, wonach die Gesetzesänderungen es dem Verteidigungsminister erlauben, Regionen der besetzten palästinensischen Gebiete auch rückwirkend zu „Konfliktzonen" zu erklären.

1871. Die Änderung Nr.7 von 2005 wurde vom Obersten Gerichtshof Israels geprüft, der 2006 feststellte, dass der Abschnitt 5C des Civil Wrongs Act nicht verfassungsgemäß ist. Die Vorschrift, die Israel in erklärten „Konfliktzonen" gegen zivile Haftung für Handlungen der Sicherheitskräfte immun macht, wurde deshalb ungültig. Jedoch bezog sich der Richterspruch nicht auf die Verfassungsmäßigkeit von Abschnitt 5B des Gesetzes, das dem Staat Immunität gewährt gegenüber zivilen Ansprüchen durch Staatsbürger eines feindlichen Staates oder Personen, die aktiv in oder Mitglieder von terroristischen Or-

---

1212 Civil Wrongs (Staatshaftung) (Änderung – Anträge, die aus Aktivitäten der Sicherheitskräfte in Judäa, Samaria und dem Gazastreifen entstehen) Gesetz, 2001, Abschnitte 2 und 3, unter www.hamoked.org.il

1213 Civil Wrongs Gesetz(Staatshaftung) (Änderung Nr. 5) (Stellung von Anträgen durch Staatsbürger feindlicher Staaten oder Bewohner einer Konfliktzone), 2002 und Civil-Wrongs-Gesetz (Staatshaftung) (Änderung Nr. 7), 2005, Abschnitte 5B und 5C.

ganisationen sind.[1214] Gleichzeitig sind die Änderungen, die vor 2005 verabschiedet worden sind, nicht geprüft worden und sind weiter in Kraft.

1872. Die Kommission ist besorgt darüber, dass die Möglichkeiten, wegen Schäden und Verlust von Eigentum, die die Palästinenser bei militärischen Operationen erlitten haben, Entschädigungen zu erhalten, nach dem israelischen Gesetz begrenzt sind, weil dieser Schaden im Allgemeinen unabhängig von der Art der Aktion als das Ergebnis einer „Kriegshandlung" betrachtet wird. In einer kürzlich erfolgten Entscheidung, die sich mit einem Antrag bezüglich eines Palästinensers befasste, der am 16. April 2002 bei einem Hubschrauberangriff während der sogenannten Operation Defensive Shield in Nablus getötet worden war, hat das Gericht entschieden, dass es sich um eine „Kriegshandlung" handelte, die dem Ziel diente, „die terroristische Infrastruktur zu beseitigen". Das Jerusalemer Friedensgericht kam zu der Auffassung, dass ein Luftangriff eindeutig eine Kriegshandlung ist von der Art, „wie sie der Gesetzgeber gegen Verfolgung immun machen wollte", selbst in dem Falle, wo der Kläger bewies, dass das Opfer ein Zivilist war, der auf dem Dach seines Hauses stand.[1215]

1873. Die Kommission ist der Ansicht, dass die gegenwärtige verfassungsmäßige Struktur und Rechtsprechung in Israel Palästinensern – wenn überhaupt – dann sehr wenig Möglichkeiten einräumt, Entschädigung einzufordern. Die internationale Gemeinschaft muss ein zusätzliches oder alternatives Verfahren zur Verfügung stellen, um von Israel Entschädigung für Schäden oder Verluste seitens palästinensischer Zivilisten bei Militäroperationen zu erhalten. In dieser Hinsicht stellt die Kommission fest, dass die Internationale Untersuchungskommission zu Darfur und die Untersuchungskommission zum Libanon ähnliche Bedenken zur Notwendigkeit von Entschädigungen erhoben hat.[1216]

1214 Adalah et al. v. Minister of Defense et al., Fall Nr. 8276/05, Urteil vom 12. Dezember 2006.

1215 Odah et al. v. The State of Israel, Fall Nr. C/007798/04, Urteil vom Juni 2009 ohne Angabe [not reported?]

1216 „Report of the International Commission of Inquiry on Darfur to the United Nations Secretary-general, pursuant to Security Council resolution 1564 of 18 September 2004", Abschnitt 601; "Report of the Commission of Inquiry on Lebanon pursuant to Human Rights Council resolution S-2/1" (A/HRC/3/2, Abschnitt 349).

TEIL 5

Schlussfolgerungen und Empfehlungen

XXX. Schlussfolgerungen

A. Abschließende Beobachtungen

1874. Eine objektive Bewertung der untersuchten Ereignisse, ihrer Ursachen und des Umfelds ist entscheidend für den Erfolg jedes Versuchs, Gerechtigkeit für Opfer von Verstößen und Frieden und Sicherheit in der Region zu erlangen und ist deshalb im Interesse aller, die von dieser Situation betroffen sind, einschließlich der an den andauernden Feindseligkeiten beteiligten Parteien. Die Mitglieder der Kommission haben ihr Mandat in diesem Sinne und im vollen Bewusstsein der Komplexität der Aufgabe angenommen und durchgeführt.

1875. Die internationale Gemeinschaft wie der Staat Israel und, soweit es ihre Autorität und Mittel erlauben, die palästinensischen Behörden, haben die Verantwortung, Opfer von Verstößen zu schützen und sicherzustellen, dass sie nicht weiterhin unter der Geißel des Krieges oder unter der Unterdrückung und den Erniedrigungen der Besatzung oder unter wahllosen Raketenangriffen leiden. Die Menschen in Palästina haben das Recht, ihr politisches und ökonomisches System frei zu bestimmen, was auch das Recht einschließt, gegen einen gewaltsamen Entzug ihres Rechts auf Selbstbestimmung und des Rechts, in Frieden und Freiheit in ihrem eigenen Staat zu leben, Widerstand zu leisten. Die Menschen in Israel haben das Recht, in Frieden und Sicherheit zu leben. Beide Völker sind im Sinne des Völkerrechts zu Gerechtigkeit verpflichtet.

1876. Bei der Umsetzung ihres Mandats ließ sich die Kommission ausschließlich vom allgemeinen Völkerrecht, internationalen Menschenrechtsgesetzen und dem humanitären Völkerrecht leiten und den Verpflichtungen, die sie Staaten und nicht-staatlich Handelnden auferlegen, und vor allem den Rechten und Ansprüchen, die sie Individuen verleihen. Dies bedeutet in keiner Weise, dass man die Position Israels als der Besatzungsmacht mit der besetzten palästinensischen Bevölkerung oder den Körperschaften, die sie vertreten, gleichsetzt. Die Unterschiede in Bezug auf die Macht und die Fähigkeit, Schaden zuzufügen oder Schutz zu gewähren, etwa durch das Herstellen von Gerechtigkeit im Falle von Verstößen, sind offensichtlich, und ein Vergleich ist weder möglich noch notwendig. Der Schutz aller Opfer im Sinne des Völkerrechts verlangt jedoch gleiche Aufmerksamkeit und gleiche Anstrengungen.

B. Die israelischen Militäroperationen in Gaza: Bezug auf Verbindung mit der Politik Israels gegenüber den besetzten palästinensischen Gebieten

1877. Die Kommission ist der Ansicht, dass die israelische Militäroperation in Gaza zwischen dem 27. Dezember 2008 und dem 18. Januar 2009 und ihre Folgen nicht isoliert von Entwicklungen davor und danach verstanden und bewertet werden können. Die Operation passt sich nahtlos in ein Kontinuum von Schritten ein, die politische Ziele Israels in Bezug auf Gaza und die besetzten palästinensischen Gebiete als Ganzes verfolgen. Viele dieser Schritte basieren auf oder resultieren in Verletzungen der internationalen Menschenrechte und des humanitären Völkerrechts. Militärische Ziele, wie sie von der Regierung Israels angeführt werden, können die von der Kommission erhobenen Fakten nicht erklären und sie decken sich auch nicht mit den Mustern, die von der Kommission bei den Ermittlungen identifiziert wurden.

1878. Das Kontinuum ist am unmittelbarsten sichtbar bei der Blockadepolitik, die den Operationen vorangegangen ist und nach Ansicht der Kommission einer absichtlich von der Regierung Israels gegen die Menschen im Gaza-Streifen verhängten kollektiven Bestrafung gleichkommt. Als die Operationen begannen, stand der Gazastreifen seit beinahe drei Jahren unter einem strengen Regime von Schließungen und Einschränkungen der Bewegungsfreiheit der Bewohner, von Gütern und Dienstleistungen. Darunter fallen Grundbedürfnisse wie Nahrungsmittel und Medizinbedarf sowie Produkte, die für das tägliche Leben notwendig sind wie Treibstoff, Elektrizität, Schulbedarf und Material für Reparaturen und Baumaterial. Diese Maßnahmen wurden vom Staat Israel angeblich verhängt, um die Hamas, die als dauernde Bedrohung der Sicherheit Israels wahrgenommen wird, nach ihrem Wahlsieg zu isolieren und zu schwächen. Ihr Effekt wurde verstärkt durch das Einfrieren von finanzieller und anderer Hilfe durch einige Geber aus ähnlichen Gründen. Indem sie zu der ohnehin schon schwierigen Situation im Gazastreifen noch die Not hinzufügte, haben die Auswirkungen der lange andauernden Blockade alle Aspekte des Lebens der Gaza-Bewohner beeinträchtigt. Vor der Militäroperation war die Wirtschaft im Gaza ausgetrocknet, der Gesundheitssektor bedrängt, die Bevölkerung war für ihr Überleben und das tägliche Leben von humanitärer Hilfe abhängig gemacht worden. Männer, Frauen und Kinder litten seelisch unter der andauernden Armut, Unsicherheit und Gewalt und der erzwungenen Beschränkung auf ein stark überbevölkertes Gebiet. Die Würde der Menschen in Gaza war stark in Mitleidenschaft gezogen. Dies war die Situation im Gazastreifen, als die israelischen Streitkräfte im Dezember 2008 ihre Offensive starteten. Die Militäroperationen und die Art, in der sie durchgeführt wurden, haben die erwähnten Wirkungen der Blockade erheblich verschärft. In kurzer Zeit entstanden noch nie dagewesene, dauerhafte Schäden, sowohl an den Menschen selbst als auch an ihren Aussichten auf Entwicklung und eine Besserung ihrer Lage.

1879. Nach Ansicht der Kommission stellt eine Analyse der Modalitäten und der Folgen der Militäroperationen Dezember-Januar einen Zusammenhang mit anderen, schon zuvor betriebenen Strategien der Israelis bezüglich der besetzten palästinensischen Gebiete her. Die fortschreitende Isolation und Trennung des Gazastreifens vom Westjordanland, eine Strategie, die schon viel früher begann, bestehend vor allem aus der Auferlegung von strengen Abriegelungen, Einschränkungen der Bewegungsfreiheit und schließlich der Blockade, ist eine der offensichtlichsten Maßnahmen Israels. Mehrere Maßnahmen Israels im Westjordanland während und nach den Militäroperationen im Gaza vertiefen auch weiter die Kontrolle Israels über das Westjordanland einschließlich Ostjerusalems und weisen auf eine Konvergenz der Ziele mit der Gaza-Operation hin. Zu solchen Maßnahmen gehören zunehmende Enteignungen von Land,

Häuserzerstörungen, Zerstörungsbefehle und Genehmigungen zur Errichtung von Häusern in Siedlungen, umfassendere und formellere Zugangs- und Bewegungseinschränkungen für Palästinenser, neue und strengere Prozeduren für Bewohner des Gazastreifens, die ins Westjordanland umziehen wollen. Systematische Versuche, die palästinensischen selbstbestimmten demokratischen Prozesse zu behindern und zu kontrollieren, nicht zuletzt durch die Inhaftierung von gewählten politischen Repräsentanten und Mitgliedern der Regierung, und die Bestrafung der Bevölkerung in Gaza für die vermeintliche Unterstützung für die Hamas kulminierten in Angriffen auf Regierungsgebäude während der Gaza-Offensive, darunter am prominentesten den palästinensischen Legislativrat. Die kumulative Wirkung dieser Strategien und Aktionen rückt die Aussichten einer politischen und ökonomischen Integration von Gaza und des Westjordanland in weitere Ferne.

C. Natur, Ansatz und Ziele der israelischen Militäroperation im Gaza

1880. Sowohl Palästinenser als auch Israelis, die die Kommission getroffen hat, haben wiederholt betont, dass die Militäroperationen Israels zwischen dem 27. Dezember 2008 und dem 18. Januar 2009 sich qualitativ von allen vorherigen Militärhandlungen Israels in den besetzten Gebieten unterschieden. Trotz der harten Bedingungen, die schon lange im Gazastreifen herrschten, haben Opfer und erfahrene Beobachter festgestellt, dass die Operationen in ihrer Schwere beispiellos waren und dass die Folgen lange andauern würden.

1881. Als die Kommission im Juni 2009 zum ersten Mal den Gazastreifen besuchte, waren fast fünf Monate seit dem Ende der israelischen Militäroperationen vergangen. Die zerstörerischen Wirkungen der Operationen waren aber noch immer offenkundig. Zusätzlich zu der sichtbaren Zerstörung von Häusern, Fabriken, Brunnen, Schulen, Krankenhäusern, Polizeistationen und anderen öffentlichen Gebäuden waren Familien, darunter ältere Menschen und Kinder, die immer noch unter den Trümmern ihrer früheren Behausungen lebten – ein Wiederaufbau ist wegen der andauernden Blockade unmöglich – Beweis für die lang anhaltenden Auswirkungen der Operationen auf die Lebensbedingungen der Menschen in Gaza. Berichte von während der Angriffe entstandenen Traumata, dem Stress wegen der unsicheren Zukunft, der Mühsal des täglichen Lebens und der Angst vor weiteren Angriffen deuteten auf weniger materielle, aber nicht weniger reale Langzeitwirkungen.

1882. Frauen waren in besonderer Weise betroffen. Ihrer Lage muss bei jedem Versuch, die Folgen der Blockade, der dauernden Besetzung und der letzten israelischen Militäroperationen anzugehen, besondere Aufmerksamkeit gewidmet werden.

1883. Die Militäroperationen im Gaza wurden der israelischen Regierung zufolge gründlich und umfassend geplant. Während die israelische Regierung versuchte, ihre Operationen im Wesentlichen als Reaktion auf Raketenangriffe in Ausübung des Rechts auf Selbstverteidigung darzustellen, glaubt die Kommission, dass der Plan zumindest teilweise gegen ein anderes Ziel gerichtet war: die Menschen in Gaza insgesamt.

1884. Bevölkerung von Gaza für ihre Unnachgiebigkeit und ihre vermeintliche Unterstützung der Hamas zu bestrafen und sie moglicherweise mit Gewalt von dieser Unterstützung abzubringen. Angesichts dessen, was die Kommission vor Ort gehört und gesehen hat, was sie in Aufzeichnungen von Soldaten gelesen hat, die bei dem Feldzug beteiligt waren und was sie von gegenwärtigen und ehemaligen Offizieren und politischen Führern gehört und gelesen hat, die sie als repräsentativ für die Denkweise betrachtet, die die Politik und Strategie der Militäroperationen geformt hat, betrachtet sie diese Position als sicher durch Fakten gestützt.

1885. Die Kommission erkennt an, dass das Hauptaugenmerk nach Militäroperationen häufig auf der Zahl der getöteten Menschen liegt – mehr als 1400 in nur drei Wochen. Dies ist auch richtig. Ein Teil der Bedeutung von Berichten wie diesem besteht darin, zu versuchen, wenn auch in sehr beschränkter Weise, die Würde derjenigen wiederherzustellen, deren Rechte in der fundamentalsten Weise verletzt worden sind – dem wahllosen Verlust des Lebens. Es ist wichtig, dass die internationale Gemeinschaft formell und unmissverständlich klarstellt, dass sie derartige Gewalt gegen die grundlegendsten Rechte und Freiheiten von Individuen nicht übersieht, sondern sie verurteilt.

1886. In diesem Zusammenhang erkennt die Kommission an, dass nicht alle Todesfälle Verletzungen des Völkerrechts bedeuten. Das Prinzip der Verhältnismäßigkeit gesteht zu, dass unter gewissen genau festgelegten Bedingungen Aktionen, die zum Tod von Zivilisten führen, nicht verboten sind. Was die Anwendung und Beurteilung dieses Prinzips bei vielen Vorfällen, die von der Kommission untersucht wurden, schwierig macht, ist, dass die Taten der israelischen Streitkräfte und die Worte der militärischen und politischen Führer vor und während der Operationen darauf hindeuten, dass sie insgesamt auf einer bewussten Strategie der überwältigenden Gewalt basierten, die nicht gegen einen Feind, sondern gegen die „unterstützende Infrastruktur" gerichtet war. In der Praxis scheint damit die Zivilbevölkerung gemeint gewesen zu sein.

1887. Der Zeitpunkt des ersten israelischen Angriffs, um 11:30 Uhr an einem Wochentag, als die Kinder aus der Schule nach Hause kamen und die Straßen in Gaza voller Menschen waren, die ihren täglichen Geschäften nachgingen, scheint darauf berechnet gewesen zu sein, die größtmögliche Zerrüttung und weitverbreitete Panik unter der Zivilbevölkerung hervorzurufen. Die Behandlung vieler Zivilisten, die verhaftet oder sogar getötet worden sind, als sie sich ergeben wollten, demonstriert die Art und Weise, wie anscheinend die geltenden Einsatzregeln, die üblichen Prozeduren bei Operationen und Befehle an die Bodentruppen, gestaltet [...have been framed], um ein Klima zu schaffen, in dem die notwendige Rücksicht auf das Leben von Zivilisten und die grundlegende menschliche Würde durch Missachtung des grundlegenden humanitären Völkerrechts und Normen der Menschenrechte ersetzt wurden.

1888. Die Kommission gesteht zu, dass die bewaffneten israelischen Streitkräfte, wie jede Armee, die versucht, sich innerhalb des Völkerrechts zu bewegen, vermeiden muss, das Leben ihrer Soldaten in unangemessener Weise aufs Spiel zu setzen, aber sie können dieses Risiko auch nicht auf die Zivilisten, Männer, Frauen und Kinder, übertragen. Die fundamentalen Prinzipien der Unterscheidung und der Verhältnismäßigkeit gelten auf dem Schlachtfeld, ganz gleich, ob es ein bebautes städtisches Gebiet oder ein offenes Gelände ist.

1889. Das wiederholte Unvermögen, zwischen Kombattanten und Zivilisten zu unterscheiden, ist in den Augen der Kommission das Ergebnis einer bewussten Führung der Soldaten, wie es auch einige von ihnen beschrieben haben, und nicht das Ergebnis gelegentlicher Versehen.

1890. Die Kommission erkennt an, dass einige der Getöteten Kombattanten waren, die direkt in Feindseligkeiten gegen Israel verwickelt waren, aber es waren nicht viele. Das Ergebnis und die Verfahrensweisen der Operationen weisen nach Ansicht der Kommission darauf hin, dass sie nur teilweise darauf ausgerichtet waren, Führer und Mitglieder der Hamas, der Qassam-Brigaden und anderer bewaffneter Gruppen zu töten. In hohem Maße zielten sie auch darauf ab, ziviles Eigentum und die Lebensgrundlagen der Zivilbevölkerung zu zerstören.

1891. Nach den Belegen, die die Kommission gesammelt hat, ist es klar, dass die Zerstörungen von Einrichtungen zur Versorgung mit Lebensmitteln, der Kanalisation, von Betonfabriken und Wohnhäusern das Ergebnis einer planmäßigen und systematischen Strategie der israelischen Streitkräfte war. Sie wurden nicht durchgeführt, weil diese Objekte eine tatsächliche oder mögliche militärische Bedrohung darstellten, sondern um das tägliche Leben, das Leben in Würde, für die Zivilbevölkerung zu erschweren.

1892. Eng verbunden mit der systematischen Zerstörung der wirtschaftlichen Leistungskraft des Gazastreifens, scheint es auch einen Angriff auf die Würde der Menschen gegeben zu haben. Dies wurde nicht nur sichtbar beim Einsatz von menschlichen Schutzschilden und bei unrechtmäßigen Inhaftierungen, teilweise unter untragbaren Bedingungen, sondern auch in der Vandalisierung von besetzten Häusern und der Art und Weise, wie Menschen behandelt wurden, wenn ihre Häuser betreten wurden. Die Graffitis auf den Wänden, die Obszönitäten und häufig rassistischen Slogans tragen alle zum Gesamtbild einer Erniedrigung und Entmenschlichung der palästinensischen Bevölkerung bei.

1893. Die Operationen waren in allen Phasen sorgfältig geplant. Juristische Beratung gab es in allen Planungsphasen und auf bestimmten Operationsebenen. Der israelischen Regierung zufolge wurden praktisch keine Fehler gemacht. Im Lichte dieser Umstände kommt die Kommission zu dem Schluss, dass die Ereignisse von Ende 2008 bis Anfang 2009 ein bewusst unverhältnismäßiger Angriff war mit dem Ziel, eine Zivilbevölkerung zu bestrafen, zu erniedrigen und zu terrorisieren, ihre wirtschaftliche Fähigkeit, zu arbeiten und für sich selbst zu sorgen, einzuschränken und ihr das Gefühl einer ständig wachsenden Abhängigkeit und Verletzbarkeit einzuflößen.

1894. Die Kommission hat mit Besorgnis öffentliche Stellungnahmen von israelischen Amtsträgern, darunter hohe Militärs, zur Kenntnis genommen, die besagten, dass der Einsatz von unverhältnismäßiger Gewalt, Angriffe auf die Zivilbevölkerung und die Zerstörung von zivilem Eigentum legitime Mittel zur Erreichung der militärischen und politischen Ziele Israels darstellen. Die Kommission glaubt, dass solche Stellungnahmen nicht nur die gesamte Ordnung des Völkerrechts untergraben, sondern mit dem Geist der Charta der Vereinten Nationen unvereinbar sind und es deshalb verdient hätten, kategorisch verurteilt zu werden.

1895. Welche Verletzungen des humanitären Völkerrechts und der Menschenrechtsgesetze auch immer begangen worden sein mögen – die systematische und geplante Art und Weise der in diesem Bericht beschriebenen Aktivitäten lässt der Kommission keinen Zweifel, dass die Verantwortlichkeit in erster Linie bei denen liegt, die die Operationen entworfen, geplant, angeordnet und überwacht haben.

D. Besatzung, Widerstandsfähigkeit und Zivilgesellschaft

1896. Die Berichte von heftigerer Gewalt während der letzten Militäroperationen ließen die Tatsache nicht vergessen, dass das Konzept der „Normalität" im Gazastreifen schon lange durch andauernde Misshandlungen und Schutzlosigkeit aufgrund der jahrzehntelangen Besatzung relativiert ist.

1897. Während sich die Kommission darauf konzentriert hat, die besonderen Fragestellungen innerhalb ihres Mandats zu untersuchen und zu analysieren, stellt sich die fortgesetzte Besatzung des Gazastreifens und des Westjordanlandes als der fundamentale Faktor heraus, der den Verletzungen des humanitären Völkerrechts und der Menschenrechtsgesetze gegenüber der geschützten Bevölkerung zugrunde liegt und die Aussichten auf Entwicklung und Frieden untergräbt. Israels Weigerung, seine Verantwortlichkeiten als Besatzungsmacht anzuerkennen und auszuüben, hat die Auswirkungen der Besatzung auf das palästinensische Volk weiter verschärft und tut dies noch immer. Die harschen und unrechtmäßigen Praktiken der Okkupation sind weit davon entfernt, den Widerstand zu brechen, erzeugen ihn vielmehr, auch seine gewaltsamen Ausprägungen. Die Kommission ist der Ansicht, dass ein Ende der Besatzung eine Voraussetzung für eine Rückkehr der Palästinenser zu einem würdigen Leben sowie eine friedliche Entwicklung und eine Lösung des Konflikts ist.

1898. Die Kommission war von der Widerstandsfähigkeit und Würde überrascht, die die Menschen angesichts der düsteren Umstände zeigten. John Ging, der Direktor der Operationen der UNRWA, berichtete der Kommission von der Antwort eines Lehrers in Gaza während einer Diskussion über die Stärkung der Menschenrechtserziehung in den Schulen, nach dem Ende der israelischen Militäroperation. Anstatt Skepsis zu äußern wegen der Relevanz von Menschenrechten im Unterricht in einem Umfeld, das Rechte wiederholt verleugnet, unterstützte der Lehrer die Wiederaufnahme der Erziehung in Menschenrechten ohne Zögern: „Dies ist ein Krieg über Werte und wir werden ihn nicht verlieren".

1899. Die beharrliche Arbeit von palästinensischen regierungsunabhängigen Organisationen und Organisationen der Zivilgesellschaft bei der Unterstützung der Bevölkerung unter solch extremen Umständen und ihr Versuch, dem Leiden und den Erwartungen der Opfer von Übergriffen eine Stimme zu geben, verdient volle Anerkennung. Ihre Rolle bei der Aufrechterhaltung der Widerstandsfähigkeit darf nicht unterschätzt werden. Die Kommission hat viele Berichte von NGO-Mitarbeitern, Ärzten, Fahrern von Rettungsfahrzeugen, Journalisten und Beobachtern der Menschenrechtssituation gehört, die auf dem Höhepunkt der Militäroperationen ihr Leben riskierten, um Menschen in Not zu helfen. Oft erzählten sie über ihre Sorge, sich entscheiden zu müssen, ob sie in der Nähe ihrer Familien bleiben oder weiter ihrer Arbeit nachgehen wollten, um anderen Bedürftigen zu helfen, wobei sie häufig von Nachrichten über die Sicherheit und den Aufenthalt ihrer Familienmitglieder abgeschnitten würden. Die Kommission möchte dem Mut und der Arbeit der zahlreichen Personen ihre Anerkennung zollen, die so viel dazu beigetragen haben, die Leiden der Bevölkerung zu erleichtern und über die Ereignisse im Gaza zu berichten.

E. Raketen- und Mörserangriffe in Israel

1900. Seit April 2001 haben bewaffnete palästinensische Gruppen Tausende von Raketen und Mörsergranaten auf Israel abgeschossen. Diese haben in der Zivilbevölkerung Schrecken ausgelöst, was durch die hohen Raten von seelischen Traumata in den betroffenen Gemeinden belegt ist. Die Angriffe haben in den Gemeinden im südlichen Israel auch zu einer Erosion des sozialen, kulturellen und wirtschaftlichen Lebens geführt und sie haben auch bei Zehntausenden von Kindern und Jugendlichen in den betroffenen Gebieten das Recht auf Erziehung beeinträchtigt.

1901. In dem von der Kommission untersuchten Zeitraum haben diese Angriffe vier Menschen getötet und Hunderte verletzt. Dass es nicht mehr Opfer gegeben hat, ist teilweise dem Glück, teilweise den Maßnahmen der israelischen Regierung zu verdanken, die öffentliche Gebäude verstärkt hat, Schutzräume gebaut und in Zeiten von verschärften Feindseligkeiten Schulen geschlossen hat.

1902. Die Kommission merkt mit Besorgnis an, dass Israel die betroffenen palästinensischen Bürger nicht in gleichem Maße geschützt hat wie die jüdischen Bürger. Insbesondere hat sie der palästinensischen Gemeinschaft, die in den nicht anerkannten Dörfern und in einigen der anerkannten Gemeinden wohnt, keine Schutzräume oder befestigte Schulen zur Verfügung gestellt. Es sollte selbstverständlich sein, dass Tausende von palästinensischen Israelis – darunter viele Kinder –, die in Reichweite der Raketen wohnen, den gleichen Schutz erhalten, den die israelische Regierung ihren jüdischen Bürgern gibt.

F. Abweichende Stimmen in Israel

1903. Obwohl die israelische Militäroffensive in Gaza von der israelischen Öffentlichkeit breit unterstützt wurde, gab es auch abweichende Stimmen, die sich in Demonstrationen und Protesten und auch in öffentlichen Berichten über das Gebaren Israels ausdrückten. Die Kommission ist der Ansicht, dass die israelische Regierung mit Aktionen während und nach den Militäroperationen im Gaza-Streifen, darunter Verhöre von politischen Aktivisten, Unterdrückung von Kritik und von Quellen möglicher Kritik an den israelischen Militäraktionen, besonders durch Nichtregierungsorganisationen, erheblich zu einem politischen Klima beigetragen haben, in dem Widerspruch gegen die Regierung und ihre Aktionen in den besetzten Gebieten nicht toleriert wird. Die Weigerung, Berichterstattern Zugang zum Gazastreifen zu gewähren und die fortdauernde Weigerung, Menschenrechtsbeobachtern Zugang zu gewähren, sind nach Ansicht der Kommission ein Versuch, sowohl die Aktionen der Regierung in den besetzten Gebieten dem Auge der Öffentlichkeit zu entziehen als auch Ermittlungen und Berichterstattungen über das Verhalten der Konfliktparteien im Gazastreifen zu erschweren.

1904. In diesem Kontext wachsender Intoleranz gegenüber abweichenden Meinungen in Israel möchte die Kommission die schwierige Arbeit der Nichtregierungsorganisationen in Israel anerkennen, die weiterhin mutig Handlungen der Regierung kritisieren, die humanitäres Völkerrecht und Menschenrechtsgesetze verletzen. Die Arbeit dieser Organisationen ist nicht nur notwendig, um die israelische und die internationale Öffentlichkeit mit unabhängigen Informationen zu versorgen, sondern auch, um eine auf Fakten basierende Debatte über diese Fragen in der israelischen Gesellschaft anzuregen.

G. Die Auswirkung der Entmenschlichung

1905. Wie in vielen Konflikten ist auch im palästinensisch-israelischen Konflikt die Entmenschlichung des Anderen, insbesondere die der Opfer charakteristisch. Der palästinensische Psychiater, Dr. Iyad Sarraj, erläutert den Zyklus der Aggression und der Schikanen, durch den „der Palästinenser in den Augen des israelischen Soldaten kein gleichwertiger Mensch ist. Manchmal (...) sogar zu einem Dämon wird (...)" Diese Kultur der „Dämonisierung und Entmenschlichung" führt zu einem Stadium der Paranoia. „Paranoia hat zwei Seiten, die Seite der Schikane: ich bin das Opfer dieser Welt, die ganze Welt ist gegen mich, die andere Seite: ich bin über diese Welt erhaben, und ich kann sie unterdrücken. Dies führt zu dem, was man die „Arroganz der Macht" nennt.

Als Palästinenser „sehen wir die Israelis als Dämonen, und wir können sie hassen, das, was wir tun, ist eine Reaktion. Wir sagen, dass die Israelis nur die Sprache der Gewalt verstehen können. Was wir über sie sagen, sagen sie über uns, dass wir nur die Sprache der Gewalt verstehen. Darin sehen wir die Arroganz der Macht, und der Israeli setzt diese ein ohne jegliche Spur von Menschlichkeit. Meiner Ansicht nach sehen wir nicht nur den Kriegszustand, sondern auch einen Staat mit Kultur und in einem psychologischen Zustand, und ich wünschte, dass die Israelis beginnen würden, sich mit den Konsequenzen ihrer eigenen Schikanen auseinander zu setzen und die Palästinenser als Menschen zu behandeln, vollwertige Menschen, die gleichberechtigt gegenüber dem Israeli sind, und umgekehrt muss sich auch der Palästinenser mit sich selbst auseinandersetzen, sich selbst und seine eigenen Unterschiedlichkeiten anerkennen, um als vollwertiger Mensch mit gleichen Rechten und Pflichten vor dem Israeli bestehen zu können. Das ist der richtige Weg zu Gerechtigkeit und Frieden."

1906. Der israelische College-Lehrer, Ofer Shinar, erstellte eine ähnliche Analyse: „Die israelische Gesellschaft hat ein Problem, dass sie wegen des Konflikts, sich selbst als Opfer sieht und weitestgehend ist dies auch gerechtfertigt. Für die israelische Gesellschaft ist es sehr schwer, sich daraus zu befreien und nachzuempfinden, dass die andere Seite es genauso sehen kann und einzusehen, dass auch die andere Seite Opfer ist. Ich denke, dies ist die größte Tragödie des Konflikts. Dies zu überwinden ist wahnsinnig schwer (...) Ich halte die von Ihnen eingeleitete Initiative, (...)Menschen (...) zuzuhören, für äußerst wichtig. Die Botschaft, die Sie der israelischen Gesellschaft geben, ist absolut unmissverständlich, Sie sind unparteiisch und somit in der Lage, zu sehen, dass das Gefühl, Opfer zu sein, etwas ist, das beide Seiten charakterisiert. Was erforderlich ist, um diese Verantwortung zu übernehmen, ist die Tatsache, dass man verstehen muss, wie schwer es ist, diese Botschaft in die israelische Gesellschaft eindringen zu lassen, wie geschlossen die israelische Gesellschaft ist, wie schwer es für die israelische Gesellschaft ist, zu verstehen, dass die andere Seite nicht nur die Partei ist, die unsere eigenen Menschenrechte verletzt, sondern wie sehr sie (die Israelis) diese Menschenrechte verletzt haben und wie sehr auch sie (die Palästinenser) leiden."

1907. In Ausübung ihres Mandats, Anschuldigungen von Verstößen gegen das Internationale Recht (Völkerrecht) im Zusammenhang mit den Militäroperationen in Gaza von Dezember 2008 bis Januar 2009 zu recherchieren, sprach die Kommission vorwiegend mit Betroffenen der letzten Ereignissen in einem Konflikt, der sich bereits seit Jahrzehnten hinzieht. Wie erwartet, traf die Kommission auf Gesellschaften, bei denen der Konflikt Narben hinterlassen hatte und deren Psyche Traumata auf einem Leben im Konflikt basieren, das die Menschen, die in friedlicheren Ländern leben, mit Recht als unerträglich ansehen.

1908. Beide, die Palästinenser und die Israelis sind berechtigterweise über das Leben, das sie zu führen gezwungen sind, erzürnt: bei den Palästinensern liegt der Zorn über die einzelnen Zwischenfälle – zivile Todesopfer, Verletzungen und Zerstörung in Gaza durch die Militärangriffe, die Blockade, die Fortsetzung des Mauerbaus außerhalb der Grenzen von 1967 -, die grundlegende Wut über die fortgesetzte israelische Besatzung, die damit verbundenen täglichen Demütigungen und das bisher unerfüllte Recht auf Selbstbestimmung. Bei den Israelis sind es die öffentlichen Bekanntgaben bewaffneter palästinensischer Gruppen, die ihre Angriffe mit Raketen- und Mörsern gegen Zivilpersonen zelebrieren, und ihre tief verwurzelte Besorgnis verstärken, dass Verhandlungen nur wenig bringen werden und ihre Nation unter existentieller Bedrohung verbleibt, vor der nur sie sie schützen können. Auf diese Art teilen beide, sowohl die Israelis als auch die Palästinenser, eine geheime Furcht – für einige einen Glauben – dass keiner von beiden beabsichtigt, das Recht des Anderen auf einen eigenen Staat zu akzeptieren. Unglücklicherweise werden diese Wut und diese Angst von vielen Politikern geschickt eingesetzt.

1909. Einige Israelis betonten gegenüber der Kommission, dass die Politik der israelischen Regierung, den Gaza-Streifen zu isolieren und die Bewegungsfreiheit der Palästinenser sowohl innerhalb der besetzten Gebiete als auch zwischen den besetzten Gebieten und Israel stark einzuschränken, zu der immer größer werdenden Kluft zwischen Palästinensern und Israelis beigetragen hat, da die Möglichkeit anders zu interagieren als in Kontroll- und Zwangssituationen, wie Checkpoints und Militärposten, reduziert würde.

1910. In diesem Zusammenhang war die Kommission erfreut von Berichten über Austausch und Kooperation zwischen Palästinensern und Israelis, zum Beispiel im Hinblick auf Spezialisten auf dem Gebiet psychischer Krankheiten, die mit Palästinensern aus Gaza und südisraelischen Gemeinden zusammenarbeiten, auch im Hinblick auf die Kooperation zwischen dem israelischen Roten Davidschild (Magen David Adom) und dem palästinensischen Roten Halbmond, insbesondere in der Westbank; Sie erfüllen damit die gemeinsame Verpflichtung, den Gemeinden, in denen sie arbeiten, humanitäre Hilfe zukommen zu lassen, unabhängig von der Ethnizität des zu behandelnden Patienten.

H. Die interne palästinensische Situation

1911. Die Spaltung und die Gewalt zwischen Fatah und Hamas, die in der Errichtung von parallelen Regierungsinstanzen und -strukturen im Gazastreifen und in der Westbank ausgeartet ist, haben nachträgliche Folgen in Bezug auf die Menschenrechte der palästinensischen Bevölkerung in beiden Gebieten. Sie tragen zusätzlich zu den Bedrohungen, die mit der Fremdbesatzung verbunden sind, dazu bei, das Rechtssystem in den besetzten Gebieten zu untergraben.
Obwohl der Fokus der Kommission begrenzt war auf die Gewalttaten im Zusammenhang mit den Dezember-Januar-Operationen, erwiesen die Fälle von willkürlicher Inhaftierung politischer Aktivisten oder Sympathisanten, von Einschränkungen der Redefreiheit und der Kooperationsfreiheit und Fälle von Misshandlungen durch Sicherheitskräfte die abnehmende Sicherheit für Palästinenser. Die Situation wird noch verschlimmert durch die ständig schwächer werdende Rolle der Justiz, bei Verstößen die Rechtsstaatlichkeit und legale Rechtsbehelfe zu gewährleisten. Ein Beschluss der internen Parteien, der auf einem freien Willen und auf freien Entscheidungen der Palästinenser basiert, ohne Einmischung von außen, würde die Fähigkeit der palästinensischen Behörden und Institutionen stärken und somit die Rechte des Volkes, das deren Verantwortung unterstellt ist, schützen.

I. Die Notwendigkeit des Schutzes und die Rolle der internationalen Gemeinschaft

1912. Das Völkerrecht legt für die Staaten nicht nur die Verpflichtung fest, die internationalen Menschenrechte zu achten, sondern auch deren Einhaltung zu gewährleisten. Der Internationale Gerichtshof legte in seiner *Sonderstellungnahme zu den gesetzlichen Folgen eines Mauerbaus in den besetzten Palästinensischen Gebieten* fest, dass „zusätzlich alle Partnerstaaten der Vierten Genfer Konvention vom 12. August 1949 in Bezug auf den Schutz von Zivilpersonen in Kriegszeiten, die Verpflichtung haben, unter Einhaltung der UN-Charta und des Völkerrechts sicherzustellen, dass Israel das humanitäre Völkerrecht, wie in dieser Konvention enthalten, erfüllt."

1913. In dem Ergebnisdokument des Weltgipfels von 2005 wurde anerkannt, dass „die internationale Gemeinschaft durch die Vereinten Nationen auch die Verantwortung hat, adäquate diplomatische, humanitäre und andere friedvolle Mittel zum Schutz der Bevölkerung gemäß Kapitel VI und VIII der Charta, unter anderem gegen Kriegsverbrechen und gegen Verbrechen gegen die Menschlichkeit, einzusetzen." Das Dokument betonte, dass die UN-Mitglieder „dazu bereit sein sollten, durch den Sicherheitsrat rechtzeitig und entschlossen gemäß der Charta, einschließlich Kapitel VII, gemeinsame Schritte zu unternehmen, falls friedliche Mittel unzureichend sind und die nationalen Behörden offenkundig beim Beschützen ihrer Bevölkerung vor Genozid, Kriegsverbrechen, ethnischer Säuberung und Verbrechen gegen die Menschlichkeit versagen." Im Jahr 2009 bemerkte der Bericht des Generalsekretärs über die Umsetzung der Verantwortung zum Schutz der Bevölkerung, dass die Aufzählung dieser Verbrechen in keiner Weise „die weitaus umfangreicheren Verpflichtungen, die das humanitäre Völkerrecht, die Internationalen Menschenrechte, das Flüchtlingsgesetz und internationale Strafrecht beinhalten, beeinträchtigt."

1914. Nach Jahrzehnten des fortwährenden Konflikts hat sich der Grad der Bedrohung, dem sowohl die Palästinenser als auch die Israelis ausgesetzt sind, nicht verringert, sondern ist mit den ständigen Eskalationen der Gewalt und Tod und Leid für die Zivilbevölkerung gestiegen, wobei die Dezember – Januar-Militäroperationen in Gaza lediglich der letzte Vorfall sind. Der Staat Israel versagt auch darin, seine eigenen Bürger zu schützen, indem er sich weigert, die Sinnlosigkeit einzusehen, Mittel der Gewalt und Militärmacht anzuwenden.

1915. Die israelischen Einfälle und Militäraktionen im Gazastreifen wurden nach Ende der Militäroperationen von Dezember bis Januar nicht eingestellt.

1916. Der Sicherheitsrat hat den Schutz der Zivilbevölkerung auf seiner Agenda als reguläres Item gesetzt und anerkannt, dass dieses Thema in seinen Verantwortungsbereich fällt. Die Kommission nimmt zur Kenntnis, dass die internationale Gemeinschaft weitestgehend geschwiegen hat und bis dato versäumt hat, den Schutz der Zivilbevölkerung im Gazastreifen und generell in den besetzten Gebieten zu gewährleisten. Es genügt, das Ausbleiben einer adäquaten Reaktion auf die Blockade und deren Konsequenzen, auf die Gaza-Militäroperationen und bezüglich deren Auswirkungen, auf die fortwährenden Behinderungen des Wiederaufbaus hin, festzustellen. Die Kommission sieht auch, dass die Isolierung der Behörden des Gazastreifens und die Sanktionen gegen den Gazastreifen sich negativ auf den Schutz der Bevölkerung ausgewirkt haben. Ohne Zweifel ist sofortiges Eingreifen erforderlich, um den Wiederaufbau in Gang zu bringen. Begleitet werden muss dies jedoch von einer geschlosseneren und prinzipientreuen Haltung der internationalen Gemeinschaft gegenüber Verletzungen des humanitären Völkerrechts und der Menschenrechte sowie von einer seit langem überfälligen Aktion, um diese zu beenden. Der Schutz der Zivilbevölkerung erfordert Achtung vor internationalem Recht und Rechenschaftspflicht (Haftung) bei Verstößen. Wenn die internationale Gemeinschaft nicht ihre eigenen Statuten einhält, ist die Bedrohung des Rechtsgrundsatzes offenkundig und möglicherweise tiefgreifend in ihren Konsequenzen.

1917. Die Kommission anerkennt und betont die beeindruckende und wesentliche Rolle, die die Mitarbeiter der zahlreichen Vertretungen der Vereinten Nationen und deren Organe spielen, die mit ihrer Arbeit der Bevölkerung in den besetzten Gebieten in allen Bereichen des täglichen Lebens beizustehen. Ein zusätzlich beunruhigendes Charakteristikum der Dezember-Januar-Militäroperationen war bei mehreren Zwischenfällen, von denen einige in diesem Bericht dokumentiert sind, die Missachtung der Unantastbarkeit von Gebäuden, Einrichtungen und Mitarbeitern der Vereinten Nationen. Man muss nicht darauf hinweisen, dass Angriffe gegen die UN inakzeptabel sind und die Fähigkeit der Vereinten Nationen unterminieren, ihre Schutz- und Beistandsrolle gegenüber einer Bevölkerung auszuüben, die dies so bitter benötigt.

J. Zusammenfassung der rechtlichen Würdigungen

1918. In jedem Kapitel dieses Berichtes sind detaillierte rechtliche Würdigungen der Kommission enthalten, in dem besondere Fakten und Ereignisse analysiert werden. Im Folgenden handelt es sich um eine Zusammenfassung dieser Ergebnisse.

1. Aktionen von Israel in Gaza im Zusammenhang mit den Militäroperationen vom 27. Dezember 2008 bis 18. Januar 2009

(a). Schutzmaßnahmen beim Starten der Angriffe

1919. Die Kommission stellt fest, dass es Israel in zahlreichen Fällen versäumt hat, geeignete Schutzmaßnahmen zu ergreifen, wie von dem Gewohnheitsrecht gefordert und in Artikel 57(2)(a)(ii) des Ersten Zusatzprotokolls wiedergegeben, um zu vermeiden oder das Risiko zu minimieren, dass Zivilpersonen zufällig ihr Leben verlieren, verletzt werden oder ihr Besitz beschädigt wird. Das Abfeuern von Weißen Phosphor-Bomben über dem UNRWA-Gelände in Gaza-City gehört zu einem dieser Fälle, bei denen keine Vorsichtsmaßnahmen getroffen wurden, weder bei der Wahl der Waffen noch bei den Angriffsmethoden, und dieser Tatbestand wurde noch verstärkt durch die rücksichtslose Missachtung der Konsequenzen. Der vorsätzliche Anschlag auf das Al Quds-Krankenhaus, wobei hochexplosive Artilleriegranaten und weißer Phosphor in und um das Krankenhaus herum eingesetzt wurden, war ein Verstoß gegen Artikel 18 und 19 der Vierten Genfer Konvention. Bezüglich des Angriffs auf das Al Wafa-Krankenhaus stellte die Kommission einen Verstoß gegen die gleichen Bestimmungen und gegen das Gewohnheitsrecht fest, das Angriffe verbietet, bei denen davon auszugehen ist, dass sie einen erheblichen Schaden unter der Zivilbevölkerung und bei Zivilobjekten verursachen.

1920. Die Kommission stellt fest, dass die verschiedenen Warn-Einrichtungen, die Israel in Gaza aufstellen ließ, unter den gegebenen Umständen nicht als effektiv genug betrachtet werden können, um das Gewohnheitsrecht zu erfüllen, wie es im Ersten Zusatzprotokoll, Artikel 57 (2)(c) ausgeführt ist. Während einige der Leaflet-Warnungen von besonderer Natur waren, berücksichtigt die Kommission die allgemeinen Botschaften, die den Menschen sagen, sie sollen den Ort, wo auch immer sie sich aufhalten, verlassen und in die Stadtzentren gehen, unter den besonderen Umständen der Militärkampagne nicht als effektiv betrachten. Raketen zur Warnung in oder auf Gebäude abzufeuern ist im Wesentlichen eine gefährliche Praktik und eher eine Angriffsform als eine Warnung.

(b). Vorfälle, die das Töten der Zivilbevölkerung einschließen

1921. Die Kommission stellte zahlreiche Fälle von vorsätzlichen Angriffen auf Zivilpersonen und auf zivile Objekte (Einzelpersonen, ganze Familien, Häuser, Moscheen) fest, ein Verstoß gegen das fundamentale Humanitäre Völkerrechtsprinzip der Unterscheidung, der zu Toten und ernsthaften Verletzungen führte.
In diesen Fällen stellt die Kommission fest, dass der geschützte Status von Zivilpersonen nicht beachtet worden war, die Angriffe waren vorsätzlich ein klarer Verstoß gegen das Gewohnheitsrecht, wiedergegeben in Artikel 51(2) und 75 des Ersten Zusatzprotokolls, Artikel 27 der Vierten Genfer Konvention und Artikel 6 und 7 des ICCPR. In einigen Fällen kam die Kommission zusätzlich zu dem Schluss, dass der Angriff auch mit der Absicht initiiert wurde, Schrecken unter der Zivilbevölkerung zu verbreiten. Darüber hinaus hat die israelische Armee in mehreren der untersuchten Vorfälle nicht nur nicht all ihre Bemühungen eingesetzt, um Hilfsorganisationen Zugang zu den Verwundeten und zu medizinischen Einrichtungen zu gewähren, wie es das internationale Gewohnheitsrecht verlangt, wiedergegeben in Artikel 10(2) des Zusatzprotokolls 1, sondern diese willkürlich vorenthalten.

1922. Bezüglich eines ermittelten Vorfalles, der den Tod von mindestens 35 Palästinensern betrifft, stellt die Kommission fest, dass die israelische Armee einen Angriff gestartet hat, bei dem jedem verantwortungsvollen Kommandeur bewusst sein musste, dass dieser Anschlag in Relation zu dem begehrten militärischen Vorteil einen exzessiven Verlust von Leben unter der Zivilbevölkerung verursacht, was eine Verletzung des Internationalen Pakts über Bürgerliche und Politische Rechte ist, siehe Zusatzprotokoll 1 Artikel 57 (2) (a) (ii) und (iii). Die Kommission stellt einen Verstoß gegen das Recht auf Leben (Artikel 6 ICCPR) fest, da bei diesem Vorfall Zivilpersonen getötet wurden.

1923. Ebenso kommt die Kommission zu dem Schluss, dass Israel durch das Attackieren von Polizeistationen und das Töten einer großen Anzahl von Polizisten in den ersten Minuten der Militäroperationen (99 bei den Vorfällen, die die Kommission untersucht hat), verfehlt hat, das Prinzip der Proportionalität zwischen dem erwarteten militärischen Vorteil durch das Töten einiger Polizisten, die Mitglieder bewaffneter palästinensischer Gruppen gewesen sein mögen und dem Verlust des Lebens unter der Zivilbevölkerung (die Mehrzahl der Polizisten und Menschen, die sich in der Polizeistation und in deren Nähe befanden) zu wehren. Daher waren die Angriffe unverhältnismäßig, und stellen ein Verstoß gegen das Internationale Gewohnheitsrecht dar. Die Kommission stellt einen Verstoß gegen das Recht auf Leben (Artikel 6 ICCPR) der Polizisten, die bei diesen Angriffen getötet wurden und keine Mitglieder bewaffneter palästinensischer Gruppen waren, fest.

(c) Bestimmte Waffen, die von den israelischen Streitkräften eingesetzt wurden

1924. In Bezug auf die Waffen, die von den israelischen Streitkräften während der Militäroperationen eingesetzt wurden, erkennt die Kommission als zutreffend an, dass Weißer Phosphor, Flechettes und Schwermetall (wie z.B. Wolfram) zurzeit nach internationalem Recht nicht verboten sind. Unter bestimmten Umständen ist deren Einsatz jedoch eingeschränkt oder sogar verboten kraft der Prinzipien der Proportionalität und der erforderlichen Vorsichtsmaßnahmen bei Angriffen. Flechettes als Geländewaffen sind besonders ungeeignet für den Einsatz in städtischen Gebieten, während zumindest der Einsatz von Weißem Phosphor, nach Ansicht der Kommission, als obskur verboten werden sollte, aufgrund der Anzahl und Vielfalt der Risiken, die mit dem Einsatz einer solch pyrophoren Chemikalie verbunden sind.

(d) Behandlung der Palästinenser in den Händen von israelischen Streitkräften

Einsatz menschlicher Schutzschilder

1925. Die Kommission ermittelte mehrere Vorfälle, bei denen bewaffnete israelische Streitkräfte palästinensische Ortsbewohner benutzten, um in Häuser zu gelangen, die als Sprengfallen dienen oder feindliche Kämpfer beherbergen könnten (Praktiken, die in der Westbank bekannt sind als „Nachbar- Prozedur", wurden während der Militäroperationen in Gaza „Johnnie-Prozedur" genannt). Die Kommission stellte fest, dass die Praktiken, menschliche Schutzschilder einzusetzen, nach internationalem humanitären Völkerrecht verboten sind. Weiterhin stellt dies nach Art. 6 ICCPR einen Verstoß gegen das Recht auf Leben dar und nach Art. 7 ICCPR einen Verstoß gegen das Verbot der grausamen und unmenschlichen Behandlung.

1926. Die unter Androhungen von Tod oder Verletzung erfolgten Befragungen von palästinensischen Zivilpersonen, um Informationen über Hamas, palästinensische Kämpfer und Tunnel zu erpressen, stellen einen Verstoß gegen Artikel 31 der Vierten Genfer Konvention dar, die physischen oder moralischen Zwang gegenüber geschützten Personen verbietet.

Arrest

1927. Die Kommission stellte fest, dass die israelischen Streitkräfte in Gaza große Personengruppen zusammengetrieben und verhaftet haben, die durch die Vierte Genfer Konvention geschützt sind. Die Kommission stellt fest, dass deren Gefangennahme weder als Inhaftierung von „rechtswidrigen Kämpfern" noch als Internierung von Zivilisten aus zwingend notwendigen Sicherheitsmaßnahmen gerechtfertigt werden kann. Die Kommission glaubt, dass die schweren Schläge, die konstante Demütigung, die degradierende Behandlung und der Arrest unter widrigen Bedingungen, was die Menschen im Gazastreifen unter der Kontrolle der israelischen Streitkräfte und in der Haft in Israel vorgeblich durchlitten haben, eine Unterlassung in Bezug auf die menschenwürdige Behandlung von geschützten Personen darstellen, einen Verstoß gegen Artikel 27 der Vierten Genfer Konvention und gegen Artikel 7 und 10 des Internationalen Paktes über bürgerliche und politische Rechte im Hinblick auf Folterung und Behandlung von Personen in Gefangenschaft, ebenso einen Verstoß gegen Artikel 14 ICCPR im Hinblick auf eine zu erwartende Prozessgewährleistung. Die Behandlung von Frauen in der Gefangenschaft widersprach dem besonderen Respekt, der für Frauen in Haft von dem Gewohnheitsrecht gefordert wird, siehe Artikel 76 des Ersten Zusatzprotokolls. Die Kommission stellt fest, dass das Zusammentreiben von großen Zivilgruppen und deren Haftverlängerung unter Umständen, die in diesem Bericht beschrieben werden, eine Kollektivstrafe dieser Personen bedeuten und Artikel 33 der Vierten Genfer Konvention und den Artikel 50 der Haager Landkriegsordnung verletzen. Solche Art der Behandlung entspricht im Ergebnis einschüchternden oder terroristischen Methoden, die laut Artikel 33 der Vierten Genfer Konvention verboten sind.

(e) Zerstörung von Eigentum

1928. Die Kommission stellt fest, dass die Angriffe auf das Gebäude des palästinensischen Legislativ rats und auf das Hauptgefängnis in Gaza vorsätzliche Angriffe auf Zivilobjekte darstellen, somit ein Verstoß gegen das Gewohnheitsrecht und das Internationale Humanitäre Gewohnheitsrecht sind, das besagt, dass Angriffe strikt auf militärische Ziele zu beschränken sind.

1929. Die Kommission stellt zudem fest, dass die israelischen Streitkräfte rechtswidrig und mutwillig ohne militärische Notwendigkeit eine Reihe von Einrichtungen zur Nahrungsmittelproduktion und Lebensmittelverarbeitung (darunter Mühlen, Treibhäuser und Land), Trinkwasseranlagen, Landwirtschaft und Vieh attackiert und vernichtet haben, somit gegen das Prinzip der Unterscheidung verstoßen haben. Anhand der ermittelten Fakten erkennt die Kommission, dass diese Zerstörung durchgeführt wurde, um der Zivilbevölkerung den Lebensunterhalt zu entziehen: ein Verstoß gegen das Gewohnheitsrecht, siehe Artikel 54 (2) des Ersten Zusatzprotokolls. Die Kommission kommt ferner zu dem Schluss, dass die israelischen Streitkräfte umfassend Privathäuser, Brunnen und Wassertanks rechtswidrig und mutwillig zerstört haben.

1930. Zusätzlich zu den bestehenden Verstößen gegen das Humanitäre Völkerrecht bedeuten diese extensiven mutwilligen Zerstörungsakte auch, dass Israel seine Verpflichtung verletzt hat, das Recht auf einen angemessenen Lebensstandard der Menschen im Gazastreifen zu respektieren, was auch das Recht auf Nahrung, Wasser und Wohnung sowie das Recht auf den höchstmöglichen Gesundheitsstandard mit einschließt und durch Artikel 11 und 12 der ICESCR geschützt ist.

(f) Auswirkungen der Blockade und der Militäroperationen auf die Bevölkerung von Gaza

1931. Die Kommission kommt zu dem Schluss, dass die Blockadepolitik, die Israel über den Gazastreifen verhängt hat, insbesondere die Schließung der Grenzübergänge oder Restriktionen unmittelbar vor den Militäroperationen, die Bevölkerung vor Ort extremer Härte und Entbehrungen ausgesetzt hat. Dies stellt eine Verletzung der Verpflichtungen Israels als Besatzungsmacht gemäß der Vierten Genfer Konvention dar. Diese Maßnahmen führen zu einer ernsten Verschlechterung und zur rückläufigen Entwicklung in der Realisierung der ökonomischen und sozialen Rechte der Palästinenser im Gazastreifen und haben die soziale und ökonomische Struktur des Gaza-Streifens geschwächt, da sie dessen Gefüge im Gesundheits- und Erziehungswesen sowie die sanitären Einrichtungen und andere wichtige Dienstleistungen in einem sehr anfälligen Zustand zurückließen, um mit den unmittelbaren Auswirkungen der Militäroperationen fertig zu werden.

1932. Die Kommission stellt fest, dass Israel trotz der Informationen, die es bezüglich humanitärer Hilfs-Systeme vor Ort während der Militäroperationen in Umlauf brachte, seine Verpflichtung verletzt hat, alle Lieferungen mit medizinischen und klinischen Gütern, mit Nahrung und Kleidung durchzulassen, die benötigt wurden, um die mit den Militäroperationen im Zusammenhang stehenden vordringlichen humanitären Bedürfnisse der Zivilbevölkerung zu decken, was ein Verstoß gegen Artikel 23 der Vierten Genfer Konvention bedeutet.

1933. In Ergänzung zu den oben genannten allgemeinen Untersuchungsergebnissen ist die Kommission auch der Ansicht, dass Israel seine besonderen Verpflichtungen gemäß des Übereinkommens über die Rechte des Kindes und des Übereinkommens zur Beseitigung jeder Form von Diskriminierung der Frau, einschließlich Frieden und Sicherheit, Bewegungsfreiheit, Lebensunterhalt und Gesundheit, verletzt hat.

1934. Die Kommission kommt zu dem Schluss, dass die Bedingungen, die aus den vorsätzlichen Aktionen der israelischen Streitkräfte und der deklarierten Politik der Regierung im Hinblick auf den Gazastreifen vor, während und nach den Militäroperationen resultieren, kumulativ den Vorsatz anzeigen, der Bevölkerung des Gazastreifens eine Kollektivstrafe aufzuerlegen. Die Kommission stellt daher einen Verstoß gegen die Bestimmungen von Artikel 33 der Vierten Genfer Konvention fest.

(g) Schwere Verstöße gegen die Genfer Konventionen und Aktionen, die eine individuelle kriminelle Verantwortung nach dem Internationalen Kriminalgesetz bewirken

1935. Aus den erfassten Fakten schließt die Kommission, dass durch die israelischen Streitkräfte in Gaza die folgenden schweren Verstöße gegen die Vierte Genfer Konvention begangen wurden: vorsätzliches Töten, Folterung oder menschenunwürdige Behandlung, vorsätzliches Verursachen von großem Leiden oder ernsthaften Verletzungen an Körper oder Gesundheit und extensive Zerstörung von Eigentum, Verstöße, die durch keine militärische Notwendigkeit gerechtfertigt und gesetzeswidrig und mutwillig ausgeführt wurden. Als grobe Verstöße haben diese Aktionen individuelle Schuldfähigkeit zur Folge. Die Kommission stellt fest, dass der Einsatz von menschlichen Schutzschildern auch ein Kriegsverbrechen gemäß dem Römischen Statut des Internationalen Strafgerichtshofs bedeutet.

1936. Die Kommission ist ferner der Ansicht, dass die Aktionen, die den Palästinensern im Gazastreifen die Mittel für ihre Existenz, ihre Jobs, ihrer Häuser und ihres Wassers beraubt haben, die ihre Bewegungsfreiheit und ihr Recht auf Aus- und Einreise in ihr eigenes Land verboten haben und ihre Rechte auf Zugang zu einem Gericht und einem effektiven Rechtsschutz beschränkt haben, ein kompetentes Gericht dazu führen könnte, festzustellen, das hier Verbrechen der Verfolgung, bzw. ein Verbrechen gegen die Menschlichkeit begangen wurde.

2. Aktionen durch Israel in der Westbank im Kontext der militärischen Operationen im Gazastreifen in der Zeit vom 27. Dezember 2008 bis Januar 2009

a) Behandlung von Palästinensern in der Westbank durch israelische Sicherheitskräfte, einschließlich der Anwendung von exzessiver oder tödlicher Gewalt während Demonstrationen

1937. Hinsichtlich von Gewaltakten durch Siedler gegen Palästinenser kam der Untersuchungsausschuss zu der Schlussfolgerung, dass Israel versäumt hat, seine internationalen Verpflichtungen zu erfüllen und die Palästinenser vor Gewalt durch Privatpersonen zu schützen – sowohl den internationalen Menschenrechten gemäß als auch gemäß internationalem humanitärem Völkerrecht. In einigen Fällen geschahen die Gewaltakte mit Einwilligung der Sicherheitskräfte und diese verletzten das Verbot grausamer unmenschlicher und demütigender Behandlung. Wenn diese Einwilligung nur in Bezug auf Gewalt gegen Palästinenser geschieht und nicht umgekehrt, würde dies einer Diskriminierung auf der Grundlage nationaler Zugehörigkeit gleichkommen, die nach ICCPR verboten ist.

1938. Israel verletzte auch eine Reihe von Menschenrechten durch ungesetzliche Unterdrückung von friedlichen öffentlichen Demonstrationen und Anwendung von exzessiver Gewalt gegen Demonstranten. Die Einsatz von Feuerwaffen, einschließlich scharfer Munition und der Einsatz von Scharfschützen, der zum Tod von Demonstranten führte, stellt als willkürliche Beraubung von Leben eine Verletzung von Artikel 6 ICCPR dar. Die von der Kommission untersuchten Umstände scheinen eine auf Absicht hinzudeuten oder wenigstens auf rücksichtsloses Verhalten gegenüber Zivilisten, denen damit Leid angetan wird bis hin zu vorsätzlicher Tötung.

1939. Exzessive Gewaltanwendung, die eher Verletzung als Tod zur Folge hat, bricht eine Anzahl von Normen, einschließlich Artikel 2 und 9 ICCPR. Diese Verletzungen werden durch anscheinend diskriminierende „Instruktionen zur Eröffnung des Feuers für Demonstrationen zuständige Sicherheitskräfte“ verstärkt, das sie auf die Anwesenheit von Personen mit einer bestimmten Nationalität basieren, was gegen das Prinzip der Nicht-diskriminierung im Internationalen Pakt über bürgerliche und politische Rechte (ICCPR) (Art.2) als auch gegen Artikel 27 der Vierten Genfer Konvention verstößt.

1940. Die Kommission stellt fest, dass Israel es versäumt hat, Handlungen seiner Vertreter oder dritten Parteien zu untersuchen und falls angebracht zu verfolgen, die in schwere Verletzungen des internationalen Völkerrechts oder in Menschenrechtsverletzungen involviert waren.

1941. Die Kommission ist von der angeblich wachsenden Siedlergewalt im vergangenen Jahr alarmiert und vom Versäumnis der israelischen Sicherheitskräfte, die Angriffe der Siedler gegen palästinensische Zivilisten und ihr Eigentum zu verhindern. Diese werden von einer Reihe von Verletzungen durch israelische Kräfte begleitet oder gar von ihnen hingenommen, einschließlich des Entzugs des Wohnrechtstatus von Palästinensern, was schließlich so gut wie zu einer Deportation führt und zusätzliche Verletzungen anderer Rechte mit sich bringt.

b) Verhaftung von Palästinensern durch Israel

1942. Die Kommission analysierte Informationen, die sie vor und nach der Militäroperation über die Inhaftierung von Palästinensern in israelischen Gefängnissen erhielt und stellte fest, dass diese Praktiken insgesamt im Widerspruch zu Menschenrechtserfordernissen stehen. Die von Israel ausgeübte Praxis der Administrativhaft verstößt gegen das Recht, nicht willkürlich inhaftiert zu werden (Art.9 Internationaler Pakt über bürgerliche und politische Rechte) und die Anwendung von geheimen Beweisen als Grundlage für die Administrativhaft steht auch im Widerspruch zu Artikel 9 des Pakts.

1943. Die Inhaftierung von Mitgliedern des palästinensischen Legislativrates durch Israel, soweit sich diese auf politische Zugehörigkeit gründet und nicht auf ihr persönliches Verhalten und sie so daran hindert, ihre öffentlichen Aufgaben wahrzunehmen, ist eine Verletzung der Artikel 25 und 26 IPbpR. Diese gewähren nach dem Gesetz gleichen Schutz und das Recht, öffentliche Aufgaben zu erfüllen. Die Inhaftierung stellt einen Fall kollektiver Strafe dar, die nach Artikel 33 des GC IV/der Vierten Genfer Konvention verboten ist. Das gilt auch für die massenweise Inhaftierung von Erwachsenen und Kindern. Die Inhaftierung von Kindern unter unmenschlichen und degradierenden Bedingungen und ohne die vom internationalen Gesetz geforderten Garantien ist auch eine Verletzung ihrer Rechte nach IPbpR und des Übereinkommens über die Rechte des Kindes.

c) Verletzungen des Rechts der Bewegungsfreiheit und des freien Zugangs

1944. Die Kommission findet die weitreichenden von Israel auferlegten Einschränkungen der Bewegungsfreiheit und des freien Zugang für Westbank-Palästinenser als unverhältnismäßig, um einen legitimen Ziel dienen zu können. Sie stellen eine Verletzung von Artikel 27 der Vierten Genfer Konvention und von Artikel 12 IPpbR dar, die das Recht auf Bewegungsfreiheit garantieren.

1945. Wo Kontrollpunkte zu Orten der Demütigung der zu schützenden Bevölkerung durch Militär oder zivile Operateure werden, kann dies mit einer Verletzung des Gewohnheitsrechtes verbunden sein, wie in Art.75 (2) (b) des zusätzlichen Protokoll 1 niedergelegt.

1946. Der fortgesetzte Bau von Siedlungen im besetzten Gebiet stellt eine Verletzung des Artikels 46 der Vierten Genfer Konvention dar. Die extensive Zerstörung und Enteignung von Besitz, einschließlich der Konfiszierung von Grund und Boden sowie der Häuserzerstörung in der Westbank einschließlich Ostjerusalems, die nicht durch militärische Notwendigkeit gerechtfertigt sind und ungesetzlich und unwillkürlich ausgeführt werden, kommen einem schwerwiegenden Bruch der Genfer Konventionen nach Artikel 147 GCIV/der Vierten Genfer Konvention gleich.

1947 Insofern Bewegungs- und Zugangsbeschränkungen, die Siedlungen und ihre Infrastruktur, die demographische Politik gegenüber Jerusalem und in der C-Zone der Westbank als auch die Trennung von Gaza und der Westbank das Entstehen eines lebensfähigen, zusammenhängenden und souveränen palästinensischen Staates verhindern, sind dies Verletzungen im Sinne des Ius cogens-Rechts auf Selbstbestimmung.

3. Aktionen durch Israel in Israel

1948. In Bezug auf angebliche Verstöße innerhalb Israels selbst stellt die Kommission fest, dass es dort zwar keine derartige Strategie zu geben scheint, aber von Ereignissen berichtet wird, bei denen den Demonstranten von den Behörden Hindernisse in den Weg gelegt wurden, soweit diese nur ihr Rede- und Versammlungsrecht friedlich in Anspruch nahmen und gegen Israels Militäraktionen im Gazastreifen protestierten. Diese Rechte sind durch den Internationalen Pakt über bürgerliche und politische Rechte geschützt. Fälle von physischer Gewalt gegen Demonstranten und andere Demütigungen durch die Polizei, die nicht zu physischer Gewalt führten … verstoßen gegen Israels Verpflichtungen nach Artikel 10 IPbpR. Die Kommission ist auch ernsthaft besorgt darüber, dass Aktivisten gezwungen werden, den allgemeinen Sicherheitsdiensten (Shabak) Auskünfte zu geben, was zu einer intoleranten Atmosphäre für in Israel lebende Andersdenkende führt. Feindselige Vergeltungsaktionen der israelischen Regierung gegen Organisationen der Zivilgesellschaft wegen ihrer Kritik an israelischen Behörden und wegen Enthüllungen angeblicher Verstöße gegen die Menschenrechtsgesetze (IHRL) und das Humanitäre Völkerrecht (IHL) während der Militäroperationen sind unvereinbar mit der UN-Deklaration on the Right and the Responsibility of Individuals, Groups and Organs of Society to Promote and Protect Universally Recognized Human Rights and Fundamental Freedoms.

1949. Die Kommission stellt fest, dass der fast umfassende Ausschluss der Medien und Menschenrechtsbeobachter aus Gaza seit dem 5. November 2008 und während der Operationen im Widerspruch zu Israels Verpflichtungen hinsichtlich des Rechts auf freien Zugang zu Informationen steht.

4. Aktionen bewaffneter palästinensischer Gruppen

1950. In Bezug auf den Raketen- und Granatenbeschuss nach Südisrael durch bewaffnete palästinensische Gruppen im Gazastreifen stellt die Kommission fest, dass diese Gruppen es versäumten, zwischen militärischen Zielen und Zivilbevölkerung im südlichen Israel zu unterscheiden. Das Abschießen von Raketen und Granaten, die nicht genau auf militärische Ziele gesetzt werden können, verstoßen gegen das fundamentale Prinzip der Unterscheidung. Wo es keine militärischen Ziele gibt und Rakenten und Granaten in zivile Gebiete abgeschossen werden, stellen sie einen absichtlichen Angriff auf eine Zivilbevölkerung dar. Diese Aktionen stellen Kriegsverbrechen dar und können als Verbrechen gegen die Menschlichkeit angesehen werden.

1951. Die Kommission kommt zu dem Schluss, dass der Raketen- und Granatenbeschuss bewaffneter palästinensischer Gruppen aus dem Gazastreifen heraus in den betroffenen Gemeinden im südlichen Israel Terror verursacht haben. Die Angriffe haben zu Verlust an Leben und zu physischen und psychischen Schäden sowie zu Schäden an Privathäusern, an sakralen Gebäuden und an Besitztümern geführt und das wirtschaftliche und kulturelle Leben, die wirtschaftlichen und sozialen Rechte der betroffenen Gemeinden ernsthaft beeinträchtigt.

1952. Was die fortgesetzte Inhaftierung des israelischen Soldaten Gilad Shalit betrifft, stellt die Kommission fest: als ein zur israelischen Armee gehörender Soldat, der während eines feindlichen Einfalls in Israel gefangen genommen wurde, hat er nach der Dritten Genfer Konvention den Kriegsgefangenenstatus und er sollte geschützt, menschlich behandelt werde und ihm sollte Kommunikation nach draußen gewährt werden – entsprechend der Konvention.

1953. Die Kommission untersuchte auch, ob die bewaffneten palästinensischen Gruppen ihren Verpflichtungen gemäß dem humanitären Völkerrecht nachgekommen sind und darauf geachtet haben, das Risiko für die Zivilbevölkerung in Gaza bei der Ausübung ihrer feindseligen Akte gegen Israel so gering wie möglich zu halten. Diese Ausübung in dicht bebauten Wohngebieten ist an sich keine Verletzung des internationalen Rechts. Angriffe jedoch – egal ob sie mit Raketen oder Granaten auf die Bevölkerung im südlichen Israel oder auf israelische bewaffnete Kräfte innerhalb Gazas erfolgten, nahe an zivilen oder geschützten Gebäuden, stellen eine Unterlassung von Vorsichtsmaßnahmen dar. In Fällen, wo dieses geschah, würden die bewaffneten palästinensischen Gruppen die Zivilbevölkerung von Gaza unnötig den Gefahren militärischer Operationen, die um sie herum stattfanden, ausgeliefert haben. Die Untersuchungsmission fand keinen Beweis dafür, dass die bewaffneten palästinensischen Gruppen Zivilisten entweder in Kampfgebiete dirigiert haben oder dass sie Zivilisten zwangen, im Umkreis der Angriffe zu verharren. Die Kommission fand auch keinen Beweis dafür, dass Mitglieder der bewaffneten palästinensischen Gruppen in Zivilkleidung kämpften. Bei dem einen von der Kommission untersuchten Vorfall eines israelischen Angriffs auf eine Moschee stellte sie fest, dass es keinen Beweis gibt, dass die Moschee für militärische Zwecke benutzt wurde oder als Schutzschild für militärische Handlungen dienen sollte. Die Kommission kann nicht ausschließen, dass dies in anderen Fällen geschehen sein könnte.

5. Aktionen von verantwortlichen palästinensischen Behörden

1954. Obwohl die Behörden in Gaza jede Kontrolle über und jede Verantwortung in Bezug auf die bewaffneten palästinensischen Gruppen verneinen, ist die Kommission der Ansicht, dass sie, im Falle, sie hätten versäumt, die notwendigen Maßnahmen zu ergreifen, um die bewaffneten palästinensischen Gruppen daran zu hindern, die Zivilbevölkerung in Gefahr zu bringen, eine gewisse Verantwortung trügen an dem Schaden, der den in Gaza lebenden Zivilisten zugefügt wurde.

1955. Die Kommission stellt fest, dass Sicherheitsdienste unter der Kontrolle der Behörden in Gaza außergerichtliche Exekutionen und willkürliche Verhaftungen durchführten und Menschen folterten, insbesondere politische Opponenten, Dies stellt schwere Verletzungen des Menschenrechts auf Leben, Freiheit und Sicherheit der Person dar, denn „ niemand darf der Folter oder grausamer, unmenschlicher oder erniedrigender Behandlung oder Strafe unterworfen werden" und jeder hat das Recht, vor willkürlicher Verhaftung und Haft geschützt zu sein, auf ein faires, unparteiisches Gerichtsverfahren, auf freie Meinungsäußerung und Redefreiheit einschließlich der Freiheit, seine Meinung ohne Unterbrechung auszudrücken.

1956. Die Kommission schlussfolgert auch, dass Handlungen der palästinensischen Autonomiebehörde gegen politische Opponenten in der Westbank, die im Januar 2006 begannen und mit zunehmender Intensität weitergingen auch während der Zeit des Angriffs im Gazastreifen zwischen dem 27. Dezember 2008 und 18. Januar 2009. Diese Handlungen stellen Verletzungen gegen die Menschenrechte und gegen das eigene palästinensische Grundgesetz dar. Politisch motivierte Verhaftungen verletzen das Recht auf Freiheit und Sicherheit der Person, das Recht auf ein faires Gerichtsverfahren und das Recht, nicht wegen seiner politischer Meinung diskriminiert zu werden. Dies alles sind Bestandteile des internationalen Gewohnheitsrechts. Berichte von Folter und anderen Formen von Misshandlung bei der Verhaftung und in der Haft und Tod während der Haft erfordern eine sofortige Untersuchung und Verantwortlichkeit.

1957. Die Kommission war immer wieder bestürzt über die Kommentare palästinensischer Opfer, Menschenrechtsverteidiger sowie ziviler und offizieller Gesprächspartner, dass sie hofften, es würde dies die letzte Untersuchungsmission dieser Art sein, aus der ein Akt der Gerechtigkeit folgen würde. Sie war auch durch die Bemerkung getroffen, dass schon viele Berichte veröffentlicht wurden, die ohne Konsequenzen geblieben waren und damit „Israel ermutigt wurde und in seiner Überzeugung bestärkt, dass es unberührbar sei". Wenn Verantwortungsmodi abgelehnt werden, wird Straffreiheit gestärkt und es wirkt sich negativ auf die Glaubwürdigkeit der UN und der internationalen Gemeinschaft aus. Die Kommission ist davon überzeugt, dass diese Kommentare im Vordergrund der Betrachtungen der Mitgliedstaaten und der UN stehen sollten bei ihren Untersuchungen und Empfehlungen und konsequent danach gehandelt werden sollte

1958. Die Kommission ist fest davon überzeugt, dass Gerechtigkeit und Achtung vor der Rechtsstaatlichkeit unentbehrliche Grundlage für Frieden sind. Die Verlängerung der Straflosigkeit hat eine Krise der Justiz in den bestzten palästinensischen Gebieten geschaffen, die Handlungen erfordert

1959. Nach Überprüfung des israelischen Systems zur Untersuchung und strafrechtlichen Verfolgung gravierender Verletzungen der Menschenrechte und des humanitären Völkerrechts, insbesondere bei Verdacht auf Kriegsverbrechen und Verbrechen gegen die Menschlichkeit, fand die Kommission große strukturelle Fehler, die ihrer Ansicht nach das System in großen Widerspruch zu internationalen Standards stellen. Mit den militärischen „operativen Nachbesprechungen" als Kern des Systems fehlt jeder effektiver und unparteiischer Untersuchungsmechanismus, und die Opfer solch geltend gemachten Verstöße bleiben ohne wirksame und schnelle Rechtsmittel. Außerdem entsprechen solche innerhalb der israelischen Militärbehörde durchgeführten Untersuchungen nicht den internationalen Standards von Unabhängigkeit und Unparteilichkeit. Die Kommission ist davon überzeugt, dass die wenigen Untersuchungen, die von israelischen Behörden über geltend gemachte ernsthafte Verletzungen der internationalen Menschenrechte und des humanitären Völkerrechts durchgeführt wurden, und zwar besonders die geltend gemachten Kriegsverbrechen im Kontext der militärischen Operationen im Gazastreifen zwischen dem 27. Dezember 2008 und dem 18. Januar 2009, mit diesem Systemdefekt behaftet sind. Sie sind ungebührlich hinausgezögert worden trotz der Schwere der Behauptungen und deshalb fehlt es ihnen an der erforderlichen Glaubwürdigkeit und Übereinstimmung mit den internationalen Standards. Die Kommission ist besorgt, dass die Untersuchungen von relativ weniger ernsten Verstößen, von denen die GOI behauptet, sie untersucht zu haben, auch ungebührlich hinausgezögert wurden.

1960. Die Kommission stellt Muster von Verzögerung, Untätigkeit oder unbefriedigende Abwicklung von Untersuchungen durch die israelischen Behörden fest, auch bei der Verfolgung und Überführung von militärischem Personal und von Siedlern wegen Gewalt und Straftaten gegen die Palästinenser, einschließlich der Westbank, als auch die diskriminierenden Ergebnisse. Dazu kommt der augenblickliche verfassungsmäßige und rechtliche Rahmen in Israel, der den Palästinensern – wenn überhaupt – sehr begrenzte Möglichkeiten gibt, Wiedergutmachung und Reparationen zu erlangen.

1961. In Anbetracht der überprüften Informationen und ihrer Analyse kommt die Kommission zu der Schlussfolgerung, dass ernsthafte Zweifel über die Bereitschaft Israels bestehen, ernsthafte, authentische Untersuchungen auf unparteiische, unabhängige, schnelle und effektive Weise vorzunehmen, wie nach internationalen Recht erforderlich. Die Kommission ist auch der Ansicht, dass dem System diskriminierende Eigenschaften inhärent sind, die Bemühungen um Gerechtigkeit für die palästinensischen Opfer extrem schwierig machen.

1962. Hinsichtlich der Behauptungen von Verletzungen des humanitären Völkerrechts innerhalb der Jurisdiktion der verantwortlichen palästinensischen Behörden im Gazastreifen stellt die Kommission fest, dass diese Behauptungen nicht untersucht wurden.

1963. Die Kommission merkt an, dass die Untersuchungen von Menschenrechtsverletzungen und von Verletzungen des Humanitären Völkerrechts, die ggf. erforderliche strafrechtliche Verfolgung und das Vor-Gericht-Stellen von Tätern in erster Linie in den Zuständigkeitsbereich innerstaatlicher Behörden und Institutionen fallen. Es handelt sich um eine rechtliche Verpflichtung, die dem Staat und staatsähnlichen Gebilden obliegt. Wenn jedoch innerstaatliche Behörden nicht in der Lage oder nicht gewillt sind, diesen Bedingungen zu entsprechen, müssen internationale Justizmechanismen aktiviert werden, um Straflosigkeit zu verhindern,

1964. Die Kommission ist davon überzeugt, dass unter den gegebenen Umständen bei den innerstaatlichen Institutionen in Israel und noch weniger im Gazastreifen mit wenig Bereitschaft für Verantwortlichkeit bei schweren Verstößen gegen Humanitäre Völkerrecht und die Menschenrechtsgesetze zu rechnen ist. Die Kommission ist der Ansicht, dass die langanhaltende Straflosigkeit ein Schlüsselfaktor für die endlose Fortsetzung von Gewalt und das Wiederauftreten von Gewalt in der Region ist. Auch der Vertrauensschwund unter den Palästinensern und vielen Israelis in Bezug auf eine friedliche und gerechte Lösung des Konfliktes gehört dazu.

1965. Die Kommission hält etliche der in diesem Bericht erwähnten Verletzungen für gravierende Verstöße gegen die Vierte Genfer Konvention. Sie merkt an , dass die Genfer Konventionen alle Hohen Vertragsparteien verpflichtet, nach den Verantwortlichen der vorgebrachten Rechtsverletzungen zu suchen und sie vor ihre Gerichte zu bringen.

1966. Die Kommission sieht, dass die in diesem Bericht genannten schweren Verletzungen des Humanitären Völkerrechts innerhalb der sachlichen Zuständigkeit des Internationalen Strafgerichtshofes (IntStGH) liegen. Die Kommission stellt fest, dass der UN-Sicherheitsrat schon seit langem die Auswirkungen der Situation im Nahen Osten – einschließlich der palästinensischen Frage – auf den internationalen Frieden und die Sicherheit erkannt hat und dass er regelmäßig die Lage behandelt. Die Kommission ist davon überzeugt, dass angesichts des schon lange bestehenden Konflikts die häufigen und gleichbleibenden Behauptungen von Verstößen gegen das humanitäre Völkerrecht, von denen alle Parteien betroffen sind, die offensichtlich zunehmend intensiver werdenden Verletzungen bei den kürzlichen Militäroperationen und die bedauerliche Unmöglichkeit der Rückkehr weiterer Gewalt sinnvolle und praktische Schritte zur Beendigung der Straflosigkeit solcher Verstöße einen effektiven Weg anbieten würde, vor solchen Verletzungen in Zukunft zurück zu schrecken. Die Kommission ist der Ansicht, dass die strafrechtliche Verfolgung von Personen, die für schwere Verletzungen des humanitären Völkerrechts verantwortlich sind, dazu beitragen würde, solche Verletzungen zu beenden, Zivilisten zu schützen, den Frieden wieder herzustellen und aufrecht zu erhalten.

XXXI. Empfehlungen

1967. Kommission macht folgende Empfehlungen in Bezug auf:

a) Verantwortlichkeit für gravierende Verletzungen des Humanitären Völkerrechts
b) Entschädigungen
c) schwere Verletzungen der Menschenrechtsgesetze
d) die Blockade und den Wiederaufbau
e) die Anwendung von Waffen und militärische Verfahrensweisen
f) den Schutz von Menschenrechtsorganisationen und ihre Verteidiger
g) Nachbereitung der Empfehlungen der Kommission

1968. Zum Menschenrechtsrat

(a) Die Kommission empfiehlt, dass der UN-Menschenrechtsrat die in diesem Bericht enthaltenen Empfehlungen unterstützt, entsprechende Aktionen unternimmt, um sie wie von der Kommission empfohlen oder mit anderen geeigneten Mitteln, zu erfüllen. Man möge bei weiteren Sitzungen ihre Erfüllung im Auge behalten.
(b) Im Hinblick auf die Schwere der Verletzungen des internationalen humanitären Völkerrechts und der Menschenrecht und der möglichen Kriegsverbrechen und Verbrechen gegen die Menschlichkeit, über die die Kommission berichtet hat, empfiehlt sie, dass der UN-Menschenrechtsrat den UN-Generalsekretär auffordert, diesen Bericht dem UN-Sicherheitsrat zu unterbreiten nach Art. 99 der Charta der Vereinten Nationen, so dass der Sicherheitsrat nach den Empfehlungen der Kommission weitere Schritte überlegen kann.
(c) Die Kommission empfiehlt weiter, dass der UN-Menschenrechtsrat diesen Bericht offiziell an den Ankläger des Internationalen Strafgerichtshofs (ICC) weitergibt.
(d) Die Kommission empfiehlt, dass der UN-Menschenrechtsrat den Bericht der UN-Vollversammlung vorlegt mit der Bitte um Behandlung.

e) Die Kommission schlägt vor, dass der UN-Menschenrechtsrat die Empfehlungen der Kommission den dafür zuständigen Vertragskörperschaften des UN-Menschenrechtsrat vorlegt, so dass sie einen Überblick über den Fortgang in ihre Implementierung miteinbeziehen können, entsprechend ihrem Mandat und ihren Verfahren bei ihren regelmäßigen Prüfungen, inwieweit Israel seine Menschenrechtsverpflichtungen einhält . Die Kommission empfiehlt außerdem, dass der UN-Menschenrechtsrat den Fortschritt überprüft als Teil des Universal Periodic Review (Allgemeinen Überprüfungsausschuss).

1969 An den UN-Sicherheitsrat
Die Kommission empfiehlt:

(a) dass der Sicherheitsrat die Regierung Israels auffordert gemäß Artikel 40 der UN-Charta
 i) innerhalb von drei Monaten alle entsprechenden Schritte zu unternehmen, um die entsprechenden Untersuchungen aufzunehmen, die unabhängig und den internationalen Standards genügen, über ernsthafte Verletzungen des internationalen humanitären Völkerrechts und der internationalen Menschenrechtsgesetze, über die die Kommission berichtet hat oder über andere Anschuldigungen, die ihre Aufmerksamkeit hervorrufen können.
 ii) den Sicherheitsrat zu informieren- innerhalb einer weiteren dreimonatigen Zeitspanne – über durch die israelische Regierung vorgenommene Aktionen, oder noch laufende, zum Zwecke der Nachforschung, Untersuchung oder verfolgung solcher ersthaften Verletzungen.

(b) Die Kommission empfiehlt darüber hinaus, dass der Sicherheitsrat zur gleichen Zeit ein unabhängiges Komitee einsetze, das aus Experten für internationales humanitäres Völkerrecht und internationales Menschenrechtsgesetze besteht, welches die innerstaatlichen gerichtlichen sowie andere rechtliche Schritte, die von der Regierung Israels mit Hinblick auf die angesprochenen Untersuchungen unternommen werden, beobachtet und darüber Bericht erstattet. Ein solches Expertenkomitee sollte am Ende des Halbjahrs dem Sicherheitsrat eine Bewertung der relevanten, von der Regierung Israels initiierten innerstaatlichen Vorgänge vorlegen, aus der auch Fortschritte, Effektivität und Aufrichtigkeit ersichtlich sind, so dass der Sicherheitsrat beurteilen mag, ob im innerstaatlichen Bereich angemessene Schritte unternommen wurden oder werden, die den Opfern zu ihrem Recht verhelfen und die Täter zur Rechenschaft ziehen. Der Sicherheitsrat sollte das Komitee auffordern, je nach entsprechender Notwendigkeit zu bestimmten Intervallen Bericht zu erstatten. Das Komitee sollte durch den Hohen Kommissar der Vereinten Nationen für Menschenrechte in angemessener Weise unterstützt werden.

(c) Die Kommission empfiehlt, dass der Sicherheitsrat nach Erhalt des Berichts des Komitees die Lage überdenke und bei Fehlen glaubwürdiger Nachforschungen gemäß Artikel 40, die innerhalb einer Halbjahresfrist vom Datum des Beschlusses aus durch geeignete Autoritäten des Staates Israels unabhängig und gemäß internationaler Standards durchgeführt wurden oder noch durchgeführt werden, erneut unter Kapitel VII der Charta der Vereinten Nationen die Angelegenheit in Gaza dem Ankläger des Internationalen Strafgerichtshof gemäß Artikel 13 (b) der Gesetzesbestimmungen des Internationalen Strafgerichtshof vorlege.

(d) Die Kommission empfiehlt, dass der Sicherheitsrat das unabhängige Expertenkomitee, das unter Unterpunkt (b.) angesprochen wurde, beauftrage, jegliche innere juristische oder andere Verfahren, die von den entsprechenden Autoritäten im Gazastreifen in Bezug auf die zuvor genannten Untersuchungen durchgeführt werden, zu beobachten und Bericht über sie zu erstatten. Am Ende des Halbjahrs sollte das Komitee dem Sicherheitsrat über seine Beurteilungen der entsprechenden Landesinneren, von den entsprechenden Autoritäten in Gaza initiierten Vorgänge Bericht erstatten, einschließlich der Beobachtung in Bezug auf Fortschritt, Effektivität und Aufrichtigkeit, so dass der Sicherheitsrat beurteilen mag, ob im Landesinneren angemessene Schritte unternommen worden sind oder in Ausführung begriffen sind, um Opfer zu ihrem Recht zu verhelfen oder Täter zur Rechenschaft zu ziehen. Der Sicherheitsrat sollte das Komitee auffordern, in festgesetzten Zeiträumen, je nach Notwendigkeit, Bericht zu erstatten.

(e) Die Kommission empfiehlt, dass der Sicherheitsrat nach Erhalt des Berichts des Komitees die Lage überdenke und bei Fehlen glaubwürdiger Nachforschungen gemäß Artikel 40, die innerhalb einer Halbjahresfrist vom Datum des Beschlusses aus durch geeignete Autoritäten des Staates Israels unabhängig und gemäß internationaler Standards durchgeführt wurden oder noch durchgeführt werden, erneut unter Kapitel VII der Charta der Vereinten Nationen die Angelegenheit in Gaza dem Ankläger des Internationalen Strafgerichtshof gemäß Artikel 13 (b) der Gesetzesbestimmungen des Internationalen Strafgerichtshof vorlege.

(f) Die Kommission empfiehlt, mangelnde Kooperation der Regierung Israels oder der Autoritäten Gazas vom Sicherheitsrat als Behinderung der Arbeit des Komitees anzusehen.

1970. An den Ankläger des Internationalen Strafgerichtshofs, mit Bezug auf die von der Anwaltschaft des Internationalen Strafgerichtshofs(ICC) in Empfang genommene Erklärung nach Artikel 12 (3) der palästinensischen Regierung hält es die Kommission angesichts der Verantwortung für die Opfer und im Interesse von Frieden und Gerechtigkeit in der Region für erforderlich, die gesetzlichen Untersuchungen durch den Ankläger so zügig wie möglich durchzuführen.

1971. An die Vollversammlung

(a) Die Kommission empfiehlt, dass die Vollversammlung den Sicherheitsrat auffordere, sie über die Maßnahmen zu unterrichten, die gemacht wurden hinsichtlich eines sicheren Zur-Verantwortung-Ziehens für ernste Verletzungen des internationalen humanitären Völkerrechts und internationaler Menschenrechte auf die vorgebrachten Fakten in diesem Bericht und andere Tatsachen im Kontext der Militäroperationen in Gaza bezogen, einschließlich der Umsetzungen der durch die Kommission gemachten Empfehlungen. Die Vollversammlung kann von der Angelegenheit so lange in Bewertung halten, bis sie überzeugt ist, dass angemessene Schritte auf innerstaatlichem wie internationalem Bereich unternommen worden sind, um den Opfern Recht zu verschaffen und die Täter zur Verantwortung zu ziehen. Die Vollversammlung mag erwägen, ob innerhalb ihrer

Zuständigkeit zusätzliche Schritte im Interesse der Gerechtigkeit erforderlich sind, einschließlich „Uniting for Peace“ (Notstandssondertagung) gemäß der Resolution 377 (V).

(b) Die Kommission empfiehlt, dass die Vollversammlung einen Treuhandfonds für die Verwendung angemessener Entschädigungszahlungen an Palästinenser einrichte, die persönlichen und materiellen Schaden erlitten haben aufgrund ungesetzlicher, dem Staat Israel zuzuschreibender Handlungen während der Militäroperationen von Januar und Dezember oder aufgrund von Handlungen, die mit diesen in Verbindung gebracht werden können, und dass die Regierung Israels die eingeforderten Beträge in diesen Fonds zahle. Weiterhin empfiehlt die Kommission, dass die Vollversammlung das Hochkommissariat für Menschenrechte bitte, mit fachkundigem Rat bezüglich der adäquaten Modalitäten, die für die Errichtung des Treuhandfonds nötig sind, beizutragen.

(c) Die Kommission empfiehlt, dass die Vollversammlung die Regierung der Schweiz bitte, eine Konferenz der hohen Vertragsparteien der Vierten Genfer Konvention von 1949 einzuberufen, die über Maßnahmen zur Durchsetzung der Konvention in den besetzten palästinensischen Gebieten (OPT) berate und deren Gewährung in Übereinstimmung mit Art. 1.

(d) Die Kommission empfiehlt, dass die Vollversammlung eine dringliche Debatte anrege über die zukünftige Legalilät bestimmte benutzter Waffen, auf die in diesem Report hingewiesen wurde, insbesondere weißer Phosphor, Nadelgeschosse (Flechette) und Schwermetalle wie Wolfram. In dieser Debatte sollte die Vollversammlung inter alia auf das Sachverständigengutachten des Internationalen Komitees des Roten Kreuzes (ICRC) zurückgreifen. Die Untersuchungskommission empfiehlt weiter, dass die Regierung Israels ein Moratorium bezüglich des Gebrauchs solcher Waffen vornehme in Anbetracht des menschlichen Leidens und des Schadens, den sie im Gazastreifen verursacht hat.

1972. An den Staat Israel

(a) Die Kommission empfiehlt, dass Israel sofort die Grenzabsperrungen und Durchgangsbehinderungen an den Grenzübergängen zum Gazastreifen beende und den Transport notwendiger Waren in ausreichender Menge zulasse, um den alltäglichen Bedarf der Bevölkerung und den Bedarf für den materiellen Wiederaufbau und Wohnungsbau, für Dienstleistungen und für die Aufnahme sinnvoller ökonomischer Aktivitäten im Gazastreifen abzudecken.

(b) Die Kommission empfiehlt, dass Israel die Zugangsbehinderungen zum Meer für Fischereizwecke beende und solche Fischfangaktivitäten innerhalb der 20-Seemeilen-Zone gemäß der Bestimmungen von Oslo zulasse. Weiterhin empfiehlt sie, dass Israel die Wiederaufnahme landwirtschaftlicher Aktivitäten innerhalb des Gazastreifens, einschließlich der Gebiete in Grenznähe zu Israel, zulasse.

(c) Israel sollte eine Überprüfung von Einsatzregeln, Standardvorgehensweisen, Vorschriften für Feuereröffnung und anderen Richtlinien für Militär- und Sicherheitspersonal veranlassen. Die Kommission empfiehlt, dass sich Israel der Sachkenntnis des ICRC, des Hochkommissariats für Menschenrechte der Vereinten Nationen und anderer relevanter Körperschaften, israelischer Experten sowie zivilgesellschaftlicher Organisationen mit entsprechender Fachkenntnis bediene, um Übereinstimmung mit dem internationalen humanitären Völkerrecht und den internationalen Menschenrechtgesetzen zu gewährleisten. Insbesondere sollten solche Einsatzregeln absichern, dass die Grundsätze der Verhältnismäßigkeit, der Abgrenzung, der Vorsichtsmaßregeln und der Nicht-Diskriminierung effektiv in diesen Leitlinien und in allen mündlichen Anweisungen, die an Offiziere, Soldaten und Sicherheitskräfte gerichtet sind, aufgenommen werden, um weitere von zivile palästinensische Todesopfer, Zerstörung und Verletzung der Menschenwürde durch Missachtung internationalen Rechts zu vermeiden.

(d) Die Kommission empfiehlt, dass Israel den Palästinensern Bewegungsfreiheit innerhalb der besetzten Gebiete – innerhalb des Westjordanlandes einschließlich Ostjerusalems, zwischen dem Gazastreifen und dem Westjordanland und zwischen den besetzten Gebieten und der Außenwelt – gemäß internationaler Menschenrechtsnormen und gemäß internationaler durch Israel und Vertretern des palästinensischen Volkes eingebrachter Übereinkommen erlauben solle. Des weiteren empfiehlt die Kommission, dass Israel umgehend die derzeitige Reiseverbote für Palästinenser aufhebe aufgrund der ihnen zustehen von Menschenrechten oder wegen politischer Betätigung.

(e) Die Kommission empfiehlt, dass Israel Palästinenser, die in israelischen Gefängnissen in Verbindung mit der Besatzung gefangen gehalten werden, freilasse. Die Freilassung von Kindern sollte höchste Priorität haben. Weiter empfiehlt die Kommission, dass Israel die diskriminierende Behandlungen palästinensischer Gefangener beende. Familienbesuche für Gefangene aus Gaza sollten wieder stattfinden können.

(f) Israel sollte unverzüglich die Einmischung in nationale politische Entwicklungen in den besetzten palästinensischen Gebieten einstellen und als ersten Schritt alle Mitglieder des Palästinensischen Legislativrats, die momentan inhaftiert sind, aus der Haft entlassen und allen Mitgliedern des Palästinensischen Legislativrats (PLC) erlauben, sich zwischen Gaza und dem Westjordanland frei zu bewegen, so dass der Rat seine Funktionstüchtigkeit wiedererlangen kann.

(g) Die Regierung Israels sollte Aktionen unterbinden, die darauf gerichtet sind, kritische Äußerungen in der Öffentlichkeit an der Politik und am Vorgehen Israels während der Militäroperationen im Gazastreifen zu unterbinden. Die Kommission empfiehlt darüber hinaus, dass Israel eine unabhängige Untersuchung einrichte, um zu prüfen, ob die Behandlung von palästinensischen und jüdischen Israelis, die Einwände in Bezug auf die Militäroperationen ausdrückten, hinsichtlich der Anklage als auch der Untersuchungshaft, diskriminierend war. Die Ergebnisse der Untersuchung sollten veröffentlicht werden und je nach Befund sollte Abhilfe geschaffen werden.

(h) Die Regierung Israels sollte von jeglichen Repressalien gegen palästinensische und israelische Personen und Organisationen, die mit der Kommission der Vereinten Nationen im Gaza-Konflikt kooperierten, absehen, insbesondere von Repressalien gegen Personen, die zu den öffentlichen Anhörungen, die von der Kommission in Gaza und Genf eingerichtet wurden, erschienen und ihre Kritik an Aktionen des Staates Israels äußerten.

(i) Die Kommission empfiehlt, dass Israel seine Verpflichtung, die Unverletzlichkeit von Einrichtungen und Personal der Vereinten Nationen zu respektieren, wiederaufnehme und angemessene Schritte unternehme, um eine Wiederholung der Verletzungen in Zukunft auszuschließen. Sie empfiehlt darüber hinaus, dass den Vereinten Nationen durch den Staat Israel unverzüglich Reparationen in vollem Umfang geleistet werde und dass die Vollversammlung sich dieser Sache annehme.

1973. An palästinensische bewaffnete Gruppen

(a) Die Kommission empfiehlt, dass palästinensische bewaffnete Gruppen umgehend das internationale humanitäre Völkerrecht respektieren, insbesondere, indem Angriffe auf israelische Zivilpersonen und zivile Objekte eingestellt werden, und dass alle erdenklichen Vorsichtsmaßnahmen getroffen werden, um Schaden an palästinensischen Zivilisten während Feindseligkeiten zu vermeiden.
(b) Die Kommission empfiehlt, dass palästinensische bewaffnete Gruppen, die den israelischen Soldaten Gilad Shalit gefangen halten, ihn aus humanitären Gründen freilassen. Solange die Freilassung noch nicht erfolgt ist, sollte sein Status als Kriegsgefangener anerkannt und er als solcher behandelt werden und ihm Besuche des ICRC erlaubt werden.

1974. An verantwortliche palästinensische Autoritäten

(a) Die Kommission empfiehlt, dass die Palästinensische Autorität klare Anweisungen an unter ihrer Aufsicht stehende Sicherheitskräfte ausgebe, sich an Menschenrechtsnormen zu halten, so wie sie im palästinensischen Grundgesetz und im internationalen Instrumentarium verankert sind; dass sie sofortige und unabhängige Untersuchungen aller Behauptungen zu ernsthaften Menschenrechtsverletzungen durch unter ihrer Macht stehende Sicherheitskräfte nachgehe; und dass sie Militärjustiz abschaffe, die Zivilisten in ihre zu behandelnden Fälle mit einbezieht.
(b) Die Kommission empfiehlt, dass die palästinensische Autorität und die Autoritäten in Gaza ohne Verzögerung alle politischen Gefangenen freilassen, die sich derzeitig in ihrer Macht befinden und dass sie von weiteren Inhaftierungen aus poli-

tischen Beweggründen und unter Verletzung internationalen Menschenrechts absehen.

(c) Die Kommission empfiehlt, dass die palästinensische Autorität und die Autoritäten von Gaza weiterhin die Arbeit von freien und unabhängigen Nicht-Regierungsorganisationen, einschließlich der Menschenrechtsorganisationen und der Unabhängigen Menschenrechtskommission ermöglichen.

1975. An die internationale Gemeinschaft

(a) Die Kommission empfiehlt, dass an den Genfer Konventionen von 1949 beteiligte Vertragsstaaten für Fälle, in denen genügend Beweise für gravierende Brüche der Genfer Konventionen von 1949 durch die Kommission vorliegen, strafrechtliche Untersuchungen nach universeller Rechtsprechung an nationalen Gerichtshöfen in die Wege zu leiten. Wo gemäß der Untersuchung Folgen berechtigt sind, sollten mutmaßliche Täter verhaftet und in Übereinstimmung mit international anerkannter Rechtsprechung strafrechtlich verfolgt werden.

(b) Internationale Hilfsorganisationen sollten die finanzielle und technische Unterstützung von Organisationen stärken, die der palästinensischen Bevölkerung Dienstleistungen im psychologischen wie allgemein medizinischen Bereich anbieten.

(c) Angesichts der äußerst wichtigen Funktion palästinensischer und israelischer Menschenrechtsorganisationen empfiehlt die Kommission, dass Geberländer/Anbieter von Hilfeleistungen fortfahren, diese Organisationen, die internationalen Recht- und Menschenrechtsverletzungen dokumentieren und darüber berichten sowie relevante Autoritäten bezüglich der Einhaltung internationalen Rechts beraten, in ihrer Tätigkeit zu unterstützen.

(d) Die Kommission empfiehlt, dass Staaten, die in Friedensverhandlungen zwischen Israel und den Vertretern des palästinensischen Volkes involviert sind, besonders das Quartett, sicherstellen sollen, dass das Respektieren von Recht und Gesetz, Völkerrecht und Menschenrechte eine zentrale Rolle in internationalen Friedensinitiativen einnehmen.

(e) Angesichts der Behauptungen und Berichte über langfristige Umweltschäden, die durch Kriegsmaterial oder Trümmern von

Kriegsmaterial entstanden sein dürften, empfiehlt die Kommission, ein Programm zur Umweltüberwachung unter der Schirmherrschaft der Vereinten Nationen für einen entsprechend notwendigen Zeitraum zu starten. Dieses Programm sollte den Gazastreifen und betroffenen Gebiete innerhalb Südisraels einschließen. Das Programm zur Umweltüberwachung sollte in Übereinstimmung mit den Empfehlungen einer unabhängigen Körperschaft erstellt werden, und Proben und Analysen sollten durch eine oder mehrere unabhängige fachliche Einrichtungen durchgeführt werden. Solche Empfehlungen sollten zumindest anfangs Bewertungsmechanismen enthalten, die auch die Ängste der Bevölkerung von Gaza und Südisrael gegenwärtig berücksichtigen, und sie sollten so gut wie möglich in der Lage sein, die Präsenz aller möglichen Schwermetalle, weißer Phosphor, Wolfram, Mikro-Granatsplitter und Granulat sowie anderer Chemikalien, die durch die Untersuchung zum Vorschein kommen mögen, bestimmen zu können.

1976. An die internationale Gemeinschaft und an verantwortliche palästinensische Autoritäten

(a) Die Kommission empfiehlt, dass angemessene Mechanismen etabliert werden, um sicherzustellen, dass die Gelder, die von internationalen Spendern für Wiederaufbauaktivitäten im Gazastreifen bereitgehalten werden, wirksam und ohne Hindernisse ausgezahlt werden und vordringlich für Versorgung und zum Nutzen der Bevölkerung von Gaza verwendet werden.
(b) Angesichts der Folgen der Militäroperationen empfiehlt die Kommission, dass verantwortliche palästinensische Autoritäten wie auch internationale Hilfsorganisationen eine besondere Aufmerksamkeit auf die Bedürfnisse von Personen mit Behinderungen richten. Zusätzlich empfiehlt die Kommission, dass eine medizinische Nachbetreuung durch relevante internationale und palästinensische Strukturen im Hinblick auf jene Patienten gesichert werde, die von Amputationen oder anderen Munitionsverletzungen, deren Charakter nicht festgestellt werden konnte, betroffen sind, um mögliche Langzeitwirkungen auf ihre Gesundheit zu überwachen. Finanzielle und techni-

sche Hilfe sollte bereitgestellt werden, um angemessene medizinische Nachbetreuung zu sichern.

1977. An die internationale Gemeinschaft, an Israel und die palästinensischen Autoritäten

(a) Die Kommission empfiehlt, dass Israel und Repräsentanten des palästinensischen Volkes sowie internationale Akteure, die in den Friedensprozess involviert sind, die israelische und palästinensische Zivilbevölkerung einbeziehen, um nachhaltige Friedensabkommen zu entwickeln, die auf der Anerkennung des Völkerrechts basieren.

(b) Die Kommission empfiehlt, die Stellung der Frauen zu berücksichtigen und Schritte zu unternehmen, um ihnen Zugang zu Kompensationsleistungen, rechtlichem Beistand und ökonomische Sicherheiten zu gewähren.

1978. An den Generalsekretär der Vereinten Nationen

Die Kommission empfiehlt, dass der Generalsekretär ein Regelwerk ausarbeite, um Menschenrechte in Friedensinitiativen zu integrieren, in denen die Vereinten Nationen, insbesondere das Quartett, involviert sind und dass er den Hochkommissar für Menschenrechte ersuche, die notwendige Expertise bereitzustellen, um diese Empfehlungen umzusetzen.

1979. An das Hochkommissariat für Menschenrechte

(a) Die Kommission empfiehlt, dass das Hochkommissariat für Menschenrechte die Lage von Personen überwache, die mit der UN-Untersuchungskommission zum Gaza-Konflikt kooperiert haben und die in bestimmten Abständen den Menschenrechtsrat mit öffentlichen Berichten und anderer als geignet erachteter Art von Berichterstattung informieren.

(b) Die Kommission empfiehlt, der Hochkommissariat für Menschenrechte möge die Empfehlungen der Untersuchungskommission bei seinem regelmäßigen Report zur Lage in den besetzten palästinensischen Gebieten (OPT) an den Menschenrechtsrat beachten.

ANHANG

Briefwechsel zwischen der Kommission der Vereinten Nationen über den Gaza-Konflikt und der Regierung von Israel, Zugang und Zusammenarbeit betreffend

NATIONS UNIES **UNITED NATIONS**

UNITED NATIONS FACT FINDING MISSION ON THE GAZA CONFLICT

Fax: (41-22) 928 9003, Telephone: (41 22) 928 925, E-mail: factfindinggaza@ohchr.org

---

Telefax: (41-22) 928 9003
Adresse: Palais des Nations, Geneva
Telefon: (41 22) 928 9205
E-Mail: fmarotta@ohchr.org

S.E. Botschafter Aharon Leshno-Yaar
Ständiger Vertreter Israels
Bei den Vereinten Nationen in Genf
Avenue de la Pais 1-3
1202 Geneva

3. April 2009

Sehr geehrter Herr Botschafter,

ich hatte die Hoffnung, Gelegenheit zu haben, mich an diesem Morgen und speziell vor der Pressekonferenz, bei der die Mitglieder der Kommission bekannt gegeben werden, mit Ihnen zu treffen. Ich bin enttäuscht zu erfahren, dass dies nicht möglich sein wird.

Ich wollte Ihnen persönlich versichern, dass bevor ich die Einladung, die Kommission zu leiten, in Erwägung gezogen habe, ich mich selbst vergewissert habe, dass ihr unvoreingenommene und ausgeglichene Zielvorgaben gegeben würden. Dies schien mir besonders entscheidend zu sein, um die militärischen Aktionen Israels zu bewerten und besonders die Auswirkungen der Raketenangriffe, die von Gaza ausgingen, zu untersuchen. Es ist auch eindeutig notwendig, alle im Kontext relevanten Tatsachen zu berücksichtigen, die von Bedeutung sind bei der Bewertung der Aktionen, die von Israel in Reaktion auf die Angriffe unternommen wurden.

Es ist mein ernsthafter Wunsch, dass die Kommission die Gebiete besuchen sollte, die von den Raketenangriffen betroffen waren und, wenn möglich, dass sie auch die Opfer dieser Angriffe treffen sollte, um die durch die Angriffe hervorgerufenen physischen Zerstörungen zu ermitteln, weiterhin die Auswirkungen, die sie auf einer andauernden Basis auf die Zivilbevölkerung der betroffenen Gebiete von Israel hatte. Ich brauche wohl nicht hinzuzufügen, dass es für die Koommission sehr wichtig wäre, Zugang zu allen relevanten Mitgliedern der israelischen Regierung und, selbstverständlich, zu den relevanten Militärpersonen zu haben.

Als eine vollständig unabhängige Einrichtung wird die kommission jetzt ihre eigenen Richtlinien bestimmen. Ich möchte hoffen, dass ich mich mit der Regierung von Israel beraten kann und deren Ansichten in Hinsicht auf die Richtlinien berücksichtigen kann. Ihr Rat in Bezug auf diesen Punkt wäre sehr willkommen.

Ich wäre bereit nach Genf zu kommen, um mich mit Ihnen zu einer für beide Seiten passenden Zeit zu treffen oder, wenn das hilfreicher wäre, nach Israel zu reisen, um mich mit Mitgliedern der israelischen Regierung dort zu treffen.

Ich hoffe, dass es ihnen möglich sein wird, diesen Briefwechsel so schnell wie möglich zu beantworten.

Exzellenz, akzeptieren Sie bitte die Versicherungen meiner vorzüglichen Hochachtung.

Richard Goldstone
Leiter der vom Menschenrechtsrat
mit Resolution S-9/1 eingesetzten Kommission

Mission permanente d'Israël
auprès de l'Office des Nations Unies
et des Organisations Internationales à Genève

משלחת ישראל
ליד משרד האומות המאוחדות
והארגונים הבינלאומיים בג'נבה

Richter Richard Goldstone
OHCHR
Palais des Nations
1211 Geneva 10
Fax 022 928 9003

Genf, 7. April 2009

Sehr geehrter Richter Goldstone,

vielen Dank für Ihr Schreiben vom 3. April 2009 die Menschenrechtsrats-Kommission betreffend.

Mit Bedauern muss ich Ihnen mitteilen, dass Israel nicht in der Lage ist, mit der vorgeschlagenen Kommission zusammenzuarbeiten. Wenngleich ich Ihre Anstrengungen schätze, sicherzustellen, dass die Kommission unvoreingenommen und ausgeglichen sein wird, bleibt es eine Tatsache, dass die rechtliche Basis für die Kommission die Resolution S-9/1 des Menschenrechtsrats ist. Diese stark politisierte Resolution vorverurteilt das angesprochene Thema, indem es von vornherein feststellt, dass Israel schwerwiegende Menschenrechtsverletzungen begangen hat und impliziert, dass Israel vorsätzlich Zivilisten und medizinische Einrichtungen angegriffen hat und systematisch das kulturelle Erbe des palästinensischen Volkes zerstört hat. Sie ruft zu dringenden internationalen Schritten nur gegen Israel auf und, was die vorgeschlagene Untersuchungskommission angeht, macht sie klar, dass sie ihr Mandat als ausschließlich auf die israelischen Verletzungen der Menschenrechte und des humanitären Rechts fokussiert ansieht. Die Tatsache, dass mehrere hervorragende Personen, die für die Leitung der Kommission angesprochen wurden, dies abgelehnt haben, zeigt die problematische Natur der Kommission und ihres Mandats.

Die hoffnungslos einseitige Natur der Resolution des Menschenrechtsrats spiegelte sich in den Erklärungen zur Abstimmung von zahlreichen Staaten einschließlich der Europäischen Union wider – die feststellte, dass sie das Mandat für die vorgeschlagene Kommission unausgeglichen fand und anmerkte, dass zurzeit Untersuchungen sowohl unter der Führung des UN-Generalsekretärs wie auch durch Israel durchgeführt würden. Wie Sie sicherlich wissen, befasst Israel sich in einer Reihe von weitreichenden Untersuchungen mit den vielen Aspekten der „Cast Lead"- Operation und hat intensiv mit dem Untersuchungsausschuss des UN-Generalsekretärs zusammengearbeitet. Ich habe keine Zweifel bezüglich Ihres echten Wunsches, sicherzustellen, dass die vorgeschlagene Kommission des Menschenrechtsrats ausgeglichen sein soll, aber ich bin besorgt, dass weder Ihre eigene Verpflichtung, Unvoreingenommenheit sicherzustellen, noch irgendeine Ihnen gegebene Versicherung von irgendeiner Person die Kraft haben wird, die rechtliche Basis zu verändern. Selbst wenn die Kommission sich entschließen würde, in Übereinkunft mit ihren eigenen Richtlinien zu arbeiten, würde die Resolution S-9/1 trotzdem die Basis für die Behandlung des Kommissionsberichtes durch den Rat und aller anschließenden Veranstaltungen sein.

Ich möchte betonen, dass Israels Entscheidung in dieser Sache den aufrichtigen Respekt für Ihre Person nicht in irgendeiner Weise in Frage stellen soll, oder den für Ihren langjährigen Einsatz, die Rechte und das Wohlbefinden von Israelis und Palästinensern in gleicher Weise sicherzustellen. Sie basiert vielmehr allein auf der widerstrebenden Erkenntnis der Politisierung, die den Menschenrechtsrat so tief infiziert hat.

Mit aufrichtig besten Wünschen

Aharon Leshno Yaar
Botschafter
Ständiger Vertreter

1-3, avenue de la Paix – 1202 Geneve
Telefon 022 716 05 00 – Telefax 022 716 05 55
E-Mail: mission-lsrael@geneva.mfa.gov.il

NATIONS UNIES **UNITED NATIONS**

UNITED NATIONS FACT FINDING MISSION ON THE GAZA CONFLICT

Fax: (41-22) 928 9003, Telephone: (41 22) 928 925, E-mail: factfindinggaza@ohchr.org

Telefax: (41-22) 928 9003
Adresse: Palais des Nations, Geneva
Telefon: (41 22) 928 9205
E-Mail: fmarotta@ohchr.org

8. April 2009

Sehr geehrter Herr Botschafter,

ich möchte Ihnen für Ihr Schreiben vom 7.4.2009 danken. Ich habe die in Ihrem Brief dargelegten Argumente zur Kenntnis genommen, auf deren Basis Ihre Regierung die Ansicht vertritt, dass sie an einer Zusammenarbeit mit der Kommision, die ich führen soll, verhindert ist. In diesem Zusammenhang möchte ich darauf hinweisen, dass die Kommission vom Präsidenten des UN-Menschenrechtsrats angefordert und eingerichtet wurde "alle Verletzungen der internationalen Menschenrechtsnormen und des humanitären Völkerrechts, die möglicherweise zu irgendeiner Zeit im Zusammenhang mit den während der Zeit vom 27. Dezember 2008 bis 18. Januar 2009 in Gaza durchgeführten militärischen Operationen begangen wurden, sei es davor, während oder danach, zu untersuchen". Als solcher ist der Umfang der Untersuchung der Kommission nicht das Ergebnis seine eigenen Überlegungen oder persönlicher Überzeugungen, wie gesetzmäßig oder maßgebend sie auch sein mögen. Es ist ein klares Mandat, das ihr rechtmäßig und in aller Form übergeben wurde.

Wie ich in meinem letzten Schreiben erwähnte, wird die Kommission durch ihr Mandat angeleitet sein, ihre Arbeit unabhängig und unparteiisch durchzuführen. Ich unterstelle mit allem Respekt, dass es im Interesse der Regierung Israels und der israelischen Opfer wäre, mit der Kommission zu kooperieren, so dass Ihre Ansichten, Sorgen und Ausführungen die notwendige Aufmerksamkeit und Berücksichtigung finden und sich im Ergebnis der Arbeit der Kommission widerspiegeln könnten.

S.E. Botschafter Aharon Leshno-Yaar
Ständiger Vertreter Israels
Bei den Vereinten Nationen in Genf
Avenue de la Pais 1-3
1202 Genf

Ich würde es außerordentlich begrüßen, wenn dieses Schreiben Ihrer Regierung zur Kenntnis gebracht würde und die Einstellung Ihrer Regierung im Lichte der obigen Klarstellungen neu bewertet würde.

Ich stehe für weitere Diskussionen und Treffen mit Ihnen oder anderen Regierungsvertretern zur Verfügung, wie immer es zweckdienlich wäre.

Exzellenz, akzeptieren Sie bitte die Versicherungen meiner vorzüglichen Hochachtung.

Richard Goldstone
Leiter der Internationalen
Unabhängigen Kommission

cc: S.E. Botschafter Martin Ihoeghian Uhomoibhi
Präsident des Menschenrechtsrats

NATIONS UNIES | UNITED NATIONS

UNITED NATIONS FACT FINDING MISSION ON THE GAZA CONFLICT
Fax: (41-22) 928 9003, Telephone: (41 22) 928 925, E-mail. factfindinggaza@ohchr.org

Fax: (41-22) 928 9003,
Telefon: (41 22) 928 9205,
E-Mail: fmarotta@ohchr.org

GFFM/0-10/090429RG

29. April 2009

Sehr geehrter Herr Botschafter,

ich schreibe Ihnen in meiner Funktion als Leiter der UN-Kommission, die vom Präsidenten des Menschenrechtsrats, Botschafter Martin Ihioeghian Uhomoibhi, eingerichtet wurde, um alle Verletzungen des Internationalen Menschenrechts zu untersuchen, die möglicherweise zu irgendeiner Zeit im Zusammenhang mit den militärischen Operationen in Gaza in der Zeit vom 27. Dezember 2008 bis 18. Januar 2009, sei es vorher, während oder danach, begangen wurden. Wie Ihnen bekannt ist, sind Professor Christine Chinkin, Frau Hina Jilani und Oberst (im Ruhestand) Desmond Travers die anderen Mitglieder der Kommission.

Die Kommission wird sich in der ersten Maiwoche in Genf treffen, um ihre Arbeit zu beginnen. Wir würden die Möglichkeit eines Treffens mit Ihnen begrüßen, um jede Frage von Bedeutung für die Durchführung des Mandats der Kommission zu diskutieren. Wir sehen auch einer Diskussion des Inhalts unseres vorherigen Briefwechsels zu dieser Frage entgegen.

Richard Goldstone
Leiter der UN-Kommission
über den Gaza-Konflikt

S.E. Botschafter Aharon Leshno-Yaar
Ständiger Vertreter Israels
Bei den Vereinten Nationen in Genf
Avenue de la Pais 1-3
1202 Geneva

NATIONS UNIES UNITED NATIONS

UNITED NATIONS FACT FINDING MISSION ON THE GAZA CONFLICT

Fax: (41-22) 928 9003, Telephone: (41 22) 928 925, E-mail: factfindinggaza@ohchr.org

---

Fax: (41-22) 928 9003,
Telefon: (41 22) 928 9205,
E-Mail: fmarotta@ohchr.org

GFFM/O-23/090429FM

Das Sekretariat der UN-Untersuchungskommission über den Gaza-Konflikt entbietet der ständigen Vertretung Israels seine Grüße und hat die Ehre, hiermit einen Brief vom Leiter der UN-Kommission über den Gaza-Konflikt, Richter Richard Goldstone, an seine Exzellenz Herrn Benjamin Netanyahu, Premierminister der israelischen Regierung, weiterzureichen.

Das Sekretariat der UN-Untersuchungskommission über den Gaza-Konflikt wäre dankbar, wenn die ständige Vertretung das anhängende Schreiben an seine Exzellenz den Premierminister weiterleiten könnte.

Genf, 5. Mai 2009

Ständige Vertretung von Israel
Avenue de la Paix 1-3
1202 Genf

cc: S.E. Botschafter Martin Ihoeghian Uhomoibhi
Präsident des Menschenrechtsrats

NATIONS UNIES — UNITED NATIONS

UNITED NATIONS FACT FINDING MISSION ON THE GAZA CONFLICT

Fax: (41-22) 928 9003, Telephone: (41 22) 928 925, E-mail: factfindinggaza@ohchr.org

Fax: (41-22) 928 9003,
Telefon: (41 22) 928 9205,
E-Mail: fmarotta@ohchr.org

GFFM/O-22/090429RG

4. Mai 2009

Sehr geehrter Herr Premierminister,

ich schreibe Ihnen in meiner Eigenschaft als Leiter der UN-Kommission über den Gaza-Konflikt, eingesetzt am 3. April 2009 durch den Präsidenten des Menschenrechtsrats. Botschafter Martin Ihoeghian Uhomoibhi. Professor Christine Chinkin, Frau Hina Jilani, und Oberst (im Ruhestand) Desmond Travers sind die anderen Mitglieder der Kommission.

Die Kommission ist beauftragt, alle Verletzungen der internationalen Menschenrechtsnormen und des Humanitären Völkerrechts, die möglicherweise zu irgendeiner Zeit im Zusammenhang mit den während der Zeit vom 27. Dezember 2008 bis zum 18. Januar 2009 in Gaza durchgeführten militärischen Operationen begangen wurden, sei es davor, während oder danach, zu untersuchen. Die Kommission wird ihre Arbeit unabhängig und unparteiisch durchführen.

Seit der offiziellen Ankündigung ihrer Einsetzung hat die Kommission zahlreiche Bestätigungen der Unterstützung von internationalen Gelehrten und Juristen, akademischen und professionellen Institutionen, internationalen und Inlands-Menschenrechts- und Zivilgesellschaftsorganisationen- einschließlich israelischer und palästinensischer Organisationen – sowie von Mitgliedsländern der Vereinten Nationen erhalten.

Ich schreibe, um die Kooperation Ihrer Regierung bei der Durchführung des Mandats der Kommission zu ersuchen, einschließlich der Ermöglichung des Zugangs zu Israel, dem Gazastreifen, dem Westjordanland einschließlich Ostjerusalems, um der Kommission zu ermöglichen, sich mit den Opfern angeblicher Verletzungen und mit relevanten Autoritäten einschließlich militärischer Stellen zu treffen, sowie Zugang zu Dokumenten mit Bedeutung für unsere Untersuchung zu erhalten.

Ich glaube, dass es entscheidend ist, um die durch Israel durchgeführten militärischen Aktionen zu bewerten, einschließlich der Untersuchung der Auswirkungen von von Gaza ausgehenden Raketenangriffen auf Einwohner Israels, dass die Kommission die Gebiete besichtigt, die von diesen Angriffen betroffen waren. Es ist der aufrichtige Wunsch der Kommission, wenn möglich einige der Opfer der Raketenangriffe zu treffen, die physischen Beschädigungen zu ermitteln, sowie die Auswirkungen, die sie auf einer laufenden Basis für die zivile Bevölkerung in den betroffenen Gebieten Israels hatten.

Ich unterstelle mit allem Respekt, dass es im Interesse der Regierung Israels und der israelischen Opfer wäre, mit der Kommission zusammenzuarbeiten, so dass ihre Ansichten, Sorgen und Ausführungen die notwendige Aufmerksamkeit und Berücksichtigung finden und sich im Ergebnis der Arbeit der Kommission widerspiegeln können.

Seine Exzellenz
Benjamin Netanyahu
Premierminister
Jerusalem, Israel

Wir würden ehrerbietig die Gelegenheit suchen, uns mit Ihnen und mit anderen zuständigen Mitgliedern ihrer Regierung zu treffen.

Bitte akzeptieren Sie, Herr Premierminister, die Versicherungen meiner vorzüglichen Hochachtung.

Richard Goldstone
Leiter der UN-Kommission
über den Gaza-Konflikt

cc: S.E. Botschafter Aharon Leshno-Yaar Ständiger Vertreter Israels bei den Vereinten Nationen in Genf

S.E. Botschafter Martin I. Uhomoibhi, Präsident des Menschenrechtsrats

Frau Navanethem Pillay, Hochkommissarin für Menschenrechte der Vereinten Nationen

Prof. Christine Chinkin, Untersuchungskommission der Vereinten Nationen über den Gaza-Konflikt

Frau Hina Jilani, Untersuchungskommission der Vereinten Nationen über den Gaza-Konflikt

Oberst (im Ruhestand) Desmond Travers, Untersuchungskommission der Vereinten Nationen über den Gaza-Konflikt

NATIONS UNIES UNITED NATIONS

UNITED NATIONS FACT FINDING MISSION ON THE GAZA CONFLICT

Fax: (41-22) 928 9003, Telephone: (41 22) 928 925, E-mail: factfindinggaza@ohchr.org

---

Fax: (41-22) 928 9003,
Telefon: (41 22) 928 9205,
E-Mail: fmarotta@ohchr.org

GFFM/O-33/090520RG

Genf, 20. Mai 2009

Sehr geehrter Herr Botschafter,

ich beziehe mich auf unseren vorausgegangenen Briefwechsel in Bezug auf die UN- Kommission über den Gaza-Konflikt, der vom Präsidenten des Menschenrechtsrats, Botschafter Martin Ihoeghian Uhomoibhi, eingesetzt wurde und dem ich vorstehe. Wie Sie wissen, hat die Kommission das Mandat, alle Verletzungen der internationalen Menschenrechtsnormen und des Humanitären Völkerrechts, die möglicherweise zu irgendeiner Zeit im Zusammenhang mit den während der Zeit vom 27. Dezember 2008 bis zum 18. Januar 2009 in Gaza durchgeführten militärischen Operationen begangen wurden, sei es davor, während oder danach, zu untersuchen. In meinen an Sie gerichteten Schreiben vom 3. und vom 8. April 2009 und in meinem an Premierminister Netanyahu gerichteten Schreiben vom 8. Mai 2009 ersuchte ich um die Zusammenarbeit mit der Regierung von Israel bei der Durchführung des Mandats der Kommission, einschließlich der Ermöglichung des Zugangs zu Israel, zum Gazastreifen und zum Westjordanland einschließlich Ostjerusalem, um der Kommission in die Lage zu versetzen, sich mit den Opfern der vorgeblichen Verletzungen und den zuständigen Behörden zu treffen. Ich bat auch um Zugang zur relevanten Dokumentation für unsere Untersuchung.

Bis heute habe ich auf meine Anfrage keine Antwort erhalten. Ich hatte gehofft, das Thema während des ersten Treffens der Kommission in Genf Anfang Mai diskutieren zu können; jedoch blieb mein Schreiben vom

29. April 2009 bei dem Sie zu einem Treffen mit der Kommission eingeladen wurden, unbeantwortet.

Es wird von der Kommission erwartet, dass sie ihren Bericht Anfang August vorlegt und sie arbeitet deshalb mit einer sehr engen Zeitvorgabe. Um unsere Aufgabe bis zum vorgesehenen Termin zu vollenden, planen wir die Vor-Ort-Untersuchungen bis Ende Juni abzuschließen. Deshalb müssen wir mit der Durchführung der verschiedenen Phasen unserer Arbeit zügig voranschreiten.

Angesichts des Fehlens von Antworten auf meine verschiedenen Anfragen und um in der Lage zu sein, das der Kommission anvertraute Mandat auszufüllen, habe ich um Hilfe bei der Regierung von Ägypten nachgesucht, um uns den Zugang zu Gaza über den Rafah-Übergang zu ermöglichen.

Ich möchte wiederholen, dass die Kommission es vorziehen würde, Felduntersuchungen in Israel, im Westjordanland und in Gaza durchzuführen. Wir planen auch öffentliche Anhörungen mit Opfern der vorgeblichen Verletzungen und mit Experten und würden diese gerne vor Ort abhalten. Sollte dies aufgrund der Weigerung der israelischen Regierung, zusammenzuarbeiten oder auch nur den Zugang zu ihrem Territorium, zum Westjordanland und Gaza zu ermöglichen, nicht möglich sein, werden wir jedoch mit alternativen Vorgehensweisen fortfahren. Diese werden Vereinbarungen zu Treffen mit Opfern aus Israel und dem Westjordanland einschließen und für öffentliche Anhörungen außerhalb Israels und den besetzten palästinensischen Gebieten.

S.E. Botschafter Aharon Leshno-Yaar
Ständiger Vertreter Israels
Bei den Vereinten Nationen in Genf
Avenue de la Pais 1-3
1202 Genf

Ich wäre dankbar für die Beantwortung meiner Anfrage bis zum Freitag den 21. Mai, andernfalls wird die Untersuchung auf alternativen Wegen fortgesetzt.

Ich möchte noch einmal betonen, dass die Kommission es sehr stark bedauern würde, nicht mit den Opfern der vorgeblichen Verletzungen zusammentreffen zu können und die relevanten Orte nicht besichtigen zu können, weil wir fest davon überzeugt sind, dass es gleichermaßen im Interesse der israelischen und palästinensischen Opfer wäre, wenn uns dies ermöglicht würde.

Exzellenz, akzeptieren Sie bitte die Versicherungen meiner vorzüglichen Hochachtung.

Richard Goldstone
Leiter der UN-Kommission
über den Gaza-Konflikt

cc: S.E. Botschafter Martin I. Uhomoibhi, Präsident des Menschenrechtsrats

Frau Navanethem Pillay, Hochkommissarin für Menschenrechte der Vereinten Nationen

Prof. Christine Chinkin, Kommission der Vereinten Nationen über den Gaza-Konflikt

Frau Hina Jilani, Kommission der Vereinten Nationen über den Gaza-Konflikt

Oberst (im Ruhestand) Desmond Travers, Kommission der Vereinten Nationen über den Gaza-Konflikt

Mission permanente d'Israël
auprès de l'Office des Nations Unies
et des Organisations Internationales à Genève

משלחת ישראל
ליד משרד האומות המאוחדות
והארגונים הבינלאומיים בג'נבה

Richter Richard Goldstone
Leiter der Kommission
über den Gaza-Konflikt
Palais des Nations
1211 Genf 10

Genf, d. 2. Juli 2009

Sehr geehrter Richter Goldstone,

vielen Dank für Ihr Schreiben vom 20. Mai 2009. Ich bin beauftragt worden, in dieser Antwort auch auf Ihr Schreiben vom 4. Mai 2009 an Premierminister Netanyahu einzugehen.

Ich bedaure Ihren Eindruck, dass Sie keine Antwort auf Ihre Anfrage zur Zusammenarbeit mit der vorgeschlagenen Kommission bekommen haben. Ich wiederhole die offizielle Antwort auf Ihre Anfrage, die in meinem früheren Schreiben vom April 2007 *(Im Original der UN steht 2007. Es müsste aber 2009 heißen. AdÜ)* an Sie enthalten ist, dass Israel bedauerlicherweise nicht in der Lage ist, mit der vorgeschlagenen Kommission zusammenzuarbeiten.

Ich wiederhole auch, dass diese Entscheidung in keiner Weise auf Sie persönlich zielt oder auf die Wertschätzung, die Sie in Israel erfahren. Es ist schlicht die Erkenntnis, dass die rechtliche Basis für die vorgeschlagene Untersuchung die Resolution S-9/1 des Menschenrechtsrats ist. Diese Resolution sieht – abgesehen von ihrer aufrührerischen und voreingenommenen Sprache – klar vor, dass das Mandat der Kommission darauf begrenzt ist "Verletzungen" durch "die Besatzungsmacht, Israel gegen das palästinensische Volk" (OP14) zu untersuchen.

Sie werden Israels Zurückhaltung verstehen, mit einer Kommission zusammenzuarbeiten oder ihr Legitimität zu verleihen, deren Auftrag es ist, den rechtmäßigen Einsatz von Gewalt eines Staates zum Schutze seiner Bürger zu untersuchen, unter der Auflage, den illegalen Einsatz von Gewalt durch Terroristengruppen, der eine solche Aktion notwendig machte, zu ignorieren.

Es war dieses abträgliche und einseitige Mandat, das viele Staaten, darunter die Europäische Union, Kanada, Japan und die Schwei,z veranlasst hat, die Unterstützung der Resolution abzulehnen und die eine hochrangige Liste von Menschenrechtsexperten bewogen hat, die Einladung, die vorgeschlagene Kommission zu leiten, abzulehnen. Wie Mary Robinson, die ehemalige Hochkommissarin für Menschenrechte bei der Begründung für ihre Ablehnung, als Leiterin des Ausschlusses zu fungieren, ausführte:

„Ich befürchte, dass die Resolution nicht ausgeglichen ist, weil sie sich darauf fokussiert, was Israel gemacht hat, ohne eine Untersuchung über das Abschießen von Raketen durch die Hamas zu fordern. Dies ist unglücklicherweise eine Praxis des Rates: Die Annahme von Resolutionen, die nicht durch die Menschenrechte geleitet sind, sondern durch Politik.“ *(Le Temps,* 4. Februar 2009).

Ich nehme zur Kenntnis, dass das Mandat der Kommission – wie Ihnen vom Präsidenten des Rats erläutert wurde – nicht so angelegt ist wie in der Resolution des Rates. Ich nehme ebenfalls zur Kenntnis, dass Sie sich von diesem Text distanziert haben. (In unserem Schriftwechsel haben Sie aufgehört, Ihre Briefe als Leiter der "Kommission, *eingerichtet* ***unter Menschenrechtsrats-Kesolution*** *S-9/1*" zu unterzeichnen und verwenden jetzt den Ausdruck "Internationale Unabhängige Kommission" oder "Kommission der Vereinten Nationen über den Gaza-Konflikt" – wobei der Ausdruck "Gaza-Konflikt" einen Bezug auf die Angriffe auf den Süden Israels auszuschließen scheint.)

Vom Rechtsstandpunkt her hat jedoch keine Feststellung irgendeiner Einzelperson einschließlich des Präsidenten des Rates die Macht, das Mandat der Kommission zu ändern. Darüberhinaus hat Botschafter Uhomoibhi sogar nach seinen angeblichen Klarstellungen in einer Pressekonferenz vom 16. April 2009 klar festgestellt, dass es der maßgebliche Paragraph 14 der Resolution S-9/1 ist, der "das Mandat beschreibt".

Dies stimmt mit den Bestimmungen der Erklärung der UN-Generalversammlung über die Kommission durch die Vereinten Nationen auf dem Gebiet der Aufrechterhaltung des Internationalen Friedens und der Sicherheit (A/RES/46/59) überein, die festlegt, dass: „die Entscheidung des qualifizierten Organs der Vereinten Nationen, Untersuchungen durchzuführen, ***sollte*** *immer* ***ein klares Mandat*** *für die Kommission* ***enthalten***“ (*Im Orignalbrief* *ebenfalls fett hervorgehoben. AdÜ*) (Paragraph 17, Hervorhebung hinzugefügt). Und die Resolution S-9/1 enthält ein klares Mandat, allerdings eines, das schwierig in Übereinstimmung zu bringen ist mit der Erklärung über Untersuchungsvoraussetzungen, dass "Untersuchungen umfassend, objektiv, unparteiisch und zur rechten Zeit stattfinden sollten" (Paragraph 3).

Ich stelle auch fest, dass selbst wenn die Kommission sich entscheiden sollte, nach Richtlinien zu arbeiten, die sie sich selbst gegeben hat, die Behandlung dieses Berichts durch den Rat und alle folgenden Verhandlungen trotzdem auf den Vorgaben der Resolution S-9/1 erfolgen wird. Und es gibt in der Tat in der Praxis des Rates, wie sie sich zurzeit auf Israel bezieht, nichts, was darauf hindeutet, dass er seine völlig einseitige Einstellung nicht fortsetzen wird.

Israels Entscheidung, mit der Kommission nicht zusammenzuarbeiten, erfolgt, wie ich betonen möchte, ohne Beeinträchtigung seiner Überzeugung, dass jedwede Behauptungen über Fehlverhalten der israelischen Streitkräfte im Verlauf des Konflikts untersucht werden müssen, und – wo zutreffend – strafrechtlich verfolgt werden müssen. Es war aus diesem Grund, dass die IDF eine Reihe von weitreichenden Untersuchungen des Oberkommandos über ein breites Spektrum von Ereignissen und Einsatzaspekten des Konflikts durchgeführt hat. In der Vergangenheit haben solche Untersuchungen zu Strafverfolgungen geführt. Die Ergebnisse werden gegenwärtig vom Militärgeneralanwalt untersucht und werden auch vom Generalstaatsanwalt untersucht. Sowohl gegen die Entscheidungen des Militärgeneralanwalts als auch die des Generalstaatsanwalts kann beim Obersten Gericht in seiner Funktion als Oberster Gerichtshof Einspruch eingelegt werden – von Israelis oder Palästinensern ohne Unterschied.

Der Anlass für Israels Entscheidung war allein die rechtliche Basis für die Kommission und ihr Mandat und ohne Bezug auf die involvierten Personen. (Nebenbei sehe ich mich aber gezwungen zu bemerken, dass ein Mitglied der Kommission während des Konflikts seine Unterschrift unter einen öffentlichen Brief leistete, in dem eine Anzahl von eindeutig politischen und vorverurteilenden Behauptungen gemacht wurde, einschließlich der, dass "die Raketenangriffe auf Israel durch die Hamas nicht als ein bewaffneter Angriff zu werten sind, der Israel berechtigen würde, den Selbstverteidigungsfall zu erklären(!) *[Sunday Times Letters Seite,* 11. Januar 2009]). (AdÜ: Unvollständiges Zitat)

Einige Gesichtspunkte im Verhalten der Kommission haben aus Israels Sicht die Entscheidung unterstützt, mit dieser Initiative nicht zusammenzuarbeiten. Berichte, dass die Mitglieder der Kommission zu jedem Zeitpunkt ihres Besuches in Gaza durch Hamas Funktionäre begleitet wurden, geben ernsthaften Grund zu bezweifeln, dass irgendein wahrheitsgemäßes Bild der Situation in Gaza, und besonders des zynischen Missbrauchs der Zivilbevölkerung durch die Hamas dabei herauskommen könnte.

Israelis ist auch besorgt und beunruhigt über die Entscheidung, öffentliche Anhörungen, Fernseh- und Internet-Auftritte als Teil des Untersuchungsprozesses abzuhalten. Wie Sie selbst festgestellt haben, ist dieses Verfahren ohne Beispiel für Untersuchungsverfahren. Bei einer Untersuchungskommission sind wesentliche Gesichtspunkte, dass eine Gruppe von Experten ihre Erfahrung und ihr Urteil bei der Bewertung der vorhandenen Beweise einbringt und verantwortliche Schlüsse daraus zieht – nicht, dass Rohbeweise, vielleicht von zweifelhaftem Echtheitswert, direkt in die öffentliche Bühne gesendet werden. Ein solches Gerichtsverfahren durch die öffentliche Meinung, das von vornherein vertrauliche und sensible Informationen nicht bewerten kann, trägt wenig dazu bei, die Wahrheit zu finden, und ist nur geeignet, die öffentliche Meinung vor einer abschließenden Bewertung voreinzunehmen.

Ich nehme die Gelegenheit wahr, noch einmal zu betonen, dass Israels Entscheidung nicht in irgendeiner Weise als eine Verleumdung Ihrer Integrität oder Ihres Einsatzes für Unparteilichkeit gewertet werden sollte. Ganz im Gegenteil, Ihrer Beteiligung veranlasste Israel, eine genauere und eingehender betrachtete Antwort auf diese Initiative zu geben, und erhöht unser Bedauern, dass sie für uns nicht geeignet ist, mit ihr zusammenzuarbeiten oder sie zu unterstützen.

Hochachtungsvoll

Aharon Leshno Yaar
Botschafter
Ständiger Vertreter

NATIONS UNIES UNITED NATIONS

UNITED NATIONS FACT FINDING MISSION ON THE GAZA CONFLICT

Fax: (41-22) 928 9003, Telephone: (41 22) 928 925, E-mail: factfindinggaza@ohchr.org

Fax: (41-22) 928 9003,
Telefon: (41 22) 928 9205,
E-Mail: factfindinggaza@ohchr.org

GFFM/O-80/090717RG

17. Juli 2009

Sehr geehrter Herr Botschafter Yaar,

vielen Dank für Ihr Schreiben vom 2. Juli 2009.

Zu Beginn möchte ich festhalten, dass der Grund für meinen Eindruck, dass Ihre Regierung keine endgültige Antwort auf meine Anfrage um Zusammenarbeit gegeben hat, die zum Teil sich widersprechenden Aussagen aus iIhrem Außenministerium waren und das Fehlen einer Antwort auf meine Briefe an Premierminister Netanyahu vom 4. Mai 2009 und an Sie vom 8. April und vom 20. Mai 2009.

Ich hatte gehofft, dass die Bedingungen für das Mandat, welches ich vom Präsidenten des Menschenrechtsrats erhalten habe, und das Fehlen von Einwänden des Menschenrechtsrats, als er über das Mandat informiert wurde, für Israel Grund sein würden, diese Gelegenheit zu unterstützen, statt sie zu unterminieren. Andere Regierungen, die mit der Formulierung der Resolution S-9/1 unzufrieden waren, haben im Anschluss ihre Unterstützung für das meiner Kommission gegebene Mandat angeboten.

Angesichts der Entscheidung Ihrer Regierung, nicht zusammenzuarbeiten, macht es für mich wenig Sinn, auf alle Punkte Ihres Schreibens einzugehen. Ich muss jedoch kategorisch die Behauptung zurückweisen, dass Hamas-Funktionäre die Mitglieder der Kommission jemals begleitet hätten und schon gar nicht „zu jedem Zeitpunkt ihres Besuches in Gaza". Berichte dieser Art sind Verfälschungen, wie ich schon öffentlich festgestellt habe. Ich hätte dies als nicht akzeptabel empfunden.

Ich habe die Motivation für das Abhalten öffentlicher Anhörungen bekannt gemacht. Die Tatsache, dass diese Art von Anhörung ohne Beispiel ist, ist kaum ein Grund für Kritik, und es ist unzulässig anzudeuten, dass dies ein „Gerichtsverfahren durch öffentliche Meinung" ist. Die Anhörungen waren nichts weiter als ein Versuch, die Stimmen und die Gesichter der Opfer nach allen Seiten für die Öffentlichkeit hörbar und sichtbar zu machen und dies speziell in Israel und in den besetzten palästinensischen Gebieten, einschließlich Gaza und dem Westjordanland. Die Fakten, die durch die Anhörungen sichtbar werden könnten, sind ein Teil unserer Untersuchungsaktivitäten, sie werden in gleicher Weise bewertet werden wie alle der Kommission zugegangenen Informationen.

Ungeachtet der Entscheidung Ihrer Regierung, nicht zusammenzuarbeiten, haben wir Ihnen zur Weiterleitung an Ihre Regierung eine Reihe von Fragen zugesandt, die unsere Kommission betrifft und auf Informationen basiert, die im Verlauf unserer Arbeit gesammelt wurden. Ich würde es begrüßen, von Ihrer Regierung eine Antwort auf unser Schreiben vom 11. Juli 2009 zu bekommen. Wir werden in gleicher Weise Fragen über Angelegenheiten von Interesse an die palästinensische Autonomiebehörde und an die Autoritäten in Gaza schicken.

Ich bin dankbar dafür, dass Ihre Regierung meine persönliche Verpflichtung zur Unparteilichkeit im Hinblick auf alle Aspekte der Arbeit der Kommission anerkennt. Diese Verpflichtung wird von allen Mitgliedern der Kommission geteilt und spiegelt sich voll in unserem Bericht. Es ist meine Hoffnung und meine Annahme, dass der Menschenrechtsrat ihn dementsprechend aufnimmt.

Exzellenz, akzeptieren Sie bitte die Versicherungen meiner vorzüglichen Hochachtung.

Richard Goldstone
Leiter der UN-Kommission
über den Gaza-Konflikt

Antworten auf den Aufruf der Kommission um Eingaben vom 8. Juni 2009[1217]

1. Al Mezan, Gaza
2. Adalah ; ACRI ; Gisha ; HaMoked ; Ärzte für Menschenrechte ; PCATI ; Yesh Din
   (gemeinsame Eingabe), Israel
3. Alternatives Informations Zentrum, Israel
4. australische Rechtsanwaltsgruppe, Australien
5. B'nai B'rith International, Vereinigte Staaten von Amerika
6. Busby, Chris, Vereinigtes Königreich
7. Zentralkomitee für die Dokumentation und die Verfolgung von israelischen
   Kriegsverbrechern – *Tawtheq*, Gaza
8. Zentrum für Wohnrechte und Zwangsräumung COHRE, Genf
9. Verteidigung für Kinder International (DCI) – Palästina, Jerusalem
10. Diakonia – Menschenrecht, Jerusalem
11. Eyre, Peter (Adresse unbekannt)
12. Euro-Mittelmeer Menschenrechts-Netzwerk (EMHRN), Brüssel
13. Green, Yvonne, Vereinigtes Königreich
14. Haus- und Landrechte Netzwerk – Habitat Internationale Koalition, Ägypten
15. Inge Genefke und Bent Sorensen Anti-Folter Unterstützungsstiftung, Brüssel
16. Iranische Islamische Menschenrechtskommission (IHRC), Teheran
17. Jerusalem Zentrum für öffentliche Angelegenheiten, Jerusalem
18. Lacey, Ian, Australien
19. Leas, James Marc, Vereinigte Staaten von Amerika
20. Matas, David, Winnipeg
21. Nationale Rechtsanwaltsgilde, New York
22. Nationale Rechtsanwaltsgilde, New York
23. NGO Monitor, Jerusalem
24. Ostroff, Maurice (Adresse unbekannt)
25. Ostroff, Maurice (Adresse unbekannt)

1217 Die Liste enthält nur Informationen, die offiziell als Antwort auf den Aufruf zu Eingaben vom 8. Juni 2009 bei der Kommission eingereicht wurden. Die Liste enthält keine anderen Informationen und Materialien die der Kommission von Organisationen und Einzelpersonen übermittelt wurden.

26. Richter, Elihu, Israel
27. Richter, Elihu, Israel
28. Shinar, Ofer, Israel
29. Take-a-Pen, Israel
30. Die 1612 Arbeitsgruppe über gravierende Verletzungen gegen Kindern, eingerichtet für
    Israel und die besetzten palästinensischen Gebiete
31. Weltgesundheitsorganisation-Westjordanland und Gaza, Jerusalem

Akronyme und Abkürzungen

ACRI	Association for Civil Rights in Israel
AEMR	Allgemeine Erkärung der Menschenrechte
BMC	businessman card
CLA	Coordination and Liaison Administration
CMWU	Coastal Municipalities Water Utility
COGAT	Coordinator of Government Activities in the Territories
DCI	Defence for Children International
DFLP	Democratic Front for the Liberation of Palestine
DIME	dense inert metal explosive
DSS	United Nations Department of Safety and Security
FAO	Food and Agriculture Organization of the United Nations
GIS	General Intelligence Service
HaMoked	Center for the Defense of the Individual
HCC	Humanitarian Coordination Centre
HVöR	Humanitäres Völkerrecht
IAF	Israeli air force
ICCPR	International Covenant on Civil and Political Rights
ICESCR	International Covenant on Economic, Social and Cultural Rights
ICHR	Independent Commission for Human Rights
ICRC	International Committee of the Red Cross
IDF	Israeli Defense Forces
IED	improvised explosive device
IHL	international humanitarian law
IHRL	international human rights law
IKRK	Internationales Komitee des Roten Kreuzes
ILO	International Labour Organization
IPBPR	Internationaler Pakt über bürgerliche und politische Rechte
IOF	Israeli occupation forces
IPWSKR	Internationaler Pakt über wirtschaftliche, soziale und kulturelle Rechte
IStGH	Internationaler Strafgerichtshof
MADA	Palestinian Center for Development and Media Freedoms

MRV	Internationale Menschenrechtsvorschriften
NATO	North Atlantic Treaty Organization
NGO	non-governmental organization
OCHA	Office for the Coordination of Humanitarian Affairs
OHCHR	Office of the United Nations High Commissioner for Human Rights
PA	Palästinensische Autonomiebehörde
PALTRADE	Palestine Trade Center
PCATI	Public Committee against Torture in Israel
PCHR	Palestinian Centre for Human Rights
PFLP	Popular Front for the Liberation of Palestine
PHR-Israel	Physicians for Human Rights – Israel
PLO	Palestine Liberation Organization
PRC	Popular Resistance Committee
PRCS	Palestinian Red Crescent Society
TAWTHEQ	Central Commission for Documentation and Pursuit of Israeli War Criminals
UAV	unmanned aviation vehicle
UNCTAD	United Nations Conference on Trade and Development
UNDP	United Nations Development Programme
UNFPA	United Nations Population Fund
UNHCR	Office of the United Nations High Commissioner for Refugees
UNICEF	United Nations Children's Fund
UNITAR	United Nations Institute for Training and Research
UNOSAT	Operational Satellite Applications Programme
UNRWA	United Nations Relief and Works Agency for Palestine Refugees in the Near East
WFP	World Food Programme
WHO	World Health Organization